U0447078

瘠土耕耘

——史金波论文选集

史金波◎著

中国社会科学出版社

图书在版编目(CIP)数据

瘠土耕耘：史金波论文选集／史金波著．—北京：中国社会科学出版社，2016.9

ISBN 978－7－5161－7876－8

Ⅰ.①瘠… Ⅱ.①史… Ⅲ.①文化史－中国－西夏－文集 Ⅳ.①K246.303－53

中国版本图书馆 CIP 数据核字(2016)第 063128 号

出 版 人　赵剑英
责任编辑　任　明
责任校对　董晓月
责任印制　何　艳

出　　版　中国社会科学出版社
社　　址　北京鼓楼西大街甲 158 号
邮　　编　100720
网　　址　http://www.csspw.cn
发 行 部　010－84083685
门 市 部　010－84029450
经　　销　新华书店及其他书店

印刷装订　北京市兴怀印刷厂
版　　次　2016 年 9 月第 1 版
印　　次　2016 年 9 月第 1 次印刷

开　　本　880×1230　1/16
印　　张　52.25
插　　页　2
字　　数　1304 千字
定　　价　238.00 元

凡购买中国社会科学出版社图书，如有质量问题请与本社营销中心联系调换
电话：010－84083683
版权所有　侵权必究

前　　言

学术论文因其有新资料，新观点，篇幅不长，含金量高，而受到学界的青睐。近年来，学术界对学术成果的评判似乎也增强了对学术论文的权重。在高等院校和科研机构的科研成果评定中，学术论文，特别是发表在核心期刊的论文分值飙升，大有与学术专著比肩之势。这是有关部门重视原创成果、提倡创新精神在成果考核中的体现。在强调学术论文的同时，当然也不能轻视学术专著。学术专著往往是作者长期深入研究、具有学术基础或标杆作用的结晶，或是在较多优秀学术论文的基础上反复锤炼而成的力作，更具有知识的系统性和完整性，便于人们全面地学习、理解某一类知识。好的学术专著，不仅资料翔实，体量宏大，还能系统而深入地表达作者的新见，在一个领域中用自己的建树给读者以新鲜而完整的知识享受。这也是学术界对好的学术专著更加看重的原因。

学术著作和学术论文都应该保证学术质量，这是繁荣学术、弘扬优秀文化、满足社会要求所必需。过去无论出书还是写文章，都要经过出版社或杂志社的审稿，达到一定学术水准的著述方可出版、发表。近年来学风和社会风气一样遭到污染，买书号即可出书，交版面费即可发表文章，已不是讳莫如深的秘事。一般有影响的杂志社，还能洁身自律，不收取版面费，保证了学术论文的质量。据我所知，中国社会科学院的诸多学术期刊就拒绝收取版面费，从而赢得了较好的声誉，也使杂志在刊物林立的情势下，占有前列席位。而有的出版社走向市场化后，有更多经济收益的考量，收取出版补贴成为一项重要经济来源，书稿的质量往往参差不齐，有时会出版水分甚多，水平低下，甚至抄袭、剽窃的著作。

无论是学术专著，还是学术论文，只要作者下够功夫，勤于搜集、分析资料，认真思考、诠释问题，得出新的、有价值的观点，都是好的学术成果。

在论文方面，更加看重核心期刊是有道理的，因为所谓的核心期刊是在多年的出刊过程中，具有严格的审稿用稿制度，显示出良好的编辑水平，所刊论文多精彩之作，形成了自己的风格和特色，受到学界的好评。然而也不能说所有核心期刊论文都是上乘之作，更不能说非核心期刊的学术论文为低档之作，而受到忽视。过去一些学术大师们的文章，也不都是发表在当时的显赫刊物上，他们的精彩论述常见于青年学者书稿的序跋，不刊之论也非全部载于名刊。当今一些全国性学术团体出版的学术论文集，有的学术水平很高。近些年在历史研究方面《唐史学会论文集》、《宋史研究论文集》等，都集中刊发了不少优秀论文，受到同行的赞誉。近些年西夏研究因新资料的遽增和研究的大幅进展而受到学界的瞩目，其中西夏研究论文集《西夏学》的持续出版影响巨大，功劳匪浅。《西夏学》自 2007 年出版以来至今已出版11集，刊布文章不啻数百篇，其中不乏优秀创新之作，越来越精细厚重，有力地推动了西夏学的进展。《西夏学》在多数从事西夏研究的专家们看来，已经是他们心目中的权威园地。

学术论文分散在林林总总的期刊之中，寻找起来殊为不易，现在虽有知网这样方便的检索方式，但也只能求其大概，有些论文仍不易搜寻。如发表在学会论文集、纪念文集、专题文集中的文章，就往往不易搜检。出版个人论文集，不仅可以系统地了解某人的学术著作或其学术历程，还能比较方便地找到早年的或隐藏在某些文集中的可参考论文。

近期，蒙中国社会科学出版社好意，再为我出版一部论文集，为此自己梳理了本人的学术成果。予生也不敏，厕身民族学界凡50余年，期间有“文革”的贻误，也有长期从事学术组织工作的耽搁，只能挤时间补拙笨，至今先后出版著作40种，其中包括自己撰写的著作，也包括与其他专家合作的著作，以及主编或参与编写的著作，此外还有参与撰写、编辑的辞书及其他著作26种，发表文章300余篇，其中勉强称作学术论文者约三分之二。原已出过两部论文集，一是2005年中国社会科学院原学术委员会为每位学术委员出版一部论文集，为“中国社会科学院学术委员会文库”，由上海辞书出版社出版，每部论文集以个人人名命名，共40种，《史金波文集》为其中之一；二是近两年中国社会科学院为每一位学部委员出版一部论文集，是为“中国社会科学院学部委员专题文集”，由中国社会科学出版社出版，每一部文集以专题命名，我的文集《西夏文化研究》是其中一种。此次中国社会科学出版社出版的论文集名为《瘠土耕耘——史金波论文选集》，共收论文55篇。为了使读者对前两个论文集有一个大致的了解，现将两个论文集的论文目录转录如下。

《史金波文集》包括36篇论文，多是20世纪的作品，除第一篇回顾文章外，其他大体按文章内容分类排列，依次为西夏语言文字、西夏民族历史、西夏宗教、西夏职官法律、西夏文物、中国民族史、中国民族古文字，同一类中以发表时间为序。其目录如下：

1. 西夏学百年回顾　[《民族研究年鉴》(2000年卷)，民族出版社，2001年12月]
2. 略论西夏文字的构造　(《民族语文论集》，中国社会科学出版社，1981年3月)
3. 也谈西夏文字　(《历史教学》1980年第11期)
4. 西夏语构词中的几个问题　(《民族语文》1982年第2期)
5. 西夏语的存在动词　(《语言研究》1984年第1期)
6. 西夏文概述　(《中国民族古文字研究》，中国社会科学出版社，1984年8月)
7. 西夏语的“买”“卖”和“嫁”“娶”　(《民族语文》1995年第4期)
8. 西夏、党项史料正误三则　(《民族研究》1981年第3期)
9. 《类林》西夏文译本和西夏语研究　(《民族语文》1989年第6期)
10. 西夏古籍略说　(《传统文化与现代化》1996年第3期)
11. 西夏文写本《文海宝韵》　(《民族语文》1999年第4期)
12. 西夏名号杂考　(《中央民族学院学报》1986年第4期)
13. 蒙、元时期党项上层人物的活动　(《民族史论丛》，中华书局，1987年1月)
14. 西夏“秦晋国王”考论　(《宁夏社会科学》1987年第3期)
15. 西夏党项人的亲属称谓和婚姻　(《民族研究》1992年第1期)

16. 西夏境内民族考　（《庆祝王钟翰先生八十寿辰学术论文集》，辽宁大学出版社，1993 年 6 月）

17. 西夏·宁夏·华夏　（《宁夏日报》1997 年 2 月 21 日、2 月 28 日）

18. 《西夏译经图》解　[《文献》（第一辑），书目文献出版社，1979 年 12 月]

19. 西夏文《过去庄严劫千佛名经》发愿文译证（《世界宗教研究》1981 年第 1 期）

20. 西夏文《金光明最胜王经》序跋考　（《世界宗教研究》1983 年第 3 期）

21. 西夏佛教制度探考（（台湾）《汉学研究》第十三卷第一期，1995 年 6 月）

22. 现存世界上最早的活字印刷品——西夏活字印本考　（《北京图书馆馆刊》1997 年第 1 期）

23. 西夏文《官阶封号表》考释　（《中国民族古文字研究》第三辑，天津古籍出版社，1991 年 12 月）

24. 西夏的职官制度　（《历史研究》1994 年第 2 期）

25. 西夏刑法试析　（《民大史学》（创刊号）1996 年）

26. 西夏《天盛律令》及其法律文献价值　[《法律史论集》（第一卷），法律出版社，1998 年 9 月]

27. 凉州感应塔碑西夏文校译补正　（《西北史地》1984 年第 2 期）

28. 西夏陵园出土残碑译释拾补　（《西北民族研究》第一集，1986 年 6 月）

29. 略论西夏文物的学术价值　（《考古与文物》1987 年第 4 期）

30. 西夏官印姓氏考　（《中国民族古文字研究》第二辑，天津古籍出版社，1993 年 10 月）

31. 要重视和加强少数民族法制史研究　（《思想战线》1990 年第 5 期）

32. 试论中国历史上的民族政策　（《思想战线》1991 年第 4 期）

33. 中国少数民族古文字概说　（《民族研究》1984 年第 5 期）

34. 中国历史上少数民族文字改革刍议　（《中央民族学院学报》1990 年第 1 期）

35. 中国民族古文字和中华民族文化　（《民族语文研究新探》，四川人民出版社，1992 年 10 月）

36. 女书与中国民族文字　（《奇特的女书》，北京语言学院出版社，1995 年 1 月）

《西夏文化研究》包括 20 篇论文，皆属西夏研究范围，大体按文章内容分类排列，依次为语言文字、文献文书、民族宗教、科学技术，同一类中以发表时间为序。其目录如下：

1. 西夏语中的汉语借词　（《中央民族学院学报》　1982 年第 4 期）

2. 西夏文辞书的特点和历史价值　（《辞书研究》　1983 年第 6 期）

3. 西夏文本《类林》研究中的几个问题　（[日]《中亚西亚语言和历史研究》（西田龙雄教授还历纪念文集），1988 年）

4. 《文海宝韵》序言、题款译考　（《宁夏社会科学》2001 年第 4 期）

5. 西夏语的构词和词的变化　（《华西语文学刊》第一辑，四川文艺出版社，2009

年 11 月)

6. 西夏汉文本《杂字》初探 [《中国民族史研究》(二),中央民族学院出报社,1989 年 6 月]

7. 敦煌莫高窟北区出土西夏文文献初探 (《敦煌研究》2000 年第 3 期)

8. 简介英国藏西夏文献 [《国家图书馆学刊》(西夏研究专号)2002 年增刊]

9. 西夏书籍的编纂和出版 (《国学研究》第十一卷 北京大学出版社,2003 年 6 月)

10. 国家图书馆藏西夏文社会文书残页考 (《文献》2004 年第 2 期)

11. 中国藏西夏文文献新探 (《中国社会科学院学术咨询委员会集刊》第三辑,社会科学文献出版社,2007 年 9 月)

12. 西夏文物的民族和宗教特点 (《中国历史文物》2005 年第 2 期)

13. 河南、安徽西夏后裔及其汉化 (《汉民族文化与构建和谐社会》,黑龙江人民出版社,2008 年 11 月)

14. 西夏皇室和敦煌莫高窟刍议 (《西夏学》第四辑,宁夏人民出版社,2009 年 8 月)

15. 西夏文《维摩诘所说经》—现存最早的泥活字印本考 (《今日印刷》1998 年第 2 期)

16. 黑水城出土活字版汉文历书考 (《文物》2001 年第 10 期)

17. 西夏度量衡刍议 (《固原师专学报》2002 年第 2 期)

18. 鉴定早期活字印刷品的意义和方法刍议 (《中国印刷》2004 年第 1、2 期)

19. 最早的藏文木刻本考略 (《中国藏学》2005 年第 4 期)

20. 西夏的历法和历书 (《民族语文》2006 年第 4 期)

此次出版的论文集是于本人发表的论文中,在上述两个论文集所出 56 篇论文之外,选取部分论文,其中近十年撰写的文章占三分之二,译释、研究西夏文草书文献的论文占较大比重。其他应杂志之约所作一般综述、介绍的文章,序跋、书评之类的杂文,一般纪念、缅怀类的文字,皆未在列。论文集分为三部分,第一部分是"西夏研究",其中又按内容分类:西夏语言文字、西夏历史社会、西夏文献、西夏宗教、西夏后裔、西夏学科;第二部分是"中国民族史研究",第三部分是"中国民族文字研究",同一类中基本以发表时间为序。

近三四十年西夏学进展突飞猛进,新资料、新论点层出不穷。回顾原来的论文有的仍保持新意,有的则为新资料所取代,有的为新论点所超越。尽管如此,出版论文集不仅可以起到了解学术史的作用,还可便于读者查寻,发挥学术交流的功能。特别是有的论文不在常见的学术期刊发表,难以寻觅。有的青年学者撰写博士论文或学术文章,在追寻某领域前人著述时,往往丢掉一些重要学术论文,把前人已经解决的问题重复论述,当作自己的新论,造成学术损失。问及当事人,答曰未找到论文。出版论文集或可为年轻学者提供更多的方便。然而,有人引述前人论文时,竟只标出论文集刊布时间。也许这时间与原发表时间相差很多年,不利于读者正确了解该项成果的起始年代。引用作者论文时,还是要标出论文刊布的原始时间,不要为了省事仅录出论文集出版时间而形成误导。

本次所出论文，为尊重学术历史，皆保存原始面貌，以供读者参考。只是有的论文或校勘不精，或印刷有误，出现的个别错字之类，辄为改正。有的论文加有西夏文字，限于当时无西夏文计算机输入法，集中将西夏字制版置于文中、文末，不便读者阅览。现皆将计算机输入之西夏字置于相应文中，以便于读者直接阅读。另有的文章原有图版，但因发表时篇幅所限，未收入图版，此次予以弥补。有个别文章也因发表时篇幅限制，被删去部分重要内容，现考虑这些内容对读者还有参考价值，以注释形式补足。

在这一论文集的出版过程中，论文的校对，西夏文字的重录，图版的插入，由我的博士生赵天英协助完成。在论文即将付梓之际，对她辛勤工作表示感谢。赵天英表示，在参与编辑此论文集时，反复阅读论文，学业也有不少长进。若如此，则成为西夏研究教学的一部分，也是令人欣慰的一件事。

史金波

2015 年 11 月 于北京南十里居寓所

目　录

（一）西夏研究

（二）中国民族史研究

（三）中国民族文字研究

（一）西夏研究

西夏活字版文献及其特点*

——世界上现存最早的活字印本探考

中国中古时期的西夏王朝，有发达的文化事业，在中国文化史上留下了光彩夺目的一章。西夏创制了应用范围广、使用时间长的民族文字——西夏文；西夏推行儒学，实行科举，以儒治国，在中国历史上第一个封孔子为“文宣帝”；西夏崇尚佛教，大规模地翻译、印制西夏文、汉文大藏经，并在中国历史上首设帝师；西夏有高度发展的文学、绘画、雕塑、音乐等文学艺术形式，有高超的铸造、建筑、印刷技术等。西夏文化引起越来越多的专家们的重视。然而很少有人知道，西夏在活字印刷术的使用方面也别开生面，做出了重大贡献，现在还保存有世界上最古老的活字版印刷品。

印刷术的发明是中华民族对人类文明做出的巨大贡献。在雕版印刷术的基础上创造发明的活字印刷术，也滥觞于中国，肇始于宋朝。宋沈括《梦溪笔谈》记宋朝庆历年间布衣毕昇使用泥活字印刷事甚详。① 这是世界上最早关于活字印刷的科学记载。活字印刷是制作大宗书籍快捷而节省的办法，它继承了雕版印刷的优点，又克服了雕版印刷的缺点，在印刷原理的创新和效能的提高方面，都有了突破性的进步。活字印刷术的发明是印刷史上划时代的、伟大的里程碑。元代初年，大臣姚枢等继承毕昇之法，以活字印书。② 后元代人王祯又制造木活字印书。③ 明、清以降，活字印刷有了更大的发展，后来金属活字印刷占据主流。这期间，活字印刷不断向外传播。④ 活字印刷通过丝绸之路传到西方，发展了拼音文字的活字印刷，使活字印刷普及至全世界。活字印刷的发明和传播对世界文化的发展起到了难以估量的作用。中国作为活字印刷的摇篮，它的古代活字版书籍备受珍视，一些学者为寻找和考证古代活字版本煞费苦心，然而中原地区宋、元时期的活字版印刷品都没有流传下来，在学术界和社会上留下了深深的遗憾。令人欣慰的是，近年来在存世的西夏文献中发现了活字印刷品。也就是说，在与宋朝同时的西夏王国里，曾使用并发展了活字印刷术，且至今还保留

---

* 原刊于《历史文物》（台湾）1997 年第 3 期，第 22—39 页。

① （宋）沈括:《梦溪笔谈》卷十八·技艺，板印书籍条。

② （元）姚遂:《牧庵集》卷 15。

③ （元）王祯:《农书》卷 22，造活字印书法。

④ 张秀民:《中国印刷术的发明及其影响》，人民出版社 1958 年版；曹炯镇:《中韩两国古活字印刷技术之比较研究》，学海出版社 1986 年版。

着当时的活字印刷品，这是一个惊人的发现。这些七八百年前的传世珍品，是目前世界上最早的活字印本，有巨大的学术价值和文物保存价值。

作为中国中古时期一个举足轻重的封建王朝，西夏先后与宋、辽、金等国抗衡，与回鹘、吐蕃壤地相接。发达的西夏文化是主体民族党项族文化与境内其他民族文化，特别是汉族文化有机融合、共同发展的结果。它具有多民族、多来源、多层次的特点。[①] 在西夏文化蓬勃发展的形势下，西夏王朝形成了大量西夏文、汉文以及藏文书籍。存世的西夏书籍是了解西夏文化乃至整个西夏社会的最重要的资料。众多的西夏书籍随着西夏的灭亡和党项民族的消亡逐渐淹没消失，20 世纪以前已见不到任何一部西夏书籍。直到 20 世纪初以后，才陆续从中国的内蒙古、宁夏、甘肃等地出土、发现了大批西夏书籍，现保存在国内外的西夏书籍至少有 500 种以上，共有数千卷册。大量西夏书籍的重见天日，使过去鲜为人知的西夏书籍在中国古籍中占有十分重要的地位。西夏书籍有写本，也有印本，都属于珍本、善本之列。其中就有十分珍贵的活字印本。

一　万里寻踪——俄藏西夏活字版文献的发现及其特点

1909 年由俄国的科兹洛夫率领四川—蒙古探险队在中国的西夏黑水城遗址（今属内蒙古额济纳旗）发现了大批西夏文献，载运回国，共有八千多个编号，封存于圣彼得堡亚洲博物馆（今为圣彼得堡东方学研究所）中，现入藏于 11 个高大的书柜内，使该处成为入藏西夏文献的首富。[②] 这批珍贵文献长期流失在海外，使学人难以阅览研究，令国人痛心疾首。然而事隔八十多年后，终于有了转机。

图 1　西夏皇陵遗址

图 2　黑水城遗址

1993 年中国社会科学院民族研究所、上海古籍出版社与俄罗斯圣彼得堡东方学研究所签订合作协议，共同整理出版俄罗斯圣彼得堡东方学研究所所藏中国黑水城出土的全部西夏文、汉文文献和部分其他民族文字文献。1993 年笔者与本所的和上海古籍出版社的同事们

① 史金波：《西夏文化》，吉林教育出版社 1986 年版。

② 史金波、白滨：《西夏文及其文献》，《民族语文》1979 年第 3 期。

来到圣彼得堡，整理、查阅、拍摄俄藏黑水城文献，准备编印出版。这些文献大部分是西夏时期的写本和刻本，也有部分宋代、金代和元代的写本和刻本，这些文献是研究中国书籍版本有重要价值的实物资料。数以千卷计的中古时期的珍本书籍使我们大饱眼福，大开眼界。看到这些书籍，犹如进入西夏书籍版本的大展厅，可以见到中国中古时期书籍的各种形式。笔者在整理这些西夏文献时，发现了西夏时期的活字版印刷品，当时心情的惊喜和激动难以名状。[①] 随着整理工作的深入进行，从已经整理过的文献中已陆续发现有四种活字版书籍。这些珍贵的文献是世界上最早的活字印刷品，这一发现使我们见到了活字印刷术发明不久后的活字印刷品，令人耳目一新。

已发现的黑水城所出俄藏文献中四种活字版本都是西夏文印本：《维摩诘所说经》、《大乘百法明镜集》、《三代相照言集文》、《德行集》。

（一）西夏文活字本《维摩诘所说经》至少有五卷，都是经折装，上下单栏。其中 233 号系该经上卷，五十面，卷尾残；4236 号，也是上卷，仅存卷尾一面；361—362 号为该经中卷，九十一面；232 号亦为中卷，八十六面。以上每面高 28.2—27.5cm，宽 11.5—11.8cm。上下单栏，版心高 21.6—21.7cm。面七行，行十七字。737、2310 号为中卷和下卷，共一〇五面，每面高 28.7cm，宽 11.8cm，版心高 22.1cm，每面七行，行十八字。233 号和 737 号有西夏仁宗尊号题款。此经除活字印本外还有写本和雕版印本。

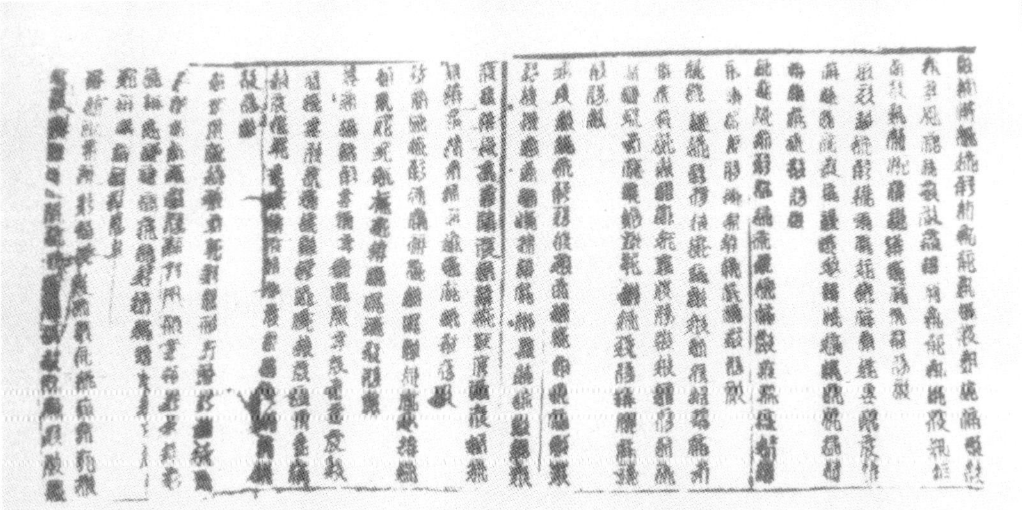

图 3　西夏文活字本《维摩诘所说经》

（二）西夏文活字本《大乘百法明镜集》卷九，编号 5153，原为经折装，现已摊平为一纸四面的十张纸，纸幅高 28.3cm、宽 50.3cm。前残，卷尾有经名。每纸三十二行，第十纸仅有十二行，原每面八行，行二十三字，上下单栏，版心高 24.7cm。

（三）西夏文活字本《三代相照言集文》，编号 4166 号，书名原误译为《三世属明言

---

① 史金波：《寻找流失在异域的珍宝》，《历史月刊》1995 年第 12 期。

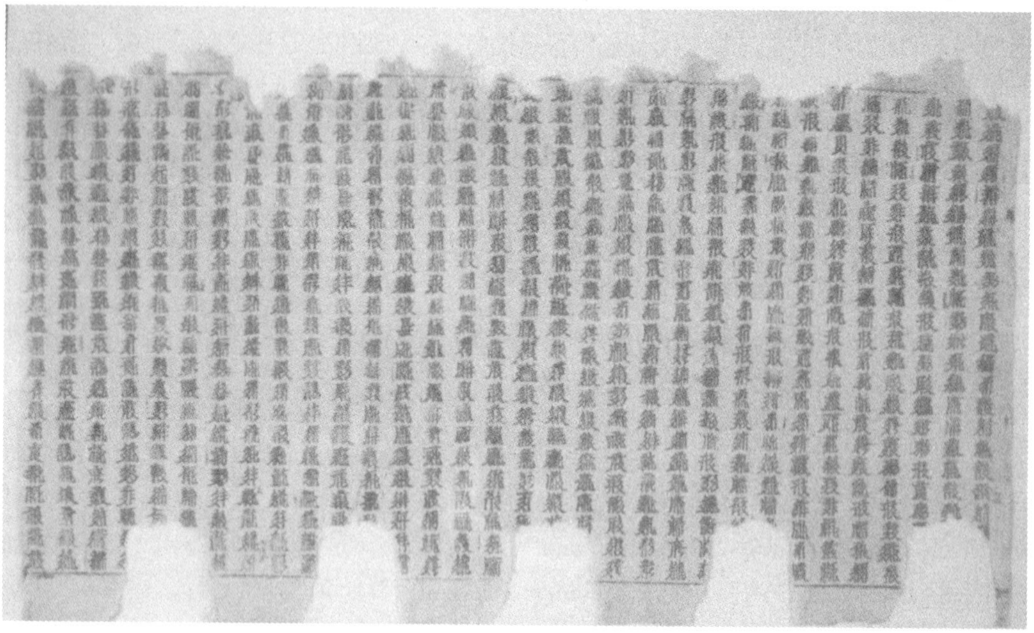

图4-1 西夏文活字本《大乘百法明镜集》正面

图4-2 西夏文活字本《大乘百法明镜集》反面

集文》，并置于世俗著作类 。这部书共四十一页、八十二面，蝴蝶装，印本。每面纸幅宽15.5cm，高24cm，版心11.5cm×17cm，四周双栏，每面七行，行十六字。版心白口，版心内有西夏文页码，唯最后第四十、四十一页版心页码“四”字为汉文，“十”和“十一”用西夏文。首尾俱全，卷末有发愿文3面半，22行。此书系佛教禅宗著作。发愿文为僧人道慧和其尊友慧照所作。

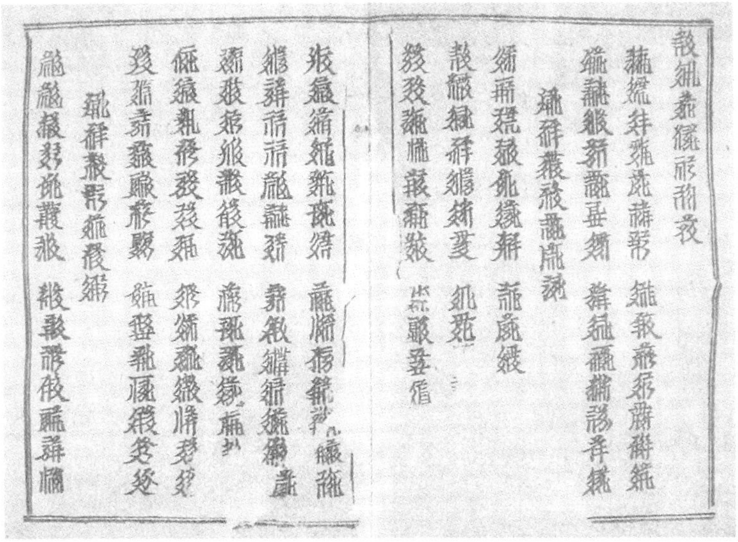

图5　西夏文活字本《三代相照言集文》

（四）西夏文活字版文献《德行集》，编号799、3947号，蝴蝶装，共二十六页，五十二面，面七行，行十四字，前有序文四页八面，首尾俱全。四周单栏。版心白口，上有书名简称“行”，下有页码，有的为西夏文，有的为汉文。这是一部论述统治者德行的世俗著作。

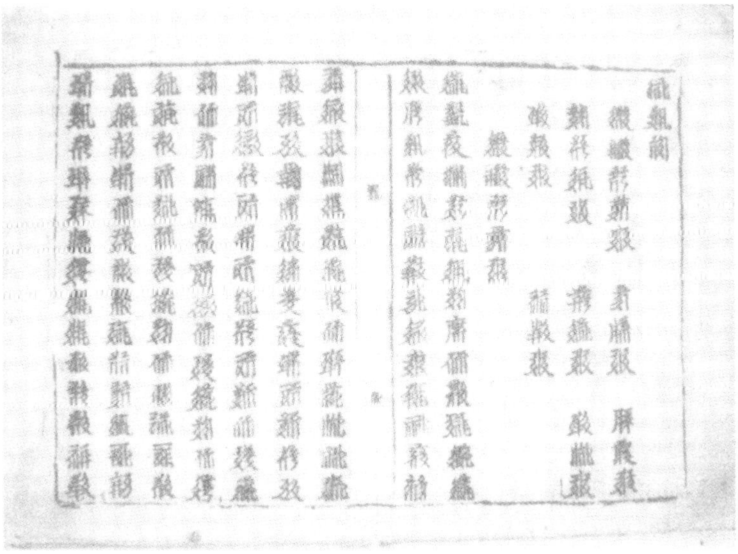

图6　西夏文活字本《德行集》

认定一种印本是否是活字印刷，要地从字形、行款、边栏、版心、正面、反面、题款等处仔细考察，一般需要多方面的证据，进行综合性的研究。以上四种印本都具有活字版的特点：

1. 同一号字，大小宽窄不等，字体肥瘦不同，笔画粗细不一，这是因为虽然活字大小一样，但写刻活字非出自一人之手，在活字上所刻字大小不等、笔画不一所致。这种现象在《维摩诘所说经》中随处可见。在《大乘百法明镜集》中也很明显。如第六页一行的“不修欲”三字，“不”、“欲”二字浓深，中间“修”字浅淡。

2. 书中有字形歪斜，字列不正，每行左右不齐的现象，为当时活字不规范、聚版不精的原因。此现象以《维摩诘所说经》最为突出。

3. 个别字的一边有活字印文墨迹，如《维摩诘所说经》233 号第一面、4326 号一面上都有这种十分明显的现象。又如《大乘百法明镜集》第四页左部，第五页中部，第十页末都有此类明显现象。再如《三代相照言集文》十二页二面四行、十三页一面四行、二十页一面五行、三十八页二面四行，《德行集》三页二面，四页一面、二面，十页一面，二十六页二面都有这种现象。这是活字印刷聚版不精，有的活字稍微倾斜而造成的。有的空字处印出空活字的边缘印痕，甚至近于墨钉，这也是由于聚版不精，未掌握好空活字的缘故，如《大乘百法明镜集》末页倒二行就十分明显。这是活字印刷的突出特点。

4. 正面墨迹和背面透墨以字为单位深浅不同，有的纸面凹凸不平，系初期活字印刷版面不平所致。以上四种文献都程度不同地有这种特征。有时系因在同一版中使用较多的活字（熟字）不够用而印刷后不得不补印，造成了文中有时以字为单位与周围的字墨色不同。比如《德行集》第四十页有四个西夏文“下”字、第四十一页“者”字，墨色与其他字明显不同。

5. 纵观这些文献上下字之间距离较宽，无一字相连、相交。绝无木雕版印本中有时上下字点画撇捺相接、相触的情况。

6. 有的印本版框栏线不同于雕版印本。如《三代相照言集文》四周双栏，外线粗，内线细。其左右栏线抵上下栏线，造成栏线交角处内线和内线、外线和外线不相衔接。另第四页左栏线断折，文字向外斜挤。又如《德行集》四周栏线的交角处往往有明显的空缺，交角不连接，这种现象几乎在每页都能看到。有的栏线超出应相交的垂直栏线，如第一、二、四、五、七、九页等。版心线与上下栏线不相交。这是活字版拼合版框时边栏线条不规范、拼合不紧密所致。在木雕版中不会出现这种现象。

7. 蝴蝶装印本中，版心中的页码同一数字内有西夏文，又有汉文，也是活字印刷容易造成的现象，如《三代相照言集文》和《德行集》。有的页面版心中的书名简称漏排，如《德行集》第四、七、八、十一等页。这些也是容易发生在活字版中，而不易发生在木雕版中的现象。

8. 有的印本题款有活字印刷的明确记载。如《三代相照言集文》发愿文末尾有三行题款，明确记载了“活字”二字。这三行题款译成汉文是：

> 清信发愿者节亲主慧……
> 清信发愿相沙　道慧
> 字活新印者陈集金

据发愿文内容可知，第一行“慧”后所缺字应为“照”字；第二行“发愿相”依据西夏语语法可译为“相发愿”或“随发愿”；第三行“字活”二字应译为“活字”。在西夏文《圣大乘守护大千国土经》中有“人活”二字，就是相应的汉文佛经中“活人”的西夏文译文。其中“活”字与此发愿文“活”字相同。由此更可确切地证明此经为活字版本。这一记录是西夏使用活字印刷的重要证据。

9.《德行集》卷末西夏文题款记有三个与印制此经有关的人名，每个人名前都有“印校发起者”的头衔，没有雕版印刷品题款中常有的书写者、雕刻者的人名。反映出活字印刷重视排印，而不易确知写、刻者的特点。

目前存世的早期活字印本十分罕见，且集中于西夏文文献之内。利用这些稀有的文献，总结早期活字版印刷品的特点，有重要意义。以上的分析只能算初步的认识，希望能起到抛砖引玉的作用。深入的研究有待将来，特别是这些文献全部公之于世以后。

二　世界之最——俄藏西夏文活字版文献的时代

俄藏黑水城文献中绝大部分是西夏文文献，其次是少部分汉文文献以及藏文等其他民族文字文献。其中有西夏时期的写本和刻本，也有少量的宋代和金代的文献以及元代的文书等。整卷、整册的西夏书籍都集中发现于黑水城西的土塔之中，其中没有元代的文献。元代的文献多是文书残页和元代的宝钞等，系于黑水城各处零星发掘而得。因此以上所论四种西夏文活字版书籍，也和其他成卷册的西夏文文献一样，出土于黑水城西的塔内，自然也是西夏时期的活字印本。

上述四种活字版书籍中有两种系蝴蝶装。其中有《三代相照言集文》和《德行集》。而目前所见元代的西夏文印本都是经折装，如北京图书馆所藏西夏文《妙法莲华经》、《过去庄严劫千佛名经》、《悲华经》、《阿毗达摩顺正理论》、《经律异相》等无一例是蝴蝶装。蝴蝶装盛行于宋代，元代已很少使用，而印制西夏文经可能已经不再用蝴蝶装了。这对确定两种蝴蝶装活字版书籍的时代有重要参考价值。

更重要的证据是在《三代相照言集文》的发愿文题款中记有“清信发愿者节亲主慧（照）”。慧照是僧人，身份是“节亲主”。节亲主这一称谓只有西夏才有。西夏文字典对“节亲”有明确的解释，即“父骨亲、母肉亲”、“父兄”之谓。节亲又分为“节上亲”和“节下亲”，前者为祖父、父辈，后者为子、孙辈，应指本族姓中较近范围的亲属。[①] 节亲主是皇族嵬名氏中有地位者，颇类似中原王朝的亲王。如重要西夏文字书《音同》序言中记载倡导修订《音同》的大臣“节亲主、德师、中书、知枢密事、赐正净……嵬名德照”，此人是“节亲主”，在人名前载明了姓氏“嵬名”，嵬名是皇族姓氏。[②] 西夏陵园中出土的残碑上不止一处刻有“节亲主”。[③] 西夏文文献中还有一些题款记载了“节亲主”的称谓，有的冠有姓氏，有的没有姓氏。作为西夏特有的称谓“节亲主”出现在记载活字印刷的题款

① 史金波、白滨、黄振华：《文海研究》，中国社会科学出版社 1983 年版，第 527、442、452 页。

② 史金波、黄振华：《西夏文字典音同的版本与校勘》，《民族古籍》1986 年第 6 期。

③ 史金波：《西夏陵园出土残碑拾补》，《西北民族研究》1986 年第 1 期。

中，不仅证明发愿者僧人慧照是皇族，姓嵬名氏，更为重要的是确切地证明这部活字版书籍属西夏时期。

1994年笔者再次到圣彼得堡东方学研究所时，又与该所的西夏学专家克恰诺夫教授对西夏活字版资料切磋研究。克恰诺夫教授也发现了此书中的“活字”记载，并认为西夏时期有活字印刷。

另一部西夏文活字版著作《德行集》卷末也有题款，其中第三人名为“印校发起者番大学院学正、学士、节亲文高”。“番大学院”是西夏特有的政府机构，它不属于西夏政府机构上、次、中、下、末五种司等中的任何一种，而是和官提点、执飞禽提点、秘书监、京师工院、汉大学院同属特殊机构。[①]“学正”是主管番大学院的正职。可见发起印校《德行集》的番大学院学正名为文高的人，应是西夏时期人，《德行集》自然也是西夏时代的作品。此外文高也有“节亲”的头衔，“节亲”是西夏特有的称谓，前已有论，不再赘述。此人是西夏皇族嵬名氏，名文高。由此更可确认此著作印于西夏时期。

1973年格林斯塔德在印度出版了九卷本《西夏文大藏经》，其中第九卷收入西夏文《维摩诘所说经》，自第2035—2052页皆为活字版本。[②]日本西田龙雄先生早就指出过此经印制粗劣，字体大小不等，应是活字版，而且可能是泥活字印刷。[③]西田龙雄先生仅根据《西夏文大藏经》上印制粗糙的影印本，就正确地指出《维摩诘所说经》为活字版，可以说是慧眼独具。然而他说这是西夏国灭亡后所作的活字本，并说此经是从北京图书馆复制的，则是不准确的。实际上此经是前述俄国圣彼得堡东方学研究所入藏的文献中活字版《维摩诘所说经》的一部分，而与此经同时发现的一大批西夏文文献皆出自黑水城西墙外的一座塔内，它们都是西夏时期的写本和印本，可知此种《维摩诘所说经》也应是西夏时期作品，不是西夏国灭亡后所作。

俄藏四种活字版文献皆属西夏时期，而四种文献从其印制特点上又可分为不同的类型，这些不同的类型可能与文献形成的先后有一定的联系。《维摩诘所说经》印制较为粗疏古朴，带有较多的不大成熟的色彩，《大乘百法明镜集》则较为规整，工艺水平比较成熟。在《三代相照言集文》和《德行集》中虽然仍能看到早期活字印刷的不完善之处，但与前两种文献相比工艺水平更高，印制效果良好，已达到或接近当时雕版印刷的工艺水平。《三代相照言集文》印制很好，在字形、行款、版式等方面都达到很高的水准，并且它已经使用了三种大小不同型号的字。有的页面还出现了阶段符号“。”，符号占一小字格，如第九、十页。《德行集》印制质量也较好，书中也已出现不同型号的活字。由此可以考虑《维摩诘所说经》在西夏活字印本中属于较早的作品，而后两种则属于其后的作品。

上述四种西夏文活字版文献，是世界上最早的活字印本。它的发现，是活字印刷史上的一件大事。中俄合作整理、编辑的《俄藏黑水城文献》将陆续出版，其中包括上述西夏文

---

① 史金波、聂鸿音、白滨译注：《西夏天盛律令》卷十，《中国珍稀法律典籍集成》甲编第五册，科学出版社1994年版。

② Eric Grinstead, *The Tangut Tripitaka*, Vol. 9 (New Delhi, 1973).（［丹］格林斯塔德：《西夏文大藏经》第九卷，新德里，1973年。）

③ ［日］西田龙雄：《西夏文华严经》三，《西夏译经杂记》二，京都大学文学部印，1977年。

活字版文献，届时海内外学者将能欣赏到这些珍贵活字印本的风采。

三 前说质疑——西夏文活字版《大方广佛华严经》的时代考证

北京图书馆入藏一百余部西夏文佛经，其中有《大方广佛华严经》五十八卷。宁夏博物馆、甘肃省张思温先生以及日本京都大学也都藏有多少不等的同类《大方广佛华严经》。这些佛经都出自宁夏。1917 年在离西夏首都中兴府（今宁夏银川市）不远的宁夏灵武县发现了一批西夏文佛经。张思温先生介绍这批佛经的发现经过之事甚详。①

这批西夏文《大方广佛华严经》，系据唐实叉难陀译八十卷《华严经》汉文本译出。其中有一部分原藏于元和邵氏，20 世纪 30 年代初，年轻学者罗福苌第一个指出这是活字印本。罗福苌在《大方广佛华严经卷一释文》的附记中记道："右刊本每半页六行，行十七字，为河西字大藏经雕于元大德年中，自第一卷至第十卷完全无缺，现藏元和邵氏，节录其首页原文与释典比较读之如左。附活字印本一页。"② 尽管罗福苌先生对此经的活字版特点没有作出具体的论证，但这是对八十卷西夏文《华严经》为活字版的第一次认定。罗福苌在当时西夏文资料较少、早期活字印本缺乏的情况下，首识西夏文活字版，实为难能可贵。然而，这一重大发现并没有引起学术界应有的重视。后来这十卷《华严经》流落到日本。直至 1958 年，日本的藤枝晃发表论文，认为这些佛经不是木刻版，而可能是木活字本。③ 60 年代中期，日本西夏学专家西田龙雄又进一步通过分析文字印刷特点，论证日本所藏西夏文《华严经》是活字本。但他又认为，西夏文活字本《华严经》是元代以后，明朝初年，在木活字普及之时，根据西夏文木雕版《华严经》复制的活字本《华严经》。④ 70 年代初，著名西夏学专家王静如先生考证宁夏所藏西夏文《华严经》三卷，认为也是元代活字本。⑤ 70 年代末期，史金波、白滨为文指出北京图书馆藏西夏文《大方广佛华严经》五十多卷是元代活字本。⑥ 1988 年笔者又依据佛经题款和北图所藏印本西夏文《华严经》的特点进一步论证北京图书馆、宁夏、甘肃以及日本等地所藏数十卷西夏文《大方广佛华严经》皆为活字本。目前，这批《华严经》以北京图书馆所藏最富，自卷十一—八十，其中有缺卷，有的又有复本，共五十八卷。日本京都大学藏卷一—十、卷三十六，共十一卷。甘肃张思温藏卷十一—十五，共 5 卷。宁夏藏三卷。这几处共有西夏文《华严经》七十七卷，它们应都是出于宁夏灵武，且都是活字本。⑦

审视西夏文《大方广佛华严经》的印本，可以找出它们是活字印本的特点。西田龙雄

① 张思温：《活字版西夏文〈华严经〉卷十一—卷十五简介》，《文物》1979 年第 10 期。

② 《国立北平图书馆馆刊》四卷三号（西夏文专号），1932 年，第 182 页。

③ 藤枝晃：《西夏经——石和木和泥——现存最古的活字本》，载《石滨先生古稀记念东洋学论丛》，1958 年，第 484 页。

④ 西田龙雄：《西夏语的研究》（二），座右宝刊行会，1966 年，第 295—301 页。

⑤ 王静如：《西夏文木活字版佛经与铜牌》，《文物》1972 年第 11 期。

⑥ 史金波、白滨：《西夏文及其文献》，《民族语文》1979 年第 3 期。

⑦ 史金波：《西夏佛教史略》，宁夏人民出版社 1988 年版，第 203—204 页。

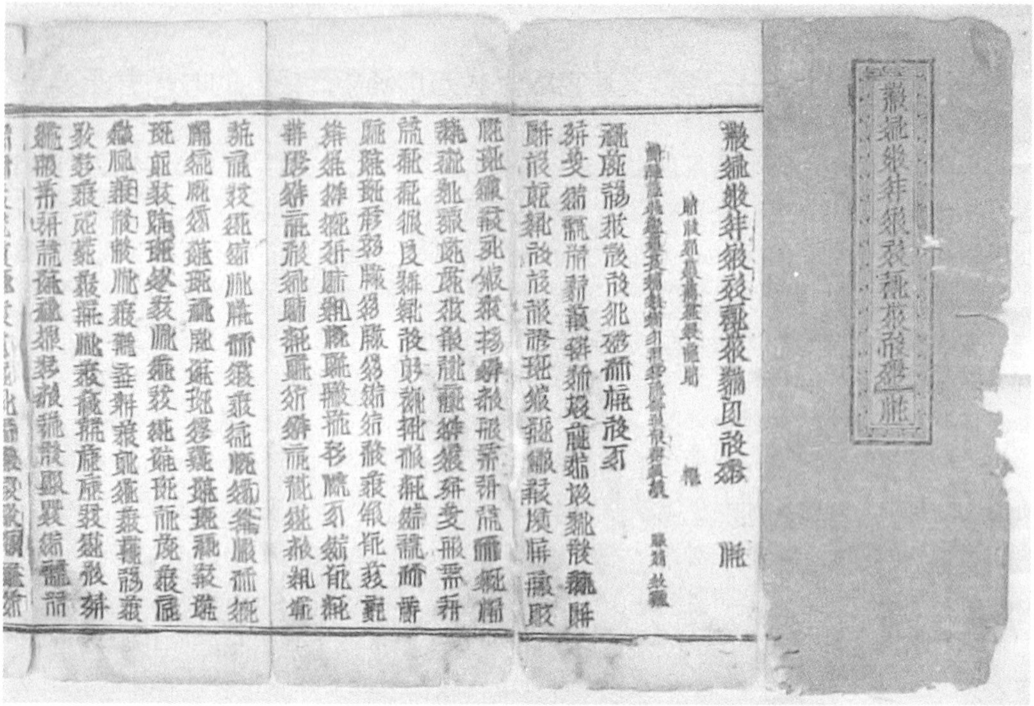

图7　西夏活字版《大方广佛华严经》卷第八十

教授发现日藏西夏文《华严经》中有时同一个字同样的笔误在同一佛经中屡屡出现，还发现一个字的右上方留下了一个特殊的印痕。这都是活字印刷出现的特征。笔者在《西夏佛教史略》中又详细地论证了此经活字本的特点。该经有的页面中一行之内有字形歪斜现象，这是初期活字印刷时活字不规范或聚版技术不精而造成的特殊现象。该经有不少常用字与上下左右墨痕深浅差别明显，这是因为在排字过程中常用的活字（熟字）用量很大，但备用不多，不够用时只好暂时空缺，后来再个别补印，如卷第十二的大、不、皆、之、无、顺、因等字，卷第三十二的梵、行、令等字，卷第三十四的迴、趣等字，均是此种情形。在经纸背面可以看到一些印字透墨深浅不一，这也是初期活字印刷时的一种特有现象，与木雕版印刷时背面透墨比较均匀的情况迥然不同。

此类《大方广佛华严经》中有两卷的末尾的题款，可确凿地证明这类《华严经》为活字本。日本京都大学所藏此经卷第五有西夏文题记两行，译成汉文是：“都发愿令雕碎字勾管为印者都罗慧性，复共一切发愿助随喜者，皆当共成佛道”。“碎字”，即为活字。又北京图书馆藏此经卷第四十也有西夏文题记两行，译成汉文是：“实勾管作选字出力者，盛律美能慧共复愿一切随喜者，皆共成佛道”。“选字”应是拣字、排字，“选字出力者”应是拣排活字的工匠。这两条西夏文题记是证实这种《华严经》为活字本的确凿证据。[①]

这类西夏文《华严经》系活字版本已无疑问，而它们属于什么时代仍然是一个值得讨

① 史金波、黄润华：《北京图书馆藏西夏文佛经整理记》，《文献》1985年第4期。

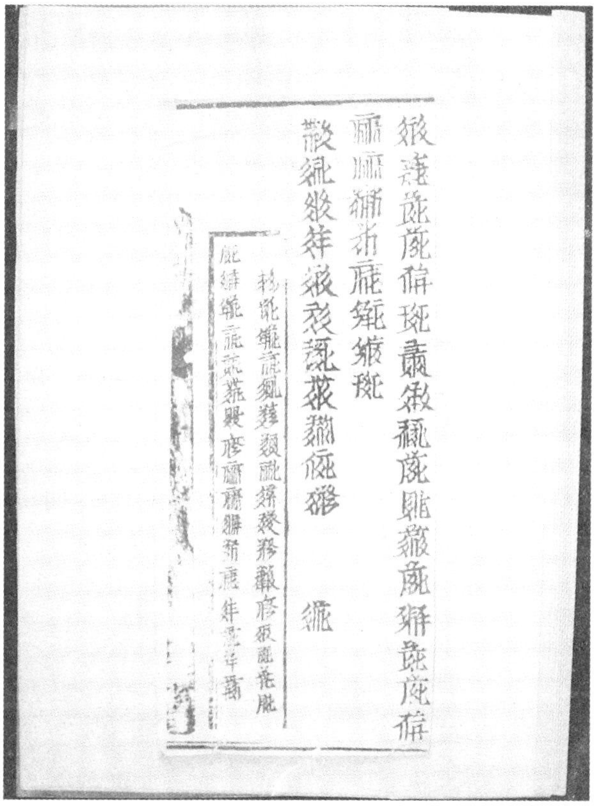

图8　西夏活字版《大方广佛华严经》卷第五卷尾题款

论的关键问题。

著名学者王国维断定元和邵氏所藏《华严经》为元刊本，“相其书迹纸墨，并与西夏所刻《掌中珠》殊，余谓此元刊本也”。他又根据日本善福寺藏元平江路碛砂延圣寺所藏《大宗地玄文本论》卷三发愿文的记载：“于江南浙西道杭州路大万寿寺，雕刻河西大藏经板三千六百二十余卷，华严诸经忏板，至大德六年完备。管主八钦此胜缘，印造三十余藏，及《华严大经》、《梁皇宝忏》、《华严道场忏仪》各百余部，《焰口施食仪轨》千有余部。施于宁夏、永昌等寺院，永远流通。”认为此经于杭州大万寿寺雕刊的河西字（西夏文）大藏经，于元大德六年雕刊完毕。[①] 但当时他并没有识别出此类西夏文《华严经》是活字本。元代称西夏故地为河西，这里所说“河西大藏经”即指西夏文大藏经。这一记载确切地证明了元代曾雕刻全部西夏文大藏经以及其他单部西夏文佛经。但它还不能证实王国维先生所论西夏文《华严经》是元代印本。目前所见这类七十多卷《华严经》中还找不出它们是元代印经的任何文字记载。当我们确定此类《华严经》为活字印本后，反而更加明确了它们与《大宗地玄文本论》所记元刊西夏文大藏经不是一回事，因为元刊西夏文大藏经是“雕刻河西大藏经版”，即明确为雕版印刷。至于王国维先生将《华严经》与当时所见西夏时期著作

① 王国维：《元刊本西夏文华严经残卷跋》，《观堂集林》卷21。

《番汉合时掌中珠》的书迹纸墨比较后发现它们不一致，从而认为《华严经》不是西夏时期版本，是元代刊本，现在看来是没有说服力的。因为古代某一时期的印本尽管带有时代的特征，但要从其墨色深浅、纸幅大小、行款字数来判断它们属于哪个时代是十分困难的。古代印书的形制、纸幅由于印刷地点、书籍内容、工艺水平、财力大小的不同而有所不同，即便是同一作坊的印刷品所刻书籍也不相同。西夏乾祐二十一年（1190）骨勒茂才著作的《番汉合时掌中珠》是西夏文—汉文双解语汇集，属于世俗应用著作；而《华严经》是佛教经典。将这两本书放在一起对它们的版本形式进行比附，来确定《华严经》为何时印本，似显证据不足。王国维先生是国学大师，更是版本权威专家，自从他提出这类西夏文《华严经》为元代刊刻以后，后人都沿袭其说。即便是确定这类西夏文《华严经》为活字本以后，可能专家们大都认为自从宋代毕昇发明活字版印刷后不久，偏安一隅的西夏不大可能利用活字印刷，因而这批活字版佛经仍然被认为是元代制作，有人甚至认为它们是明代的产物。现在已经有确切的根据证明西夏时期应用了活字印刷，前述西夏文《华严经》究属元代，抑或西夏时期，应重新鉴别、探讨。笔者认为它们有可能属于西夏时期。

当然，这类西夏文《华严经》无论是属于西夏时期，还是属于元代，都是过去已知的早期活字版本。这些活字版佛经受到西夏学界的高度重视，也逐渐受到版本、印刷史学界的高度重视。①

四　劫后余宝——国内新见西夏文活字版文献

近年来，国内不断有新的西夏文物、文献发现，为西夏学研究提供了新的素材。其中就有珍贵的西夏文活字版印刷品。

宁夏贺兰县境内有拜寺沟，是贺兰山东坡山沟之一。距沟口约十公里的贺兰山腹地有一方塔。1990年11月，方塔被不法分子炸毁，1991年8月至9月，宁夏文物考古研究所和贺兰县文化局对方塔做了清理发掘，抢救出一批西夏文文献和文物，西夏文《吉祥遍至口合本续》等九册佛经就是其中的重要文献，现保存在宁夏文物考古研究所。

此套佛经皆为蝴蝶装，版心上部为经名简称，下部有页码。四周双栏，一般每面十行，行二十二字。其中《吉祥遍至口合本续》卷第三，六十九面；卷第四，七十四面；卷第五，七十面；《吉祥遍至口和本续之干文》一卷，三十四面；《吉祥遍至口合本续之障疾文》下半，五十二面；《吉祥遍至口合本续之解生喜解补》第一，四十二面；第二，四十面；第三，二十面；第五，四十八面；共四四九面。② 牛达生先生对该套佛经进行研究后，认为属于活字印本。其证据是：有的页面出现异常现象，如《本续》卷四第五页通版排印，漏排版心，最后一页为了节省一页也省去版心，打破每面十行的规格，多加一行，成为每面十一行。有的经卷最后一页左侧无栏线，如《干文》最后一页，有的索性省去左侧栏线，如

① 罗树宝：《中国古代印制史》，印刷工业出版社1993年版；曹炯镇：《中韩两国古活字印刷技术之比较研究》，台湾学海出版社1986年版。

② 宁夏回族自治区文物考古研究所、宁夏回族自治区贺兰县文化局：《宁夏贺兰县拜寺沟方塔废墟清理纪要》，《文物》1994年9月。

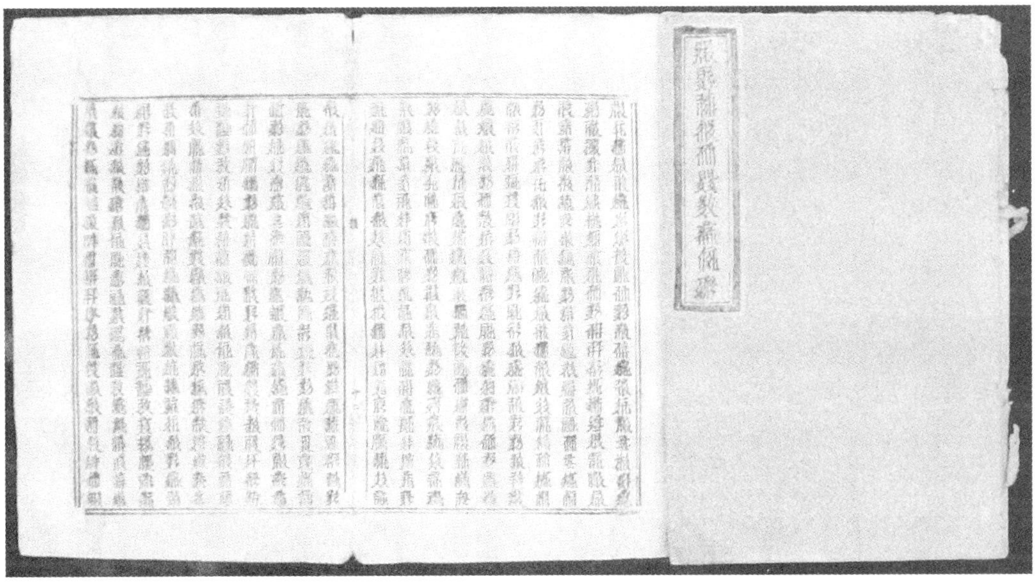

图9　西夏文活字本《吉祥遍至口合本续之解生喜解补》第五

《解补》第五。这些都是雕版印刷中不会出现，而在活字印刷中才有的现象。此外，文中标示页码的汉字中，正字、倒字形近的字如“二”、“四”等有倒置现象，如《本续》第二十二、二十九页，《干文》第三页、末页，《解补》第十四页。这是排字时不经心错排所致。文中还有栏线四角不衔接，文字大小不等，墨色浓淡不匀等活字版常见的现象。①

1995年8月笔者在宁夏银川见到方塔所出西夏文《吉祥遍至口合本续》等经，认为此印本确为活字版。此经不仅有上述形式上的特点，还有文字方面的佐证。例如《干文》最后一页有题款，译成汉文是：“印本勾管为者沙门释子高法慧”。“印本勾管为者”这一特有提法是该经属于活字印刷品的重要证据。纵览西夏雕版印刷品，比较重视书写者和雕版者，特别是对雕版者更加重视。一部分刻本中有序言、跋尾和题款，其中叙述成书过程时，除作者、译者外，有时还记写者、雕刻者姓名和雕刻完成时间。以佛经为例，俄藏刻本《维摩诘所说经》（2334号）卷尾刻印题款三行，译文是：“贞观丙戌六年九月十五日雕毕，审义行善座主耶危智宣，写者赐绯移讹平玉”。俄藏《金刚般若波罗蜜多经》（5378号）卷末有题款，译文为：“天盛甲申岁十六年八月十五日，印雕发起者前内侍耿长葛，罗瑞那征讹写”。俄藏《西壁国师劝世集》（3706号）有题款，译文为：“乾祐戊申十九年二月十五日，雕印发起者僧人杨慧宝，□前面执笔罗瑞忠执写”。俄藏《佛说阿弥陀经》（4773号）卷末有题款，译文为“写者僧人马智慧，雕者李什德、刘铁迦”。此类刻款不少，都是记录雕版印刷的写者、雕者，或二者同时记录。因为雕版印刷要有专人一版一版地写，一版一版地雕，写者和雕者技术性很强，且费时费力，相比起来印刷则比较简单。所以这些题款中多记写者和雕者，一般不记印者，特别是没有只记印者，而不记写者、雕者的。而活字印刷与雕版印刷大不相同，印刷时工序多，每一经，甚至每一版的活字，皆非出自一人之手所写、所

① 牛达生：《西夏文佛经〈吉祥遍至口和本续〉的学术价值》，《文物》1994年第9期。

刻，活字造好后，最费时费力的是拣字和印刷。宁夏所藏《吉祥遍至口合本续之干文》题款记“印本勾管为者”，没有记录写者和雕版者，只是强调印本的组织者，正符合活字印本的题款惯例，而与雕版印刷品题款中强调写者、雕者个人不同。此外，题款中有“勾管”二字，大概表示所做的是活字印刷的一个复杂的过程，除制作活字外，还有拣字、排版、固版、印刷等工序。宁夏新见西夏文佛经中题款文字，为其定为活字印本提供了新的参考依据。①

图 10　宁夏贺兰山方塔

宁夏所出西夏文佛经未有文字记明其确切的时代。但据宁夏考古专家介绍，出土佛经的方塔为西夏古塔，方塔清理出的文物中有西夏仁宗御制施经发愿文，其年款为：“时大夏乾祐庚子十一年五月初……（日）”，为此经的时代提供了参考依据。另外，我们从文献本身也可找出可供参考的时代标志。在《吉祥遍至口合本续》正文首页经名后各有三行小字，记录“集经”、“羌译”、“番译”的职务和人名。“羌译”指译成藏文，“番译”指译成西夏文，可知此经先由梵文译成藏文，再由藏文译成西夏文。在《吉祥遍至口合本续之障疾文》正文首页经名后，也各有三行小字，记录“集”、“传”、“番译”的职称和人名，此经也是由藏文译成西夏文。这两种经首题款形式都是西夏时期自藏文翻译经典、书写或印制成书的常见形式，如俄藏西夏文《到彼岸门依使胜住顺法事》（810 号）的题款记有“作”、“羌译”、“番译”的职称和人名，其形式与前经十分类似。俄藏西夏文《等持俱品》（2852 号）的题款也有类似形式的记载。由此可见，宁夏方塔所出此套西夏文印本佛经，应是西夏时期所制。

宁夏方塔所出西夏文活字本佛经，也是现存最早的活字版本之一。它的出土，使西夏文活字本书籍，特别是使保存于中国境内的西夏文活字书籍增添了重要品类，是中国早期活字版本的重大发现。

近年来甘肃武威市新华乡缠山村亥母洞遗址出土的西夏文《维摩诘所说经》，据甘肃武威市博物馆的孙寿龄先生介绍分析，该经也是活字版。这部经共五十四面，面七行，行十七字，每面高 28cm、宽 12cm，因同时出土有西夏乾定申年（1224）、乾定酉年（1225）、乾定戌年（1226）的文书，证明此经印刷时间不晚于乾定年间，又根据该经经名后的西夏仁宗

① 在 1995 年 7 月牛达生、于存海发表的文章《贺兰县拜寺沟方塔》中介绍这九部佛经时，只提“以上九本，皆为刻本”，并没有指出它们是活字版。见宁夏回族自治区文物管理委员会办公室雷润泽、于存海、何继英编著《西夏佛塔》，文物出版社 1995 年版。

尊号题款看，证明该经最早应是西夏仁宗时的版本。该经特点是："经面印墨有轻有重，经背透印深浅有别。有的字模略高于平面。有的字体肥大，所以印墨厚重，并有晕染现象，经背透印也很明显。有的字体歪斜，还有的字，因字模放置不平，印出的字一半轻，一半重。经卷中几乎所有页面行格歪斜，竖不成行，横不成线，行距宽窄也极不规则。"① 根据孙文的介绍和该文所附的照片看，此经系活字版是可以肯定的。这又是一项活字印刷史上的重要发现。

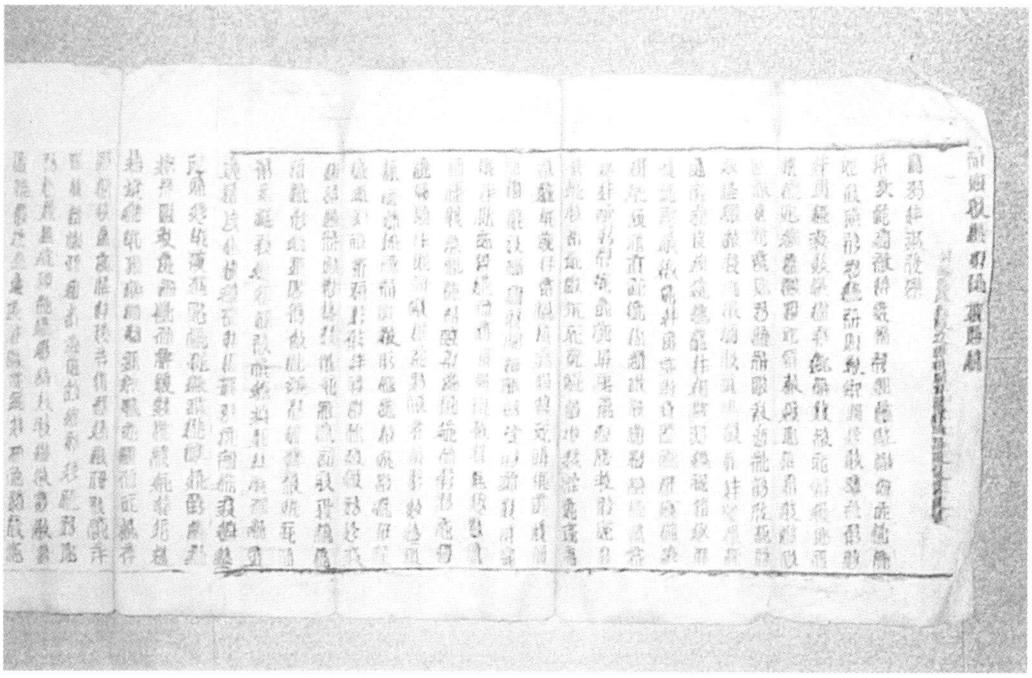

图 11　武威出土西夏文活字本《维摩诘所说经》

将此经与俄藏黑水城出土文献中的活字版《维摩诘所说经》比较，可以发现它们的版幅相近，行款一致，字体相同，具有相同的形制和特点，无疑它们应是同一种活字印本。

五　析疑探微——泥活字和木活字

由上可知，目前已发现存世的西夏文活字版印刷品至少有六种九十多卷，这些活字印本是泥活字印刷，还是木活字印刷又是一个值得探讨的问题。这个问题已经引起有关专家的讨论。

众所周知，初期活字印刷采用泥活字，《梦溪笔谈》所述毕昇创制活字印刷，就是使用泥活字。然而毕昇所制泥活字以及他的泥活字印刷品都没有流传下来，甚至连他印过什么书籍都缺乏记载。西夏善于接受其他民族文化，受中原文化影响甚深，在科学技术方面也是如

① 孙寿龄：《西夏泥活字版佛经》，《中国文物报》1994 年 3 月 27 日。

此。西夏迅速地吸收了活字印刷技术，并应用这种先进的技术印制西夏文书籍。在中原王朝未能流行的活字印刷在西夏却得到了较多实践的机会。如果从西夏采用活字印刷距毕昇发明使用活字印刷时间较短，两地距离又很近这两点来看，西夏活字印本使用泥活字的可能性较大，特别是开始应用活字印刷的阶段。

在早期活字印本很少的情况下，鉴别雕版印刷品和活字印刷品是一件不容易的事，那么，要想区分早期活字印本中泥活字和木活字就更是一件困难的工作。作为目前世界上最早的活字印本——西夏文活字印本的研究，也是刚刚起步，它带有开创性和探讨性，一些规律性的认识有待逐步摸索。已经发现的西夏文活字本印刷品是泥活字印刷，还是木活字印刷，抑或一部分是泥活字印刷，另一部分是木活字印刷，因为至今没有见到当时的活字样品，只能根据印刷品本身来分析。比较成熟的、印制精良的活字印刷品，单从文面上可能很难区分它们是用泥活字、木活字或金属活字印制的。正如版本学家张秀民先生所说："至于泥字、木字、铜字一般的区别，则在几微之间，更为不易。"[①] 因此，版本学家们往往要借助文献记载和印刷品的题跋来确定，比如有的记录了"锻泥成为活字板"，便知其为活字印刷，记录"铸字"、"活字铜板"、"锡字"便知其为金属活字印刷。在当前没有活字样品、缺乏文字记录的情况下，也只能根据活字印刷品本身去探讨该文献属于哪一种活字印刷。此外我们研究的是早期活字印刷，而早期活字印刷品可能带有不完善、不成熟的某些特点，这往往有助于我们认识和探索活字印刷品的某些特征。

俄藏四种西夏文活字版文献中，《维摩诘所说经》最有可能是泥活字印本。笔者仔细审视过俄藏活字本西夏文《维摩诘所说经》，发现不少字笔画不流畅、边缘不整齐、有伤损痕迹，如系木活字和金属活字可能不会出现这种现象。对于武威所出西夏文《维摩诘所说经》，孙寿龄先生也认为是泥活字印刷，其理由是：该经"有的字笔画生硬变形，竖不垂直，横不连贯，中间断、折，半隐半现。体现了泥字印刷所具有的特点"，这是因为泥活字"质坚性脆，易掉边角，断划破裂"。他还介绍该经"有的字因刀刃挤占，向内或向外偏斜，形成横不连贯，竖不垂直，方不成块，角不为角，中间断折或者极为薄俏之缺象。有的字明显有断边、碰碎剥落之痕迹；还有的字边缘有流釉现象，形成蜡痕状。"有的专家对其论证提出了不同看法。[②] 笔者认为，尽管孙文在介绍和论证武威市西夏文《维摩诘所说经》时可能有不甚明了之处，但综观俄藏和武威出土《维摩诘所说经》特点，说它是泥活字版印刷品还是有道理的。

不难想见，初期泥活字印刷不会很完善、很成熟。诚然，有人认为泥活字"非常脆弱"、"一触即碎"是没有根据的。开始制作泥活字的毕昇把刻好的泥活字"火烧令坚"，可知那时的泥活字就具有坚固性，实际上是陶质活字。然而泥活字的坚固程度与木活字和金属活字相比较还是有区别的。其边缘、棱角和笔画比木质、金属活字较容易破损。另外，初期制作泥活字在选料、制泥、刻字、烧制、排版、保存等方面，虽有宋朝现成经验可资借鉴，但操作起来很难做到尽善尽美。泥活字的先天不足，使泥活字印刷品的质量难以保证十分精美。西夏文《维摩诘所说经》表现出来的某些缺陷可以看成是泥活字印刷的特点。清朝安

---

① 张秀民：《中国活字印刷简史》，《中国印刷》第23—27期，1989.2—1990.2。

② 牛达生：《质疑与期望——西夏泥活字版读后》，《宁夏社会科学》1995年第1期。

徽泾县翟金生先生制泥活字，并用以排印书籍，所印《泥版试印初编》等书传世至今。尽管翟氏泥活字确实坚固，但观其所印《仙屏书屋初集诗录》、《泥版试印初编》的影印件，尽管已是很不错的印本，也存在类似活字本西夏文《维摩诘所说经》的某些特点，而与其他木活字、金属活字印本有异。由此更可以考虑西夏文《维摩诘所说经》是泥活字印本的可能性。

宋元时期印刷事业十分发达，雕版印刷品已经可能做得十分精美，对印刷品的要求也很高，在这种形势下创制的泥活字印刷品，尽管事实上已经开始了印刷术的革命性创举，但在质量上未必尽如人意。大概正因为如此，尽管泥活字印刷成本低廉、刻字容易，但当时并没有得到广泛应用，也没有使活字印刷成为主流。

西夏除应用泥活字印刷外，可能还使用木活字印刷。俄藏西夏文《三代相照言集文》和《德行集》印刷质量较高，可能是木活字印刷。牛达生先生认为宁夏发现的《吉祥皆至口合本续》等一套西夏文活字版佛经是木活字印刷品。其论据是：在经文部分页面上，发现了隔行竹片印痕。这种"印痕"是指字行间，墨色深浅不一，长短有差的线条。并认为有无隔行竹片印痕，是区分泥字和木字的重要标志之一。① 西夏自宋朝引进泥活字印刷术后，可能因泥活字印刷质量不尽如人意，或有明显不足之处，便在此基础上改进，将毕昇没有试制成功的木活字印刷，创制成功并付诸应用，印制书籍。这是12世纪中叶以后，或13世纪初的木活字印刷品，它比元代王祯使用木活字差不多要早一个世纪。西夏使用木活字印刷还有旁证可寻。在西夏西部的回鹘，比西夏稍晚些时候，也使用了木活字印刷。在敦煌曾经发现很多回鹘文木活字，并且现在还保存有不晚于14世纪初的回鹘文木活字印刷品。② 这不仅可以使我们推想西夏在活字印刷由中原地区向西传播过程中，在地域上和时间上所起的过渡作用，也还可以佐证西夏使用木活字印刷的可能性。

六　应用传播——西夏活字印刷的历史意义

中国的中古时期文教隆盛，形成了难以计数的文献，然而由于时代久远，多经战乱的破坏和自然的朽坏，传世的文献已百不一存。近代大量西夏文献的发现使中国中古时期的文献数量和种类大为改观。其中世上仅存的七八百年以前的西夏文活字版印本更为珍贵，它使我们对西夏文化的认识更为深刻、更为全面。西夏之所以在宋朝发明活字印刷术不久较早地应用活字印刷有其社会和文化根源。

西夏虽地处西偏，但文教兴盛，由于儒学的提倡和佛教的推行，使书籍的需要量逐渐增加。特别是西夏佛教寺庙林立，信众广布，佛经的用量大得惊人。据西夏文献记载，在西夏的一次佛教法会就散施佛经数万卷，甚至几十万卷。这样大的需求量，靠手写是难以做到的，因此，西夏的刻印事业十分发达。西夏甚至在国家机构中设置刻字司专主刻印之事。在长期的刻印活动中，发挥了雕版印刷的长处，同时也逐渐显露出它的局限性。印刷大量佛

① 牛达生：《西夏文佛经〈吉祥遍至口和本续〉的学术价值》，《文物》1994年第9期。

② Thomos Francis Carter, *The Invention of Printing in China and its Spread Westword* (New York: Columbia University Press, 1925).（托马斯·卡特：《中国印刷术的发明和向西方世界的传播》，纽约：哥伦比亚大学出版社1925年版。）

图 12 西夏绘画阿弥陀佛接引图

图 13 敦煌莫高窟西夏比丘、菩萨彩塑

经，需要数量巨大的雕版木材，而且要一版一版、一字一字地雕刻，费时费力，没有相当的财力是难以支撑的。西夏的近邻宋朝首创的活字版印刷，继承了雕版印刷的长处，又避免了雕版印刷的缺陷，很快受到西夏人的青睐，并及时应用于书籍印刷。

已发现的西夏印本文献，仍以雕版印刷为主，但从以上论述可知，西夏使用活字印刷也不是个别现象，其使用比例可能比发明活字印刷的中原地区还要大。这可能与西夏历来容易接受周围地区的文化，较少传统势力影响有关。西夏也很重视书籍印刷的质量，出现了不少精美的印刷品。但为了满足社会上特别是佛教界的需求，能够捷便地多印书籍，尽管一些初制的活字版书籍质量粗疏，也还能够接受，并使其发展。更为重要的是，以活字印刷而论，汉字有几万个，制一套活字很不容易，而西夏字只有六千多个，比较起来制活字要容易得多。这些可能是西夏活字印刷较为发展的具体原因之一。

西夏文文献中有多种活字版印本，说明西夏使用活字印刷是适应当时社会的需要，具有很强的实用性。当时既能排印经折装版，也能排印蝴蝶装版；既印佛教文献，也印世俗著作。尽管作为初期的活字版书籍不免带有时代的局限性，如前述活字不规整，聚版不规范，版面不平，印刷不精等，但从整个活字印刷技术来看已经成熟。在宋元时期的活字印刷品未能流传于世的情况下，与宋朝同时的西夏活字印本的发现，在活字印刷史上具有特别重要意义。这些活字版书籍是研究初期活字印刷的最可宝贵的资料。我们可以根据西夏活字版书籍研究活字印刷初期应用时的活字制作、排版、印刷等工艺，填补活字印刷史上的这段空白。

包括印刷事业在内的西夏文化的高度繁荣发展，在西夏中期。西夏活字版的应用，约在西夏中后期，木活字印刷的发展可能在西夏晚期。至于活字印刷术通过什么渠道传入西夏，史无明载。可能是沈括所著《梦溪笔谈》成书后，传入西夏，西夏的能工巧匠受到启发，承其衣钵而制活字。《梦溪笔谈》至少在南宋乾道二年（1166）已经出书，此时正是西夏文化高度发展的仁宗时期，也是大量散施佛经之时。有趣的是沈括本人在宋元丰年间曾在陕西北部的延州（今陕西延安）任知州，防御西夏，他的《梦溪笔谈》中就有关于西夏的记载。另一个渠道可能是通过民间传入西夏。

图 14　宁夏银川承天寺塔

西夏在东西文化交流中在很多方面都起到了重要作用。西夏地处中国西北部，控制着东西交通的孔道河西走廊。从使用活字时间上看，西夏大约在 12 世纪中叶以后和 13 世纪初，回鹘使用活字印刷可能在 13 世纪晚些时候或 14 世纪初，而相隔遥远的欧洲采用活字印刷是在 15 世纪中叶。活字印刷由东西渐的过程中，很早使用活字的西夏，其时间和空间的过渡位置是不容忽视的。中国的活字印刷术向西方传播的过程中，西夏和回鹘的作用有异曲同工之妙，值得特别重视。

西夏语人称呼应和动词音韵转换再探讨*

在西夏文文献中会碰到一种句式，句前有一个在西夏文文献中会碰到一种句式，句前有一个 𘓐（我）[遏轻]①，是主语，在句末又有一个𘓐（我）字。如：

𘓐[illegible]𘓐

我立便晓〈〉

我即知晓。《类林》卷四 权智篇 曹操②

经多年研究得知，原来这是西夏语中一种重要语法现象，它是句中人称前后呼应的句式，有时还涉及句中的动词，使动词在不同的人称句式中发生音韵转换。这就是动词的人称呼应和音韵转换。西夏语的人称呼应现象是由俄国著名西夏学专家克平教授发现的③，动词的人称呼应涉及动词音韵转换，则是由台湾著名语言学家龚煌城教授进一步研究做出的新贡献。④ 龚煌城教授在《西夏语动词的人称呼应与音韵转换》这篇重要论文中深入研究了这一重要语法现象，并以他本人构拟的西夏语音对照分析，得出了令人信服的、带有规律性的认识，把西夏语研究大大推进一步。本文拟在过去专家们研究的基础上，做一些补充探讨。

一 人称呼应

克平和龚煌城教授指出，在西夏语的句子中，动词后可以带与主语或宾语人称语音一致的呼应词，这种词可以视为人称呼应词。主语或宾语是单数第一人称时，动词后与之呼应的词其文字形式同第一人称代词𘓐；若是第二人称时，动词后的人称呼应词与主语的语音相同或稍有变化，文字形式不同，为𗧘。主语是第一、二人称复数形式时，句末也有与之呼应的

* 原刊于《民族语文》2010 年第 5 期，第 40—55 页。

① 本文西夏文字后的圆括号内为字义，方括号内为字音，音标空一格后的数字 1、2 分别表示平声和上声。文中西夏文例句第一行为西夏文原文，第二行为对译，第三行为意译，后为引文出处。例句中尖括号为难以用汉字译出的虚词。

② 参见史金波、魏同贤、克恰诺夫主编《俄藏黑水城文献》第 11 册，上海古籍出版社 1999 年版，第 221—332 页；史金波、黄振华、聂鸿音《类林研究》，宁夏人民出版社 1993 年版。

③ К. Б. Кепинг, *Тангутский язык · Морфогогия*, Москва: Издательство НаукаА, 1985.（[俄] 克平：《西夏语·形态学》，莫斯科：科学出版社 1985 年版。）

④ 龚煌城《西夏语动词的人称呼应与音韵转换》，《语言暨语言学》2001 年第 2 期。又收入龚煌城《西夏语文研究论文集》，中研院语言所筹备处，2002 年，第 201—245 页。

词兖。西夏语中第三人称没有人称呼应，即便是第一、二人称也不是每句都有人称呼应。第一、二人称呼应一般在对话或引语时出现较多。这实际上是以加后缀的方式表示人称范畴。

1　主语是单数第一人称时，不仅包括代词繈（我），也包括指称第一、二人称的名词。

1.1　主语为第一人称代词时为繈［遏轻，ŋa2］，句末与之呼应的词也是繈。如：

①繈豼慨戮繈

我彼不坐〈〉

我不往坐。《大宝积经》卷一①

在说明第一人称单数的人称呼应时，龚先生用了索弗罗诺夫引用西夏文《金光明最胜王经》的例句，并补充了漏引的繈。但是龚先生的引文仍不甚完整。龚先生引文如下：

②繈豨皾綐繿緖庯豥 蘐 亃努　綒　繸繈庯䜣黺蔽慨毞衚　蘐 徦

我之爱所最小王子 PFV 失谓　　COMP 闻我王此言闻后惊惶　PFV 失

我闻外人作如是语，失我最小所爱之子。王闻语已，惊惶失所。　《金光明最胜王经》1933：3—342

此处引西夏文与汉文对照，遗失“外人”一词，且句前缺少了对话的文字，对话主语不清，看不出整个句子的概貌，难以做全面分析。以下将句子前面的部分一并引述：

③纁豨豼虥……䜣稂黺努庯敹豳慨豗豴繈豨皾綐繿緖庯豥蘐亃努綒繸繈庯䜣黺蔽慨毞衚蘐徦

时彼皇后……此如说谓大王外后诸人我之爱所最小王子〈〉失谓〈〉闻我王此言闻后惊惶〈〉失

时彼夫人……白言：“大王，我闻外人作如是语，失我最小所爱之子。”王闻语已，惊惶失所。　《金光明最胜王经》卷十②

此例句是豼虥（皇后、大王夫人）对大王说话，引述语中省略了主语繈（我），第一个繈做定语，最后一个繈是对省略了主语繈（我）的人称呼应。努为句末引述词，綒是使其前语句名物化的连词。

1.2　有时主语是单数第一人称，但不一定是代词“我”，比如在对话中说话者自称“朕”、“寡人”、“臣”以及自己的名字等时，句末也可以置与之呼应的第一人称代词繈。龚先生在论文中只提到主语为第一人称代词为繈（我）的例句，未及其他。其实在西夏文献中有不少对话句主语用代词以外表示第一人称的名词。如：

①蘐庯黺皾皾繿皾皾荍羊黺凬皾豼繈豵努

魏王曰朕〈〉解乎汝莫〈〉语〈〉朕思〈〉待谓

魏王曰：“朕应解。汝且莫言，待朕思之。”　《类林》卷三　烈直篇　师经

句前皾皾繿（朕应解）中的皾（朕）和后部皾豼繈豵（待朕思之）中的皾（朕）与句后的繈为第一人称的前后呼应词。

---

① 俄罗斯圣彼得堡东方学研究所手稿部藏黑水城文献 Инв. No. 363。

② 王静如《西夏研究》第三辑，中央研究院历史语言研究所单刊甲种之十三，1933 年；史金波、陈育宁主编《中国藏西夏文献》第 4 册，甘肃人民出版社、敦煌文艺出版社 2005 年版，第 20 页。

②[illegible]

景公曰寡人汝与共酒饮乐承欲〈〉谓

景公曰："寡人愿与子共饮酒取乐。"　《类林》卷三　忠谏篇　晏婴

[illegible]（寡人）是自称，与句后的[illegible]也是第一人称的前后呼应词。

③[illegible]

师经曰臣桀纣帝〈〉击〈〉

师经曰："臣击桀纣之君。"　《类林》卷三　烈直篇　师经

[illegible]（臣）是自称，与句后的[illegible]也是第一人称的前后呼应词。

④[illegible]……[illegible]

曾子……曰参不敏此知岂能〈〉

曾子避席曰："参不敏，何足以知之?"　《孝经》第一章①

[illegible]（参）是曾子自称名字，与句后的[illegible]也是第一人称的前后呼应词。

⑤[illegible]……

张飞严颜〈〉骂曰军将此到来〈〉…

张飞骂严颜："将军至此……"　《类林》卷三　烈直篇　严颜

[illegible]（将军）是自称头衔，与句后的[illegible]也是第一人称的前后呼应词。

2　主语是单数第二人称时，不仅包括代词[illegible]（汝）、[illegible]（汝），也包括指称第二人称的名词。

2.1　主语是单数第二人称为[illegible]"你"［袦 nja 2］，句末与之呼应的词也是[illegible]［捺，nja］（上 17）。[illegible]与[illegible]音同。《音同》注释[illegible]为"语助"。此词也多在对话或引述语中用。如：

[illegible]……[illegible]

赵直曰……汝将来三公为〈〉也

赵直曰："……君后仕至三公。"　《类林》卷六　梦占篇　赵直

2.2　主语是单数第二人称时为[illegible]"你"［泞 nji 2］，句末与之呼应的词也是[illegible]。同样此词也多在对话或引述语中用。如：

①[illegible]……[illegible]

扁鹊……曰谓汝疾病〈〉有〈〉谓

扁鹊……曰："君有病。"《类林》卷六　医巫篇　扁鹊

②[illegible]

须菩提曰舍利子汝如真法中一乘人〈〉〈〉见〈〉

须菩提曰："舍利子，汝于真如法中有一乘人而可见不?"《佛说佛母出生三法藏般若波罗蜜多经》卷第十五②

2.3　有时主语直接用对话人的称呼或名字。这种句式也多发生在对话语句中。龚先生在论文中也主要提到主语为第二人称代词为[illegible]、[illegible]的例句，未及其他。实际上在西夏文不少

---

①　史金波、魏同贤、克恰诺夫主编：《俄藏黑水城文献》第 11 册，上海古籍出版社 1999 年版，第 5—10 页。

②　史金波、陈育宁主编：《中国藏西夏文献》第 6 册，甘肃人民出版社、敦煌文艺出版社 2005 年版，第 191—211 页。

对话句中主语用代词以外表示第二人称的名词。如：

①[西夏文]

大人指挥曰愚蒙人小言〈〉听〈〉

大人指挥："愚蒙小人，听我之言。"《掌中珠》三十一页[①]

此句主语是[西夏文]（大人指挥），引述语中[西夏文]（愚蒙小人）是说话的对象，也即是指对话的"你"。

②[西夏文]……[西夏文]

尼乾子一……语谓王今种种大施为〈〉者最上德真道求〈〉也

一尼乾子……而作是言："王今所作种种大施，以求无上真正之道。"　《悲华经》卷第九[②]

引述语中[西夏文]（王）是说话的对象，也即是指对话的"你"。[西夏文]（王今所作种种大施）本身是一句子，[西夏文]是主语。句中有两个动作[西夏文]（施为）和[西夏文]（求），因此分别有两个呼应词[西夏文]与主语[西夏文]呼应。

③[西夏文]

晏婴曰帝言〈〉远〈汝〉

晏婴曰："君言过矣。"《类林》卷三　忠谏篇　晏婴

索（帝、君）是说话的对象，也即是指对话的"你"。

3　省略主语的呼应

3.1　有时在引述语中，可省略主语单数第一人称，句末仍可置单数第一人称呼应词[西夏文]。省略主语后，因后面有人称呼应，主语仍是明白无误的。也正因为有句末的呼应词，我们才可以明确地知道前面省略了什么主语。可以说，通过动词后的人称呼应能帮助我们确定省略主语句中的主语。在翻译时被省略的主语一般应该补译出来。如：

①[西夏文]

母悔语言〈〉失〈〉谓

母悔曰："我失言。"　《类林》卷三　敦信篇第十　孟子

此句在引述语[西夏文]（失言）前省略了主语[西夏文]，后有呼应词[西夏文]。

②[西夏文]……[西夏文]

曹操……常思左右人行为〈〉杀〈〉谓

曹操……常虑被左右人杀。　《类林》卷四　权智篇　曹操

此句引述的是头脑中想的事，即[西夏文]（常虑被左右人杀），其前省略了主语[西夏文]，后有呼应词[西夏文]。

③[西夏文]

此如闻〈〉

如是我闻　《大宝积经》卷一

① 黄振华、聂鸿音、史金波整理《番汉合时掌中珠》，宁夏人民出版社1989年版，第63页。

② 史金波、陈育宁主编：《中国藏西夏文献》第5册，甘肃人民出版社、敦煌文艺出版社2005年版，第219—262页。

此句中在皾翍嬴（如是闻）前面省略了主语綐，后有呼应词綐。

④浵紁娇綐

答曰为〈〉

答曰："可。"　《孙子传》[1]

此句中的引述语意为"我做"，在娇（做）前省略了主语綐，后有呼应词綐。

⑤蘵霧……繝骸禰穮敽紁葝骸紌豬朓豭荓蘢綐

郑泉……日数叹息以曰谓三百巩瓶酒〈〉得〈〉

郑泉……每日叹曰："愿得三百斛（酒）。"《类林》卷七　嗜酒篇　郑泉

此句龚先生曾引用，但也缺少引述语前的文字。句中引述语骸紌豬朓豭荓蘢（愿得三百斛）前省略了主语綐，后有呼应词綐。

3.2　有时句子前面省略了主语单数第二人称目瓻和緉，后面也可有呼应词颬，形成省略主语的呼应形式，这种句型可推断前面的主语应为瓻或緉。如：

①瓭豵秝繉蕣烕蘸颬葝

导人等〈〉劝莫往〈〉谓

从人等劝曰："莫往。"《类林》卷三　敦信篇　魏文侯

句中引述语省略了主语"汝"，颬为呼应词。

②觧緅紁繎毴豨綅絳豨豟蘵毴颬頫觳癡颬葝

严颜曰头断为欲则立即〈〉断〈〉复何怒〈〉谓

严颜曰："欲斩头便速斩，何怒耶？"《类林》卷三　烈直篇　严颜

句中用了两个颬，可以推断引述语省略了两个"汝"，即繎毴豨綅絳豨豟蘵毴（欲斩头便速斩）之前和頫觳癡（何怒耶）之前皆可添加主语"汝"。

③豴豰……敉毹紁……毿烕豯颬

糜竺……〈〉请曰……愿莫烧〈〉

糜竺……请求曰："愿汝勿烧。"　《类林》卷七　报恩篇　糜竺

此句在引述语烕豯颬（汝勿烧）前省略了主语"汝"，为呼应词。

④豩……豟豨豯……綐豨豬豨繎綅颬

帝……蛇〈〉问……我〈〉祸为〈〉欲〈〉

帝……问蛇："……欲祟朕耶？"　《慈悲道场忏法》原序[2]

此句引述语的綐是宾语，汉语为"朕"，是祸祟的对象，主语是省略的第二人称"汝"，以颬呼应省略的主语。

⑤藰蓚紁蓫穮豨繎颬蒎葝

蔡邕曰琴法〈〉解汝用谓

蔡邕曰："汝解琴法尔。"《类林》卷四　聪慧篇　蔡琰

此句的蓫穮豨繎（解琴法）前省略了主语"汝"，句末以颬呼应省略的主语。

4　主语是复数第一、二人称时的人称呼应

---

① 史金波、魏同贤、克恰诺夫主编：《俄藏黑水城文献》第11册，上海古籍出版社1999年版，第184—189页。

② 史金波、魏同贤、克恰诺夫主编：《中国藏西夏文献》第4册，上海古籍出版社1997年版，第94—97页。

4.1　主语是复数第一、二人称[illegible]［泞 nji 2］［能 nji2］时，可在句末以[illegible]［尼 nji 2］与前呼应，也多在对话中使用。[illegible]和上述第二人称代词[illegible]同音，透过文字的表象，可以看到[illegible]与第二人称代词的直接关系。如：

①[illegible]……[illegible]

长老须菩提……谓汝等须菩提〈〉如来随生谓〈〉

长老须菩提……言：“汝等所言须菩提随如来生。”《佛说佛母出生三法藏般若波罗蜜多经》卷第十五

②[illegible]……[illegible]

吴王……众臣处敕行语谓蜀遣使到来时汝等莫起〈〉谓

吴主……乃敕群臣曰：“蜀遣使至时，卿等勿起。”　《类林》卷五　辩捷篇　诸葛恪

4.2　主语是复数第一、二人称，在句末以[illegible]与前呼应时，主语可以省略。如：

①[illegible]

普广曰唯愿世尊闻乐欲〈〉

普广曰：“世尊，愿乐欲闻。”　《地藏菩萨本愿经》中卷[1]

这是普广菩萨对世尊的对话，但听话者却是普广菩萨及四众等，“愿乐欲闻”应理解成“我等愿乐欲闻”，“我等”省略，以第一、二人称复数呼应词[illegible]与省略的主语呼应。

②[illegible]……[illegible]……[illegible]

功德力王……声大语谓……假若食寻〈〉至种种珍宝用用求者有者皆此〈〉来〈〉我皆施〈〉

功德力王……大声唱言：“若有乞求欲须食饮，乃至欲得种种珍宝，悉来至此，我当给施。”　《悲华经》卷第九

引述语中的前半部的主语应是受话者，即“你们”，被省略，但后面仍用[illegible]呼应。

③[illegible]

帝曰莫修〈〉谓

帝曰：“勿修。”《类林》卷三　烈直篇　董宣

此句引述语中的主语是被省略的“你们”。

④[illegible]……[illegible]……[illegible]

子胥……语谓……吾家处人〈〉〈〉谓〈〉

子胥……曰“……告吾家人。”《类林》卷三　忠谏篇　伍员

此句引述语中的主语是被省略了受话者，也即“你们”，后面以[illegible]呼应。

4.4　[illegible]除在句末做复数第一、二人称呼应词外，还可做在人称名词后做后缀，表示“人”的意思。二者要注意加以区分。如：

①[illegible]

大人〈〉怒

① 史金波、陈育宁主编：《中国藏西夏文献》第6册，甘肃人民出版社、敦煌文艺出版社2005年版，第243—281页。

大人嗔怒。　《掌中珠》三十页

②[illegible]……[illegible]

苏武……匈奴人臣为令欲

苏武……匈奴人欲令为臣。《类林》卷三　烈直篇　苏武

5　宾语的人称呼应

5.1　有时主语并非第一、二人称，但受事者即宾语是第一、二人称，动词后也可置呼应词。若动词为及物动词，与动词后呼应词相呼应的宾语往往是受动者，是间接宾语，一般是人称动词或指人名词。

①[illegible]

子游帝处语臣〈〉敕剑〈〉赐佞臣人一杀往我谓

子游谓帝曰："臣欲请敕剑斩佞臣一人。"《类林》卷三　烈直篇　朱云

上句引述语中上句引述语中[illegible]（臣）不是主语，后面用宾格助词[illegible]，做宾语，是"赐"的对象，与句末的第一人称呼应词[illegible]相呼应。此句末的人称呼应是与宾语呼应。

②[illegible]

母谲语以谓汝〈〉给吃〈〉谓

母戏曰："啖汝。"　《类林》卷七　敦信篇　孟子

此句[illegible]（汝）是[illegible]（给吃）的宾语，后以第二人称呼应词[illegible]与之呼应。

③[illegible]……[illegible]

佛大迦叶〈〉曰谓……我今汝〈〉分别说为〈〉

佛告大迦叶言："……吾当为汝分别解说。"　《大宝积经》卷一

[illegible]（汝）是[illegible]（说）的宾语，后以第二人称呼应词[illegible]与之呼应。

④[illegible]

佛普眼〈〉谓汝意依〈〉问汝我汝〈〉说为喜欢令〈〉

佛言普眼："恣汝所问，当为汝说，令汝心喜。"　《大方广佛华严经》卷第四十①

此句的引述语中有两句话，分别有两个第二人称呼应词[illegible]，第一句意为"恣汝所问"，主语是"汝"，[illegible]与主语呼应；第二句意为"我为汝说，令汝心喜"，"汝"是宾语，[illegible]与宾语呼应。

5.2　有时语句中省略了第一、二人称宾语，句末仍可有与被省略宾语的人称呼应。这时可从句末的人称呼应词推知被省略的宾语。如：

①[illegible]……[illegible]

麋竺……妇人一与〈〉遇麋竺〈〉谓车上〈〉坐令我

麋竺……遇一妇人，对麋竺说："请我坐车。"　《类林》卷七　报恩篇　麋竺

此句为龚先生所引例句，但也未引用引述语前的文字。此句是妇人对麋竺说"你请我坐车"，主语是"你"，"我"（即"妇人"）是宾语，句中都省略了。但从后面的人称呼应[illegible]，可知"令坐"前面的宾语是"我"。

① 史金波、陈育宁主编：《中国藏西夏文献》第8册，甘肃人民出版社、敦煌文艺出版社2005年版，第275—305页。

②[illegible]……[illegible]……[illegible]

人一……嵇康处语谓我……必定恩重报为〈〉

一人……告嵇康曰："我……必当厚报。" 《类林》卷六 梦占篇 嵇康

此句引述语中此句引述语中[illegible]（我）是主语，动词为[illegible]（报），[illegible]（重恩）是直接宾语，受动者是"你"，是间接宾语，句中省略。句末的[illegible]与被省略的间接宾语"你"相呼应。

③[illegible]

元伯曰九月十五日鸡杀黍米烧为时时待〈〉谓

元伯曰："九月十五日杀鸡炊黍待汝。" 《类林》卷三 敦信篇 范式

此句的引述语中[illegible]（我）是主语，被省略。[illegible]（待）为动词，但前中并未出现宾语"汝"，因动词后有宾语人称呼应助词[illegible]，可知宾语省略。

5.3 宾语是复数第一、第二人称时，也可在句末以[illegible]与前呼应，也多在对话中使用。如：

①[illegible]……[illegible]……[illegible]

舍利子……佛〈〉言谓……我等佛处此如法闻曾〈〉谓

舍利弗……白佛言："……我昔从佛闻如是法。" 《妙法莲华经》卷二①

②[illegible]……[illegible]……[illegible]

舍利子……佛〈〉言谓……我等〈〉宜依方便〈〉说〈〉未解〈〉

舍利弗……白佛言："……我等不解方便随宜所说。" 《妙法莲华经》卷二

6 宾语的定语人称呼应

6.1 龚煌城先生等专家们只提及西夏语中的主语人称呼应和宾语人称呼应，其实西夏语还有宾语的定语人称呼应。有的句子句末的人称呼应词不是与主语呼应，也不是与宾语呼应，而是与宾语的第一、第二人称人称定语（物主）呼应。如：

①[illegible]……[illegible]

伍员曰……王必定汝〈〉腹剖珠取为〈〉谓

伍员曰："……王必定剖汝之腹而取珠。" 《类林》卷四 权智篇 伍员

此句引述语中[illegible]（王）是主语，[illegible]（剖）是第一个动词，[illegible]（腹）是宾语，[illegible]（汝之腹）中的[illegible]（汝）是[illegible]（腹）的定语，句末与的呼应词[illegible]是与前面的定语[illegible]（汝）呼应。

龚先生在分析宾语呼应时，引用了聂历山字典的一个例句，此句出自西夏文《大般涅槃经》，后半部分应不是宾语呼应，而是宾语的定语呼应：

②[illegible]

汝若不往〈〉则命断为〈〉

汝若不去，当断汝命。 聂历山字典 1960 2—390

此句出自俄藏西夏文《大般涅槃经》，也是引述语，全句为"主人闻已，即持利刀，作

① 史金波、陈育宁主编：《中国藏西夏文献》第6册，甘肃人民出版社、敦煌文艺出版社2005年版，第135—190页。

如是言：‘汝若不去，当断汝命。’” 龚先生引文第一部分[illegible]（汝若不去），[illegible]是主语，最后是与之呼应的人称词尾。第二部分[illegible]（当断汝命），主语省略，应是“我”，动词为[illegible]（断为），宾语为[illegible]（命），宾语的定语省略，应为“汝”，最后面的呼应词[illegible]，应是与省略的定语“汝”的呼应，而不是与宾语“命”的呼应。

6.2　定语呼应也可以省略定语。如：

[illegible]

严颜语汝等未应以城取为〈〉

严颜曰：“汝等无理，取（我）州城。”　《类林》卷三　烈直篇　严颜

此句引述语的主语是[illegible]（汝等）。但句末仍有单数第一人称呼应词[illegible]，显然他不能与复数第二人称[illegible]呼应。此句的动词是[illegible]（取），宾语是[illegible]（城），此宾语也不会与第一人称呼应词[illegible]有关。[illegible]（城）的定语应是[illegible]（我），然而这个定语被省略了，只有这个被省略的定语才可以与句末的第一人称呼应词[illegible]相呼应。

6.3　宾语的定语是复数第一、二人称时，也可在句末以[illegible]与前呼应，也多在对话中使用。如：

[illegible]……[illegible]……[illegible]

大悲比丘……诸人〈〉捕此如言谓……我今由此命根断为〈〉谓

大悲比丘……捉诸人，作如是言：“我今要当断汝命根。”　《悲华经》卷第九

此句中主语是[illegible]（大悲比丘），引述语中主语是[illegible]（我），动词是[illegible]（断为），宾语是[illegible]（命根），宾语的定语是被省略的诸人，在引述句中应是“汝等”，但汉文佛经为“汝”。从西夏文译文的句尾呼应词[illegible]可推知，其呼应的不是主语，也不是宾语，而是被省略的第二人称复数。

总之，西夏语中有人称的语句，可以分成两大类。一类是引述句，多为对话，主语、宾语或宾语的定语，是第一、二人称单数或复数，句末可以有人称呼应，呼应词之间语音相同或相近。另一类主语是第三人称单数或复数，句中没有人称呼应，也即零形态。这种语言形式便于凸显主语、宾语和宾语的定语，即便在省略主语、宾语和宾语的定语情况下，也能知道句子成分之间的关系。

二　《音同》、《文海》中反映动词的音韵转换

西夏语中因主语、宾语或定语的人称不同而引起动词的语音曲折变化，这种变化表明一些动词在不同人称时有两种形式，这两种形式有系统的语音对应。

龚煌城通过大量例证明确指出在单数第一、二人称时动词会发生音韵变化，相对于动词的基本式，这种发生音韵转化的动词称为衍生式。在不同的人称时语音发生变化动词有一批，如果不清楚它们的用法，势必感到混乱不堪。龚先生找出了39对音韵转换的动词，并依其语音变换的不同形式分为四种类型。第一类动词基本式韵母为 -ji，衍生式为 -jio，或基本式韵母为 -ji，衍生式韵母为 -jo，列出10对，其中第10对包括4个两两相对的动词；第二类动词基本式韵母为 -ju，衍生式为 -jo，列出12对；第三类动词基本式韵母为 - ji 或 - jii，衍生式为 -jɨ，或 -jɨɨ，列出6对；第四类动词衍生式失却韵尾，基本式韵母为 -

jij、－jiij、－ jɨj 或－jijr，衍生式为－ji、－jii、jɨ 或－jij，列出 10 对。① 这实际是以动词内部曲折的方式表示动词人称范畴。这篇带有总结性，又具有开创性的论文，把西夏语语法研究推向了一个新的高度。

笔者想补充的是龚先生的这些有价值的认识，除可用文献中的西夏文例句论证外，还可以用西夏文辞书的注释加以证实。以下用表格方式展示西夏文字书《音同》和韵书《文海》对这些字的注释情况。②

第一类动词

编号	西夏字	龚煌城拟音（声调和韵类）	汉意	《音同》注释字和位置	《音同》注释类型	《文海》注释字和位置	《文海》注释类型
1	[illegible]	phji (1.11)	令、使	注[illegible] 4.124	互注	16.152 [illegible]	互注
	[illegible]	phjo (2.44)		注[illegible] 5.118	互注	无	
2	[illegible]	mji (1.11)	闻	注[illegible]（觉）14.272	另注	16.211 [illegible]	互注
	[illegible]	mjo (1.51)		注[illegible] 3.153	互注	58.142 [illegible]	互注
3	[illegible]	wji (1.10)	为、作、做	注[illegible] 9.268	互注	16.152 [illegible]	互注
	[illegible]	wjo (1.51)		注[illegible] 11.171	互注	57.231 [illegible]	互注
4	[illegible]	dzji (1.10)	食	注[illegible] 33.137	互注	杂 4.252 [illegible]	互注
	[illegible]	dzjo (1.51)		注[illegible] 33.248	互注	杂 5.151 [illegible]	互注
5	[illegible]	dźjij (2.32)	有（珍贵）	注[illegible] 36.266	互注	杂 17.231 [illegible]	互注
	[illegible]	dźjo (2.44)		注[illegible] 41.167	互注	杂 18.121 [illegible]	互注
6	[illegible]	śjii (1.14)	屠、杀、宰	注[illegible] 39.228	互注	19.231 [illegible]	互注
	[illegible]	śjoo (1.53)		注[illegible] 40.223	互注	59.151 [illegible]	互注
7	[illegible]	wjị (2.60)	晓、学、能	注[illegible] 9.278	互注	无	
	[illegible]	wjọ (2.64)		注[illegible] 11.224	互注	无	
8	[illegible]	tjị (1.67)	令饮、令食、喂	注[illegible] 14.245	另注	73.143 [illegible]	互注
	[illegible]	tjọ (1.72)		注[illegible] 15.125	互注	78.261 [illegible]	互注

① 龚煌城：《西夏语动词的人称呼应与音韵转换》，《语言暨语言学》2001 年第 2 期，第 239—242 页。

② 成对动词的顺序依照龚煌城先生的排列顺序，注释字中的数字为该字在《音同》和《文海》中的位置，“.”前的数字为页数，“.”后的数字依次为面数、行数和字数。“注释类型”分为“互注”、“另注”和“特注”。“互注”指该动词以一对动词的对方为注释。“另注”指该动词未用一对动词的对方为注释，而是用另外的词作注释。“特注”是特别的注释。《文海》的注释往往为多义项，表中一般用第一义项，个别的多引他项或加以说明。《文海》除“杂类”部分外，缺上声部分注释，平声中也有部分缺失，缺注释的表中以“无”表示。《音同》见史金波、魏同贤、克恰诺夫主编《俄藏黑水城文献》第 7 册，上海古籍出版社 1996 年版，第 1—28 页。《文海》见同书第 122—176 页，参见史金波、白滨、黄振华《文海研究》，中国社会科学出版社 1983 年版。

续表

编号	西夏字	龚煌城拟音（声调和韵类）	汉意	《音同》注释字和位置	《音同》注释类型	《文海》注释字和位置	《文海》注释类型
9	[illegible]	tjị（1.67）	置、列、安置	注[illegible] 14.235	另注	73.122 [illegible]	互注
	[illegible]	tjọ（1.72）		注[illegible] 15.127	互注	78.242 [illegible]	互注
10	[illegible]	rjir（1.79）	得、获	注[illegible] 46.247、	互注	83.231 [illegible]	互注
	[illegible]	rjir（2.72）		注[illegible] 46.248	互注	无	
11	[illegible]	rjor（1.90）		注[illegible] 46.247	互注	19.231 [illegible]	互注
	[illegible]	rjor（2.81）		注[illegible] 46.248	互注	无	

第二类动词

编号	西夏字	龚煌城拟音（声调和韵类）	汉意	《音同》注释字和位置	《音同》注释类型	《文海》注释字和位置	《文海》注释类型
12	[illegible]	pju（2.3）	烧、燃	注[illegible] 7.771	互注	无	
	[illegible]	pjo（1.51）		注[illegible] 7.245	互注	58.212 [illegible]	互注
13	[illegible]	sju（1.3）	藏、怀	注[illegible] 30.242	互注	9.211 [illegible]	互注
	[illegible]	sjo（1.51）		注[illegible] 39.134	互注	58.162 [illegible]	互注
14	[illegible]	tśhju（1.2）	怀、有	注[illegible] 38.242	互注	7.231 [illegible]	互注
	[illegible]	tśhjo（1.51）		注[illegible] 36.134	互注	57.262 [illegible]	互注
15	[illegible]	·ju（2.2）	寻、觅	注[illegible] 42.136	互注	无	
	[illegible]	·jo（2.44）		注[illegible] 44.214	互注	无	
16	[illegible]	lju（2.2）	散、铸、攻、击	注[illegible] 50.113	互注	无	
	[illegible]	ljo（2.44）		注[illegible] 49.152	互注	无	
17	[illegible]	lju（2.2）	捕	注[illegible] 54.135	互注	杂 10.241 [illegible]	互注
	[illegible]	ljo（2.44）		注[illegible] 27.233	另注	无	
18	[illegible]	kjur（1.76）	盛、入	注[illegible] 22.253	互注	81.121 [illegible]	互注
	[illegible]	kjọ（1.72）		注[illegible] 27.241	互注	78.222 [illegible]	互注
19	[illegible]	lhjụ（2.52）	得、获	注[illegible] 54.157	互注	杂 22.111 [illegible]	互注
	[illegible]	lhjọ（2.64）		注[illegible] 55.232	互注	杂 22.112 [illegible]	互注
20	[illegible]	njụ（2.52）	喂乳	注[illegible] 18.133	互注	无	
	[illegible]	njọ（2.64）		注[illegible] 18.262	互注	无	

续表

编号	西夏字	龚煌城拟音（声调和韵类）	汉意	《音同》注释字和位置	《音同》注释类型	《文海》注释字和位置	《文海》注释类型
21	[illegible]	djuu（2.6）	刺、斫、穿	注[illegible] 17.112	互注	无	
	[illegible]	djoo（1.53）		注[illegible] 16.234	互注	59.171 [illegible]	互注
22	[illegible]	khjuu（2.6）	监、视、见	注[illegible]（方）27.235	另注	无	
	[illegible]	khjoo（2.46）		注[illegible]（前缀）27.256	另注	无	
23	[illegible]	ljuu—（1.7）	赌	注[illegible] 54.264	互注	12.221 [illegible]	互注
	[illegible]	ljoo —（1.53）		注[illegible] 55.256	互注	《文海》59.172 [illegible]	互注

第三类动词

编号	西夏字	龚煌城拟音（声调和韵类）	汉意	《音同》注释	《音同》注释类型	《文海》注释字和位置	《文海》注释类型
24	[illegible]	Phji（2.10）	舍、出（家）	注[illegible]（前缀）4.118	另注	无	
	[illegible]	phjɨ（1.30）		注[illegible]（失）6.251	另注	37.212 [illegible]	互注
25	[illegible]	tshji（1.11）	要害、喜爱	注[illegible]（喜爱）29.211	另注	17.221，6 个注释义项，无[illegible]，第一义项是[illegible]	另注
	[illegible]	tshjɨ（1.30）		注[illegible]（喜爱）32.236	另注	38.272，5 个注释义项，无[illegible]，第一义项是[illegible]	另注
26	[illegible]	sji（2.10）	死、亡、没、丧	注[illegible]（杀死）30.116	另注	无	
	[illegible]	sjɨ（1.30）		注[illegible] 30.162	另注	39.131，第 3 注释项为[illegible]	互注
27	[illegible]	śji（2.9）	往、至、诣、去	注[illegible] 35.162、	互注	无	
	[illegible]	śjɨ（1.29）		注[illegible] 38.211	互注	36.213 [illegible]	互注
28	[illegible]	ljii（2.12）	待	注[illegible]（待）54.244	另注	无	
	[illegible]	ljɨɨ（2.29）		无		无	
29	[illegible]	lhjii（1.14）	悔、退悔改	注[illegible] 54.23	互注	11.132 [illegible]	互注
	[illegible]	lhjɨɨ（2.29）		注[illegible] 51.228	互注	无	互注

第四类动词

编号	西夏字	龚煌城拟音（声调和韵类）	汉意	《音同》注释	《音同》注释类型	《文海》注释字和位置	《文海》注释类型
30	[illegible]	djij（2.33）	饮	注[illegible] 14.132	互注	无	
	[illegible]	dji（2.10）		注[illegible] 17.177	互注	无	

续表

编号	西夏字	龚煌城拟音（声调和韵类）	汉意	《音同》注释	《音同》注释类型	《文海》注释字和位置	《文海》注释类型
31	绒	djij（2.33）	曾、尝	注兟（用）14.131	另注	无	
	飒	dji（2.10）		注绒 17.175	互注	无	
32	赧	njij（2.33）	听	注繉 16.137	另注	无	
	缣	nji（2.10）		注毙（听）18.162	另注	无	
33	毅	khjij（1.36）	切断、割断、砍	注摇 21.272	互注	无	
	摇	khji（2.10）		注毅 22.155	互注	无	
34	缬	tsjij（2.33）	解、悟、会识	注蔽 28.271	另注	无	
	缬	tsji（2.10）		注缬 30.111	互注	无	
35	菽	ljij（2.33）	见、睹	注蔽 52.161	互注	无	
	蔽	lji（2.9）		注菽 51.228	互注	无	
36	颁	mjiij（1.39）	养育	注祕（禄）5.238	另注	49.252，第 1 义项为祕话，第 4 义项为藏	
	藏	mjii（2.12）		注缗 5.278	另注	无	
37	豺 豺	tshjiij（1.39） tshjiij（2.35）	说、讲、演、宣述	注爀（宣、说）31.266 注覆（戏）31.267	另注	豺 50.171，第 3 义项为嫪，前 2 义项为组词豺无	互注
	嫪	tshjii（2.12）		注豺 34.177	互注	无	
38	缴	lhjịj（2.54?）	受、取	注豼 54.214	互注	无	
	豼	lhjịj（2.60?）		注缴 51.215	互注	无	
39	豬	·jijr（2.68）	诛、斩	注賭 44.145	互注	无	
	賭	·jir（2.72）		注豬 43.165	互注	无	

通过上表可以看到：

1. 在 39 对动词（涉及 79 个动词，第 37 对两个动词同义、同音，调不同，可算一个，故为 78 个，第三类中一个缺大字，可统计数字 77 个），在《音同》中互为注释的为 57 个，占 74%。其中第一类动词 11 对动词（涉及 22 个动词），在《音同》中互为注释的为 19 个，占 86%。第二类动词 12 对动词（涉及 24 个动词），在《音同》中互为注释的为 21 个，占 87%。第三类动词 6 对动词（涉及 12 个动词），在《音同》中互为注释的为 4 个，仅占 36%。第四类动词 10 对动词（涉及 20 个动词），在《音同》中互为注释的为 13 个，占 65%。

2. 《文海》中有注释的动词共 40 个，其中成对动词互注的为 38 个，占 95%。

3. 由上述统计可见，西夏编辑《文海》和《音同》的语言学家，对西夏语中人称呼应句中两个相关动词的关系是基本清楚的，他们在为一个动词作注释时，多数首先会想到与之词义相同、音韵稍有不同、使用在不同人称句子中的另一个动词。由此可以证实龚煌城教授对西夏语句子中的不同人称使用基本式和衍生式两种形式的动词的分析是正确的，依此检验他对西夏语的拟音也基本是经住检验的。

4. 这些成对动词中，从文字构造分析，三分之二以上的字两字形相关。有的字形相似，有的是左右互换字，如□和□；有的是上下互换字，如□和□。由此也可推论，最初在创制西夏文字时，西夏人已经体味到这些动词大部分的内在关系。由这些成对动词的对应，还可以纠正过去的一些识别失误。如第 23 对动词衍生式□（赌、射弈），《音同》注字右残，《夏汉字典》识为□（边），并将□□一并翻译为“赌博”，实为误识。[①] 其实□意为“边际”，与“赌博”无涉。若了解了□和□两字的关系，就可以正确地将残字识为□，□与残字字形正相吻合，□□互注，字义匹配。

5. 同时也可以看到，有的类别动词注释，两两互注的比例偏小，如第三类动词仅占 36%。对没有互注的成对动词，特别是在《音同》和《文海》中都没有互注的动词，或许应进一步分析和审视。

三　人称呼应句中动词的音韵转换的再探索

除上述龚煌城教授分类提出 39 对人称呼应句中的音韵转换动词外，还有没有其他动词有类似成对音韵转换情况，值得进一步探索。这种词发现越多，对西夏语的认识就越深刻。以下试举两例：

1　□和□（赐）

1.1　主语为单数第三人称例句：

□……□□□……□□□□□□□

帝……董宣〈〉……三十万缗钱〈〉〈〉

帝……赐董宣……三十万缗钱。　《类林》卷三　烈直篇　董宣

此句为叙述句，主语为□（帝），系第三人称，句末的□（赐、施）是动词。

1.2　主语为单数第一、二人称例句：

①□□□□……□□□□……□□□□

功德力土……声大语谓……我皆施〈〉

功德力王……大声唱言：“……我当给施。”　《悲华经》卷第九

此句中的引述语□（我）是主语，□（赐、施）是动词。

②□□□□□□□□□

父曰此子〈〉财不赐我

父曰：“我不予此儿财。”《类林》卷八　豪富篇　石崇

此句为对话引述语。引述语中主语□（我）省略，句末仍以□呼应，动词为□（赐、施），□（财）为宾语，□□（此子）为间接宾语。

---

① 李范文编著：《夏汉字典》，中国社会科学出版社 1997 年版，第 780 页。

1.3　宾语语为单数第一、二人称例句：

[illegible]

子游帝处语谓臣〈〉敕剑赐佞臣人一〈〉杀往我谓

子游谓帝曰："臣欲请敕剑斩佞臣一人。"　《类林》卷三　烈直篇　朱云

句中引述语主语应是被省略的对话者"帝"，即第二人称，□（赐）为动词，"臣"为第一人称，是"赐"的对象，间接宾语，句末的□与宾语第一人称"臣"相呼应。

根据以上例句，可以推断□是第三人称单数动词，是基本式；□是第一、二人称单数动词，是衍生式。

1.4　现将两词的语音和它们在《音同》和《文海》中的注释列表如下：

西夏字	龚煌城拟音（声调和韵类）	汉意	《音同》注释	《音同》注释类型	《文海》注释字和位置	《文海》注释类型
□	Khjow（1.56）	赐、施	注□15.246	另注	第一义项□61.242	互注
□	khjij（1.42）		注□26.247	特注	第一义项□52.162	互注

从表中可以看到，在《文海》中它们互以第一义项注释，在《音同》中尽管□为另注，而□的注释用一□（我）字。这一注释非常重要，可以理解为《音同》的编者已经认识到动词□使用在主语为第一人称□（我）的句子中。它更加明确地证明西夏语人称呼应和相关动词语音转换的事实，具有很强的说服力。

1.5　此对动词还有第三人称和第一、二人称对比的例句，如：

[illegible]

勾践……大王德行义施以信归〈〉赐〈〉谓吴王曰赐

勾践……"大王施德行义，赐予信归。"吴王曰："舍之。"　《类林》卷三　烈直篇　范蠡

句中有两个"赐"，第一个是作为对话第二人称的"大王"赐，故用衍生式，第二个是吴王令他人赐给，省略了第三人称主语，故用第三人称的基本式动词。

通过上述例句和表格，可知□（赐）为基本式，□为衍生式。两词的语音有相当的对应关系，但与龚先生所拟四类动词的语音对应稍有出入，这也许需要今后对西夏语拟音和动词基本式、衍生式动词的语音对应做出进一步探讨。

2　□和□（留）

2.1　西夏文□和□应是一对基本式、衍生式对应动词。现将两动词有关情况列表如下：

西夏字	龚煌城拟音（声调和韵类）	汉意	《音同》注释	《音同》注释类型	《文海》注释字和位置	《文海》注释类型
□	tji（2.10）	留	注□15.246	互注	无	
□	tjo（2.44）		注□18.266	互注	无	

两动词在《音同》中互注，这为两动词成为基本式、衍生式动词提供了可参考的依据。因两字皆属上声，《文海》缺字。从语音上看，[illegible]的韵母为 -ji，[illegible]的韵母为 -jo，属于龚煌城先生所列第一类动词。

2.2 [illegible]（留）例句：

①[illegible]

民庶皆车辕执为以卧〈〉留

百姓皆攀车辕而卧留之。 《类林》卷四 清吏篇 侯霸

句中[illegible]（民庶）是主语，为第三人称，[illegible]（是）动词。

②[illegible]……[illegible]……[illegible]

李陵……诗〈〉为曰……我〈〉此处留

李陵……作诗曰："……我独留斯馆。" 《类林》卷七 文章篇 李陵

句中引述语中[illegible]（留）动词。若依照汉文译文，似乎"我"是主语，但从西夏文分析，引述语中的[illegible]（我）后有对格助词[illegible]，表明[illegible]是动词[illegible]（留）的对格，是间接宾语。引述语省略了主语，应是"匈奴人"，是第三人称，因此用动词基本式[illegible]。目前尚未找到关于动词[illegible]的例句，尚待进一步考察。

3 [illegible]和[illegible]（厌）

3.1 主语为单数第三人称例句：

①[illegible]

民庶皆厌

百姓皆恶。

此句为叙述句，主语为[illegible]（民庶），系第三人称，句中的[illegible]（厌、恶）是动词主语"民庶"的动作，为基本式。

②[illegible]

曹操此〈〉迷法是谓厌因〈〉捕〈〉杀令

曹操以为妖法而恶之，令捕杀。 《类林》卷五 幻法篇 左慈

此句为叙述句，主语为[illegible]（曹操），系第三人称，句中的[illegible]（厌、恶）是动词主语"曹操"的动作之一，为基本式。

③[illegible]

惟仁者谏言受能心正事不厌

惟仁人能受至谏，不恶至情。 《六韬》卷一 文韬 文师

此句为叙述句，主语为[illegible]（仁者），系第三人称，句中的[illegible]（厌、恶）是动词主语"仁者"的动作，为基本式。

3.2 主语为单数第一、二人称例句：

[illegible]……[illegible]

太公曰……今臣言正心忠语说君〈〉厌〈〉

太公曰："今臣言至情不讳，君其恶之乎？" 《六韬》卷一 文韬 文师

此句中的引述语有两句，前句[illegible]（臣）是主语，[illegible]（说）是动词；后句[illegible]（君）是主语，指对话的当事人，系第二人称名词，[illegible]（厌）是动词，用衍生式。

3.3 西夏文□和□应是一对基本式、衍生式对应动词。现将两动词有关情况列表如下：

西夏字	龚煌城拟音（声调和韵类）	汉意	《音同》注释	《音同》注释类型	《文海》注释字和位置	《文海》注释类型
□	Khie（1.9）	厌、恶	注□26.254	互注	第一义项□14.142	互注
□	khio（1.50）		注□26.228	互注	第一义项□57.171	互注

两动词在《音同》中互注，在《文海》中以第一义项互注，这为两动词成为基本式、衍生式动词提供了可参考的依据。从语音上看，□的韵母为 - ie，□的韵母为 - io，这也许是一种新的对应形式。

3.4 西夏文□和□应推测也是一对基本式、衍生式对应动词。与上述□和□词义相近，也为“厌、恶”意。现将两动词有关情况列表如下：

西夏字	龚煌城拟音（声调和韵类）	汉意	《音同》注释	《音同》注释类型	《文海》注释字和位置	《文海》注释类型
□	kie（2.8）	厌、恶	注□25.251	互注	无	互注
□	kio（2.43）		注□224.267	互注	无	互注

两对词相互比较，可见其前者声母吐气，后者声母不吐气；前者为平声，后者为上声；而韵母对应是 - ie 对 - io， - ie 对 - io，具有相同的对应形式。

4 □和□（爱）

4.1 主语为单数第三人称例句：

①□□□□□

此人弟小爱

此人爱小弟。《类林》卷三 行果篇 赵孝宗

②□□□□□□□

秦武王力大人爱

秦武王爱大力之人。《类林》卷九 勇壮篇 秦武王

4.2 主语为单数第一二人称例句：

□□□□□□□□□

文王恭问曰鱼捕爱乎

文王恭问曰：“子乐渔也？”

此句为对话引述语。引述语中主语“汝”省略，句末无呼应词，动词为□□（捕、爱），两个动词连用，因主语为单数第二人称，故第二动词为衍生式□。

4.3 西夏文□和□也是一对基本式、衍生式对应动词。现将两动词有关情况列表如下：

西夏字	龚煌城拟音（声调和韵类）	汉意	《音同》注释	《音同》注释类型	《文海》注释字和位置	《文海》注释类型
[illegible]	Dzu（1.1）	爱、喜	注[illegible]33.245	另注	第一义项[illegible]杂4.241	互注
[illegible]	Dzju（1.2）		注[illegible]29.144	互注	第一义项[illegible]杂2.222	互注

两动词在《音同》中1互注，1另注；在《文海》中以第一义项互注，这为两动词成为基本式、衍生式动词提供了可参考的依据。从语音上看，[illegible]的韵母为-u，[illegible]的韵母为-ju，这也许是另一种新的对应形式。

西夏语动词人称范畴有两个表现形式，一是在动词后的句末加呼应词（后缀），呼应词与第一、二人称代词语音相同；二是在单数第一、二人称时动词发生内部曲折变化。一个人称呼应句式，可以同时出现这两种形式，也可以只出现一种形式。有人称的句子也可以不用人称呼应的方式。可能西夏语的人称呼应处于弱化的过程中。

藏缅语族的羌语支语言也有明显的动词人称和数的语法范畴。在羌语的曲谷话中，第一、二人称单数、复数用后缀表示，第三人称用动词原形，即零形态。这和西夏语很相像。其反应主语、宾语和物主人称的范围也与西夏语有相通之处。[①] 但是，羌语曲谷话似乎所加后缀并非第一、二人称代词。西夏语动词语音转换发生在单数第一、二人称，第一、二人称语音转换后的衍生式相同。而羌语曲谷话动词变化时，第一、二人称具有不同的形式。西夏语宾语和宾语的定语的人称呼应和主语呼应一样，也是在第一、二人称时出现。而羌语则是在第三人称中出现。

① 黄布凡、周发成：《羌语研究》，四川人民出版社2006年版，第129—135页。

略论西夏文草书*

一 西夏文草书的地位和价值

提起“草书”，一般人们会想到是汉文中书写流利、龙飞凤舞的草字。权威的辞书对“草书”的解释皆指汉字。《现代汉语词典》给“草书”的释义为：“汉字字体，特点是笔画相连，书写快速。”①《辞海》的定义是“为书写便捷而产生的一种字体”，接来下的解释“始于汉初”，表明也仅指汉字而言。② 现在看来这些定义都需要补充修订了。

中国是一个多民族的国家。自古以来，各民族分别形成了各自的民族文化，同时也丰富、发展了共同的中华民族文化。一些民族在不同的历史时期创制并使用了本民族文字。在中国境内，历史上先后创制或使用过多种少数民族文字，形成了种类多样、数量惊人、内容丰富的民族古籍文献。这些少数民族文字及其文献是中华民族传统优秀文化的重要组成部分。

在这些文字中，与汉字性质最为接近的是西夏文字。西夏文的创制受到汉字的巨大影响，西夏文不仅利用了汉字的笔画，也借鉴了汉字的造字方法，更为重要的是完全吸收了汉字的表意原则。这与汉语和西夏语同属汉藏语系有一定关系。契丹文和女真文的创制尽管也受到汉字的影响，文字笔画模仿汉字，但其文字性质却主要不是表意性质，而基本属于表音性质。

汉字在长期使用过程中形成了各种书体，包括甲骨文、金文、大篆、小篆、隶书、草书、楷书、行书等。创制于11世纪的西夏文虽然没有汉文那样悠久的历史，但其使用范围也较宽、使用时间也较长，在长期使用过程中，由于实践书写的需要，逐步由楷书衍生出行书，再衍生出草书，形成了不同的字体。近些年，随着大量西夏文文献陆续刊布，西夏文不同字体琳琅满目地呈现出来，其中有楷书、行书、草书、篆书等多种字体。西夏文的草书文献很多，很有特色。应该说西夏文草书是除汉字外最典型的草书。

中国历史上先后约有30种古文字，分属不同的文字类型。有的文字虽不是汉字系统，

---

* 原刊于《西夏学》第11辑，上海古籍出版社2015年版，第7—20页。

① 中国社会科学院语言研究所辞典编辑室编：《现代汉语词典》第6版，商务印书馆2012年版，第130、511页。

② 辞海编纂委员会：《辞海》，上海辞书出版社2009年版，第227页。

属于拼音文字，但在使用、书写过程中也出现了草书字体。藏文除楷书外，还有一种书写迅速、笔画相连，字形简约草写体，藏文叫“丘”（vkhyug）。藏文草书形体简约流畅，与正书体差别甚大，常用于书信、记录、文书、文稿、签名等事项。如中国民族图书馆藏《帕·当巴桑结息结汇集》的封面即是藏文草书。又回鹘文也有草书体文献，如法国国家图书馆藏回鹘文《常啼菩萨求法故事》。这些民族文字的草书也应属于中国的草书范围。

这样，对“草书”的定义应改为“文字的一种书体，特点是笔画相连，书写快速，汉字、西夏文等皆有草书”。

文字的书写趋于方便，趋于简化，这是一般的规律。在不到两个世纪的时间内，西夏文形成并发展了实用、自然、流畅、美观的草书系统，这在文字发展、流变史上具有重要意义。西夏文草书本身就是一个研究课题，而且是一个难度很大的课题。因为在明、清以后西夏文已变成世上无人能识的死文字。在近代大量西夏文文献出土后，经过一个世纪几代专家的共同努力解读，虽有了很大进展，但仍然有不少未知的问题，西夏文草书的解读便是难度很大的攻关课题。解读西夏文草书不仅在文字学上具有重要意义，并且由于西夏文草书文献种类较多，数量较大，内容丰富，蕴含着很多反映西夏社会的真实资料，解读西夏文草书在文献学上更具有重要价值。

汉文与西夏文字同属于表意文字，都是笔画繁复的方块字，它们文字性质相近，结构相似，最具可比性。过去认识、研究汉文草书，是对汉字草书自身的观察和研究，也可以做纵向的历史发展研究，但缺乏与其他民族文字草书的对照，未能与同类事物进行横向类比。原来研究表意文字草书仅有汉文一种实例，现在又增加了西夏文草书实例，使两种文字草书形成可以对照的双璧。作为唯一与汉文最接近西夏文草书，其形成、流行、发展、特点的研究，可以对汉文草书的研究形成新的支点和对比点，起到其他文字难以企及的重要作用，同时也扩大了草书的认识视野，拓展了草书研究领域。西夏文草书与汉文草书研究的互动可能使草书研究进入一个新的阶段。

西夏文草书在不长的时间内发展成熟，对汉文草书的发展颇有启发。过去都依据《说文解字》中说：“汉兴有草书”，认为“草书始于汉初”。汉字使用历史久远，汉代以前已有长期使用的历史。汉字在由篆书到隶书转变过程中，开始使用易于书写的毛笔，书写材质出现了帛，这样的变化使文字的书写更为便捷。在汉以前的战国的帛书中，可以看到夹杂着笔画简化、连笔的字，是否可以说那时已经出现了草书趋向。汉文从正书趋向草书也许会早于汉代。

当今进入计算机时代后，汉字的书写受到了极大的挑战，手写的机会越来越少。现在快速书写教育的缺失，使社会上汉字书写水平降低，行书和草书往往成为少数人的书法艺术。汉文和西夏文草书的规律性和共识性，会给我们很大启发。看到西夏的基层村社文书中的草书流畅圆融，有条不紊、美观耐看，就可以知道西夏文行书、草书流行范围之广，实用价值之高。在文字教育并不普及的西夏，西夏文的快写方法行书、草书是怎样实用、扎根于基层的，不是也值得当今认真研究吗？

二 西夏文草书的产生和发展

无论是汉文，还是西夏文，楷书始终是社会应用的主流书体。汉文的草书是为了书写便捷而产生的一种书体。西夏文草书和汉文一样，在实际书写中当需要快捷、速成时，使笔画简约、省略，便自然而然产生了草书书体。

从已见到的西夏文草书文献看，草书字体多由实践中的需要形成。比如即时笔录，需要记录跟上讲述者的语速；在登录户籍或军籍时，需要一家一户登录，边问边写；在书写社会文书时，需要双方或多方当事人在场的情况下，即时写就。这些往往都需要快速书写。在抄写典籍时，为赶时间，也会用便捷的草书。一般抄写佛经要以虔诚的态度，工整书写，但如为了积累抄经数量，作为功德，也用行书或草书抄录；若是雇佣抄经手抄经，抄经手为多赚取抄经费也会提高速度，以行书或草书抄写。有的手写本开始还是楷书或较为清晰的行书，但越写越快，最后变成草书。快速书写的实践是西夏文草书产生的根本原因。

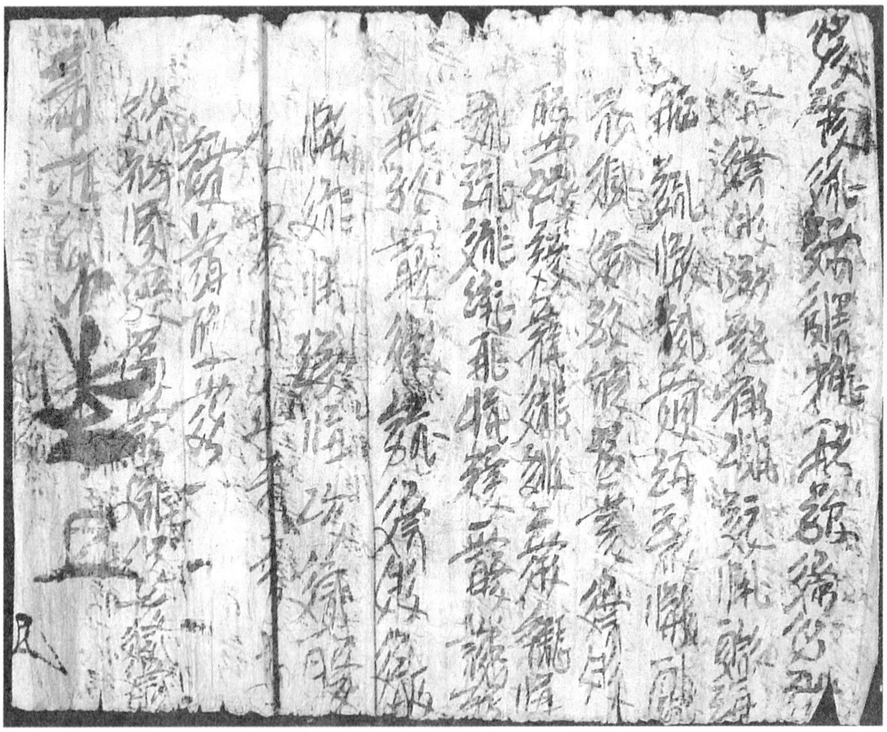

图 1 北京大学图书馆藏 天赐礼盛国庆元年（1069）《瓜州审案记录》①

---

① 本文图片分别见俄罗斯科学院东方文献研究所、中国社会科学院民族研究所、上海古籍出版社编，史金波、魏同贤、克恰诺夫主编：《俄藏黑水城文献》，上海古籍出版社，俄罗斯东方文献研究所特藏部所藏；宁夏大学西夏研究中心、国家图书馆、甘肃五凉古籍整理研究中心编，总主编史金波、陈育宁：《中国藏西夏文献》，甘肃人民出版社、敦煌文艺出版社；本文作者在英国大英图书馆拍摄。

西夏文草书产生很早。目前所能见到有明确时代标志最早的西夏文草书文献，是天赐礼盛国庆元年（1069）、二年（1070）的《瓜州审案记录》，离西夏文创制仅30多年。在西夏文创制不很长的时间内就出现草书，其原因可能是西夏文创制后即广泛推行使用，在很多人实际应用中草书自然形成。此外，西夏王朝大力吸收汉族文化，境内同时流行汉语、汉文。当时汉文草书已是广泛流行的成熟书体，敦煌石室出土的汉文文书中就有不少草书。这对西夏文草书的形成、发展可能有直接的借鉴作用，使西夏文草书的形成较快，成熟较早。

一件手写文献有时难以区分它是行书还是草书。因为以行书为主的文献会夹杂着草体字，同样以草书为主的文献又有很多行书体字。《瓜州审案记录》中的西夏文字，就是既有行书字又有草书字的文献，可以说是向草书迈进的西夏文书体。其文字主要表现为书写随意、快捷，已出现连笔，如上述图版第1行第1字綫（农）字的左部5笔，已简化为3笔，成为；第2行䛗（言）字的左部3笔，已简化为1笔，成为；第4行敍（十）字的右部5笔，已简化为3笔，成为；第8行籥（我）字的左部的柜第3、4笔，已连为1笔，成为。尽管此记录多数字还基本保留着行书的字形和笔画，但从行文看，书写随意、自然、简化、连笔多处可见，有些字的偏旁识别已有难度，当进入草书序列。

《瓜州审案记录》的背面是西夏文《六祖坛经》，也可入草书之列。其文字也基本属于向草书迈进的西夏文行书。

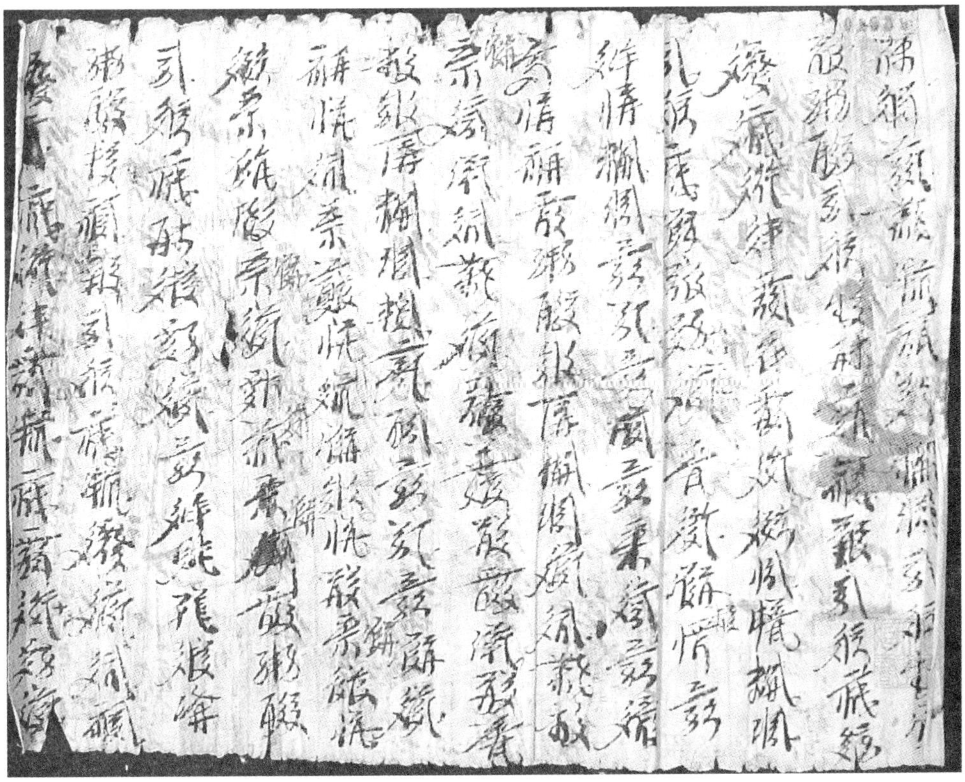

图2　北京大学图书馆藏　《瓜州审案记录》背面的《六祖坛经》

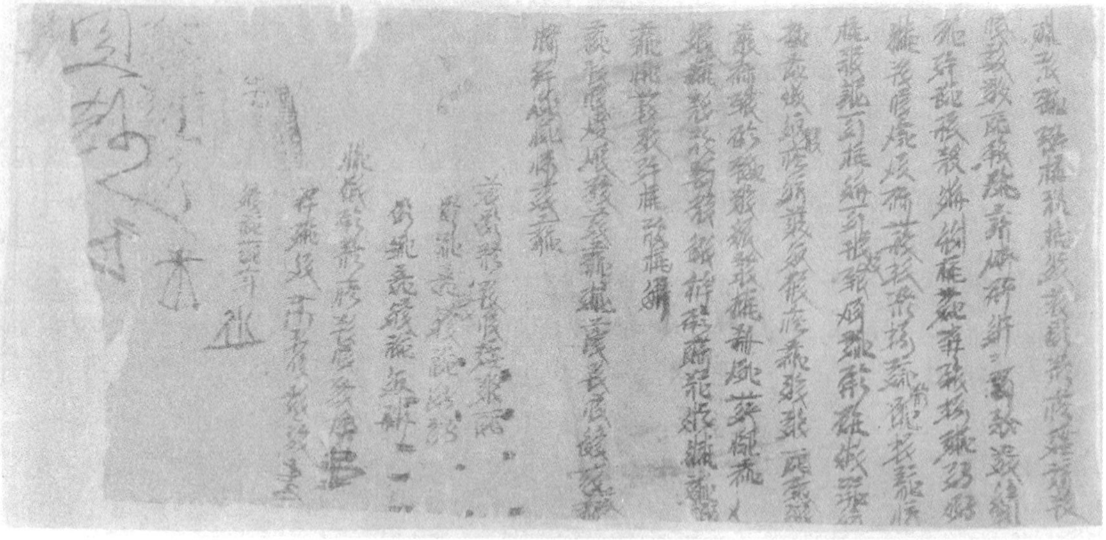

图3　俄藏 Инв. No. 5010　天盛二十二年寡妇耶和氏宝引等卖地契

不难看出，在西夏文流行使用的初期，人们在快速书写过程中，已经自然而然地连写笔画，简约笔画，从楷书、行书向草书过渡。

从已发现的西夏文文献看，西夏中后期主流书体仍然是楷书，但行书、草书种类也很多，数量也很多，并且除仍有接近行书的草书外，还有不少笔画更为简化、书写更为流畅、字形由方形趋向圆润、识读更为困难的草书书体。这种草书形体离楷书越来越远，有的与楷书差别很大，似乎成了两个字。

现在见到有具体年代的西夏文文献，像《瓜州审案记录》这样西夏早期的文献极少，西夏中期的文献也不多，属于西夏晚期的是绝大多数。西夏文草书也是如此，多集中在西夏晚期。有一件西夏文天盛二十二年寡妇耶和氏宝引卖地契（俄藏 Инв. No. 5010），基本上都是行书，也夹杂若干草书。如第一行第一字𗼃（天）的右部柜，已经简化成1笔，成为。柜在左部时已经变成两笔，如第5行的，第10行的。特别是文书最后的两行大字[illegible]（税已交）、[illegible]（八日）都是典型、成熟的草书。

三　西夏文草书文献及研究

在西夏，西夏文草书使用非常广泛。西夏文文献中有印本和写本，印本中无论是刻本还是活字印本都是工整的楷书，而写本中既有楷书，也不乏行书和草书。学术价值最高、数量最多的俄藏黑水城文献中，也以写本占多数。在写本中有一笔一画的楷书，也有不少是快写的行书或草书。

（一）西夏文草书的使用范围比较宽，存世的西夏文古籍中包括历史、法律、文学、历法、医学、社会文书、音韵书籍以及经书译作和佛经等都有草书文献。如：

1. 法律文献中的草书文献，有《新法》、《亥年新法》、《法则》等。其中俄藏

Инв. No. 6374《法则第二》、《法则第三》、Инв. No. 6092《法则第四》都以流利的草书写成，但书写风格迥异。

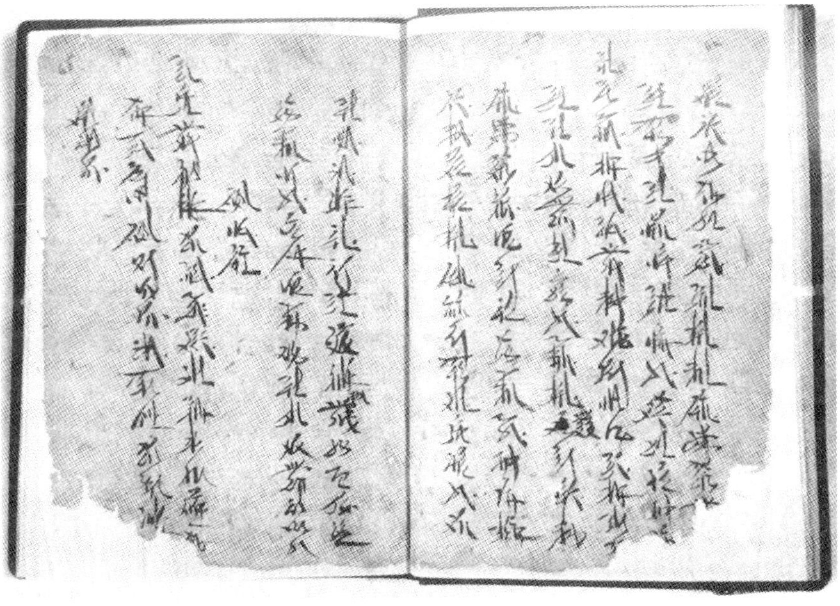

图 4　俄藏 Инв. No. 6374　《法则第二》

图 5　俄藏 Инв. No. 6092　《法则第四》

2. 历史文献中的草书文献，有俄藏 Инв. No. 4225 西夏文历史文书卷子。其中有大小两种草书字体，大字为标题，小字为详细解释。其中解释皇帝生平的草书，字小而草甚。

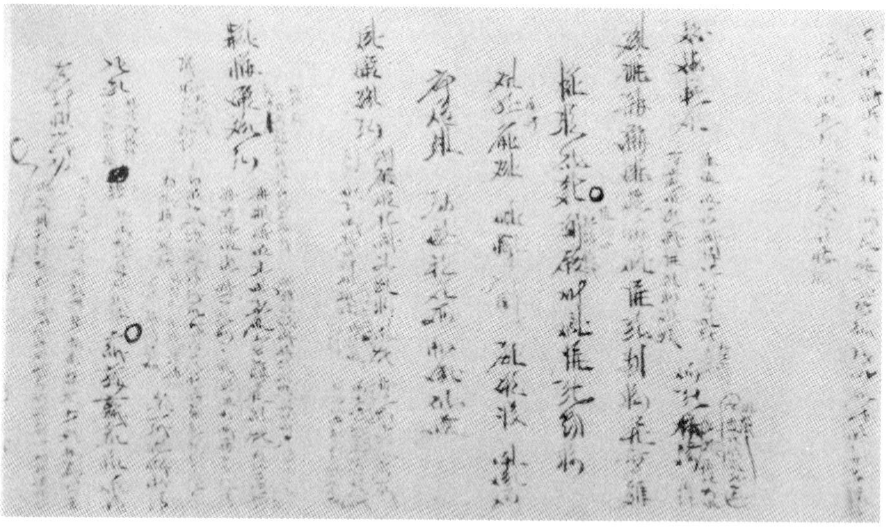

图 6　俄藏 Инв. No. 4225　历史文书

3. 医药文献中的草书文献，有俄藏 Инв. No. 2630《明堂灸经》以及多种医书、医方等。《明堂灸经》以行书为主，而西夏文医方和汉文医方一样，多为草书。其中俄藏 Инв. No. 911、4979 医方长卷每味药下的药量用更小的草字书写。

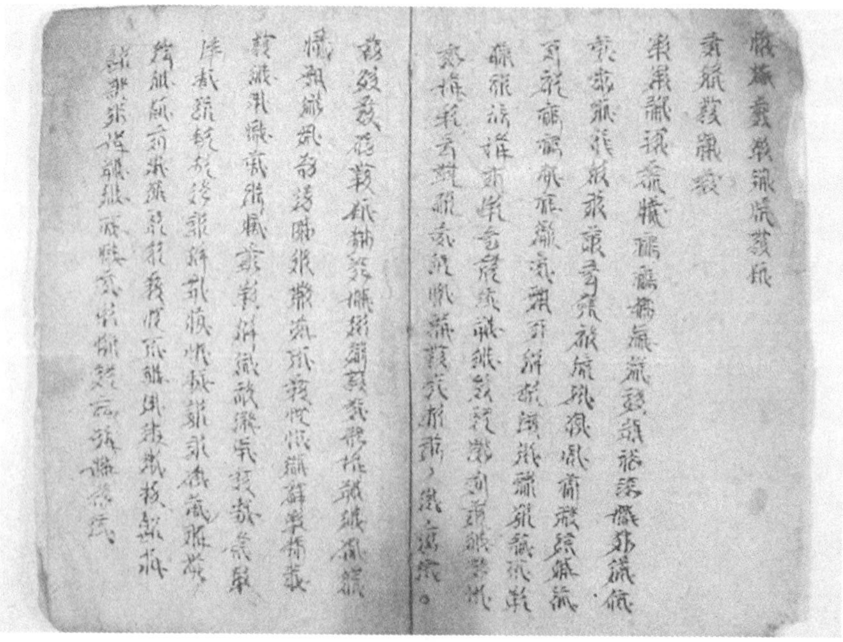

图 7　俄藏 Инв. No. 2630　《明堂灸经》

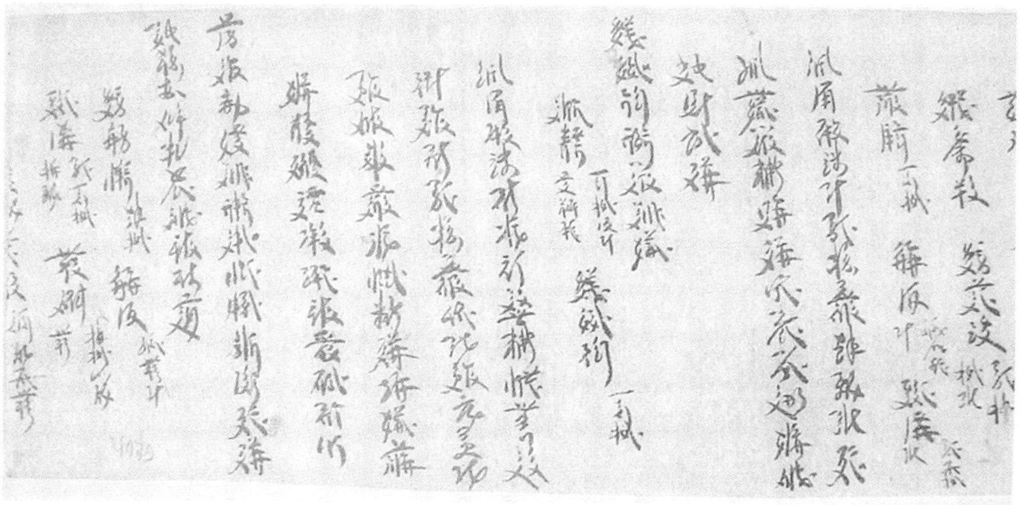

图 8　俄藏 Инв. No. 4979　医方

4. 文学文献中的草书文献，有多种诗歌集和曲子辞。俄藏 Инв. No. 121V 是一种宫廷诗集，写在刻本诗集背面的行间，行、草兼有，令人眼花缭乱，仔细释读，仍可辨认。而另一种宫体诗集俄藏 Инв. No. 876，则是较规范的行书和草书。

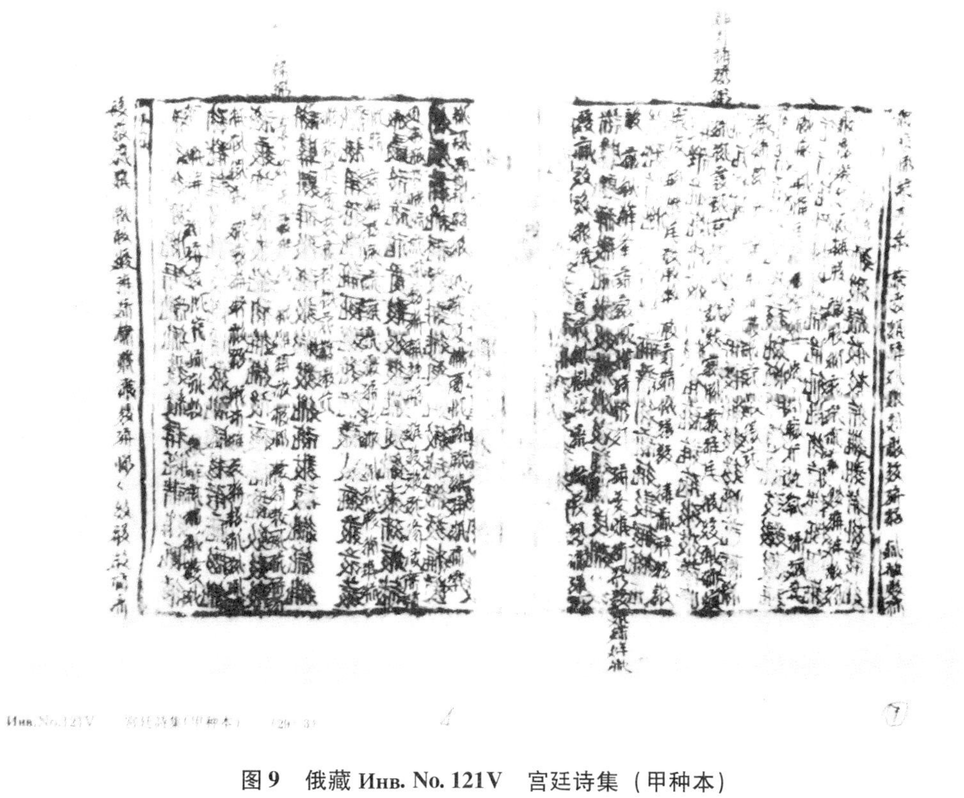

图 9　俄藏 Инв. No. 121V　宫廷诗集（甲种本）

图 10　俄藏 Инв. No. 876　宫廷诗集（乙种本）

5. 社会文书中的草书文献，有审案记录、户籍、账目、契约、军籍以及告牒、书信等官私文书。西夏文社会文书多是在基层、民间使用的实用文书，分布地区较广，书写量很大，保存至今的文献较多，有一千多件。其中有确切时代标志的西夏草书文献，多属西夏晚期，如买卖、借贷契约，军籍文书等。其中粮食借贷契约数量很多，时间集中在西夏后期的 50 多年内，以桓宗天庆和神宗光定年间居多。较早的为西夏仁宗乾祐年间，如 5949－28 为乾祐子年（1180）贷粮契。借贷粮食的文书如 4979－1 天庆甲子年粮食借贷契、6377－16 光定卯年（1217）粮食借贷契约等。此外其他买卖契约、军籍、众会契等文书的时代也差不多如此。这些文书中不乏漂亮而成熟的西夏文草书。

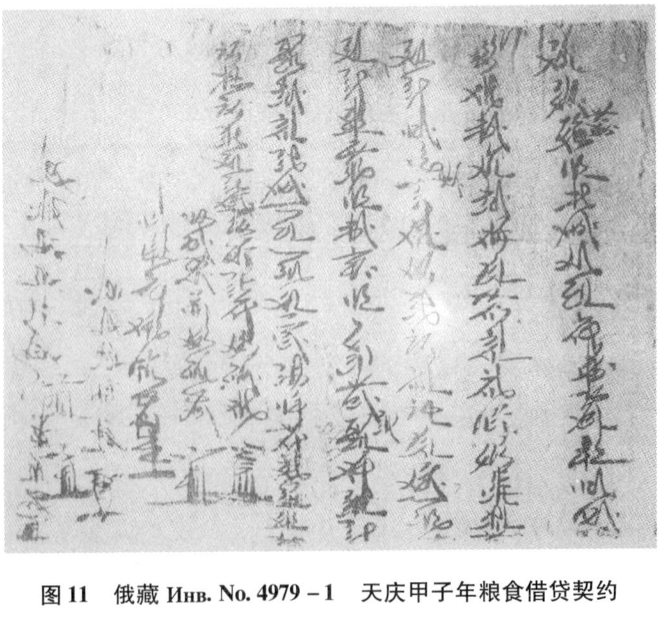

图 11　俄藏 Инв. No. 4979－1　天庆甲子年粮食借贷契约

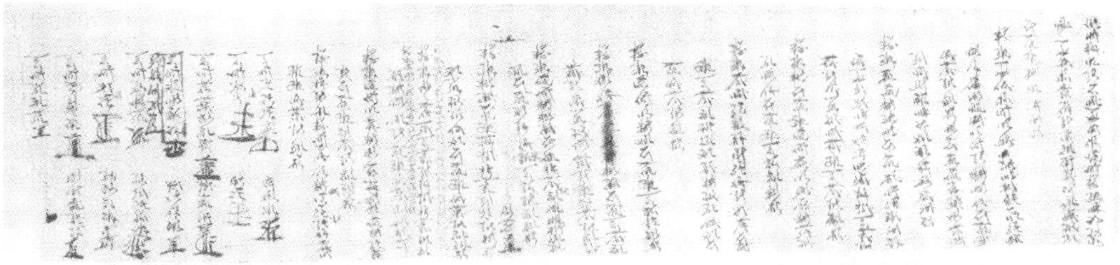

图 12　俄藏 Инв. No. 5949－31　光定寅年众会契

此外中国藏西夏文献和英藏西夏文文献中也有草书文书，如甘肃武威出土西夏文天庆寅年会款单、乾定申年贷粮契，英藏黑水城出土天庆乙丑十二年军籍等。

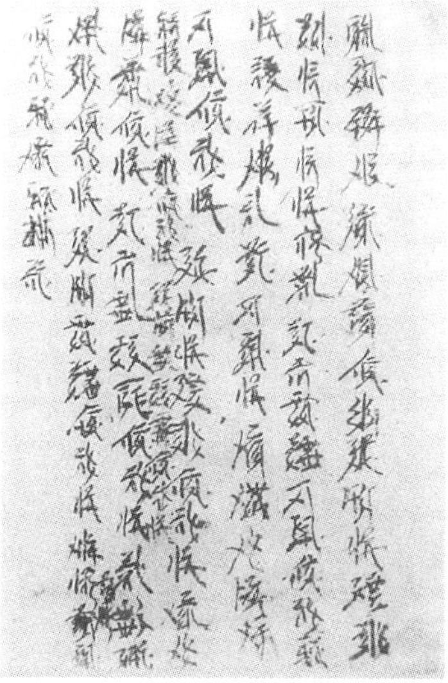

图 13　甘肃省博物馆藏武威出土天庆寅年会款单

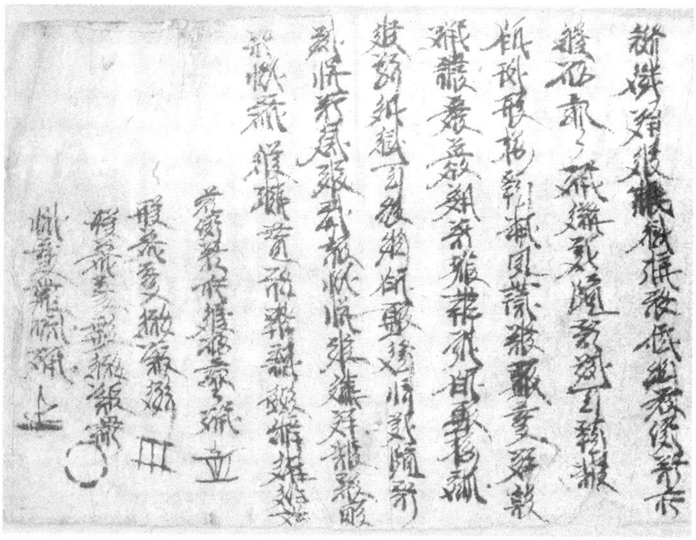

图 14　武威博物馆藏乾定申年贷粮契

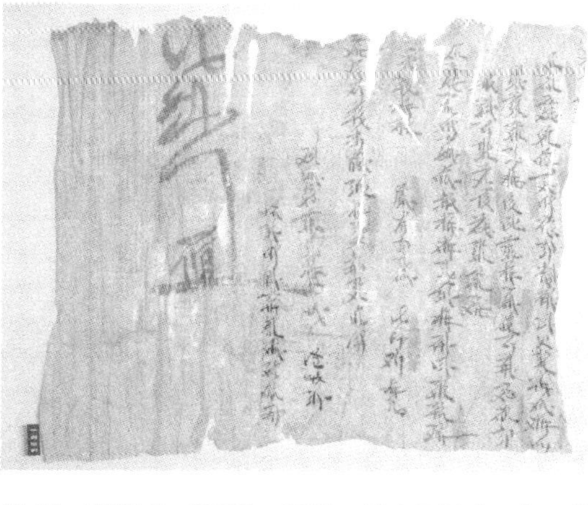

图 15　英藏 Or. 12380－3521　天庆乙丑十二年军籍

6. 历书中的草书文献，有连续 80 多年的历书以及其他草字历书。其中 Инв. No. 5868 庚申年历书，除上部表月份字和右部表项目字为大字楷书外，其余皆为小字草书，间或有个别汉文数字。

图 16　俄藏 Инв. No. 5868　庚申年历书

7. 占卜文献中的有多种草书文献。其中 Инв. No. 5868《谨算》为一长卷，开始时较工整的楷书，后逐渐变为行楷兼有，后来由行变草，最后以草书为主。反映出书写者，越写越快，越写越草的渐进过程。相面图中的西夏文字说明也用草书。

图 17－1　俄藏 Инв. No. 5868　《谨算》卷首

图 17－2　俄藏 Инв. No. 5868　《谨算》卷尾

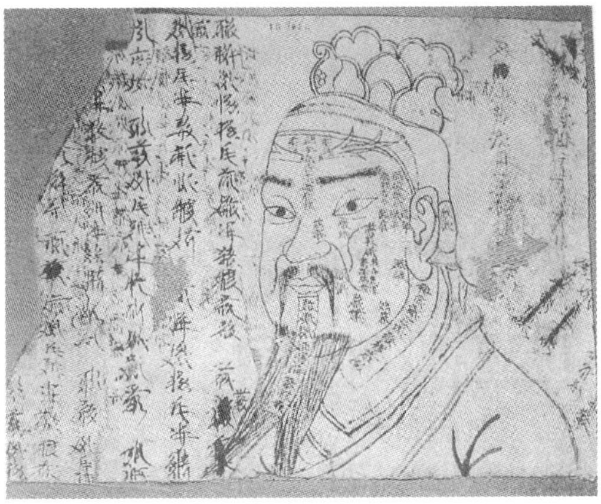

图 18－1　俄藏西夏文相面图（正面）

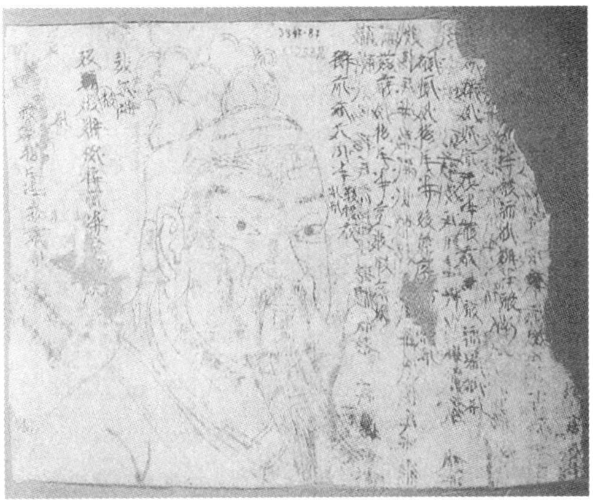

图 18－2　俄藏西夏文相面图（背面）

8. 音韵书籍中的草书文献。如 Инв. No. 4154、8364 写本《文海宝韵》中大字是笔画规范清晰的楷书，注释小字，特别是数目字，多为草书。有一种刻本《音同》（丁种本，XIV）背面有注释字，也为行书和草书相间的字体。

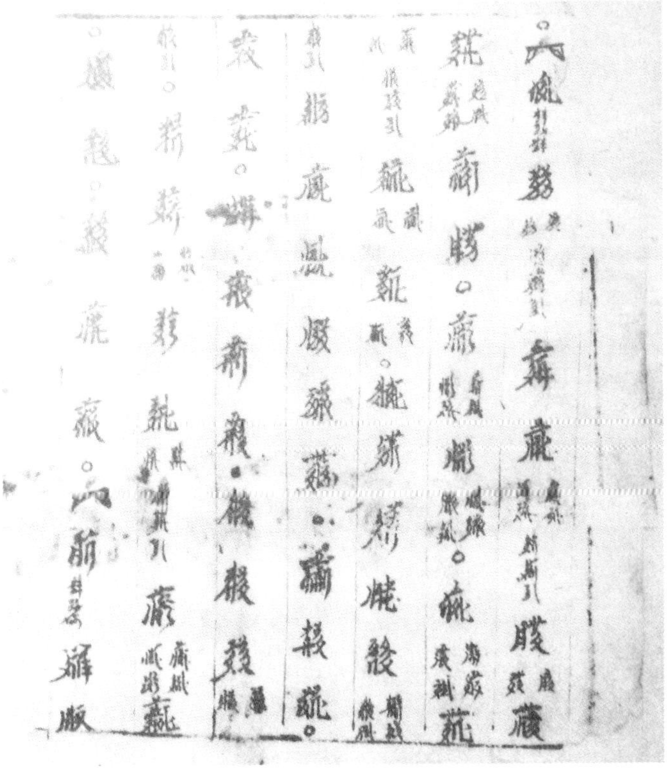

图 19　俄藏 Инв. No. 4154、8364　《文海宝韵》

9. 译自汉文的经书、兵书和史书中有几种是西夏文草书文献。如俄藏 Инв. No. 2627《孝经》全部是书写流畅的草书，其中有朱笔校改，改动字也是草书。其正文和注文字大小一样，但注文降格书写，以示区分。英藏黑水城出土文献 Or. 12380—3858 也是草书《孝经》，其章名和正文以大字书写，注文以小字单行接写。核对两种草书译文，为不同译本。俄藏 Инв. No. 775《孙子传》和《太宗择要文》也是草书文献。

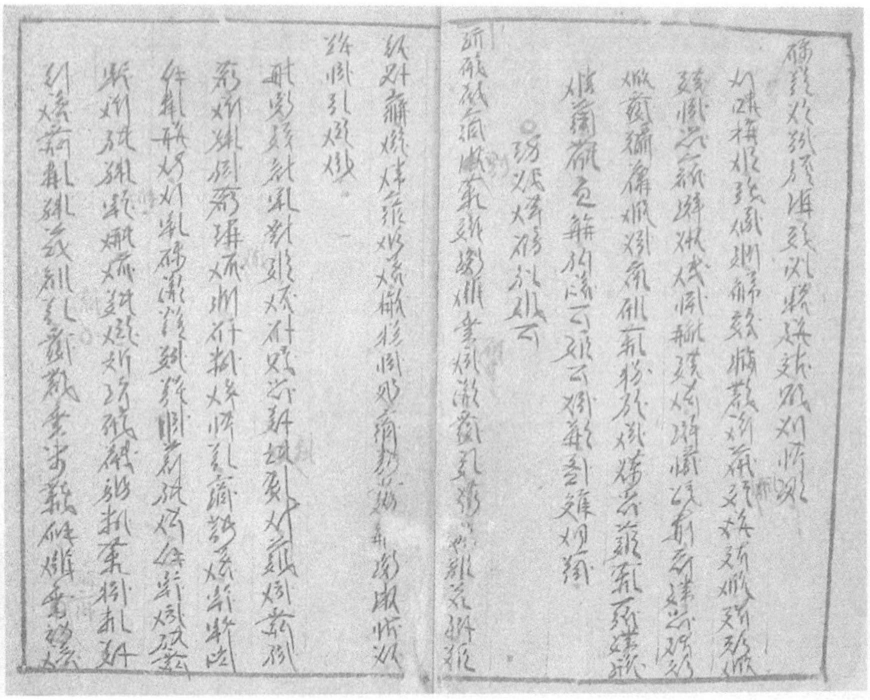

图 20　俄藏 Инв. No. 2627　《孝经》

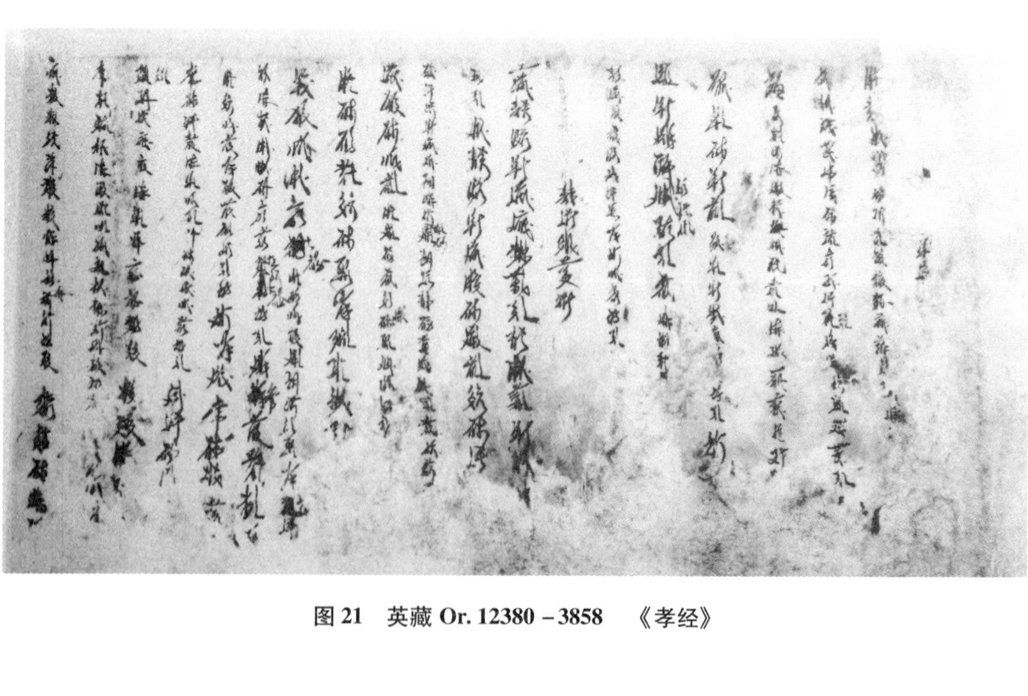

图 21　英藏 Or. 12380－3858　《孝经》

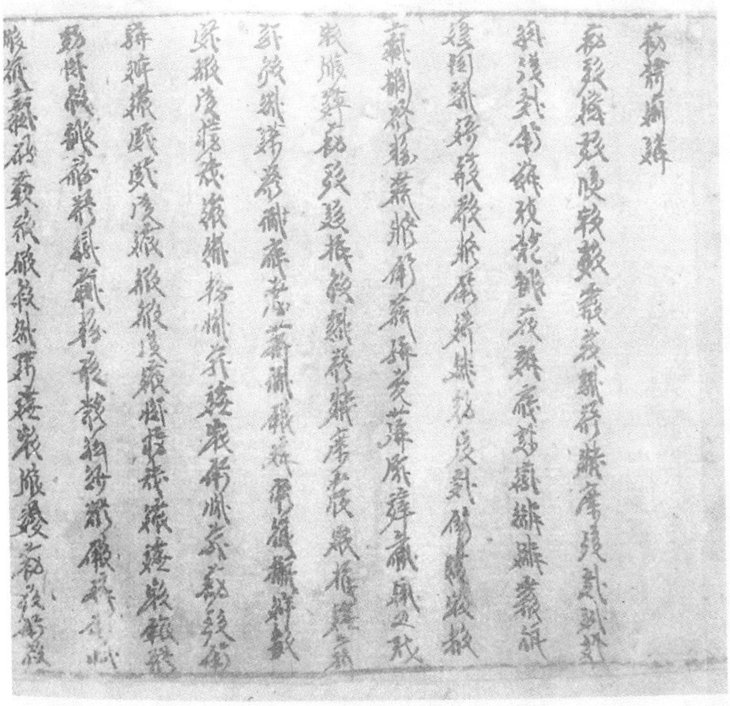

图 22　俄藏 Инв. No. 775　《孙子传》

10. 佛经中的草书文献很多。除上述《六祖坛经》，还有西夏帝师慧宣所传注的经典《风气心上入法》以及《药师琉璃光七佛本愿功德经》等。还有西夏文楷书刻本和草书写本对照的佛经，如《圣妙吉祥真实名经》、《近住八斋戒文》等。

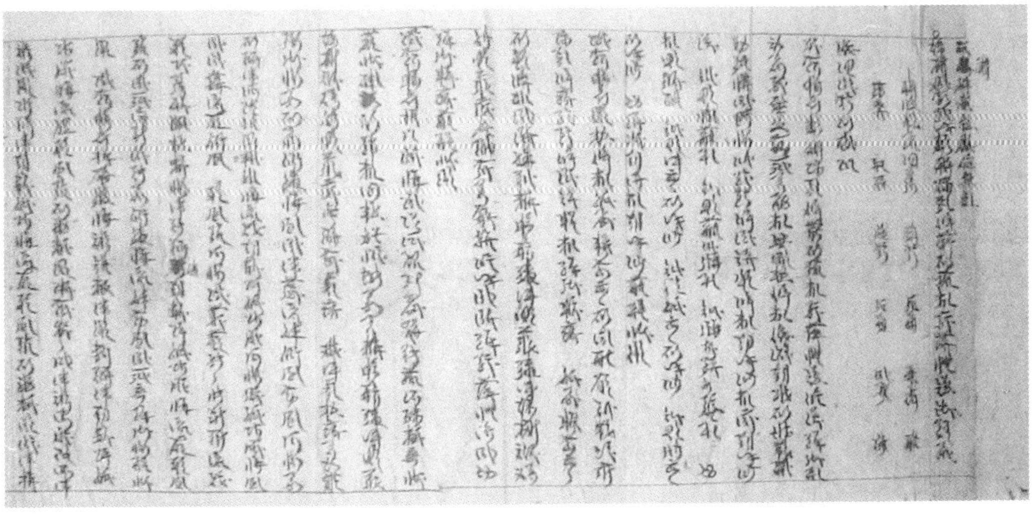

图 23　俄藏 Инв. No. 3808　《风气心上入法》

图24 俄藏 Инв. No. 909 《药师琉璃光七佛本愿功德经》

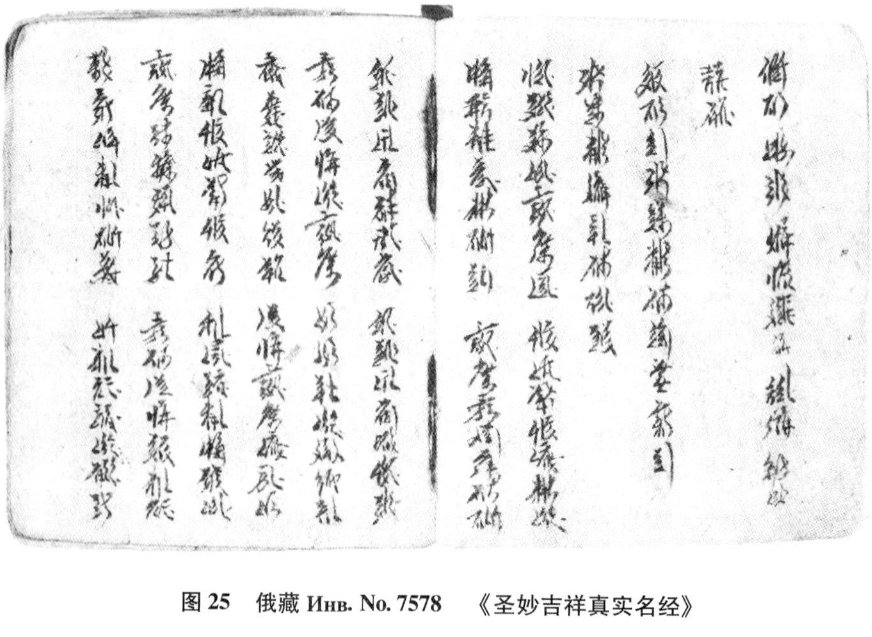

图25 俄藏 Инв. No. 7578 《圣妙吉祥真实名经》

（二）西夏文草书文献早就引起西夏学专家的注意

20世纪30年代，王静如先生对《瓜州审案记录》进行考证，应是对西夏文草书的首次释读、研究。这是一件没有任何文献可以参考的草书文献。王先生第一次比较准确地译出文书名称为“瓜州审判档案残卷”，释出主要内容和文献形成时间，在70年前取得这样的成就难能可贵。① 同时罗福成先生对5纸《瓜州审案记录》背面的《六祖坛经》残本作了释文，虽有汉文本《六祖坛经》可资借鉴，也需有释读西夏文草书的一定功力。②

丹麦学者格林斯塔德（Eric Grinstead）对西夏文草书的研究做出了重要贡献，他在1972年出版的《西夏文字分析》一书中，对西夏文草书《孝经》做了很好的研究，将《孝经》中的西夏文草字旁注出西夏文楷书字。③ 在40多年前这样深入地研究、解析西夏文草书，所注西夏文楷书多数正确，显示出他释读西夏文的高超水平。

笔者在20世纪90年代初期，考究当时所能见到的12纸西夏文草书《六祖坛经》，虽主要是考证经文内容、版本，也涉及草书的释读，对西夏文草书有了新的认识。④

自1993年始中、俄共同整理出版《俄藏黑水城文献》，在俄国专家整理的基础上我们对其中的有关草书文献进行整理、定题工作，识别出一批草书文献，并确定题名。特别是有一项重大收获是在俄藏黑水城文献中新发现了约1500件西夏文社会文书，其中很多是在未编目的110盒散乱文献中发现的，有的则是在封套中一层一层衬纸中拍摄的。这些文书多是难以释读的草书残卷、残页，定题十分困难。笔者自1997年开始整理这些草书文献，为出版这些文书做定题工作。面对这样大量人写人异、五花八门的草书文献，笔者一面反复阅读文书，一面积累各类草书的字形特点，并列出文字及笔画对照表，日积月累，草书识别能力不断提高。经过8年的释读和修订，于2005年交出了《俄藏黑水城文献》社会文书部分（12、13、14册）的定题目录，尽管其中仍有部分残页难以定题，已经定题的仍有进一步研究的余地，但总算完成了一个比较准确的草书文献定题目录。⑤

在整理俄藏西夏文草书社会文书、编纂目录的同时，感到这批文书学术价值很高，与唐、宋时期的社会文书相比毫无逊色，甚至有自己独特的价值和特色。21世纪初，我试就其中的一些专题文献如西夏户籍、契约、租税、历法、军籍、社条等草书文献进行翻译和研

---

① 王静如：《〈国立北平图书馆馆刊〉（西夏文专号）引论》，《国立北平图书馆馆刊》第4卷第3号（西夏文专号），1932年。

② 罗福成：《六祖大师法宝坛经残本释文》，《国立北平图书馆馆刊》第4卷第3号（西夏文专号），1932年。

③ Eric Grinstead, *Analysis of the tangut script*, *Scandinavian Lnstitute of Asian-Studies Monograph Series* No 10, Sweden, Lund: Studentlitteratur. Curzon Press, 1972.（［丹］格林斯塔德：《西夏文字分析》，《斯堪的纳维亚亚洲研究所专号》卷10，瑞典，隆德：Studentlitteratur. Curzon出版社1972年版。）

④ 史金波：《西夏文〈六祖坛经〉残页译释》，《世界宗教研究》1993年第3期。

⑤ 俄罗斯科学院东方文献研究所圣彼得堡分所、中国社会科学院民族研究所、上海古籍出版社编，史金波、魏同贤、克恰诺夫主编：《俄藏黑水城文献》第12、13、14册，上海古籍出版社2006、2007、2011年版。

究，先后发表了一系列论文。①

日本的松泽博先生较早地研究西夏文社会文书，他先后发表了数篇文章，对解读西夏文草书做出了贡献。②

梁松涛博士致力于西夏文文献译释研究，特别是对西夏文法典、诗歌和医药文献翻译用功最勤，其中不乏草书文献。她已发表的有关西夏文医学文献的论文即有十数篇，显示出她对西夏文草书有较好的释读能力。③

彭向前博士近些年对西夏文草书文献的研究情有独钟，特别对西夏文《孝经》从文字到内容做了细致的研究，于西夏文草书的探讨很有成就。④

由于西夏文草书文献数量较多，文献价值不菲，且译释难度大，有相当的挑战性，引起了部分研究者的兴趣。往往解破一个难以解读的西夏文草书字，会感到兴奋异常。西夏文草书的研究方兴未艾，西夏文草书的进展将成为推动西夏学的又一动力。

四　西夏文草书的形制和特点

在拙著《西夏文教程》中，我曾专设“西夏文社会文书及草书翻译”一讲，其中论及西夏文草书：

---

① 史金波：《西夏户籍初探》，《民族研究》2004 年第 5 期；《西夏粮食借贷契约研究》，《中国社会科学院学术委员会集刊》第 1 辑（2004 年），社会科学文献出版社 2005 年版；《西夏农业租税考》，《历史研究》2005 年第 1 期；《西夏的历法和历书》，《民族语文》2006 年第 4 期；《西夏的物价、买卖税和货币借贷》，《宋史研究论文集》，上海人民出版社 2008 年版；《西夏军抄文书初释》，《中国多文字时代的历史文献研究》，社会科学文献出版社 2010 年版；《黑水城出土西夏文卖地契研究》，《历史研究》2012 年第 2 期；《西夏文军籍文书考略——以俄藏黑水城出土军籍文书为例》，《中国史研究》2012 年第 4 期；《黑水城出土西夏文租地契研究》，《吴天墀教授百年诞辰纪念文集》，四川人民出版社 2013 年版；《英国国家图书馆藏西夏文军籍文书考释》，《文献》2013 年第 3 期；《西夏社会文书简论》，《宋史研究论文集》（2012），河南大学出版社 2014 年版；《黑水城出土西夏文众会条约（社条）研究》，《西夏学》第 10 辑，上海古籍出版社 2014 年版；《黑水城出土西夏文卖人口契研究》，《中国社会科学院研究生院学报》2014 年第 3 期；《西夏文卖畜契和雇畜契研究》，《中华文史论丛》2014 年第 3 期；《西夏军抄的组成、分合及除减续补》，《宋史研究论丛》第十五辑，河北大学出版社 2014 年版。

② 松泽博：《西夏文谷物借贷文书之我见》，《东洋史苑》31、38、46 号，1988—1996 年；《武威西夏博物馆藏亥母洞出土西夏文契约文书》，《东洋史苑》第 75 号，2010 年；《西夏文〈瓜州监军司审判案〉遗文》，《国家图书馆学刊》增刊《西夏研究专号》，2002 年。

③ 梁松涛：《黑水城出土西夏文古医方“天雄散”考述》，《云南中医学院学报》2011 年第 2 期；《黑水城出土西夏文药方“四白丸”考述》，《敦煌学辑刊》2011 年第 4 期；《黑水城出土西夏文三则治疗肠风泻血方考述》，《河南中医》2011 年第 7 期；《俄藏 ИНВ. No. 911 号医书第 142 页药方考释——兼论西夏文医药文献的来源及特点》，《西夏学》（第八辑），2011 年；《俄藏黑水城出土西夏文“五倍丸方”考释》，《西夏研究》2012 年第 1 期；《黑水城出土三则偏头疼西夏文药方考释》，《河北中医》2012 年第 3 期；《俄藏黑水城医药文献 4894 号所载“五补丸”方考释》，《宁夏师范学院学报》2012 年第 1 期；《黑水城出土 4384（9－8）与 4894 号缀合西夏文医方考释》，《宁夏社会科学》2012 年第 2 期；《黑水城出土西夏文古医方“人参半夏散”考述》，《时珍国医国药》2012 年第 7 期。

④ 彭向前：《西夏文〈孝经传〉草书初探》，《宁夏社会科学》2014 年第 2 期；《西夏文草书〈孝经传序〉吕惠卿系衔考》，《吴天墀教授百年诞辰纪念文集（1913—2013）》，四川人民出版社 2013 年版。

草书与楷书相比，笔画简少，字形发生变化，往往点画连绵，如行云流水，书写时省时，但不易识读。特别是当代人对西夏语和西夏文的掌握程度，难以达到西夏时期文献书写者和识读者的水平，释读西夏文草书十分吃力。现在对西夏文草书的释读仅仅处在开始阶段。

经过近些年释读西夏文草书的经验可知，西夏文草书也有一定的书写规律，有时两三笔、甚至数笔化成一笔，同一形态往往有相同的简化形体。如□［平］字11笔，写成草书为□，简化成5笔。□［耶］字9笔，写成草书为□，简化成3笔。□（姓氏）字15笔，写成草书为□，简化成4笔。由上可以看到，西夏文楷书和草书差别比较大。但仔细观察，可以看到一些规律。如西夏文的偏旁□在一个字的左边简化成□，在一个字的右边简化成□或□。有的则比较难以识别，如□（一）简化成□或□，□（三）简化成□，□（有）简化成□，□（者）简化成□，□（则）简化成□，□（不）简化成□，□（又、复）简化成□，□（章）简化成□。如果认真琢磨，在草书文字上都可以看到楷书的影子，找出其笔画变化的路数，也能形成规律性的认识。①

草书的实际意义就是行文快速。西夏文草书在快速书写过程中形成的特点是简化，而简化的主要方式一是连笔，包括上下勾连和左右勾连；二是减笔，使一笔、两笔代替多笔。如上述天盛二十二年寡妇耶和氏宝引等卖地契中末尾签署的大字草书的□（八）字中间的□，即曲折多次连为1笔，而□（天）的右部□，已经简化成1笔。虽然简化了，但不离原字的大致形体，保留有原来结构的意蕴，使人能从草字联系到楷书，得以认识。如果草书使读者释读不出原来的字，也就失去了草书快速书写的实践意义。

草书的稳定性和随意性共存。西夏文草书行文自然、简约，但也具有相对的稳定形体，不仅书写者个人总有比较稳定的写法，各书写者之间也在约定俗成中形成共识，有共同遵从的规矩，使草书可以识读，具有延续流行的生命力。然而草书既是快捷书法，就会随着书写者的不同，实际需要的不同，书写环境的不同而有所区别，形成随意性的特点。即便是同一书写者在同一文书中的同一个字，也会有不同的写法。在西夏文草书文献中不乏各种不同风格的草书。

分析多种西夏文草书文献，特别是像天庆戊午年卖地契（Инв. No. 4193）等较为成熟、典型的草书书体，可以分析到西夏文草书的特点：

1. 一个字中笔画多的、较为复杂的部位是简化的重点，往往需要草化。如□（天）字笔画较多，由左、中、右3个形体组成，草化成□。左部□7画，简化成3画，也可简化成2画；中部5画简化成3画，或曲折连成1画；右部4画，简化成1画。□（戊）字笔画也较多，从楷书的13笔，减为4笔，草化为□。□（正月之“正”）中间部位笔画较多，此字主要简化中间部位，由6画组成，减为2画，草化成□。□（日）字笔画也比较多，共11画，左部和右部都分别减为1笔和2笔，草化成□。□（子）的左部5笔简化成2笔

① 史金波：《西夏文教程》，社会科学文献出版社2013年版，第385页。

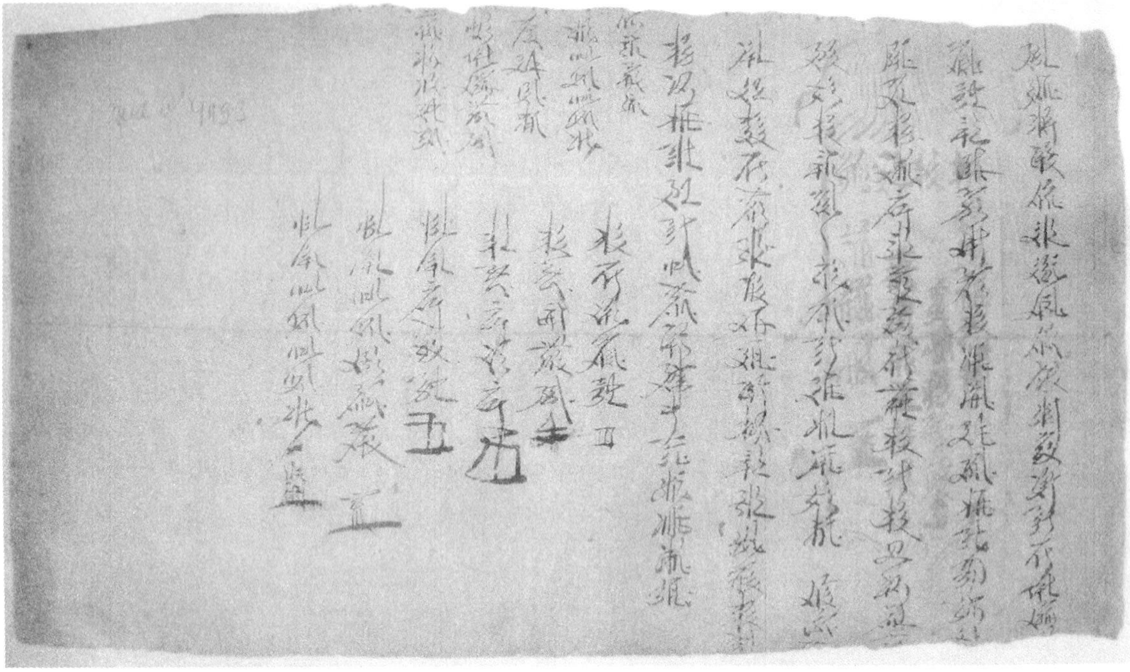

图 26　俄藏 Инв. No. 4193　天庆戊午年卖地契

或 3 笔，特别是右部的 7 笔简化弯转曲折的 1 笔，草化成□。

2. 一个字中笔画简单，又不可或缺的部位一般不再省笔或简化。如上文提到的□（戊）中的一竖，不再省略，而是明显保留□；□（日）字中的一竖，也不再省略，而是保留□。□（月）字的右部竖拐和一点，也未简略，予以保留□；□（五）字的右下部的竖拐和一点，也未简略，予以保留□。这样的形体位置显著，在字的结构中举足轻重，保留下来不至于影响整体造型，且所费笔墨不多。若省减这样的笔画不仅对快速书写效果不大，还会拉大与原字形差距，徒增识别之累。

3. 同一形体在字的同一部位可简化成不同形式，这是草书书写者的随意性所致。□（四）的右部和□（年）的右部，同为□，但在不同的文献中简化成不同的形体，分别草化为□、□。即便同一人在同一文献中书写也会发生这种情况，如此卖地契中末尾当事人签署的 3 行中的 3 个□（卖）字分别写成□□□，左右两边的形体显然简化的方式和程度都不同。又如□（有）的上部和□（仅）的上部□都是相同的 4 画形体，但在同一人写的文书虽然都简化成为两笔，但两笔的方向都不相同，成为□和□。

4. 相近而不同形体简化时尽量以不同的形式加以区分，以免混淆。如□（有）的上部□和□（相）的上部□相近而不相同，后者的上部多一横折成为□以示区别。

5. 有时相近而不同形体又可以用相同的简化形式。这要依据此简化形式与字中的其他形体结合起来识读、揣测，或依据上下文来推测、判断，它应是哪一种形体的简化形式。如□（有）的上部和□的上部相近而不相同，写成草书可以有一样的简化形式□、□。

6. 一个字的同一形体在字的不同部位可简化成不同形式。如上述□，在字的左部可以是一左撇，在字的右部可以是一右撇，在字的中间可以简化成一竖。

7. 有的草书形体改变了原楷书的部分章法布局，突破原来楷书的窠臼，使两者差异很大。不熟悉者乍一看很难识读，往往需要依据多次出现，再根据上下文文意推断。当识读出以后再看此字仍能看到楷书的影子。如前述□（者）简化成，□（则）简化成，□（不）简化成，□（又、复）简化成等。□（有）最后一笔向右拐，草书则向左拐，成为。□（变）倒数第二笔向右拐，而草书则趋向左收，成为。关键笔画走向的变形，增加了识读的难度，成为破解草书的工作重点。

8. 有的字有不同的草书写法，但仍可见其有相似之处。如□（三）字可分别草化成、或，左部虽也变化很大，还能看出简化的痕迹，右部的两笔很难看出其本来面目，但它们简化的形体则相当类似。

9. 草书写法的随意往往使字中出现夸张的成分，在落笔时更为突出。这表现出书写者的个性舒张，淋漓痛快、笔势狂放，把丰富的情感融注于笔画的大幅度流变之中。如□（第）字的末笔拉得很长，□（知）字在契约三行的“知人”中，末两笔成为一笔，都夸张地高高起笔。

10. 草书中上下两字连笔较多。在行书和草书中，如上下两字相重复，则可书写上字后从上字末笔连下一拐即可。如□□（差异）为，□□（仔细）为。这与汉文重复字的行草书处理方式一样。

草书既要简约易写，又要尽量保持字的大体轮廓和框架，便于识认。西夏文草书行笔连贯，柔缓自然，变化多端，有的可以上下交叉，有的达到笔画连绵、龙飞凤舞的境界。有的一篇西夏文草书文献从单个字的连贯圆融，到整体布局的恢宏气韵，表现出很高的艺术水准。我们可以通过不同书体的文献去审视西夏文由楷书向行书，再向草书过渡的各种形式，以便于借助这样的动态认识增加对西夏文草书的了解，寻找出更多的规律性认识。西夏文草书虽有规律可循，但毕竟是个人个性书写，人写人异，繁简不一。每件草书文献的撰写者文化水平不等，书写习惯和风格不同，形成西夏文草书书写带有很强的随意性。这给我们释读西夏文草书、寻找草书识别规律带来了困难。识别西夏文草书，需要在熟练掌握西夏文楷书的基础上，认真审视、反复揣摩文书，既要分析记忆，又要注重总结规律，在反复释读过程中，利用已知文字，分析解剖，再进而解破未知文字，不断积累成果，扩大释读范围，进一步总结释读西夏文草书的规律，并在这一过程中提高对西夏文草书形成、发展的认识。

五　补论

当这篇论文完成之后，得到北京第四季度德宝拍卖会拍卖多种西夏文文献的信息，并在网上见到了部分拍卖品的图片，其中65号拍品中有一页①对西夏文草书研究大有裨益，不得不补充介绍、研讨。

该图版显示此页为西夏文蝴蝶装刻本，四周粗栏框，中间未见版心（似原有版心），两

① http：//www. dbpm. cn/auction/sdetail. asp？ cid = 143&id = 70636.

半页各有文字9行。右半页在第1、4、8行始有阴刻文字，应是题目。第1行阴刻6个西夏字，译为“单独三十字母”，其后2、3行以点、横、竖、撇、拐为顺序各列西夏文最基本、最简单的字形结构。第4行阴刻西夏字2个，译为“字头”，其下4行列有代表性的西夏文字头即部首，笔画较粗重。第4行7个字头，第5、6、7行各8个字头，共计31个字头。每一字头下有一带有此字头的楷书代表字，皆为常用字。更引人注目的是此代表字下又列出此字的草体字。如第一字头为□，代表字为□（文），草书字为□；第二字头为□，代表字为□（十），草书字为□。第7行第6个字头□无代表字。第8行阴刻西夏字2个，为“字偏”，其下各行列有西夏文字的左右两边的代表性结构，即偏旁，笔画也较粗重。同样，每一偏旁下有一带有此偏旁的楷书代表字，也多为常用字，开始是地、水、火、风等字，这些代表字下也列出此字的草体字。如第一字偏旁为□，代表字为□（地），草书字为□；第二偏旁为□，代表字为□（水），草书字残缺，为□。右半页8、9行和左半页全部9行皆是这类偏旁及其楷书、草书代表字，共有75个。最后似乎还没有结束，下页应该还接续。根据西夏文《文海》对文字的分析有□（头）、□（左）、□（右）、□（下）等[①]，像下部的□等当在后面。这页带有草书的刻本给了我们很多信息和启发。

第一，西夏人文字研究造诣很高，对文字构造的分解很细致、很成熟。不仅有过去已经熟知的《文海宝韵》（简称《文海》）对每个西夏字构造的注释，更有此图片所显示的对西夏文字的抽象分解，总结出部首、偏旁，并以代表字举例说明。其列举的部首、偏旁与我们从《文海》中总结出的部首、偏旁十分接近。汉代许慎作《说文解字》，根据汉字的形体，归纳设立540个部首，首创部首、偏旁之说。西夏字的创制受到汉字影响，其部首的分析和设置也会借鉴汉文的成功经验。

第二，西夏人对西夏文草书早已做了综合、抽象研究，对流行的草书总结出带有规律性的认识，列举的常用草书成为实用草书的典范，说明西夏文草书流行广泛，已成为西夏人的常用字体，并与楷书一起进入字书，得到规范。其草书的简化规律与我们近些年分析研究出的规律性认识高度重合。

第三，西夏人将草书雕刊流行，是中国文字史上的一件创举。汉文草书形成、流行很早，隋唐之际出现雕版印刷后，刻本仅限于楷书，草书屈曲弯转，雕版难度大，中古时期未见有汉文草书解析刻本。而此文献刻印西夏文草书，或为中国最早的草书刻本，开中国草书雕版之先河，在中国草书发展史上写出了浓墨重彩的一笔。

从网上发布的信息看，第65号拍品中还有其他字书页面，有的尾题为“择要常传同名杂字序一部”。[②] 近又见同号有蝴蝶装刻本西夏文字书《音同》一页，经比对与《俄藏黑水城文献》第7册中的《音同》（丁种本）第6页排列顺序相合，但细审并非同一刻本。[③] 或许上述一页文献是一种新的字书版本，前列有关西夏文结构的部分，具有特殊的文献价值。

---

① 史金波：《从〈文海〉看西夏文字构造的特点》，《文海研究》，中国社会科学出版社1983年版，第1—29页。

② http://pmgs.kongfz.com/detail/3_545386/.

③ 《俄藏黑水城文献》第7册，上海古籍出版社1996年版，第66页。

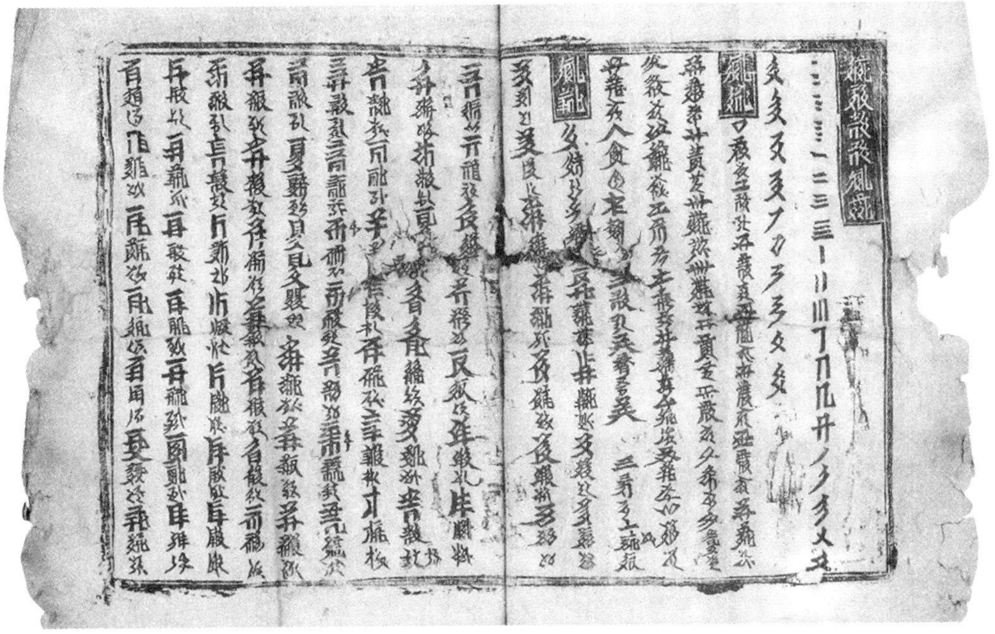

图 27　西夏文刻本字书①

① http：//www. dbpm. cn/auction/sdetail. asp? cid = 143&id = 70636.

一部有特色的历史法典[*]
——西夏《天盛改旧新定律令》

《天盛改旧新定律令》是中国古代西夏王朝制定的一部系统的国家法典，以西夏文刻印颁行。对于这部重要法典，目前了解它的人还很少。但是随着西夏法典的翻译和介绍，将会引起越来越多的法学家对它的重视。笔者想在这篇短文中，不避浅陋，将自己对这部法典的初步认识和研究心得公诸同好，企望方家不吝指教。

一

西夏王朝（1038—1227）是中国历史上一个以党项族为主体的民族政权。党项族原居住在今四川省西北、青海省东南、甘肃省南部一带，隋、唐时期尚处于原始社会末期，居处山谷间，无法令，无徭赋，以畜牧为业，不知稼穑。① 后逐渐北迁，经唐末、五代而趋强大。至宋初正式立国，共传十代帝王。它前期与北宋、辽鼎立，后期与南宋、金对峙，辖控着中国西北地区宁夏、甘肃大部、陕西北部、内蒙古西部、青海东部地区。西夏立国前后，较迅速地发展了封建经济，大力吸收了汉族文化，同时也保存了不少固有的民族特点。西夏第一代皇帝景宗元昊在建国前就令大臣创制了党项民族文字——西夏文。西夏文的经济、文化在第五代皇帝仁宗仁孝时期得到高度发展。后西夏被蒙古灭亡，文物典籍丧失殆尽。

21 世纪初，俄国探险家科兹洛夫（П. И. Козолов）在中国黑水城遗址（在今内蒙古自治区额济纳旗，蒙古称 Kara-khoto，掘得大批西夏文文献，其中除大量的佛经外，还有数十种世俗著作，《天盛改旧新定律令》（以下简称《律令》）是其中最重要的一种。全书共二十卷，佚一卷，存十九卷，其中大部分卷保存比较完整，少数卷残缺较多。《律令》原件现存苏联科学院东方学研究所列宁格勒分所，包括多种不同版本的页面，经整理后不同的页面约 1500 页。书为蝴蝶装，木刻版，每页分两面，面九行，行约十八字。每页版心上有“律令第 ×”字样，标明其所属卷数，下用汉字注明页码。书前有各卷目录，已不完整，每卷前也有本卷目录。

---

* 原刊于《中国法律史国际学术讨论会论文集》，陕西人民出版社 1990 年版，第 292—305 页。

① 《隋书》卷 83《党项传》，中华书局校点本（以下引正史同此本），第 1845 页。《旧唐书》卷 198《党项羌传》，第 5290—5291 页。

这部西夏法典的名字，早就引起西夏学家的注意。20世纪30年代初，在《国立北平图书馆馆刊》上公布的列宁格勒所藏部分西夏文文献中，《律令》就是其中的一种①。但长期以来，它的具体内容一直不为世人所了解，与西夏法典同时出土的另一部文献《番汉合时掌中珠》，是西夏文——汉文双解语汇集，在其中的人事部中，有50多条涉及西夏法律诉讼程序的词语②。因为这部文献早在1924年就公之于世，过去西夏学家就依据里面有限的资料了解西夏的刑法和诉讼法。《番汉合时掌中珠》是西夏乾祐二十一年（1190）编纂的，略晚于《律令》。当然，仅凭这200多字难以了解西夏法律的丰厚内涵。直至70年代，苏联西夏研究专家克恰诺夫（Е. И. Кычанов）教授陆续撰文，对《律令》的部分内容进行研究和介绍。克恰诺夫教授多年来从事西夏法典的整理和研究，做出了突出的成绩。近些年他将全部《律令》译成俄文，并做了较为深入的研究，拟分四册将研究成果、俄译文和原件刊布出版，现已出版两册。第一册为研究篇，第二册包括第一卷至第七卷的俄译文和原文影印件。③ 目前我和我的同事们已将第一卷至第七卷的西夏原文译成汉文并做了初步研究。我们参考了克恰诺夫教授的重要研究成果，但在某些西夏原文的理解上不尽一致，因而在译文上也多有与克恰诺夫教授不同之处。

二

《律令》全名《天盛改旧新定律令》。“天盛”是西夏仁宗（1140—1194）年号。“改旧新定”是指在旧法典的基础上重新修订，可见天盛年间以前西夏就有法典。西夏开国皇帝元昊，雄才大略，锐意进取，对西夏典章制度多有建树更张。史载其案头上放置法律书。④ 可见西夏统治者自立国之初就很重视法制。在黑水城遗址和这部法典同时发现的还有《新法》和《亥年新法》，都以西夏文字书写。⑤ 不难想见，西夏对其法典的贯彻施行非常认真，审时度势，一再修订。

《律令》第一卷卷首有进律表四页，简明地指出修订法典的宗旨，其正文为：

> 奉天显道，耀武宣文、神谋睿智、制义去邪、惇睦懿恭皇帝敬承祖功，绍禀古德。欲全先圣灵略，用正大礼文义。是故臣等共同计议，重新校阅旧律令，见其有不明疑碍，顺民众而取长义，共编成二十卷，奉敕名为《天盛改旧新定律令》。刻印已毕，奉献陛下，依敕所示，传行天下，着依此新律令而行。

开头二十字为仁宗皇帝尊号。由上可知，当时因旧有法典中不明之处，便依照实际需要而改订，并将新改律令作为实施准则，颁行境内。进律表的后半部分为二十三个参与修订者

---

① 《国立北平图书馆馆刊》四卷三号，1932年，第379—388页。

② 见（西夏）骨勒茂才《番汉合时掌中珠》，1935年石印本。

③ ［苏］Е. И. 克恰诺夫：《天盛改旧新定律令》，莫斯科，科学出版社。第一卷，1988年，第二卷，1978年。

④ 《宋史》卷485《夏国传》上，第13993页。

⑤ ［苏］З. И. 哥尔巴切娃、Е. И. 克恰诺夫：《西夏文写本和刊本目录》，莫斯科，东方文献出版社。

的人名及其官职。为首的是北王兼中书令嵬名地暴。嵬名是西夏皇族姓，参与修律的还有五名嵬名氏官员，可知西夏皇族在修律时占有外姓不可企及的突出地位。修律者有党项人，也有汉人，有官员，也有学者。最后四人为“合汉文者”和“译汉文者”，他们都有博士或学士的头衔，合汉文、译汉文表明此法典还另有汉文本，但至今未被发现。①

《律令》各篇中包括若干门，每门下有若干条。为便于了解法典内容，现把第一卷至第七卷各门的名称和所含条目数开列于下：

第一卷：①谋逆门 5 条；②失孝德礼门 1 条；③背叛门 5 条；④恶毒门 6 条；⑤为不道门 6 条；⑥大不敬门 7 条；⑦不孝顺门 1 条；⑧不睦门 1 条；⑨失义门 3 条；⑩内乱门 3 条。

第二卷：①八议门 1 条；②亲节门 1 条；③罪节与官品抵门 6 条；④贿阶罪则门 6 条；⑤老幼重病减罪门 3 条；⑥不奏判断门 6 条；⑦黥法门 8 条；⑧屠牛骆驼马门 11 条；⑨戴铁枷门存 7 条。

第三卷：①盗亲门 5 条；②杂盗门 22 条；③群盗门 5 条；④重盗门 1 条；⑤妄取乘骑他人牲畜门 4 条；⑥分取盗畜物门 6 条；⑦盗偿还门 4 条；⑧自首偿还解罪减半合议门 7 条；⑨盗逃失捕告赏门 4 条；⑩检盗迹门 5 条；⑪问盗门 4 条；⑫买盗畜人有得门 3 条；⑬盗毁佛神地墓门 7 条；⑭典当门 7 条；⑮催逼债利门 15 条。

第四卷：①守营垒城堡门（？）存 9 条；②弃守大城门 7 条；③巡边地门 28 条；④敌军寇门 6 条；敌动门存 6 条。

第五卷：①武器门存 9 条；②大校门 28 条。

第六卷：①出师门（？）存 11 条；②官铠甲马门 16 条；③军人使亲礼门 10 条；④纳军籍磨勘门 8 条；⑤亲节上下向他人互卖门 6 条；⑥军抄分合减门 20 条；⑦行帅，将、首领、房主派遣门 6 条。

第七卷：①投降者隐遣门 18 条；②番人叛逃门 26 条；③敕禁门 13 条；④止邪门 3 条；⑤行职门 3 条；⑥妄敛门 3 条；⑦杀葬赌门 5 条。

以上七卷有 475 面，约占全书三分之一。仅就这七卷各门的名目就可以看到，西夏法典包括刑法、诉讼法、军法等，根据苏联专家论著的介绍和笔者访问苏联时所见的原件，西夏法典还包括民法、行政法的内容。

三

《律令》继承了中国历史上法典的传统。翻开第一卷的目录，就可明显地看出，这十门的名目就是中国历史上法典“十恶”重罪的翻版。第二卷中“八议”的基本精神也大体和唐、宋律一致。不仅如此，《律令》有关律条的规定和违律的处罚也往往和唐、宋律大同小异。比如在中国历代法律中相沿已久的五刑、以官当罪和以钱赎罪之法，也为西夏法典所采纳。特别是《律令》以忠和孝为核心的法制思想，明显地反映出西夏法典承继了中国封建社会的传统，证明其立法的最终目的和锋芒所向是和中国历代封建王朝的法律相一致的。

---

① 史金波、黄振华、白滨、聂鸿音：《西夏进律表考》，《西夏文物论集》，宁夏人民出版社 1989 年版。

西夏虽然是一个以党项族为主体的民族政权，但它与中原地壤相接，在其境内原有深厚的汉文化基础，加之它在封建化的过程中，统治者又大力吸收中原传统文化。在当时的少数民族王朝中，西夏对周围民族文化的吸附力表现得很强烈。在其法律的制定和修改过程中，以中国封建王朝的法律为借鉴，用中原地区比较成熟的统治手段来维护和加强自己的统治，是顺理成章的。

然而，《律令》在吸收中国传统封建法典精髓的同时，又能不落窠臼，推陈出新。对《律令》前七卷的内容进行初步研究，并参考了苏联学者对其余篇章内容介绍以后，有理由认为，《律令》除与中国传统法典有共同性以外，还有其独特之点。

1. 具有鲜明的民族特色。西夏立国前后，大力发展了农业。然而党项族原来是一个游牧民族，西夏境内又有很多宜于放牧的草原、山地，因此，传统的畜牧业仍然十分发达。《律令》突出地反映了这一民族特点，有关畜牧业的条文占有很大的比重。第二卷第七门"屠牛骆驼马门"中，规定了不准随意宰杀牛、骆驼、马，对违犯者规定了具体的处罚。如杀自己的牛、骆驼、马，一头徒四年，二头徒五年，三头以上一律徒六年。盗窃期亲之牛、骆驼、马时，以盗亲例减罪，但宰杀者加重处罚，一头徒五年，二头徒六年，三头以上徒八年。盗杀期亲以外的牛、骆驼，马时，一头徒六年，二头徒八年，三头以上一律徒十年。又规定杀自己的驴、骡一头徒三月，杀二头徒六月，杀三头以上一律一年，杀他人的驴、骡加一等。还规定有偷杀牛、骆驼、马、骡、驴者，有关官吏当捕而不捕要治罪。在关于盗窃的条款中，把盗窃牲畜放到第一位。对于妄取骑乘他人牲畜也在第三卷中专辟一门作出具体规定。《律令》对有关牲畜的条文如此之多，如此之细，是西夏的畜牧业在社会中所占特殊地位的真实反映。在畜牧业生产中，牲畜不仅是生活资料，更是生产资料。对于西夏这样以军事立国的政权来说，大牲畜又是重要的作战、运输物资。《律令》禁止滥杀大牲畜，是保证这个民族政权扩大再生产和战争要求的法律措施。

西夏党项族"俗尚武力"，[①] 在唐末、五代藩镇割据的争战中逐渐强大起来，以武力兴国，后加强军力与其四邻宋、辽、金、吐蕃、回鹘、蒙古长期抗衡，同他们不断发生大大小小的战争。因此，西夏统治者十分注重军事实力。西夏民族政权的这一特点在《律令》中有明显的反映。在第四卷、第五卷、第六卷中多是与军事有关的内容，现存180多页的篇幅。第四卷主要是防守、巡查、敌军入寇的条文，第五卷是关于武器装备的条文，第六卷是有关发兵遣将、抽丁组抄的条文。这些有关军事作战的条款规定得非常细致、具体，如第四卷规定派遣守营垒城堡的大小首领等任意不往者，延误一日至十日杖十三，十日以上至二十日徒三个月，二十日至一月徒六个月，一月以上一律徒一年。该卷还规定弃守大城的州主、守备、通判，主谋有无官爵及城中正副将中无官爵者一律斩；正副将有官爵者，官爵、军职皆削，徒十二年；正首领、权检校等官爵、军职皆削，徒六年；小首领、舍主，末驱等[②]削职，徒二年，有官爵则以官品相抵。其下军卒，正军杖十三，辅主、寨妇不治罪。由上可见其规定范围和详备程度之一斑。西夏以相当大的篇幅把军法的具体规定列入法典，是西夏党项民族好勇武、善骑射的民族风格的体现，也是长期以来这个民族王朝所处战争环境的真实

① 《隋书》卷83《党项传》，第1845页。

② 舍主、末驱是西夏军队中的下级军吏名称。

写照，这一点在中国法系中是引人注目的。①

此外，《律令》中的其他一些条款也往往渗透着西夏民族文化的特色，如在第二卷亲节门有党项族特有的亲属称谓，官爵的名称和品位等。《律令》涉及佛教、道教的内容也不少，量刑时对佛教徒（和尚）和道士（护法）都从轻处罚，表明了西夏统治者尊崇佛教，同时也发展道教的民族文化政策。再如《律令》的流刑中没有中原王朝法律中二千里、二千五百里、三千里的规定，而只是规定处流刑的罪犯配给农、牧主劳役或到边地劳役，这大概是西夏王朝地域褊狭，只能因地制宜的缘故。

2. 包含着更为丰富的内容。《律令》和中国历史上封建王朝的法典一样，是包括多种法在内的综合性法典，但它与唐、宋律相比较，又有很多新的内容，显得更为丰富。

《律令》中有关行政法的内容，比起《唐律疏义》和《宋刑统》要略胜一筹。在《律令》第十卷司次行文门中，有关于西夏王朝各政府机构的品位和名称，西夏政府机构分为上、次、中、下、末五等，各等中罗列多少不等的机构。如上等司有中书，枢密；次等司有殿前司、御史、中兴府、三司、僧众功德司、出家功德司等十七个；中等司有大恒历院、都转运司、陈告司、都磨堪司、审刑司等二十六个。其下尚有下等司、末等司几十个中央和地方机构。除此以外，还有五个机构不在五等之中，如秘书监、番汉大学院。经略司有特殊的品位，它比中书、枢密低一等，但大于其他诸司，对此专列一条说明。《律令》还规定了各机构中应设的官员及其数目。有些类似正史中职官志的内容。各职司中设几正、几副，几同、几判、几承旨，都有明确规定。如中书有六名主要官员，其中四名中书，一副中书，一同中书，另设六承旨；中兴府和殿前司设八正、八承旨；宣徽院、皇城司、匦匣司各设四正、四承旨。甚至专设条款详细地规定各机构所用印的标准，质量分为四种：纯金印、纯银印、铜包银印和铜印。重量自皇太子、中书、枢密以下，从一百两至九两不等。此外，还有各司职依时迁转升赏的具体条款。像这样的一些具体规定，在一个王朝的政治生活中显然是至关重要的，将其列入王朝的综合法典中显得十分必要，法典也越趋完备。

《律令》第五卷中详细规定了各级官兵所应有的武器装备，如官马、铠甲、枪、马、箭、剑杖，甚至袋囊、绳索等，种类和数量都分等次一一作出规定。此外，还规定了丢失和损坏武器装备的处罚条款。这些也是唐、宋法律中所缺乏的。有关借债、典当等民法条款也相当细致。

西夏法典的丰富内容，是西夏法律实践的结果，也是西夏历代法学家依据社会的发展不断总结、修订的结果。

3. 有便于使用的体例。中国系法律在长时间发展过程中，已形成比较固定的体系，这种程式至唐代而越加稳定。自唐以降，多因循前例，以唐律为范本。《宋刑统》虽将《唐律》每卷内设门分类，更张名称，但从各卷内容到律条顺序皆无大改变，只是各朝敕条越增越多，无异床上架屋。西夏《律令》尽管也承绪了中国传统法典的某些体例，如卷次的

① 西夏还有专门的军事法典，名为《贞观玉镜统》，与《律令》同时出土。贞观是西夏第四代皇帝乾顺的年号（1101—1114），比天盛初年约早半个世纪。《贞观玉镜统》的内容和《律令》的军法部分有相通之处，行文规格也相似。见 E. И. 克恰诺夫《西夏军队中对英雄奖赏的规则》，日本《西田龙雄教授还历纪念文集》，1988 年，京都。书末有影印件。

设置，条款的分立。然而，西夏对中国传统法的吸收，没有生吞活剥，因循守旧，而是从实际应用出发，大胆地改变了唐、宋律的体例，使之为己所用。

首先，《律令》取消了“名例”，直接进入具体条款，并尽量把相关内容的条文集中在一起。《律令》虽然也和唐、宋律一样，把十恶列入第一卷，但它又不像唐、宋律那样，只把十恶罪行用简单的文字给予界定或概括，而是把十恶分为十门，用三十九条作了详明的规定。在有的条文中又分门别类地列出更具体的条款。如谋逆门共含五条，第一条规定欲破坏王座者不论主从皆斩。本条下又分为八款，对家中各类亲属缘坐处罚和没收畜物分别有更具体的规定，其余四条规定了谋逆者以语言煽动人心，以威力胁迫他人，酒醉、疯癫说谋逆语，听谋逆语不及时报告等有关处罚条例。其余九门也大体类此。总之，第一卷以 54 页的篇幅集中地、具体地开列有关十恶的条款。而在《唐律疏义》和《宋刑统》中，十恶的内容除在名例律中简约地给予概说外，其他具体内容则散见于贼盗、斗讼、诈伪、杂律等各篇中。[①] 又如关于盗窃的条文，集中在第三卷，其中不仅有对偷盗、强盗、群盗等各种犯罪的处罚规定，还有盗窃自首减罪以及对捕亡、告赏的条律。此外，检查盗窃痕迹，讯问盗窃犯、盗毁佛神地墓的条款，都列在这一卷中，翻检使用十分方便。而在唐、宋律中，有关盗窃的内容，除第七篇贼盗律有部分条款外，在名例、斗讼、诈伪、捕亡各律也有关于盗窃的条款。西夏法典这种依据内容在体例上的调整，无疑是一种新的尝试。

唐律被视为中国法系的代表，号称简约，但有时言不尽意，则需加疏附注。《宋刑统》[②]遵循唐律，又因时而易，不断增加敕条，然而律外条文越增越多，不免有附赘悬疣之患，并且往往自相矛盾，难以掌握。而西夏法典则标新立异，各卷条款皆为正文，突出了律令，便于掌握执行。《律令》的各条下，多明确地规定应如何做，不许如何做，若违律当得什么处罚，处罚规定一般比较细致、具体。如一条的内容中可能出现许多不同的情况，则再分几款论列，某一款还应细定若干规则可再列几小款，有的条下多达五个层次。每一层次的第一行比前一大层次的第一行底两字格书写，更显得层次分明。如第一卷为不道门第二条是相杀伤罪，下分伤人和杀人两款。在伤人款中又分为庶人互伤、庶人伤有官人，有官人伤庶人，有官人互伤四小条。在庶人伤有官人小条中又将所伤官品不同分为三种，有官人伤庶人小条中也按官品高低分为三种。有官人互伤小条分为官底者伤官大者和官大者伤官底者两细则，而官底者伤官高者又依官品分为二等，这样律令突出，有总有分，纲目清晰，枝干分明，判案时有确切的依据。这种体例上的改革在某些方面更加接近现代的、有科学体系的法律。

总之，《律令》在体例上有较大的创新，令人耳目一新，反映了西夏王朝比较完善的统治手段和较为成熟的统治经验。这在中国法制史上占有重要地位。

四

《律令》以其鲜明的民族特色、丰富的内容和创新的体例表明它是一部极为重要的法律文献。这一部鲜为人知的法典对中国法律和西夏社会历史的研究有不可忽视的重要学术

① 长孙无忌等撰《唐律疏义》，《丛书集成》本，第 775—786 册。

② 窦仪等撰《宋刑统》，《嘉业堂丛书本》。

价值。

中国法制史源远流长，历朝为维护其统治都编制、颁行法典，形成了为世界所瞩目的中国法系。但是随着时间的流逝，唐以前各王朝较完整的法律文献皆已亡佚。目前所能见到的较早的系统法典，唯《唐律疏义》和《宋刑统》。和宋朝同时代的西夏王朝法典的出现，如异军突起，为中国中古时期增加了一部比较完整的综合性法律文献，其历史研究和比较研究的学术价值是不言而喻的。《律令》与中国传统法典有着密切的关系，又有引人注目的特点，这就更使人感到它的珍贵。

中国是一个多民族国家，少数民族在国内政治、经济、文化生活中有极为重要的作用。一个处于原始社会的人们共同体，无所谓法律。党项族在隋、唐时期就"无法令，各为生业"，当一个民族社会发展在阶级社会较低阶段时，其法律也比较简单。如女真之初"法制简易，无轻重贵贱之别，刑赎并行"。[①] 但是当一个民族建立了比较强大的王朝时，往往制定、颁布系统的成文法。藏族是一个历史悠久的民族，在7世纪曾建立过强大的吐蕃王朝，经济、文化都很发达，并创制了使用至今的藏文。当时吐蕃制定了"六种大法"[②]。但这部重要的少数民族法律文献，早已失传。10世纪初以契丹族为主体建立的辽朝，在建国之后不久就创制了文字，制定了法律。《决狱法》是辽代最早的一部基本法典，后又经过修订。这部珍贵的文献也未能保存下来[③]。12世纪初以女真族为主体建立了金朝。金熙宗完颜亶诏诸臣以本朝旧制，兼采隋、唐之制，参酌辽、宋之法，类以成书，于皇统五年（1145）颁行，称为《皇统制》。这是金朝的一部统一的法典，它与西夏天盛年间修订的《律令》差不多同时。后经多次修订，至金章宗完颜璟泰和二年（1202）颁行《泰和律令敕条格式》，成为金朝最大的一部法典[④]。同样遗憾的是，它的全文早已不存于世。在中国中古时期少数民族建立的几个有影响的王朝中，作为比较系统的法律文献，除西夏法典外，没有一部被保存下来。从这个意义上讲，这部仅存的西夏法典对研究少数民族法律史以及中国少数民族法律与中原王朝法律的关系是极可宝贵的。

作为一个多民族国家，今天社会主义的中国实行民族区域自治政策。因此，不仅在宪法中和其他法律中有不少关于少数民族的内容，在各民族自治地方还要有适合于该民族特点的法律和法规。如果将这部有民族特色的《律令》与有关的少数民族法做对比研究，可以探讨少数民族法律发展的一般规律和特殊问题，参酌异同长短，评论成败得失，可为制定和贯彻民族法规提供历史的借鉴。

西夏王朝在中国历史发展中产生过重要影响。尽管它地处西偏，在与北宋、辽、南宋、金的对峙，都是扮演老三的角色，但它在促进西北地区的经济发展，民族文化的弘扬，以及它对宋、辽、金多次战役的成功方面，都证明它是一个有实力的王朝。然而在元朝官修前代史书时，只编纂了《宋史》、《辽史》、《金史》，未编西夏史。这样西夏史失掉了进入所谓

① 《金史》卷45《刑志》，第1013页。

② 巴卧·祖拉陈哇《智者喜宴》第七品。参见《吐蕃文献选集》第二函，P. T. 1071，又见黄颢译《〈贤者喜宴〉摘译》（十），《西藏民族学院学报》1983年第1期。

③ 《辽史》卷61、62《刑法志》，第935—947页。

④ 《金史》卷45《刑志》，第1013—1026页。

“正史”的资格，而很多应该保留下来的历史资料随着沧桑变化逐渐散失了。近代研究西夏社会历史者，只能从宋、辽、金史的《夏国传》及散见于其他史籍的零星材料中爬梳、探求。这样很难窥见西夏社会历史的全貌。西夏法典为西夏历史、党项民族史的研究带来了新的曙光。西夏法典中丰富的社会历史资料多是过去的文献中所少见的。可以毫不夸张地说，《律令》的重新问世，可以从多方面极大地补充西夏历史，甚至要重新撰写西夏史。另外值得提出的是，这部文献是以西夏文刊印的，无疑它对于方兴未艾的西夏语文的研究，也有极高的学术价值。

《律令》像一颗埋藏于地下的明珠，在干燥的沙漠中沉睡了数百年以后，又得重见天日，给中国的法学界提供全新的资料，并让我们有机会领略一个历史王朝、一个消亡了的民族当年的风采。

因《律令》有部分残缺，我们对西夏法典内容的了解自然难以全面。《律令》长期埋藏于地下，有些页面字迹不清，也有碍于翻译和理解。目前，西夏文专家对西夏文献虽基本能解读，但仍有一些难点有待进一步研究。因此，对这部长篇西夏法典的全面、深入研究，尚需一个较长的过程。

西夏的饮食制度和风尚*

西夏在长期发展过程中养成了自己的饮食习惯，有一定的制度，甚至某些饮食制度在法律上有严格的规范。在物质生活条件较差的中世纪封建社会中，“饮食”是极为重要的问题，受到人们的极大重视。在目前所能见到的为数不多的西夏世俗著作中，相当一部分记载有与西夏饮食有关的问题。如西夏的重要韵书《文海宝韵》有很多条与饮食有关；大型西夏文类书《圣立义海》共十五卷，其中有七卷直接与饮食有关；《番汉合时掌中珠》与饮食相关的词语集中在词语最多的“地用下”和“人事下”两部分中；在西夏文《三才杂字》三品中饮食词语在“地”、“人”二品中；在西夏汉文《杂字》中的“斛豆部”、“果子部”、“农田部”、“诸匠部”、“器用物部”、“禽兽部”内都集中了西夏饮食的内容。饮食在任何社会都具有重要地位，在西夏的文化载体中大量记录与饮食有关的内容，说明上述西夏著作的作者是面向社会的，是务实求真的，他们不像有的封建社会的文人那样，只讲道德，讳谈物质。这在一定程度上反映了西夏的饮食风尚和饮食思想。当然，西夏的饮食风尚不是一元的、简单的、不变的，而是多元的、复杂的、发展的。西夏的饮食受到所处的自然条件、生活环境的制约，又与当时的社会生产、生活有直接关系，还受到阶级和民族的影响。此外，它还要和社会礼仪的需要和宗教信仰的规范相适应。

一　贵族的饮食

和任何阶级社会一样，早期党项人贵族的饮食质量比普通百姓要高，但比生产发达、生活条件优越的中原地区的贵族饮食就是小巫见大巫了。宋太宗曾对作为李继迁使臣的张浦说：“戎人（指党项）贫萎，饮食衣被粗恶，无可恋者，继迁何不束身自归，永保富贵?”①用饮食、衣被来诱惑党项贵族以达到使其归降的目的，是宋朝统治者的招降办法之一。对党项最高首领招降不成，便以利啖诱党项各部首领。宋景德元年（1004）宋真宗诏谕李德明党项诸部“能率部下归顺者，受团练使，银万两，绢万匹，钱五万缗，茶五千斤。”真可谓待遇丰厚，既有实惠，又有名位，但此举收益不大。西夏景宗元昊时，张元、吴昊在西夏为显官后，“以穷沙绝漠饮食居处不如中国”，“日夜说元昊攻取汉地，令汉人守之，则富贵功

---

* 原刊于《历史科学与理论建设》，北京师范大学出版社 1999 年版，第 239—254 页。

① （清）吴广成：《西夏书事》，清道光五年（1825）刊本，卷 5。

名、衣食嗜好皆如所愿”。[①] 西夏的汉族谋臣也并不安于西夏较低的饮食居处水平，向往着汉族地区的更为丰富的饮食和居住生活。

随着西夏社会的发展，贵族对财富的聚敛也在加剧，加之中原地区统治者奢侈生活的影响，西夏贵族的饮食生活越趋中原化。西夏后期编著的《圣立义海》在卷第十五“贫富名义”中说“人有贫富：富人财物众多，衣食无忧”。[②]《掌中珠》中描绘：“富贵具足，取乐饮酒，教动乐……，乐人打诨，准备食馔……设宴已毕。”西夏文《三才杂字》中也有“夜夜设宴，朝朝祭神”的词语，当然这都是达官贵人的生活。

西夏皇帝是西夏最大的贵族，他的饮食要求十分精美和安全可靠。对西夏皇帝饮食制作在《天盛律令》中有严格规定，“内宫待命等头项门”中有：“御供之食馔、其他用度等应分取准备者，当速分之，好好制作，依数准备。迟缓、盗减、制不精等时，罪依以下判断。一等：御供之用度分取准备迟者，当比贻误文典罪情各加一等。一等：制作御膳中选择不精及贡献中种种不足等，徒二年。不依时节供奉、迟缓及味道不美、所验不精等，一律徒一年。御膳已毕，经过远路往进，运输中盗减时，无论多少，徒六年。钱价甚多，则与盗减御供用度罪比较，从重者判断。一等：所准备御供用度，管事处已领时盗减者，当比内宫内外行盗各种罪情再加一等。”“和御供膳及和御药等中，不好好拣选、器不洁净等，一律徒二年。”甚至规定皇帝所用器皿如有人使用也要关进监狱，“御供之膳、药、酒等种种器中，不许他人饮用。若违律，是现用器则徒三年，是备用品则徒一年。”[③] 更有甚者，对在皇帝的食品中混入杂物者，要按“十恶罪”的“大不恭”处以极刑。《天盛律令》规定：“御食混撒杂物时，不论主从当以剑斩，自己妻子及同居子女当连坐，入农牧主中。妇人之子女勿连坐。”[④] 北京图书馆藏一部西夏文佛经前有一幅西夏译经图，绘安全国师白智光主持译经和西夏惠宗皇帝、梁氏皇太后亲临译场的情景。图下部皇帝、皇太后前的桌上放置精美的食品和饮料，表现了皇家的豪华生活气派。

虽经若干朝代，西夏皇帝仍然保持着饮乳的习惯。供给皇帝乳制品的有群牧司直接管理的专门的御供圈牧者，皇帝出行时要在圈牧者中派遣若干，跟随皇帝，及时供给皇帝食用。[⑤]

文献记载，有的贵族身居高位，但却能保持清廉，饮食十分俭朴。如仁宗朝中书令濮王嵬名仁忠，为官清正，饮食俭朴，“己与家人日食粗粝而已”[⑥]。当然这种为官者在西夏贵族中寥若晨星。

西夏的官员出差公干其饮食标准有具体的规定。如每年京师派员到牧场进行校验牲畜时，官员及随从等之人马食粮当自官方领取，不能从牧场取用，否则以贪赃罪判断。同时具

---

① 《西夏书事》，清道光五年（1825）刊本，卷16。

② 克恰诺夫、李范文、罗矛昆：《圣立义海研究》，宁夏人民出版社1995年版，第93页。

③ 史金波、聂鸿音、白滨：《西夏天盛律令》卷12《内宫待命等头项门》，《中国珍稀法律典籍集成》甲编第5册，科学出版社1994年版。

④ 《西夏天盛律令》卷1《大不恭门》。

⑤ 《西夏天盛律令》卷19《畜利限门》。

⑥ 《西夏书事》，清道光五年（1825）刊本，卷36。

体规定了肉食和食粮的标准，肉食以“屠”表示，一屠应是指屠杀羊一只。分别规定：检校大人七日一屠，每日米面四升，其中有米一升；二马中一马七升，一马五升；一童仆米一升。案头、司吏二人共十五日一屠，每日米面二升；一匹马五升。行杖一人每日米一升。检视一人十五日一屠，每日米面二升；马五升①。一个普通官员外出供给的粮食是跟随童仆和行杖的4倍，官员七日可屠一羊，而童仆和行杖无任何肉食，官员食肉和食粮的标准远远高于童仆和行杖。《西夏法典》还规定了问难磨堪者等局分大小和大校验畜者大小局分的禄食次第，与上述规定大同小异②。

这一方面反映出西夏社会中贫富不同的阶层在饮食上的巨大差异，另一方面也反映出西夏的下层人民实际饮食水平之低。检校大人只是普通官员，那些高级官员的生活水准与普通平民的差距可想而知。西夏法典还严格规定：“供给官之种种食谷中，不许损减斤两。若违律损减时，量其钱价，以偷盗法判断。”③

西夏政府维护上层统治者的利益，是无微不至的。西夏中期以后，国中多世禄之家，都以奢侈相攀比。西夏文献记载以及文物考古发掘出的银钵、银碗、金莲花盘、金碗、金觥、玉斝等器物，表明西夏贵族饮食的豪华和讲究。这种侈靡之风使阶级矛盾尖锐化，对西夏政权的巩固十分不利，以致仁宗不得不于天盛十五年（1163）下令禁奢侈，以遏制上层社会的腐化之风，减少政府的财政消耗，缓和日益加剧的阶级矛盾。④

二 百姓和士兵的饮食

西夏的百姓饮食比较简单，农区以粮食为主，蔬菜为辅，肉食很少；牧区则以乳肉为主，粮食为辅。但无论是农区还是牧区，饮食生活都处于低水平。前面提到西夏不少地区自然条件粗恶，自然灾害经常发生，战争连年不断，严重影响着食品的生产。食物的匮乏受害最大的是普通百姓，西夏人食不果腹的现象经常发生。《圣立义海》中说：“穷人财物不多，衣食不足。”⑤ 西夏人以借贷粮食度荒，以野菜充饥，甚至乞讨度日，更有甚者卖儿鬻女，这都是对西夏贫民饮食生活的真实写照。

西夏《文海》中有“稗”一词，其注释为：“大麦、小麦中杂草稗子之谓。”⑥ 这种农作物地中的草类植物，果实细小，一般都作为畜草，然而在西夏确把它归入谷物食品中。

西夏文《三才杂字》“谷”类中有“蒿稗”一词，西夏本汉文《杂字》在有关食品的词目中也有“稗子”一词，说明西夏人将稗子也作为粮食作物。西夏文书也反映了西夏平民的粮食匮乏状况。西夏人民春夏无食，不得已只能去典当，受高利贷的盘剥。从西夏黑水城出土的一件天庆十一年（1204）的汉文典当契可以看出，典当人兀女浪粟以自己的袄子

① 《西夏天盛律令》卷19《校畜门》。

② 《西夏天盛律令》卷20《罪则不同门》。

③ 同上。

④ 《宋史》卷486《夏国传》（下）。

⑤ 《圣立义海研究》第93页。

⑥ 史金波、白滨、黄振华：《文海研究》，中国社会科学出版社1983年版，第398页。

裘典到大麦五斗、小麦五斗，三个月后要用一石三斗五升来赎。利息大麦、小麦分别是三分和四分。又一典当人刘折兀埋以马毯一条典到小麦五斗，三个月后要还小麦七斗，也是四分利[①]。有的三个月的利率竟高达50%，这是高得惊人的高利贷。西夏黑水城出土一件光定末年（1223）的谷物借贷文书，借贷人耶和小狗山借小麦三石，三个月后本利交四石五斗，三个月的利率高达五分[②]。在西夏这种高利贷契约不是个别的。西夏的贫困户缺乏食粮在三个月左右，基本的饮食生活得不到保障。他们为了糊口度日，不得不去借高利贷。可以想见借贷人在秋收交完高利贷和租税以后，还能剩多少粮食，第二年的春天和夏天又怎样度过。西夏的高利贷使贫穷人的饮食生活雪上加霜。宋代的文献记载了西夏人民缺少食物的情况："西北少五谷，军兴，粮馈止于大麦、荜豆、青麻之类。其民则春食鼓子蔓、碱逢子，夏食苁蓉苗、小芜荑，秋食席鸡子、地黄叶、登厢草，冬则畜沙葱、野韭、拒霜、灰条子、白蒿、碱松子，以为岁计。"[③] 西夏人一年四季都食野生植物似乎不完全可靠，但从记载可以反映出西夏人民生活艰辛，饮食水平很低，野菜、野草是他们经常的补充食品。西夏谚语《新集锦合辞》中有"穷人菜米水冲稀"，"无佳餐吃稀饭"。[④]《天盛律令》规定："诸院落官私不用地界生长野草、野果等时，诸家主当依所出工分取，不许于地边围置标记。"看来西夏政府鼓励人们充分采集野生植物，以补充食物的不足[⑤]。《圣立义海》也记载："八月末，储干菜。"[⑥]

西夏境内有因无食而行乞者。西夏文谚语《新集锦合辞》中有："乞者同来难得食。"[⑦]意思是乞丐同到一处乞讨难以得到食物，从侧面反映出西夏有较多的乞丐。有时人们因饥荒乏食竟至卖子女换食品。如夏天祐民安八年（1097）"国中大困，民鬻子女于辽国、西蕃以为食"[⑧]。

除农民自己种粮自己食用外，西夏不种粮食的人如官员、军人、城中的手工业者、商人等，需要国家供给或卖给粮食。西夏法律规定："诸官民等执领单来领粮食时，依次当先予旧粮食，不许予新粮食、徇情及索贿等。"并详细规定了违反条律留旧予新时，予者和领者都要受到处罚[⑨]。根据这项条律可知，一般的西夏非农业人员都是吃往年库存的陈粮，很难吃到当年的新鲜粮食。

《碎金》中有"姻友茶酒先，亲食米面堪"。表明在西夏普通百姓接待亲戚时是先敬茶、酒，然后用普通米面食品招待。

西夏的士兵平时和战时都是自备食粮，所以西夏的军队一般没有廪给。但有的士兵要由

---

① 陈国灿：《西夏天庆间典当残契的复原》，《中国史研究》1980年第1期。

② ［俄］克恰诺夫：《哈拉浩特出土西夏文谷物借贷文书》，《东方文献年鉴》，1972年；［日］松泽博：《西夏文谷物借贷文书之我见》，《东洋史苑》第46号，1996年2月。

③ （宋）曾巩：《隆平集》卷20。

④ 陈炳应：《西夏谚语》，山西人民出版社1993年版，第24页。

⑤ 《西夏天盛律令》卷11《草果重讼门》。

⑥ 《圣立义海研究》，第53页。

⑦ 《西夏谚语》，第11页。

⑧ 《西夏书事》，清道光五年（1825）刊本，卷30。

⑨ 《西夏天盛律令》卷15《纳领谷派遗计量小临门》。

国家长期供给粮食，如“御园内六班直”是皇室的卫队，“选豪族善弓马五千人迭直”，由国家“月给米二石”①。每日合廪给米六升多，如果仅就食用来说，其标准是很高的，这些米可能是禄米，所有的费用包括吃、用、养家等项都包括在内。

三 僧人、道士的饮食

西夏崇尚佛教，同时也兼礼道教。在《天盛律令》中往往佛道并称。僧人和道士都是宗教专门职业者，他们不从事生产，其食品要靠劳动人民供给。从现有的文献可知，西夏的宗教中佛教势力最大，僧人数量最多。西夏僧人和道士靠政府和广大信徒的布施来维持生活。一般来说，僧人和道士不劳而食，不缴纳租税，不服劳役和兵役。一些人为逃避税役争当僧道，致使政府不得不从严掌握僧道的度牒，以限制僧道的数量，控制不劳而食的人员数量②。僧人一般素食，粮食和蔬菜是他们的主要食物。西夏法律规定在寺庙内禁止杀生，捕捉禽鸟，如果违律，处以六个月的徒刑③。后来藏传佛教传入，当时西夏信仰藏传佛教的僧人是否荤食不得而知。

僧人、道士的饮食主要靠政府施舍。特别是寺庙有法事活动时政府要布施钱物。《碎金》中有：“和尚诵经契，斋毕待布施。”如崇宗天祐民安五年（1094）重修凉州护国寺感通塔时，政府“特赐黄金一十五两，白金五十两，衣着罗帛六十段，罗锦杂幡七十对，钱一千缗，用为佛常住。又赐钱千缗，谷千斛，官作四户，充蕃汉僧常住。”④

值得注意的是除赐给僧人大量钱和粮食外，还有4户“官作”，即寺庙所属的农户。可见寺庙中占有土地，有类似农奴性质的农户为之耕作。

寺庙在做法事活动时，还往往做大斋会，或向僧人舍饭，称之为“饭僧”，有的还要给无食的穷人舍粥饭，称之为“济贫”。西夏重修凉州塔时曾“饭僧一大会”。仁宗天盛十九年（1167）为纪念太后逝世周年印制佛经的发愿文中，记载有“作法华会”，并“施贫救苦”。仁宗乾祐十五年（1184）仁宗六十寿辰时，在印经发愿文中记录了多种法事活动，其中有“放千种施食”、“饭僧设贫”。在仁宗乾祐二十年（1189）做大法会时记载了“奉广大施食”、“饭僧”、“济贫”等事。仁宗后期在印制《圣观自在大悲心总持》等经的法事活动时“遍施供设之法筵”、“放施食于殿中”。在天庆二年（1195）皇太后罗氏为仁宗去世三周年所作的印经发愿文中，记录了三年之中大规模的佛事活动，其中有“大会斋一十八次”、“散斋僧三万五百九十员”、“设贫六十五次”。⑤

五谷丰登，食品充盈是人们的共同愿望。西夏统治者在做佛事活动时祈求粮食丰稔是一个重要内容。如西夏大庆三年（1038）《大夏国葬舍利碣铭》中有愿“仓箱之麦菽丰盈”⑥。

---

① 《宋史》卷485《夏国传》（上）。

② 《西夏天盛律令》卷11《为僧道修寺庙门》。

③ 同上。

④ 史金波：《西夏佛教史略》，宁夏人民出版社1988年版，第252页。

⑤ 《西夏佛教史略》附录一，第259—274页。

⑥ 同上书，第231页。

天盛十九年（1167）权臣任得敬为祈求病愈，在施经发愿文中，祝愿“岁稔时丰”。这个制造分裂、给西夏统治集团内部和人民都带来危害的人物，在病重时也要在佛祖面前祝愿，希望粮食丰收。西夏晚期神宗光定四年（1214）御制印经发愿文中祈愿“百谷成熟”①。

西夏灭亡后，在西夏故地印制西夏文《金光明最胜王经》，其流传序中仍然祝愿“百谷具成熟，万物丰稔归”②。

四 婚丧、节日的饮食和宴客

西夏的婚姻确定，一是过彩礼，即聘资；二是饮酒吃饭，即设婚宴。《天盛律令》记载：“诸人为婚时已应允，酒食已饮者，嫁资未转传则不算为婚。嫁资多少已取，则取多少一律算实在为婚。其中为婚非乐意，则不许彼此强令食为婚酒食，予大小聘资。”③

西夏的“为婚”即相当于订婚，看来在西夏订婚的关键是嫁资，只要交付了嫁资，即便只是一部分也算是订了婚。从中还可以看出，吃“为婚酒食”虽然不是订婚的先决条件，但也是订婚的一个重要过程。西夏的法律不主张在婚丧事中屠宰牧畜，大吃大喝。《天盛律令》中规定：“诸人出葬时以畜作陪葬者当退回，不允屠杀。若违律屠杀时，承诸人屠杀自有牛、骆驼、马之罪。”④ 在丧葬期间对饮食也有严格规定，人在父母、丈夫死后，需服三年丧服，在孝礼未尽时，不准赴他人宴席，违律者要杖十三杖⑤。西夏还流行巫术，但西夏法典明确规定不准用各种食馔作巫⑥。这大概也是出于节约粮食的考虑，可能有人作巫使用较多食馔，形成食物的浪费，政府才专门为此作出法律上的规定。

一般来说，节日和饮食有密切关系。西夏的节日很多，但目前的资料尚难作出全面统计。西夏每年于四月三日祭祀。祭祀用牲畜，有所谓“神马”、“祭牛”、“神牛”，西夏人对神畜的崇拜表明了神畜在西夏人心目中和社会生活中的作用⑦。《圣立义海》中在月份一节中仅存的七月至十二月的材料，其中记载了部分节日：七月十五“设置道场，神圣、僧人聚日是也”，即中原地区的中元节；八月秋季中月“国内演戏游乐”，这与中原地区的八月中秋节相一致；“九月九日斟酒饮，民庶安乐”，与中原地区的重阳节同时；“九月十五，神圣聚日，兴禅事日，帝德民孝，敬奉天王”；十月“季初国宴：十月冬季国宴，臣宰献慧，牵马，国人射雕”；腊月三十夜“辞旧岁，迎新年”，就是旧历春节⑧。这里有的直接写明了饮食风习，有的没有直接记载，但这样的节日显然与饮食有重要关系。

亲戚、朋友之间的往来宴请待客本来是私人的事情，但西夏政府对此仍有具体规定。

---

① 《西夏佛教史略》附录一，第 261 页。

② 同上书，第 231—312 页。

③ 《西夏天盛律令》卷 8《为婚门》。

④ 《西夏天盛律令》卷 2《盗杀牛骆驼马门》。

⑤ 《西夏天盛律令》卷 20《罪则不同门》。

⑥ 《西夏天盛律令》卷 7《杀葬赌门》。

⑦ 《西夏天盛律令》卷 19《畜患病门》。

⑧ 《圣立义海研究》，第 52—55 页。

《天盛律令》中规定："国中诸人转送宴筵礼、亲戚礼物法：殿上坐节亲主、宰相等三十缗，诸节亲主、次、中等臣僚等二十缗，此外任职有官者十缗，庶人五缗，同品者赠筵礼时，依此法之内计量送。"又说："其中婚姻彩礼，食物馈赠及本族至亲互相帮助等，勿算转送筵礼。"①

西夏宴请饮食时有禁忌。《天盛律令》规定："诸人设宴、下葬、家来大□客等，其间行饮食时，不许将臀部尻骨全置。若违律置者，当出钱五缗，以予举报者。"一般的宴请饮食的禁忌只是约定俗成的习惯，明载于法律条文，还有处罚措施，这就不是一般的忌讳，而可能是一种特殊的忌讳。西夏设宴在食馔的种类上有具体的限制，这是为了避免铺张浪费。西夏中期以后曾有奢侈之风，西夏法典提出了针对性的措施。《天盛律令》卷二十中有"诸人以汉宴、熟食为丧葬宴等，准备食馔，心口菜十五种以内，唇喉二十四种以内，又树果品共二十四种以内行之，依不同次第，一种种分别计算，不许使过之。若违律诸人举报时，举赏钱五缗，当由设宴者出予举者"②。何谓"心口菜"？何谓"唇喉菜"？目前尚难作出准确的解释，但从中可以看出，对宴请的食品种类和数量作出如此具体的限制也是西夏饮食风尚的一大特点。

五 医药和饮食

原来党项人"病者不用医药，召巫者送鬼"③。后来随着社会的发展进步并受到其他民族特别是汉族的影响，医药渐被使用，形成并发展了西夏的医药学④。从已经发现的西夏药方来看，西夏的医药与饮食关系极大。

在西夏食品可以入药。《天盛律令》中规定了库存生药耗减数量，其中所记药材中有的就是粮食，有的是蔬菜或代食品，如豇豆、赤小豆、荜豆以及茴香、菟丝子等⑤。西夏汉文《杂字》"药物部"中所列药物有龙眼、荔枝、生姜等，都是食品⑥。1971 年在甘肃武威发现的一批西夏遗物中有一件西夏文写本药方，内列药名有椒、秫米，也属食品之类⑦。俄藏黑水城文献中的一种西夏时期汉文医著作《神仙方论》内，有治暴赤眼如桃玉龙膏，其中有杏仁、白砂糖；石脂丸中有干姜，也都是食品⑧。

西夏制药过程中往往以食品和饮料作辅料。如黑水城出土的一件西夏文草书药方中有四白丸，"捣药为细末，以酒、面糊和丸"；豆蔻香莲丸，"蒸米为丸"；返阳丹，"与面糊混为丸"；芷黄丸，"以酒、面糊为丸"；治齿牙痛药，"以盐净齿，以醋漱口"⑨。西夏时《神仙

① 《西夏天盛律令》卷 6《军人使亲礼门》。

② 《西夏天盛律令》卷 20《罪则不同门》。

③ 《辽史》卷 115《西夏传》。

④ 史金波：《西夏文化》，吉林教育出版社 1986 年版，第 200—201 页。

⑤ 《西夏天盛律令》卷 17《物离库门》。

⑥ 史金波：《西夏汉文本〈杂字〉初探》，《中国民族史研究》（二），中央民族学院出版社 1989 年版。

⑦ 史金波：《〈甘肃武威发现的西夏文考释〉质疑》，《考古》1974 年第 6 期。

⑧ 此件保存在俄罗斯科学院圣彼得堡东方学研究所，见《俄藏黑水城文献》第 5 册。

⑨ 同上书，第 10 册。

方论》中的医方与上述西夏文医方形式相同，在制作时也常使用食品作辅料。如治脾胃不和姜和丸，“生姜、面糊为丸”；治疾左瘫右痪神妙痪服丸、治肾脏风及风互流注潘家黄耆丸、治伤风鸡冠花丸，“酒煮面糊为丸”；治赤白痢赤石脂丸，“为细末，面糊为丸”。以上多用面糊和酒。西夏法典规定和合药剂用酒在库中存放，十两中允许耗减二两①。看来西夏和合药剂用酒数量不少，对其入库、出库的耗损要作出专门规定。

食品和饮料还可以作药引。上述西夏文药方中四白丸，“二次以温酒下，一次洗米汁下”；薯蓣柏皮丸，“饭汤汁中饮”；豆蔻香莲丸、芷黄丸，“空腹时蒸米汁中饮”；返阳丹，“空腹时温酒中饮”；治妇女乳痛，“以热酒饮”；天雄散，“温酒中饮，白米汁亦可”。上述《神仙方论》中姜和丸，“生姜汤下”；神妙痪服丸，“清茶下”；石脂丸，“作汤下”；龙虎丹，“以生姜酒化下”。

西夏医方还注明用药时对饮食的禁忌。如西夏文医方中蓣薯柏皮丸、豆蔻香莲丸，“禁食油腻热食”；芷黄丸，“禁肉、荞麦”；治口疮，“禁油腻”。汉文医方中香鸽散，“食后忌食茶汤”；治大风疾，“忌食生冷油腻”。

不难看出，西夏的医方受中原地区的影响很大，其医药也和中原地区一样，与饮食有密切的关系。

六　西夏时期多民族饮食的特点

西夏是一个多民族的王朝，其饮食自然具有多民族的特点。就一个民族来说，其饮食特点也不是一成不变的，由于生产的发展，食品种类的增加，或由于居住地点的迁徙，食品种类的变更，或由于其他民族的影响，食品来源扩大以及制作方法的丰富等，都能引起膳食结构和制作方法的变化。

（一）党项族的饮食特点和变化

党项民族是西夏的主体民族，原来是游牧民族，饮食上具有游牧民族的食乳肉、饮茶酒的习惯。后来因地域的迁徙和社会的发展，党项人的饮食也逐步多样化。从西夏的兵役制度可知，西夏的征兵是在族帐中按家庭男丁的数量来抽征的。可知直到西夏后期党项族多数仍然从事畜牧业，他们按族帐而居，其饮食依旧保留着游牧民族的特征。

党项民族来到北部地区后，大部分保留原来的生产和生活方式，中原王朝称他们为生户；另一部分进入农业地区，从事农业生产，即以农产品为主要食品，被称为熟户。前述西夏卖地契中的卖地人其姓氏是党项姓，他本是党项人。他们的生活食品当然是以粮食为主。西夏文《碎金》中曾概括党项人中的一部分山讹人的特点是，“山讹嗜荞饼”。山讹是西夏党项人中骁勇善战的一支，他们原来应是以畜牧业为主，当时以嗜食荞麦饼而闻名，说明他们以粮为主的饮食结构的变化。

党项的贵族，特别是在城市中为官的统治者，包括饮食在内的生活已经逐渐趋同汉族贵族。当然他们也保留着某些乳肉类食品的特殊需要。

---

① 《西夏天盛律令》卷17《物离库门》。

（二）汉族的影响

汉族在西夏不是主体民族，但却是主要民族。西夏境内究竟有多少汉族，目前不得而知，也许其数量并不比党项族少。他们对西夏社会发展的影响是巨大的。他们掌握着比较先进的生产技术，在生活上也相对比较优裕。汉族的生活方式成了党项族和其他民族学习的榜样。汉族的饮食与当时中原王朝北方地区的汉族没有什么差别。只不过他们生活在西北畜牧业比较发达的地区，特别是世代和从事游牧的少数民族居住在一起，饮食上也会或多或少地接受少数民族的影响，比如增加乳肉类食品的摄入等。

（三）吐蕃、回鹘民族的影响

吐蕃也是农牧业兼营，食用青稞、杂粮及畜肉、乳、酥等。原来吐蕃人在青藏高原的饮食习惯是“接手饮酒，以毡为盘，捻麨为碗，实以羹酪并而食之。”[①] 后来吐蕃人活动领域扩大，仍有着本民族的饮食特点，“喜啖生物，无蔬茹醯酱，独知用盐为滋味，而嗜酒及茶。”[②] 在西夏，吐蕃人分布很广，除西部比较集中外，“自仪、渭、泾、原、环、庆，及镇戎、秦州暨于灵、夏皆有之，各有首领，内属者谓之‘熟户’，余谓‘生户’。”[③] 由于生存环境的改变，他们的饮食习惯也会发生变化，如有的地区不适宜种植青稞，他们会食用其他粮食食品。吐蕃人这样大范围的分布和与党项族相近的饮食习惯，对在西夏范围内显现少数民族饮食风尚会有重要影响。

回鹘也是以游牧为主，饮食以畜产品为主。西夏文《碎金》在突出西夏境内几个民族的特点时，用“回鹘饮乳浆”一句来代表回鹘的主要习俗特征，说明回鹘当时的食品确实是畜产品。在所处瓜州、沙州、甘州等农业地区“以橐驼耕而种”，回鹘的农业在河西的绿洲地区值得重视。值得一提的是回鹘的瓜果质量好，产量高，对西夏的饮食有很大影响。回鹘还是将中亚的食品传入西夏乃至中原地区的通道。西夏文献记载的“回鹘瓜”、“大食瓜”就是典型的例证。

（四）饮食风尚的交融

西夏作为一个多民族地区，有长达两个世纪的历史，党项族、汉族、吐蕃、回鹘等几个主要民族的政治、经济、文化、社会生活各方面互相交流、互相渗透，互相亲和，相沿成习，使这一地区呈现出文化习俗上的民族深层次交融的局面。西夏《天盛律令》是一部用之于西夏各民族而皆准的王朝法典，包括饮食在内的很多法律规定各民族都要遵守，这些共同的饮食制度说明在西夏已经有一个各民族共同规范的统一要求，这是多民族长期交融的结果。

---

① 《旧唐书》卷196《吐蕃传》（上）。

② 《宋史》卷492《吐蕃传》。

③ 同上。

西夏服饰*

西夏是中国中古时期的一个王朝，自称大夏国，11—13 世纪统治西北地区 190 年，前期与北宋、辽抗衡，后期与南宋、金鼎立。西夏历十代帝王，设官立爵，区别服饰，创制文字，备一代典章制度，最后亡于蒙古。在中国正史中西夏史仅作为附传列于宋、辽、金三史之末，记载简略，有关服饰的记载更为贫乏。随着西夏典籍渐被湮没，西夏历史被蒙上朦胧的面纱，西夏的服饰仅有少量汉文的记载，显得支离破碎。近些年由于西夏文物考古的进展，拂去历史的蒙尘，从地上、地下找到了不少反映西夏服饰的形象资料；又由于西夏文献研究的开拓，特别是流失到俄罗斯的大批文献、文物的整理和刊布，又增添了很多有关西夏服饰的文字或形象资料，为西夏服饰的研究带来生机。现在可以说，我们对西夏服饰的了解已经比较系统、全面了。

西夏是以党项族为主体的多民族封建王朝，其服饰也反映了多民族的文化特色。西夏在政治、经济、文化方面多受中原地区的影响，在服饰上也表现出中原王朝的熏染。西夏多民族的特点，多阶层的状况，以及温差变化很大的大陆性气候，带来了服制的多样和复杂。

第一节　服饰制度

一　党项族早期的服饰

隋、唐之际，游牧于四川西北部、青海东南部山谷、草原地区的党项人，过着原始社会的简单生活，不仅居住设施离不开牦牛尾和羊毛等畜牧业产品，就是衣着也不外毛、皮之类。文献记载当时的党项人“男女并衣裘褐，仍披大毡”①。裘、褐（毛布）、毡都是畜产品。褐的出现表明党项人已能把毛织成布了。

9 世纪以后，陆续迁入西北的党项族中，多数仍从事畜牧业。这些牧民自然会沿袭穿着毛皮制品的传统。如在西夏黑水城遗址所出 15 件天庆年间典当残契表明，当地的党项族牧人因饥饿所迫，不得不典当生活用品去换粮食。而他们所用抵押品中竟多是皮毛衣物，如袄

---

* 原刊于陈高华、徐吉军主编：《中国服饰通史》，宁波出版社 2002 年版，第 380—394 页。

① 《旧唐书》卷 198《西戎·党项》。

子裘、新皮裘、次皮裘、旧皮裘、毛毯、白帐毡、苦皮等。[①] 武威小西沟岘山洞中，与西夏文献同时被发现的还有生牛皮靴。[②] 西夏文献《番汉合时掌中珠》中列西夏日用毛皮衣物有帐毡、枕毡、褐衫、靴、短靿、长靿、皮裘、毡帽、马毡、毯等。[③]

从整个西夏社会生活看，在服饰上也逐渐接受中原影响，穿戴发生了很大变化。这首先突出地表现在统治阶层中。党项族首领、大夏国王李德明曾对他的儿子元昊说："吾族三十年衣锦绮，此宋恩也，不可负。"可见当时的皇族依靠宋朝，已经穿着轻软华丽的锦绣服装了。可元昊却说："衣皮毛，事畜牧，善性所便，英雄之生，当王霸耳，何锦绮为?"[④] 元昊认为"衣皮毛"是党项族的传统，不应改易，不必穿锦绣服装。两代党项首领的对话反映了西夏服饰的变化和服饰与政治的密切关系。

二 建国后的服饰制度

以服饰区分等级，由来已久。西夏在建国之初，效法中原地区的服饰制度，正式规定西夏文武官员衣着为："文资则幞头、鞾笏、紫衣、绯衣。武职则冠金帖起云镂冠、银帖间金镂冠、黑漆冠，衣紫旋襕，金涂银束带，垂蹀躞，佩解结锥、短刀、弓矢韣"，"便服则紫皂地绣盘球子花旋襕，束带"。[⑤] 可以看出，西夏文职官员的装束多因袭唐宋，而武职的服装却颇有民族特色，与中原服饰不同。这大概和西夏初期文官汉族人居多，武职中又以党项人为主的情况不无关系。

西夏对民庶的服饰也有规定："民庶青绿，以别贵贱。"[⑥] 这里只是从颜色上为民庶的服装有一个大致的界定。与中原地区一样，以服制维护上下等级的尊卑。

西夏的统治者有"蕃礼"和"汉礼"之争，即西夏王朝是主要实行党项族的礼仪和风俗还是主要实行汉族的礼仪和风俗。这种政策的倾向也影响着人们的服饰的变化。比如毅宗谅祚时，改用"汉礼"，"遣使上表：窃慕中国衣冠，令国人皆不用蕃礼，明年当以此迎朝使。"[⑦] 宋仁宗答应了西夏用汉族衣冠的请求。

三 中后期的服饰制度

西夏的"蕃礼"和"汉礼"之争，主要表现在前期。西夏中期朝政渐趋稳定，礼仪更加制度化。

西夏乾祐年间刻印的西夏类书《圣立义海》第八卷主要内容是西夏的服装，其目录有

---

① 陈国灿：《西夏天盛典当残契的复原》，《中国史研究》1980年1期。原件见［法］马伯乐《斯坦因在中亚西亚第三次探险的中国古文书考释》，1953年，伦敦。录文见《敦煌资料》第一辑。

② 甘肃省博物馆：《甘肃武威发现一批西夏遗物》，《考古》1974年第3期。

③ 《番汉合时掌中珠》是西夏文—汉文双解词语集，西夏仁宗乾祐年间党项人骨勒茂才编撰，书中以天、地、人分部。其中收录了很多西夏常用词语，是研究西夏社会的重要资料。（西夏）骨勒茂才著，黄振华、史金波、聂鸿音整理：《番汉合时掌中珠》，宁夏人民出版社1989年版，第24—26页。

④ 《宋史》卷485《夏国传上》。

⑤ 同上。

⑥ 同上。

⑦ （清）吴广成：《西夏书事》，清道光五年（1825）刊本，卷20。

"皇太后、皇帝法服，皇后法服，太子法服，嫔妃法服，官宰法服，朝服，常服，时服"①。可见西夏政府从制度上明确了各类人员，特别是统治阶层的西夏帝王、后妃、官员服饰的规定，并载于官修《类书》。这说明西夏政府对服饰制度的重视和区分的细致。可惜此卷的正文已经残失。根据《圣立义海》编书的体例，目录中的每一项都要包括若干词语，每一词语都有详细注释，因此尽管遗失的正文中关于服饰的具体名称和形式难以尽知，但可推知内容应相当丰富。

图1　北宋赵光辅《番王礼佛图卷》中的党项人服饰

法服是礼法规定的服饰，大抵用于祭祀、典礼等隆重、正式的场合。西夏对皇室成员及官员的法服分类详细。朝服主要用于朝会，也用于献祭。西夏法典《天盛改旧新定律令》（以下简称《天盛律令》）对西夏官员服朝服有具体规定，"大小臣僚等不来朝中，及虽来而不服朝服等"，都要受到处罚。比如节亲、宰相等，一次不来朝罚五缗，不服朝服罚三缗。二次不来朝罚七缗，不服朝服罚五缗。自三次以上不来朝一律罚十缗，不服朝服罚七缗。②以下随官员的品级的降低而降低罚款。

季节的变化、审美的不同、贫富的差别造成服饰色彩和形制的多样性。服饰随着社会的变化和观念的更新而不断推陈出新。国家除原则上对各等级的服饰作出原则规定外，很难对每一种服饰作出具体的要求。为了维护服饰的等级差别，政府往往对服饰提出某些限制规定。宋朝除服饰颜色外，对民间服饰未作具体规定，但常常发出禁令。西夏也是如此。如《天盛律令》对西夏官员、僧道、民庶的服饰有严格的限制，特别是皇帝专用的衣服颜色、特殊的装饰花样和贵重饰物的使用明令禁止，违者处以徒刑。《天盛律令》规定："节亲主、诸大小官员、僧人、道士等一律敕禁男女穿戴鸟足黄（石黄）、鸟足赤（石红）、杏黄、绣花饰金、有日月，及原已纺织中有一色花身，有日月的，及杂色等上有一团身龙，官民女人冠子上插以真金之凤凰、龙样一齐使用。倘若违律时，徒二年。"对妇女的穿戴也有专项限制，比如鎏金、绣金线等服饰，只许节亲主、夫人、女、媳，宰相本人、夫人，及经略、内宫骑马、驸马妻子等穿，不允此外人穿。若违

① 克恰诺夫、李范文、罗矛昆：《圣立义海研究》，宁夏人民出版社1995年版，第48页。该书将目录中的"服"多误译为"藏"，如"皇太后、皇帝法藏、皇后法藏、太子法藏、嫔妃法藏、官宰法藏、界服，勤藏，常藏"。

② 《天盛改旧新定律令》是西夏仁宗天盛时期的王朝法典，共20卷，150门，1461条，是中国中古时期很详细的一部综合性法典，是研究西夏社会、历史最重要的资料。现存西夏文本为19卷。俄罗斯西夏学专家有俄译本。汉文译本有史金波、聂鸿音、白滨译：《西夏天盛律令》（《中国珍稀法律典籍集成》甲编第5册），科学出版社1994年版。史金波、聂鸿音、白滨译注：《天盛改旧新定律令》（《中华传世法典》之一），第十二"内宫待命等头项门"，法律出版社2000年版，第430页。

反法律物品要交官，举报者赏五缗钱，当由穿戴者出给。[①]

西夏法典还规定："诸人不许服丧服、披发、头中有白、冬冠凉笠入于内宫，及互相礼拜等。违律时有官罚马一，庶人十三杖。"[②] 这种规定是在皇宫内限制那些违反常规、有碍观瞻的服饰。

服装是社会生活必需品之一，因宫廷、政府官员的需要，特别是军队的需要，在一定条件下，服装已经成了战略物资。因此西夏政府对服装特别重视，政府除设织绢院外，还有衣服库，皮毛库，绫罗库。[③] 这些是专门储存和发放衣物及布料的库藏。从《天盛律令》可知西夏内宫中有"裁量匠"，大概是西夏皇宫御用的裁缝工匠。[④]

第二节 服制形式和穿着方法

西夏的服饰形式多种多样。《掌中珠》所记除上述毛、皮制品的服装外，还有袄子、旋襕、袜肚、汗衫、布衫、衬衣、裙、裤、袙、背心等服装。西夏汉文《杂字》的"衣物部"中有关衣服记载更加详细，其中有公服、披袄、旋襕、袄子、褙心、褙子、裺心、汗衫、衬衣、毼裤、腰绳、束带、皂衫、手帕、罗衫、禅衣、绰绣、大袖、袈袋、绣裤、绣袙、宽裤、窄裤、袈裟、披毡、睡袄、征袍、三袙、褐衫、毼袄等。[⑤] 这些有贵族、官员的服饰，有礼法规定的法服，有反映官品等级的公服，有形式美观、穿着方便的背子和背心，也有一般平民的穿戴，如下人穿的皂衫等。裤子有宽裤、窄裤，有专用的睡袄，有军队用的征袍，有下雨用的披毡，有僧人穿的袈裟等。不难想见，居住在西北地区包括党项民族在内的西夏人与中原地区居民的服饰一样，变得丰富多彩。

西夏文《三才杂字》"男服"项下有26种，其中有：衣服、衣着、斗篷、围裙、袄子、汗衫、腰带、皮裘、法服、紧衣、围腰、珂贝、褐衫、旋襕、毡毯、袍子、衬衣等。"女服"项下有19种，其中有锦袍、背心、裙裤、领襟、后领等。[⑥] 更可见西夏服饰的多样。

西夏文千字文《碎金》记载"绫罗锦褐裹，召工裁画缝。袄自短小合，裙裤长宽宜。兜肚围胸肋，鞋袜套脚胫。寒裘皮□□，雨披毯褐衫。棉麻线袋细，毛毡褐囊粗"。简明扼

① 史金波、聂鸿音、白滨译注：《天盛改旧新定律令》，第七"敕禁门"，法律出版社2000年版，第282页。

② 史金波、聂鸿音、白滨译注：《天盛改旧新定律令》，第十二"内宫待命等头项门"，法律出版社2000年版，第435页。

③ 史金波、聂鸿音、白滨译注：《天盛改旧新定律令》，第七"库局分转派门"，法律出版社2000年版，第531—532页。

④ 史金波、聂鸿音、白滨译注：《天盛改旧新定律令》，第十二"内宫待命等头项门"，法律出版社2000年版，第427页。

⑤ 史金波：《西夏汉文本〈杂字〉初探》，《中国民族史研究》（二），中央民族学院出版社1989年版。

⑥ 西夏文本《杂字》，全称《三才杂字》，是在西夏流行较广的一部字书。其内容包括西夏语的常用词语，以天、地、人分为三品，每品分为若干部，共40多部，每部又包括若干词。通过书中的字词可以了解西夏社会风俗的状况。聂鸿音、史金波：《西夏文〈三才杂字〉考》，《中央民族大学学报》1995年第6期；李范文、中岛干起编著：《西夏文杂字研究》，日本国立亚非语言文化研究所，1997年，第79—80页。

图 2－1　榆林窟第 29 窟西壁西夏供养人

图 2－2　西夏壁画上的贵族供养人

要地叙述了西夏服装的质料、各自的特点和用途。①

服饰的品类离不开颜色。西夏的颜色种类繁多。西夏汉文《杂字》专有“颜色部”，其中有绯红、碧绿、淡黄、梅红、柿红、铜青、鹅黄、鸭绿、鸭青、银褐、银泥、大青、大碌、大碌、石青、沙青、粉碧、黑绿、卯色、杏黄等二十多种。另外还记录了颜料，有紫皂、苏木、槐子、橡子、皂矾、茳花、青淀、蔄蓬、蕵芭。这些颜色和颜料与中原地区并无二致。多种多样的颜色，使西夏服饰的更家绚丽多彩。

以下就文献记载和形象资料分别论述西夏服饰的形式和穿着方法。

一　皇帝和后妃的服饰

在宁夏灵武出土、今藏于北京图书馆的西夏文《现在贤劫千佛名经》前有《西夏译经图》一幅，图下方前坐两人，右面一人为西夏皇帝，旁边西夏文题款为“子明盛皇帝”即西夏第三代皇帝秉常，另一人为其母梁氏皇太后。他头戴尖顶圆花冠，内穿圆领内衣，外套交领绣花宽袖大衣，腰系大带、革带，显出富贵、华丽、稳重的气派。② 此图是西夏皇帝和皇太后亲临翻译佛经译场的情景，皇帝的衣着应是正式而隆重场合的服装，是皇帝法服的样式。

图 3－1　《西夏译经图》中的惠宗皇帝服饰

图 3－2　《西夏译经图》中梁太后服饰

① 《碎金》全名《新集碎金置掌文》，西夏宣徽正息齐文智编，约成书于 12 世纪初期以前，是类似中原地区汉文《千字文》体的字书。全文一千字，每句五言。书中正文开始是自然现象、时节变化等，后为人事，包括帝族官爵、番姓和汉姓、婚姻家庭、财务百工、禽兽家畜、社会杂项等。对研究西夏的社会、民族、习俗、文学有重要价值。聂鸿音、史金波：《西夏文本〈碎金〉研究》，《宁夏大学学报》（社会科学版）1995 年第 2 期。

② 史金波：《〈西夏译经图〉解》，《文献》1979 年第 1 期。

在敦煌莫高窟409窟东壁门南有一高大男供养人，后有侍从持御用华盖、翚扇等物，此男供养人应为西夏帝王形象。《天盛律令》规定："官家（皇帝）来至奏殿上，执伞者当依时执伞，细心为之。"① 伞即华盖，可见，西夏法典规定皇帝有华盖，与此图同。此皇帝形象身穿圆领窄袖袍，上绣大型团龙。西夏法典规定绣团龙图案也是皇室的专利。袍两侧开衩，腰束革带，上悬多种饰物。前有一童子，除袍上无团龙绣花外，服饰与前者相同，可能为皇子。此帝王服饰与史载西夏第一代皇帝景宗元昊好穿窄衫，戴毡冠的装束有相似之处，但与《西夏译经图》中的西夏皇帝相比，服饰显然为两类，此图所示特点华丽、高贵，有帝王专用的大型团龙绣花。

黑水城出土的一幅人物绘画，众人拥簇中央一位身体伟岸的尊者，尊者有王者风范，戴直角高金冠，身穿圆领窄袖红里白长袍，无花饰，腰束有团花图案的带，足蹬靴。两旁有武将和后妃，后有侍者。前置金银珠宝和象征权力的犬。据俄罗斯专家的研究认为这是《西夏皇帝及其随员图》，并认为中间的尊者是元昊的画像。② 图中主像合乎元昊"衣白窄衫"的特点，威严庄重中显示出简朴，这种装束应是西夏皇帝的便服。

以上三种西夏帝王服装，可能是皇帝在不同场合的服装，说明西夏皇帝的服装也具有多样性。上述《天盛律令》规定官员、僧道等一律敕禁男女穿戴鸟足黄、鸟足赤、杏黄、绣花饰金、有日月、团龙、金凤等颜色和样式，因为这些是皇帝或皇室其他人的穿戴，是西夏服饰等级的最高层次，不仅表现出西夏皇帝及皇室其他成员的服饰特点，更凸显出皇帝至高无上的地位。

关于皇后服装，汉文史料中宋代曾巩所作《隆平集》中提到，元是妻野利氏"戴金起云冠"。这种过于简单的记载不足以全面说明西夏皇后的服制。因此还要借助于留存的形象资料。在《西夏译经图》中有皇太后，即西夏第三代皇帝秉常的母亲梁氏的画像，旁边西夏文题款为"母梁氏皇太后"，她似戴凤冠，上穿交领宽袖衫，下系裙，前似有蔽膝，垂绶并有佩饰，外穿宽袖大衣，显得威严端庄。这应是皇太后的法服。③

西夏上层女子另一种服饰受回鹘影响较大。如莫高窟第409窟东壁门北的两个西夏王妃供养像，其样式为翻领窄袖长袍。翻领很大，袍长垂地，翻领、袖口、袍边均有花饰，最为华丽，是少数民族贵族妇女服饰的代表。

二 贵族、官员及其眷属的服饰

宋朝文献记西夏出使宋朝的使节服装也正是有戴金冠、衣着瘦窄的特点。西夏使宋使臣也应是文官之列，文献记载大使、副使"皆金冠短小样制，服绯窄袍，金蹀躞。吊敦皆叉手展拜"。④ 西夏的帝王和官员服装瘦窄与宋朝的宽袍大袖形成鲜明对比。这些都是元昊称

① 史金波、聂鸿音、白滨译注：《天盛改旧新定律令》，第十二"内宫待命等头项门"，法律出版社2000年版，第430页。

② ［俄］萨玛秀克：《西夏艺术作品中的肖像研究及史实》，《国家图书馆学刊》2002年西夏研究专号。

③ 史金波：《〈西夏译经图〉解》，《文献》1979年第1期；徐庄：《丰富多彩的西夏服饰》，《宁夏画报》1997年第3、4、5期。

④ （宋）孟元老：《东京梦华录》卷6《元旦朝会》。

图4－1　敦煌莫高窟西夏女供养人

图4－2　敦煌莫高窟西夏女供养人

帝向宋朝所上表章中说的“制小蕃文字，改大汉衣冠”的结果。

西夏时期的绘画留下了很多西夏官员及眷属服装的形象资料。《西夏译经图》上有主译、助译僧俗官员 17 人。其中坐在后排的世俗官员 8 人中有 7 人着圆领衫，只有一人穿交领衫，他们的下身穿着因被前面八僧人像遮挡，不得而知。

黑水城出土的一幅佛画（唐卡）高僧像的下部左右两角分别有男女供养人，男人头戴金花冠，身穿艳丽的红袍，腰系带垂于地，并有护髀，双手合十。据此穿戴应是一位高官，另一身女供养人应是其妻子。此图带有明显的藏传佛教色彩，而高僧可能是帝师或国师。①

黑水城出土的汉文《高王观世音经》经图中观世音像前有男、女两供养人，男人为一官员形象，头戴略带尖顶的花冠，身穿圆领长袍，袖口适中，腰系裙，花束带在前下垂，手持香炉，一副虔诚而不俗的神态。其服装应是正式场合穿用的法服之类。②

黑水城出土的唐卡和木版画中还有几幅有西夏的供养人，这些都应是西夏贵族的身份。其中男性供养人：如一幅阿弥陀佛来迎图左下角的男供养人外穿圆领长袍，从领口可见内有衬衣或袍，腰束带。一方佛顶尊胜曼荼罗木版画右下角男供养人也是外穿圆领绿色长袍，腰束带。像前有西夏文人名题款：“发愿者耶口六松柏山”。耶和是党项姓，可知是党项贵族

① ［俄］米开罗·皮欧特洛夫斯基编：《丝路上消失的王国——西夏黑水城的佛教艺术》，台湾版，历史博物馆出版 1996 年版，第 239 页。

② 史金波、魏同贤、克恰诺夫主编：《俄藏黑水城文献》第 3 册，上海古籍出版社 1996 年版，第 36 页。

的服装。[1] 黑水城出土一幅摩利支图像下有一男供养人在褐衫外还披了一件大衣，可能是西夏史料中提到的“披袄”。

榆林窟第29窟绘制了众多西夏供养人，保存了多种西夏人物服饰形象，其中以武官为主。供养人中有三身武官供养像，他们是沙州和瓜州监军司高级官员，头戴云镂冠，垂结绶，身着窄袖圆领紫袍，下摆有褶皱。第一、二身腰围有带宽边的绣护髀，护髀连接有宽带束在腹前，并下垂与袍齐，腰束带，足穿黑靿。第三身戴黑冠，无云镂装饰，穿窄袖圆领袍，腰无护髀。[2] 这些形象的描绘和史书上的文字记载基本是吻合的，既有少数民族特色，也显示出中原王朝服饰影响。如绣髀护就是宋代将帅士卒普遍采用的服饰，西夏武官围绣髀护的习俗，可以说是受宋代服饰的影响。

图5　甘肃武威木版画中的武士形象

黑水城附近达兰库布镇东南的古庙中出土的西夏彩塑像中，男供养人像亦外披大衣，下着长裙，中年人内着交领衫，老年人有披巾下垂结联于腹上。这里的泥塑人像服装与洞窟壁画的供养像有很大差别，是很值得研究的现象。[3]

关于西夏贵族妇女的服饰，汉文文献缺乏记载。黑水城出土的汉文《高王观世音经》前经图中的女供养人，属贵妇之类，头梳高髻，身穿交领窄袖花袍，高开衩，双手合十。榆

---

① ［俄］米开罗·皮欧特洛夫斯基编：《丝路上消失的王国——西夏黑水城的佛教艺术》，台湾版，历史博物馆出版1996年版，第180—181、142、144页。

② 敦煌研究院编：《中国石窟·安西榆林窟》，第116—119图，文物出版社1997年版。

③ 盖山林：《绚丽多彩的艺术奇葩——记额济纳旗西夏彩塑》，《内蒙古文物考古》1981年创刊号。

林窟第29窟女供养人的服饰代表了西夏晚期贵族妇女的装束。她们是瓜州监军司的眷属，监军司属中等司，按规定已具备冠带的资格。女供养人头戴花钗金钱冠，衣右衽交领窄袖绣花袍，开衩很高，领口、袖口、袍边均有花边；内着百褶裙，足穿圆口尖钩履，显示出雍容华贵、挺拔健美的姿态。她们的衣服颜色各异，花样不等，展示出西夏贵族妇女衣着的绚丽多姿、丰富多彩。[①] 从敦煌西夏壁画女供养人服饰看，也反映出宋朝贵妇人服饰的某些影响。宋朝妇女也着交领或圆领窄袖袍，西夏贵族妇女的服装与之有相似之处，但多数上穿襦或衫，下系裙。这种服饰的特点，增补了我们对西夏服饰的了解。

图6　安西榆林窟中西夏供养人像

黑水城出土的唐卡和木版画中也有女供养人，这些也都是西夏贵族的身份。如一幅《阿弥陀佛来迎图》左下角的女供养人外穿交领窄袖长袍，高开衩，头梳高髻，戴高花冠。《观音菩萨图》中右下角的两身女供养人，皆外穿红色交领窄袖花长袍，高开衩，从开衩和下摆可见内套花袍，头梳高髻，戴高花冠，体貌丰盈。两人前各有汉字榜题："白氏桃花"、"新妇高氏焚香"。可知二贵妇人一为白氏，一为高氏。另一幅《阿弥陀佛来迎图》左下角的女供养人和佛顶尊胜曼荼罗木版画右下角女供养人服饰略同于前《阿弥陀佛来迎图》左下角的女供养人。[②] 这几种女性服装与敦煌壁画中的贵族妇女服饰十分接近，都是交领窄袖花长袍，高开衩，只是没有百褶裙。

西夏石窟中的塑像衣着可能更形象、立体地表现出西夏服饰的特点，可惜保留下来的西夏塑像不多。莫高窟第491窟身着袿衣、脚穿尖头鞋的供养人像，显示出贵族妇女的装束。黑水城附近达兰库布镇东南的古庙中出土的西夏彩塑像中，一身女塑像身披通肩大衣，袖口宽博，上身穿华丽的内衣，下着长裙，裙外垂带，与西夏洞窟壁画女供养像的服饰也有显著不同。

莫高窟第148窟两身女供养人，也是西夏贵族女子服饰。左面一人穿圆领内衣，外穿翻领对襟窄袖袍；右面一人穿圆领花袍，与新疆伯孜克里克石窟壁画中的回鹘公主服饰相似，表明西夏女子服饰受回鹘影响较大。

武威西郊林场西夏墓葬中出土的木版画中有五侍女图，其中侍女皆穿长袍，多为大襟交领，开衩很高，似内着长襕，虽绘制粗糙，但仍可看出她们既不同于贵族又有别于一般平民

① 敦煌研究院编：《中国石窟·安西榆林窟》，第120—121图，文物出版社1997年版。

② ［俄］米开罗·皮欧特洛夫斯基编：《丝路上消失的王国——西夏黑水城的佛教艺术》，台湾版，历史博物馆出版1996年版，第180—181、206—207、189、143—145页。

的服制。[①]

西夏贵族官僚的衣服质料较平民为优，《天盛律令》规定，官员升赏要赏锦帛、银和茶等，“次等官升一级，赏大锦一匹，十五两银，茶绢十；中等官升一级，赏大锦一匹，十两银，三段绢，四坨茶；下等官升一级，赏杂花锦一匹，七两银，三坨茶，二段绢；末等官升一级，赏紧丝一匹，五两银，茶绢二”[②]。可见当时政府赏赐官员的服饰质料是大锦、花锦、紧丝、绢之类，这应是较好的衣料。西夏不仅每年从宋朝得到大量赐给的绢，自己也有织绢院织造纺织品。仁宗仁孝曾经于人庆元年（1144）献给宋高宗一批礼物，其中有“珠一囊，金带一，衣七对，绫罗纱五百匹，马百匹”[③]。西夏贡献绫罗纱给纺织技术高超、纺织品质量精良的宋朝，说明西夏的纺织品的质料是有很高水平的。

三　平民的服饰

《宋史·夏国传》载西夏元昊时期“民庶青绿，以别贵贱”。这里只是从颜色上为民庶的服装有一个大致的界定，至于平民服制的具体情况则未能涉及。西夏史料中提到党项人初期“服裘褐”及“褐衫”、“褐布”等，这种衣服质料在西夏统治者已经“衣锦绮”时，仍是下层贫民的主要穿着衣料。

在现实社会生活中平民的服饰是多种多样的。西夏平民的服饰也是丰富多彩的。榆林窟第3窟东壁五十一面千手观音变中有八幅两两对称的西夏生产图，形象而真实地反映出西夏普通劳动者的服制。在犁耕图中扶犁农夫穿交领大襟短衣褐襦，左手扬鞭，卷袖，下穿窄裤，卷裤口，头扎白头巾，足穿麻鞋，穿着俭朴，便于在田地中操犁行走。在踏碓图中踏碓人身着交领大襟短衫，腰束带，下着窄裤，卷裤口，头扎黑头巾，足穿草鞋（或麻鞋），穿着也朴实方便。锻铁图中有三男子，两锻铁者站立，皆着短褐襦，腰系带，一人上衣深色，袒左臂膀，一人着浅色上衣，两人下身穿裤，束行滕（即现在的绑腿），足穿草鞋；另一人坐操风箱，着较宽大上衣，袒露左臂，下穿窄裤，卷裤口，足穿草鞋。三人皆扎头巾。绘画者深谙社会生活，了解劳动习俗。因锻铁者来回走动，砧板上火星四溅，打绑腿为宜，操风箱者坐姿工作，又远离砧板不必打绑腿。在酿酒图中一在灶前添薪的妇人蹲于地上，外穿浅色长襕袍，袍下摆拖地，为添柴方便，左臂卷袖，下着裙裤；另一妇人穿深色对襟大领长袍，内着褐衣，似在品酒。[④] 这些普通劳作者的服装各具不同特色，不仅男女有别，不同工种的人服装穿着方法也有不同，如锻工袒露臂膀，裹打绑腿，而扶犁者卷袖。他们又有共同的特点：服装质料一般，从衣纹褶皱情况看，只是褐布而已。服装颜色简单，一件衣服为一种颜色，或深或浅。服装装饰简单，几乎无佩饰。平民服装制作简单，短衣既节省衣料，又便于劳作，修短合度，穿着随意，朴实无华。

西夏男侍形象资料较多，常在贵族、官员左右。上述榆林窟29窟武官后，有侍从三人，三人服饰则略有不同。前二人中一人穿窄袖缺胯衫，裤腿束在绑腿中，一侧身者穿长袖上

① 陈炳应：《西夏文物研究》，宁夏人民出版社1985年版，第314—323页。

② 史金波、聂鸿音、白滨译注：《天盛改旧新定律令》，第十“续转赏门”，法律出版社2000年版，第349页。

③ （清）吴广成：《西夏书事》，清道光五年（1835）刊本，卷35。

④ 史金波、白滨、吴峰云：《西夏文物》图37、38、39、40，文物出版社1988年版。

衣，着小口窄裤。二人穿麻鞋，腰束带布，为杂役。后立一人穿圆领长袍，穿黑靴，腰束带，似文侍，再现了西夏童仆的衣着。前述莫高窟409窟西夏王供养像后有侍者八人，头戴上大下小似扇面形的毡冠，有冠缨结于颔下，着交领或圆领窄袖花衫，有的腰束蹀躞带，下穿大口裤，脚登长靿毡靴。在《西夏译经图》上，西夏皇帝身后站立的三男侍，戴朝天幞头，身穿圆领窄袖衫，与宋代宫廷侍从服饰相似。

榆林窟第2窟东壁中间有西夏时代绘画的《商人遇盗图》可以作为当时服饰资料的参考。该图描写两个商人在途中遭遇手持刀剑的强盗，商人戴幞头，穿圆领长袍，强盗头裹青巾，上身披软甲，外罩长袍，前襟以腰带扎起。人物形象似为汉人，十分生动。①

榆林窟西夏洞窟第3窟东壁五十一面千手观音变踏碓图右部有一圆台，台上三人各立一方板作舞蹈状，似在表演杂技。三人皆紧身短衣，腰系带，下垂近地，着短裤，穿麻鞋。这种装束简约利落，便于表演。②

黑水城出土一幅绘有《水月观音图》画下方有四个乐舞者形象，乐舞人也属西夏平民范围。乐舞人皆穿紧身短上衣，窄袖缩口，紧腰或束带，着宽裤，足穿半高腰黑靴，裤脚塞入靴筒。这种装束适宜舞蹈、弹奏。西夏平民也有着宽袖袍的，如西夏乐舞中的老者及《观音经》图中的一些人物。

可见西夏平民的男子多穿交领或圆领窄袖短衫，下着裤，有的裤腿装入靴筒，有的裹绑腿，有的卷起裤腿，脚登靴或穿草鞋（麻鞋）。以上服饰与当时的中原王朝平民服饰相似。

黑水城出土的西夏文《鲜卑国师劝世集》前有木版画一页，仅余半幅；又有西夏文《贤智集》，前有木版画，也仅余半幅。两图正好组成一完整鲜的《鲜卑国师说法图》，左下角跪六人，前刻西夏文字"听法众"，皆为平民形象。其中男人衣服均内穿圆领衫，外为长袍，有宽袖，有窄袖，前面可见者腰束带。装束朴素俭约。③

女子的平民装束比起贵族妇女来要素净、朴实得多。榆林窟西夏酿酒图中的两女子表现出平民妇女的装束。

西夏的服饰中麻是重要原料，可能平民穿麻织品较多。《天盛律令》在第十六"园子门"专门规定种麻园子等利限。④《文海》"麻"条："麻草可做纱布也。"⑤ 可见麻是当时的衣物原料。各地种麻园子生产麻应有相当规模，为西夏的衣装提供了重要原料。

《掌中珠》中纺织品词语中有一个词名为"白叠"。这个词并未引起人们的注意，然而它确实值得特别注意。"白叠"实际上就是现在所说的棉花，它原多产于中亚。唐、宋时期，我国中原尚不种植棉花。西夏辞典中已经把棉花列入纺织日用品中，说明西夏人在自己的穿着中已使用棉花。《掌中珠》所列袄子、汗衫、布衫、衬衣或许是棉制品。西夏地区可能是西域的棉花传往中原的过渡地带。

---

① 敦煌研究院编：《中国石窟·安西榆林窟》，第133图，文物出版社1997年版。

② 敦煌研究院编：《中国石窟·安西榆林窟》，第147图，文物出版社1997年版。

③ 俄罗斯圣彼得堡东方学研究所黑水城出土文献，Инв. No. 3706、2538号。

④ 史金波、聂鸿音、白滨译注：《天盛改旧新定律令》，第十六"园子门"，法律出版社2000年版，第519页。

⑤ 史金波、白滨、黄振华：《文海研究》，中国社会科学出版社1983年版，第411页。

四 僧人的服饰

图7 甘肃武威木版画中的侍女形象

西夏的僧人有不同的等级，国师是西夏的高僧，往往担任功德司正的职务。《西夏译经图》正中上方高坐着国师，是译场的译主，其上有西夏文题款“都译勾管作者安全国师白智光”，他是惠宗时主持译经的高僧。他身着右衽交领短袖花袍，外左肩斜披袈裟，袒右小臂，跏趺而坐。

在榆林窟第29窟前壁东侧西夏男供养人以国师为首，国师在床上坐方形须弥座，头戴山形冠，也是内穿右衽交领短袖衫袍，领襟和袖口有宽边，外左肩斜披袈裟，袒右小臂，跏趺而坐，旁有西夏文题款，译为“真义国师西壁智海”，西壁也即“鲜卑”，是西夏番姓之一。国师后有侍者持伞盖，显示出类似帝王的尊贵地位。

前述黑水城出土《鲜卑国师说法图》，左角刻西夏文“鲜卑国师”四字，国师跏趺而坐，头戴云纹饰山形冠，也是内穿交领衫袍，外左肩斜披百纳袈裟。国师后有短须秃发侍者持伞盖。左站立一僧人穿宽袖交领袈裟，双手合十；右站立一僧人也穿宽袖交领袈裟，双手似捧物。[①] 同一图中反映出西夏上层僧人和普通僧人服饰的差别。

俄罗斯所藏一幅《不动明王图》底部两角各有一高僧跏趺坐像，左边僧人戴山形冠，内穿黄色交领短袖长袍，外左肩斜披袈裟，袒右小臂，腰束带，形象同榆林窟第29窟鲜卑国师像。右边僧人也戴山形冠，但只穿黄色交领长袍。[②]

《西夏译经图》正中国师白智光两旁有8名助译僧人，他们的穿着和国师白智光基本相同，只是交领短袖袍皆为素衫，无花。他们当中有党项人，有汉人。世俗人中不同民族服饰可能各有特点，而在同一王朝中的僧人服饰的差别就不显著了。

黑水城出土的一幅高僧像带有明显的藏传佛教色彩。高僧为坐像，呈金刚坐法，身着交领黄色内衣，套紫棕色长袍，外再披橘红色斗篷，有浓密的短髭。[③] 此高僧的服装与上述几种僧人有明显的差别，这可能是藏传佛教僧衣的一种。

黑水城出土的西夏刻本《阿弥陀佛接引图》，被接引的弟子为一僧人，内穿圆领衣衫，外著交领僧衣，下部露出了里面的拖至鞋面的长衫。上有汉文榜题“弟子高玄悟”。[④]

在榆林窟第29窟前壁西侧为女供养人，分上下两列，前为女尼引导。上列僧人图像被烟熏黑，下列前导女尼内着左衽大袖绿色长袖花锦袍，外左肩斜披袈裟，右肩露长袖花锦

---

① 俄罗斯圣彼得堡东方学研究所黑水城出土文献，Инв. No. 3706、2538号。

② ［俄］米开罗·皮欧特洛夫斯基编：《丝路上消失的王国——西夏黑水城的佛教艺术》，台湾版，历史博物馆出版1996年版，第173页。

③ 同上书，第239页。

④ 史金波、魏同贤、克恰诺夫主编：《俄藏黑水城文献》第4册，上海古籍出版社1996年版，第305页。

袍。旁有西夏文题款，译文为："出家僧人庵梵亦一心供养"。看来女尼与男僧僧服的区别在于内穿袍是长袖。

《天盛律令》中对僧人的服装，特别是服装的颜色也有严格的限制，规定："僧人中住家者服装依另体穿法：袈裟、裙等当是黄色。出家者袈裟等当为黄色，大小不是一种黄，当按另外颜色穿。若违律穿纯黄衣时，依律实行。"① 看来虽然僧人应穿黄色僧衣，但穿纯黄色衣服就违犯了禁律。纯黄色衣服应是上述禁官民、僧道穿的鸟足黄（石黄）之列。

总之，从西夏的服饰看，上层注重等级和美观，对服饰的潮流影响很大，下层更注重实用，成本低廉，便于生活劳作。

第三节　发式、冠饰与鞋袜

一　男子秃发和披发

元昊为了突出党项民族的特点，在他正式立国称帝的前六年，即显道元年（1032），一改银州、夏州诸羌的旧俗，"先自秃发，及令国人皆秃发，三日不从，许众共杀之"。② 于是在西夏普遍推行了秃发的风俗。元昊实行秃发并不是像有的进入中原的北方少数民族那样，原来本民族已有秃发习俗，然后强令被占领地区的汉族实行与他们一样的秃发习俗，而是在没有秃发习俗的党项民族中，效法鲜卑系民族的秃发（髡）的习俗，命令包括皇族在内的国人都改行秃发。这一举动一方面是元昊为了攀附帝王门第，给日后称帝做准备。元魏的统治者是鲜卑族，恰恰皇族也姓拓拔氏。元昊便在发式上向鲜卑看齐。因此在他六年以后登基时，便可以说："臣祖宗本出帝胄，当东晋之末运，创后魏之初基。"另一方面元昊是一个善于改革旧制的人，更改姓氏，变化发式是他超凡脱俗、自立自尊的一种表现形式。只是元昊为了突出表现不同于汉族习俗才作出了改变男子发式的重大决策，这是当时西夏和宋朝关系紧张、元昊准备正式立国称帝在习俗上的突出反映。显然秃发在西夏社会中是最重要的习俗之一。

史料中无西夏秃发具体形式的记载，在留存于世的西夏形象资料中，可以发现很多男子秃发的例证。然而现在所能见到的有限图像中，西夏的皇帝和男性贵族往往是戴冠的，因此难以见到其秃发形象。黑水城出土的西夏帝王图中的元昊、《西夏译经图》中惠宗秉常和敦煌西夏帝王供养人皆戴冠，头顶是否秃发不得而知。西夏的秃发形象多见于不戴冠的下层人物中。

已见到的形象资料中，秃发的样式是剃去顶发而留边发。西夏男侍形象资料较多，上述榆林窟第29窟戴冠的武官后，有侍从三人，其中有两人无头饰，显现出明显的秃发象形，从图中可知其一种秃发样式为将头顶及后脑头发剃去，仅留前发如刘海垂额前，两鬓各有一绺头发于耳旁。第二身、第三身武官之间有一小童子像未戴冠，也是这种秃发形式，此小童据榜题知是官员之孙，可以佐证贵族也是按规定秃发。武官虽然戴冠，但仍可见耳上有清晰

---

① 史金波、聂鸿音、白滨译注：《天盛改旧新定律令》，第七"敕禁门"，法律出版社2000年版，第282页。

② （宋）李焘：《续资治通鉴长编》卷115，景祐元年十月丁卯条。

的发际，这至少证明西夏上层留有边发。

中国国家图书馆藏有黑水城出土的写本《大般若波罗蜜多经》卷第三十四前有“如来说般若图”，图中如来跏趺高坐正中，下方跪一人听法弟子面朝如来，我们只能见到他的背面。其头部两侧留发，顶部露出额发，头顶和脑后秃发。这一形象从头后部清晰地展示了西夏秃发的形式。俄藏文献中也有同样的版画。

黑水城出土的一幅密宗曼荼罗西夏木板画左下角有一男供养人，前有西夏文墨书题记“发愿者耶口六松柏山”，头顶髡发，额上留发，两侧留发，鬓发一绺头发垂于耳前。与榆林窟西夏男子秃发形式相同。①

黑水城出土的《鲜卑国师说法图》中左下角跪六人，前刻西夏文字“听法众”，皆为平民形象。其中后面一人戴高冠，面目清秀，应是女性。前面一人披发，可能西夏的秃发规定只限于党项人，此人应不是党项人。另三男人戴冠，不知是否秃发。余一人无冠、巾，为秃发，头左露边发，额头无发。② 证明西夏平民秃顶者也是中间秃发，留边发。

黑水城出土的两幅绘有阿弥陀佛接引图的西夏卷轴画，左下角有男供养人，似乎都是这种发式。但因其顶发情况看不清楚，也可能是一种披发的发式。

黑水城出土《水月观音图》下方的四个乐舞者形象，有两人戴帽，发式不大清楚。有两人侧身，无冠饰，可以清楚地看出秃发形式。

敦煌莫高窟第245窟西壁南侧下部有一西夏男供养人似也是秃发形象。敦煌及黑水城出土的图解本西夏文《观音经》插图中也有两个秃发男子形象，不大清楚，似也是这种样式。

文献记载，宋元符二年（1099）有冒夏人降宋者，其装束为“剃发，穿耳，戴环”，从另一个侧面反映了西夏男人的头饰。③

西夏男子除秃发外，还有披发和辫发的。如黑水城出土的两幅唐卡，一幅绘西火星神像的左下角有一男供养人，两绺鬓发垂后，余发似结辫垂后。另一幅绘有摩利支的图像左下角一男供养人似也辫发。另武威西夏火葬墓出土的木板画中有一驭马图。图中驭马人披短发，两鬓头发如飞鸟状。以上发式均具民族特色。

前述武威西夏火葬墓中出土的本板画上有五男侍图，五人发式均为披发，两鬓头发作飞鸟状。党项、吐蕃等少数民族原来均有披发习俗。西夏统治的河西走廊一带有很多吐蕃人。因此，这些男侍可能是吐蕃人或党项人。另火葬墓还出土有童侍像的木板画，其中童子服饰与汉族相同，头梳双髻、单髻髻，身穿交领衫，腰束带。

从以上多个平民、侍从形象来看，秃发、披发等发式具有浓厚的民族特色。

二 发式和冠饰

（一）皇帝和皇后的冠饰

元昊继位后改革服饰制度，自己的冠戴是“毡冠红里，顶冠后垂红结绶”。然而每个人的服饰，包括冠戴在内都不会限于一种。黑水城出土的西夏皇帝画像，戴直角高冠，就是另

① 史金波、白滨、吴峰云：《西夏文物》第85图，文物出版社1988年版。

② 俄罗斯圣彼得堡东方学研究所黑水城出土文献，Инв. No. 3706、2538号。

③（宋）李焘：《续资治通鉴长编》卷115，景祐元年十月丁卯条。

图 8　陈及之《便桥会盟图》中党项人发式

外一种类型。

《西夏译经图》中西夏惠宗秉常头戴尖顶冠，冠上镂刻着华丽的花纹，这可能是西夏皇帝特有的冠饰。在敦煌莫高窟第 409 窟东壁门南的男供养人帝王形象，头戴白毡尖顶高冠，冠缨结干颔下。西夏皇帝的冠饰已见多种样式。

《隆平集》中提到，元昊妻野利氏“戴金起云冠”。[①] 这只是西夏皇后冠饰的一种。《西夏译经图》中有皇太后，即西夏第三代皇帝秉常的母亲梁氏的画像，她似戴凤冠。

另有近似于回鹘女子的冠饰。如莫高窟第 409 窟东壁门北的两身西夏王妃供养像，两人均头梳高髻，戴镂刻朵云纹、凤凰纹的金属片冠饰，以鬓发拢掩两侧，两鬓插满簪钗和其他饰物，耳环、耳坠直垂双肩。

（二）贵族发式和冠饰

《西夏译经图》助译僧俗官员坐在后排的世俗官员 8 人均戴一种略带尖顶的冠，顶上似有饰物，冠上有图案样花纹。此种冠饰与同一图中的皇帝冠相近，只是显得低矮，欠华丽。

黑水城出土的汉文《高王观世音经》前的经图中观世音像前有男、女两供养人，男人为一官员形象，头戴略带尖顶的花冠，身穿圆领。

敦煌出土的西夏文《妙法莲华经观世音菩萨普门品》插图画其中有五六个官员模样的人物，或许反映出西夏官员的头饰。他们戴宋代流行的直脚幞头，其特点是后面两脚向左右伸展，形如直尺。

甘肃武威西郊林场西夏火葬墓出土的木板画上，有一个穿便服的官员图像，戴东坡巾，又称高桶帽，据考证为墓主人西经略司都案刘德仁。[②] 都案是管理文书的官员。此人应是汉人。

① （宋）曾巩：《隆平集》卷 20。

② 宁笃学、钟长发：《甘肃武威西郊林场西夏墓清理简报》，《考古与文物》1980 年第 3 期。

西夏以党项、汉族官吏为主，番、汉各有不同的服饰。《天盛律令》规定："汉臣僚当戴汉式头巾。违律不戴汉式时，有官罚马一，庶人十三杖。"① 汉族官员必须戴汉式头巾，意味着西夏统治者有意保留番、汉不同的冠戴风习。

关于西夏女人的发式和冠饰记载很少。元人马祖常作《河西歌》中说："贺兰山下河西地，女郎十八梳高髻，茜根染衣光如霞，却召瞿昙作夫婿。"② 梳高髻应是西夏妇女的发式特点。

西夏贵族女子确实大多梳高髻，并戴各种冠饰。如安西榆林窟第29窟南壁西侧上层有三身女供养人像，皆梳高髻，戴一种莲蕾形冠。据题记可知为上述西夏沙州监军司官员的家眷。这种冠分四瓣，沿边有金饰，冠侧有饰物。

黑水城出土的四幅佛画中，有西夏的女供养人，这些都应是西夏贵族的身份。如两幅《阿弥陀佛来迎图》左下角的女供养人、观音菩萨图中右下角的两个女供养人、《佛顶尊胜曼荼罗木版画》右下角女供养人。这五个女供养人，也戴类似的冠饰。西夏文《观音经》插图中也有一女子，似亦戴莲蕾形冠，用它把高髻网住固定起来。这些女子有的余发挽髻垂背，有的余发垂肩。大部戴耳环、耳坠。但不论是冠还是饰物，都是西夏女子很有特色的装束。

有的贵族妇女戴各种毡冠。如榆林窟第2窟一女供养人戴一桃形毡冠，并有簪钗、步摇等饰物，余发垂背。莫高窟第148窟两女供养人，左面一人戴如意形冠，右面一人戴花冠，两络鬓发垂胸前，余发被背，发上也插簪钗，戴耳环、耳坠。

以上大都为贵族、官员家眷以及较富有人家女子的发式、冠饰。

西夏法律对妇女的冠饰也有限制。《天盛律令》规定一种称为"缅木"的冠饰，只允许次等司承旨、中等司正以上嫡妻子、女、媳等冠戴，此外不允冠戴。若违反法律，物品要交官，举报者赏五缗钱，当由穿戴者出给。③

（三）平民的发式和冠饰

西夏男子冠饰有多种。汉文《杂字》中有暖帽、头巾、掠子、幞头、帽子、冠子等。《掌中珠》所记冠冕、凉笠、暖帽、绵帽，西夏文《三才杂字》在"男服"项下有冠戴、围巾、朝帽、发冠。西夏的冠饰也类型也很多。

形象的资料中也有具少数民族特色的各式冠饰。敦煌莫高窟第418窟两男供养人头戴上大下小的扇面形毡冠，有冠缨结于颔下。再如前述《水月观音图》四个乐舞者中，有两人似戴圆形毡冠。又《观音经》插图中有戴三瓣莲花形毡冠者。其他则大多与中原王朝汉族冠饰相似，有戴各式幞头的、有裹巾的、有戴东坡帽、笠帽的。黑水城出土的《水月观音图》舞乐者中有一老者，也头戴东坡帽。在安西榆林窟第3窟内的犁耕图、踏碓图、锻铁图中有5个正在劳动的男子形象，他们均头裹皂巾。

西夏平民女子及侍女也大都梳高髻，但髻上无任何饰物，有的仅簪一朵花，如黑水城出

① 史金波、聂鸿音、白滨译注：《天盛改旧新定律令》，第十二"内宫待命等头项门"，法律出版社2000年版，第431页。

② （元）马祖常：《石田文集》卷5《河西歌》，《四库全书》本。

③ 史金波、聂鸿音、白滨译注：《天盛改旧新定律令》，第七"敕禁门"，法律出版社2000年版，第282页。

土《摩利支图》右下角一妇人及武威西夏墓出土的五女侍木板画上的前四名女侍即如此。最后一名女侍为披发。

西夏女子冠饰也有与中原王朝汉族相似的。如《观音经》插图中有几个女子梳髻戴花冠。榆林窟第3窟酿酒图中两女子似为包髻。《西夏译经图》中皇太后身后的侍女，则戴幞头，都与唐、宋女子冠饰、发式无异。

（四）僧人的冠饰

僧人是剃发的，所以很多僧人的图像都是光头剃发。如《西夏译经图》的主译人国师白智光、助译僧俗官员中坐在前排的8位僧人均为剃发。女尼也同样剃发，如西夏榆林窟第29窟南壁西侧上层女供养人前的比丘尼像。

僧人也有僧帽，反映在画像上都是高僧。如榆林窟第29窟南壁东侧上层的鲜卑国师，头戴棕色山形冠，冠上有金花装饰。俄罗斯藏西夏文刻本《鲜卑国师说法图》中，鲜卑国师头戴云纹饰山形冠。[①] 俄罗斯所藏一幅《不动明王图》，底部两角各有一高僧座像，皆戴黄色山形冠。[②] 看来这种山形冠可能是西夏高僧在正式场合特有的冠戴，是高僧地位的象征。高僧也可以不戴僧帽，如上述《西夏译经图》的国师白智光不戴僧帽。这也许有时间的差异，《西夏译经图》反映的西夏早期的事，而鲜卑国师是西夏后期的高僧。

三　饰物和化妆

在身体某些部位或服装上配上小佩饰，不仅美化自己，也能显现出佩戴者的地位和身份。西夏的男人和女人都可以有佩饰。

《宋史》记载西夏武官服饰中有“金涂银束带，垂蹀躞，佩解结锥、短刀、弓矢韣”。可见身上的佩饰不少，其中锥、刀和装弓矢的袋都是武官的实用品。

佩饰和化妆虽然不是女人的专利，但女人对佩饰和化妆确实情有独钟。《番汉合时掌中珠》记载了不少妇女佩饰词语，如耳环、耳坠、腕钏、钗錍、碧钿、珊瑚、琥珀、燕珠、琉璃、玛瑙、璎珞、数珠等。西夏文《碎金》记载：“搅海寻珊瑚，选择串璎珞。钿珠玉耳环，钗錍簪腕测。金银珠宝多，价高库进出。”也反映了西夏的妇女佩饰也是很丰富的。西夏汉文《杂字》的“衣物部”中有“合子、束子、钗子、錍子、钏子、镜子、镮子……珍珠、璎珞、海蛤、碧钿、玛瑙、珊瑚、珞璲”。不难想见，西夏饰物的多种多样。[③] 榆林窟第29窟女供养人的头上插有簪钗。

内蒙古自治区巴彦淖尔盟临河县高油房西夏城址出土了金质桃形饰件、条形饰片和金指剔。制作都很精细。金指剔长7.2厘米，柄呈双鱼柱形，头尾相连，两鳍相对，尾部束带。双鱼头顶仰荷、仰莲、连珠、瓜轮，顶端为心形花瓣，圆孔穿环。鱼尾下又有连珠、复仰荷、复仰莲、瓜轮，下接双面斜刃指剔，造型美观，工艺尤其精巧。因其有穿环用圆孔，可

---

① 俄罗斯圣彼得堡东方学研究所黑水城出土文献，Инв. No. 3706、2538号。

② ［俄］米开罗·皮欧特洛夫斯基编：《丝路上消失的王国——西夏黑水城的佛教艺术》，台湾版，历史博物馆出版1996年版，第173页。

③ 史金波：《西夏汉文本〈杂字〉初探》，《中国民族史研究》（二），中央民族学院出版社1989年版。

知其为佩饰。西夏陵园也发现葡萄纹金饰、花瓣形金饰、鎏金银饰等，也是饰物中的精品。[①]

黑水城出土有一件项链，由打磨成橄榄状的宝石、珊瑚、玻璃珠，和黑白条纹的石珠护身符串联而成，明暗相间，色彩斑斓，有很强的装饰效果。[②]

《掌中珠》中有胭脂、粉等，证明了西夏的妇女在面部化妆。在莫高窟、榆林窟的和黑水城出土的西夏绘画中的西夏女供养人，她们的面部颜色也可看出是化了妆的。特别是黑水城出土的《观音菩萨图》中的两个女供养人白氏和高氏面部擦粉、颊上涂胭脂，清楚地表现出西夏妇女化妆的时尚。

对于佩饰西夏法典也有所限制。《天盛律令》规定："诸大小官员、僧人、道士诸人等敕禁：不允有金刀、金剑、金枪，以金骑鞍全盖全口，并以真玉为骑鞍。"[③] 这主要是为了禁止奢侈而采取的法律措施。仁宗时西夏上层出现侈靡之风，使阶级矛盾尖锐化，对西夏政权的巩固十分不利，以致仁宗不得不于天盛十五年（1163）下令禁奢侈。[④]

图9 西夏8号陵出土金荔枝铊尾

四 鞋袜

西夏地处西北，寒凉的天气较多，鞋袜的实用性很强。西夏汉文《杂字》的"衣物部"中有袜头、丝鞋、朝靴、木履、草履、袜靿、毡袜等。《掌中珠》中有靴、短靿、长靿、靴底、鞋袜等。西夏文《三才杂字》在"男服"项下有裹脚。应该说西夏的鞋袜在服饰中是不可或缺的。在所见到的西夏人物形象中包括下层劳作者、卖艺者都穿靴鞋，还未见赤脚的。

《西夏帝王及随员图》中皇帝穿黑帮浅腰靴，足尖装饰云勾图案。榆林窟第29窟男供养人似穿黑皮靴，女供养人则穿尖口红鞋。

俄藏黑水城出土的《水月观音图》中的舞乐图中的4个西夏艺人都穿高腰靴靿，颜色各不相同，特别是从靴口可见袜筒露出，似以布做成。这是西夏人物形象资料中唯一可见的袜子。[⑤]

---

① 史金波、白滨、吴峰云：《西夏文物》，图205、207、209、210、211，文物出版社1988年版。

② ［俄］米开罗·皮欧特洛夫斯基编：《丝路上消失的王国——西夏黑水城的佛教艺术》，台湾版，历史博物馆出版1996年版，第253页。

③ 史金波、聂鸿音、白滨译注：《天盛改旧新定律令》，第七"敕禁门"，法律出版社2000年版，第282页。

④ 《宋史》卷四八六《夏国传》（下）。

⑤ ［俄］米开罗·皮欧特洛夫斯基编：《丝路上消失的王国——西夏黑水城的佛教艺术》，台湾版，历史博物馆出版1996年版，第173页。

榆林窟第29窟男供养人的侍从两人穿麻鞋（或草鞋）。榆林窟第3窟犁耕图中扶犁农夫穿足穿麻鞋，踏碓图中踏碓人足穿麻鞋（或草鞋），锻铁图中两打铁人束绑腿，足穿草鞋，另一操风箱者足穿草鞋。

图10 西夏锻铁图壁画

武威缠山亥母洞出土鸟形鞋6件，其中1只长26.5、宽5.5厘米，鞋形周正，蓝色，鞋底窄长，中间有一补丁。女性穿这样长的鞋，可见西夏妇女是天足。另有绣花童鞋5件，长14、宽4.5厘米，其中两只刺绣华丽，色彩鲜艳，做工细致。其中一鞋鞋头做成鸟头形，鞋尖做成鸟嘴，作回首瞻望状，穿在脚上，人行走时如一对鸳鸯，互前互后，似鸳鸯戏水，造型美观，很具特色。[①] 武威小西沟岘山洞中，与西夏文献同时被发现的还有牛皮靴。

西夏对穿鞋也有限制。《天盛律令》规定："内宫中任职人不许履二卷靴"，

违律时，有官罚十缗，庶人八杖。[②] "二卷靴"是何种形制，不得而知。是否为皇室专用也有待考察。

第四节 婚服、丧服和军服

一 婚服

结婚是人生的大事。依照西夏风俗和法律规范，在结婚前男方要给女方婚价，结婚时女

① 孙寿龄：《武威亥母洞出土一批西夏文物》，《国家图书馆学刊》2002年西夏研究专号。

② 史金波、聂鸿音、白滨译注：《天盛改旧新定律令》，第十二"内宫待命等头项门"，法律出版社2000年版，第434页。

方要陪送嫁妆。嫁妆与婚价相对应，按政府法律规定也分不同等次。《天盛律令》规定："诸人为婚有送女嫁妆中送服饰及奉客时，服饰等一律予价三百种送七十服，予价二百种送五十服，予价一百种送十服以内。无力允许不服，不许比之超服及衣服全予。"男方无力给婚价可以劳力抵偿，女方若无力给嫁妆，也有通融办法，可以用婚价的一部分抵偿。"女方父母无力，则当以前所取价二分之一为婚价，另一分为嫁妆而予之。其中无力者则不须予嫁妆。"① 看来西夏对嫁妆是采取限制的办法，规定最高限额，不能超出，可以婚价补偿，甚至没有也可以。这种规定也是针对当时的奢靡之风而采取的限制措施。

西夏的婚服样式，可以参考黑水城出土《观音菩萨图》中女供养人"新妇高氏"的穿着。这位新娘子的装束艳丽华贵，头梳高髻，外穿红色交领窄袖花长袍，高开衩，从开衩和下摆可见内套花袍。

实际上西夏女子在幼时，就要学习女红，裁缝衣服。《圣立义海》"父之教子"条："对女爱惜，觅做衣服。"又"母养子法"条："养子之身，觅做花衣，和女之衣，艺业学习。"明确指出对女孩要教给她们学做衣服。又"母养子安平"条："女十五以内，母家学习令习妇礼，十五以上给寻婆家，准备室尺衣鞋，备办不息。"② 当时的社会习俗女子十五岁以上便订婚，准备嫁妆，制作婚衣。

二　丧服

人死后家人、亲属要穿丧服。西夏有完整的丧服制度，大体上与中原地区相同，并已形成社会习俗。《天盛律令》规定："族、姻二种亲节，依上下服五种丧服法不同而使区分，其中妇人丧服法应与丈夫相同。"其下又具体规定应服三年丧的有：子对父母，妻子对丈夫等，应服一年丧的有：对祖父、祖母、兄弟、伯叔、姨、亲侄等，应服九个月丧的有：对一节伯叔、姨、伯叔子、兄弟及其在家之姐妹等，应服五个月丧的族亲有：对曾祖父母、二节伯叔、姨、姑等，姻亲有：对母之父母、舅、姐妹之子等，应服三个月丧的族亲有：对高祖父母、三节伯叔及姑等，姻亲有：对女之子，（女称）姐妹等儿子姐妹、舅之子等。这是与中原地区早已实行的五服之制。五服包括斩衰、齐衰、大功、小功、缌麻五种服制。服丧制度一是根据亲属的亲疏服丧时间不同，二是丧服形式不同，三是服丧时期对服丧者有一定的礼仪要求。中原地区的丧服以麻布制成，如服期最重的斩衰为三年，以极粗的生麻布制成，不缝边，以示无饰；服期最轻的缌麻为三个月，以细麻布制成。西夏也接受了中原地区的五服制度。

西夏对无力制作丧服的贫苦人，也有权宜办法。《天盛律令》规定："若无主贫儿无力服之，及依土地法无麻布等，不须服，勿治罪，当为自然孝礼。"③ 由此不仅可知赤贫人无力制丧服，可以不服，还知丧服是以麻布为原料。

---

① 史金波、聂鸿音、白滨译注：《天盛改旧新定律令》，第八"为婚门"，法律出版社2000年版，第311—312页。

② 《圣立义海研究》第十四，第70页；《俄藏黑水城文献》第10册，第254页。

③ 史金波、聂鸿音、白滨译注：《天盛改旧新定律令》，第二十"罪则不同门"，法律出版社2000年版，第604—605页。

三 军服

前述榆林窟第29窟监军司武官供养像的服饰，是正式场合所用，而非战时所穿。西夏的服饰中有征袍，应是将士出征用的服装。

图11 回鹘甲骑和弓手（宋李公麟《免胄图》局部）

西夏的将士在战场上实用的服装是常用的铠甲和西夏特有的战披。《天盛律令》对甲、披的形制有十分具体的规定。其中有一种甲的样式：胸五，头宽八寸，长一尺四寸；背七，头宽一尺一寸半，长一尺九寸；尾三，长一尺，下宽一尺四寸；头宽一尺一寸；胁四，宽八寸；裾六，长一尺五寸，下宽二尺四寸半，头宽一尺七寸；臂十四，前手口宽八寸，头宽一尺二寸，长二尺四寸；□目下四，长八寸，口宽一尺三寸；腰带约长三尺七寸。有一种披的样式：长一尺八寸，下宽三尺九寸；颈五，长一尺五寸，头宽一尺七寸下宽九寸；背三，长九寸，下宽一尺七寸；喉二，长宽同二寸；末尾十，长二尺八寸，下宽二尺九寸，头宽一尺七寸；盖二，长七寸，下宽一尺，头宽八寸。① 在国家综合法典中将甲、披各部分有多少片及其尺寸详细记录，在历史上是很稀见的。

更为可贵的是西夏皇家陵园出土了铜质铠甲片52片，长的长9.9厘米、宽2.1厘米，短的长5.8厘米、宽1.8厘米，每片都有缀孔。现在仍可以根据上述记录和出土的甲片进行复原制作。

西夏政府还把打仗时不可或缺的铠甲、军披等作为敕禁品，不准卖与敌人，若卖与敌人

① 史金波、聂鸿音、白滨译注：《天盛改旧新定律令》，第六“军持兵器供给门”，法律出版社2000年版，第229页。

时，给予严惩。在卷七《敕禁门》中规定："铠甲、军披等到敌人中去卖时，庶人造意斩之，从犯当得无期、长期徒刑，有官当与官品抵。"① 其处罚相当严厉，可见西夏对军服的重视。

甲、披的制作非一般人所能为。西夏有专门的"披甲匠"从事铠甲、军披的制作。②

总之，西夏的服饰，既有民族之分，又有阶层之别。由于在一个王朝内，无论是法律还是民俗，都反映出以服饰明尊卑、别贵贱的特殊内涵。西夏的上层以其政治的优势地位和经济的强大实力，多占据服饰的潮头，使其服饰种类多样，颜色艳丽。其中以皇帝的服饰最为尊贵，其余人不能效仿。

图 12 黑水城出土《西夏皇帝及随员图》

服饰的男女之异，自古明显。西夏男人多着圆领衫，女人多交领衫，装饰较多。服饰的僧俗之界，最为突出。由于宗教信仰的关系，僧人的服饰历来简朴，西夏亦如此，但观西夏的高僧服装和冠戴，却有贵族气派。

---

① 史金波、聂鸿音、白滨译注：《天盛改旧新定律令》，第六"军持兵器供给门"，法律出版社 2000 年版，第 283—284 页。

② 同上书，第 615—616 页。

西夏时期的黑水城社会*

由于元朝未修西夏史，比起辽、金王朝，有关西夏的汉文资料显得稀缺。历史似乎遗忘了西夏，更不要说西夏边陲城市黑水城（哈拉浩特）。

黑水城由西夏创建，是西夏一个监军司所在地，担当着守护北部边陲的重任。但由于此地离西夏的政治、文化中心较远，且西夏的对外交往多在东、南、西部，北部除西夏晚期蒙古入侵时外，多处于相对平静状态，因此当时黑水城是一个并不十分引人注目的边远城市，过去对它的了解很少。1908—1909 年俄国科兹洛夫（П. К. Козлов）率领探险队在这里发掘出大批西夏文献、文物。黑水城遗址文献的发现是 20 世纪继甲骨文、汉简、敦煌文书以后又一次重大文献发现。这些文献是再现西夏历史，重新认识西夏的珍贵资料，由此开创了一门新的学科——西夏学。黑水城从此名声大噪，被学术界和世人所关注。

图 1　黑水城遗址

那么，西夏时期的黑水城社会究竟是什么样子呢？现在对黑水城本身的认识有两个有利因素。一是西夏时期的居民遗址绝大多数经历史岁月的冲刷，已难见到当年的轮廓，而黑水城处于干旱的沙漠，并早已无人居住，其遗址保存相对完整。二是黑水城出土的文献中有关于黑水城的重要资料，如西夏法典《天盛改旧新定律令》中就有关于黑水城的条款，特别是文献中有很多社会文书，虽多是难以释读的草书，但它们直接反映了当时黑水城的社会状况。本文拟借助这些资料，对西夏时期的黑水城做一初步探讨，难免挂一漏万，敬请专家斧正。

---

* 原刊于《黑水城人文与环境研究》，中国人民大学出版社 2007 年版，第 406—446 页。

一 官府建制和军队

作为西夏的重要城市，黑水城有多种政府机构。黑水城是监军司所在地。西夏《天盛律令》规定，在西夏政府内，上、次、中、下、末五等机构中，监军司属于中等司。在《天盛律令》所载17个监军司中，又依据大小及军事地位，分为两类，第一类12种，设置官员多；第二类5种，设置官员少。黑水监军司与肃州、瓜州等属于第二类，其官员派遣1正职、1副职、2同判、3习判共7人。[①] 另设都案2员，案头14员，12司吏。

黑水城出土的文书中可以看到有黑水城监军司的告牒。[②] 从中可以看到，黑水城属西北经略司管辖。《天盛律令》规定在京畿以外设置经略司，主管若干州县军民事务的衙门，为西夏地方最高的军政机关。经略司比中书、枢密低一品，又大于诸司。西夏天盛年间有东、西经略司，也即东南经略司、西北经略司。[③] 可见经略司在地方的特殊地位。[④] 黑水城出土文书有"上经略使司民事告牒"，开始即是"告经略使"。[⑤] 文书中的贷粮账记载若不按时缴纳，要按"经略司"规定罚。[⑥] 西夏佛经发愿文记载乾祐二十四年（1193）仁宗去世后当年"三七"之时，西经略使在凉州组织大法会悼念。[⑦] 西经略司应设在西凉府（今甘肃武威）。

西夏还在一些军政要区派设刺史，全国共20处，黑水是其中之一，设刺史一人，系中等司职。[⑧]

西夏政府在中央设置都转运司，属中等司，又于各地设置11个边中转运司，属下等司。边中转运司分为3类，黑水城属于第3类，设2正职、2承旨。另设官吏都案2人。[⑨]

西夏各地库藏也要派遣官吏，其中有诸卖曲税院共18种，包括黑水卖曲税院，各设二小监、二出纳、四栏头。[⑩] 西夏各地有商业税收机构，黑水城有买卖税院。在黑水城发现的文书中多见西夏文"买卖税院"的长方形印。

黑水城与肃州（今甘肃酒泉）、沙州（今甘肃敦煌）、瓜州（今甘肃安西）临近，关系也较密切。在黑水城文书中有不少民事、刑事文书提及这些地区。有的文书残页记载有"勾管肃、沙、瓜州、黑水等四……"，还有记载税收的文书有"肃、沙、瓜州、黑水……属缴税全属共二万玖千二百二十一石……斗九升二合已取……"可见这4处地方被统筹管理。[⑪]

---

① 史金波、聂鸿音、白滨译注：《天盛改旧新定律令》，法律出版社2000年版，第369—370页。

② 俄罗斯圣彼得堡东方学研究所手稿部藏黑水城文献 Инв. No. 162、328。

③ 《天盛改旧新定律令》，第220页。

④ 同上书，第364页。

⑤ 俄罗斯圣彼得堡东方学研究所手稿部藏黑水城文献 Инв. No. 640。

⑥ 同上书，Инв. No. 1174。

⑦ 同上书，Инв. No. 117。

⑧ 同上书，Инв. No. 369。

⑨ 《天盛改旧新定律令》，第363—370页。

⑩ 同上书，第533—534页。

⑪ 俄罗斯圣彼得堡东方学研究所手稿部藏黑水城文献 Инв. No. 113、324、1454、1781。

西夏规定各地对库藏等事务要向京师报告，依据地程远近分为3类，最远的沙州、瓜州一年一次，其次包括黑水在内的16个地区六个月一次，而京师附近三个月一次。①

《天盛律令》规定，除直属于经略使之外之种种官畜、谷、钱、物，各地库管理人需报京城磨勘，依地程远近次第，分为6类，最远的是40日，仍然是沙州、瓜州，其次便是30日，包括肃州、黑水，另有20日、15日、10日和京师本地。②

图2　黑水城东北城墙

黑水城地处边远，生活艰苦，又难以逃逸，是流放犯人做苦役处所。《天盛律令》对此有专门条款。③

军队当是监军司的基础。西夏实行的是全民男丁皆兵的军事制度，其基层军事组织是军抄和溜。军抄是西夏军队的最小细胞，植根于西夏社会当中，在农村和牧区居民中都受着军抄组织的控制，军抄对西夏社会有着深刻影响。军抄的形成不仅影响着社区和家庭，其承袭也与家族有直接关系。

汉文文献和西夏《天盛律令》对军抄都有记载。汉文文献记载西夏：

> 其民一家号一帐，男年登十五为丁，率二丁取正军一人，每负担一人为一抄。负担者，随军杂役也。四丁为两抄，余号空丁。愿隶正军者，得射他丁为负担，无则许射正军之疲弱者为之。故壮者皆习战斗，而得正军为多。④

黑水城出土的文书记载军抄，除正军外，还有辅助正军、地位略高于负担的辅主。一件西夏文军抄文书，内记6个军抄，有6正军，4官马，1披，1甲，1印。其中第一抄正军是首领梁吉祥盛，抄内有辅主9人，另3抄正军1人，辅主分别为2人、2人、4人，又两抄正军分别为77岁和97岁的老人，是已应注销的军抄了，他们没有辅主或负担。文书末有天庆戊午五年（1198）六月题款，又有首领梁吉祥盛和黑水属主簿2人的署名。⑤ 由此可知，西夏的军抄远比国家规定复杂得多。有的军抄中辅主多达9人，有的4人，有的2人，有的没有辅主。正军首领梁吉祥盛的年龄为66岁，其余为49岁、45岁、32岁、77岁、97岁，

① 《天盛改旧新定律令》，第529—531页。

② 同上书，第544页。

③ 同上书，第610—611页。

④ 《宋史》卷486《夏国传下》。（以下正史皆见中华书局校点本）

⑤ 俄罗斯圣彼得堡东方学研究所手稿部藏黑水城文献 Инв. No. 8371。

除两名超龄以外，平均年龄 48 岁，无 30 岁以下者，可见年龄很高。辅主的年龄大多也偏高。大约西夏后期战乱频仍，军队士卒多老迈，战斗力很弱。

图 3 西夏文军抄文书

军抄之上又有多层军事组织。《天盛律令》规定：

> 每五军抄应供给一木牌。十抄可设舍监一人，二十抄者可设小首领一人，上有首领。有勇健强悍堪任者亦可擢为首领、盈能等。首领管辖的抄太多时，有抄六十以上者，掌军首领可与成年儿孙商议，分出三十抄。①

由此可知，西夏军队中 10 抄有舍监 1 人管辖，20 抄有小首领 1 人，60 抄以内有首领统领，60 抄以上可另分出 30 抄，增加新首领。汉文文献记载宋陕西经略安抚判官田况上兵策十四事提到西夏的“溜”：

> 西贼首领各将种落之兵，谓之一溜。②

所谓“种落”可能即是《天盛律令》和黑水城出土户籍文书中的“迁溜”，简称“溜”。

二 社区和户籍

黑水城作为一个城市，城内除官府、学校、寺庙外，还应有商铺和作坊。城内有商业和手工业者，城外有大量的农牧民。西夏农村有多层组织管理，有完备的户籍编制制度。《天盛律令》规定：

---

① 《天盛改旧新定律令》，第 265—267 页。

② 《续资治通鉴长编》卷 132，仁宗庆历元年（1041）五月甲戌条。

各租户家主由管事者以就近结合，十户遣一小甲，五小甲遣一小监等胜任人，二小监遣一农迁溜，当于附近下臣、官吏、独诱、正军、辅主之胜任、空闲者中遣之。①

一迁溜共100户。小甲—小监—农迁溜，是西夏农村的基层组织。10户一小甲，5小甲50户，设一小监管理，二小监所管农户为一农迁溜，应管辖100户。《天盛律令》中又有乡里，如"京师界附近乡里"、"边地乡里地界"等。农迁溜大约相当于里，乡是更上一层组织。

黑水城文书中有关于迁溜所辖户口的具体状况。6342号户籍账记录了一农迁溜共有79户和35个单身。饶尚般百是此迁溜负责人。又8372号是一赋税计账，所记一迁溜只有54户。看来《天盛律令》规定一迁溜100户仅是政府原则规定，具体每一迁溜管辖的户口可能视当地居民点的情况而定，可以少于法律规定户数。6342号户籍账保留有30户的简明资料，其中有28户基本完整。每户首记户主姓名，全户共有人数，然后分别记男人、女人的人口数，是大人还是小孩，并有每个人的名字。这28户共有89人，平均每户3.18人，每户人数较少。其中只有夫妻2人的夫妻家庭有10户，占35.7%。夫妻二人有孩子的核心家庭8户，仅占28.6%，比例偏小。三世同堂的主干家庭只有1户。第2户、第5户、第13户都是一成年女子无丈夫带有孩子的单亲家庭，其中2户明确指出女户主是寡妇，3个家庭中的孩子中都有男性。②

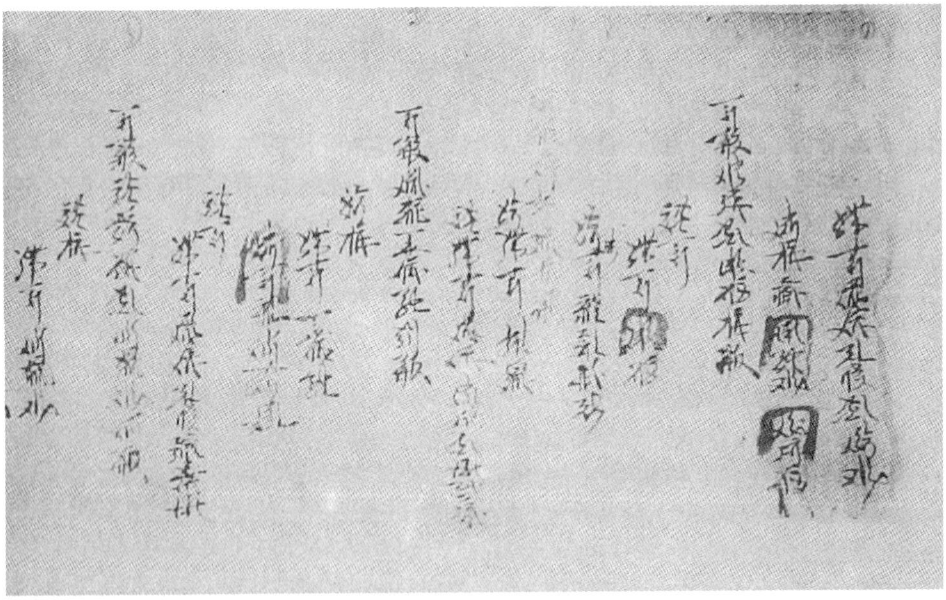

图4　西夏文户籍账

此户籍中的住户以党项族为主，汉族较少。户籍反映姓氏不集中，宗族势力不强。证明在西夏的农村已经摆脱了以部落、氏族单一姓氏为社会基层单位的束缚，形成了不同姓氏、

① 《天盛改旧新定律令》，第514—515页。

② 俄罗斯圣彼得堡东方学研究所手稿部藏黑水城文献 Инв. No. 6341、8372。

不同民族的杂居社区。

西夏黑水城地区每户人口也不都是人口少的小家庭，其中8203号户籍手实记录一个较大的家庭情况。其中有该家庭土地、人口、畜物等详细情况。除户主移合讹千男外，还有7口人，是一个不小的家庭，男人大人、小孩各2人，分别年40岁、25岁、5岁、3岁；女人大人3人，分别年50岁、30岁、25岁。文书中未注明家庭成员之间的关系。另一件黑水城户籍7893/9号记一个中等军官行监的家庭。① 从这户的人口、财产可明显看到该户在当地是有地位、有势力的家庭。该户除户主外共有18口人，男10人，其中大人5人，孩子3人，其中1人年龄不清；女8人，文书仅存2人，都是大人。这是一个更大的家庭。

西夏已经实行户口普查，并且和中原地区一样，三年编制一次清册。这些存留于世的户籍文书直接反映出黑水城社会底层面貌。

西夏社会的家庭结构和男女比例没有系统的资料可寻，只能依据西夏文社会文书作初步统计和分析。6342号户籍账中79户中，原来的62户146人，单身35人，后来的17户根据后面男女人口的计算应是39人。共有男子136人，女子84人，男女人口比为1.62∶1，女性比例过低，大大超过了社会发展所容许的限度。但上述单身人中男31人，女仅4人，男女差别过大，明显影响了该迁溜的男女比例。若不算这35人，男女比例为1.2∶1。男女人口比若以大男大女比，原62户中大男61人，大女54人，比例为1.13∶1。后17户中大男20人，大女19人，比例比为1.05∶1。这79户大男大女的性别差别就不那么悬殊了。

三　农业

西夏发展农业，特别重视农田灌溉。除河套平原外，其他地区也有灌溉之利，黑水河流域是其中之一。黑水城地区干旱少雨，全靠祁连山雪水融化汇成黑水流经此处，然后开渠引河水灌溉。黑水城一带是黑水下游的一个绿洲。

当时黑水城地区很多耕地与不同的渠道连接，以便于浇灌。黑水城出土的耕地水税账内有耕地的四至，反映出黑水城一带的水渠名称，如南山洞渠、北细渠、北山洞渠等。②

黑水城出土的一件户籍中，记载了1户有4块地，一块接新渠、一块接律移渠、一块接习判渠、一块场口杂地，四块地中有三块接水渠。另一件户籍7893/9号记一个中等军官行监的家庭有地四块，一块接阳渠、一块接道砾渠、一块接律移渠、一块接七户渠。四块地中全部接水渠。黑水城地区多数耕地与不同的渠道连接，便于浇灌。

耕地是西夏的农业乃至整个社会生活的基础，但西夏境内可耕土地相对较少，因此西夏政府对土地格外重视，除与邻国争夺边界耕地以外，西夏对境内生产粮食的土地管理也形成了一套严格的制度。西夏政府规定农户的耕地要进行详细的登记注册。西夏《天盛律令》第十五对土地登记造册有严格规定。③

农户的耕地和应纳租税要诸项登记，并逐级上报政府。从黑水城发现的户籍中可以看到

① 俄罗斯圣彼得堡东方学研究所手稿部藏黑水城文献 Инв. No. 8203、7893。

② 俄罗斯圣彼得堡东方学研究所手稿部藏黑水城文献 Инв. No. 1781。

③ 《天盛改旧新定律令》，第514页。

农户土地登记的方式和所记具体内容。前述在户主移合讹千男登记的家庭户籍中，详细记载了耕地，载明土地有几块，每块有其方位和数量，耕地数量用撒种数量计量。此户在耕地下有四块共有撒27石种子的地（撒1石种子的地约合3—4宋亩或7—10西夏亩），人均耕地约合23—32西夏亩。①

西夏土地可自由买卖。《天盛律令》有关于诸人买地注册、买地丈量等，可看到西夏法律对土地买卖的细致规定。②

黑水城出土有多件土地买卖契约。其中一件天盛二十二年（1170）西夏文卖地契，记载了寡妇耶和氏宝引将生熟地22亩出卖给同姓族人，卖价为4匹骆驼。③另一件黑水城出土买卖契约麻祖□父盛将生熟地23亩出卖给梁守护铁，卖价为8石杂粮。④此外还有天庆寅年（1193）、天庆丙辰年（1196）、天庆戊午年（1198）多件卖地契约。这些契约真实地记录了西夏土地买卖的情形，反映出西夏土地买卖不是个别的现象。黑水城土地买卖不是以金钱交易，而都是以粮食或牲畜进行交易。5124号包括多件买卖契约，是当地普渡寺在正月、二月期间，陆续从农民手中购买土地的文书，卖者多是将土地连同房屋、树木一并出售，反映出寺院在青黄不接时大肆兼并土地的情况。⑤

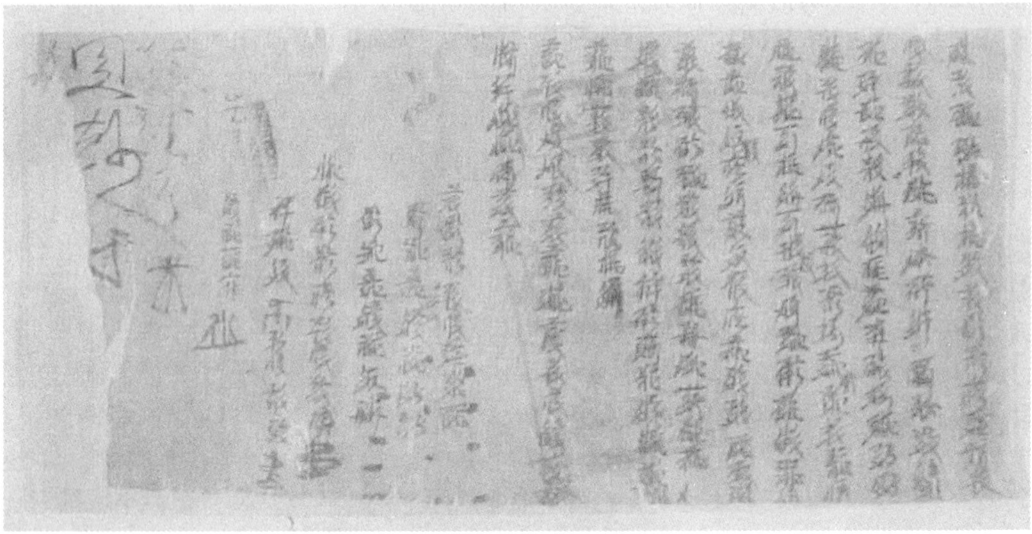

图5　西夏文天盛二十二年卖地契

西夏地租形式是实物地租，一般在秋季收获以后交纳，冬季进行严格的核查。在黑水城发现的文书中有不少是关于缴纳农业税的文书。其税收形式有多种：

---

① 史金波：《西夏户籍初探》，《民族研究》2004年第5期。

② 《天盛改旧新定律令》，第509页。

③ 俄罗斯圣彼得堡东方学研究所手稿部藏黑水城文献 Инв. No. 5010；黄振华：《西夏天盛二十二年卖地文契考释》，《西夏史论文集》，宁夏人民出版社1984年版。

④ 俄罗斯圣彼得堡东方学研究所手稿部藏黑水城文献 Инв. No. 4193。

⑤ 俄罗斯圣彼得堡东方学研究所手稿部藏黑水城文献 Инв. No. 4194、4199、4485、5124。

（一）按耕地收取实物地租。如 1755/4 号为分户耕地纳粮账，有地亩数，有缴纳粮食数。所纳粮为杂粮和麦。根据这些不甚完整的地亩、粮食数字可以计算出耕地的税率。每亩地缴纳税杂粮 0.1 斗，即 1 升，缴纳小麦 0.025 斗，即四分之一升。其他各户地亩和纳粮数目也都反映出同样的税率。

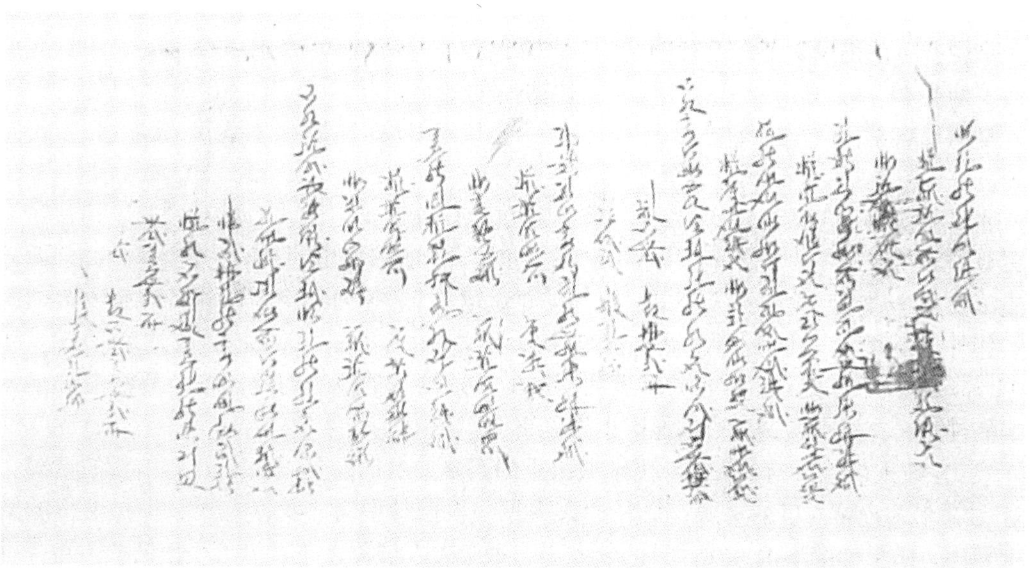

图 6　西夏文耕地纳粮账

由此可知西夏黑水城地区以耕地多少缴纳农业税的制度，是一种固定税制，这对认识西夏的农业税收具有重要意义。以耕地面积课税是最普通的制度，也是中国历代相传的主要税法，西夏继承了这种税制。

（二）按耕地摊派的佣工和草。西夏《天盛律令》规定：

> 诸郡县转交租，所属租、佣、草种种当紧紧催促，收据当总汇，一个月一番，收据由司吏执之而来转运司。①

这说明西夏的赋税中除缴纳粮食地租外，还要服劳役和缴纳草。黑水城出土的社会文书中有关于西夏农民负担租、佣、草的具体数目。4067 号文书是一件纳税账，有 3 户的纳税数量情况，其中仅中间 1 户完整，译文如下：

> 一户梁吉祥有册上十亩地，税一斗二升半
> 杂一斗　麦二升半
> 佣五日　草十捆

① 《天盛改旧新定律令》，第 507—508 页。

不难看出，此户的耕地地租税税率与前述考证结果相同，值得注意的是这里还具体列出了此户须出 5 日“佣”，并缴纳 10 捆草。西夏文中“佣”直译是“职”，也可译成“役”，即出役工。这可能和宋朝的差役称为“职役”一脉相承。1 户出佣工 5 日，是 1 年的出工量。关于出役工事在《天盛律令》春天开渠的条目中有具体规定，依据土地多寡分别出劳役有 5 日、15 日、20 日、30 日、35 日、40 日共六等，用于春天大兴开渠之事。[①] 黑水城出土文献中有一件租税文书，记有户主姓名，耕地数，纳杂粮、麦、佣、草数，其中记载地亩和佣工的共 11 户，其出佣工的日数与上述法典的规定正相符合。[②] 无论是从西夏法典还是从西夏租税账看，西夏出佣工也以土地计算，土地越多出工越多。对农民来说这样负担比较合理。

西夏租税中还包括比较特殊的“草”。草在西夏有重要用途。西夏畜牧业发达，冬天需要畜草喂养牲畜过冬；西夏军队作战骑兵的马匹、担负运输的大牲畜都需要草；此外西夏农业灌溉发达，修渠和每年春天开渠灌水都需要大量垫草。《天盛律令》明确规定要缴纳的除租、佣外，还有草。[③] 上述黑水城出土的 4067 号文书中 1 户有 10 亩地，应纳草 10 捆。5067 号 11 户中地亩数和纳草捆数也是一致的，即 1 亩地纳 1 捆草。由此印证西夏法典关于缴纳草捆的规定，在黑水城这样边远地区也得以贯彻实行。[④]

（三）按人口摊派的人头税。黑水城出土的西夏文书记录了以各户人口纳税的情况。如 4991 号文书为户籍人口纳税账，是一种人头税，根据其中男、女，大人、小孩纳税的量可以推算出，纳税标准不论男女，只区分大小，每个大人纳税 3 斗，每个小孩纳税 1 斗半。这

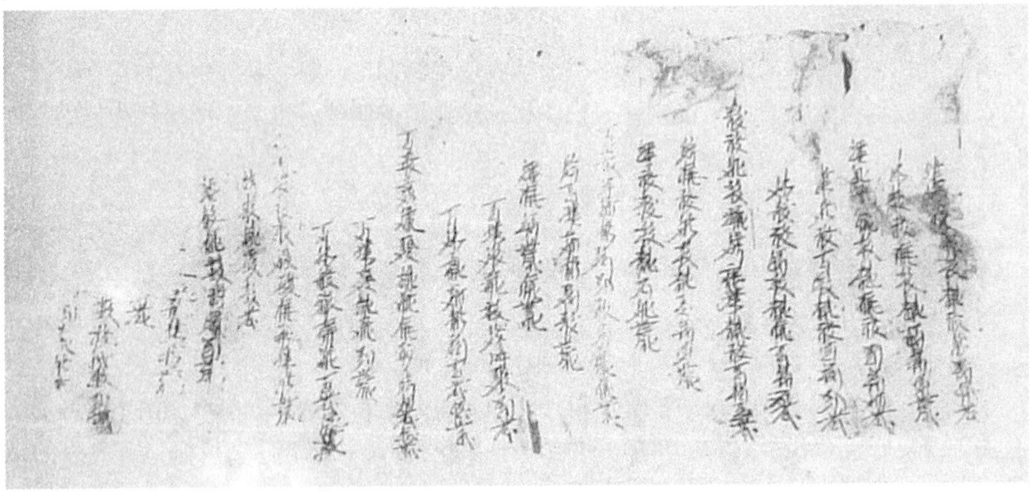

图 7　西夏文人口税账

---

① 《天盛改旧新定律令》，第 495—496 页。

② 俄罗斯圣彼得堡东方学研究所手稿部藏黑水城文献 Инв. No. 5067；史金波：《西夏农业租税考》，《历史研究》2005 年第 1 期。

③ 《天盛改旧新定律令》，第 503 页。

④ 俄罗斯圣彼得堡东方学研究所手稿部藏黑水城文献 Инв. No. 4067、5067。

一文书证明西夏有以人口纳税的现象。黑水城地区的人头税是法定以外的临时纳税，还是西夏天盛年间以后另加的赋税尚需进一步研讨。

从黑水城人头税纳税量来看，农民负担不轻。若一户二大人、二小孩需纳人头税 9 斗，相当于种 90 亩地的杂粮税。西夏一般农户不足 90 亩耕地。那么，这种高于政府规定土地税的人头税，显然是一种沉重的负担。这种按人口而不按土地多少纳税的办法对土地少的贫困农户非常不利。

（四）水税。黑水城出土西夏社会文书有征收水税的账籍。如 1781 – 2 号文书记载有四石地"水税一石"，九石地"水税二石二斗五升"。① 所谓"四石地"、"九石地"是撒 4 石种子的地和撒 9 石种子的地，是西夏农村计算土地的一种方法。上述税账表明每 1 石地，即 7—10 亩地应缴纳水税 2 斗五升，每亩是 2 升 5 合至 3 升多。这比第一项地租税每亩缴纳 1 升杂粮和 1/4 升麦几乎要高出一至二倍。②

图 8　西夏文水税账

四　畜牧业

党项族原是游牧民族，西夏立国后，畜牧业仍是重要经济支柱，特别是大牲畜还是重要的军事物资。西夏经常用兵作战，马、骆驼是作战、军事运输中不可缺少的，西夏的牲畜又是贸易出口的特殊商品，因此西夏对于牲畜的蓄养给予特殊的重视。

西夏时期黑水城有广阔的牧场，是西夏的重要畜产品基地。西夏时期有官牧和私牧。官牧以国家牧场为主，牧场牧养四种官畜：马、骆驼、牛、羊。贡献或买给他国的牲畜关系到国家的外交和经济收益，国家对官牧重视有加，因此给予他国所用骆驼、马等属官畜，不许诸人与私畜调换。③ 官私牧场有地界。放牧官畜也以牧主户为单位。"诸父子所属官马当于

---

① 俄罗斯圣彼得堡东方学研究所手稿部藏黑水城文献 Инв. No. 1781。

② 史金波：《西夏农业租税考》。

③ 《天盛改旧新定律令》，第 598 页。

各自属处养治，每年正月一日起，依四季由职管行监、大小溜首领等校阅。”“许其于官私有水草地牧放。”① 放牧官畜要定期向国家缴纳繁殖的牲畜。这样使畜牧业经营有序发展。

《天盛律令》中的“校畜磨勘门”共25条，对京师官员到各地牧场检校马、骆驼、牛、羊4种牲畜作了非常细致的规定，多是针对全国范围的，但其中有两条是专门对黑水城的牲畜检校作出规定：

> 在黑水地方内一班牧者，因地程遥远，依本律令时日，校畜者当由监军、习判中一人前往校验，完毕时，令执典册、收据种种及一局分言本送上，二月一日以内当来到京师。校畜头项、依时日送畜册稽缓，及行磨勘法等，当与边等校畜人相同。

前述黑水所在畜中有患病时，当告监军司验视，其法依另定实行。②

其他地方皆由京师派员检校，因黑水城“地程遥远”，由本地官员监军、习判中一人校验，但需直接到京师汇报。另牲畜患病时，要另定办法实行。不难看出，在官牧中黑水城是一个有特殊政策的地区。

黑水城的户籍表明，除有官牧场畜养牲畜外，有土地的农户，也兼营畜牧。户主名为移合讹千男的蓄养牲畜有3峰骆驼，2大1小；10条牛，4大6小；羊大小80只。另1户姓梁的行监有3匹马，1公马，1母马，一幼马；骆驼32峰，大26，小6。③ 第1户大牲畜13，小牲畜80；第2户全是大牲畜，共35匹、峰。可见在黑水城地区的农户蓄养牲畜不少。这些牲畜除农业用的畜力、食用和毛皮用的牲畜外，还有一部分是商品交换用的牲畜。

图9　登录牲畜种类和数量的户籍

① 《天盛改旧新定律令》，第255页。

② 同上书，第588—589页。

③ 俄罗斯圣彼得堡东方学研究所手稿部藏黑水城文献 Инв. No. 8203、7893/9。

五 商业

西夏时期商业繁盛发展，其境内、境外都需要通过商贸进行交易。人民需要通过商业沟通有无，政府需要通过征收商业税增加收入。西夏对商业管理具体、细致。《天盛律令》有不少反映商业的条款。黑水城出土的文书反映了黑水城的商贸情况。

（一）价格

黑水城出土文献中有些记载了当地的物价，是研究西夏，特别是黑水城物价的重要资料。

1. 粮价

在黑水城出土、藏于中国国家图书馆的西夏文佛经封皮衬纸中发现有西夏文卖粮账一纸，记有售粮日期、人名、粮食品种、价钱，但已不完整。其中第6行“麦二斗价四……”，“四”后缺字应是“百”字，二斗麦价等于或超过400钱，而不足500钱。由此可推断出当时当地麦价每斗最低200钱，最高不超过250钱，每升麦价20—25钱。第9行“七斗糜价一缗……”，可知每斗糜价格在100多钱至200多钱之间，每石在1缗多至2缗之间。糜比麦价钱低，7斗价钱等于或超过1贯，但绝不会超过1贯750钱，因为超过1贯750钱，每斗价250钱，已达到最高麦价，便不合理。推断每斗糜价在150—200钱，每升15—20钱。[①]

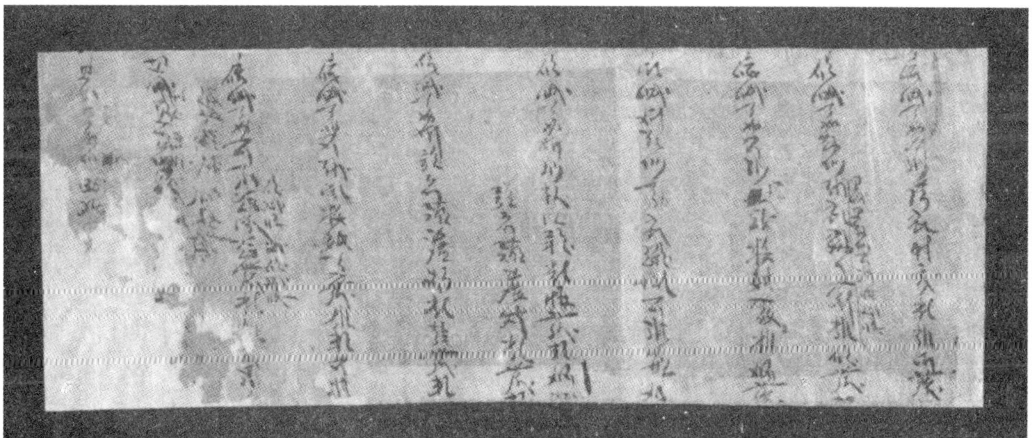

图10 西夏文卖粮账

又黑水城出土的文书中有一钱粮账残页号，其中有“五斗糜一缗……”的记载。[②] 糜属杂粮。此件文书也证明黑水城地区的杂粮每斗价格在200钱左右。

① 今藏国家图书馆编号7.04X－1。史金波：《国家图书馆藏西夏文社会文书残页考》，《文献》2004年第2期。

② 俄罗斯圣彼得堡东方学研究所手稿部藏黑水城文献Инв. No. 2042。

西夏时期的粮价随收成的丰欠而变化。大庆三年（1142）九月“西夏饥，民间升米百钱”。[①] 由于缺粮，西夏粮价大幅度上涨，几乎高出上述黑水城粮价的4—5倍。

北宋仁宗时期（11世纪中叶）每石米600—700钱，后增至1缗250文，南宋时每石1缗—1缗500文，有时上涨到2缗左右。南宋理宗嘉熙四年（1240）临安大饥，1石米也高达10缗钱。看来西夏的粮价和宋朝相近，同样农业的收成决定着粮价的涨落。

2. 酒价和酒曲价

酒是西夏人民生活的重要物品，也是国家专卖商品。黑水城出土的西夏文文书中有一卖酒账，内有“甘州米酒来已卖数……”，证明所卖酒为米酒，后又记“一石酒价石五斗”、“四斗酒价六斗杂”、“二斗酒价三斗大麦”、“一斗酒价斗五升大麦”、“五斗酒价七斗五升大麦”。可知每斗酒的价格合1斗5升大麦（杂粮）。前已推定黑水城每升糜（杂粮）15钱至20钱，可推定每斗酒合250—300钱。又黑水城文书1366号是酒价钱账残页，其中有“一斗酒二百五十”、“四斗酒一（缗）”、“十二斗酒三缗钱”、“七斗酒价一缗七百五十钱”，每斗价250钱，与上述以酒换粮价相近。[②]

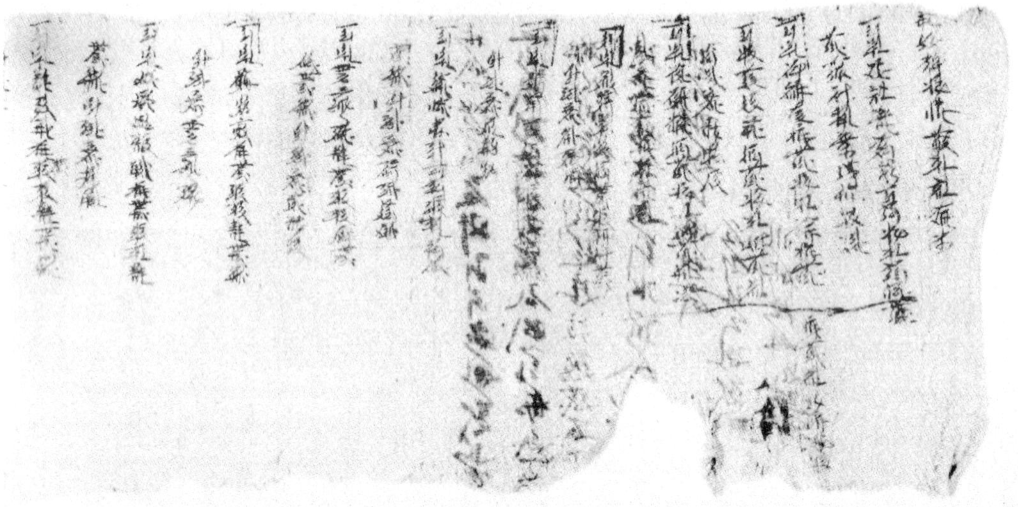

图11　西夏文卖酒账

3. 牲畜价

黑水城出土的卖牲畜契约中有一件天庆未年（1199）卖马契，价5石杂粮，合10缗左右。另一件天庆子年（1204）卖马契约，一匹马价4石杂粮，合6—8缗。[③] 但从《天盛律令》犯罪罚马折算的价钱推算，一匹马要20缗。

与西夏相比，宋朝马价很高。北宋时每匹30—50缗，名马达70—80缗，乃至100缗。

① （清）吴广成：《西夏书事》卷35，清道光五年（1825）刊本。

② 俄罗斯圣彼得堡东方学研究所手稿部藏黑水城文献 Инв. No. 4696、1366。

③ 俄罗斯圣彼得堡东方学研究所手稿部藏黑水城文献 Инв. No. 5404。

南宋时则每匹达300—400缗。西夏产马，可知西夏将大量马匹卖给宋朝可获丰厚回报。

黑水城西夏文文书中有卖骆驼契约。一件天庆亥年（1203）卖骆驼契约记载一峰骆驼价6石杂粮，合9—12缗钱。①

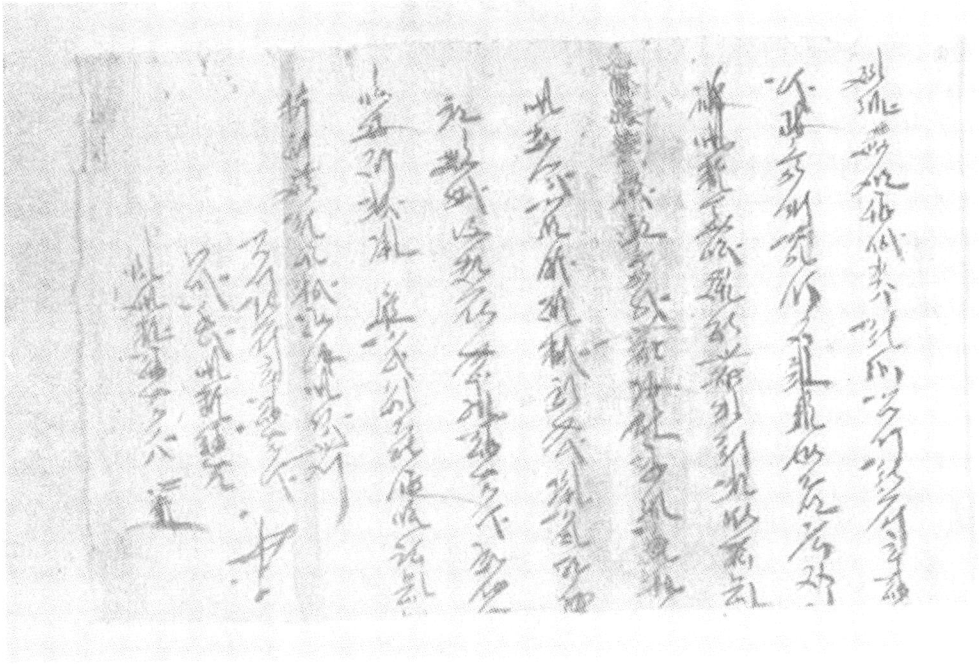

图12　西夏文卖骆驼契

西夏文文书中也有买牛契约。一件光定酉年（1213）卖牛契中，记一头牛价4石杂粮，② 合6—8缗钱。

黑水城文书中有数件买卖价钱账目，从中可知羊价。如一残件中记“羊七十价六十四石”，其中大小羊价钱不等，大羊50只，每只1石，小羊20只，每只7斗，分别合1缗500文—2缗钱，或1缗—1缗400文钱。另一件残页记“羊三十皆大母（羊），各一石五数，共四十五石。”可见大母羊价高，合2缗250钱—3缗钱。③

西夏末年随着国内外形势的紧张，造成了物价飞涨。黑水城一件乾定戌年（1126）卖驴契记载1头驴的价格也达到50缗钱。这时离西夏灭亡只有一二年的时间了。

以上已知西夏牲畜中四大种类马、驼、牛、羊的大致价格。

4. 绢、布价

黑水城出土的西夏文文书中有一件物价账残页，中有“绢一尺二（斗）七升数杂”。④ 按上述每斗杂粮在150—200钱，每尺绢价为400—540钱。当时每匹绢四丈合四十尺，每匹

① 俄罗斯圣彼得堡东方学研究所手稿部藏黑水城文献 Инв. No. 2546。

② 俄罗斯圣彼得堡东方学研究所手稿部藏黑水城文献 Инв. No. 7630。

③ 俄罗斯圣彼得堡东方学研究所手稿部藏黑水城文献 Инв. No. 1219。

④ 俄罗斯圣彼得堡东方学研究所手稿部藏黑水城文献 Инв. No. 3858。

绢价推算在16—21缗，价钱昂贵。绢是贵重的织物，在西夏一般贫民难得享用。

西夏初期与宋朝战争频仍，汉文文献记载："贼（指西夏）亦困弊，不得耕牧休息，虏中匹布至十余千。"① 西夏前期财物乏困之时，一匹布价高至十余缗。

宋代绢价前后差异很大。北宋时期绢价较低，每匹在500文—1缗钱。南宋时期增高，绢价在2—8缗。② 但西夏的绢价比南宋还要高得多。

5. 工价

人工劳力的工值也是商品价格的重要参照物。《天盛律令》规定不同人工的价格："大男人七十缗，一日出价七十钱；小男及大妇等五十缗，一日五十钱；小妇三十缗，一日三十钱算偿还。"③ 大男人、小男、小妇每人每日工价分别70钱、50钱、30钱不等。

黑水城出土一光定卯年（1219）典工契约，一人典工9个月工价5石粮，另有少许衣布等。每日工价不足2升粮。④ 据前知每升粮15—20钱，推算每日工价30—40文钱。黑水城契约中反映的工价比《天盛律令》的规定要低。这可能是作为西夏中心地区的工价要高于边远地区黑水城工价的缘故。

6. 地价

土地是生产资料，在农业社会中是重要商品。黑水城出土的西夏文天庆寅年（1194）卖地契表明，撒5石种子的地（约合35西夏亩）卖4石麦、9石杂（糜），每西夏亩约合3斗多粮（每宋亩约合七八斗粮）；又一件同年的卖地契，一块撒5石种子的地卖6石杂、1石麦，每西夏亩约合2斗粮（每宋亩约合6斗粮）。⑤ 黑水城地区耕地价格较低，且高低不等。地价的不同可能与土地质量优劣、能否灌溉有关。

以上西夏的物价和同时代的宋朝相比，大体相当。这和两朝相邻，生活、生产基本相似，且同时使用宋钱都有很大关系。

西夏物品多样，商品繁杂，以上只是部分重要西夏商品的物价，但从中也可以了解西夏黑水城的社会生活状况。

7. 人口价

在黑水城出土的西夏文文书中赫然出现多件买卖人口的契约。有一件买卖人口契，卖主为讹一吉祥宝，他将自属的奴仆6人以450缗铁钱出卖，文契后列被卖者的性别、姓名、年龄，最后是卖主（文状为者）、相卖者（卖主之子）及知人（知证人）的署名画押。还有一件是天庆乙丑年（1205）二月卖人口契约，卖主卖自属使军家属4人，价100缗，文契后有卖主、相卖者（卖主妻子）及知人的署名画押。以上两件是以钱为价，有的则以粮为价。⑥ 使军是西夏社会中半奴隶阶层，本身没有完全的人身自由，自己的家属子女也属主人的财产，若卖与他人必须有头监的许可，并取得契据。可见当时人口买卖是合法的。只不过

① （宋）苏轼：《东坡全集》卷88《张文定公墓志铭》，上海古籍出版社1987年版。

② 漆侠：《中国经济通史》（下），经济日报出版社1999年版，第1242—1243页。

③ 《天盛改旧新定律令》，第174页。

④ 俄罗斯圣彼得堡东方学研究所手稿部藏黑水城文献 Инв. No. 5949－31。

⑤ 俄罗斯圣彼得堡东方学研究所手稿部藏黑水城文献 Инв. No. 5124－3（3）、5124－3（12）。

⑥ 俄罗斯圣彼得堡东方学研究所手稿部藏黑水城文献 Инв. No. 5949、7903、4597。

限定在使军的亲属。西夏将人口作为商品，反映了西夏封建社会内部保留着奴隶制残余。

（二）买卖契约

普通的买卖，钱货两清，交易完毕，但一些价值高的商品，特别是固定资产土地、房产买卖等重大交易，都要有契约文书。西夏法律提倡买卖、借贷等民事订立“文据”，即契约，这样可规范民间经济事务，避免民事纠纷，起到保持社会稳定的作用。《天盛律令》载明：

> 诸人将使军、奴仆、田地、房舍等典当、出卖于他处时，当为契约。①

《天盛律令》对订立契约有具体规定。②

在黑水城出土的买卖文书多很规范。如4193号文书，记天庆戊午五年（1198）正月五日，立契约者麻祖□父盛将自己接渠土地23亩连同房屋卖与梁守护铁，售价8石杂粮，地价成交，此地官私人等若有交涉或反悔时，按售价1石罚2石，此外有其他未尽事宜按律实行。后6行是当事人署名、画押，第1名是卖者麻祖□父盛，第2、3名是“相卖”，即同卖者，其中包括卖者的哥哥，后3名是“知人”，即知证人。在相关人名、画押的上部有5行较小的字，记明土地的四至。契约上还盖有一朱印，印文西夏文4字“买卖税院”。③

前述黑水城出土一件土地买卖契约，记天盛二十二年（1170）寡妇耶和氏宝引将生熟地22亩出卖给同姓族人，卖价为4匹骆驼，文契还记明当事人不能反悔，若反悔要受到处罚，又有2行文字记所卖土地的四至，最后8行是卖者、相接状者和知证人的署名、画押。中间也有朱印。表明是经官纳税后的红契。

黑水城出土文书中有多件卖牲畜契约。前述天庆亥年（1203）二月十四日的契约中，卖主梁白讹将自属的1匹骆驼以6石杂粮的价钱卖出，文契后也有卖主、相卖者和知人的署名画押。④

契约当事人和关系人在名字下画押由来已久，西夏契约也继承了画押传统。画押是在契约名字下写画出表示认可、特殊的专用文字或符号。西夏买卖和借贷契约中的画押形形色色，多在名字下画一个繁简不同符号。⑤

（三）买卖税

西夏除农业税收外，商业税收是一大宗。西夏文《碎金》有“诸城收商税”的记载，证明商税主要在商贸集中的城市收缴。《天盛律令》第十八有“缴买卖税门”，内有19条，

---

① 《天盛改旧新定律令》，第390页。

② 同上书，第188—190页。

③ 俄罗斯圣彼得堡东方学研究所手稿部藏黑水城文献 Инв. No. 4193。

④ 俄罗斯圣彼得堡东方学研究所手稿部藏黑水城文献 Инв. No. 2546。

⑤ 俄罗斯圣彼得堡东方学研究所手稿部藏黑水城文献 Инв. No. 4597、5124、6377。

都是有关买卖税收的条款，可惜条文已经残失，好在还保留着这些条目的名称。[①]

在黑水城文献中有一纸西夏文买卖税收记账文书，从中可窥见西夏黑水城实际税收情形。该税收记账文书每行记一次交易，有买者人名、买货品种、数量、缴税数量。缴税是实物粮食，而不是货币。1—6 行是前一天的买卖税，7—9 行是当日记账的人名，10 行是大字签署及画押。11 行记某月六日共收税数，为 3 石 4 斗 1 升。12—21 行为六日买卖税收单项账。[②] 可知买一匹布要缴税 1 斗 6 升，买一只羊要缴税 6—9 升多。前述每只大母羊价 1 石 5 斗，大羊价 1 石，小羊价 7 斗，买卖税约为羊价的 5%—10%。买一头牛要缴税 3 斗 2 升。前述牛价每头 4 石杂粮，买卖税约为 8%。买一只羊羖缴税 4—6 升；买一只死羊要缴税 4 升。由此可见，西夏的买卖税收很高。

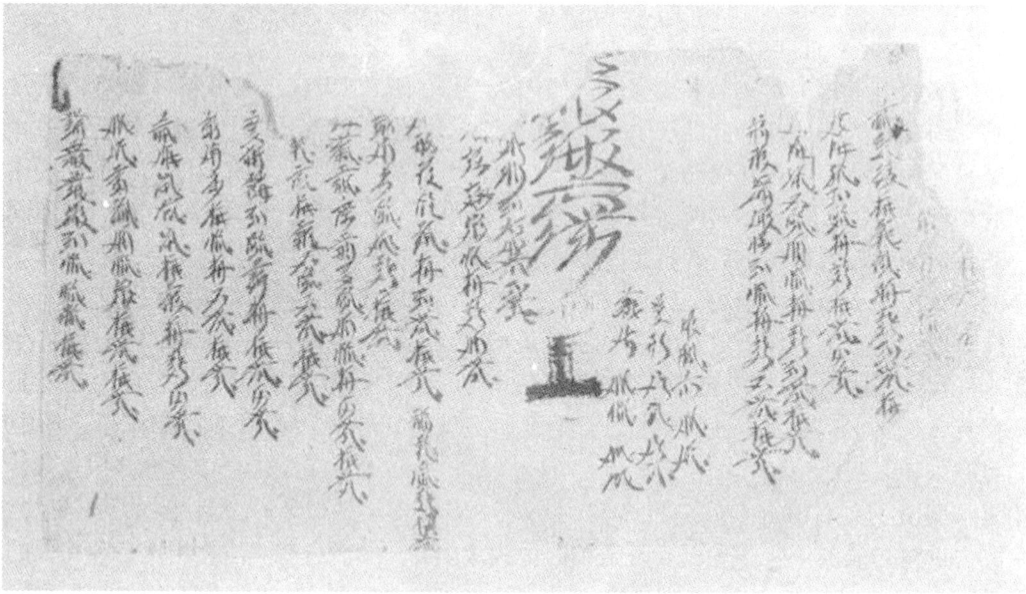

图 13　西夏文买卖税账

国家图书馆藏黑水城文献封皮衬纸有 3 件西夏文税账残片。其中 125 号（7. 17X—43）记载“买一牛？税二斗四（升）”、“增一骆驼税三斗”。127 号（7. 17X—45）记载“一人金□万牛肉税一斗八升杂，一人洪罗金铁买牛骆驼皮税一斗二升杂”。这一文书也证明在西夏买牲畜、买肉，甚至买牲畜皮等都要缴税。

前述黑水城卖人口契约 7903 号还盖有长方形朱印，上覆荷叶，下托莲花，莲花下有西夏文 4 字“买卖税院”。[③] 证明人可以作为商品在西夏境内买卖，不仅是合法的，而且还要经税收部门收税。此契为缴纳了买卖税、经公家认可、加盖买卖税院印章的红契。

国家图书馆藏文书 126 号（7. 17X—44）也记载人口买卖缴税账：“买奴仆税六斗”，反

① 《天盛改旧新定律令》，第 96—97 页。

② 俄罗斯圣彼得堡东方学研究所手稿部藏黑水城文献 Инв. No. 6377。

③ 俄罗斯圣彼得堡东方学研究所手稿部藏黑水城文献 Инв. No. 4193、7903。

映出在西夏人口买卖交易完成后，和买卖其他物品一样要缴纳税，只不过所缴税款要比牲畜税高。[①]

由上买卖契约可知，西夏黑水城地区买卖时多不使用钱币，而是实行物物交换。另外交易所纳税也多是实物粮食。西夏有自己的货币，也使用宋朝钱币。这些以粮食缴纳买卖税的做法，反映出西夏货币的流通远不如中原皇朝广泛，至少在黑水城一些地区缴纳实物税。这一方面是西夏的商品经济尚欠发达的表现，另一方面也是西夏地区缺少铜铁矿藏和宋、金朝对西夏又实行铜铁禁运的结果。在西夏晚期社会动乱时期，物物交换更为盛行。

西夏境内的贸易也有不平衡性，在较大的城市商贸繁盛，而在农村或牧区就会囿于自给自足的经济局限而显得冷清。甘肃武威出土的钱会单和汉文借钱欠条都以货币计算，或可推论，当时凉州货币经济比偏远的黑水城要发达。而黑水城出土的很多买卖契约多用实物粮食计算，典当、借贷、众会契约中也多是以实物计算，实际上属于物物交换的范畴，在商业中十分活跃的货币使用相对较少。黑水城因地处边远而商业不盛。马可波罗路过亦集乃城时，见当地“颇有骆驼牲畜，视农业牧畜为生。盖其人不为商贾也”。[②] 尽管当时已是元代，但该城仍是亦集乃路的首府，其产业结构与西夏时期不会有根本的变化。

六　宗教

西夏信仰以佛教为主。黑水城中有很多佛教寺庙遗址，占地面积宽大。黑水城出土文书中多次出现普渡寺，并知此寺兼并土地，租佃耕田，放高利贷。黑水城出土的汉文文献中记载有圣容寺、如来寺、太黑堂等。[③] 黑水城城内外有佛塔总计 20 余座。[④] 可知此地寺庙集中，佛塔很多。黑水城应是西夏北部的佛教中心。

西夏崇尚佛教，有一个庞大的僧团。黑水城内寺庙多，可推知其僧人数量众多。近年黑水城出土有僧人名单，其中一纸残页上书写有 20 余个僧人的姓名，可能是黑水城某一寺庙僧人名册的一部分。

图 14　西夏文僧人名单

黑水城西城外的土塔中出土了震惊学坛的大量文献，其中绝大多数是西夏文、汉文、藏文等佛教文献。数千卷册佛经的发现充分证明这里佛教信仰之盛。这里还出土了西夏文佛经木雕板，或许黑水城有雕版印刷作坊，曾印刷过西夏文佛经。这里与西夏腹地交通不便，可能只靠从外地输送佛经难以满足要求。

---

① 史金波：《国家图书馆藏西夏文社会文书残页考》。

② 冯承钧译：《马可波罗行纪》第 57 章，中华书局 2004 年版。

③ 李逸友：《黑城出土文书》（汉文文书卷），文物出版社 1991 年版，第 61 页。

④ 罗福苌：《俄人黑水访古所得记》；向达：《斯坦因黑水获古纪略》，《国立北平图书馆刊》（西夏文专号）4 卷 3 号，1932 年。

黑水城是受藏传佛教影响很深的地区。这里有大量西夏时期的藏传佛教文献，还有数以百计的佛画，其中有很多反映了藏传佛教的特点，有的完全继承了藏密传统，有的将藏密和中原的风格熔于一炉。

图 15　绿度母像

图 16　彩塑分身佛像

黑水城出土的西夏艺术品中也有一批佛教泥塑。这是黑水城佛教文化的有力实证。其中最引人注目的是一尊彩塑分身佛像，为目前世上所仅见。佛像有双佛头，肩下有四臂，两臂在胸前合十，另两臂向左右下方伸展，虽是双头四臂的特殊造型，但神形自然，显得可亲可近。①

黑水城遗址附近的古庙中曾出土 25 尊彩塑像，包括佛像、菩萨像、男女供养人像、力士像、化生童子像。它们虽然都是佛教塑像，但却着力表现了现实生活中的人物，有浓郁的生活气息。专家把它们和同时代太原晋祠中的宫女塑像相提并论，是赏心悦目的艺术品。②黑水城出土的坛城木版画也是具有独特艺术风格的佛教艺术品。

1993 年在距黑水城东南 20 公里处的绿城发现一批西夏文物，其中有两尊彩塑菩萨像，

① 史金波、白滨、吴峰云：《西夏文物》，文物出版社 1988 年版，图 237。

② 盖山林：《绚丽多彩的艺术奇葩——记额济纳旗西夏彩塑》，《内蒙古文物考古》1981 年创刊号；《西夏文物》，图 243—253。

图17　坛城木版画

均为单腿盘坐式。塑像服饰华丽，面部丰满美观，神态自然安详，有很高的艺术价值。[①]

西夏塑像的材料和中原地区一样是用最普通的黄泥、谷草、木杆做成。西夏的泥塑有专门的塑匠，泥塑用的胶泥也专门驮运。黑水城出土有胶泥账，记载了驮胶泥的数目。[②] 这些胶泥可能是用来塑造佛像的。

道教也是西夏法律允许并保护的宗教。从黑水城所出西夏文献中的道教文献，可以窥见西夏道教经典一斑。其中汉文本有《吕观文进庄子义》《南华真经》《太上洞玄灵宝天尊说救苦经》等。有一种西夏文写本文献，存72面，据克恰诺夫教授研究，是与《庄子》有关的文献。[③] 这些道教经典有些是西夏刻本，有些是宋朝刻本，即便是宋刻本在西夏流传也说明道教在西夏的影响。

上述黑水城出土的《太上洞玄灵宝天尊说救苦经》中有十天尊像，黑水城还出土了一

① 史金波、翁善珍：《额济纳旗绿城新建西夏文物考》，《文物》1996年第10期。

② 史金波、魏同贤、克恰诺夫主编：《俄藏黑水城文献》第6册，上海古籍出版社2000年版，第163页。

③ 俄罗斯圣彼得堡东方学研究所手稿部藏黑水城文献 Инв. No. 3781。

幅丝质彩《玄武大帝图》,[1] 此像与中原文献记载的玄武形象一致。

七　文化

西夏乾定三年（1226）蒙古军攻破黑水城，元世祖至元二十三年（1286）在此设亦集乃路总管府。[2]“亦集乃”为西夏语音，“亦集”，“水”意，“乃”，“黑”意，译成汉语为“黑水”。西夏时期称“黑水城”为“亦集乃”，中原意译成黑水城。元代沿用西夏旧称音译。今称额济纳旗的“额济纳”三字，实为“亦集乃”之异写，其源仍为西夏语音。这是中国地名中至今保存着西夏语音的一个重要地名。

黑水城发现的文献数量大，有8000多编号，数千卷书籍；种类多，包括西夏的音韵书、法典、蒙书、诗歌、类书、佛经以及多种译自中原的经书、兵书、类书等。黑水城的丰富藏书证明这里文化事业发达，学校教育昌盛。西夏仁宗时大力提倡儒学，重视教育，令各州县立学校，弟子员增至三千人。人庆三年（1146）西夏尊孔子为文宣帝，并“令州郡悉立庙祀，殿庭宏敞，并如帝制”。[3] 这证明西夏和中原地区一样，也在推行庙学，即在学校中建立圣庙，成为学校的典范，使庙学一体，以达到推行儒学教育的目的。

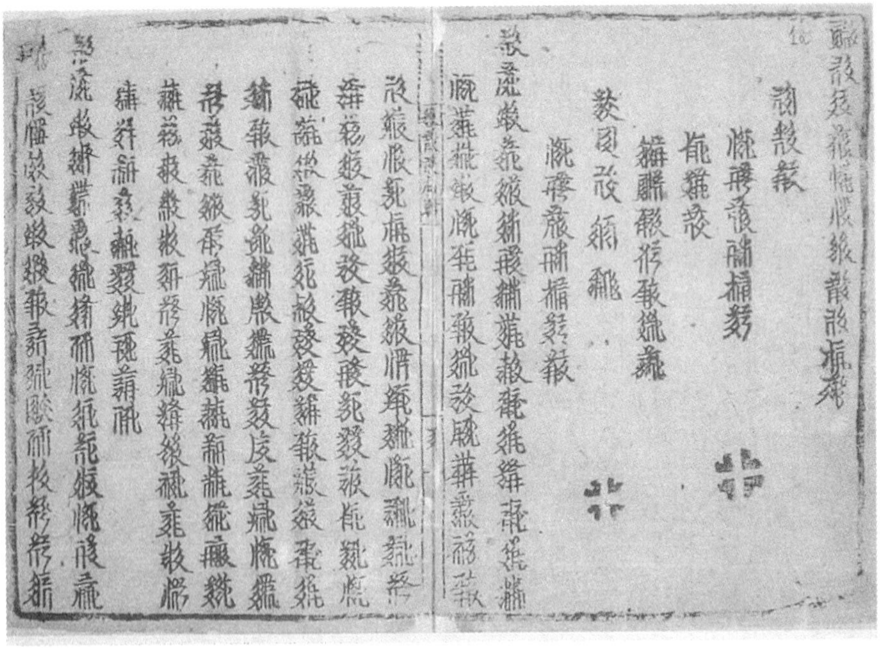

图18　西夏文刻本《天盛律令》

① ［俄］米开罗·皮欧特洛夫斯基编：《丝路上消失的王国——西夏黑水城的佛教艺术》，第244—248页。

② 《元史》卷60《地理志》。

③ 《宋史》卷486《西夏传下》。该卷载绍兴十三年（1143年）“夏改元人庆，始建学校于国中”疑误；（清）吴广成：《西夏书事》，清道光五年（1825）刊本，卷35、36。

西夏乾祐七年（1176）在甘州所立黑水河建桥敕碑，立石碑的相关人员中有“都大勾当镇夷郡学教授王德昌”，可见甘州有郡学之设，并有总管郡学的学官教授。可推知西夏其他州郡也有郡学及学官。黑水城虽无州县的名义，但却是西夏具有中等司地位的监军司所在地，上述“令各州县立学校”的“州县”应是西夏地方泛称，像黑水城这样的地区应有官府学校。目前在黑水城出土的文献中尚未见有关西夏时期黑水城学校的记载，但在当地出土的汉文文献中确有元代学校的记录。元代的亦集乃路设有儒学，有儒学教授，儒学内有文庙一所，也是庙学一体。① 元代的黑水城儒学也许是西夏时期黑水城儒学的延续。

黑水城出土文献中保存着一些中原地区宋朝和金朝印制的书籍和版画，这些书籍、版画流传到西夏，保存于黑水城。黑水城出土有金朝刻印的《四美图》上标明“平阳姬家雕印”，此外还有《关羽图》。② 与西夏邻近的山西平阳（平水），在金代印刷作坊林立，是当时北方的刻印中心。这些从宋朝、金朝流传进入黑水城的印刷品，表明当时中原地区与西夏密切的文化交流，以及中原王朝对西夏印刷出版事业的影响。

图 19　四美图

① 《黑城出土文书》（汉文文书卷），第 195—196 页。

② 《西夏文物》，图 79、80。

在黑水城文献中还有金朝的汉文本《刘知远诸宫调》唱本。诸宫调用多种宫调叙唱长篇故事，结构繁复，内容丰富。① 或许黑水城当地也在传唱诸宫调。

黑水城不仅出土有大量刻本文献以及多种雕版，还发现有多种活字印刷书籍，在黑水城是否有活字印刷有待考证。

前述黑水城出土的大量手绘的画卷不似刻本书籍、图画，一图多份，流传广泛。手绘的图画只有一份，十分难得。这些绘画是否在黑水城绘制尚难论断，仅仅它们被集中保存在黑水城这一点，就足以显示黑水城与这些绘画不同寻常的关系。黑水城汇集、保存大量精美绘画表明它在文化方面，特别是佛教文化方面有特殊贡献，值得重视。

西夏占卜由来已久，与其原始宗教信仰相关。早期党项人迷信鬼神，崇尚诅咒和巫术，盛行占卜。② 但在西夏时期已经接受了中原地区的占卜方法。武威张义下西沟岘出土一件以地支推断日期吉凶的占卜残片。③ 黑水城出土的文献中有多种写本星算书籍和占卜用书籍，还有相面图。可见黑水城地区流行星算和占卜。内蒙古文物考古研究所20世纪80年代对黑水城进行发掘时，发现不少西夏文文献，其中有占卜文书一残纸（F220：W2），楷行书，存西夏文6行，第1行上残，译文如下：

……命男癸丑岁十月二十四夜丑时承庆
也，三命依本根四柱
年癸丑木自身成柱
月癸亥水苗　日戊午火花
时癸丑木果　胎甲寅水根
大轮七年权巨蟹今记酉木宫住

其中“自身成柱”、“苗”、“花”、“果”、“根”字较小。④ 此占卜文书残片为一生于癸丑年的男子算命，其中“四柱”是星命家以年、月、日、时的干支为八字排成四柱，即年柱、月柱、日柱、时柱，用以推断人的命运，称为八字推命术或四柱推命术。占卜时每个年份与黄道十二宫之一联系在一起。从鼠年到猪年，都由五行之一加以说明，每12年按照大轮出现相同的宫，按照小轮出现不同的行。此件中“大轮七年权巨蟹今记酉木宫住”即12年中的第七年，是巨蟹星宫，住酉木宫。此法源自中原，可见西夏也借用此种推命术作占卜。

黑水城出土有多种形式的历书，其中既有刻本历书，也有西夏文—汉文合璧写本历书，还有活字版历书。特别是有连续86年的历书，十分难得。⑤ 时间跨度这样长的历书原件，绝无仅有。它或许表明西夏有保存历书档案的机制。

① 《俄藏黑水城文献》第6册，第329—349页。

② 《宋史》卷486《夏国传》；《辽史》卷115《西夏外记》。

③ 史金波：《〈甘肃武威发现的西夏文考释〉质疑》，《考古》1974年第6期。

④ 《中国藏西夏文献》第17册，第154页。

⑤ 俄罗斯圣彼得堡东方学研究所手稿部藏黑水城文献 Инв. No. 8085。

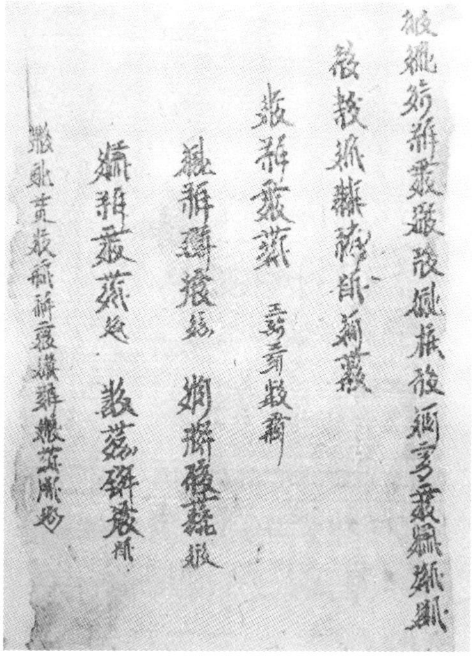

图 20　西夏文星命占卜文

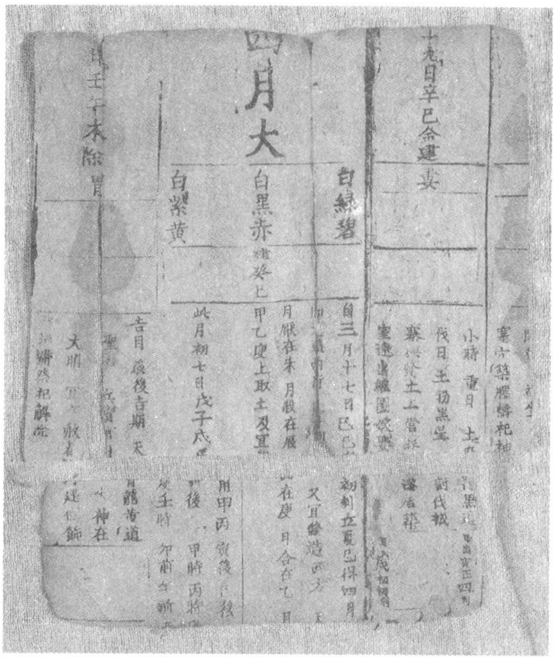

图 21　西夏汉文活字版历书

中国古代计数符号分为算码和数字系统，数字系统用汉文数字表示，算码用算筹表示数字。算筹有横竖两种方式，横法：个、百、万等用横表示，十、千、十万等用竖表示；竖法：个、百、万等用竖表示，十、千、十万等用横表示。数字中的零用空位表示。西夏计数也有数字和算码两种形式。黑水城出土的西夏粮食借贷契约中除在契约正文中用数字表示借贷粮食数量外，还用计数算码表示，记在契尾书证人签字的上方。在契约中使用算码一方面将契约中的借贷粮食数量和种类重复记载，以另一种方式确认，以免发生误解。特别是用于书写契约的西夏文多是草书，笔画草率简约，难以识别，更需要另一种明确的记载。另一方面算码很象形，很直观，不懂西夏文字的人也能一目了然，更可避免产生歧义。黑水城借贷契约使用算码的很多，但并不是每个契约都必须使用，横竖用法也不统一。可能不同的出借者各有自己的使用习惯。[①]

目前所见西夏的医书、医方主要是出自黑水城的文献，有的是书册形式，有的是长卷形式，有的是单页形式。其中《治疗热病要论》有 30 多种医方，多为治疗热病、妇科、男科和疮痈之类的疾病。《明堂灸经》为中原地区针灸书的译本，封面题《明堂灸经第一》，又题《新译铜人刺血灸经》，书中提到"孙思邈《明堂经》中说……"，又有"诸人莫生疑，当依此作"，应是权威针灸著作，可能是西夏据中原著作改编。[②] 又有西夏文草书药方，从

① 史金波：《西夏粮食借贷契约研究》，《中国社会科学院学术委员会论文集》第 1 辑（2004 年），社会科学文献出版社 2005 年版。

② 《俄藏黑水城文献》第 10 册，上海古籍出版社 1999 年版，第 211—219 页。俄罗斯圣彼得堡东方学研究所手稿部藏黑水城文献 Инв. No. 2630。

图 22　西夏文贷粮契中的算码

药方、药名、病名、制药和服药方法看受中国中原地区医学影响较大。还有汉文写本医书《神仙方论》，多为成药制法和服法。这些医书、医方是研究黑水城地区，乃至西夏医疗的重要资料。

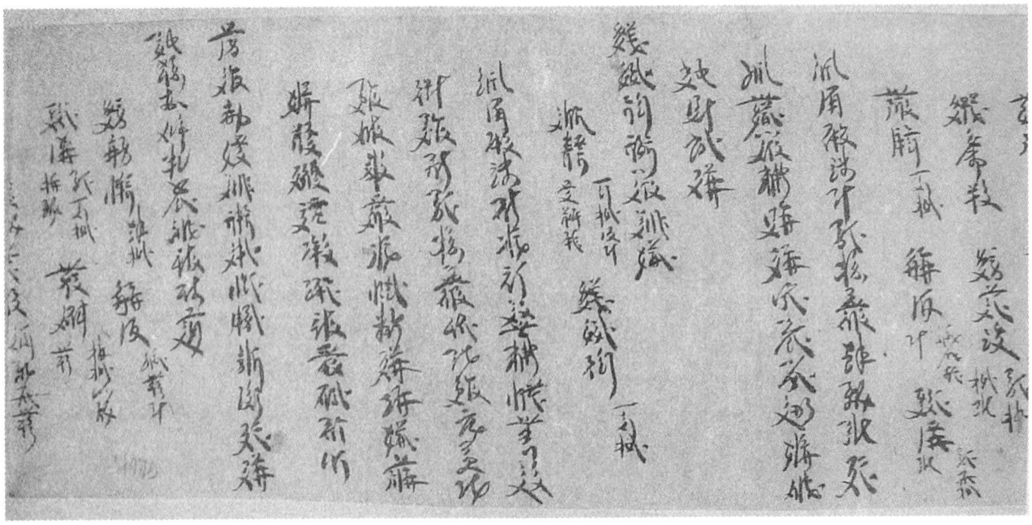

图 23　西夏文写本药方

在发现大批文献的佛塔中，出现大量佛教文献是可以理解的，但文献中又有不少世俗文献，且种类繁多，这是一个令人费解的问题。在很多佛经的封套、封面和封底，皆用多层纸张作为衬纸粘贴成为厚纸板，裁剪后再裱褙绢或净纸而成，目的是为使护封牢固、厚实，起到保护内中经文的作用。所用粘贴封面的纸张并非新纸，而是废弃的佛经或世俗文献。在封面、封底衬纸中发现有刻本《天盛律令》《音同》《类林》等，也有写本户籍、契约等社会文书。这是因为西夏纸张缺乏而不得不采取利用废旧纸张的节省办法，搜罗废弃的佛经和世俗文献作为衬纸。黑水城文献中封套、封面、封底衬纸便这样保存下一些不完整的文献。而那些相对完整、内容十分重要的世俗文献，可能是准备用作衬纸，但尚未粘贴使用的材料。

八 社会

（一）民族

前述黑水城出土文书6342号户籍账中，28户中户主姓氏有党项族，如平尚、律移、千叔、没罗、嵬移、酩布、居地、耶酉、千玉、嵬移、耶和，也有汉族姓，如杨、浑、潘、罗等，证明在西夏黑水城一带的农村形成了不同姓氏、不同民族的杂居社区。这些居住、生活在一起的不同民族的人，会有相当多的人懂得对方语言。

黑水城还出土有一种特殊的手写本西夏文佛经，其中每一个西夏字都用藏文为之注音。这种佛经仅发现有数纸，为俄国科兹洛夫和英人斯坦因自黑水城遗址掘获①。这种注音形式便于懂藏文的人学习、诵读西夏文佛经，表明了西夏党项和藏族文化的互动。此外斯坦因还在黑水城遗址发现有“汉文而用西藏文注释”的残页。由此可以推想当时西夏境内几种主要民族在文化交流中的密切关系。黑水城出土大量藏传佛教佛经和具有藏传佛教风格的绘画以及藏—西夏对音佛经或许表明黑水城也有藏族居民。

黑水城文书中一件众会文书中有16人，其中除党项人、汉人外，还有契丹人。② 黑水城地区在西夏时期是一个多民族社会。

（二）家庭

前述对黑水城出土6342号户籍账分析知，在28户中只夫妻家庭、核心家庭、主干家庭和单亲家庭等多种形式。

黑水城一带家庭存在姑舅表婚。上述户籍中两户有婆媳关系，其中第14户女性大人二人，是户主的母亲和妻子，她们都姓庞清氏。即婆、媳同姓，婆母是儿媳的姑母，户主的岳父是其舅父。这是西夏盛行姑舅表婚的真实反映。这一户籍中出现的普通百姓中姑舅表婚的实例，证实在西夏社会基层也存在这种婚姻关系。并且在有婆媳关系的两户中就有一户是姑舅表婚，可以设想西夏的这种婚姻形式并非偶然。

黑水城当地有一夫多妻现象。上述户籍账中，第23户户主梁吉祥势，后记有两名妻子，该户大男人中有梁吉祥势兄弟二人，但因户籍中的称谓都是指与户主的关系，可知梁吉祥势有两个妻子。而第27户户主千玉吉祥有家中只有户主一名男人，后记两名妻子，更是明显

---

① 《国立北平图书馆馆刊》四卷三号（西夏文专号），第7—21、241—244页。

② 俄罗斯圣彼得堡东方学研究所手稿部藏黑水城文献 Инв. No. 5949、7879。

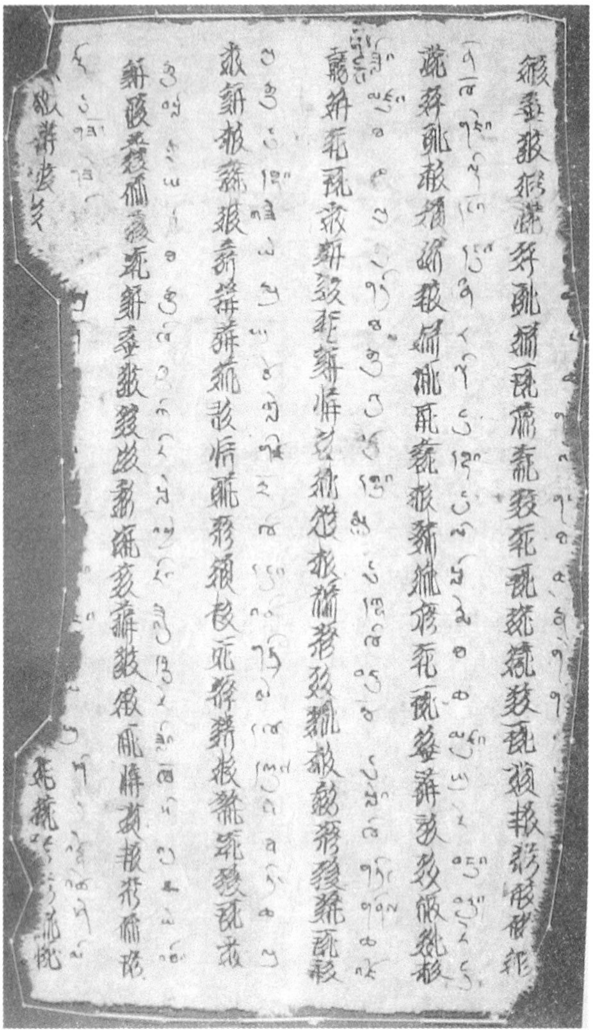

图 24 用藏文注音的西夏文佛经

的一夫二妻。《天盛律令》中多次提到“庶母”，特别是在卷二“节亲门”中有关亲属死后丧服的规定，子对父母，子对庶母都应服三年丧。① 可见西夏允许一夫多妻。过去只知西夏皇帝的多妻现象，这一户籍使这种婚姻关系在平民中也得到证实。

当地存在番汉通婚现象。由上述户籍账可见，当地居民虽以党项族为主，户籍中反映的婚姻关系也以党项族之间结合为多，但党项族与汉族通婚已不是个别现象。如第 6 户千叔讹吉的妻子焦氏，第 9 户嵬移雨鸟的妻子罗氏，第 27 户千玉吉祥有的妻子瞿氏都是异族通婚。② 证明当地党项族和汉族相互通婚。黑水城出土的一些借贷契约中借贷者和同借者是夫妻关系，有的夫妻一个是汉族，一个是党项族。如立契约者是曹肃州，相借者（接状者）

① 《天盛改旧新定律令》，第 134—135 页。

② 史金波：《西夏户籍初探》。

是妻子讹七氏西宝。西夏文书人名中凡姓氏后加“氏”者，皆为女性。曹肃州是汉族，讹七氏是党项族，[①] 也是异族通婚的例证。

黑水城的人名具有多样性。6342 号户籍账人名很多，有的名字带有祈福、祥和的色彩，如寿长有、福有宝、吉祥等；有的带有月份，如正月金、五月金、九月铁、十月盛等；有的则带有佛教色彩，如般若山、般若乐、三宝茂等；特别是一些人名带有低等人或动物的称呼，如善月奴、奴宝、瑞犬、老房犬、驴子有、雨鸟等，甚至女人也有这类名字，如乐盛犬、犬百金、犬妇宝等。西夏人是否也有取这种名字好养活的习俗则不得而知。还能发现兄弟或姐妹名字多不排行，反而有父子、母女名字不避讳排行的现象，如第 10 户父亲名老房盛，儿子名老房宝；第 28 户母亲名老房乐，儿子名老房善。

（三）居室

《宋史》记载：西夏“俗皆土屋，惟有命者得以瓦覆之”[②]。看来当时西夏百姓都住土屋，只有官宦人家才可以住瓦房。《文海》中记载的建筑设施有宫、寺、楼、房、屋舍、帐、茅屋、草房、木草房、牢、厩、桥等。对黑水城遗址的考古发掘证实，那里的民居的确多是土屋。黑水城遗址也发现有砖瓦，甚至是琉璃建筑构件。黑水城附近的绿城也是规模很大的城市。据说绿城之名便来源于城中寺庙顶上耀眼的绿色琉璃瓦，至今仍能找到琉璃残片。有砖瓦或琉璃的建筑可能是官府、寺庙、文庙以及统治者上层的房屋。

（四）粮食

根据西夏文和汉文资料可知，西夏的粮食品种主要是麦、大麦、谷、糜、粟、豆、稻等。在黑水城出土的契约中所借粮食主要是麦和杂，麦即小麦，杂即杂粮。黑水城地区除缺少稻类外，其他作物都有。在黑水城地区的农业税账中也看出缴纳的土地税也区分为麦和杂粮，有时则记为麦和大麦。借贷契约中，以借麦、杂者为多，也有一些记为借大麦、糜和粟。有的借贷契约麦、杂、粟并称，杂与粟并提，可能杂粮中不包括粟。[③] 又有的契约前记借麦和杂粮，而在契尾用文字和算码重新标示粮种和数量时是大麦、糜和麦，可见杂中包含大麦和糜。从现有契约看，借杂和借大麦、糜从未在同一契约中出现过，也可证明所谓“杂”指大麦和糜而言。还有的借契中借出谷、麦等粮，还“杂细”，可见谷在杂粮之列，麦又称为细粮。粮食借贷账中还有荜豆、豌豆等。

宋代的文献记载了西夏缺少食物的情况：“西北少五谷，军兴，粮馈止于大麦、荜豆、青麻之类。其民则春食鼓子蔓、碱蓬子，夏食苁蓉苗、小芜荑，秋食席鸡子、地黄叶、登厢草，冬则畜沙葱、野韭、拒霜、灰莜子、白蒿、碱松子，以为岁计。”[④] 这里形容西夏百姓一年四季都吃野菜度日，或许有所夸张。但结合西夏黑水城粮食借贷情形分析，西夏确有很多农民春夏断炊，度日艰辛，生活水平低下。

---

① 史金波：《西夏粮食借贷契约研究》。

② 《宋史》卷 486《夏国传下》。

③ 俄罗斯圣彼得堡东方学研究所手稿部藏黑水城文献 Инв. No. 4808、5870、7741、3586。

④ （宋）曾巩：《隆平集》卷 20《夷狄传·夏国》。

图 25　绿城残琉璃建筑构件

(五) 众会、借贷和典当

1. 众会

黑水城虽有河水灌溉，但毕竟地处沙漠，气候苦寒，人民生活困苦。当地民众有互相帮助的习俗。黑水城出土的西夏文社会文书中有两件“众会”契约，反映了西夏民间众人集钱入会的情况。其中一件是光定寅年（1218）十一月十五日立，共 13 条款，规定每人须交五斗粮，以及急用支出使用和逾期不还的处罚办法，最后是入会当事人署名画押，因后残，仅见人名 16 个，其中有党项人、契丹人和汉人，而以汉人为多。[①] 这些反映了西夏民间经济往来，互助接济，应对困难的习俗。

2. 借贷

黑水城西夏文文书中发现了大量借贷契约，其中又可分为粮食借贷、钱物借贷和牲畜借贷。就中以粮食借贷契约数量最多，有 90 多号，计 300 多件契约。

粮食借贷是西夏社会底层经常发生、影响很大的经济活动，它涉及西夏社会的方方面面。黑水城地区的粮食借贷时间大多集中在春夏。这一带是典型的大陆性气候，纬度较高，气候寒冷，春种秋收。春夏在两年收获季节中间的后期，青黄不接。最早的借贷粮食契约在腊月，如 4979 号，立约时间是天庆甲子年（1204）腊月九日。一般从二月至五月借贷粮食者为多。

---

① 俄罗斯圣彼得堡东方学研究所手稿部藏黑水城文献 Инв. No. 5949 、7879。

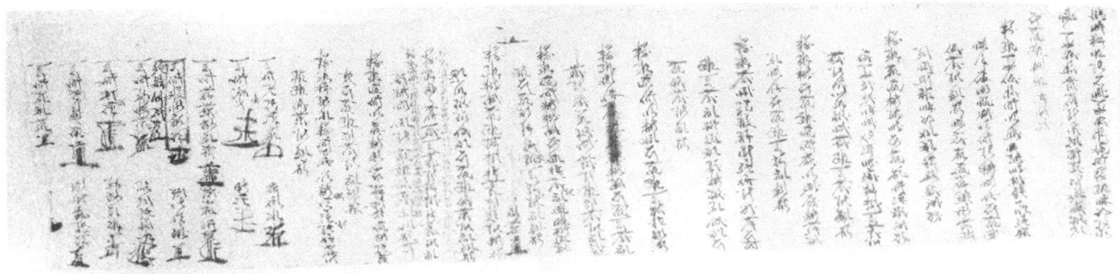

图 26　光定寅年西夏文众会契

借贷者有党项人，也有汉人，债权人主要是党项人。引人注目的是寺庙在从事大规模的借贷活动。西夏境内寺庙可占有土地和农户。根据现存契约统计，寺庙是放贷的主力。如5870号19件、7741号20件、4384/09两件契约，3个编号41件都是普渡寺在同一年即天庆寅年（1194）出借粮食，共借出282石9斗5升。这仅仅是保存下来的部分契约，普渡寺在当年总共借出多少粮食就不得而知了。①

黑水城粮食借贷契约全是有息借贷，而且大都是高额利息。所有借贷都以本粮数为基础，但计息方式不同，大致可分为3种。

（1）总和计息

一般借粮三四个月，利息是本粮的一半，50%的利率，有的利率80%。

（2）按月计息

在本粮的基础上，每月按比例计息。利息也很高。每月一石中有一斗半利，即月息15%，如借半年即高达90%，这也是典型的高利息。按月计息时利息也可达100%。有的二月二日立契，每月1斗有2升利，月息20%，至七月一日五个月利息可达100%。

（3）按日计息

在本粮的基础上，以日按比例计息。有的契约借1斗粮5日半升利，合日息1%，100天利率也可达100%。有的利息超过100%，有的记“借七斗麦有八斗利”，利率达到114%。

除贷粮契约外，黑水城还出土有贷粮账十多纸，大多是同一账簿中的残页，记载了放贷主的名字，借贷粮食的品类，原本数量以及利息等项。这类账目可能是经营放贷的质贷铺底账。大约一些有余粮的放贷主将粮食放到质贷铺之类的放贷场所，然后统一对外放贷。无论贷粮多少，利率都是50%。② 西夏法典《天盛律令》规定：

> 前述放钱、谷物本而得利之法明以外，日交钱、月交钱、年交钱、执谷物本年年交利等，本利相等以后，不允取超额。若违律得多利时，有官罚马一，庶人十三杖。所超取利多少，当归还属者。③

① 俄罗斯圣彼得堡东方学研究所手稿部藏黑水城文献 Инв. No. 5870、7741、4384。

② 史金波：《国家图书馆藏西夏文社会文书残页考》。

③ 《天盛改旧新定律令》，第189页。

这里载明借钱、借粮收取利息可按日、按月、按年等多种形式，这些形式都是政府法律允许的。已发现的契约也证实在西夏的借贷活动中确实存在着这三种借贷形式。所定债主取利止于本利相等，即获利不得超过一倍，利率不能高于 100%，也由已出土的多种不同类型契约所证实。实际上契约中收取利息的情况远比法律规定复杂。有的契约利率已经超过 100%，说明仍有违反法律、超额取利的现象，也证明此种法律规定并非无的放矢。这里不仅再一次明确规定对利率加以限制，而且还对超额收利者给以处罚，并退还超收的利息，在一定程度上照顾到借贷者的利益。

这种借贷虽缓解了黑水城贫困缺粮者免成饿殍的命运，但借粮者不仅是提前消费，秋后还要变本加厉，收成中的相当部分要归出贷者所有，属于自己的粮食大打折扣，会走上更贫困的道路。若遇灾荒，稼禾不稔，处境更为凄惨。倘若借贷者粮食不够种子和食用，第二年春夏难免走上再行借贷的老路。高利贷对借贷者无异于饮鸩止渴，往往走向破产，最后不得已出卖土地、房屋；造成社会上贫富更加悬殊，容易引起社会动荡。

黑水城借贷契约中货币借贷比较少见。一件西夏文贷钱文书 1523 号，记一人借钱七百缗，每日一缗利息八文钱，借一百日为限。[①] 百日的利息高达 80%。一件“癸未十五年”即天盛十五年（1163）借贷契约中借贷人王受借钱 100 贯，每日至少 1 贯利息，合日息 1%，100 天利率可达 100%。据此文契可知，借贷时间 130 天，总利息为 130 贯，总利率高达为 130%。这些都是西夏货币高利借贷的真实写照。[②]。

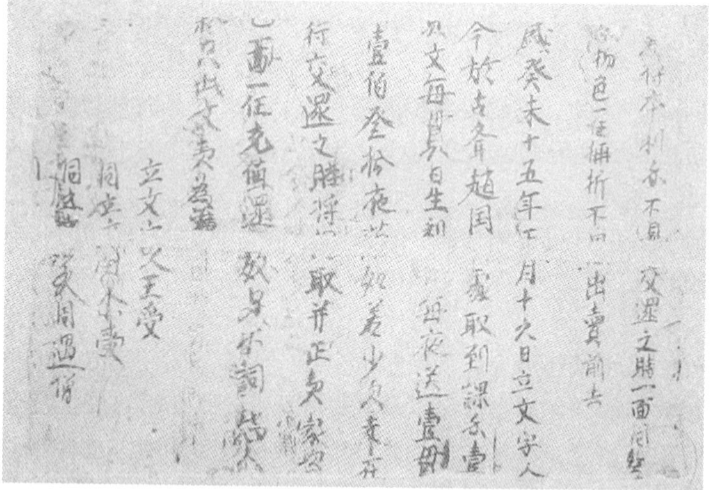

图 27　汉文天盛癸未十五年借钱契

3. 典当

《天盛律令》卷三《当铺门》有七条，具体规定了典当的程序、本利、时限、知证、中间人等，颇为详细。[③] 最能反映西夏典当实际的是出土的典当契约。已发现的西夏典当契约

① 俄罗斯圣彼得堡东方学研究所手稿部藏黑水城文献 Инв. No. 1523。

② 《俄藏黑水城文献》第 6 册，第 321 页。

③ 《天盛改旧新定律令》，第 186—188 页。

有汉文、西夏文两种，多出土于黑水城遗址。

原发现有汉文典当文书15件，典当数目可识者11件。典当者所当物品主要是是皮毛衣物，如袄子裘、新皮裘、次皮裘、旧皮裘、毛毯、白帐毡、苦皮等。① 当铺主人裴松寿有时简写成“裴”，仅统计同年5月1日至9日11件文书典出的大小麦有14石之多。裴松寿的典当至少从天庆六年（1199）至天庆十一年（1204）5年的时间长期典当，收利很高，天庆六年加五利，天庆十一年加三利或四利，都是高利贷性质。每年四五月，旧粮吃尽，新粮未熟，只好典当因已过寒冬而暂时不用的冬衣。收割后加利赎回，穷人所受盘剥之苦、高利贷商人获利之多于此可见。近年又发现同类典当契约12残纸，其中典当数目可识者5件。② 其中1件利息为“加五利”，即50%的利息。

在黑水城出土西夏文文献中还有的典牲畜，有的典房屋、土地，以付出高额利息换取粮食。如天庆子年（1204）一人以自己的牲畜典15石杂粮。有的以典劳力换粮食。③

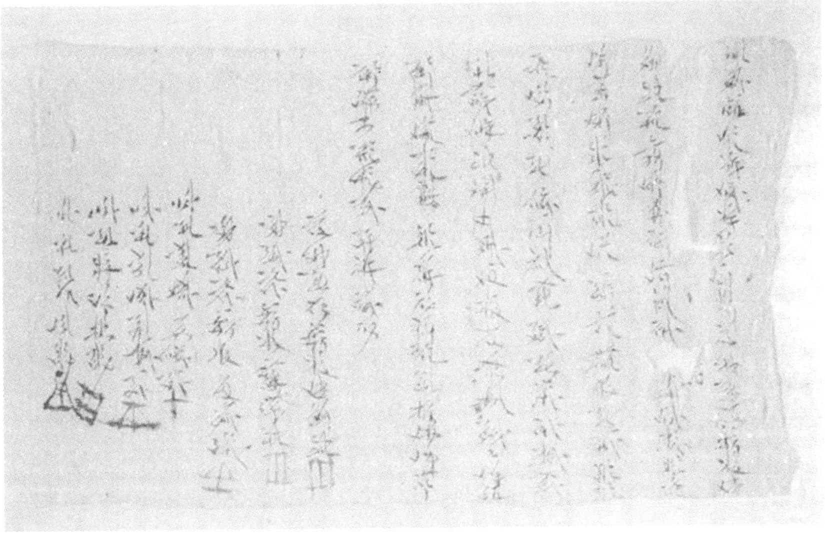

图28　西夏文天庆子年典牲畜契

很多西夏文典当契约的发现，反映出西夏典当的普遍。黑水城既有像裴松寿那样经济实力比较雄厚的典当商人，也有更多的无法生活、不得不靠典当过日子的穷人，反映出当地社会底层的穷困状况。

在黑水城下层民庶不仅生活困苦，有的人连生存都得不到保证。特别是那些缺少人身自由的使军和奴仆。西夏黑水城出土的汉文光定十三年（1223）千户刘寨杀了人口状，记4户下共杀8口人，“见见尸首”，并由千户刘寨向上呈报。④ 其中包括驱虏，还有两个未成年的孩子。所谓“驱虏”可能就是使军和奴仆。西夏末期为什么一个千户竟能杀8个人，因

① 陈国灿：《西夏天盛典当残契的复原》，《中国史研究》1980年第1期。

② 《俄藏黑水城文献》第2册，第37—38页。

③ 俄罗斯圣彼得堡东方学研究所手稿部藏黑水城文献 Инв. No. 5120。

④ 《俄藏黑水城文献》第6册，第160—161页。

文件是残卷，不得而知，但可见社会的混乱，人民的生命已无保证。

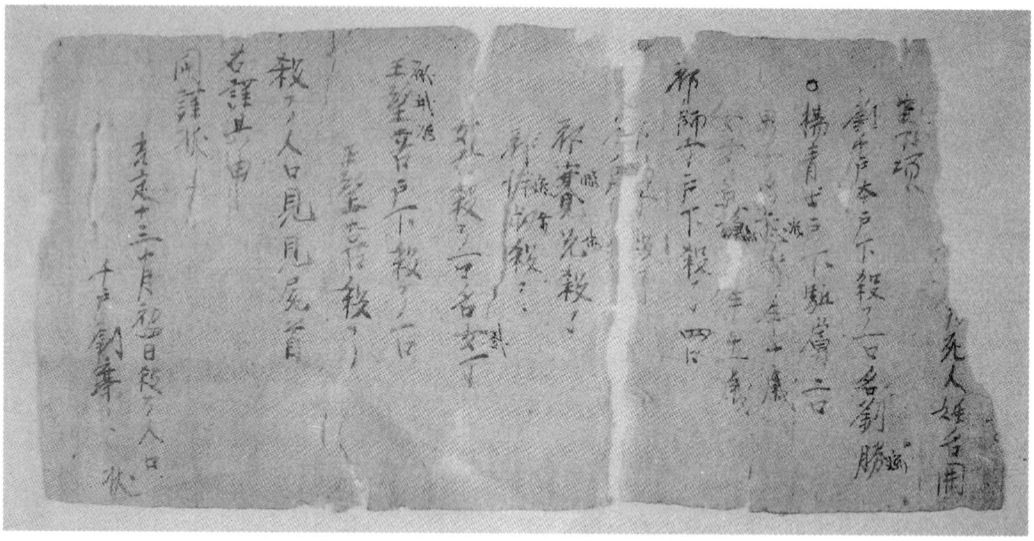

图29　光定十三年千户刘寨杀了人口状

西夏历史和社会的若干问题*

近年来，西夏研究受到史学界的关注，西夏历史和社会的研究有了新的进展。

中国中古时期在西北地区建立了一个影响很大的王朝——西夏（1038—1227）。西夏主体民族是党项羌，皇族原为拓跋氏，唐朝被赐李姓，宋朝被赐赵姓，后改姓嵬名氏。西夏作为有宋一代中国的第三大势力，称霸两个世纪，对当时中国历史和各王朝之间的关系产生了重要影响。西夏领土约辖今中国宁夏、甘肃大部，陕西北部，内蒙古西部和青海东部的广大地区。从全国来看西夏差不多处于中央位置。

中国历代有修撰前朝历史的传统，但元朝作为宋、辽、夏、金朝的后朝，却仅修了宋、辽、金史，而未修西夏史，西夏史只作为附传列于宋、辽、金三史之末，记载简略。这就使很多西夏资料未能通过正史保留下来。元朝为什么没修西夏史呢？在当时的几个王朝中，西夏先后作为辽、宋、金的属国，在多数时期未能与其他王朝平起平坐。这很可能是西夏史未入正史的主要原因。

西夏灭亡后，其文化遗存受到极大的摧残。在西夏首都中兴府，即今银川市竟然很难找到西夏建筑的遗迹，贺兰山下的西夏陵园地面殿堂建筑荡然无存，连众多的石碑也被人为破坏成碎块。西夏典籍渐被湮没，西夏文字成为无人可识的死文字，20 世纪以前竟看不到一本西夏人自己编写的典籍。

西夏王朝有辉煌的历史，有灿烂的文化，可人们对它知之甚少，被人称为神秘的王朝。西夏与同时代的王朝相比，地处中原的宋朝历史文献和文物十分丰厚，更有《清明上河图》这样精美写实的社会风俗画，其历史和社会的状况似历历在目；与西夏同为少数民族王朝的辽国、金国，也因有大批文献可征，有众多文物可鉴，而显得具体生动。西夏的历史甚至比起一千多年前的唐朝、两千年前的汉朝，也显得面目模糊不清。

使人感到欣慰的是，历史给了消亡的西夏以新的机遇。20 世纪大批西夏文献、文物的发现和西夏文字的解读，使西夏研究峰回路转，西夏王国就研究重新复苏。

一　关于西夏历史上一些问题的重新认识

在新发现的大量西夏资料中，属于有确切年代、有具体人物、有具体情节的重大历史事

---

* 原刊于《西北民族论丛》第七辑，中国社会科学出版社 2010 年版，第 1—37 页。

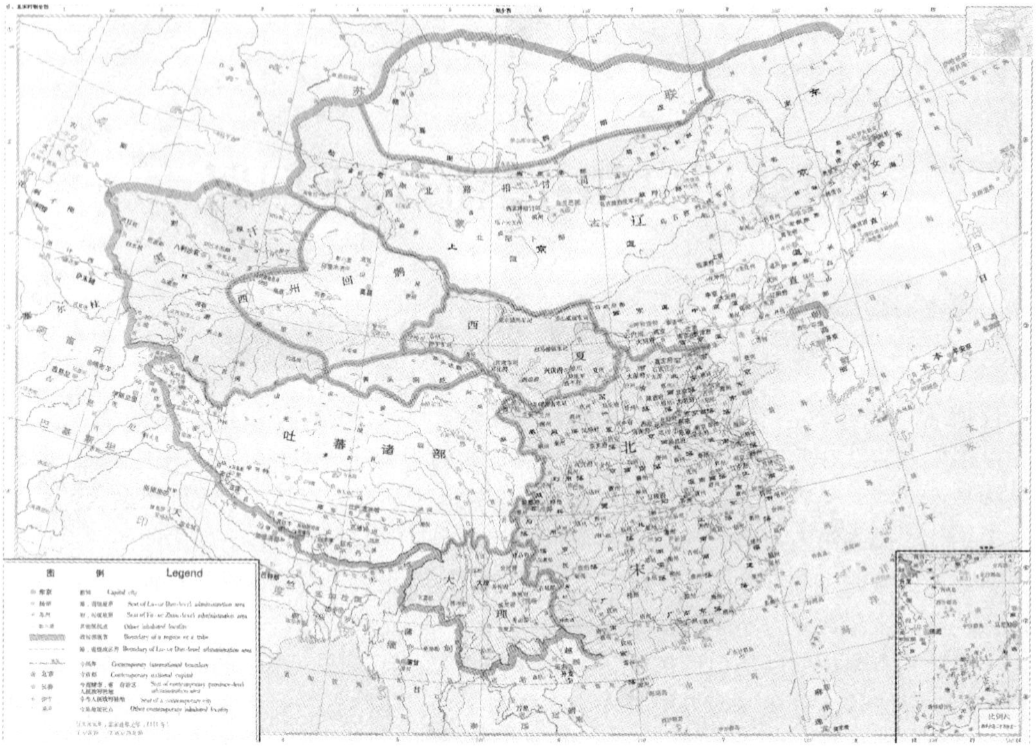

图 1　北宋时期各朝地图

件很少。西夏文文献资料中有少量关于西夏皇帝生平的记载，十分简略。还有一些关于佛教发展、译经和佛事活动的文献，对西夏宗教的研究具有重要价值。但是，现在叙述和研究西夏历史上的重大政治、军事大事，还是依靠汉文史料，以宋元时期资料为主、明清史料为辅。尽管有关西夏具体历史的新资料不多，但在西夏文文献和文物的大量发现，学术界越来越关注西夏历史的氛围下，我们一方面继续发掘新的资料以补充西夏历史，另一方面利用已有的资料，做纵向、横向分析，重新审视西夏历史，还可得出一些新的认识。以下仅列几项心得。

（一）元昊称帝与庆历和盟

北宋的历史上，宋、辽之间的澶渊之盟（1004）是一次重大的历史事件，它决定了南北两个王朝（汉族为主体的宋朝和契丹族为主体的辽朝），经过战争的实力较量后，互相承认，划定疆界。此后双方大体维持了上百年和好的局面。中国历史上出现了互相承认的汉族和少数民族两个皇帝。但是人们对此后的宋夏庆历和盟则了解不多，重视不够。

澶渊之盟后，中国的政局出现了新的变化。党项族崛起于西北，成为宋朝新的威胁。西夏第一代皇帝元昊在宋宝元元年（1038）正式立国称帝。宋朝当然不承认元昊的地位，削其赐姓、官爵，并募人拟捕杀元昊。双方的冲突和战争不可避免。

自宋康定元年（夏天授礼法延祚三年，1040）后的三年时间，宋、夏双方在三川口（今陕西延安西北）、好水川（今宁夏隆德县北后，一说西吉县兴隆镇一带）、定川寨（今宁

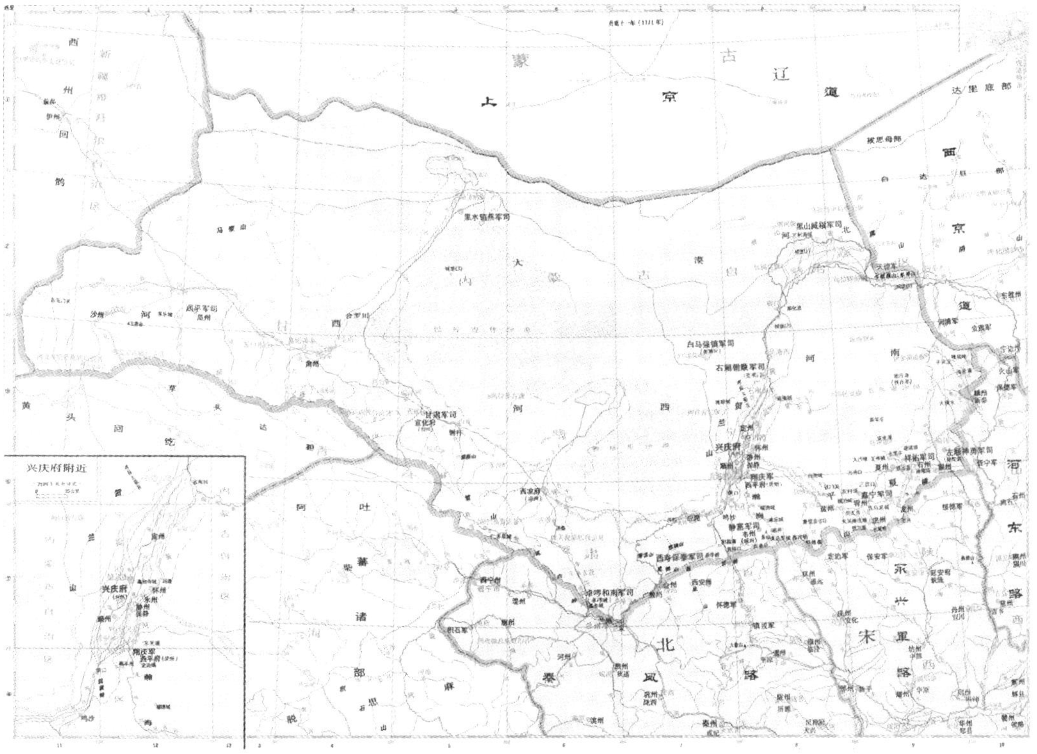

图 2　北宋时期西夏疆域图

夏固原西北）发生三次大战，都以宋朝惨败告终。三川口之战，西夏预设埋伏，俘获宋大将刘平、石元孙，围困宋朝西北军事中心延州（今陕西省延安）达七日之久，使宋朝手足无措，人心震恐。次年宋夏两军在好水川作战，西夏军队佯装败逃，诱敌深入，使宋军粮草不继，误入埋伏，大将任福及将校多人死亡，遭到惨重失败。再隔一年，西夏又在定川寨战役中以设计诱敌、聚而歼之的策略，使宋大将葛怀敏以下万余人全军覆没。消息传到宋京师，宰相吕夷简惊恐地说："一战不及一战，可骇也。"

踌躇满志的元昊有驱兵继续向宋朝腹地进攻的意图。元昊张贴的露布中曾有"朕欲亲临渭水，直据中原"的豪言①。西夏陵园出土的残碑中也出现了"可以直捣中原"的语句②。夏本依附辽朝，与辽是舅甥之国，辽以西夏为砝码，威胁宋朝。但元昊支持辽境内的党项人叛抗契丹，引起辽、夏摩擦。这样形成了三国间十分复杂、互为对手的局面。此后，军事上的攻防和政治上的谈判交叉进行，经过反复较量，宋朝战线过长，疲于奔命，指挥失当，多次败北，无力征服西夏。宋朝枢密副使富弼站在宋朝角度分析："二敌为患，卒未宁息，西伐则北助，北静则西动，必欲举事，不难求衅。通和则坐享重幣，交战则必破官军，叛而复和，孰敢不许?"③ 西夏也两面受敌，苦于军兵点集，财困民穷，怨声四起，锐气渐

① （宋）王巩：《闻见近录》上海古籍出版社 2001 年版。

② 宁夏博物馆发掘整理，李范文编释：《西夏陵墓出土残碑粹编》，文物出版社 1984 年版，图版 98，M108H：145。

③ 李焘：《续资治通鉴长编》卷 150，仁宗庆历四年（1044）六月戊午条，中华书局校点本。

消。最后于宋庆历四年（1044）宋夏双方达成妥协，“元昊始称臣，自号国主”[①]。宋朝承认西夏的实际地位，每年赐给西夏银、绢、茶共25万5千两、匹、斤。这是宋辽订立“澶渊之盟”40年后，宋朝又和西夏订立的重要和盟，称为“庆历和盟”。这一和盟与澶渊之盟有同有异。相同的是这也是双方经过政治、军事的较量后，谁也不能完全消灭谁的平衡结果，双方划定疆界，宋朝给对方岁币，也大体维持了一段较为和平的环境。不同的是澶渊之盟约定宋辽双方是兄弟之国，而庆历和盟是西夏称臣，宋朝不承认西夏是单独的国家，也不承认元昊是皇帝。但实际上，西夏皇帝元昊在境内仍用皇帝称号，称帝自若。

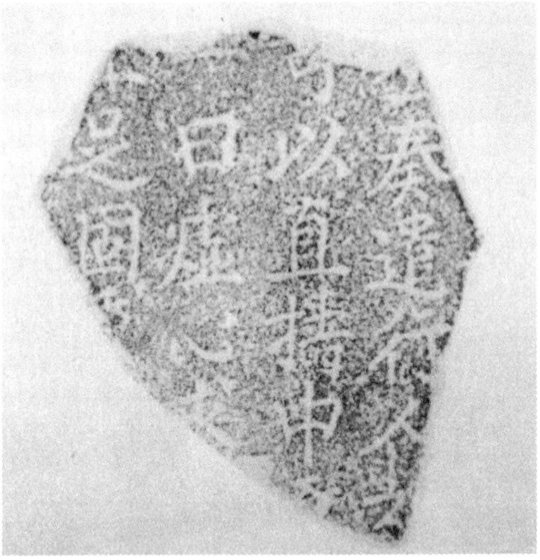

图3　西夏陵出土“可以直捣中原”残碑拓片

这一和盟使当时的中国重新划定势力范围，形成了新的政治格局，在中国大地上出现了新的、互相承认的三国，出现了三个皇帝。

（二）力挽狂澜的少年皇帝夏毅宗谅祚

西夏第二代皇帝谅祚（1047—1068），周岁即位，母后专权，仅活到21岁，真正掌权不过数年，史书记载简略。实际上，此人事迹可圈可点。他是元昊次子，母没藏氏。《续资治通鉴长编》记载，关于没藏氏，元昊“欲纳为宁令哥妻，曩霄（即元昊）见其美，自取之，号为新皇后。宁令哥愤而杀曩霄，不死，劓其鼻而去，匿黄芦讹庞家，为讹庞所杀。曩霄遂因鼻疮死，年四十六。曩霄既死三月，谅祚生”[②]。《宋史》记谅祚庆历年二月生，至八年方期岁即位，相差近一岁。母后没藏氏与其兄没藏讹庞专权。福圣承道四年十二月（1056）没藏氏被杀，此时谅祚9岁。没藏讹庞将己女嫁毅宗。[③] 谅祚稍长大，与讹庞儿媳梁氏私通。讹庞杀毅宗亲信大臣，欲政变篡国。奲都五年（1061），梁氏将讹庞父子密谋篡

① 《续资治通鉴长编》卷一百四十九，仁宗庆历四年（1044）五月甲申条。

② 《续资治通鉴长编》卷一百六十二，仁宗庆历八年（1048）正月辛未条。

③ 《续资治通鉴长编》卷一百八十四，仁宗嘉祐元年（1056）十二月甲子条。

位事密告谅祚。此时谅祚虚岁15岁。他竟然设计杀死讹庞父子，夷其家族，亲自掌政，废妻没藏氏，迎梁氏入宫，并封其为皇后，以梁氏弟梁乙埋为家相。如果史书记载无误，谅祚诛杀权臣的举措可与600年后的另一位少年天子清世祖玄烨媲美。清顺治十八年（1661），康熙八岁即位，八年后（1669），年仅16岁的康熙成功逮捕了专权的鳌拜，革职禁锢，康熙皇帝真正亲政。人们对于康熙少年有为、勇对权臣、扭转危局的果敢行为赞誉有加。而在几个世纪前比康熙还小一岁的谅祚，不畏强臣、智勇兼备、力挽狂澜的过人壮举却很少有人知晓。

比较谅祚和玄烨二人有同有异。二人皆为少数民族，都是襁褓或少年即位，都尊崇汉礼、汉学。玄烨的汉学、满学和西学都有很高的造诣，也为人称道。谅祚掌权后立即遣使上表于宋，"'本国窃慕汉衣冠，今国人皆不用蕃礼。明年欲以汉仪迎待朝廷使人'。许之。"[①]第二年又向宋请求佛经和经史等书籍。再过一年，拱化元年（1063），上表于宋，请复唐赐李姓，开设榷场。两人都能指挥打仗。康熙削平三藩、收复台湾、平定噶尔丹，武功赫赫。谅祚亲自率军上阵，亦多次率军与宋朝争战，20岁时亲自率兵攻宋大顺城，在前线督战，中流矢负伤。[②] 都具治国之才。谅祚向宋求尚公主，调整、增补州军，完备官制。谅祚和玄烨最大的不同在于康熙寿长，谅祚命短，拱化五年（1067），年21岁病死，在位20年。

这样我们对夏毅宗谅祚其人，对这段西夏历史，应该有一个全新的看法。少年谅祚于皇族大权旁落、重臣篡国的危机之时，能处变不惊，剪除篡逆，亲揽大政，对于一个现在看来尚未成年的孩子，实属难得，甚至令人对他的能力和智谋表示惊异。当然在西夏时期15岁已经算成年，已经成丁当兵了。这一带有戏剧性的历史情节，不仅在西夏史上，即便是在中国历史上也是精彩、难得的一幕。此外在谅祚主政不长的6年多时间内，实际对元昊的政策，特别是对宋的关系上进行了重大改革和调整。总之，谅祚是继元昊后又一位有雄才大略的皇帝，其文治武功都值得称道，只是当政时间过短。

（三）西夏前期三代母后专权

元昊妃、毅宗母没藏氏，毅宗后、惠宗母梁氏，惠宗后、崇宗母梁氏（第一梁氏侄女）三朝母后专权，也是鲜见的历史现象。没藏氏是党项族人，原为元昊大臣野利遇乞妻子。因宋朝使用反间计，元昊诬杀野利遇乞。后元昊后悔，得遇乞妻没藏氏，养于宫中，并与之私通，后被皇后野利氏黜置没藏氏于兴庆府戒坛寺为尼，号为没藏大师。元昊仍常到戒坛寺会没藏氏，天授礼法延祚十年（1047）二月元昊与没藏氏出猎时生子谅祚，寄养兄没藏讹庞家。没藏讹庞旋进升为国相。没藏氏和兄没藏讹庞为了使谅祚即位，设法除掉太子宁令哥。十一年，没藏讹庞唆使宁令哥刺杀元昊，元昊伤重死亡。[③] 没藏讹庞复杀宁令哥，立外甥谅祚即皇帝位。没藏氏为皇太后，兄妹专权，长达8年。这期间西夏与辽大战多次，互有胜负；与宋争夺边界土地，时战时和。没藏氏与两近臣私通，福圣承道四年（1056）在情杀

---

① 《续资治通鉴长编》卷一百九十五，仁宗嘉祐六年（1062）十一月己巳条。

② 沈括：《梦溪笔谈》卷二十五《杂志》，中华书局1957年版。

③ 《续资治通鉴长编》卷一百六十二，仁宗庆历八年（1048）春正月辛未条。

中没藏氏被杀掉。①

毅宗后梁氏原为谅祚舅父没藏讹庞的儿媳。后谅祚与梁氏私通。梁氏将讹庞父子密谋欲杀谅祚篡夺皇位事密告谅祚，发生了前述谅祚杀死讹庞父子，亲自掌政的故事。谅祚废掉己妻没藏氏，迎梁氏入宫并封其为皇后。拱化五年（1067）谅祚病死后，谅祚与梁氏所生子秉常孩提即位，梁氏被尊为太后，垂帘听政，其弟梁乙埋为国相，梁氏一门专权。② 秉常16岁亲政后反其道而行，行汉礼，罢蕃礼。五年后梁太后囚禁秉常，又专国政。天赐礼盛国庆二年（1070）梁氏大举进兵攻宋环庆。③ 大安八年（1081）宋军围攻灵州十八日，皇太后梁氏“令人决黄河七级渠水，灌其营，军士冻溺死”。④ 大安九年（1082）与宋发生永乐之战，宋军损失二十余万。这是梁氏主政时的一次重大军事胜利。后秉常又复位。梁太后将其侄女、国相梁乙埋之女嫁秉常，并立为皇后。梁太后仍柄国政。梁氏执掌西夏国政17年。

第一梁氏死后，其侄女兼儿媳第二梁氏始与其兄梁乞逋左右朝政，惠宗忧愤而死，其子乾顺仅3岁即位，她也被尊为太后，与梁乞逋专权。梁氏兄妹采取儿女联姻的方法改善与吐蕃关系，西夏、吐蕃双方关系大为改善。梁氏常率兵打仗，熟知军事。天祐民安三年（1092）十月，梁氏亲率兵十万攻宋环州，围七日不克，后攻洪德寨，宋将党项人折可适拼死抗击，大败夏军，梁氏受伤而逃。⑤ 后梁氏与兄乞逋产生矛盾，天祐民安五年（1094）令皇族大臣杀乞逋，自揽军政大权。梁氏能统帅大军，运筹帷幄，甚至亲临前线，不惧锋镝，是英姿飒爽的女中豪杰。天祐民安七年（1096），乾顺与母梁氏率兵号称50万，进逼延州，攻破金明寨。永安元年（1098）率40万军，与宋争夺平夏，造“对垒”高车进攻，遇大风而溃败。⑥ 因梁氏穷兵黩武，国内大困，以至于民众卖子女于辽国、西蕃换取食品。乾顺成人后，梁氏仍不许其执政，永安二年（1099）辽派人鸩杀梁氏，乾顺始亲政。第二梁氏掌西夏朝政14年。

这三位皇太后皆为番族女性，都主持政事，左右朝廷，带有党项族妇女的特点。她们主政时间除中间毅宗亲政6年多，共37年，在西夏190年的历史中占五分之一的时间。这期间发生了几件大事：一是强调番礼，摒弃汉仪。番族风俗中妇女地位较高，少受中原地区三从四德等封建礼教的制约。二是西夏文大藏经的翻译基本上完成于这段时间。西夏文大藏经自元昊时开始译经，至崇宗天祐民安元年（1090）译完，共用了53年，主要是在三代皇太后主政时完成的。现在所见有译经题款的西夏文佛经，多是两个梁氏皇太后时期所译。三是结连吐蕃，对抗宋朝。三代皇太后的专权以爱好并推行儒学的崇宗执政而结束。

若站在更大的空间看中国的政局，当时在中国几个王朝中皇太后主政并非只有西夏。邻国辽朝景宗皇帝承天后萧燕燕，在做皇后期间，因辽景宗有病，多参与政事，已崭露头角。辽景宗去世后，辽圣宗年12岁即位，皇太后在契丹族和汉族大臣的辅佐下，摄政当国，以

① 《续资治通鉴长编》卷184，仁宗嘉祐元年（1056）十二月甲子条。

② 《续资治通鉴长编》卷469，哲宗元祐七年（1092）正月壬子条。

③ 《宋史》卷486《夏国传》（下）。

④ 《西夏书事》卷25，清道光五年（1825）刊本。

⑤ 《续资治通鉴长编》卷478，哲宗元祐七年（1092），十月辛酉条。

⑥ 《续资治通鉴长编》卷503，哲宗元符元年（1098）十月乙亥条。

其卓越的政治才能治理国家，摄政27年（982—1009），为辽朝的发展做出了重大贡献。无独有偶，宋朝真宗临终前，因新皇年幼，宋真宗遗诏刘太后处理军国大事，她从宋乾兴元年（1022）二月至明道二年（1033）三月听政，摄政11年，使宋朝政权平稳过渡。此后宋朝还有多位皇后听政，时间久暂不一。这一历史背景的启示是，那一时代太后主政并不难被皇室和政府大臣们，乃至社会所接受。西夏皇太后的临朝治国，既有民族的特征，又有时代的印记。

（四）在位时间最长的两位皇帝夏崇宗和仁宗

西夏崇宗乾顺在其父惠宗秉常去世以后，3岁继位，母后梁氏专权14年后引起辽朝的不满，派人到西夏将梁氏毒死。① 崇宗16岁亲政，根据新的形势调整治国方略，重文尚法，依附辽国，和结宋朝，巩固皇权，分封诸王，巩固了皇族势力。这又是一个少年天子。崇宗重视文教，大力发展儒学，这和他祖母、母亲的政策完全不同。崇宗时进一步发展儒学，建立宣扬儒学的学校，设立培养人才的机构养贤务，采取了一系列发展文化，促进儒学的具体措施。在西夏的文化史上这是划时代的大事，调整了番汉之间的关系。西夏王朝是番族（党项族）为主体，但汉族在西夏数量很多。从此西夏走上了番汉并重的道路。这也给后来他的儿子仁宗时代的文化发展打下了基础。

西夏崇宗在位54年。从汉武帝到清世祖康熙的中国历史长河中，只有西夏的皇帝在位时间最长。汉武帝（公元前156—公元前210年），16岁登基，在位54年，终年69岁。清世祖康熙（1661—1722年），在位61年，是中国历史上在位时间最长的皇帝。西夏崇宗创造了中国1700多年间在位时间最长的纪录。这还不算新奇，崇宗的儿子仁宗仁孝也在位54年，父子二人连续在位108年，这大概创造了中国的历史之最。

夏仁宗继位的时候已16岁。当时西夏社会既有经济、文化发展的基础，又有政治、经济方面的危机。境内发生了原投降的契丹人叛乱，又爆发了农民起义，形势一度非常紧张。当时外戚崇宗岳父任得敬，通过镇压叛乱和农民起义，发展势力，后升为国相，又先后被封为楚王、秦晋国王，其地位在一人之下，万人之上。但他仍不满足，想将西夏分成两国，仁宗一半，他一半。他在西平府（灵州）建立宫殿，出入仪仗和皇帝差不多。仁孝在金朝的支持下，一举诛杀了任得敬和他的党羽，剿灭了这一篡权集团，渡过了分国危机。仁孝后来有著名宰相斡道冲辅佐，继续其父政策，大力提倡文教，国家实行科举，朝臣修订律令，寺庙校印佛经，文人著书立说。仁宗朝更加重视以儒治国，推崇儒学力度加大，建树更多。最突出的是于人庆三年（1046）尊孔子为文宣帝。在中国封建社会中，孔子地位不断攀升，至唐朝追谥孔子为文宣王，后宋、元、明、清诸朝代有封谥，但对其封谥的尊号最高也只是文宣王，唯有西夏的仁宗朝尊为文宣帝，这是中国历史上对孔子空前绝后的尊号。这一尊号的封谥不是发生在中原王朝，而是发生在少数民族当政的西夏王朝，很耐人寻味。这一时期西夏经济、文化都达到了鼎盛时期。仁宗文治可圈可点，但武功乏善可陈。西夏由盛转衰的迹象已经明显。仁宗活到70岁。此后西夏只剩30多年的时间，换了5个皇帝。②

---

① 《续资治通鉴长编》卷五百八，哲宗元符二年（1099）四月己卯条。

② 《宋史》卷486《夏国传》（下）；《金史》卷134《西夏传》。

西夏崇宗、仁宗皆在位54年，两个皇帝连在一起在位时间超过一个世纪，这可能有历史的偶然性，但也说明当时西夏社会尽管有阶级、民族矛盾，社会基本上是稳定的，特别是这一时期没有很大的战争。

利用已有的汉文文献重新分析、认识西夏历史，还有很多工作可做。如西夏是中国历史上唯一使用六字年号的王朝。西夏有“天授礼法延祚”和“天赐礼盛国庆”两个六字年号，创下了中国使用年号以来最长的纪录。其实，西夏四字年号有6个，也是历代最多的。夏毅宗时有3个四字年号，与武则天时3个4字年号并列第一。西夏在中国历史上标新立异由此可见一斑。

二 关于西夏社会的几个问题

在西夏研究中，有关社会层面的新资料增加很多。可以说，正是西夏社会研究的巨大进展，有关西夏社会认识不断深化，才使学术界、社会上越来越关注西夏这个过去似乎被遗忘的王朝。讲到西夏的新资料，不能不提到黑水城文献的发现、解读以及它的出版。

在著名的敦煌藏经洞被发现不久，1908年、1909年以科兹洛夫（П. К. Козлов）为首的俄国探险队，两次来到中国的黑水城遗址（今属内蒙古额济纳旗）“探险”，最后打开了一座储藏大量西夏文物和文献的佛塔，仅文献就有数千卷，其中绝大部分是西夏文文献，也有相当数量的汉文及部分其他民族文字文献。他们将这批珍贵遗物席卷而走，现藏于俄罗斯圣彼得堡东方学研究所和冬宫博物馆（爱尔米塔什）。这次发现是21世纪继甲骨文、汉简、敦煌文书以后又一次重大文献发现。此后英国人斯坦因（M. A. Stein）1914年也到黑水城寻找发掘，得到不少西夏遗物，藏于大英博物馆。1917年在灵武县（今属宁夏灵武）也发现了不少西夏文佛经，大部分入藏中国国家图书馆。

图4 内蒙古额济纳旗黑水城遗址外东北角

这些珍贵文献和文物成为解开神秘西夏王国的钥匙，促使西夏学这一新学科的诞生。西夏文的解读是几十年来国内外几代西夏学专家共同努力的结果。今年和明年是黑水城文献发现一百周年。

俄藏黑水城文献数量巨大，价值很高，引起各国专家的重视。然而，至20世纪90年代前，刊布的西夏文献只是俄藏文献的很少一部分，很多具有重要价值的文献长期不为世人

图 5　俄罗斯圣彼得堡东方学研究所手稿部藏西夏文献

所知。

1992 年中国社会科学院的领导委托我与俄方联系，得到俄罗斯圣彼得堡东方学研究所的正式答复，同意与我们合作整理、出版该所所藏黑水城出土的全部西夏文、汉文以及其他民族文字文献。1993 年春中俄达成合作出版协议，出版物定名为《俄藏黑水城文献》。根据协议，中方人员于 1993 年、1994 年、1997 年、2000 年 4 次赴俄进行整理、登录和拍摄。现在这些文化瑰宝已陆续公之于世，使流失海外近百年的国宝魂归故土。至今年已经出版 8 开本特精装《俄藏黑水城文献》14 册，按计划以后还要陆续出版十几册。这为西夏研究开辟了广阔的前景，将促进西夏学及相关学科的发展，使研究者能研读远隔万里之遥的大量西夏文献，实现了几代人的梦想。

1997 年、2000 年在俄罗斯整理黑水城出土文献时，查阅了俄国专家原未注录的文献，从中发现了一大批西夏文社会文书，同时在一些文献的封面、封底衬纸中也发现了不少社会文书，计有 1500 余号，数量大，品类多，包括户籍、账籍、军抄状、契约、告牒、书信等。其中仅契约就有 100 余号，内有契约 500 多件。敦煌发现的社会文书中借贷契约有 70 余件。这些文书是直接反映西夏社会的珍贵原始资料，对研究、认识西夏社会有极高的学术价值。

西夏文社会文书多为草书，释读相当困难，而且多是残页，或缺头少尾，或字迹不清，或两面皆书写文字，笔画透墨，相互叠压，难以辨认。我在近些年摸索西夏文草书的释读，对西夏的户籍、租税、借贷、买卖、军抄文书进行初步译释和研究，又发现了西夏社会另一片新的天地。

发掘西夏遗产的另一重要方面是近几十年西夏考古工作的丰硕成果。甘肃省莫高窟、榆林窟、东西千佛洞的考察，宁夏西夏陵园的勘察和发掘，多座佛塔的维修和文物的发现，灵武西夏瓷窑的发掘和大量瓷器的发现，武威小西沟岘、亥母洞文物和文献的发现，内蒙古黑

图6　已出版的《俄藏黑水城文献》

水城遗址的系统调查，阿尔寨石窟的发现，以及各地有关西夏后裔文物的发现等。这些都是西夏文物考古的重要收获，对西夏学的发展起到了特殊的作用。近年《中国藏西夏文献》结集出版，囊括了国内出土的西夏文和汉文文献，共20册，为西夏研究提供了新的资料。近几年流失于英国和法国的西夏文献也陆续出版。

通过新发现的西夏文献和文物资料，可以透视西夏社会的方方面面，大大丰富了人们对西夏社会的认识。以下择要进行讨论。

（一）政治制度

一个国家的官制、法制和兵制，对社会来说是研究的重点。在以往的汉文文献中，有一些记载，相比于经济、文化，政治制度记载还相对多一些。因西夏并无正史，没有职官志、刑法志、兵志，这些记载往往语焉不详。致使专家们在有没有蕃官、汉官两套官制等问题上争论不休。

1. 官制

出土的俄藏黑水城文献中有西夏法典《天盛改旧新定律令》和《官阶封号表》，使我们对西夏的官制可以有比较清晰的了解。《天盛律令》有“司序行文门”，系统记西夏职官品类名称，为实际担任职务的职事官和差遣官。西夏职官名称多效法中原王朝，如中书、枢密等。又知西夏有表示官员实际等级的“官”，类似于中原王朝的“爵”。这种“官”是用来区分“庶人”的标志，其阶位、名称很有特色。综合两种材料，已知的西夏官阶至少有80多阶，100多个名号。汉文文献中的“蕃官”名称实际上是对西夏“官”的音译。由于西夏地域偏小，其职官比宋朝名目、层次、数量都少。也有一些职官有西夏特色，如蕃汉二学院，刻字司等。①

① 史金波、聂鸿音、白滨译注：《天盛改旧新定律令》（《中华传世法典》之一），法律出版社2000年版；史金波：《西夏的职官制度》，《历史研究》1994年第2期。

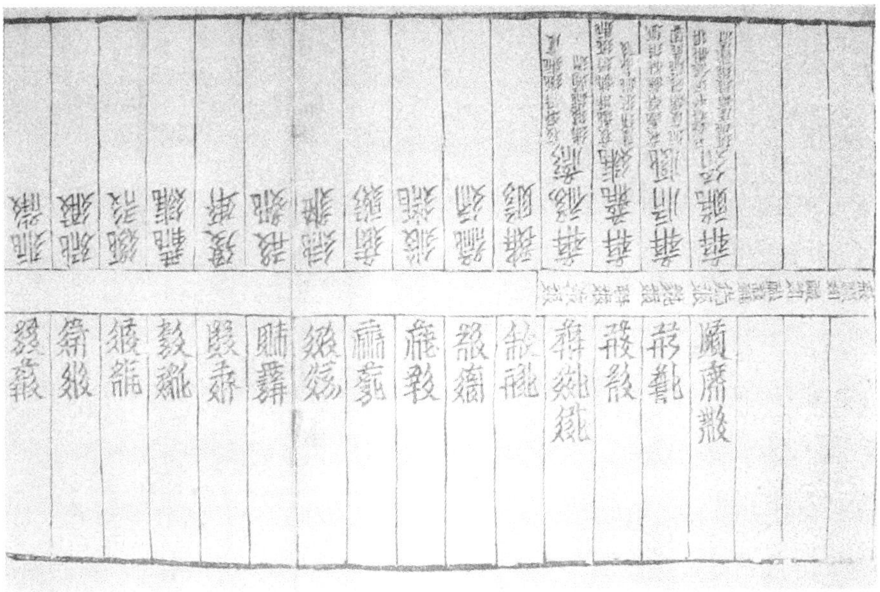

图7 西夏文官阶封号表

2. 法制

西夏法制基本上继承了中原王朝，特别是唐宋法制，西夏法律是中华法系的一个组成部分。《唐律疏义》和《宋刑统》对西夏法典《天盛律令》产生了重大影响。《天盛律令》不仅吸纳了唐、宋等律书以忠和孝为核心维护封建专制统治的法制思想，还接受了行之有效的“十恶”、“八议”、“五刑”的基本内容，并且继承了在刑法、诉讼法方面丰富、严谨、细密的传统，同时在很多方面充实、发展了唐、宋律的内容，拓展了中国封建王朝法典的范围。《天盛律令》在形式上有统一格式的律令条目，分层次书写的条款，这种法律条文的形式使内容更加清晰，显得纲目分明、层次清楚，很近似于现代的法律条文形式。这在中国法制史上是一次大胆的、成功的革新。可惜后世未能继承这种形式，到了清末受到西方法律的影响，才进行改革，出现了分层次的条目格式。《天盛律令》形式上的系统性在当时是绝无仅有的。西夏王朝对法典形式的独创性达到了相当高的水平。[①]

3. 兵志

西夏党项民族是一个强悍的民族，具有尚武的精神。党项民族原来生活在恶劣的自然环境下，艰苦的生活培养了他们吃苦耐劳、坚韧不拔的性格。他们“乐战斗，耐饥渴”，“人人能斗击，无复兵民之别”。不仅士兵如此，连国主、太后、将帅也都能亲临战场，随机指挥，甚至挥戈上阵，身先士卒。这种勇敢战斗的精神，实非宋朝皇帝、朝廷所能相比。

西夏立国后，元昊制定兵制。“抄”是组成西夏军队最小的基层组织。汉文文献记载，西夏一家号一帐，男子年十五为丁，二丁中取正军一人、负担一人为一抄。负担是随军杂

① 史金波：《一部有特色的历史法典——西夏〈天盛律令〉》，《中国法律史国际学术讨论会论文集》，陕西人民出版社1990年版；史金波：《西夏刑法试析》，《民大史学》（创刊号），中央民族大学出版社1996年版。

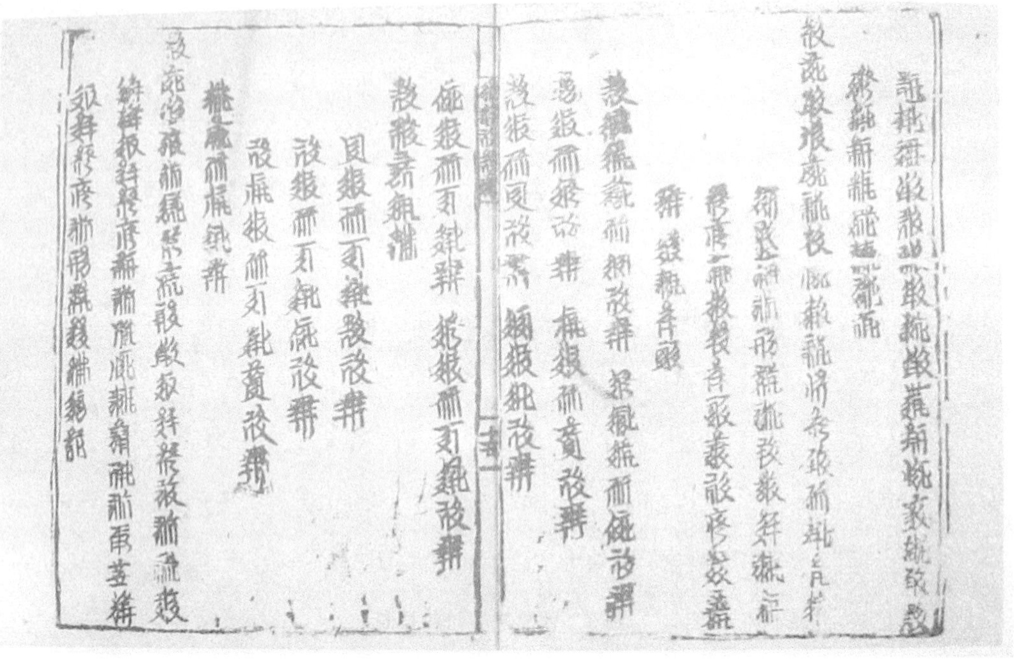

图 8　《天盛律令》的分层次书写格式

役。身体强壮者，习战斗，多为正军。“首领各将种落之兵，谓之一溜。”① 在《天盛律令》和户籍文书中的“迁溜”，简称“溜”。这种军事单位把军队和社会、家庭紧紧地联系在一起，形成全社会男子人人皆兵的态势。西夏绝大部分士兵不脱离生产，平日劳动、生产，“有事则举国皆来”。

图 9　西夏文首领印

通过《天盛律令》可知，有的抄中正军之外还有辅主，比负担地位稍高。这在汉文文献中并无记载。黑水城文献中有军事文书，这类文书有多种类型：首领军抄账、军抄人马装备账、军抄正军辅主账、军抄人员实有实无账、军抄户籍账、军抄物资账、军溜文书等。近

① 《续资治通鉴长编》卷 132，庆历元年（1041）五月甲戌条。

期我通过解读西夏军事文书看到，西夏军抄组成状况以及西夏后期军抄与前期的发展变化，特别是“负担”的减少，“辅主”的大量增加，使军抄结构与汉文记载有重大改变。还可看到，西夏后期军抄内正军、辅主皆年龄偏高，15—30 岁的壮丁比例很小，可推测西夏军队战斗力减弱。

西夏枢密院主管全国军事，各地的重要军事指挥机关为监军司，在天盛年间有 17 个监军司。监军司上有统军，京师一带属殿前司管辖。

（二）经济

西夏已快步进入封建社会，生产力大发展，产业结构也发生变化。

1. 农业

西夏继承了当地原有的良好农业基础，其中包括已开垦的土地，已开凿的水渠等农田基本设施，也包括先进的生产工具和长期积累的生产技术和经验等。西夏的农业生产有相当高的水平，管理细致，兴修水利。水田的耕作技术更为复杂，表现出更高层次的农作技术水准。西夏受中原地区的影响，土地占有关系已经是封建所有制。《天盛律令》有皇帝、大贵族、寺院和地主占有土地的真实记录。西夏《天盛律令》和大量税收文书、契约等表明，农民要按照法律给国家缴纳税收，除按地亩缴纳租税、出佣工、缴纳草捆外，还要缴纳人头税，水地另外要缴纳水税。[①]

图 10　犁耕图

农民生活困苦，不少家庭春天青黄不接，靠借贷度日。在黑水城出土的很多借贷粮食的账目和借贷契约表明，短短的三四个月利息达 50%，属高利贷性质。更有甚者，又对利息为 80%，甚至 100%，相当于中原宋朝的高利贷的“倍称之息”。[②]

① 史金波：《西夏农业租税考》，《历史研究》2005 年第 1 期；俄罗斯圣彼得堡东方学研究所手稿部藏黑水城文献 Инв. No. 5067。

② 史金波：《西夏粮食借贷契约研究》，《中国社会科学院学术委员会论文集》，2004 年版。

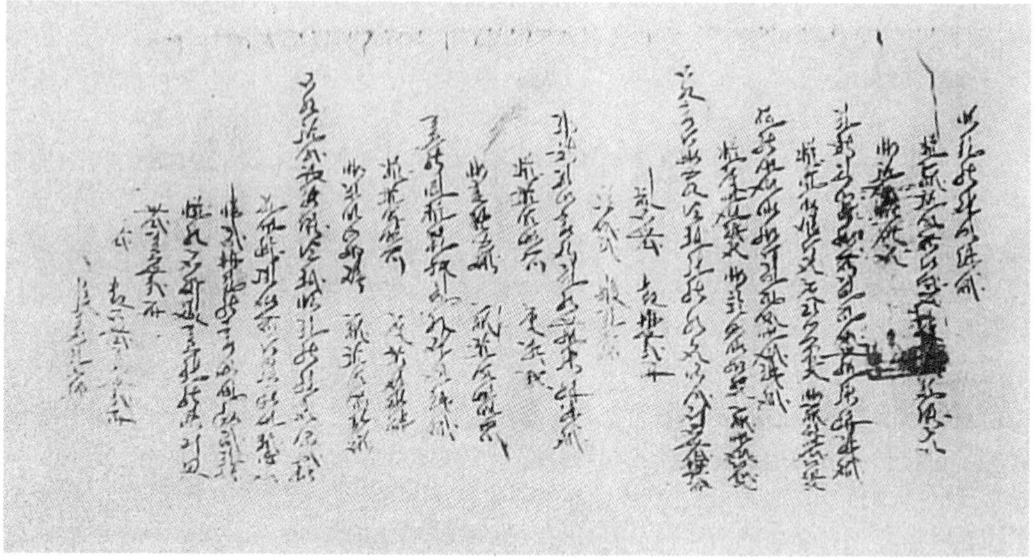

图11　西夏文耕地纳粮账

西夏时期已产棉花。西夏文献《番汉合时掌中珠》中有一个词为“白叠”，即现在所说的棉花。我国中原的棉花种植是由东南亚和西域分别传入的。唐代西域高昌一带则早已经种棉织布了。后宋代种棉者渐多，但仅限于东南闽岭一带。这时接近西域的西夏已种植棉花，纺织成布了。西夏所辖的今甘肃、宁夏、陕西地区很可能是把西域的棉花传入中原的过渡地带。

2. 畜牧业

党项族的传统产业是畜牧业。党项族北迁以后，很多居住的地区是适宜畜牧或宜牧宜稼地方。如夏州“唯产羊马”，那里“水深土厚，草木茂畅，真放牧耕战之地”。李继迁为抗宋逃入的地斤泽，“善水草，便畜牧”。其他如灵州地区，甘、凉地区都是“放牧耕战之地”，“瓜、沙诸州素鲜少耕稼，专以畜牧为生”。总之，西夏很多地区干旱少雨，或为山地，或为草原，不宜农耕，宜于放牧，或是宜耕宜牧的半农半牧区。西夏有不少族户，特别是所谓“生户”，继续从事传统的畜牧业。回鹘和吐蕃也擅长畜牧业。

根据《天盛律令》记载，西夏时期有官牧和私牧。官牧以国家牧场为主。贡献或卖给他国的牲畜，关系到国家的外交和经济收益，国家对官牧重视有加，给予他国所用骆驼、马等属官畜，不许与私畜调换。法律规定禁止屠宰大牲畜，屠杀自己的牛、马、骆驼，要判处4—6年徒刑。[①] 西夏保护大牲畜的法律规定，避免了对大牲畜的随意宰杀，可以使畜牧业从简单再生产走向扩大再生产，不仅能起到保障国家和军队战略物资的作用，还能起到利用特殊资源发展生产、促进特色贸易的作用。

西夏牧民的食物主要是肉类和乳制品。党项政权对外交往，特别是向强大的邻国进贡时多用畜产品。《天盛律令》表明，在西夏的大型牧场中，有骆驼、马、牛、羊四大群落。西

① 史金波、聂鸿音、白滨译注：《天盛改旧新定律令》第二“盗杀牛骆驼马门”，第154页。

图12 鎏金大铜牛

夏的肉食以羊肉为主，猪肉次之。羊不仅是食用的佳品，其皮毛又是御寒穿着的主要原料，饲养和繁殖又比较容易，在西夏羊是畜牧业的大项。至今西夏故地宁夏、甘肃、陕北一带仍以盛产肉味鲜美、皮毛质高的羊著称。

3. 手工业

《天盛律令》中记载了管理手工制作的政府机构主要是工院，京师工院与群牧司、农田司等一样属中等司，但其地位特殊，传导文书与次等司平级，比中等司高一级。除中央政府的工院外，还有北院、南院、肃州三种工院，皆属下等司。关于手工业的具体机构都属于末等司，如刻字司、作房司、制药司、织绢院、作首饰院、铁工院、木工院、纸工院、砖瓦院、出车院等，分别设头监管理。①

西夏工匠名目繁多，《天盛律令》"物离库门"就列有加工金、银、铜、铁、缫丝、织绢、染丝、纺丝线、纺毛线、染毛线、织毛锦、扣丝、造绳索、制毡等行业，当然也有相应的工匠种类。以上只是在生产过程中与库藏有关的工种。此外，见于法典各卷的还有井匠、裁量匠、绳索匠、弓箭匠、披铠匠、枪柄匠、砲工、秤工、王工等。② 西夏汉文本《杂字》中有"诸匠部"，记手工业工匠更为详细，竟多达30多种，其中有银匠、鞍匠、花匠、甲匠、石匠、桶匠、木匠、泥匠、索匠、纸匠、金箔匠、银条匠、铁匠、针匠、漆匠、鞘鞴、鞴辔、伞盖、赤白、弓箭、销金、捻塑、砌垒、扎抓、铸锈、结瓦、生铁、针工、彩画、雕刻、剜刀、镞剪、结绾、镞匠、笔匠、结丝匠等，多方面反映了西夏手工业的行当种类。③ 此外还有采盐、制曲、酿造、陶瓷等行业的工匠与生产者。

西夏的文物反映了西夏的手工业水平。西夏有高超的锻造技术，和它先进的鼓风设备不

① 《天盛改旧新定律令》第十"司序行文门"，第366—374页。

② 《天盛改旧新定律令》第十七"物离库门"，第547—556页；第二十"罪责不同门"，第615—616页。

③ 史金波：《西夏汉文本（杂字）初探》，《中国民族史研究》第二集，中央民族学院出版社1989年版。

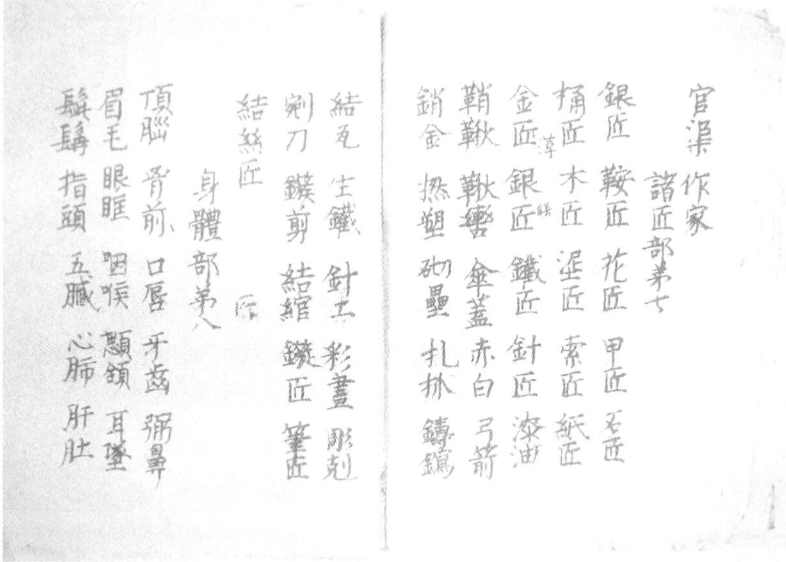
官渠 作家
諸匠部第七
銀匠 鞍匠 花匠 甲匠 石匠
桶匠 木匠 泥匠 索匠 紙匠
金匠 銀匠 鐵匠 針匠 漆油
鞘鞦 鞦韆 傘蓋 赤白 弓箭
銷金 熱塑 砌壘 扎抹 鑄寫
結瓦 生鐵 針工 彩畫 彫刻
剜刀 鏃剪 結縚 鏇匠 筆匠
結絲匠 匠
身體部第八
頂腦 骨前 口唇 牙齒 [illegible]鼻
眉毛 眼眶 咽喉 顋頷 耳墜
騌騔 指頭 五臟 心肺 肝肚

图 13　汉文《杂字》中的诸匠部

无关系。榆林窟第 3 窟西夏壁画五十一面千手观音变，绘有多种生产图，其中有《锻铁图》，图中所绘为锻铁炉鼓风用的竖式双木扇风箱，坚固耐用，可连续鼓风，加大鼓风量，能提高炉火温度，增强冶炼强度，是当时颇为先进的鼓风设备。李约瑟博士对这幅画中的木风箱给予高度评价，认为它是日本脚踏木风箱的先导。

图 14　锻铁图

在西夏陵园中曾发掘出硕大的鎏金铜牛，长1.2米，重188斤，外表通体鎏金，造型生动，形象逼真，堪称西夏艺术珍品。

西夏陵园出土大鸱吻，通高152厘米，绿色釉面光润闪亮，龙头鱼尾造型，头部有鳍，身有鳞纹，显现出威猛的形态。鸱吻装饰在金碧辉煌的大殿或门楼的正脊两端，给整个建筑物增添威严肃穆、富丽堂皇的色彩。

图15 琉璃鸱吻

（三）文化

1. 西夏文字的创制和使用

汉文文献记载了西夏创造文字。元昊时期在其倡导下，大臣野利仁荣创制了具有鲜明民族特色的文字——番文，即后世称为的西夏文，是记录党项族语言的文字，虽也和汉字一样，是表意的方块文字，但六千多字中无一字与汉字相同。西夏文作为“国字”在境内广泛使用，成为西夏文化上最醒目、最具代表性的标志。

西夏灭亡后，文化遭到破坏，加之后世党项族逐渐消亡，明清以降，西夏文不为世人所识，成为死文字。近代考古陆续发现西夏文字文献和带有西夏文字的文物，使世人又见到久违的西夏文。西夏文字形式和文字构成方法与汉字相近，西夏字有横、竖、点、拐、撇、捺等笔画构成，斜笔较多，一般四角饱满，字体匀称。西夏文字的笔画多在10画上下，基本上没有5画以下的字，20画以上的字也很少。因文字笔画比较适中，单个字使人感到稳重、美观，通篇看来字画均匀，舒展大方。西夏文书写自上而下成行，自右而左成篇。其文字构成受汉字影响，有规律可循。

西夏文字应用范围广，使用地区大，延续时间长，文献相当丰富。①西夏文字典、辞书。兼有《说文解字》和《广韵》特点的西夏文韵书《文海宝韵》、以声母分类的字书《音同》、西夏文韵图和韵表《五音切韵》等。②法律著作。有西夏皇朝法典《天盛改旧新定律令》、军事法典《贞观玉镜统》等法律著作。③类书、蒙书。有西夏文—汉文双解词语集《番汉合时掌中珠》，有大型西夏类书《圣立义海》，西夏千字文《碎金》，西夏蒙书《三才杂字》等。④文学作品。有西夏谚语《新集锦合谚语》，西夏宫廷诗歌集等。⑤医书、历书。有多种药方，还有针灸著作，有连续80多年的珍贵历书。⑥社会文书。其中很多记有西夏的年号。⑦译自汉文的典籍。如《论语》《孟子》《孝经》等经书，《十二国》《贞观政要》等史书，《孙子兵法三注》《六韬》《黄石公三略》等兵书，《类林》等类书等。⑧佛教经典。共有4百余种，数千卷册。有的译自汉藏，有的译自藏传。西夏文献相当丰富，总计不下数千万字。西夏文献的出现，改变了我国古籍善本的分布格局，这些文献丰富了我国民族古文字的文献宝库。①

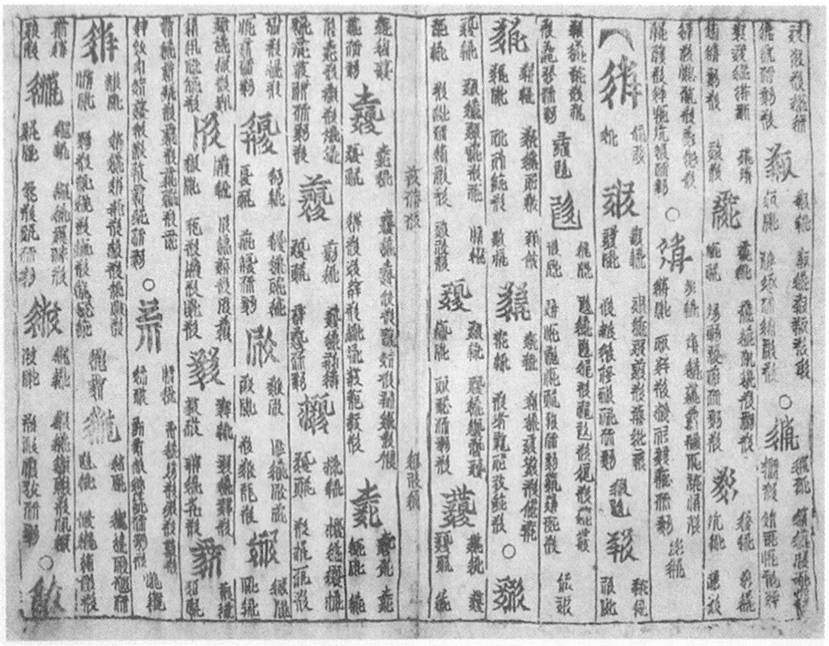

图 16　西夏文韵书《文海宝韵》

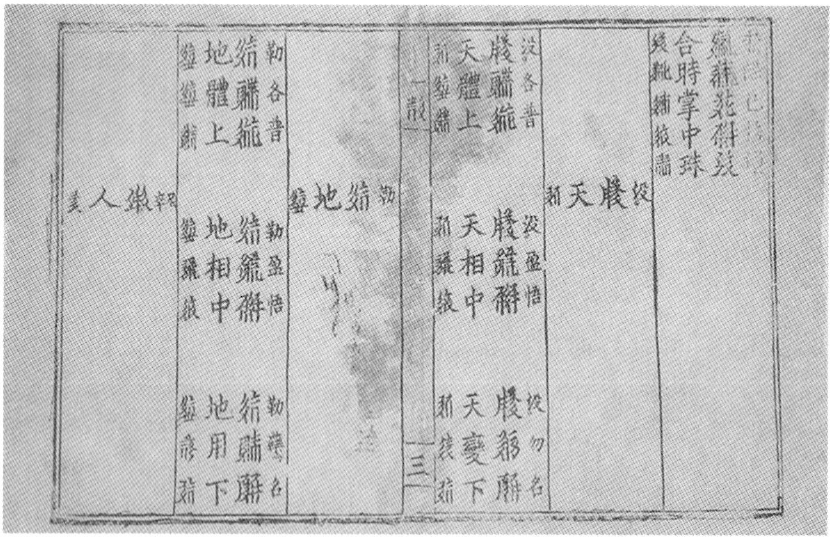

图 17　双语双解词语集《番汉合时掌中珠》

西夏文的创造适应了当时党项族对文字的实际需求，对促进西夏社会政治、经济的发展，繁荣民族文化，加速当时各民族之间的交往都起了重大的作用。

① 史金波：《西夏古籍略说》，《传统文化与现代化》1996 年第 3 期。

2. *发展汉学*

西夏是多民族王朝，这里早有先进的汉族文化。汉文文献记载，西夏创制文字后首先翻译的文献主要是儒家典籍《孝经》《尔雅》《四言杂字》。䶮都五年（1061）向宋朝求儒家书籍：《九经》《唐史》《册府元龟》及宋正至朝贺仪，宋朝赐给《九经》。西夏早期就正式向宋朝求索《九经》等儒家经典，说明西夏统治者意图在境内张扬儒学。而作为有儒学传统、以儒学治国的中原王朝也乐得赐予，这既是友好往来，又可对“外蕃”宣扬教化。

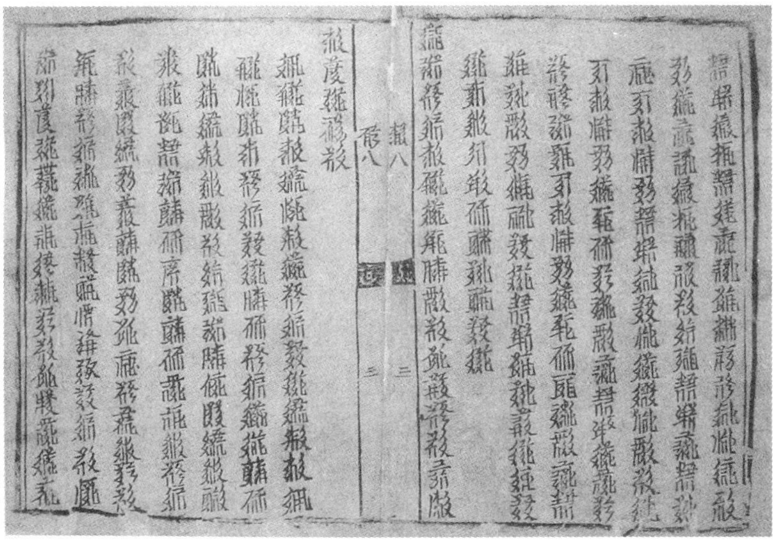

图 18　西夏文刻本《论语》

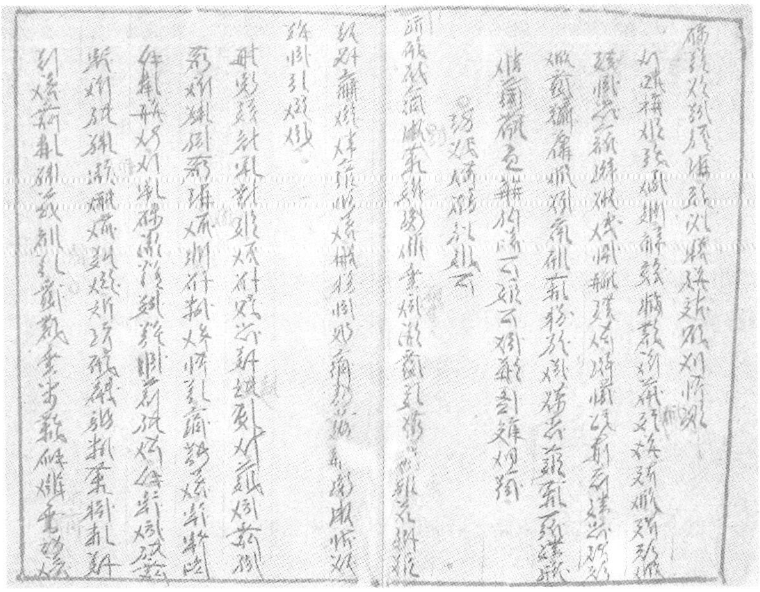

图 19　西夏文草书《孝经》

通过上述西夏翻译的儒学典籍，西夏多方面可知多方面继承和发展了中原传统文化。其字典、辞书受中原小学类书籍的影响，如《说文解字》和《广韵》等，法律著作受《唐律》、《宋刑统》的影响。西夏还直接将汉文的主要典籍译为西夏文，如前述经书、史书、兵书、类书等。

3. 先进的印刷术

西夏有发达的印刷业。西夏刻本书籍十分丰富，数量很大、种类繁多。西夏刻本书籍反映着西夏印刷的总体水平，是西夏文化发达程度的重要尺度，同时也反映出中国中古时期雕版印刷事业的水平和重要特点。因此，西夏刻本书籍越来越多地受到版本学专家和印刷史专家的高度重视。西夏刻本书籍从文字种类分有西夏文、汉文和藏文三类。

给我们惊喜的是发现西夏时期的藏文刻本。关于藏文雕版印刷时间，过去认为最早的记录为 14 世纪初，是明代永乐版大藏经《甘珠尔》开创了藏文木刻印刷大藏经之先例。然而在我们整理俄藏黑水城文献时发现了其中有多种藏文刻本。这些刻本使我们见到早期藏文刻本。这些藏文雕版文献发现于西夏的故城，它们却反映着当时、当地的藏族文化。更为重要的是它们是 12—13 世纪藏文印刷品，比永乐版藏文大藏经要早两个世纪，反映了藏文早期印刷出版的特点。由此可见，藏族也较早地应用了雕版印刷技术，与西夏文、汉文雕印出版书籍相映生辉。其中有藏文蝴蝶装文献，蝴蝶装应用于横写的藏文书籍，是西夏时期藏族文化一项有特色的创造，在中国印刷出版史上独树一帜。[①]

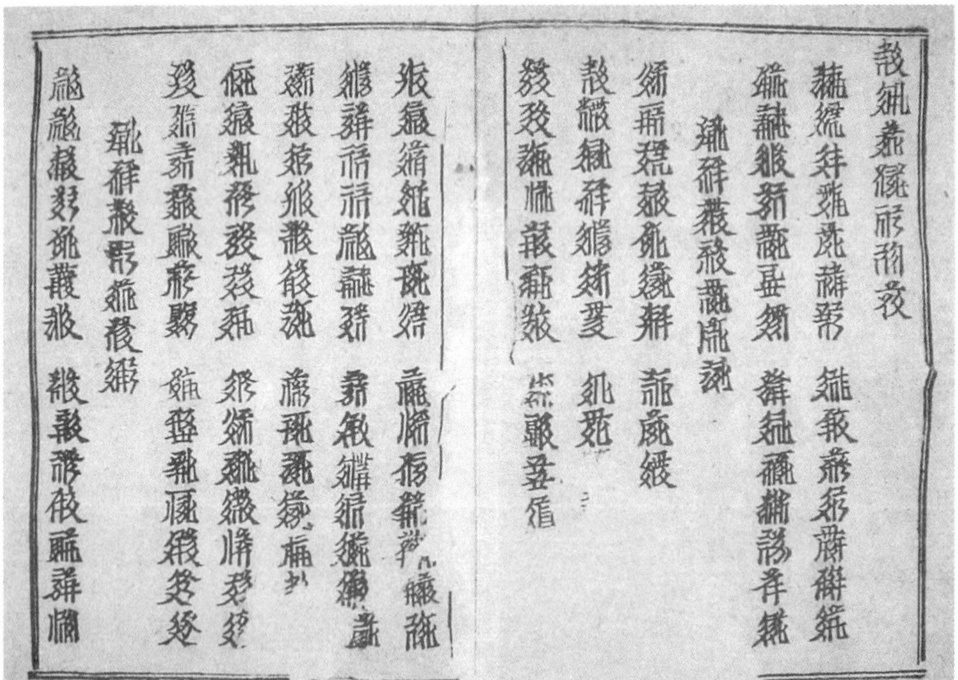

图 20　西夏文活字印本《三代相照言集文》

① 史金波：《最早的藏文木刻本考略》，《中国藏学》2005 年第 4 期。

更值得提出的是西夏的活字印刷。中国早在 11 世纪就由伟大的发明家毕昇创造了活字印刷术。这一发明是世界印刷史上划时代的里程碑。在南宋和元代有使用毕昇泥活字方法印刷书籍的记录。但遗憾的是，这些早期活字印刷品都没有保存下来，后世难以见到早期的活字印刷品。毕昇发明活字印刷后，西夏活字印刷的应用出现了繁荣的局面。目前在已经出土的西夏文文献中发现了十多种西夏文活字印刷品。这些是世界上最早的活字印刷品。西夏活字印刷已成为政府行为，在一部佛经题款有“御前注补印活字都案头监”，证明政府机构中的工院已经管理活字印刷，这说明西夏的活字印刷有了一定的规模，有了不容忽视的地位。①

近年来又在黑水城出土文献中发现了汉文历书，考证得知这是《西夏光定元年（1211）辛未岁具注历》，应是皇建元年（1210）印制，这些历书残页还是目前所知最早的汉文活字印本，在中国活字印刷史上占有重要地位。②

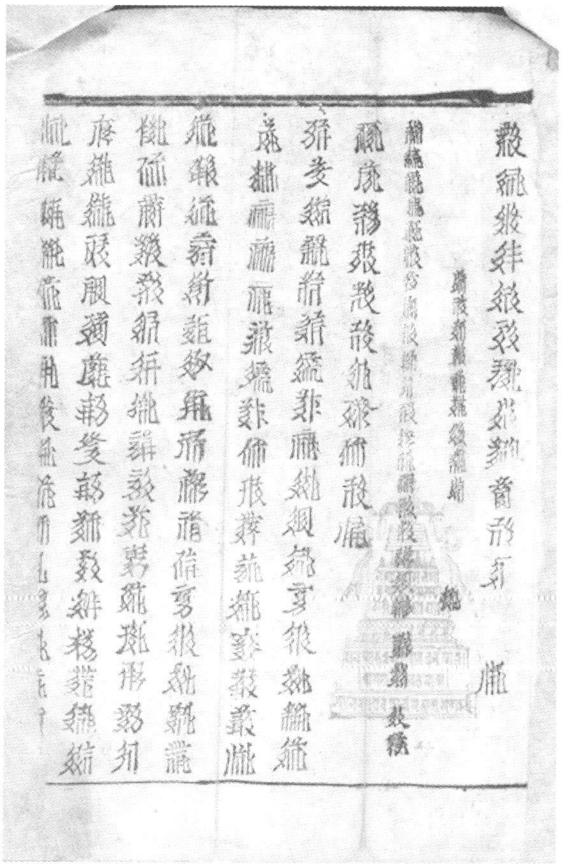

图 21　西夏文泥活字印本《大方广佛华严经》卷第七十一

① 史金波、雅森·吾守尔：《中国活字印刷术的发明和早期传播——西夏回鹘活字印刷术研究》，社会科学文献出版社 2000 年版。

② 史金波：《黑水城出土活字版汉文历书考》，《文物》2001 年第 10 期。

（四）佛教信仰

西夏不仅是一个多民族王朝，也是一个多种宗教流行的国度。党项人原来是自然崇拜和鬼神信仰，巫术流行。西夏建国前后，统治者大力提倡佛教，佛教成为西夏最主要的宗教。同时也有道教流传，形成以佛教为主，佛教与道教、原始宗教并存的局面。

佛教是西夏社会信仰的主流。西夏统治者率先接受佛教，并推动它迅速发展。西夏统治者把"佛"当作精神统治的重要支柱之一。西夏文"佛"字，《文海》解释为"人贯三界"，文字构成左部为"人"意，右部三横，以一竖贯穿，表示贯穿三界。其构思可能受汉字"一贯三为王"的影响。

图22 西夏文"佛"字

在中古时期，地处西北的西夏佛教隆盛，刹寺林立，僧人众多，经书无数，法事不断，在佛教发展上有很多新的创举，在中国佛教史上占有重要地位。

1. 翻译佛经

汉文记载西夏前期三朝陆续到宋朝求取大藏经，自宋天圣八年十二月（1031）至宋熙宁五年十二月（1073）历经40多年先后6次赎取大藏经，应是开宝藏。赎经的目的一是供养，二是翻译成西夏文。清代文献《西夏书事》记载：元昊"至是，于兴庆府东一十五里役民夫建高台寺及诸浮图，俱高数十丈，贮中国所赐大藏经，广延回鹘僧居之，演绎经文，易为蕃字。"① 因其无出处，不知记载是否属实。出土的在西夏人撰写的《妙法莲华经序》中有这样的记载："此后，风角城皇帝，以自国语言，兴起蕃礼，创造文字，翻译经典，武功出众，德行殊妙，治理民庶，无可比喻。"② 风角城皇帝即是元昊，证明《西夏书事》记载有本。

用西夏文翻译佛经是西夏佛教的一大特点。但西夏究竟怎样译经？用了多少时间？翻译了多少经典？汉文没有详细记录。宁夏灵武出土的西夏文《过去庄严劫千佛名经》发愿文中记有西夏自立国伊始便开始组织翻译佛经，仅用了53年就译完汉文大藏经的主要经典，

① 《西夏书事》卷18，清道光五年（1825）刊本。

② 史金波：《也谈西夏文字》，《历史教学》1980年第11期。

共译经362帙、812部、3579卷，称为西夏文大藏经。[①] 而由梵文译为汉文大藏经用了差不多一千年的时间。西夏文大藏经的翻译速度堪称翻译史上惊人的创举。

宁夏灵武出土、藏于国家图书馆的西夏文佛经中有一幅西夏译经图，形象地反映了西夏惠宗时期译经的场面。图中刻僧俗人物25身，有西夏文题款12条计63字，记图中主要人物的身份和姓名。上部正中的高僧为“都译勾管作者安全国师白智光”，即译场主译人，旁列16人为“助译者”，其中8僧人分别有党项人或汉族人名题款。图下部人身较大者，左为“母梁氏皇太后”，右为“子明盛皇帝”，即西夏惠宗秉常。此图形象地描绘了西夏时期译经的独特场面和皇太后、皇帝亲临译场的生动情景，是世上现存唯一一幅译经图。[②]

图23　西夏译经图

① 史金波：《西夏文〈过去庄严劫千佛名经〉译证》，《世界宗教研究》1981年第1期。

② 史金波：《西夏译经图解》，《文献》（第一辑），书目文献出版社1979年版。

2. 封设帝师

以前都认为，封藏族高僧为帝师的制度是从元朝世祖忽必烈至元七年（1270）封八思巴为帝师开始。现有确切资料证明西夏首先封藏族佛教大师为帝师，目前已知的五位西夏帝师有：波罗显胜帝师、慧宣帝师、大乘玄密帝师、真国妙觉寂照帝师、新圆真证帝师。这是中国最早的一批帝师。其中前三位帝师是从新发现的汉文、西夏文文献中发现的。① 后两位帝师是在西夏人编辑、流传至今的汉文佛经中发现的。② 五位帝师未在同一传作的文献中出现过。可能西夏王朝同时只封一位帝师，帝师圆寂后，再封一位帝师。这些说明西夏的帝师之设已经制度化。这种封藏族高僧为帝师的制度对以后元朝从世祖开始各代皆封藏族僧人为帝师显然有直接影响。西夏的帝师制度的发现，改写了中国佛教史上封设帝师的记录，是中国佛教史上的重要一页。

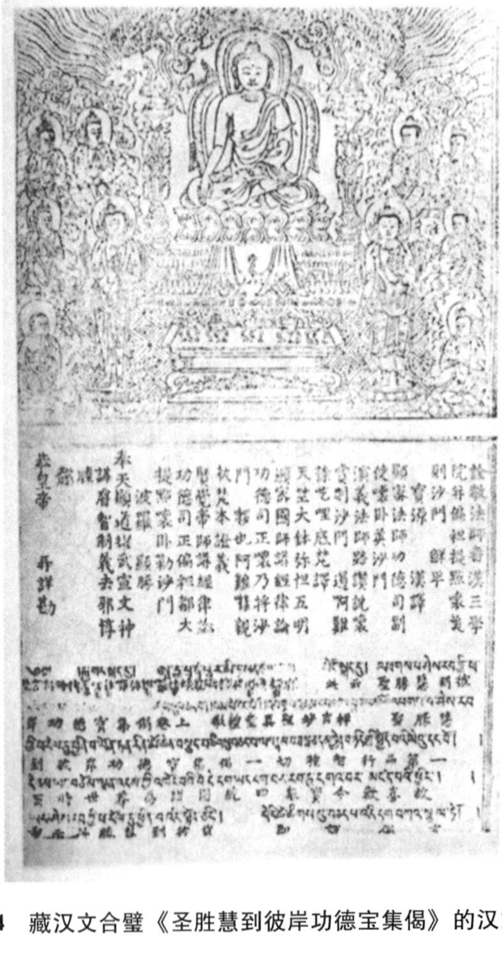

图24　藏汉文合璧《圣胜慧到彼岸功德宝集偈》的汉文题款

---

① 罗炤：《藏汉合璧〈圣胜慧到彼岸功德宝集偈〉考略》，《世界宗教研究》1983年第4期；俄罗斯圣彼得堡东方学研究所手稿部藏黑水城出土文献 Инв. No. 598、6761、7165、6778、5989、7196、6213、816。

② （元）一行慧觉录：《大方广佛华严经海印道场十重行愿常遍礼忏仪》卷42。

3. 藏传佛教的传入

现在我们都知道，西夏除主要吸收中原佛教外，对藏传佛教也兼收并蓄。这种知识从哪里得来呢？汉文文献记载了西夏从中原地区接受佛教，求赐佛经。西夏接受、发展藏传佛教，更多的是从出土的文献和文物中了解到的。

首先，黑水城出土的西夏文文献中有大量藏传佛教经典，此外还有数百件藏传佛教绘画。此外，莫高窟、榆林窟中众多的西夏洞窟中，晚期洞窟则带有浓厚的藏传密宗色彩，这也证明了藏传佛教在西夏后期影响较大。此外，西夏境内的酒泉文殊山、肃北五个庙、永靖炳灵寺、玉门昌马下窟、裕固马蹄寺、武威天梯山、宁夏固原须弥山等石窟中，也有藏传佛教的遗迹。在建筑方面也可看到很多典型的、融合藏式的佛教建筑。可以说西夏藏传佛教遗物遍布西夏地区。

图 25　拜寺口双塔出土藏传佛教上乐金刚图

西夏后期由于藏传佛教地位的提高，吐蕃僧人的地位也显著上升。在西夏的佛经发愿文中提到读诵经典和度僧时，都把西番放在番、汉之首。另仁宗时在大度民寺所做大法会上，同时诵读西番（即藏文）、番、汉藏经，把西番经列于首位，表明吐蕃佛教势力已占相当重要的地位。

西夏封设的帝师也是吐蕃族僧人，这就更加提高了藏传佛教和吐蕃人的地位。有的寺庙中还设有管理吐蕃僧人的官员。如凉州重修护国寺感通塔碑西夏文碑铭中记有"感通塔下羌汉二众提举赐绯和尚臣王那征遇"的职称和人名，可知该塔寺中有羌（吐蕃）族僧人和汉族僧人。

此后宁夏、甘肃、内蒙古出土的有关藏传佛教的佛经、绘画，使西夏藏传佛教的内容更为丰富。应该说，没有新发现的文献、文物资料，我们不可能知道西夏的藏传佛教如此发展。①

图 26 黑水城出土西夏藏传佛教坛城木版画

① 史金波：《西夏的藏传佛教》，《中国藏学》2002 年第 1 期。

后来专家们也在藏文文献中找到了不少有关西夏与藏传佛教噶玛噶举派、萨迦派都有密切往来资料。西藏噶玛噶举派高僧都松钦巴（1110—1193），是该派的初祖法王，他很受西夏仁宗皇帝的崇敬。仁宗遣使入藏专程迎请，都松钦巴派遣弟子藏索格西来到西夏。藏索被西夏王尊为上师后，组织力量大规模翻译佛经，很受宠信。后来，都松钦巴所在拉萨附近堆龙德庆创建有名的楚布寺建白登哲蚌宝塔时，西夏仁宗又献赤金璎珞及幢盖诸种饰物。[①]

在藏传佛教东传过程中，西夏有举足轻重的地位。蒙古统治者占领西夏后，宗王阔端受封于西夏故地，坐镇凉州，经营吐蕃。他召请吐蕃最有影响的萨迦寺主萨迦班智达及其两个侄子八思巴等来凉州，议定吐蕃归附蒙古大事。会谈地点凉州是藏传佛教信仰影响很大的西夏故地，阔端在这里了解到藏传佛教的影响，以及西夏统治者利用藏传佛教的情况。会谈的成功确立了蒙古对吐蕃的统治，也确认了藏传佛教的地位，使藏传佛教在西夏传播的基础上得以继续向汉地和其他地区传播。

图 27　凉州蒙藏会谈地址——武威白马寺遗址

（五）艺术

过去汉文文献对西夏艺术基本没有记载，也见不到西夏的艺术品。我们第一次较多地了解西夏的艺术品始自 20 世纪 60 年代对敦煌西夏洞窟的调查。1964 年由中国科学院民族研

① 黄颢：《五十年来国内藏学家有关西夏的研究》，《国家图书馆学刊》（西夏研究专号）2002 年增刊。

究所和敦煌文物研究所共同组成敦煌洞窟西夏调查研究小组，对敦煌莫高窟、安西榆林窟的西夏洞窟重新进行系统考察，由常书鸿、王静如教授主持，宿白教授做顾问，我也有幸参加此次调查。经过3个月的实地考察，对相关洞窟从文字题记到艺术风格进行科学记录和研究，最后将原来认为莫高窟、榆林窟只有几个西夏洞窟改定为80多个西夏洞窟，大大改变了对洞窟布局的认识。这是把西夏考古、艺术、文字、史料结合在一起的一次成功的研究尝试。调查的结果是大批西夏艺术品展现在世人面前。此后又有黑水城出土的西夏绘画、雕塑品的刊布，西夏陵的发掘，琳琅满目的西夏艺术品使我们尽览西夏艺术的风采。

图28　榆林窟第3窟《普贤变图》

1. *绘画*

莫高窟、榆林窟西夏洞窟中有大量壁画。如榆林第3窟西夏壁画中的大铺《文殊变图》《普贤变图》都是精美的绘画艺术作品。《普贤变图》中部普贤菩萨手持经卷，半跏趺坐于六牙白象背的莲座上，神态安详沉静，仪表风度雍容华贵，白象四足皆蹬莲花。上部峨眉山山峰层峦叠嶂，亭台楼阁掩映；下部有梵天、天王、菩萨、罗汉等十余人，姿态各异，栩栩如生。图画布局严谨，人物生动，是西夏晚期绘画的优秀代表作品。左侧有唐僧取经图，唐僧隔水向普贤菩萨合十礼拜，牵白马的孙悟空立于身后，是长途跋涉的形象，白马背上驮着取回的佛经。这是中国现存最早的有唐僧、孙行者形象的图画。[1]

图 29 《普贤变图》中的唐僧取经图

2. 雕塑

西夏陵园的碑亭遗址陆续出土了七座人像石碑座。这种石碑座近似正方体，每边长 60 厘米左右。石座为圆雕人像，一男性面部浑圆，颧骨高突，粗眉上翘，双目突出，鼻梁短粗，獠牙外露，下颚置于胸前，胸有肚兜，肩与头齐，肘部后屈，双手抚膝，下肢屈跪，背部平直。雕像以夸张的手法表现了负重者的神态，表达出一种超乎现实的非凡精神，产生出强烈的艺术感染力，反映了西夏雕塑的民族特点。人像石座也有女性人像。

黑水城出土的西夏艺术品中也有一批泥塑。其中最引人注目的是一尊分身佛像。这种表

① 汤晓芳主编：《西夏艺术》，宁夏人民出版社 2003 年版。

图 30 西夏陵出土的男性人像石碑座

现佛教灵瑞、满足虔诚信徒愿望的故事曾被画在敦煌壁画上，但以塑像艺术形式表现，则此尊西夏分身彩塑佛像是目前所仅见。此像高 62 厘米，佛身披袈裟，肩上有两佛头，佛面丰满慈详，气度非凡，肩下有四臂，两臂在胸前合十，另两臂向左右下方伸展，虽是双头四臂的特殊人物造型，但身形自然，显得可亲可近。黑水城出土的绘画品中有大量具有藏传佛教风格的唐卡，多为浓墨重彩，色调深沉，反映了藏传佛教密宗唐卡风格。如《十一面八臂观音像》，观音端坐在正中莲花座上，11 种面孔分别表示出慈悲相、愤怒相，最顶上一面则为佛面。图上部有 5 身坐佛像，左右和下方分格画有 8 幅图像作为中心观音像的陪衬。①

图 31 黑水城出土彩塑分身佛像

图 32 《十一面八臂观音像》

① 史金波：《西夏文物的民族和宗教特点》，《中国历史文物》2005 年第 2 期。

3. 音乐

西夏各民族能歌善舞。《西夏法典》记载，西夏政府中设“番汉乐人院”，是专门管理音乐舞蹈的机构，分为番乐人院、汉乐人院。①

西夏敦煌莫高窟、安西榆林窟的西夏壁画中，演奏音乐的形象多是在优美的舞蹈动作下进行。如莫高窟第400窟《西方净土变》和《东方药师变》中各有8童子伎乐，每人各持一种乐器，或吹，或弹，或击，或奏，呈八字形排列，各有舞姿，天真活泼，表现了舞乐的热烈、欢乐气氛，反映出当时西夏的舞蹈水平。

西夏汉文本《杂字》“音乐部第九”有关于舞蹈的词，如“舞绾”、“柘枝”、“曲破”、“八佾”等都是舞蹈名称。②

党项民族素有爱好音乐的传统，他们使用的乐器有琵琶、笛、箫等，以击缶为节。唐僖宗时赐给党项首领拓跋思恭全套鼓吹，共有三驾。元昊时期改革音乐，“革乐之五音为一音”，使之简约。仁宗于人庆五年（1148）使乐官李元儒采用中原乐书，参照西夏制度，修订乐律，使西夏音乐吸收了更多中原音乐的养分。

在西夏一些人能直接用汉语唱歌。北宋的著名政治家沈括在陕西为边帅时，曾作过几十首歌，让士兵传习歌唱，其中有“万里羌人尽汉歌”之句。宋朝著名诗词作家柳永的歌词也传到了西夏，宋人叶梦得说：“余仕丹徒，尝见一西夏归朝官云：‘凡有井水处，即能歌柳词。’”③ 宋元丰六年（1083），宋神宗召见宋夏边境米脂寨投降的党项乐人，并让他们在崇政殿奏乐。

西夏音乐并未因西夏的灭亡而终止。元世祖忽必烈时在西夏进士高智耀的推引介绍下，“征用西夏旧乐”，称为河西乐。在黑水城遗址发现了金朝的汉文本《刘知远诸宫调》唱本，系金刻本传入西夏，可能西夏也传唱诸宫调。

（六）风俗习惯

汉文文献中对西夏的风俗有些记载，如婚俗、占卜等，主要是从汉族的角度做一些猎奇的记载，并未全面地、真实地反映西夏的风俗。西夏文文献则比较全面地记录了西夏的风俗习惯。以下只提西夏婚俗和葬俗。

1. 婚俗

《旧唐书》记载党项族“妻其庶母及伯叔母、嫂、子弟之妇，淫秽烝亵，诸夷中最为甚，然不婚同姓”。已经步入封建社会的西夏，主体婚姻观念已发生变化，属封建思想体系，盛行父母包办婚姻，买卖婚姻。

西夏保留着姑舅表婚的习俗。这种婚姻习俗在很多民族中，包括汉族都实行过。西夏《天盛律令》中没有对姑舅表婚规定限制，在实际生活中甚至还在提倡，这种婚姻形式在西夏社会还有生命力。西夏习俗中对甥舅的特殊关系仍十分重视。从西夏语言、文字中也可以证明西夏姑舅表婚的存在。西夏文中的“为婚”二字中，第一字以“男”、“娶”二字合

① 《天盛改旧新定律令》第十“司序行文门”，第366—374页。

② 史金波：《西夏汉文本（杂字）初探》，《中国民族史研究》第二集，中央民族学院出版社1989年版。

③ （宋）叶梦得：《避暑录话》卷3，商务印书馆1959年版。

成，第二字以“女”、“嫁”二字合成，两字共同组成“结婚”一词。在语音上第一字与西夏语中的“舅”同音，第二字与“甥”同音。也就是说，在西夏语中“舅甥”和“结婚”两词在语音上完全相同。[①]

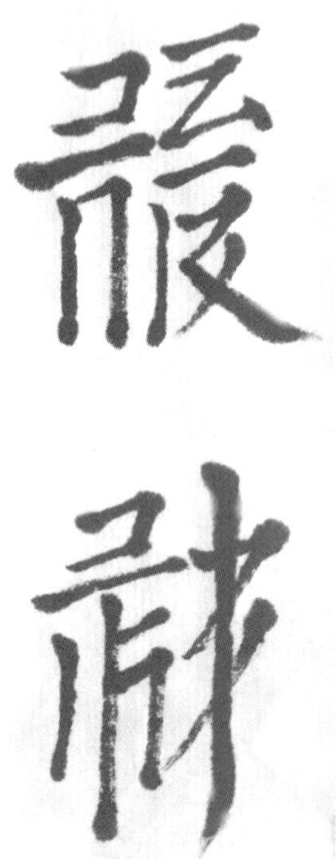

图33 西夏文“为婚”、“舅甥”

这种特殊的构词现象，证明在党项族社会中舅甥关系就是一种必然的姻亲关系，外甥娶舅舅的女儿为妻是当时社会约定俗成的婚姻制度。西夏景宗元昊的生母和他本人的第一个妻子都姓卫慕氏，因此元昊所娶卫慕氏也应是他舅舅的女儿。又如毅宗谅祚，其母没藏氏，他本人娶其舅父没藏讹庞之女为妻。惠宗秉常，其母梁氏，他本人娶其舅父梁乙埋之女为妻。这些都是西夏党项族实行姑舅表婚的典型例证。皇室的姑舅表婚对社会上维持这种带有近亲结婚婚姻形式，起到了倡导和强化的作用。黑水城出土的户籍中，两户有婆媳关系，其中一户女性大人二人，是户主的母亲和妻子，她们都姓庞清氏。即婆、媳同姓，婆母是儿媳的姑母，户主的岳父是其舅父。这是西夏盛行姑舅表婚的真实反映。

西夏主要实行一妻一夫制，也存在一夫多妻现象，并且在西夏法典中有明确反映。《天盛律令》中规定应服三年丧服的亲属中，有子对父母，还有子对庶母。又多处提到“同居庶母”，可见西夏的一夫多妻、妻妾并存的现象是合法的。统治阶层中往往有多妻现象。李德明娶三妻，元昊共七妻。仁宗时的晋王察哥，“年已七十余，犹姬妾充下陈”。黑水城出土的户籍中，户主梁吉祥势、千玉吉祥皆有两名妻子，更是明显的一夫二妻。[②] 这种婚姻关系在平民中也得到证实。

历史上不少民族有抢婚习俗，这是原始婚俗的表现，在20世纪50年代以前中国的一些少数民族还保留着抢婚习俗。西夏进入封建社会，抢婚现象已不被社会所容纳，但抢婚事件时有发生。因此政府不得不在法律中明确规定对抢婚行为给予处罚和惩治。

2. 葬俗

党项族早期的葬俗，《旧唐书》记载：党项人“死则焚尸，名为火焚。”[③] 十分简略。汉文文献记载西夏皇帝有陵号，统治者和平民如何葬法，皆不清晰。考古发现表明，西夏时期保存着火葬。党项民族火葬习俗和佛教的火化融为一体，构成了西夏火葬的形式。西夏又有土葬，或者形成火葬和土葬相结合的葬俗。西夏皇帝墓地后来发展成规模宏大的陵园，西夏诸帝及其大臣们便埋葬于此。西夏陵园内有9座帝陵，还有大量土葬墓冢，证明西夏皇帝、贵族都实行土葬。西夏陵区分布在西贺兰山东侧山峦岗阜之下，南北长10公里，东西宽5公里，总面积约50平方公里的范围内，构成一个完整的陵区建筑群体。现存帝陵9座，陪葬墓250余座，

① 史金波：《西夏语的“买”“卖”和“嫁”“娶”》，《民族语文》1995年第4期。

② 史金波：《西夏户籍初探》，《民族研究》2004年第5期。

③ 《旧唐书》卷198《党项羌传》。

陵邑遗址 1 处，还有专为陵区烧制建筑材料的砖瓦窑址和石灰窑址数十座。

从《天盛律令》规定可知西夏有直接埋尸体的土葬。[1] 在提及不准损毁地墓、陵、立石、碑记文等时规定：“损坏棺槨而至尸则徒八年”，又有“死人未送往地墓中，暂停放尸，放置时动手损毁，则当比于地墓上动手诸罪行减一等”，表明西夏有普通的土葬。甘肃武威发现两座砖室西夏墓，墓中无尸骨，葬具是木缘塔。武威西郊响水河煤矿家属院又发现西夏双人合葬墓，也无尸骨，墓中有木制灵骨匣两具，皆为寿棺状，应也是火葬后再行土葬。从《天盛律令》规定不准损坏墓地，可知西夏有直接埋尸体的土葬。近年宁夏文物考古研究所发掘了位于银川东南的闽宁村西夏墓，8 座墓中 3 座是土葬墓，5 座是人骨经火化后葬埋的火葬墓。

图 34　西夏陵

图 35　闽宁村西夏墓

① 《天盛改旧新定律令》卷三“盗毁佛神地墓门”，第 184—185 页。

3. 服饰

西夏在元昊即位之初，立国之前就效法中原地区的服饰制度，规定西夏文武官员衣着，并指出："民庶青绿，以别贵贱"①，记载简约。西夏王朝和其他王朝一样，服饰因行业不同、男女老幼的差别、季节变化而有多种多样，丰富多彩。此外，服饰还带有浓厚的政治色彩，在社会中起着别等级、明贵贱的功用，各阶层有不同的服饰。西夏的出土文献表明，统治者的服饰规定复杂，西夏文类书《圣立义海》第八卷主要内容是西夏服装，其目录有"皇太后、皇帝法服，皇后法服，太子法服，嫔妃法服，官宰法服，朝服，常服，时服"②。

图 36 《观音菩萨图》中女供养人

图 37 酿酒妇女服饰

西夏也和其他王朝一样，对服饰发出禁令。如《天盛律令》对西夏官员、僧道、民庶的服饰作出了严格限制，特别明令禁止使用是皇帝专用的衣服颜色、特殊的装饰花样和贵重饰物，违者处以徒刑。《天盛律令》在穿戴上对包括亲王（节亲主）在内的官员除禁某些颜色外，还禁止一团身龙等纹饰，这种纹饰只有西夏皇帝才可使用。③

这一规定对理解有争议的敦煌莫高窟第409窟供养人的身份可能有所助益。该窟东壁门

① 《宋史》卷485《夏国传上》。

② 克恰诺夫、李范文、罗矛昆：《圣立义海研究》，宁夏人民出版社1995年版，第48页。该书李范文专论中将目录的"服"多误译为"藏"，如"皇太后、皇帝法藏、皇后法藏、太子法藏、嫔妃法藏、官宰法藏、界服，勤藏，常藏"。见第29页。

③ 《天盛改旧新定律令》卷七"敕禁门"，第282页。

南有一等身男供养人，身穿圆领窄袖袍，上可见绣大型团龙 11 幅，若按对称原则计数，至少有 12 幅团龙。有的专家认为是西夏王，有的则认为是回鹘王。依据《天盛律令》的上述规定，对此有一身团龙的供养人看作是西夏皇帝顺理成章。西夏管辖敦煌近两个世纪，在敦煌莫高窟修建或重修数十个洞窟，在其中绘制皇帝的供养像应可理解。到目前为止尚未见到回鹘可汗穿龙袍的文献记载和形象资料，也未见到有关回鹘王国有关团龙纹样服饰的规定。如果在西夏管辖下回鹘王供养人穿着有团龙图案服饰出现在洞窟中则是明显僭越举动，是不大可能的。若是西夏尚未管辖沙州时回鹘王的供养人，在后来西夏管理沙州漫长的岁月中，西夏的统治者对这种明显僭越的壁画，也不会容许它存在。西夏重新装修大批洞窟，对这种在西夏管辖区的违规犯法的冒犯皇帝的壁画，一定会毁弃重修。因此是否应将此供养人视为西夏皇帝。

图 38　莫高窟第 409 窟西夏皇帝供养像

三　西夏社会的特点

最后，简要地概括一下西夏社会的特点。

1. 各民族势力大体均衡的多民族社会。西夏是一个多民族的王朝，党项族虽位居主体，在政治上、军事上占有优势；但汉族人数很多，在经济、文化方面占有优势，掌握先进生产力、熟悉先进社会方式；藏族和回鹘在西夏虽势力较弱，但在宗教的传播、发展和牧业上也有优势可言。这种各有特点和优势的民族格局，使各民族的综合力量保持了大体的相对均衡。

2. 带有前封建社会残余的封建社会。西夏地区在党项族进入前早已是成熟的封建社会，党项族开始仍保留着原来的面貌，随着时间的推移，也逐步接受了封建社会制度。然而迅速封建化的西夏社会，还保留着部分的奴隶制残余。西夏社会的使军和奴仆没有完全的人身自由，他们及其家属地位低下，不在庶人之列，可以被主人买卖，使军要当兵打仗，但不能做正军。然而他们又有自己的牲畜、财物、土地等，这增加了西夏社会关系的复杂性。

3. 具有创造性的多元复合文化社会。西夏地区自然条件复杂，居住民族多样，原来的社会基础不同，使西夏成为多元文化共存的王朝。西夏境内多层次文化相互影响、相互交织、相互渗透，形成了你中有我，我中有你的混合状态，创造出有特色的多元复合文化社会。

西夏时期的武威*

武威，历史上也称凉州、西凉、姑臧。它作为中国西部的大城市已有两千余年的历史，公元4—5世纪时武威已是河西政权的国都。在中国历史文化名城中武威是西部最大的城市。武威随着中国政治局势的演进，其地位也在不断变化。在11—13世纪的西夏时期，武威又有了新的发展，创造了当地历史辉煌的篇章。

一 地位

西夏时期在东部、南部地区多与宋、辽、金摩擦、争战，但在河西走廊一带却相对平静，较少发生大规模的战争，成为西夏的战略大后方。其中凉州是西夏西部的战略重心。

（一）武威的战略地位——凉州府、监军司、经略司

武威是一个多民族地区。宋初，汉族、党项族、藏族、回鹘势力在武威地区我进你出，此消彼长，争夺激烈。早在真宗咸平六年（1003），党项族首领李继迁就曾率兵攻陷宋西凉府，宋朝知凉州丁惟清战死。① 后吐蕃、回鹘又拉锯式地你来我往。

20多年后势力不断上升的党项族统治者率军占领凉州。② 自此，凉州由西夏统治近两个世纪。凉州对西夏具有重要战略意义。出生于河州（今甘肃省临夏）、官为宋朝知熙州（今甘肃省临洮）的范育对凉州的地位很了解，他曾上奏宋神宗："臣观夏贼之为国，自奄有西凉，开右厢之地，其势加大。"③ 清初沿革地理学家顾祖禹论及凉州时说："唐之盛时，河西、陇右三十三州，凉州最大。土沃物繁而人富乐。其地宜马。唐置八监，牧马三十万匹。汉班固所称凉州之畜为天下饶，是也。西夏得凉州，故能以其物力侵扰关中，大为宋患。然则凉州不特河西之根本，实秦陇之襟要矣。"④ 另一清代史学家《西夏书事》的作者吴广成

---

* 原刊于《西夏学》第七辑，上海古籍出版社2011年版，第1—11页。

① （宋）李焘《续资治通鉴长编》卷55，真宗咸平六年（1003）十一月甲子条。

② 《续资治通鉴长编》卷111，仁宗明道元年（1032）十一月壬辰条，论及攻陷凉州事时认为"西凉府亦必元昊自拔之"，"《实录》、正史载此事不详"，未定具体时间。一说为宋天圣六年（1028），德明遣子元昊攻拔甘州时取凉州。

③ 《续资治通鉴长编》卷460，哲宗元祐六年（1091）六月丙午条。

④ （清）顾祖禹：《读史方舆纪要》卷63"陕西十二·凉州卫"。

也论及西夏“立国兴、灵，不得西凉，则酒泉、敦煌诸郡势不能通，故其毕世经营，精神全注于此。”①

西夏在各重要地区设置监军司，以为军事攻防区划。据文献记载，西夏前期并无在这里设监军司的明确记载。宋景祐二年（西夏广运二年，1035）元昊“置十二监军司，委豪右分统其众”，河西一带有“右厢甘州路三万人，以备西蕃、回纥”②，并未提到凉州。《宋史》逐个计数西夏左右十二监军司名称：“曰左厢神勇、曰石州祥祐、曰宥州嘉宁、曰韦州静塞、曰西寿保泰、曰卓啰和南、曰右厢朝顺、曰甘州甘肃、曰瓜州西平、曰黑水镇燕、曰白马强镇、曰黑山威福。”③ 这里监军司分为两组，每组六监军司，两组第一个监军司不似其他监军司那样有地名：左厢神勇、右厢朝顺，这应是左右两厢领头的监军司。据其地位、地望分析，左厢神勇似应为灵州，右厢朝顺应在凉州。前引范育言“自奄有西凉，开右厢之地”，可作为右厢即凉州的佐证。看来凉州始终是西夏西部的中心重镇。

西夏天赐礼盛国庆四年（1073）五月，西夏为加强防御，修凉州城。④ 大安九年（1082）西夏在永乐之战大败宋军，在胜利的气氛中又图谋新的进取，第二年集中全国的兵力采取更大规模的军事行动，对此宋朝也得到情报，宋神宗给边将下诏：

> 诏沈括、李宪、苗授：“据环庆路经略司奏，蕃官阿齐言：‘夏国母自三月初点集河南、西凉府、啰庞界、甘、肃、瓜、沙，十人发九人，欲诸路入寇，人马已发赴兴州。’”⑤

可见当时西凉府已是西夏进攻内地、点集人马的重要基地之一。

汉文史籍对西夏时期的记载不多。从近代出土的文物、文献中更可以看到武威的地位。张澍先生发现的凉州重修护国寺感通塔碑碑铭中有“大夏开国，奄有西土，凉为辅郡，亦已百载”。这是西夏崇宗天祐民安五年（1094）重修此塔寺时的记载，距西夏建国已逾半个世纪。“凉为辅郡”证明当时凉州的地位很高。碑文又记载：“武威当四冲地，车辙马迹，辐辏交会，日有千数”，描述了当时凉州的交通枢纽地位和繁华情景。

后来武威（𗖵𗑠）在西夏地位又有新的提升。据西夏仁宗时的西夏法典《天盛改旧新定律令》（以下简称《天盛律令》）记载，不仅将中兴府、大都督府、西凉府同列为仅次于中书、枢密的次等司⑥，而且表明凉州还设有经略司。《天盛律令》载西夏有东南经略使、西北经略使。经略使是经略司的最高长官。经略司是在京师以外，主管若干州郡军民事务的衙门，比中书、枢密稍低，而大于诸司。

根据当时西夏大城市的所在位置和重要地位，可以确定东南经略司在西夏首都中兴府南

---

① （清）吴广成：《西夏书事》卷11，清道光五年（1825）刊本。

② 《宋史》卷485《夏国》上。

③ 《宋史》卷486《夏国》下。

④ 《续资治通鉴长编》卷244，神宗熙宁六年（1073）四月丁酉条。

⑤ 《续资治通鉴长编》卷326，神宗元丰五年（1082）五月辛卯条。

⑥ 史金波、聂鸿音、白滨译注：《天盛改旧新定律令》第十“司序行文门”，第363页。

部的灵州（今宁夏吴忠市境内[①]），而西北经略司即西经略司应在中兴府的西边，而在中兴府西部的大城市中非凉州莫属。乾祐二十四年（1193）仁宗去世后当年“三七”之时，西经略使在凉州组织大法会悼念。[②] 可证西经略司确在凉州。又1977年甘肃武威西郊林场发现的西夏天庆元年至八年间（1194—1201）西夏晚期砖室墓，男墓主人分别为西经略司都案刘德仁和西经略司兼安排官□两处都案刘仲达。[③] 也可佐证西夏的西经略司设在武威。西经略司应掌管沙州、瓜州、黑水等地。在黑水城出土的文书中有《西经略使司副统应天卯年告牒》[④]、《乾祐戌年节亲中书西经略使告牒》。[⑤] 可以证明黑水城归属西北经略司管辖。《天盛律令》中的“西北经略使”，在西夏晚期的社会文书中也称作“西经略使”。

据《天盛律令》的条文可知，西夏时期的版图基本上可分为以首都中兴府为中心的“京师界”（畿内）和“边中”。“京师界”包括中兴府和“七种郡县”，而“边中”又可分为“地边”和“地中”，是除去“京师界”以外的其他地区。[⑥] 这些地区应是以灵州的东南经略司和凉州的西北经略司为中心。这样西夏从政治和地缘上分为事实上的三大板块，在武威的西北经略司和在灵州的东南经略司在西、南两个方位拱卫着西夏的首府中兴府，形成犄角态势，具有重要的战略地位。西夏时期编著的汉文《杂字》中有“西京”，当指武威。[⑦]

（二）西夏皇帝、大臣到武威

西夏建国前，元昊的祖父李继迁在宋至道二年（996）曾攻打凉州，咸平六年（1003）攻下凉州。李继迁到过此地。不久又失掉凉州。李德明时期宋天圣六年（1028）元昊率兵再次攻占凉州。可知元昊在称帝前早已到过凉州。

西夏初期元昊即王位后，紧锣密鼓地做正式立国的准备，于宋宝元元年（西夏天授礼法延祚元年，1038）十月，筑坛受册，即皇帝位。当年元昊还有一个特别的举动，即“自诣西凉府祠神”[⑧]。时年30岁的西夏开国皇帝元昊登基后的一件大事，是不远数百里，不畏跋涉之苦，到西部的凉州祠神，可能有其国得自“天授”的用意。或许当时西夏已将凉州（[illegible]）设置为府。西夏皇帝专程来此祠神，也可见凉州地位特殊。其实凉州在宗教信仰方面最闻名的是阿育王所建佛舍利塔之一凉州塔，其中供奉着佛杏眼舍利。凉州塔当时被称为“凉州金塔”（见凉州碑西夏文碑铭）。元昊“祠神”与凉州塔是否有关不得而知。

西夏的皇帝中除景宗元昊外，还有没有其他皇帝到过武威？

我认为西夏仁宗仁孝曾到过此地。张掖有一方黑水河建桥碑，是西夏乾祐七年（1176）立于甘州黑水河边，碑两面分别用汉文和藏文镌刻。内容为仁宗希望诸多神灵保佑桥道久

---

① 白述礼：《大唐灵州镇将》，宁夏人民出版社2006年版，前言第1页。

② 俄罗斯圣彼得堡东方学研究所手稿部藏黑水城文献 Инв. No. 117《拔济苦难陀罗尼经》发愿文。

③ 宁笃学、钟长发：《甘肃武威西郊林场西夏墓清理简报》，《考古与文物》1980年第3期。

④ 俄罗斯圣彼得堡东方学研究所手稿部藏黑水城文献 Инв. No. 4207，见《俄藏黑水城文献》第13册，第205页。

⑤ 俄罗斯圣彼得堡东方学研究所手稿部藏黑水城文献 Инв. No. 6345。

⑥ 《天盛改旧新定律令》第九“事过问典迟门”，第318页，第十四“误殴打争斗门”，第485页；第十七“库局分转派门”，第525页。

⑦ 史金波：《西夏汉文本〈杂字〉初探》，《中国民族史研究》（二），中央民族学院出报社1989年版。

⑧ 《宋史》卷485《夏国》上。

长，水患永息。其中汉文碑铭中有："朕昔已曾亲临此桥，嘉美贤觉兴造之功，仍罄虔恳，躬祭汝诸神等。"① 可知仁宗在乾祐七年以前曾亲临甘州祭神。仁宗到甘州武威是必经之路，武威是西夏重要城市，又有凉州护国寺、感通塔等佛教圣地，崇信佛教的仁宗自然会到凉州。在西夏文宫廷诗集中有《御驾巡行烧香歌》，其中记载西夏皇帝御驾西行，曾到达凉州，并指出当地塔寺中有佛杏眼舍利，与凉州碑记载吻合。诗中又记载他从凉州又巡行到甘州。② 此皇帝当指上述亲临甘州祭神的仁宗。

西夏桓宗纯祐天庆十三年（1206）太后罗氏与镇夷郡王安全废纯祐，立安全为帝，是为襄宗，造成西夏政局神秘变化。③ 镇夷郡在甘州，襄宗安全自甘州到首都中兴府应该也要到凉州。

西夏仁宗时的齐王嵬名彦忠"材器英敏，善骑射，饶武略，遇事敢为"，时权臣任得敬"害其能，贬守凉州。在郡有政绩，蕃、汉畏怀。得敬诛，召入为马步军太尉"。镇守凉州的齐王嵬名彦忠之子遵顼廷试进士，嗣齐王爵，擢大都督府主，最后成为西夏第八代皇帝。④ 他早年是否跟随其父居住凉州不得而知，但他做皇帝时确实到过凉州。光定四年（1214）蒙古再攻西夏，七年（1217）成吉思汗亲率兵围攻中兴府，西夏神宗遵顼出走西凉府，后遣使请降。⑤ 可见神宗遵顼为躲避蒙古军的兵锋，曾到过凉州。

由上可知，西夏的皇帝中至少有四代到过武威。

西夏著名大臣到过凉州的除上述仁宗时的齐王嵬名彦忠被贬守凉州外，此前还有一位大臣来过凉州，即崇宗时的权臣梁乙逋。凉州塔碑铭中记载天祐民安三年（1094）武威地震，震坏凉州塔，西夏皇帝、皇太后下令修葺凉州的护国寺和感应塔，当时崇宗只是十来岁的孩童，主管此事的是当时权臣、崇宗的舅父梁乙逋，凉州碑汉文碑铭称"庆寺都大勾当铭赛正嚷挨黎臣梁行者乜"。"铭赛"即"中书"的西夏文音读（《掌中珠》以"酩腮"为"中书"注音），"铭赛正"即"中书正"。"嚷"为"授"意，"挨黎"是西夏官爵名称，应是"俱足"官爵的音读，"俱足"是上等官位，与大国王爵位相当，当时除梁乙逋外，无人能有此头衔。作为修寺总管，西夏相梁乙逋应到过凉州。

二　职官

西夏时期武威地区最高的职司是经略司，这样就确定了经略司的特殊地位。⑥。又西夏汉文本《杂字》有"司分部"列西夏朝廷所属职司以及部分官职名称："朝廷、中书、密

① 王尧：《西夏黑水桥碑考补》，《中央民族学院学报》1978 年第 1 期；史金波、白滨、吴峰云：《西夏文物》，文物出版社 1988 年版，图 105—107。

② 俄罗斯圣彼得堡东方学研究所手稿部藏黑水城文献 Инв. No. 121V，《俄藏黑水城文献》第 10 册，第 287—289 页。

③ 《宋史》卷 486《夏国》下。

④ 《西夏书事》卷 38。

⑤ 《元史》卷 1《太祖纪》，记第三役"遣太傅讹答入中兴，招谕夏主，夏主纳女请和。"考是时为太祖四年，蒙古尚未立三公之制，疑讹答或为原西夏太傅。

⑥ 《天盛改旧新定律令》卷十"司序行文门"，第 364 页。

院、经略、中兴……”也可见经略司的地位确实在西夏朝廷上等司最高行政机关中书、最高军事机关枢密之下，在中兴府等次等司之上。[①]《天盛律令》规定西夏有司印和官印两种，司印颁发给政府各司机关，官印则是颁发给有官爵的个人。经略司的司印，系银印，重25两。经略司的最高长官是经略使，在西夏时期的武威应有经略使镇守。前述俄藏黑水城出土文献中《乾祐戌年节亲中书西经略使告牒》中有“乾祐戌年节亲中书西经略使授忠安嵬名□□”题款。可以看出那时在凉州的西经略使有“节亲”的头衔，也即他是皇族，姓嵬名，还兼有“中书”的职官，又授有“忠安”的官阶，“忠安”在西夏文官阶封号表中属及授品官，地位很高，可以做中书之类的官。根据《天盛律令》的规定，有“及授”官中宰相铜镀银重20两，此嵬名氏西经略使属“及授”官，又有宰相中书的职官，正符合这一规定，他应有重20两的铜镀银印。

又据《天盛律令》可以推定统军司是在经略司之下、高于监军司的军事指挥机构，其正副将领应是正统军和副统军。武威也应有正统军和副统军。正统司也有司印，系20两铜镀银印。

《天盛律令》规定诸司官员的配置，西凉府属次等司，和大都督府一样，设有6正、6承旨。另有6都案、6案头。次等司印为15两铜镀银印。

《天盛律令》规定西夏有17个监军司，属中等司，其中南院监军司应在凉州。据凉州重修护国寺感通塔碑铭知，西夏文铭文中的“南院”即汉文铭文的“右厢”。[②]南院监军司国家派2正、1副、2同判、4习判共9位官员，此外还有3都案为办事吏员，以及12名司吏。其所设官员比肃州、瓜州、黑水等监军司多1正、1副、1习判，与沙州监军司同。中等司受颁12两铜镀银印。

南院又设刺史1人，刺史也相当中等司的地位，下设都案1人。刺史印也应为12两铜镀银印。

监军司下属有军队，军队中在监军使下分层设置行监、溜监、正首领、首领等职务，统领军队。南院监军司也当有此设。

西夏在朝廷设有都转运司，为中等司，又于一些地方设置地方转运司为下等司。其中南院转运司当在凉州，设4正、4承旨。西夏一些地方设置经治司，也属下等司，南院经治司也当在凉州，有2大人、2承旨。还有南院行宫三司，也是下等司，设4正、4承旨。西夏有工院，为中等司，又于三处设置地方工院，为下等司，其中有南院工院，设1正、1副、2承旨。下等司印为铜印，重11两。凉州还是西夏9寨之一，属末等司，设1寨主、1寨副、1行主。末等司印为重10两铜印。

① 史金波：《西夏汉文本《杂字》初探》，《中国民族史研究》（二），中央民族学院出报社1989年版。

② 史金波：《西夏佛教史略》，宁夏人民出版社1988年版，第249、253页。

三　经济

（一）农牧业

武威虽在西部地区，但农牧业自然条件很好，除兴、灵地区外，这里是西夏最宜农牧之地。《宋史》载：西夏“饶五谷，优宜稻麦。甘、凉之间，则以诸河为溉”①。“诸河”即指祁连山雪水汇成的多条河流。又《金史》评价“凉州畜牧甲天下”。②《西夏书事》的作者吴广成在评论李继迁攻占凉州后说：“西夏势成而灵州永固矣。盖平夏以绥、宥为首，灵州为腹，西凉为尾，有灵州则绥、宥之势张，得西凉则灵州之根固。况其府库积聚，足以给军需、调民食，真天府之国也。”③ 西夏文《圣立义海》在“积雪大山”条下解释说：

> 山高，冬夏降雪，雪体不融，融于南麓，河水势涨，夏国灌水成谷也。

这积雪大山应是祁连山，武威在其东山麓。西夏人记载其山下有雪水灌溉，宜于农耕。又记载“焉支上山”，其下解释说：

> 冬夏降雪，夏热不化，民庶灌耕。……大麦、麦九月熟，利养羊马，饮马奶酒也。④

焉支上山即焉支山、胭脂山，武威在其东南。

武威一带宜于农牧并非浪得虚名。大安十一年（1084）银州、夏州大旱时，惠宗下令调运西部甘州、凉州的粮食来接济，以便度过灾荒。

（二）手工业

西夏时期凉州手工业发达。考古专家们在武威地区发现不少西夏时期的瓷器。在甘肃省武威市古城乡上河村的塔儿湾陆续出土瓷器115件，数量可观，类型多样，特别是有的瓷器上还有西夏文或汉文西夏年号，值得重视。器物主要有碗、碟、壶、罐、瓮、瓶、釜、钵、灯、流、钩等，其中有白釉、褐釉、黑釉、酱油、豆绿釉、复合釉等，还有在釉面上彩绘或剔刻的特殊工艺。1件绿豆釉瓮腹外下部有墨书题记：“光定四年四月三十日郭善狗家瓮”，证明是西夏晚期神宗遵顼光定四年（1214）制作。这批瓷器表现出受中原瓷窑的影响，同时也有武威地区的特点和西夏的民族特色。其中有西夏独特的瓷扁壶和剔刻釉器物。古城乡出土黑釉剔刻牡丹花瓮，器形硕大，高48.5厘米，是瓷器中少见的作品。塔儿湾还出土了

---

① 《宋史》卷486《夏国》下。

② 《金史》卷134《西夏传》。

③ 《西夏书事》卷7。

④ 克恰诺夫、李范文、罗矛昆：《圣立义海研究》，宁夏人民出版社1995年版，第59页。本文对译文有所修改。

烧制瓷器用的匣钵和支垫，附近还产瓷土，可以推定这些瓷器为当地烧制。① 武威西郊林场西夏墓出土的双耳罐与宁夏省嵬城所出近似；高足白瓷碗、白瓷盘、白瓷碟又具有灵武所出瓷器的特点；黑釉双耳罐和黑釉瓷碗则为其他处所少见；施黄色釉和施豆绿色釉的两个双耳扁瓷壶，分别出土于两地，尽管它们釉色有别，但均为小口、短颈、扁腹、双耳附于肩上，造型极为相似，是两件有地方、民族情调的瓷制艺术品。②

西夏民间有纺织业。武威小西沟岘发现的石纺轮和木刮布刀就是当时民间使用的纺线、织布工具。石纺轮平面近圆形，径 10 厘米，厚 3 厘米，中间有孔。至今有的民族地区仍使用类似的纺轮。木刮布刀一端残，残长 60 厘米，宽 95 厘米，背厚刃薄，刃部和靠近织布机的刀面因长期摩擦、碰撞而留下明显的经线痕迹，是一实用的纺织用具。③

武威缠山亥母洞出土有绣花童鞋 5 件，其中两只刺绣华丽，色彩鲜艳，做工细致。一鞋头做成鸟头形，鞋尖做成鸟嘴，作回首瞻望状，人穿着行走时如一对鸳鸯，互前互后，似鸳鸯戏水，造型美观，很具特色。④

1977 年武威西郊林场西夏墓和武威县南营乡分别出土了两只木瓶、一个木碗、六双木筷。木瓶带有塞盖，通高 13.5 厘米，制作精细。木碗口径 11 厘米，台唇，外壁有双旋线，形制古朴。木筷长 23—27 厘米，上粗下细，上端有旋纹。⑤ 这些出土的器皿反映出西夏木制饮食器皿的制作水准。此外，武威西郊林场两个西夏墓中还出土了一批陪葬木器，计有木条桌、木衣架、小木塔、木笔架、木宝瓶和木缘塔。其中木宝瓶高 13.5 厘米，宽肩瘦身，表面涂红色，制作很精细。木缘塔更为精致，共四个，其中一件通高 76 厘米，由座、身、顶、刹四部分组成，呈八角形，各部分都由小木板雕凿卯榫相接合。塔座和塔刹涂红色，塔身蓝色，制作精巧，组合细密，造型稳重。⑥

（三）商业

黑水城出土的西夏文《大方广佛华严经》封套的裱糊残纸中，发现 15 件有关西夏商贸的文书，系榷场使兼拘榷西凉府签判检验商人货物，依例收税的文书。这些文书记明商人有本府人、镇夷郡人。所谓“本府”应指凉州府。在 Инв. No. 347 和 352B 中直接记载有“榷场使兼拘榷西凉府签判”的文字。Инв. No. 354 记载有“南讷榷场使　申”字样，前述西夏的“南院”即在凉州，所谓“南边榷场使”可能即西夏文《天盛律令》中的南院转运司。这些商贸文书中记录的各种货物是在凉州交易并依例纳税的。首先他们的货物要“依法搜检”，确认“并无违禁”，才一一按例收税，并发放凭证。这些物品包括川绢、淮河北绢、

① 党寿山：《武威文物考述》，武威市光明印刷物资有限公司 2001 年版，第 83—101 页；汤晓芳主编：《西夏艺术》，宁夏人民出版社 2003 年版，第 135 页。

② 宁笃学、钟长发：《甘肃武威西郊林场西夏墓清理简报》，《考古与文物》1980 年第 3 期。

③ 《西夏文物》图 231、264。

④ 孙寿龄：《武威亥母洞出土一批西夏文物》，《国家图书馆学刊》2002 年西夏研究专号。

⑤ 宁笃学、钟长发：《甘肃武威西郊林场西夏墓清理简报》，《考古与文物》1980 年第 3 期；甘肃武威文物队：《武威出土一批西夏瓷器》，《文物》1981 年第 9 期。

⑥ 《西夏文物》，图 255。

川缬、小晕缬、小绝缬、罗、纱、紫 、绦、生押丝、黄褐、白褐、水獭皮、小鞯、茶、生姜、干姜、椒、连抄纸、墨、笔、瓷碗等。① 其中不少货物系南部宋地所产，看来当时凉州是西夏与宋朝贸易的重要市场。南院转运司或为南边榷场使司。

武威有悠久的酒文化历史，酒是凉州先民生活的一大特色。唐代诗人王翰的《凉州词》中“葡萄美酒夜光杯”，赞誉当地的美酒。西夏时期盛行饮酒，以至于在西夏法典《天盛律令》中对饮酒、制酒有诸多规定。上述榷场使兼拘榷西凉府签判文书中记有“本府住户酒五斤”证明当地有酒的贸易。中国的酒有数千年的历史，后来又发明了烧酒（蒸馏酒）。烧酒的制作使酒的乙醇含量提高，成为高度数酒，是酒的酿造史中的又一重大发展。中国究竟何时使用蒸馏技术制作烧酒，唐代有无蒸馏酒，其说不一，但可以肯定的是西夏时期已有蒸馏酒，这有安西榆林窟西夏壁画中的酿酒图为证。榆林窟第3窟东壁五十一面千手观音变壁画中的《酿酒图》，两妇女旁置酒壶、贮酒器、木桶各一，其中一妇女吹灶火、一妇女手持陶钵在烧锅旁酿酒，真实而生动地再现了西夏家庭酿酒的情景。② 图中的酿酒装置，系当时先进的烧酒蒸馏器。武威作为管领沙州的西经略司、西凉府所在地，作为有悠久酒文化历史的地区，应该也较早具有酿造烧酒的技术。

在凉州重修护国寺感通塔碑汉文碑铭中记：“特赐……钱一千缗，用为佛常住。又赐钱千缗，谷千斛，官作四户，充蕃汉僧常住。”③ 武威小西沟岘山洞发现的汉文欠款条残存两行汉字：“李伴初欠钱叁吊伍佰文”，“刘的的欠钱贰吊贰佰伍拾文”。④ 又武威小西沟岘出土一份西夏文钱会单，记西夏天庆虎年（1194）民间男女10人集钱入会，分别出150钱、100钱、50钱不等，共集750钱，以货币计算⑤甘肃省武威市署东巷一地下窖藏中发现大小两种银锭21件，一种约50两，另一种约25两，皆前后两端呈外弧状、左右两侧呈内弧状，除5件外，其余17件锭面均錾刻文字和戳记，铭文有银锭的成色、重量、秤银人，戳记有官府押印、作坊字号及类似画押的符号。与此同时出土的还有6枚西夏时期通用的宋朝钱币，专家认为这批银锭是西夏时期的遗物。⑥ 在西夏，各地区货币的使用不平衡。黑水城出土的很多买卖契约、众会契约多用实物粮食计算。而上述武威的多种文献使用货币，或可推论当时凉州货币经济比偏远的黑水城要发达。

元朝著名文人马祖常用诗歌记录了河西地区贸易情景：

紫驼载锦凉州西，换得黄金铸马蹄。沙羊冰脂蜜脾白，个中饮食酒声澌。⑦

---

① 史金波、魏同贤、克恰诺夫主编：《俄藏黑水城文献》第6册，上海古籍出版社2000年版，Инв. No. 307、308、313、315、316、347、348、348V、351、352A、352B、353、354，第279—286页。

② 白滨、史金波：《莫高窟、榆林窟西夏资料概述》《兰州大学学报》1980年第2期。

③ 《西夏佛教史略》，第252页。

④ 甘肃省博物馆：《甘肃武威发现一批西夏遗物》，《考古》1974年第3期。

⑤ 史金波：《〈甘肃武威发现的西夏文考释〉质疑》，《考古》1974年第6期。

⑥ 黎大祥：《甘肃武威发现一批西夏通用银锭》，《中国钱币》1991年第4期；党寿山：《武威文物考述》，武威市光明印刷物资有限公司印制2001年版，第115—123页。

⑦ （元）马祖常《石田文集》卷5“河西歌”。

骆驼所载锦当是贩运自中原，运到河西凉州一带赢利很多，虽然时代非专指西夏，但也勾勒出中原与河西贸易互通有无的必要性。宋、夏贸易也使参与的商人获利非小。

四 文化

武威是一个历史文化名城。西夏时期这里文化发达，有深厚的文化底蕴，特别是在儒学方面名人辈出。西夏仁宗朝有一批儒士在朝，代表人物是斡道冲。他家世代掌修夏国史，年5岁时以《尚书》中童子举，精通五经，译《论语注》，作《论语小义》20卷，又作《周易卜筮断》，以蕃字写成，流行夏境，天盛三年（1151）为蕃汉教授，权臣任得敬分国伏诛后，于乾祐二年（1171）被擢为中书令，后又任国相，辅佐仁宗稳定政局。他死后仁宗图画其像，从祀于学宫，并使郡县遵行。斡道冲成了西夏儒学的一代宗师。其子斡扎箦，亦掌其国史，初守西凉，率父老以城降成吉思汗。[①] 西夏灭亡后，斡道冲的孙子朵儿赤在凉州见文庙殿庑有其祖斡道冲从祀孔子的遗像，欷歔流涕不能去，求人临摹画像而藏之于家。斡道冲父子在凉州有重要影响，一家几代与凉州有不解之缘。

西夏时期凉州有儒士。蒙古灭西夏后，皇子阔端镇西凉时，儒者做苦役，曾登西夏进士第的高智耀求见，请废除此种做法。[②]

通过西夏文物也可知西夏时期武威地区文化发达。这里不仅保存着西夏时期最著名的凉州护国寺感通塔碑，还多次出土西夏文献、文物。

1952年在武威城南五十公里处的天梯山石窟发现了一些西夏文文献。1972年在甘肃省武威张义下西沟岘发现了一批西夏文物，其中有多种西夏文献，共100余面，今藏甘肃省博物馆。[③] 1987年5月，甘肃武威市新华乡缠山村亥母洞遗址出土了一批西夏文文献和唐卡等文物。[④] 其中有多种西夏文文书，共百余面。这些文献包括西夏文文献、汉文文献；有世俗文献，也有佛教文献，有写本，也有刻本，还有重要的活字印本，品类繁多，内容丰富，是研究西夏历史社会的重要资料。武威小西沟岘与西夏文文献同时被发现的还有两支竹笔。

武威市亥母洞遗址也出土了西夏文活字版《维摩诘所说经》（下卷），共54面，其上有西夏仁宗尊号题款“奉天显道耀武宣文神谋睿智制义去邪惇睦懿恭”。仁宗有“制义去邪”尊号时为西夏仁宗大庆二年（1141）。[⑤] 这一时间可定为此经的上限。综合考证此印本可定为12世纪40年代以后的西夏中期。武威保存着最早的活字印本。

西夏时期武威有精美的绘画。凉州重修护国寺感通塔碑铭中，赞美塔寺修成后庄严美丽的情景时提到“壁画菩萨活生生”，证明凉州寺庙中的壁画绘有生动的菩萨画像。[⑥] 甘肃武威亥母洞出土的西夏唐卡为藏传佛教的绘画作品，是按照密宗的造像仪轨绘制的，清晰地表

---

① 《元史》卷134《朵儿赤传》。

② 《元史》卷125《高智耀传》。

③ 甘肃省博物馆：《甘肃武威发现一批西夏遗物》，《考古》1974年第3期。

④ 孙寿岭：《武威亥母洞出土一批西夏文物》，《国家图书馆学刊》增刊《西夏研究专号》，2002年。

⑤ 《宋史》卷486《夏国》下。

⑥ 《西夏佛教史略》，第243、248页。

现出藏传佛教艺术已经嫁接到西夏艺术之中，反映出藏传佛教在西夏广泛而深入地流行。武威西郊林场西夏墓中发现了29块木板画，每幅画一般长10—28厘米，宽5—10厘米。其中既有佛教的内容，也有超出宗教的题材。板画内容有重甲武士、侍从、牵马人以及家禽、家畜等。有的板画背面或侧面还有墨书汉文榜题。这些木板画构图简练，线条流畅，人物神态很有特点，如武士的威严、年迈人的老态、男女侍从的不同形象等都很逼真，生活气息很浓，可以看出画家能在大处着墨的功力。①

西夏时期，武威地区有专门管理音乐的政府机构。武威小西沟岘发现的西夏文书中有一汉文文书残页，内有“……西路乐府□勾管所”、“光定二年九月日监乐官府”字样。② 西路乐府□勾管所当是西夏西经略司管理音乐的部门，光定二年（1212）已是西夏晚期。

五 宗教

凉州是西夏时期几个佛教中心之一。凉州护国寺是施放佛舍利的古刹，前凉张天锡时建，本名宏藏寺。唐代改为大云寺，西夏时受到皇室的重视，名为护国寺，重新修葺。凉州重修护国寺感通塔碑记载了西夏崇宗天祐民安五年（1094）为重修护国寺感通塔而做的法事活动，立碑纪念。该碑碑身高2.5米，宽0.9米，是目前所见西夏最大碑刻。特别重要的是此碑还记载了西夏佛教的总的信仰状况：

> 今二圣临御，述继先烈，文昭武肃，内外大治。天地礼祀，必庄必敬，宗庙祭享，以时以思。至于释教，尤所崇奉。近自畿甸，远及荒要，山林溪谷，村落坊聚，佛宇遗址，只椽片瓦，但仿佛有存者，无不必葺。③

凉州碑中这段简练而精彩的文字成为后世了解西夏佛教、概述西夏佛教的经典引文。在描绘新修塔寺时，西夏文碑铭记载：

> 妙塔七节七等觉，严陵四面四河治。木干覆瓦如飞鸟，金头玉柱安稳稳。七珍庄严如晃耀，诸色庄饰殊调和。绕觉金光亮闪闪，壁画菩萨活生生。一院殿堂呈青雾，七级宝塔惜铁人。细线垂幡花簇簇，白银香炉明晃晃。法物种种具放置，供应一一全已足。④

可知当时的感通塔是七层方塔，有诸种装饰，寺庙有栩栩如生的壁画，有花簇垂幡，有白银香炉，具体展示了当时作为凉州佛教重要塔寺的庄严壮丽。

此外，碑文还记录了修缮完成后庆赞时的种种法事：

① 宁笃学、钟长发：《甘肃武威西郊林场西夏墓清理简报》，《考古与文物》1980年第3期。

② 甘肃省博物馆：《甘肃武威发现一批西夏遗物》，《考古》1974年第3期。

③ 史金波：《西夏佛教史略》，第241—254页。

④ 同上。

诏命庆赞，于是用鸣法鼓，广集有缘，兼起法筵，普利群品，仍饭僧一大会，度僧三十八人，曲赦殊死五十四人，以旌能事。特赐黄金一十五两，白金五十两，衣着罗帛六十段，罗锦杂幡七十对，钱一千缗，用为佛常住。又赐钱千缗，谷千斛，官作四户，充番汉僧常住。俾晨昏香火者有所资焉，二时斋粥者有所取焉。[①]

可见当时凉州佛教信仰的兴盛。这里是汉传佛教、藏传佛教最早交汇之处，呈现出多民族僧人同住一寺庙、不同民族文字碑文合璧于同一寺庙碑石中的复杂情况，更显出多民族信仰佛教的事实。[②]

乾祐二十四年（1193）仁宗去世后当年“三七”之时，西经略使便在凉州组织大法会悼念，请匠雕印《拔济苦难陀罗尼经》番、汉文二千余卷散施，并做法会，聚会文武臣僚，共舍净物，恭请护国宝塔下禅师、提点、副使、判使，在家、出家诸大众等三千余员，令净恶趣，各自烧施道场供养等，七日七夜，命读诵番、汉、西番三藏经各一遍，救贫、放生、施放神幡。[③] 前述黑水城出土文献中《乾祐戌年节亲中书西经略使告牒》中有“乾祐戌年节亲中书西经略使授忠安嵬名?”题款，此西经略使与仁宗去世后在凉州举办大法会的西经略使有可能是同一人。举办3000人参加的大法会可谓规模宏大，非一般地区可为。

西夏时期始建于晋代的海藏寺仍是重要寺庙。甘肃省酒泉县西的文殊山石窟前山区万佛洞为西夏时期重修，左侧供养人像中有尼姑、沙弥，有西夏装女供养人三身，有的像前有回鹘文或汉文题记，一比丘像前题记为“武威郡海藏寺僧考真”。据凉州碑记载凉州还有圣容寺、崇圣寺等寺庙。此外还有天梯山石窟、亥母洞等，组成了武威地区佛塔、寺庙、石窟等佛教建筑群落，形成了当地的佛教信仰中心。

武威地区西夏遗址发现的西夏文佛经有天梯山石窟的写本《妙法莲华经》和陀罗尼、刻本《佛母大孔雀明王经》、《大般若经》、《圣胜慧到彼岸功德宝集偈》、《圣观自在大悲心总持功能依经录》等，小西沟岘修行洞中发现的西夏文佛经有《佛说观弥勒菩萨上生兜率天经》,《现在贤劫千佛名经》、乾祐十六年施经发愿文、写本《妙法莲华经心》、《圣观自在大悲心总持功能依经录》、天盛己巳元年文殊师利行愿经等，武威新华乡亥母洞遗址中发现的西夏文刻本《星宿母陀罗尼经》、《金刚般若波罗蜜多经》,《佛说大白伞盖》、《毗卢遮那法身顶相印轮文众生三灾怖畏令物取作恶业救拔》、《圣胜慧到彼岸功德宝积偈》，泥活字本《维摩诘所说经》下卷、《至公大师十二时歌注解》、多种写本佛经集和《五更转》等。甘肃省武威林场西夏墓中所出木椽塔上写有数种梵文经咒，写在塔壁上的有《归依三宝》、《圣王无量寿一百八名陀罗尼》、《一切如来百字咒》、《药师琉璃光王佛咒》、《圣日光天母心咒》；写在塔顶的是《阿弥陀佛咒》。由这些流传在武威地区的西夏文佛经可见当时西夏佛教信仰的多元、多宗情况，也明显地反映出武威的佛教信仰有汉传和藏传两大系统。

武威的藏传佛教信仰对后世的蒙古与吐蕃的凉州会谈有相当的影响。西夏灭亡后，蒙古

---

① 史金波：《西夏佛教史略》，第252页。

② 张澍：《书天祐民安碑后》，《养素堂文集》卷19，清道光十五年（1835）刊本。大云寺，西夏时期为护国寺。张澍记该碑发现于武威清应寺内。

③ 俄罗斯圣彼得堡东方学研究所手稿部藏黑水城文献 Инв. No. 117。

宗王阔端率兵驻于凉州，就以此为基地经营河西。他招请在吐蕃最有影响的萨迦派佛教领袖萨迦班底达来凉州，达成吐蕃归顺蒙古，蒙古通过萨迦派管理吐蕃的协议。不难想象，阔端在原西夏地区会了解到藏传佛教在当地的流传、影响，以及西夏统治者利用藏传佛教的情况。蒙古统治者将会谈地点选在藏族影响较大、藏传佛教信仰浓烈的西夏故地凉州，对这一重要会谈增添了浓重的文化、宗教色彩，促使和谈成功。①

六 习俗

武威是西夏重要地区，武威地区发现的西夏文物体现着当时当地的风俗习惯。

（一）服饰

木板画中有五侍女图，其中侍女皆穿长袍，多为大襟交领，开衩很高，似内着长襕，虽绘制粗糙，但仍可看出她们既不同于贵族又有别于一般平民的服制。② 武威小西沟岘山洞中，与西夏文献同时被发现的还有生牛皮靴。③

西夏时期党项族作为主体民族有其特有的习俗。西夏早期曾下秃发令，在留存于世的西夏形象资料中，可以发现一些男子秃发的例证。男子除秃发外，还有披发和辫发的。武威西郊林场西夏墓出土的木板画中有一驭马图。图中驭马人披短发，两鬓头发如飞鸟状。另有五男侍图，五人发式均为披发，两鬓头发作飞鸟状。吐蕃等少数民族原有披发习俗。西夏统治的河西走廊一带有很多吐蕃人。因此，这些男侍有可能是吐蕃人的形象。另火葬墓还出土有童侍像的木板画，其中童子服饰与汉族相同，头梳双鬟、单鬟髻，身穿交领衫，腰束带。

武威缠山亥母洞出土鸟形鞋 6 件，其中 1 只长 26.5 厘米，宽 5.5 厘米，鞋形周正，蓝色，鞋底窄长。女性穿这样长的鞋，可见西夏妇女是天足。

（二）历法和占卜

西夏时期武威的历法与中原相同。武威小西沟岘发现的文献中有一纸汉文历书残片，是每月一行的历书，仅存一年的九月至十二月 7 行，其中十一月闰月，内容包括月序、大小月、该月朔日干支、二十四节气、二十八宿以及与日、木、火、土等九曜星宿与该月时日的关系。据考订为西夏人庆乙丑二年（1145）的历书，亦皆与中原宋朝历日相合。④

西夏时期武威地区有占卜的习俗。在甘肃武威发现的西夏文占卜辞中有“……辰日买卖吉……午日求财顺，未日出行凶……戌日有倍利……”⑤。这是一种以地支计日的占卜方法。与买卖、出行有关，所谓“未日出行恶”，即“未日不宜出行”之意。

---

① 史金波：《西夏佛教史略》，宁夏人民出版社 1988 年版，第 205 页；史金波：《儒释兼融　东西交汇——多元色彩的西夏文化》，（台湾）《历史月刊》1996 年第 105 期；史金波：《西夏的藏传佛教》，《中国藏学》2002 年第 1 期。

② 陈炳应：《西夏文物研究》，宁夏人民出版社 1985 年版，第 314—323 页。

③ 甘肃省博物馆：《甘肃武威发现一批西夏遗物》，《考古》1974 年第 3 期。

④ 陈炳应：《西夏文物研究》，第 314—318 页。

⑤ 史金波：《〈甘肃武威发现的西夏文考释〉质疑》。

（三）墓葬

西夏时期武威的墓葬有多种形式。1977 年武威西郊林场发现两座小型单室砖墓，相距 10 米，墓室长分别为 1.3 米、1.6 米，宽 1.2 米、1.3 米，高 1.2 米，1.7 米，墓室四壁平砖垒砌，以“人”字形铺平砖，后壁底部设二层台，长 60 厘米，高 14 厘米，台上用石灰抹面，墓门为单层砖拱形券顶，高分别为 75 厘米、80 厘米，宽 68 厘米、90 厘米，以卵石封门。墓顶呈圆锥形。皆为夫妻合葬墓，出土有木缘塔 4 座，为灵塔。1 号墓二灵塔的盖子上和另一木牍上有汉文题记，2 号墓在灵塔的盖子上有汉文题记。墓主人一是西夏西经略司都案刘德仁，根据《天盛律令》规定上一级承旨、都案、案头分别相当下一级的大人、承旨、都案，刘德仁相当比下等司（如行宫司、择人司、定远县等）大人略高的职位，属官僚阶层。其墓葬不算豪华，但比同一地区的平民墓葬还是铺张不少。木缘塔是结构复杂，制作精良，由座、身、顶、刹四部分组成，塔身用八块木板合成，板上都写有黄色梵文咒语，中间夹有汉字经咒名称，这比平民墓葬的灵匣显得等级要高；更为突出的是此官吏的墓葬中有 29 幅彩绘木版画，有驭马图男侍、女侍、童子、老仆、老婢、武士、金乌（太阳）及动物等，反映出当时的现实生活。[①] 而平民的墓中只有结构简单的灵匣以及几件随葬木制品。

当时的墓葬还有在墓中随葬买地券的习俗。武威西郊响水河煤矿家属院西夏的双人合葬墓，墓长方形，长 123 厘米，宽 95 厘米，高 97 厘米，以砖垒砌而成，为单层砖拱形券顶，平地铺砖，墓门向北，呈“人”字形拱顶，高 67 厘米，宽 44 厘米，大卵石封门。内有灵匣、木牍，以及其他木器 7 件。木牍上有朱书汉文 16 行。此木牍应是阴宅买地券。买地券是古人放入墓中的迷信物品，多为随葬明器。中国古代大约从汉代开始，流行买地券，即葬家为死者虚购墓地，供死者在阴间享用，将虚假的买地契约写刻在木、石、砖瓦、瓷器上，葬于墓内，这是土地私有制在意识形态中的反映。此木牍录文中始载：“维大夏乾祐廿三年岁次壬子二月二十九日壬寅，直祭主男窦依□□于西苑外，咩布勒嵬卖地壹段”。[②] 此买地券写明入葬时间为西夏乾祐二十三年（1192），证明西夏也有与当时中原地区流行的为死者虚购土地、在墓中放置买地券的习俗。“直祭主”即为死者买地者，为死者之子，名为“窦依□□”，卖地者为“咩布勒嵬”也是党项人姓氏。

（四）风习记载

概括而精练地记录西夏党项人风习是老家为武威的元代党项人余阙。余阙之父沙剌藏卜从甘肃武威到庐州（今安徽合肥）做官，他本人进士及第官至淮西宣慰副使，他能诗善文，号青阳先生，著有《青阳先生文集》，其中一篇文字记录了西夏故地党项人的风俗习惯：

> 其性大抵质直而上义，平居相与，虽异姓如亲姻。凡有所得，虽箪食豆羹，不以自私，必招其朋友。朋友之间有无相共，有余，即以与人，无，即以取诸人，亦不少以属

---

① 陈炳应：《西夏文物研究》，第 186—191 页。

② 姚永春：《武威西郊西夏墓清理简报》，《陇右文博》2002 年第 2 期；史金波：《西夏社会》，上海人民出版社 2007 年版，下册，第 806—807 页。

意。百斛之粟，数千缗之钱，可一语而致具也。岁时往来，以相劳问。少长相坐，以齿不以爵，献寿拜舞，上下之情怡然相欢。醉，即相与道其乡邻亲戚，各相持涕泣以为常。予初以为，此异乡相亲乃尔，及以问夏人，凡国中之俗，莫不皆然。[1]

作为祖上是武威人的余阙，自己未必到过武威，但他所记西夏党项人的风习也应包括武威党项人。而这段记载也成了党项人风习的典型特写，被传载至今。

① （元）余阙：《送归彦温赴河西廉使序》，《青阳先生文集》卷4。

西夏时期的张掖*

古称“金张掖，银武威”，说出了河西走廊中这两个城市的富庶和重要。张掖是历史名城，古称甘州，西夏时期也以甘州称之。西夏文为[illegible]，为“甘州”二字的音译，是西夏沿用了历史上的传统的地名。西夏距今已有近千年的历史，那时的张掖是一种什么景象呢？我们可以透过汉文史书的记载、出土的西夏文和汉文文献以及文物等，复原西夏时期的张掖。这样可以帮助我们认识张掖的历史，以利于建设新时期的新张掖。

一 甘州是多民族地区

张掖自古以来即是多民族世居或往来之地。在夏、周时期为西戎和狄的住地，汉为月氏属地，再后为乌孙、匈奴势力范围。西汉武帝元狩二年（前121年），霍去病进军河西，战败匈奴，浑邪、休屠二王率众归汉。汉元鼎六年（前111年），置张掖郡。十六国时期，张掖匈奴人沮渠蒙逊建立北凉。唐代这里更成为中原地区和西域贸易的重要地区，中原文化繁荣发展。唐中期以后党项族从青藏高原东南麓迁徙到河西一带，与这里的回鹘、吐蕃为邻。党项族是西夏的主体民族，称为“蕃”或“番”，西夏文为[illegible]，音“弥”。回鹘，西夏文为[illegible]，音［嵬恶］，系“回鹘”的音译。吐蕃，西夏文为[illegible]，音［孛］，即“吐蕃”之“蕃”。

河西回鹘中主要的一支为甘州回鹘。五代时期甘州回鹘势力壮大，与中原王朝关系密切，不断遣使朝贡。北宋初年，河西回鹘的势力，除甘、沙二州外，还分布到凉州（今甘肃武威）、肃州（今甘肃酒泉）、秦州（今甘肃天水）三州以及贺兰山、合罗川等地。而党项族也发展壮大，逐步成为这一地区的一个主要角色。这样回鹘与河西地区的党项族成为邻居，或交织在一起。至宋代仍把这一地区视为少数民族地区。如枢密副使韩琦给仁宗的表章中说：“至元昊则好乱逞志，并甘、凉诸蕃，以拓境土。”①

宋代南部藏区陷入长期的分裂割据状态，而陇右、河西一带藏族势力和影响却较大。吐蕃名族后裔潘罗支取得政权，其中心在西凉府（今甘肃武威），宋朝封他为西凉府六谷大首领，成为牵制党项族首领李继迁的一大势力。李继迁与宋朝分庭抗礼，攻陷宋朝重镇灵州

* 原刊于《西夏学》13辑，甘肃文化出版社2016年版，第1—10页。

① （宋）李焘《续资治通鉴长编》卷一百四十二，仁宗庆历三年（1043），七月甲午条。

（今属宁夏吴忠市）后，又不断进兵河西。咸平六年十二月（1004）李继迁“率众攻西蕃，取西凉府，都首领潘罗支伪降，继迁受之不疑。罗支遽集六谷蕃部及者龙族合击之，继迁大败，中流矢”。[①] 不久继迁因伤死去。其子李德明继位。

李德明于宋景德四年（1007）以及大中祥符四年（1011），两次派兵进攻吐蕃占据的凉州，均未能得手。五年后本为六谷部友军的甘州回鹘突然杀入凉州，打散了吐蕃六谷部势力。天圣六年（1028）李德明派儿子李元昊击败甘州回鹘，甘州归属西夏。明道元年（1032）九月，李德明命儿子李元昊率军征讨，终于打败回鹘，把凉州纳入西夏版图。当时甘州一带形成党项族、回鹘、吐蕃相互争锋的态势，最后以党项族的胜利告终。《西夏书事》的作者吴广成对元昊夺取甘州发出评论：“甘州东据黄河，西阻弱水，南跨青海，北控居延，绵亘数千里。通西域，扼羌瞿，水草丰美，畜牧孳息。汉窦融尝谓：河西殷富，带河为固，张掖属国，精兵万骑。一旦缓急，杜绝河津，足以自守，岂非以山川扼塞负隅易固哉！晋张氏世有其地，并于苻坚后，张掖为沮渠蒙逊所都。唐嗣圣中，甘州积谷至四十万斛，瓜、沙以西，皆仰其餫。贞元后，吐蕃据之，遂以富强。今德明得之，恃其形势，制驭西蕃，灵、夏之右臂成矣。”[②] 西夏得甘州后有助于掌控河西，特别是加强了对回鹘和吐蕃的控御和钳制，起到了稳定西夏右厢的重要作用。元昊甘州大捷后，被立为太子。

河西走廊纳入西夏版图后，截断西域向宋朝入贡的通道，阻隔西域诸部向宋朝卖马，严重影响了宋朝的国防军力建设。党项族力量的增长令宋朝不安，曾希望吐蕃、回鹘互为援手，共御党项。宋真宗“以六谷、甘州久推忠顺，思抚宁之。乃遣使谕厮铎督，令结回鹘为援”。[③] 厮铎督是潘罗支的弟弟，在潘罗支死后被拥立为吐蕃首领。宋朝曾将李继迁的死亡原因加在回鹘头上。宋真宗曾说：“回鹘尝杀继迁，世为仇敌。甘州使到，亦言德明侵轶之状，意颇轻之。量其兵势，德明未易胜也。”[④] 此说与潘罗支杀死继迁的记载相抵牾。也许与党项势力为敌的吐蕃与回鹘共同联手致继迁于死地。

元昊建国时给宋朝的表奏中说：“吐蕃、塔塔、张掖、交河，莫不从伏。称王则不喜，朝帝则是从。”[⑤] 这里交河、张掖、回鹘皆指回鹘不同的分部。元昊以得到包括张掖在内的这些少数民族地区视作称帝的重要基础，并流露出自豪和骄傲。

后来吐蕃唃厮啰建立以青唐（今青海西宁市）为中心的政权，他也奉行附宋抗夏以自保的政策。唃厮啰与西夏为敌确实使西夏有腹背受敌之感。宋哲宗元祐元年（1086）翰林学士吕大防说：“元昊既得甘、凉，遂有窥陇、蜀之志，缘唃氏中强，不敢复思进取，盖有以挠其后也。”[⑥] 这一方面说明甘州、凉州对西夏的重要，另一方面指出了唃厮啰对元昊的牵制作用。

契丹也曾对甘州用兵。宋大中祥符元年（1008），甘州回鹘阿萨兰部叛契丹，契丹主遣

---

① 《宋史》卷485《夏国传》上。

② （清）吴广成《西夏书事》卷11。

③ 《续资治通鉴长编》卷66，真宗景德四年（1007），九月丁亥条。

④ 《续资治通鉴长编》卷68，真宗大中祥符元年（1008），二月戊辰条。

⑤ 《宋史》卷485《夏国传》上。

⑥ 《续资治通鉴长编》卷366，元祐元年（1086），二月丙子条。

魏国公萧惠率兵讨伐，德明作为契丹的附属，点集兵马出策应。萧惠攻甘州三日不克，部下阻卜也叛变，急忙退兵归，德明兵亦还。契丹虽势力很大，但其中心于甘州等地遥远，可谓鞭长莫及，影响不大。

党项、回鹘、吐蕃三个民族的势力在这一带反复较力，加之宋朝视西夏为心腹之患，便扶持回鹘、吐蕃而欲消灭西夏，使这一带的局势更加复杂多变。各民族都具有特色，均有实力。汉族长于农业，有传统的儒学文化。党项族为主体民族，农牧兼营，善于吸收他族优长。回鹘善于游牧，早有佛教传统，曾助力西夏翻译佛经，且长期与中原宋朝保持从属联系。吐蕃也与中原联系密切，早期与宋和睦，而与西夏为敌，和回鹘一样成为西夏的肘腋之疾，笃信藏传佛教。此外，在西夏时期北面的塔坦国也曾攻击西夏占领的甘州。宋元丰七年、夏大安十年（1084）河西塔坦国攻甘州。①

西夏也适时调整民族政策，惠宗时期西夏吐蕃双方互通婚姻，来往密切，西夏辖地中包括了更多的吐蕃人居住地，特别是西夏中、晚期吸收和发展了藏传佛教。在西夏境内各族人一样可以担任官职，《天盛律令》规定："任职人番、汉、西番、回鹘等共职时，位高低名事不同者，当依各自所定高低而坐。此外，名事同，位相当者，不论官高低，当以番人为大。"② 当时西夏比较稳固地控制着河西走廊各重镇。

然而，直到西夏中期宋朝仍然实行联络吐蕃、回鹘势力，打压西夏，将西夏管辖的凉州、甘州等地封赠给吐蕃首领。神宗元丰五年（1082）诏："西蕃邈川首领、西平军节度押蕃落等使董毡封武威郡王，赐金束带一、银器二千两、色绢绸三千疋，岁增赐大彩五百匹、角茶五千斤；阿里骨为肃州团练使，鬼章甘州团练使，心牟钦毡伊州刺史，各赐金束带一、银器二百两、彩绢三百。"哲宗元符元年（1098）诏："吕永信为甘州团练使、凉州一带蕃部都巡检钤辖，仍候引见日赐牌印、对衣、金带、鞍辔马。"③ 宋朝的遥封并未影响西夏在这一地区的实际统治，只表明了当时几个政权微妙的关系。

二　甘州在西夏的地位

元昊立国前有十八州，其中有甘州；置十二监军司，其中有"右厢甘州路三万人，以备西蕃、回纥"。④ 西夏时期甘州处于重要地位，但还有一些值得讨论的问题。

（一）甘州有无次等司的地位

西夏文《天盛改旧新定律令》分政府衙署为上、次、中、下、末五等，上等为中央的中书、枢密，次等司地位也很高，包括殿前司、御史、中兴府、三司、僧人功德司、出家功德司、大都督府、皇城司、宣徽、内宿司、道士功德司、閤门司、御庖厨司、匦匣司、西凉

---

① 《续资治通鉴长编》卷471，元祐七年（1992），三月丙戌条。

② 史金波、聂鸿音、白滨译注：《天盛改旧新定律令》第十"司序行文门"，第378—379页。

③ 《续资治通鉴长编》卷323，神宗元丰五年（1082），二月癸丑条。卷五百三 哲宗元符元年（1098），十月丁亥条。

④ 《宋史》卷485《夏国传》上。

府、府夷州、中府州。[①] 其中包括西夏中央政府主要衙署和重要地方政府。在地方政府中有中兴府（今宁夏银川市）、大都督府（今宁夏吴忠市）、西凉府（今甘肃武威市），都是西夏的重要城市。而其中没有甘州的名称。

西夏立国前，元昊设立州郡时，甘州为其重要一州，而且还升甘州为镇夷郡，置宣化府。[②]《宋史》又记载：西夏桓宗于“开禧二年正月二十日废，遂殂，年三十。……镇夷郡王安全立。”进一步证明镇夷郡的存在。特别是西夏仁宗时在甘州所立黑水建桥碑中，明确记载“敕镇夷郡境内……”[③]，以西夏皇帝御制碑铭证明当时有镇夷郡。而在西夏后期修订的法典《天盛律令》卷十“司序行文门”中，罗列西夏的各级政府机构，却未提及镇夷郡。但在其次等司中与中兴府、大都督府、西凉府等大城市排在一起的还有府夷州、中府州。[④] 府夷州系音译，也许可以译为“抚夷州”。或许西夏人将其他少数民族如回鹘等也看成夷，将甘州列为府夷州（抚夷州）。依据甘州在西夏经济、军事上的地位，是可以有这样的地位的。除上述三府外，似乎西夏也没有哪个城市能比甘州、肃州更重要，更有进入这一行列的资格了。府夷州应指甘州。有的专家认为中府州为东部的高油坊遗址。[⑤] 这样，甘州在西夏的地位与作为首都的中兴府以及大都督府、西凉府同为次等司，类似于直辖市。又从其排序的先后看，可知中兴府为在前，大都督府、西凉府居中，府夷州、中府州在后，表示了同在次等司中它们实际地位的高下区别。

西夏汉文本《杂字》第十七“司分部”中有中兴，第十八地分部集中记录了西夏的地理名称，其中有西京，应是西凉府，此外以甘州为首，列肃州、鸣沙、沙州二十多地名，也可知甘州在西夏的地位很高。[⑥]

（二）甘州是否始终有监军司

西夏注重军事，强化武备。早期即设左右厢立十二监军司，其中甘州甘肃监军司即是其中之一。“右厢甘州路三万人，以备西蕃、回纥”，各监军司并设都统军、副统军、监军使一员，以贵戚豪右领其职，余指挥使、教练使、左右侍禁官数十，不分蕃汉悉任之。[⑦]

然而在西夏文《天盛律令》中所列十七个监军司的名字中，没有甘州。十七个监军司中有的直接用地名，如石州、韦州、沙州、肃州、瓜州、黑水等；有的则不是具体的地名，如东院、南院、西院、北院、北地中、南地中等。那么这些没有具体地名的监军司中，是否会有甘州呢？这里没有凉州，但据出土文物和文献看，南院即是凉州。[⑧] 甘州在凉州之西北，甘州可能是北院或西院之一。在《官阶封号表》4170 号的“诸王位”中有“南院王”、

---

① 史金波、聂鸿音、白滨译注：《天盛改旧新定律令》第十“司序行文门”，第 362—363 页。

② 《元史》卷 60《地理三》

③ 史金波《西夏佛教史略》，宁夏人民出版社 1988 年版，第 19—20 页。

④ 史金波、聂鸿音、白滨译注：《天盛改旧新定律令》卷十“司序行文门”，第 362—364 页。

⑤ 刘菊湘：《西夏地理中几个问题的探讨》，《宁夏大学学报》1998 年第 3 期；李学江：《〈天盛律令〉所反映的西夏政区》，《宁夏社会科学》1998 年第 4 期。

⑥ 史金波：《西夏汉文本〈杂字〉初探》，《中国民族史研究》第二集，中央民族学院出版社 1989 年版。

⑦ 《续资治通鉴长编》卷 120，仁宗景祐四年（1037），癸未条；《宋史》卷 485《西夏传上》。

⑧ 史金波：《西夏时期的武威》，《西夏学》第七辑，上海古籍出版社 2011 年版。

“北院王”、“西院王”、“东院王”，位在师位、中书位、枢密位之上。[①] 甘州为镇夷郡，并有镇夷郡王，有可能是“北院王”或“西院王”。又《天盛律令》规定，在运输官畜、谷、钱、物时，如不属于经略使范围，由当地运送来京的时间为：沙州、瓜州40日，肃州、黑水30日，西院、罗庞岭、官黑山、北院、卓罗、南院、年斜、石州20日，北地中、东院、西寿、韦州、南地中、鸣沙、五原郡15日，大都督府、灵武郡、保静县、临河县、怀远县、定远县10日。[②] 由此可推测西夏时期境内各城市距中兴府的远近，探讨其大概地望。最远的是处于河西走廊最西端的沙州、瓜州，其次是稍近些的肃州、黑水，再次是更近些的西院、罗庞岭、官黑山、北院、卓罗、南院、年斜、石州等地，最近的是中兴府周围的府、县。在第三等中有西院、北院、南院等地，已知南院为凉州，大约西院、北院要比肃州、黑水距中兴府的距离近、并与凉州不相上下。那么，甘州究竟是北院还是西院呢？《天盛律令》中规定地边城司的官员时，有甘州，还有西院，而没有北院。甘州和西院不是一回事，因此北院应该就是甘州。看来甘州在西夏中后期依然是监军司，只不过在《天盛律令》中称为北院。西夏的监军司为中等司，甘州应有此中等司衙署。

在西夏时期甘州应有不少军事设施。近年在张掖市甘州区平山湖蒙古族乡红泉村以南约17公里处发现黄山湾烽火台遗址，这是西夏时期一座军事设施遗址，现存烽火台1座，为实心墩台，黄土夹细砾石夯筑而成，外围砌以大石块。烽火台平面呈椭圆形，底径14米、残高2.40米、面积153.86平方米；西北壁略呈方形，顶径5米。烽火台西北侧有4座燧体，北侧1座，西北侧3座，随山势呈“S”形分布，总长28米，燧体以石块垒筑。遗址地表散布有西夏褐釉釉上剔花纹瓷器残片。[③]

图1　张掖市甘州区平山湖蒙古族乡黄山湾烽火台遗址

① 西夏文《官阶封号表》考释《中国民族古文字研究》第三辑，天津古籍出版社1991年版。

② 史金波、聂鸿音、白滨译注：《天盛改旧新定律令》卷十“司序行文门”，第543—545页。

③ 引自甘肃省博物馆调查资料。

（三）甘州还有何其他司署

《天盛律令》又规定在中等司中有20个职司各派刺史一名，皆于军事要地派设，很多为监军司所在地，北院也设刺史一人。还规定："诸边中刺史者，与中等司平级传导。"① 甘州又应有一个中等司的刺史衙署。

甘州还有专管城内事务的机构甘州城司，应是负责管理甘州城区的政府，属下等司。它比作为管辖更大范围的郡、府机构要小得多。

西夏首都有京师工院，是管理手工制作的政府机构。在北院、南院、肃州又设置边工院，为下等司。甘州应有边工院。

看来甘州至少有两个下等司机构：甘州城司、北院边工院。

此外，北院还有卖曲税院，为全国十八种之一。西夏对酒曲实行控制和专卖制度。卖曲税院是卖酒曲收税的机构。甘州当时是制作酒曲、酿酒的中心之一。这可能与当地农业比较发达，粮食产量较多有关。

（四）甘州的官员和司印、官印

甘州有次等司、中等司和下等司几个层次的司署。

甘州作为府夷州属次等司，《天盛律令》规定，为次等司府夷州、中府州二州配置的主要官员有一正、一副、一同判、一经判四职，并设属员两都案、六案头。次等司有铜上镀银十五两官印。②

西夏监军司为中等司，派遣官员分为两种，北院所在的十二种监军司，各当派二正监军使、一副监军使、二同判、四习判等九人为主要官员，另有三名都案，十四名案头，十二名司吏。另外五个监军司所派官员要少些。③《天盛律令》规定中等司有铜上镀银十二两司印。

甘州城司作为下等司，派一城主、一通判、一城观、一行主四人。北院工院也为下等司，派一正、一副、二承旨四人。④《天盛律令》规定下等司有铜重十一两司印。北院卖曲税院设二小监、二出纳、四栏头。⑤

除司印外，有"官"的身份者也有印，称为官印。有"及授"官、"及御印"官及有"威臣""帽主"官等皆有官印。西夏时期甘州地区的官员有不少有"官"的身份，他们按规定不少有官印。

三 西夏时期的甘州社会

自甘州纳入西夏的版图后，在历史文献中很少有关于甘州的记载。这大概是因为西夏时

① 史金波、聂鸿音、白滨译注：《天盛改旧新定律令》卷十"司序行文门"，第365页。

② 同上书，第366—368页。

③ 同上书，第368—370页。

④ 同上书，第370—371页。

⑤ 史金波、聂鸿音、白滨译注：《天盛改旧新定律令》卷十七"库局分转派门"，第534页。

期的重要事件多发生在西夏复地中兴府（今宁夏银川）一带，而战争多在东部和南部边界一带进行，地处河西走廊中段的甘州，相对比较安宁。

当然，在战争比较频繁的西夏，甘州作为后方也会成为支持战争的基地。如夏大安八年（1082）“夏国母（指惠宗母、皇太后梁氏）自三月初点集河南、西凉府、啰庞岭及甘、肃、瓜、沙，十人发九人，欲诸路入寇，人马已发赴兴州，议大举。”① 西夏与宋朝的战争需要包括甘州在内的各地的人力、物力资源的支撑。

西夏时期的甘州在经济、文化、宗教方面都有自己的特色，对西夏做出了重要贡献。

（一）经济

甘州南枕祁连山，北依合黎山、龙首山，甘、凉交界处有焉支山，中间地势平坦。祁连山上流下的水汇聚成黑水，流贯全境，形成了特有的河西走廊绿洲。境内土地肥沃，水草丰美，宜于农业和牧业。《宋史》记载：“甘、凉之间，则以诸河为溉”。② 西夏文《圣立义海》记西夏有三大山：贺兰山、积雪山、焉支山。其中积雪山应是甘州南面的祁连山，而焉支山则在甘州东南。《圣立义海》对“积雪大山”的解释为：“山高，冬夏降雪，雪体不融。边融，南河水势涨，夏国灌水，谷成也。”对“焉支山”的解释为：“冬夏降雪，炎夏不化。民庶灌耕，地冻，大麦、麦九月熟。利养羊马，饮马奶酒也。”③ 可见当时甘州一带农业、牧业发达，是西夏的粮食生产基地之一。大安十一年（1084）银州、夏州大旱时，惠宗下令调运西部甘州、凉州的粮食来接济，以便度过灾荒。④

甘州不仅农牧业发达，手工业也很兴盛。有文献和文物可考的是酿酒业和制瓷业。

可能正是因为这里的粮食产量多，其酿酒业发达，前述这里有卖曲税院。酒是西夏人民生活的重要物品，也是国家专卖商品。黑水城出土的西夏文文书4696号为西夏文草书长卷，中有一卖酒账，在卷首第一行就是“甘州米酒来已卖数札子”（[illegible]），这是一份买酒的记账单，麻纸，高19.4厘米，宽278.8厘米，有西夏文163行，记有80多笔卖酒账，卖酒数不等。⑤ 所卖酒为米酒，第一笔记“一人讹移慧？子一石酒价石五斗”，记有买酒人、买酒数量、价钱，其他笔有“四斗酒价六斗杂”、“二斗酒价三斗大麦”、“一斗酒价斗五升大麦”、“五斗酒价七斗五升大麦”，这样可以计算出当时的酒价为一斗酒卖大麦一斗五升。同时可知从甘州运到黑水城的酒数量很大，甘州的酿酒业当有很大的规模。当时是以物易物的交易，卖的是酒，收到的是大麦。

甘州虽是西夏农业发达之地，但也不免有自然灾害。黑水河有灌溉之利，也有水患之虞。乾祐七年（1176）所立黑水建桥碑就记载“此河年年暴涨，飘荡人畜”，故需在河上建

① 《续资治通鉴长编》卷326，神宗元丰五年（1082），五月辛卯条。

② 《宋史》卷485《夏国传》上。

③ 克恰诺夫、李范文、罗矛昆：《圣立义海研究》，宁夏人民出版社1995年版，第58页。笔者对译文有修改。

④ 《西夏书事》卷27，清道光五年（1825）刊本。

⑤ 俄罗斯科学院东方文献研究所圣彼得堡分所、中国社会科学院民族研究所、上海古籍出版社编，史金波、魏同贤、克恰诺夫主编：《俄藏黑水城文献》第13册，上海古籍出版社2007年版，第248—251页。书中图题误将“酒价账”印为“光定申年贷粮契”，而之前的“光定申年贷粮契”又误印为“酒价账”。

桥，“咸免徒涉之患，皆沾安济之福”。①

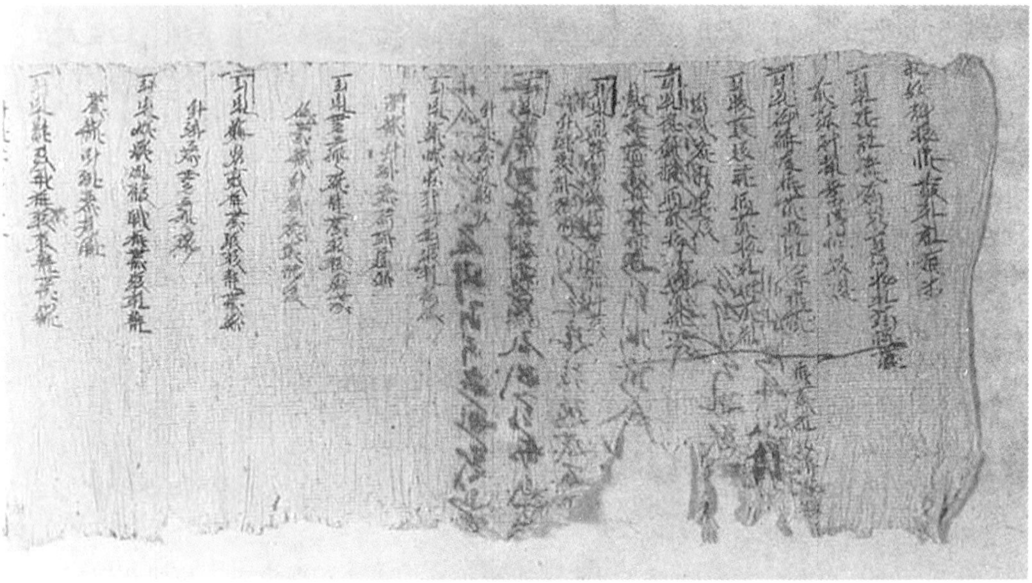

图 2 黑水城出土 Инв. No. 4696-8 酒价账卷首

西夏的手工业兴盛，瓷器制作具有相当的规模和较好的质量。宁夏、甘肃、内蒙古等西夏故地都发现了很多西夏瓷器。在甘肃省以武威的瓷器最多。张掖的西夏瓷器发现不多，但质量很好。有两件白釉印花卉纹碗很有特色。一件口径 17.2 厘米，底径 6.5 厘米，高 6.5 厘米。敞口，曲腹，矮圈足，足端平削。内壁模印 2 束折枝花卉，类菊。先施化妆土，后施玻璃釉，釉色白中泛黄。腹部以下露胎，胎灰白色，胎壁轻薄，胎质坚硬。轮修痕迹明显，内底留叠烧痕迹。20 世纪 70 年代甘肃省张掖地区张掖市（今张掖市甘州区）五凤楼出土。1987 年入藏甘肃省张掖地区张掖市博物馆（今张掖市甘州区博物馆）。1996 年，定为一级文物。另一只与此同时出土，两者形制相近。

另有一件黑釉剔花缸，体型硕大，口径 57 厘米，底径 27 厘米，高 75 厘米。敞口，圆唇，深腹，下腹渐收，平底。上腹剔刻辅叶花卉纹一周，类大叶海棠；上下饰弦纹 1 道。器表近口沿处刻划楷书汉文“三月廿二日”5 字。近底 1 流孔，径 1.2 厘米。内外施黑釉，釉色黑亮匀净。口沿露胎，胎浅褐色，粗缸胎，胎质较粗。器表 1 处粘胎。1997 年甘肃省张掖市肃南县大河区出土。1998 年入藏甘肃省张掖地区肃南裕固族自治县博物馆（今张掖市肃南裕固族自治县博物馆）。2002 年定为一级文物。② 这一带流孔的缸，是否与酿酒有关，有待进一步研究。

又有新西兰人路易·艾黎先生 1980 年捐赠给甘肃省张掖地区山丹县文化馆（今张掖市山丹县博物馆）一批文物，其中有白釉瓦棱纹碗一件，口径 11.5 厘米，最大腹围 80 厘米，

① 史金波、白滨、吴峰云：《西夏文物》，图 105—107；史金波：《西夏佛教史略》，宁夏人民出版社 1998 年版，第 19—20 页。

② 俄军主编：《西夏文物》（甘肃编）第 5 册，中华书局、天津古籍出版社 2014 年版。

图3 张掖市博物馆藏白釉印花卉纹碗

图4 张掖市博物馆藏白釉印花卉纹碗线描图

图5 张掖市博物馆藏白釉印花卉纹碗

图6 张掖市博物馆藏白釉印花卉纹碗线描图

图7 张掖市肃南裕固族自治县博物馆黑釉剔花缸

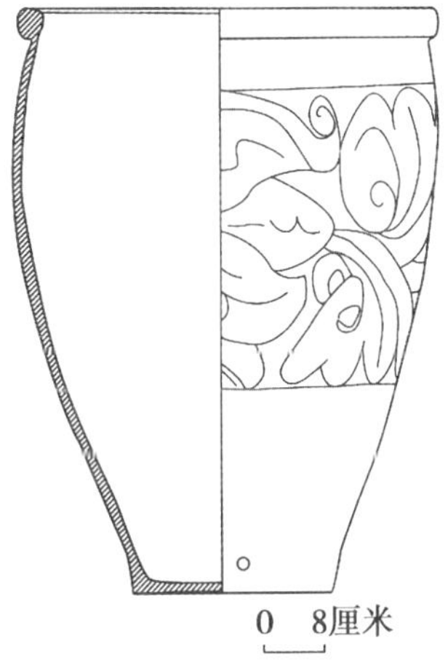

图8 黑釉剔花缸线描图

底径4.2厘米，高5.4厘米。撇口，曲腹，矮圈足，芒口。器表腹部饰瓦棱纹。内外施白釉，釉色洁白温润。足底露胎，胎灰白色，胎壁较薄，胎质较细。口沿1道裂纹，足底1处磕缺。此件定为西夏时期，1996年定为二级文物。①

① 俄军主编：《西夏文物》（甘肃编）第5册，中华书局、天津古籍出版社2014年版。

图 9　张掖市山丹县博物馆藏白釉瓦棱纹碗

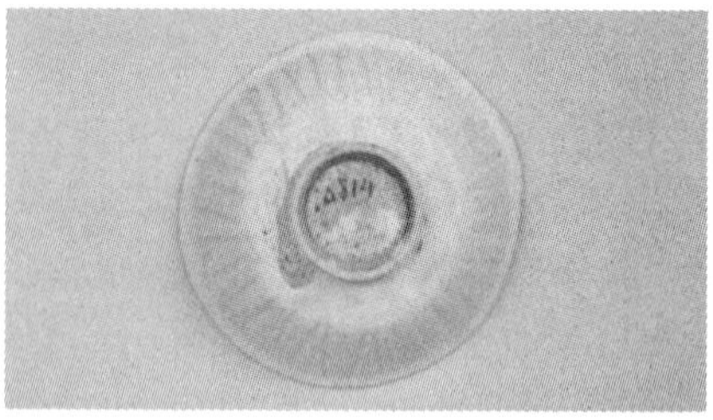

图 10　白釉瓦棱纹碗底部

张掖发现一座瓷窑遗址，是位于张掖市甘州区龙渠乡龙首村村委会以南约 9 公里处的西武当瓷窑遗址。窑场规模较大，可见残窑 14 座，1 座窑神庙遗址，分布范围南北长 2 公里，东西宽 1 公里。窑室均倒塌，大小不一，长 4.50—6 米，深 1—2 米，宽 3.10—4 米，窑壁火红色，有瓷器残片散乱分布在内外，在山坡上和山谷底部堆积分布着众多的各类瓷器残片以及炉渣、炉灰，厚度 1—10 余米不等。残留的碎瓷片，釉色多样，有黑釉、灰白釉、酱色釉、褐釉、青花等，以黑色居多。器形众多，有碗、盘、碟、罐、盆、钵、盂、瓶、坛、壶、缸、灯、盏、火盆等。器物上纹饰多样化，常见的有水波纹、花鸟纹、水草纹、几何纹等，有的器物底部刻有“寿”字和七星点纹。经初步鉴定，时代从西夏一直延续至清代晚期，规模大、时间长，品种多样，地域特色突出。1993 年公布为省级文物保护单位。①

图 11　张掖市甘州区龙渠乡西武当瓷窑遗址

（二）文化

西夏文化事业兴盛，各郡县皆有学校。坐落在张掖的黑水河建桥碑，碑文中所记立碑相关人员中有“都大勾当镇夷郡学教授王德昌”，可见甘州有郡学之设，并有总管郡学的学官

① 俄军主编：《西夏文物》（甘肃编）第 1 册，中华书局、天津古籍出版社 2014 年版。

教授。西夏时期的甘州文化应有较好的基础。

西夏文化呈现出多民族文化共同发展的局面。西夏创制了记录主体民族党项族语言的文字西夏文，并在境内推行。在张掖出土的西夏文文献不多。但有一件不仅表明甘州流行西夏文，可能还在此地印制西夏文佛经。

流失到日本天理图书馆的一页西夏文残经，有题记九行，译文为：

发愿译者　甘州禅定寺庙□僧正
　　严法师　讹瑞
禅定寺法堂□正　于正法师堂译
　　癸巳年御　正月十五日
　　译主宝幢瑞御太　番译
　　印行发愿师主　杨正瑞师
　　相发愿鲜卑氏　韦师
　　　　善罗？印者慧律　韦师
　　　　　　书者　执笔　德智①

残经使用了藏文佛经才有的专门用语，可知此经译自藏文。题款表明由甘州禅定寺庙高僧译，内记译为西夏语的译主、印行发愿者、印者、书者人名。由此可以推知甘州可能是翻译、印制西夏文佛经的一个中心。题记纪年仅有干支“癸巳”二字，不易断定译、印佛经的具体年代，据西夏藏传佛教的流行和藏文佛经的翻译时间看，这个“癸巳”很可能是西夏最后一个癸巳年，即仁宗乾祐四年（1173）。这一题款多少弥补了张掖缺少出土西夏文文献的遗憾，证实此地不仅使用西夏文，还印制、传播西夏文文献。

甘州是多民族地区，也是多民族文化展现的地区。黑水河建桥碑一面汉文，一面藏文就是典型的例证。该碑汉文书法结构严整，笔力劲峭，是一幅难得的楷书艺术品，是汉文化发展水平的一种表征。西夏崇尚儒学，特别是西夏崇宗、仁宗时期，大力发展汉学，使汉文化在西夏有了新的推进。碑刻的另一面藏文也很规范，绝少不合正字法的书例。书法整饬秀丽，与吐蕃时期碑刻中见方见棱的字体明显不同，可见文字改革的成效。但文字改革也有较长时期的过程，在此12世纪的碑文的字里行间仍能见到改革前吐蕃时期的文字遗风，显现出古藏文的特点。比如仍保留着某些与语音不合的古旧成分，有时还有独体字va，有时有反书元音i。② 这件难得的古藏文晚期的作品，证实藏族文化在这里的存在和地位，以及藏文发展变化的轨迹。

西夏大量绘画作品的创造，必然造就出一批画家画匠。榆林窟第19窟一条西夏时代的汉文题记：“乾祐二十四年……画师甘州住户高崇德小名那征，到此画秘密堂记之。”乾祐二十四年（1193）是仁宗朝，画师高崇德是甘州人，他所画秘密堂当指西夏晚期的密宗洞

① ［日］西田龙雄：《西夏文化严经》，第1、13页。

② 王尧：《西夏黑水桥碑考补》，《中央民族学院学报》1978年第1期。

窟。[①] 可见西夏时期的甘州有专门绘制密宗佛画的画家。他也是至今唯一一位知晓姓名的西夏画家。榆林窟中西夏时期的密宗绘画很具特点。

图12 榆林窟第3窟 密宗观音曼陀罗

图13 榆林窟第3窟 窟顶密宗曼陀罗藻井

（三）宗教

西夏以佛教为主要宗教信仰，在境内大力推行。甘州位于河西走廊的中心，佛教早已流行，是“佛法所从入中国”之地。西夏时期甘州一带的党项、汉、吐蕃、回鹘等民族都信奉佛教。甘州回鹘信奉佛教更早。西夏早期译经时，还专门请回鹘僧人做主译者。[②] 西夏佛教信仰形成了几个中心地区，其中有中兴府—贺兰山中心、凉州—甘州中心、沙州—瓜州中心、黑水城中心。甘州处于凉州—甘州中心，佛教隆盛。甘州在西夏时期有较多的寺庙：

卧佛寺　在甘州，又称宏仁寺、大佛寺。崇宗乾顺永安元年（1098）建。

崇庆寺　在甘州，崇宗永安元年建。[③]

诱生寺　在甘州，西夏僧人辑录《密咒圆因往生集》前题款记有“甘泉师子峯诱生寺出家承旨沙门智广编集”。[④]“甘泉”在甘州，明宣宗《敕赐宝觉寺碑记》载：“甘州，故甘泉之地，居中国西鄙。”[⑤]

---

① 史金波、白滨：《莫高窟榆林窟西夏文题记研究》，《考古学报》1982年第3期。

② 史金波《西夏佛教史略》，宁夏人民出版社1988年版，第76—79页。

③ 《甘州府志》卷5。

④ 《大正新修大藏经》卷46。

⑤ 《甘州府志》卷13、卷4。

十字寺　在甘州，西夏时建。[①] 始建时间不详。

禅定寺　在甘州，该寺可能是将藏文佛经译为西夏文的一个寺庙。始建时间不详。[②]

马蹄寺　在甘肃肃南裕固族自治县马蹄山中，早有马蹄寺石窟，是规模宏大的石窟群，共有70多窟。从东晋以来，至西夏已有600多年的历史，其中保存有西夏时代的佛教洞窟。在西夏后期的西夏文法典《亥年新法》中规定寺庙依耕地负担佣、草的条文中，罗列了西夏“诸寺”的名称，其中有“大觉寺”。[③] 又黑水城出土西夏文经题款有“马蹄山大觉寺（众宫）副判”。[④]

目前存留下来的西夏佛教遗址最负盛名的是张掖卧佛寺。卧佛寺始建于西夏，关于其建造有不同的记载。一种是据明宣宗《敕赐宝觉寺碑记》所载：西夏乾顺时，有沙门族姓嵬咩，法名思能，早先从燕丹国师学成佛理，受境内人崇敬，号为国师。他掘得古涅佛像后，在甘州兴建大寺，时为崇宗永安元年（1098），该寺就是留存至今的有名的卧佛寺。[⑤] 此佛教灵应故事记载的僧人嵬咩思能也就是西夏时期有名的嵬名思能国师，他的师傅燕丹也是一位国师，燕丹曾西行天竺求法。另一种据《西夏书事》记载：乾顺自母亲梁氏死后，常供佛为母祈福。当时甘州僧人法净声称：自己于张掖县西南甘浚山下夜望有光，掘得古佛三身，皆卧像，献于乾顺。乾顺遂于贞观三年（1103）在甘州建宏仁寺，即后来的卧佛寺。显然，两种说法在时间、人物、情节上都有差异。但两说都认为甘州卧佛寺是在乾顺时期兴建的。而明代成化十三年（1477）在甘州所立碑文也记载卧佛寺是“大夏建崇宗皇帝永康元年嵬咩国师始创卧佛圣象”，佐证了第一种记载。[⑥] 只不过把“永安”记成了“永康”。

大佛寺称大觉寺，又称卧佛寺，明代敕名宝觉寺，清敕改宏仁寺，是河西地区迄今所存最大的古建筑之一，位于甘肃省张掖市甘州区民主西街。东西长约200米，南北宽约150米，占地面积30000多平方米。该寺是以涅槃像佛殿为主殿的建筑格局，现存山门、牌坊、钟、鼓楼、大佛殿、大成殿、藏经殿、土塔、提督署二堂、二郎殿等古建筑10座。大佛殿高33米，面阔9间49米，进深7间24米。为2层楼，重檐歇山顶，青瓦飞甍，朱柱环立，四周木廊回绕，殿顶高大陡峭，斗拱交错；殿正中为卧佛像，为西夏时塑造，身长34.5米，肩宽7.5米，系国内室内最大卧佛，木胎泥塑，金描彩绘，面部贴金，头枕莲台，侧身而卧，双眼半闭，嘴唇微启，右手掌置脸下，左手置大腿侧，胸前绘“卐”字符号。佛像后塑十大弟子举哀悼念，两侧塑优婆尼、优婆塞各一尊；殿内南北两侧塑十八罗汉群像，形态各异，形象生动；殿内四壁有壁画。明、清时期多次重修。1996年被国务院公布为“全国重点文物保护单位”。臭高扁西夏文题记中有“甘州众宫（寺）”。当指甘州的大寺庙，或专指卧佛寺。

---

① 《甘州府志》卷4。

② ［日］西田龙雄：《西夏文华严经》1，京都大学文学部，1975年，第13页。

③ 史金波、魏同贤、克恰诺夫主编：《俄藏黑水城文献》第9册，《亥年新法》甲种本第197—198页；辛种本第317页。

④ 俄罗斯圣彼得堡东方学研究所手稿部藏黑水城出土文献 Инв. No. 5112。

⑤ 《甘州府志》卷13《艺文》第26—28页，明宣宗《敕赐宝觉寺碑记》，又卷5《坛庙》第19页。乾隆四十四年修。

⑥ 俄军主编：《西夏文物》（甘肃编）第3册，中华书局、天津古籍出版社2014年版。

图 14　大佛寺明成化十三年碑记

图 15　甘州大佛寺

图 16　甘州大佛寺殿内卧佛

甘州大佛寺规模宏大，在当时的条件下，没有政府的提倡和支持是难以完成的。这一保持西夏原作格局的超大型卧佛，反映出西夏时期雕塑艺术的大手笔、大气度，表现当时对大型雕塑品总体把握的能力和高超艺术技巧，使古人对佛产生景仰，使今人对西夏艺术刮目相看。

马蹄寺是西夏时期甘州另一处佛教圣地，以石窟群著称于世。马蹄寺石窟是一规模宏大的石窟群体，位于肃南裕固族自治县马蹄区的马蹄山中，这里山峦起伏，流水潺潺，松柏苍翠，绿草如茵，花草飘香，远在西汉初年，就是匈奴阿育单于的避暑胜地。

马蹄寺石窟包括千佛洞、南北马蹄寺、上中下观音洞和金塔寺七个小石窟群，迤逦近三十公里。每个小窟群，多的有三十余窟，少的有两窟，共有七十多窟。其中千佛洞始建于北魏，西夏时重修彩绘，是北魏—西夏时期一处石窟寺群，石窟开凿于陡峭崖壁上，周围地势开阔。窟龛依山崖形势自然分为南、中、北三段，现存洞窟十多个，编号 8 个，窟内有造像壁画等珍贵文物。明朝永乐年间改名普光寺。1996 年被国务院公布为全国重点文物保护单位。

图 17　马蹄寺石窟群千佛洞

图 18　马蹄寺石窟群千佛洞内壁画

文殊山石窟也是与西夏佛教关系密切的一座石窟群，坐落在张掖市肃南裕固族自治县，包括前山千佛洞和万佛洞，两窟相距 200 米。千佛洞平面为方形，中心柱窟深 3.8 米，宽 3.94 米，高 3.6 米，窟内中心柱每面分 2 层开龛造像，内塑 1 佛 2 菩萨，窟内西北壁面彩绘壁画，内容为千佛、佛说法图、立佛，下部绘供养人，三角垂帐纹。窟顶围绕中心柱四周彩绘乾达婆，紧那罗。壁画采用西域浑染法。万佛洞深 5.8 米，宽 5.55 米，高 3.7 米，中心柱四面亦分 2 层开龛，各龛内塑 1 佛 2 菩萨。四壁壁画为西夏重绘，内容为水月观音、万佛，经变图。窟顶绘立佛，中心柱壁面绘罗汉及十方佛。2001 年被国务院公布为全国重点文物保护单位。①

甘州立黑水河建桥碑也是西夏与佛教有关的一项重要遗迹，西夏仁宗乾祐七年（1176）立于甘州城西十里之黑水河桥，后藏张掖市新墩乡下龙王庙，20 世纪 70 年代由张掖县文化

① 张宝玺：《文殊山万佛洞西夏壁画的内容》，《1983 年全国敦煌学术讨论会文集》，甘肃人民出版社 1985 年版。

图 19　文殊山石窟前山万佛洞

图 20　文殊山石窟前山万佛洞窟内壁画

馆征集，1987 年移交张掖市博物馆收藏。碑为青石质地，呈长方体，高 118 厘米，宽 74 厘米，厚 19 厘米。有矩形碑座，碑座正面有两道刻线分为两部分，上面部分刻仰莲纹，下面部分素面，其他三面为素面。碑顶两角呈圆弧形，两面碑额各线刻一托盘侍女图，周边饰以线刻卷云纹图案。碑正面阴刻汉文楷书，竖行 13 行，行 13 字。碑背阴刻藏文楷书 21 列，文字漫漶过半。汉文碑文为：

> 敕镇夷郡境内黑水河上下，所有隐显一切水土之主，山神、水神、龙神、树神、土地诸神等，咸听朕命。昔贤觉圣光菩萨哀悯此河年年暴涨，漂荡人畜，故以大慈悲，兴建此桥，普令一切往返有情咸免徒涉之患，皆沾安济之福。斯诚利国便民之大端也。朕昔已曾亲临此桥，嘉美贤觉兴造之功，仍罄虔恳，躬祭汝诸神等。自是之后，水患顿息。固知诸神冥歆朕意，阴加拥护之所致也。今朕载启精虔，幸冀汝等诸多灵神，廓慈悲之心，恢济渡之德，重加神力，密运威灵，庶几水患永息，桥道久长。令此诸方有情，俱蒙利益，佑我邦家，则岂推上契十方诸圣之心，抑亦可副朕之弘愿也。诸神鉴之。毋替朕命。①

这是一方西夏仁宗皇帝所立碑，也是存世的唯一一方西夏皇帝御制碑。此碑内容为夏仁宗皇帝为黑水河诸神发布敕命，以求水患永息，桥道久长。其中可以分析出当地信仰的重要内容：

——西夏仁宗时期大力推行佛教，同时也大力倡导儒学，但从碑文看仁宗令“镇夷郡境内黑水河上下，所有隐显一切水土之主，山神、水神、龙神、树神、土地诸神等，咸听朕命”，说明当时除佛教信仰外，还保留着更原始的对自然神的崇拜。而皇帝居然给这些自然神下令，希望他们以自己的“神力”和“威灵”，息除水患。

——明确指出修建此桥的是“贤觉圣光菩萨”。这位在甘州建桥的贤觉圣光菩萨即是西夏的贤觉帝师。他曾以帝师的身份和仁宗皇帝一起共同“再详勘”从藏文译成西夏文的佛

① 叶昌炽：《语石》卷一，第 29 页，宣统元年刊本；史金波：《西夏佛教史略》，宁夏人民出版社 1998 年版，第 19—20 页；史金波、白滨、吴峰云：《西夏文物》，图 105—107。

经《圣胜慧到彼岸功德宝集偈》。在此经的西夏文、汉文题款中明确记载了他的头衔：“贤觉帝师、讲经律论、功德司正、偏袒都大提点、嚷卧勒沙门波罗显胜”。贤觉帝师有西夏功德司正的职衔，掌管西夏的佛教事务，不难看出他在西夏的宗教地位极高。他的官位“卧勒”，是皇帝以下的最高封号，相当于大国王的地位。贤觉帝师在西夏传著了多部经典，如在西夏文《佛说阿弥陀经》题款中有“贤觉帝沙门显胜”；有些著作中有“贤觉帝师传”的字样，如《一切如来百字要论》等多种佛经；有的文献属名“贤觉菩萨传”或“贤觉菩萨作”，如《忏罪千种供养奉顺中已集当许文》等。[①] 仁宗在建桥碑赞美的贤觉圣光菩萨即贤觉菩萨，也即贤觉帝师，是所知西夏、也是中国的第一位帝师。碑文显示出当地多民族信仰佛教和崇拜自然神的事实。

——贤觉帝师是藏族，在藏族人较多的甘州黑水河上建桥，做功德善事。与贤觉帝师关系密切的仁宗曾亲临此桥，嘉美贤觉兴造之功。证明贤觉帝师与甘州有特殊的关系，这种关系不仅是宗教方面的，而且还有地方世俗方面的亲情，也许贤觉帝师是甘州一带的藏族。

——此碑一面汉文，一面藏文，并未用西夏文。甘州一带藏族居民较多，这可以看成是西夏政府对当地藏族的一种怀柔政策，一种团结示好的表现，也是西夏时期多民族文化交往、交融的明显例证。

图 21 黑水河建桥碑

图 22 黑水河建桥碑汉文、藏文碑铭拓片

四 甘州西夏时期的名人和西夏后裔

一地出现重要人物往往与重要事件有直接关系。因此，西夏时期有哪些重要人物到过甘

① 俄藏黑水城文献，原编号 Инф. No. 598、6761、7165、6778、5989、7196、6213、816。参见［俄］克恰诺夫《俄罗斯科学院东方学研究所西夏佛教文献目录》，京都大学，1999 年（Е. И. Кычанов《Каталог тангутских буддийских памятников》），No. 292、507、566、567。

州，就是值得了解的有意义的问题。

元昊的祖父、党项族首领李继迁锐意进取河西，曾攻克吐蕃占领的凉州，不久便死去。他始终未到过甘州。元昊的父亲李德明多次攻打甘州未果，也未进过甘州。直至宋天圣六年（1028）其子元昊才攻克甘州，这时离德明去世有四年时间，期间未见文献记载他到过甘州。元昊是攻克甘州的指挥官，他自然到过甘州，只不过停留时间不长，元昊“置兵戍其地而还”。

前述仁宗曾于乾祐七年在甘州立碑，然而碑铭中未明确仁宗是否来到甘州。仁宗在位时间很长，在剪除了权臣任得敬的分国阴谋后，改元乾祐，这期间是他比较轻松得意之时，可能到西部地区巡行。在西夏文宫廷诗集中有《御驾巡行烧香歌》，其中记载西夏皇帝御驾西行，曾到达凉州，从凉州又巡行到甘州。[①] 此皇帝当指上述亲临甘州祭神的仁宗。因此，仁宗应到过甘州。

西夏第七代皇帝安全曾做过镇夷郡王。《宋史》载：“镇夷郡王安全立。安全，崇宗之孙，越王仁友之子。开禧二年正月，废其主纯祐自立，明年改元应天。”[②] 安全作为镇夷郡王，应镇守在甘州。他仅在位6年，后被齐王李遵顼废。

成吉思汗攻打西夏凡六次，成吉思汗二十一年（1226）“夏，避暑于浑垂山。取甘、肃等州”。[③] 看来，成吉思汗到过张掖、酒泉。

意大利旅行家马可波罗前往上都途中，曾在甘州停留一年，在《马可波罗游记》中记述了张掖的富庶、城市的规模以及宗教寺庙的宏伟。[④]

至元代甘州地区的民族构成除原有几个民族外，又增加了蒙古族。这一带的西夏遗民大部分依旧生活在这里。据酒泉的“大元肃州路也可大鲁花赤世袭之碑”记载，元太祖征西夏时，肃州党项人举立沙献城归顺，后助太祖征讨战死。太祖以其子阿沙为肃州路大达鲁花赤，后阿沙及其子孙5代共9人先后任肃州路达鲁花赤，共历130余年。阿沙还兼任甘肃等处宣慰使，其管辖范围包括甘州，其长子剌麻朵儿只曾任甘州路治中，剌麻朵儿只孙善居曾任甘州郎中、永昌路达鲁花赤。[⑤] 顺帝至正年间任永昌路庄浪同知的安帖木儿亦为党项人。[⑥]

在杭州刻印的西夏文大藏经还散施到永昌一带，元代平江路碛沙延圣寺刊印的《大宗地玄文本论》卷三的卷尾具体记载了当时刊印西夏文大藏经、散施到永昌一带的情形。[⑦] 可知这里还有人使用西夏语，懂得西夏文。

元朝大将唐兀人察罕是甘州人，其父是西夏的甘州守将。《元史》载：

---

① 俄罗斯圣彼得堡东方学研究所手稿部藏黑水城文献 Инв. No. 121V，《俄藏黑水城文献》第 10 册，第 287—289 页。

② 《宋史》卷 486《夏国传下》。

③ 《元史》卷 1《太祖本纪》。

④ 冯承钧译：《马可波罗行记》，第五十七章。

⑤ 白滨、史金波：《〈大元肃州路也可达鲁花赤世袭之碑〉考释》。

⑥ 《甘肃新通志》卷 58《职官志》。

⑦ 该卷今藏中国国家图书馆、山西崇善寺和日本善福寺。

察罕，初名益德，唐兀乌密氏。父曲也怯律，为夏臣。……又从攻西夏，破肃州。师次甘州，察罕父曲也怯律居守城中，察罕射书招之，且求见其弟。时弟年十三，命登城于高处见之。且遣使谕城中，使早降。其副阿绰等三十六人合谋，杀曲也怯律父子，并杀使者，并力拒守。城破，帝欲尽坑之，察罕言百姓无辜，止罪三十六人。①

后来察罕又是率军攻金、伐宋的主将之一。初从成吉思汗“略云中、桑乾”，破金野狐岭守军，“太宗即位，从略河南”，“又从亲王口温不花南伐”。后任马步军都元帅，并兼领尚书省事。

明代这里的党项族逐渐消亡。而甘州回鹘被称为撒里畏吾尔（黄头回鹘），演化成为今甘南裕固族。裕固族是中国唯一集中居住在张掖的一个少数民族。藏族在这一地区仍有重要影响。可见当时的民族分布格局对现在河西地区的民族有重要影响。现在汉族、裕固族、藏族仍是当地的世居民族之一，而随着党项族渐渐融汇、消失，他们的血液也逐渐流淌、混杂在当地的民族之中。

① 《元史》卷120《察罕传》。

西夏文明与文化研究*

——西夏文明在中国文明史上的地位、特色与贡献

西夏是中国中古时期在西北地区建立的一个重要王朝（1038—1227）。西夏原是宋朝管辖的一个地方政权，始由宋朝的肘腋之疾最终酿成心腹大患。西夏以武力为基础，辅以外交手段，忽而逞强，忽而臣属，在四面强敌环伺中，竟能发展壮大，绳绳继继，延续两个世纪。[①] 然而后世人们对它知之甚少。原因是元朝作为宋、辽、夏、金朝的后朝，只修了宋、辽、金史，而未修西夏史，西夏史只作为附传列于宋、辽、金三史之末，记载简略。这就使很多西夏资料未能通过正史保留下来。西夏主体民族党项族在西夏灭亡后，历经元、明逐渐融入临近民族而消失，更少人问津。

西夏与同时代的王朝相比，地处中原的宋朝历史文献和文物十分丰厚，其历史和社会的状况似历历在目；与西夏同为少数民族王朝的辽国、金国，也因有大批文献可征，有众多文物可鉴，而显得具体生动。西夏的历史甚至比起一千多年前的唐朝、两千年前的汉朝，也显得面目模糊不清，往往被称为神秘的王朝。

西夏王朝有辉煌的历史，有灿烂的文化。从其统辖范围、统治时间、国家实力、内部制度、文化特色看，西夏都是一个在中国历史上、在中国文化史上有重要地位，有突出特色，有重要贡献的皇朝。

一　西夏在中国历史上的地位

西夏皇朝的主体民族是党项羌，皇族原为拓跋氏，唐朝时被赐李姓，宋朝时被赐赵姓，后改姓嵬名氏。西夏作为11—13世纪中国的第三大势力，称霸西北，对当时中国历史和各王朝之间的关系产生了重要影响。

（一）西夏统一了西北广大地区，使这一地区经济、文化都得到高度发展

西夏领土辖今中国宁夏、甘肃大部，陕西北部，内蒙古西部和青海东部的广大地区。这

* 原刊于《西夏陵突出普遍价值研究》，科学出版社 2013 年版，第 199—212 页。

① 《旧唐书》卷 198《党项羌传》，中华书局（以下正史同）1975 年版，第 5290—5293 页；《旧五代史》卷 138《党项传》，1976 年版，第 1845 页；《宋史》卷 485、486《夏国传》（上、下），1977 年版，第 13981—14033 页。

一地区自唐朝后期至五代、宋初一直处于多民族、多政权争夺之中，战事不断，动乱不已，生产力遭到严重破坏，人民生活在动荡不安的社会之中。公元9世纪末，从西南方远道迁徙到这里、发展成一定势力的党项族逐步壮大，其领袖人物拓跋思恭响应唐僖宗的号召，参与镇压黄巢义军，与其他节度使合兵收复长安，因功被封为定难军节度使，形成了势力更大的夏州政权。至五代时期，夏州党项政权在与邻近藩镇的斗争中势力更加强大。宋初党项族杰出首领李继迁抗宋自立，进一步扩大了势力，南下攻取了灵州。其子李德明时期占领整个河西地区，确立了西夏的版图基础。

自李德明之子李元昊正式建国后，西夏版图大体稳定，政权基本稳固。西夏统治者在境内采取了积极的措施，发展经济和文化，使原来这一相对落后地区的生产力水平有很大提升，在向中原地区学习过程中科学技术也不断进步，在吸收各民族长处、发扬本民族传统的基础上文化事业也达到繁荣昌盛。这一地区超出以往的长足进步，确立了西夏在中国历史上的地位。

特别值得提出的是，西夏统治者选择位于银川平原贺兰山下的怀远镇（今银川市）为都城，在那里大兴土木，建设门阙、宫殿及宗社，升为兴庆府（后改为中兴府）。[①] 兴庆府在黄河西岸，有灌溉之利，农业发达，交通便利，在西夏时期发展成为当时中国西安以西最大的都会。那里有西夏皇宫、西夏帝陵，不仅是党项族、汉族、吐蕃、回鹘等各民族共居的多民族城市，也是接待宋朝、辽朝、金朝使节的大城市。可以说，没有西夏就没有现在的西北重镇银川市。

（二）西夏是中国历史上一个以少数民族为主体的重要王朝

与西夏同一时代的辽朝（907—1125）建于10世纪初，在西夏中期为金朝所灭，有国219年；北宋（960—1126）十世纪中期建国，也为金所灭，有国167年；南宋（1125—1279）为宋朝南渡建立，后为蒙古所灭，延续155年；金朝（1115—1234）建国于12世纪初，也为蒙古所灭，有国120年。西夏作为以党项族为主体的皇朝有国190年，比最长的辽朝略短，比其他皇朝都长。西夏是与这些皇朝都共时较长的皇朝，可分成两个阶段，第一阶段是与北宋、辽三足鼎立，第二阶段基本上是与南宋、金三分天下。

西夏前期虽为辽、宋属国，但并非完全一边倒，而是根据自己的利益决定自己的向背。对宋和辽的进攻都进行过顽强有效的抵抗。西夏能举全国之力与宋、辽抗衡，变劣势为优势，不断取得胜利。特别是宋康定元年（1040）后的三年时间，宋、夏双方在三川口（今陕西延安西北）、好水川（今宁夏隆德县北后，一说西吉县兴隆镇一带）、定川寨（今宁夏固原西北）发生三次大战，都以宋朝惨败告终。[②] 不久辽兴宗分兵三路攻夏，结果辽军溃

① 《续资治通鉴长编》卷96，真宗天禧四年（1018年）卷末条，中华书局2004年版，第2234页。

② 《宋史》卷250《石元孙传》，第8814页；《宋史》卷325《刘平、任福传》，第10502—10503、10506—10507页；《宋史》卷289《葛怀敏传》，第9701—9703页；《续资治通鉴长编》卷128，仁宗康定元年（1040）九月丙寅条，第3042页；《续资治通鉴长编》卷131，仁宗庆历元年（1041）二月己丑条，第3100—3102页；《续资治通鉴长编》卷137，仁宗庆历二年（1042）闰九月癸巳条，第3300—3303页。

败、辽兴宗仓皇逃遁。[①] 当时宋、辽都不得不与西夏和盟，承认西夏“自帝国中”的地位。由此可见其实力与地位。

西夏虽统辖地域偏于西北，国力总体逊于宋、辽，但却在当时的三国格局中，扮演关键的角色，屡屡起着制衡的作用。西夏前期依附辽、宋两朝，但主要是贴近辽朝而抗衡北宋，使北宋两面受敌，疲于应付。而宋与辽、西夏历经长期战争不得不订立和盟之后，分别给辽、西夏大量岁币，加重了宋朝的经济负担，使百姓生活困苦不堪，造成了大规模农民起义，更加速了宋朝的衰弱。金朝兴起后南下灭辽，又接连伐宋，此时西夏与金朝呼应，夺权宋朝城池，再次使宋朝难顾首尾。在当时各王朝的较量中，西夏这个颇具分量的砝码，对政治和军事的天秤往往有着举足轻重的作用。

（三）西夏是各民族交流、吸收和融汇较为突出的皇朝

西夏是境内各民族势力大体均衡的多民族社会。党项族位居主体，在政治上、军事上占有优势；汉族人数很多，在经济、文化方面占有优势；藏族和回鹘在西夏虽势力较弱，但在宗教的传播、发展和牧业上也有优势可言。这种各有特点和优势的民族格局，使各民族的综合力量保持了大体的相对均衡。

西夏法典承认、允许多民族共存，实行了较为和缓的民族政策。在西夏境内各族人一样可以担任官职，官职排序以职位高低为准，不以民族划线，只是在职位相同时才以党项族为先。西夏对党项族以外的其他民族没有采取明显的歧视、压迫政策，更不像契丹、蒙古把各民族划分成高低不同的等级，进行民族强力统治。

西夏与邻近的王朝经常发生摩擦和战争，反映出当时中国境内民族之间政治、经济方面的矛盾。而当时各国之间也有相对和平时期，特别是西夏的仁宗朝，对内发展经济、文化，对外大体上保持和好，是对外民族关系相对稳定的时期。西夏法典规定与沿边异国西番、回鹘、鞑靼、女真要“相和倚持”。[②] 西夏时期促进、加强了西夏境内、境外各民族的交流，使西夏经济、文化呈现出各民族互相学习、互相吸收、互相融汇、共同发展的局面。可以说，西夏是多民族经济、文化发展的典型。因其地域接近汉族中心地区，使主体民族党项族在生产、生活上逐渐出现了明显的汉化倾向。

二　西夏文明在中国文明史上的特色

西夏的特殊位置和发展道路，使其文明带有突出的时代、民族和地域特色。

（一）西夏文明是具有创造性的多元复合文化社会

西夏地区地形、气候等自然条件复杂，既有农业条件优越的河套平原、河西走廊盆地中的冲积平原，又有农林牧兼营的黄土高原，也有多种类型的山地和沙漠地区。西夏居住民族多样，各民族原来的文化背景和社会基础各不相同。这样西夏社会的生产、生活形成了多元

① 《辽史》卷115《西夏外记》，中华书局1974年版，第1527页。

② 史金波、聂鸿音、白滨译注：《天盛改旧新定律令》第七“敕禁门”，法律出版社2000年版，第211页。

素、多类型、多层次的状况。西夏境内文化相互影响、相互交织、相互渗透，形成了你中有我，我中有你的混合状态，创造出有特色的多元复合型文化。

世人瞩目的玛雅文化和西夏文化有相似之处。它们都曾光辉灿烂，都创造了包括自己文字在内的高度文明，后来民族消失，文字死亡，其文明被历史的风尘湮没，而若干世纪后它们附有神秘光环的文化又戏剧性地再现，都引起世人的极大关注。而两种文化也有明显的不同之处。玛雅文化似乎是一种孤立的文化，很难在其他民族中寻找到相关记载；西夏文化则是中华文明的有机组成部分，是中华民族内各民族文化融汇的典型之一。

（二）西夏是多种文化的中间重要过渡地带

从全国版图看，西夏差不多处于中央位置。在当时各王朝和民族政权的分布看它也处于中间地带。其前期东部和南部是经济、文化发展的宋朝，东北和北部是契丹建立的辽朝，西部是回鹘，西南是吐蕃；后期东部是女真建立的金朝，东南有南宋，北部为蒙古，西部有西辽，西南为吐蕃。其地理位置非常特殊。

西夏以儒治国，儒学是王朝政治和社会文化的主流，主要表现于制度、法律和教育，是王朝、官府和社会行事的主要依据。以儒学思想为核心制定的法律具有全民性。其儒学源于中原地区。10—13 世纪中国境内的儒学布局，大体上是以东部宋朝为基础，辽、西夏和金跟进效法，西夏接受更多，西部回鹘、吐蕃则影响较小。儒学的发展形成自东向西阶梯式传播的态势，西夏是中间过渡地带。

西夏佛教是宗教信仰的主流，主要表现于意识形态，是一种精神风俗，由于皇室大力提倡，有些活动具有浓重的皇室或官方色彩。西夏的佛教一方面源于中原，另一方面源于吐蕃。10—13 世纪中国境内的宗教信仰分布，大体上是东部佛、道并存，佛、道势力旗鼓相当，西部回鹘、吐蕃、大理以佛教为主，伊斯兰教渐从回鹘西部进入。中部西夏地区虽也兼容佛、道，但佛教强势，道教弱势，是中国宗教的过渡地带。[①]

（三）带有神秘色彩的西夏文明，消失与重生

西夏灭亡后，其文化遗存受到极大的摧残。在西夏首都中兴府，即今银川市竟然很难找到西夏建筑的遗迹，贺兰山下的西夏陵园地面殿堂建筑荡然无存，连众多的石碑也被人为破坏成碎块。西夏典籍渐被湮没，西夏文字成为无人可识的死文字，20 世纪以前竟看不到一本西夏人自己编写的典籍。而其后元朝修撰前代史书时，又缺失西夏史的编纂和资料的汇集，使西夏文明蒙上神秘的色彩，留下了无奈的遗憾。

使人感到欣慰的是，历史给了消亡的西夏以新的机遇。在 20 世纪初大批西夏文献、文物陆续发现，特别是黑水城遗址（今属内蒙古额济纳旗）出土了数以千卷计的西夏文文献和大量西夏文物，使西夏文献、文物数量陡增。[②] 此后宁夏、甘肃、内蒙古等地又不断出土了不少西夏文献、文物。出土的西夏文献改变了中国中古时期文献的格局。

---

① 史金波：《关于西夏佛与儒的几个问题》，《江汉论坛》2010 年第 10 期，第 61—65 页。

② 俄罗斯科学院东方研究所圣彼得堡分所、中国社会科学院民族研究所、上海古籍出版社编，史金波、魏同贤、克恰诺夫主编《俄藏黑水城文献》第 1 册前言（史金波），上海古籍出版社 1996 年版，第 1—19 页。

近些年西夏文献、文物的系列出版和文字、文献的成功解读，使西夏研究峰回路转，令西夏皇朝文明得以闪亮再现。目前对过去茫然不知或知之甚少的西夏语言文字、西夏政治制度、西夏经济、西夏军事、西夏文化、西夏社会、西夏宗教都有了新的资料，取得了新的认识，在中国历史研究中形成了新的亮点。消失的西夏文明似乎死而复生。今后随着对西夏文献、文物研究的进一步深入，可望取得新的成就，在中国历史研究中有更多的创新成果。

三　西夏文化在中国文化史上的贡献

在西夏历史发展过程中，出现了一批叱咤风云的历史人物。西夏在政治、经济、军事、社会、文化诸方面都做出了重要贡献，有些突出成就在中国文明史上，甚至在世界文明史上都可以大书一笔。以下分类列举若干：

（一）出现了一批在中国历史上足可称道的历史人物

1. 文韬武略，开辟两百年皇朝基业的元昊

西夏第一代皇帝景宗元昊，雄才大略，称帝立国，与宋辽抗衡，指挥与宋朝三次大战役：三川口、好水川、定川寨之战，都取得胜利。这些战例已被列入中国战史的典型。后他又审时度势，与宋朝和解，订立“庆历和盟”，这一和盟使当时的中国重新划定势力范围，形成了新的政治格局，在中国大地上出现了新的、互相承认的三国，出现了三个皇帝。元昊是为西夏奠基、发展的代表人物。①

2. 少年力挽狂澜，擒杀谋朝篡位权臣奸党的毅宗谅祚

第二代皇帝毅宗谅祚襁褓即位，15 岁时便不畏强臣、智勇兼备，设计杀死阴谋篡国夺权的权臣没藏讹庞，力挽狂澜，亲自掌政。这比清朝康熙皇帝逮捕专权的鳌拜还小一岁。他也和康熙一样，是倾慕、学习汉文化，尊崇汉礼、汉学。他经常率兵打仗，亲冒矢石，后在战场上受伤，英年早逝。②

3. 临国主政，领军作战的巾帼统帅梁太后

西夏前期有三位皇太后先后主政：毅宗母没藏太后、惠宗母梁太后、崇宗母第二梁太后，她们皆为党项族族女性，皇帝幼小，主持政事，掌控朝廷。她们主政时期除中间毅宗亲政 6 年多，共 37 年，在西夏 190 年的历史中占五分之一的时间。特别是第二梁太后能统帅大军，运筹帷幄，甚至亲临前线，不惧锋镝，是英姿飒爽的女中豪杰。③

4. 重视文教，在位时间很长的崇宗和仁宗

西夏崇宗乾顺 3 岁继位，16 岁亲政。他重视文教，大力发展儒学，建立学校，设立培养人才的养贤务，在西夏文化史上起到划时代的作用。其子夏仁宗仁孝，在金朝支持下，一举诛杀了企图分国篡权的权臣任得敬及其党羽，后由著名宰相斡道冲辅佐，继续其父政策，提倡文教，实行科举，修订律令，校印佛经。他更加重视以儒治国，推崇儒学力度加大，尊

---

① 《宋史》卷 485《夏国传上》，第 13992—14000 页。

② 同上书，第 14000—14003 页。

③ 同上书，第 10007—14018 页。

孔子为文宣帝。

在中国历史中，汉武帝刘彻（公元前156—公元前87年）在位54年，清世祖康熙（1661—1722）在位61年，是中国历史上在位时间最长的皇帝。西夏崇宗在位54年，创造从汉武帝至清世祖1700多年间在位时间最长的纪录。而崇宗的儿子仁宗仁孝也在位54年，父子二人总共在位108年，创造了中国的历史之最。他们二人在位时间长，反映当时西夏约一个世纪的时间大体安定，在中国历史上也不多见。①

5. 创制西夏文字、发展西夏文化的字圣野利仁荣

西夏开国重臣野利仁荣学识渊博，元昊建国多赖其创制典章制度，特别是大庆元年（1036）奉旨创造蕃书（即西夏文），颁行境内。后建蕃学，主其事，翻译汉文典籍，教授蕃、汉官僚子弟。各州也设置蕃学，培养人才。被封为没宁令（即天大王），死后赠富平侯。② 仁宗为表彰其制蕃字功，追赠为广惠王。③ 在西夏人歌颂他的赞美诗中称他有3700弟子，被誉为“天上文星”。④ 他创制的西夏文为中国文字史增添了浓墨重彩的一笔，流传使用400余年，留下了大批珍贵文献，成为中国古籍的重要组成部分。

6. 传播儒学、发展文化的宰相斡道冲

西夏仁宗仁孝时重臣斡道冲，其家世代掌修夏国史，8岁时以《尚书》中童子举，精通五经，译《论语注》，作《论语小义》20卷，又作《周易卜筮断》，以蕃字写成，流行夏境。后为蕃汉教授，抵制外戚任得敬的专权和分国。任得敬被诛后，被擢为中书令，后又任国相，辅佐仁宗稳定政局，发展文化，很多重要典籍即在此时刊印。死后仁宗图画其像，在学宫中从祀孔子，可见其地位和影响。⑤

7. 中国最早的帝师波罗显胜

西夏仁宗时期的高僧波罗显胜，是西夏仁宗朝的贤觉帝师，也是中国最早的帝师，比元代封八思巴为帝师要早一个世纪。他主管西夏佛教最高机构功德司，有与大国王同样的“卧勒”封号，在西夏的宗教地位极高，官位也很高。他译校重要藏传佛教经典《圣胜慧到彼岸功德宝集偈》时，与仁宗皇帝共同“再详勘”。⑥ 此外他还传著了多部藏传佛教经典，仅保存至今的就有十多部，对在西夏发展藏传佛教起到了显著推动作用。他还在甘州黑水河上建桥，令往返行人皆免徒涉之患，后仁宗亲临此桥，并立碑大加赞颂。

（二）在科学技术上有诸多创获

西夏因社会发展的需要，不断吸收中原地区先进的科学技术，并有新的发展，新的创造。其显著成就有：

---

① 《宋史》卷486《夏国传下》，第14018—14026页。

② 《宋史》卷485《夏国传上》，第13995页。

③ 《宋史》卷486《夏国传下》，第14025页。

④ 《俄藏黑水城文献》第10册，第294—295页。

⑤ （清）吴广成：《西夏书事》卷36，清道光五年（1835）刊本，第8页；（元）虞集：《道园学古录》卷四《西夏相斡公画像赞》，四部丛刊集部，第20—21页。

⑥ 俄罗斯圣彼得堡东方学研究所手稿部藏黑水城文献 Инв. No. 598。

1. 高水平的建筑业，有西部地区规模最大、具有特色的帝陵，有多种类型的佛塔

西夏建筑业兴盛。文献记载皇宫、离宫等皆豪华、壮丽，现已不存。贺兰山东侧山下的西夏帝陵集中反映了西夏建筑的特点。西夏陵区分布在南北长10公里，东西宽5公里，总面积约50平方公里的范围内，存帝陵9座，陪葬墓253座。这是中国关中以西唯一的大规模帝陵。西夏陵继承了唐、宋陵园的基本制度和长处，但并非单纯模仿，而是有创新和发展。比如整个陵区是一个完整地域，其中各帝陵布局集中紧凑，合成为相连的统一建筑群体，登高一望，可一览无余；各帝陵的形制各有特点，并不统一；其陵台、碑亭不在正中，为不对称形式；地面建筑丰富，碑亭、外城、角台等为唐、宋陵所无；特别是其陵台是塔形建筑，装饰华丽，不似唐陵的依山或积土为陵，也不似北宋陵为覆斗式陵台。这些特点丰富了中国皇陵的类型和内容，使西夏陵成为中国历史陵园中一种具有民族特点的独特景观。①

因西夏佛教流行，兴建了众多塔寺，佛塔形式多样，有秀丽挺拔的十一层八角形楼阁式承天寺塔，有形影相吊的八角形十三层密檐式拜寺口双塔，有下部三层为八角形楼阁式、上部是巨大的覆钵式复合形式宏佛塔，有正方形十三级密檐式贺兰山空心方塔，有八角形十三级密檐式空心康济寺塔，有建筑在黄河岸斜坡上、总体平面呈三角形的巨大塔群一百零八塔等，体现出西夏建筑的高超水平。

2. 推行泥活字印刷，创制木活字印刷，保留有世界最早的活字印刷品

北宋庆历年间（1041—1048），毕昇发明了省时省料、方便快捷的泥活字印刷术。活字印刷是印刷史上继雕版印刷后第二座伟大的里程碑，它的应用开创了印刷史的新纪元。毕昇发明了泥活字印刷术后，在中原地区并未广泛流行，也未存留下早期活字印刷实物。而在存世的西夏文文献中，发现了《维摩诘所说经》等一批泥活字印本，证明西夏较为广泛地应用活字印刷。② 这些泥活字印本可定为12世纪版本，是目前世界上现存最早的活字印本。

毕昇曾实验木活字印刷，但未成功。西夏文文献中的世俗著作《德行集》、佛教著作《吉祥遍至口和本续》、《三代相照言文集》等木活字印刷品③，证明西夏成功创制了木活字印刷，并保存下最早的木活字版本，比元代王祯应用木活字约早一个世纪，又一次改写了印刷史。

在西夏文献中又有汉文活字版历书，其具体年代为1211年，是目前所知最早的有确切年代的汉文活字印刷品，填补了汉文早期活字印刷品的空白。④

西夏雕版印刷也很发达，西夏惠宗大安十一年（1085）刻印的《佛说阿弥陀经》是已知最早的、有确切年代的少数民族文字印刷品。

3. 先进的锻铁业业，有优良的鼓风设备竖式双木扇风箱，铸造天下第一的“夏国剑”

西夏因军事以及农业、手工业生产的需要，大力发展锻铁业。锻铁的技术水平与鼓风设

---

① 张雯：《西夏陵其制度不“仿巩县宋陵而作”》，《西夏学》第七辑，上海古籍出版社2011年版，第210—219页。

② 俄罗斯圣彼得堡东方学研究所手稿部藏黑水城文献 Инв. No. 361、737、232。史金波、陈育宁主编：《中国藏西夏文献》16册，甘肃人民出版社、敦煌文艺出版社2005年版，第457—487页。

③ 《俄藏黑水城文献》第11册，1999年版，第142—155页。

④ 俄罗斯圣彼得堡东方学研究所手稿部藏黑水城文献 Инв. No. 5285、8117、5306、5229、5469、269。参见史金波《黑水城出土活字版汉文历书考》，《文物》2001年10期。

备关系极大。榆林窟第3窟西夏壁画五十一面千手观音变中，绘有多种生产图，其中有《锻铁图》，图中所绘为锻铁炉鼓风用的竖式双木扇风箱，坚固耐用，可连续鼓风，加大鼓风量，能提高炉火温度，增强冶炼强度，是当时颇为先进的鼓风设备。①

西夏制造最多、质量最好的铸造品当是刀剑之类的铁制武器。宋朝太平老人著《袖中锦》列举享誉境内外“天下第一”的26种物品和人才中，明确列入夏国剑。甚至宋朝皇帝也随身佩戴夏国宝剑。在宋代的《挥麈后录》中记宋钦宗“解所佩夏国宝剑以赐”臣下。②

4. 发达的铸造业，存有体型硕大、工艺精美的鎏金铜牛

在西夏陵园101号墓出土有体型硕大的卧式鎏金铜牛，长120厘米，重188斤公，模制浇铸成型，腹内空心，外表通体鎏金，造型生动，比例匀称，形象逼真，集美术、模型、浇铸、鎏金等精湛技艺于一身，显示出西夏高超的铸造工艺水准，堪称稀见的艺术珍品，被定为国宝级文物。③

5. 繁荣的陶瓷业，有民族特色的瓷扁壶，有巨大的琉璃鸱吻等脊饰构件

在宁夏、甘肃、内蒙古出土了大量西夏陶瓷器。西夏瓷器具有相当高的水平，釉色以白色、黑色和褐色为多，其中也有不少带有民族特色的精品。如类型多样的瓷扁壶一面或两面有圈足，为放置起平稳作用，壶的两侧有两耳或四系，便于游牧外出穿绳携带，颇具特色。④

西夏建筑构件中琉璃瓦、瓦当和滴水，绿色彩釉，色泽均匀，晶莹光亮。琉璃大鸱吻，通高152厘米，绿色釉面光润闪亮，龙头鱼尾造型，头部有鳍，身有鳞纹，显现出威猛的形态。鸱吻装饰在大殿或门楼的正脊两端，会给整个建筑物增添威严肃穆、富丽堂皇的色彩。其一入藏中国国家博物馆并作为典型文物展出。⑤

西夏陵园中的脊饰迦陵频伽，上半身人形，首戴冠，双手合十，下半身鸟形，有双翅，长尾；此外尚有琉璃海狮、琉璃四足兽和琉璃立鸽等，皆为难度很大、惟妙惟肖的精美制品，可见西夏烧制陶瓷的高超工艺。这些既是实用的建筑构件，又是赏心悦目的艺术品，其中不少可列为中国中世纪陶器的代表作，即使把它同现代的优秀陶瓷制工艺品相比，也毫不逊色。⑥

（三）创制西夏文是西夏文化发展的标志，发现西夏文献是西夏学诞生的基础

西夏创制了记录主体民族党项族语言的文字西夏文，是西夏文化发展史上一件划时代的大事，是学习汉族先进文化的必然结果，是党项族走向文明的重要标志。近代大量西夏文文献的发现加深了对西夏文创制、应用和发展的认识。

1. 西夏文是中国中古时期创制的实用的、重要的民族文字

西夏重视文教，建国前就创制了记录党项族语言的文字番文，即后世称谓的西夏文。西

---

① 史金波、白滨、吴峰云：《西夏文物》，文物出版社1988年版，图39，第292页。

② （宋）王明清：《挥麈后录》卷8，第182页，中华书局1961年版；《宋史》卷371《王伦传》，第11522页。

③ 《西夏文物》，图217，第309页。

④ 《西夏文物》，图283、284、285、286，第317页。

⑤ 《西夏文物》，图308，第320页。

⑥ 史金波：《西夏社会》上册，上海人民出版社2007年版，第113—115页。

夏文是仿照汉字创制的表意性质的文字，因西夏语和汉语皆属汉藏语系，文字性质与语言相互匹配，因此西夏文比同时代创制的契丹文、女真文具有更强的实用性。西夏文是在当时社会上应用范围很宽，流行在西北广大地区，延续使用400多年，文献存藏非常丰富的一种文字，在中国少数民族古文字中具有突出地位，丰富了中国文字史的内容。①

2. 大量西夏文献的发现是中国近代四大文献发现之一，丰富了中国古代典籍

在著名的敦煌藏经洞被发现不久，1908年、1909年以科兹洛夫（П. К. Козлов）为首的俄国探险队，两次来到中国的黑水城遗址，打开了一座储藏大量西夏文物和文献的佛塔，仅文献就有数千卷，其中绝大部分是西夏文文献，也有相当数量的汉文及部分其他民族文字文献。这批珍贵遗物现藏于俄罗斯科学院东方文献研究所和爱尔米塔什博物馆。这次发现是20世纪继甲骨文、汉简、敦煌文书以后又一次重大文献发现。② 此后英国人斯坦因（M. A. Seiin）1914年也到黑水城寻找发掘，得到不少西夏文献，藏于大英博物馆。1917年在灵武县（今属宁夏灵武）也发现了不少西夏文佛经，大部分入藏中国国家图书馆。③ 新中国成立后又陆续发现了不少西夏文献。这些珍贵的文献和文物成为解开神秘西夏王国的钥匙，促使西夏学这一新学科的诞生。

3. 大力发展儒学，重视教育，尊孔子为文宣帝

西夏早期即学习中原地区的儒学。崇宗时期又将儒学教育立为“国学”，其主旨是弘扬汉学，培养人才。仁宗时在皇宫内建立小学，为宗室子孙教授儒学和礼法。后又建立大汉太学，仁宗亲临太学祭奠先圣先师孔子。人庆三年（1146）尊孔子为文宣帝，并“令州郡悉立庙祀，殿庭宏敞，并如帝制”。④ 这证明西夏和中原地区一样，也在推行庙学，即在学校中建立圣庙，成为学校的典范，使庙学一体，以达到推行儒学教育的目的。西夏仿效中原，较早地建立科举制度，实行以儒治国。西夏翻译了很多儒学书籍，保存至今的西夏文《论语》、《孟子》、《孝经》、《贞观政要》等是现存最早的少数民族文字儒学经典著作。

4. 世上第一部双语双解教科书《番汉合时掌中珠》

《番汉合时掌中珠》是一部西夏文和汉文合璧对照的工具书，其中每一词语都有四项，中间两项分别为西夏文和相应意义的汉文，左右两项分别为中间西夏文和汉文相应的译音字。这既是一部党项族学习文字、掌握当时实用文字用语的入门书籍，更是一部番、汉民众学习对方语言、文字的通俗著作。它是中国最早的双语双解四项词典。西夏境内外番、汉人的密切交往和西夏社会本身的需要营造了编写这种特殊词典的环境，而富有才华的西夏人在这种氛围中不失时机地编辑、出版了这样实用的书籍，显露出当时西夏独创性的编辑能力和卓越的学术水平，在中国辞书编辑、出版史上具有重要地位。⑤

5. 具有《广韵》和《说文解字》双重特点的西夏文韵书《文海宝韵》

《广韵》我国的一部汉语韵书，各韵有多少不等的字，每韵以开头第一个字作为该韵的

---

① 史金波：《西夏文概述》，《中国民族古文字研究》，中国社会科学出版社1984年版，第142—168页。

② 史金波：《黑水城和西夏学》，《辽金西夏研究年鉴》，学苑出版社2010年版，第125—138页。

③ 史金波：《国家图书馆藏西夏文文献在西夏学中的地位》，《文津流觞》2003年第3期。

④ 《宋史》卷486《夏国传下》，第14025页；（清）吴广成：《西夏书事》卷36，清道光五年（1825）刊本。

⑤ 《俄藏黑水城文献》第10册，第1—37页；参见（西夏）骨勒茂才著，黄振华、聂鸿音、史金波整理《番汉合时掌中珠》，宁夏人民出版社1989年版。

“韵目”，一韵中按同音字分为若干组，每组收同音字若干，称为一“小韵”或称作“纽”。《说文解字》是我国第一部既解释字义，又解释文字构造的汉文字典。西夏人编纂的《文海宝韵》成功地借鉴了《广韵》和《说文解字》长处，既是有韵目、有同音字组的西夏文韵书，又是每个字有文字构造的解释、有细致的字义解释的字书，这种别出心裁、令人耳目一新的体例是一种对中国传统文化的继承，又是一种大胆而有实用价值的创新。①

此外，以声母分类的西夏文字书《音同》、有西夏文韵图和韵表的《五音切韵》等也达到了很高的编纂水平，与《文海宝韵》一起真实地记录了西夏文字和语言，使我们能在西夏语消亡几个世纪后，仍能依据这些宝贵资料大体上了解西夏语的面貌。

6. 创造出内容更为丰富、格式划一、分层次书写条款的国家法典《天盛律令》

西夏国家法典《天盛律令》吸纳了唐、宋等法典的法制思想，接受了行之有效的“十恶”、“八议”、“五刑”的基本内容，并且继承了在刑法、诉讼法方面丰富、严谨、细密的传统，但同时又在内容和形式上充实、发展了中国传统法典。西夏法典拓展了中国封建王朝法典的范围，集刑法、诉讼法、经济法、民法、行政法为一体，成为真正诸法合体的法典；在形式上全部为统一格式的律令条目，既没有条后附赘的注疏，也没有条外另加的令、格、式、敕；并且开创了分层次书写的条款形式，使内容更加清晰，显得纲目分明、层次清楚，很近似于现代的法律条文形式。西夏对法典形式的改进达到了相当高的水平，在中国法制史上是一次大胆的、成功的革新。②

7. 保存了一大批中古时期的社会文书，是研究西夏社会珍贵鲜活的资料

在近代出土的西夏文文献中发现了一大批西夏文社会文书，计有1500余件，数量大，品类多，包括户籍、账籍、军籍、契约、告牒、书信等。其中仅契约就有100余号，内有契约500多件，仅重要的土地买卖契约就有12件之多；军事文书也很多，其中保存了多件古代仅存的军籍文书。③ 同时代的宋、辽、金朝所遗留下来的这类文书极少。这些文书是直接反映西夏社会的珍贵原始档案资料，为研究西夏社会开辟了新的重要园地。这些文书不仅对研究、认识西夏社会有极高的学术价值，对认识同时代其他王朝的社会状况也有很大助益。

（四）艺术达到很高水准，保存有大量水平很高的绘画、书法、雕塑作品

1. 莫高窟、榆林窟的西夏壁画展现出西夏画家精湛的艺术水平

西夏是唐朝以外统治敦煌地区最长的王朝。西夏佛教流行，称莫高窟为“圣宫”、“沙州神山”。莫高窟、榆林窟西夏洞窟中有大量壁画，其中有很多精品，展现出当时高超的艺术水平。如榆林窟第2窟的两幅《水月观音图》，都很精彩。图中水月观音悠然自若，仪态

---

① 史金波、白滨、黄振华：《文海研究》，中国社会科学出版社1983年版。

② 史金波：《西夏〈天盛律令〉及其法律文献价值》，《法律史论集》（第一卷），法律出版社1998年版，第469—495页。

③ 史金波：《黑水城出土西夏文卖地契约研究》，《历史研究》2012年第2期，第45—67页；史金波：《西夏文军籍文书考略——以俄藏黑水城出土军籍文书为例》，《中国史研究》2012年4期，第143—174页；史金波：《西夏文社会文书简论》，“宋都开封与十至十三世纪中国史”国际学术研讨会暨中国宋史研究会第十五届年会报告论文，2012年8月开封。

闲适，富丽中透露出庄严，神秘中飘逸出清新。该图巧妙的构思、杰出的造型和精湛的画技，达到纯熟的水平，在宋元时期的同类壁画中堪称佳品，是西夏绘画艺术的代表作。①

在榆林窟和东千佛洞的西夏壁画中共发现6幅带有玄奘和孙行者形象的玄奘取经图，反映了唐僧取经故事在西夏流传的情景，是保存至今最早的玄奘取经图。

2. 出土的大量绘画表现出早期藏传佛教特殊的宗教内涵和艺术风格

黑水城遗址所出大批精美卷轴画令人瞩目，这批绘画有多种艺术风格，反映出中原地区和藏族地区宗教和绘画的巨大影响，也反映出西夏在吸收各民族绘画艺术成就的同时，逐渐形成了自己的绘画特点。特别是大量具有藏传佛教风格的密宗画多为浓彩重墨，色调深沉，冷暖色调对比强烈，布局紧凑饱满，结构繁复，线条优美，技艺精巧，人物、装饰、花草树木、图案等多细致入微，反映了藏传佛教密宗“唐卡”的风格和绘画特点。另有十分稀见的黑水城出土的两幅大型坛城木板画《佛顶尊胜曼荼罗图》，分别由六七块木板拼成，木板外有细木框。坛城正中为自佛顶尊胜，有三脸，每脸有三眼、八臂，由里向外面有圆、方、圆三层坛城，坛城外书写西夏文陀罗尼。两画面右角下分别绘有男、女供养人各一人，男供养人西夏文榜题译文为“发愿者耶和松柏山”，耶和为西夏党项族姓。女供养人榜题不甚清晰，译为“行愿者梁……”，二人可能是夫妻。此图也是典型的藏密画风，而发愿者是党项族。②

近些年，宁夏和甘肃等地也出土了多幅西夏卷轴画，如宁夏拜寺口双塔中西塔、贺兰县宏佛塔、青铜峡一百零八塔、甘肃武威亥母洞都出土了西夏时期的卷轴画，也多都是西夏藏传佛教绘画的精品。

上述唐卡是按照密宗的造像仪轨绘制的，表现出藏传佛教艺术已经嫁接到西夏艺术之中，反映出藏传佛教在西夏广泛而深入地流行。这些唐卡应是存世最早的藏传佛教绘画。

3. 罕见的石雕作品，人像石碑座显示出粗犷、淳朴的民族风格

已见到的西夏石雕中有很优秀的作品。比如西夏陵园出土有雕凿精细的雕龙栏柱，一件柱身长方体，顶部为束腰莲花座，柱身三面刻二龙戏珠云纹浮雕图案，祥云缭绕，造型生动，布局匀称，结构谨严，整体给人生动、自然的感觉，是造型美观、刻工精良的珍贵艺术品，不亚于中原地区的雕刻水平。

西夏陵园出土多座的石碑座更引人注目，皆近似正方体，每边长60厘米左右，为圆雕人像（或称为力士像），有男性和女性两种。一男性石碑座面部浑圆，颧骨高突，粗眉上翘，双目突出，鼻梁短粗，獠牙外露，下颚置于胸前，胸有肚兜，肩与头齐，肘部后屈，双手抚膝，下肢屈跪，背部平直。上部一角阴刻西夏文三行，其中有“志文支座”4字。碑座背面有阴刻汉文一行6字“砌垒匠高世昌”，留下了难得一见的西夏工匠的名字。雕像以夸张的手法表现了负重者的神态，有强烈的艺术感染力，反映出西夏时期石雕艺术的独特民族风格。此件被定为国宝级文物。③

4. 类型多样、制作精美的泥塑作品，唯一存世的分身泥塑佛像

佛教的发展，寺庙的兴盛，使西夏佛教泥塑作品在境内多处发现，并显示出很高的水

① 《西夏文物》，图33，第291页。

② 《西夏文物》，图84—87，第295页。

③ 《西夏文物》，图233、234，第311页。

平。莫高窟的西夏女供养人（或说为天女）彩塑，宛然如生，显示出少女的温柔、典雅和美丽。黑水城遗址附近的古庙中出土的25尊彩塑像，包括佛像、菩萨像、男女供养人像、力士像、化生童子像，反映了现实生活中的人物，有浓郁的生活气息，是西夏彩塑艺术中的奇葩，可与同时代太原晋祠中的宫女塑像相媲美，是赏心悦目的艺术品。[①] 宁夏贺兰县宏佛塔天宫发现了一批西夏彩绘泥塑像，有佛头像、佛面像、罗汉头像、力士面像等。佛头像表情庄重慈祥，宁静洒脱，塑造十分成功。罗汉头像面部特征塑造互不雷同，有的持重，有的坦诚，有的天真，有的谦和，达到了很高的艺术水平。

最引人注目的是黑水城出土一尊分身佛像，高62厘米，佛身披袈裟，肩上有两佛头，佛面丰满慈祥，气度非凡，肩下有四臂，两臂在胸前合十，另两臂向左右下方伸展，虽是双头四臂的特殊人物造型，但身形自然，显得可亲可近，是一件艺术珍品。这一以塑像艺术形式表现佛教灵瑞、满足虔诚信徒愿望故事的彩塑分身佛像是目前所仅见。[②]

5. 备受重视的西夏音乐，为宋、元宫廷所欣赏、征用

西夏各民族能歌善舞，党项民族素有爱好音乐的传统，西夏政府中设“蕃汉乐人院”，分为蕃乐人院、汉乐人院。西夏敦煌莫高窟、安西榆林窟的西夏壁画中，演奏音乐的形象多是在优美的舞蹈动作下进行。元昊时期改革音乐，“革乐之五音为一音”，使之简约。仁宗时使乐官李元儒采用中原乐书，参照西夏制度，修订乐律，使西夏音乐吸收了更多中原音乐的养分。[③] 宋朝著名诗词作家柳永的歌词也传到了西夏，“凡有井水饮处，即能歌柳词”[④]，说明西夏民众爱好音乐的普遍程度。宋神宗曾召见投降的党项乐人，并让他们在崇政殿奏乐。[⑤] 西夏音乐并未因西夏的灭亡而终止。元世祖忽必烈时“征用西夏旧乐”，称为河西乐。西夏乐在元代宫廷演奏，并建昭和署管领河西乐人。[⑥] 西夏音乐为宋、元宫廷所欣赏，足证其有相当水平。

（五）在发展佛教方面有独特之处，有突出建树

1. 西夏五朝连续以西夏文翻译佛经，规模宏大，速度惊人

西夏自元昊时期创制西夏文后便开始组织以西夏文翻译佛经，历经毅宗、惠宗、崇宗时期，用了53年就译完汉文大藏经的主要经典，共译经362帙、812部、3579卷，称为西夏文大藏经。[⑦] 而中原地区由梵文译为汉文大藏经前后用了差不多一千年的时间。西夏文大藏经的翻译速度堪称翻译史上惊人的创举。

宁夏灵武出土、藏于国家图书馆的西夏文佛经中有一幅西夏译经图，形象地反映了西夏惠宗时期译经的场面。图中刻僧俗人物25身，有西夏文题款12条，记图中主要人物的身份

① 盖山林：《绚丽多彩的艺术奇葩——记额济纳旗西夏彩塑》，《内蒙古文物考古》1981年创刊号，第92—94页；《西夏文物》，图243—253，第312—313页。

② 《西夏社会》上册，彩图28，下册第454—457页。

③ 《宋史》卷486《夏国传下》，第14025页；（清）吴广成：《西夏书事》卷36，清道光五年（1825）刊本。

④ （宋）叶梦得：《避暑录话》卷下，第2页，文渊阁四库全书本。

⑤ 《宋史》卷142《乐志十七》，第3362页。

⑥ 《元史》卷68《礼乐志》，第1691页；《元史》卷85《百官志一》，第2139页。

⑦ 史金波：《西夏文〈过去庄严劫千佛名经〉发愿文译证》，《世界宗教研究》1981年第1期，第64—76页；史金波《西夏佛教史略》，宁夏人民出版社1988年版，第62—79页。

和姓名。图下部绘梁氏皇太后及其惠宗皇帝像。此图形象地描绘了西夏时期译经的场面和皇太后、皇帝亲临译场的生动情景，是世上现存唯一一幅译经图。[①]

2. 藏传佛教传入西夏，开启藏传佛教传入其他民族的先例

西夏除主要吸收中原佛教外，对藏传佛教也兼收并蓄。西夏接受藏传佛教不仅是民间的一般信仰、流传，而是由皇室支持和提倡。特别是当时还将大量藏传佛教经典翻译成在西夏容易接受的西夏文和汉文。黑水城出土的文献中有大量西夏文和汉文藏传佛教经典，此外还有数百件藏传佛教唐卡。此外莫高窟、榆林窟众多的西夏洞窟中，晚期洞窟带有浓厚的藏传密宗色彩。此外，西夏境内的东千佛洞等河西走廊一带的石窟中，也有藏传佛教的遗迹。在建筑方面也可看到很多典型的或融合藏式的佛教建筑。在西夏的佛经发愿文中提到读诵经典和剃度僧人时，都把西蕃（藏族）放在蕃（党项）、汉之首。有的寺庙中还设有管理吐蕃僧人的官员。当时藏传佛教中势力较大的噶玛噶举派和萨迦派都已传入西夏。

西夏开创了藏族之外的民族从信仰、译经、仪轨等多方面地接受藏传佛教的先例。在西夏灭亡后，蒙古在西夏故地的皇子阔端就近了解了藏传佛教，在武威与西藏萨迦派领袖谈判，使西藏正式纳入元代的版图。此后元代借助西夏发展藏传佛教的经验，使藏传佛教得以继续向东部汉族地区迅速传播。[②]

3. 在中国佛教史上首开封设帝师先河

确切资料证明西夏首先封藏族佛教大师为帝师，目前已知的五位西夏帝师有波罗显胜帝师、慧宣帝师、大乘玄密帝师、真国妙觉寂照帝师、新圆真证帝师。这是中国最早的一批帝师，他们都是地位最高的佛学大师。[③] 西夏后期汉文《杂字》“官位部”中有“帝师、国师、法师、禅师”，西夏的帝师之设已经制度化。[④] 这种封藏族高僧为帝师的制度，对西夏推行藏传佛教和以后元朝各代皆封藏族僧人为帝师都有重要、直接影响。以前都认为，封藏族高僧为帝师的制度是从元朝世祖忽必烈至元七年（1270）封八思巴为帝师开始。西夏的帝师制度的确定，改写了中国佛教史上封设帝师的记录，是中国佛教史上的重要一页。

总之，上述西夏方方面面的长足进步和突出成就是西夏对中国历史文化的巨大贡献。西夏灭亡以后，这种贡献仍然在继续。从中还可以看出，党项族同祖国多民族大家庭的历史渊源，同其他各兄弟民族在政治、经济、文化各方面的相互影响和不可分割的密切联系，以及逐渐融合于其他民族之中的历史过程。

---

① 史金波《〈西夏译经图〉解》，《文献》（第一辑），书目文献出版社1979年版，第215—229页。

② 史金波《西夏的藏传佛教》，《中国藏学》2002年第1期，第33—49页。

③ 史金波《西夏佛教新探》，《宁夏社会科学》2001年第5期，第70—78页。

④ 史金波《西夏汉文本〈杂字〉初探》，《中国民族史研究》（二），中央民族学院出报社1989年版，第167—185页。

西夏的都城、帝陵和寺庙建筑*

一个王朝的都城、帝陵和寺庙往往彰显着国家的政治、经济、文化、宗教诸方面的重要特征。关于西夏都城、帝陵和寺庙的资料，因西夏王朝无“正史”，汉文资料显得十分贫乏。通过考古获得新的资料成为推动西夏学进展的主要途径。百多年来，考古发现了大量西夏文献、文物。利用这些新的资料，结合汉文史料的零星记载，可以更多地了解西夏的重要建筑的基本面貌，以利于复原“神秘”的西夏社会。

一　都城建筑

（一）都城

10—11世纪初，党项族建成以夏州（今陕西省靖边县北）为中心的政权时，首领李继迁对宗庙、官衙的建设十分注意。当时他就“修复寝庙”，以“抚绥宗党”。后来夺取宋灵州（今宁夏吴忠市境内）后，改为西平府，作为新的都城，派弟弟继瑗与牙将李知白督工，立宗庙，置官衙。其子德明即位后，在宋大中祥符三年（1010）于陕西延州境西北的鏊子山“大起宫室，绵亘二十余里，颇极壮丽”。后来与宋朝往来增加，为接待宋朝使节，于宋景德四年（1007）在绥州、夏州建两个馆舍，一名“承恩馆”，一名“迎晖馆”。①

在李德明后期，党项政权的都城建筑有了新的突破。当时党项族政治、经济形势有了很大发展，需要有一个距宋界稍远，既安全又便于发展的中心都城。西夏的统治者看中了贺兰山下的怀远镇（今宁夏银川市）。怀远镇位于银川平原，在贺兰山东麓、黄河西岸，有灌溉之利，农业发达。宋天禧四年（1020）“冬十一月，城怀远镇为兴州，定都之。”因为怀远镇西北有贺兰之固，黄河绕其东南，西平为其障蔽，形势便利，可作为后世的基业。德明“遣贺承珍督役夫，北渡河城之，构门阙、宫殿及宗社、籍田，号为兴州，遂定都焉。”②

怀远镇本是一小城，要建设成为大夏国的首府，必须要在建设思想上有根本的改变，在

---

* 原刊于《东亚都城和帝陵考古与契丹辽文化国际学术研讨会论文集》，科学出版社2016年版，第90—106页。

① （清）吴广成：《西夏书事》卷9，清道光五年（1825）刊本。

② 《续资治通鉴长编》卷96，真宗天禧四年（1018）岁末条；（清）吴广成：《西夏书事》卷10，清道光五年（1825）刊本。

规模上有很大的扩展，在形制方面要重新设计和规划。西夏时期的汉文文献对都城的建筑形制没有具体的记载。从明代弘治《宁夏新志》和嘉靖《宁夏新志》的记载可知明代宁夏城即西夏兴庆府故址，“周围十八余里，东西倍于南北，相传以为人形”，“南北各有两门……东西各有一门”，城周外有深阔的护城河，水四时不竭，城内有道路和居民街坊等。

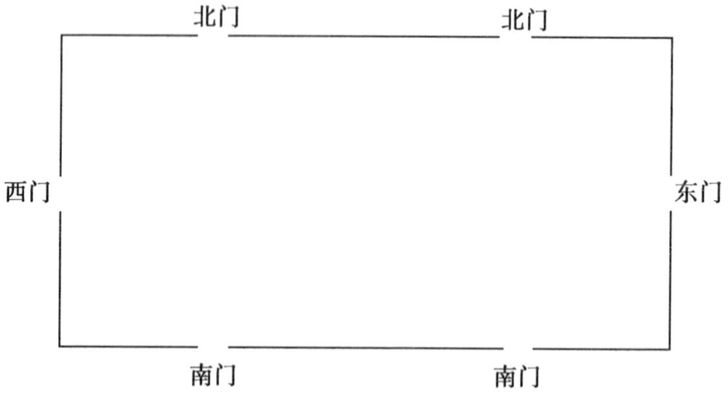

图1 西夏都城城门示意图

西夏都城的建筑形制受中原王朝影响。如城墙、护城河、门阙、宫殿、宗社、籍田等，从原则上大约皆效法中原都城。甚至一些具体建筑也模仿中原王朝都城。但西夏都城又有自己的特点。比如都城建设的规模相对较小。唐代长安城周 60 里，北宋东京汴梁城周 48 里，而兴庆府周唱只有 18 里。唐、宋都城的城门都在十门以上，而兴庆府只有六门。又比如中原都城为正方形，或接近正方形，西夏都城因地理形势特点，西北横亘贺兰山，东南流过黄河，受南北两湖群的限制，城市呈由西南向东北延伸的长方形，有人比喻为“人形”。[①]

李德明子元昊称帝后，西夏都城建设又有新的发展，首先升兴州为兴庆府，并在那里广修宫城，营造殿宇。以后又多次大兴土木，使西夏皇城、宫殿的建筑规模和水平均达到空前的程度。

（二）皇宫

西夏都城兴庆府中主要建筑是帝王宫殿，文献记载元昊所居宫殿“厅事广楹，皆垂斑竹箔”[②]，看来，应有相当的规模和建筑水平。出土的西夏文《碎金》一书在提到西夏皇宫时说道：“内宫赞圣光，殿堂坐御位。皇后后宫居，太子楼阁戏。”[③] 西夏的皇帝坐在殿堂的御座上，皇后住在后宫，年幼的太子在楼阁中戏耍。可知西夏的皇宫有大殿，有后宫，并有楼阁式建筑。

西夏时所建宫殿经过历史的沧桑现已不存，甚至连西夏都城内皇宫的具体位置都难以确定。然而在出土的西夏法典《天盛律令》中还保留着一些有关皇宫宫门的资料。西夏法典

① 汪一鸣、钟侃：《西夏都城兴庆府初探》，《西北史地》1984 年第 2 期。

② （元）张光祖：《言行龟鉴》卷 8“兵政门 · 子部”。

③ 聂鸿音、史金波：《西夏文本〈碎金〉研究》，《宁夏大学学报》1995 年第 2 期。

规定无职杂人入内宫所犯罪行时，依据入宫门的远近而区别判罪轻重。首先是“车门”，再进为“摄智门”，再内是“广寒门”和南北“怀门”，最后是皇皇帝居住的“帐下”。① 根据宫中的怀门一南一北的布局，可能西夏皇宫的正门，如广寒门是东西向的。

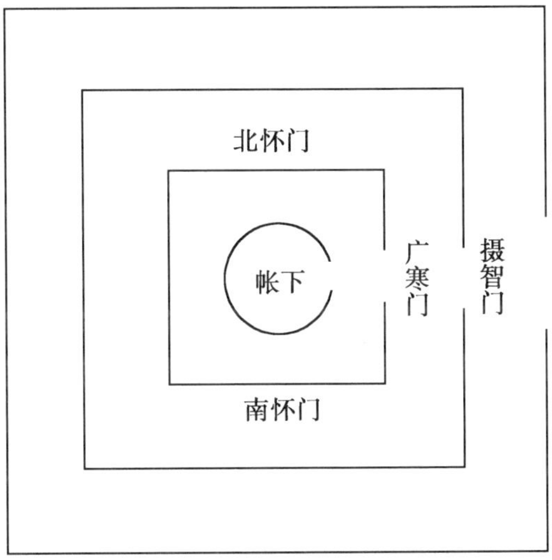

图 2 西夏皇宫宫门示意图

近代考古发现了多种西夏文铜牌。其中有三种可能与西夏宫廷守卫有关。持不同的铜牌守卫着不同的地区。一种为圆牌，牌面西夏文字 4 字，译为“防守待命”，背面为佩牌者的人名，牌面面积为 15—18 平方厘米；第 2 种为长方牌，牌面正面也有 4 字，译为“内宿待命”，背面西夏文字也为佩牌者的人名，牌面面积为 18—22 平方厘米；第 3 种也是长方形牌，较大，正背两面皆有相同的 6 个西夏文字，译为“宫门后寝待命”，牌面面积约为 57 平方厘米。3 种牌上部皆有穿，为执勤者佩戴用。根据牌的大小推测“防守待命”圆牌守御宫殿外围，“内宿待命”长方牌守卫内宫，“宫门后寝待命”可能守卫皇帝寝宫（即帐下）。第 1、2 种牌背刻人名，是个人持有；第 3 种牌无人名，可能是负责寝宫保卫执勤者轮流佩持。通过这些不同种类的宫廷守卫牌，也可间接推知西夏皇宫建筑的复杂性和多层次性。

西夏都城内除皇宫外，还有中书省、枢密院等数十种中央官署，此外还有为皇室直接服务的手工业作坊等。其中有织绢院、铁工院，造纸院、刻字司等。皇宫附近还有打造兵器的作坊。德明死后，宋朝派使臣祭吊，就听到接待他的附近若有千百人锻造之声。② 西夏都城内还建有多种学校，属于皇家和中央政府直接管理的蕃学、国学（汉学）、大汉太学、内学等，为皇室和贵族子弟学习场所。

元昊还在天授礼法延祚九年（1046）在都城内建离宫，“曩霄（元昊）于城内作避暑宫，逶迤数里，亭榭台池，并极其盛。”③ 此离宫在兴庆府内，也有宏伟的建筑。

① 史金波、聂鸿音、白滨译注：《天盛改旧新定律令》第 12“失藏典门”，第 424 页。

② （宋）沈括：《梦溪笔谈》卷 25《杂志二》

③ （清）吴广成：《西夏书事》卷 18，清道光五年（1825）刊本。

图 3　西夏文“防守待命”牌

图 4　西夏文“内宿待命”牌

图 5　西夏文“宫门后寝待命”牌

西夏信仰佛教，后来不断增建寺院，如承天寺、戒坛寺、高台寺等。这些宏大的建筑占据了都城的很大比例。此外，都城中还有各种仓库和驻扎军队的兵营等。

然而十分遗憾的是，西夏都城内主要建筑随着时代的变迁而难于寻踪觅迹，至今仍然不知西夏皇宫、离宫以及重要衙署在银川市区的具体方位。与宋、辽、金王朝的都城考古累累成果相比，西夏的都城考古显得比较薄弱，还有大量工作要做，这给考古学家，特别是宁夏的考古学家留下了繁重的任务。

（三）离宫

西夏的离宫除上述都城内的以外，在其他地区也有建筑，汉文文献中有一些记载，近代考古也有新的发现。

西夏统治者在都城外建了多处离宫。西夏离宫有不同的称呼，在《嘉靖宁夏新志》中称避暑宫，在苏联收藏的西夏地形图中称为“木栅行宫”。① 元昊后期曾“大役丁夫数万于

① 霍升平、胡迅雷：《西夏离宫主殿小考——兼与李祥石等同志商榷》，《西北史地》1987 年第 1 期。

贺兰山之东，营离宫数十里，台阁高十余丈，日与诸妃游宴其中”。[①]《嘉靖宁夏新志》记载贺兰山拜寺口山中的遗址：“避暑宫，贺兰山拜寺口南山之巅，伪夏元昊建此避暑，遗址尚存。人于朽木中尝有拾铁钉长一二尺者。”[②] 西夏皇家避暑宫的主殿位置在贺兰山拜寺口南。其建筑遗存竟有一二尺长的铁钉，可以推想离宫有木结构穿钉很长，表明木材粗大，建筑物宏伟。

贺兰山中西夏的离宫别院非只一处，它们与山中的寺庙错落星散分布，形成贺兰山中的建筑群落。在贺兰山东麓由南而北，遥相联络，依次有小浪冲口、黄旗口、镇木关沟、拜寺口、贺兰口、西番口、大水口等许多建筑遗址，南北延伸达数十里。它们皆位于贺兰山主峰以下的老林区附近，成环状分布，山坡地切成梯田状，台基面积大小不等，以石块垒砌，并筑有石砌台阶，各遗址多遗留大量西夏风格的建筑残构件，以及西夏瓷器、货币，甚至还残留有石砌或土筑的墙基。[③] 这些具有皇家气派的建筑遗址可能即是上述在贺兰山之东营造的数十里的离宫。贺兰山小滚钟口有二十多处古代建筑台地，依山势高低参差错落。每个台地院落面积200余平方米，遗址地表有大量残砖碎瓦，形式多样。其中有巨大的石质建筑构件，有类似卯榫扣合套接的结构，有的还镌刻有西夏文字。此处当为西夏一重要建筑遗址。

图6　贺兰山滚钟口西夏建筑遗址

在贺兰山水沟口有一处规模宏大的宫殿建筑遗址，依山势垒砌的建筑台地数十处，绵延十余里，台基、垣石、踏步等遗迹尚存。主体建筑自下而上筑台成阶梯状，沟口南有十余处，沟口北有三组建筑台地。台地多呈长方形，台基高出地面5—30米不等，布局紧凑，格调天成，十分壮观。当地人传说这里是昊王宫遗址。不少台地上尚有大量西夏时代的建筑材料，如琉璃砖瓦、鸱吻、瓦当、滴水等，还有白瓷碗、盘等西夏时代的器皿。[④] 不难想见西夏时期这里是一处宏伟、别致的大型建筑群，在贺兰山高大的树木掩映之中，宫殿式建筑高低错落，富丽堂皇，琉璃瓦顶金光灿烂，皇帝后妃们在侍从的服侍下游宴其中。

---

① （清）吴广成：《西夏书事》卷18，清道光五年（1825）刊本。

② 《嘉靖宁夏新志》卷二“关隘·拜寺口”，天一阁影印本；霍升平、胡迅雷《西夏离宫主殿小考——兼与李祥石等同志商榷》，《西北史地》1987年1期。

③ 胡迅雷、霍升平、查蕴林：《元昊离宫与拜寺口遗址》，《宁夏大学学报》1983年第1期。

④ 宁夏回族自治区文物考古研究所、宁夏回族自治区贺兰县文化局：《宁夏贺兰县拜寺沟西夏遗址调查》，《文物》1994年第9期。

天都山附近有南牟会城（今宁夏海原县西安州古城），建有西夏国主游幸处。宋朝文献记载："熙河路都大经制司言：'军行至天都山下营，西贼僭称南牟，内有七殿，其府库、馆舍皆已焚之。'"① 西夏天都山南牟宫殿内建七殿，可见规模宏大，内有府库、馆舍。但此殿早在惠宗大安七年（1081）宋朝将领李宪攻至天都山时，就已完全焚毁。（李）"宪营于天都山下，焚夏之南牟内殿并其馆库"。② 后西夏又修复南牟城，称为南牟会新城。③

皇室的居住处所多建成规模宏大的宫殿群落，可以看出西夏统治者的居住状况穷奢极欲，也可窥及西夏建筑的水平和往往依山势建筑的特殊风格。

在西夏不仅帝王给自己建筑了豪华的宫室，大臣也争相效尤。仁宗时的晋王察哥"广起第宅"，有园宅数处。权臣任得敬想分裂夏国，统民夫十万在灵州大兴建筑，以翔庆军监军所为宫殿。修建时正值盛夏，服役者害病很多，怨声四起。当时的世禄之家，互相攀比，都以奢侈为能事。④

以上西夏统治阶级的豪华居处，体现出当时统治者追求建筑群体组合布局的宏伟气势，从而形成西夏大型建筑群的突出特点。

二 帝陵建筑

贺兰山下的西夏帝陵是中国西北地区关中以西规模最大、具有特色的帝陵。与西夏都城考古相比，近年来西夏帝陵的考古有重大进展。

贺兰山东侧山下的西夏帝陵凸显了西夏皇帝陵园建筑的特点，也反映了西夏建筑的高超水平。西夏陵区分布在南北长 10 公里，东西宽 5 公里，总面积约 50 平方公里的范围内，存帝陵九座，陪葬墓 253 座。西夏陵继承了唐、宋陵园的基本制度和长处，但并非单纯模仿，而是有创新和发展。

西夏帝陵的特点是：

1. 整个西夏陵区是一个完整地域，其中各帝陵布局集中紧凑，合成为相连的统一建筑群体，在贺兰山坡登高一望，整个陵区可一览无余；

2. 各帝陵的形制各有特点，并不完全统一；

3. 其陵台、碑亭不在正中，为不对称形式；陵台不在墓室之上，不起封土堆作用；

4. 地面建筑丰富，碑亭、外城、角台等为唐、宋陵所无；

5. 特别是其陵台原是塔形建筑，多以夯土筑成平面呈正八边形的高台，从下至上分层逐级内收，每层收分处出檐木结构，并挂有瓦当、滴水、屋脊兽等建筑材料，夯土台外部砌砖包裹。原陵台应是一座密檐式多层实心高塔，装饰十分华丽。其陵台既不似唐陵的依山或积土为陵，也不似北宋陵为覆斗式陵台。

---

① 《续资治通鉴长编》卷 319，神宗元丰四年（1081 年）十一月乙丑条；刘华：《西夏南牟会遗址考》，《宁夏大学学报》1999 年第 1 期。

② 《宋史》卷 386《夏国传下》

③ （清）吴广成：《西夏书事》卷 25、26。

④ （清）吴广成：《西夏书事》卷 35、37。

图 7　西夏陵园中的 1、2 号帝陵

图 8　西夏陵园 3 号陵陵台

西夏帝陵的这些特点丰富了中国皇陵的类型和内容，使西夏陵成为中国历史陵园中一种具有民族特点的独特景观。①

考古专家对西夏陵做过多次考察和发掘，主要是 1972—1975 年对 8 号陵（现 6 号陵）和陪葬墓的发掘，1983—1987 年陆续对部分碑亭遗址、石灰窑、建筑遗址的发掘，1987 年、1998 年对 3 号陵的调查和发掘。调查和发掘中出土了大量西夏文物，分别藏于宁夏博物馆、宁夏文物考古研究所和西夏博物馆。西夏陵及其出土的文物，直接反映着西夏帝陵的建筑特点。

在西夏陵园陆续发现了大量大型屋顶脊饰，可以看出西夏皇家建筑的精美、豪华。西夏

① 张雯：《西夏陵其制度不“仿巩县宋陵而作”》，《西夏学》第七辑，上海古籍出版社 2011 年版，第 210—219 页。

建筑物的脊饰多种多样，出土的有琉璃鸱吻、琉璃摩羯、琉璃四足兽、琉璃鸽等，这些屋脊建筑装饰构件都于腹部伸出一个空心柱与脊瓦相连，通体施绿釉，色彩光亮莹润。这些动物脊饰置于殿宇屋脊之上，既象征着吉祥如意、消灾免祸之意，又达到装饰效果；同时还可起到保护屋宇脊梁缝线，防止雨水冲灌的作用。

图9　西夏陵出土琉璃鸱吻

西夏陵园出土的高大鸱吻，应是装饰在金碧辉煌的大殿或门楼的正脊两端的饰物，给整个建筑物增添威严肃穆、富丽堂皇的色彩。琉璃鸱吻，陶质，通高152厘米，底阔58厘米，面宽32厘米，绿色釉，釉面光润闪亮，龙头鱼尾造型，头部有鳍，身有鳞纹，头尾分别烧制，色彩光亮，显现出威猛的形态。① 现存于世的西夏大型鸱吻是中国中世纪鸱吻的代表作。此外，西夏陵园还发现有灰陶鸱吻和灰陶屋脊兽，未上釉彩，是较低一级建筑物构件。鸱吻容易遭到大风雷雨的损坏。西夏的宫殿鸱吻有被雷电损坏的记录。天盛七年（1155）五月雷电震坏宫殿鸱尾。②

屋脊兽也是西夏陵园出土的高大殿堂屋顶的装饰。一种琉璃屋脊兽，高88厘米，长60厘米，宽24厘米，呈龙首形，头上双角斜立，露牙、卷舌、翘唇，椭圆形眼球大而前突，造型怪异。这种体形高大、色彩光亮的建筑装饰构建，会给整个建筑物增添威严肃穆、富丽堂皇的色彩。一种无角琉璃屋脊兽，高23厘米，长46.5厘米，宽19.5厘米，额头平直，无下唇，中空，可平插入建筑物中的椽头，起到另类的装饰作用。③此外还有不施釉色的灰陶屋脊兽。又有绿油琉璃海狮，长44厘米，宽19厘米，高32厘米，基座高21.8厘米，头部如狮，头高昂，口方鼻短，眉骨隆起，前肢向前伸出，后肢高高腾起，似猛兽扑食，形态传神。

陵园出土的琉璃摩羯分有角和无角两类。一种无角琉璃摩羯高34.5厘米，长47.5厘米，宽18.1厘米，龙首鱼尾造型，深目突鼻，翘嘴卷唇，昂首挺胸，颈部有鬃毛，身披鱼鳞，两侧有羽翼，背有鳍，尾部分成两支，长支挺直平伸，短支上翘，施绿色釉，造型奇特，形态自然，如腾跃出水状。又有有角卷腭琉璃摩羯，躯干形状与上述摩羯类似，只是额顶有分叉犄角，两侧双翼展开，作振翅腾飞状。还有琉璃四足兽，高32厘米，长44厘米，宽19厘米，兽头高昂，前肢伸出，后肢腾起，如猛兽扑食状。又有长尾琉璃四足兽，高34.5厘米，长42.3厘米，兽头高昂，张口露齿，额顶上有分叉式犄角，前肢伸出，尾巴向

① 史金波、白滨、吴锋云：《西夏文物》图308。

② （清）吴广成：《西夏书事》卷36，清道光五年（1825）刊本。

③ 史金波、白滨、吴锋云：《西夏文物》图309、310。

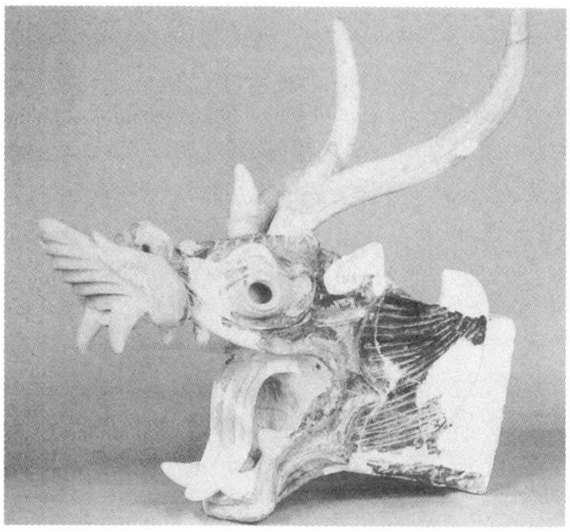

图10　西夏陵出土琉璃屋脊兽

图11　西夏陵出土琉璃海狮

后伸翘。①

西夏陵园出土的多种类型的五角花冠妙音鸟，又称迦陵频伽，是陵园建筑构建很具特色的一类。其一人首鸟身，陶胎绿釉，高47厘米，长44.5厘米，宽35厘米，基座长22厘米，宽23厘米，花冠边饰连珠纹，面形长圆，眼睑低垂，面带微笑，表现出慈祥、和善的形态，额心置白毫，宝缯垂肩，颈佩宝珠，双手于胸前合十，双腿跪姿，膝有卷曲羽毛，背生双翅，身后有蕉叶式长尾，似欲振羽翱翔，制作十分精细，是稀有的建筑构件，令人叹为观止。又有较小的五角花冠妙音鸟，也是人首鸟身，陶胎绿釉，高40.5厘米，长38厘米，宽30.5厘米，长方形脸，长眉隆起，细长眼，额心置白毫，高准、方嘴、厚唇、大耳，宝缯垂肩，戴连珠纹镶花项圈，双手于胸前合十，双腿跪姿，双翅展开，长尾高翘，呈飞行状，制作也十分精细。②

西夏陵园还出土有束腰琉璃莲花座，覆钵形，外壁围贴莲瓣，交错排列蕉叶和菊纹，系建筑构件底座，造型稳重、美观，工艺细致、娴熟。又有红陶莲花座，莲座上仰下覆，中间束腰，外壁上下贴塑莲瓣，亦交错排列蕉叶和菊纹，同样是既实用又美观的建筑构件。

西夏陵园出土的大批华丽的建筑构件，使陵园既有宫殿的雄伟豪华，又有佛国西方极乐世界的美妙缤纷，把帝王的来世装饰得美轮美奂，这或许是西夏陵园风格的又一种创新。

在西夏陵园出土了数以千计的砖瓦。3号陵南殿遗址中，出土有长条和方形两种铺地花砖，正面和侧面均有花纹。一种条形砖，青灰色，长35厘米，宽12.5厘米，厚6.7厘米，砖肋模印忍冬纹，二方连续，四周围凸棱纹。西夏砖背有手掌印纹，形成西夏砖不同于其他朝代的特征。有的砖有印模，上有阳文汉字，可能是工匠姓名简称。还有琉璃花纹陶砖，更有特色。另一种长33厘米，宽34厘米，厚5.5厘米，呈正方形，陶胎，表面施绿色琉璃釉，四周有边框，中间布满石榴花蔓草卷叶纹，是一种稀见的建筑装饰材料。此外还有莲

① 中国国家博物馆、宁夏回族自治区文化厅编：《大夏寻踪——西夏文物辑萃》，中国社会科学出版社2004年版，第208—211页。

② 同上书，第202—207页。

图 12　西夏陵出土琉璃摩羯

图 13　西夏陵出土琉璃迦陵频伽

图 14　西夏陵园出土琉璃莲花座

图 15　西夏陵园出土红陶莲花座

花、忍冬、水草纹枝叶等花卉图案砖。

西夏陵园出土的精制琉璃筒瓦和琉璃滴水，工艺水平不亚于中原。一种筒瓦陶质，前有圆形瓦当，饰以兽面纹，瓦身长 34 厘米。滴水也为陶质，面呈三角形，中间饰莲花漫枝卷叶纹。两者所施绿色彩釉，色泽均匀，晶莹光亮。有一种薄白瓷板瓦十分引人注目，这是五号陵地表的遗物。瓦为瓷质，呈长方形，长 16.3 厘米，宽 12.1 厘米，表层施白色釉，釉面光润，厚薄均匀，上有冰裂纹，自然美观，即使把它同现代的优秀瓷制工艺品相比，也毫不逊色。[①]

这些建筑材料表明西夏陵园乃至皇宫装饰的铺张，也展示出其建筑装饰具有很高的工艺水平。

① 史金波、白滨、吴锋云：《西夏文物》，图 320。

图 16　笔者 1997 年考察西夏陵园清理出土的部分砖瓦

图 17　西夏陵 3 号陵出土忍冬纹陶砖

图 18　西夏陵出土琉璃瓦当

图 19　西夏陵出土琉璃滴水

三 寺庙建筑

西夏统治者倡导佛教，全境佛教流行。在西夏，作为各地佛教信仰和传播中心的塔寺建设，受到重视，十分兴盛。除西夏境内原有的佛寺如海宝塔等外，西夏时期又新兴建了很多塔寺，使西夏地区塔寺众多，仅有文献记载西夏前期的建寺活动就有多起。

元昊时期兴建了规模宏大的高台寺。[①] 寺内存贮宋朝所赐大藏经，并且请回鹘僧人演绎经文，翻译成西夏文。又据《嘉靖宁夏新志》记载，元昊时还曾在西路广武营建大佛寺，可见元昊时期建寺不止一次。

西夏第二代皇帝毅宗谅祚幼年继位，母后没藏氏专权。这个曾经一度出家为尼的皇太后十分好佛。就在她执政的第三年，即西夏天祐垂圣元年（1050）开始兴建著名的承天寺，历时近六年于西夏福圣承道三年（1055）建成。[②]

图 20 宁夏银川市承天寺塔

第三代皇帝惠宗时期，天赐礼盛国庆五年（1073）阿育王寺僧人惠聪等人，曾修弥勒大像。[③]

第四代皇帝乾顺时期有两次重大佛事活动。一为天祐民安四年（1093），由皇帝、皇太后发愿，动用了大量人力、物力和财力，重修凉州（今甘肃省武威市）护国寺感通塔及寺庙，第二年完工后立碑赞庆。另一件大规模修建寺庙的活动是在甘州（今甘肃省张掖市）建筑卧佛寺。该寺于崇宗永安元年（1098）修建，经清代翻修，仍保留西夏时期特点，是河西地区所存最大的古建筑之一。[④]

在西夏后期的西夏文法典《亥年新法》中规定寺庙依耕地负担佣、草的条文中，罗列了西夏“诸寺”的名称：大德皇敬寺、罔气？亲戚寺、会州寺、帝师寺庙、

① （清）吴广成：《西夏书事》卷 18。

② （清）吴广成：《西夏书事》卷 19。

③ 史金波：《西夏佛教史略》，宁夏人民出版社 1988 年版，第 304—305 页。

④ 《西夏佛教史略》，第 35 页。

图21 甘肃张掖市大佛寺

大觉普渡寺、五月遍显寺、孝诚普贤寺、吉祥净碧寺、度民众宫寺、保靖金刚座寺、救拔佛母[①]寺、五台[②]观音普贤殿寺、普净记？寺、五台文殊殿、弥勒广长寺、祐国宝塔寺、番汉五台福盛寺、兹古先生寺、能胜［萨鹅］寺[③]、乃令公主寺、大安众宫（寺）番汉宝塔、大法天（塔）寺、番汉太皇安、皇天广长众宫寺、耶玉国师寺、皇种（汉）寺、广长羌寺、圣遍慈恩寺、普照悲聚寺、普明众宫、马三仓寺、神方羌寺、酒观音寺、罗萨弥勒寺、讹留尼寺、大觉寺、承天众宫（寺）、法器寺、文殊殿、有禾寺、顺生（纯生）寺、大德众宫、大菩提金刚座寺、度国宝塔、罔氏娘娘寺、神方众宫、大上师众宫、五智菩提寺、金太师寺、灵州影殿寺、长安众宫、车尼寺、万善祐圣寺 牛郎姑子寺。[④]

以上50多座寺庙中有的尚留有塔寺建筑，有的还可找到遗址，如承天寺；有很多既无建寺记载，也无遗址可寻。其中有的记明所在地点的可知其大体方位，如会州寺、保靖金刚座寺、五台观音普贤殿寺、五台文殊殿、番汉五台福盛寺、灵州影殿寺；很多寺庙甚至连其所在地点也难以确定。这些寺庙使我们了解到很多前所未知的西夏寺庙，为研究西夏寺庙和佛教增添了新的资料，但这些寺庙还不能说包含了西夏所有的寺庙，因为文献记载和文物考古所知的一些西夏重要寺庙并未在其中。

西夏的寺庙多数皆已不存，或成废墟，或面目全非，而寺庙中的一些佛塔却被保存下

① 此二字甲种本为“佛道”，辛种本为“佛母”，从辛种本。

② 此二字甲种本为“五净”，辛种本为“五台”，从辛种本。

③ 辛种本无此寺。

④ 史金波、魏同贤、克恰诺夫主编：《俄藏黑水城文献》第9册，《亥年新法》甲种本第197—198页；辛种本第317页。有的寺庙名称为音译或意译尚待进一步斟酌。

来，有的虽经重修，还大体保留着原来的风格和特点。西夏佛塔形式多样，有秀丽挺拔的十一层八角形楼阁式承天寺塔，有形影相吊的八角形十三层密檐式拜寺口双塔，有下部三层为八角形楼阁式、上部是巨大的覆钵式复合形式宏佛塔，有正方形十三级密檐式贺兰山空心方塔，有八角形十三级密檐式空心康济寺塔，有建筑在黄河岸斜坡上、总体平面呈三角形的巨大塔群一百零八塔等，体现出西夏佛塔建筑的多姿多彩和高超水平。

通过多种资料汇集以及对西夏遗址的考察，可以大致了解西夏寺庙的规模、数量、分布以及内部结构等。在西夏寺庙中，有的是西夏时期新建，有的是前已有之，而为西夏所继续利用。其中可以归纳为几个寺庙中心：

（一）兴庆府—贺兰山中心

包括戒坛寺、高台寺、承天寺、海宝寺（建于前代）、大度民寺、报庆寺、周家寺、贺兰山佛祖院、五台山寺（五台观音普贤殿寺、五台文殊殿、番汉五台福盛寺）、慈恩寺、方塔、田（定）州塔寺、康济寺、大佛寺、安庆寺。

图 22　宁夏银川市海宝塔

图 23　宁夏贺兰县宏佛塔

（二）凉州—甘州中心

包括卧佛寺、护国寺、圣容寺、崇圣寺、亥母寺、崇庆寺、诱生寺、十字寺、禅定寺、马蹄寺等。此外，天梯山石窟西夏期间也有扩建，石窟中也发现了西夏文佛经。

图 24 宁夏拜寺口方塔

图 25 宁夏同心县康济寺塔

（三）莫高窟—榆林窟中心

西夏统治敦煌地区达 191 年，是自始建佛窟以来，统治这里时间最长的王朝。举世闻名的敦煌莫高窟和瓜州榆林窟，在西夏时期又有了新的发展。西夏文《圣立义海》第二“山之名义”中有“沙州神山”，其释文为：“凿山，多有佛像、寺庙、圣众住处。”① 沙州神山当指敦煌石窟所在的鸣沙山，西夏时不仅有佛像，还有寺庙。经过对莫高窟、榆林窟的考察，发现了 100 余处西夏文题记和西夏时期的汉文题记。当时从洞窟形制、壁画、文字题记等各方面进行综合排比分析，发现莫高窟和榆林窟的西夏洞窟相当多。当时初步确定莫高窟有 77 窟，榆林窟有 11 窟。② 此外，敦煌附近瓜州县桥子乡峡谷中的东千佛洞、瓜州县城南榆林河下游的水峡口下洞子石窟、肃北蒙古族自治县的五个庙石窟、一个庙石窟、玉门市玉门镇东南祁连山麓的昌马石窟，都有西夏石窟。③ 莫高窟北区主要是敦煌僧人居住、

图 26 宁夏中宁县安庆寺永寿塔

① 克恰诺夫、李范文、罗矛昆：《圣立义海研究》，第 59 页。译文有改动。

② 刘玉权：《敦煌莫高窟、安西榆林窟西夏洞窟分期》，《敦煌研究文集》1982 年第 3 期；史苇湘：《关於敦煌莫高窟内容总录》，文物出版社 1982 年版；史金波、白滨：《莫高窟榆林窟西夏文题记研究》。

③ 张宝玺：《东千佛洞西夏石窟艺术》，《文物》1992 年第 2 期。

图 27 宁夏青铜峡一百零八塔

图 28 甘肃永昌圣容寺塔

坐禅的场所。近年来发现了很多重要文物、文献。其中在不少洞窟中都发现了西夏文文献，证明西夏时期有很多僧人在这里生活。[①]

（四）黑水城中心

黑水城是西夏北部重镇，黑水镇燕监军司驻所。此城为西夏始建，城中有很多寺庙遗址。城外的佛塔中出土了震惊学坛的大量文献，其中绝大多数是西夏文、汉文、藏文等佛教

① 史金波：《敦煌莫高窟北区出土西夏文文献初探》，《敦煌研究》2000 年第 3 期。

文献，还出土了大量不同风格的佛画。[①] 这里出土的西夏文佛经木雕板，证明此处可能印刷过西夏文佛经。近年在黑水城附近清理寺庙时，还见到内有大型佛像和彩色壁画。

在黑水城附近还有绿城遗址，其中还出土过西夏彩塑佛像和供养人像，这些塑像又具有显教的风格。[②] 总计城内外有佛塔 20 余座。可知此地不仅寺庙集中，佛塔也很多。

图 29　俄国探险队盗掘出大量西夏文献、文物的佛塔

图 30　内蒙古黑水城附近的佛塔

西夏境内有数量可观的寺庙。这些寺庙主要分布在作为各地政治、文化中心的城镇和名山胜地。不难想见，在当时西夏管辖的范围内，金碧辉煌的寺庙、作为寺庙显著标志的佛塔，以及其中千姿百态的塑像和壁画，形成了西夏社会佛教信仰兴盛的图景。[③]

综观西夏的都城、皇宫、帝陵和寺庙等重要建筑，在继承中原的基础上，又有别于中原地区的建筑，在建筑布局和风格上表现出明显的民族、地域和宗教特色。

① 史金波、魏同贤、克恰诺夫主编：《俄藏黑水城文献》第 1—20 册，上海古籍出版社 1996—2013 年版；［俄］米开罗、皮欧特洛夫斯基编：《丝路上消失的王国——西夏黑水城的佛教艺术》，台湾版，历史博物馆出版 1996 年版。

② 史金波、翁善珍：《额济纳旗绿城新见西夏文物考》，《文物》1996 年第 10 期。

③ 史金波：《西夏社会》，上海人民出版社 2007 年版，第 609—619 页。

西夏户籍初探*

——4件西夏文草书户籍译释研究

众所周知，元朝修史时，修撰了《宋史》、《辽史》、《金史》，未修西夏史，致使有关西夏的汉文史料贫乏。在《宋史》、《辽史》、《金史》中虽有西夏传，但都很简短，且内容多为朝代之演化、军事之纷争，有关西夏社会层面的记录十分稀少，特别是反映西夏社会家庭、人口的资料更为缺乏。西夏社会户籍、家庭、人口面貌几乎是一片空白。

20世纪初黑水城遗址出土的西夏文法典《天盛改旧新定律令》（以下简称《天盛律令》）有一些关于户籍和家庭的重要条款，但其中不可能有西夏家庭和人口的具体情况。

在中、俄共同整理、出版《俄藏黑水城文献》过程中，1997年、2000年我们在俄国圣彼得堡东方学研究所整理西夏文献时，发现了一大批西夏文社会文书，计有1000余号，包括户籍、军抄状、账册、契约、告牒、书信等。这是一项令人惊喜的重要收获。这些珍贵的原始资料对研究、认识西夏社会有极高的价值。其中有关西夏户籍、人口的文书100多号，虽多为残件，但这些七八百年前的文书，保存了西夏时期黑水城地区户口的第一手资料，弥足珍贵，是打开西夏社会家庭大门的钥匙。

中国古代户籍编制，始自秦朝，已有两千多年的历史，至唐代渐趋完善。对中国的户籍、文献记载较多，而实物原件流传下来甚少。敦煌石室出土文书和吐鲁番出土文书中的户籍和手实，包括了西凉至五代时期的户口实际情况，是研究这6个多世纪户籍及其演化过程的重要资料，有力地推动了这一时期社会、经济研究。西夏文户籍文书的发现不仅填补了西夏户籍实物的空白，可推动西夏社会、经济研究的进展，并对同时代缺乏这类实物资料的宋、辽、金王朝的社会研究也有相当的参照价值。

译释、研究西夏文社会文书有相当的困难。首先这些多是难以识别的草书。西夏社会底层中常用的户籍、账目、契约等，书写时要求快捷、及时，往往是以草书写就。笔画清晰的西夏文楷书解读尚有相当难度，要释读人写人异、云龙变换的草书就更加困难。另外这些多文书多是残页，或缺头少尾，或字迹不清，还有不少文书正、背两面皆书写文字，笔画透墨，相互叠压，更加难以辨认。笔者近些年摸索西夏文草书的释读，小有收获。现拣选西夏户籍数件，试作初步译释和分析，以飨同好。

---

* 原刊于《民族研究》2004年第5期，第64—73页。（人民大学复印报刊资料《宋辽金元史》2005年第1期转载。）

一

黑水城出土文书6342－1号是户籍账，草书，前残，高19.1厘米，宽分2段，第1段长214.8厘米，117行，第2段长95厘米，47行，共计309.8厘米。这一长达3米多的户籍记有30户的简明资料，相当难得。此件可以作为典型分析。现将原文翻译成汉文[①]：

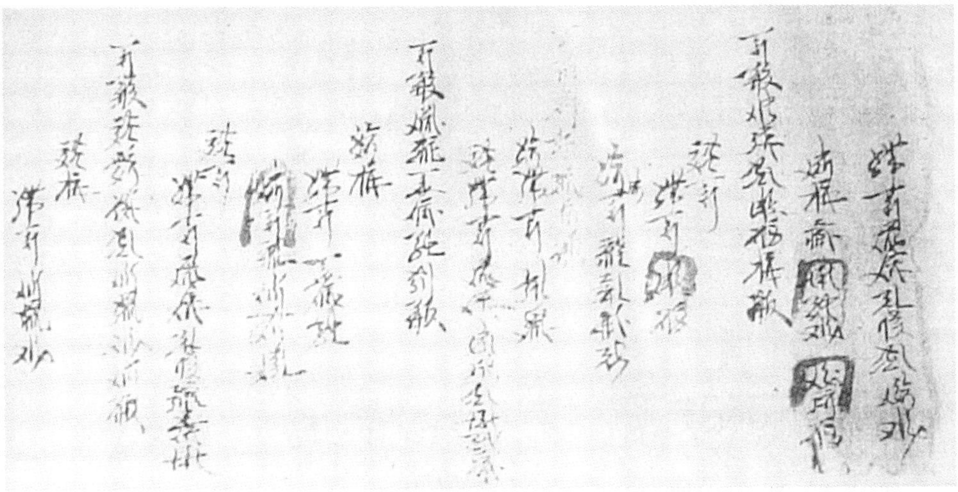

图1　俄藏黑水城文献 Инв. No. 6342－1 户籍账卷首

（一户……）**（1）**
　　大一妻子耶和氏善宝
　　小二女乐盛宝　老房明
一户平尚氏阿明二口 **（2）**
　　女一
　大一阿明
男小一子寿长有
一户梁瑞犬二口 **（3）**
　　男大一瑞犬
　　女大一妻子居地氏乐盛犬
一户律移十月盛三口 **（4）**
　　男二
　　　大一十月盛
　　　小一子福有乐
　　女一
　　　大一妻子耶和般若乐
一户寡妇杨氏福有宝四口 **（5）**
　　女二
　　　大一福有宝
　　　小一女兄弟宝
　　男二小
　　　小二子美子盛　犬乐
一户千叔讹吉二口 **（6）**
　　男一
　　　大一讹吉
　　女一
　　　大一妻子焦氏???
一户律移老房山四口 **（7）**
　　男二
　　　大二　老房山　弟般若山

① 原文竖行，译文为横行。译文基本保持原文的行次和规格。括弧（ ）中为文献残失部分，其中文字为译者推补。户主行后黑体括弧（ ）内的数字为译者加的户顺序号。? 为字迹不清或难以翻译的字。

女二
大一妻子讹名氏般若宝
小一妹瑞象宝
一户没罗那征胜三口 **(8)**
男一
大一　那征胜
女二
大一妻子名氏窝变金
小一女喜女乐
一户嵬移雨鸟五口 **(9)**
男二
大一鱼鸟
小一子正月有
女三
大一妻子罗氏有有
小二女白面黑　金?
一户明祖老房盛四口 **(10)**
男二
大一老房盛
小一子老房宝
女二
大一妻子梁氏小姐宝
小一女老家兄弟
一户卜显令二口 **(11)**
男一
大一　显令
女一
大一　妻子律移氏??
一户酩布老房犬二口 **(12)**
男一
大一老房犬
女一
大一妻子平尚氏美乐金
一户寡妇浑氏宝乐三口 **(13)**
女一
大一宝乐
男二
小二子塔后宝　羌额宝
一户居地善月奴三口 **(14)**
男一
大一善月奴
女二
大二母庞清氏额乐
妻子庞清氏盛有
一户耶酉铁盛二口 **(15)**
男一
大一铁盛
女一
大一妻子梁氏小姐白
一户韩闪家吉四口 **(16)**
男三
大一显家吉
小二
子正月盛月? 盛
女一
大一妻子讹塔氏五月乐
一户勒奴宝四口 **(17)**
男二
大一奴宝
小一
子黑鸭
女二
大一移合讹氏禅定金
小一女男讹金
一户勒善月盛二口 **(18)**
男一
大一善月盛
女一
大一妻子耶和氏……
一户勒铁宝四口 **(19)**
男一
大一铁宝
女三
大二
妻子契罗氏小姐胜
母你勒氏心喜宝

小一
女……
一户潘驴子有二口（20）
男一
大一驴子有
女一
大一
妻子令氏般若乐
一户罗盛功长四口（21）
男三
大一［盛功长］
［小二……］
［女一 大一妻子……］

［一户……二口］（22）
男一
大一河水山
女一大妻子平尚氏瑞宝
一户梁吉祥势五口（23）
男三
大二吉祥势 弟老房山
小一子七月犬
女二
大二妻子㮵移氏白乐
妻子居地氏善？金
一户居地有盛二口（24）
男一
大一有盛
女一
大一妻子年那氏般若乐
一户居地老房男三口（25）
男二
大一老房男
小一子三宝茂
女一
大一妻子依易氏小宝白
一户移㮵福有盛六口（26）
男三
大一福有盛
小二子九月铁瑞助铁
女三
［大二 妻子……］
女犬百金
小一女犬妇宝
一户千玉吉祥有四口（27）
男一
大一吉功［祥］有
女三
大三妻子瞿氏五月金
妻子梁氏福事
女铁乐
一户嵬移十月有四口（28）
男一
大一十月有
女三
大一妻子令宁氏老家乐
小二巢变兄 老家善
一户耶和讹势二口（29）
男一
大一讹势
女一
大一妻子酩布氏正月金
一户梁河水山二口（30）
……①

以上30户中26户完整，第1户前残，第30户后残，已难知户中完整人口状况。第21户可推导出男女人数，第22户残失户主姓名，仍可知该户人口情况，皆可作人口统计。以

① 俄罗斯圣彼得堡东方学研究所手稿部藏黑水城文献 Инв. No. 6342。

下将上述可说明户口状况的28户列表统计如下：

人口	男		女		户统计
	大	小	大	小	
合计	27	15	35	12	89

这28户共有89人，平均每户3.18人，每户人数较少。其中只有夫妻二人的家庭有10户，占28户的35.7%，其比例之高值得重视，可能当时男子结婚后就分家另过，建立新的家庭。夫妻二人有孩子的核心家庭10户，也占35.7%，比例偏小。三世同堂的主干家庭只有1户。第2户、第5户、第13户都是一成年女子无丈夫带有孩子的单亲家庭，这3户占28户家庭的近11%，其中2户明确指出女户主是寡妇。这些妇女分别带有一个、两个或三个孩子。她们的家庭内第1户有一男孩，第4户有一男孩和一女孩，第12户有二男孩，3个家庭中的孩子都有男性。根据《天盛律令》规定："诸人一户下死绝，人根已断，所属畜、谷、宝物、舍屋、地畴等，死者之妻子及户下住有女、姊妹及已嫁而未嫁来媳者，妻子可敛集畜、谷、宝物，门下住女等依律令应得嫁妆时当予，其余畜、谷、宝物不许妻子妄用，与别房人根所近者共监收。其妇人改嫁及死亡时，所遗宝物二分之一依前律令予门下住女、姊妹嫁妆，比总数数目当增多；另一份当予门户不同、畜物不共之祖父母、父母、伯叔、姨、兄弟、侄、孙所遗人根近者。"① 一户中没有男性，属于"人根已断"，其家庭财产已不完全属于家主的妻子，这样的家庭很难维持下去。以上3户中孩子有男性，不算绝户，这样的家庭其财物属于自家，仍能维持。

这些户主的姓氏有的2字，有的1字。西夏主体民族党项族姓多为复姓，文书中的平尚、律移、千叔、没罗、嵬移、酩布、居地、耶西、千玉、嵬移、耶和等都是党项族姓，其中律移姓3户，居地姓3户，千叔姓2户，嵬移姓2户。梁氏曾为西夏第2代皇帝毅宗谅祚、第3代皇帝秉常的皇后，在西夏文《碎金》中梁氏列入西夏番姓范围②，3户梁氏也应是党项族姓。3户勒姓应不是汉姓，是否为党项骨勒姓的简化，待考。明祖、韩闪、年那、依易等在记录西夏姓氏集中的西夏文《杂字》、《碎金》以及其他文献中皆未发现，可能是新见的党项姓氏。其中也有汉族，如杨、浑、潘、罗等。此户籍中的住户以党项族为主，汉族较少。户籍反映姓氏不集中，宗族势力不强。证明在西夏的农村已经摆脱了以部落、氏族单一姓氏为社会基层单位的束缚，形成了不同姓氏、不同民族的杂居社区。

户籍中人名最集中。这件户籍中反映出西夏人名字立意的多样性。有的名字带有祈福、祥和的色彩，如寿长有、福有宝、吉祥等；有的带有月份，如正月金、五月金、九月铁、十月盛等；有的则带有佛教色彩，如般若山、般若乐、三宝茂等；特别是一些人名带有低等人或动物的称呼，如善月奴、奴宝、瑞犬、老房犬、驴子有、雨鸟等，甚至女人也有这类名字，如乐盛犬、犬百金、犬妇宝等。西夏人是否也有取这种名字好养活的习俗则不得而知。还能发现兄弟或姐妹名字多不排行，反而有父子、母女名字不避讳排行的现象，如第10户

① 史金波、聂鸿音、白滨译注：《天盛改旧新定律令》第十"官军敕门"，法律出版社2000年版，第355页。

② 聂鸿音、史金波：《西夏文本〈碎金〉研究》，《宁夏大学学报》（社会科学版）1995年第2期。

父亲名老房盛，儿子名老房宝；第28户母亲名老房乐，儿子名老房善。

当地居民虽以党项族为主，户籍中反映的婚姻关系也以党项族之间结合为多，但党项族与汉族通婚已不是个别现象。如第6户千叔讹吉的妻子焦氏，第9户嵬移雨鸟的妻子罗氏，第27户千玉吉祥有的妻子瞿氏都是异族通婚。

户籍中反映出西夏社会有1名男子娶2名女子为妻的现象。第23户有两名妻子，该户大男人中有兄弟二人，不知是二人分别有一妻子，还是其中一人有两个妻子。而第27户却是明显的一夫二妻。《天盛律令》中多次提到“庶母”，特别是在卷二“节亲门”中有关亲属死后丧服的规定，子对父母，子对庶母都应服三年丧。① 可见西夏允许一夫多妻。过去只知西夏皇帝的多妻现象，这一户籍文书证实这种婚姻关系在平民中也同样存在。

户籍中两户有婆媳关系，其中一户值得重视。第14户女性大人二人，是户主的母亲和妻子，她们都姓庞清氏。即婆、媳同姓，婆母是儿媳的姑母，户主的岳父是其舅父。这是西夏盛行姑表婚的真实反映。在西夏语中“结婚”一词与“甥舅”同音，“婆”与“姑”同音，这是姑舅表婚在语言上的痕迹。在西夏时期仍然保存着这种婚姻习俗，例如西夏第一代皇帝元昊、第二代皇帝谅祚、第三代皇帝秉常都曾娶舅父的女儿为妻。② 姑舅表婚是一种古老的婚姻形式，在很多民族中都存在过。这一户籍中出现的普通百姓中姑舅表婚的实例，证实在西夏社会基层也存在这种婚姻关系。并且在有婆媳关系的两户中就有一户是姑舅表婚，可以设想西夏的这种婚姻形式并非偶然。

二

在上述户籍后有一文书残页，同为6342号，虽与此件分开，但从纸张、字体和草书风格看应是同一文书。此件是上述户籍的总计，可视为计账之一种。其高与前件同为19.1厘米，长64.7厘米。上有二小圆章，系俄国人藏所押印章。现将西夏文翻译如下：

……

二十一（大字，下有画押）

迁溜饶尚般百勾管七十九户及单身共二

百二十人

大一百八十人　　小四十人

六十二户原先大小一百四十六人

男八十五人

大六十一人　小二十四人

女六十一人

大五十四人　小七人

三十五人单身

① 《天盛律令》第二“亲节门”，第134—135页。

② 史金波：《西夏语的“买”、“卖”和“嫁”、“娶”》，《民族语文》1995年第4期。

男三十一人

大二十六人　小五人

女四大

十七户？大小四十九人

男二十人

大十八人　小二人

女十九人

大十七人　小二人

原先大小一百八十一人

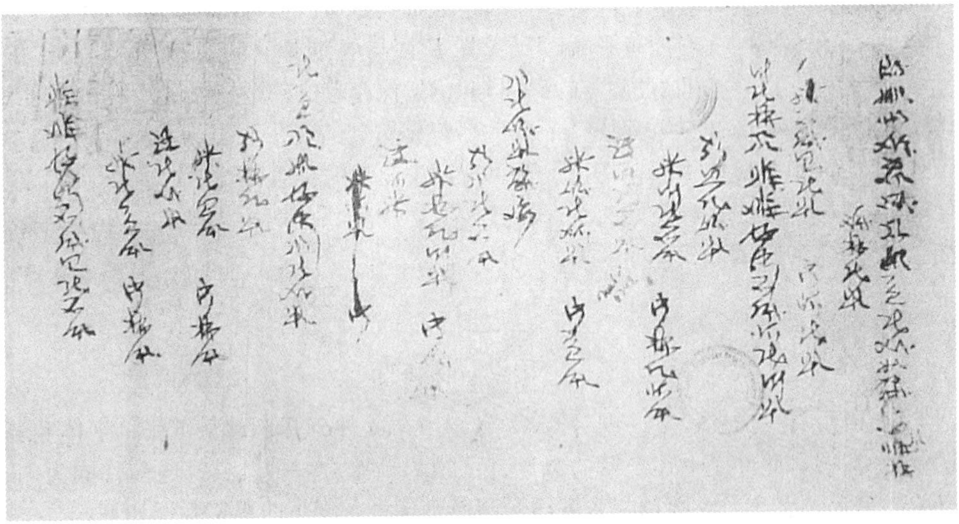

图 2　俄藏黑水城文献 Инв. No. 6342－1 户籍账卷末

原来前述户籍不止 30 户，而是共有 79 户，归一“迁溜”统管。“迁溜”是西夏时期基层社会组织，相当于中原地区的“里”。隋唐时期党项人的社会基层组织仍是带有原始性质的部落。① 关于基层社会组织在西夏法典《天盛律令》中有明确规定：“各租户家主由管事者以就近结合，十户遣一小甲，五小甲遣一小监等胜任人，二小监遣一农迁溜，当于附近下臣、官吏、独诱、正军、辅主之胜任、空闲者中遣之。”② “租户家主”也可译为“税户家主”，即有耕地、纳租税的农户。甲—小监—农迁溜是西夏农村的基层组织，一农迁溜可管辖 2 小监，10 小甲，100 户。可见西夏农村有多层组织管理，其社区组织已经完善。

汉文资料对西夏社会基层乡里组织没有记载，而只有关于西夏基层军事组织的记录。西夏时期“首领各将种落之兵，谓之一溜”③ 又记：“其部族一家号一账，男年十五以上为丁，

① 《旧唐书》卷 198《党项羌传》。

② 《天盛律令》第十五“纳领谷派遣计量小监门”，第 514—515 页。

③ 《长编》卷 132，庆历元年五月甲戌条。

有二（字）丁取正军一人、负担一人为一抄。”[①] 这显然是承袭并发展了党项部落组织，成为全民（丁）皆兵的征兵制度。其中的“溜”是军队的基层组织。军队的“溜”与乡里组织“迁溜”有密切关系，可能平时为“迁溜”，战时为“溜”。

上件户籍账证实西夏社会农迁溜的存在。“饶尚般百”是此迁溜负责人，他管辖的仅有79户。看来一迁溜100户仅是政府原则规定，具体每一迁溜管辖的户口可能视当地居民点的情况而定，可以少于法律规定户数。

中国古代的乡里始终未能成为一级政府，这样可减少政府运行成本和减轻农民负担。西夏也采取这一行之有效的制度并依据自身特点而有所变易。从西夏法典规定可知，迁溜不是政府机构，而是民间社区组织；其负责人不是政府官员，而是从民间遴选的管理人员。唐朝基层百户为里，五里为乡。[②] 宋代经历了由乡里制向保甲制的演变过程。宋初实行乡里制，中后期实行保甲制。宋神宗时始置保甲法，10户为1保，50户为1大保，500户为1都保。后改为5户为一保，25户为1大保，250户为1都保，保各有长，都保各有正，正各有副。[③] 西夏基层社区组织和户籍编制是参照中原地区的乡里组织和北宋变法后的保甲法变通而来。

中国的乡里职能随着历史的发展而逐步扩大。中原地区的保甲职责是掌握乡民实际户口，编制户籍，督输税赋。西夏迁溜（里）的职能也很宽，包括对所辖住户户口、土地、牲畜及其他财产的登记，编制申报乡里籍账，负责催缴租税，组织开渠、修渠等。西夏迁溜还有一种职能，就是对西夏基层军事组织军抄的登记和管理。这种不同于中原地区的特殊职能与西夏征兵制度有密切关系。

户籍账中79户原来的62户146人，单身35人，后来的17户记为49人。后来的17户根据后面男女人口的计算应是39人，不是49人，西夏文中的“四”应是“三”的误写。此迁溜户口总计为220人。其中“单身”为音译，他们身份特殊，在总人数之内，却不在79户之中。他们可能是没有完全人身自由的使军和奴仆。[④] 这一文书第一次披露出西夏存在有口无户的人，这一特殊阶层的社会地位值得进一步研究。末行记原先大小181人，正好是原来的62户的146人和单身35人之和，可见17户是后加之户。至于后17户来自何处，为何与原62户分计，目前尚不得而知。在敦煌、吐鲁番户籍文书中也有旧户和新户的区分。

此农迁溜中户均不足3人，以小家庭为主。大人180人，小孩40人，小孩偏少。其中男子136人，女子84人，男女人口比为1.62∶1，男性比例过高，大大超过了社会发展所容许的限度。但上述单身人中男31人，女仅4人，男女差别过大，明显影响了该迁溜的男女比例。若不算这35人，男女比例为1.2∶1。男女家口比若以大男大女比，62户中大男61人，大女54人，比例为1.13∶1。17户中大男20人，大女19人，比例比为1.05∶1。这样看来大男大女的性别差别就不那么悬殊了。

---

① （宋）曾巩：《隆平集》卷20“外国”。

② 《旧唐书》卷43《职官二》。

③ 《宋史》卷192《兵制六》。

④ 《天盛律令》第十二“无理注销诈言门”，第417页；第二十“罪则不同门”，第606页。

三

西夏黑水城地区每户人口是否都是人口少的小家庭呢？黑水城文献中有西夏文户籍手实。手实也称手状，即民间向官府申报户口、土地的牒状类文书。其中 7629－1 号记录一个较大的家庭情况。该文书草书，高 19.5 厘米，长 49.6 厘米，正文 25 行，人名旁注年龄小字 3 行。难得的是我们还发现了另一行楷手实，编号 8203，恰巧是 7629/1 号的誊写本，高 20 厘米，长 54.4 厘米，正文 22 行，人名旁注年龄小字 3 行。此户主是前内侍正军。“前内侍”是西夏职官名称，既可参与防卫内宫，又可外派负责民事。“正军”是西夏基层最小军事单位“抄”的主力，其副为“辅主”，其杂役为“负担”。现将 8203 号手实翻译如下：

一人移合讹千男原本与前内侍正军移合讹吉祥犬兄
千父等是一抄，先因羸弱，在行
监嵬移善盛下共旧抄，千父及
军首领嵬移吉祥山下嵬移般若
宝三人为一抄，千男现今叔
执法转运移合讹吉祥山死之养
儿子。所有畜物已明，如下列：
地
一块接新渠撒七石处
一块接律移渠撒六石处
一块接习判渠撒七石处
一块场口杂地撒七石处
人
　　　　　年四十　年二十五 年五岁
　　男大幼二　祥和吉　成犬　七月乐
　　年三岁
　　十月犬
　　女大
　　　年五十　年三十　年二十五
　　　吉妇　吉金　三姐
畜
　　骆驼三　二大　一小
　　牛大小十　四大　六小
　　羊大小八十
物

一条毯　二卷纡①

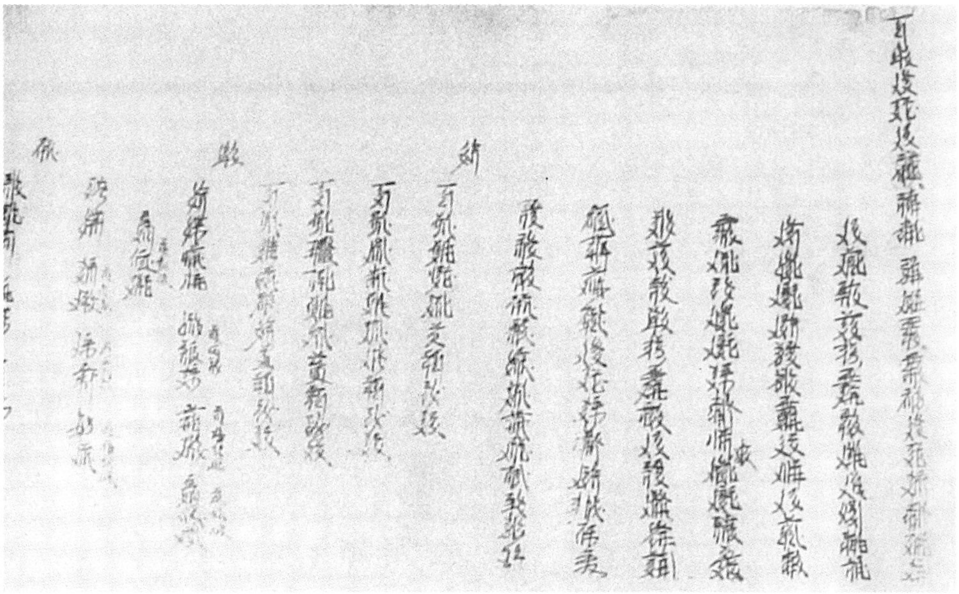

图3　俄藏黑水城文献 Инв. No. 8203

这件文书申报了户主军抄的结合始末，并报告了该户家庭人口、财产情况，其中包括土地位置、数量，人口名字、年龄，牲畜的种类、数量以及其他价值较高的财物等，对研究西夏军抄和家庭都有重要价值。其中的移合讹千男原是户主。移合讹是党项姓，千男是名。他可能由于是其叔父移合讹吉祥山的养子而重新立户登录土地、人口、畜物。此外移合讹吉祥犬、嵬移善盛、嵬移般若宝都是相关的人名。

该家庭有地4块，共27石。② 其中3块7石，1块6石。1家8口人，是一个不小的家庭，平均每人3.37石地。除户主外，男人大人、小孩各2人，分别年40岁、25岁、5岁、3岁；女人大人3人，分别年50岁、30岁、25岁。文书中未注明家庭成员之间的关系。除土地外，他们还有3峰骆驼、10头牛、80只羊以及其他物品。这是一个殷实的农户。

另一件户籍手实7893－9号卷子，高20.2厘米，宽39.8厘米，西夏文23行，草书，后残。记一个中等军官行监的家庭。译文如下：

一户行监梁？助有属畜品业已令明，列如下：

地四块

一块接阳渠撒二十石处，与耶和心喜盛（地）边接

① 此字［郁］音，暂译纡。俄罗斯圣彼得堡东方学研究所手稿部藏黑水城文献 Инв. No. 8203。

② 西夏有以撒种子数量计地亩的习惯，这与藏族以种子粮食数量（克）计地亩的习惯类似。

一块接道砾渠撒十五石处，与梁界乐（地）边接

一块接律移渠撒十石处，与移合讹小姐盛（地）边接

一块接七户渠撒七石处，与梁年尼有（地）边接

畜三马中

一公马有二齿　一母马骒四齿

一幼马

骆驼三十二　大二十六　小六

人男女十八中

男十　心喜犬　三十五　正月犬　三十

铁吉　四十　势汉金　五十　祥瑞（行）乐　三十

小狗吉　十二　月月犬四岁　正月吉

四月盛　二岁　祥行吉　十五

女八　吉祥乐　六十　水护　五十

……①

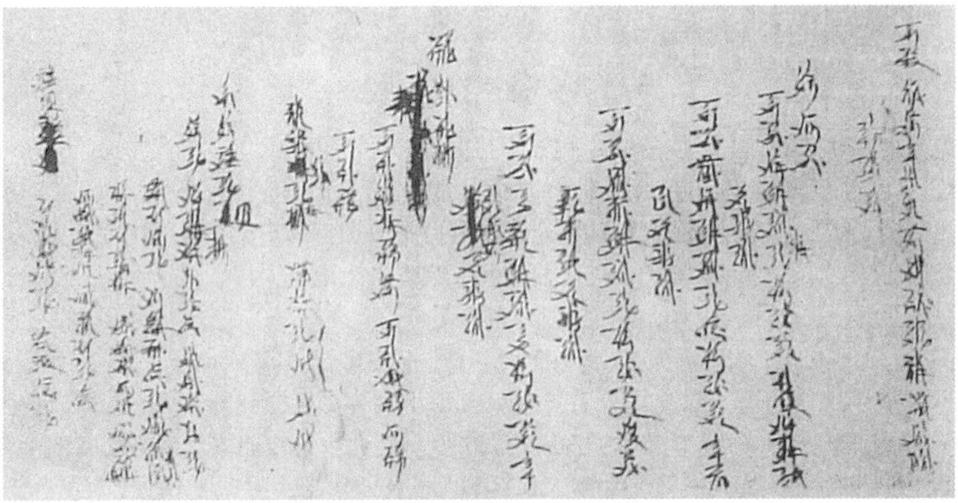

图4　俄藏黑水城文献 Инв. No. 7893－9

行监是比边检校小，比盈能、溜首领大的低级军队官员，有牌、符。② 从这户的人口、财产可明显看到该户在当地是有地位、有势力的家庭。该户有地4块，共52石，其中1块20石，1块15石，1块10石，1块7石。有牲畜3匹马、22峰骆驼。共有19口人，除户主外，男10人，其中大人5人，孩子3人，1人年龄不清；女8人，文书仅存2人，都是大人。这是一个更大的家庭。平均每人土地2.74石。

① 俄罗斯圣彼得堡东方学研究所手稿部藏黑水城文献 Инв. No. 7893－9。

② 《天盛律令》第六“行监溜首领舍监等派遣门”，第266页。

过去笔者曾探讨西夏的度量衡，推论西夏的 1 升小麦约为现在的 0.98 斤重，1 石为 98 斤，接近 100 斤。当时每宋亩约撒 25 斤种子，撒 1 石种子的地为 4 宋亩，已知 1 宋亩为西夏 2.4 亩，因此撒 1 石种子的地约合 10 西夏亩。上述第一户 8 人，共有 27 石地，约为 270 亩地，人均耕地合 33.7 亩多。第二户 19 人，共有 52 石地，约为 520 亩地，人均耕地合 22.8 亩多。数据表明西夏人均耕地面积较多，但黑水城地区地处西北，人稀地旷，可耕土地较多是可以理解的。再者这两户都是殷实的家庭，土地占有自然比贫苦农民要多。

西夏有不同的民族，各民族有不同的阶层，其家庭结构必然是多种多样的。西夏是父系家庭，据《天盛律令》可知，“同居”的一家，一对夫妻上可以有曾祖父母、祖父母、父母、未出嫁的姑，平辈可以有未分居的兄弟、未出嫁的姐妹，下可以有儿子、儿媳、未出嫁女、孙子、孙女等。当然这些亲属都齐全的家庭几乎是不存在的。一般的家庭只是有其中的一部分。上述手实中家庭人口后部残缺，且未注明人口相互之间的关系，难以做出进一步的分析。

黑水城的户籍类籍账证明西夏有完善的户籍编制制度，《天盛律令》规定西夏农户应将家中人口变化之情及时申报，防止虚杂，并使“典册清洁，三年一番”。[①] 实际上西夏已经实行户口普查，并且和中原地区一样，三年编制一次清册。这些存留于世的户籍文书可直接显示西夏社会底层面貌，是揭开西夏社会之谜的珍贵资料。

黑水城出土的文书中还有多种类型的户籍类籍账，有的着重各户粮赋，有的侧重大小牲畜，有的详记迁溜人员，篇幅有限，俟后另文介绍。

---

① 《天盛律令》第十五“纳领谷派遣计量小监门”，第 514 页。

西夏粮食借贷契约研究*

元朝修史时，修撰了《宋史》、《辽史》、《金史》，未修西夏史，有关西夏的史料大部散失。在宋代修撰的《资治通鉴》和《续资治通鉴长编》等文献中虽保存了不少有关的西夏史料，《宋史》、《辽史》、《金史》中也有西夏传，但内容多为王朝关系、政权更迭、军事纷争，有关西夏社会层面的记录很少，特别是反映西夏基层社会经济的资料更为稀疏。所幸近世有大批西夏文文献被发现，使西夏社会经济研究资料渐趋丰富。

一　大批西夏社会文书的发现和西夏粮食借贷契约

1909年俄国探险队自中国的黑水城遗址（今属内蒙古自治区额济纳旗）发现了大批珍贵历史资料，载运至俄都圣彼得堡，其中主要是西夏时期的文献。1993年中国社会科学院民族研究所、俄国圣彼得堡东方学研究所双方达成协议，共同出版《俄藏黑水城文献》。中方前后四次组团到圣彼得堡东方学研究所整理、登录、拍照俄藏西夏文献。1997年、2000年我们在俄国整理西夏文献时，查阅了未登录的110个文献盒中的数千件文献，从中发现了一大批未整理、登录的西夏文社会文书，计有1000余号，包括户籍、军抄状、账籍、契约、告牒、书信等。这项重要收获，使我们欣喜异常。这些珍贵的原始资料对研究、认识西夏社会有极高的价值。原来我们设置《俄藏黑水城文献》出版计划时，根据俄国西夏学家对所藏文献的登录，拟将第一册至第六册收录汉文文献，第七册至第十一册收录西夏文世俗文献，自第十二册以后收录西夏文佛教文献以及其他民族文字文献。由于新发现了这批未登录的重要社会文书，只得改变出版计划，将西夏文世俗文献增加三册，即第十二册至第十四册为西夏文世俗文献中的社会文书部分。

中国历史悠久，历代都形成了大量契约。但那些契约历经沧桑，多已损毁。保存至今、为数不多的古代契约便成为研究古代社会的珍稀资料。作为民事关系协议的契约，由于它直接反映社会经济、法律状况，越来越受到学术界重视。在过去存世古代契约中，属于宋、辽、夏、金时期的更是寥若晨星。新发现的俄藏黑水城出土西夏文社会文书，数量大，品类多。这些文书中仅契约就有100余号，内有契约500多件，其中200多件有具体年代。这些契约的发现和研究，将推动西夏社会经济的研究，加深对西夏基层社会的认识。

* 原刊于《中国社会科学院学术委员会集刊》第1辑（2004年），社会科学文献出版社2005年版，第186—204页。

西夏契约中又可分为借贷契约、典当契约、买卖契约等，借贷契约中又可分为粮食借贷、钱物借贷和牲畜借贷。就中以粮食借贷契约数量最多，有 90 多号，计 300 多件契约。粮食借贷是西夏社会底层经常发生、影响很大的经济活动，它涉及西夏社会的方方面面。

敦煌发现的社会文书中借贷契约有 70 余件，称为“便麦契”、“便粟契”等。[①] 新发现的黑水城出土借贷契约数倍于敦煌借贷契约。这些新发现的契约使西夏成为明、清以前各代留存契约最多的朝代。

过去介绍、研究西夏的契约文章屈指可数，始有 15 件汉文典当残契刊布和陈国灿先生的考证[②]，后又有苏联克恰诺夫教授对两件楷书西夏文契约的介绍和探讨。[③] 20 世纪 80 年代末在甘肃武威缠山村发现了一批西夏遗物，其中也有 1 件西夏借贷文书由孙寿岭先生初步介绍。[④]

包括西夏文契约在内的西夏社会文书多用难以识别的草书写就。西夏社会底层中常用的户籍、账目、契约等，是西夏社会生活常用文书，书写时要求快捷，以草体或行草书写能达到简便实用的目的。西夏文是死文字，经过几代专家努力现已基本可解读西夏文。识读笔画清晰的西夏文楷书需要相当的功力，并有一定难度，要识读人写人异、云龙变换的草书就更加困难。此外，契约中有不少是残页，或缺头少尾，或字迹不清，还有不少文书正、背两面皆书写文字，上下透墨，笔画叠压，更加难以辨认。也有个别契约书写工整，近于楷书。笔者近些年摸索西夏文草书释读，小有收获，并翻译了近 300 件契约。以下结合西夏王朝法典《天盛改旧新定律令》（以下简称《天盛律令》）[⑤] 对新见西夏文粮食借贷契约试做初步介绍和分析研究。

二　借贷契约的制定和形制

俄藏黑水城出土《天盛律令》中有关于借贷的法律规定，特别是卷第三的“催索债利门”共 15 条，集中规定了有关债务问题。从在西夏王朝法典《天盛律令》中专辟“催索债利门”可知西夏政府对债权人的保护和催索债利的重视，表明西夏政府保护富者的放债利益、动用法律对贫者催索债利的明确立场。

“催索债利门”对订立契约有规定：“诸人买卖及借贷，以及其他类似与别人有各种事牵连时，各自自愿，可立文据，上有相关语，于头价、钱量及语情等当计量，自相等数至全部所定为多少，官私交取者当令明白，记于文书上。以后有悔语者时，罚交于官名下则当交

① 唐耕耦、陆宏基编：《敦煌社会经济文献真迹释录》，全国图书馆文献缩微复制中心 1990 年，第 76—147 页。

② 陈国灿：《西夏天庆间典当残契的复原》，《中国史研究》1980 年第 1 期，第 143—150 页。

③ Е. И. Кычанов：Тагутский документ 1170г о продаже земли. Письменные памятники востока. 1971. 193—203. Е. И. Кычанов：Тагутский документ о займе под залог из Хара-Хото. сьменные памятники востока. 1977. 146—152、311. 参见黄振华《西夏文天盛二十二年卖地文契考释》，《西夏史论文集》，宁夏人民出版社 1984 年版，第 313—319 页。

④ 孙寿岭：《西夏乾定申年典糜契约》，《中国文物报》1993 年第 5 期。

⑤ 史金波、聂鸿音、白滨译：《天盛改旧新定律令》，《中华传世法典》，法律出版社 2000 年版。

官，交私人名下则当交私人取。变者有官罚马一，庶人十三杖。”① 西夏法律提倡买卖、借贷等民事订立“文据”，即契约，这样不仅可以保护债权人的利益，同时也意图起到规范民间经济事务，避免民事纠纷，保持社会稳定的作用。法律还规定了契约的主要项目，并强调对毁约者要给予处罚。有些罚粮要交给官府，有些罚粮要交给私人，即债权人。

黑水城发现的大批借贷契约证实西夏政府关于订立契约的规定在西夏广泛实行，就连远在西北部的黑水城的农村也普遍流行。

综观黑水城出土的西夏文契约多写在略带泛黄色的白色麻纸上，若 1 纸只写 1 件契约，一般高约 20 厘米，宽约 30 厘米。如 5227 号高 19.3 厘米、长 30.5 厘米，有的比较窄小，如 2996 号高 19 厘米、长 18 厘米。所见西夏借贷契约很多是一纸书写多件契约，有的多达几十件，形成连在一起的籍账。同一文书中的多种契约借贷者不同，但往往出借者即债权人相同，实际上是保存在债权人手中的借贷契约账册。如 4596 号高 19.5 厘米、长 144 厘米，共有 8 件契约；4696 号虽断为数节，但多原为粘连在一起的长卷，长 500 多厘米，共 50 多件契约。这些契约往往纸质较差，加之年代久远，多有残破，特别是卷首、卷尾残损居多。

西夏借贷契约皆墨书，大部分为西夏文草体，也有少部分行书或行楷。契约有比较固定的格式，包括立契约时间、立契约者即借贷人姓名、出借者即债权人姓名、借贷粮食种类和数额、偿付期限及利率、违约处罚、当事人和关系人姓名、画押等主要内容。契约正文各行皆顶格书写，契尾当事人和关系人签字画押皆降格书写，底部大约与正文齐。签字人名的上方，有的以算码、符号和文字的形式再次标写借贷粮食的数量和种类。可见西夏契约形制大体与传统汉文契约形式相同。

契约不仅具有证明作用，还具有法律效力，在社会经济生活中有重要地位。西夏粮食借贷契约是一种消费借贷合同，也是具有法律效力的契约，它有多种不同类型。

三 立契约时间的分析和考证

西夏粮食借贷契约首先书写立契约时间。保存完好的契约，时间记载具体、细致，包括年号、干支、纪年、月、日。立契约时间不仅标明契约具体存在的时间，而且在很多契约中，特别是以时间计算利息的契约，立契约时间成为计息的关键。

西夏立国 190 年。纵览西夏粮食借贷契约虽数量很多，但时间集中在西夏后期的 50 多年内。最早的如 4079 号记“乾祐壬辰年” （月、日残），为西夏仁宗嵬名仁孝乾祐三年（1172）。1570 号记“（乾）祐戌年五月十二日”，其中干支中省略天干，只有地支，而仁宗乾祐有 24 年，戌年有二，一为乾祐戊戌九年（1178），一为乾祐庚戌二十一年（1190）。这里推测第一戌年可能性较大。因为如果是第二戌年，则已知前有一戌年，当会避免误解而写完整的干支。又 5949/27 号记“乾祐子年十月二十五日”，乾祐子年也有二，一为乾祐庚子十一年（1180），一为乾祐壬子二十三年（1192）。这里也推测第一子年可能性较大。

有的借贷契约记载简单，或部分残失，要经过分析才能考定确切时间。如 5949/21 号有 4 件契约，皆无具体日期，只有第三件记有“卯年闰三月一日”。查西夏时期卯年而闰三月

① 《天盛改旧新定律令》，第 189—190 页。

的只有光定己卯九年（1219），这样不仅可以确定这一件契约的具体时间，在同一文献上的其他三件文书的时间也可以推定。同样5949/26号有5件契约，皆无具体日期，只有第二件记有“同年闰三月二日”，据上可推测这5件契约都是光定己卯九年（1219）。

有的契约纪年只有地支而无天干，其年号又有两个相同的地支年，则难以遽定其为哪一年。其中有些亦可考证确定之。如5949/17号记为“光定未年三月二十九日”。西夏光定年号共有十三年（1211—1223），其中恰巧有两个未年，即光定辛未元年（1211）和光定癸未十三年（1223）。西夏神宗遵顼废襄宗安全在辛未年七月，后改元光定。[①] 可知该年七月以前尚无光定年号，应推定光定未年三月的契约是第二未年，即光定癸未十三年（1223）。由此还可连带认知同页的两件契约也是该年所立。

借贷粮食的文书中天庆和光定两年号居多。西夏桓宗嵬名纯佑只有天庆年号，共十二年（1194—1205），神宗嵬名遵顼也只有光定年号，共十三年（1211—1224）。现将契约中有天庆和光定年号者举例如下：

天庆甲寅年（1194）有3586、4384/7、4762/6－7、5870、7741号，

天庆卯年（1195）有4696/1号，

天庆未年（1199）有7892/3号，

天庆申年（1200）有4696/6－8号，

天庆癸亥年（1203）有7889、7892/4、7892/5号，

天庆甲子年（1204）有4978/1号，

天庆丑年（1205）有5227、7910/3号，

光定未年（1211）有5949/17－18号，

光定申年（1212）有5949/18－20号，

光定丑年（1217）有4596号，

光定戊寅年（1218）有8005/1、2号，

光定卯年（1219）有5949/20、21、6377/16号，

光定庚辰年、巳年（1220、1221）有986/1号，

光定巳年（1221）有2955、5949/22号，

光定午年（1222）有4783/6、5147/1－4、5949－23、6377/17号，

光定未年（1223）有954、5223/3、5949/17、7893/20V号，

光定申年（1224）有4696/2－7号。

最晚的立契约时间为光定申年（1224），距西夏灭亡仅有三年，距黑水城被蒙古军队攻占只有两年的时间。

有的契约在其前面的契约中已记有具体时间时，借贷时间可以省略部分文字。若与前面契约同年可省略年号、干支，写成“同年×月×日”；若与前面契约同年同月，则写“同月×日”；若与前面契约同年同月同日，则径直写“同日”。有时以“同日”为开头的契约竟连续多达数件，说明在同一天内有多人在同一处借贷粮食。可以想象在存粮大户内前来借贷者络绎不绝的情景。这种省略时间的契约，书写时省时便利，但若前面有具体时间参照的契

① 《宋史》卷486《西夏传下》，中华书局校点本，第14007—14056页。

约残失，则难以确定时间。这时也可以后面有具体时间的契约时间作为参考。

借贷时间大多集中在春夏。西夏黑水城地区是典型的大陆性气候，纬度较高，气候寒冷，春种秋收。春夏之间在两个收获季节中间，正是青黄不接时期。最早的借贷粮食契约时在腊月，如4979/2－2V号，立约时间是天庆甲子年腊月九日。一般从二月至五月借贷粮食者为多。

四　借贷者的身份分析

立契约者在西夏文契约中的西夏文对译为“文状为者”。一件同是黑水城出土的汉文契约残片23/14号中有立契约的签字，为“立文字人□浪纳”，看来“文状为者”也可译成“立文字人”。

在贷粮契约中，立契约者是主动提出契约行为的人，实际上是缺乏种子或口粮不得已而举债的贫困者。他们的名字在契约文书中大多出现两次，第一次出现在契约开始部分，在立契时间之后便是立契约者名字。第二次出现在契尾部分，契约正文写完后要借贷者签字画押，借贷者的名字再一次出现，但这里的名字可省略姓氏。

借贷者中有党项族。党项族是西夏的主体民族，自称为“弥”，译成汉字为“番”。党项姓多是二字复姓（二音节）。[①] 党项族借贷者如954号的耶和小狗山，4079/7号②的只移奴兰□，4384/9号②的命泥三山，5147/1－3号①的契罗寿长势，4696/17－33号⑥的律拶□功茂，4762/6②的酩布氏子导，5870号①的积立禅势，5870号⑬平尚续□山，5870号⑯的嵬立势功宝，5870号⑰的西玉功吉，5949/27号②的耶普小狗，5147号①的契罗寿长势，5147号①的移讹宝月奴，5949/33－35号①的耶和□吉、③的嵬移吉祥盛，5949/41号①的罗名庵斡酉，7741号⑬的积力善犬，7741号⑭的积力□□子，7741号⑮的积力善宝，8005/1号②的骨宁老房乐等。武威借贷契约中的借贷者姓没水，也是党项族姓。

借贷者也有汉族，如4526号②的李百吉、4696/17－33号②的杨谦谦犬，4696/3号⑧的曹肃州，5820①号的吴显令，5949/31号②的浑那征麻，6377/20号②的罗五月宝，7893/20V的徐五斤等。李、杨、曹、吴、浑、罗、徐都是汉族姓。西夏地区在党项族入住前就有很多汉族居住，西夏时期境内有很多汉族，多从事农业。也有一些汉族在西夏政府中为官。在西夏编辑出版的西夏文《杂字》和汉文《杂字》中都列有“番姓”和“汉姓”。不同的是西夏文《杂字》中“番姓”在前，“汉姓”在后；在汉文《杂字》中“汉姓”在前，“番姓”在后。通过上述的汉姓人名可见有的突破了一字、二字的格式，出现了三字的形式，如谦谦犬、那征麻、五月宝等。这可能受到党项族名字的影响。过去见到的西夏的名字中有贺兰势、吉祥山、河水乐等。

---

① 史金波、魏同贤、克恰诺夫主编：《俄藏黑水城文献》第6册，上海古籍出版社2000年版，第137—138页；第十册，1999年，39—69页。史金波：《西夏汉文本（杂字）初探》，《中国民族史研究》第二集，中央民族学院出版社1989年版。聂鸿音、史金波：《西夏文〈三才杂字〉考》，《中央民族大学学报》1995年第6期，第81—88页。李范文、中岛干起编著：《电脑处理西夏文杂字研究》，日本东京外国语大学国立亚非语言文化研究所，1997年，第82—83页，117—125页。

在同一文献的诸多契约中，借贷者既有番人，也有汉人。他们向同一出借者借贷，证明番人、汉人杂居一处，共同生活在同一社区，有着密切的经济关系和社会往来。

7741号⑧的借贷者为“回鹘后”。回鹘是民族名称，西夏时期一部分回鹘是西夏境内的居民，另一部分是西夏西部的近邻。在西夏文《杂字》中，回鹘又是番姓中的一种。这里的“回鹘后”原来的民族成分应是回鹘族。证明在西夏时期的黑水城地区也有回鹘人居住。

8005/3号②的借贷者为“契丹?”。契丹也是民族名称。这里的“契丹?”应是契丹族人。证明在西夏时期的黑水城地区也有契丹人居住。

从西夏的契约中我们可以看到西夏黑水城地区是多民族杂居的地区。

有的契约中还可以看到借贷者和同借者是夫妻关系，两人一个是汉族，一个是党项族。如4996/6号③立契约者是曹肃州，相借者（接状者）是妻子讹七氏西宝。西夏文书人名中凡姓氏后加“氏”者，皆为女性。前者是汉族，后者是党项族。证明当地党项族和汉族相互通婚。

在借贷者中梁姓占很大比重。如4596/1号②的梁那征?，4696/1－5号①的梁谦谦子，4762/6号①的梁功铁，4979/2号的梁阿九日，5147/1－3号③的梁吉祥势，5870③的梁月?宝及梁盛狗，6377/16号①的梁十月犬，6377/16号②的梁势功宝等。梁姓本为汉族姓氏，但在西夏历史上惠宗、毅宗两朝曾有姑侄两位梁氏皇太后垂帘听政，她们的兄弟子侄把持朝权，并大力提倡“番礼”，而排斥“汉礼”。[①] 在西夏文《碎金》中梁氏属于西夏番姓范围。[②] 这两位梁氏家族应是党项族。因此西夏梁姓的族属有汉族，也有党项族。

在借贷者中多为男性，因为西夏的家庭是以男性为主的父系家庭。借贷者中也有个别女性。如4762/6②的酩布氏子导、5870号④的梁氏二色麻，7889号的张氏母姨?男。西夏有以妇女为户主的家庭。在黑水城出土的社会文书中6342号是户籍账，有完整的28户户籍，其中第二户、第五户、第十三户都是无丈夫成年妇女带有孩子的单亲家庭，其中2户明确指出女户主是寡妇。[③] 契约中的酩布氏子导、梁氏二色麻也是女性户主，她们可能也是家庭无男性成年人的寡妇。

借贷者一般只写姓名，不标明身份，但也有个别借契在借贷者名字前注明身份。如4079/12号②记“文状为者使军贾××”，7892/4号②借贷者为“使军狗盛”。5949/31号②借贷者前也有“使军”二字。使军是西夏社会中的特殊阶层，他们和奴仆构成西夏社会的最底层，比普通的“庶民”地位还要低。他们虽有一定财产，可单独立户，但又依附于主人，没有完全的人身自由，处于农奴或半奴隶状态。

敦煌所出8—10世纪契约中往往在借贷者后写出借贷的理由，如“为无种子年粮”、“为少粮用”、“为无斛斗”、“为负债”等。12—13世纪黑水城的借贷契约中只记载借贷者的名字，并不写借贷的理由。贷粮食当然是缺少粮食，书写借贷理由似乎成为程序化的赘语。随着时间的推移，借贷理由渐渐显得不重要了，重要的是借贷事实本身。不过可以根据借贷的时间分析借贷原因。一般头年腊月至一、二、三月准备播种或播种时期，借粮既可能

---

① 《宋史》卷486《西夏传下》，中华书局校点本，第14007—14056页。

② 聂鸿音、史金波：《西夏文本〈碎金〉研究》，《宁夏大学学报》1995年第2期，第8—17页。

③ 史金波：《西夏户籍初探》，《民族研究》2004年第5期。

是缺乏种子，也可能是缺少口粮；而四、五月借粮，已经过了当地的播种期，应该只是缺少口粮。

五　出贷者身份分析

在青黄不接时尚有粮食外借的自然是殷实的富户。借贷契约在立契约者后多用“今（于）×××处借”的形式，“处”前是出借粮食所有者即债权人的姓名。其中主要是党项人。如954号、5223/4号②的移讹金刚王盛，1570/2号的移讹成宝，4079/7号②的千明奴小狗，4526号②的移讹？盛，4783/7号的罗名吉祥忠，5949a/1号的耶和梁善随，5949/41号①的罗名吉祥白，6377/16号①的兀尚般若山，8005/1号②、8005/3号②的嵬名佛护成。移讹、千明、罗名、耶和、兀尚、嵬名都是党项族姓，其中嵬名是皇族姓氏。黑水城地区粮食的借贷者、出贷者都有党项族人，说明原只从事牧业的党项人在西夏后期除部分仍从事传统牧业外，一部分也早已融入西夏农业社会。武威出土借贷契约中的债权人讹国师，也是党项族人。

梁姓是出贷的大户，如4696/1－5号、4696/6－8号、4696/17－33号、7892号的梁善盛，5147/1－3号、5147/4－5号、5147/6号、5147/7号的梁狗铁等，他们出借的次数多，粮食多。他们也出借给同姓梁氏，虽然是同族，但利息同样很高。奇怪的是梁善盛是一个出贷的大户，在天庆卯年（1195）、天庆未年（1199）、天庆亥年（1203）先后出借数十石粮食，但在7741号⑲中梁善盛却是于天庆寅年（1194）借粮4石的借贷者。不知借贷者梁善盛和出借者梁善盛是否为同一人？若是同一人，他又是怎样从前一年的借贷者变成后一年借贷大批粮食的出借者的？

更引人注目的是寺庙在从事大规模的借贷活动。如4384/9号、4762/6号、5870号出贷者都是普亥寺[①]的梁仁麻、梁那征茂，都是梁姓。两人前的用语是“谷手有者”。“手有”在西夏法典《天盛改旧新定律令》中多次出现，表示“拿取”意。可见两人同为经手出贷者，出借者前明确表明寺庙名称，应是强调粮食所有者是寺庙，而梁仁麻、那征茂都是出借的经手者。寺庙贷粮由来已久，渊源有自。敦煌借贷文书中不少是寺庙出贷粮食，如永寿寺、永康寺、灵图寺等。武威出土的借贷契约中债权人是讹国师，国师是西夏僧人的上层，一般都做国家功德司的长官。[②] 讹国师不仅放贷，而且利率很高，可见当时僧人盘剥百姓与大慈大悲已背道而驰。

西夏境内佛教是主要宗教信仰，由皇室提倡，大力推行，形成塔寺林立、僧人广布的局面。西夏僧人可蠲免租税，寺庙可占有土地和农户。由于出家者日众，政府不得不用限制僧人度牒的方法来控制僧人的数量。[③] 根据现存契约统计，寺庙是放贷的主力。黑水城寺庙大量放贷可见当地寺庙和僧人趁粮荒之机参与了剥削贫困百姓的高利贷活动。

---

① 此寺名在借贷文书中多次出现。西夏文写成“普、亥、众、宫”，“众宫”即为寺庙意。在西夏文中“渡”和“亥”字形相近，或许为“普渡寺”。

② 史金波：《西夏佛教史略》，宁夏人民出版社1988年版，第143—146页。

③ 《天盛改旧新定律令》，第407—410页。

有的契约中的放贷者竟是“使军”。使军社会地位低下，生活困苦，他们不大可能有大批粮食借出。从契约中多处见到自使军手中借出粮食，如4696/17－33号的38件契约都记载自“使军兀黑成处”借贷，4696/06－08也以兀黑成的名字出借，6377/20号②的出贷者是“使军罗朔？成”。其实使军兀黑成等只是借出粮食的经手者。4696/17－33号⑩明白地记载这种关系：“今自梁善盛之本持使军兀黑成处借一斗杂”。显然梁善盛才是真正的粮本的占有者，而使军兀黑成只是“持”者，即具体经手出借者。而在4696/1－5号的9件借契中全用梁善盛自己的名字出借。同样6377/16－17号①中记自“在兀尚般若山自本持者老房势处借一石五斗麦”，粮本所有者为兀尚般若山，经手出借者是老房势。而在6377/16－17号②中直接记载“在老房势处借三石麦”，只记经手者；在6377/16－17号③中记“在使军老房势处借二石麦”，标明了老房势的身份是使军。武威借贷契约“持”者命屈般若铁也是借贷的经手人。

还有部分契约记载简单，只有借贷者，未记出贷者。这大概是当时此类契约都属单方契约，只有一份，由出贷者持有保存。持有契约者是当然的债权人，也可不写出名字。如5949/19－20号、5949/22号、5949/24号，5949/27号②、5949/31号②就是这种无出借者名字的契约。

六　借贷粮食的品种和数量

在契约中所借粮食主要是麦和杂，麦即小麦，杂即杂粮。西夏的粮食品种主要是麦、大麦、谷、糜、粟、豆、稻等。黑水城地区除缺少稻类外，其他作物都有。当时粮食主要是小麦和杂粮两类。在黑水城地区的农业税账中也看出缴纳的土地税也区分为麦和杂粮，有时则记为麦和大麦，如4808号。借贷契约中，以借麦、杂者为多，也有一些记为借大麦、糜和粟。如5870号②借粟，⑯借糜，7741⑰借粟，③、⑤、⑥借糜。5870号②中借6石杂、1石麦、1石粟，7741号⑭中借4石麦、4石杂、2石粟，这里杂与粟并提，可见杂粮中不包括粟。又7741号③中记“借三石麦、七石杂”，而在契尾用文字和算码重新标示粮种和数量时是6石大麦、1石糜、3石麦，可见杂中包含大麦和糜。从现有契约看，借杂和借大麦、糜从未在同一契约中出现过，也可证明所谓“杂”指大麦和糜而言。契约中也可分别具体写明大麦和糜，而不写笼统的“杂”，如4762/6－7号③契约文字中分别记载借3石麦、3石大麦、1石糜。又3586/1号残契中借出谷、麦等粮，还“杂细六石三斗”，可见谷在杂粮之列，麦又称为细粮。

5949号①粮本3石杂、2石麦，本利共7石5斗，这里未把杂、麦分别记载，推测还粮时仍要分别还杂和麦，因为两种粮食价格不同。

在各种借粮契约中所借粮食多寡不等，少则1斗或几斗，多则几石，有的甚至多达十几石。4696/6－8号4件契约分别借1斗、3斗、6斗、9斗杂，都属于小额借贷。4596号8件契约中都借自同一人驴子尼，共借麦17石7斗，杂12石。最高的一次借3石麦、6石杂。

有的借贷数量很大，4596号驴子尼借出8笔，共借粮29石7斗。4696/1－5号梁善盛也是借出8笔粮，共借出43石5斗；4696/6－7号38笔共借出15石6斗3升；7892/7①－⑥号多为简明契约，也是梁善盛为出借者，共21件契约，写明借粮数的有19笔，共借出8

石6斗8升，最少的每笔只借一斗、5升，如7892/7、8。梁善盛所借48次共借出67石8斗1升，平均每笔借出1石4斗。梁善盛是否僧人还有待考证。

从现存契约看，以寺庙贷粮为最多。如5870号①普渡寺借10石麦、4石大麦，19件契约共借粮129石9斗5升，平均每人借粮6石8斗多，最多的一人借15石麦、16石杂，共31石粮，最少的借1石粮。借粮31石的名梁那征，二月一日借贷，有缺乏种子和口粮两种可能性，他的家庭应是有较多耕地和人口的大家庭。7741号20件契约也是普亥寺出借，共借粮147石。4384/09号也是普渡寺出借，只有两件，共借出粮食6石。3个编号41件都是普渡寺在同一年即天庆寅年（1194）出借粮食，共借出282石9斗5升。这仅仅是保存下来的部分契约，普渡寺在当年共借出多少粮食就不得而知了。这里每笔借出的量相对较多，平均每笔借出6石9升。高出上述梁善盛每笔的借出量约5倍。

少数寺庙和富人大批借粮，意味着有大量贫困户缺粮。宋代的文献记载了西夏人民缺少食物的情况："西北少五谷，军兴，粮馈止于大麦、荜豆、青麻之类。其民则春食鼓子蔓、碱蓬子，夏食苁蓉苗、小芜荑，秋食席鸡子、地黄叶、登厢草，冬则畜沙葱、野韭、拒霜、灰莜子、白蒿、碱松子，以为岁计。"① 这里形容西夏百姓一年四季都吃野菜度日，或许稍有夸张。但结合西夏黑水城粮食借贷情形分析，西夏确有很多农民春夏断炊，度日艰辛，生活水平低下。

七　借贷粮食的利息和利率

西夏借贷契约中都是有息借贷，契约中明确本、利数量，多数还明确记载到期应还的本利总和。敦煌的贷粮契约中多数未提及利息，只强调到期归还，若到期不还要加倍偿还。而7世纪西域的契约明确规定了利息，与黑水城的借贷契约类似。②

黑水城粮食借贷契约不仅全是有息借贷，而且大多是高额利息。所有借贷都以本粮数为基础，但计息方式不同，大致可分为三种。

1. 总和计息

一般借粮三四个月，利息是本粮的一半。有的契约中记为"半变"，即变为增加一半，并将本利共计粮数写明，至七或八月一次付清。这是50%的利率，如4596/1号①借2石麦，还3石；③借1石麦及1石杂，还3石；4526号②借5石杂，还7石5升；5147/1号③借1石麦，本利共算还1石5斗；5223/4号②借杂粮2石8斗8升，还本利4石3斗2升；5949/41号①借8斗杂粮，还1石2斗；8005/3号②借1石5斗麦，本利共算还2石2斗5升等，皆属此类。短短的三四个月利息达50%，实属高利贷性质。

还有比这更高的利息，如2158号借贷契约残页中有借2石麦，每石6斗利，共还3石2斗麦，利率60%。又7889号①借麦6斗，每斗8升利，本利共还1石8升，利率80%。武

① （宋）曾巩：《隆平集》卷二〇《夷狄传·夏国》，康熙辛巳年（1701）刊本，第7页。

② 参见［法］童丕著，余欣、陈建伟译《敦煌的借贷：中国中古时代的物质生活和社会》，中华书局2003年版，第12—13页。

威讹国师放贷1石有8斗利，利率也是80%。

最高的利率是100%，相当于中原宋朝高利贷的“倍称之息”。如4696/1－5号①借8石麦，本利共还16石麦，利息高达本粮一倍，利率100%；又如4696/17－33号⑧四月二十五日借1石杂粮，还2石，又借2斗杂粮，还4斗，还期是七月一日，借期仅仅两个月零几天，利率高达100%。5949/33－35号③借4石2斗5升麦、10石4斗杂粮，还29石2斗2升，利率接近100%。若是100%的利率应还29石3斗，其中有8升误差，不知是计算有误，还是细粮、杂粮换算的结果。

有的借粮利息是50%，但借期很短，实际上利率很高。如5949/16号①五月二十九日借杂粮8斗，七月一日还本利1石2斗，一个月的利息是50%。若按这种利率多借一个月，利率将是100%。

2. 按月计息

在本粮的基础上，每月按比例计息，利息可达100%，这是又一种“倍称之息”。如4762/6号①借10石麦、10石大麦，正月二十九日立契，二月一日始算，每月1斗中有2升利，即月息20%。契约中记有“乃至本利头已为”，即达本利相等时还本息。虽未写具体还息时间，实际上至七月一日共五个月，利息可达100%，到时还20石麦，20石大麦。又5870号③二月二日立契，借2石3斗5升麦，自二月一日计息，每月1斗有2升利，月息20%，至七月一日利率可达100%。4696/17－33号⑥自五月三十日借4斗5升大麦，一个月5升利，即每月1斗粮5升利，月息50%，八月一日还，借期两个月，利率100%。

5870号借粮31石的名梁那征，他二月借粮，月息20%，七月还本利，利率达到100%，届时要还62石。

3. 按日计息

在本粮的基础上，以日按比例计息。5812号①借粮1石5斗，“每石日一升利”，即借1石粮每日1升利，合日息1%，100天利率可达100%。5812号②借粮1石杂，“五日中有半升利”，即借1斗粮五日半升利，合日息1%，100天利率也可达100%。

有的利息超过100%，如7892/8号③中记“借七斗麦有八斗利”，利率达到114%。

近年在国家图书馆善本部的组织下，对馆藏西夏文文献重新整理并进行修复时，在黑水城出土佛经的一些封面、封底以及背面裱糊的纸张中发现了一些新的西夏文文献残页，共有170多纸，其中有贷粮账十多纸，大多是同一账簿中的残页，皆西夏文草书，记载了放贷主的名字，借贷粮食的品类，原本数量以及利息等项。这类账目可能是经营放贷的质贷铺的底账。大约一些有余粮的放贷主将粮食放到质贷铺之类的放贷场所，然后统一对外放贷。从残账叶可见无论是何种粮食：麦、大麦、荜豆、豌豆，无论贷粮多少，利率都是50%。[①] 贷粮契约也可与这些贷粮账对照研究。贷粮契约的主体是借贷者，以借贷者的名义立契，并需签字画押，反映了借贷者和债权人的关系；上述贷粮账则记载债权人及其放贷行为，反映出债权人和中介者的关系。中介者会在50%利率基础上增加利率出借，做不用本粮的借贷生意，

① 史金波：《西夏户籍初探》，《民族研究》2004年第5期。

以牟取利润。

西夏法典规定："全国中诸人放官私钱、粮食本者，一缗收利五钱以下，及一斛收利一斛以下等，依情愿使有利，不准比其增加。"[①] 其中"一缗收利五钱以下"应是一缗每日收利五钱，日利率0.5%，月利率15%。"一斛收利一斛以下"应是指全部利息。这种对放贷钱、粮利率加以限制的规定，使放贷者不能无限制地盘剥，相对有利于借贷者。

西夏法典还规定"前述放钱、谷物本而得利之法明以外，日交钱、月交钱、年交钱、执谷物本年年交利等，本利相等以后，不允取超额。若违律得多利时，有官罚马一，庶人十三杖。所超取利多少，当归还属者。"[②] 这里规定了西夏借粮收取利息分按日、按月、按年等多种交利息形式，也规定债主取利止于本利相等，即获利不得超过一倍，利率不能高于100%。这一规定由多种不同类型的契约所证实。实际上契约中收取利息的情况远比法律规定复杂。有的契约利率已经超过100%，说明仍有违反法律、超额取利的现象，也证明此种法律规定并非无的放矢。这里不仅再一次明确规定对利率加以限制，而且还对超额收利者给予处罚，并退还超收的利息，在一定程度上照顾到借贷者的利益。

放贷者追逐高额利息，利用贫困人缺粮进行盘剥，而贫困借贷者为求得生存，不得不冒着高额利息的宰割去忍痛借贷粮食，凄苦无奈的处境显而易见。这种借贷虽缓解了贫困缺粮者免成饿殍的命运，但借粮者不仅是提前消费，秋后还要变本加利，收成中的相当部分要归出贷者所有，属于自己的粮食大打折扣，会走上更贫困的道路。若遇灾荒，稼禾不稔，处境更为凄惨。倘若借贷者粮食不够种子和食用，第二年春夏难免走上再行借贷的老路，形成年复一年借贷的恶性循环。高利贷对借贷者无异于饮鸩止渴，往往走向破产，最后不得已出卖土地、房屋；对社会造成贫富更加悬殊，容易引起社会动荡。西夏谚语有"二月三月，不吃借食，十一腊月，不穿贷衣"就是害怕高利贷盘剥的真实写照。[③]

八　偿付期限及违约处罚

西夏黑水城地区一季种植，七八月收获，因此粮食借贷契约所记偿还期也是七八月。偿还日期记载具体，一般是七月一日或八月一日。如5820/2号记明"日限同年八月一日当全部现谷聚集偿还来"，"日限"即偿还期限。又5949/16记明"日限所至七月一日谷数聚集偿还"。借粮契约中在规定偿还日期后，随后写明对过期不还的处罚。有两种处罚方法。

一种处罚的方法是根据借粮多寡，罚不等的粮食。如4384号①借2石麦，1石杂，契约规定"日过时依官罚交二石麦，服。"即过偿还日期仍不偿还时，按官法罚交2石麦，借贷者心服同意。这种处罚是出贷者倚仗粮食所有权的优势和官府的法律保护而规定的，借贷者只有"服"的选择。又如4384号②借2石大麦、1石杂，契约规定"日过时依官罚交一石麦，服"；5870号①借10石麦、4石大麦，契约规定"日过时依官罚交十石麦，服"等，都属这种类型，是一种定量的处罚。

---

① 《天盛改旧新定律令》，第188—189页。

② 同上书，第189页。

③ 陈炳应：《西夏谚语——新集锦成对谚语》，山西人民出版社1993年版，第13—14页。

另一种处罚的方法是按比例罚粮。如4596/4号③规定“日过不还来时，一石还二石，没有，谁已得人分别偿还，本心服。”意即到期不还，则要受到加倍偿还处罚，1石还2石，如果没有粮食，需要所谓“谁已得人”即相与借贷者偿还，对此规定本人心服。5949/18号等契约也有类似的规定。

综观“催索债利门”中的法律条文，主要是保护出借者的本利，维护债主的权益。第一条开宗明义直接规定对负债人要强力逼债：“诸人对负债人当催索，不还则告局分处，当以强力搜取问讯。因负债不还给，十缗以下有官罚五缗钱，庶人十杖，十缗以上有官罚马一，庶人十三杖，债依法当索还。其中不准赖债。若违律时，使与不还债相同判断，当归还原物，债依法当还给。”[①]“局分处”即政府有关当局。到时不还债，债主要将负债者告到官府，强力搜寻审问，并要罚款。所谓“有官人”是有官位的人，相对于普通百姓的“庶人”是有特权的人。[②]对负债的“有官人”和“庶人”处罚不同。对“有官人”主要是罚款、罚马，对“庶人”则是打10杖或13杖。处罚后仍然要还债。

“催索债利门”第二条则对负债者网开一面，对无力还债者留有余地，规定：“诸人因负债不还，承罪以后，无所还债，则当依地程远近限量，给二三次限期，当使设法还债，以工力当分担。一次次超期不还债时，当计量依高低当使受杖。已给三次宽限，不送还债，则不准再宽限，依律令实行。”[③]无力还债者可出工抵债，屡次超期不还债时再量情行杖。宽限期不能超过三次。这种法律的通融似乎对负债者有所照顾，但最终还是最大限度地保证债主能收回本利。

不难看出，契约中“日过时依官罚交”，并非嘘声恫吓，而是有明确的王朝法律处罚作为强力支撑。

所见契约中有借贷粮食可以工抵债的规定，但法典中有关无力还债以工抵债的通融规定，在契约中并没有实际反映。

敦煌契约中往往规定借贷到期不还，则加倍偿还，“仍任掣夺家资，用充粟直”、“任掣夺家资杂物，用充麦直”、“任牵掣家资杂物牛畜等”。[④]债务到期不还，债权人掣夺借贷人家资时，怎样折合钱粮，掣夺多少，都容易产生纠纷。特别是这种行为由谁裁定实行，没有说明，若债权人和借贷人自行解决，也容易发生冲突。西夏的借贷契约与敦煌契约不同，没有这种难以操作的规定。

《天盛律令》中也没有这样的条款。西夏契约有的有质典物品、牲畜、房地、人口的内容，对质典物的种类、数量、品相规定很具体，过期不还，债权人收取契约规定的质典物。这比笼统地提出“任掣夺家资”要规范得多。同时也可透视出随着社会经济的发展，契约之类的经济合同也在不断地规范和完善。

《天盛律令》还规定“同去借者亦不能还，则不允其二种人之妻子、媳、未嫁女等还债

① 《天盛改旧新定律令》，第189—190页。

② 史金波：《西夏的职官制度》，《历史研究》1994年第2期，第62—71页。

③ 《天盛改旧新定律令》，第188页。

④ 《敦煌社会经济文献真迹释录》，第76—147页。

价，可令出力典债。”① 意思是借贷者不能还债时，不许以借贷者和同借者的妻子、儿媳和未嫁女抵债，但可以让她们出工抵债。在妇女地位低下的封建社会妇女遭受变相买卖并不鲜见。西夏这一法律规定，明确不允许变相买卖妇女，但也证实西夏社会还存在这种现象，不得不以法律形式加以制止。

九　契尾当事人和相关人签名、画押

契约末尾当事人和相关人的签字画押十分重要，它标志着契约的正式确立和法律效力的形成，是履行契约的保证。没有签字画押的契约视为无效，黑水城借贷契约中有个别的无签字画押，可能是契约草稿。

（1）所有契约中契尾第一个签字画押的是借贷者，和契约开始一样，写“立契约者×××”。姓名可以是全名，也可以只用名而省略姓。有时不写“立契约者”，而是写“谷还者”，即“还谷者”，如162/7号。还有的写“借者”，如4696/1号①、②等。而在7977号的契尾借贷者被写成“借正”，也就是正式的借贷者，其儿子是相借者。

（2）契尾第二种签字画押的是借贷连带责任人。为了保证本利的归还，债主除要求借贷者本人签字画押外，还要家属或至亲人签字画押。签字名义是“相接状借者”、“接状借者”、“接状者”、“相借者”、“接状贷入手”等，实际上是同借者。这些同借者类似担保人，当直接借贷者发生无力还债、死亡、逃亡等意外时负有借贷连带责任，负责偿还。

同借者可以是一个人，也可以是两个人或两个人以上。同借者往往是包括妻子、儿子在内的家属。4596/1－6号①在契尾的立契约者后有“相借妻子移讹氏□□”，5870号⑬契尾的立契约者后有“状相接妻子梁氏宝善乐”等都是妻子做相借者的例证。特别是7741号④、⑥、⑧、⑨、⑩、⑪、⑫、⑬、⑭、⑮、⑯等契约的契尾都有注明妻子身份的状相接者的签字画押。此文献中有的契尾相接状者虽未注明“妻子”二字，但很可能是借贷者的妻子身份，如954号契尾有“接状贷入手梁氏善月宝”，梁氏善月宝应是借贷者移讹小狗山的妻子。同样4384号契尾有“接状借者西上氏七月宝”，7741号⑱有“相接状每纳氏宝?”，7741号有①“相接状名？氏兄导”，也是借贷者的妻子。敦煌借贷契约中有父、子、兄、弟做保人者，但尚未见有妻子做保人者。西夏借贷契约中往往以借贷者的妻子做担保人，反映出西夏妇女在西夏经济生活中有较高的地位，家庭主妇可以承担偿付债务的责任。这种现象与中原地区不同，与唐代的敦煌地区也不同。它可能是西夏主体民族党项族妇女地位相对较高的表现。

5949/16号①契尾的立契约者后有“状相接者子罗没宝”，明确指出同借者的身份是借者的儿子，但他的姓氏没有像他父亲那样写成“罗名”，而是只写了“罗”字。当父亲的债务不能偿还时，儿子是当然的还债者，这也符合的“父债子还”的法律规定和封建社会的传统。4762/6号①契尾的立契约者签字画押后有签字画押，为“相接状子般若善”，明确记出同借者般若善的身份是借贷者的“子”。因父子同姓，般若善之父名梁功铁，这里般若善的姓氏“梁”被省略了。4762/6③号契尾的立契约者梁羌处犬签字画押后有同借者禅定宝

① 《天盛改旧新定律令》，第189页。

的签字画押，为“相接状子禅定宝”，明确记出其身份是借贷者的“子”。同样因父子同姓，禅定宝之父名梁羌处犬，这里省略了禅定宝的姓氏“梁”。引人注意的是在契尾的立契约者梁羌处犬后、“相接状子禅定宝”前还有第一位相接状者的签字画押，即“相接状妻子苏氏五乐”。可见在西夏农村的一些家庭中，男主人妻子的经济地位高于儿子。

有的“相接状者”似乎不一定是家人，可能是至近亲朋。如5147/1－3号①在契尾立契约者后有“相接状契罗阿势子、相接状契罗禅定宝”。借贷者名梁寿长势，相接状者姓契罗，不是他的本家兄弟子侄，也不像借贷者的妻子。

分析7741号契约的契尾还可以见到一种引人注目的现象，即一个契约中的借贷者，在另一个契约中他又成为担保人即相接状者。如7741号⑩的借贷者是梁那征犬，在同号⑪中成为借贷者积力般若的担保人，他又是同号⑫借贷者梁那征的担保人，又是同号⑬借贷者积力善犬的担保人，也是同号⑯借贷者梁那征宝的担保人；同样7741号⑪借贷者积力般若在同号⑩、⑫、⑬、⑯成为担保人；7741号⑫借贷者梁那征在同号⑩、⑪、⑬中成为担保人。这里梁那征犬、积力善犬、梁那征互为担保人。他们的借贷日期是同年的正月三十日和二月一日连续两天。这三人应是互相熟悉、互相信任的亲戚或挚友，共同承担着借贷粮食的担保责任。

敦煌借贷契约的借贷者和保人在契尾签名下一般还要书写年龄，而在黑水城借贷契约无记录年龄者。

在4079/4号中契尾的“相接状者回鹘?”。回鹘是民族名称，西夏时期一部分回鹘是西夏境内的居民，另一部分是西夏西部的近邻。在西夏文《杂字》中，回鹘又是番姓中的一种。这里的回鹘？原来的民族成分应是回鹘族。

债权人借贷后唯一的希望是要借贷者按期归还本利，《天盛律令》完全满足了债权人的愿望，不但有上述强制办法，还特别规定“借债者不能还时，当催促同去借者”。[①] 实际上同借者类似担保人，当直接借贷者发生无力还债、死亡、逃亡等意外时有借贷连带责任，负责偿还。这样进一步使债权人的利益得到保障。

法典还规定：“同居饮食中家长父母、兄弟等不知，子、女、媳、孙、兄弟擅自借贷官私畜、谷、钱、物有利息时，不应做时而做，使毁散无有时，家长同意负担则当还，不同意则可不还。借债者自当负担。”[②] 共居的一家人中，不通过家长、不告知兄弟而去借债，若不能还债时，家长可还，也可以不还，即没有必然的连带义务。但又规定同去借者应负担还债。从这里可以体味到契约的法律效力。家长和借贷者虽同为一家人，因不知情，当然也未签字画押，就不负连带法律责任；而借贷者的同借人尽管他可能不是借贷者的家人，但因在契约上签字画押，而负有法律连带责任，需要为借贷者还债。

（3）契尾第三种关系人是见证人、证明人。在契约中一般用两个西夏文字表示，译成汉字为“知人”。“知人”往往是二人或二人以上，多的可以达到六人。有的人可以在多笔借贷契约中做证明人。如4696/17－33号①中的知人梁老房宝，在②、⑥、⑦、⑧、⑨、⑯、⑰、⑱、⑲、㉟等十多笔借粮中分别做见证人。同样4696/17－33号①中的知人平尚山

---

① 《天盛改旧新定律令》，第189页。

② 同上书，第190—191页。

势，在②、⑥、⑮等三笔借粮中分别做见证人。证明人，即知人在契约上签字画押与同借者签字画押在性质上有本质不同。证明人仅仅是证明契约行为，而不负契约实施的连带责任，而相借者有时要履行实质性、连带性的担保人责任。

契约当事人和关系人签署名字的笔体往往相互一致，且与契约正文笔体也相雷同，应是同一书写者一人的手笔。看来契尾各种签字系由书手包办，或许当地能用西夏文书写自己名字的人是少数。

契约当事人和关系人在名字下画押由来已久，西夏契约也继承了画押传统。画押是在契约名字下写画出表示认可、特殊的专用文字或符号。西夏契约中的画押形形色色，多在名字下画一个繁简不同符号，简单地用一横，类似汉字的“一”，有的类似汉字的“二”、“工”、“天”，有的则形体复杂，难以描绘。也有的在名字旁边点上墨点代表画押。上述梁老房宝的画押类方形，中间画十字或一竖。如4696/17－33号①中类似汉字“田”字，⑥、⑧、⑯、⑰、⑱中类汉字横“日”字，⑨中类汉字“井”字，⑦中则见不到画押。

值得注意的是在黑水城借贷契约中契尾都没有出借者即债权人的签字画押，这反映了债权人在合同中的优势地位和单方合同的性质。因为契约的保存者就是出借的债权人，他没有必要签字画押。唐末债权人的名字还出现在契尾，在8—9世纪西域一带的契约中契尾尚有时提及债权人，不过只书写“麦主”、“粟主”、“豆主”、“钱主”等，而不写名字。至十世纪债权人及其代称不再出现于契尾。西夏契约契尾中没有债权人正是时代发展的结果。①

十　算码

中国古代计数符号分为算码和数字系统。算码通过算筹的排列来表示数字。算筹原是用竹、木、骨等制作表示数字的小棍子。用算筹表示数字时，有横竖两种方式，横法：个、百、万等用横表示，十、千、十万等用竖表示；竖法：个、百、万等用竖表示，十、千、十万等用横表示。数字中的零用空位表示。把算筹记数法用于文书的计数就是算码。西夏粮食借贷契约中的计数算码，记在契尾书证人签字的上方，用以表示借贷粮食数量。在契约中使用算码一方面将记载在契约中的借贷粮食数量和种类重复记载，以另一种方式确认，以免发生误解。特别是用于书写契约的西夏文多是草书，笔画草率简约，难以识别，更需要另一种明确的记载。另一方面算码很象形，很直观，不懂西夏文字的人也能一目了然，更可避免发生歧义。

西夏的算码和中原地区一脉相承，也是以横竖表示数字。据黑水城借贷契约看使用算码的很多，但并不是每个契约都必须使用，横竖用法也不统一。可能不同的出借者各有自己的使用习惯。

有的用一横“一”表示1石，两横表示2石，以此类推；一竖“｜”表示1斗，二竖表示2斗，以此类推。10石时则以十字“十”表示。如4783/7号②的算码十字下画六横线表示16石，十字下画七横线表示17石。如4596/1号⑦三横下有二竖表示3石2斗。

① 《敦煌社会经济文献真迹释录》，第76—147页。参见《敦煌的借贷：中国中古时代的物质生活和社会》，中华书局2003年版，第12—13页。

有的以大横表示十石，竖表示石，小横表示斗，如5949/22号②以一横右边一竖“一｜”表示11石；以一竖右边五小横表示1石5斗。

对于数字五的表示也有两种不同的方法。有的在表示五或超过五的数字时，利用简化的方法，即不用画五横或五竖，而是用一横或一竖表示五。若以横表示五时，其下画一竖“⊤”表示六，再画一竖“╥”表示七。这种往往是以横表示5石。这里横竖线必须相接，若不相接，则可误解为一石一斗、一石二斗。如4696/1号①借八石，以一横下画三竖表示。4696/1－5号②一大横下画四竖，表示9石，左边又三小横，表示3斗，更左边又有更小的五竖，表示五升，合起来表示9石3斗5升，下注小号西夏字“九石三斗五升麦”。又如5949/19－20号④借杂粮二十七石，以二大横右边一横下画二竖表示“═ ╥”。若以竖表示五时，其下画一横“⊥”表示六，其下再画一横“╧”表示七。如4696/7号借六斗麦用“⊥”表示，7892/7号③借七斗麦用“╧”表示。这种往往以竖表示5斗。也有的不用上述简化方法，而是五就画五横，六就画六横。如7741号⑨借七石大麦用七竖表示，5949/16号①借七斗大麦用七竖表示，5949/25号①借八石五斗以八横下画五竖表示。

有时算码上下还用西夏文字麦、杂、大麦、糜、粟等标明粮食种类，有时则在粮食下面用符号注明粮食种类，以小圆圈“○”表示麦，没有粮食符号的则是杂粮。如4596/1号①契尾上部有两横，下有小圆圈，表示借2石麦。4596/1号⑤契尾上部有两横，下有五竖，再下有小圆圈，表示借2石5斗麦；其下又有二横，表示又借2石杂。也可以在表示杂粮的算码下加西夏文“杂”字，如4783/5号⑦即如此表示。如4783/7号②的算码有两列，一列是十字下画6横线，再下画一小圆圈表示借麦16石；另一列是十字下画7横线，再下写西夏文“杂”字，表示借杂粮17石。

有的残契正文残损，不知借粮数，但契尾保存，通过契尾上部的算码可知借粮数。如5949/31文书首残，残存契尾，上有算码：四横下有二竖，二竖右有一小横，下又有一小圆圈；再下有一十字，下有四竖。知借4石2斗1升麦，10石4斗杂粮。

从以上对黑水城粮食借贷契约分项介绍可知，西夏借贷契约种类多样，内容丰富，繁简不一。一般借贷数量大，借贷关系复杂的契约，文书项目齐全，书写格式规范，如后面附录中契约翻译举例中的第（1）、（2）件；而借贷数量小，借贷关系简单者则可简化，如附录翻译举例中的第（3）、（4）件。西夏粮食借贷契约中有部分以借贷者的牲畜、土地、房产，甚至以人做抵押，内容更加复杂，限于篇幅，容日后专文探讨。

西夏法典《天盛律令》的有关规定让我们了解到西夏借贷的法律依据及订立契约的原则，而出土的文献又向我们提供了从未见到的、多种类型的契约原件，揭示出借贷过程和细节，展示出鲜活、生动的社会基层借贷真实图景。法典和契约对照分析更能使我们深刻透视西夏社会基层的民族居处、经济状况、农产类别、生活水准、贫富差距等诸多方面，认识到西夏借贷契约内容之丰富及其不可替代的学术价值，不能不引起足够的重视。本文对这些珍贵文书的研究尚属初步，敬请方家斧正。

附录　西夏粮食借贷契约翻译举例

为使读者对西夏粮食借贷契约先有所了解，现拣选繁简不同类型的西夏文契约翻译如下[①]：

（1）4762/6①[②]

汉文对译：

天庆寅年正月二十九日文状为者梁功
铁今普渡众官中谷手入梁任麻等处十石
麦十石大麦借二月一日上始一月一斗二升数利
有乃至本利头处集日过时依官十石麦罚交服
　　　　　　　　文状为者功铁（押）
　　　　　　　　状相接子般若善（押）
　　　　　　　　状相接梁生□（押）
　　　　　　　　状相接口恧口恧禅定善（押）
　　　　　　　　知人平尚讹山（押）
　　　　　　　　知人梁生□（押）

汉文意译：

天庆寅年（1194）正月二十九日立契约者梁功
铁，今从普渡寺中持粮人梁任麻等处借十石
麦、十石大麦，自二月一日始，一月有一斗二升利，
至本利相等时还，日期过时按官法罚交十石麦，心服。
　　　　　　　　立契约者功铁（押）
　　　　　　　　相接契子般若善（押）
　　　　　　　　相接契梁生□（押）
　　　　　　　　相接契口恧口恧禅定善（押）
　　　　　　　　证人平尚讹山（押）
　　　　　　　　证人梁生□（押）

---

① 原文为自上而下书写的竖行，译文为横行。汉文对译译文保持原文的行次和规格。“?”为字迹不清或难以翻译的字。

② 本文文献编号始为俄国原编号，原前有写有“Инф.”标志，今省略。若该文书有多纸，则在斜线后顺序编号。若一纸文书中有多件契约则以圆圈号码表示顺序。

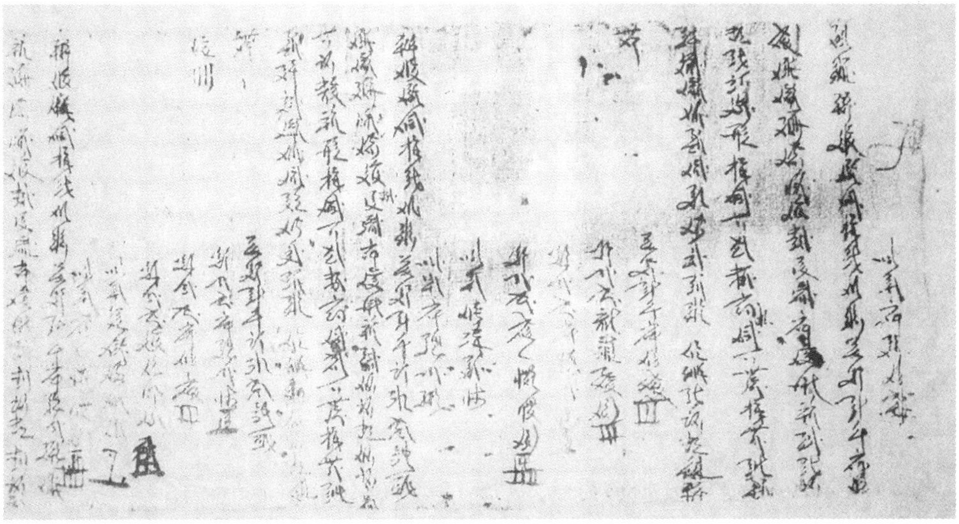

图1　4762/6 天庆寅年贷粮契

（2）6377/16 号①

汉文对译：

光定卯年三月六日日文状为者梁十月
狗今兀尚般若山自本持者老房势处一
石五斗麦借石上五斗数利有共算二
石二斗五升为日限同年八月一日日
谷数聚集来为当日过时一石二石数
还为本心服入柄处有之还为当

文状为者梁十月狗（押）
相借兀尚老房狗（押）
相借梁九月狗
相借李满德（押）
知人杨老房狗（押）
知人杨神山

汉文意译：

光定卯年三月六日立契约者梁十月
狗，今于兀尚般若山自本持者老房势处借
一石五斗麦，每石有五斗利，共算为二
石二斗五升，期限同年八月一日
当聚集粮数来。日过时，一石还二石。
本心服。　入后边有之当还

立契约者梁十月狗（押）
同借（者）兀尚老房狗（押）

同借（者）梁九月狗
同借（者）李满德（押）
证人杨老房狗（押）
证人杨神山（押）

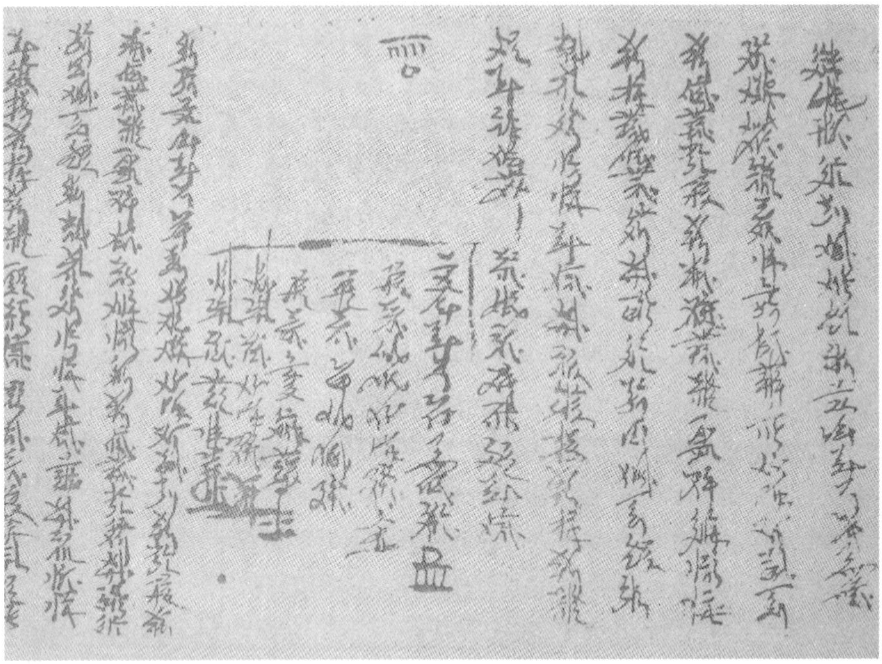

图2　6377/16 光定卯年贷粮契

以上是两种相对标准的借贷契约。可以见到西夏契约与中原汉族地区的契约形式相同，包括立契约时间、立契约者即借贷人姓名、出借者即债权人姓名、借贷粮食种类和数额、偿付期限及利率、违约处罚、书证人姓名、画押等主要内容。

（3）4526 号②

汉文对译

日同文状为者李百吉先移讹？盛处

五石杂借七石五升为日限八月一日还为

当

文状为者百吉（押）

借相□□□□□（押）

借相者梁□吉祥（押）

知浑小狗铁（押）

汉文意译：

同日立契约者李百吉先从移讹？盛处借

五石杂粮，变为七石五升，限期八月一日当还。

立契约者百吉（押）
相借□□□□□（押）
相借者梁□吉祥（押）
知浑小狗铁（押）

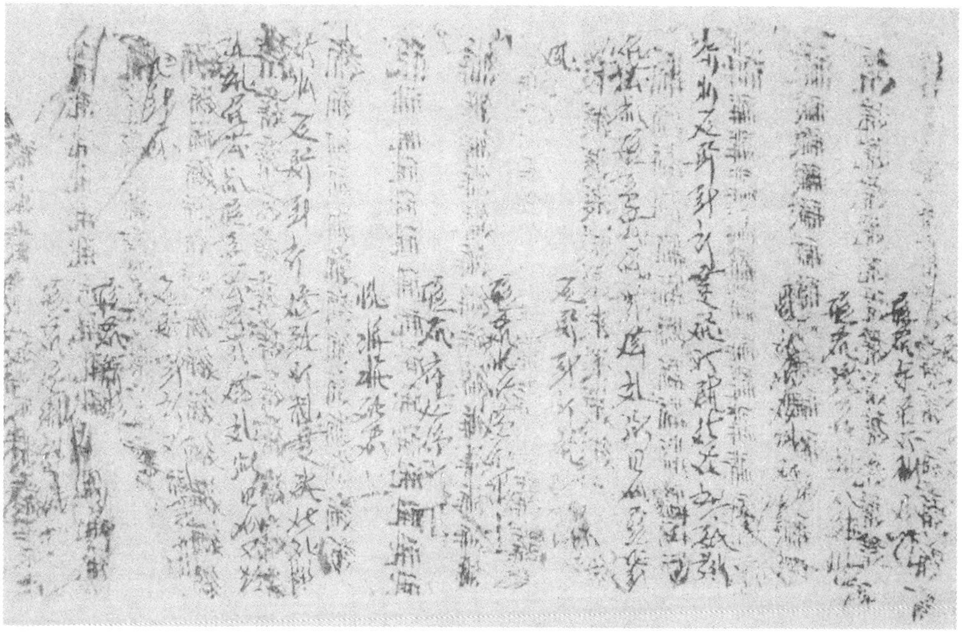

图3 4526贷粮契

（4）7892/7②

汉文对译：

汉文对译：

一人使军狗盛五升（斗）麦借一斗（石）为

借者狗盛

汉文意译：

一人使军狗盛借升（斗）麦，为一斗（石）。

借者狗盛

以上两件契约文字简约，但契约要件多已具备。第一件有立契约时间、立契约者姓名、出贷者姓名、贷粮数量、利息、偿付期、书证人姓名、画押。只是缺少违约处罚条款。第二

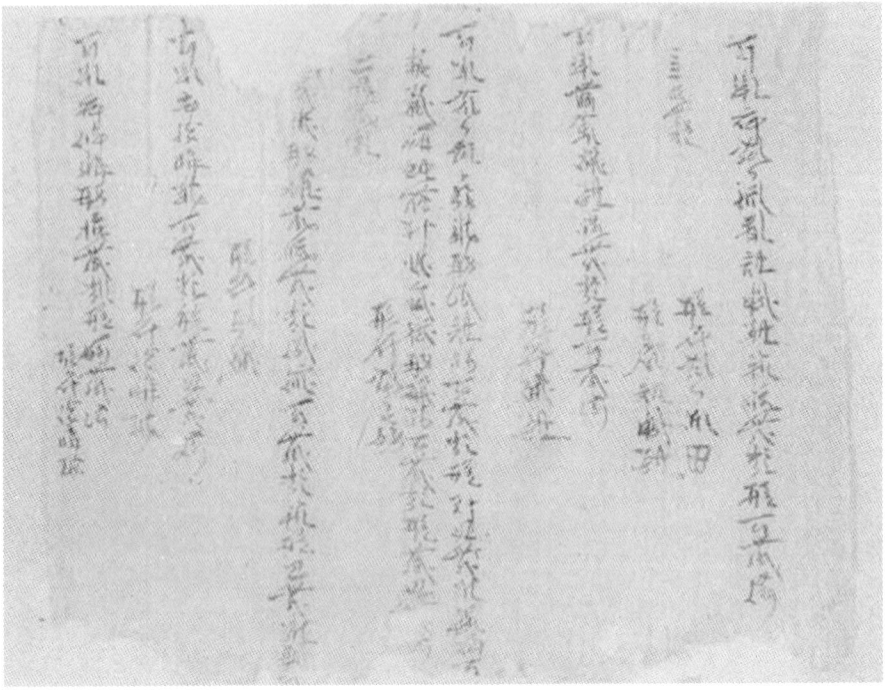

图4 7892/7 贷粮契

件契约最简单，仅两行，只有立契约者姓名，贷粮数量和种类，以及本利数量。

（5）武威出土贷粮契约

汉文对译：

乾定申年二月二十五日文状为者
没水隐藏犬今讹国师处一石糜
本已借一石上八斗数利□有命
屈般若铁行为已持全本利一顺
同年九月一日日本利聚集讹国师
处来为当若日过不来时先有糜数还
为不有　官依七十缗钱罚交本心服
　　　　文状为者没水隐藏犬（押）
　　　　借相李祥和善（押）
　　　　相借李氏祥和金（押）
　　　　知□显令（押）

汉文意译：

乾定申年二月二十五日立契约者
没水隐藏犬，今于讹国师处已借一
石糜本，一石有八斗利，自命

屈般若铁处取持。全本利一齐于
同年九月一日本利聚集，当还讹国师
处，若过期不还来时，先有糜数偿还
以外，依官法罚交七十缗钱，本心服。

立契约者没水隐藏犬（押）

相借者李祥和善（押）

相借者李氏祥和金（押）

知人□显令（押）

图5 武威出土贷粮契约

西夏农业租税考*

——西夏文农业租税文书译释研究

西夏的主体民族党项族原为游牧民族，至隋唐时期仍只有畜牧业，尚没有农业。《隋书》记载：党项人“牧养牦牛、羊、猪，以供食，不知稼穑。”① 至唐代，党项人仍然“畜牦牛、马、驴、羊，以供其食。不知稼穑，土无五谷。”那时，党项族吃、穿、用基本上都取自于牲畜，食畜肉，饮畜乳，衣牲畜皮毛，就连居室都是“织牦牛尾及羊毛覆之”。②

唐代党项族北上内迁，一部分人仍然以畜牧为业，另有不少人进入农业地区后逐渐从事农业生产，成为熟户。这部分党项人开始了由游牧到定居、由畜牧业到农业的历史性转变，最终成为农民。这一重大转变丰富了党项人的社会生活。在党项政权管辖范围内的很多地区早有农业基础，社会发展进步，生产力水平较高。西夏时期由党项人和汉人共同在这些地区经营农业，对党项民族的发展产生了巨大影响，推动了党项社会快速进步。

作为西夏经济重要一翼的农业，不仅关系到人民的生计，其税收更是政府收入的主要来源。农业税收是供给皇室和官吏支出、维持政府运转、保障军队平时和战争费用的经济命脉，是西夏政府十分重视的大事。其实中原王朝也是“军国所资，咸出于租调”。③ 汉文史籍对西夏的租税制度没有记载，只有受灾后减免租税的零星记录。如西夏兴州（西夏京师，今宁夏银川市）、夏州（今陕西靖边县）地震后，大庆四年（1143）四月夏仁宗接受大臣建议，下令：“二州人民遭地震陷死者，二人免租税三年，一人免租税二年，伤者免租税二年，其庐舍、城壁摧塌者，令有司修复之。”④ 西夏法典《天盛改旧新定律令》（以下简称《天盛律令》）中关于农业租税的内容不少，特别是卷第十五中集中了很多农业租税条款。从其中各门的标题即可看出，如该卷有“催缴租门”、“催租罪功门”等。《天盛律令》规定：“当指挥诸租户家主，使各自所属种种租，于地册上登录顷亩、升斗、草之数。转运司

* 原刊于《历史研究》2005年第1期，第107—118页。（人民大学报刊复印资料《宋辽金元史》2005年第2期、《经济史》2005年第3期转载。）

① 《隋书》卷83《西域·党项传》，中华书局校点本（以下同），第1845页。

② 《旧唐书》卷198《党项羌传》，第5290—5291页。

③ 《文献通考·田赋考》四“历代田赋之制”。

④ 《西夏书事》卷34，第15页。

人当予属者凭据，家主当视其上依数纳之。"[①] 所谓"租户家主"就是有耕地的纳税农户。农民要纳多种租税，要登录于册，按数缴纳。纳税迟缓要受法律制裁，同门规定"租户家主有种种地租、佣、草，催促中不速纳而住滞时，当捕种地者及门下人，依高低断以杖罪，当令其速纳。"《天盛律令》还规定各属郡县于每年十一月一日将收种种地租税的簿册、凭据上缴于转运司，转运司十一月末将簿册、凭据引送京师磨勘司，磨勘司应于腊月一日至月末一个月期间磨勘完毕，若有延误都要获罪。[②]《天盛律令》卷十六也是关于农业的条款，但这一卷全部残缺，其内容只能根据条文目录略知一二。西夏法典中关于农业租税的内容虽比较丰富，但西夏农民要缴纳多少税，纳税的簿册是什么形制，仍不得而知。

这一问题随着近年新资料的发现渐露端倪。在中、俄共同整理、出版《俄藏黑水城文献》过程中，1997 年、2000 年我们在俄国圣彼得堡东方学研究所整理西夏文献时，发现了一大批西夏文社会文书，计有 1000 余号，包括户籍、军抄册、账册、契约、告牒、书信等。这是一项令人惊喜的收获。这些珍贵的原始资料对研究、认识西夏社会有极高的价值。其中有关西夏税收的文书 100 多号，虽多为残件，但这些七八百年前的文书，保存了西夏时期黑水城（今属内蒙古额济纳旗）地区税收的第一手资料，十分难得，弥足珍贵，是研究西夏赋税的锁匙。

西夏社会文书多是难以识别的草书。西夏社会底层中常用的户籍、账目、契约等，属社会生活应用文书，书写快捷，往往是以行书或草书写就。释读死文字西夏文的文献本来就有很大困难，解读人写人异、变幻多端的草书困难更大。而且这些文书多是残页，或缺头少尾，或字迹不清，还有不少文书正、背两面皆书写文字，笔画透墨，相互叠压，更加难以辨认。笔者近些年摸索西夏文草书释读，小有收获。现选择不同类型的纳税文书进行译释，并对西夏税收试做初步分析，以期对西夏社会认识有所补益。

一 耕地税

黑水城文书中 4808 号为迁溜租粮计账与户租粮账，系一长卷，有西夏文草书 255 行，若加上残断 6 行共 261 行，由 4 段粘连而成。此文书背面是佛教文献，因此有不少文字正背两面互相叠压，难以识别。第一、二段多是纳粮统计账，第三、四段全是诸户纳粮账籍。现将第三段前 5 户纳粮账翻译如下[③]：

一户罗般若乐
　大麦一石一斗五升　　麦二斗［八升七合半］
一户正首领？盛曼
　大麦四斗三升　麦一斗七合［半］
一户叔嵬西九铁

① 史金波、聂鸿音、白滨译注：《天盛改旧新定律令》，法律出版社 2000 年版。第十五"地水杂税门"，第 508 页。

② 《天盛改旧新定律令》第十五"催缴租门"，第 490 页。

③ 问号为字迹不清或难以翻译的字。方括弧中的字原残，为笔者推算补充。

大麦六斗七升　麦一斗六升半

一户嵬移？茂

大麦一斗五升　麦三升七［合半］

一户麻则金？吉

大麦六斗七升　麦一斗八升七［合半］①

图 1　俄藏黑水城文献 Инв. No. 4808　户租粮账

显然这是诸户缴纳赋税的籍账。从这 5 户来看，他们缴纳的是大麦和小麦，是实物租税，也称产品租税。在这一段 20 多户中都是缴纳这两种粮食。西夏政府摊派租税时不同地区有不同的粮食品种。如《天盛律令》规定："麦一种，灵武郡人当交纳。大麦一种，保静县人当交纳。麻褐、黄豆二种，华阳县家主当分别交纳。秫一种，临河县人当交纳。粟一种，治源县人当交纳。糜一种，定远、怀远二县人当交纳。"② 这大概是西夏京畿一带各地区缴纳粮食税的品种，包括了多种粮食。其中没有远在西部地区的黑水城缴纳租税的品种。通过上述文书知黑水城地区缴纳大麦和小麦。也有的黑水城文书中有缴纳大麦、小麦和糜三种粮食的记载。由此可知西夏时期黑水城地区主要农作物的种类。

若注意到文书中大麦和小麦的比例，还会发现小麦数是大麦数的四分之一。因文书下部残缺，第一户、第二户、第四户、第五户小麦数尾数不完整，但第三户两种粮食数完整：大麦六斗七升、小麦一斗六升半，大麦数正好是小麦数的 4 倍。证明当地收税时对每户按

① 史金波、魏同贤、克恰诺夫主编：《俄藏黑水城文献》第 13 册，上海古籍出版社 2007 年版，第 293 页。

② 《天盛改旧新定律令》第十五"催缴租门"，第 489—490 页。

4∶1的比例征收两种粮食税。据此还可补充文书中残缺的部分。[1]

同一税账的第四段记载粮食品种与此稍有不同。现将第四段前5户的纳粮账翻译如下：

一户地宁吉祥有
杂二斗　麦五升
一户嵬悉丑盛
杂一斗　麦二升半
一户嵬移？子
杂一石五斗　麦三斗七升半
一户嵬移容颜戏
杂七斗　麦一斗七升半
一户嵬移容颜丑
杂六斗　麦一斗五升二合

上述5户及其他50多户都是缴纳“杂”和小麦。杂即杂粮，很可能就（主要）是指大麦而言。其杂粮和小麦的比例前4户也是4∶1，只有第五户麦多出2合，可能是计算或书写的失误。这是以“迁溜”为单位的纳税籍账。“迁溜”是西夏时期基层社会组织。隋唐时期党项人的社会基层组织仍是带有原始性质的部落。[2] 关于基层社会组织在西夏法典《天盛律令》中有明确规定：“各租户家主由管事者以就近结合，十户遣一小甲，五小甲遣一小监等胜任人，二小监遣一农迁溜，当于附近下臣、官吏、独诱、正军、辅主之胜任、空闲者中遣之。”[3] “租户家主”也可译为“税户家主”。甲、小监、农迁溜是西夏农村的基层组织，一农迁溜可管辖2小监，10小甲，100户，相当于中原地区的“里”。检查本段这一迁溜所存18户杂粮和小麦的比例除上述第五户稍有误差外，都是4∶1的比例。

这类文书还有1222、1460－1等号。由此虽能知每户缴纳实物税数量，但并还不知缴纳的是何种税以及税率多少。另一件文书为解开这一问题提供了资料。

1755－4号文书有上、下两件文书，皆为纳粮文书残页，高16.8厘米，宽31.9厘米。上段四周皆残，草书，共14行，译文如下[4]：

……五斗　麦三斗七升半（1）
……十亩税三斗七升半（2）
……斗　麦七升半
……山三十亩税三斗七［升半］（3）
……斗　麦三七升半

① 方括号内为推算补充残缺文字。

② 《旧唐书》卷198《党项羌传》，第5290—5291页。

③ 《天盛改旧新定律令》第十五“纳领谷派遣计量小监门”，第514—515页。

④ 圆括弧内系笔者所加各户顺序号。

……一顷五十亩税一石八斗七（4）
升半
……石五斗　麦三斗七升半
……吉七十亩税八斗七升［半］（5）
……斗　麦一斗七升半
……一顷三十九亩税一石（6）
……斗三升七合半①

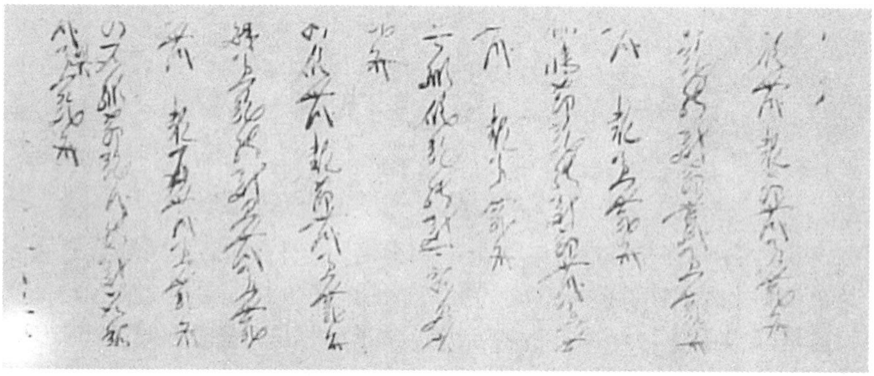

图2　俄藏黑水城文献 Инв. No. 1755－4　户耕地租粮账

此文书有地亩数，有粮食数。仔细观察分析可知这是一件分户耕地纳粮账，其中第1行是第1户的最后1行，第2、3行是第2户，第4、5行是第3户，第6、7、8行是第4户，第9、10行是第5户，第11、12行是第6户。户主姓名多残失，第4行的“山”、第9行的“吉”是人名的残存部分。根据这些不甚完整的地亩、粮食数字可以计算出耕地的税率。以第4户为例，有耕地150亩，税1石8斗7升半，所纳杂粮数残，余“石五斗”三字，但保留着纳麦数3斗7升半，从已知纳粮总数中减除麦数，知纳杂粮1石5斗正，与杂粮“斗”后无升、合数合。由此地亩数和纳粮数知其税率，即每亩地缴纳税杂粮0.1斗，即1升，缴纳小麦0.025斗，即四分之一升。其他各户地亩和纳粮数目也都反映出同样的税率。由此考证出西夏有以耕地多少缴纳农业税的制度，是一种固定税制，这对认识西夏的农业税收具有重要意义。以耕地面积课税是最普通的制度，也是中国历代相传的主要税法，西夏继承了这种税制。

由这种税率还可以此推算出上述文书残缺的地亩和粮税数目，将文书补足为14行：

［一顷五十亩税一石八斗七升半］（1）
［杂一石］五斗　麦三斗七升半
……［三］十亩税三斗七升半（2）

① 《俄藏黑水城文献》第12册，上海古籍出版社2006年版，第306页。

［杂三］斗　麦七升半
……山［三］十亩税三斗七［升半］(3)
［杂三］斗　麦三七升半
……一顷五十亩税一石八斗［七］(4)
升半
［杂一］石五斗　麦三斗七升半
……吉七十亩税八斗七升［半］(5)
［杂七］斗　麦一斗七升半
……一顷三十九亩税一石 (6)
［七斗三升七合半］
［杂一石三斗九升　麦三斗四升七合半］

同样类型的耕地纳粮账还有不少。如1178号文书有上、下两段纳粮文书残页，原系书籍的封面衬纸。下段四面皆残，高12.9厘米，宽31.8厘米。草书，共12行，为证明上述文书并非孤证，现将文书翻译并尽量补足缺文如下：

……［杂一］石五斗　麦三斗七升半 (1)
……乐一顷四十八亩税一石［斗］(2)
五升
［杂一石］四斗八升　麦三斗七升……
……死续子般若盛一顷四十三 (3)
亩税一石七斗八升七合［半］
［杂一石］四斗三升　麦三斗三升二
……吉二十八亩税三斗五升 (4)
［杂一石］斗八升　麦七升
……有七十二亩税九［斗］(5)
［杂七］斗二升　麦一斗八升①

其中第1、2、4、5户的耕地纳税税率同前文书，都是每亩地纳杂粮即1升，纳小麦四分之一升。只是第3户麦数书写或计算有误，应为三斗五升七合半。此外324-2、5809-2、5940等号也是同类耕地纳粮账。由此还能得知前述只有纳粮数、缺少耕地亩数的4808号也是耕地税账。

《天盛律令》规定：开垦自纳税耕地边上生地者，三年之内不纳税，“三年毕，堪种之，则一亩纳三升杂谷物”。② 在自己耕地附近开生地者三年后，若可种，则一亩地纳3升杂谷物，以此衡量，黑水城地区的土地税比《天盛律令》开生地三年后纳税的规定要低。与西

① 《俄藏黑水城文献》第12册，上海古籍出版社2006年版，第211页。
② 《天盛改旧新定律令》第十五“租地门”，第495—496页。

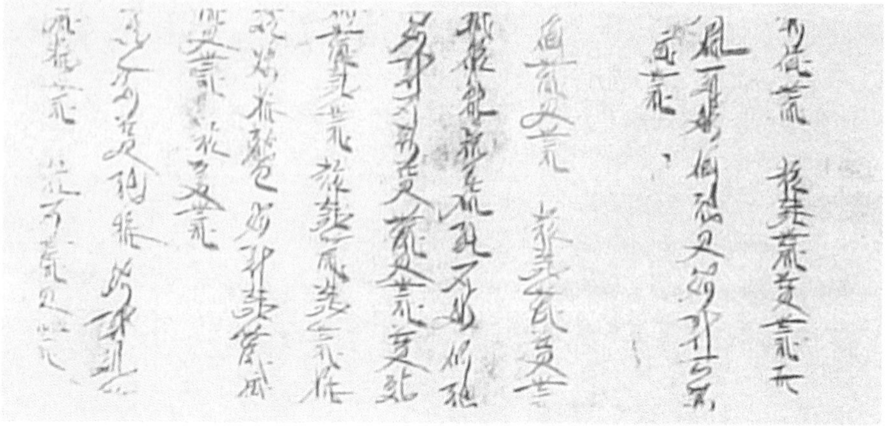

图 3　俄藏黑水城文献 Инв. No. 1178－1　户耕地租粮账

夏后期同时代、同为少数民族王朝的金朝，纳税也是以耕地为纳税标准的两税法，“夏税亩取三合，秋税亩取五升”。[①] 金朝每亩地共纳税 5.3 升。宋朝耕地租税各地不同。两浙纳绢米，绢三尺四寸，米一斗五升二合；福建纳钱米，钱在三四文之间，米在七八升上下。相比之下，西夏的农业地亩税率似乎很低，但西夏亩与宋亩相比较小，一宋亩约合 2.4 夏亩。[②] 另西夏地处西北，耕地单位面积产量难与中原地区比量，加之西夏农民还有其他纳税负担，所以西夏农民租税负担并不轻。

二　租、佣、草

其实西夏的农业税收远不止上述耕地粮税。西夏《天盛律令》规定：“诸郡县转交租，所属租、佣、草种种当紧紧催促，收据当总汇，一个月一番，收据由司吏执之而来转运司。”[③] 这说明西夏的赋税中除纳粮食地租外，还服劳役和缴纳草。在《天盛律令》卷十六“农人利限门”中有“农主纳册法”、“鸣沙京师农主夫事草承担”、“对农主摊派麦草等”条目，应是关于租、佣、草的具体规定，但因此卷全部残失，内容不得而知。有关西夏农民租、佣、草的具体负担，还得从西夏社会文书中寻找答案。

4067 号文书是一件纳税账，草书，前后皆残，共 23 行，有 3 户的纳税数量和土地方位、四至情况，其间仅中间 1 户完整，共 9 行，前 3 行是土地和纳税数量，后面 6 行是两块地的四至。现将土地和纳税的 3 行翻译如下：

　　一户梁吉祥有册上十亩地有，税一斗二升半
　　　　杂一斗　麦二升半

① 《金史》卷 47《食货志》二。

② 史金波：《西夏度量衡刍议》，《固原师专学报》2002 年第 2 期。

③ 《天盛改旧新定律令》第十五“地水杂税门”，第 507—508 页。

佣五日　草十捆[①]

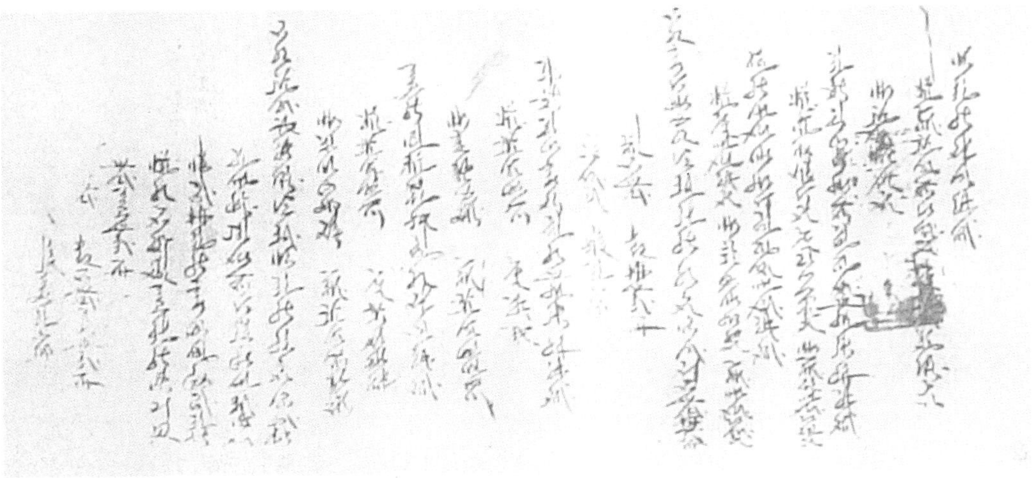

图 4　俄藏黑水城文献 Инв. No. 4067　户耕地租佣草账

不难看出，此户的耕地地租税税率与前述考证结果相同，种 10 亩地，每亩纳杂粮 1 升，共 1 斗，小麦为其四分之一，为 2.5 升。不同的是这里具体列出了此户须出 5 日“佣”，并缴纳 10 捆草。

西夏文中“佣”直译是“职”，也可译成“役”，即出役工。这可能和宋朝的差役称之为“职役”一脉相承。西夏《天盛律令》规定“地边、地中行大小役时，当依法派遣役人。若违律不派役人时，有官罚马一、庶人十三杖。”[②] 法典还规定：“诸人做种种役事时，役事已毕，则当于日期内遣放役事人，未毕则当求谕文。若不求谕文，日已毕而不令役事人散时，有官罚马一，庶人十三杖。”[③] 西夏的工役有多种，如开渠、修渠、运输等项。西夏兴办大小工役时，要征集役人，即佣工。事毕应按时遣散，如工役未完，需要职役事人时，要另行报告，求得批准。上述 1 户出佣工五日，是 1 年的出工量。

文书 5067 号是同类型的租税文书，背面是写经，草书，共 119 行，记有户主姓名，耕地数，纳杂粮、麦、佣、草数，有的还记每块地的方位、四至，其中记载地亩和佣工的共 11 户：

1 户 38 亩地，出佣工 15 日；

1 户 75 亩地，出佣工 20 日；

1 户 10 亩地，出佣工 5 日；

1 户 10 亩地，出佣工 5 日；

1 户 38 亩地，出佣工 15 日；

---

① 《俄藏黑水城文献》第 13 册，上海古籍出版社 2007 年版，第 180 页。

② 《天盛改旧新定律令》第七“行役门”，第 288 页。

③ 同上书，第 289 页。

1 户 10 亩地，出佣工 5 日；
1 户 35 亩地，出佣工 15 日；
1 户 73 亩地，出佣工 20 日；
1 户 63 亩地，出佣工 20 日；
1 户 15 亩地，出佣工 15 日；
1 户 40 亩地，出佣工 15 日。

出佣工 5 日的有地 10 亩，出佣工 15 日的有地 15 亩、35 亩、38 亩、40 亩，出佣工 20 日的有地 63 亩、73 亩、75 亩。总地说土地越多出工越多，看来出佣工也是以土地计算的。

关于出役工事在《天盛律令》春天开渠的条目中有具体规定："畿内诸租户上，春开渠事大兴者，自一亩至十亩开五日，自十一亩至四十亩十五日，自四十一亩至七十五亩二十日，七十五亩以上至一百亩三十日，一百亩以上至一顷二十亩三十五日，一顷二十亩以上至一顷五十亩一整幅四十日。当依顷亩数计日，先完毕当先遣之。"① 这一规定中各农户出劳役有 5 日、15 日、20 日、30 日、35 日、40 日五等，用于春天大兴开渠之事。上述文书按土地出劳役日数与法典规定相合，但缺乏 35 日、40 日两等。在同类型的 7415/1 号文书中找到一户有耕地一顷一十二亩，缴纳杂粮一石一斗二升，麦二斗八升，而出佣项目下记载是"佣一个月五日"；又在同类型的 5282 号文书中找到一户有耕地一顷五十亩，缴纳杂粮一石五斗，麦三斗七升半，而出佣项目下记载正是"佣一正幅"。这两户分别出役工与《天盛律令》所规定"一百亩以上至一顷二十亩三十五日，一顷二十亩以上至一顷五十亩一整幅四十日"相符，分别是 35 日、40 日。看来上述黑水城文书中的"佣"与《天盛律令》规定京畿内诸租户春开渠事的役工负担相同。此种役工不仅适用于西夏首都一带，也适合边地的黑水城地区。

西夏租税中还包括比较特殊的"草"。草在西夏有重要用途。西夏畜牧业发达，冬天需要畜草喂养牲畜过冬；西夏军队作战骑兵的马匹、担负运输的大牲畜都需要草；此外西夏农业灌溉发达，修渠和每年春天开渠灌水都需要大量垫草。《天盛律令》明确规定要缴纳的除租、佣外，还有草。《天盛律令》在提及家庭财产时除土地、牲畜、粮食外，往往还有草捆。如"诸人无心失误失火，烧毁他人畜物、房舍、人口、粮食、草捆者，当查明实数所值。"②

《天盛律令》规定："诸租户家主除冬草蓬子、夏蒡等以外，其余种种草一律一亩当纳五尺捆一捆，十五亩四尺背之蒲苇、柳条、梦萝等一律当纳一捆。"③ 上述 4067 号文书中 1 户有 10 亩地，应纳草 10 捆。5067 号 11 户中地亩数和纳草捆数也是一致的，即 1 亩地纳 1 捆草。由此印证西夏法典关于缴纳草捆的规定，在边远地区也得以贯彻实行。《天盛律令》又规定："对农主摊派麦草等租户家主自己所属地上冬草、条椽等以外，一顷五十亩一块地，麦草七捆、粟草三十捆，捆绳四尺五寸、捆袋内以麦糠三斛入其中。"④ 这一条款规定

---

① 《天盛改旧新定律令》第十五"春开渠事门"，第 495—496 页。
② 《天盛改旧新定律令》第八"烧伤杀门"，第 292—293 页。
③ 《天盛改旧新定律令》第十五"渠水门"，第 503 页。
④ 《天盛改旧新定律令》第十五"催缴租门"，第 490 页。

150 亩地除原摊派的冬草、条椽外，另加 37 捆麦草和粟草。可能 1 亩地纳 1 捆草是原规定，而后者是天盛年间以后附加的。西夏对草捆的大小以捆绳的长度给予规定。金朝也规定每亩除纳粮外，还纳秸一束，每束 15 斤。所谓“秸”即庄稼的秸秆，西夏的麦草和粟草也是秸秆。只不过西夏农户缴纳的秸秆规定了捆绳的长度，而金朝的秸秆规定的是重量。

在黑水城文书中还发现农户的租、佣、草账是逐户登记，以迁溜为单位统计造册。8372 号是一赋税计账，草书，21 行，前稍残，有朱印三方。现翻译如下：

迁溜吾移？宝共五十四户税
　　三十六石六斗三升
　　七合半
　杂二十九石三斗一升
　麦七石三斗二升七合半
　佣五十四人
　草二千九百三十一捆
五十三户农？人有杂细共三十六石
　　二斗六升二合半
　杂二十九石一斗
　麦七石二斗五升二合半
　佣五十三人
　草二千九百一（十）捆
一户吾移？奴册上有□十亩地与？？全
　？？还大小？之十亩已
　又六十亩已留，税七斗五升
　杂六斗　麦一斗五升
　佣二十日　草六十捆
五亩　　渠接
　东与乌？（接）　　南与……（接）
　西与六月盛？？（接）　北与吾移？讹（接）①

《天盛律令》规定一迁溜管辖 100 户，本文书一迁溜只有 54 户，另一文书 6342 号一迁溜管辖 79 户。看来一迁溜 100 户仅是政府原则规定，具体每一迁溜管辖的户口可能视当地居民点的情况而定，可以少于法律规定户数。

文书中虽有残损和难识字，但可知 54 户共缴纳 36 石 6 斗 3 升 7 合半，其中杂粮 29 石 3 斗 1 升，麦 7 石 3 斗 2 升 7 合半，知共有耕地 29 顷 31 亩。佣为 54 人，即每户 1 人，未计共多少日。草 2931 捆，也合于地亩数。这 54 户又分成 53 户和另外 1 户。因有些文字不清，尚不知 53 户和另外 1 户的区别，他们纳粮数的总和与开始的记录相符。

---

① 俄罗斯圣彼得堡东方学研究所手稿部藏黑水城文献 Инв. No. 8372。

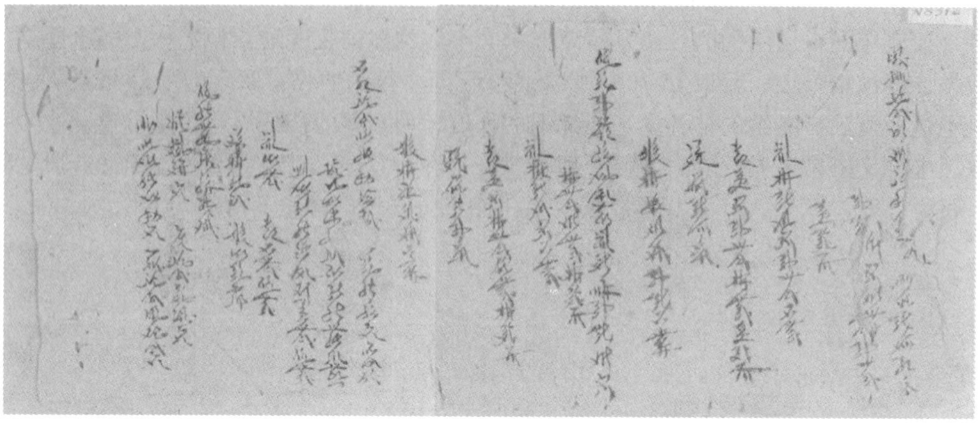

图5　俄藏黑水城文献 Инв. No. 8372　户耕地租佣草账

实物租税是西夏农户纳税的主要形态，和中原地区一样，是占支配地位的农业租税形态。而劳役也是西夏租税的组成部分，主要用于渠道修整、保护和管理等。由于西夏的货币不似中原地区那样发达，因此黑水城文书中都是实物租税，少见货币租税。由上可见，西夏黑水城的农业租税是固定税制。

三　人口税

西夏农户除负担租、佣、草之外，还有没有其他负担呢？又是黑水城的西夏文文书肯定地回答了这一问题。

4991 号文书有多纸，其中 4—9 纸为迁溜户籍人口纳税账，西夏文行草，高 18 厘米，各纸长度不一，总计近 200 厘米。第一纸第一行是前一迁溜残存的最后一行文字，现将第二行以后翻译如下：

迁溜梁肃寂勾管五十九户全户及三十
九人单身男女大与小总计
二百二十一人之？税粮食
五十六石四斗数
男一百十三人谷二十九石一斗
大八十一人谷二十四石三斗
小三十二人谷四石八斗
女一百八人谷二十七［石三］斗
大七十四人谷二十二石二
斗
小三十四人谷五石［一］斗
五十九户全户男女大小一百八十二
人谷四十［四石七］斗

［男大小八十七人谷二］十一石［三］斗
第二纸
大［五十五］人谷十六石五斗
小三十二人谷四石八斗
女九十五人谷二十三石四斗
大六十一人谷十一石三斗
小三十四人谷五一石一斗
三十九人单身皆大谷十一石七斗
男二十六人谷七石八斗
女十三人谷［遗“三”字］石四斗
一户粱吉祥势三口七斗五升
男一大吉祥势三斗
女二四斗五升
一大麻则氏老房宝三斗
一小女吉祥势一斗五升
一户依䓖乌接犬二口男四斗五升
一大乌接犬三斗
一小子天王犬一斗五升
［一户］?? 腊月盛二口大六斗
男腊月盛三斗
女?? 氏? 有三斗
……①

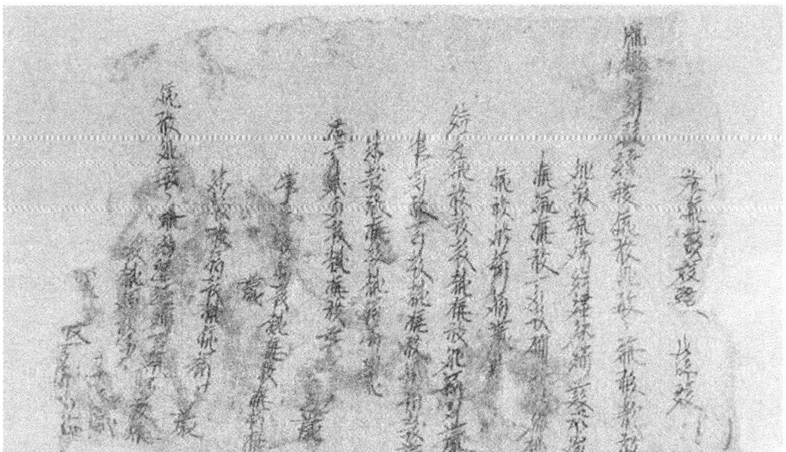

图6　俄藏黑水城文献 Инв. No. 4991－6　迁溜户籍人口纳税账

①《俄藏黑水城文献》第十三册，上海古籍出版社2007年版，第323页。

这又是一个农迁溜的籍账，与前面文书不同的是按人口纳税的账目。前面部分是整个农迁溜的统计，包括农迁溜负责人，总户数、单身人数，总纳粮数的情况，男、女、大、小各多少人，缴纳多少粮，并分别统计59户男女大小的人数和纳粮数，以及39人单身男、女的人数和纳粮数。这是一种人头税，根据其中男、女，大人、小孩纳税的量可以推算出，纳税标准不论男女，只区分大小，每个大人纳税3斗，每个小人纳税1斗半。按照已知的这种纳税标准，可以将文书中残失的缴纳粮食数补充完备，还可进一步将残缺的人数推算补足。现列表格可以更清晰地看出此文书前部的内容：

<table>
<tr><td rowspan="2">人口（人）</td><td colspan="2">男 87</td><td colspan="2">女 95</td><td colspan="2">男 26</td><td colspan="2">女 13</td><td rowspan="2">221（人）</td></tr>
<tr><td>大 55</td><td>小 32</td><td>大 61</td><td>小 34</td><td>大 26</td><td>小 0</td><td>大 13</td><td>小 0</td></tr>
<tr><td rowspan="3">纳税（斗）</td><td>165</td><td>48</td><td>183</td><td>51</td><td>78</td><td></td><td>39</td><td></td><td rowspan="3">564（斗）</td></tr>
<tr><td colspan="2">213</td><td colspan="2">234</td><td colspan="2">78</td><td colspan="2">39</td></tr>
<tr><td colspan="4">447</td><td colspan="4">117</td></tr>
</table>

这又是一个农迁溜，共221人，缴纳564斗。

文书后面部分是诸户人口及纳税登记，包括姓名、与户主关系、大人、小人和纳粮数量。从每户人口和纳税的数量也可以具体地看到凡大人不分男女，每个大人纳税3斗，凡小人不分男女，每人纳税1斗半。

4991号还有几纸都是分户的人口税账，1纸4户，分别有4口、4口、2口、2口；另1纸分别是2户，分别有4口、3口。人口大人、小孩纳粮数同上。

西夏法典《天盛律令》中关于以耕地纳税缴粮的记载很多，但未发现以人口纳税的线索，这一文书中所反映的事实，第一次揭示出西夏以人口纳税的事实。西夏黑水城地区这种人头税是法定以外的临时纳税，还是西夏天盛年间以后另加的赋税尚需进一步研讨。

从这种人头税的纳税量来看，农民负担不轻。如一户二大人、二小孩需纳人头税9斗，相当于种90亩地的杂粮税。西夏的人口少的一般农户不足90亩耕地。那么，这种高于政府规定土地税的人头税，显然是一种沉重的负担。

除上述农业税收外，黑水城西夏社会文书还有征收水税的账籍，因篇幅所限，另拟文讨论。

四　租税的征收与库藏

西夏农业税的征收既然有以耕地为标准的实物租税，因此确定各农户的土地面积，进而计算出应缴纳的粮、草数是西夏政府的一项重要工作。《天盛律令》中除规定各农户于地册上登录耕地顷亩数、纳粮草数外，还规定："各租户家主各自地何时种、耕牛数、租种数、斛、斗、升、合、条草当明之，当使书一木牌上。一户当予一木牌。"[①] 西夏政府给各农户

① 《天盛律令》第十五"纳领谷派遣计量小监门"，第514页。

一个木牌，公示当缴纳的粮草，不仅使农户明确自己的纳税义务，还意在避免隐田漏税的差误和各级人员的乱征乱收。

中原地区自唐中叶后，多实行两税法，依照丁、产定户等，分夏、秋两次征税。而西夏赋税的征收从《天盛律令》的有关规定看似乎只有秋季一次征税。

《天盛律令》规定："诸租户所属种种地租见于地册，依各自所属次第，郡县管事者当紧紧催促，令于所明期限缴纳完毕。"① 这里强调了各农户应根据地册载明的土地租税数在规定的期限内缴纳完毕。本文前列纳税文书都属于诸农户纳税的"地册"。但此条规定未明确缴税的具体时间。《天盛律令》又规定："所属郡县局分大小人交纳种种地租多少，十一月一日于转运司不告交簿册、凭据，迟缓时罪：自一日至五日十三杖，五日以上至十日徒三个月，十日以上至二十日徒六个月，二十日以上一律徒一年。"② 可知在西夏要求各郡县至迟在十一月一日要将收税的簿册、凭据交到转运司，迟交者要受到处罚。因此各地方收税的时间应在此之前，至少要在十月收齐。这说明西夏是秋后征税。西夏地处西北，气候比中原地区寒冷，一般每年一季作物，特别是处于西夏北部的黑水城地区气温更低，都是一季收成。中原地区作为夏粮的小麦在黑水城地区收获都在农历七八月，因此粮食税都是秋季征收。

地方官吏征收赋税时要给农户收据。《天盛律令》规定："催促地租者乘马于各自转运司白册□□盖印，家主当取收据数登记于白册。其处于收据主人当面由催租者为手记，十五日一番，由转运司校验，不许胡乱侵扰家主取贿等。违律不登记、无手记时十三杖，受贿则依枉法贪赃罪法判断。"③ 证明西夏在收取租税时有完备的手续，避免收税者违法乱纪。

西夏政府对作为国家经济命脉的农业税高度重视，利用法律手段保证税收的顺利完成。对于征税人员有细致的奖惩措施。《天盛律令》规定："催促租之大人，于租户种种地租期限内已纳未纳几何，于全部分为十分，其中九分已纳一分未纳者勿治罪，八分纳二分未纳当徒六个月，七分纳三分未纳徒一年，六分纳四分未纳徒二年，五分纳五分未纳徒三年，四分纳六分未纳徒四年，三分纳七分未纳徒五年，二分纳八分未纳徒六年，一分纳九分未纳徒八年，十分全未纳徒十年。若十分全已纳，则当加一官，获赏银五两、杂锦一匹。"④ 将催租者所管辖的租税数额分成10份，收到九成者不治罪，只收到八成至全部没有收到者要分别判罚6个月到10年不等的徒刑，而税收全部收齐者则加官、获赏。这种赏罚分明的法律条款显然有助于赋税的征收。

西夏《天盛律令》还制定了收税时具体操作的详细规程，这在历代王朝法典中是不多见的。"纳种种租时节上，计量小监当坐于库门，巡察者当并坐于计量小监之侧。纳粮食者当于簿册依次一一唤其名，量而纳之。当予收据，上有斛斗总数、计量小监手记，不许所纳粮食中入虚杂。计量小监、局分大小之巡察者巡察不精，管事刺史人中间应巡察亦当巡察。若违律，未纳而入已纳中，为虚杂时，计未纳粮食之价，以偷盗法判断。受贿则与枉法贪赃

① 《天盛改旧新定律令》第十五"地水杂税门"，第507—508页。

② 《天盛改旧新定律令》第十五"催缴租门"，第490页。

③ 《天盛改旧新定律令》第十五"地水杂税门"，第507页。

④ 《天盛改旧新定律令》第十五"催租罪功门"，第493页。

罪比较，从重者判断。未受贿，检校未善者，有官罚马一，庶人十三杖。"[①] 这一有关纳税的条款把西夏农户纳税的实际情景生动地描绘出来：收租税时掌升斗的计量小监坐在库门，旁边还坐着一位巡察者监视，根据纳粮簿册依次呼唤纳粮农户户主的名字，纳粮者依数交粮，计量小监用升斗计量，随即入库，在计量时同时检查有无虚杂。这种缴纳税粮的生动画面丰富了我们对中古时期社会基层经济生活的认识。

基层收取粮食税后，形成新的簿册。黑水城文书中有多种长达百行的粮食账，如2568、2851/V2-6、2851/V8-14等号就是此类簿册。这种簿册送交转运司后，再由转运司送磨勘司。"转运司人将簿册、凭据种种于十一月一日至月末一个月期间引送磨勘司。不毕，逾期延误时，大人、承旨、都案、案头、司吏等一律与前述郡县局分大小误期罪状相同。"转运司将簿册交磨勘司后，有一个月的磨勘考绩时间，"磨勘司人腊月一日持来簿册、凭据，至腊月末一个月期间磨勘，不毕而逾期时，大人、承旨、都案、案头、局分人之延误罪依转运司局分大小罪状法判断。"[②] 至年底时才算完成从地方到中央政府对税收的统计。最后将未收完的税再层层追讨完税。

对于缴纳来的粮食，还要进一步清理后入库。《天盛律令》规定："地边、畿内来纳官之种种粮食时，当好好簸扬，使精好粮食、干果入于库内。"[③] 对于缴纳来的粮食库房建设也有具体的要求："地边、地中纳粮食者，监军司及诸司等局分处当计之。有木料处当为库房，务需置瓦，无木料处当于干地坚实处掘窖，以火烤之，使好好干。垛囤、垫草当为密厚，顶上当撒土三尺，不使官粮食损毁。"由此知西夏粮食仓库有两种，一种是库房，一种是地窖。西夏为建立储粮仓库，保管粮食积累了丰富的经验。宋朝的庄绰对宋夏交界的陕西粮食储存做过详细的介绍："陕西地既高寒，又土纹皆竖，官仓积谷，皆不以物藉，虽小麦最为难久，至二十年无一粒蛀者。民家则就田中作窖，开地如井口，深三四尺，下量蓄谷多寡，四围展之。土若金色，更无沙石，以火烧过，绞草絙钉于四壁，盛谷多至数千石，愈久亦佳，以土实其口，上仍种植禾黍，滋茂于旧。唯叩地有声，雪易消释，此乃可知。敌人犯边，多为所发。而官兵至彼寨，亦用是求之也。"[④] 此处所指敌人，当是西夏。不难看出，宋人所记陕西挖窖储存粮食的方法，西夏人是一清二楚的。西夏法典所载西夏储粮方法可与之互相印证，足见西夏储粮水平和地方特色。

西夏宜农地区生产的粮食很多，征收的粮食也不少，因此要建立很多粮食库。西夏的粮食仓库大小不等，小的5千斛（石）以内，只派两个司吏，多的存粮十万斛，要派一名案头，6名司吏。据《天盛律令》记载，粮食仓库有官黑山新旧粮食库、大都督府地租粮食库、鸣沙军地租粮食库、林区九泽地租粮食库等。[⑤]

文献记载，宋朝和西夏交战时，宋军占领西夏地区后，要掘发当地的粮食窖藏，一般都能得到很大数量的粮食。夏大安七年（1080）宋将李宪攻陷龛谷，"龛谷城坚，多窖积，夏

① 《天盛律令》第十五"纳领谷派遣计量小监门"，第513—514页。

② 《天盛改旧新定律令》第十五"催缴租门"，第490—491页。

③ 《天盛律令》第十五"纳领谷派遣计量小监门"，第510页。

④ （宋）庄绰《鸡肋篇》上卷中。

⑤ 《天盛律令》第一七"库局分转派门"，第529—534页。

人号为‘御庄’。闻李宪兵至，戍守奔溃。宪发窖取谷及弓箭之类。”以后，宋将又陆续得西夏窖粟不少：大安八年（1081），宋将刘昌祚率军进攻灵州时“出鸣沙州，路稍迂，然系积粟所，国人谓之‘御仓’。昌祚乘胜取之，得窖粟百万。”“种谔取米脂，亦称收藏粟万九千五百余石；取德靖镇，收七里平粟十万石；继获降人阿牛儿，引发桃堆平积窖，密排远近，约可走马，一直所得，又不下数百万。”有时为了不让宋军得到粮食，西夏人事先将即将失守地的窖藏粮食运走。如夏大安七年（1080）梁太后听到兰州被宋将李宪攻破，便“令民尽起诸路窖粟”。①

西夏控甲数十万之众，先后与宋、辽、金周旋抗衡近两个世纪，必有相当的经济实力作为后盾。上述种种不难看出西夏税收有法，库藏丰盛，为西夏政府的运转、军事的扩张做了有力的支撑。

① 《西夏书事》卷二五，第6—15页。

西夏的物价、买卖税和货币借贷*

元朝修正史时，修撰了《宋史》、《辽史》、《金史》，未修西夏史，致使有关西夏的汉文史料贫乏。在《宋史》、《辽史》、《金史》中虽有西夏传，但都很简短，且内容多为朝代演化、军事纷争之类，有关西夏经济方面的记录很少，包括物价、商业税收、货币借贷这些重要社会经济内容，由于没有《食货志》那样系统、详备的资料，几乎是一片空白。

近百年来，西夏文献、文物不断出土，特别是20世纪初黑水城遗址发现了大批西夏文献，为研究西夏社会经济提供了新的资料。这些宝贵的西夏文献藏于俄国圣彼得堡东方学研究所。其中的重要文献西夏法典《天盛改旧新定律令》（以下简称《天盛律令》）有一些关于物价和税收的条款。在中、俄共同整理、出版《俄藏黑水城文献》过程中，从中发现了一大批西夏文社会文书，计有1000余号，其中也有关于西夏物价和商业税的文书。此外，保存在国内的一些西夏文文书，也有这方面的内容。应该提出的是，西夏经济文书多用难以识别草书书写。目前笔画清晰的西夏文楷书解读尚有相当难度，要释读草书就更加困难。另外这些多文书多是残页，或缺头少尾，或字迹不清，还有不少文书正背两面皆书写文字，笔画透墨，相互叠压，更加难以辨认。笔者不揣冒昧，试图通过译释相关文书，结合汉文文书对西夏的物价进行初步探讨，请方家指正。

一 物价

物价反映一个社会的生活和商贸状况。了解古代社会应了解当时的物价。对西夏商品的价格，由于西夏文献的短缺，没有系统的记录，过去基本上全无了解。现随着西夏文献的发现，可以从一些零星的记载中考证一些主要商品的价格。

1. 粮价

国家图书馆藏黑水城出土文献封皮的衬纸中发现有西夏文卖粮账一纸010号（7.04X－1）①，黄麻纸，上下皆残，草书13行，记有售粮日期、人名、粮食品种、价钱。各行多不完整，有的缺粮数，有的缺价钱：

---

* 原刊于《宋史研究论文集》，上海人民出版社2008年版，第440—457页。

① 010号为国家图书馆在西夏文文献中发现的所有残页的顺序号，7.04X－1为连同所在文献的编号。

五月十六　日郝氏□□麦糜四斗……
　　　　　八月八日一贯二百来
五月十日祁氏舅舅安糜五斗……
五月十一日西普小狗那糜四斗……
六月四日张氏犬乐一贯借九……
五月十六日贾乌鸠麦二斗价四（百）……
　　　　播盃般若宝　　　麦斗价……
五月十六播盃般若宝麦三斗价……
五月十一□□小狗七斗糜价一贯……
　　　　五百来　又五百来
五月十一张经乐、经斗麦糜一石……
八月八日……
八月……

其中第6行、第9行的粮、价大体保留。第6行“麦二斗价四……”，“四”后缺字应是“百”字，二斗麦价等于或超过400钱，而不足500钱。我们由此可推断出当时当地麦价每斗最低200钱，最高不超过250钱，每升麦价20—25钱。第9行“七斗糜价一贯……”，可知每斗糜价格在100多至200多钱，每石在1缗多至2缗。糜比麦价钱低，7斗价钱等于或超过1贯，但绝不会超过1贯750钱，因为超过1贯750钱，每斗价250钱，已达到最高麦价，便不合理。推断每斗糜价在150—200钱，每升15—20钱。① 此件虽残损，但它提供了西夏社会最重要的商品价格，即西夏黑水城细粮和杂粮的粮价。

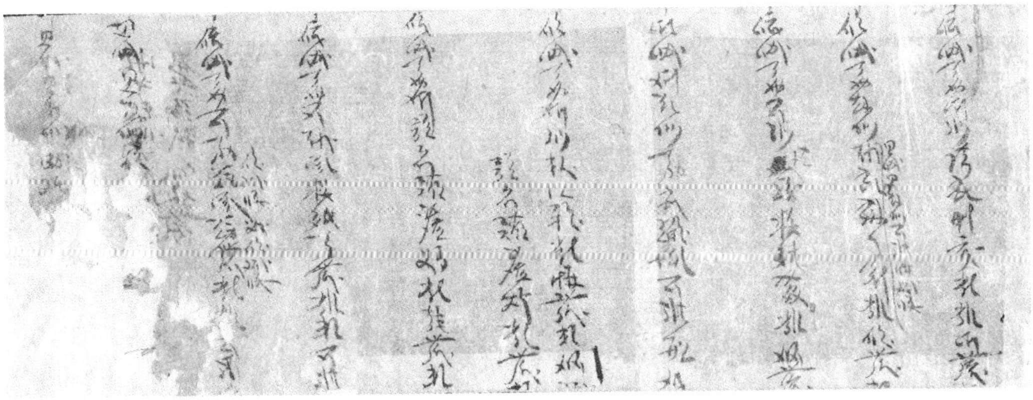

图1　西夏文卖粮账

又黑水城出土的社会文书中有一钱粮账残页2042号，其中有“五斗糜一缗……”的记载。② 糜属杂粮。此件文书也证明黑水城地区的杂粮每斗价格在200钱左右。了解西夏的大

① 史金波：《国家图书馆藏西夏文社会文书残页考》，《文献》2004年第2期。

② 俄罗斯圣彼得堡东方学研究所手稿部藏黑水城文献 Инв. No. 2042。

致粮价对认识西夏社会农业和商业具有重要意义。

元昊时期，西夏与宋朝战事连绵，不断点集军兵，民穷财困，物价飞涨，怨声四起，最后不得不与宋朝达成历和盟。又西夏大庆三年（1142）九月“西夏饥，民间升米百钱”。① 由于缺粮，西夏粮价大幅度上涨，几乎高出4—5倍。可见西夏灾荒时粮价的狂涨。

北宋宋仁宗时期（11世纪中叶）米每石600—700钱，后增至1缗250文，南宋时每石1贯—1贯500文，有时上涨到2贯左右。南宋理宗嘉熙四年（1240）临安大饥，1石米也高达10缗钱。看来西夏的粮价和宋朝相近，并且农业收成的丰歉决定着粮价的涨落。

2. 盐价

西夏境内有很多盐池，盛产质优味美的食盐。著名的有乌、白二盐池、产青白盐。青白盐质量好，久负盛名。自党项族占领这一地区后，不仅食用青白盐，还利用青白盐牟利。《宋史》记载：“青白盐出乌、白两池，西羌擅其利。”② “西羌部落种艺殊少，唯用池盐与边民交易谷麦。”③ 西羌即指党项而言。青白盐味胜过邻近宋朝山西解池产的解盐。质地良好的西夏盐除自用外，也是向宋朝进奉的贡品。然而这种既是生活必需品，又是外贸商品的盐价究竟几何？《天盛律令》记载乌池之盐，一斗一百五十钱，其余各池一斗一百钱。④ 可知其盐价。乌池盐质优，每斗150钱，其他盐池每斗100钱，仅相当乌池盐价的三分之二。宋朝谏官孙甫给皇帝所上书中说：

> 元昊复称臣，然乞岁卖青盐十万石，兼欲就京师互市诸物，仍求增岁给之数。臣以谓西盐数万石，其直不下钱十余万缗。⑤

所谓“西盐”就是西夏的盐。这里“数万石”是一约数，若推想在5万—7万石，5万石则每石2缗钱，7万石则每石1缗400钱，以此可推知一斗西夏青盐为140—200钱。与上述西夏本地的盐价相近或稍高。

北宋时期盐以5斤为1斗，“颗盐（池盐）之直每斤四十四至三十四钱。”⑥ 宋朝盐池每斗在170—220钱之间，后来保持在每斤50—70文，也即每斗250—350钱。西夏度量衡制多与宋同，盐一斗可能也是5斤，其价在100—150钱，比起宋朝盐价要便宜很多。西夏的盐质优价廉，难怪宋朝封锁西夏售盐，屡禁不止，即使课重刑，甚至罚以死罪，仍有冒险贪利者。

---

① （清）吴广成：《西夏书事》卷35。

② 《宋史》卷181《食货志下三》。

③ 吴广成：《西夏书事》卷5，清道光五年（1825）刊本。

④ 史金波、聂鸿音、白滨译注：《天盛改旧新定律令》规定“枉法受贿者自一百钱至一缗，造意十三杖，从犯十杖”。

⑤ 《宋史》卷295《孙甫传》。

⑥ 《宋史》卷181《食货志下三》。

3. 酒价和酒曲价

党项族早在原居住地时，当时虽尚无农业，但已开始酿造、饮用酒。党项人往往“求大麦于他界，酝以为酒”①。西夏时期人们依然爱好喝酒，西夏造酒的原料是大麦和小麦。

酒是西夏人民生活的重要物品，也是国家专卖商品。黑水城出土的西夏文文书中有4696号中有一卖酒账，在其中有“甘州米酒来已卖数……”，证明所卖酒为米酒，后又记有“一石酒价石五斗”、“四斗酒价六斗杂”、“二斗酒价三斗大麦”、“一斗酒价斗五升大麦”、“五斗酒价七斗五升大麦”，据此可知，每斗酒的价格合1斗5升大麦（杂粮）。前已推定黑水城每升糜（杂粮）15—20钱，可推定每斗酒250—300钱。又黑水城文书1366号是酒价钱账残页，其中有“一斗酒二百五十”、“四斗酒一（缗）”、“十二斗酒三缗钱”、“七斗酒价一缗七百五十钱”，直接以酒售钱，每斗价250钱，与上述以酒换粮价相同。

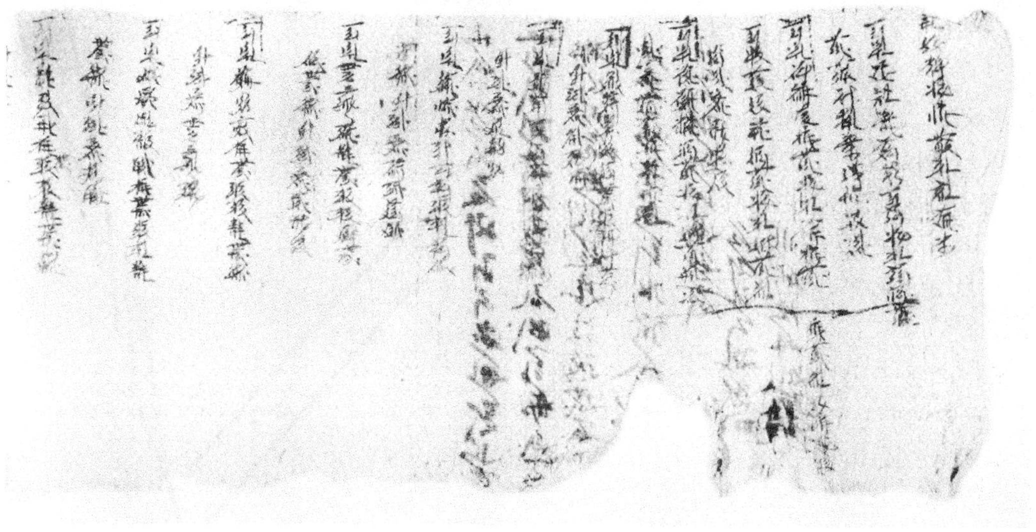

图2　西夏文卖酒账

《天盛律令》又规定：“诸处踏曲者，大麦、麦二斗当以十五斤计，一斤当计三百钱卖之。”② 可知当时的酒曲价。

4. 牲畜价

西夏主体民族原是游牧民族，畜牧业在西夏时期始终占有重要地位。牲畜也是西夏的特产。西夏设群牧司掌管全国牲畜马、驼、牛、羊四大种群的生产。

党项马在唐朝就十分有名，唐代鲜卑族诗人元稹曾有“北买党项马，西擒吐蕃鹦”的

① 杜佑撰：《通典》卷190《边防六·党项》。

② 史金波、聂鸿音、白滨译注：《天盛改旧新定律令》第十八“盐池开闭门”，第566页。

诗句。[①] 西夏的党项马是出口的大宗商品。《天盛律令》又规定在犯罪罚马时：

诸人因罪受罚马者，自驯旧马至有齿好马当交。倘若不堪罚马是实，则当令寻担保者，罚一马当折交二十缗钱。[②]

可知一匹马价值约20缗钱。一般来说折价马价钱，应比市价高，市价一匹马当低于20缗钱。黑水城出土的一份西夏文买卖账5404/13号，是天庆子年（1199）买卖文书，12行，其中有牲畜价格：载明五齿马价格为4石杂粮，仅合6—8缗钱。

与西夏相比，宋朝马价很高。北宋时每匹30—50缗，名马达到70、80缗乃至100缗。南宋时期则达到每匹300—400缗。西夏产马，由马价可知西夏将大量马匹卖给宋朝可获得丰厚的回报。也难怪南宋军队缺乏战马，其马的价格实在太高。

《天盛律令》又规定马院所属马匹死后，计肉价熟马一缗、生马五百钱。[③] 由此可知马肉价。

从西夏社会实际交易中更可确切地知道物价。黑水城出土的卖牲畜契约中有一件天庆未年（1199）卖马契，价5石杂粮，合10缗左右。另一件天庆子年（1204）卖马契约，一匹马价4石杂粮，合8缗左右。[④]

黑水城西夏文文书中有卖骆驼契约。自前述天庆亥年（1203）卖骆驼契约，可知一峰骆驼价6石杂粮[⑤]，合9—12缗钱。

西夏文文书中也有买牛契约。一件光定酉年（1213）卖牛契中，记一头牛价4石杂粮，[⑥] 合6—8缗钱。

黑水城文书中有数件买卖价钱账目，从中可知羊价。如一残件中记“羊七十价六十四石”，其中大小羊价钱不等，大羊50只，每只1石，小羊20只，每只7斗，分别合1缗500文—2缗钱，或1缗—1缗400文钱。另一件残页记“羊三十皆大母（羊），各一石五数，共四十五石。”可见大母羊价高，约合2缗250文—3缗钱。[⑦]

以上已知西夏牲畜中四大种类马、驼、牛、羊的大致价格。

5. 铁价

西夏有铁矿，但后期为敌所占有，铁是西夏的紧俏商品。《天盛律令》对不按时上任的官员处罚时规定：“超一二日罚五斤铁，三四日十斤铁，五日十三杖。”[⑧] 超三四日罚十斤

---

① 郭茂倩编：《乐府诗集》卷48《清商曲辞五·西曲歌·估客乐（元稹）》。

② 史金波、聂鸿音、白滨译注：《天盛改旧新定律令》第二十“罪则不同门”，第602页。

③ 史金波、聂鸿音、白滨译注：《天盛改旧新定律令》第十九“畜患病门”，第583页。

④ 俄罗斯圣彼得堡东方学研究所手稿部藏黑水城文献 Инв. No. 5404。

⑤ 同上，No. 2546。

⑥ 同上，Инв. No. 7630。

⑦ 同上，Инв. No. 1219。

⑧ 史金波、聂鸿音、白滨译注：《天盛改旧新定律令》第十“失职宽限变告门”，第351页。

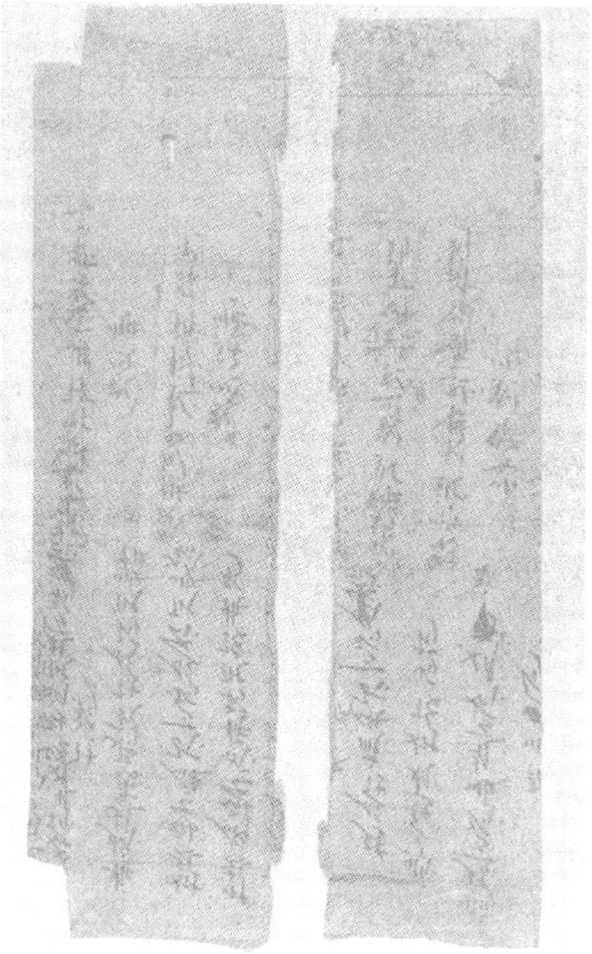

图 3　西夏文卖羊账

铁，比超五日罚十三杖低一级，罚十斤铁相当于十杖。又《天盛律令》多次提到庶人犯罪罚十杖时，有官罚钱五缗。可见十斤铁约相当 5 缗钱，一斤铁大约价值 500 钱。可知当时铁价昂贵。

北宋时铁价一般在 25—30 文一斤，南宋时物价翻番，但因冶铁发达，铁价比西夏要低得多。

6. 绢、布价

西夏初期与宋朝战争频仍，“贼（指西夏）亦困弊，不得耕牧休息，虏中匹布至十余千”。[①] 西夏前期财物乏困之时，一匹布价高至十余缗。

黑水城出土的西夏文文书中有一件物价账残页，中有“绢一尺二（斗）七升数杂”。[②]

① （宋）苏轼：《东坡全集》卷 88《张文定公墓志铭》。

② 俄罗斯圣彼得堡东方学研究所手稿部藏黑水城文献 Инв. No. 3858。

按上述每斗杂粮在150—200钱，每尺绢价为400—540钱。当时每匹绢4丈合40尺，每匹绢价推算在16—21缗，价钱比较昂贵。绢是贵重的织物，在西夏一般贫民难以享用。

宋代绢价前后差异很大。北宋时期绢价较低，北宋时在每匹500文—1缗钱，南宋时期增高，绢价在2—8缗。① 但西夏的绢价比南宋还要高得多。

7. 工价

人工劳力的工值也是商品价格的参照物，《天盛律令》规定不同人工的价格："大男人七十缗，一日出价七十钱；小男及大妇等五十缗，一日五十钱；小妇三十缗，一日三十钱算偿还。"② 大男人、小男、小妇每人每日工价分别70钱、50钱、30钱不等。

官吏的禄食也是当时物价的参考。《天盛律令》规定中兴府、大都督府等租院、踏卖曲院的提举头监的禄食价钱一律三百，出纳二百，掌钥匙一百，司吏、指挥等七十。③ 300钱、200钱、100钱、70钱是不同职务的每日禄食。一个租院司吏的禄食相当于一个男壮劳力的工值，而一个提举头监的禄食超过4个男壮劳力的工值。按前粮价换算上述官吏的禄食，中兴府、大都督府等租院、踏卖曲院的提举头监、出纳、司吏和指挥分别合杂粮1斗半—2斗、1斗—1斗3升、5—7升、3升半—4升多。

因西夏通用宋钱，可以比较一下宋朝的物价和普通人的收入。宋朝开封夜市中"间有灌肺及炒肺，酒店多点灯烛沽卖，每分不过二十文"。④ 都城街市中的食品比乡村百姓自做的饭菜要贵得多。西夏一个壮劳力每日70文的工价，自己食用有余，可补家用。开封的鱼市，冬月贩黄河诸远处鱼进京，"每斤不上一百文"。⑤ 宋朝一个卖猪羊血为羹的小商户，养有妻子，日所得不过200钱。⑥ 北宋"民间每夫日雇二百钱"。⑦ 他的收入相当于西夏的出纳的禄食，或相当3个壮劳力的收入。

《天盛律令》又规定给检校畜者等官吏的禄食粮食数：

> 大校验畜者大小局分之有禄食次第一律：
>
> 大人七日一屠，每日米谷四升，中有米一升。四马食：一马七升，三马五升，三童子每日米一升。
>
> □监司写者等一律各十五日一屠，每日米一升，一马食五升，童子一人每日米一升。
>
> 二人案头、司吏共十五日一屠，各自一马食五升。每日各自米一升，其一童子，米

① 漆侠：《中国经济通史》（下），经济日报出版社1999年版，第1242—1243页。

② 史金波、聂鸿音、白滨译注：《天盛改旧新定律令》第三"盗赔偿偿还门"，第174页。

③ 史金波、聂鸿音、白滨译注：《天盛改旧新定律令》第十七"物离库门"，第558页。

④ （宋）孟元老：《东京梦华录》卷2《州桥夜市》。

⑤ （宋）孟元老：《东京梦华录》卷4《鱼行》。

⑥ （宋）洪迈：《夷坚志》支癸卷8。

⑦ （宋）苏辙：《苏辙集·栾城集》卷37《乞废官水磨状》。

一升。[1]

从黑水城文书中计算出的粮价比《天盛律令》反映的粮价要低，这可能是作为西夏中心地区的粮价要高于边远地区黑水城的粮价的缘故。

西夏文《碎金》中有“成色虽迷惑，价钱参差明”[2]，说明西夏的货物成色各不相同，但价钱也随货物的质量而高低参差不等。

以上西夏的物价和同时代的宋朝相比，大体相当。这和两朝相邻，生活、生产基本相似，且同时使用宋钱都有很大关系。

西夏物品多样，商品繁杂，以上探讨只是部分重要西夏商品的物价，但也可以从中了解西夏人当时的社会生活状况。

二 买卖税

西夏皇朝行政的运转和官吏的俸禄、军队的建设和官兵的给养以及对文化、宗教发展的投入，都仰仗税收，除农业税收外，商业税收是一大宗。西夏文《碎金》有“诸城收商税”的记载，证明商税主要在商贸集中的城市收缴。《天盛律令》第十八有“缴买卖税门”，内有19条，都是有关买卖税收的条款，可惜的是条文已经残失。好在还保留着这些条目的名称，可以借其了解西夏商业的一些情况。这些条款有：

隐买卖税
开铺者等先后纳税法
免税开铺
地方不同处纳税
告奏索税
官买本物行过法
船上畜税
卖价取量不纳税
地界以外不纳税
与敌大使买卖
诸边商人过京师
重复出卖免税
畜物逼换
因典当等量取物
媒人弃妻价不纳税
寻求免税供上虚谎量取

---

① 史金波、聂鸿音、白滨译注：《天盛改旧新定律令》第二十“罪责不同门”，第614页。

② 聂鸿音、史金波：《西夏文本〈碎金〉研究》。

税谁管未语共著
能定领簿纳租
官验等买卖①

从中可以知道，西夏有店铺，买卖、开铺要纳税，不能隐税，地方不同纳税不同，有时可以免税。

西夏管理国家财政的机构有三司，掌财用大计，又有都转运司、转运司均调租税，以供国家支用。这些机构皆仿宋朝制度设置。西夏另设有受纳司，为西夏独创机构，具体掌管仓储保管和收支等项，自西夏初期设置，一直延续至后期。受纳司属中等司，设四正职、四承旨、三都案、四案头。

具体管理收税的有中兴府税院、大都督府税院。中兴府税院设一案头、四司吏、二小监、二出纳。大都督府税院即灵武郡税院设二司吏、二小监、二出纳。此外有诸卖曲税院共十八种，一律设二小监、二出纳。由此可见西夏对酒曲的税收很重视。

西夏的买卖皆收取税，西夏的税收量在过去的汉文和西夏文文献中都没有记载，由于《天盛律令》有关税收条文的残失也难得其详。不过从其他一些条款中也记载了一些西夏税收的情况。其大项如盐池卖盐要收取盐税，《天盛律令》规定：

诸人卖盐，池中乌池之盐者，一斗一百五十钱，其余各池一斗一百钱，当计税实抽纳，不许随意偷税。倘若违律时，偷税几何，当计其税，所逃之税数以偷盗法判断。②

盐池有池税院，其负责人与盐池巡检共监护盐池。③

在俄藏黑水城文献中发现一纸西夏文买卖税收记账文书，从中可窥见西夏实际的税收部分情形。该税收记账文书前后皆残，存20行，上部稍残，有的行次缺第一字。第一行文字不清。从第2行至第20行的译文知：每行记一次交易，有买者人名、买货品种、数量、缴税数量。缴税是实物粮食，而不是货币。2—5行是前一天的买卖税，6—8行是当日记账的人名，9行是大字签署及画押。10行记某月六日共收税数，为三石四斗一升。11—20行为六日买卖税收单项账。其中：

2—5行：
买二匹布税三斗二（升）
买三羊税二斗八升
买一羊四羖税三斗二升
买三羖税一斗二升
买羖税四斗

① 史金波、聂鸿音、白滨译注：《天盛改旧新定律令》“名略下卷”，第96—97页。
② 史金波、聂鸿音、白滨译注：《天盛改旧新定律令》第十八“盐池开闭门”，第566页。
③ 史金波、聂鸿音、白滨译注：《天盛改旧新定律令》第十七“库局分转派门”，第535页。

买牛税三斗二升
羊缴税二（斗）
羊缴税二斗
买七羊四羖税八斗二升
二转一羊税一斗二升
买三羊转二斗八升
买二羖税一斗二升
买二转税八升
买四母羖税二斗二升
三羖幼羊缴税二斗①

文书中的“转”可能指已死的羊。由上可知，买一匹布要缴税1斗6升。买一只羊要缴税6—9升多，前述每只大母羊价1石5斗，大羊价1石，小羊价7斗，买卖税为羊价的5%—10%。买一头牛要缴税3斗2升，前述牛价每头4石杂粮，买卖税约为8%。买一只要羖缴税4—6升；买一只死羊要缴税4升。由此可见，西夏的买卖税收很高。

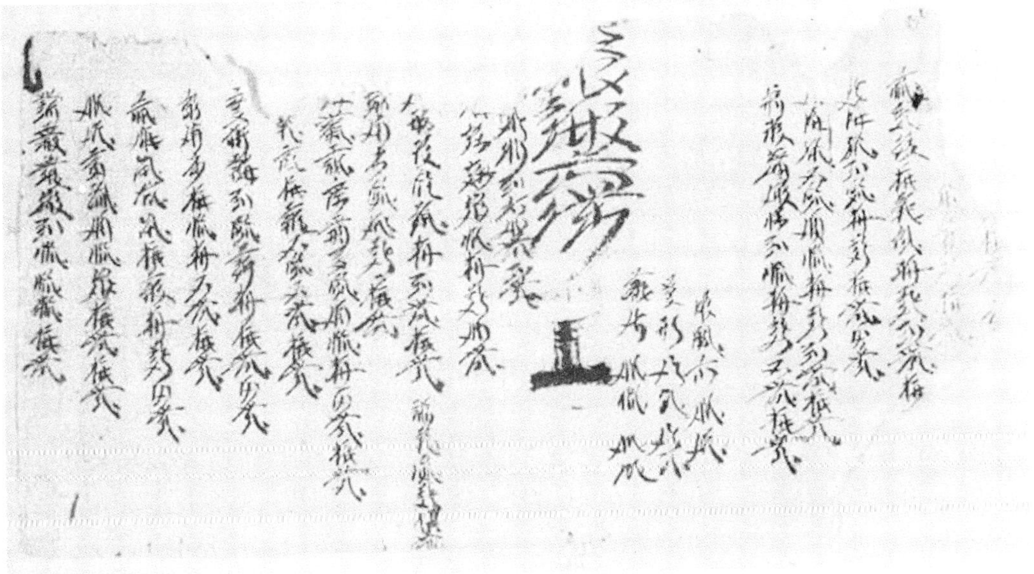

图4　西夏文买卖税收账

国家图书馆藏黑水城文献封皮衬纸有3件西夏文税账残片，黄麻纸，草书，上下皆残。其中125号（7.17X—43）记载“买一牛？税二斗四（升）”、“增一骆驼税三斗”。127号（7.17X—45）记载“一人金？万牛肉税一斗八升杂，一人洪罗金铁买牛骆驼皮税一斗二升杂”。这一文书也证明在西夏买牲畜、买肉、买牲畜皮等都要缴税。

① 俄罗斯圣彼得堡东方学研究所手稿部藏黑水城文献 Инв. No. 6377。译文略人名。

西夏有人口买卖。由于社会制度的特殊性，出现了特殊的商品，被买卖的人口。买卖对象是作为半奴隶身份的使军家属和奴仆。这种贩卖人口的交易竟然堂而皇之地记录在西夏国家法典中。在黑水城出土的西夏文文书中也出现多件买卖人口契约。在西夏人口买卖和其他商品买卖一样，都要缴纳税收。国家图书馆收藏的西夏文文书126号（7.17X—44）记载人口的买卖也要缴税："买奴仆税六斗。"这反映出西夏买卖奴仆的真实情况。在西夏人口买卖交易完成后，和买卖牲畜一样要缴纳税，只不过所缴税款要比牲畜买卖高。[①]

图5 西夏文人口买卖税账

由上述酒、牲畜、绢的买卖可知，西夏有些地区买卖时不使用钱，而是实行物物交换。另外交易所纳税也多是实物粮食。西夏有自己的货币，也使用宋朝钱币。这些以粮食缴纳买卖税的做法，反映出西夏货币的流通远不如中原王朝广泛，至少在黑水城一些地区缴纳实物税。这一方面是西夏的商品经济尚欠发达的表现，另一方面也是西夏地区缺少铜铁矿藏，宋、金朝对西夏又实行铜铁禁运的结果。在西夏晚期社会动乱时期，使用物物交换更为盛行。

三 货币借贷

黑水城西夏文文书中发现了大量借贷契约，其中又可分为粮食借贷、钱物借贷和牲畜借贷。就中以粮食借贷契约数量最多，有90多号，计300多件契约。敦煌石室发现的社会文书中有从唐代、五代至宋初的借贷契约70余件，称为"便麦契"、"便粟契"等。[②] 新发现的黑水城出土借贷契约数倍于敦煌借贷契约。这些新发现的契约使西夏成为明、清以前各代留存契约最多的朝代。

关于粮食借贷，已有专文讨论。[③] 在已发现的借贷契约中货币借贷比较少见，除西夏文契约外，还有汉文契约，其中一件上、下、中稍残，但大体保留主要内容：

① 史金波：《国家图书馆藏西夏文社会文书残页考》。

② 唐耕耦、陆宏基：《敦煌社会经济文献真迹释录》，全国图书馆文献缩微复制中心，1990年，第76—147页。

③ 史金波：《西夏粮食借贷契约研究》，《中国社会科学院学术委员会论文集》第1辑（2004），社会科学文献出版社2005年版。

（天）盛癸未十五年正月十六日立文字人（王受）
今于古？赵国□处取到课钱壹（百）
贯文，每贯日生利□□，每夜送壹贯，
……壹百三十夜□。如若少欠？在……
……行交还之时，将（同）取并正契家资
……一任充值还？数足不词恐人……
……只此文契为凭。
立文家人王受
同立文家人小受
同立文人周遇僧①

此契约上下约缺一二字，中稍残或缺一字，或不缺。开始年号缺字，从“癸未十五年”可知是西夏天盛十五年（1163）。借贷人王受借钱应为100贯，每日至少1贯利息，合日息1%，100天利率可达100%，这与前述粮食借贷以日计息的利率相同。据此文契可知，借贷130天，总利息为130贯，总利率高达为130%。可谓货币的高利贷。后记立文人王受，同立文家人小受及同立文人周遇僧，人名下无画押，此契尚不是有法律效力的正式契约。

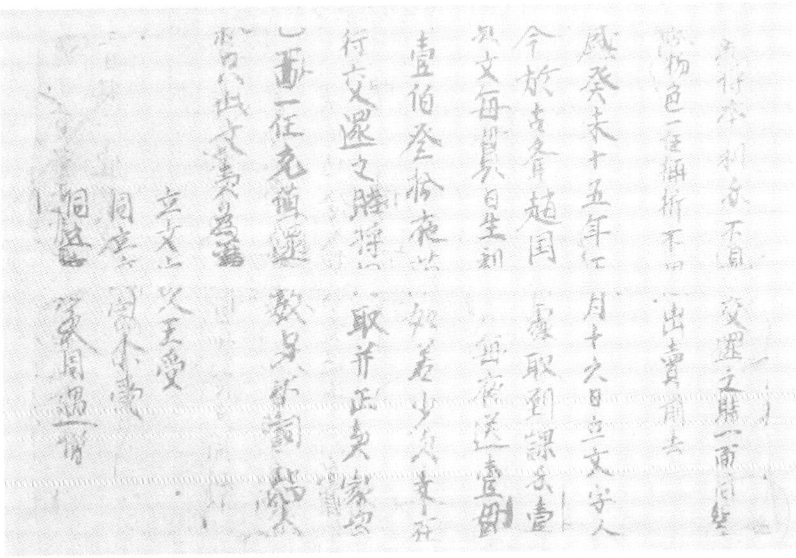

图6 汉文天盛癸未十五年借钱契

又有黑水城出土西夏文贷钱文书1523号，记乾祐壬辰三年（1172）六月五日一人借钱七百缗，每日一缗利息八文钱，借一百日为限，届时本利一齐还清。② 推算出百日的利息高达80%。这又见证了西夏货币高利借贷的真实情景。

① 史金波、魏同贤、克卡诺夫主编：《俄藏黑水城文献》第六册，No. 7779A，第321页。
② 俄罗斯圣彼得堡东方学研究所手稿部藏黑水城文献 Инв. No. 1523。

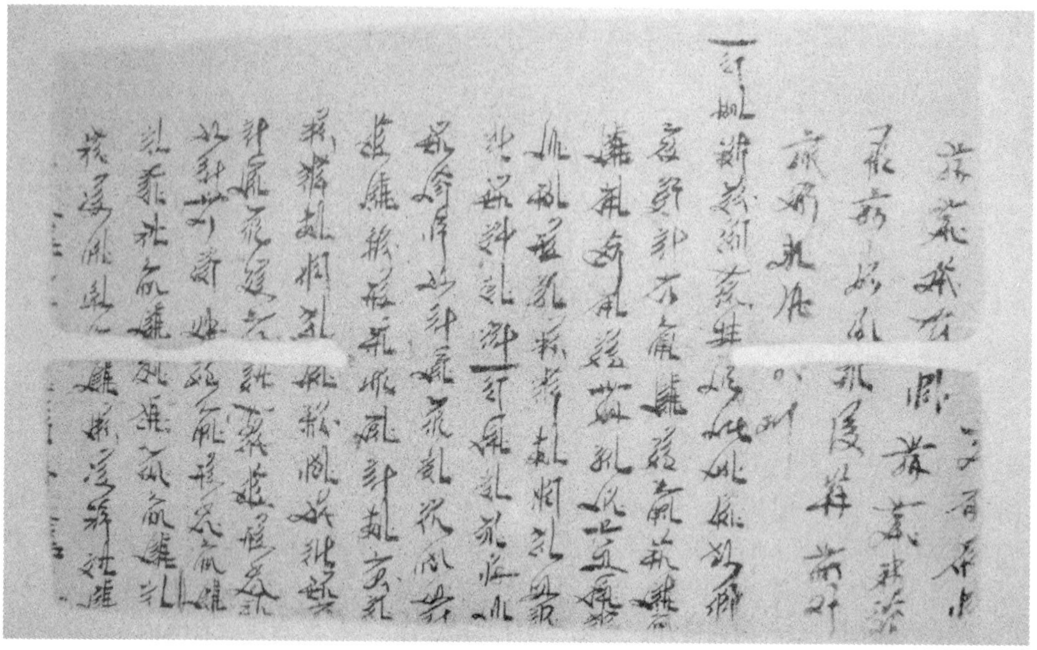

图7　西夏文贷钱文书

黑水城出土西夏文卖地契研究*

元朝只修撰了《宋史》、《辽史》、《金史》，未修西夏史，致使有关西夏的汉文史料贫乏。特别是有关西夏社会经济层面的资料未能通过《食货志》等形式系统地保存下来，这方面的资料基本是空白，导致后世治史者对西夏土地状况及其买卖几乎一无所知。

1909年，俄国探险队在中国的黑水城遗址（今属内蒙古自治区额济纳旗）发现了大批珍贵历史资料，载运至俄都圣彼得堡，其中主要是西夏时期的文献。1972年，苏联西夏学专家克恰诺夫从大批黑水城文献中找到一件行书体西夏文天盛庚寅二十二年（1170）土地买卖契约，并做了译释、研究。① 这是第一次刊布西夏社会文书，对研究西夏土地买卖乃至土地状况具有重要意义。这件完整的卖地契包含立契时间、立契人、卖地数量及附带院舍、卖主、价格（以牲畜抵价）、保证语、违约处罚、土地四至，最后有卖者、担保人和知证人的签字画押。这件契约过去作为唯一的一件土地买卖实物资料，引起了中外西夏研究者的重视，又因其为识别有一定难度的行书，致使一些专家不断进行译释和研究。②

在中、俄共同出版《俄藏黑水城文献》的过程中，我们在俄国圣彼得堡东方学研究所整理西夏文献时，于1997年、2000年发现了一大批西夏文社会文书，计有1000余号、1500余件，其中仅契约就有100余号、(内有契约）500多件，关于耕地买卖的契约有11件。连同原来发表的1件，共有12件。这些七八百年前的文书，保存了西夏时期黑水城地区土地

---

* 原刊于《历史研究》2012年第2期，第45—67页。（人民大学复印报刊资料《宋辽金元史》2012年第4期转载。）

① 原件出土于内蒙古自治区额济纳旗黑水城遗址，今藏俄罗斯科学院东方文献研究所手稿部，编号 Инв. No. 5010。参见 Е. И. Кычанов Тангутский документ 1170г. о продаже земли，“Письменные памятника Востока. Ежгодник. 1971”，М.，1974. 196—203.

② 黄振华：《西夏天盛二十二年卖地文契考释》，《西夏史论文集》，宁夏人民出版社1984年，第313—319页；陈炳应：《西夏文物研究》，宁夏人民出版社1985年版，第275—279页；史金波：《西夏社会》，上海人民出版社2007年版，第72—73页；松泽博：《武威西夏博物馆藏亥母洞出土西夏文契约文书》，《东洋史苑》第75号，2010年7月，第21—64页。

买卖的原始资料。[①] 宋、辽、金三朝有关土地买卖的契约保存至今的仅有屈指可数的几件，且多不完整，而西夏一朝却保存着这样多土地买卖契约，且多首尾完具，是研究西夏经济的第一手资料。中国早期契约数量有限，“属于西汉至元代的较少，件件俱是珍品”。[②] 多件西夏文土地买卖契约，内容丰富，信息量大，是研究西夏黑水城地区土地买卖十分重要的资料，弥足珍贵。然而这些文书多是西夏文草书。笔画清晰的西夏文楷书解读尚有相当难度，要释读人写人异的草书就更加困难。笔者试对这批新发现的文书做初步译释和研究，期望有助于西夏土地买卖的深入研究。

一 新发现的西夏文土地买卖契约

出土于黑水城的西夏文土地买卖契约有的为单张，也有系多件契约连在一起。前述天盛庚寅二十二年卖地契（Инв. No. 5010）即为单张契约。[③] 其他新发现的单张契约有西夏天庆丙辰年（1196）六月十六日梁善因熊鸣卖地房契（Инв. No. 4199）、天庆戊午五年（1198）正月五日麻则老父子卖地契（Инв. No. 4193）、天庆庚申年（1200）小石通判卖地房契（Инв. No. 4194）。[④] 另新发现有一契约长卷（Инв. No. 5124），是西夏天庆寅年（1194）正月末至二月初的23件契约，有卖地契、租地契、卖畜契、雇畜契以及贷粮契，其中卖地契8件。[⑤] 以上共见土地买卖契约12件，除原已公布的一件是行书体西夏文外，其余皆是更难以识别的西夏文草书，以下按契约时间顺序将12件契约意译如下：[⑥]

1. 天盛二十二年寡妇耶和氏宝引等卖地契（Инв. No. 5010）

天盛庚寅二十二年，[⑦] 立契者寡妇耶和氏宝引等，今将自属撒二石种子熟生地

---

① 黑水城出土的西夏文文献皆形成于西夏地区，其来源不止黑水城一地，如由西夏刻字司刻印的书籍应是来自西夏首都中兴府（今宁夏银川市）。但写本社会文书中，如契约、账目、告牒、军抄文书、书信等，不属流通文献，凡记有具体地点的文书，多出自黑水城及附近地区，如告牒类文书中俄 Инв. No. 2736 乾定申年黑水城守将告牒、俄 Инв. No. 2775 - 6 黑水副统告牒、俄 Инв. No. 2851 - 26 黑水副统告牒等，军抄类文书中，如俄 Инв. No. 7916 等多件文书，皆记为“黑水属”。这批出土于黑水城的土地买卖契约也应属本地文书。

② 张传玺主编：《中国历代契约汇编考释》，北京大学出版社1995年版，第7页。

③ 写本，麻纸，西夏文行书19行，高22.5厘米，宽49.6厘米。

④ 分别为：写本，草书，麻纸，高23.5厘米，宽45厘米；写本，草书，麻纸，高23.2厘米，宽43.1厘米；写本，麻纸草书，高22.9厘米，宽57.1厘米。参见史金波、魏同贤、克恰诺夫主编《俄藏黑水城文献》第13册，上海古籍出版社2007年版，第199、194页。

⑤ 此契约长卷为多纸横向黏结而成，因年代久远，有的粘连处分开，共拍摄成18拍照片。经按契约时间和内容整理，实际为3段。整理时调整了各拍顺序，第1段：2、3拍；第2段（前残）：1、6左、7、8、9、10、11左拍；第3段：4、5、6右、11右、12、15、13、14、16、17、18拍。高20.5厘米，宽分别为55厘米、175厘米、260厘米。

⑥ 译文中“□”表示缺字，□内有字为补字，“?”表示字迹不清或不识。

⑦ “天盛”为西夏仁宗年号，共21年（1149—1169年）。天盛庚寅二十二年，改元乾祐。是年八月西夏仁宗诛杀权臣任得敬，或于是时改元。若此则此契约或在当年八月之前。

一块，[1] 连同院落三间草房、二株树等一并自愿卖与耶和米千，议定全价二足齿骆驼、一二齿、[2] 一老牛，共四头。[3] 此后其地上[4]诸人不得有争讼，[5] 若有争讼者时，宝引等管。[6] 若有反悔时，[7] 不仅[8]依《律令》[9] 承罪，还依官[10]罚交三十石麦，情状[11]依文据[12]实行。界司堂下有二十二亩。

北与耶和回鹘盛为界，东、南与耶和写？为界，西与梁嵬名山为界

立契者耶和氏宝引（画指）

同立契[13]子没啰哥张（画指）

同立契没啰口鞭（画指）

证人说合者[14]耶和铁？（押）

梁犬千（押）　耶和舅盛（押）

没啰树铁（押）

税已交（押）

八？（押）[15]

2. 天庆寅年正月二十四日邱娱犬卖地契（Инв. No. 5124－2）

天庆甲[16]寅年正月二十四日，立契者邱娱犬等将自属渠尾左渠接撒二十石种子熟生地一块，及宅舍院全四舍房等，全部自愿卖与普渡寺内粮食经手者梁那征茂及喇嘛等，卖价杂粮[17]十五石、麦十五石，价、地并无参差。若其地有官私二种转贷[18]及诸人共抄子弟等争讼者时，娱犬等管，那征茂等不管，不仅以原取地价数一石付二石，服，

---

① “石”字前原文为两竖点。“石”前一字似应为数字，两竖点可能为“二”。“撒二石”，即“撒二石种子”意。“撒二石种子生熟地”与后面的“二十二亩”，也大体相合。

② 原文为“二有”（表竖直之“有”），可能指长出二颗牙齿的牲畜，表明牲畜的年龄。

③ 全价为四头大牲畜。

④ 西夏文原文译为“其地上”，意为“对此地”。下同。

⑤ 西夏文原文意为“口缚”，意译为“争议”、“诉讼”。

⑥ 西夏文音［管］，为汉语借词。这里是“管”、“负责”之意。

⑦ 西夏文原意为“语变”，意为“反悔”。

⑧ 西夏文原意为“不纯”，置于两分句之间，意为“不仅”。

⑨ “律令”应指西夏法典《天盛改旧新定律令》等。

⑩ 西夏文原意为“官依”，即“按官府规定”意。

⑪ 西夏文原意为“语体”，即“情由”、“情状”意。

⑫ 西夏文原意为“入柄”，即“文据”、“契约”意。

⑬ 西夏文原意为“状接相”，即“相接状”，实指与卖者同来卖地，译为“同立契”。

⑭ 西夏文原为“语为者”，可能是为买卖双方说合者。他在立契约时又为知证人。

⑮ “税已交”和“八?”皆为草书大字。

⑯ 此字残，与下字“寅”为天庆年号干支。西夏天庆寅年有二，为甲寅元年、壬寅十三年。此处残字所余部分是西夏文“甲”字的一部分，而不是“壬”的一部分。因此可以认定此件为甲寅年。

⑰ 原文意为“杂”，指除小麦以外的杂粮。

⑱ 西夏文原意为“官私二种转贷”。西夏的典当有官、私两种。此契约签署达成买卖后，不能再行官、私两种转贷。

且反悔者按《律令》承责，依官罚交二两金，本心服。　　四至界已明

东接小狗黑及苏？汗黑地　　南接吴老房子地

西接嵬名有宝地　　北接梁势？地

税五斗中麦一斗有　日水

全部情状依文书所载实行

立契者邱娱犬（押）

同立契者子奴黑（押）

同卖者①子犬红（押）

证人多移众水？吉（押）

知写文书②者翟宝胜（押）

证人恧恧显啰岁（押）

3. 天庆寅年正月二十九日梁老房酉等卖地舍契（Инв. No. 5124－1）

天庆寅年正月二十九日③立契人梁老房酉等，将自属渠尾左渠灌撒十五石④种子地，及院舍并树石墓？等，一并卖与普渡寺⑤内粮食经手者⑥梁喇嘛等，议定⑦价六石麦及十石杂粮，价、地两无悬欠⑧。若其地有官私二种转贷，及诸同抄⑨子弟争讼时，老房酉管，喇嘛不管。不仅要依原何价数一石付二石，还要依官府规定罚交三两金，本心服。

四至⑩界所已明确

东与梁吉祥成及官地接　　南与恧恧显盛令地接

西与普刀渠上接　　北与梁势乐娱地上接

有税二石，其中有四斗麦　日水

情状按文据所列实行

立契者梁老房酉（押）

同立契弟老房宝（画指）

同立契弟五部宝（画指）

同证人子征吴酉（画指）

证人平尚讹山（画指）

---

① 西夏文原意为“卖相”，即“相卖”意，译为“同卖”。

② 西夏文原意为“入柄书”，“入柄”为“文书”意。“入柄书”，即“写文书”意。此人书写文书并为知证人。

③ 原文遗“日”字。

④ 原文遗“石”字。

⑤ 西夏文原意为“普渡众宫寺”，“众宫”指寺庙。

⑥ 西夏文原意为“谷手有者”，“谷”泛指粮食，“手有”为“经手”意。

⑦ 句末的西夏文原意为“已说”，即双方已议定。

⑧ 西夏文原意为“价地差异已连为”，指地和价已对应，并无参差。依汉文契约相应内容译为“价、地两无悬欠”。

⑨ 西夏文原意为“抄共”，即“同抄”意。西夏基层军事组织和行政社会组织往往合而为一。西夏以“抄”为基层军事单位，同抄人不仅在军事上有密切关系，在平时社会经济生活中也密不可分。

⑩ 西夏文原意为“四合”，即“四至”意。

证人恧恧现处宝（画指）
证人恧恧显盛令（画指）

4. 天庆寅年正月二十九日恧恧显令盛卖地契（Инв. No. 5124 –7、8）

天庆寅年正月二十九日文状为者恧恧显令盛等，将自属渠尾左渠灌撒八石种子地一块，及二间房、活树五棵等，自愿卖与普渡寺中粮食经手者梁那征茂及梁喇嘛等，议定价四石麦及六石杂粮，价、地两无悬欠。若其地有官私二种转贷，及诸人同抄子弟争议时，显令盛管，那征茂等不管，不仅依原何价所取数一石还二石，何人反悔变更时，不仅依《律令》承罪，还依官府规定罚交一两金，本心服。

四至界处已令明
东与官地为界　　南与梁势乐酉地为界
西与梁老房酉为界　北与小老房酉地为界
有税五斗，其中一斗麦　　细水
立契者恧恧显令盛（押）
同立契弟小老房子（画指）
同立契妻子计盃氏子答盛（画指）
证人平尚讹山（押）
证人梁枝绕犬

5.（天庆）寅年二月一日梁势乐酉卖地契（Инв. No. 5124 –9、10）

寅年二月一日立状者梁势乐酉，今向普渡寺属寺粮食经手者梁那征茂及梁喇嘛等将熟生十石撒处地一块，有房舍、墙等，自愿出卖，议定价二石麦、二石糜、四石谷。价、地两无悬欠。若其地上有官私二种转贷时，梁势乐酉管，梁那征茂等不管，不仅需依原有价数一石还二石，谁改口变更，不仅依《律令》承罪，还由官府罚一两金，本心服。

四至界处已明　　契约①
东与嵬移江为界　　南与梁宝盛及官地为界
西与梁宝盛地为界　北与恧恧吉讹地为界
有税五斗，其中一斗麦　　细水
立契者梁势乐酉（押）
同立契妻子恧恧氏犬母宝（画指）
同立契子寿长盛（押）
同立契子势乐宝（押）
证人平尚讹山（画指）
证人梁老房酉（画指）

① 前两字似多余。可能原想在此写契尾的责任人，但写完两字后发现尚未写四至及税粮，于是先写四至。

6. 天庆寅年二月一日庆现罗成卖地契（Инв. No. 5124 -4）

寅年二月一日立契者庆现罗成，向普渡寺属寺粮食经手者梁那征茂及梁喇嘛等全部卖掉撒十石种子熟生地一块，及大小房舍、牛具、石笆门、五栀分、树园等，议价十石麦、十石杂粮、十石糜，价、地等两无悬欠。若彼及其余诸人、官私同抄子弟有争讼者时，由现罗成管，那征茂及喇嘛等不管。谁人欲改变时，不仅按官府规定，罚交三两金，服，还按情节依文据施行。

四面界已令明

东界梁老房酉地　　南界梁老房有地

西界恧恧现罗宝地　北界翟师狗地

有税一石粮,[1] 二斗麦

立契者庆现罗成（押）

同立契者恧恧兰往金（押）

同卖恧恧花美犬（画指）

证人梁酉犬白（画指）

证人梁善盛（画指）

7.（天庆）寅年二月二日梁势乐娱卖地契（Инв. No. 5124 -5、6、1）

寅年二月二日立契者梁势乐娱等，今自愿向普渡寺属寺中粮食经手者梁那征茂及梁喇嘛等将撒五石种子地一块出卖，价议定四石麦及九石杂粮，价、地两无悬欠。若官私两处有转贷时，由势乐娱管，那征茂及喇嘛等不管。谁人违约不仅按律承罪，还依官府罚交一两金。本心服。　　四至界处已明：

东与恧恧吉祥讹地交界　　南与梁老房酉地交界

西与灌渠为界　　　　　　北与翟师犬地交界

有税七斗，其中一斗四升麦　细水

立契者梁势乐娱（押）

同立契梁势乐茂（押）

同立契每乃宣主（押）

同立契梁老房虎（画指）

证人陈盐双（画指）

证人平尚讹山（画指）

8.（天庆）寅年二月二日每乃宣主卖地契（Инв. No. 5124 -12、13）

寅年二月二日立契约者每乃宣主等，今向普渡寺属寺中粮食经手者梁那征茂及梁喇嘛等自愿出卖撒五石种子地一块，议定价六石杂粮及一石麦，价地等两无悬欠。若其地上有官私二种转贷时，由宣主等管，梁那征茂等不管。若何方违约时，不仅依《律令》

① 西夏文原意为“谷”，这里泛指“粮”。

承罪，还应罚交一两金，本心服。　　四至界已明

东与官地为界　　南与官地为界

西与灌渠为界　北与鲁?? 麻铁地为界

有税五斗，其中一斗麦　　细水

立契者每乃宣主（押）

同立契弟势乐铁（押）

同立契妻子藐泥氏??（画指）

证人梁势乐娱（押）

证人恧恧显令盛（画指）

9. 天庆寅年二月六日平尚岁岁有卖地契（Инв. No. 5124 – 16）

天庆寅年二月六日，立契者平尚岁岁有向普渡寺粮食经手者梁喇嘛、那征茂等将撒三石种子熟生地一块及四间老房等出卖，价五石杂粮已付，价、地两无悬欠。若其地上任何人，官、私同抄子弟有争议者时，依官法罚交五石麦，心服。按情节依文据所载实行。

四至界已明　东与官渠为界　　南与息尚

氏恧有地接　西北等与梁驴子母接　　北[1]

有税八斗杂粮、二斗麦　　水细半

立契者平尚岁岁有（押）

证人息尚老房子（画指）

证人邱犬羌乐（画指）

10. 天庆丙辰年六月十六日梁善因熊鸣[2]卖地房契（Инв. No. 4199）

天庆丙辰年六月十六日，立契者梁[3]善因熊鸣等，今将地四井坡渠灌撒十石种子熟生地七十亩自愿卖与梁守护铁，价五石杂粮，自各?? 买，其地上租佣草[4]等三种，守护铁承担以外，先? 其地上诸抄共子弟余诸人力争有诉讼者时，? 依原地官私转系? 因转贷及? 谁?? 等时，不仅依官罚交十石杂粮，还以先所取价数，亦一石还二石，本心服。依情状按文书所载实行。四至界已明，?? 有：

东与平尚母秋地?? 为界

南与曹铁? 为界

西与嵬名盛有娱为界

……[5]

---

① 此字未写完，可能是衍字。

② 以上4字为人名，字迹难识，暂译如此。

③ 此契约下部残，有些行缺1字，可据西夏契约程式和上下文补，如梁、地、铁、铁。

④ “租佣草”是西夏按土地收缴的赋税，《天盛律令》有详细规定，参见史金波《西夏农业租税考——西夏文农业租税文书译释》，《历史研究》2005年第1期。

⑤ 此契约尾部残，缺土地四至中的北至以及立契者和其他当事人的签名画押。

11. 天庆戊午五年正月五日麻则老父子卖地房契（Инв. No. 4193）

天庆戊午五年正月五日，立契者麻祖老父子等，今将自属酩布坡渠灌渠二十三亩[①]及院落一并卖与梁守护铁，价八石杂粮，地、价两无悬欠。此后其地有官私人诉讼者及何人反悔时，不仅按已取价数一石还二[②]石，还据情状按文书所载实行。

（上部）
四至界明
东???? 宝
南渠坡上
西麻则显令
北浑? 犬黑
（下部）

卖者老父子（押）
同卖弟显令（押）
同卖梁税梁（押）
同卖梁真盛（押）
证人?? 波法铁（押）
证人???? 宝（押）

12. 天庆庚申年小石通判卖地房契（Инв. No. 4194）

天庆庚申年二月二十二日立契者小石通判，今将自属地四井坡渠灌浑女木成边上撒一百石种子熟生地一块，院舍等全，自愿卖与梁守护铁，议定价二百石杂粮，价、地等两无悬欠，此后其地上诸人子弟有任何官私转贷、乱争诉讼者时，按原已给价一石偿还二石，返还四百石，若有人反悔时，依官罚三两金，本心服。　四至界已明：

东与不变桔? 数求学?? 上界　南与官渠为界
西北与律移般若善原有盛有等地为界
（上部）
先有地一
块是七十五
亩
（下部）

立契者小石通判（押）
同立契卖者梁千父内凉（押）
同立契卖者梁犬羊舅（押）

---

① 此字西夏文为“顷”字。西夏文顷、亩字形相近，在草书中更可能相混。根据契约中土地价格的比例，此字为“亩”的可能性较大。

② 此处遗一“石”字。

同立契卖者梁麻则盛（押）
证人梁虎孵子（押）
证人曹庵斡宝（押）　证人移合讹花？势（押）
证人陈犬羊双（押）

由以上12件契约可知，西夏文土地买卖契约继承了中原王朝的形制，包含了传统契约的各种要素。分析这些契约，可以对西夏土地买卖乃至西夏社会有更深入的了解。

二　土地买卖的基本情况和土地买卖者的身份

（一）土地买卖的时间和原因

黑水城位于巴丹吉林沙漠的北端，内陆河黑水下游北岸。西夏时期因得益于黑水灌溉之利，农业兴盛。这批土地买卖契约反映了当地土地买卖状况。

12件契约中最早的1件是西夏天盛二十二年（1170），其次是5124号契约长卷中的8件，皆为天庆元年（1194），其余3件分别为天庆三年（1196）、五年（1198）和七年（1199）。

西夏立国凡190年（1038—1227），这些土地买卖契约时间皆在西夏晚期，时间跨度31年。除1件属于仁宗时期，其余11件皆在桓宗前期的7年时间，最后一件距西夏灭亡仅有28年，显然反映的是西夏晚期黑水城地区（的）土地买卖和当地社会生活状况。

这些卖地契约都未记卖主卖地的原因，但通过卖地时间可以分析卖地原因。长卷中的8个卖地契有具体时间，都在正月、二月；4件单页卖地契第1件只有年份，未记月、日具体时间，这在契约中很少见；另3件有具体时间，其中2件分别为正月、二月，1件是六月。在有具体日期的11件契约中，10件都发生在正月、二月，正是农村青黄不接的时期。这些卖地契约反映出一部分生活困难、缺乏口粮度日的贫民只能靠出卖土地换取口粮。土地是农民赖以生存的基本生产资料，除非万不得已不会轻易出卖。

发生在六月的卖地契约，土地主人是小石通判。他出卖土地很多，达撒100石种子的地，合千亩左右（约合250宋亩）。此人有“通判”的官衔，原占有土地很多，可能不是一般农民，而是地主。根据他出卖土地的时间、数量，推断他出卖土地的原因不像其他卖地者那样是生计所迫，而可能另有缘由。

目前所能见到的黑水城土地买卖契约应该仅是此类契约的一小部分，即便是比较集中的契约长卷也仅是一个寺庙存留的天庆元年正月二十四日至二月二十日不到一个月的契约。在这样小的范围（一个寺庙）、这样短的时间内有这样多的卖地者，可以推想当地农民生活严重贫困的状况。黑水城地区耕地较多，又有黑水灌溉之利，粮食生产有一定保障。而这些卖地契显示出当地在一二月便有不少农户乏粮。也可能在前一年有特殊的天灾等异常情况发生，使粮食减产，从而导致农民秋收后不到半年便断粮，不得已卖地换粮。黑水城出土的西夏文贷粮契也多在西夏天庆、光定年间，其中土地买卖契约集中的天庆元年借贷契约也很集中，[①] 这从另一侧面增加了当地贫困农民乏粮的证据。然而，由于西夏王朝未入正史，对西夏自然灾害的记载非常缺乏，特别是有关西夏黑水城地区自然灾害情况几乎从未见记录。

（二）卖地者和卖地数量

早期的党项族专营畜牧业，不习农业，因而缺乏粮食。当党项族逐步建成比较强大而地域稳定的政权时，如在夏州政权或西夏建国前，一批原来从事畜牧业的党项族人，在宜于耕作的地区逐步转而从事农业。这对一个民族来说，是历史性的转变，这种转变造就了一批党项族农民。黑水城出土的土地买卖契约应是这批农民的后代所立。卖地者及证人都是当地农民，从他们的姓名看多数是番族（即党项族），如耶和、没啰、恧恧、讹劳、平尚、每乃、藐浞、息尚、麻祖等；但也有汉族，如契约中的邱、曹、陈等姓。梁姓本为汉姓，但西夏第二、三代皇后为梁氏，先后掌政30多年，大兴番礼，应为番族，因此黑水城农民中的梁姓是汉族还是番族有待考察。党项族农民的祖先由牧转农时，多是占有土地的自耕农。他们依靠西夏政府得到土地，自种自收，只给国家缴税。而从这些卖地契可以见到，至西夏末期，他们后代当中的很多人由于生活所迫，口粮不济，不得不出卖祖先经营的土地。

契约长卷中8件卖地契中卖地者姓名和卖地数量为：（1）邱娱犬卖撒20石撒种子的地及宅舍，（2）梁老房酉卖撒15石种子的地及房屋，（3）恧恧显令盛卖撒8石种子的地以及房、树，（4）梁势乐酉卖撒10石种子的及房舍，（5）庆现罗成卖撒10石种子的地及房屋和农具、树园等，（6）梁势乐娱卖撒5石种子的地，（7）每乃宣主卖撒5石种子的地，（8）平尚岁岁有卖撒3石种子的地及房舍。其他4件契约中的卖主和卖地数量为：（9）寡妇耶和氏宝引卖撒2石种子的地连同院落3间草房、2株树，（10）梁善因熊鸣卖四井坡渠灌撒10石种子的70亩地，（11）麻则老父子卖23亩及院落，（12）小石通判卖撒100石种子的地。卖土地者都是耕地所有者，一般是农户的户主，多为男性，仅有1例女性为寡妇耶和氏宝引，她也是户主。

从契约看，各家卖地数量不等，多不直接写顷、亩数，而是写撒多少石（种子）的地。据现有文书，西夏计量耕地面积，除用顷、亩外，还有一种土地计量法，就是依据撒种子的数量。黑水城出土的纳粮文书记录家庭耕地数量时即以撒多少石（斛）种子计算。[②] 笔者曾在论证重量标准的基础上，推算出撒1斛（石）种子的地约合10西夏亩（2.4宋亩）左右耕地。[③] 耶和氏宝引卖撒2石种子的地，契约后记为22亩，撒1石种子的地比10亩略多；梁善因熊鸣卖地记撒10石种子的70亩地，比撒1石种子的地10亩为少。看来这种统计地亩的数量仅是一个约数，也证明原来对撒1石种子为10亩左右的推算大体正确。

在契约长卷中的8个卖地契中所卖土地的数量分别为撒20石、15石、8石、10石、10石、5石、5石、3石种子的地，也即分别约为200、150、80、100、100、50、50、30西夏

---

① 参见史金波《西夏粮食借贷契约研究》，《中国社会科学院学术委员会集刊》第1辑（2004年），社会科学文献出版社2005年版，第186—204页。

② 俄罗斯科学院东方文献研究所藏黑水城出土文献，Инв. No. 8203、7893。

③ 参见史金波《西夏度量衡刍议》，《固原师专学报》2002年第2期。

亩左右，合 7.5 宋亩到 50 宋亩不等。这表明西夏农业家庭耕地面积较大。黑水城地区地处西北，地广人稀，耕地较多是正常现象。在几件单页契约中卖地数量差距较大，耶和氏宝引卖 22 亩地，小石通判卖 100 石撒处地，合千亩（250 宋亩）左右。

（三）买地者和买地数量

在契约长卷 8 件卖地契中，买地者皆为普渡寺粮食经手者梁那征茂和梁喇嘛。普渡寺西夏文为[illegible]（普渡众宫）或[illegible]（普渡众宫寺）。粮食经手者西夏文为[illegible]（谷手有者），“手有”在西夏法典《天盛改旧新定律令》（以下简称《天盛律令》）中多次出现，表示“拿取”意。可见两人同为寺庙以粮食买土地的经手者。梁那征茂和梁喇嘛可能都是寺庙中的僧人。“喇嘛”一词是藏传佛教中对学佛法人的称呼，本为藏传佛教中长老、上座、高僧之称号，但后来对一般僧侣亦称喇嘛。西夏藏传佛教兴盛，黑水城地区的普渡寺可能是藏传佛教寺庙，这一黑水城寺庙未见于汉文文献。当时具体管理粮食和土地买卖的僧人称为喇嘛，或许西夏时期喇嘛已经成为普通僧人的称呼。

契约长卷表明西夏后期黑水城地区普渡寺在天庆元年春不到一个月就买进了 760 亩土地，约合 190 宋亩。

4 件单页文书中第 1 件是寡妇耶和氏宝引将 22 亩土地卖给党项人耶和米千，其余 3 件都是将土地卖给梁守护铁，分别为撒 10 石种子的 70 亩、23 亩和撒 100 石种子的地，约合 1000 亩。这是一笔大的土地交易。前面已经提及卖主小石通判不是普通农民，而可能是地主。买主梁守护铁在 5 年中先后购进这么多耕地，更是显示其财力充裕，是存粮大户。黑水城有一件军溜告牒文书，有“守护铁”之名，为军溜首领，或与上述契约卖地者为同一人。[①]

（四）土地兼并和贫富分化的加剧

西夏农牧业并重。耕地，特别是所谓“膏腴之地”，关系到西夏国库的丰盈，军队的供给，社会的安定。黑水城一带虽地处边远，干旱少雨，但因有祁连山雪水融化汇成黑水流经此处，可灌溉田地，这里仍然是西夏重要的农业地区。

西夏境内可耕土地相对较少，因此西夏政府对土地格外重视，对境内土地管理在借鉴中原地区土地管理经验的基础上，也形成了一套严格的制度。西夏《天盛律令》规定农户耕地要进行详细登记注册。[②]

西夏土地可自由买卖。西夏《天盛律令》第 16 中有关于土地买卖的规定，虽因此卷完全缺失，无法见到西夏土地买卖的具体条文，但在其他章节如第 15 中有关于买地注册、买地丈量等，仍可看到西夏法律对土地买卖的相关规定。如：

> 诸人互相买租地时，卖者地名中注销，买者曰“我求自己名下注册”，则当告转运

---

① 俄罗斯科学院东方文献研究所藏黑水城出土文献，Инв. No. 5949 - 2。

② 参见史金波、聂鸿音、白滨译注《天盛改旧新定律令》第十五“纳领谷派遣计量小监门”，法律出版社 1999 年版，第 514 页。

司注册，买者当依租佣草法为之。倘若卖处地中注销，买者自地中不注册时，租佣草计价，以偷盗法判断。①

西夏土地买卖要买者注册，卖者注销，若买者不注册而瞒交赋役租佣草，以偷盗法判罪，可见管理之严格。

卖地的农民一旦失掉土地，便失掉了赖以生存的基础。上述卖地者一种可能是有多块土地，卖掉一块，还有其他耕地可以耕种，但耕地毕竟减少了，对生活有影响；另一种是卖掉土地后成为无地农户，再租种土地耕种。契约长卷中就有卖掉土地的农民再从买主手中租种土地的契约，有的租种的土地就是别人刚刚卖掉的土地。如梁老房酉卖掉了自己撒15石种子的地，当天便从普渡寺租种了撒8石种子的地，新租的地可能是恧恧（成）显令盛当日卖给普渡寺的；而梁老房酉卖掉的地也于同日被梁老房成从普渡寺承租。

将耕地卖掉又不得不租种土地的农户由自耕农变为佃农，他们在卖地、租地过程中受到两次盘剥。卖地时因缺粮处于不利地位，一般会受到买主的压价；而租地时地主人又会抬高租价。通过卖地和租地契约可知，有的不到两年的租地租金，比这块耕地的卖价还要高。②

上述契约长卷表明，黑水城地区的普渡寺在西夏末期趁冬春青黄不接之时，大量兼并土地。契约长卷系残卷，原卷还有多少土地买卖契约不得而知。普渡寺除天庆元年外，其他年份购进多少土地也属未知。但可以推想，上述普渡寺买进的土地应该仅是西夏后期该寺购进土地的一部分，寺庙收买土地由来已久。敦煌石室发现的文书中不少是寺庙买入土地的文书。另3件契约中土地都是卖给梁守护铁，数量也很大。说明当时已形成寺庙和地主的土地兼并，而且兼并的速度很快。兼并土地越来越多的寺庙和地主，依仗土地资本的优势，使不少自耕农破产变成佃农，对佃农进行更残酷的盘剥，造成贫富距离拉大。佃农要给地主缴纳沉重的地租，贫困程度加剧，社会地位下降，社会稳定程度减弱。

党项族是西夏军队的主力。当西夏末期蒙古军攻打西夏时，虽有一些激烈战斗，但总地看西夏强烈抵抗的不多。西夏晚期社会不稳，人民对政府的向心力减弱，他们对政府缺乏依靠感，当然便不会为之卖力作战。

三 农户的耕地和灌溉

（一）农户占有的耕地数量

西夏农户占有土地的数量，没有可以查找的历史资料。这些卖地契尽管提供了出卖土地的大约数量，但他们所卖土地是否是全部土地尚需进一步考证。

从农户纳税情况可以了解西夏耕地的占有状况。分析黑水城出土的一件户耕地租粮账

① 《天盛改旧新定律令》第十五“地水杂罪门”，第509页。

② 关于租地契约将另文研究。

（Инв. No. 1755－4），可知当地的耕地税率，即每亩地缴纳税杂粮 1 升，缴纳小麦四分之一升。[①] 黑水城出土文书中迁溜租粮计账与户租粮账［Инв. No. 4808（号）］，记载了农户缴纳耕地税大麦（杂粮）和小麦的数量，由此可推知各农户占有土地状况：

一户缴纳大麦一石一斗五升，麦二斗八升七合半，推算耕地为 115 亩；
一户缴纳大麦四斗三升、麦一斗七合半，推算耕地为 43 亩，
一户缴纳大麦六斗七升、麦一斗六升七合半，推算耕地 67 亩，
一户缴纳大麦一石五斗、麦三斗七升半，推算耕地 150 亩，
一户缴纳大麦七斗五升、麦一斗八升七合半，推算耕地 75 亩。

同一税账的第四段记载粮食品种与此稍有不同，前 5 户的纳粮及占用土地状况如下：

一户缴纳杂二斗、麦五升，推算耕地为 20 亩，
一户缴纳杂一斗、麦二升半，推算耕地为 10 亩，
一户缴纳杂一石五斗、麦三斗七升半，推算耕地为 150 亩，
一户缴纳杂七斗、麦一斗七升半，推算耕地为 70 亩，
一户缴纳杂六斗、麦一斗五升二合，推算耕地为 60 亩（此户缴麦多计 2 合）。

在 1755－4 号纳粮文书残页中，不仅记录了纳税数额，还直接记录了每户的耕地数量：

一户有土地 150 亩，缴纳杂一石五斗、麦三斗七升半
一户有土地 10 亩，税三斗七升半，杂四斗，麦七升半
一户有土地 30 亩，税三斗七升半，杂三斗　麦七升半
一户有土地 150 亩，税一石八斗七升半，杂一石五斗、麦三斗七升半
一户有土地 70 亩，税八斗七升半，杂七斗、麦一斗七升半
一户有土地 139 亩，税一石七斗三升七合半……[②]

以上农户占有土地数额多则 100 多亩，最多为 150 亩，少则几十亩，最少为 10 亩。对比卖地契所卖 200、150、80、100、100、50、50、30 亩，与上述占有土地数大体相当，推知卖出的土地可能是这些农民土地的全部。4 件单页卖地契分别是寡妇耶和氏宝引 22 亩、麻则老父子 23 亩、小石通判撒 100 石种子的地（合约千亩）、梁善因熊鸣撒十石种子的地（记为 70 亩）。看来除小石通判外，西夏时期黑水城一带的农民有几十亩至百亩土地者占多数。

西夏黑水城地区也有土地较多的农户，他们不只有一块耕地。在黑水城出土的一件户籍

① 参见史金波《西夏农业租税考——西夏文农业租税文书译释》，《历史研究》2005 年第 1 期。原文见史金波、魏同贤、克恰诺夫主编《俄藏黑水城文献》第 13 册，上海古籍出版社 2007 年版，第 293 页。

② 《俄藏黑水城文献》第 12 册，第 306 页。

［Инв. No. 8203（号）］便有这户占有4块土地的记录：一块接新渠撒7石种子的地、一块接律移渠撒6石种子的地、一块接习判渠撒7石种子的地、一块场口杂地撒7石种子的地，按撒一石种子地为10亩计算，此户有地280亩。另一件户籍手实［Инв. No. 7893－9（号）］也记载了该户的4块土地：一块接阳渠撒20石种子的地，与耶和心喜盛（地）边接；一块接道砾渠撒15石种子的地，与梁界乐（地）边接；一块接律移渠撒10石种子的地，与移合讹小姐盛（地）边接；一块接七户渠撒7石种子的地，与梁年尼有（地）边接，折合共570亩地。[①] 第1户6口人，家中还有不少牲畜；第2户是官吏，有18口人，家中也有不少牲畜。他们不是普通的农户，而是占有耕地较多的地主。

（二）耕地和院落

在这些卖地契中有一种现象值得注意，即多数出卖的土地带有房屋院落等。如耶和氏宝引卖地连同院落3间草房、2株树，邱娱犬卖地连同宅舍院，老房西卖地连同院舍并树，恧恧（成）显令盛卖地连同2间房、活树5棵，梁势乐西卖地连同房舍、墙等，庆现罗成连同大小房屋、树园等，平尚岁岁有卖地连同4间老房，麻祖老父子卖地连同院落，小石通判卖地连同院舍。12件契约中有9件将土地连同房屋一同出卖。另外3件中有2件出卖土地数量很少，梁势乐娱和每乃宣主皆出卖5石撒处地，还有一件是出卖70亩地。

西夏黑水城地区的耕地中多数有农民的住房，使人联想到黑水城地区农民居住格局不同于传统的农村社区。中原地区的农村是农民聚居在一个村落，耕地分处村落四周；而黑水城地区农户的住房可能是星罗棋布地分散在各自的耕地上。这一特殊现象，对进一步深刻认识西夏黑水城地区的农业社区和农业管理很有助益。

西夏黑水城地区何以会出现农户将住房分别建在自己耕地中的现象呢？

西夏党项族原是单纯的游牧民族，逐水草而居，放牧牲畜需要大片牧地，常以一家一户为单位设帐篷居住。西夏黑水城地区的农户特别是党项族农户，尽管已改营农业，但仍然延续了分散居住的习俗；此外，他们虽以农业为主业，但仍是农牧业兼营，每户都有多少不等的牲畜，如前述一件户籍［Инв. No. 8203（号）］记载，此户有3峰骆驼、10条牛、80只羊，另一户［Инв. No. 7893－9（号）］有3匹马、32峰骆驼。卖地契中耶和氏宝引卖掉土地换来的是牲畜，也说明了当地农牧业的关系。分散居住适合兼营畜牧业的产业结构。西夏黑水城地区农户耕地相对较多，居住在自己的耕地上也便于耕作管理。

卖地契中耕地连带房屋院落一并出售，一方面厘清了原土地所有者和这块土地的关系，另一方面也便于新的土地所有者全权处置管理，包括出租土地时连同住房一并出租。

（三）耕地的四至

所见西夏土地买卖契约中皆在契约正文后标明土地四至，以明确土地的方位和范围，其用语一般为“四至界已明”，后记载具体耕地东、南、西、北四至，有的记相邻某人耕地，有的记旁边的某水渠。如寡妇耶和氏宝引卖地契记：“北与耶和回鹘盛为界，东、南与耶和写？为界，西与梁嵬名山为界。”

---

① 史金波：《西夏户籍初探》，《民族研究》2004年第5期。

特别引人注意的是，在契约长卷中的8件土地买卖契中，竟有几件地界相连，可以大致看到几个地块的方位与灌渠的位置。以下是根据相关的5件契约绘制的大致土地方位图：

<table>
<tr><td rowspan="2">翟师犬</td><td rowspan="2">翟师犬</td><td rowspan="3">灌渠
普刀渠</td><td>翟师犬</td><td></td></tr>
<tr><td>梁势乐娱卖地</td><td>恧恧吉祥讹</td></tr>
<tr><td>庆现罗成卖地</td><td>梁老房有</td><td>梁老房西卖地</td><td>梁吉祥成</td></tr>
<tr><td rowspan="5">梁老房有</td><td colspan="2" rowspan="2">梁老房西</td><td>恧恧显令盛卖地</td><td rowspan="2">官地</td></tr>
<tr><td rowspan="2">恧恧吉讹</td></tr>
<tr><td colspan="2" rowspan="3">梁宝盛</td><td rowspan="2">嵬移</td></tr>
<tr><td>梁势乐西卖地</td></tr>
<tr><td>梁宝盛</td><td>官地</td></tr>
</table>

上图只是示意，当时的耕地不大可能这样方正、整齐。除农户的个人土地外，还有官地。从其他契约的四至看还有寺地。

应该说，古代土地买卖契约存世的非常罕见，能有多块相互连接的土地买卖契约将土地系连成片，将私地、官地、灌渠等展示出来，更显这些契约的珍贵。

（四）灌渠和给水

在卖地契中，特别是在契约的四至中，涉及一些当地灌渠的名称。这为研究当时的水利设施提供了具体资料。契约中记载的水渠名称有渠尾左灌渠、普刀渠、灌渠、官渠、四井坡灌渠、酩布坡渠灌、南渠等。通过这些渠名可以看到当地的水渠体系比较复杂，有官渠，也有以族姓命名的渠道，如普刀、酩布皆是党项族姓。这些以族姓命名的渠道是否不同于官渠而属于家族所有尚待考证。有的以方位称呼，如南渠。渠尾左灌渠、四井坡灌渠具有什么含义都有待考察。黑水城出土的户籍手实中也有水渠名称，如新渠、律移渠、习判渠、阳渠、道砾渠、律移渠、七户渠等。①

在契约长卷中的8件卖地契中，有7件于契约后部记载土地税数额一行字的下方，写有2个或3个西夏字，似与上下文并不搭界，易被忽略。如邱娱犬、梁老房西卖地契中记“日水”2字，恧恧显令盛、梁势乐西、梁势乐娱、每乃宣主卖地契皆记“细水”2字，平尚岁岁有卖地契记“细水半”3字，可译为“半细水”。这些应是记录此块地的灌溉给水状况。结合各契约卖地数额看给水状况也许是有意义的：邱娱犬卖撒20石种子的地、梁老房西卖撒15石种子的地，用“日水”；恧恧显令盛卖撒8石种子的地、梁势乐西卖撒10石种子的地、梁势乐娱卖撒5石种子的地、每乃宣主卖撒15石种子的地，用“细水”；平尚岁岁有卖撒5石种子的地，用“半细水”。上述的数字可以发现一个规律：土地数量大，或许在撒10石种子以上的地给“日水”；土地数量中等，撒5—10石种子之间的地给“细水”；土地

① 参见史金波《西夏户籍初探》，《民族研究》2004年第5期。

数量小，或许在撒5石种子以下的地给“半细水”。这些在卖地契约中关于给水的简短记载，证明这些土地都是水浇地，并且可推定黑水城当地依据耕地数量的多寡给水。

《天盛律令》第十五中在“春开渠事门”、“养草监水门”、“渠水门”、“地水杂罪门”中都有关于渠水灌溉的条款，其中“养草监水门”中的5条全部遗失。[①] 现在所能见到的条款多是关于灌溉管理，未见上述依据土地数量分类放水的规定，也未见“日水”、“细水”、“半细水”等术语。这种给水的管理方法和特殊术语只是在这些卖地契约中首次见到。

（五）官地、私地和熟地、生地

西夏的土地分官地和私地。所谓官地当指皇室、农田司所领属的土地，有牧场和农田两种。官地农田由农户耕种，收获后交租粮；私地是在私人名下占有的土地，可以自己经营，也可以出卖或出租，自己经营者要向国家缴纳耕地税，租地者要向地主人缴纳地租，农业税由地主人向国家缴纳。《天盛律令》多次提及“官私地”，并强调“官私地界当分离”，“不许官私地相混”，不能互相调换。[②]

在上述卖地契中也反映出当地存在官地和私地。卖地契中往往载明，若其地“有官、私二种转贷”时，由卖主负责，买主不负责任。这是为防止卖地者将不属于自己的或转租来的官地和私地出卖，而引起争讼。此外在契约的四至中也直书“官地”，如梁老房酉所卖地东与梁吉祥成及官地接，恧恧显令盛所卖地东与官地为界，梁势乐酉所卖地南与梁宝盛及官地为界，每乃宣主所卖地东与官地为界、南与官地为界。

卖地契所卖耕地应皆是私地，原来的地主人是卖主，出卖后地主人分别是耶和米千（1块）、普渡寺（8块）、梁守护铁（3块），新的私地主人要负责向政府缴纳农业税。

西夏有所谓“熟地”、“生地”之别。熟地指早已开垦耕种的地，《天盛律令》还特别提出新开渠时不要妨碍熟地。[③] 生地指未开垦的生荒闲地，不属官地，也不属私地。西夏政府鼓励开垦生地，三年内免税。[④] 宋朝则以熟地和草地相区分，《续资治通鉴长编》载：“宥州牒：去城十里作熟地，外十里两不耕，作草地。”[⑤] 当时宥州为宋、夏边界之地。

黑水城出土12件卖地契中，有6件在所卖耕地数量前冠写“熟生”二字，西夏文𗇋𗆫音［叔生］，显然为译音字。党项族过去不从事农业，当然无“熟地”、“生地”的概念，只是当他们一部分人进入农业社会后，才从汉语中借用“熟”、“生”二字来表示耕地。这些地明确记有缴纳农业税的数量，显然不是未开垦的生地，也不是刚刚开垦不久、尚未纳农业税的地。将所卖地记为“熟生”地有可能是这些地已开垦3年以上、已经纳税，但产量又不太高的次等地，也有可能这是买家对耕地质量一种惯用的褒贬术语，并不一定专指耕地质量。

---

① 《天盛改旧新定律令》第十五“春开渠事门”、“养草监水门”、“渠水门”、“地水杂罪门”，第496—509页。

② 《天盛改旧新定律令》第十九“牧场官地水井门”，第598页。

③ 《天盛改旧新定律令》第十五“渠水门”，第502页。

④ 《天盛改旧新定律令》第十五“取闲地门”，第492页。

⑤ 李焘：《续资治通鉴长编》卷436，元祐四年（1089）十二月甲子条，中华书局2004年版，第10508页。

四　耕地价格和耕地税

在私有制社会中，耕地价格是物价中最重要的一种，涉及社会的方方面面。耕地税是西夏的主要税收，涉及国家的收入和农民的负担。然而在汉文史料中，没有见到有关西夏耕地价格和耕地税的任何记载，因此西夏土地买卖中所反映的耕地价格和耕地税对研究西夏社会具有重要意义。

（一）契约中的耕地价格

从西夏卖地契看这些交易都不是货币交换，而是以物买地，其中除一件（寡妇耶和氏宝引卖地契）以牲畜换土地外，其余皆以粮食买地。卖地契上有所卖土地的数量和卖出的粮价，按理计算出每亩的售价并非难事。但由于所卖地多带有不等的房屋、树木乃至农具等财物，计算起来比较复杂，加之土地优劣不一，灌溉取水的差异，更增加了价格的复杂性。影响计算土地价格的另一个重要因素是所售土地数量多以撒种子数量计量，地亩数弹性很大，并不十分准确。

以下首先对所卖没有附带财物的土地作为对象，来分析土地价格。

契约长卷中8个卖地契有两件只有耕地、没有其他附带财物，可以作为分析地价的基础。寅年二月二日梁势乐娱卖地契卖撒5石种子的地（约50亩），售价4石麦及9石杂；寅年二月二日每乃宣主卖地契卖地撒5石种子的地（约50亩），售价6石杂及1石麦。过去笔者依据黑水城所出西夏文卖粮账残叶推算出当地每斗小麦价为200—250钱，每斗糜（杂粮）价为150—200钱。[①] 也即杂粮价格相当于小麦价格的75%—80%。如果第一件将4石麦合成杂粮为5石多，售价共合14石多杂粮，每亩售价2.8斗杂粮。第二件将1石麦合成杂粮为1石3斗左右，售价共合7石3斗左右杂粮，每亩售价1.46斗杂粮。两块土地每亩售价一为2.8斗杂粮，一为1.46斗杂粮，面积相同的地，售价差距比较大，接近50%。再看两块地的位置，梁势乐娱地东与恧恧吉讹地交界，南与梁老房酉地交界，西与灌渠为界，北与翟师犬地交界；每乃宣主地东与官地为界，南与官地为界，西与灌渠为界，北与鲁??麻铁地为界。两地西部皆与灌区相邻，只是价格便宜者东与南部与官地为界。

4件单页卖地契约中有2件未写任何附带财物：天庆丙辰年梁善因熊鸣卖地房契，卖70亩地，价五石杂粮，每亩售价仅有0.7斗，价格最低；西夏天庆庚申年小石通判卖地房契，卖地100石撒处地，合1000亩左右，价200石杂粮，每亩价2斗杂粮。

契约长卷中另有4件卖地契皆有房院等附带财物。因这些附带财物的附加值难以确定，耕地价格也很难推算。若都不计算附属财物，大体价格为：天庆寅年正月二十四日邱娱犬卖地契，卖撒20石种子的地及宅舍院全四舍房等，价杂15石、麦15石，共合杂粮34石左右，不算房院等每亩1.7斗左右；天庆寅年正月二十九日梁老房酉等卖地契，卖撒15石种子的地及房屋并树石墓等，价6石麦及10石杂，共合杂粮18石左右，不算房院等每亩1.2

① 参见史金波《西夏的物价、买卖税和货币借贷》，载朱瑞熙、王增瑜、姜锡东、戴建国主编《宋史研究论文集》，上海人民出版社2008年版，第440—458页。

斗左右；天庆寅年正月二十九日恧恧显令盛卖地契，卖撒8石种子的地及二架房、活树五棵，价4石麦及6石，共合杂粮11石左右，不算房院等每亩1.37斗左右；寅年二月一日梁势乐酉卖地契，卖（熟生）撒10石种子的和地房舍墙等，价2石麦2石糜4石谷，共合杂粮8.6石左右，不算房院等每亩0.86斗左右。另有一件附带财产比较多，总体价格较高：天庆寅年二月一日庆现罗成卖地契卖撒十石种子的地及大小房屋、牛具、石笆门、五栀分、树园等，价15石麦、10石杂、10石糜，约合杂粮40石左右。若按每亩2.5斗杂粮计算，也只有25石的价，看来除土地外其余财产，也即人工增值占相当比重。

天盛二十二年寡妇耶和氏宝引卖地契与其他以粮食购买土地的契约不同，是以牲畜交换土地，因此不知土地的粮食价格。笔者曾依据《天盛律令》和黑水城出土的卖畜契约考证过西夏牲畜的价格，知1峰骆驼大约价6石杂粮，1头牛大约价4石杂粮。[①] 耶和氏宝引氏卖地价为2足齿骆驼、1二齿、1老牛。2骆驼价约12石杂粮，若把二齿理解为牛，则2牛价约为8石杂粮，4牲畜共价20石杂粮。根据黑水城出土其他卖地契可知，一般对违约反悔处罚数额是成交数额的两倍。此契约对违约罚交30石麦，其成交价折合成粮价似应为15石麦，可折合20石左右杂粮。两者正可互相印证。所卖地22亩及房屋、树木等附加财产，除附加财产外，每亩土地近1石杂粮。也许土地附带财产价值较高，也可能20多年前的天盛年间土地价格较高。另一件单页天庆五年（1198）麻则老父子卖地房契，卖23亩地及院落，价八石杂粮，若仅按耕地计算，每亩地价接近3.5斗，价格偏高。同样，其中院落也占了相当的价钱。

通过上述分析可知西夏后期黑水城地区土地价格低廉，一般在每亩2斗杂粮上下。上述契约多是卖主缺乏口粮时急于卖地，买主自然会借机压价，卖主在价格方面处于劣势。

（二）契约中的耕地税

西夏耕地所有者要依法缴税。契约长卷中8件卖地契都在契约后面附记了应缴耕地税的数量。契约中记载纳税时往往用“有税×斗，其中麦×斗×升”的形式。西夏文中动词置于宾语之后，“有”在最后。西夏文中存在动词“有”有类别范畴，即表示不同类型的“有”用不同的动词。如（有）表示珍贵存在、内部存在、附带存在、并列存在、归属存在、竖直存在、固定存在要用不同的“有”。[②] 契约中表示耕地税的“有”用了表示固定存在的“有”（𗅁），这意味着此块土地的耕地税是固定的，属国家规定，不因物主的改变而变化。8件契约中税额如下：邱娱犬卖地有税5斗，其中1斗麦，4斗杂粮；梁老房酉卖地有税2石，其中有4斗麦；恧恧显令盛卖地有税5斗，其中1斗麦；梁势乐酉卖地有税5斗，其中1斗麦；庆现罗成卖地有税1石粮，2斗麦；梁势乐娱卖地有税7斗，其中1斗4升麦；每乃宣主有税5斗，其中1斗麦；平尚岁岁有有税8斗杂粮、2斗麦。

除契约长卷以外的4件契约皆未见记纳税数量。但其中天庆丙辰年六月十六日卖地契中有“其地上租佣草等三种由守护铁承担”，明确表示土地买卖成交后，国家应（依）征收的

① 参见史金波《西夏的物价、买卖税和货币借贷》，载朱瑞熙、王增瑜、姜锡东、戴建国主编《宋史研究论文集》，上海人民出版社2008年版，第440—458页。

② 参见史金波《西夏语的存在动词》，《语言研究》1984年第1期。

租税、劳力和草都由土地的新主人负担。

西夏《天盛律令》有不少关于农业租税的内容，第十五内集中了农业租税条款，各门的标题有催缴租门、催租罪功门等。其中规定："当指挥诸税户家主，使各自所属种种税，于地册上登录顷亩、升斗、草之数。转运司人当予属者凭据，家主当视其上依数纳之。"① 所谓"税户家主"就是有耕地的纳税农户。农民要纳多种租税，应登录于册，按数缴纳。纳税迟缓要受法律制裁，同门规定"租户家主有种种地租、佣、草，催促中不速纳而住滞时，当捕种地者及门下人，依高低断以杖罪，当令其速纳"。②

官府之所以作这样细致的规定，主要是为了保证国家税收。土地无论是买卖还是包租，都不能影响国家的农业税收。上述多数卖地契中的一项重要内容便是明确记录这块土地应缴纳的国家农业税的数量，包括总量和其中细粮的数量。黑水城普渡寺土地买卖契约都记明缴纳农业税的数量，表明在土地过户的同时，纳税的义务人也随之转移，并明确所应缴纳耕地税的数目。

《天盛律令》又有如下规定：

> 僧人、道士、诸大小臣僚等，因公索求农田司所属耕地及寺院中地、节亲主所属地等，诸人买时，自买日始一年之内当告转运司，于地册上注册，依法为租佣草事。③

这一条款可以理解为，僧人、道士、诸大小臣僚等，因公索求农田司所属耕地及寺院中地、节亲主所属地是不缴纳土地租税的，但其他人买后，要注册，要按规定依法承担租、佣、草，也即要向国家缴纳租税。

西夏在一些地方，特别是边远地区设置地方转运司，以农田、修渠、收租、转运粮食为要务。黑水城是设置地方转运司的地区之一。④

西夏法典中未见规定农民要缴纳多少税，但据黑水城出土的多种纳税粮账中的农户地亩数和纳粮数，可以推算出其税率，即每亩地交纳税杂粮 0.1 斗，即 1 升，缴纳小麦 0.025 斗，即四分之一升。⑤ 可见西夏有以耕地多少缴纳农业税的制度，是一种固定税制。以耕地面积课税是中国历史上一种重要税法，西夏继承了这种税制。黑水城出土的契约显示出西夏耕地主人缴纳耕地税的真实情况。

（三）契约与赋税文书中的地税差异

由契约长卷中 8 件卖地契不仅可知各买卖土地的缴税数量，由于从其他黑水城出土的纳

---

① 《天盛改旧新定律令》第十五"地水杂税门"，第 508 页。书中将国家收取的耕地税译为"租"，而不同于农户转包土地所收的"租"（西夏文原意为"地毛"）。《天盛律令》所谓"租户"即缴纳土地税的农户，而不同于包租他人土地佃户。

② 《天盛改旧新定律令》第十五"地水杂罪门"，第 509 页。

③ 同上书，第 496 页。

④ 《天盛改旧新定律令》第十"司序行文门"，第 368—375 页。

⑤ 参见史金波《西夏农业租税考》，《历史研究》2005 年第 1 期。

税粮账中已知耕地纳税的税率，因此还可以从卖地契中的纳税数量进一步探讨土地的数量。邱娱犬卖地契中载明耕地税5斗粮，依据前述耕地和纳税的比例应是50亩耕地的税，但契约记载是撒20石种子的地，合200亩左右耕地，两相比较，出入较大。梁老房酉等卖地舍契中载明耕地税为2石，应是200亩耕地的税，契约记载是撒15石种子的地，合150亩左右，二者虽较接近，但也有一定出入。恧恧显令盛卖地契记载耕地税5斗，应是50亩地的税，契约记有撒8石种子的地，合80亩地左右，也有出入。梁势乐酉卖地契记载耕地税为5斗，应是50亩地的税，契约记撒10石种子的地，合100亩左右，相差一倍。庆现罗成卖地契记载耕地税为1石谷，应是100亩地的税，契约记撒10石种子的地，合100亩地，正与纳税量相合。梁势乐娱卖地契记载耕地税为7斗，应是70亩地的税，契约记为撒5石种子的地，合50亩地，有一定出入。每乃宣主卖地契记载耕地税为5斗，应是50亩地的税，契约记为撒5石种子的地，合50亩地左右，也正与纳税量相合。平尚岁岁有卖地契记载耕地税有8斗杂粮、2斗麦，共为1石粮，应是100亩耕地的税，但契约仅记撒3石种子的地，合30亩地左右，出入很大。

以上8件契约中记载的土地数量与纳税量折合的土地数量相符合的只有两件，其余皆有出入，有的差距很大。之所以出现这种现象，可能是西夏黑水城地区耕地较多，不一定都有精准的丈量，土地数量往往以撒多少石种子来统计，实际上是一种大约估算。8件契约中以撒种数计量土地时，最小单位是石，没有斗，也即以10亩左右为单位，这也证明这种统计方法是一种粗略估量。黑水城地区即便在户籍手实中对各农户耕地数量的登录也用撒多少石种子来统计。如前述黑水城出土的一件户籍记一户的耕地共有4块地，皆以撒多少种子来表示面积。这种统计并不准确，也不能作为缴纳耕地税的依据。然而，土地生熟质量不一，灌溉情况不等，可能使撒种量与收获量比例形成差距，纳税量不是与撒种量挂钩，而是以收获量为准。考察《天盛律令》的有关条文，也许有助于对此的理解：

> 诸人无力种租地而弃之，三年已过，无为租佣草者，及有不属官私之生地等，诸人有曰愿持而种之者，当告转运司，并当问邻界相接地之家主等，仔细推察审视，于弃地主人处明之，是实言则当予耕种谕文，著之簿册而当种之。三年已毕，当再遣人量之，当据苗情及相邻地之租法测度，一亩之地优劣依次应为五等租之高低何等，当为其一种，令依纳地租杂细次第法纳租。①

原来西夏的土地纳税不仅依据土地的数量，还有根据土地的优劣确定租税的高低，分成五等。因此可以设想，或许黑水城地区的耕地，依据上述原则，有的耕地面积虽大，但因其并非上乘好地，纳税会比较少。这就不难理解以耕地税来计算土地数量会产生出入。

从黑水城出土的纳粮税账中也能看到耕地与纳税完全符合的情况，如Инв. No. 1178（号）文书有一顷五十亩耕地，纳税一石八斗七升半，其中杂一石五斗、麦三斗七升半；一顷四十三亩耕地，纳税一石七斗八升七合半。② 可能这些土地同处于一种等次。西夏黑水城

---

① 《天盛改旧新定律令》第十五“地水杂罪门”，第492页。

② 参见史金波《西夏农业租税考》，《历史研究》2005年第1期。

出土的纳粮账计算，耕地税杂粮和小麦的比例为4∶1，卖地契中的耕地税杂粮和小麦的比例正与此相合。

五 契约的保证

（一）违约处罚，契约的法律效力

买卖契约是交易双方当事人都认可、必须执行的共同约定，具有法律效力。土地买卖属重要交易行为，因此契约中为防止违约的规定比借贷、租赁更为细致、严格，对违约行为处罚更为具体、严厉。所见黑水城出土土地买卖契约中无一例外的都有对违约处罚的规定。这些规定写在双方议定价格之后。

最早的一件天盛二十二年寡妇耶和氏宝引卖地契中规定："此后其地上诸人不得有争讼，若有争讼者时，宝引等管。若有反悔时，不仅依《律令》承罪，还依官罚交三十石麦，情状依文据实行。"规定首先强调有口角争讼时的责任，责任方是卖者耶和宝引。又明确若反悔不仅承担法律责任，还要罚交30石麦。

长卷契约卖地契对处罚的规定更为细致，如天庆寅年正月二十四日邱娱犬卖地契在议定价格后规定："价、地两无悬欠，若其地有官、私二种转贷及诸人共抄子弟等争讼者时，娱犬等管，那征茂等不管，不仅以原取地价数一石付二石，服，且反悔者按律令承责，依官罚交二两金，本心服。"在议定价格后双方再次确认所付价钱和所卖土地并无差误，接着强调出现其他人争讼时的责任方，明确若有争讼，是卖主的责任，与买主无关。并且具体指出争讼出现的主要方面，即"官、私二种转贷"和"诸人共抄子弟等争讼者"。前者表明土地不属于卖主自己，而是从官地或私人租贷而来，这种土地本不能出卖。后者强调卖主同宗近亲的同抄子弟往往因共有财产而在土地等方面容易发生纠葛，出现争讼。出现上述情况当然是卖主的责任。处罚方法首先要按地价加倍罚赔。多数契约的末尾写上"本心服"，表示立契约的卖主对契约内容的认可，对违约处罚心服的承诺。这是买主依仗掌握卖主急需粮食的困境和法律保护而规定的。对连口粮都难以为继的贫困卖主来说，这种处罚是难以承担的。其目的显然是要杜绝土地买卖中的纠纷。此后是对"反悔"的处罚，从字面上看应是指买卖双方。但因这种交易地价被压得很低，吃亏、后悔的往往是卖方，因此这种处罚也可看成是对卖方的约束。这种对毁约的罚金不是以粮食计算，也不是以普通货币计算，而是以更为昂贵的黄金计算。

各卖地契对违约的处罚规定与上述契约大同小异，有的只有对出现争讼者及反悔者的加倍处罚而无对反悔者的罚金。在契约长卷中的8件土地买卖契中，有7件有罚金，仅有1件无罚金，其土地价格最少，仅为5石杂粮。罚金多少与成交量的多寡有关，但并不是严格按比例实行。如庆现罗成地售价较高，价15石麦、10石杂、10石糜，若违约罚3两金；邱娱犬卖地价15石杂、15石麦，罚2两金；梁势乐酉卖地售价较少，为2石麦、2石糜、4石谷，罚1两金；每乃宣主卖地契售价更少，为6石杂、1石麦，罚1两金。但梁老房酉等卖地舍契，售价并不算高，为6石麦、10石杂，而罚金却高达3两金。

在单页契约中小石通判卖地房售价高达200石杂，罚3两金，或许罚金最高为3两金。单页契约中梁善因熊鸣卖地房价5石杂，罚金不是黄金，而是罚交10石杂粮。据前罚金情况可知，罚1两金时售价为七八石粮食，而处罚是加倍的，因此或可推算出一两黄金约值15石粮以上，30石粮以下。买卖毁约时罚以黄金，不自西夏始，敦煌所出买卖契约中就有罚没黄金的记录。西夏契约中惩罚反悔措施未见杖刑等对人身肉体的惩罚。

（二）签署和画押

为确保契约真实、可靠，在契约中签字画押是必要的程序，标志着契约的正式确立和法律效力的形成，是履行契约的保证。没有签字画押的契约视为无效。西夏契约和中国传统契约一样，一般在契尾靠下方签字、画押，多数为每人占一行，个别契约中证人有两人占一行者。所见土地买卖契约后部第一个签字画押的是卖主，其次签字画押的是同卖连带责任人，然后是证人。连带责任人和证人可以多到两人或两人以上。每个契约的署名文字，无论是卖主还是责任人、证人，都与契约正文的文字同为一个人的笔迹，多数都是书法流利的草书，有的堪称草书的精品。看来这些人名的签署并非当事人自己所写，而是由书写契约的写字人捉刀代笔。在邱娱犬卖地契中尾部的签署人中有[illegible]，译为“知写文书者翟宝胜”。“知”字表明此人是该文书的证人之一；同时还写明他的另一种身份，即“写文书者”，即为立契约人代笔者。这是契约长卷的第一份契约，长卷契约皆为连写，各契约笔迹基本相同，看来长卷契约皆出自翟宝胜之手。此长卷契约都是普渡寺买地、租地等事，而寺庙因有诵经、写经等功课，有熟悉西夏文字的僧人，翟宝胜很可能就是普渡寺的一名僧人，“宝胜”也像僧人的名字。

契约的形成是在当事人都在场的情况下，即卖者、买者以及同卖者、证人面对面的场合下进行的。纵观这些契约，大体上是所卖地多，同卖者和证人要多些；相反，所卖地少，同卖者和证人较少。买卖土地的数量决定了契约的手续繁简，知见人的多寡。如小石通判卖地契卖地最多，为撒100石种子的地，签署画押的除卖地者外，还有同卖者3人、证人4人，多达8人。平尚岁岁有卖地最少，为撒3石种子的地，签署画押的有卖地者，没有同卖者，有证人2人，仅有3人。

西夏的契约绝大多数属于单契形式。单契不是立契双方各持一份的合同契约，而是契约双方只有一份契约。契约文字的口吻是卖主或借贷者（即请求方）。执契约者为买入者或债权人，买主或债主（即被请求方）不在契约上签字画押。这类契约除使用于绝卖关系外，还用于抵押、典当、租赁、借贷等活动中。这种契约突出了买入者或债权人经济优势体现出的权利优势，成为权利的一方；也反映了出卖者或债务人因经济劣势导致的权利劣势，成为尽义务的一方。这种契约为片面义务制契约。

单契意味着不合券，为保证契约的真实、可靠，立契人必须署名、画押。这种契约看似是合同契约，其实是沿用了旧时合同契约的程式套语，契后实际署名的，只有原业主一方，此外便是与原业主有关的连带责任人等。

在西夏文契约中卖主签署的形式一般开始为“[illegible]”，对译为“文状为者”，“文状”即“契约”，“为”，动词，“做”、“制”、“立”意，翻译为“立契者”。有的直接写“[illegible]”，译为“卖者”。后面写立契者的具体人名，如耶和氏宝引卖地契署名“立契人寡妇耶和氏宝引”，麻则老父子卖地房契署名“卖者麻祖老父子”。姓名为全名，不似契约正文中叙及责任方时，卖主可以只写名字而略去姓氏。

连带责任人签署的文字形式为“𘝞𗖵𘞌”，对译为“状接相”，翻译为“同立契人”。有的写成𘝞𗖵𘃡𘞌，对译为“状接卖相”，译为“同立契卖者”。也有的直接写“𘃡𘞌”，对译为“卖相”，即“相卖”意，译为“同卖者”。在梁老房酉等卖地舍契中，在立契者、同立契者之后还列有𗎫𘅞𘞌，译为“同知人”或“同证人”，为立契者的儿子。连带责任人往往是卖主家人中的重要成员，如儿子、妻子、兄弟等，这是为了确认出卖土地不仅是卖主个人行为，而是与家庭重要成员共同所为。这种添加连带责任人的方式，增加了契约的约束力和证明价值，从而使之变得更加有效。敦煌石室发现的买卖契约中早有这样的先例。①

如所卖土地出现争议，同立契人负有连带责任，假若卖主死亡、逃亡，连带责任人要承担契约的主要责任。在12件卖地契中，1件缺契约末尾部分，其余11件中10件有两名或两名以上同立契人，没有同立契人的是卖地最少的平尚岁岁有卖3石撒处地的契约。对同立契人有时要标识出与立契者的关系，如耶和氏宝引的第一同立契人为“子没啰哥张”，没啰哥张是耶和氏宝引的儿子，“没啰”是党项族姓，可知耶和氏宝引死去的丈夫姓没啰，党项人。第二个同立契人为“没啰口鞭”，似为没啰哥张的叔伯或兄弟，为同宗至亲。又如麻祖老父子同卖者为“弟显令”，即麻祖老父子的弟弟麻祖显令，因其弟与其同姓，故姓氏省略。第二个同卖者为“梁税梁”，未注明其与卖主的关系，此人并不与卖主同姓，也许是姻亲。其他如立契者邱娱犬的同卖者为子黑奴、红犬；梁老房酉的同立契人为弟老房宝、弟五部宝；立契者恧恧显令盛的同立契人为弟小老房子、妻子讹劳氏子答盛；立契者梁势乐酉的同立契人为妻子恧恧氏犬母宝、子寿长盛、子势乐宝。

证人的签署形式为“𗎫𘅞”，对译为“知人”，译为“证人”。或简写成一个字“𗎫”（知），也译成“证人”。在契末签署部分还发现立契者和同立契人首字平行，而证人往往高出一字或半字。这大约是为了区分两者性质不同，立契者和同立契人对契约负有实质性责任，而证人只是知情者、见证者，如出现问题并不负有实质性责任。证人都在两人以上，有的多达4人。有时一个证人可在不同的契约中多次担任证人。如平尚讹山在梁老房酉、恧恧显令盛、梁势乐酉、梁势乐娱卖地契中均为证人，还3次任租地契约的证人，又在梁公铁贷粮契中担任证人。② 有时契约当事人卖主也可在其他契约中做证人，如梁老房酉是卖地者，但他在梁势乐酉卖地契中以证人身份签署画押。

署名和画押是相互连带的。西夏契约的画押在他人代为签署姓名的下方。画押也称花押，是契约中特有的一项重要内容，通过画押表明契约相关人员的郑重承诺。西夏无论是买卖、租赁、借贷契约都有画押。从上述土地买卖契约可以看到，画押者首先是出卖土地者，其次是连带责任者，然后是证人。画押是画写简单的符号代表自身，藉以表示信用。因上述契约后的署名皆为他人代笔，当事人的画押便成为表示信用的唯一凭据。

画押分符号和画指两种。西夏契约中两种画押并存。符号画押是当事人在自己的名字下画上代表自己的特有符号，写画时尽量保持同一形状。不同人有不同的画押符号。如平尚讹

---

① 参见谢和耐《敦煌买卖与专卖制度》，原载法国《通报》1957年第4—5期；耿昇译本见郑炳林主编《法国敦煌学精粹》1，甘肃人民出版社2011年版，第3—68页。

② 参见史金波《西夏粮食借贷契约研究》，《中国社会科学院学术委员会集刊》第1辑（2004年），第201—202页。

山的画押为。

画指也叫作画指模，就是在契约中自己的名下或名旁比对手指，在指尖和两节指节位置画上横线，以为标记，表示契约由自己签署。中国传统画指一般取男左女右，以画中、食指指节为最多，画两节或三节。西夏土地买卖契约中的画指多为三节四画。

西夏卖地契中的画指与符号画押并用，有时在同一卖地契中包含了两种画押方式。最早的一件卖地契约天盛庚寅二十二年卖地契中卖地者和同卖者 3 人为画指，证人为符号画押。而在后来的卖地契中卖地者皆不用画指，画指这种画押形式只出现在同卖者或证人之下，而多以证人为主，这大约是当时已经认为画指不如符号画押更具有凭信力。如长卷中梁老房酉卖地契中只有卖地者为符号画押，其余同立契人、证人 6 人皆为画指；梁势乐娱卖地契同立契梁老房虎、证人陈盐双、证人平尚讹山用画指；每乃宣主卖地契后三人同立契妻子藐浞氏??、证人梁势乐娱、证人恧恧显令盛用画指；恧恧显令盛卖地契中同卖者弟小老房子、同卖者妻子讹劳氏子答盛用画指；恧恧显令盛在梁老房酉卖地契中作为证人时用画指，但在他自己的卖地契中却用了符号画押。

也有个别的没有画押，如恧恧显令盛卖地契中最后一个证人梁枝绕犬即没有画押，可能是漏掉了。

西夏也有押印。押印是刻于印章上、代表当事人的小符号。如在西夏文骑账（Инв. No. 2157－4）、户纳粮账中（Инв. No. 5522－3）都出现了押印。这种押印避免了临时手写符号的随意性，能以更准确、一致的符号表示信誉。

黑水城出土的汉文社会文书有不少是属于元代。有的元代契约中除符号画押外，还出现了黑墨押印，可见当时“签押”和“印押”同时并用。西夏时期尚在使用的画指已见不到。①

（三）白契和红契

从前述《天盛律令》规定可知，西夏政府对土地买卖的政策是不干预土地买卖，只要买卖双方认可，即可成交，政府只是从中收取买卖税。在天盛庚寅二十二年卖地契中，甚至还要在契约的尾部记载“税已交”，并在其下有画押，可能是收税者所画。

中国传统契约中有所谓白契和红契。白契是一般契约，契约上未加盖官府朱印；红契是契约上由政府有关部门认可、并压盖朱印的契约。西夏也有白契和红契之分，上述单页契约中有 3 件加盖朱印，应是红契。

西夏文契约上加盖的朱印并非当地政府的印章，而是当地买卖税院的收税印章。这种印章形制较大，呈长方形，下托仰莲花，上覆倒荷叶，高 23.2 厘米，宽 7.3 厘米，在一般的契约纸上，几乎与纸等高。印上部有自右而左横写的西夏文□□□□ 4 字，译为“买卖税院”；其下有 4 竖行文字，前 3 行小字多漫漶不清，第 4 行 3 字较大□□□，第一字是注音字，音［居］或［脚］，第二字意“巧、善”，音［考］，第三字也做译音字，音［官］，常作“灌”、“罐”、“灌”解，现尚难解此 3 字的确切含义。下有画押符号。第二行下也有画押符号。这方买卖税院的印，在契约上押印后使契约成为红契，一方面表示有司认可，另一

① 参见塔拉、杜建录、高国祥主编《中国藏黑水城汉文文献》第 6 册，国家图书馆出版社 2008 年版，第 1237—1263 页。

方面证明已经缴纳买卖税。

这种买卖税印不仅用于土地买卖契约，其他文书也使用同类印，如一件买卖税账（Инв. No. 6377－13）、一件光定酉年卖畜契（Инв. No. 7630－2）都押有买卖税院的印。

一般来说，无官印的白契为不合法契约，意味着逃税。上述土地买卖契约中普渡寺的所有契约，签字、画押一应俱全，应是正式契约，但都没有买卖税院的印章，看来属于白契之类。然而契约中对违约行为的处罚，明确指出不仅依《律令》承罪，还要由官府罚金，因此这种契约还不能说是与政府法律无关的纯个人行为。可以说这种买卖契约既符合当时的习惯法，又与政府的法典相协调。

红契的一项职责是收税，防止偷漏税，后世为防止经手契约的官僚胥吏中饱私囊，规定缴纳契税的收据要粘连在契约之后，产生了“契尾”。特别是土地买卖关系中契尾十分普遍。西夏时期包括土地买卖在内的契约尚未出现契尾。

六　结语

1. 新发现的西夏黑水城出土土地买卖契约，不仅为西夏社会经济研究提供了真实而具体的资料，也为中国契约学增添了新的重要资料。过去发表的 1 件契约和这次新公布的 11 件契约，每一件都是难得的珍贵史料，将这些契约综合起来分析，更能凸显时代价值。

2. 这些契约反映了西夏晚期黑水城地区的土地买卖和当地社会生活状况。从这些契约可以看到，西夏晚期黑水城地区，相当一部分农民生活困苦，一二月即乏粮，难以度日，不得不出卖土地换取口粮，并导致寺庙和地主兼并土地的现象。中国历史上这种现象往往出现在王朝没落时期，西夏也不例外。

3. 通过对契约以及相关资料的分析，可以了解到西夏黑水城地区官地和私地、农民土地占有、土地管理、土地买卖以及土地价格等重要的社会经济状况，对西夏社会经济有了更深刻的理解。特别一些土地有连带关系的契约，还可据以大致地勾画出部分土地和灌渠的分布情况，十分难得。

4. 很多契约记载黑水城地区的耕地中有农民的住房，反映出黑水城农区有农户分散居住在各自耕地上的特点。这种居住格局可能既有原党项民族游牧习俗的影响，也有黑水城地区耕地较多的地方特色。

5. 黑水城地区历来极度干旱缺雨，黑水及其渠道的灌溉是当地农业的命脉。土地买卖契约中有关渠道、给水等方面的记录反映了当地农业的这一特点，与西夏法典《天盛律令》相互补充印证，丰富了对当时水利及其管理的认识。

6. 契约第一次揭示出西夏的耕地价格，对西夏经济研究具有重要意义。契约中有关耕地税的资料反映了西夏政府对农业税收的重视，一方面以具体实例验证了西夏耕地税的税率，另一方面也透视出西夏缴纳耕地税的复杂情况，补充了《天盛律令》在税收方面的缺漏。

7. 契约反映出原从事游牧的一部分党项族向汉族等民族学习，早已经营农业。表明中国历史上各民族之间在产业结构上的影响和互动，体现出各民族在经济上的相互借鉴、吸收和融合，形成中华民族大家庭内互学互补、血肉相连的社会经济结构。

8. 西夏土地买卖契约继承了中国传统契约的形式，同时也形成了自己的风格。契约首记形成时间，不直接写出卖土地原因，严格违约惩罚措施，记载纳税额度，明确土地四至，保留两种形式的画押，红契、白契并存。有些形式是唐宋契约和元代契约的一种中间形式。

附识：本文曾征求北京大学张传玺教授、宁夏大学杜建录教授的意见，他们都提出了重要的建设性意见；另匿名外审专家也提出了修改意见，在此一并致谢。

西夏文军籍文书考略*

——以俄藏黑水城出土军籍文书为例

一　军籍文书的发现和翻译

在中、俄共同编辑、出版《俄藏黑水城文献》的过程中，我们在俄国圣彼得堡东方学研究所整理中国黑水城（今属内蒙古自治区额济纳旗）出土的西夏文献时，于 1997 年、2000 年发现了一大批西夏文社会文书，计有 1000 余号，1500 余件，其中仅有关军事的文书就有近 300 件。其中有几十件“军抄人马装备帐”，记载着众多西夏基层军事的人员、马匹、装备等详细内容。这类文书属西夏的军籍文书，是依照西夏政府的相关规定，对西夏社会基层首领所辖各军抄详细登记的簿籍。这批出土的军籍文书，凡保留卷首的在开始部分都记有“黑水属”，证明是黑水城当地的军籍。

汉文史书中不乏对军籍的记载，但至今未发见过中古时期的军籍，对军籍的具体形式和内容语焉不详。新发现的这批西夏军籍是中国中古时期唯一存世的军籍文书，是西夏人自己记录的当时当地的军事组织状况，材料真实可靠，是了解西夏军事组织及其作用的宝贵资料，不仅具有重要的文献价值，也具有特别的文物价值。

军籍是军人的一种身份。“军籍”一词西夏文为[illegible]，第一字“军”意，第二字“簿”意，“军簿”应译为“军籍”。西夏国家法典《天盛改旧新定律令》（以下简称《天盛律令》）第六中专门辟 门为“纳军籍磨勘门”，其中有关于纳军籍法（即军籍登记法）的规定：

> 国内纳军籍法：每年畿内三月一日，地中四月一日，边境六月一日等三种日期当年年交簿。按所属次第由监军司人自己地方交纳籍者，年年依时日相互缚系自□□□。当派主监者使集中出检，与告状当接册来交纳。若监军司大人未行动时，一至五日勿治罪，五日以上至一个月以内迟出，则监军、习判各罚马一，都案罚钱七缗。迟出逾月，则监军、习判悉降一官，并罚一马，都案罚一马，局分案头、司吏依法□□。司吏纳籍日临近时，应先备籍册，经军首领□用印。假若主簿大人不造册，不用印，首领亦未主

---

* 原刊于《中国史研究》2012 年第 4 期，第 143—174 页。

簿备印，及不驱遣，日期内籍册不至时，其军首领、主簿、司吏等一律一日至五日以内勿治罪，迟六日至盈月则有官罚马一，庶人十三杖，迟逾月一律徒二年。若军首领预先遣人印籍而司吏稽误者，则首领不治罪。若首领未用印已误，则司吏不治罪。主簿、司吏出逃及死无继，及主簿不明等，则军首领自当来纳籍。若军首领任城溜差事，则可遣辅主及自子、兄弟等前来纳籍。有住滞时，则依如何住滞法判断。①

即要求每年首都附近于三月一日，中间地区四月一日，边境地区六月一日交报军籍。监军司大人以下各有关官吏若不行动，或未按规定时日完成注册登记者，分别给予不同处分。文中还强调事先要备册，登记注册后首领要用印。同时也规定了主簿未备册、首领未用印者也给予相关人相应的处分。

西夏以武力兴国，视军队为国之基干。西夏军籍登记制度是经常性检验和保障其军队数量和质量的重要措施。由上述法律规定可见西夏政府对每年军籍登记的高度重视，也可知西夏军籍文书负载着西夏基层军队的真实情况，是一种重要的历史文书。这批军籍当时属于保密档案，《天盛律令》第六“纳军籍磨勘门”有专门规定：

军案内置官簿者，不准诸人随意来司内及拿到司外看阅。违律时，如系司内人，则随意查阅者及局分人等一律徒六个月；如系拿到司外，则阅者及局分人等徒一年。②

然而，西夏法典多次提到西夏的军籍簿册是何种格式，有何内容，在法典中并未有具体记录。可以说，在没有见到黑水城出土文献中的军籍文书前，我们对西夏的军籍茫然不知。

黑水城出土的西夏军籍文书有数十件之多，其中多数为残卷，或缺卷首，或缺卷尾，或首尾俱损，只存中间一部分。幸好尚有十四件首尾完整或基本完整，使我们能窥西夏军籍的全貌，得以释解这批沉睡了800年的历史秘档。

这些军籍文书都是手写文卷，多是西夏文草书，而且不少笔画浅淡，字形模糊，难以识别。文书又多是残卷，有的只是其中一段，更甚者不仅前后残失，上端下部也有残损，这又增加了翻译的一层难度。但因这类文书较多，可以互相比对参照。文书的数量越多，越便于找出共性，发现规律。另俄藏和中国国家图书馆所藏西夏文文献中发现了部分裱糊残叶，其中有4残叶军籍文书以西夏文行楷书写，字迹清楚，虽残损多，文字少，但有助于部分文字识读。

释读这些文书首先要把屈曲婉转的西夏文草书识读、转写成笔画工整的西夏文楷书，再将西夏文对译出汉字，最后依照西夏文文法翻译成汉文。当这些似乎陌生的符号逐渐显露出人名、数字、词语，以至完整的内容时，特别是通过这些文字显现出这一古代王朝很多鲜活的、真实的历史情状时，似乎看到一队队西夏士兵在各首领的带领下，着盔披甲，执兵列队，战马嘶嘶的阵容，心中便产生出一种解破谜团、清爽愉悦感觉。当查阅历史文献得知这

---

① 史金波、聂鸿音、白滨译注：《天盛改旧新定律令》，法律出版社2000年版，卷六“纳军籍磨勘门”，第255—256页。

② 《天盛改旧新定律令》卷六“纳军籍磨勘门”，第257页。

批文书可能是中国存世最早的军籍文书时，兴奋的心情难以名状。

笔者经过近几年的翻译，已识读出文书中的绝大部分文字，将50多件西夏文军籍翻译一过，可以据此基本完成对文书的解读和研究。但仍有个别文字未能破解，只能暂留疑问，以待来日。

原来的军籍文书前后皆有具体年款。因此类文书残卷多，保存年款的文书有14件，最早的是夏仁宗乾祐壬子二十三年（1193），最晚的是应天己巳四年（1209），都属于西夏晚期夏仁宗、桓宗、襄宗时期。较为完整的军籍有8件，按时间先后顺序有：俄Инв. No. 7916（乾祐壬子二十三年，1193）、No. 8371（天庆戊午五年，1198）、No. 4197（天庆庚申七年，1200）、No. 5944－1（天庆十二年，1205）、No. 4196（应天丙寅元年，1206）、No. 4791（应天丙寅元年，1206）、No. 4926－4（应天丁卯二年，1207）、No. 4201（应天己巳四年1209）。[①]

前年笔者曾就西夏文军抄做过一些探讨，其中通过一件西夏文军籍文书，分析西夏基层军事组织部分情况，并探讨了西夏文军籍和户籍的关系，实属初步研究。[②] 近年来通过翻译此类文书得知，原来这些文书有大致相同的结构，应是按照政府规定的统一格式和内容统计填报的。

二　格式和内容

西夏黑水城军籍的用纸为白麻纸，因年代久远有些泛黄。纸高一般在20厘米左右，长度则依该首领所辖军抄的多少、占用篇幅大小而不同。当时西夏纸张并不富裕，甚至有些紧张，黑水城出土文献不少是两面使用。西夏军籍卷尾多不留白。对军籍登录用纸《天盛律令》也有细致规定：

> 诸院主簿、司吏每年纳簿时，写簿用纸，按簿上所有抄数，各自当取纸钱二十钱，由大小首领各自收取，当交主簿、司吏，不得超予。若违律超敛，则敛者以枉法贪赃判断，所超敛者应还原主。[③]

看来用于军籍登记的纸张也不是政府无偿提供，而是由首领收取纸钱二十文，再交给主簿、司吏。西夏不仅军卒由各家各户充任，连登录军籍的纸张也由基层百姓分摊。

黑水城出土的每件军籍都是记载一个首领所管辖的各军抄的实际情状。现以较为完整的

---

① 俄罗斯科学院东方研究所圣彼得堡分所、中国社会科学院民族研究所、上海古籍出版社编，史金波、魏同贤、克恰诺夫主编：《俄藏黑水城文献》第12、13、14册，上海古籍出版社2006—2011年版。分别见：14册，第225—226页；第260—261页；第13册，第197—198页；第14册，第66—67页；第13册，第195—197页；第289—290页；第305—306页；第200—201页。

② 史金波：《西夏军抄文书初释》，《中国多文字时代的历史文献研究》，社会科学文献出版社2010年版，第241—252页。

③ 《天盛改旧新定律令》卷六“纳军籍磨勘门”，第257页。

一件军籍 No. 4196 为例，并适当结合其他军籍文书，说明西夏军籍的格式和内容。原文书为竖行书写，自右而左移行，这里改为横写，大体上依照原文的行次和各行文字的高度，译文根据西夏文语法适当做了调整。原文中残失的字有的依照多种同类文书或按前后文内容填补，以方框标出。字迹不清或未解者以？标出。

No. 4196 军籍译文：

黑水属军首领律移吉祥[有，正军一种纳……告]

前自全簿告纳[天]

庆乙丑十二年[六]

月一日始，至应天[丙]

寅元年五月底[止]，

无注销，已定。　十一

　　　　正军四

　　　　官马二

　　　　甲一

　　　　披一

　　　　印一

　　　　辅主二强

　　一抄有三种

　　一抄有马

　　一抄无[有]

[一抄]首领律移吉祥有，单人，有三种　马?。

正军吉祥有　八十二

番杂甲：胸五、背六、胁三、结连接①八、衣[襟]②

　七、臂膊套③十、手头护二、项遮④一、都

① 西夏文原文[illegible]，第1字“结连”意；第2字是译音字，音［连］；第3字“接”意，暂译为“结连接”，未知是甲的何部位。

② 西夏文原文[illegible]，第1字音［义］，有“一”意；第2字音［坐］，“衣襟”意。暂译“衣襟”。

③ 西夏文原文[illegible]，第1字据其他同类文书补，“臂”意；第2字音［普］；第3字“函、袋、套”意。为甲的一部位。暂译“臂膊套”。《音同》4.256有[illegible]，译为“普子”。

④ 西夏文原文[illegible]，第1字“项”（颈后）意，第2字“障、遮”意。译“项遮”。

木下①三、喉一、衣裙②十二、更兜③二、关
子④三、裹节袋绳索等全⑤。
番杂披：红丹色麻⑥六、项五、肩一、胸三、喉嗓二、末⑦
十、盖⑧二、马头套等全。⑨
一抄律移吉祥酉，人员二人，有马一种，花。
正军吉祥酉　五十八
辅主一强　有宝　二十五
一抄律移酉犬，人员二人，无有。
正军酉犬　三十六
辅主一强　势有盛　三十四
一抄赵肃??，九十九，? 无有。

应天丙寅元年六月　吉[祥有]

黑水属主簿命屈犬[疤奴]

黑水属主簿命屈心[喜奴]

?? 一??
案头命屈有长

背面签署：

检毕（大字）（画押）
都案（画押）
案头?? ???（画押）
?? 者? 显令?（画押）

---

① 西夏文原文□□□，第1字音［独］，“尖窄”意；第2字音［木］，第3字音［饶］，“下”意。暂译“独木下”。

② 西夏文原文□□，第1字音［义］，有“一”意，第2字音［裙］，“衣裙”意。

③ 西夏文原文□□，皆为译音字，第1字音［更］或［皆］，第2字音［刀］或［兜］，暂译“更兜”，未知何意。

④ 西夏文原文□□，第1字音［官、关］，第2字音［子］，“小”意。暂译“关子”。

⑤ 西夏文原文□□□□□□□，第1字“节”意，第2字“裹”意，第3字“函、袋、套”意，第4字“缚、捆”意，第5字“用”意，第6字“等”意，第7字“全”意。暂译“裹节袋绳索等全”。

⑥ 西夏文原文□□□□，第1字音［红］，第2字音［丹］，第3字音［水］，也有“红”意。三字皆有“红”意，或指披的颜色。暂译为“红丹色”。□，音［麻］，“河”意。在此不知何解，暂音译“麻”。

⑦ 西夏文原文□，“末、尾”意，可能是披的下部。暂译“末”。

⑧ 西夏文原文□，“盖、覆、罩”意。暂译“罩”。

⑨ 关于甲、披形制，《武经总要》前集卷十三“器图”中列有披、甲图，旁有文字标注，其中有披膊，头鍪顿项、身甲，胸甲以及马甲（面簾、身甲）等，可做参照。见（宋）曾公亮、丁度《武经总要》前集卷十三，《中国兵书集成》第三册，影印明唐福春刻本，解放军出版社1993年版，第713—722页。

由上列军籍和同类文书可知，一般军籍文书结构可分为4部分：

（一）总叙

第一部分是总的叙述属地、首领、时间等。

1. 开头一行首先是“黑水属”三字。“黑水”应是黑水监军司的略称。“黑水属”明确此军籍是黑水监军司属下军籍。凡黑水城出土军籍文书保存有开始部分的，都有“黑水属”三字，这不仅明确了文书形成的地点，也确定此文书中首领是“黑水”属下的一员。

后面记首领名字。首领是军溜的首长，是军溜的灵魂，是军籍文书中最重要的人物。上列No. 4196首领为律移吉祥有（[西夏文]），其他如No. 8371V首领为梁吉祥盛（[西夏文]），No. 4197V首领为嵬移西铁吉（[西夏文]），No. 4791首领为嵬移黑水盛（[西夏文]）。

接着记“正军一种纳　告”六字，这种写法在所有同类文书中皆同。西夏文与辅主、负担相对的正军，在西夏文中为[西夏文]“军、正”。因此这里的[西夏文]“正军”二字显然不是与辅主、负担相对的军抄中的正军，而应另有别意，很可能是正规军的意思。“正军一种”可能是属于正规军之意。“纳”即缴纳、登记之意，“告”即是向上报告。

2. 后面是“前自全军籍告纳”起止时间，即上一次这一军籍的登记报告时间段，一般是自上一年的六月一日始，至本年的五月底止，整整一年时间。如上列No. 4196记“天庆乙丑十二年六月一日始，至应天丙寅元年五月底”，其他如No. 7916记“乾祐辛亥二十二年六月一日始，至乾祐壬子二十三年五月底”；No. 8371V记“天庆丁巳四年六月一日起，至天庆戊午五年五月底”。这与上述《天盛律令》规定“国内纳军籍法：每年畿内三月一日，中地四月一日，边境六月一日等三种日期当年年交簿”相吻合。

西夏时期的版图基本上可分为以下三部分：一种是以首都中兴府为中心的“畿内”（也称为京师界），包括中兴府和附近“七种郡县”；另一种是边远地区的“边境”，又称为“地边”，主要指沙州、瓜州、肃州、黑水等地；其余地区为“中地”，是除去“京师界”和“地边”以外的广大中间地区。有时后两种又可统称为“边中”。[①]《天盛律令》往往依据这三种不同的地区规定对诸如官畜、谷物磨勘情况的上报，上缴物品的转运，文书的上传等所用时日的多少。此处规定每年畿内三月一日，中地四月一日，边境六月一日分别交簿即是其中一种。黑水城属边境地区，按法典规定每年六月一日登记交簿。根据《天盛律令》可以推论，若是畿内的军籍文书应是自上一年的三月一日始，至本年的二月底止，若是处于中间地带的地中，则应是自上一年的四月一日始，至本年的三月底止。

后面说明一年来此军籍内人员等有无变化，主要指有无死亡、减员或新增军丁。若无变化则记录“无注销”、“已定”。

笔者还很幸运地在上述军籍中发现了同一军溜前后两年的文书，即No. 4196应天丙寅元年（1206）军籍和No. 4926-4应天丁卯二年（1207）军籍。这两件文书同一首领，同为4抄，装备相同，人员相同，只是时间相差一年，在第二件文书中每人增加了一岁。这更加

---

① 《天盛改旧新定律令》第九“事过问典迟门”，第318页，第十四“误殴打争斗门”，第485页；第十七“库局分转派门”，第525页。参见史金波《西夏社会》，上海人民出版社2007年版，第706—707页。

明白地证实西夏地方确实按法典规定每年一度查检、勘合、登录军籍。

3. 后面有一数字，或数字后加一“种”字。开始不知何意。后再三揣摩，才知这一数字原来是记全溜正军数、官马数、甲数、披数、印数、辅主数相加之和。上列 No. 4196 记“十一”，即正军 4 + 官马 2 + 甲 1 + 披 1 + 印 1 + 辅主 2 = 11。又如 No. 8371V 记“三十种”，即正军 6 + 官马 4 + 甲 1 + 披 1 + 印 1 + 辅主 17 = 30 种。将这些不同类属事物相加，可能是当时申报、登记的一项要求，大致地反映了一个军溜的实力。在其他记录军抄人马装备的军籍中也有这种总和数字。

以上是一般的、正常的军籍文书的总述，也有的文书与此有所不同。主要是总述字数多，内容复杂。上述一般文书的总述在 50 字左右，而另外少数军籍文书总述的字数多达 190 字左右。如 No. 4791、No. 4201 和 No. 4926 - 12。这 3 件文书有一个共同的特点，即它们不是像其他军籍文书那样是从第一年至第二年中间整整是一年的时间，而是中间相隔两年或三年。No. 4791 记为“天庆癸亥十年六月一日始，至应天丙寅元年五月底”，中间隔天庆甲子十一年、天庆乙丑十二年和应天丙寅元年，共三年时间。而 No. 4201 和 No. 4926 - 12 两件总述中记载时间为“应天丁卯二年六月一日始，至应天己巳四年五月底”，中间隔应天戊辰三年、应天己巳四年，共两年时间。可能因为没有按西夏法典规定每年登记上报一次，而是住滞时日，属于往年漏报现象，故需在总述中增加说明和检讨性的文字，因而扩大了篇幅。

（二）人员和装备

第二部分是各抄人员及其装备详细情况。

1. 首先记录此军籍各抄人员装备类型，即有几抄是马、甲、披三种装备都有，几抄只有马，几抄三种装备都没有。用分行或一行形式表示。如 No. 4196 分三行表示：

一抄有三种
一抄有马
一抄无有

又如 No. 7916 则用一行记：

一抄有三种　一抄有马　一抄无有

2. 此后具体登录各抄人员装备情况，一抄一抄逐项登录。每一抄第一行前两个字是“一抄”二字开始，然后登录该抄总的情况，包括每抄首领或正军姓名、该抄人员人数以及装备情况，是三种装备都有，还是有两种、一种，或三种都没有。若有马，还要在此行最后标出马的颜色。第一抄最重要，一方面他登录的是该溜首领所在的抄，地位重要；另外一方面此抄首领也是此抄的正军，其装备往往最好、最全，多是马、甲、披全都有。如 No. 4196 记：

一抄首领律移吉祥有，单人，有三种　马？

即此抄首领姓律移，名吉祥有，系无辅主的单人，马、甲、披三种全有，标明马颜色的字残。又如 No. 8371 记：

一抄首领梁吉祥盛，人员十人，有三种　马花

即此抄首领姓梁，名吉祥盛，全抄共有 10 人，马、甲、披三种全有，马为花色。再如 No. 4197 记：

一抄首领嵬移西铁吉，人员二人，有三种　马栗

即此抄首领姓嵬移，名西铁吉，全抄只有 2 人，马、甲、披三种全有，马为栗色。

各文书中第二抄及其以下各抄除没有“首领”二字外，与第一抄内容相同。如 No. 4196 记：

一抄律移吉祥酉，人员二人，有马一种　花

即此抄正军姓律移，名吉祥酉，全抄有 2 人，只有马，为花色。No. 8371 第二抄记：

一抄梁恩兴吉，人员三人，有马一种　栗

该抄正军为梁姓，名恩兴吉，全抄共有 3 人，有 1 匹栗色马，没有甲、披。第三抄记：

一抄梁盛功酉，人员三人，无有

该抄正军名梁盛功酉，共有 3 人，马、甲、披全无有。

有时也出现两抄合在一起登记的情况，如 No. 4197 共有 3 抄，除第一抄外，第二、三抄合在一起记为：

二抄单人无有　李兆儿　六十五　酩布阿犬　七十九

此二抄都是只有一个人，且马、甲、披全无，这样简单的抄看来可以合并在一起填报。

下一行登录正军名字和年龄。因在前一行中已有正军姓名，故在此行中省略姓氏，只有名字。正军的年龄以数字表示。如 No. 4196 记“正军吉祥有　八十二”，即此抄正军是吉祥有，省略了姓氏“律移”，他已 82 岁；又如 No. 8371 记“正军吉祥盛　六十五”，即此抄正军是吉祥盛，省略了姓氏“梁”，他 65 岁。又如此文书第二抄记“正军恩兴吉　四十九”，即此抄正军是恩兴吉，省略了姓氏“梁”，他 49 岁。

3. 此后若有甲、披，则详细登录甲、披的形制，分别录甲、披各部位名称和数字。甲、披部位名称不同，如甲中有“胸五、背六、胁三”等，披中有“麻六、项五、肩一”等。

数字应是甲、披片的数量。甲、披的后面还记有“更兜、关子、铁索、裹节袋等全”、“结铁、毡里结袋等全”，这些可能是甲、披的附属装备。如上列No.4196记番杂甲4行，番杂披2行。“番”为族称，音［弥］，即指党项族。又如No.7916记：

番杂甲：胸五、背六、胁三、结连接八、衣襟八、末?、臂
普护十、手头护二、项遮一、独目下三、喉一、衣
裙十二、更兜二、关子三、铁索五、裹节袋绳索等全
番杂披：红丹色麻六、项五、肩一、胸三、喉嗓……
末十、罩二、马头套等全

4. 再后若有辅主的要登录辅主数量、人名和年龄。辅主中有强弱之别的要细分强儿，弱儿，然后再逐一列辅主的人名和年龄。人名多只写名字，不记姓氏。可能是同一抄内辅主往往与正军同一家族同姓的缘故。如上列No.4196第一抄无辅主，第二抄有辅主，记为：

辅主一强　有宝　二十五

即此抄有辅主1名，为强壮者，名有宝，年龄25岁。其姓氏应是与同抄的正军相同。其正军姓名为律移吉祥酉，有宝也应姓律移。又如No.7916第一抄有辅主，记为：

辅主二强　羌吉　五十　羌乐　五十七

即此抄有辅主2名，皆为强壮者，一名羌吉，50岁，一名羌乐，57岁。他们的姓氏也应是与同抄的正军（该军籍的首领）相同，但因记载此首领姓氏的两处皆残失，故难知其姓氏。

（三）朱点和押印

这类军籍文书的很多文字旁边画有朱点，从较完整的军籍文书看，要画三五十点。一般点在较为重要的文字上，如军籍文书的项目、每抄的开始部分、正军和辅主的人名、甲和披的部位等，一般年龄、数字不点。朱点的部位并不十分严格，有一定随意性，甚至有时没有文字的地方也画朱点。这些朱点可能是校对、审阅时所加。

每件军籍文书都押有朱印，印面方形。已见印文边长在5厘米多至6厘米左右。如No.4926-3，边长5.6厘米；No.4926-4，边长5.8厘米；No.4926-5，边长5.9厘米；No.5944-1，边长6.6厘米；No.4727-1，边长5.2厘米。印文多为西夏文𗂧𗪘“首领”二字的篆书，上下读。在已见的军籍文书中一般押印不止一次，而是在同一文书中多次押印，有时是四方印，甚至更多。如No.4196共押6方印。印押在文书的卷首、卷尾，有时在卷中也有押印。No.4196就是卷前、中、后部各有两方印。这应是登录完成后该首领按规定用印，表示申报完成，内容属实。但有的印文上下倒置，可能是押印时马虎所致，如No.4926-5应天己巳四年军籍文书后的3方印文皆为倒置。

汉文文献中曾记载宋、夏交战时宋朝军队多次缴获西夏印章。如宋仁宗康定元年

(1040) 环庆副都部署任福等攻克西夏白豹城，“擒伪张团练并蕃官四人、麻魁七人，杀首领七人，获头级二百五十、马牛羊橐驼七千一百八十、器械三百三、印记六”。[①] 元丰八年(1085) 宋知太原府吕惠卿“遣将邢佐臣、折克行、訾虎以蕃、汉步骑二万二千出左厢，……斩首六百余级，凡首领十三人，获铜印十四颗”。[②] 元祐七年 (1092) 记宋军“诸将下共斩获七百余级，夺到马六百余匹……及夺到监军已下铜印共二十四面，伪国母梁氏随行衣服龙牌等”。[③] 根据斩获人员分析，所获印多数是首领印。近代又出土和发现了不少西夏文印，其中绝大部分是铜质首领印，至少有 100 余方，皆为方形，印文边长多在五六厘米之间，个别有稍大者。[④] 出土的西夏法典《天盛律令》对西夏官印大小、重量有明确规定。其中首领印属最下层的印，重量最轻、边长最短，“铜重九两”，边长“一寸七分”[⑤]，也约合五六厘米。

上述军籍文书所用首领印看来与已发现的西夏文首领印印文大小、形制相近，可相互印证。这是我们第一次见到出土文物中的西夏文首领印在西夏应用文书中的实际使用。就西夏文首领印来说，汉文文献、西夏文文献、出土文物和实际用印文书都能相互系连印证，实属难得。

也有个别军籍文书的印文不是首领印，如 No. 4197 共有 4 方印，皆不太清晰，3 方有不同程度的残损，下部两方从边长较短看，似为首领印。上部两方印从可见到的印文看，不是二字首领印，可能是四字印，边长也较首领印长，约 7 厘米，约合 2 寸。按《天盛律令》规定，这样的印要比首领印高出两个等次，相当中等司或下等司的印。这种印可能是黑水城监军司所属首领的上级推检后用的印。

(四) 签署

军籍文书的签署分卷尾签署和卷背签署两部分。

1. 每件军籍文书登录完成后，在卷末都记有时间和相关人员签名。前面是文书的内容主体，此部分是文书的结尾。在文书末尾照例要登录时间，记当年年号、甲子、年数和月份。如上列 No. 4196 记“应天丙寅元年六月”，其他如 No. 7916 记“乾祐壬子二十三年六月”，No. 8371 记“天庆戊午五年六月”，No. 4197 记“天庆庚申七年六月”，No. 4926－4 记“应天丁卯二年六月”。凡有结尾的文书皆登录为六月，因为按《天盛律令》规定像黑水城这样的边境地区军籍登记六月一日要完成并上交簿册。

在登录日期的同一行后是首领签名，只写名字而省略姓氏。如上列 No. 4196 卷首记首领名字为律移吉祥有，但卷尾的签名仅残留 1 字“吉”，残失“祥有”二字。又如 No. 8371 记首领吉祥盛，与卷首相比，省略了姓氏梁字。

---

① 《续资治通鉴长编》卷 128，仁宗康定元年 (1040) 九月壬申条。

② 《续资治通鉴长编》卷 354，神宗元丰八年 (1085) 四月戊寅条。

③ 《续资治通鉴长编》卷 479，哲宗元祐七年 (1092) 十二月壬申条。

④ 史金波、白滨、吴峰云:《西夏文物》，文物出版社 1988 年版，图 144—183；参见史金波《西夏度量衡刍议》，《固原师专学报》2002 年第 2 期。

⑤ 《天盛改旧新定律令》第十“官军敕门”，第 357—359 页。

最后是文书登记专职人员——主簿的签名，写“黑水属主簿×××××”，负责登记的主簿有时是一人，有时是两人。如 No. 8371：

黑水属主簿命屈心喜奴
黑水属主簿命屈驮疤奴

已见的军籍文书主簿以命屈心喜奴、命屈驮疤奴两人名字为最多。命屈是党项族姓氏。

主簿是“纳簿增籍”、登录军籍的执笔者。据《天盛律令》规定“各部主簿者应将实在主簿、司吏依类分遣各地，各种类勿相杂混，不允使不称职者任主簿”，又具体规定“国中各种部类主簿派遣法：一百抄以内遣一人，一百抄以上一律当遣二人”。[1] 据此规定看，出土军籍文书所记主簿多是命屈心喜奴、命屈驮疤奴二人（或其中 1 人），他们负责登记的抄数应超过 100 抄。不是这二人经手，而以其他主簿经手的军籍应该是负责另外的军抄登记。

多数军籍文书在最后都有大字签署，这些大字要比文书中的字大得多，一般一个字要占十多个字的面积，而且都是更难识别的连体草书，经反复比对、斟酌方可译出。这些字多为数字，有的是数字加“日”字，大约是更高一级官员审阅签署的时间。如 Инв. No. 7916 为[illegible]“八日”，Инв. No. 4791 [illegible]“七日”，Инв. No. 4926－4 为[illegible]“十八”。在这些日期签署下为粗笔画押。从西夏文字字体和画押看，有的不同军籍是同一人的手笔。如 Инв. No. 7916 和 Инв. No. 4926－4，Инв. No. 4926－3 和 Инв. No. 5944－1 皆为同一人书写。

2. 这类军抄文书有一个特点，就是在背面还有文字签署和画押。这种签署多在背面的最后部分，也即文书卷首的背面。因此凡保存有卷首的则可见背面有这种签署、画押，若残失了卷首的则见不到这种签署、画押。由于正反面文字透墨的原因，这类背面的签署、画押往往与文书正面卷首文字相浸洇叠加，使原本难读的草书更加大了释读的难度。

这类签署、画押多为 4 行，第一行是两特大字，应是衬蜶二字。第 1 字“搜、检”意，第 2 字音“毕、竟”意。两字为“检毕”意，即检验完毕。两字下为粗笔画押。第二行 4 字，多残损，4 字完整的极少，第一字应是字，有“一、都”等意，如[illegible]（都案），又做已行体前缀。其余三字未解。后面也是画押。第三行最多的可见 8 字，第一二字为[illegible]，两字在西夏文—汉文对照词语集《番汉合时掌中珠》中出现，译为“案头”。案头是西夏政府的吏员，比都案小。后面几字应是该案头的名字。其下也有画押。第四行约有六七字，暂无解。这大概是主簿以上更高的官吏来审核总的签署和画押，是由确定完成了这一军溜军籍登记的最后手续。

三　人员和年龄

黑水城发现的此类军籍文书都是以西夏军队基层一个首领及其辖下的所有军抄为单位进行登录的。上述汉文文献记宋朝军队与西夏军队交战上报战况、战功时，其中就有斩杀首领若干，获印若干的记载。

---

① 《天盛改旧新定律令》卷六“纳军籍磨勘门”，第 257 页。

首领的官职有多大，汉文文献未作明确解释，不十分清楚。西夏法典《天盛律令》多次有西夏军队最基层的负责人“首领”的记载，但也未明确载明首领所辖人数。通过黑水城出土的这类正式登记入册的军籍文书，可以知道一个首领所辖军抄多则十几抄，甚至二三十抄，少则几抄，其军卒人员少则几人，多则数十人。可以说西夏首领在军队中的官职很小，大致相当于现代的连排长之类。

所见黑水城14件有年号的军籍中，大体完具者有8件。另英国大英图书馆所藏西夏文文书中也有3件军籍文书有年号，较为完整。为使读者能通过这些文书的内容较为清楚、直观地了解各溜人员、装备状况，现将俄藏黑水城出土文献中有年号各军籍有关人员内容列表于下：

编号	文献号	完损状况	人数	首领数	正军数	辅主数		
						共	强	弱
1	No. 7916	全①	9	1	5	4	4	
2	No. 8371	全	23	1	6	17	16	1
3	No. 4197	全	4	1	3	1	1	
4	No. 4926 – 2	前残	19	1	8（存）	11	11	
5	No. 4926 – 3	前残	16	1	8（存）	8	8	
6	No. 5944 – 1	全	25	1	9	16	16	
7	No. 4791	全	12	1	4	8	7	1
8	*No. 4196*	全	*6*	*1*	*4*	*2*	*2*	
9	*No. 4926 – 4*	全	*6*	*1*	*4*	*2*	*2*	
10	No. 4201	全	13	1	3	10	10	
11	No. 4926 – 12	后残	21	1	21（实存18）	14	14	
12	No. 7553 – 1	前残						
13	No. 4727 – 1	前残			2（存）	2	2	
14	No. 4926 – 5	前残			2（存）	2	2	

前述已知No. 4196和No. 4926 –4（表中为小号斜体文字）系同一军溜不同年份的军籍，因此较完整的不同溜军籍有7件。分析这些文书可以看到黑水城监军司属下军溜的一些情况：

1. 每一首领下所辖军抄不等，从较完整的7件看，有2件3抄，2件4抄，1件5抄，1件6抄，1件9抄。以上7溜共34抄，平均每溜接近5抄。又见No. 4926 – 12和No. 7553 – 1两件（表中为小号楷体文字）前者只有卷首，后者存卷尾，两者年款相合，字迹相同，纸张高度基本一致，特别是No. 4926 – 12卷端的首领名为[illegible]（嵬移那征乐），No. 7553 – 1卷末的首领名记[illegible]（那征乐），名字相同，两者似是同一件文书。

① 此类军籍文书或多或少都有不同程度的残损。这里的“全”指文书基本完整，反映军溜各抄人员、装备情况。有的虽有部分残损，但仍能反映各抄基本情况，也视为“全”。

No. 4196 -12只存卷端总述，其中记正军21，当有21抄，这是一个较大的军溜。此总述记有官马1，甲、披各1，而No. 7553 -1存18抄，有人数33人，存甲、披各1，但官马存10，与No. 4196相差甚远。若推测No. 7553 -1所缺3抄中首领有1马，则为11马，可能No. 4926 -12总述中错将“十一”记成了“一”。

在残失年号的军籍中发现了一件军抄很多的文书。No. 1755 -2军籍残失卷首和正文的主要部分，仅保留了总述的一部分内容①，记有：

……

五年五月底止。无注销。已定。　一百七十八种

正军三十九

官马二十八

甲十

披十五

印一

辅主八十五

强八十一

老三

弱一

……

此溜共有39抄，正军加辅主共124人，这是我们见到记载士兵人数最多的军籍，是十分罕见的。无年号军籍中还有4件存有10抄的内容。总的来看，已见的军籍多数只有几抄或十多抄，规模偏小。

2. 军籍文书表明，每一抄都有1名正军，此外还有辅主。西夏文文献中“正军”为□□，两字分别为“军”、“正”意；“辅主”未见汉文文献记载，西夏文为□□，两字分别为“辅”、“主”意。西夏文《文海》对□字注释：“辅者军辅也，辅主也，正军之佑助者也。”② 辅主还分为强弱两种，有的还分为强、幼，有的则分为强、老、幼。每一军溜人数是各抄的正军加辅主的总和（首领与第一抄正军为同一人），差别较大。上述两件3抄者分别为4人、13人，2件4抄者分别为6人、12人，1件5抄者为9人，1件6抄者为17人，1件9抄者为25人。最多的是9抄25人，最少的是3抄4人。以上共34抄，共86人，平均每抄约2.5人。另有很多抄只有正军，没有辅主，成为“单人”（西夏文□□，意“人、独”，译为“单人”）抄。从已见的各抄情况看，大多抄的人员偏少。有个别的抄辅主很多，如No. 8371第一抄正军（首领）有辅主9人，其中8强，1弱，连同正军共10人。根据

---

① 此件总述残留一行，其中有“五年五月底止”，前一行存左部的部分残笔，内容和残笔推补可能是应天庚辰五年的军籍。

② 《文海》第32页1面2行，原文见《俄藏黑水城文献》第7册，第136页。译文见史金波、白滨、黄振华《文海研究》，中国社会科学出版社1983年版，第441页。

《天盛律令》规定，抄中丁多者可以分抄：

> 住八丁以上者，正军亦实不乐在同抄，四丁当合分抄。其中有馀，则当留旧抄组，若旧正军自愿，亦可随新抄后。人员八丁以下现有六七丁者，正军自愿，亦许分抄。其中案头、司吏者，人员有四丁以上者，正军乐许，亦二丁当合分抄。①

抄中丁多可以分抄，但需正军自愿。换言之，若正军不愿，亦可不分抄。看来此军籍人员已达10人尚未分抄，也是允许的。但这种情况在其余军籍中并不多见。

3. 军籍中人员的人名后都记录了该人的年龄。可据此大致分析黑水城地区的军卒的年龄状况。以最早的文书No. 7916为例，此件首领的年龄残失，其余有年龄者共7人，年龄分别是50、57、58、108、108、118、77岁，平均年龄82岁。这里引人注目的是有3位100岁以上的老人，记载是否可信。《五代史》记载党项人以长寿著称："党项……其人多寿，至百五十、六十岁。"② 此说可能有些夸张，但当时党项人寿命较长的说法，已传播至中原。黑水城出土其他军籍文书中也有超过100岁的老人。No. 8371有19人记有年龄，分别是66、65、48、49、45、30、29、70、49、26、27、45、43、42、32、59、23、22、97岁，小于30岁及以下者6人，31—40岁者1人，41—50岁者6人，51—60岁者1人，61—70岁者3人，另97岁者1人。平均年龄45.6岁，其中青壮年比例稍多。No. 4197有3抄4人皆记有年龄，分别是44、63、65、79岁，平均年龄62.7岁。No. 5944-1有9抄19人记录有年龄，分别为46、46、50、56、47、48、37、33、29、46、56、46、40、53、77、72、100、35、37岁。其中一人年龄首字为"五"，后残，应是50岁或以上者，暂按50岁计；又有一人年龄存"一百"二字，应是100岁或以上者，按100岁计。此溜平均年龄50.2岁。No. 4196有6人皆存有年龄，分别是82、58、25、36、34、99岁，平均年龄55.7岁。No. 4201有13人皆记有年龄，分别是103、42、23、24、59、40、59、41、33、30、27、25、19岁，平均年龄40.4岁。

不难看出，这些军籍中记录的军人年龄，青壮年比例低，老年比例高，其中不乏八九十岁，甚至上百岁者。

关于西夏军丁的年龄，汉文文献有所记载，宋曾巩《隆平集》载西夏"凡年六十以下十五以上，皆自备弓矢甲胄而行"③。又《续资治通鉴长编》记"泾原等路谍报西贼集结举国人马，七十以下，十五以上，取八月半入寇绥州，及分兵犯甘谷城"④。西夏《天盛律令》规定：西夏"年十五当及丁，年至七十入老人中"⑤。

《天盛律令》规定70岁以上者应入老年行列。可上述68人中70岁以上的老人竟有11人之多，占16%以上。从军籍文书看到最小年龄是19岁。以上68人中，30岁以下者13人，仅占19%，而20岁以下者仅有1人，这似乎很不正常。是否当时为了躲避参战，出现

① 《天盛改旧新定律令》卷六"纳军籍磨勘门"，第259页。

② 《旧五代史》卷138《外国传二》。

③ （宋）曾巩：《隆平集·西夏传》，文渊阁四库全书本，第9页。

④ （宋）李焘：《续资治通鉴长编》卷214，神宗熙宁三年（1070）八月戊午条。

⑤ 《天盛改旧新定律令》卷六"抄分合除籍门"，第262页。

了年轻人瞒报漏登的现象。但观《天盛律令》为防止脱免对瞒报有很严厉的处罚，而且对未成丁的少年也要求注册：

> 新生子男十岁以内，当于籍上注册。若违律，年及十至十四不注册隐瞒时，隐者正军隐一至三人者，徒三个月；三至五人者，徒六个月；六至九人者，徒一年；十人以上一律徒二年。首领、主簿等知情，则当比正军罪减一等；不知情者不治罪。
>
> 新生子当注册者中，年十五以上不注册隐瞒时，其正军之罪：隐一至二人者，徒四年；三至五人者，徒五年；六至九人者，徒六年；十人以上一律徒八年。及丁，籍册上犹著年幼者，当比丁壮不注册罪减一等。彼二种首领、主簿知晓隐言者，则当比正军罪减一等，不知情者不治罪。①

总之，军籍中严重缺乏青年人的现象十分突出，值得进一步探讨。

首领是基层军官，正军是各军抄的主要战斗成员，他们的战斗力是军队的重要标志。有年号的军籍中记有正军年龄者有 65 人，年龄分别是 58、108、74、66、49、45、32、47、97、44、65、79、118、46、45、25、94、49、69、42、37、36、49、43、28、33、46、47、33、29、40、77、35、83、59、37、100、100、51、62、49、113、59、59、50、59、48、66、43、40、54、73、60、61、47、82、68、29、35、43、49、34、44、32、37 岁，平均年龄为 55.6 岁。其中有 6 件保存着首领年龄，分别是 66、44、46、100、83、113 岁，平均年龄 75.3 岁。正军平均年龄接近花甲，12 人年逾古稀；首领平均年龄超过古稀，80 岁以上者 3 人，占 50%。看来西夏的军丁新生力量严重不足，整体年龄过高。这样多耄耋老人做首领或正军，不要说行军打仗，就是在家里生活恐怕还得要家人照顾。

4. 军籍文书中记录了大量军丁的姓名，可以由其中的姓氏分析军人的民族成分。西夏以党项族为主体民族，党项族姓称为“番姓”，绝大多数是双音节姓氏。在上述军籍中，可见到的双音节党项族姓氏有耶和 13 人，嵬移 11 人，讹啰 8 人，律移 6 人，地宁 3 人，兀那 2 人，鲜卑 2 人，山讹 2 人，罗瑞、酩布、名嵬、蠕蠕、鲁奴、讹名等各 1 人。另有梁姓 4 人。西夏惠宗、崇宗两朝皆曾皇太后梁氏掌权，鼎力实行番礼，一般认为梁氏为党项族。有的虽是单音节姓，但似是番族，如多姓。另有的姓氏似为汉姓，如李、赵、吴、范、宋等，但他们所占数量很少，皆只 1 人，有的还具有非汉族常用的名字，如范那征吉。可以看到至少党项族占绝大多数，且各首领无例外的是党项族，应该说，这里的军卒基本是由党项族构成。联系到已发现的几十件军籍文书都是这种民族结构，可以推论黑水城当地军队基本上是一支党项族部队。而且这些军籍皆用西夏文书写，至今尚未见到一件用汉字书写的军籍文书，也可作为当地军队民族成分的参考。

看来西夏军籍反映的西夏晚期黑水城地区的基层军事组织情况是首领军力偏小，抄的人员偏少，军丁年龄偏老。历史文献记载西夏男子全民皆兵，西夏前期军队人强马壮，组织严密，战斗力很强，但上述西夏晚期黑水城地区军籍反映的军队“三偏”现象，特别是军队的精英和主要战斗力的首领和正军年龄过高，很多人难以率兵参战，表明该地军队质量大幅

① 《天盛改旧新定律令》卷六“抄分合除籍门”，第 262 页。

度下滑，战斗力大大减弱。

四　装备

关于西夏军队的装备，汉文史籍有较为详细的记载：

> 凡正军给长生马、驼各一。团练使以上，帐一、弓一、箭五百、马一、橐驼五，旗、鼓、枪、剑、棍棓、炒袋、披毡、浑脱、背索、锹镢、斤斧、箭牌、铁爪篱各一。刺史以下，无帐无旗鼓，人各橐驼一、箭三百、幕梁一。兵三人同一幕梁。幕梁，织毛为幕，而以木架。①

这里记团练使以上装备很细致，基层士兵装备涉及较少，只记正军给长生马、驼各一，三人同一幕梁。西夏法典记载得更为详尽，在《天盛律令》第五有“军持兵器供给门”、“季校门”，第六有“官披甲马门”，都用大量的篇幅规定西夏军队的装备及其供给、查校、保管条款。在“军持兵器供给门”对各部门军人的装备都分门别类记述，如对各种独诱②类属和牧主、农主的战具记载甚详：

> 各种独诱类属：
>
> 战具：
>
> 正军有：官马、甲、披、弓一张、箭三十枝、枪一枝、剑一把、长矛杖一枝、全套拨子手扣。
>
> 正辅有：弓一张、箭二十枝，长矛杖一枝、拨子手扣全套。
>
> 负担有：弓一张、箭二十枝、剑一把、长矛杖一枝等当发给，一样，若发弓箭，则拨子手扣亦当供给。
>
> ……
>
> 牧主
>
> 正军有：官马、弓一张、箭六十枝、箭袋、枪一枝、剑一柄、囊一、弦一根、长矛杖一枝、拨子手扣全。
>
> 正辅主有：弓一张、箭二十枝、长矛杖一枝、拨子手扣全。
>
> 负担：弓一张、箭二十枝、长矛杖一枝、拨子手扣全。
>
> 农主
>
> 正军有：官马、剑一柄、弓一张、箭三十枝、枪一枝、囊一、拨子手扣、弦一根、长矛杖一枝。
>
> 正辅主：弓一张、箭二十枝、拨子手扣全、长矛杖一枝。

---

① 《宋史·西夏传》卷486。

② 西夏文为[illegible]，分别为“独”、“诱”意，大约指有正式资格的军人。

负担有：弓一张、箭二十枝、拨子手扣全、长矛杖一枝。[1]

上述规定中正军有官马、甲、披，但牧主和农主的正军却只有官马，没有甲、披。总的来看西夏士兵的装备齐全、实用，作战时以正军战斗为主，辅主和负担辅助，利于战斗。黑水城出土的军籍文书对每一首领所辖军人是否有官马、披、甲都有明确登录。有官马者还要记明马的有毛色，以突出特点，可能为了避免与私马调换。《天盛律令》明确规定：

校验时官马以私马代验者，当罚私马为官马。其交验官马者前需补偿马，则当以此私马代补偿，徒三个月。前著籍官马现有而以弱代替验校，则所验马当由另外无马军卒请领，当于校状上注册给予。[2]

《天盛律令》对甲、披的形制也有非常具体的规定：

甲者，胸五，头宽八寸，长一尺四寸；背七，头宽一尺一寸半，长一尺九寸；尾三，长一尺，下宽一尺四寸，头宽一尺一寸；胁四，宽八寸；裾六，长一尺五寸，下宽二尺四寸半，头宽一尺七寸；臂十四，前手口宽八寸，头宽一尺二寸，长二尺四寸；独目下四，长八寸，口宽一尺三寸；腰带约长三尺七寸。

披者，［河］六，长一尺八寸，下宽三尺九寸；颈五，长一尺五寸，头宽一尺七寸，下宽九寸；背三、长九寸，下宽一尺七寸；喉二，长宽同六寸；末尾十，长二尺八寸，下宽二尺九寸，头宽一尺七寸；盖二，长七寸，下宽一尺，头宽八寸。[3]

对甲和披分部位作了详细规定，每一部位后面的数字应是甲、披叶片的数量，如“胸五”，即胸部有5片甲片。后面接着记宽和长，大约是胸部5片甲片总的大小。其他如甲中的背、尾、胁、裾（襟）、臂、腰带，披中的颈、背、喉、末尾、盖等都有类似记载，但有些部位为何，至今难解，如甲中的[illegible]“独目下”，披中的[illegible]“河”，都暂如上译。

甲、披都是西夏军队的重要战具。《天盛律令》记载：

披、甲、袋，应以毡加褐布、革、兽皮等为之，有何用一种，务求坚牢做好。[4]

军籍文书对披、甲的记载较为简明，只登录部位和叶片数量，而省略了长、宽的具体尺寸。前已录出No. 4196和No. 7916两军籍首领的甲、披情况。分析更多的军籍中甲、披的记载可知，西夏军籍文书不仅省略了各部位的长、宽尺寸，在部位项目上也与《天盛律令》不同，如甲中增加了“结连接”，“更兜”，“关子”、“铁索”等，而未记“腰带”，“臂”

① 《天盛改旧新定律令》卷五“军持兵器供给门”，第223—225页。
② 《天盛改旧新定律令》卷五“季校门”，第238页。
③ 《天盛改旧新定律令》卷五“军持兵器供给门”，第229—230页。
④ 同上书，第228页。

则有时记为“臂普袋”；披增加了“马头套”。

《天盛律令》规定对马、甲等一定要注录于军籍，否则当给予处罚：

> 正军、辅主、负担之著籍官马、坚甲应依籍点名检验。其中正军、辅主新请领取官马、坚甲，有应注籍而未著籍者，按数有注册则依注册校，无注册则当分析按状上校验。不校而隐瞒者，正军、辅主之已向局分处告，且已减除，隐瞒者及不校者一律徒一年。未行注册而隐瞒者，应依第六卷未著籍罪不入注册之罪状判断，其披、甲、马三种未行已行注册，一律一种徒三个月，二种徒六个月，三种徒一年。①

《天盛律令》还规定对披、甲、马三种要加以保护，不许短缺、损毁、调换、借出、典当。如有违反，不但要依律补偿，还要给予处罚。②

军籍文书表明马、甲、披不是所有正军都有，只有一部分正军才有，有的三项都有，有的只有一二项。作为首领，一般马、甲、披三种都有。现将有年号各军籍有关马、甲、披的内容列表于下：

编号	文献号	完损状况	人数	正军数	马	甲	披	印
1	No. 7916	全	9	5	2	1	1	1
2	No. 8371	全	23	6	4	1	1	1
3	No. 4197	全	4	3	1	1	1	1
4	No. 4926－2	前残	19	8（存）	4	1	1	1
5	No. 4926－3	前残	16	8（存）				
6	No. 5944－1	全	25	9	4	2	2	
7	No. 4791	全	12	4	3	2	3	1
8	No. 4196	全	6	4	2	1	1	1
9	No. 4926－4	全	6	4	2	1	1	1
10	No. 4201	全	13	3	1	1	1	1
11	No. 4926－12	后残		21（实存18）	1（实有10）	1（首领外有1）	1（首领外有1）	1
12	No. 7553－1	前残		18（存）	10	1	1	
13	No. 4727－1	前残		2（存）				
14	No. 4926－5	前残		2（存）				

由上表可知有马的正军不足一半，有甲、披的正军更少。马、甲、披配备的是否齐全，

① 《天盛改旧新定律令》卷五“季校门”，第239页。

② 同上书，第231—241页。

也是当时军队战斗力的重要标志。西夏晚期基层军兵缺少马、甲、披也表明西夏军力的削弱。

《天盛律令》除官马、甲、披外，战士还应根据不同的身份，有弓、箭、枪、剑、长矛杖、拨子手扣等，这些战具在军籍文书中没有登录，可能是因为这些武器价格较低，不必登录。在《天盛律令》中的查校、保护战具的规定中，也主要是针对马、甲、披而论。

结语

新发现的一批黑水城西夏军籍文书，首次展示出西夏军籍的原始文件，这也是中国中古时期军籍的首次亮相，它们不仅反映出西夏的基层军事组织的内容和特点，还透视出当时那一时代军籍的风貌。

通过翻译和初步研究这批西夏文军籍文书，深感这些文书中储存着西夏基层军事组织的极为重要的资料，对研究西夏的军事乃至社会都能提供前所未见的、鲜活的真实情况，学术价值非常高。可知西夏时期根据西夏法典的规定实行着严格的军籍登记制度，直到西夏晚期都在坚持军籍簿的正常登录、查验和签署。

西夏的军籍登记有一定的格式，依次登记首领名字、登录时间、总体情况，各抄正军、辅主的名字、年龄及装备情况，相关人员的签署等。文书格式规范，内容丰富，颇具特色。

以多种军籍，特别是较完整的军籍综合分析，看到西夏晚期黑水城地区的首领军力偏小，军抄人员偏少，军丁年龄偏老，军兵的装备较差的现象，表明该地军队质量下降，战力削弱。西夏军队在入侵的蒙古军队面前的脆弱和不堪一击，实早有其自身内部军力孱弱的因素。

附录一　图版

1. Инв. No. 8371 天庆戊午五年（1198）军籍

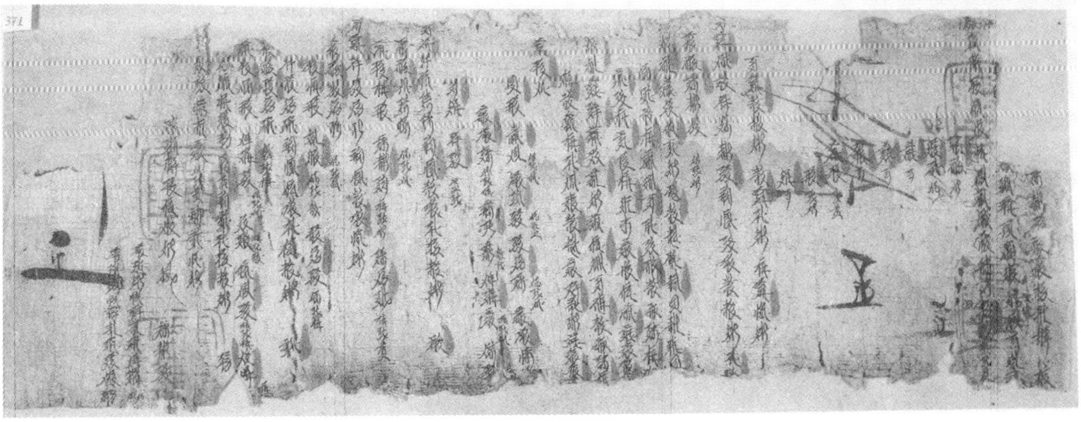

图 1－1　Инв. No. 8371 天庆戊午五年（1198）军籍（正面）

图 1 -2　Инв. No. 8371 天庆戊午五年（1198）军籍（背面）

2. Инв. No. 4197 天庆庚申七年（1200）军籍

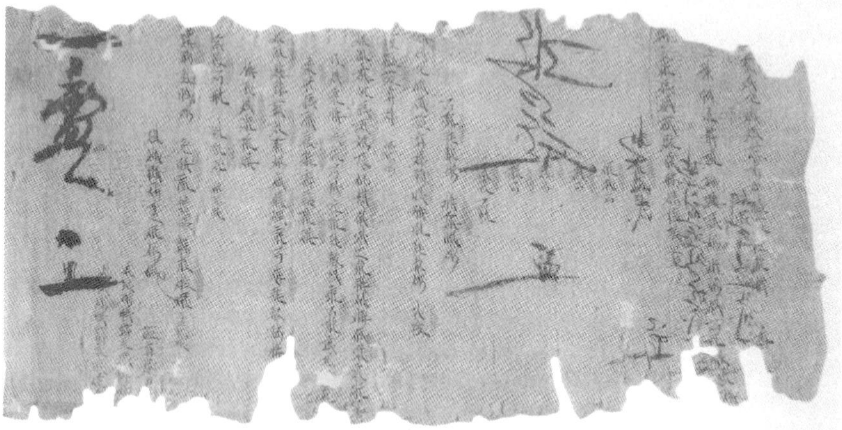

图 2 -1　Инв. No. 4197 天庆庚申七年（1200）军籍（正面）

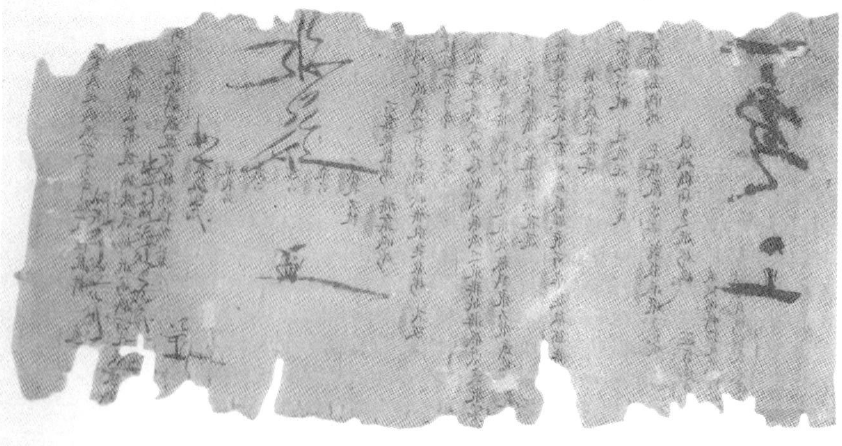

图 2 -2　Инв. No. 4197 天庆庚申七年（1200）军籍（背面）

3. Инв. No. 5944－1 天庆乙丑十二年（1205）军籍（局部）

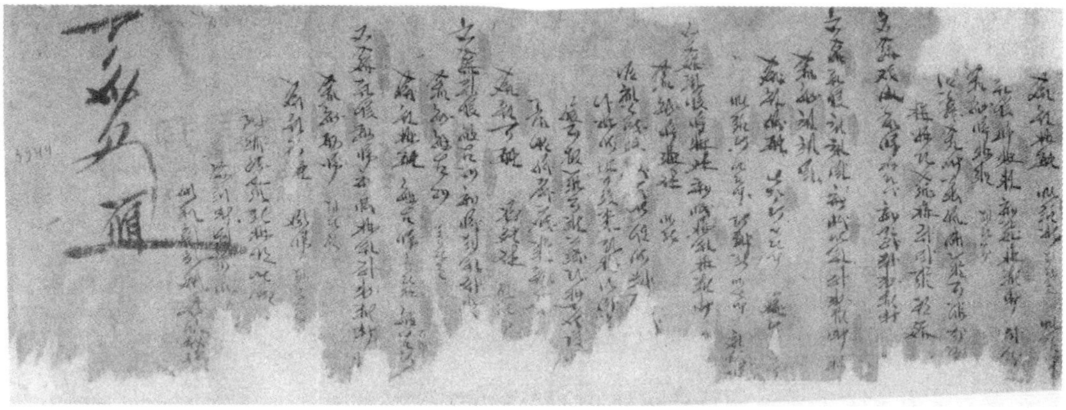

图 3　Инв. No. 5944－1 天庆乙丑十二年（1205）军籍（局部）

4. Инв. No. 4196 应天元年（1206）军籍

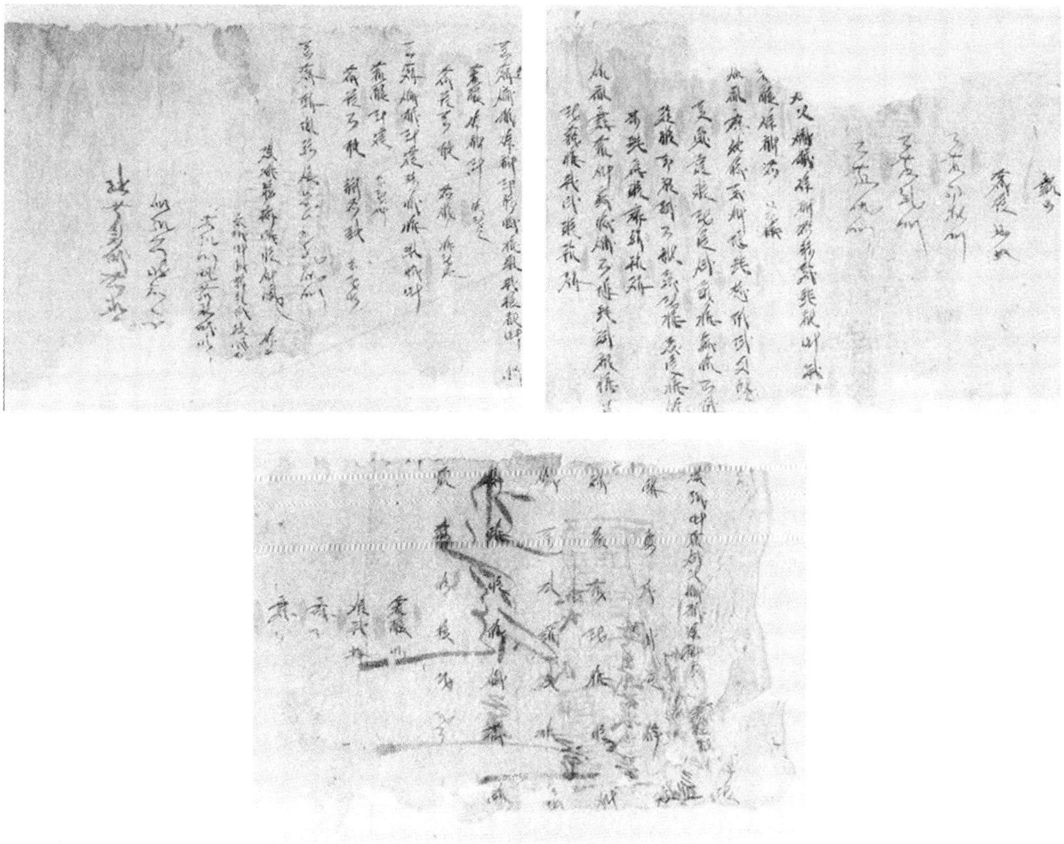

图 4　Инв. No. 4196 应天元年（1206）军籍

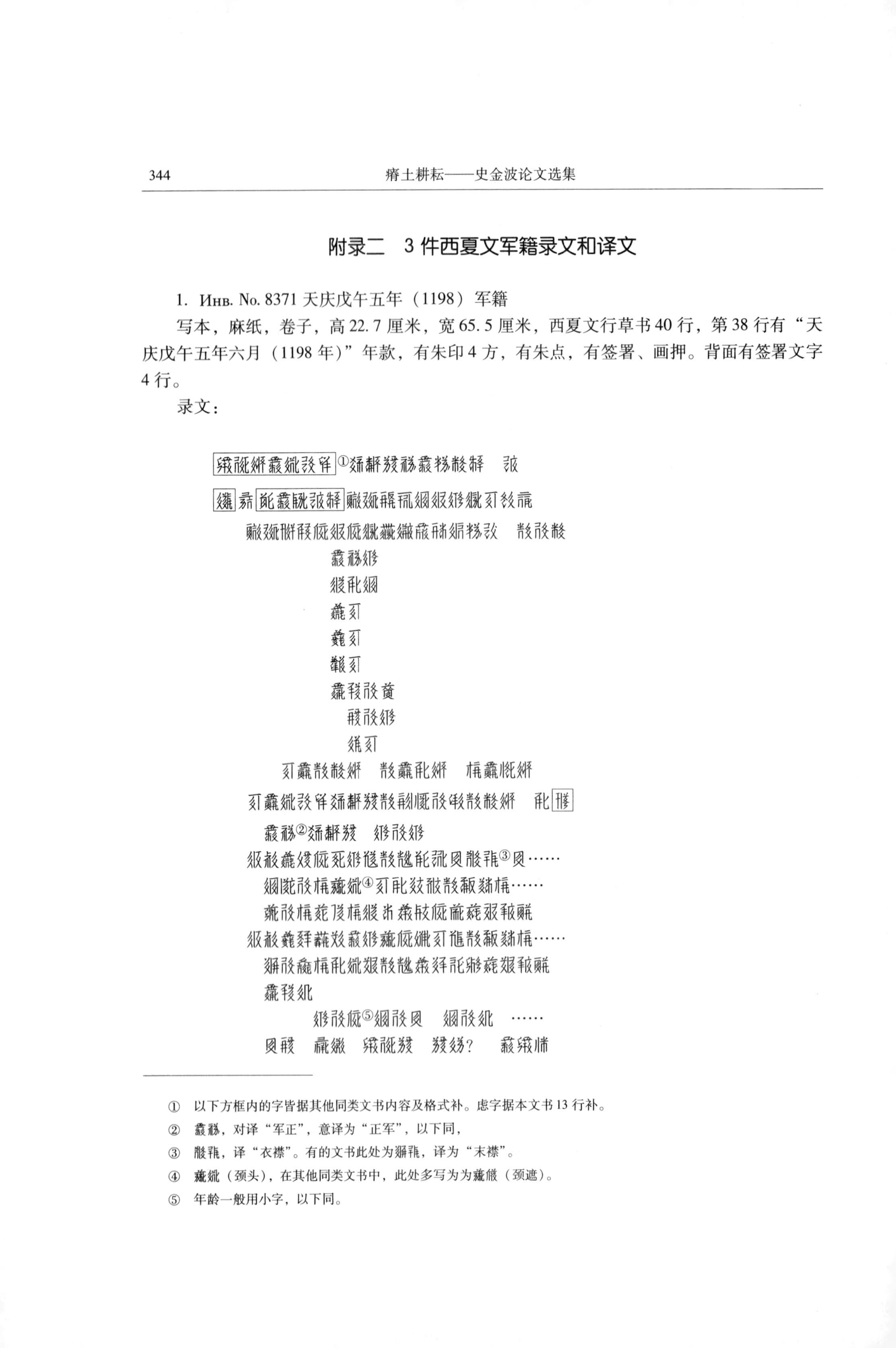

附录二 3件西夏文军籍录文和译文

1. Инв. No. 8371 天庆戊午五年（1198）军籍

写本，麻纸，卷子，高22.7厘米，宽65.5厘米，西夏文行草书40行，第38行有“天庆戊午五年六月（1198年）”年款，有朱印4方，有朱点，有签署、画押。背面有签署文字4行。

录文：

[illegible]①[illegible]

[illegible]

[illegible]

[illegible]

[illegible]

[illegible]

[illegible]

[illegible]

[illegible]

[illegible]

[illegible]

[illegible]

[illegible]

[illegible]②[illegible]

[illegible]③[illegible]……

[illegible]④[illegible]……

[illegible]

[illegible]……

[illegible]

[illegible]

[illegible]⑤[illegible] ……

[illegible]? [illegible]

① 以下方框内的字皆据其他同类文书内容及格式补。虑字据本文书13行补。

② [illegible]，对译“军正”，意译为“正军”，以下同，

③ [illegible]，译“衣襟”。有的文书此处为[illegible]，译为“末襟”。

④ [illegible]（颈头），在其他同类文书中，此处多写为为[illegible]（颈遮）。

⑤ 年龄一般用小字，以下同。

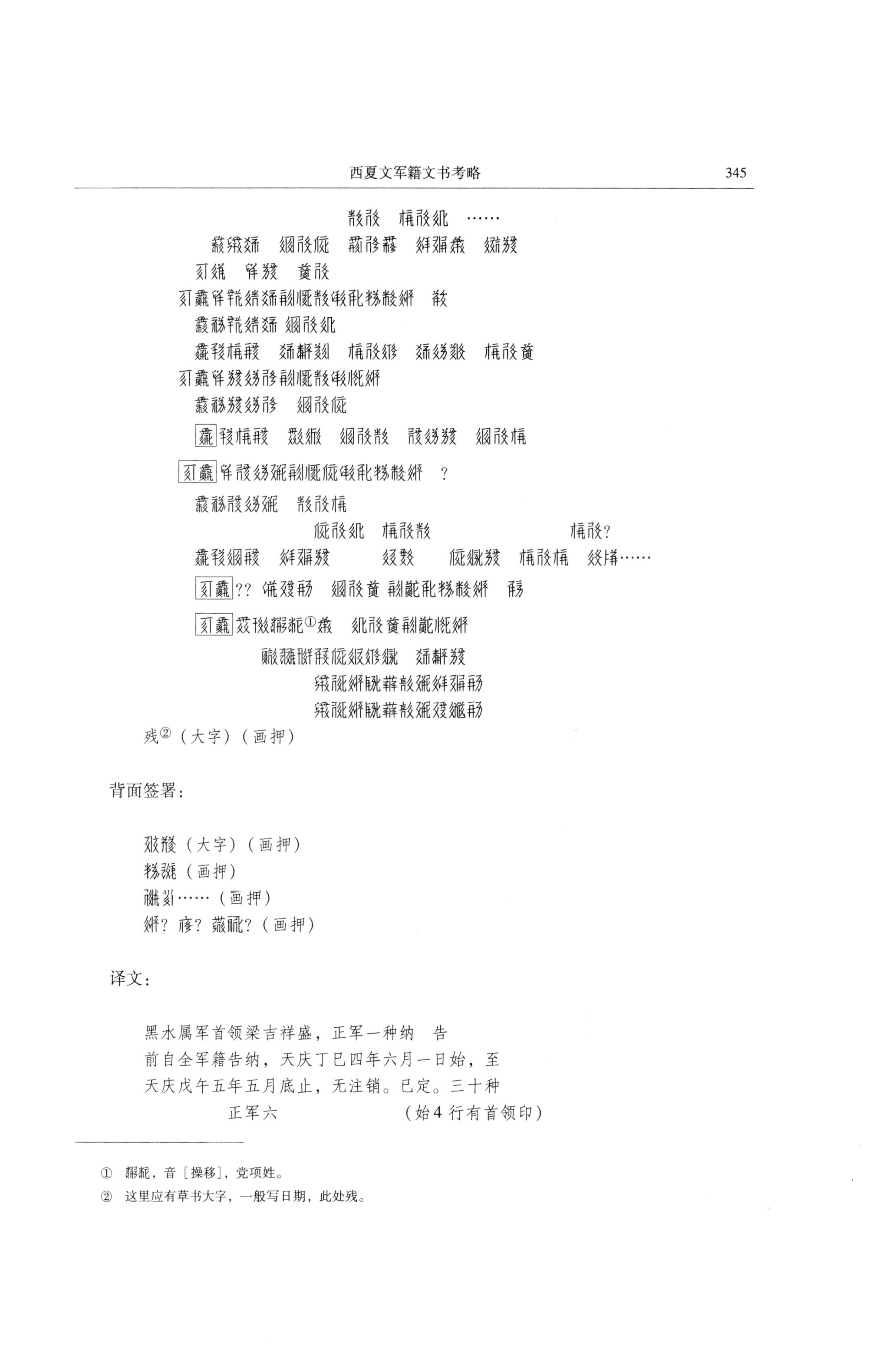

[illegible] ……

[illegible]

[illegible]

[illegible]

[illegible]

[illegible]

[illegible]

[illegible]

[illegible]

[illegible] ?

[illegible]

[illegible]?

[illegible]……

[illegible]?? [illegible]

[illegible]①[illegible]

[illegible]

[illegible]

[illegible]

残②（大字）（画押）

背面签署：

[illegible]（大字）（画押）

[illegible]（画押）

[illegible]……（画押）

[illegible]？[illegible]？[illegible]？（画押）

译文：

黑水属军首领梁吉祥盛，正军一种纳　告

前自全军籍告纳，天庆丁巳四年六月一日始，至

天庆戊午五年五月底止，无注销。已定。三十种

正军六　　　　（始4行有首领印）

① [illegible]，音［操移］，党项姓。

② 这里应有草书大字，一般写日期，此处残。

官马四
甲一
披一
印一
辅主十七
强十六
弱一
一抄有三种　三抄有马　二抄无有
一抄首领梁吉祥盛，人员十人，有三种，马花。
正军吉祥盛　六十六
番杂甲：胸五、背六、胁三、结连接八、衣襟八……
四、臂十二、项遮一、独目下三、喉嗓二……
裙十二、更兜二、关子、铁索五、裹节袋等全。
番杂披：红丹色麻六、项五、肩一、胸三、喉嗓二……
末十、罩二、马头套三、结铁、有毡里裹袋等全。
辅主九
六十五　四十八　四十九　……
八强　女乐　黑水盛　盛功?　河水山
三十　二十九　……
河水吉　四十五　成酉金　心喜铁　善盛
一弱　梁盛　七十
一抄梁恩兴吉，人员三人，有马一种，　栗。
正军恩兴吉　四十九
辅主二强　吉祥势　二十六　吉功宝　二十七
一抄梁盛功酉，人员三人，无有。
正军盛功有　四十五
[辅] 主二强　舅右　四十三　子功盛　四十二
[一抄] 梁盛功犬，人员五人，马一种有　?。
正军盛功犬　三十二
五十九　二十三　二十?
辅主四强　心喜盛　千幢　五月盛　二十二　老房
[一抄]?? 小狗奴，四十七，单人，马一种有，　青（骡）。
[一抄] 道须操移铁，九十七，单人，无有、
天庆戊午五年六月　吉祥盛……
黑水属主簿命屈心喜奴
黑水属主簿命屈犬疤奴

背面签署：

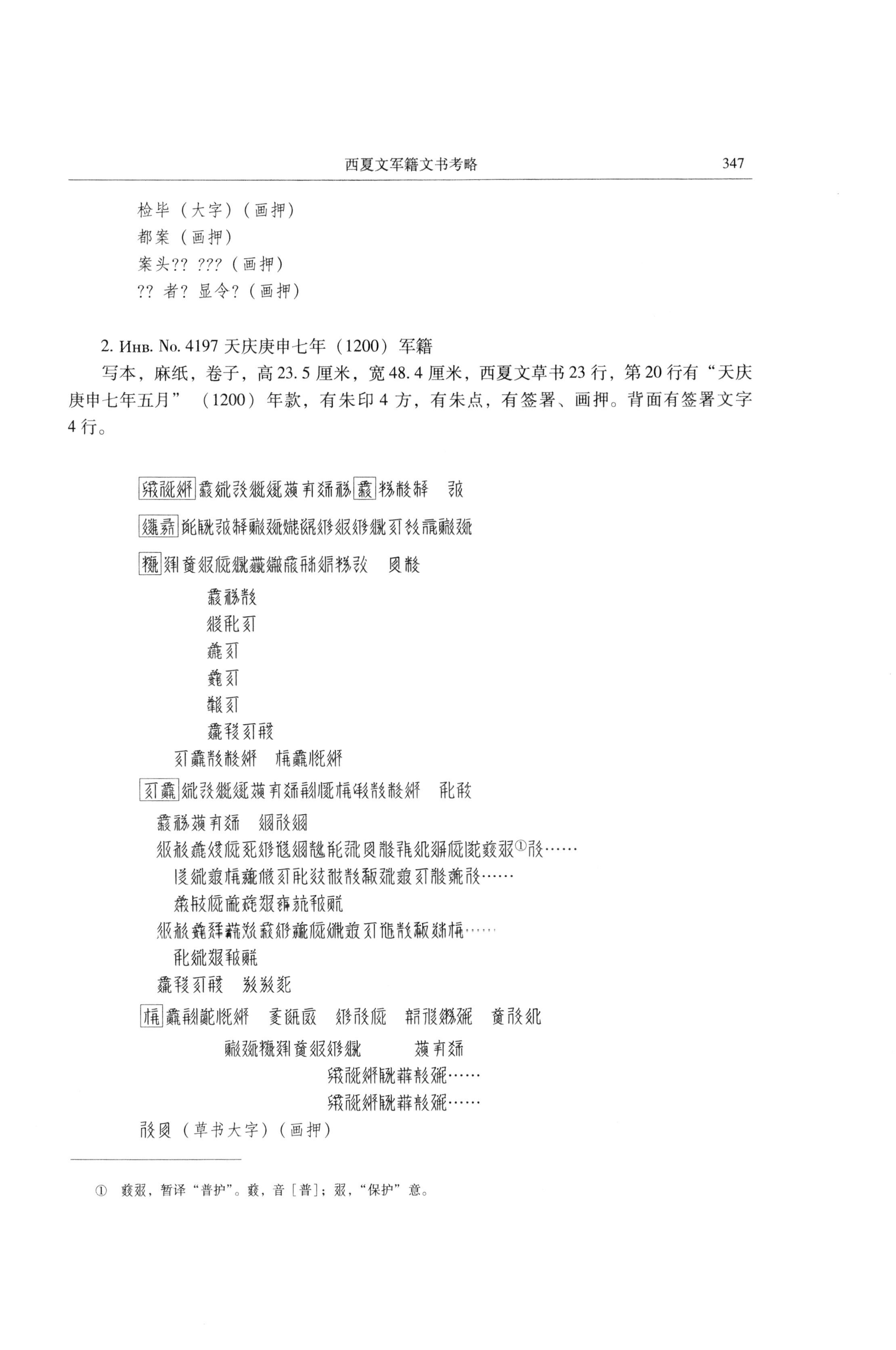

检毕（大字）（画押）
都案（画押）
案头?? ???（画押）
?? 者? 显令?（画押）

2. Инв. No. 4197 天庆庚申七年（1200）军籍

写本，麻纸，卷子，高 23.5 厘米，宽 48.4 厘米，西夏文草书 23 行，第 20 行有“天庆庚申七年五月”（1200）年款，有朱印 4 方，有朱点，有签署、画押。背面有签署文字 4 行。

[illegible]
[illegible]
[illegible]
[illegible]
[illegible]
[illegible]
[illegible]
[illegible]
[illegible]
[illegible]
[illegible]
[illegible]
[illegible]①[illegible]……
[illegible]……
[illegible]
[illegible]……
[illegible]
[illegible]
[illegible]
[illegible]
[illegible]……
[illegible]……
[illegible]（草书大字）（画押）

① [illegible]，暂译“普护”。[illegible]，音［普］；[illegible]，“保护”意。

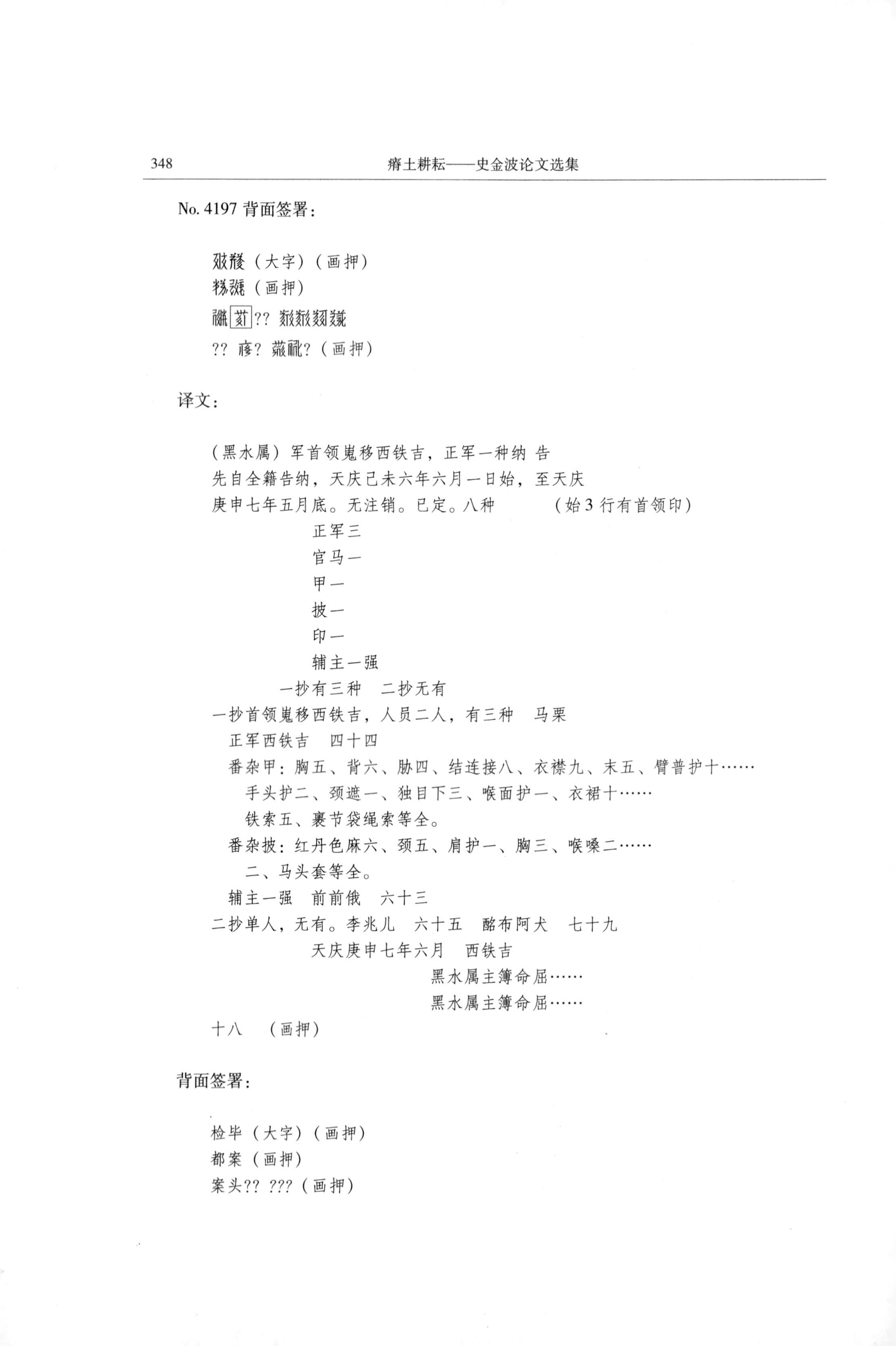

No. 4197 背面签署：

[illegible]（大字）（画押）
[illegible]（画押）
[illegible] [illegible]?? [illegible]
?? [illegible]? [illegible]?（画押）

译文：

（黑水属）军首领嵬移西铁吉，正军一种纳 告
先自全籍告纳，天庆己未六年六月一日始，至天庆
庚申七年五月底。无注销。已定。八种　　（始3行有首领印）
正军三
官马一
甲一
披一
印一
辅主一强
一抄有三种　二抄无有
一抄首领嵬移西铁吉，人员二人，有三种　马栗
正军西铁吉　四十四
番杂甲：胸五、背六、胁四、结连接八、衣襟九、末五、臂普护十……
手头护二、颈遮一、独目下三、喉面护一、衣裙十……
铁索五、裹节袋绳索等全。
番杂披：红丹色麻六、颈五、肩护一、胸三、喉嗓二……
二、马头套等全。
辅主一强　前前俄　六十三
二抄单人，无有。李兆儿　六十五　酩布阿犬　七十九
天庆庚申七年六月　西铁吉
黑水属主簿命屈……
黑水属主簿命屈……
十八　（画押）

背面签署：

检毕（大字）（画押）
都案（画押）
案头?? ???（画押）

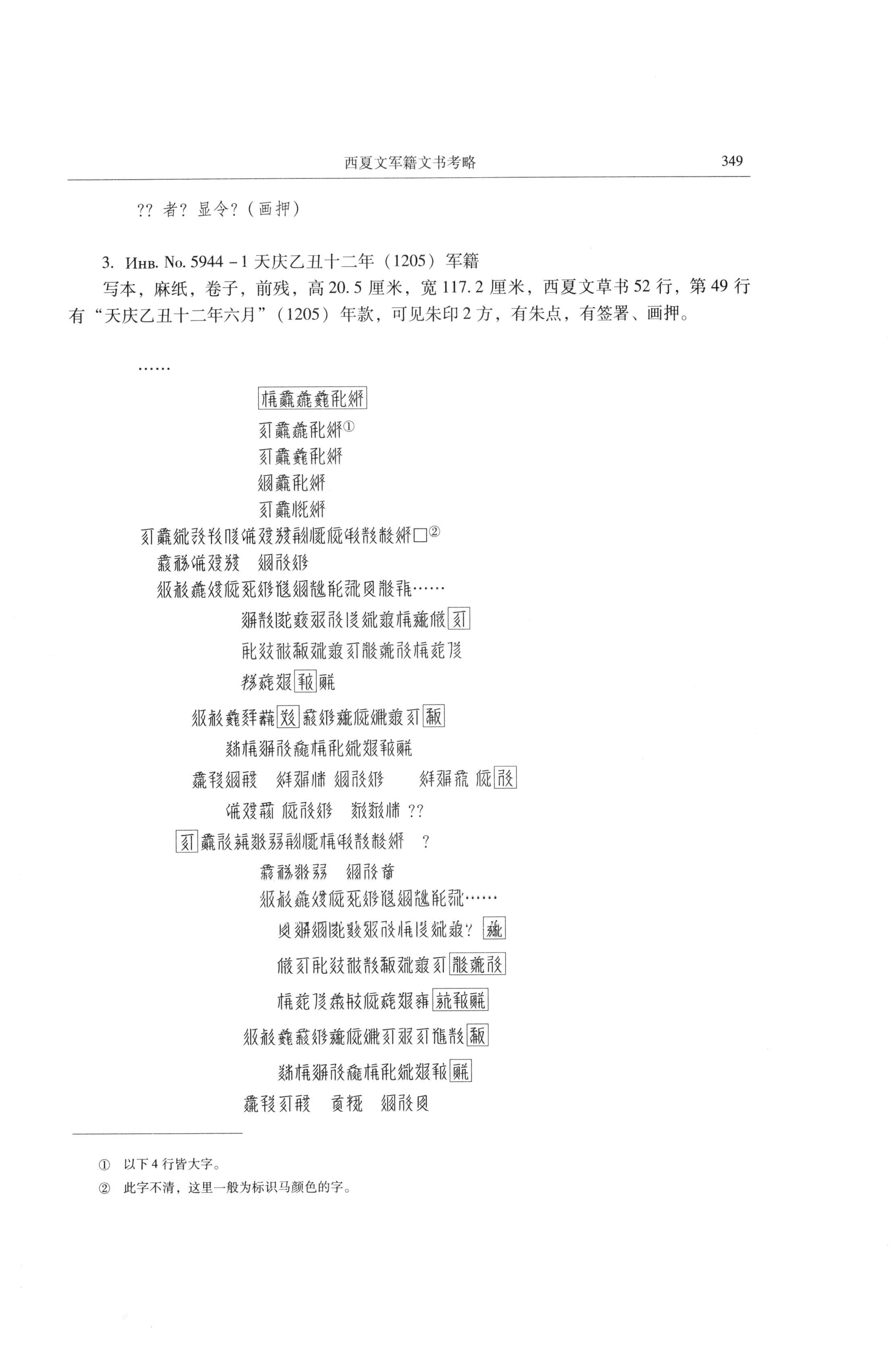

?? 者? 显令? (画押)

3. Инв. No. 5944 -1 天庆乙丑十二年（1205）军籍

写本，麻纸，卷子，前残，高20.5厘米，宽117.2厘米，西夏文草书52行，第49行有“天庆乙丑十二年六月”（1205）年款，可见朱印2方，有朱点，有签署、画押。

……

[illegible]

[illegible][1]

[illegible]

[illegible]

[illegible]

[illegible]□[2]

[illegible]

[illegible]……

[illegible]

[illegible]

[illegible]

[illegible]

[illegible]

[illegible]

[illegible] ??

[illegible] ?

[illegible]

[illegible]……

[illegible]

[illegible]

[illegible]

[illegible]

[illegible]

[illegible]

① 以下4行皆大字。

② 此字不清，这里一般为标识马颜色的字。

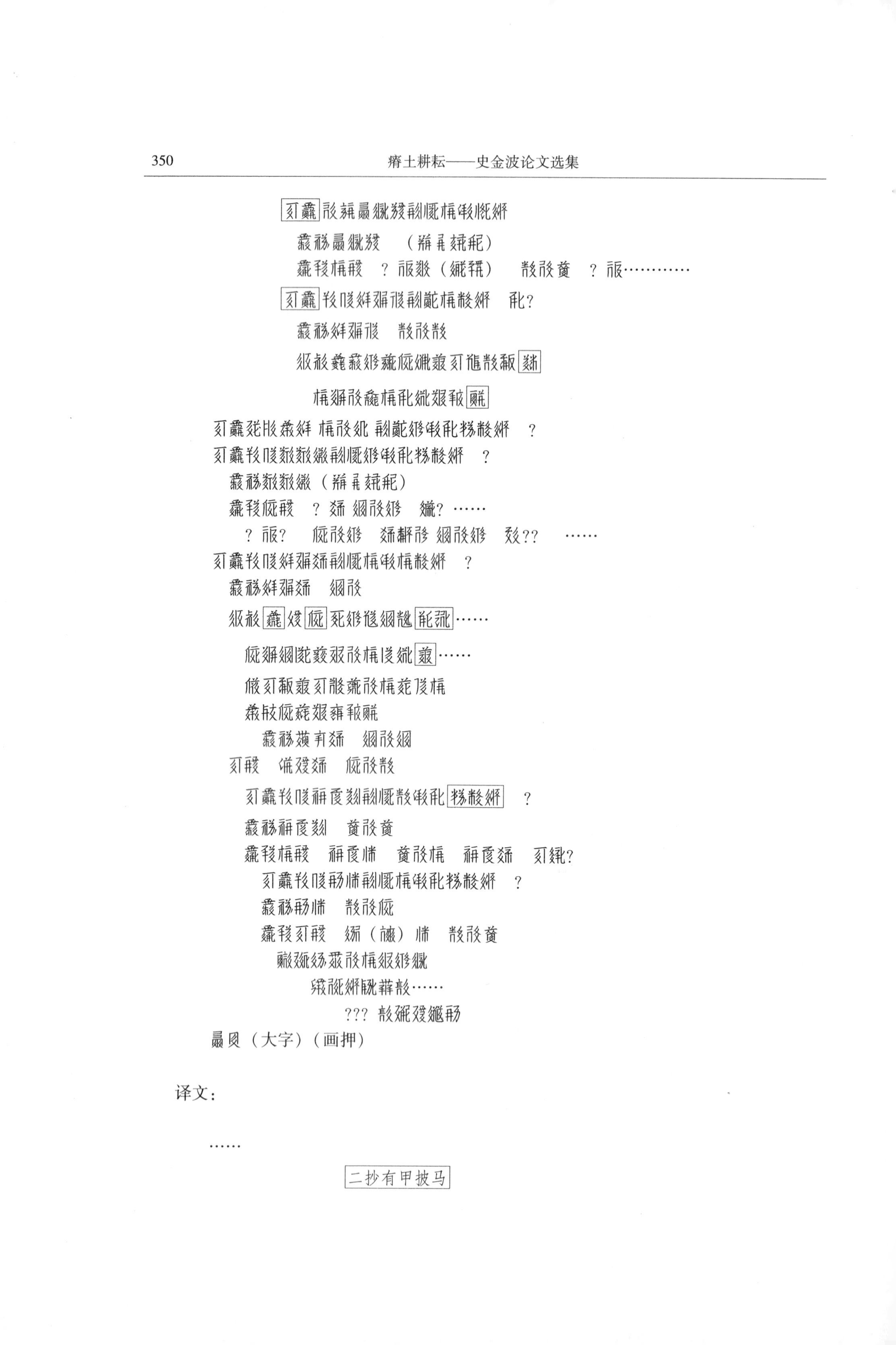

[illegible]
[illegible]（[illegible]）
[illegible] ？[illegible]（[illegible]） [illegible] ？[illegible]…………
[illegible] [illegible]？
[illegible] [illegible]
[illegible]
[illegible]
[illegible] ？
[illegible] ？
[illegible]（[illegible]）
[illegible] ？[illegible] [illegible]？……
？[illegible]？ [illegible] [illegible] [illegible]？？ ……
[illegible] ？
[illegible] [illegible]
[illegible]……
[illegible]……
[illegible]
[illegible]
[illegible] [illegible]
[illegible] [illegible] [illegible]
[illegible] ？
[illegible] [illegible]
[illegible] [illegible] [illegible] [illegible] [illegible]？
[illegible] ？
[illegible] [illegible]
[illegible] [illegible]（[illegible]）[illegible] [illegible]
[illegible]
[illegible]……
？？？ [illegible]
[illegible]（大字）（画押）

译文：

……

二抄有甲披马

一抄有甲马
一抄有披马
四抄有马
一抄无有

一抄首领耶和小狗盛，人员五人，有三种。
正军小狗盛　四十六
番杂甲：胸五、背六、胁四、结连接八、衣襟八……末三、臂普护十、手头护二、颈遮一、都木下、喉面护一、衣裙十二、?……?裹护等全。
番杂披：红丹色麻六、项五、肩一、?一……喉嗓二、末十、盖二、马头套等全。
辅主四强　心喜山　四十六　心喜有　五十?
小狗成　五十六　岁岁山　??
一抄鲜卑宝双，人员二人，有三种，花。
正军宝双　四十七
番杂甲：胸五、背六、胁四、结连接……八、末四、臂普护十二、手头护……颈遮一、独目下三、喉面护一……二、更兜、铁索五、裹节袋绳索等全。
番杂披：［麻］六、项五、肩一、护一、胸三、喉嗓二、末十、盖二、马头套等全。
辅主一强　郭亲　四十八
一抄鲜卑十月盛，人员二人，无有。
正军十月盛（未写年龄）
辅主二强　?罗宝　三十七　??
一抄耶和心喜长、单人，有二种，马?。
正军心喜长　三十三
番杂披：［麻］六、项五、肩护一、胸三、喉嗓二、末十、盖二、马头套等全。
一抄讹名铁心　二十九 单人，有马一种　?
一抄耶和岁岁乐，人员六人，有马一种,?。
正军岁岁乐（未写年龄）
辅主五强　?吉　四十六　时酉　??六
?啰 五十六　吉祥酉　四十六兄??
一抄耶和心喜吉，人员二人，有二种,?。

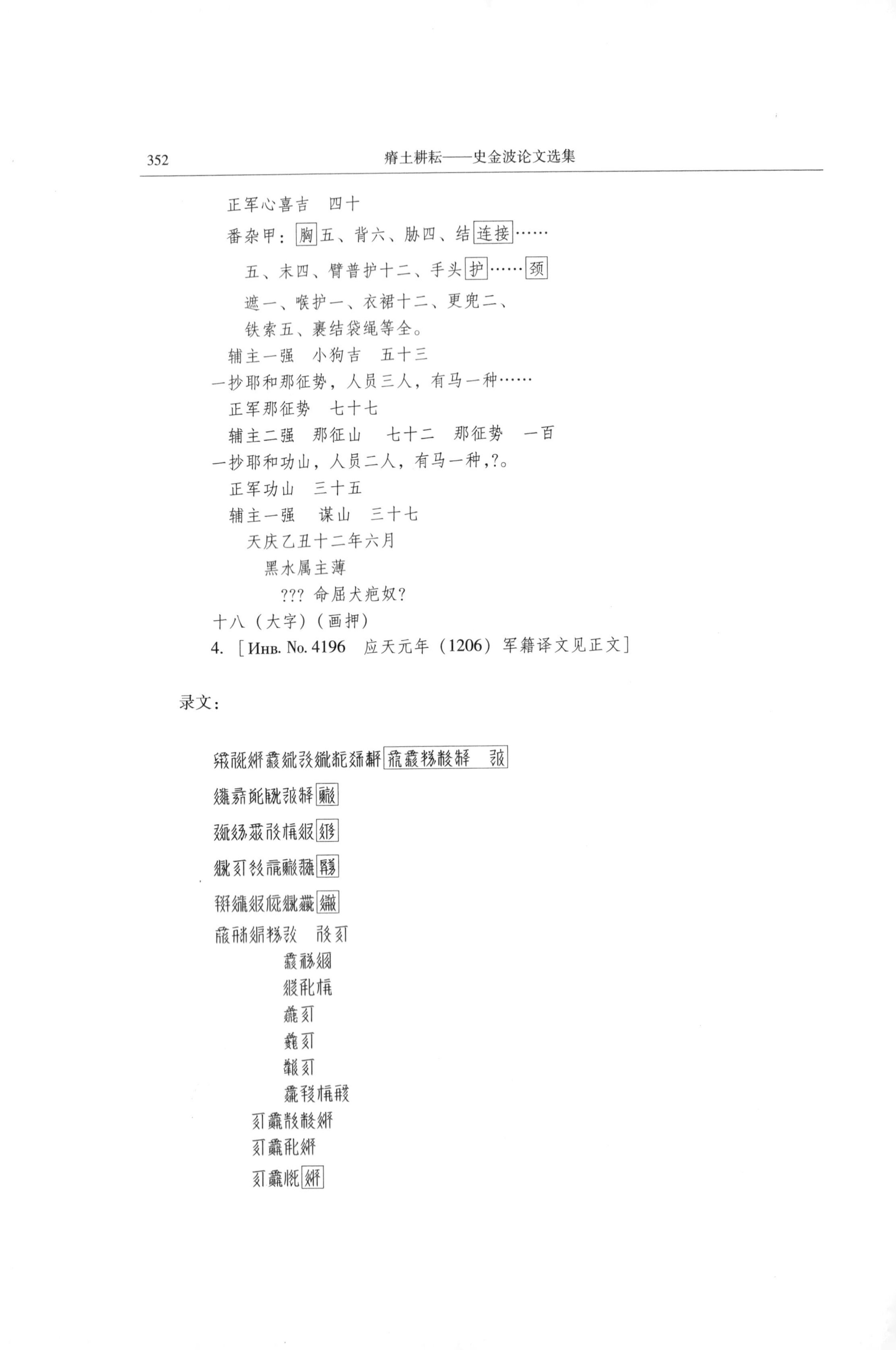

正军心喜吉　四十

番杂甲：胸五、背六、胁四、结连接……

五、末四、臂普护十二、手头护……颈

遮一、喉护一、衣裙十二、更兜二、

铁索五、裹结袋绳等全。

辅主一强　小狗吉　五十三

一抄耶和那征势，人员三人，有马一种……

正军那征势　七十七

辅主二强　那征山　七十二　那征势　一百

一抄耶和功山，人员二人，有马一种,?。

正军功山　三十五

辅主一强　谋山　三十七

天庆乙丑十二年六月

黑水属主薄

??? 命屈犬疤奴?

十八（大字）（画押）

4.［Инв. No. 4196　应天元年（1206）军籍译文见正文］

录文：

[illegible]

[illegible]

[illegible]

[illegible]

[illegible]

[illegible]

[illegible]

[illegible]

[illegible]

[illegible]

[illegible]

[illegible]

[illegible]

[illegible]

[illegible]

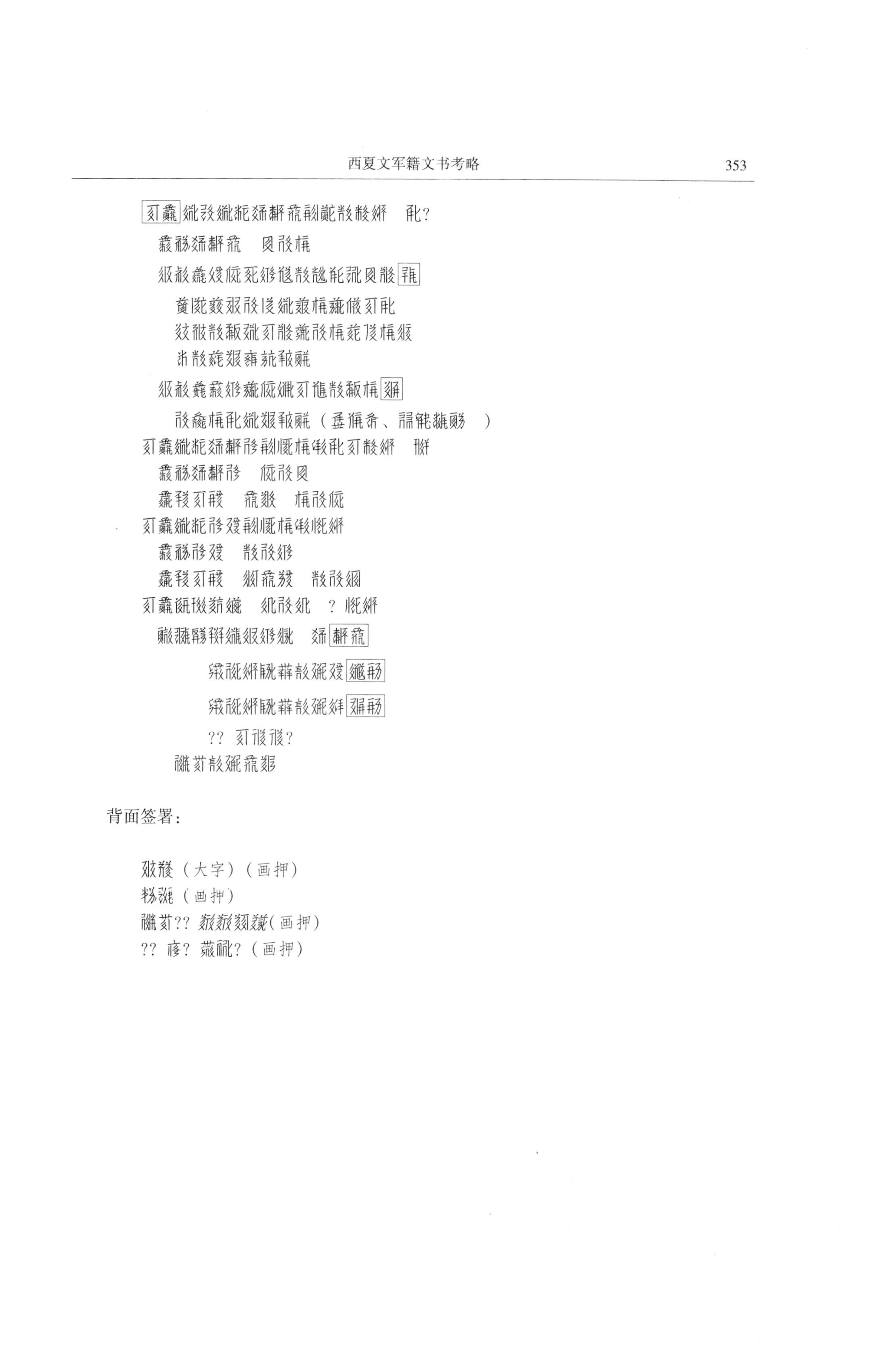

[illegible] [illegible]?

[illegible]

[illegible]

[illegible]

[illegible]

[illegible]

[illegible]

[illegible]（[illegible]、[illegible] ）

[illegible]

[illegible]

[illegible]

[illegible]

[illegible]

[illegible]

[illegible] ? [illegible]

[illegible]

[illegible]

[illegible]

?? [illegible]?

[illegible]

背面签署：

[illegible]（大字）（画押）

[illegible]（画押）

[illegible]?? [illegible]（画押）

?? [illegible]? [illegible]?（画押）

英国国家图书馆藏西夏文军籍文书考释*

在中、俄共同出版《俄藏黑水城文献》的过程中，1997年、2000年我们在俄国圣彼得堡东方学研究所（今俄罗斯东方文献研究所）整理西夏文献时，发现了一大批西夏文社会文书，计有1000余号，1500余件，其中有关军事的文书就多达近300件。西夏文军事文书中以军籍为最多。西夏军籍文书是依照西夏政府的相关规定，对西夏社会基层以首领为单位各军抄详细登记的簿籍，其中记载着西夏黑水城（今属内蒙古自治区额济纳旗）地区下层军事组织真实而具体的情况，其中包括西夏军事组织细胞——军抄的人员、马匹、装备等详细内容，是了解西夏军事组织及其作用的宝贵资料。

英国大英图书馆也藏有一批西夏文文献，系斯坦因步俄国科兹洛夫后尘在1914年自黑水城所得。这些文献已出版，其中也包含一些军事文书，计有20多件，也多为残页。其中有两件经整合、补充，可臻于完备，一件较为完整，为研究西夏基层军事组织提供了有价值的具体资料，十分珍贵。

军籍文书历史文献虽有记载，但中古时期的军籍始终未见实物，这些西夏时期的军籍应是所见最早的军籍文书，具有很高的学术价值和文物价值。以下不避浅陋，试将英藏三件军籍文书做初步翻译、考证，以飨读者。

一 0222号军籍文书

1. 鉴别

《英藏黑水城文献》第一册第79页下部和第80页上部两幅图片，编号为Or. 12380－0222和Or. 12380－0222V。[①] 图片符号显示后者为前者的反面。从图片可见此件为残叶，所书文字是难以识别的西夏文草书，Or. 12380－0222可见文字10行，Or. 12380－0222V可见

---

* 原刊于《文献》2013年第3期，第3—19页。（人民大学复印报刊资料《宋辽金元史》2013年第4期转载。）

① 西北第二民族学院、上海古籍出版社、英国国家图书馆编纂，李伟、吴芳思主编：《英藏黑水城文献》第一册，上海古籍出版社2005年版，第79—80页。

18 行。叙录记载，该件高、宽为 250 厘米 ×330 厘米，“背面有字”。[①] 笔者据其文字内容看两者文字相关，甚至可能相连，不大像是一页文书的正反两面。

2010 年 9 月笔者到英国访问，专门到大英图书馆核对西夏文文献，特别对这一文献做了仔细观察。原来此文献被夹在玻璃板中。该玻璃板中共有 3 纸文书，除两纸较小的刻本佛经外，还有此较大的文书，可能因玻璃板较小而将这页较大的文书折叠后夹在两层玻璃板中间。若看《英藏黑水城文献》图版则不甚清楚，若看笔者从大英图书馆拍摄的彩色照片则一目了然，在 Or. 12380 - 0222 中间部分可见文书的右边边缘，从 Or. 12380 - 0222 左侧和 Or. 12380 - 0222V 的右侧可看到折叠处，两图相接正好是一件文书。Or. 12380 - 0222 右侧不清晰的西夏文反字是 Or. 12380 - 0222V 左侧文字的背面透痕，Or. 12380 - 0222V 右侧的画押却真的是此文书的背面。而 Or. 12380 - 0222 左侧上部和下部的粗笔画是背面画押的透痕。

可以断定，两图片是相连的一件文书，而不是一件文书的正反两面。

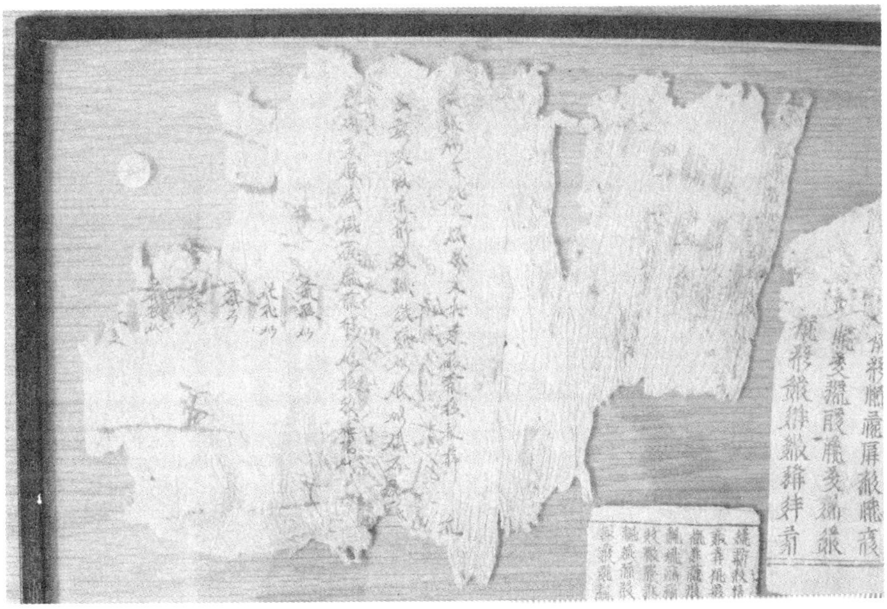

图 1 Or. 12380 - 0222 - 1 军籍

2. 校补、翻译

此文书是系以西夏文草书写就。因西夏文草书难以识别，故需转录成西夏文楷书，再译成汉文。[②] 由于文字残缺较多，使文书失去了不少重要资料，影响了此文书的实际利用。但是依据黑水城出土的同类文书的格式和本文书现存的内容，可以补充不少文字，使文书增添更多的内容。以下录文中方框内的字为笔者推补字，补充依据见注释。

---

① 西北第二民族学院、上海古籍出版社、英国国家图书馆编：《英藏黑水城文献》第一册，上海古籍出版社 2005 年版，第 79—80 页；第五册，《叙录》，第 5 页。

② 本文的西夏文录文及译文中，……表示缺行或缺文，□表示缺字，□内有字为补字，? 表示字迹不清或不识。

图 2 Or. 12380 – 0222 – 2 军籍

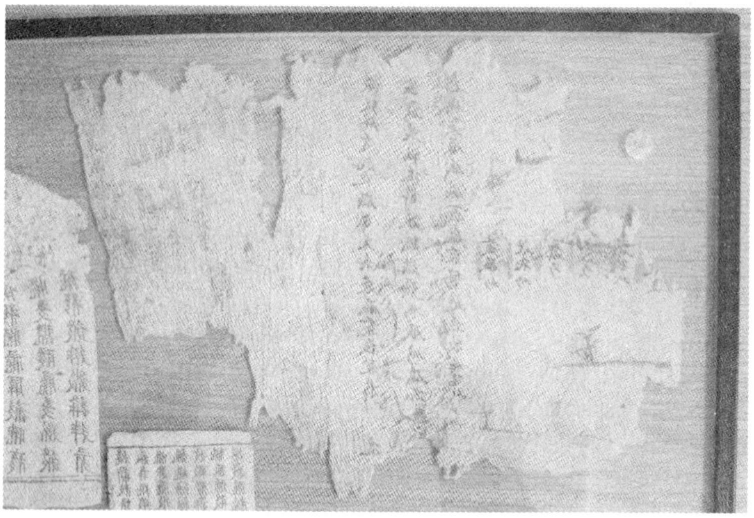

图 3 Or. 12380 – 0222V 军籍背面

录文：

[illegible]

[illegible] ①

[illegible]

① 据同类军籍文书开始叙述部分要记载此文书登记自何时起至何时止，这里据上下文应缺 4 字[illegible]（日、始、天、庆）。

[illegible]

[illegible]

[illegible]

[illegible]①[illegible]

[illegible]②[illegible]

[illegible]③[illegible]

[illegible]④[illegible]

（接前 Or. 12380－0222）

[illegible][illegible]⑤

[illegible]⑥[illegible]

[illegible]⑦[illegible]⑧[illegible]

[illegible]⑨[illegible]（画押）

[illegible]⑩……

[illegible]⑪[illegible]□[illegible]□[illegible]□[illegible]⑫[illegible]……

[illegible]……

[illegible]

---

① 据同类军籍文书格式此处缺 1 字，上一行为[illegible]（甲）的数量，此行应为[illegible]（披）的数量，因此在数字[illegible]（一）前应为[illegible]。

② 据同类军籍文书格式此处缺 1 字，应为[illegible]（印）。

③ 据同类军籍文书格式此处缺 2 字，应为[illegible]（辅主）。因此在数字[illegible]（九）前应为[illegible]。

④ 此行残存一[illegible]（七）字，前有半字。据同类军籍文书格式和所残半字知此应是[illegible]（强）字。

⑤ 此行仅残存半字。据同类军籍文书格式和所残半字知此处应是[illegible]（老一）二字。

⑥ 此行仅残存一字[illegible]（一），据同类文书格式（如俄 Инв. No. 1755－2）和所存一字知此字前应是[illegible]（弱）字。据补 0222 木和 0222V 首知辅主 9 人，其中强 7 人，老一人、弱一人，正好相合。

⑦ 此军籍共 4 抄，第 1 抄部分内容残缺，存甲、披形制，不知有无有官马。但从前记知共有 4 马，后记其他 3 抄各有一官马，知此抄也应有 1 官马。加之此处有甲、披，共有 3 种。据同类文书格式故补为[illegible]（一抄有三种）。

⑧ [illegible]字缺，据前内容知共 4 抄，有 4 匹官马，其中第一抄已有 1 马，故其他 3 抄各有 1 马，共有 3 马。又据后面具体各抄记载可证实除一抄有甲、披、马外，其余 3 抄皆有马，故据补。

⑨ 此行是第一抄的第一行，内容十分重要，但上部全残。按同类军籍文书格式此行开始应是[illegible]（一抄首领），后面是首领名字。此首领名字可由此文书 0222 第一行得知为[illegible]（鬼移慧小狗），第三字不清，似[illegible]（慧）字。

⑩ 此行全缺。据同类军籍文书格式此行应是此抄正军称号、人名（省略姓氏）和年龄。依据格式和 0222 第一行补充[illegible]（正军慧小狗），年龄不清。后面应有此人年龄，缺。

⑪ 此行上部残缺，据上下文可知应是此正军的[illegible]（番杂甲）及其形制。

⑫ 据同类军籍文书格式此处[illegible] 3 字之后应为[illegible]（胸）、[illegible]（背）、[illegible]（胁）、[illegible]（接连结）的甲片数量，可据补[illegible]、[illegible]、[illegible]、[illegible]等字，与本行所存文字相接，前 3 种甲片数量不清。

[illegible]

[illegible]

[illegible]

[illegible]①[illegible] ？（画押）

[illegible]

[illegible]②[illegible] [illegible]？ [illegible]

[illegible]③……[illegible]④[illegible]

[illegible]

[illegible]

[illegible]……

[illegible]

[illegible]（此处有首领朱印）

[illegible]⑤[illegible] ？

[illegible]⑥……

[illegible]⑦……

[illegible]⑧

[illegible]⑨……

（画押）

---

① 据同类军籍文书格式，此处[illegible]（抄）字前缺[illegible]（一）字。

② 据同类军籍文书格式，此处前缺[illegible]（辅主）二字。

③ 据同类军籍文书格式，此处前缺[illegible]（一抄）二字。

④ 此处缺字，据同类军籍文书格式，应是此抄正军的姓名、全抄人员组成和本抄的甲、披、马的记载。正军姓氏不清，名字[illegible]可由下行补。又据下面记载可知此抄有正军1人，辅主4人，可补[illegible]（人员五人）。再据前述此文书中各抄都有1马，在[illegible]后、[illegible]（一种有）之前补一[illegible]（马）字。

⑤ 《英藏黑水城文献》中此行中部缺处4字，但笔者在大英图书馆拍摄的照片中则有此4字，为[illegible]（人员三人）。

⑥ 此行全缺。据同类军籍文书格式，此行应是此抄正军称号、人名（省略姓氏）和年龄。据补[illegible]（正军）2字，人名据上行补[illegible]（犬羊子）3字，年龄不清。

⑦ 据同类军籍文书格式此处应是此抄辅主数以及人名、年龄。因0222第3行记全部项目20种，包括正军4、官马4、甲1、披1、印1、辅主9，其中7强、1老、1弱。前3抄已有强辅主5，此最后1抄的强辅主应为2；前3抄已有弱辅主1、老辅主1，最后1抄应无老弱辅主。又据此抄第一行有[illegible]（人员三人）可知，除正军1人外，尚有2人。据此补[illegible]（辅主二强），人名、年龄不清。

⑧ 据同类军籍文书格式，此处所缺行应记此军籍登记时间和首领名字，时间据0222第2、3行内容和格式补为[illegible]（天庆庚申七年六月），人名据0222第1行首领姓名中的名字补为[illegible]（慧小狗）。

⑨ 据同类军籍文书格式，此处所缺行应记此军籍登记的主簿（执笔者）和姓名，可补[illegible]（黑水属主簿），姓名不清。

译文：

黑水[1]属军首领嵬移慧小狗，正军[2]，一种纳　告
前自全军籍告纳，天庆己未六年六月一日始，至天庆
庚申七年五月底，无注销，已定。二十种
正军四
官马四
甲一
披一
印一
辅主九
强七
老一
弱一
一抄三种有　三抄马有
一抄首领嵬移慧小狗人员三人三种有　？
正军慧小狗……
番杂甲：胸□、背□、胁□、接连结[3]八、衣襟[4]九、末四、……
十一、手头护二、项遮[5]一、独目下[6]三、喉面……
二、更兜[7]、关子[8]、铁锁五、裹节袋等全。
番杂披：麻[9]六、项五、肩一、胸三、喉嗓二、末十二、盖
三、结铁有、毡里裹袋等全
辅主二强　小狗酉　七十一　犬盛　六十六
一抄卧利羌势人员二人马一种有　？

---

① 西夏文原文为[illegible]，对译为“水、黑”，据西夏语语法应译为“黑水”，这里应是黑水城监军司的省称。

② [illegible]，正军，应是正式军籍之意，不同于[illegible]（与辅主、负担相对之“正军”）。

③ 西夏文原文[illegible]，第1字“结连”意；第2字是译音字，音［连］；第3字“接”意，暂译为“结连接”，未知是甲的何部位。

④ 西夏文原文[illegible]，第1字音［义］，有“一”意；第2字音［坐］，“衣襟”意。暂译“衣襟”。

⑤ 西夏文原文[illegible]，第1字“项”（颈后）意，第2字“障、遮”意。译“项遮”。

⑥ 西夏文原文[illegible]，第1字音［独］“尖突”意；第2字音［木］；第3字音［饶］，“下”意。暂译“独目下”。

⑦ 西夏文原文[illegible]，皆为译音字，第1字音［更］或［皆］，第2字音［刀］或［兜］，暂译“更兜”，未知何意。

⑧ 西夏文原文[illegible]，第1字音［官、关］，第2字音［子］，“小”意。暂译为“关子”。

⑨ 西夏文原文[illegible]，音［麻］，“河”意。在此不知何解，暂音译“麻”。

正军羌势　一百十七

辅主一强　中？　一百十七

一抄……吉讹人员五人马一种有　沙??

正军吉讹　一百十七

辅主四

二强　讹有　一百十七　那征有……

一老　寂显　一百二十七

一弱　那征讹　九十五（此处有首领朱印）

一抄酩布犬羊子人员三人马一种有　？

正军犬羊盛　……

辅主二……

……

天庆庚申七年六月　慧小狗

黑水属主簿……

经过这样一番补充，使这件文书庶几完备，提升了其文献价值。

3. 诠释和考证

这是一件典型的军籍文书，与同类的俄藏黑水城军籍文书有同样的格式，登录着同类的内容。文书分为以下四部分：

（1）总叙

这类黑水城出土的军籍文书开头是“黑水属”三字。“黑水”应是黑水监军司的略称。“黑水属”明确此军溜是黑水城监军司属下的军溜，同时也明确了文书形成的地点。

然后记首领名字。首领是军溜的首长，是军溜的灵魂，最重要的人物。此首领名嵬移慧小狗。嵬移是姓氏，党项族有此姓。慧小狗为人名。

接着记“正军一种纳 告”六字，这种写法在所有同类文书中皆同。西夏文与辅主、负担相对的正军，在西夏文中为“军、正”。因此这里的“正军”二字显然不是与辅主、负担相对的正军，而应另有别意，很可能是正规军的意思。“正军一种”可能是一支正规军之意。“纳”即缴纳，登记之意，“告”即是向上报告。

再后记自上年“天庆己未六年六月一日”始，至当年“天庆庚申七年五月底”，整整一年时间。原来西夏政府规定每年在西夏基层需要对各军溜内的军抄进行登记，即纳军籍。西夏法典《天盛律令》卷六专设“纳军籍磨勘门”。其中有纳军籍法规定：

国内纳军籍法：每年畿内三月一日，中地四月一日，边境六月一日等三种日期当年年交簿。[1]

西夏时期的版图基本上可分为以下三部分：一种是以首都中兴府为中心的“畿内”（也称为京师界），包括中兴府和附近“七种郡县”；另一种是边远地区的“边境”，又称为“地边”，主要指沙州、瓜州、肃州、黑水等地；其余地区为“地中”，是除去“京师界”和“地边”以外的广大中间地区。有时后两种又可统称为“边中”。[2] 黑水城属边境地区，按西夏法典规定每年六月一日登记交簿。[3] 这与多件黑水城出土的俄藏军籍文书记载相合，也与此件英藏文书所记相符。每年六月一日登记，所记当是上年六月一日至当年五月底情况。天庆庚申七年（1200），属夏桓宗时期，为西夏晚期，距西夏灭亡仅有 27 年。此文书证明黑水城虽地处边远，又值西夏末期，仍然按规定时间和程序登记军籍情况。

接着是“无注销，已定。二十种”。“无注销，已定”即一年来无注销改变，已做好。“二十种”和后面的 9 短行字有直接关系。原来数字“二十”是后面全溜几项数字的总和：正军 4 + 官马 4 + 甲 1 + 披 1 + 印 1 + 辅主 9（包括强 7、老 1、弱 1） = 20。将这些不同类属事物相加，可能是当时申报、登记的一项要求，大致地反映了一个军溜的实力。在其他记录军抄人马装备的军籍中也会有这种总和数字。

除正军、马、甲、披外，还有 1 枚印，应是首领印。有 9 名辅主，辅主分强、老、弱，7 名强，1 老，1 弱。从现存西夏文军籍看，一般辅主多登录为强，一部分分为强、弱两种，分为强、老、弱的很少，俄藏 15 件有年号的军籍文书中只有俄 Инв. No. 1755 - 2 是这种类型。可以说此件将辅主分三种类型的军籍是属于罕见类型。

（2）人员和装备情况的登录

首先记录全溜装备类型，即有几抄是马、甲、披三种装备都有，几抄是只有马，几抄这三种装备都没有。军籍中可用 1 行或分行形式登录。此件用 1 行登录全溜总体装备类型：“一抄三种有，三抄马有。”即全部 4 抄中其中 1 抄有三种主要装备：马、甲、披，另外 3 抄各有一马，共有官马 4 匹，甲、披各 1 副。在其他军籍中常常出现的三种装备都没有抄，在这里没有出现。

此后是逐抄登录各抄具体人员装备情况。每一抄第一行前两个字是“ 抄”二字开始，然后登录该抄总的情况，包括每抄首领或正军姓名、该抄人员人数以及装备情况，如是三种装备都有，还是只有马，或三种都没有。若有马，还要在此行最后标出马的毛色。

第一抄最重要，一方面他登录的是该溜首领所在的抄，地位重要，另外此抄首领也是此抄的正军，其装备往往最好，最全，多是马、甲、披全都有。此件第一抄首领为党项人是嵬移慧小犬，“三人三种有”，即此抄有 3 个人，有 3 种装备，而这 3 种装备都属正军 1 人所有。

下一行登录正军名字和年龄。因在前一行中已有正军姓名，故在此行中正省略姓氏，只

① 史金波、聂鸿音、白滨译注：《天盛改旧新定律令》卷六“纳军籍磨勘门”，法律出版社 2000 年版，第 255 页。

② 史金波、聂鸿音、白滨译注：《天盛改旧新定律令》第九“事过问典迟门”，第 318 页，第十四“误殴打争斗门”，485 页；第十七“库局分转派门”，法律出版社 2000 年版，第 525 页。

③ 史金波、聂鸿音、白滨译注：《天盛改旧新定律令》，法律出版社 2000 年版。卷六“纳军籍磨勘门”，第 255 页。

有名字“慧小犬”。年龄都以数字表示，此处正军年龄残缺。

此后详细登录甲、披的形制，分别录甲、披各部位名称和数字。甲、披部位名称不同，如甲中有“胸五、背六、胁三”等，披中有“麻六、项五、肩一”等。数字是甲、披片的数量。甲、披的后面还记有“更斗、关子、铁锁、五节结护等全”、“有结铁、毡里结袋等全”，这些可能是甲、披以外的附属装备。此件登录甲的第一行上部残缺，部分部位名称字可推补，所缺数字只好阙如。

再后若有辅主的要登录辅主数量，辅主中有强弱之别的再细分强几，弱几，然后再逐一列辅主的人名和年龄，人名只写名字，不记姓氏。一般辅主与正军同姓，故可略去姓氏。此抄有辅主二强，一名小狗酉，年龄 71 岁，另一名犬盛，66 岁。

第二抄正军名卧利羌势，党项人。全抄 2 人，装备中只有马一种。后登录正军名字，仍略去姓氏，此人年岁 117 岁，是高龄正军。在下一行记有辅主 1 强，名字不清，也是 117 岁。

第三抄正军缺姓氏，名讹吉。全抄 5 人，装备中只有马一种。后登录正军名字，仍略去姓氏，仅有名字讹吉，此人年岁也是 117 岁。在下一行记有辅主 4 名，其中有 2 强，一名讹有，也是 117 岁；一名那征有，年龄残。老一名，名寂显，127 岁，年龄最高。另有弱一名，名那征讹，年龄 95 岁。

第四抄正军酩布犬羊盛，党项人。全抄 3 人，装备中也只有马一种。后正军名字、年龄残，应为犬羊盛。后有关辅主记载也残，但因全抄共 3 人，除正军 1 人外，可知应有在辅主 2 名，名字和年龄残缺不详。

（3）签署和押印

每件军籍文书登录完成后，在卷末都记有时间和相关人员签名。前面是文书的内容主体，此部分是文书的结尾。在文书末尾照例要登录时间，记当年年号、甲子、年数和月份。此件末尾残，依据其他同类军籍文书的格式，以及本文书开始部分的登录时间，此件卷尾签署的时间应是“天庆庚申七年六月”。

在登录日期的同一行后是首领签名，只写名字而省略姓氏。此件后部残，失首领签名。同样依据其他同类军籍文书的格式，以及本文书开始部分的首领名字，此件卷尾签署的首领签名应是“慧小狗”。

最后是文书登记专职人员主簿的签名，主簿是登录军籍的执笔者。有时主簿签署是一人，有时是两人。一般前面写“黑水属主簿”5 字，后面写主簿的姓名。此件后残，主薄签署也无从考察。

每件军籍文书都押有朱印，印文为西夏文𗹦𗗙二字的篆书，意为“首领”，一般押印不止一方，而是在同一文书中押几方印，多为 4 方，有的甚至更多。押盖首领印应是登录完成后，该首领正式上报前的最后一道程式。从印文看这类首领印与近代发现的大量西夏文铜质首领印印文相近。此件文书可见三方朱印，一在文书开始总叙部分的上部，朱文浅淡，一在下部，仅存上半方；另一在靠后部的上方，存右半方。在残失的左下角，应还有一方印。

多数军籍文书在最后都有大字签署，这些大字要比文书中的字大得多，一般一个字要占十多个字的面积，而且都是更难识别的连体草书，而此文书后残，也缺大字签署。

一般军籍文书的背面还有大小文字签署和画押。这种签署多在背面的最后部分，也即文书卷首的背面。此件有卷首，因此也有背面签署。我们在此文书的前本部分下部能隐约看到墨迹较浅的画押，其上面残破处有残留的大字签署笔迹，右面有字迹浅淡的小字签署。

这类签署、画押多为4行，第一行是两特大字，应是衬䋴二字。第1字“搜、检”意，第2字音“毕、竟”意。两字为“检毕”意，即检验完毕。两字下为粗笔画押。第二行4字不清，后画押。第三行最多的可见8字，第一、二字为骨疲“案头”。案头是西夏政府的吏员，比都案小。后面几字应是该案头的名字。其下也有画押。第四行约有六七字，不清。这大概是主簿以上更高的官吏来审核总的签署和画押，是由确定完成了这一军溜的军籍登记的最后手续。

这类军籍文书的很多文字旁边画有朱点，从较完整的军籍文书看，要画三五十点。一般点在较为重要的文字上，如军籍文书的项目、每抄行的开始部分、正军和辅主、人名、甲披的部位等，一般年龄、数字不点。朱点带有随意性，甚至有时没有文字的地方也画朱点。这些朱点可能是校对、审阅时所加。此件文书可见50多朱点。

4. 初步分析

此件英藏军籍文书即是黑水城一个首领所辖四个军抄的登记实录。汉文史籍有关于西夏军事组织“抄”的最早的记载。宋人曾巩著《隆平集》记载：

> 其民一家号一帐，男年登十五为丁，率二丁取正军一人，每负赡一人为一抄。负赡者，随军杂役也。四丁为两抄，余号空丁。愿隶正军者，得射他丁为负赡，无则许射正军之疲弱者为之。故壮者皆习战斗，而得正军为多。①

西夏的基层是兵民合一的社会组织，军队中的“溜”是基层的军事组织。《续资治通鉴长编》记载：

> 西贼首领，各将种落之兵，谓之“一溜”，少长服习，盖如臂之使指，既成行列，举手掩口，然后敢食，虑酋长遥见，疑其语言，其整肃如此。②

西夏的基层军事组织“溜”，在地方又称作“里溜”（《天盛律令》中译为“迁溜”）。③军队的“溜”与乡里的“里溜”有密切关系，可能平时为“里溜”，战时为“溜”。西夏溜的职能很宽，包括对所辖住户户口、土地、牲畜及其他财产的登记，编制申报乡里籍账，负责催缴租税，组织开渠、修渠等。溜首领还有一种职能，就是对西夏基层军事组织军抄的登记和管理。这种不同于中原地区的特殊职能与西夏征兵制度有密切关系。

《天盛律令》还有一些条款对理解“溜”的地位有所帮助：

---

① （宋）曾巩：《隆平集》卷20《夷狄传·夏国》，第7页，康熙辛巳年（1701）刊本。参见《宋史》卷486《夏国传下》，中华书局校点本。

② 《续资治通鉴长编》卷132，仁宗庆历元年（1040年）五月甲戌条。

③ 《续资治通鉴长编》卷132，庆历元年（1041年）五月甲戌条。

守大城者，一城城皆放弃时，州主、城守、通判弃城，造意等有官无官，及在城中之正副溜中无官等，一律以剑斩。其中正副溜有官者，官、职、军皆当革除，徒十二年。正首领、权检校等职、军皆革，徒六年。小首领、舍监、末驱等当革职，徒二年，有官则以官品当。其下军卒，正军十三杖，辅主、寨妇勿治罪。①

由上可知，溜有正副职，比州主、城守、通判小，比正首领、权检校、小首领等大。而军籍是以首领为单位进行登录磨勘的。

由此军籍文书可以了解到西夏黑水城地区一年一度的军籍登记情况，证明西夏晚期监军司对属下的军籍登记仍然进行着有效的管理。而且通过此军籍还具体地了解一个首领下属的军抄人马装备情况。这一首领下有4个军抄，当然也有4个正军。4个正军3个有姓氏，都是党项人。4个正军各有一匹官马，首领，也即第一个正军有甲和披，其他正军没有甲、披。

4抄的辅主分别是2人、1人、4人、2人，共9人。全军籍中正军、辅主共13人。其中正军只有两人有年龄，都是117岁。辅主9人中有6人保存年龄，分别是71、66、117、117、127、95岁。这些军人年纪都很大，最大的127岁，最小的也有66岁，平均年龄103岁。年龄之老，出乎常规，令人生疑。

这里有两个问题。首先是文书表明军丁中很多是高寿的老人，最年长的127岁。但有的历史文献确实记载党项人多寿。《五代史》记载党项人以长寿著称："党项……其人多寿，至百五十、六十岁。"② 此说可能有些夸张，但当时党项人寿命较长的说法，已传播至中原。

另一个问题是关于西夏军丁的年龄。汉文文献对此有所记载，宋曾巩《隆平集》载西夏"凡年六十以下十五以上，皆自备弓矢甲胄而行"③。又《续资治通鉴长编》记"泾原等路谍报：'西贼集结举国人马，七十以下，十五以上，取八月半入寇绥州，及分兵犯甘谷城'"④。西夏《天盛律令》规定：西夏"年十五当及丁，年至七十入老人中"⑤。从军籍文书看来西夏军丁70岁以上仍登录在册，甚至百岁老人也还在军籍中登录，有的还不在老弱中，如第一抄的一名辅主小狗酉年七十一仍为强辅主，第二抄的一名辅主117岁也为强辅主，另一117岁辅主入老年中，一95岁辅主入病人中。黑水城出土的军籍文书虽然程度不同地存在着军丁年龄偏高的现象，但像此件军籍中已知8位保存年龄的军丁中竟有7位年逾古稀，有5位年过百岁，最高的达到127岁，是独一无二的，创下了军籍文书中军丁年龄的最高纪录，具有典型性。

二 1813和3521军籍文书

在英藏西夏文军籍文书残页中，有两件分别置于《英藏黑水城文献》第二册和第四册

① 史金波、聂鸿音、白滨译注：《天盛改旧新定律令》卷四"弃守大城门"，法律出版社2000年版，第197页。

② 《旧五代史》卷138《外国传二》。

③ （宋）曾巩：《隆平集·西夏传》，文渊阁四库全书本。

④ （宋）李焘：《续资治通鉴长编》卷329。

⑤ 《天盛改旧新定律令》卷六"抄分合除籍门"，第262页。

的残文书，实为同一军籍的前后部分，拼合后使二者破镜重圆，庶几完整，使之成为了解西夏军事基础状况价值很高的文献。

1. 拼合

在翻译英藏军籍文书过程中，通过译文内容和文书页面的比对，发现了两件可以拼合的几近完整的军籍文书，其编号为 Or. 12380 - 1813 和 Or. 12380 - 3521。① 叙录记载前者高 20.6 厘米，宽 17.5 厘米，后者高 21 厘米，宽 27 厘米。原来它们是一件军籍前后两个部分，前部虽有残失，但据后面的内容大体可以补充完备。这是一件天庆乙丑十二年（1205）仅有两抄的军籍文书。此件文书首残，缺失了军籍的总叙部分，仅保留着前部的部分内容，没有首领姓名，没有军籍登录的时间等。因我们通过翻译、考证俄藏黑水城文献中的军籍文书，知道这类文书的格式，所以可以补充上所缺的内容。

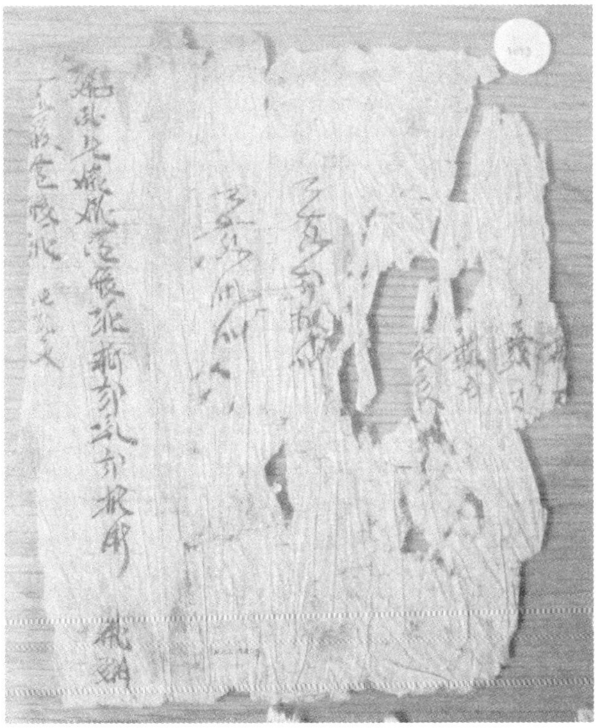

图 4　Or. 12380 - 1813 军籍

2. 补充和翻译

以下先将经过补充的军籍文书的西夏文草书录为楷书，再译为汉文。

录文：

① 《英藏黑水城文献》第 2 册，第 208 页；第 4 册，第 216 页。

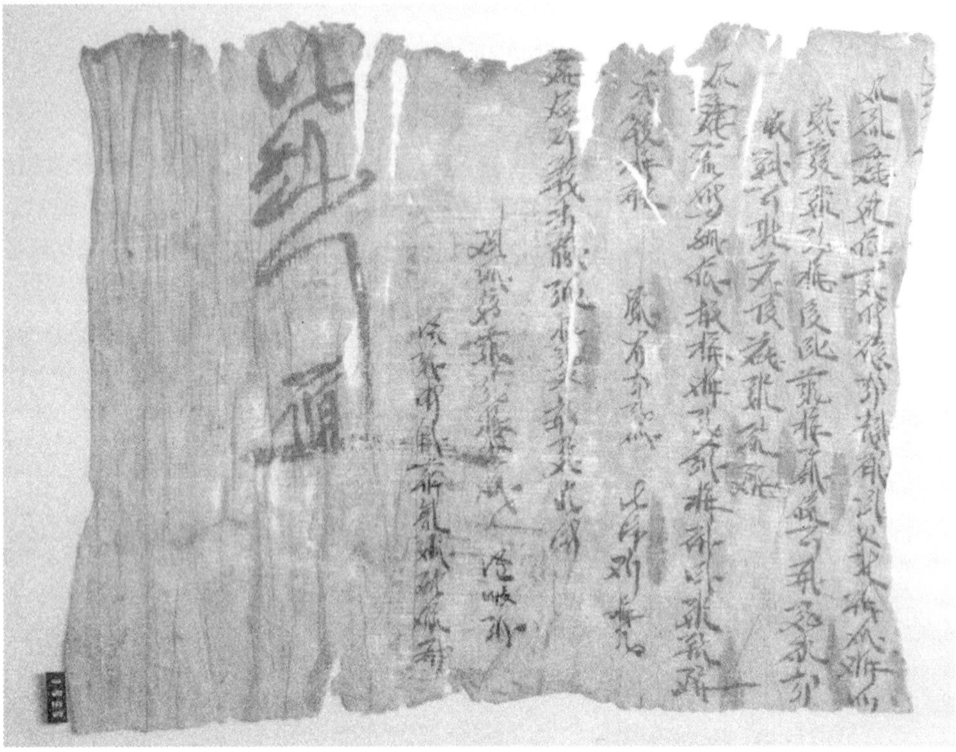

图 5 Or. 12380－3521 军籍

Or. 12380－1813

[illegible]

[illegible]

[illegible]①

[illegible]②

[illegible]

[illegible]

[illegible]

[illegible]

[illegible]

[illegible]

[illegible]

---

① 因 Or. 12380－3521 后有当年登录时间，故可补前一年和当年时间。其他文字据同类文书格式补。

② [illegible]（八）系据同类军籍格式和其下内容推补。以下列 6 行：正军二、官马一、甲一、披一、印一、辅主二，6 项数字相加之和为八。

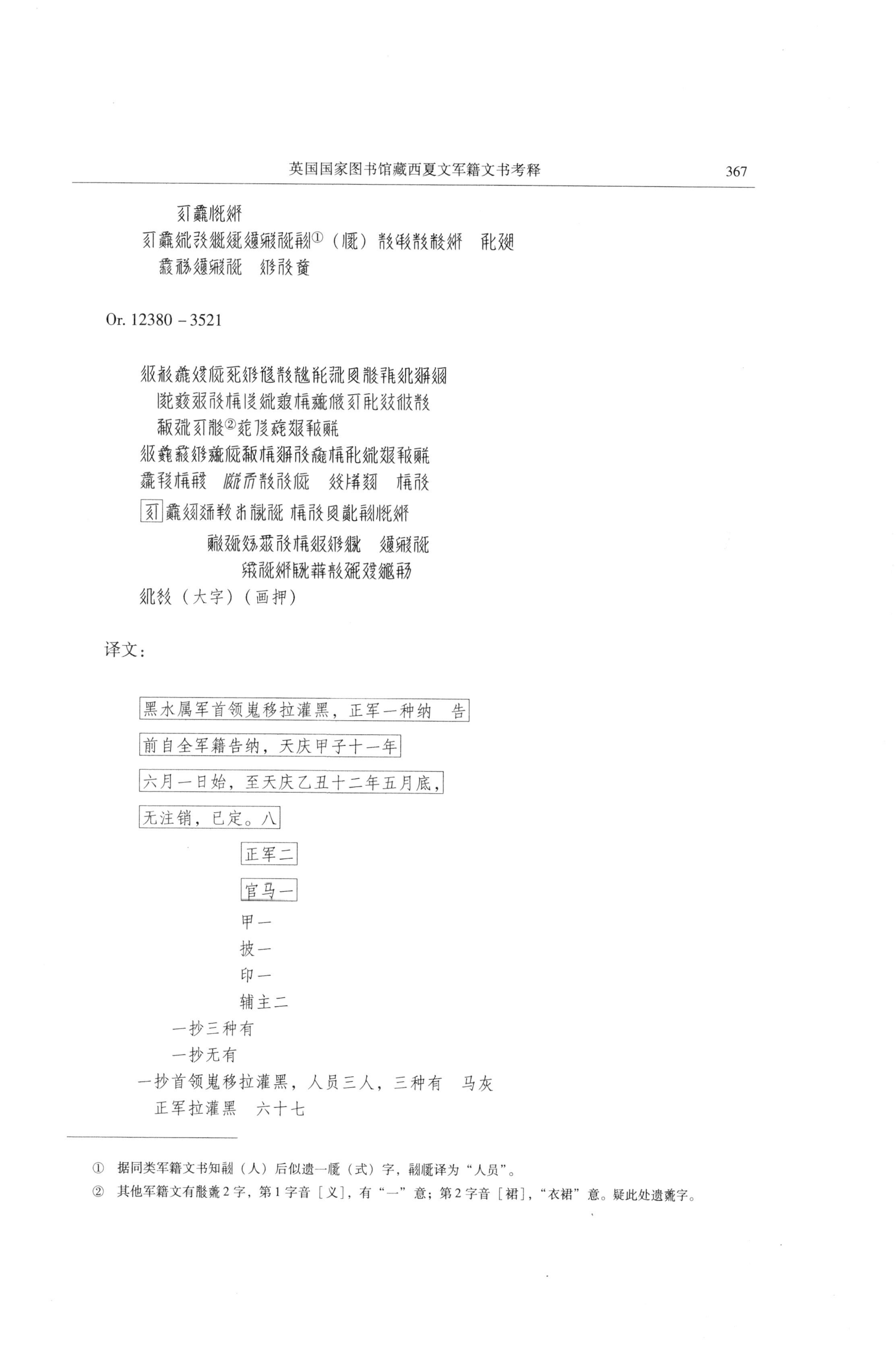

[illegible]

[illegible][1]（[illegible]）[illegible]

[illegible]

Or. 12380－3521

[illegible]

[illegible]

[illegible][2][illegible]

[illegible]

[illegible]

[illegible]

[illegible]

[illegible]

[illegible]（大字）（画押）

译文：

黑水属军首领嵬移拉灌黑，正军一种纳　告

前自全军籍告纳，天庆甲子十一年

六月一日始，至天庆乙丑十二年五月底，

无注销，已定。八

正军二

官马一

甲一

披一

印一

辅主二

一抄三种有

一抄无有

一抄首领嵬移拉灌黑，人员三人，三种有　马灰

正军拉灌黑　六十七

---

① 据同类军籍文书知[illegible]（人）后似遗一[illegible]（式）字，[illegible]译为“人员”。

② 其他军籍文有[illegible]2字，第1字音［义］，有“一”意；第2字音［裙］，“衣裙”意。疑此处遗[illegible]字。

（Or. 12380－3521）

番杂甲：胸五、背六、胁三、结连接八、衣襟九、末四、

臂膊护十二、手头护二、项遮一、独目下三、

喉面一、衣更斗、结袋等全

番杂披：麻六、项五、喉二、末十、罩二、马头套等全

辅主二强　羊牧　三十五　老房势　二十

一抄势吉塔小前黑，二十八，单人，无有。

天庆乙丑十二年六月拉灌黑

黑水属主簿命屈犬疤奴

九日（大字）　　（画押）

此两件看来都残缺不全的文书对接、整合、添补后，已成为一件基本完备的军籍文书。其真实而具体的内容表明它是一件有重要价值的军事文献。

3. 诠释和考证

此军籍文书是一仅有两抄 4 丁的军籍文书，在所见黑水城出土的数十件军籍中是军抄最少、军丁最少的一件军籍。

（1）总叙

此文书按例行格式看，前面应有的总叙大部分残失，但我们依据同类文书格式和文书已有的内容基本上可以将总叙补足。这也是一个黑水城监军司属下的军溜，首领姓嵬移，是党项族姓。军籍登录的是天庆甲子十一年六月一日至天庆乙丑十二年五月底一年的所辖各军抄的情况。后面用数字“八”表明全溜的实力：正军 2 + 官马 1 + 甲 1 + 披 1 + 印 1 + 辅主 2 = 8。在已发现的较完整的西夏黑水城军抄中，此军籍的军抄最少，装备和辅主也少，表明此首领统领的军抄军事实力是最小的。

（2）人员和装备的登录

此文书只有两抄，一抄三种装备即官马、甲、披都有，一抄都没有。第一抄是首领嵬移拉灌黑所在的抄，三种装备皆为首领所有。首领年龄为 67 岁，已接近西夏正常兵丁年龄的上限 70 岁。其甲、披属一般形制。

此抄有辅主 2 名，皆属强辅主。一名羊牧（西夏文动词在宾语后，汉文可译为“牧羊”），35 岁；一名老房势 20 岁。

第二抄仅单独 1 人，名势吉塔小前黑，党项人，无官马、甲、披等应登录的装备。他年纪较轻，28 岁。

（3）签署和押印

此军籍后部照例也有登录时间“天庆乙丑十二年六月”，为 1205 年。在登录日期的同一行后是首领签名，只写名字而省略姓氏。此处有首领拉灌黑的名字。

最后是文书登记专职人员主簿的签名。负责此军籍登录的主簿为命屈犬疤奴。主簿是登录军籍的执笔者。据《天盛律令》规定“国中各种部类主簿派遣法：一百抄以内遣一人，一百

抄以上一律当遣二人"。[1] 俄藏黑水城文献的军籍文书中，凡记有主簿的多是命屈心喜奴、命屈犬疤奴二人（或其中1人）。看来此英藏军籍也是属于主簿命屈犬疤奴的登录范围。

此军籍也押有朱文首领印，因前残不能见文书卷首印，但可见卷尾有2方朱印，皆在登录时间、首领名称和主簿签署文字上，上下各1方印。文书很多文字旁也画有朱点，可见20多朱点。

此军籍后也有大字签署，大字为西夏文连体草书"九日"二字。下部有粗笔画押。

一般军籍文书的背面还有大小文字签署和画押。因这种签署和画押多在背面的最后部分，也即文书卷首的背面，而此件卷首残损，自然不见背后的签署和画押。

此军籍军抄最少，军力很弱，但分析其兵丁年龄则有一定优势。全溜4人中首领67岁，辅主2人分别为35、20岁，第2抄正军年龄28岁。两抄中正军平均年龄47.5岁，4丁平均年龄37.5岁，第一抄首领年纪较大，其余3人都年轻力壮。这与前述0222号军籍文书军丁的过于老化的年龄形成强烈反差。

文书末注明时间为天庆乙丑十二年（1205），比前述文书天庆庚申七年（1200）晚5年，都是西夏晚期，距离西夏灭亡仅20多年。

三　3865军籍文书

作完上述翻译、考释后，又见到出版较晚的《英藏黑水城文献》第五册，其中又见一件基本完整的西夏文军籍文书，编号Or. 12380－3865，为天庆乙卯二年（1195）军籍。该文书为写本，麻纸，西夏文草书39行，有朱笔，有印章。[2]

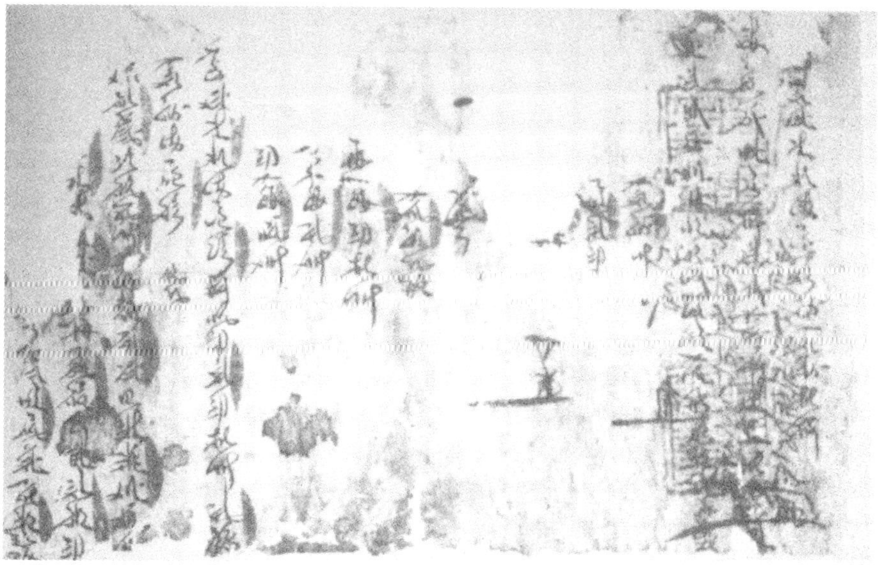

图6　Or. 12380－3865－1军籍

① 《天盛改旧新定律令》卷六"纳军籍磨勘门"，第257页。

② 《英藏黑水城文献》第5册，第194—195页。叙录记为4纸，实为一卷。

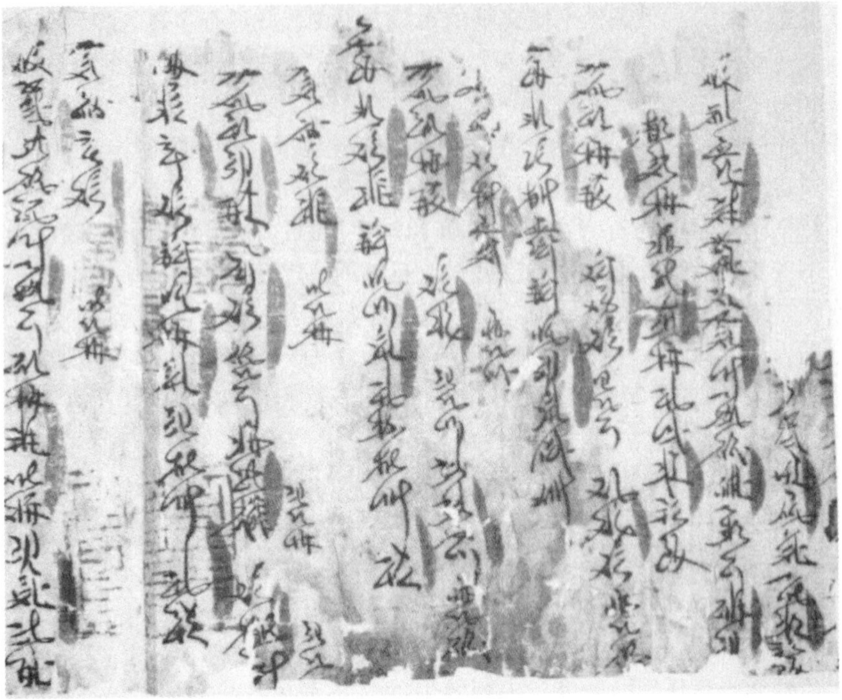

图 7　Or. 12380－3865－2 军籍

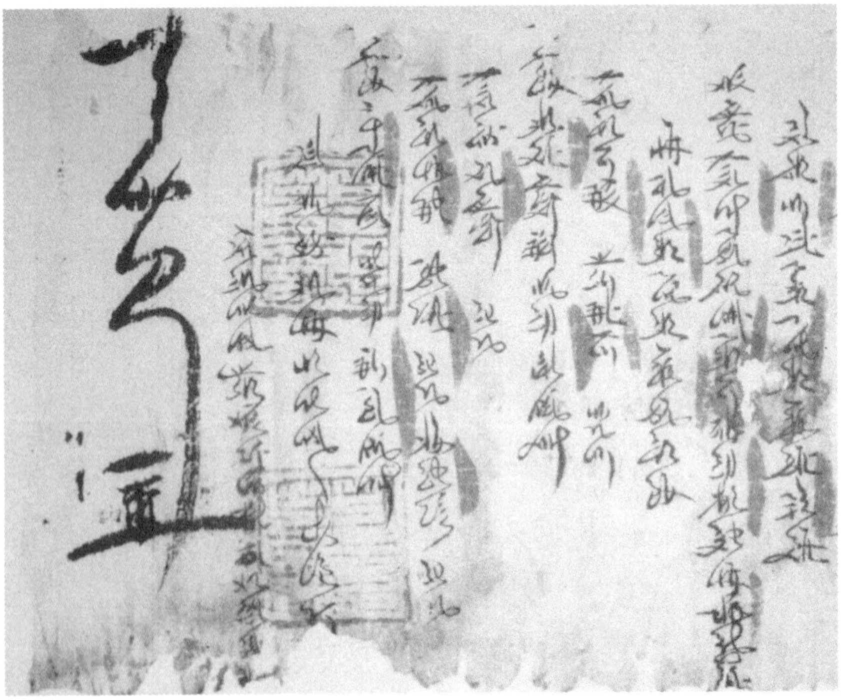

图 8　Or. 12380－3865－3 军籍

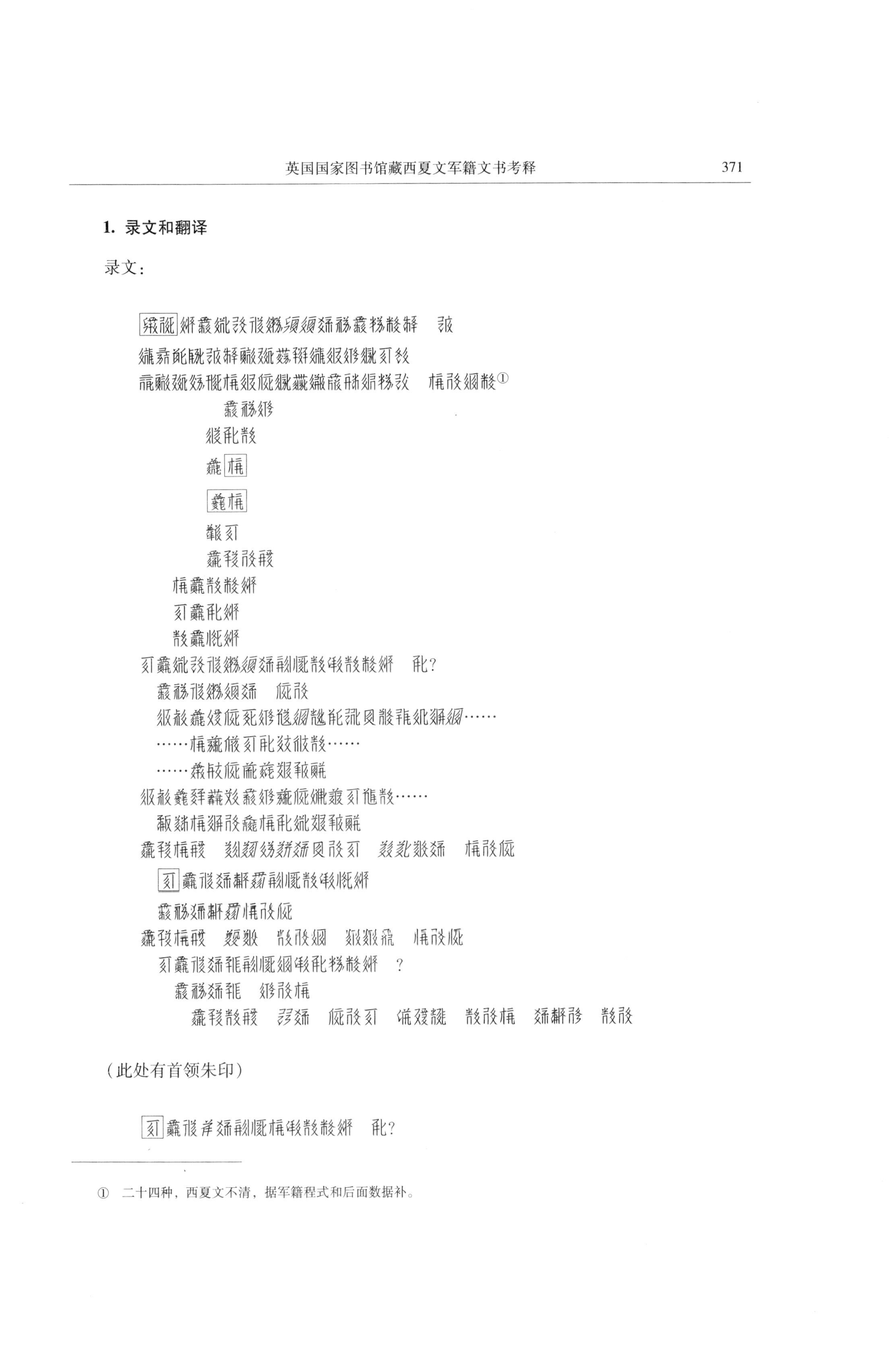

1. 录文和翻译

录文：

[illegible]

[illegible]

[illegible][1]

[illegible]

[illegible]

[illegible]

[illegible]

[illegible]

[illegible]

[illegible]

[illegible]

[illegible]

[illegible]?

[illegible]

[illegible]……

……[illegible]……

……[illegible]

[illegible]……

[illegible]

[illegible]

[illegible]

[illegible]

[illegible]

[illegible]?

[illegible]

[illegible]

（此处有首领朱印）

[illegible]?

① 二十四种，西夏文不清，据军籍程式和后面数据补。

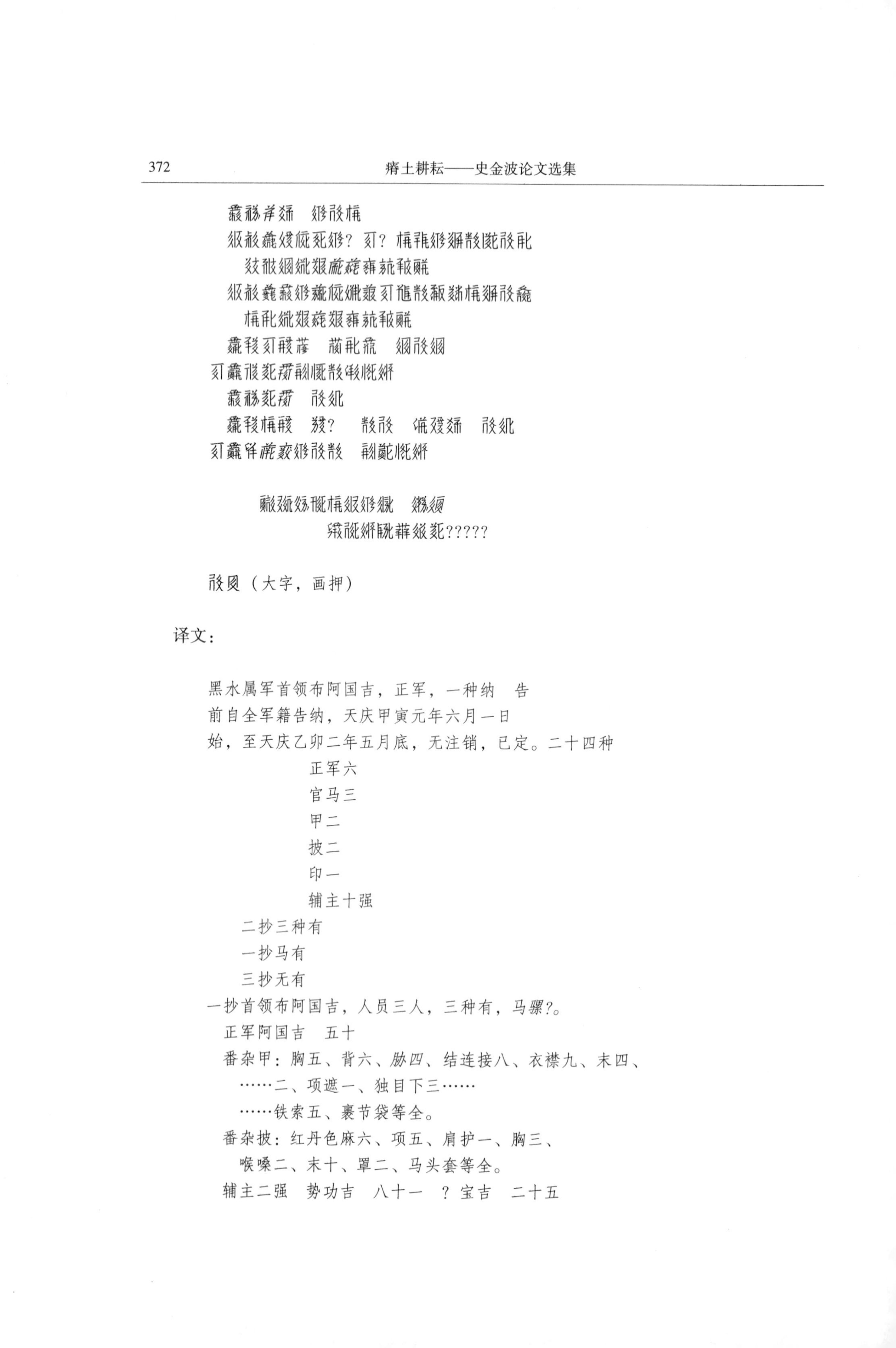

[illegible]

[illegible]？[illegible]？[illegible]

[illegible]

[illegible]

[illegible]

[illegible]

[illegible]

[illegible]

[illegible]？[illegible]

[illegible]

[illegible]

[illegible]?????

[illegible]（大字，画押）

译文：

黑水属军首领布阿国吉，正军，一种纳　告

前自全军籍告纳，天庆甲寅元年六月一日

始，至天庆乙卯二年五月底，无注销，已定。二十四种

正军六

官马三

甲二

披二

印一

辅主十强

二抄三种有

一抄马有

三抄无有

一抄首领布阿国吉，人员三人，三种有，马*骡?*。

正军阿国吉　五十

番杂甲：胸五、背六、*胁四*、结连接八、衣襟九、末四、

……二、项遮一、独目下三……

……铁索五、裹节袋等全。

番杂披：红丹色麻六、项五、肩护一、胸三、

喉嗓二、末十、罩二、马头套等全。

辅主二强　势功吉　八十一　？宝吉　二十五

一抄布吉祥暖，人员三人，无有。

正军吉祥暖　二十五

辅主二强　羌宝　三十四　岁岁有　二十五

一抄布吉射，人员四人，马一种有,?。

正军吉射　六十二

辅主三强　？吉　五十一　小狗喧　三十二　吉祥酉　三十

一抄布粱吉，人员二人，三种有，马?。

正军粱吉　六十二

番甲：胸五、背六、颈一、? 二、襟六、末三、臂十、独木下四、头盔节结绳用等全。

番披：麻六、项五、肩护一、胸三、喉嗓二、末十、罩二、马头套节结绳用等全。

辅主一强　六斤有　四十四

一抄布讹爬，人员三人，无有。

正军讹爬十九

辅主二强　盛?　三十　小狗吉　十九

一抄粱牛解，六十三，单人，无有。

天庆乙卯二年六月　阿国

十八（大字，画押）

（卷首的背面有文字签署、画押，字迹浸洇模糊，难以辨认）

2. 初步考释

据上述文书可知，此军籍的首领姓布，是党项姓𗂧𗌐𗂸布之布，名字为阿国吉。军籍登录时间是天庆乙卯二年（1195），也是西夏桓宗时期。

这是一个包括6抄共16人的军籍文书。从西夏军籍例行军事实力统计数字来看，共24种，即正军6＋官马3＋甲2＋披2＋印1＋辅主10强＝24种。其中有两抄，即第一抄和第四抄马、甲、披三种装备俱全，第三抄只有马，另三抄这三种装备都没有。6抄中有二抄有马，有两抄有甲、披，这在已见的西夏军籍中装备是不差的。

从此军籍看，6抄的正军年龄，分别是50、25、62、62、19、63岁，平均年龄46.8岁，在已见西夏军籍中属于中等偏下，算是比较年轻的。此军籍保存着所有兵丁年龄，十分难得，他们分别为50、81、25、25、34、25、62、51、32、30、62、44、19、30、19、63岁，平均年龄40.7岁，在已见西夏军籍中属于年龄较低的一种。

此军籍6抄中有5抄同姓布，尽管这是一个单音节姓氏，但从其语音和名字分析，很可能是党项族。这与西夏黑水城地区军籍所反映的当地军人基本上是党项人相一致。

6抄中有5抄有辅主，分别有1、2、3名辅主，只有最后一抄为单人（西夏文𗐱𗓁，意人、独，译为“单人”）。这样的单人在军籍中既不明确为正军，也不明确为辅主。按要求，一个军抄至少应由二人组成，一人为正军，一人为辅主或负担。如果只有一人则不是一个完整的军抄，自然也难以定正军、辅主或负担。《天盛律令》规定：

> 军卒一种单人，正军本处自愿，当允许二人结合为一抄，何勇健者当为正军。不允比其人数超出，及使非自愿结合为抄。①

单人可依据自愿的原则二人结合为一抄，使其中勇健者为正军，另一人自然应为辅主或负担。上述规定是自愿的原则，这意味着，若不自愿，单人不合抄也是允许的。军籍文书中有不少单人抄，看来也不违反法律规定。此军籍的最后一抄以及上述1813和3521军籍中的最后一抄都属这种单人类型。

另有一些军籍文书都很残破，无头无尾，但有的保留行数、字数稍多些的，也能提供有一定价值的资料。如0015保存4抄的内容，0374保存5抄的内容，但都缺头少尾，难以看到军籍的概貌。3845有两残页，一残页保存西夏文16行，另一残叶保存西夏文34行，有12抄的内容，提供了很多具体资料，但此件残损过于严重，无头无尾，草书字迹模糊，也未能反映一个军籍的全貌。

总之，以上3件基本完整的军籍文书，为研究西夏晚期的军事组织提供了真实而具体的重要资料。这些文书也是中国中古时期难得的军籍原本，为考察中国历史上的军籍制度增添了全新的内容。

---

① 史金波、聂鸿音、白滨译注：《天盛改旧新定律令》卷六“抄分合除籍门”，法律出版社2000年版，第260页。

西夏文社会文书简论*

一　黑水城文献的发现和整理出版

清朝末年，国力衰微，外国列强入侵。一批批外国探险者纷至沓来，肆无忌惮地到中国"探险"。1908 年俄国科兹洛夫（П. К. Козлов）受沙皇指派率领蒙古—四川考察队来中国北部，其主要目标就是黑水城（今属内蒙古自治区额济纳旗）。1908 年 4 月他们第一次找到了黑水城遗址。考察队在这荒无人烟的大漠深处翻找挖掘，找到了一些文物、文献，寄运回当时的俄都圣彼得堡，便离开了黑水城。俄国科学院的专家们尽管还无法认识文献中的西夏文字，但他们推测出这种文献可能有巨大的科学价值，并指令考察队回到黑水城。1909 年科兹洛夫又率队进入黑水城遗址，奇迹终于出现了。他们在西城外打开了一座佛塔，塔内从上部到基座摞满了大量文物、文献，似乎找到了一座古代的博物馆和图书馆。这些被湮没了 7 个多世纪的宝藏，向人们展现出往昔西夏国历史的璀璨与辉煌。

据说科兹洛夫将这些宝物用 40 峰骆驼驮走，被运到圣彼得堡。后来这些文物、文献在圣彼得堡展出，引起极大的轰动。从此这些中国古物流落异邦，现分藏于俄罗斯科学院东方文献研究所和爱尔米塔什博物馆。

黑水城出土的文献以西夏文文献数量最多，约占总数的 90% 以上，汉文次之，不足 10%，也有零星的藏文、女真文、回鹘文等文献。

1987 年，笔者去苏联做短期访问，这是中国西夏研究者第一次寻求黑水城文献之旅。共三周的访问时间，除来回路过莫斯科做短暂逗留外，两周的时间笔者都在入藏西夏文献的列宁格勒（今圣彼得堡）东方学研究所查阅西夏文献。每天从上班到下班，都在该所阅览室里如饥似渴地阅览资料。这里用 12 个高大、宽厚的书柜储藏着西夏典籍，共有 8000 多个编号，多为西夏时期的遗物，也有部分唐、宋、金时期的文献，学术价值很高。手抚七八百年前旧卷，似与久违的西夏人交流、沟通，心情激动，难以名状。我白天阅读、抄录资料，晚上在寓所整理笔记，短短十多个工作日使我收获颇丰。然而，在那里只能摘录，不能照相、复印，加之时间短暂，所见文献极为有限。最后我带着收获，也带着遗憾离开了列宁格勒。

---

* 原刊于《宋史研究论文集》，河南大学出版社 2014 年版，第 149—167 页。

鉴于俄藏黑水城文献的巨大价值，中外西夏学专家越来越切望将这批文献全部整理出版。早在20世纪30年代，著名苏联西夏学专家聂历山就提出过出版计划。他甚至认为“刊布科兹洛夫所获文献，乃是具有头等国际意义的科学事业”。[①] 作为一名多年从事西夏研究者，笔者也早就有这样的愿望，希望俄藏黑水城文献公之于世，让中国乃至全世界的专家们足不出户，就能直接查阅、研究、利用这些文献。然而由于此项工作任务庞大，需要积累更多的西夏文译释、整理经验，并有待国际合作的条件成熟等原因，这一巨大工程直至20世纪末期才提上日程。开始由宁夏人民出版社总编徐庄同志出面，笔者作为参与者对此全力支持，并与克恰诺夫教授交换意见，极力促成此事。但后来因种种原因，未能落实。克恰诺夫教授两次来信询问情况，每次笔者都与徐庄同志联系，给予答复。

20世纪90年代初，中国社会科学院胡绳院长、汝信副院长对藏于俄国的敦煌和黑水城文献十分重视，希望这些文献能在中国出版。1992年院领导委托笔者与俄方联系。笔者写信给克恰诺夫教授，表达了中国社会科学院希望与俄方合作出版黑水城出土西夏文、汉文及其他少数民族文字等所有文献的意愿。很快得到时任圣彼得堡东方学研究所所长的彼得罗斯扬教授、副所长克卡诺夫教授的联名正式答复，同意与我所合作，共同整理、出版该所所藏黑水城出土的全部文献。1993年3月，中俄双方合作协议，共同整理、编辑、出版俄藏中国黑水城出土全部文献。根据协议，中方专家于1993—2000年四次组团前往俄罗斯圣彼得堡工作，每次工作时间在3个月左右。

我们在俄罗斯整理文献时，对每一卷、每一编号文献都要仔细查阅，登录一份有40个项目的卡片，其中包括编号、名称（原文、译文）、版本形制（装式、页数、页面高宽、板框高宽、每页行数、每行字数、残完状况）、特点（序跋、题款、印章、画押、朱笔），甚至纸质、墨色、书体等都要一一记明。笔者和本所白滨、聂鸿音同志负责登录文献，上海古籍出版社的蒋维崧同志参加登录汉文文献。然后由上海古籍出版社的摄影师严克勤同志拍照，蒋维崧同志复校。历经八年，最后顺利完成了整理、登录、拍摄任务，拍摄数万帧照片，基本涵盖了所有俄藏黑水城文献的内容。出版物名为《俄藏黑水城文献》，为特精装八开本图书，预计共出版30册左右，至今已出版20册。[②]

1914年英国人斯坦因步科兹洛夫后尘，也赶赴黑水城，掘获一些文献。所获文献多为残卷、残叶，其中多数能在俄藏中找到同类文献，其中也有新的文献类型，很像是为科兹洛夫“探险队”打扫战场。这些文献也有重要学术价值。《英藏黑水城文献》也已出版。[③]

二　黑水城社会文书的发现

黑水城出土文献内容很丰富，其中任何一种文献都负载着特定的历史文化内涵，蕴藏着

① Горбачева. З. И. и Кычанов. Е. И. Тангутские русописи и ксилографи, Издательство восточной литературы, Москва, 1963.

② 俄罗斯科学院东方研究所圣彼得堡分所、中国社会科学院民族研究所、上海古籍出版社编，史金波、魏同贤、克恰诺夫主编《俄藏黑水城文献》第1—20册，上海古籍出版社2006—2012年版。

③ 西北第二民族学院、上海古籍出版社、英国国家图书馆编纂，李伟、吴芳思主编《英藏黑水城文献》1—5册，上海古籍出版社2005—2010年版。

重要的学术价值，甚至可以说片纸只字都不容忽视。

黑水城出土的西夏文文献，绝大多数是佛经。对于从事西夏历史文化的研究者，当然更关注黑水城出土的世俗文献，特别是西夏人自己撰写的文献。

在西夏文文献中关于西夏政治史方面的文献很少，现在发现的只有若干残叶。有几种西夏人撰著的文献十分重要。其中有西夏法典《天盛改旧新定律令》（简称《天盛律令》），现存1270余页，系西夏文木刻本，这是中国古代继印行《宋刑统》后又一次公开刻印颁行的王朝法典，也是第一部用少数民族文字印行的法典。原为20卷，今存19卷，全书共150门，1400余条。它吸收了唐、宋律的精华，形式和内容上又有自己的特点，堪称一部真正诸法合体的法典，填补了汉文史料中所缺乏的西夏行政管理、军事制度、经济赋税、社会家庭等方面的重要内容。① 此外，还有在《天盛律令》基础上修订的《亥年新法》、《法则》等。②《贞观玉镜统》是西夏的军事法典，记载了有关西夏将帅士卒攻守争战的规定、要求、赏罚等，是中国中古时期少见的颇具特色的军事法典。③ 关于政治制度方面的有西夏文《官阶封号表》，以独特的形式记载西夏官制，是具有重要价值的稀见文献。④ 有记载西夏自然环境和社会制度的大型类书《圣立义海》，以事类带条目，条目下有详细注释，共十五卷，比较全面地记载了西夏的自然和社会状况，尽管是残本，但仍是研究西夏社会不可多得的重要资料。⑤ 西夏文谚语集《新集锦合词》中，搜集了大量多种类型的西夏谚语，以醇厚的民族风格展示了西夏社会风情与党项族的民俗伦理、道德观念。⑥ 这些都是我们研究历史的重要资料。大量的佛教文献虽然主要是译自汉文和藏文的佛教经典，但其中有不少序、跋、发愿文、题款等，也是研究佛教史难得的资料。⑦

除上述记述西夏历史社会的文献以外，还有一种研究西夏社会、历史的重要文献，即西夏文社会文书。

过去俄罗斯西夏学专家编写的列宁格勒东方学研究所的西夏文文献目录，未介绍过西夏

---

① 《俄藏黑水城文献》第8册，全册；第9册，第1—52页。参见 Кычанов. Е. И. Измененный и заново утвержденный кодекс девиза царствования небесное（1149—1169）（1—4），Издательство Наука，Москва，1987—1989。史金波、聂鸿音、白滨译注《西夏天盛律令》，科学出版社1994年版。史金波、聂鸿音、白滨译注《天盛改旧新定律令》，法律出版社2000年版。

② 《俄藏黑水城文献》第9册，第53—344页。

③ 《俄藏黑水城文献》第9册，第345—365页。参见 E. I. kycanov und Herbert Franke. Tangutische und chinesische Quellen zur militärgesetzgebung des 11. bis 13. jahrhunderts München 1990。陈炳应：《贞观玉镜将研究》，宁夏人民出版社1995年版。

④ 《俄藏黑水城文献》第9册，第366—317页。参见史金波《西夏文〈官阶封号表〉考释》，《中国民族古文字研究》第三集，天津古籍出版社1991年版。

⑤ 《俄藏黑水城文献》第10册，第243—267页。参见克恰诺夫、李范文、罗矛昆《圣立义海研究》，宁夏人民出版社1995年版。

⑥ 《俄藏黑水城文献》第10册，第328—347页。参见 Кычанов. Е. И. Вновь собранные драгоценные парные изречения，Издательство Наука，Москва，1974。陈炳应《西夏谚语—新集锦成对谚语》，山西人民出版社1993年版，第10页。

⑦ 史金波：《西夏佛教史略》，宁夏人民出版社1988年版，附录一“西夏文碑碣铭文、佛经序跋、发愿文、石窟题记”，第230—333页。

社会文书，大家对此几乎一无所知。20世纪70年代以后，克恰诺夫教授陆续发表4篇论文，翻译并研究了黑水城守将上书、西夏土地买卖等文书，人们才知道原来黑水城文献中还有这样重要的资料。① 但我们不了解俄藏黑水城文献中有多少这样的文书。

从1993年我们开始在圣彼得堡东方学研究所整理黑水城文献时，就询问俄罗斯专家，除已注录的文献目录外，还有没有未经注录的文献？原来圣彼得堡东方学研究所的俄国专家早已清理出一部分社会文书，而大部分社会文书则是在此次中、俄合作整理出版过程中发现的。1997年、2000年我们在俄罗斯专家的协助下，查阅到俄国专家拣选出的部分未登录的社会文书，又在未登录的110盒残篇断卷的文献中用沙里淘金的方法查找到一大批社会文书，还有一部分社会文书原作为佛经封套、封面和封底的衬纸，有的暴露在可见到的一面，有的已一层层自行脱落。总计这些文书有1000余号，1500多件文书，包括户籍、粮税和买卖籍账、契约、军事文书、告牒、律条、书信等。这批珍贵资料直接反映西夏社会，它们无论在数量上还是在内容上，皆可与敦煌社会文书相媲美，对研究、认识西夏社会有极高的学术价值。这是一次新的发现，也是一项令人惊喜的重要收获。

最初《俄藏黑水城文献》出版计划是依据俄罗斯专家登录的目录制定的，没有包括这些新发现的社会文书。原计划《俄藏黑水城文献》第1至6册为汉文文献，第7至11册是西夏文世俗文献，自第12册开始出版西夏文佛教文献。发现这批西夏文社会文书时，第11册已经出版。这些新发现的文书属世俗部分，我们与上海古籍出版社协商，改变计划，增加3册，将这些文书放在第12、13、14册中出版，从第15册再开始出版西夏文佛教文献。现在这写西夏文社会文书已经出版，国内外学者可以很方便地直接据此探索西夏社会的有关问题。

三　黑水城社会文书的拟题和初步研究

出版这些社会文书首先碰到一个问题是要拟定题目。这些文献基本上未经过注录、未经整理，也从未曾定题。定题的前提和基础是要了解文书的内容，然而这些社会文书多是难以识别的西夏文草书。西夏社会底层中常用的户籍、账目、契约、军籍、书信等，书写时要求快捷、及时，往往是以草书写就。目前笔画清晰的西夏文楷书解读尚有相当难度，要释读人写人异、云龙变换的草书就更加困难。另外这些文书多是残页，或缺头少尾，或字迹不清，还有不少文书正、背两面皆书写文字，笔画透墨浸洇，相互交错叠压，更加难以辨认。这为西夏文社会文书定题增加了困难。

笔者自1997年发现这些新的文书后，为及时在《俄藏黑水城文献》中出版，便着手整理、阅读这些文书，逐步进行定题工作。虽然笔者对西夏文草书有一些基础，但看到这些难

① Kyčanov，E. I.（1971）："A Tangut document of 1224 from Khara-Khoto". *Acta Orientalia Hungarica*，24：2，pp. 189—201. Е. И. Кычанов Тангутский документ 1170г. о продаже земли，"Письменные памятника Востока. Ежгодник. 1971"，М.，1974. 196—203. Е. И. Кычанов Докладная записа помоцника командуюшегоХара-хото Письменные памятника Востока. Ежгодник. 1972，М.，1977. 139—145. Е. И. Кычанов Тангутский документ о займе под залог из Хара-хото Письменные памятника Востока. Ежгодник. 1972，М.，1977. 146—152.

以释读的残卷，一方面有获得新资料的兴奋，另一方面也感到很大的困难和压力。笔者摸索西夏文草书的释读，在反复阅览这些文书时，不断对比西夏文楷书和草书的字形，寻找特点，总结规律，日积月累，草书识别能力逐渐提高。

为社会文书定题，进而研究这些文书，不仅需要有解读西夏文的能力，还应具备有关社会文书研究的专业知识。社会文书研究对我来说是一个新领域，需重新学习包括户籍、租税、借贷、买卖、典当、军事等在内的中国古代经济史、军事史以及相关的研究著述，而且要对敦煌、吐鲁番出土的文书及相关研究情况有较多的了解。因此一边翻译西夏文文书，一边学习相关专业知识和前人的著述，以便借鉴。

经过六年的摸索，至2003年笔者已经整理出一份定题目录初稿，但自己并不满意，希望再花些时间尽量把整理、定题的工作做得更好些，为此笔者给上海古籍出版社责任编辑蒋维崧先生写信协商：笔者虽经过几番修改，把定题目录大体完成，但觉得这个目录还比较粗糙，并不成熟。因为西夏文草书的难度、基础的薄弱、文书的残损、数量的巨大，与笔者的工作时间差距太大。我希望这套书尽早完成，然而也希望它完成得好，能够符合学术规范，为学术界提供经过科学编辑的资料，想再花一两年时间继续打磨这个目录。并提议推迟这三卷的出版时间，将较容易编辑的佛经部分提到出版日程上来。[①] 敦煌文书中的汉文文书是经过了各国很多专家、耗费了漫长的岁月才完成定题的。上海古籍出版社同意了暂缓出版这3册社会文书的意见。又经过两年的修订，笔者于2005年交出了《俄藏黑水城文献》社会文书部分（12—14册）的定题目录，尽管其中仍有部分残叶难以定题，已经定题的仍有进一步推敲的余地，但比起以前的稿子有了很大的改进。所定题目今后仍会有所调整、改动、补充，也希望各位专家对定题多提修正意见。

近十多年，笔者把西夏社会文书的整理和研究作为笔者的主业。在为这些社会文书定题的过程中，阅读、翻译了不少文书，同时对这些文书进行初步研究探讨，有了一些收获，陆续发表一些以研究西夏社会文书为主的论文。如关于西夏户籍、粮食借贷、租税、物价和买卖税、土地买卖、军抄、军籍等方面的文章。

2007年笔者承担的《西夏经济文书研究》和《西夏军事文书研究》课题分别纳入国家社会科学基金和中国社会科学院重点项目，有望于近期完成。西夏社会文书的解读和利用尚属初步，有待进一步研究的文献和问题还很多。

四　黑水城出土社会文书的价值

关于上述西夏社会文书的价值，从事人文科学研究的专家，特别是从事历史和社会研究的专家们都很清楚，这是一批十分难得的历史资料，是开启神秘西夏社会大门的锁匙。1997年笔者从俄罗斯回到北京后，向著名宋史专家邓广铭先生报告了这一意外的收获。邓先生十分高兴地说，有宋一代，包括宋、辽、金朝都缺乏直接来自社会、反映社会实际的社会文书。现在发现这么多西夏的社会文书，不仅对西夏社会研究，而且对宋代各王朝的社会研究都有参考价值。他希望笔者把这些文书尽快整理、翻译出来，提供给学术界进一步研究和利

① 史金波：《〈英藏黑水城文献〉定名刍议及补正》，《西夏学》第五辑，上海古籍出版社2010年版。

用。这些文书将开拓西夏学的新领域，推动西夏学研究的新进展，使笔者感到自己肩上的责任重大。

以下分类对黑水城出土的社会文书以及初步研究情况做简要介绍：

1. 西夏户籍、人口文书

西夏户籍，人口文书约有110多号，包括简明户籍账（如图1）、户口手实（如图2）、人口计账、里溜户籍账、户口男女计账等。这些文书保存了西夏时期黑水城地区户口的第一手资料。如黑水城出土文书 Инв. No. 6342－1 户籍账，长达300多厘米，记有30户的简明资料。其中对每一户都记录了人口总数、户主及每一家庭成员的姓名、性别、与户主的关系，是大人还是小孩等。由此可以进一步分析西夏黑水城地区的家庭类型、人口姓名、男女比例、民族成分、婚姻状况，证实西夏番、汉民族互相通婚，并有一夫多妻和姑舅表婚现象。① 有的户籍文书还可分析出不同家庭土地、畜物占有状况，结合西夏法典《天盛律令》可以探讨西夏乡里组织，同时揭示出西夏户籍和军抄的密切关系。《天盛律令》规定西夏农户应将家中人口变化及时申报，防止虚杂，并使“典册清洁，三年一番”。② 这些文书证明西夏有及时申报、三年修订一次的完善户籍编制制度，填补了西夏户籍实物的空白，是研究西夏社会、家庭真实而可靠的第一手资料。

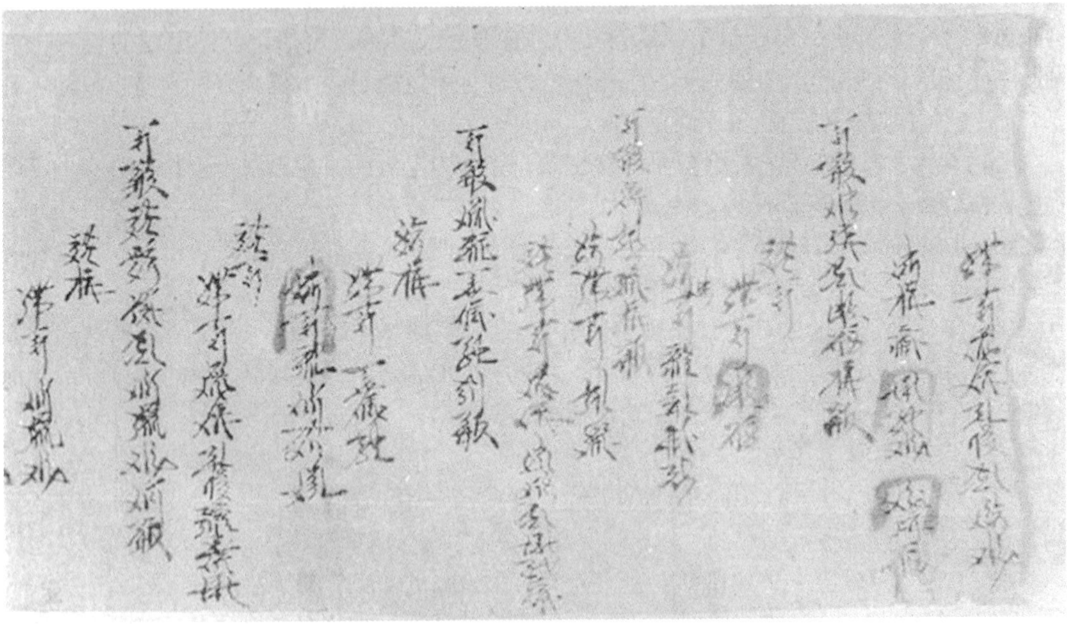

图1　俄藏 Инв. No. 6342－1 户籍账卷首

① 史金波：《西夏户籍初探——4件西夏文草书户籍译释研究》，《民族研究》2004年第5期。

② 史金波、聂鸿音、白滨译注：《天盛改旧新定律令》，第十五“纳领谷派遣计量小监门”，第514页。

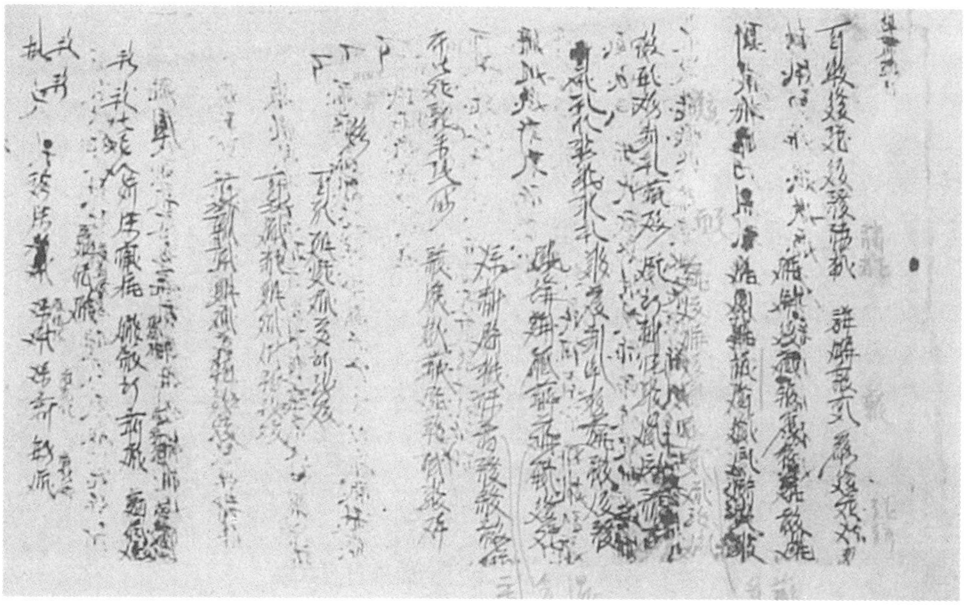

图 2　Инв. No. 7629 - 1 户籍手实稿

2. 田赋税收籍账文书

田赋税收籍账文书约有 140 多号，其中有耕地账、户租粮账、户耕地租粮账、户耕地租佣草账（如图 3）、里溜租粮计账和户租粮账、人口税账（如图 4）、耕地水税账、欠粮担保账、欠缴官粮账、差科供给账等，保存了西夏时期黑水城地区多种籍账资料。如 5949 - 33、34、35、36、37 号为耕地账，其中一件记一迁溜（类似“里”）所管农户的耕地，用撒多少种子为计量单位记录了 20 户农户占有土地的数量。又如黑水城文书中 4808 号为迁溜租粮计账与户租粮账，系一长卷，有西夏文草书 255 行，若加上残断 6 行共 261 行，由 4 段粘连而成。第一、二段多是纳粮统计账，第三、四段全是诸户纳粮账籍。这些文书证实西夏有以耕地多少缴纳农业税的固定税制，可考证出西夏实物地租的粮食种类以及缴纳杂粮和小麦的比例。1755 - 4 号文书是一件分户耕地纳粮账，有地亩数、纳粮数，可计算出每亩缴纳粮食地租为 1. 25 升，揭示出西夏黑水城地区的租粮税率。4067、5067 号文书都是农民按地亩缴纳租、佣、草的籍账，是逐户具体登记耕地数，纳杂粮、麦、佣、草数，有的还记每块地的方位、四至。8372 号是以迁溜为单位统计造册。4991 号文书是以农户的人口缴纳的人口税账，分别统计 59 户男女大小的人数和纳粮数，以及 39 人单身男、女的人数和纳粮数。这是一种人头税账，根据其中男、女，大人、小孩纳税的量可以推算出纳税不论男女，只区分大小，每个大人纳税 3 斗，每个小人纳税 1. 5 斗，反映出西夏还有负担较重的人头税。①

① 史金波：《西夏农业租税考——西夏文农业税文书译释》，《历史研究》2005 年第 1 期。

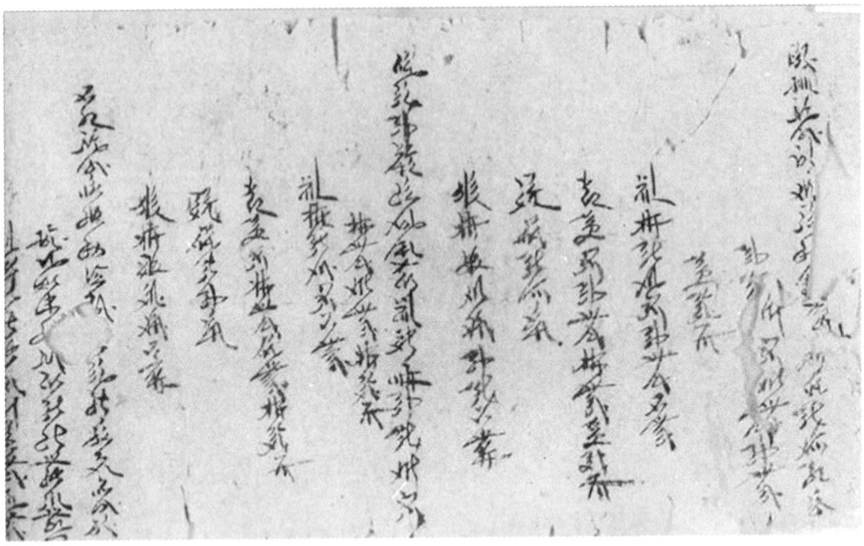

图3　俄藏 Инв. No. 8372 户耕地租佣草账

图4　俄藏 Инв. No. 4991 -6 里溜户籍人口纳税账

3. 买卖物品、税收籍账

买卖物品、税收籍账约有 90 号，其中有买卖物品账、买卖价钱账（如图 5）、物价账（如图 6）、贷粮账、贷粮利账、买卖税账、钱物账、财物统计账等。通过这些文书可知西夏物价。如 1219 -1、2、3 号买卖物价账，可计算出羊的价格。3858 号文书可计算出绢的价格。4696 -8 号文书为卖酒账，由账目可知酒价，每斗米酒的价格合 1.5 斗大麦（杂粮）。

又有 1366－6、7、8、9 号是酒价钱账残页，记载直接以酒售钱，每斗价 250 钱。有的则记录了买卖税账，6377 号为买卖税文书，从中可知买羊的买卖税约为羊价的 5%—10%，买牛的买卖税约为 8%。[①] 有的还是西夏文、汉文合璧夏钱粮账。如 2851 号为粮账，是一册书，共 30 多页，在其背面记载了不少粮食账目，如第一页有“一百五十三石七斗二升八（合）”，第二页有“麦五十石一斗三升三合半”，第四页有“麦百七十五石一斗六升”，第七页有“五百八十四石一斗九升二合”，第八页有“麦五百二十九石二斗一升六合半”等，每一笔下都有说明或分账。[②]

图 5　国家图书馆藏 010 号（7.04X－1）卖粮账

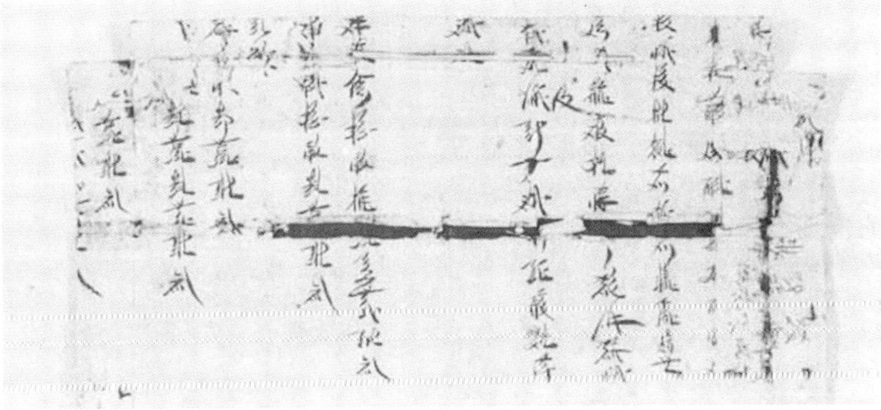

图 6　俄藏 Инв. No. 3858 物价账

4. 契约文书

契约文书有 150 余号，内有契约 500 多件，数量很多，其中 200 多件有具体年代。过去所知西夏的契约屈指可数，始有 15 件汉文典当残契刊布，后又有两件西夏文契约由俄罗斯专家刊布问世。新发现的契约不仅数量多，类型也很多，包括贷粮契（如图 7）、典畜契、贷物契、

① 史金波：《西夏的物价、买卖税和货币借贷》，《宋史研究论文集》，上海人民出版社 2008 年版。

② 《俄藏黑水城文献》第 13 册，第 120—131 页。

贷钱契、典地契、贷粮还钱契、典牲畜耕地契、典工契、还贷契、卖地契、卖畜契、卖人口（使军）契（如图8）、众会契等。黑水城出土的借贷契约数倍于敦煌借贷契约。契约专家张传玺教授提到，中国早期契约数量有限，“属于西汉至元代的较少，件件俱是珍品”。①

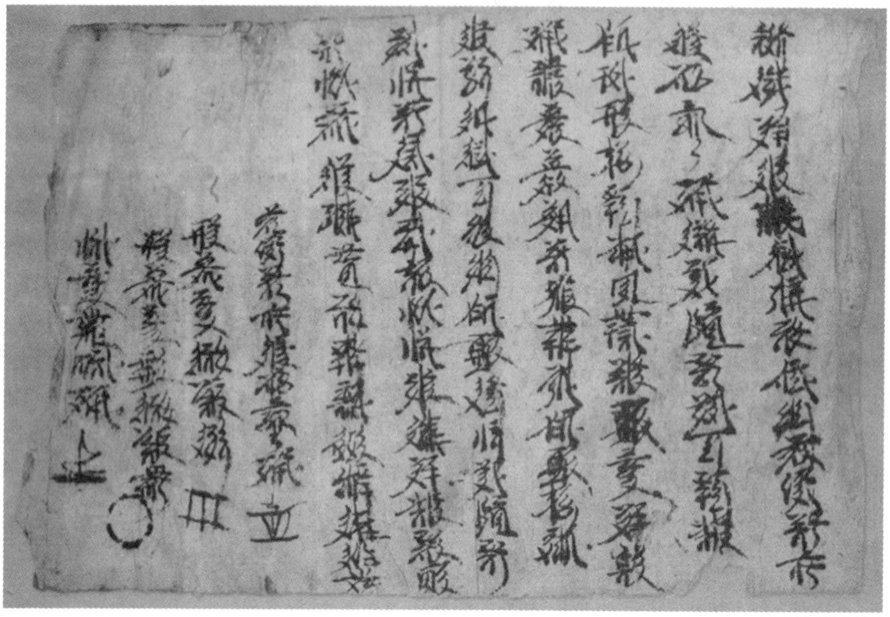

图7　武威藏 G31.004（6728）乾定申年贷粮契

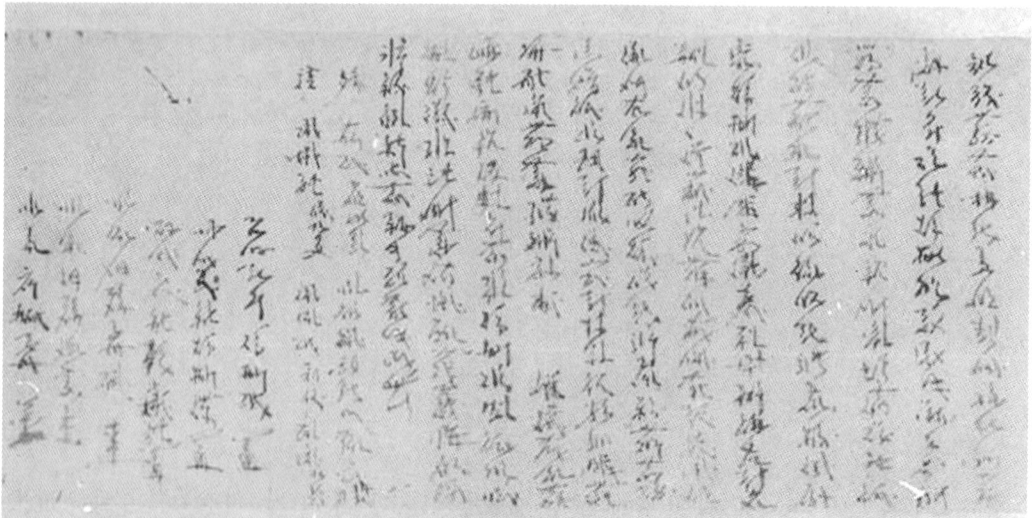

图8　俄藏 Инв. No. 5949 买卖人口契

① 张传玺主编：《中国历代契约汇编考释》，北京大学出版社1995年版，第7页。

借贷契约中以粮食借贷契约数量最多，有 90 多号，计 300 多件契约。粮食借贷契约包括立契约时间、借贷者、债权人、贷粮品类和数量、借粮利息和利率、偿付期和违约处罚、当事人和关系人签字和画押以及算码等，展示出西夏黑水城地区粮食借贷内容的丰富和多样。契约多为青黄不接时期的高利贷。结合西夏法典《天盛律令》有关规定，解析西夏粮食借贷情况，可透视西夏社会基层的民族居处、经济状况、农产类别、生活水准、贫富差距等诸多方面，加深对西夏社会的认识。①

买卖契约包括土地买卖、牲畜、房屋甚至人口买卖。黑水城文献中至少有 12 件比较完整的土地买卖契约，这些契约有卖地时间、卖地者、买地者、卖地数额、卖地价、保证和违约处罚以及当事人和相关人的签字画押等，提供了农户耕地数量、耕地和院落、土地四至等信息。从一些有连带关系的土地买卖契约，还可大致勾画出部分土地和灌渠的分布情况。而契约中有些农户分散居住在各自耕地上的特点，则反映出党项民族游牧习俗的影响和当地耕地较多的地方特色。契约关于渠道、给水等内容反映了当地农业依靠灌溉的特点，补充了西夏法典《天盛律令》有关水利管理的规定。这些契约继承了中国传统契约的形式，并形成了自己的风格，是唐宋契约和元代契约的一种中间过渡形式。宋、辽、金三朝有关土地买卖的契约保存至今的仅有屈指可数的几件，且多不完整，而西夏却保存着这样多土地买卖契约，且多首尾完具，显得十分珍贵。② 此外，还有土地租赁、牲畜租赁契约等。

文书中有多件买卖人口的契约。5949 号为“乾祐甲辰二十七年三月二十日”的买卖人口契约。西夏乾祐仅有二十四年，乾祐甲辰应为十五年（1184），乾祐甲辰二十七年比乾祐甲辰十五年整整多了一轮。该文契中卖主为讹一吉祥宝，他将自属的奴仆 6 人以 450 缗铁钱出卖，文契后列被卖者的性别、姓名、年龄，最后是卖主（文状为者）、相卖者（卖主之子）及知人（证人）的署名画押。还有一件是天庆未年（1199）二月卖人口契约，卖主姓苏（名字不清），卖自属使军家属 4 人，价 100 缗，文契后有卖主、相卖者（卖主妻子）及知人的署名画押。另 4597 号为天庆未年卖使军契、7903 号为皇建午年卖使军契。③ 西夏将人口作为商品买卖，反映了西夏封建社会保留着奴隶制的残余。

文书中有两件“众会”契约（社条）。其中 5949－31 号光定寅年（1218）十一月十五日立，共 13 条款，其成员为自愿参加，规定成员定期聚会，对有病和死亡者要探视或送粮，体现出教化和互助的功能。还规定对会众中违法犯罪的处罚，起到了辅助稳定封建社会秩序的作用。最后有入会当事人署名画押，其中有党项人、契丹人和汉人，而以汉人为多。④ 众会契首次证明西夏社会基层存在民间互助的结社组织，具有重要文献价值。

5. 有关军事的文书

有关军事的文书约 160 多件。包括军籍（如图 9）、军抄账、军抄人员除减续补账、军抄人员实有实无账、军抄户籍账、军抄人员物品账、骑兵账（如图 10）等。西夏军籍是中

---

① 史金波：《西夏粮食借贷契约研究》，《中国社会科学院学术委员会集刊》第 1 辑，社会科学文献出版社 2005 年版。

② 史金波：《黑水城出土西夏文卖地契约研究》，《历史研究》2012 年第 2 期，第 45—67 页。

③ 《俄藏黑水城文献》第 14 册，第 91 页；第 13 册，第 223 页；第 14 册，第 221—222 页。

④ 《俄藏黑水城文献》第 14 册，第 92—93 页。

国中古时期唯一存世的军籍文书。这类文书是依照西夏政府的规定，对西夏社会基层单位各军溜飞军抄详细登记的簿籍，保存着西夏基层军事组织的原始资料，证明当时实行严格的军籍登记制度。西夏军籍登记有规范格式，依次登记首领名字、时间、全溜总体情况，各抄正军、辅主的名字、年龄及装备情况，相关人员的签署等。从众多的军籍综合分析，可知西夏晚期黑水城地区的首领军力偏小，军抄人员偏少，军丁年龄偏老，军兵的装备较差的现象，表明该地军队质量下降，战力削弱，真实地反映出西夏的基层军事组织的状况和特点。①

此外尚有除减续补和实有实无文书，前者是对基层军抄中人员死亡的记录和统计，重点是除减人员和续补人员，后者则记录了军抄中现在有的人员和已经不在的人员。通过这些文书可以了解各军抄的变化和补充状况，对基层军事组织的认识更为全面。②

另外还有骑兵账和驮账。2157－5 号为骑兵账，记 50 骑兵为一队，又记 10 名骑兵为一列，再记各骑兵的姓名、马匹毛色、其他装备等。1233－1 号、6398 号为驮账，专门记载有关驮的组织，从不完整的记载看，似乎是五抄共出一驮，其中有“二人驮领者”应是此驮由二人牵领，再记他们所属以及姓名，后记有五抄驮属者的姓名。③

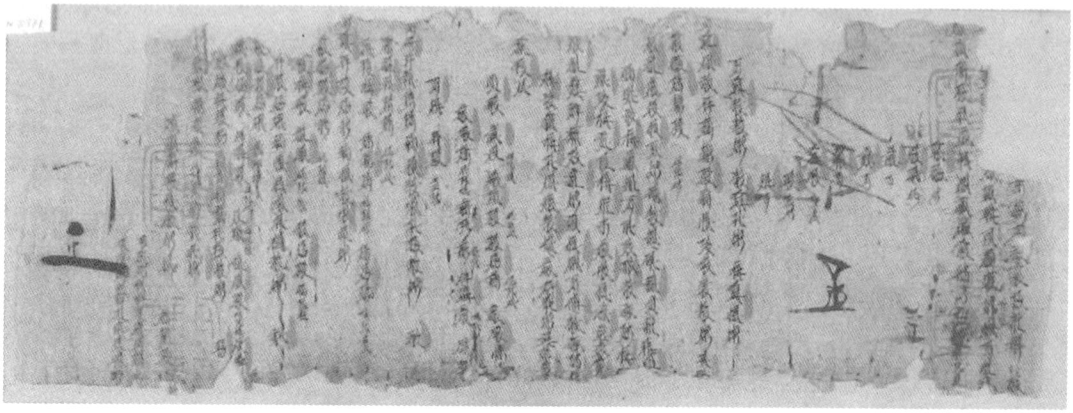

图 9　俄藏 Инв. No. 8371 军籍文书

6. 告牒文书

告牒文书有各种名目的告牒文书 140 多号，其中有 70 多号有具体年号。西夏的官府文书很多，多为告牒之属。告牒有的开头写本部门、本人名称，下书“告”字，然后写告诉事情，事多则分条书写。很多存有年款，年款书于文末，后有官员签署画押，或有批复，签署或批复字往往用一种特殊的变体。如 2736 号乾定申年黑水城守将告牒，首行有黑水城守将职称、姓名“守黑水城勾管为者赐银牌都平内宫骑马波年仁勇”，末行有“乾定申年六月”（1224）年款。8185 号乾定酉年黑水城副统告牒，首行有黑水城副统款识，末行有

① 史金波：《西夏军抄文书初释》，《中国多文字时代的历史文献研究》，社会科学文献出版社 2010 年版；史金波《西夏文军籍文书考略——以俄藏黑水城出土军籍文书为例》，《中国史研究》，2012 年第 4 期。

② 《俄藏黑水城文献》第 14 册，第 68 页。《英藏黑水城文献》第 4 册，第 116 页。

③ 《俄藏黑水城文献》第 13 册，第 33—36 页；第 12 册，226 页；第 14 册，第 151 页。

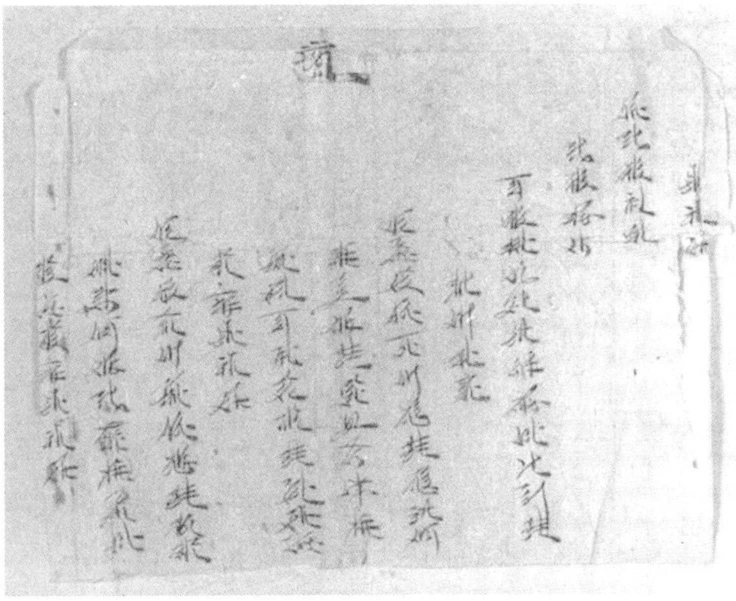

图 10　俄藏 Инв. No. 2157 骑兵队列人马装备账

“乾定酉年二月”（1225）年款。这两件完整的文书是克恰诺夫教授首先刊布并进行研究的重要文书。[①] 又如 4991－1 号是黑水监军司乾祐十年的告牒，后有黑水监军司正和监军司通判的签署。6345 号是乾祐戊（应改为戌）年节亲中书西经略使告牒（如图 11），为一长卷，前残，共 182 行，事关刑事之事，并与皇室有关，末签署“乾祐戌年　月”，后有节亲中书西经略使嵬名氏、西经略使浪兀氏、西正统中书通判的署名。再如 2775－6 号也是黑水副统告牒，4207 号为西经略使司副统应天卯年告牒。[②] 另有告牒残片 150 余号。

7. 条律

条律已见 15 号。其中 4601 是关于军溜物资驮载等事的规定条律，为一长卷，前后皆残，存 15 条，215 行。4759 号是关于军事的律条，也是一长卷，前残，共 167 行，30 多条。另有 5947 号系一书册，手写草书，有勾改处，共 14 页 28 面，每面一般 5 至 7 行不等，也是关于军事胜败的条律，有具体用兵之法，还有图表。7156 号也是书册，前后皆残，存 9 页，页两面，有的页面残缺，每面 7 行，有的条开始记有时间，如“辛未年十月”，内容多记朝廷中书、枢密等官府事。[③]

① Kyčanov, E. I. (1971): “A Tangut document of 1224 from Khara-Khoto”. *Acta Orientalia Hungarica*, 24: 2, pp. 189—201. Е. И. Кычанов Докладная записа помощника командующегоХара-хото Письменные памятника Востока. Ежгодник. 1972”, М., 1977. 139－145.

② 《俄藏黑水城文献》第 13 册，第 320 页；第 14 册，第 125—131 页；第 13 册，第 108 页；第 13 册，第 205 页。

③ 同上书，第 227—233 页；第 13 册，第 254—258 页；第 10 册，第 156—169 页；第 14 册，第 170—174 页。

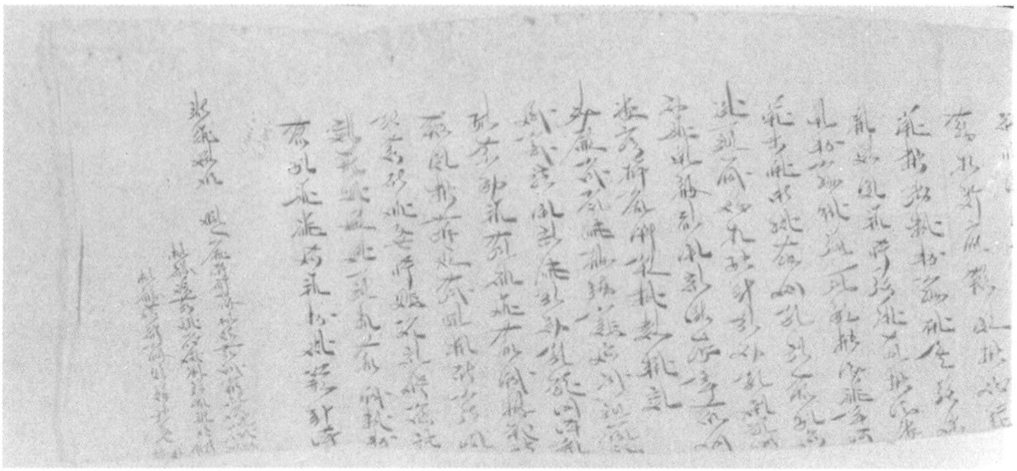

图 11　俄藏 Инв. No. 6534 乾祐戊年西经略司官员告牒

8. 信函

信函往往最直接、最真实地反映社会情况，是社会文书中很重要的部分。黑水城出土的西夏文信函约有 20 余件，其中还有同一人的多封书信。梁守护势是当地一名官员，4172 号是守护势给父亲的家书，共 12 行，第一行顶头二字为“尊敬”，行末署“书者子守护势”。这是一封报平安，问家人安好的家书。又见 4825 号也是守护势书写的信函，共 15 行，与上述信函程式、内容、甚至语句都很相近，但不完全相同。两者字体不同，4172 号为行草体（如图 12），4825 号为行楷体，但仔细观察，两者系同一人笔体。信中未署明时间，还难以断定是同一书信的草稿和正稿，还是两封内容相近的报平安信。5009 号系守护势上父书信，有署名、画押，有涂改。还另有两封信，5949－50 号也是守护势所写，存 16 行，写给他的父亲；另一封 5949－48，前残，存 14 行，写给他人，两信分别叙及政务和财务。在告牒类文书中也能见到守护势的告牒。[①] 另有父亲给儿子的书信，如 4204 号即属此类。

五　文书残页

另有不少残页或因残损过甚，尚不明其内容，目前难以定题；还有一些草书字体模糊潦草，难以释读，共约有 300 件。

这批出土的写本社会文书，不属流通文献，凡记有具体地点的文书，多出自黑水城及附近地区，如告牒类文书中，乾定申年黑水城守将告牒、黑水城副统告牒，军籍文书中凡保留卷首的在开始部分都记有“黑水属”，证明是黑水城当地的军籍。文书中 200 多件有具体年代，是研究西夏社会十分难得，弥足珍贵的资料。

---

① 《俄藏黑水城文献》第 13 册，第 193 页；第 13 册，第 299 页；第 14 册，第 1—2 页；第 14 册，第 107 页；第 14 册，第 105 页。

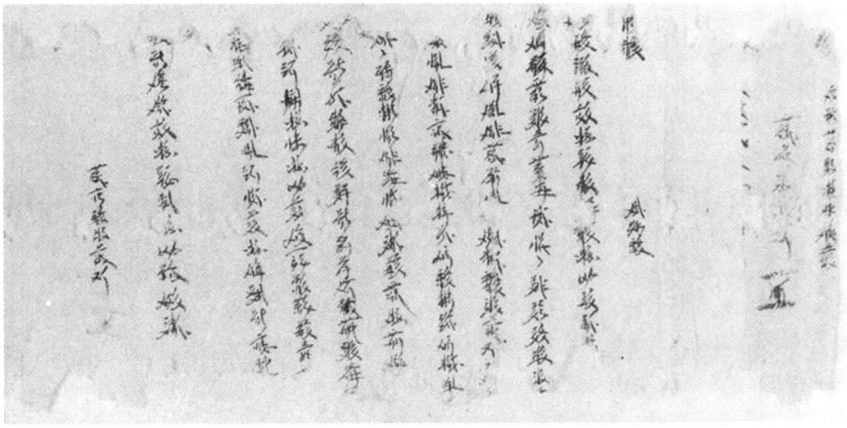

图 12 俄藏 Инв. No. 4172 守护吉家书

英国国家图书馆也藏有一定数量的西夏文社会文书，如户籍、人口簿、人口税账、粮账、草账、畜物账、种麦账、物品账、贷粮账、贷粮契、典地契、卖畜契、军籍、除减续补账、军抄物资账、律条、告牒、信函等，虽数量远不及俄藏，但其文献价值依然不菲，有的个别文书为俄藏所无，更显珍贵。

黑水城出土的汉文文献中也有少量西夏时期的社会文书，还有一批元代和北元时期的社会文书。[①] 国家图书馆所藏的西夏文文献中，有一部分是俄圣彼得堡东方学研究所在 20 世纪 50 年代返还给中国的文献，在这些西夏文佛经的经套中有少量西夏社会文书。[②]

20 世纪 80 年代末在甘肃武威缠山村发现了一批西夏遗物，其中有 1 件西夏借贷文书，另有一件乾定酉年（1225）卖牛契，以及其他文书残件。[③]

总之，西夏文社会文书无论是在绝对数量上，还是在保存完好的程度上，在中古时期都很突出，不仅是深入研究西夏社会重要而难得的资料，而且具有时代的代表性，有助于中国中古史的研究。

---

① 杜建录、史金波：《西夏社会文书研究》，上海古籍出版社 2010 年版。

② 史金波：《简介英国藏西夏文献》，《国家图书馆学刊》（西夏研究专号），2002 年增刊。

③ 孙寿岭：《西夏乾定申年典糜契约》，《中国文物报》1993 年第 5 期；孙寿岭：《武威亥母洞出土一批西夏文物》，《国家图书馆学刊》（西夏研究专号），2002 年增刊。

黑水城出土西夏文众会条约（社条）研究*

新发现的黑水城出土的西夏社会文书中，有两件众会契约。实际上是一种地方社邑组织和活动的规约。社邑（社）是中国古代民间基层结社的一种社会组织。民间社邑由来已久，早在先秦时期已有这类组织，至唐、五代、宋朝达到兴盛阶段。从敦煌石室发现的文书中有一批社邑文书资料，敦煌学家已对其做了系统、详备的录文和研究。① 其中有 20 多件社条，即社邑组织和活动规约，内中有实用件 10 余件，其他为文样、抄件、模仿件等。实用件中多为残件，完整者较少。社条的规定从整体上反映了民间结社的具体活动内容，真实而生动，具有重要研究价值。

新见两件西夏社邑组织和活动的规约，以西夏文草书书写，文中条款中称此种组织为緋礼（众会），文末有在会者的签字画押，具有条约的内容和形式，因此称之为“众会条约”，也可归入契约一类。

敦煌发现的社邑文书为 10 世纪的遗存，两件西夏文众会契为西夏时期的文书，是继敦煌文书后的重要社邑文书，填补了 12 世纪社邑文书的空白。特别是其中一件保存基本完整，十分稀见，有很重要的文献价值。

一　众会条约录文和翻译

两件西夏文众会契为 Инв. No. 5949 – 31 光定寅年众会契和 No. 7879 众会契。西夏文草书契约难以释读，因此先将两件众会契转录为西夏文楷书，再以汉文逐字对译，最后做出全文意译。② 文中有的西夏文字或因字迹模糊，或因难以识别，释读和翻译尚无把握，录文和译文留有疑问，有待以后解读。

---

* 原刊于《西夏学》第十辑，上海古籍出版社 2014 年版，第 1—10 页。

① 宁可、郝春文：《敦煌社邑文书辑校》，江苏古籍出版社 1997 年版。

② 译文中“□”表示缺字，□内有字为补字，“?”表示字迹不清或不识。

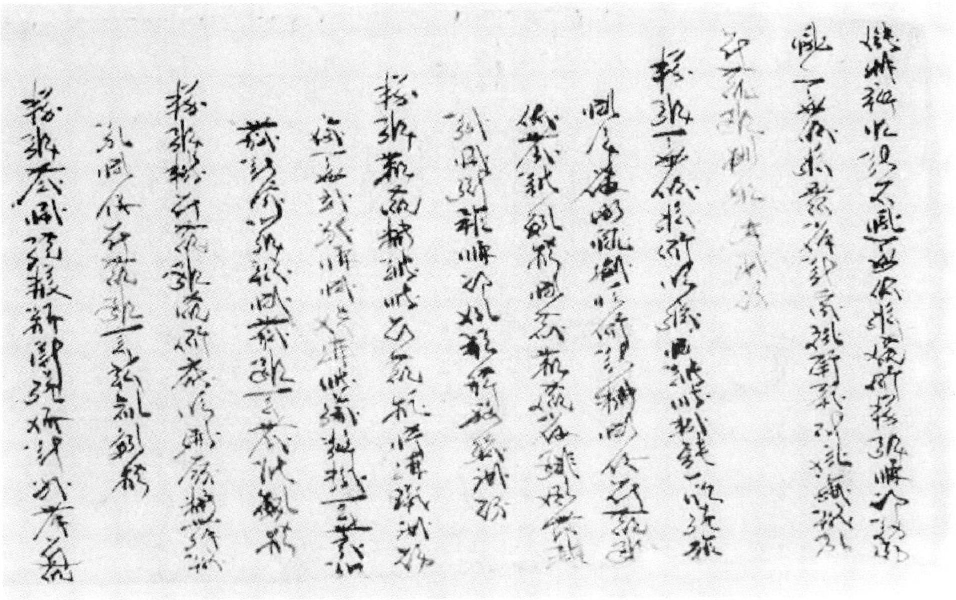

图 1－1　俄 Инв. No. 5949－31
光定寅年众会契

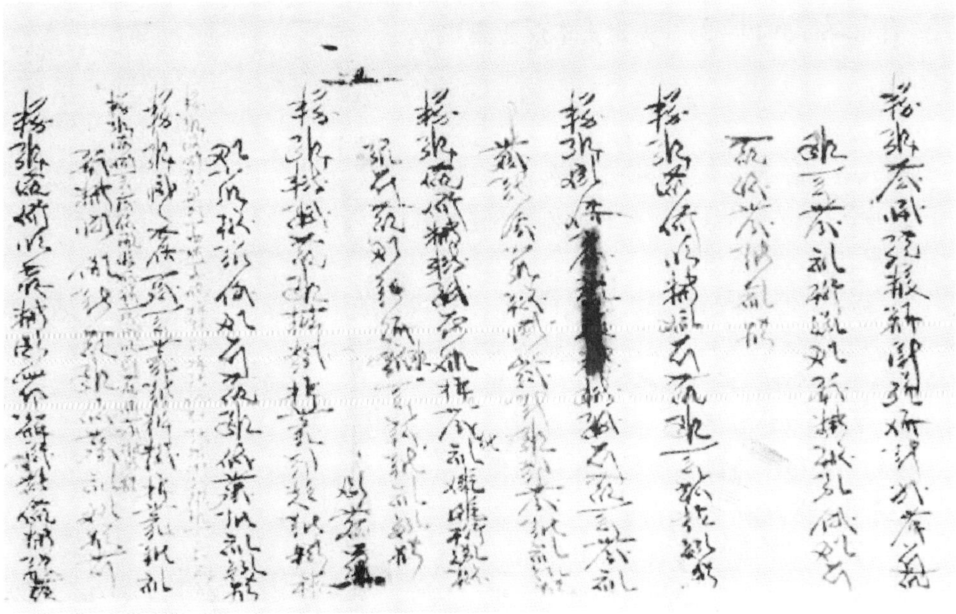

图 1－2　俄 Инв. No. 5949－31
光定寅年众会契

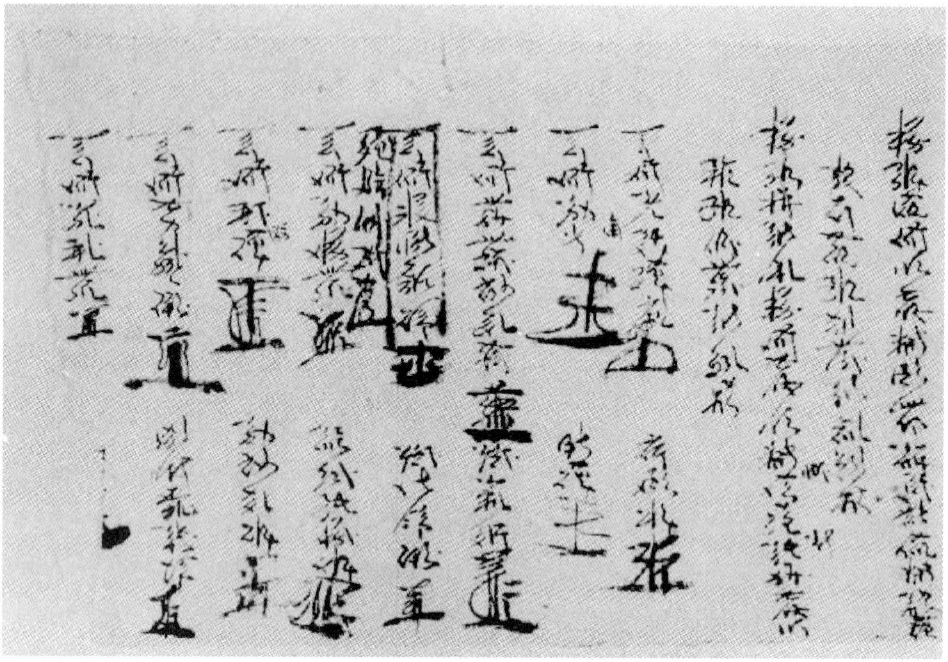

图 1-3　俄 Инв. No. 5949-31　光定寅年众会契

1. 俄 Инв. No. 5949-31　光定寅年众会契①

录文：

[illegible]
[illegible]
[illegible]
[illegible]
[illegible]
[illegible]
[illegible]
[illegible]
[illegible]
[illegible]
[illegible]
[illegible]
[illegible]
[illegible]

① 此件写本，麻纸，高 19.4 厘米，宽 90.2 厘米。西夏文草书 40 行。

[西夏文]
[西夏文]
[西夏文]①[西夏文]
[西夏文]
[西夏文]②[西夏文]
[西夏文]③[西夏文]
[西夏文]④（此处似有一画押）
[西夏文]
[西夏文]⑤
[西夏文]……⑥
[西夏文]
[西夏文]⑦
[西夏文]？[西夏文]？[西夏文]?? [西夏文]
[西夏文]?? [西夏文]??
[西夏文]
[西夏文]
[西夏文]
[西夏文]?? [西夏文]（押）　[西夏文]（押）
[西夏文]（押）　? [西夏文]（押）
[西夏文]?? [西夏文]（押）[西夏文]（押）
[西夏文]？[西夏文]（押）⑧[西夏文]？（押）
[西夏文]？[西夏文]（押）
[西夏文]（押）　[西夏文]？[西夏文]（押）
[西夏文]（押）　[西夏文]?? [西夏文]（押）
[西夏文]（押）　?? [西夏文]？[西夏文]（押）
[西夏文]（押）　??（押）

对译：

① 以下4字涂抹掉。
② 此字为旁加小字。
③ 此字为旁加小字。
④ 此处为加字，后似有一画押，前或为人名。
⑤ 此条后加一条，为小字，多数字不清。
⑥ 此行为后加，字小、模糊，难以辨识。
⑦ 此条两行中间后加一条，为小字，部分字不清。
⑧ 此6字人名被圈掉，左部添加一人名4字，见下行。

光定寅年十一月十五日众会一等中实乐意
月月十五日有记为当〈〉语其〈〉首祭彼?
者有时条下依施行
一条十五日会聚者疾病远行?? 等
不有伸? 懈迟? 聚会为中不来者有时
五斗数罚交不仅大众? 做善往?
处司几等共实过? 应? 施行
一条大众中疾病有紧近则施行
看十日全中不来则病药米谷一升数
持为当若其不持时一斗数罚交
一条死者有时众会皆聚常送中往其
各不来者有时一石杂罚交
一条诸司事论罪状事问为各往者有
时一斗杂计罚付其中其数不付者
有五斗数杂缴
一条众会聚中过者有时一石麦罚交
一条妻子死丧者有一斗杂
持为当若其不持时三斗杂罚交
一条众会中死丧者因二斗数杂先昔合??
超者有时付?? 超时一石数杂罚交
善往?
一条死丧有时米谷二升三卷［弁］数几等
付若其超不付者有时五斗数杂罚交
一条众会……
一条月月聚上一升数米谷二升数杂
其中不送为有时五斗杂罚交服
一条众会一? 无? 人无?? 不来者有五斗数罚交
一条众会聚集中善往积?? 有众中??
卖者有时三斗数杂罚交
一条二数人〈〉会聚集中不实事为〈〉聚集
等时五斗数杂罚交……
一会?? 狗铁（押）梁善宝（押）
一会明子（押）　　? 狗（押）
一会契丹??? 金（押）杨洛?（押）
一会卜?? 吉（押）杨老房?（押）
多善? 犬（押）
一会张阿德（押）　葛? 男巧宝（押）
一会王明狗（押）　张?? 宝（押）

一会庄何何犬（押）?? 宝（押）

一会? 金德（押） ??（押）

意译：

光定寅年十一月十五日，众会一种中自愿于
每月十五日当有聚会，已议定，其首祭?
者有时依条下依施行：

一条十五日会聚者，除有疾病、远行等
以外，有懈怠不来聚会中者时，
不仅罚交五斗，大众? 做善往?
处司几等共实过? 应? 施行。

一条大众中有疾病严重者则到其处
看望。十日以内不来，则当送病药米
谷一升。若其不送时，罚交一斗。

一条有死者，时众会皆送。其中有
不来者时，罚交一石杂粮。

一条有往诸司论事、问罪状事者
时，罚一斗杂粮。若有其数不付者，
缴五斗杂粮。

一条众会聚中，有流失者时，罚交一石麦。

一条有妻子死办丧事者，当送一斗杂
粮。若其不送时，罚交三斗杂粮。

一条众会中因死丧者二斗数杂粮早先?，其
有超者付?? 超时罚交一石杂粮。①

一条有死办丧事时，付米谷二升二卷［升］，
若有其超不付者时，罚交五斗杂粮。

一条众会……

一条每月聚会送一升米谷、二升杂粮，
其中有不送时，罚交五斗杂粮，服。

一条众会一? 无? 人无?? 不来者有五斗数罚交。

一条众会聚集送中善往积?? 有众中??，
有卖者时，罚交三斗杂粮。

一条二人来聚会中为不实事时，子聚集
时，罚交五斗数杂粮。

① 此行为后加，字小、模糊，难以辨识。

一会?? 狗铁（押）梁善宝（押）
一会明子（押）　　? 狗（押）
一会契丹??? 金（押）杨洛生（押）
一会卜?? 吉（押）① 杨老房?（押）
多善? 犬（押）
一会张阿德（押）　葛? 男巧宝（押）
一会王明狗（押）　张?? 宝（押）
一会庄何何犬（押）?? 宝（押）
一会? 金德（押）　??（押）

2. 俄 Инв. No. 7879　众会契②

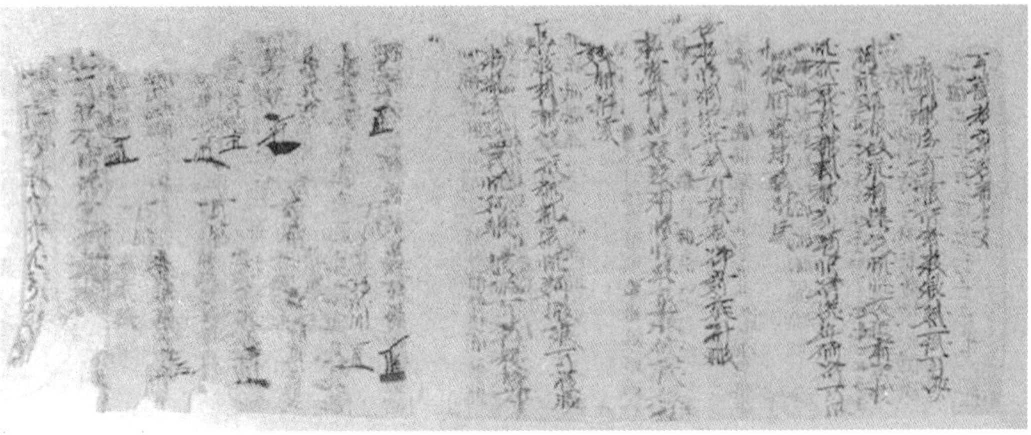

图 2　俄 Инв. No. 7879　众会契

录文：

……[illegible]?
……? [illegible]??
[illegible]? [illegible]?
[illegible]? [illegible]? [illegible]?
? [illegible]? [illegible]
[illegible]? [illegible]??
[illegible] [illegible]?

① 此人名被圈勾掉。

② 此件写本，麻纸，残，高 19 厘米，宽 48 厘米，西夏文草书 19 行。因残损较多，且字迹浅淡，背面书写经文，两面文字相互叠压，很多字不能识别，故只做对译，不做意译。

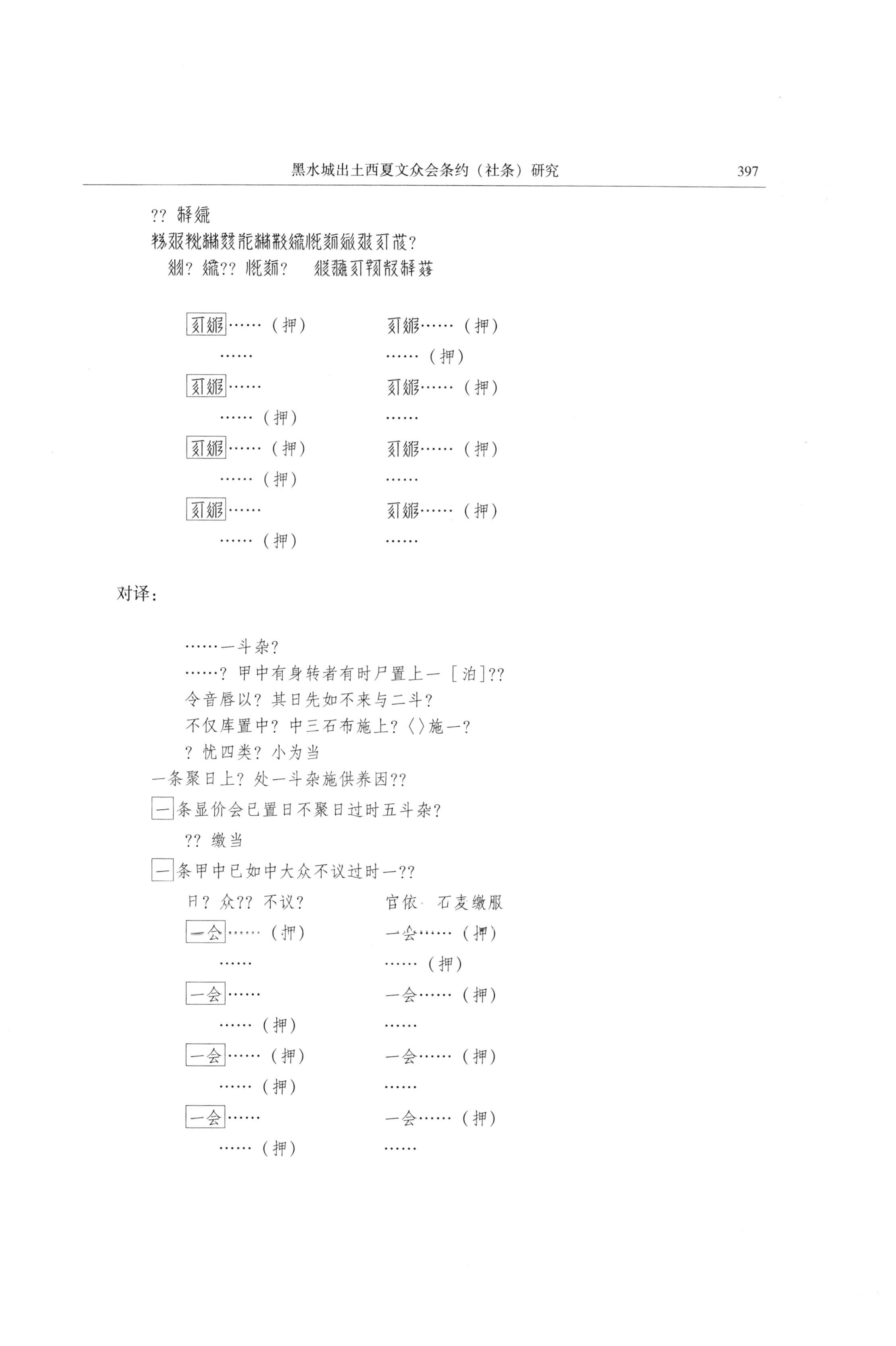

?? [illegible]

[illegible]?

[illegible]? [illegible]?? [illegible]? [illegible]

[illegible]……（押） [illegible]……（押）

…… ……（押）

[illegible]…… [illegible]……（押）

……（押） ……

[illegible]……（押） [illegible]……（押）

……（押） ……

[illegible]…… [illegible]……（押）

……（押） ……

对译：

……一斗杂?

……? 甲中有身转者有时尸置上一［泊］??

令音唇以? 其日先如不来与二斗?

不仅库置中? 中三石布施上?〈〉施一?

? 忧四类? 小为当

一条聚日上? 处一斗杂施供养因??

一条显价会已置日不聚日过时五斗杂?

?? 缴当

一条甲中已如中大众不议过时一??

日? 众?? 不议? 官依 石麦缴服

一会……（押） 一会……（押）

…… ……（押）

一会…… 一会……（押）

……（押） ……

一会……（押） 一会……（押）

……（押） ……

一会…… 一会……（押）

……（押） ……

二 众会条约的形制和内容

No. 5949－31 西夏光定寅年众会契基本完整，尾稍残，可以据之考察西夏众会契的具体形式和包含内容。

此件以流利的西夏文草书写于白麻纸上，首有总叙，第一行有“光定寅年十一月十五日”（1218 年）年款；其后记载了名称为[illegible]（众会），此文书前后共记[illegible] 7 次之多。后列条规 11 条，中间又以小字加添 2 条，共 13 条，间有涂改。每条前有[illegible]（一条）二字。条中记众会的活动为[illegible]（会、聚，即“聚会”意），文中出现 3 次。参加众会的成员称为[illegible]（大、众，即“大众”或可译为“会众”），也出现 3 次。最后有每位与会人的署名和画押，因后残难以知晓全会共有多少人。

此众会契具有一般契约的属性，又有其特点，是一种特殊的契约。作为西夏黑水城地区社邑组织和活动的规约，它不像一般经济契约如买卖、抵押、借贷、租赁契约那样主要是证明当事人双方某项经济关系的文书，而是一种多人共同遵守的互助保证书契，是民间结社组织及其运行的条规。

从众会契的总叙可知，众会的成员是自愿参加的，并规定于每月十五日聚会。这是一个每月定期聚会的会社。会社要求众会成员实行其下规定的条款。

第一条就规定每月十五日会聚时，除有疾病、远行等不能前来者外，都要聚会，无故不来者要罚交五斗粮。虽是民间自愿组成的会社，一旦入社，便要遵守规矩，对不聚会者采取强制惩罚性措施。看来这种众会社邑组织比较严密，管理比较严格。

从具体条规看，此众会以互助为主要目的。如第二条规定会众有得严重疾病者要求其他会众看望，并具体规定“十日以内不来，则当送病药米谷一升。若其不送时，罚交一斗”。第三条规定会众中有死者时，其他人都要前来送葬，“有不来者时，罚交一石杂粮”。第六条规定会众妻子死亡办丧事时，其他会众应送一斗杂粮，“若其不送时，罚交三斗杂粮”。第七条、第八条也是有关人员死亡、发丧时，要求其他会众给予关怀和物质帮助的条款。人有疾病，众人前来看望、安慰，对病人是一种精神上的抚慰，有利于治疗和修养；人有死亡，同为会众，应前来送葬吊唁，怀念死者，安慰家属，甚至要伸出援手，补贴一些粮食。这实际上是会社内部的一种人文、精神上的互相关怀。这种关怀是在提倡邻里、亲朋之间的友爱、互助，体现出当时的社会公德的教化，有利于社会的和谐。这种关怀在参加众会的人中，不仅是一种可做可不做的一般道德要求，而且是一种必须要切实执行不能违反、若要违反则给予经济上的处罚的规定。

第四条中有的字尚难释读，但可以大体了解其文义。它可能指会众若惹上官司，被诸司问罪，这时要对当事会众罚一斗杂粮，若有不付者，缴五斗杂粮。这样的规定旨在要求会众不要做违反法律的事，若作奸犯科，在会社中也要受处罚。这在客观上是为政府维护社会秩序，做政府的辅助工作。社会以道德和法律规范民众行为。一个时代的道德和法律有一个时代的标准，封建社会法律是维护封建统治者的利益、维护当时社会秩序的工具。西夏王朝有法典，政府依照法律维持西夏统治者的权力和利益，规范民众的社会行为。西夏的众会契表明众会对违法的人给予处罚是以民间社团的形式对违法会众的处分，也是对所有会众的警告和约束，成了维护封建法制的助手，起到了稳定当时封建社会秩序的作用。

众会契第十条规定每月聚会时，要送一升米谷、二升杂粮，并指出若不送时，罚交五斗杂粮。表明此会社每月聚会时，不是空手前来，而是要送三升粮食，这是入会参加活动的条件。

最后的署名、画押，表明此文书的契约性质。在契约前面的总叙中没有记录会首的名字，也许契尾签字的第一人就是会首。从书法看，每人名字和众会契的正文是同一笔体，也即书写正文者同时书写了各会众的名字。而每个人名后的画押却是各不相同的符号画押。画押表明契约的正式成立，具有了约束效力。

因条约后部残失，署名画押者可能不全，可见署名、画押者 8 行共 17 人，第 4 行第 1 人被勾画，左旁加一人名，为第 5 行。其余各行均为 2 人，上下各一人，在上部第 1 人上皆有挨礼（一、会）二字，可能是“一名众会成员”之意，而下部第 2 人并无此二字。显然这是一件实用众会条规。

三　西夏的社邑和西夏社会

社邑是中国民间不少地区流行的基层社会结社组织，在当地有重要影响。唐、五代、宋初在敦煌一带广泛流行社邑。黑水城出土的西夏文众会契（社条）证明西夏时期也有社邑组织，甚至远在北部的黑水城地区也有社邑（众会）存在。这些新发现的文献为了解西夏基层社会增添了新的资料，提供了新的认识。

西夏文众会契与敦煌文书中的社邑条规属一类文书。社邑条规称为社条，又称社案、条流等，是社邑文书中重要的、基础性文献。敦煌文书的社条社条详略不同，一般首部为总则，叙述结社目的、立条缘由，然后规定组织、活动内容、处罚规则等具体条款。在叙述结社宗旨时，一般写在儒家礼法或佛教教义指导下，从事朋友间的互助教育、集体祭祀和生活互助，主要是营办丧葬以及春秋二次社祭和三长月斋会等；组织、活动、罚则的具体条款往往分条书写，每条前有“一”字，类似当时的法律条文的书写，也有的社条条款不明确分条。参加社邑者称为众社或社众。主事者是社长、社官和录事（或社老），被总称为三官。社众集体推举三官，根据社条与约定在三官组织领导下进行社邑的各种活动。

西夏的众会条约与敦煌文书中的社条一样是民间互助性的社条，从其总叙和各条内容看，没有铺陈结社目的和立条缘由，没有道德伦理的说教，而主要是明确的、具体的要求，即规定应做哪些事，若不做或违反规定将要受到什么样的处罚。而敦煌文书中的社条往往会有较多的教化的语句。如英藏敦煌文书 S. 6537 背/3—5《拾伍人结社社条》（文样）记：“窃闻敦煌胜境，凭三宝以为基；风化人伦，藉明贤而共佐。……人民安泰，恩义大行。家家不失于尊卑，坊巷礼传于孝义。恐时侥伐之薄，人情与往日不同，互生纷然，后怕各生己见。所以某乙等壹拾伍人，从前结契，心意一般。大者同父母之情，长时供奉；少者一如赤子，必不改张。”又记：“济危救死，益死荣生，割己从他，不生吝惜，所以上下商量，人心莫逐时改转。因兹众意一般，乃立文案。结为邑义。世代追崇。”[①] 又如俄藏敦煌文书

① 宁可、郝春文：《敦煌社邑文书辑校》，江苏古籍出版社 1997 年版，第 49—50 页。

Д11038 号《索望社社条》记载："今有仑之索望骨肉，敦煌极传英豪，索静弭为一脉，渐渐异息为房，见此逐物意移，绝无尊卑之礼，长幼各不忍见，恐辱先代名宗。"① 从所见西夏文众会契看，继承了中原王朝社条的维护封建法制、民间互助的传统，弱化了伦理纲常的说教，而趋向于简约、实用。

从社条条款的数量看，较完整的俄 Инв. No. 5949－31 光定寅年众会条约有 13 条。而敦煌所出社条条款较少。如 P. 3544 号大中九年（855）九月二十九日社长王武等再立条件存 2 条，后残；S. 2041 号大中年间（847—860）儒风坊西巷社社条，续立 3 次，共存 7 条；P. 3989 号景福三年（894）五月十日敦煌某社社条不分条。即便是内容很多的 S. 6537 背/3—5 拾伍人结社社条（文样），也只有 7 条。② 检视已见到的敦煌所出社条，皆不如西夏众会条约的条款多。

敦煌文书所见社邑性质多样，有以经济和生活互助为主的，也有以从事佛教活动为主的。已发现的两件西夏文众会契都属于经济和生活互助类型。主要内容可归纳为四项：

一是定期聚会，每月一次，通过聚会可联络感情，交流各社户情况。

二是对有危困者给予精神上的抚慰，会众生病、死亡时，其他人前往看望，以示关怀。这种专列条款强调精神关怀的做法，显示出西夏众会组织不仅是物质方面的帮衬，更注重亲情的交流，感情的慰藉。

三是对有困难者给予物质上的帮助，特别是会众家中妻子死亡、本人死亡，其他会众要分别送一斗、二斗杂粮。家有丧事，不但心情悲痛，筹办丧事还要一笔花销。此时能得到会众的粮食补助，不仅感到心灵的安慰，丧葬的开销上也能得到补贴。以 No. 5949—31 光定寅年众会契为例，妻子死亡至少能得到一石七斗杂粮，会众本人死亡至少能得到三石四斗杂粮。

四是对众会中的成员有违法犯罪者，从众会的角度给予惩罚，令其缴纳一定数量的粮食。这种措施不仅是罚粮，而是通过给违法者的处罚在众会中起到警示作用。这种以政府的法律为准则的处事原则，无疑使这种民间的结社组织具有了辅助政府维护封建社会秩序的功能。

以上这些内容是社人权利与义务的构成。

从敦煌文书中的社邑文书可知，社邑的主事者三官根据社条与约定组织领导社邑的各种活动。三官由社众推举选出，但三官往往由当地有权势的大族担任。不少社邑受到官府、寺院、贵族、官僚、富户的控制，为之提供变相的赋敛和力役。两件西夏的众会契没有提供这方面的直接资料。

西夏众会契中由会众每月缴纳的聚会粮食（每人每月 3 升），17 人一年缴纳 6 石多粮食，此外还有罚交的粮食。这些由会众缴纳的粮食是归会首所有，还是作为众会的公用积粮，成为义聚，未予明载，不得而知，也不能完全排除会首通过众会聚敛财物的可能性。

从条约后的签字画押看，条约是会众成员全体制定的，表明其内容是共同制定、共同遵守、共同负责，也表明对于条约来说会众之间是平等的。西夏的众会条约和敦煌的社邑的社

① 乜小红：《论唐五代敦煌的民间社邑》，《武汉大学学报》（人文科学版）2008 年第 6 期。

② 宁可、郝春文：《敦煌社邑文书辑校》，江苏古籍出版社 1997 年版，第 1—66 页。

条一样，都具有这种性质。[①]

从俄 Инв. No. 5949－31 光定寅年众会条约可知，文书末尾 17 人签名中已能识别的姓名中，没有典型的党项族姓，较多的是汉姓，如杨姓 2 人，张姓 2 人，还有王、葛、梁等姓，此外还有 1 名契丹人。或许当时入会者以汉人为主，因为汉族早有民间结社的传统。从有契丹人来看，或许当时西夏的众会突破民族的界限，融入多民族成分。从民族间交往的角度来看，西夏会众条约给中国社邑研究增添了新的、多民族元素。

① 孟宪实：《论唐宋时期敦煌民间结社的社条》，载季羡林、饶宗颐主编《敦煌吐鲁番研究》第九卷，中华书局 2006 年版，第 317—337 页。

黑水城出土西夏文卖人口契研究*

一百多年前，在黑水城（今属内蒙古额济纳旗）发现了大量文献，现皆存于俄罗斯科学院东方文献研究所（圣彼得堡），其中以西夏文文献最多。十多年前我们在圣彼得堡整理这些文献时，发现了一大批具有重要学术价值的社会文书，其中包含大量西夏文契约。在契约中有3件西夏文卖人口契。存世的历代社会文书中，卖人口契十分罕见。新发现的西夏卖人口契反映出西夏社会中存在的一种特殊的社会现象——人口买卖，这对研究西夏社会性质和社会生活具有十分重要的学术价值。

西夏文卖人口契迄今尚未做过翻译和研究。本文试做初步译释和探讨，敬请方家指正。

一　卖人口契的录文和译文

3件卖人口契分别为Инв. No. 5949－29、4597和7903，因皆为西夏文草书，以下先将西夏文草书移录为西夏文楷书，再以汉文逐字对译，最后做出全文意译。①

1. Инв. No. 5949－29乾祐甲辰二十七年卖使军奴仆契②（图1）

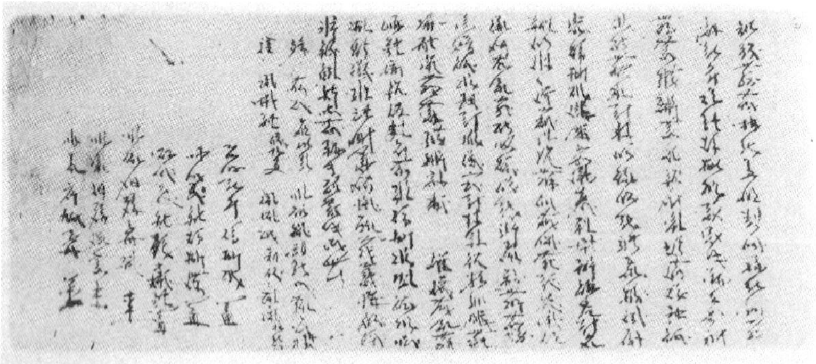

图1　Инв. No. 5949－29　乾祐甲辰二十七年卖使军奴仆契

* 原刊于《中国社会科学院研究生院学报》2014年第4期，第121—129页。

① 录文和译文中“□”表示缺字，□内有字为补字，△表示虚词，“?”表示字迹不清或不识，斜体字表示尚待斟酌。

② 史金波、魏同贤、克恰诺夫主编：《俄藏黑水城文献》第十四册，上海古籍出版社2011年版，第91页。此契为写本，麻纸，高20.3厘米，宽55.2厘米。西夏文草书20行。

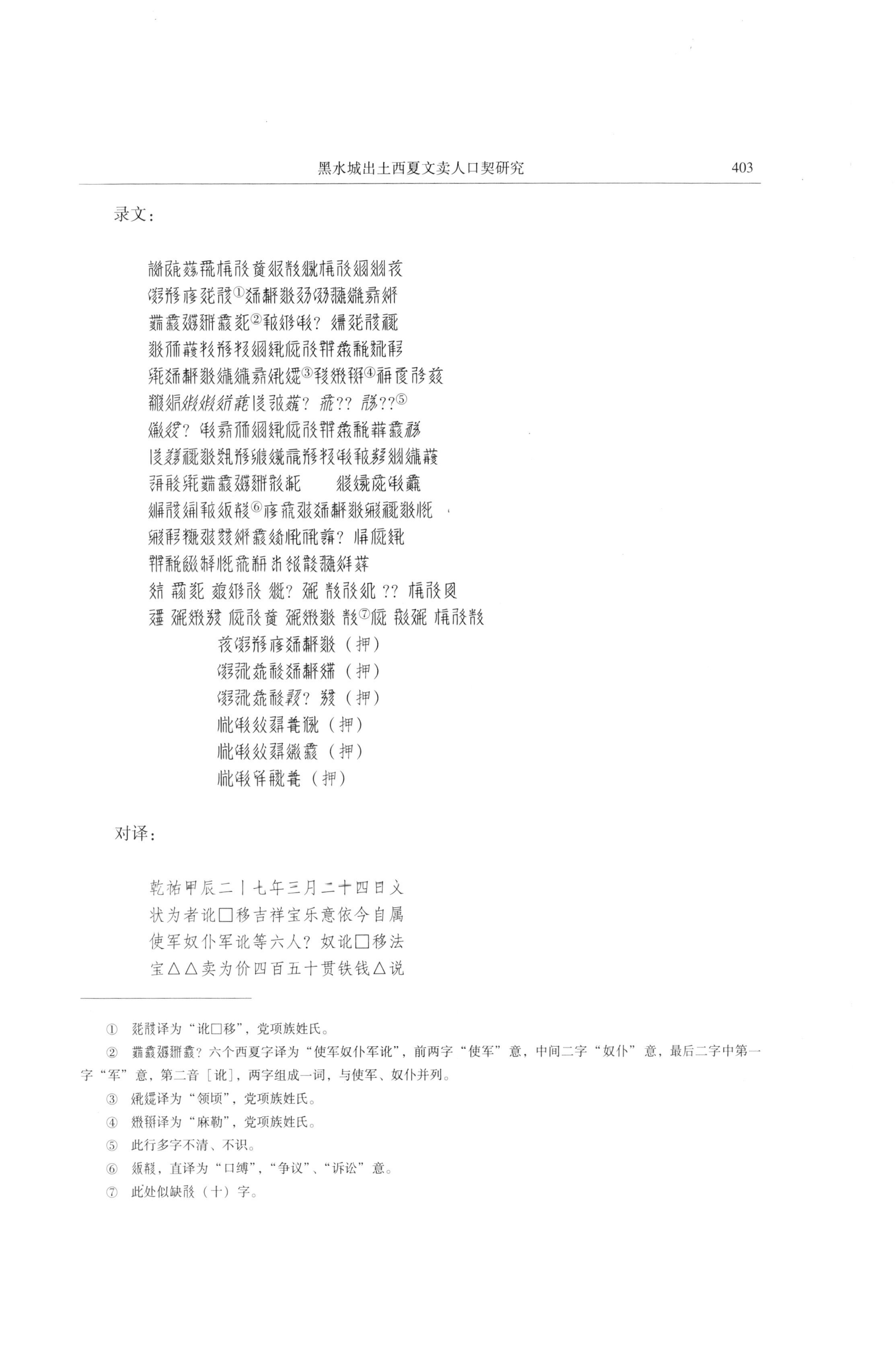

录文：

[illegible]
[illegible]①[illegible]
[illegible]②[illegible]？[illegible]
[illegible]
[illegible]③[illegible]④[illegible]
[illegible]？[illegible]？？[illegible]？？⑤
[illegible]？[illegible]
[illegible]
[illegible]
[illegible]⑥[illegible]
[illegible]？[illegible]
[illegible]
[illegible]？[illegible]？？[illegible]
[illegible]⑦[illegible]
[illegible]（押）
[illegible]（押）
[illegible]？[illegible]（押）
[illegible]（押）
[illegible]（押）
[illegible]（押）

对译：

乾祐甲辰二丨七年三月二十四日文
状为者讹□移吉祥宝乐意依今自属
使军奴仆军讹等六人？奴讹□移法
宝△△卖为价四百五十贯铁钱△说

① [illegible]译为"讹□移"，党项族姓氏。

② [illegible]？六个西夏字译为"使军奴仆军讹"，前两字"使军"意，中间二字"奴仆"意，最后二字中第一字"军"意，第二音［讹］，两字组成一词，与使军、奴仆并列。

③ [illegible]译为"领顷"，党项族姓氏。

④ [illegible]译为"麻勒"，党项族姓氏。

⑤ 此行多字不清、不识。

⑥ [illegible]，直译为"口缚"，"争议"、"诉讼"意。

⑦ 此处似缺[illegible]（十）字。

其吉祥宝原先自领顷主麻勒那征西与
的无后后衣服手告入？仅?? 入??
常?? 人自△四百五十贯铁钱持正军
手择法宝行为△看始为价人等？日先△
传转其使军奴仆数上　　官私诸人抄
共子弟等口缚者有时吉祥宝管法宝不
管语变时△属军监司判断？中五百
贯钱罚交不仅罪亦律令依心服
　男　成讹 年六十 嵬？犬 三十九　?? 二十八
　女　犬妇盛 五十七 犬妇宝 三十五 增犬 二十三
文状为者吉祥宝（押）
状接相子吉祥大（押）
状接相子?? 盛（押）
知人每埿慧聪（押）
知人每埿乐军（押）
知人梁晓慧（押）

意译：

乾祐甲辰二十七年三月二十四日，立
契者讹口移吉祥宝，今自愿将自属
使军、奴仆、军讹六人，卖与讹口移法
宝，价四百五十贯铁钱已说定。
其吉祥宝与原先自领顷主麻勒那征西
无中？衣服手入告？仅？入？
常?? 人自四百五十贯铁钱持，正军
手择法宝被检视。价、人等即日先已
互转。其各使军、奴仆若有官私诸人同抄
子弟等争讼者时，吉祥宝管，法宝不
管。反悔时，所属监军司判断，不仅罚交
五百贯钱，其罪还按《律令》判，心服。
　男：成讹，年六十；嵬？犬，三十九；??，二十八
　女：犬母盛，五十七；犬妇宝，三十五；增犬 二十三
立契者吉祥宝（押）
同立契子吉祥大（押）
同立契子?? 盛（押）
证人每埿慧聪（押）
证人每埿乐军（押）

证人梁晓慧（押）

2. Инв. No. 4597 天庆未年卖使军契[①]（图 2）

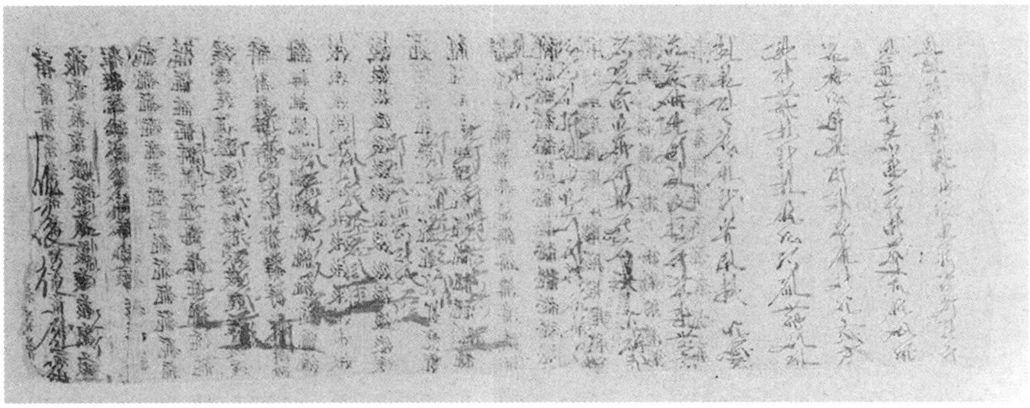

图 2 Инв. No. 4597 天庆未年卖使军契

录文：

[illegible]
[illegible]
[illegible]
[illegible]
[illegible] [illegible][②]
[illegible]
[illegible] [illegible]
[illegible][③][illegible][④][illegible]
[illegible]

[illegible]（押）
[illegible]??
[illegible][⑤][illegible]（押）

① 史金波、魏同贤、克恰诺夫主编：《俄藏黑水城文献》第 13 册，上海古籍出版社 2007 年版，第 223 页。此契麻纸，高 20.4 厘米，宽 57.8 厘米。西夏文草书 19 行，字迹浅淡模糊，背面写有佛经，两面文字相互叠加干扰，更加不易识读。

② 此字残，仅存上部，推测为[illegible]（诸）。

③ [illegible]，对译为“心口服”，即“心服”意。

④ 前二字不清，推测为[illegible]，对译为“人柄”，“文书”意。

⑤ 此处似遗一字[illegible]，音［移］。

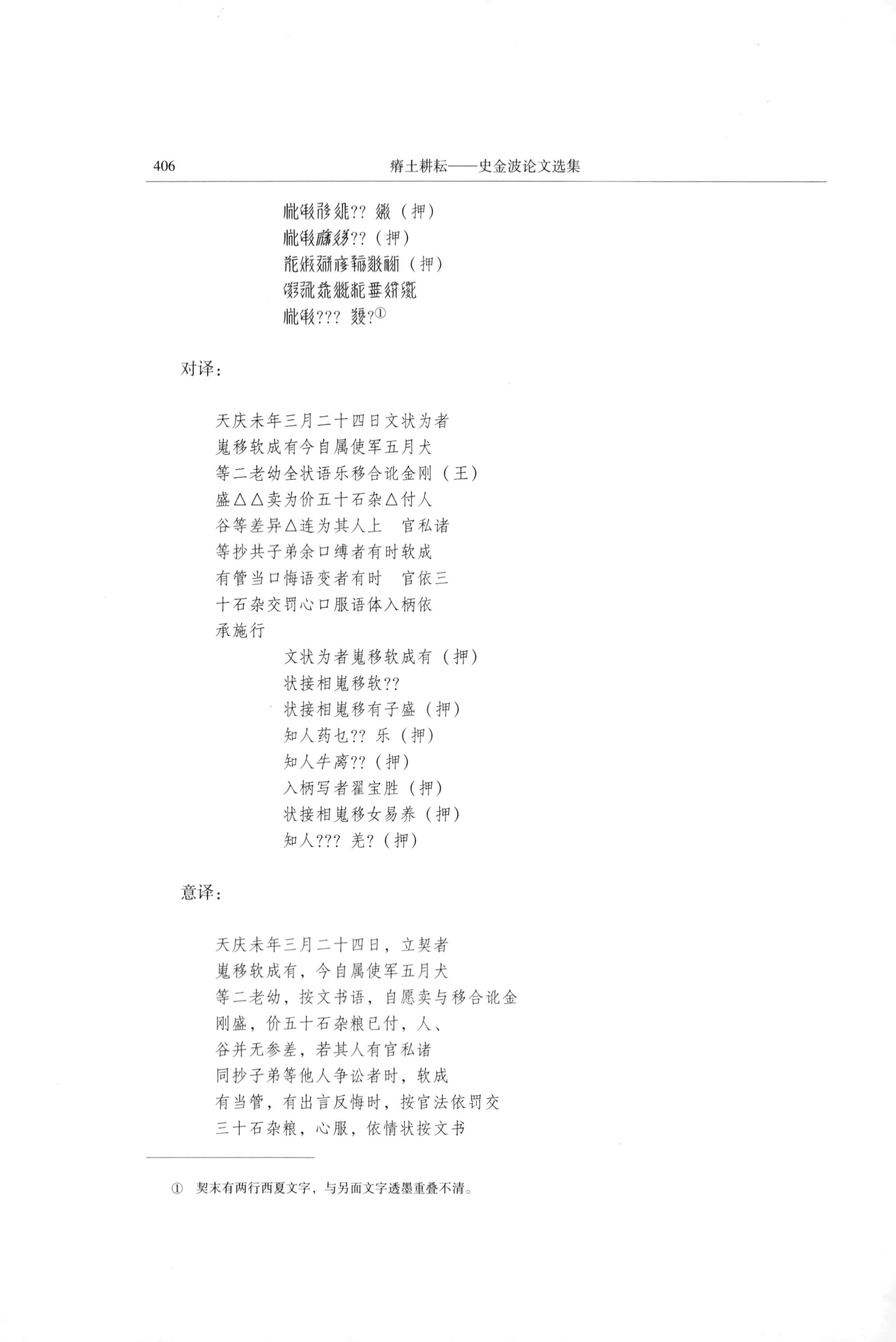

[illegible]?? [illegible]（押）
[illegible]??（押）
[illegible]（押）
[illegible]
[illegible]??? [illegible]?①

对译：

天庆未年三月二十四日文状为者
嵬移软成有今自属使军五月犬
等二老幼全状语乐移合讹金刚（王）
盛△△卖为价五十石杂△付人
谷等差异△连为其人上　官私诸
等抄共子弟余口缚者有时软成
有管当口悔语变者有时　官依三
十石杂交罚心口服语体入柄依
承施行
文状为者嵬移软成有（押）
状接相嵬移软??
状接相嵬移有子盛（押）
知人药乜?? 乐（押）
知人牛离??（押）
入柄写者翟宝胜（押）
状接相嵬移女易养（押）
知人??? 羌?（押）

意译：

天庆未年三月二十四日，立契者
嵬移软成有，今自属使军五月犬
等二老幼，按文书语，自愿卖与移合讹金
刚盛，价五十石杂粮已付，人、
谷并无参差，若其人有官私诸
同抄子弟等他人争讼者时，软成
有当管，有出言反悔时，按官法依罚交
三十石杂粮，心服，依情状按文书

① 契末有两行西夏文字，与另面文字透墨重叠不清。

施行。

立契者嵬移软成有（押）

同立契嵬移软??

同立契嵬移有子盛（押）

证人药乜?? 乐（押）

证人午离??（押）

文书写者翟宝胜（押）

同立契嵬移女易养（押）

证人??? 水?（押）

3. Инв. No. 7903 皇建午年苏?? 卖使军契①（图 3）

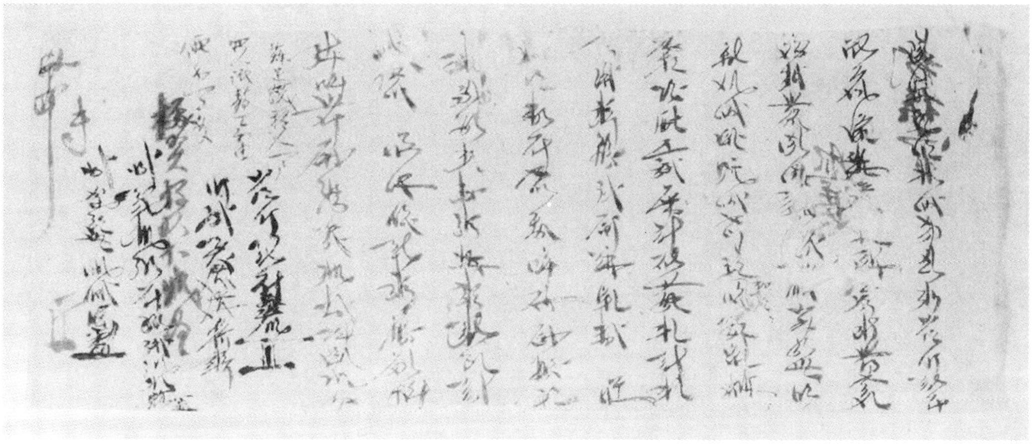

图 3　Инв. No. 7903　皇建午年

录文：

㷨戦豼級梎绒敉繸絧孩繳豾訍

綒蒓緳弫□□縑霘緈蓸霰

翗糀蔬繖繖□□□翗繶緁

祾紏绒繖繬绒霢韨糁庣②緭？𢘫緉

纛筄廠禰庴彨③秫蘐粠豾粠

① 史金波、魏同贤、克恰诺夫主编：《俄藏黑水城文献》第 14 册，上海古籍出版社 2011 年版，第 221—222 页。此契写本，麻纸，残。高 18 厘米，宽 44. 8 厘米，西夏文草书 16 行。背面有文字浸透，模糊不清。有涂改。

② 糁庣（全部），此二字为旁加小字。

③ 筄廠禰庴彨，前二字为党项族姓，音［讹七］；三四字音［乙宁］，意“金刚王”或“金刚”；第五字音“西”或“由”。

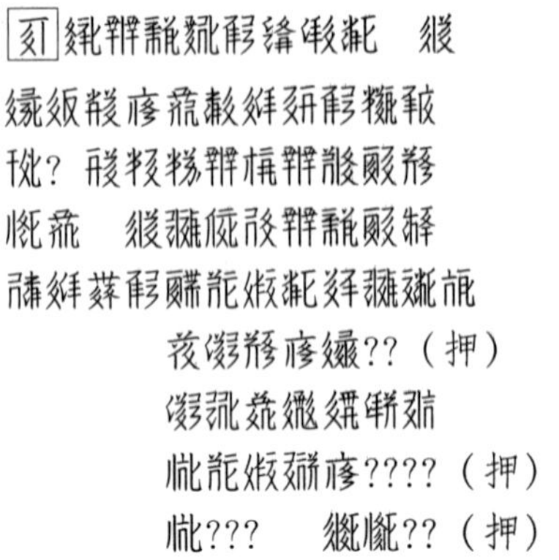

契尾签署上部有小字汉文3行，较大字汉文1行：

苏足？私人一户
四人？转乙宁由
价钱一百贯
杨贺好????

对译：

皇建午年二月三日日文状为者
地勿苏足□□今自属使军
择嫁显乐乐□□□外地美
子九月乐正月成等都全四？人共
抄讹七金刚（王）酉△△卖为价
一百贯钱△说实人及　官
私口缚者有及心悔语变等
△？取价一贯二贯数付为
不仅　官依五十贯钱罚交
本心服语体入柄上有依实行
　　文状为者苏??（押）
　　状接相妻子俯好
　　知入柄写者????（押）
　　知?? 嵬名?（押）

意译：

皇建午年二月三日，立契者
地勿苏足??，今将自属使军

择价显乐乐?? 外地美、
子九月乐、正月成等共四人卖
与同抄讹七金刚酉，价
一百贯钱已议定。若各人有官
私争讼者，或有反悔者等时，
依卖价不仅一贯付二贯，
还依官法罚交五十贯钱，
本心服，依情状按文书施行。
　　立契者苏??（押）
　　同立契妻子俯好
　　证人、写文书者????（押）
　　证人?? 嵬名?（押）

二　卖人口契的形制和内容

西夏文卖人口契具有西夏契约的一般形制。每契首列立契时间，然后记立契者姓名，接着写买人口者的姓名、被卖人口及数量、契价与交割、亲邻权的处理、对法律责任，最后是双方当事人与中保人署名画押。

1. 立契时间

三件卖地契中第一件 Инв. No. 5949 – 29，时间为乾祐甲辰二十七年三月二十四日。此契约时间记载有误。西夏乾祐仅 24 年，无 27 年。乾祐甲辰为乾祐十五年（1184）。若顺延三年至所谓的“乾祐二十七年”，则为天庆丙辰三年（1196）。第二件 Инв. 4597，时间为天庆未年三月二十四日，时为天庆己未六年（1199）。第三件 Инв. 7903，时间为皇建午年二月三日，时为皇建庚午元年（1210）。三件契约皆为西夏晚期，最晚的距西夏灭亡 17 年。

三件契约皆在春天二三月间，与绝大多数贷粮契、卖地契一样，都在春季青黄不接之时。

2. 立契者

在西夏文契约中卖主签署的形式一般开始为𗏁𘓞𗖵𗫂，对译为“文状为者”，翻译为“立契者”。在立契时间后为立契者的姓名，三件卖人口契的主人分别是讹□移吉祥宝、嵬移软成有、苏足?。其中两人为党项姓，一人苏姓。

3. 买人口者

3 件契约中的买主分别为讹移法宝、移合讹金刚盛、讹七金刚酉。讹移为党项姓，名字“法宝”似为僧人法号。移合讹金刚盛、讹七金刚酉，二人名字中的“金刚”带有明显的佛教色彩，二西夏字音［乙宁］。第 3 件契约的汉文中将“金刚酉”音译为［乙宁由］。

4. 卖出人口、数量及价钱

卖人口契的标的很特殊，不是一般的物，而是人。契约中记述所卖人，因契约文字不清，加之草书的难识，有的名字不清。从已能识别的名字看，被卖者的名字有五月犬、成讹、嵬？犬 、犬母盛、九月乐、正月成等，并无他们的姓氏。被卖者的人数和价钱为：第一件契约卖 6 人，价 450 贯铁钱；第二件契约卖 2 人，价 50 石杂粮；第三件契约卖 4 人，价 100 贯钱。

5. 契约保证和违约处罚

契约规定了若出现争讼时责任由出卖人口方负责，并规定若反悔时，第一件罚交 500 贯钱，还要按《律令》判罪；第二件罚交 30 石杂粮，还要依情状承责；第三件按价钱计罚，每一贯罚两贯，还要依官罚交 50 贯钱。契约的末尾写上“心服”，表示立契约的卖主对契约内容的认可，对违约处罚心服的承诺。

6. 签字画押

最后是立契者、同立契者和证人的签名和画押。卖人口契也同其他契约一样，在契尾靠下方签字、画押，每人占一行。第一个签字画押的是[illegible]（文状为者）即立契者，也即卖人口者。其次签字画押的是连带责任人，签署的文字形式为[illegible]，对译为“状接相”，翻译为“同立契人”。然后是证人，西夏文为[illegible]（知人），或简写为[illegible]，译为“证人”。

卖人口契和卖地契一样在契约中属于重要的契约，为绝卖契的一种，同卖者和证人较多。特别是第一件同卖者 2 人，证人 3 人；第二件同卖者 3 人，证人 3 人。第三件人员较少，同卖者 1 人，证人 2 人。

因上述契约后的署名皆为书写人代笔，当事人的画押便成为表示信用的唯一凭据。署名和画押是相互连带的，通过画押表明契约相关人员的郑重承诺。黑水城出土的西夏文契约中的画押有两种，一种是符号画押，一种是画指。符号画押多使用在立契者和同立契者名下，而画指一般使用于证人名下，符号画押显得更郑重些。这 3 件卖人口契作为重要契约，画押全部使用较为正规的符号画押，第二、三件契约中各有一同立契者未画押。

第二、三件契尾中还有书写文书（契约）者的签名和画押，这在一般契约中是很少见的。第三件契约的书写者还兼证人。

三 西夏人口买卖探析

一般来说，历史上的人口买卖主要发生在有人身占有的奴隶社会。在奴隶社会中奴隶主占有奴隶的人身、实行超经济奴役，奴隶无人身自由，是奴隶主的私人财产，因此奴隶主可以买卖奴隶。在中国封建社会中，占有少量耕地的大量自耕农、半自耕农与地主的人身依附关系较弱。所以一般是法律禁止人口买卖。然而封建社会是阶级社会，存在着严格的等级，买卖人口作为一种特殊的社会现象，也长期存在。

人口买卖的前提是卖人口者对被卖者的人身具有所有权。在封建社会中往往存在着一些无人身自由的人，如部曲、奴婢等。他们往往成为买卖的对象。此外，在乱世时期，社会混乱，民不聊生，生活在底层社会的人基本生活得不到保障时，也会发生人口买卖现象。有的人或卖自身，或卖妻子儿女，以达到自救或救亲人的目的。唐、宋时期，禁止以暴力手段、欺诈方法买卖人口，如《唐律》、《宋刑统》都规定了不许“略卖良贱”[①]，但不禁限和卖人口，即便是违反法律的略卖人口也不断发生。[②]

1. 西夏法典关于买卖人口的规定

西夏法典《天盛改旧新定律令》（以下简称《天盛律令》）明令禁止对亲属的买卖，因为亲属往往成为可以支配的人，有可能出现买卖行为。《天盛律令》严格规定对买卖亲属的处罚。如规定：

> 一节下人卖节上中祖父、祖母、父、母等者，造意以剑斩，从犯无期徒刑。[③]

又规定了对卖其他亲属的处罚：

> 一节下人略卖其节上人中亲祖父母、父母者，其罪状另明以外，略卖丧服以内节上亲者，一律造意当绞杀，从犯徒十二年。
>
> 节上亲略卖节下亲时：
>
> 一等略卖当服丧三个月者，造意徒十二年，从犯徒十年。
> 一等略卖当服丧五个月者，造意徒十年，从犯徒八年。
> 一等略卖当服丧九个月者，造意徒八年，从犯徒六年。
> 一等略卖当服丧一年者，造意徒六年，从犯徒五年。
> 一等略卖当服丧三年者，造意徒五年，从犯徒四年。
> 一前述节上人略卖节下亲者，若所卖者乐从，则略卖人比前罪依次当各减一等。
> 一诸人略卖自妻子者，若妻子不乐从则徒六年，乐从则徒五年。其妻及父、兄弟及其他人举告，则妇人当往所愿处，举告赏依举告杂罪赏法得之。若妻丈夫悔而告者，则当释罪，妻及价钱当互还。[④]

① （唐）长孙无忌等撰，刘俊文点校：《唐律疏议》，法律出版社1999年版，第399—406页；〔宋〕窦仪等撰，薛梅卿点校：《宋刑统》，法律出版社1998年版，第356—362页。

② 余贵林：《宋代买卖妇女现象初探》，《中国史研究》2000年第3期，第102—112页。

③ 史金波、聂鸿音、白滨译注：《天盛改旧新定律令》第一“不睦门”，法律出版社1999年版，第128页；西夏亲属中的“节”约相当于“辈分”，以自身为分界，自身的诸上辈皆为“节上”，自身的诸下辈皆为“节下”。

④ 《天盛改旧新定律令》第六“节上下对他人等互卖门”，第258—259页。

然而，从《天盛律令》的一些条款看，在西夏可以进行人口买卖，但买卖对象为使军、奴仆。

> 一诸人将使军、奴仆、田地、房舍等典当、出卖于他处时，当为契约。①

西夏社会中的使军、奴仆是一个特殊的社会阶层。使军大约相当于唐宋时期的部曲。使军、奴仆来源有犯罪被发配到边远地区的人，有战俘或通过战争掠夺来的人员。《天盛律令》中有：

> 我方人将敌人强力捕获已为使军、奴仆，后彼之节亲亲戚向番国投诚，与强力被捕人确为同亲，可自愿团聚……②

使军还可能包括破产的农奴。《天盛律令》多次出现使军、奴仆，特别是使军出现更多。使军、奴仆的主人，在《天盛律令》中一般称为𗏁𗖵，可译为"头监"，也可译为"主人"。使军没有人身自由，社会地位低下，他们不仅自身属于主人，连自己的家属也要由主人决定。《天盛律令》规定：

> 一诸人所属使军不问头监，不取契据，不许将子女、媳、姑、姐妹妇人等自行卖与他人。若违律卖时，当比偷盗钱财罪减一等。买者知则科以从犯法，不知罪勿治。若卖者未提卖语，买者造意曰买之，增价而买之，则判断与卖者同，其中已卖妇人所生之子女当一律还属者。前所予钱价，卖者能自予则当自予，不能则当罚买者。为买卖中介者，知则徒六个月，不知罪勿治。
>
> 一使军未问所属头监，不取契据，不许送女、姐妹、姑等与诸人为婚，违律为婚时徒四年，妇人所生之子女当一律还属者。前已予价，为婚之使军能自予则当自予，不能则当罚主人。
>
> 一前述往使军已问所属头监，乐意给予契据，则允许将子女、媳、姑、姐妹妇人等卖与他人，及与诸人为婚。③

可见，在西夏使军得不到主人的文字许可，不许将自己的子女、媳、姑、姐妹妇人等自行卖与他人，也不许使女、姐妹、姑等与他人结婚。相反，如果得到主人的许可，使军可以将自己的子女、媳、姑、姐妹妇人等自行出卖或成婚。看来西夏不仅主人可以出卖使军，使军若得到主人的文字许可，也可以出卖自家的妇女。

上述西夏三件卖人口契中的标的都是使军或奴仆。在第三件契约的契尾部分还用汉字着重记录了标的即出卖人口的情况：其中记"私人一户四人"，"价钱一百贯"。契约中所记出

---

① 《天盛改旧新定律令》第十一"出典工门"，第390页。

② 《天盛改旧新定律令》第七"为投诚者安置门"，第273—274页。"番国"指西夏。

③ 《天盛改旧新定律令》第十二"无理注销诈言门"，第417页。

卖的“使军”，在汉文中用“私人”表述。在《天盛律令》中一些条款中有关于“私人”的规定。如：

> 大小官员诸人等不允在官人中索要私人，及求有重罪已释死罪，应送边城入农牧主中之人为私人。①

所谓“官人”即属于官家无人身自由的人，类似官奴；而“私人”应是属于私家没有人身自由的人，类似私家的奴隶。上述条款规定官员既不允许借重权势将“官人”索要为自己的私奴，也不可以将犯有重罪、但已免死罪，并已发配到边远地区给农牧主做私人的人，索要为自己的私人。此外还有一些关于官、私人逃跑的规定。② 可见私人是地位很低、没有人身自由的人，等同于使军、奴仆。奴仆即奴婢，也是没有人身自由的人。

2. 卖人口契中的人口价格分析

第一件卖使军、奴仆共6人，契末还记明性别、人名和年龄，其中男3人，女3人，从性别和年龄看似乎也是一家人。第二件卖使军2人，未记性别、年龄。第三件卖使军4人，汉文明确记为“私人一户四人”。也许西夏的人口买卖多以使军、奴仆户为单位。

人口买卖目的是使之创造尽可能多的劳动价值，一般老弱价低，青壮年价高，有生育能力的女性因可以生产新的劳动力而价格更高。第一件卖人口契共6人，价450贯铁钱。平均每人售价75贯铁钱。其中青壮年4人，约计每人的价格在80贯铁钱左右。第二件出卖2人，价50石杂粮。过去笔者依据黑水城所出西夏文卖粮账残叶推算出当地每斗糜（杂粮）价为150钱至200钱。③ 50石杂粮约合75贯至100贯，每人的价格为35贯至50贯。第三件卖4人，价100贯钱，平均每人售价25贯。

这三件契约皆发现于黑水城地区，应是反映了黑水城一带的人口买卖情况。但可以看到三件卖人口契中所显示的人口价格差距较大。看一看三个契约的时间也许对解释这一差距有所帮助。

第一件契约时间记载有误，但无论按乾祐十五年（1184）还是按“乾祐二十七年”顺延至天庆丙辰三年（1196），在三件文书中都是最早的。第二件契约天庆己未六年（1199）距乾祐甲辰年已过了15年。第三件契约为皇建庚午元年（1210）距第二件契约又过了11年，已至西夏末期。参见下表：

① 《天盛改旧新定律令》第六“军人使亲礼门”，第254—255页。

② 《天盛改旧新定律令》第七“番人叛逃门”，第275—281页。

③ 史金波：《西夏的物价、买卖税和货币借贷》，《宋史研究论文集》，上海人民出版社2008年版，第440—458页。

编号	立契时间	卖出人口	价钱	平均价格
Инв. 15949－29	乾祐甲辰二十七年	6人	450贯铁钱	75贯
Инв. 4597	天庆已未六年（1199）	2人	50石杂粮	35—50贯
Инв. 7903	皇建庚午元年（1210）	4人	100贯钱	25贯

从上表可以清楚地看到，时间越晚，人口价格越低。一般来说，社会越是安定，劳动力价格越高；反之，社会越动乱，劳动力价格越低。乾祐年间是西夏仁宗时期，社会经济、文化处于发展时期，社会相对稳定。仁宗去世之后，桓宗即位，西夏开始走下坡路，但尚可勉强支撑。最后的22年间，先后4位皇帝登基，内忧外患加剧，社会动荡不安，人们生活更加困苦。在这种情势下，人口价格肯定会大幅度下滑。这就造成上述契约反映的随着时间的推移，人口价格越来越低的现象。

还有一个问题需要考虑的是，第一件契约明确记载是450贯“铁钱”。因为无论是在中原王朝还是在西夏，铁钱的价值要比铜钱的价值低。

西夏因缺铜，金朝又实行铜禁，不得不使用宋朝钱币。其实宋朝早就实行铜铁钱并用。宋朝为防止铜钱大量流入西夏，便制作铁钱，在临近西夏的陕西、河东铜铁钱兼用区使用。而西夏人便利用宋朝两种钱币通用的机会，大肆以铁钱兑换铜钱。宋哲宗时期就感到问题的严重：

> 陕府系铜铁钱交界之处，西人之来，必须换易铜钱，方能东去。即今民间以铁钱千七百，始能换铜钱一千，遂致铁钱愈轻，铜钱愈重，百物随贵，为害最深。①

所谓“西人”即西夏人。西夏人兑换钱币，使铁钱贬值，影响到宋朝的物价。宋朝为此采取了具体措施，兑钱时以西夏人所纳税钱为限，十分许兑换二分，每名不得超过五千；另在陕州并硖石镇两驿站兑换铜钱者，每铁钱一千支换铜钱八百。

西夏使用铜铁钱还有地区的不同。《天盛律令》规定：

> 诸人不允将南院黑铁钱运来京师，及京师铜钱运往南院等，若违律时，多寡一律徒二年，举告赏当按杂罪举告得赏。②

据凉州重修护国寺感通塔碑铭知，西夏文铭文中的“南院”即汉文铭文的“右厢”。③所谓“南院”应指凉州一带。实际上西夏铁钱的使用范围很宽，“南院等”大约包括了西夏北部西北部地区，黑水城地区也应是使用铁钱的范围。三件契约中只有一件契约明确指出买人价钱为铁钱，第三件契约未明确指出价钱所说的钱是铁钱还是铜钱。根据上述规定来看，很有可能也是使用铁钱。即便不是铁钱，按铁钱折合铜钱的80%算，第一件契约的人口平

① 《续资治通鉴长编》卷四百五十七，哲宗元祐六年（1091年）四月甲午条。

② 《天盛改旧新定律令》第七“敕禁门”，第287页。

③ 史金波：《西夏佛教史略》，宁夏人民出版社1988年版，第249、253页。

均价也是最高的。

历史上买卖人口的现象并不鲜见，但保存至今的卖人口原始契约却凤毛麟角，十分罕见。敦煌文书中也有三件卖人口契，都属于10世纪。分别是丙子年（916）阿吴卖儿契，卖一7岁儿子，价30石；贞明九年（923）曹留住卖人契卖10岁子，价生绢? 匹半；宋淳化二年（991）卖妮子契卖一28岁妮子，价生熟绢5匹（生绢3匹，熟绢2匹）。① 可以将这三件契约与西夏黑水城卖人口契作些简单的比较。黑水城出土三件卖人口契中第一件平均每人价格月75贯，黑水城地区的杂粮每斗价格在150—200钱，折合粮食为37石至50石；第二件以粮支付，平均每人价格25石；第三件每人平均13石至17石粮。敦煌第一件卖一人价30石。第二件契约卖价不完整，难以比较。第三件卖一28岁妮子，价生熟绢5匹（生绢3匹，熟绢2匹）。若按西夏物价比较，当时每匹绢价推算在16—21贯钱，再折合成粮食每匹绢8石至10石左右，若是5匹绢（忽略生熟绢区别），就是40万至50石。尽管时间相差两三个世纪，每个被卖人口的具体情况又有差别，但若以实物粮食对比被卖人口的价格大抵相差不远。

3. 买卖人口所反映的西夏社会问题

西夏三件珍贵卖人口契，具体地显示出西夏人口买卖这一典型的社会现实，突出地反映了西夏晚期社会经济和生活状况，揭露出西夏阶级社会残酷压迫、剥削的面貌。

西夏自建国前已经进入封建社会，以西夏皇室为核心的地主、牧主阶级构成了西夏社会的权力中心，西夏社会的普通农民和牧民，以及手工业工匠，构成社会人口的大多数，但社会中还保留着带有奴隶性质的使军和奴仆。这些人受着超经济的压迫，不但要从事最繁重的劳动，还失掉了人身自由和起码的人的尊严，可以被当作物品一样买卖。这样一种残酷的不合理的社会现象，竟然被载之西夏国家法典，成为合理合法的行为。

早期的党项族社会保留着更多的奴隶制。当时奴隶来源有多种：一俘掠奴隶，二买卖奴隶，三债务奴隶，四犯罪奴隶。② 如《宋史》记载："庚寅，禁陕西缘边诸州阑出生口。""秋七月己亥，诏陕西缘边诸州，饥民鬻男女入近界部落者，官赎之。"③

在已发现的西夏社会文书中，有500件契约，其中绝大多数为粮食借贷契约，属于买卖的契约较少，比如土地买卖契约目前仅发现12件④，但却发现了3件卖人口契。这可能说明西夏的人口买卖并非个别现象。

黑水城出土的这三件卖人口契，属于12—13世纪，填补了这一时期的人口买卖契约的空白。契约以西夏文草书书写，更具特色。在同时代的宋、辽、夏、金四个王朝中，独西夏未入"正史"，历史资料十分稀缺。在不多的有关西夏的汉文史料中也多是关于朝代更迭，军事攻防以及与周边各朝的关系，关于西夏社会经济的记载十分缺乏。这三件卖人口契增添了关于西夏社会经济的重要原始资料，显得更为可贵。

① 唐耕耦、陆宏基：《敦煌社会经济文献真迹释录》（二），全国图书馆文献缩微复制中心1990年版，第47—49页。

② 参见吴天墀《西夏史稿》，商务印书馆2010年版，第136—137页。

③ 《宋史》卷2《太宗纪二》。

④ 史金波：《黑水城出土西夏文卖地契研究》，《历史研究》2012年第2期。

西夏军抄的组成、分合及除减续补*

西夏的兴盛和强大靠军队的支撑。西夏的军队具有中古时期北方少数民族的特征，也有自己的特点。建立在基层的军事组织“抄”，即反映了西夏军队的特性。对于西夏军队的抄——这种基层最小的军事细胞，在宋代历史文献中有专门记载，说明这种军队组织在当时已引起邻国的重视。而在近代出土的西夏文文献中，关于军抄的记载更为具体、丰富，特别是近些年新发现的西夏军抄文书，以西夏社会基层军事组织的记录，真实地反映了800多年前的西夏军事组织状况，对认识西夏的军事乃至社会都有重要价值。本文拟根据出土的西夏法典和军事文书，对西夏军抄的组成、分合以及除减、续、补进行探讨。

一　西夏军抄中的正军、辅主和负担

关于西夏的军事组织“抄”，最初见于汉文文献。宋人曾巩著《隆平集》记载：

> 其民一家号一账，男年登十五为丁，率二丁取正军一人，每负赡一人为一抄。负赡者，随军杂役也。四丁为两抄，余号空丁。愿隶正军者，得射他丁为负赡，无则许射正军之疲弱者为之。故壮者皆习战斗，而得正军为多。①

《宋史·夏国传》所记与上面几乎一模一样，看来参考或直接抄录了《隆平集》的记述。但将其中的“负赡”写成“负担”。②《辽史·西夏传》也有类似记载，但稍简化，其中“负赡”也写成“负担”。③

在西夏文文献中，西夏军队的“抄”为𗏁，音［柴］，应是汉文文献中对“抄”的对

---

* 原刊于《宋史研究论丛》第十五辑，河北大学出版社2014年版，第556—576页。

① （宋）曾巩：《隆平集》卷20《夷狄传·夏国》，第7页，康熙辛巳年（1701）刊本。

② 《宋史》卷486《夏国传》下，中华书局校点本。（以下引正史皆为中华书局校点本）

③ 《辽史》卷115《西夏传》。

音。西夏文《音同》注□抄为□□，即“军抄”①。第一字“军“意，第二字“抄”意，此字是□的上部加□（全）字组成，可能造字时考虑到军抄是有正军，有杂役的完整军事单位的含义。西夏文文献中“正军”为□□（对译：军、正）。“负担”为□□，第一字音“副”、“富”、“服”、“缚”，第二字音“顶”，也可音译为“担”。□□二字应译为“负担”。由此看来，《宋史》、《辽史》中记为“负擔（担）”也许是有意为之。

关于抄内的人员，汉文只记载有正军、负担，而在出土的西夏文文献中，西夏的军抄内比较复杂，还有辅主。“辅主”为□□，对译为辅、主，音［板］、［讹］。西夏文《文海》对□字注释：“辅者军辅也，辅主也，正军之佑助者也。”② 《音同》注□字为□□（辅主）③。□字是□（军）字的上部和□（群）字组成，可能造字时考虑到正军加辅主形成一个小的战斗群体。

在西夏法典《天盛改旧新定律令》（以下简称《天盛律令》）的不少条款中，也记有辅主。在有关军人的武器装备中往往是分列正军、辅主和负担，辅主在正军和负担之间，成为军抄中的第二等级。在有负担时多在辅主前加“正”字，记为“正辅主”。如在《天盛律令》第五“军持兵器供给门”中规定检校牧主和农主战具时，即分为正军、正辅主和负担：

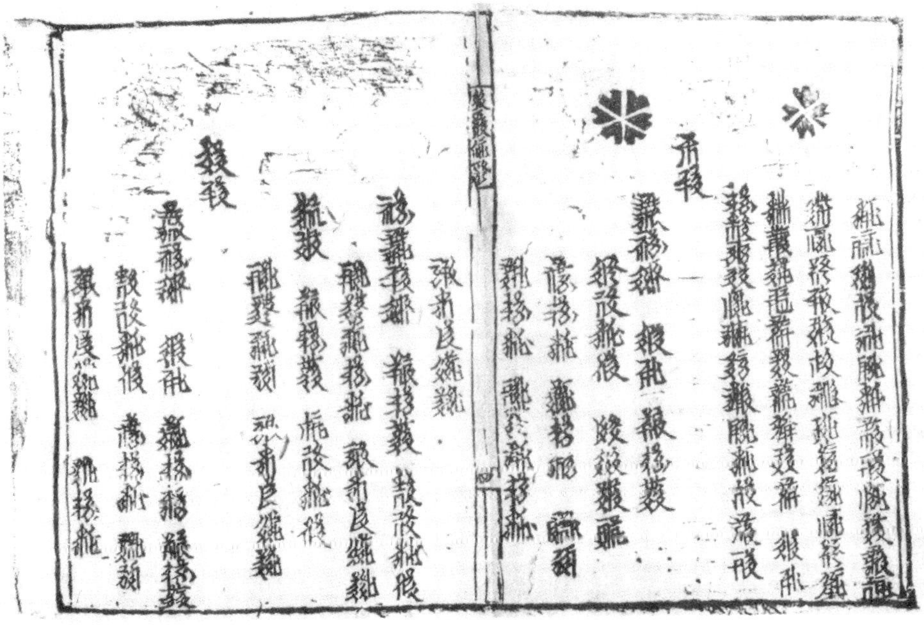

图1 《天盛律令》第五“军持兵器供给门”条目中的正军、正辅主和负担

① 《音同》甲种本第39页第2行，见俄罗斯科学院东方研究所圣彼得堡分所、中国社会科学院民族研究所、上海古籍出版社编编《俄藏黑水城文献》第7册，上海古籍出版社1996年版，第20页。

② 《文海》32页1面2行，原文见《俄藏黑水城文献》第7册，第136页。译文见史金波、白滨、黄振华《文海研究》，中国社会科学出版社1983年版，第441页。

③ 《音同》甲种本7页6行，见《俄藏黑水城文献》第7册，上海古籍出版社1996年版，第4页。

（自第4行）

牧主

正军有：官马、弓一张、
箭六十枝、箭袋、
枪一枝、剑一柄、囊一、
弦一根、长矛杖一枝、
拨子手扣全。

正辅主有：弓一张、箭三十枝、
长矛杖一枝、拨子手扣全。

负担：弓一张、箭二十枝、
长矛杖一枝、拨子手扣全。

农主

正军有：官马、剑一柄、弓一张、
箭三十枝、枪一枝、囊一、
拨子手扣、弦一根、长矛杖一枝。

正辅主：弓一张、箭二十枝、
拨子手扣全、长矛杖一枝。

负担有：弓一张、箭二十枝、
拨子手扣全、长矛杖一枝。[1]

由上可知，西夏军队军抄中作为战斗主力的正军装备最好，有9种或10种战具，而辅主和负担的装备完全一样，种类很少，只有4种，没有正军具有的官马、枪、剑、囊等。在《天盛律令》其他一些条款中多将正军、辅主并称，没有负担。有时是正军、辅主、寨妇三者并称。如在《天盛律令》第四“守营垒城堡溜等门”中，规定军人弃守城池时，“正军、辅主等一律十杖，寨妇笞二十”。[2] 不仅《天盛律令》对军抄的记载分正军、辅主、负担为主，在出土的有关军抄的文书中多数情况下只分正军和辅主两种。在较完整、有年号的军籍文书中，如乾祐壬子二十三年、天庆戊午五年、天庆庚申七年等十多件军籍所列军丁中，只有正军、辅主，没有负担。[3] 但有的军抄文书中将辅主分为正辅主和负担两种。如俄Инв. No. 2206－3、俄Инв. No. 2206－5、俄Инв. No. 2206－8皆为军籍残卷，首尾全无，但

① 史金波、聂鸿音、白滨译注：《天盛改旧新定律令》（《中华传世法典之一》），法律出版社2000年版，第225页。

② 同上书，第195页。

③ 俄罗斯科学院东方文献研究所手稿部藏黑水城文献：俄Инв. No. 7916、俄Инв. No. 8371、俄Инв. No. 4197，见史金波、魏同贤、克恰诺夫主编：《俄藏黑水城文献》第14册，上海古籍出版社2011年版，第225—226、260—261页；第13册，2007年，第197—198页。参见史金波《西夏文军籍文书考略——以俄藏黑水城出土军籍文书为例》，《中国史研究》2012年第4期。

可以看到一抄中辅主有2名，一为正辅主，一为负担。[①] 可见二者皆可称为辅主，只不过一正、一副而已。

从《天盛律令》条款中可知似乎规定正军、辅主、负担都可以有官马，甲，如第五“季校门”规定：

> 正军、辅主、负担之著籍官马、坚甲应依籍点名检验。其中正军、辅主新请领取官马、坚甲，有应注籍而未著籍者，按数有注册则依注册校，无注册则当分析按状上校验。[②]

但从上述《天盛律令》为军人配备战具种类看，辅主和负担都没有官马和铠甲。在众多的军籍文书中凡官马、甲、披都为正军所有，辅主和负担都无这些装备，甚至不少正军也无官马、甲、披。如应天丙寅元年军籍有5抄，其人员和装备如下[③]：

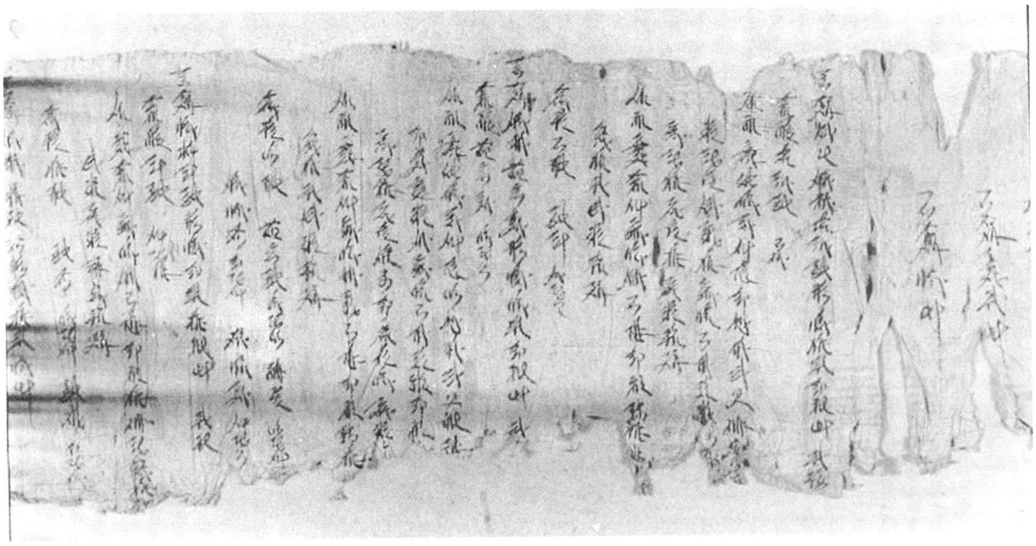

图2 Инв. No. 4791 应天丙寅元年军籍（局部）

（自第3三行）

一抄首领嵬移黑水盛人员二人三种有 马花[④]

① 俄罗斯科学院东方文献研究所手稿部藏黑水城文献：俄 ИИнв. No. 2206 - 3、俄 Инв. No. 2206 - 5、俄 Инв. No. 2206 - 8。见《俄藏黑水城文献》第十三册，上海古籍出版社2007年版，第69、70页。

② 史金波、聂鸿音、白滨译注：《天盛改旧新定律令》，第239页。

③ 俄罗斯科学院东方文献研究所手稿部藏黑水城文献：俄 Инв. No. 4791，见《俄藏黑水城文献》第13册，上海古籍出版社2007年版，第289—290页。

④ “马”后的字注明马的颜色，此处“花”表示为花马。

正军黑水盛　一百[①]
番杂甲胸五背六胁三结连接八末?? 臂膊
护十手头护二项遮一独木下[②]四……衣
裙十二更兜二裹袋等全
番杂披麻[③]六项五肩一胸三喉嗓二末……
盖二马头套等全
辅主一强　盛酉　九十八[④]
一抄嵬移酉铁缚人员五人三种有　马?
正军酉铁缚　五十一
番杂甲胸五背六胁四结连接八衣襟? 末
三臂普护九项遮一独木下三喉? 衣
裙十二更兜二关子三铁索五裹袋……
番杂披麻[⑤]六项五肩一胸三喉嗓二……
盖二马头套等全
辅主四强　酉铁盛　五十四　那征　四十六
嵬名有　三十六　老羊缚　六十一
一抄名嵬酉盛人员三人二种有　马粟
正军酉盛　六十二
番杂披麻六项五肩一胸三喉嗓二末十盖二马
头套裹袋绳等全
辅主二强　盛有　五十六　盛宝　三十九
一抄嵬移小狗有人员二人无有
正军小狗有　四十九
辅主一强　增岁?　六十九

由上可知，其中第一抄正军（首领）有官马、甲、披，第二抄正军只有官马，其余三抄马、甲、披都没有。又如俄 Инв. No. 7553－1 应天己巳四年军籍，前残，存 18 抄，其中只有一抄正军马、甲、披俱全，另有 9 抄正军只有官马，其余 8 抄三种全无。[⑥]

在有关西夏军抄人员问题上，出土的西夏文文献大大丰富了关于"抄"这一具有西夏特点的军事组织内容，加深了对西夏军事组织的认识。通过比较，看到汉文历史文献和出土

① 此正军年龄为 100 岁。

② 此 3 字为音译，未知何意。第一字意译为尖、突意，第二字为译音字，第三字为继、续意。

③ 此字河意，音［麻］，是披的一个部位，不知何指。

④ 此辅主年龄为 98 岁。

⑤ 此字何意，音［麻］，未知何意。

⑥ 俄罗斯科学院东方文献研究所手稿部藏黑水城文献：俄 Инв. No. 7553－1，见《俄藏黑水城文献》第 14 册，上海古籍出版社 2011 年版，第 180—181 页。

的西夏文法典、军事文书对“抄”有不同的记载。这可能是因汉文文献记载间接性的资料，尽管有不可否认的重要史料价值，但在准确性方面难以达到西夏人自身记录的资料，特别是西夏的法律典籍和来自与基层的社会文书。因此，对西夏人记录的详细而具体的资料应给予更多的信赖。也许记载辗转传到中原地区的信息形成的汉文资料只记载了正军、负担，而漏载了辅主。

二 西夏军抄的分合

西夏军抄内的人员不断变化，有的少年会长大成丁，有的年老、死亡会减员，因此西夏的军抄是在不断的动态发展之中。这些动态的发展在汉文文献中缺乏记载，而在西夏法典《天盛律令》中可以找到相关规定，比如规定新生子到一定年龄要注册入籍：

> 上述新生子当注册者中，年十五以上不注册隐瞒时，其正军之罪：隐一至二人者，徒四年；三至五人者，徒五年；六至九人者，徒六年；十人以上一律徒八年。及丁籍册上犹著年幼者，当比丁壮不注册罪减一等。彼二种首领、主簿知晓隐言者，则当比正军罪减一等，不知情者不治罪。①

到成丁年龄隐瞒不报者要惩罚正军，因为正军最了解本抄情况，若有瞒报，正军当然难辞其咎。首领是该溜各抄的领导，主簿是负责登记军籍的官员，若对瞒报知情不举者，也要受到相应的处罚。其实根据《天盛律令》的规定，不仅男子到15岁成丁的年龄要在军籍上登记，在10岁时就要登记、上报：

> 诸院军各独诱新生子男十岁以内，当于籍上注册。若违律，年及十至十四不注册隐瞒时，隐者正军隐一至三人者，徒三个月；三至五人者，徒六个月；六至九人者，徒一年；十人以上一律徒二年。首领、主簿等知情，则当比正军罪减一等；不知情者不治罪。②

可是在已见的几十件军籍文书中的几百个军丁中，不仅没有10岁至14岁的人，15岁至20岁的人也屈指可数。这使人产生很大的疑惑，在涉及数百个家庭的军丁中，应该登录入军籍的年轻人到哪里去了？这中间是否有为了避免作战而瞒报漏报的现象。上述法律明确规定对瞒报者给予严厉处分。是否当时处于西夏晚期的社会在军籍登录时的瞒报军丁，虚报年龄已经成为普遍现象，达到法不责众的地步了。西夏晚期兵员减少，战斗力减弱已是不争的事实，西夏军抄文书的记录反映了当时的军事状况和军事实力，对认识西夏军事和社会现实具有重要价值。

此外，《天盛律令》还规定，一个抄内人数增多了，可以分抄：

---

① 史金波、聂鸿音、白滨译注：《天盛改旧新定律令》，第262页。

② 同上。

诸种军待命、独诱人员：住八丁以上者，正军亦实不乐在同抄，四丁当合分抄。其中有馀，则当留旧抄组，若旧正军自愿，亦可随新抄后。人员八丁以下现有六七丁者，正军自愿，亦许分抄。其中案头、司吏者，人员有四丁以上者，正军乐许，亦二丁当合分抄。其有余丁，则亦当留旧抄，旧正军自愿，则随新抄法当与前述军卒分抄法同。①

从以上规定可知，一抄中有 8 丁以上者可分为 4 丁一抄，不足 8 人，有 6、7 丁者也可分抄，有时有 4、5 丁者，也可分抄。因为按规定两丁即可以为一抄。

在出土的军籍文书中能看到更具体的记载。军籍是依照西夏政府的相关规定，一年一度对西夏社会基层的单位各军抄详细登记的簿籍。现存的军籍文书显示各抄辅主数有多有少，一般的是一抄中一二名，也有三四名者，个别的甚至达到 9 名，有的则无辅主。如天庆戊午五年军籍在 6 抄中第一抄有正军 9 名，其中 8 强 1 弱，第二抄辅主 2 强，第三抄辅主 4 强，第四抄、第五抄没有辅主。②

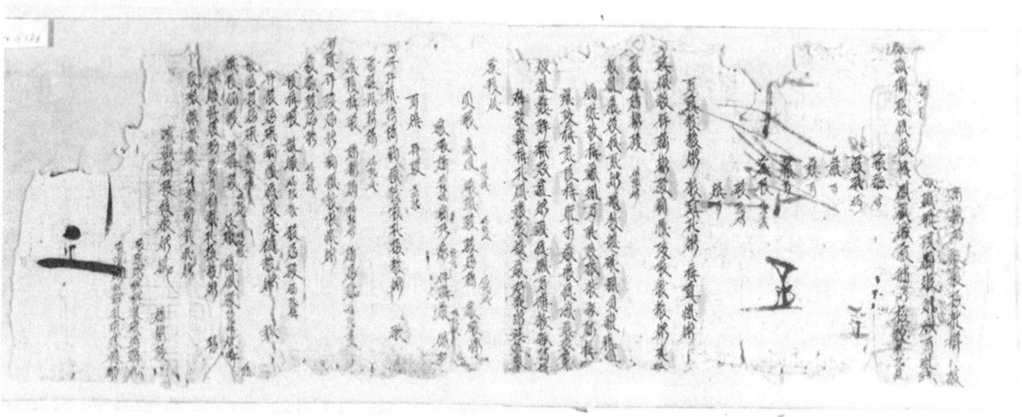

图 3　俄 Инв. No. 8371 天庆戊午五年军籍

（自第 13 行）

一抄首领梁吉祥盛人员十人三种有　马花

（甲、披形制略）……

辅主九

六十五　四十八　四十九　……

八强　女乐　黑水盛　盛功?　河水山

三十　二十九　……

河水吉　四十五　成酉金　心喜铁　善盛

一弱　梁盛　七十

① 史金波、聂鸿音、白滨译注：《天盛改旧新定律令》，第 259 页。其中“族式”改译为“人员”。

② 俄罗斯科学院东方文献研究所手稿部藏黑水城文献：俄 Инв. No. 8371，见《俄藏黑水城文献》第 14 册，上海古籍出版社 2011 年版，第 260—261 页。

一抄梁恩兴吉人员三人马一种有栗
　正军恩兴吉　四十九
　辅主二强　吉祥势　二十六　吉功宝　二十七
一抄梁盛功西人员三人无有
　正军盛功有　四十五
　［辅］主二强　　舅右　四十三　子功盛　四十二
一抄梁盛功犬人员五人马一种有　（颜色）
　正军盛功犬　三十二
　　　　　　　　五十九　二十三　　　　二十?
　辅主四强　心喜盛　　千幢　五月盛　二十二　老房
一抄依荨小狗奴　四十七单人马一种有　青（骡）
一抄道须操移?九十七 单人无有（下略）

一个军抄本来应至少有两人，一正军、一辅主，但有的军抄因人员减失而仅剩一人，这样的人在军籍中成为[illegible]“单人”，对译为“人”、“单”。《天盛律令》对于这样的单人有专门的规定，在自愿的基础上允许二人结合为一抄：

> 军卒一种单人，正军本处自愿，当允许二人结合为一抄，何勇健者当为正军。不允比其人数超出，及使非自愿结合为抄。若违律时，有组合成抄者处，首领、局分人等使不愿组合成抄，则徒一年，若其超出人数组合成抄，则徒二年。①

两个单人组成的新抄中，以勇健者为正军。在黑水城出土的几十件军籍中，有不少抄是单人为抄，也即很多以单人为抄的并未合并。

上述军籍文书表明，一方面有的抄人数超员，一个正军下有9名辅主，作战辅助人员太多，浪费战斗力；另一方面最后两抄都是单人，依然每人一抄，并未合并，这样的军抄只有一人，战斗力、后勤补给力大大减弱。这两种情况都不符合《天盛律令》的规定，也打破了抄的基本组织结构，暴露出西夏晚期基层军事组织渐渐不合规范，也失去了军抄正负搭配、主次呼应、灵活机动的特点。

依照《天盛律令》规定，若一首领之下的军抄增加到60抄以上者，可以分开，把多余的30抄拨给同姓的首领处：

> 诸首领所领军数不算空缺，实有抄六十以上者，掌军首领可与成年儿孙共议，依自愿分拨同姓类三十抄给予。若违律分与外姓类及不足六十抄而分时，则据转院法判断，当回归原军。②

---

① 史金波、聂鸿音、白滨译注：《天盛改旧新定律令》，第261页。其中“孤人”，也可译为“单人”。

② 同上书，第265页。

这样看来，西夏的军队中一个溜首领下的军抄最多可以到60抄，这时因抄太多，可以分出30抄。然而从黑水城出土文献中发现的几十件登记军溜军籍中，还没有见到有超过30抄的。

三 西夏军抄中人员的除减和续补

西夏军抄分抄后一抄变成两抄，新抄要有一个新正军。对于新正军的遴选，《天盛律令》有规定：

> 分抄时辅主转他抄，为正军者，可遣同姓五服最近亲为继。若无，则遣同姓辅主或不同姓辅主谁最勇健强悍者为继抄。有使军已纳辅主中注册者，不得为正军，同类族式（人员）甚少处他人处当为辅主。①

分抄后增加的新抄内也要设正军，需要在新抄内的辅主中遴选，该人选应是原抄正军同姓五服内最近的人，当然他也应符合正军的条件，即为勇健善战者。若没有这样的合适人选，则要找远一些的同姓甚至不同姓的辅主，也要勇健强悍者。而作为西夏社会中没有完全人身自由、附属于主人的使军，虽可以为丁，但只能做辅主，绝对不允许做战斗主力的正军。

此外，一抄中若正军死亡或老、病不宜再做战斗主力时，也要产生一名新正军。《天盛律令》规定：

> 种种大小臣僚、待命者、军卒、独诱等，正军有死、老、病、弱时，以其儿子长门者当为继抄。若年幼，则当为抄宿。辅主强，正军未长大，当以之代为正军，待彼长成，则本人当掌职。②

按此规定，接续正军者应是原正军的嫡长子。幼子为“抄宿”，[illegible]“抄宿”也可译为“抄卧”，可能是在抄中暂为休眠状态，待长大后再袭正军。在这期间由强辅主代为正军。

在黑水城出土的军事文书中，有一些军抄实有实无的文书，是记载军抄中人员现实有、实无的登录文书，其中有关于正军袭抄的真实记录，如俄Инв. No. 2870－3军抄人员实有实无账，现将部分译文录出：

（自第4行）

> 一抄耶和老房白死续子盛功
> 　　　　山，人员实有、无七人
> 　　　　马有（略）
> 　　实有二人……
> 　　　　一人正军盛功山

① 史金波、聂鸿音、白滨译注：《天盛改旧新定律令》，第260页。

② 同上书，第261页。

图4　俄 Инв. No. 2870－3 军抄人员实有实无账

　　一人辅主?? 宝?
实无五人?? 死当注销
　　一人正军旧老房白
　　四人辅主
……

由上可见，一抄中正军耶和老房白死亡，接续者为其子耶和盛功山。其抄中现实有 2 人，即现任正军盛功山，还有一名辅主；抄中已无有 4 人，包括已死亡的旧正军（耶和）老房白，另有辅主 4 人。

又如俄 Инв. No. 2136－1 军抄人员实有实无账译文：

（自第 6 行）

一抄没尚回鹘犬死续子回鹘[1]
　　吉实有无人员披?
　　马二种有
实有四人
　　正军回鹘吉
　　辅主三
　　　正回鹘山[2]

① 父姓[illegible]（没尚），名[illegible]，死后其子续为正军，名字前省略姓氏[illegible]（没尚）。

② 这里的回鹘应不是不是族称，也不是姓氏，而是人名，姓氏应是省略的[illegible]（没尚）。

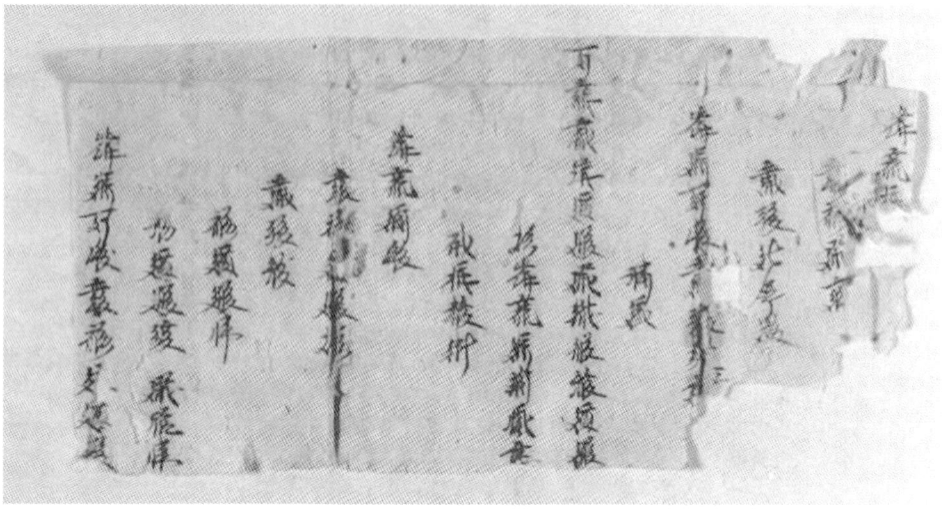

图 5 俄 Инв. No. 2136 –1 军抄人员实有实无账

超[①]回鹘盛　犬盘山

实无一人旧正军[②]回鹘犬……

……

此抄中正军没尚回鹘犬死亡，接续者为其子（没尚）回鹘吉。其抄中现实有 4 人，即现任正军回鹘吉祥，还有 2 名辅主，1 人为正辅主回鹘山，另外还有两名辅主：回鹘盛、犬盘山，他们前面有与正辅主的“正”字相对的“超”字，可能此二辅主是正辅主的附属人员。抄中已无有 1 人，为已死亡的旧正军（没尚）老房白，另有辅主 4 人。

上述两件文书以及其他数件同类文书都表明，西夏军抄中正军减员需要续补时，由其儿子接续，这与《天盛律令》规定相同。

在黑水城出土的军事文书中，还发现两件有关西夏军溜内军抄人员除减续补的文书。一件为科兹洛夫所得，藏于圣彼得堡东方文献研究所[③]；一件为斯坦因所得，藏于英国国家图书馆。两件皆为西夏文草书残卷[④]。现将两件翻译如下：

1. 俄 Инв. No. 5944 –2 军抄人员死减续补账

译文：

① 此字上部不清，录为[illegible]（超，或增意），可能此辅主属正辅主的附属人员。

② [illegible]，对译“军正旧”，意译为“旧正军”。此人已死，由其子续补为新正军，故其称为旧正军。

③ 俄罗斯科学院东方文献研究所手稿部藏黑水城文献：俄 Инв. No. 8371，见《俄藏黑水城文献》第 14 册，上海古籍出版社 2011 年版，第 68 页。

④ 英国国家图书馆藏西夏文文献 Or. 12380 –3343（K. K. Ⅱ. 0231. 1. e），北方民族大学、上海古籍出版社、英国国家图书馆编《英藏黑水城文献》第 4 册，第 116 页。

图6 Инв. No. 5944 –2 军抄人员死减续补账

除减

　六人正军死子弟续

　　四人籍上有

　　　一人耶和奴阔何［顶］子奴山

　　　□［顶］子宝双［机］

　　　一人耶和十月吉何［顶］弟心喜?

　　　一人耶和增　奴何［顶］子心喜吉

　　二人籍上无有

　　　一人鲜卑十月宝何［顶］子十月

　　　一人耶和　吉顶子增增

　三人辅主死

　　二人首领耶和小狗盛属[①]

　　　　奴园　　小狗山

　　一人……吉？十月宝续?

　　　　月盛属

　三抄死续绝

　　一抄耶和五月奴人员二无有

　　　　辅主　奴？黑

　　一抄□□小狗盛人员三无有

　　　　辅主二　小狗?　犬黑盛

　　一抄耶和有？人员三无有

---

① [illegible]（耶和小狗盛）与5944 –1天庆乙丑十二年军抄人马装备账第5行首领[illegible]应为同一人。在5944 –1中耶和小狗盛属下有辅主4人，名为心喜山、心喜有、□狗成、岁岁山，并无已死两辅主奴园、小狗山，两文书是相符的。5944 –1后有登记时间“天庆乙丑十二年”（1205），可知5944 –2文书时间也应在天庆乙丑十二年”（1205）前后。

辅主二　??乐　有盛

四人正军续往

实有数实已？下

正军……

官马……

甲……

披……

……

此文书残卷需要作出解释，方能看清其中的含义。文书分层书写，顶格书写的有第1行为“除减”二字，第24行有“实有数实已列下”7字，分别列出两大类，即减员除掉的人员和现在实有的人员。在“除减”项下，又分为4项，皆退格书写，包括“六人正军死子弟续”、“三人辅主死”、“三抄死续绝”、“四人正军续往”。即其中有6名正军死亡，由其子弟接续，3名辅主死亡，三抄死绝（应是单人抄死亡），4人接续正军，前3项皆为死亡，第4项是转出，都属于要除减的范围。这4项中的前三项又可细分为若干小项，皆再退格书写。“实有数实已列下”分列正军、官马、甲、披等数目，因后残，无法知其全部内容。从现存内容看，可能还有首领印、辅主，这与军籍次序、内容大体一致。

2. 英藏 Or. 12380 - 3343（K. K. Ⅱ. 0231. e）

图7　Or. 12380 - 3343（K. K. Ⅱ. 0231. e）

……

三人种郭?? 兄

盛茂　二十五　羌? 吉　……

西??　二十

除减

十人正军死子弟续

五人籍上有

一人庫西犬?? 郭?

……

这件文书残失更甚，但可以看到和上述俄藏文书类型相近，也有军抄“除减”项。但也有不同，此件中人员写有年龄。

从两件文书中还可以看到在第一件文书的第 1 项“六人正军死子弟续”中分为两项，一是“四人籍上有”，一是“二人籍上无有”，也即在死亡的 6 名正军中，有 4 人在军籍上有登录，有 2 人在军籍上没有登录。在第二件文书中，10 名正军死亡，有 5 人军籍上有。因文书后残，但可推知，另有 5 人军籍上没有。这里又要发出疑问，西夏军籍每年都要登记复核，怎会出现正军在军籍上没有的现象呢？既然军籍上没有，又怎样会出现在死亡除减的文书中呢？对此目前还很难得出确切的解释，大约西夏晚期对军籍的登录、管理混乱是可能的原因之一。

军抄是西夏军队的细胞，军抄人员的死减续补是军抄人员减损时不断补充的方法，是回复军抄活力、保持军抄战斗力的必要措施。西夏文书表明，直至西夏晚期仍然实行着这种行之有效的死减续补制度。

西夏佛教的流传*

西夏建国近二百年，历代皇帝皆崇信、提倡佛教。在特定的历史条件下，西夏佛教得以迅速发展，几乎成了西夏境内各民族的共同信仰。佛教的发展，影响到西夏社会政治、经济等各方面。特别是作为上层建筑，对西夏文化的发展影响更是巨大。因翻译佛经的需要，促进了西夏文字的创制，西夏文字创制后，佛经的写印、传播又进一步影响着文字的使用和流行。西夏的绘画、雕塑、建筑等艺术形式，往往凭借着佛教的外壳得以保存下来。

然而，以前论述中国之佛教者，大都始于汉魏，详于隋唐，止于明清。涉及少数民族王朝佛教时，也只是上及凉、魏，下迄吐番、辽、金。而对于西夏佛教则鲜有论及者。究其原因，主要有两点。一是西夏灭亡后，史料散失。元代官修史书时，仅编纂宋、辽、金三史，而对于前期与北宋、辽相抗衡，后期与南宋、金互为鼎足的西夏王朝，则未给一席之地位。因此，西夏史长期被排除于“正史”之外。既然历史少为世人所知，佛教史自然也就付诸阙如了。二是西夏大力推行难认难记的西夏文，很多文献用西夏文记载，西夏灭亡后，识此文者渐少，最后竟成为无人可识之死文字，这样，包括佛教文化在内的西夏文化痕迹，更容易被历史所遗忘。

21 世纪初，西夏文文献陆续出土于西夏故地。这些文献中包含了大量西夏文佛教文献。半个多世纪以来，随着西夏文这种死文字的逐渐被解读，西夏文佛教文献的重要价值也逐渐显露出来。原来这些文献中有很多是研究西夏佛教史的重要资料。可以说，如果没有西夏文文献资料，要想勾勒出西夏佛教的梗概是非常困难的。

笔者在二十多年前开始注意收集、翻译和整理西夏文佛教文献，近年来于西夏佛教史实渐次连贯。本文想在前人研究成果的基础上，利用西夏文、汉文、藏文有关史料和考古成果，初步勾画出西夏佛教流传的梗概，同时做一些必要的分析研究，或可对中国佛教史的研究有些微补益。本人佛学知识浅薄，加之资料的限制，讹误之处在所不免，还望方家斧正。

一　早期佛教的传播及其背景

西夏境内有多种民族，包括皇族在内的党项族是主体核心。西夏建国时，党项族早已接受佛教信仰。然而这个比族原来并不信奉佛教。

---

* 原刊于《世界宗教研究》1986 年第 1 期，第 27—43 页。

古代党项族，“三年一聚会，杀牛羊以祭天”。[①] 显然，早期党项族处于自然崇拜阶段。在唐代，居住在四川西部、青海东部地区的一部分党项族，逐渐迁徙到庆州（今甘肃省庆阳）、银州（今属陕西省米脂县）、夏州（令属陕西省靖边县）一带。这一时期，党项族社会迅速发展，大踏步地向阶级社会的门槛迈进。[②] 这时党项族的宗教生活也发生了很大变化。他们已由自然崇拜发展到鬼神崇拜。神和鬼各有多种。在党项人心目中，鬼神已有了明确的分工。鬼主恶，谓之“损害”；神主善，谓之“守护”。与鬼神崇拜相应的是崇尚诅咒和巫术。党项族接受佛教以后，这种鬼神崇拜依然存在。

唐末、五代，在藩镇割据的复杂斗争中，党项族形成了以拓跋氏为中心，以夏州为基地的割据政权。宋朝初年，党项族首领李继迁[③]附辽抗宋，势力不断发展，并将其统治中心从夏州迁往灵州（今属宁夏回族自治区灵武县）。他的儿子李德明继位后，被辽封为大夏国王，同时也采取了与宋和好的政策。他发展了自己的统治势力，夺取了河西甘（今甘肃省张掖）、凉（令甘肃省武威）、瓜（令甘肃省安西）、沙（今甘肃省敦煌）诸州，把统治中心迁到兴州（今宁夏回族自治区银川市）。奠定了建立西夏国的基础。

目前所知党项族有确切年代可考的佛教活动，始于李德明时期。

宋景德四年（1007）德明母罔氏死，下葬时，德明要求到宋朝北部佛教中心五台山修供十寺，并派致祭使护送所供物品至五台山。[④] 可见当时佛教已成为党项王室的重要信仰。

这一时期最重要的佛事还是向宋求赐佛经。这表明党项统治者对佛教的重视，也反映出佛教在当地已有相当的影响。德明时期与其父继迁时代相比，政治形势已大不相同。继迁抗宋基本上处在转徙无常、没有固定基地的状态。德明时期统治中心稳定，势力范围扩大，与宋、辽关系趋于和好。这种形势为赎取大藏经这样的佛事活动提供了有利条件。据《续资治通鉴长编》记载，宋仁宗天圣八年（1030）：

> 丁未，定难节度使西平王赵德明遣使来献马七十匹，乞赐佛经一藏，从之。[⑤]

这种赎经活动又带来了一种具有特殊意义的后果。当时党项族向宋朝求取的佛经都是汉文刻印的，这种佛经在不懂汉语文的党项人中流传十分困难，长此以往，佛教的发展便难以为继。因此翻译佛经的迫切要求可能成为创制党项民族文字——西夏文的一个重要原因。

总之，佛教在西夏已经得到传播，并有了初步的基础，究其原因，有以下几点：

1. 党项族后来移驻的陕北、河西、陇右地区，早就居住着汉族和其他各族人民。河西走廊是由西域进入中原的孔道。自凉、魏，经隋、唐，佛教在这一地区已流行了六七百年，早已经成为影响最大的宗教了。西夏建国前的唐末、五代时期，这一带先后由吐蕃、回鹘、

---

① 《北史》卷96，中华书局校点本，第3192页。

② 《旧唐书》卷198，第5290—5293页。

③ 西夏皇族原姓拓拔氏，唐代赐姓李，五代因之。宋初又赐赵姓，元昊称帝前改姓嵬名代，其后世又一度恢复李姓，西夏文文献多记为嵬名氏。本文除必要处外，皇族姓氏一般从略。

④ 《宋史》卷485，第13990页。

⑤ （宋）李焘：《续资治通鉴长编》卷109，（清）光绪七年浙江书局校刻本，第15页。

张义潮、曹氏统治，由于大力提倡和扶植，使佛教势力进一步发展。这对迁到这一地区来的党项族，不仅有潜移默化的影响，也有直接继承的关系。

2. 党项族周围的民族多已信仰佛教。居住在西夏境内和境外的汉族自不必说，就是住在北面和东面的契丹族也早就普遍信奉佛教了。西部的回鹘是西域和内地之间佛教传播的媒介，起着特殊的作用。吐蕃在佛教前宏期后，由于青藏高原排佛，很多虔诚的佛教徒外逃，后来居住在甘、青一带的藏族成了信仰佛教的中坚。居住在契丹、回鹘、吐蕃、汉族几个信仰佛教民族中间地区的党项族，比较快地接受佛教，是十分自然的。

3. 党项族在长达一二百年的时间里，经历长途跋涉的迁徙，安史之乱的流离，藩镇割据的战乱，五代频繁的更迭，加上本民族上层的统治压迫，使人民饱受颠沛的痛苦和生活的艰辛。他们渴望安定的生活环境，向往美好的未来。然而他们的希望被战争、灾荒、剥削打得粉碎，在现实生活中看不到解脱社会苦难的出路。佛教关于人生无常、充满痛苦的基本说教和人们的悲观情绪相适应，佛教因果报应的宿命理论，以及经过信佛、行善可以进入光明、自由的“极乐世界”的说教，为在现实中饱受煎熬的劳动人民提供一点精神上的慰藉。这为佛教的流行提供了适宜的土壤。在阶级社会里，阶级压迫和剥削所造成的社会苦难，是宗教存在和发展的主要根源。

4. 党项族社会在长时间的发展过程中，在汉族和其他民族的影响下，逐步由分散的部落向着更为统一的民族共同体发展。个别强大的部落首领，权力越来越大，渐次出现了凌驾于一般部落首领之上的“节度使”、“夏国王”、“夏国主”乃至“皇帝”。佛教教主释迦牟尼使原来党项人信仰的多神降于次要地位，这正与西夏国王、皇帝使各部落首领降为从属地位相适应。社会逐渐统一是出多神教向一神教发展的社会基础。

5. 佛教对西夏统治阶级有更为实际的妙用。正如列宁所指出的：“对于依靠他人劳动而过活的人，宗教教导他们要在人间行善，廉价地为他们整个剥削生活辩护，廉价地售给他们享受天国幸福的门票。”[①] 党项统治阶级经常驱使人民进行战争，不断地加重人民的负担，引起了人民强烈的不满和反抗。他们就利用手中优越的政治、经济条件，大力提倡佛教，借助佛教忍耐的说教，麻醉人民，以便维护他们的统治。同时，也为自己购买进入西方极乐世界的廉价门票。西夏文字典《文海》在“佛”字条下解释说：“佛者是梵语，番语（西夏语）‘觉’之谓也，教导有情者是也。”[②] 显然，西夏统治者把佛和佛教当作精神统治的重要支柱，作为麻醉众生的有力工具。

二 元昊时期的大力提倡

德明死后，他的儿子元昊继承王位。他是一个具有雄才大略的人物，做太子时就曾直率地向其父表示，不应向宋称臣，提出“英雄之生当王霸”的主张。在未正式立国的6年时间里，他就进行了一系列紧锣密鼓的建国准备活动。首先改宋所赐“赵”姓为“嵬名氏”，并下秃发令，建立官制，分别服式，自建年号，创制文字，增置州郡，整顿军旅，延揽人

① 列宁：《社会主义和宗教》，《列宁全集》第十卷，人民出版社1958年版，第62页。

② 史金波、白滨、黄振华：《文海研究》，社会科学出版社1983年版，第426、577页。

才。总之，仿照中原制度，并依据当地的民族特点，建立了一套完整的封建统治制度。在军事上不仅与北宋、契丹相抗衡，还西击回鹘，南攻吐蕃，进占兰州。在这种形势下，佛教又有了较大发展。

宋景祐元年十二月（1035），又赐给西夏佛经一藏：

赵元昊献马五十匹，以求佛经一藏，诏特赐之。[①]

这是西夏自宋得到的第二部大藏经，与前次求经仅隔四年，可见对佛经需要之迫切。第二年，天竺僧人善称等一行九人，来到西夏管辖的夏州。原来善称等人行经数月至宋京师汴梁（今开封市），贡献梵经、佛骨及铜牙菩萨像，归途上路经西夏。元昊留于驿舍，求贝叶经不得，就把它们关起来[②]。元昊虽然显得有些不择手段，但可以看出他发展佛教的急迫愿望。宋宝之元年（1038），元昊“表请遣使诣五台山供佛宝，欲窥河东道路”。[③] 这里，虔诚的礼佛盛事，又和政治斗争中的间谍活动混在一起。

西夏正式立国于宋宝之元年（1038）改元天授礼法延祚，上表宋朝，于首府兴庆公开宣告裂土称地。

元昊不仅有卓越的政治军事才能，他对民族文化的发展也十分重视。本人通解汉文字，比较熟悉汉文化。他通晓“浮图学”《即佛学》[④]，在西夏历代皇帝中，是推行佛教最为关键的人物。建国前夕，他不仅向宋朝赎取大藏经，并令大臣野利仁荣等创制记录党项语言的民族文字。经过三年，至广运三年（1036），新的文字创制成功。这是一种仿照汉字而制成的方块形文字，共六千余字，笔画繁冗，后世称为西夏文[⑤]。又过了两年（1038），即西夏立国当年，元昊开始组织译经。如果说创制西夏文对西夏文化的发展起了划时代的作用，那么，开始用本民族文字——西夏文翻译佛经，就使佛教在西夏境内进一步流传、发展有了坚实的基础。

通过仅存的一些文献的零星记载，可以透视到当时佛教的一些基本情况。

西夏立国初年，为了发展佛教，曾搜集舍利，造棺立塔。元昊筑坛受册称帝的前两个月，当时的名臣右仆射兼中书侍郎平章事张涉，奉元昊之命撰写了《葬舍利碣铭》，记载了这一盛况：

我圣文英武崇仁至孝皇帝陛下，敏辩边唐尧，英雄□汉祖；钦崇佛道，撰述蕃文；奈苑莲宫，悉心修饰；金乘宝界，合掌护持。是致东土名流，西天达士，进舍利一百五十暠，并中指骨一节，献佛手一枝及顶骨一方，罄以银椰金棺，铁甲石匮，衣以宝物，

① 《续资治通鉴长编》卷115，第18页。

② 《宋史》卷485，第13994页。

③ 同上书，第13995页。

④ （宋）曾巩：《隆平集》卷20，康熙四十年刻本，第5页。

⑤ 史金波、白滨：《西夏文及其文献》，《民族语文》1979年第3期。

□以毗沙，下通掘地之泉，上构连云之塔，香花永馥，金石周陈。[①]

《碣铭》表明，在西夏早期中原以及印度的佛教信徒已和西夏有了来往。从葬舍利的珍贵器物，可证明元昊对佛教的重视。当时所建连云之塔，乃是西夏建塔最早的记载。

天授礼法延祚五年（1042），北宋知清涧事种世衡派僧人王光信（后改名王嵩）潜入夏国行反间计，以蜡丸书送交西夏大将野利旺荣，使元昊产生怀疑，终于杀掉旺荣。又北宋知渭州王韶、总管葛怀敏也使僧人法淳持书信前往西夏活动[②]。北宋两次派有僧人身份的人去西夏，应是考虑到僧人在尊崇佛教的西夏境内便于活动的有利条件。天授礼法延祚八年（1045），即宋、夏议和的第二年，西夏派僧人吉外吉、法正等到宋朝，感谢宋朝第二次赐经事[③]。这种友好的宗教往来，也带有浓厚的政治色彩。元昊杀大臣野利旺荣后而私其妻没藏氏，皇后野利氏发觉后，使没藏氏出家为尼，号没藏大师，居于兴庆戒坛寺[④]。这一事件表明西夏初期已有女尼，还有“大师”的称号。戒坛寺是比丘尼寺庙。元昊还以四孟朔为圣节，令官民礼佛[⑤]。这种用行政命令扶植佛教的做法，把佛教捧上了更高的地位。

天授礼法延祚十年（1047），元昊建立规模宏大的佛教寺庙高台寺。据《西夏书事》载：

于兴庆府东一十五里役民夫建高台寺及诸浮图，俱高数十丈，贮中国所赐大藏经，广延回鹘僧居之，演绎经文，易为蕃字。[⑥]

由此可以想见，西夏佛寺的规模和西夏佛事的铺张。特别值得注意的是，西夏延揽、重用回鹘僧人。回鹘僧人在西夏有较高的地位，他们把佛经“易为蕃字”，即翻译成西夏文。回鹘曾把大批佛经译成回鹘文，在翻译佛经方面有较丰富的经验。回鹘僧人在西夏早期参加西夏文佛经的翻译，无疑对这一事业会起到良好的促进作用。至少在早期文字初创、人才缺乏、经验不足的情况下，他们的作用更为明显。

元昊对外不断用兵，对内肆意诛杀，人民困苦不堪，流传有《十不如》歌谣[⑦]。高台寺建成的第二年（1048），元昊在皇室内乱中被太子刺伤身亡。然而西夏的佛教，却在元昊奠定的基础上，更加广泛地发展了。

---

① 《嘉靖宁夏新志》卷2，第44—45页，天一阁影印本；牛达生：《〈嘉靖宁夏新志〉中的两篇西夏佚文》，《宁夏大学学报》1980年第4期。

② 《宋史》卷335，第10743—10744页，卷485，第13998页；《西夏书事》卷15，第12页。

③ 《续资治通鉴长编》卷156，第2页。

④ 《西夏书事》卷18，第3页。

⑤ 《宋史》卷485，第14000页。

⑥ 《西夏书事》卷18，第8—9页。

⑦ 《宋史》卷485，第13997—13998页。

三　佛教的进一步发展

西夏第二代皇帝毅宗谅祚一岁即位。母后没藏氏（即前没藏大师）和母舅没藏讹庞共专国政。曾经一度出家为尼的没藏氏十分好佛，她上承元昊之余绪，推动了西夏佛教进一步发展。在其垂帘听政的第三年，即天祐垂圣元年（1050）冬，在兴庆府建承天寺。

> 因中国所赐大藏经，役兵民数万，相兴庆府西偏起大寺，贮经其中，赐额“承天”，延回鹘僧登座演经，没藏氏与谅祚时临听焉。[①]

修建宏伟的承天寿是一次浩大的工程，以致要动用“兵民数万”人，至福圣承道三年（1055），历时六年才告完成。保存至今的承天寺塔（俗称银川西塔），虽为清代重修，但基本保留着原来的形制。塔高64米多，奇秀挺拔，巍峨俊丽。原寺院建筑规模也颇壮观[②]。西夏统治者一味佞佛，修盖塔寺，不惜耗巨额资财，费数万人力。这对战乱不已的西夏说来，确是十分沉重的负担。值得注意的是，这里又一次提出回鹘僧人在西夏佛教传布中的作用，他们被请到寺里登座演经，没藏氏母子还不时前往听讲。当时回鹘僧人的地位之高，于此可以想见，其时所作《承天寺碑记》描绘了西夏皇太后新建承天寺同时埋葬佛顶骨舍利的情景：

> 皇太后承天顾命，册制临轩，釐万物以缉绥，俨百官而承式。今上皇帝，幼登宸极，夙秉帝图，分四叶之重光，契三灵而眷祐，粤以潜龙震位，受命册封。当绍圣之庆基，乃继天之胜地。大崇精舍，中立浮图。保圣寿以无疆，俾宗祧而延永。天祐纪历，岁在摄提季春廿五日壬子。建塔之晨，崇基垒于碱砆，峻级增乎瓴甋。金棺银椁瘗其下，佛顶舍利闷其中。[③]

由此可以更具体地得知没藏氏执政时建塔寺、瘗佛骨的铺张。从已知的资料看，这是毅宗一朝佛事活动的高潮。

承天寺塔落成的当年，没藏氏遣使入贡于宋，宋赐给西夏大藏经，史载宋至和二年（1055）四月：

> 庚子，赐夏国大藏经。[④]

---

① 《西夏书事》卷19，第11页。

② 弘治《宁夏新志》卷7，《寺观》。

③ 《嘉靖宁夏新志》卷3，第44页；牛达生：《〈嘉靖宁夏新志〉中的两篇西夏佚文》，《宁夏大学学报》1980年第4期。

④ 《续资治通鉴长编》卷179；又《宋会要辑稿》，《礼》，62之40。

这是西夏自宋得到的第三部大藏经。次年，没藏氏死，三年后，宋嘉祐二年十二日（1059）颁诏赐西夏大藏经。

> 诏夏国主……乞给赐藏经事具悉……所载请赎大藏经、帙、签牌等，已令印造，候嘉祐四年正旦进奉人到阙，至时给付。①

这是西夏自宋所得第四部大藏经。䦗都五年（1061）没藏讹庞谋逆被杀。谅祚是年始亲政，因仰慕中原衣冠，在国内实行汉礼。宋嘉祐七年（1063）又颁诏赐予西夏大藏经。

> 夏国主乞赎大藏经，诏曰："……其请赎经文，已指挥印经院印造，候嘉祐十一年正旦进奉人到阙给付。"②

这是谅祚一朝二十一年中自宋朝得到的第五部大藏经。频繁的索求佛经，可以认为是和译经的需要分不开的。同时，西夏也向辽朝进贡回鹘僧、金佛、《梵觉经》③。回鹘僧人不仅用来为西夏演经，还用来作为友好往来的"礼品"送往邻国。

拱化五年（1067）谅祚死，子秉常孩提践位，是为西夏第三代皇帝惠宗。因秉常年幼，母梁氏垂帘听政，弟梁乙埋为国相，姊弟专权。梁氏还将侄女嫁给秉常为皇后。梁氏执政后即恢复"蕃仪"，力图与吐蕃和好，将己女嫁吐蕃首领董毡之子蔺逋比。夏、宋关系仍趋紧张。梁氏也是全力扶植佛教的统治者。天赐礼盛国庆四年（1072），又自宋得大藏经一部。据《宋史》载：

> 十二月遣使进马赎《大藏经》，诏赐之，而还其马。④

这是西夏自宋得到的第六部大藏经。

大安二年（1076），秉常始亲政，时年十六。六年（1080）复行汉礼。次年，因政见不同，梁氏囚禁秉常。八年（1082）与宋发生永乐之战，以三十万大军击败宋军。次年，秉常复位。不久梁乙埋、梁氏和秉常先后死去，结束了惠宗一代二十年的统治。

惠宗朝重要的佛事活动仍是继续译经。目前保留下来的西夏文佛经有一部分卷首题名为惠宗及其母梁氏译。另天赐礼盛国庆元年、二年的瓜州审案记录残页的背面为西夏文《六祖坛经》。通过对残页文字修改的痕迹分析，可以认为这是该经的初译草稿。由此可以看到当时译经的认真态度。这种禅宗重要经典的翻译，说明由唐代兴起的禅宗在西夏已经开始转播，也成为研究西夏佛教宗派的一个重要线索。

---

① 欧阳修：《欧阳文忠全集》卷86，《四部备要》本，第3页。

② 张鉴：《西夏纪事本末》卷20，光绪甲申江苏书局刻本，第5页。

③ 《辽史》卷22，第267页。

④ 《宋史》卷486，第14009页。关于西夏自宋赎经事，参见王静如《河西字藏经雕板考》，《西夏研究》第一辑；西田龙雄《西夏文华严经》Ⅰ《解题》，第5页。

惠宗时期，作为佛教圣地的莫高窟、榆林窟也已留下了西夏佛教信徒的足迹。莫高窟有天赐礼盛国庆二年、三年（1071、1072）、大安十一年（1085）的西夏文题记。榆林窟第16窟的天赐礼盛国庆三年的题款，记西夏僧人惠聪修佛像事。据向达先生考证，惠聪所修弥勒大象，即5号窟之大佛。[①] 这一时期西夏还印施汉文佛经，如天赐礼盛国庆五年所印《般著多心经》等。

西夏第四代皇帝乾顺继位时，也只有三岁，母梁氏（第一梁氏的侄女）和兄弟梁乙逋主国政。她不仅有第一梁氏的政治作为，且有亲自带兵作战的军事才能，这个习惯于战场风雨的女性，又想做慈悲的佛门施主。这种着起来十分矛盾的性格自然地统一在一个人身上。在军队的厮杀声中，佛教的弘扬比前代又有了新的发展。

天祐民安四年（1093），由皇帝、皇太后发愿，动用了大量人力、物力和财力重修凉州感应塔及寺庙。第二年完工后立碑赞庆。碑文一面是西夏文，一面是汉文，内容大体相同，详细记载了凉州古佛舍利塔的感应故事，和重修塔寺的情形。从中清楚地看到西夏佛教的兴盛，反映出佛教已推广到西夏的城乡各地。碑文还记载了塔修成后壮丽的景色以及当时崇信之盛况：

> 金碧相间，挥耀日月，焕然如新，丽矣壮矣，莫能名状。况武威当四衝地，车辙马迹，辐辏交会，日有数千。故憧憧之人，无不瞻礼随喜，无不信也。[②]

为庆祝修塔成功，皇帝下诏，做一大法会，度僧赐物，十分隆重，充分显示出佛教在西夏的优越地位。

就在凉州塔修成的当年十月，梁乙逋因刑赏自专，潜谋篡夺，与梁氏产生尖锐矛盾，被大首领杀死。次年，西夏进贝多叶经于辽，是经为回鹘僧所译。[③]

天祐民安七年（1096）梁氏偕乾顺亲领兵五十万夺宋金明城。八年，于阗国黑汗王遣兵攻破西夏瓜、沙、肃三州。永安元年（1098）梁氏母子集兵四十万与宋战于平夏城，大败。次年，梁氏被杀。乾顺自母梁氏死后，常供佛为母祈福。当时有甘州沙门族姓嵬咩（嵬名），法名思能，早先随燕丹国师学习佛理，受人崇敬，亦号为国师。他借掘得古涅槃佛为由，在甘州建卧佛寺，又称卧佛寺。该寺规模宏大，尤其是寺内巨大卧佛身躯伟岸，为河西所仅见。嵬名思能之师燕丹国师曾去天竺求道，这是西夏僧人远游印度学习佛理的唯一记载，它证明西夏佛教和印度有直接关系[④]。

---

① 向达：《莫高、榆林二窟杂考》，《唐代长安与西域文明》；白滨、史金波：《莫高窟、榆林窟西夏资料概述》，《兰州大学学报》1980年第2期。

② 罗福成：《重修护国寺感应塔碑铭》，《国立北平图书馆馆刊》四卷三号（西夏文专号），以下简称《馆刊》，第153页。

③ 《西夏书事》卷29，第16页。

④ 《甘州府志》卷13《艺文》，第26—28页，明宣宗：《敕赐宝觉寺碑记》。又《甘州府志》卷5《坛庙》，第19页，《西夏书事》卷31，第16—17页。记：甘州僧人法净声称于张掖县西南甘浚山下，夜望有光，掘得古佛三身，皆卧象，献于乾顺，乾顺遂于甘州建宏仁寺，又称卧佛寺。

乾顺在位长达50年，其前期就在上几代的基础上，大体完成了西夏文大藏经的翻译。现存的西夏文佛经中，卷首有译者题名的，主要是惠宗、崇宗两朝。乾顺后期，女真人兴起于东北，灭辽攻宋。中国的政治形势由辽、宋、夏三大国的鼎立，发展成为金、夏、南宋新的三国角逐。在文献中反映乾顺后期佛教活动较少。又据西夏文《金光明最胜王经》流传序指出，西夏第五代皇帝仁孝“使佛事重新，令德法复盛”[①]。这些可能意味着乾顺后期有一个抑制佛教发展的时期，或者是一个对佛教提倡不力的阶段。大德五年（1139）乾顺死。

综观西夏前期102年的时间，佛教处在不断发展的过程中。朝廷直接组织的主要活动有：（1）先后六次向北宋赎取大藏经；（2）用自己创造的民族文字西夏文有系统、有组织地翻译佛经；（3）兴建大型寺庙，其中有兴庆府的高台寺、承天寺，凉州的大云寺、感应塔，甘州的卧佛寺以及莫高窟、榆林窟等寺庙、洞窟、佛像的修造。赎汉文大藏经是佛教传播、翻译的基础。佛经的翻译为佛教在党项族中的传播创造了先决条件。而大型的寺庙又为保存佛经、翻译经典提供了必要的场所。这样，在统治阶级的大力提倡和组织下，西夏的佛教得到了迅速发展。佛教在西夏的地位甚高，与宋朝儒、佛、道三教会同的局面不大相同。

四　仁孝时期的广泛传播

根据西夏从建国到灭亡的190年间，政治、经济、文化发展的特点，参照当时中国境内各王朝间政治局势的重大变化，可以把西夏第五代皇帝仁宗仁孝即位时作为西夏前、后期的分界点。而在后期88年的六个皇帝中，仁宗一朝就占了53年。仁宗登基的当年，金、宋议私成功，但不久战端重开。西夏先是附金侵宋，后与宋趋于和缓，然时有吞占陕西五路之意。

西夏本身官僚机构日益庞杂，人民身上的负担不断加重，加上灾荒连年，终于爆发了大规模的人民起义。镇压人民起义的刽子手外戚任得敬，由方面大臣进而入朝掌政，专权弄国长达二十年之久，后因分国谋位而被诛。仁孝时期历经契丹人萧合达的叛乱，人民起义和严重的灾荒，使经济发展受到很大的影响，但由于其封建经济还在不断地完善和发展，与金朝的互市也受利不少，经济上依然保持着向前发展的势头。

仁孝一朝的突出特点，是推动了西夏文化事业的迅速发展，使之达到西夏的鼎盛时期。仁孝对汉学极为重视，不仅在州县设置学校，皇宫内也设小学。还仿中原制度设置大汉太学，追尊孔子为文宣帝，策举人，取进士。崇儒之风，遍于全国。文人学者，接踵而出。流誉当时的番汉教授斡道冲，学士焦景颜、王佥等，皆出此朝。不仅如此，民族文化的发展也升华到一个新的高峰。斡道冲的著作皆以西夏文书写，行于国中。[②] 天盛年间政府重新改定律令，编成长达二十章的西夏文律令书籍《天盛旧改新定律令》，刻印颁行。著名的西夏文——汉文双解语汇本《番汉合时掌中珠》，于乾祐二十一年（1190）由骨勒茂才编成。与此同时，佛教事业也高度繁荣。

---

① 史金波：《〈金光明最胜王经〉序跋考》，《世界宗教研究》1983年第3期。

② （元）虞集：《道园学古录》卷4，《西夏相斡公画像赞》，《四部备要》本，第15页。

西夏文《金光明最胜王经》流传序指出仁孝时期佛教比前代有了较大发展：

> 最后仁尊圣德皇帝已授宝座，使佛事重新，令德法复盛。三宝威显，四本明增。①

仁孝死后，“谥曰圣德皇帝”。② 序中所记仁尊圣德皇帝当指仁孝。由序文可知，仁孝即位后，西夏佛教出现了更为繁盛的局面。

在佛教的传播中，佛经依然倍受重视。当时，女真人入据中原，辽朝覆亡，宋室南渡，金朝和西夏成了关系最为密切的近邻。西夏于天盛六年（1154）派使臣到金朝购买儒学和佛教书籍。③ 所购佛书为何种类，史无详载。是时金朝正在解州天宁寺雕造汉文大藏经《赵城藏》。此经开雕于金熙宗皇统八年（1148），工毕于世宗大定十三年（1173）。西夏去金购书时尚未完工，因此，西夏所购佛书当非《赵城藏》。

仁孝时期刻版印刷得到很大发展，以政府所设刻字司印行了大量文献。这为佛经的大量刻印流行创造了极为有利的条件。因此，仁孝一朝印施佛经很多。天盛二十年（1168）曾刻印西夏文《金刚般若波罗蜜经》。④ 乾祐乙巳十六年（1185）的一篇刻本西夏文施经发愿文残页中，记叙以印施佛经的“善事”，为皇帝求福、祈寿，祝愿皇帝、皇族、大臣等共在佛道。⑤ 人庆三年（1146）印施汉文《妙法莲华经》、天盛四年（1152）印施汉文《华严法界观门》，乾祐十五年（1184）仁孝印施《佛说圣大乘三归依经》，乾祐二十年（1189）三月仁孝的皇后罗氏还施放了刊本《大方广佛华严经普贤行愿品》和《金刚般若波罗蜜经》⑥。特别值得提出的是同年九月有一次规模十分宏大的施经活动。在《观弥勒上生兜率天经》后的一篇汉文发愿文中记载了这一重要史实。发愿文认为：佛教是“世传大教，诚益斯民”，在阐述了《观弥勒上生兜率天经》的重要性以后，着重记录了法会施经的盛况：

> 感佛奥理，镂版斯经。谨乎乾祐己酉二十年九月十五日恭请宗律国师、净戒国师、大乘玄密国师、禅法师僧众等，就大度民寺作求生兜率内宫弥勒广大法会，烧结坛作广大供养，奉广大施食并念佛诵咒，读西番、番、汉藏经，及大乘经典，说法作大乘忏悔，散施番、汉《观弥勒上生兜率天经》一十万卷，汉《金刚普贤行愿经》、《观音经》等各五万卷，暨饭僧、放生、济贫、释囚诸般法事，凡十昼夜。所成功德，伏愿一祖四宗，证内宫之宝位，崇考皇妣，登兜率之莲台。历数无疆，宫闱有庆。不谷享黄发之寿，四海视升平之年。福同三轮之体真，理契一同而言绝。谨愿奉天显道耀武宣文神谋睿智制义去邪惇睦懿恭皇帝谨施。⑦

---

① 史金波：《〈金光明最胜王经〉序跋考》，《世界宗教研究》1983年第3期。

② 《宋史》卷486，第14026页。

③ 《西夏书事》卷36，第9页。

④ ［日］西田龙雄：《西夏文华严经》Ⅱ，“后记”第14页。

⑤ 史金波：《〈甘肃武威发现的西夏文考释〉质疑》，《考古》1974年第6期。

⑥ 罗福苌：《俄人黑水访古所得记》，《馆刊》，第3页。

⑦ 向达：《斯坦因黑水获古纪略》，《馆刊》第22页。

这是一篇重要的御制发愿文，从中可以看出当时佛事的盛况和特点：（1）仁孝为一部佛经的刻印和散施在大度民寺做大法会，长达十昼夜，事后专门为这件事篆刻发愿文，可见当时对印施佛经的重视。（2）法会上有三位国师和禅法师等僧人参加，在皇帝的发愿文中对国师用了“恭请”的字眼，表明国师地位之重。（3）在大法会上诵读藏文（西番）、西夏文（番）、汉文佛经，并散施西夏文、汉文佛经共达二十万卷。由此可知三种文章的佛经在西夏同时流行。大量佛经的散施，表明当时佛教信徒众多。

这次大法会的第二年，著名的字典《番汉合时掌中珠》问世。这部日常语汇本中的“人事”部分，在表述人生活动时，首先列入佛教内容：“或做佛法，修盖寺舍，诸佛菩萨、天神地祇……”最后三页又罗列了很多佛教用语，诸如：烦恼缠缚，起贪嗔痴，三界流转、远离三途，四向四果，十地菩萨，等觉妙觉，自受用佛，证圣果己，昔因行愿，演说法门，指示寂知，菩提涅槃，六趣轮回，苦报无量，争如自悔，修行观心，得达圣道等等。[①] 在整个“人事”部分中佛教用语几乎占了四分之一的篇幅。一部党项人、汉人互相学习对方语言文字的字典中，竟收入这样多的佛教语词，这充分说明当时佛教在西夏人生活中占据十分重要的地位。

仁孝一朝佛事活动的一个重要方面是校勘佛经。传世的西夏文佛经中，明确提出进行过校勘的，大部属仁孝时期。在仁孝之前，大藏经的主要部分已经陆续译成西夏文。仁孝就把翻译、整理佛经的精力放在校勘方面。西夏文《过去庄严劫千佛名经》发愿文中，有一条关于西夏校经十分重要的资料：

> 后奉护城皇帝敕，与南北经重校。[②]

所谓护城皇帝，也即仁宗。西夏皇陵出土的仁宗寿陵西夏文碑额即为“大白高国护城神德至妙皇帝寿陵志文”。其中，“护城”之称，正与发愿文相同。[③] 当时所依底本为“南北经”。“南经”当指西夏之南的宋本，即《开宝藏》[④]。北方的辽、金所刻汉文大藏经，以官刻的《契丹藏》为最早，辽道宗耶律洪基清宁八年（1062），已经完工。金朝的《赵城藏》，至大定十三年（1173）也告完成。《北经》应是辽、金的《契丹藏》或《赵城藏》。西夏系统地校勘佛经，同时以两种版本的藏经为底本进行核正，其态度的认真严肃于此当可想见。

五 藏传佛教的发展

党项和吐蕃两个民族族源较近，地域相接，都有较大的势力，因此文化交流是十分自然

① 罗福成手抄石印本《番汉合时掌中珠》，又见西田龙雄《西夏语的研究》Ⅰ。

② 史金波：《西夏文〈过去庄严劫千佛名经〉发愿文译证》，《世界宗教研究》1981 年第 1 期。

③ 吴峰云、李范文、李志清：《介绍西夏陵区的几件文物》，《文物》1978 年第 8 期。

④ 西夏称宋朝为“南国”。《重修凉州感应塔碑》的汉文部分有“顷与南国失和，乘舆再驾，躬行薄伐”之语。见《馆刊》第 152—153 页。

的事。早在唐代，吐蕃首领松赞干布就曾娶弭药王之女茹雍妃法莫尊为妃。① 吐蕃佛教前宏期对党项族有无影响不得而知。西夏建国后和吐蕃的关系十分密切。早期曾与吐蕃唃斯啰政权交恶，形成被北宋、吐蕃夹击的形势。惠宗时，皇太后梁氏结连吐蕃，以己女请婚于吐蕃首领董毡之子蔺逋比。崇宗时国相梁乙埋又向吐蕃首领阿里骨为自己的儿子请婚。后吐蕃首领拢拶又与西夏宗室女结为婚姻。双方关系有所改善，交往比早期显著增多。

西夏统治者大力提倡佛教，在主要吸收中原佛教的同时，译经时又受到回鹘佛教僧人的相当影响，对吐蕃佛教也采取兼收并蓄的态度，形成佛教的多源情况。

吐蕃佛教传入西夏的具体时间难以断定。但从西夏崇宗天祐民安五年（1094）的《凉州感应塔碑铭》的记载中，得知西夏中期吐蕃佛教势力已相当可观。该碑铭西夏文末列举了修塔的有关人员，其中有“感应塔下羌、汉二众提举赐绯和尚臣王那征迂”②。羌音“孛”，即指吐蕃。可见在凉州已有管理吐蕃、汉族佛教事务的僧官。前述仁孝时《观弥勒上生兜率天经》后的发愿文中，记载了在大法会上“念佛诵咒，读西番、番、汉藏经”，这里把西番经（即藏文佛经）列于首位，表明吐蕃佛教势力已占相当重要的地位。

据藏文文献《贤者喜宴》记载，西藏噶玛噶举派初祖法王都松钦巴（1110—1193），很受西夏王泰呼的崇敬。泰呼遣使入藏往迎。都松钦巴未能亲至，但还是派遣弟子格西藏索来到西夏。藏索被尊为上师，并大规模翻译佛经。后都松钦巴在所创粗布寺建白登哲蚌宝塔时，西夏王又献赤金瓔珞及幢盖诸种饰物③。该书记此西夏王系西夏第五世王。按西夏第五代皇帝仁孝在世时间为1123—1193年，与都松钦巴在世时间大体相当。“仁孝”二字的西夏文读音为“尼芍刎”，又与“泰呼”有相近之处。可初步推定“泰呼”仁孝。又西藏萨迦派第三祖师札巴坚赞（1147—1216）的弟子迥巴瓦国师觉本，曾被西夏主奉为上师。看来，仁孝时期吐蕃佛教中的噶玛噶举派和萨迦派都已传入西夏。

在西夏法律著作《天盛旧改新定律令》中也记载有吐蕃佛教对西夏的巨大影响。“天盛”是仁孝的年号之一。该书第十一章规定：番（党项）、汉、吐蕃三族之人可任僧官，但必须会读经诵咒，而且必须会念十四种经咒，其中吐蕃文经咒即占半数，此外，应选人须由精通吐蕃语者考试。④

从现在所见到的汉文、西夏文、藏文材料分析，西夏佛教受吐蕃佛教影响主要在西夏后期。由于双方关系和缓，西夏的佛教便迅速地从雪山佛国那里吸收了丰富的营养。被称为佛教圣地的莫高、榆林二窟群中的西夏洞窟，其早期上承五代、宋初风格，而晚期则有浓厚的藏传密宗色彩，也证明藏传佛教在西夏晚期影响较大。

从地域上看，西夏的西南部与吐蕃邻近，影响更大。凉州、甘州一带是受吐蕃佛教熏陶较深的地区。西夏修建较大寺庙的记载，早期多在兴庆，如高台寺、承天寺等。后来到崇宗时重修了凉州的护国寺和感应塔，又修建了甘州崇庆寺，仁宗时修造了甘州宏仁寺。西夏中晚期在西南地区兴建数座较大的佛寺，不是偶然的，这和藏传佛教的影响不无关系。日本天

---

① 巴卧·祖拉陈哇著，黄颢译注：《贤者喜宴》摘泽三，《西藏民族学院学报》1981年第2期。

② 《馆刊》，第175页。

③ 《贤者喜宴》ma函；王忠：《西夏的兴起》，《历史研究》，1964年。

④ 黄振华：《略述吐蕃文化对西夏的影响》，《藏族学术讨论集》，西藏人民出版社1984年版。

理图书馆所藏西夏文经末题记也证明了这一点。题记共九行：

发愿译者　甘州禅定寺庙□僧正
　　律法师　讹瑞
禅定众法堂□正　于正法师堂译
　　癸巳年御？正月十五日
　　译主宝幢瑞御大　西夏语译
　　印行发愿师主　杨正瑞师
　　发愿眷　寅□氏　□□□
　　显语空　印者慧戒　韦师
　　　书者持笔　正智□[①]

残经使用了藏文佛经的专门用语，可知译自藏文。题款标明在甘州禅定寺庙中译，表明藏族人口较多、藏传佛教势力较大的甘州可能是翻译藏文佛经的一个中心。题款纪年仅有干支"癸巳"，据西夏藏传佛教的流行和藏文佛经的翻译时间看，很可能是西夏最后一个癸巳年，即仁宗乾祐四年（1173），或是西夏灭亡后的第一个癸巳年（1233）。

吐蕃佛教对西夏的巨大影响，主要表现在佛经的翻译方面。已发现的西夏文佛经中有相当一部分译自藏文佛经。其中有《五部经》、《八千颂般若经》、《圣大明王随求皆得经》、《圣摩利天母总持》、《无量寿宗要经》、《佛母大孔雀明王经》、《圣大乘大千国守护经》、《大寒林经》等。[②] 武威天梯山发现的西夏文佛经残页中，有一页首题"向有观自在大悲心者敬礼"。前记"……沙门长耶阿纳拏传，显秘法师功德司副授利益沙门周慧海奉敕译"[③]。查其经文用语，应是译自藏文。还有一种佛经乃西夏文写成，但在每个西夏文旁都以藏文注其读音。[④] 这种特殊的佛经大概是为懂藏文的人识诵西夏文佛经所用。

西夏文佛经中译经时代明确的都在西夏前期。而译自藏文的佛经，多未注明翻译时代。确定西夏文佛经是否转译自藏文，一般要从经名、章节和用语上去考察，在佛经题名中或版本上并无固定的、明显的标志。

总之，藏传佛教在西夏佛教中占据着突出的地位，其势力主要在西夏的西部地区，而且越到后期影响越大。吐蕃佛教的传入，改变了西夏佛教的格局和佛经的比例构成。

六　西夏晚期战乱中的佛教

仁孝以后的三十多年中，西夏皇帝五次更迭，内政不修。西夏朝廷不仅常与金、宋开

① 西田龙雄：《西夏文华严经》Ⅰ，第13页。

② 聂历山、石滨纯太郎：《西夏文八千颂般若经合璧考释》，见《馆刊》第247—251页；西田龙雄《西夏文华严经》Ⅰ，《解题》，第7—14页。

③ 陈炳应：《天梯山石窟西夏文佛经译释》，《考古与文物》1983年第3期。

④ 聂历山：《西夏文字抄览》，1926年，又《馆刊》，第241—244页。

战，又要应付蒙古的多次入侵，封疆不固。在这种情况下，孱弱的皇室依然崇信佛教，并希图以佛力的佑护挽救急转直下的颓局。

仁孝死后，其子纯祐继位，是为桓宗。罗氏被尊为太后。她也是一个为购买进入天国门票而不惜代价的人。天庆二年（1195），即仁孝死后的第二年，罗氏发愿刊印《佛说转女身经》①。她还发愿令人抄写全部西夏文大藏经。苏联所藏写本西夏文《佛说宝雨经》卷第十之首，有一西夏文木刻押捺题记，共五行四十七字，译成汉文是：

> 大白高国清信弟子皇太后罗氏番大藏契经一藏全增新写，天下庆赞，已入寺庙之内契经藏中，当为永久识诵供养。②

“番大藏经”即西夏文大藏经。这是目前所知第一次在文献中出现西夏文大藏经的字样。罗氏为表示虔诚，将几千卷佛经全部重新抄写。有押捺题记的《佛说宝雨经》当为其中之一。此经字体秀丽，缮写精绝，堪称书法艺术品。全部缮写完毕，不知要花费多少人力、物力和财力。

天庆七年（1200）西夏僧人智广、慧真编辑《密咒圆因往生集）一卷，这是后来列入汉文大藏经的一部著述。集前有西夏中书相贺宗寿所作序，论及编纂经过时说：

> 谨录诸经神验秘咒以为一集，遂命题曰《密咒圆因往生》焉。然欲事广传通，利兼幽显，故命西域之高僧，东夏之真侣，校译三复，华梵两书，雕印流通，永观不朽尔。③

西夏人自己编辑的这部佛教著作，虽不过万言，但还要请西域和西夏的僧人，用汉本和梵本反复校译，可以想见他们对于这一编辑工作的重视和审慎。同年七月西夏曾印施汉文《圣六字增寿大明陀罗尼经》。

西夏佛教的传布，已深深地影响着人们的生活习俗。甘肃武威西郊林场有两座西夏墓，据其中出土的木缘塔上的题记是天庆元年至八年（1194—1201）所葬。两个墓主人是内地彭城（今江苏省徐州）人，在西夏西经略司仜都案等官员。墓葬为传统的火葬形式，葬具为木缘塔。这两个墓当是舍利塔墓。由此可见佛教对西夏习俗影响之深④。

罗太后不仅是一个施经好佛的信徒，而且还是一个左右朝政的人。天庆十二年（1205）桓宗纯祐族兄镇夷郡王安全在罗氏的支持下，废黜纯祐，自立为帝，是为襄宗。这时蒙古族领袖成吉思汗已经统一蒙古各部，开始进兵中原。其兵锋所向，首先是占据沟通中西通道的西夏。应天四年（1209）西夏都城中兴府几乎被蒙古攻破。未几，襄宗安全被废，遵顼立

① 罗福苌：《俄人黑水访古所得记》，《馆刊》第3页。

② 罗福成：《佛说宝雨经》卷第十释文，见《馆刊》，第203—206页，并前附图。

③ 见《大正新修大藏经》卷46，第1007—1013页。

④ 宁笃学、钟长发：《甘肃武威西郊林场西夏墓清理简报》，《考古与文物》1980年第3期；陈炳应：《甘肃武威西郊林场西夏墓题记、葬俗略说》，《考古与文物》1980年第3期。

为帝，为神宗。光定七年（1217），蒙古兵再围中兴府，遵顼逃往西凉，后遣使请降。十三年（1223）禅位于太子德旺，是为献宗。三年后，成吉思汗率大军攻西夏，德旺惊悸而死。其侄南平王晛继位，一年后亡于蒙古。

西夏晚期，尽管国家已经破败不堪，但有佛教信仰传统的西夏皇室，在喘息之间，却仍要顾及佛事，撑一下门面，甚至妄想祈求佛的保佑以挽救不可逆转的败亡局势。

皇建元年（1210）西夏曾印施汉文《般若心经》。西夏神宗遵顼光定四年（1214），曾以皇帝名义缮写金泥字《金光明最胜王经》，以优质的绀色纸，书以精美的金泥西夏文字。保存至今的残页，虽已历时七百余年，却仍然色泽鲜明，庄严中透露出豪华，不失为抄本佛经中的上乘。此经后附一篇御制发愿文，内容十分重要。现将其主要部分译录如下：

> 朕闻我佛世尊，以善根智，证真实经契义，依后得缘，开千导妙法门。其中守护国家，福所蓄集，世俗、胜义双全，现身、来世受益者，唯此《金光明经》是也。今联安坐九五，担万密事，如临深渊，如履薄冰。夜以继日，思远亲能；废寝忘食，念国泰民安。自己所能治道，稀微已至；他上依顺，佛力覆盖爱惜。因此，已见此经之深妙功德，澄信大愿已发，然旧译经文，或与圣意违，或词意不明，复亦需用疏无所译。因此建译场，延请番汉法定国师译主等，重合旧经，新译疏义，与汉本仔细比较，刻印流行，欲使流传（?）万代。①

从这篇重要发愿文中可以窥见西夏晚期佛教的某些情况：（1）文末署“光定四年”（1214）下距西夏灭亡仅十三年。正是西夏内外交困，国力衰微之际。然而遵顼在发愿文中却说“安坐九五”，这显然是吹嘘之词。但通过他自喻“如临深渊，如履薄冰”，“念国泰民安”等文中，也暗示出了皇帝的艰难处境和国未泰、民不安的紧迫形势。他妄想以“佛力”来延续其统治地位，这当然是不可能的。（2）西夏早期已将《金光明最圣王经》译为西夏文，仁宗时又行校勘，至神宗时，仍然认为在旧的译文中还有“或与圣意违，或词义不明”的缺陷，仍需重新校译。这表明，西夏晚期对佛教经典依然十分重视。（3）西夏晚期也建译场译经。发愿文中所述译场似专为重译《金光明最胜王经》而设，以“番汉法定国师”为译主。西夏大规模译经在崇宗乾顺时已基本结束。大概后来需要校勘、补译佛经时，则要重开译场。（4）明确指出此次重译《金光明最胜王经》，“与汉本仔细比较”。反映出西夏晚期佛教经典与汉文佛经的源流关系。西夏后期佛教虽受藏传佛教的巨大影响，然而以此次校经来看，中原佛教的影响可能还是主要的。（5）文中提出“重合旧经”的同时，还“新译疏义”。这是目前所能见到的资料中，第一次提出西夏翻译经疏事。可见，西夏除翻译经、律、论三藏外，也注意境义的翻译。

西夏晚期的佛事活动，还有光定乙卯九年（1219）莫高窟汉文题记，其中反映出西夏佛教信徒来这里朝拜、进香等活动②。

西夏后期的僧人，在政治、军事活动中，有时起着特殊的作用。乾祐九年（1178）西

① 史金波、白滨：《西安市文管处藏西夏文物》，《文物》1982 年第 4 期。

② 史金波、白滨：《莫高窟榆林窟西夏文题记研究》，《考古学报》1982 年第 2 期。

夏派大将蒲鲁合野攻金朝麟州，邛都部酋禄东贺做西夏内应，相约日期者即为蕃僧谛剌[①]。此战因僧人的穿针引线，遂使金兵首尾受敌，致遭惨败。又光定四年（1214）西夏右枢密使，吐蕃路都招讨使万庆义勇以书信约宋夹攻金朝，派去联络的，是蕃僧减波把波，他带着蜡丸书，前往西和州的宕昌寨进行联络[②]。

此外，神宗太子德任，因与父政见不合，于光定十三年（1223）求避太子位为僧，触怒遵顼，被囚在灵州。这是西夏灭亡前与佛事有关的一段插曲。[③]

总之，西夏后期佛教的进一步扩大传播，至晚期方有所衰落。这一阶段佛教发展的特点是佛经的校勘印施和藏传佛教的发展。

西夏的佛教信仰，如果自李德明要求到五台山修供十寺算起，到西夏灭亡就有二百多年。西夏灭亡后，很多党项人依然信奉佛教，河北保定出土的两座西夏文石幢，是16世纪初的文物，其中刻有《佛顶尊胜陀罗尼》和很多党项旗人名。至此时，党项人的佛教信仰已经有长达五百年的历史了。在这样长的时间里，经历了西夏、元、明各朝，随着民族的发展变化，走过了由盛入衰的道路。

西夏是我国中古时期的一个重要王朝。党项族是古代的一个少数民族，在历史发展中起了突出作用，为缔造伟大的中华民族做出了卓越贡献。西夏的佛教文化是我国古代民族文化的重要组成部分，保存到现在的西夏文佛教文献，成了中华民族文化园地中的一枝奇葩。

---

① 宇文懋昭：《大金国志》卷17，扫叶山房校刊本，第4页。

② 李心传：《建炎以来朝野杂记》乙集卷20，第3页，《函海》本。

③ 《西夏书事》卷41，第14页。

西夏佛教新证四种*

一　西夏曾刻印汉文大藏经

汉文大藏经汇集了卷帙浩繁的佛教典籍，是中国文化宝库中的瑰宝，为世界所瞩目。最初，佛经主要以写本流传。雕版印刷术发明以后，很快应用于佛经的刻印。汉文大藏经的刻印，促进了佛经的广泛流传。自宋初开宝年间我国第一部刻本汉文大藏经《开宝藏》开始雕刊以后，在宋代又陆续刻印了《崇宁藏》、《毗卢藏》、《圆觉藏》、《资福藏》以及《碛砂藏》。在这一时期，辽朝刻印了《契丹藏》，金朝刻印了《赵城藏》。当时，中国的刻印事业呈现了空前昌盛的局面，对中国佛教的发展产生了重要影响。

那么，处于同一时代、偏安西北一隅、大力提倡佛教的西夏王朝，是否刻印过汉文大藏经呢？这是过去中国佛教史上未曾提到的一个问题。

西夏在建国之初，就创制了记录主体民族党项族语言的文字——西夏文，接着就开始用西夏文大规模地翻译佛经。当时仅用了五十多年的时间，就将汉文大藏经的主要部分译完，共计3570多卷，形成了著名的西夏文大藏经。以这种少数民族文字移译的大藏经，有刻本流传后世，已为学术界所熟知。西夏是一个多民族的王朝，汉族占很大比重。其统治者要在境内大力宣扬、推行佛教，只有西夏文佛经还是不够的，必须同时注重西夏文和汉文两种佛经的传布。为了满足汉文佛经的需求，西夏前期曾多次向宋朝求赐汉文大藏经。宋朝统治者基于宣扬佛教和怀柔政策的考虑，也往往是有求必应，将整部的木刻版汉文大藏经（《开宝藏》）赐给西夏。仅见诸文献记载的赐经就有六次之多。①

宋朝所赐佛经都储藏于西夏名刹显寺之内，当然不能满足社会上汉族佛教信徒的需要。及时地刻印汉文佛经成了西夏发展佛教的一个重要问题。

西夏刊刻汉文佛经始于何时，目前尚不得而知。保存至今的西夏汉文佛经，最早的是西夏惠宗天赐礼盛国庆五年（1073）刻印的《般若多心经》，系由西夏佛教信徒陆文政私人印施，为的是“荐资考妣，离苦得乐”，也即超度亡过的父母。此后又有大安十年（1083）西夏高僧大延寿寺演妙大德沙门守琼印施的《大方广佛华严经》。可见西夏刻印汉文佛经在早

---

* 原刊于《世界宗教研究》1989年第1期，第85—97页。

① 史金波：《西夏佛教的流传》，《世界宗教研究》1986年第1期。

期已经开始。

西夏汉文佛经的刻印和流行以第五代皇帝仁宗时期为最盛。其中有人庆三年（1146）以御史台正嵬名直本为施主雕印的《妙法莲华经》，天盛四年（1152）由僧人刘德真刻印的《注华严法界观门》，天盛十三年（1161）僧人王善惠雕印的《大方广佛华严经普贤行愿品》，天盛十九年（1167）由仁宗本人发愿雕印的《佛说圣佛母般若波罗蜜多心经》，同年秦晋国王任得敬为求佛保祐病愈而发愿刻印的《金刚般若波罗蜜经》，乾祐十五年（1184）仁宗又发愿刻印《佛说圣大乘三归依经》和《圣大乘胜意菩萨经》，同年由佛教信徒袁宗鉴等十七人印施《佛说金轮佛顶大威德炽盛光佛如来陀罗尼经》，乾祐十六年（1185）僧人智通印施《六字大明王陀罗尼》，乾祐二十年（1189）仁宗发愿印施《观弥勒菩萨上生兜率天经》、《金刚般若波罗蜜经》、《大方广佛华严经普贤行愿品》共25万卷。此外，仁宗时期还曾刻印过《圣观自在大悲心总持》、《胜相顶尊总持》、《四分律行事集要显用记》等径。由上不难看出，仁宗一朝由于皇帝和大臣的倡导，使刊刻、散施汉文佛经达到了全盛时期。

西夏仁宗以后，又印施了不少汉文佛经。其中规模最大的一次是天庆二年（1195）罗氏皇太后发愿散施的汉文《佛说转女身径》、《仁王护国般若波罗蜜多经》、《大方广佛华严经入不思议解脱境界普贤行愿品》共93000卷。此后又有天庆七年（1200）哀子仇彦忠等为荐资父母亡灵发愿印施了《圣六字增寿大明陀罗尼经》，皇建元年（1210）由众圣普化寺的张盖利、李智宝印施的《佛说大乘圣无量寿决定光明王如来陀罗尼经》等。[①]

上述西夏刊印的汉文佛经，所以能确知其具体时代，是由于佛经末尾有载明年款的发愿文或题记。这些佛经多保存在苏联科学院东方学研究所列宁格勒分所，那是俄国的探险家科兹洛夫从我国黑水城遗址（今属内蒙古自治区额济纳旗）掘走的。由这些遗存的文献可知，西夏时期不断地刊印了多种类型的汉文佛经。而这样零星地刊刻汉文佛经可能仍不能满足西夏对大量汉文佛经的需要，也与西夏大力发展佛教的局面不相称。西夏刊印整藏的大藏经便成为大势所趋。

陕西省图书馆藏有汉文《佛说摩尼罗亶经》残页，系木刻本，刻印精良，卷末空白处押捺一西夏文印记，高22.2厘米，上覆荷叶，下托莲花，框内竖刻西夏文四行，其译文如下：

> 番国贺兰山佛祖院摄禅院和尚　李慧月，平尚重照禅师之弟子，为报福恩，印制十二部大藏契经及五十四部《华严》，又抄写金银字之《华严》一部，《金觉》、《莲华》、《般若》、《菩萨藏》契经，《起信论》等。[②]

上述印记题款中“番国”的“番”字，即西夏主体民族党项族的自称，西夏语音“弥”。“番国”即西夏国之意。由此可知此押捺题记为西夏时期。题款明确记录了当时西夏僧人李慧月主持印制了十二部大藏经及五十四部《华严经》，还抄写了其他一些佛经。此题款押印

① ［苏］孟列夫：《哈拉浩特特藏中汉文文献叙录》，科学出版社，莫斯科，1984年。

② 西安市文物管理处、中国社会科学院民族研究所：《西安市文管处所藏西夏文物考》（执笔史金波、白滨），《文物》1982年第4期。

于汉文《佛说摩尼罗亶经》之末，该经系汉文大藏中的一部，又称为《佛说摩尼罗亶神咒》，属密藏中的杂咒部。由此可以推知，此《摩尼罗亶经》应是当时西夏所印汉文大藏经中的一种。无独有偶，日本天理图书馆所藏汉文《高僧传》卷五末尾也有一同样形式、同样内容的西夏文押捺题款，应为当时同一木刻所印。《高僧传》属汉文大藏经的史传部。可以推知，此《高僧传》也是当时西夏所印汉文大藏经中的一种。这两种汉文佛经的西夏文押捺题记，可以确切地证实西夏曾在贺兰山佛祖院雕刊、印制汉文大藏经。题款中记李慧月“印制”十二部大藏经，未提刊刻事。可能此次印经并非初版，仅是利用原有雕版重新印制而已。看来在李慧月印制十二部汉文大藏经之前，西夏已有汉文大藏经的雕版。题款中未载明印制汉文大藏经的具体时间，根据仁宗时期自皇室以下大量雕刊单种汉文佛经的情况看，或许整藏地雕印汉文大藏经在西夏晚期。

陕西省文物管理处保存有汉文《大方广佛华严经》卷九残页，其末尾也有一与上述题款相同的款识。它是此次所印汉文大藏经中的《华严经》？抑或是在大藏经之外另印的五十部《华严经》中的一部，尚难以断定。但毫无疑问，它应是李慧月当时所印汉文佛经中的一种。这同时再一次证明西夏时期雕印汉文大藏经是没有疑义的。传世的西夏汉文大藏经应作为善本妥善保存。

明了西夏曾雕印汉文大藏经这一史实，对中国佛教史的研究有重要意义。它使我国早期刻印的汉文大藏经又增加了一种新的版本，西夏雕印的汉文大藏经是北宋、南宋、辽、金先后雕刊的八部汉文大藏以外的第九种。由此可以了解到宋代汉文佛经在西北地区流布的脉络以及佛教发展的情况。西夏雕印的汉文大藏经可称之为《西夏贺兰山佛祖院藏》或简称《西夏藏》。贺兰山佛祖院是西夏时期一座有影响的寺庙，是印制汉文大藏经的一个重要场所。

西夏汉文大藏经的发现，对于研究西夏佛教史更具重要价值。西夏境内以党项族和汉族人口为最多，其统治者要维护其统治地位，就要发展境内各民族（包括党项族、汉族、吐蕃、回鹘等）共同信仰的佛教，其中最重要的是要同时注重西夏文和汉文两种佛经的流传。在翻译和印施西夏文大藏经的同时，西夏雕刊和印施单种汉文佛经和全藏的汉文大藏经，就是为了满足境内汉族佛教徒对汉文佛经的需要，这说明西夏王朝的宗教政策是党项族、汉族并重，西夏文大藏经和汉文大藏经同时大量刻印流行。这种宗教政策不仅对促进西夏佛教的发展有重要作用，在缓解境内民族矛盾方面也起了润滑作用。

二　西夏人辑录的汉文佛经

西夏不仅翻刻汉文佛经，还曾辑录汉文佛经。西夏桓宗天庆七年（1200），僧人智广、慧真所辑《密咒圆因往生集》一卷，早已列入汉文大藏经。该经由当时的西夏相贺宗寿作序，现节录序文如下：

宗寿夙累所钟，久缠疾疗。汤砭之暇，觉雄是依。爰用祈叩真慈，忏摩既往。虔资万善，整涤襟灵。谨录诸经神验秘咒，以为一集。遂命题曰《密咒圆因往生》焉。然欲事广传通，利兼幽显，故命西域之高僧，东夏之真侣，校详三复，华梵两书，雕印流通，永规不朽云尔。时大夏天庆七年岁次庚申孟秋望日　中书相贺宗寿谨序。①

此序言表明，西夏人自己辑录的这部不过万言的佛教著作，延请了西域和东土的高僧，反复核校，并以汉、梵两种文字雕印流行，可见当时对辑纂这一著述的重视和审慎态度。此经注明由兰山崇法禅师沙门金刚幢译定。据其内容可知，该经辑录了《金刚大轮明王咒》、《净法界咒》、《文殊护身咒》、《三字总持咒》等三十一种咒的读音，念诵方法和它的功能。苏联所藏自黑水城出土的西夏汉文佛经中也有《密咒圆因往生集》，但非完本。西夏人辑录的佛经被收入汉文大藏经，表明了西夏人对中国佛教发展的贡献。西夏人辑纂汉文佛教典籍，非止上述一部，但出于典籍的湮没和记载的失传，世人知之甚少。

有一部木刻版汉文《大方广佛华严经海印道场十重行愿常偏礼忏仪》，共42卷，其卷首题名为"唐兰山云岩慈恩寺护法国师一行沙门慧觉依经录"。此经原藏于云南鸡足山（今云南省宾县西北），于明代被发现于叶榆（今云南省大理喜洲）崇圣寺中，明崇祯十四年（1641）雕版印刷，当时的著名学者钱谦益等为之作序，都把辑纂此经的一行沙门慧觉误为唐代的一行和尚。② 唐代的一行是著名僧人，他不仅参与译经，作经疏，而且特别精熟历法和天文，死后谥"大慧禅师"。《高僧传》和《唐书》皆有他的传记。③ 然而传中都未记载他曾辑录过上述佛经，他一生的活动也与"兰山云岩慈恩寺"无涉，其法号也与此经作者不合。显然两个一行并非同一个人。

北京图书馆所珍藏的西夏文佛经中，有一部《金光明最胜王经》，卷首有一篇西夏文流传序，序作者汉译文为"兰山石台云岩谷慈恩寺（院）一行沙门慧觉集"。此题名与上述佛经的题名相合，作者应为同一人。序言叙述了《金光明经》流传东土后先后五次翻译的情况，还着重记述了西夏时期翻译、校勘以及倡导、传播此经的经过，最后又述及西夏灭亡后此经板被毁的遭遇和序作者为重新刊印此经的发愿。其中对西夏佛教浸盛的赞誉和对西夏亡国后佛经沉没的惋惜情感，溢于言表。此经卷末尚有一木刻西夏文跋尾，记施主陈慧高等发愿刻印此经。由其中的干支可考知刻印此经时间当为蒙古乃马真皇后称制的1245—1247年。这时距西夏灭亡已有20年。④ 序作者一行沙门慧觉和发愿雕印此西夏文佛经的陈慧高等，对西夏和西夏文佛经都怀有眷恋和崇敬的感情，他们可能都是西夏的遗民。

周叔迦先生在20世纪30年代初整理北京图书馆所藏西夏文佛经时，就曾正确地指出西夏文《金光明最胜王经》流传序的作者不是唐代的一行和尚：

案此序为释藏所无，而慧觉之名虽见于《唐高僧传》及《古尊宿语要》等书，然其史迹乡里皆不与此合。唯《续藏》中有《大方广佛华严经海印道场礼忏仪》四十二卷，题曰："兰山云岩慈恩寺护法国师一行沙门慧觉依经录"，当即此人。其书无原序，亦无从考其事实，仅有明人数序，皆误以一行为人名，遂谓为唐之一行法师所作，其谬

① ［日］《大正新修大藏经》第46卷，第1007—1013页。

② （西夏）慧觉：《大方广佛华严经海印道场十重行愿常偏礼忏仪》，佛历2956年刻本。

③ 《旧唐书》卷191，第5111—5113页。《宋高僧传》卷5，《大正新修大藏经》卷50，第731—732页。

④ 史金波：《西夏文〈金光明最胜王经〉序跋考》，《世界宗教研究》1983年第3期。

甚矣。[1]

周先生不仅论述了西夏文《金光明最胜王经》的流传序作者一行沙门慧觉与唐一行和尚非为一人，而且还找出了《大方广佛华严经海印道场十重行愿常徧礼忏仪》（下简称《华严忏仪》）的辑录者与此序作者为同一人。但由于20世纪30年代资料和西夏文翻译的限制，周先生未能具体指出此人究系何时代人，此人还有哪些佛教活动。

如上所述，一行沙门慧觉生活于夏、元之际。在西夏灭亡以后，他仍住西夏故地贺兰山云岩谷慈恩寺。[2] 贺兰山是西夏三大神山之一，是西夏发展佛教的一个中心，那里寺庙很多，有西夏仿五台山寺而造的五台山寺群，有刻印西夏汉文佛经的贺兰山佛祖院。慈恩寺当是山中的另一座著名佛刹。至明代那里尚有“颓寺百余”。[3] 慧觉在慈恩寺为重新刻印西夏文《金光明最胜王经》作流传序（1245—1247），后被封为护法国师，辑录了汉文《华严忏仪》。

北京图书馆还藏有一部木刻本西夏文《过去庄严劫千佛名经》，经末有一篇西夏文发愿文，作于元皇庆元年（1312）。该发愿文追述了西夏佛经翻译、刻印、流传的历史，在叙述元朝翻译西夏文佛经的史实时，也提及“一行国师”，现节录一段译文如下：

> 皇元界朝，中界寂境，上师结合胜弱，修整一藏旧经，至元七年，化身一行国师，广生佛事，具令校有译无，过如意宝，印制三藏新经。[4]

这里所记在元世祖至元七年（1270）主持西夏文佛经校译、印制的高僧“一行国师”，可能就是那位早年为西夏文《金光明最胜王经》写序、后来又辑纂42卷汉文《华严忏仪》的护法国师一行沙门慧觉。这不仅由于此人有“一行”的称号，又是国师，从其经历来看，也比较吻合。一行沙门慧觉曾为重刻西夏文《金光明最胜王经》作西夏文序，可能他是一个谙熟西夏语文的人，至少他对西夏佛教文献的译刻印施是十分关心的。他又花费心血辑录汉文长篇巨作，又可证明他对汉文佛教文献也很熟悉。这样一位兼通番、汉佛教文献的高僧来主持元代西夏文佛经的校译和印制事业，是十分合适的。假如这位僧人在为《金光明最胜王经》写序时为四五十岁，那么，他在元世祖至元七年已是六七十岁的老人了。

《大方广佛华严经》是一部重要的佛教经典，后世所作的注、疏、论、解，种类繁多，但它的忏仪到夏、元之际才由西夏遗僧作出。此忏仪辑录以后，在元代曾于杭州刻印，施放、流传于宁夏、甘肃一带。日本善福寺所藏元平江路碛砂延圣寺刊《大宗地玄文本论》卷3有如下记载：

> 于江南浙西道杭州路大万寿寺雕刊河西大藏经板三千六百二十余卷，华严诸经忏板

---

① 周叔迦《北京图书馆藏西夏文佛经目录》，《国立北平图书馆馆刊》四卷三号（西夏文专号），1932年。

② 西夏亦称贺兰山为兰山。云岩谷，西夏文为“岩云谷”。

③ 《嘉靖宁夏新志》卷1，上海古籍书店影印明嘉靖刻本，1961年，第5页。

④ 史金波《西夏文〈过去庄严劫千佛名经〉发愿文译证》，《世界宗教研究》1981年第1期。

> 至大德六年完备，管主八钦此胜缘，印造三十余藏，及《华严大经》、《梁皇宝忏》、《华严道场忏仪》各百余部，《焰口施食仪轨》千有余部，施于宁夏、永昌等寺院，永远流通。①

这里所说的《华严道场忏仪》应即是西夏僧人慧觉辑录的《华严忏仪》。上文未指明此《华严忏仪》是以汉文刻印，还是以西夏文刻印。元代曾雕刊西夏文大藏经，上文所记“河西大藏经板三千六百二十余卷”，一般学者认为是西夏文板，而文中与《华严道场忏仪》同时提及的《华严经》和《梁皇宝忏》皆有西夏文文本。因此《华严忏仪》有西夏文本也是可能的。

然而这样一部有特色的佛教文献后来为什么竟湮没无闻，至明代被发现于离贺兰山有万里之遥的云南鸡足山？目前尚缺乏可资考证的资料。此经辑纂完成后，流传于世的非止一部。可能西夏的贺兰山佛祖院等地也应入藏。因为元代的天下一统，其中一部藏于佛教昌盛的云南鸡足山中。由元至明末数百年间屡遭兵火战乱，贺兰山各佛寺早成废墟，所藏佛经也已不存，而藏于鸡足山的《华严忏仪》却有幸被保存下来。在明末翻刻时，时人已不知此经来龙去脉，遂以“一行”误为唐代僧人，在作者题名前冠以“唐”字，致使后世长期不知此《华严忏仪》为夏、元之际僧人所辑。

此《华严忏仪》每卷首除有前记一行沙门慧觉录经题款外，还有一行是补注题款：“宋苍山载光寺沙门普瑞补注”。因辑录此《华严忏仪》在夏末元初，当时宋朝或已败亡，或近尾声。当时由西夏地区远传至云南苍山一带，由那里的僧人进行补注，而时间竟还在宋代，是难以理解的。再查《华严忏仪》仅第一卷有双行小字注，其他 41 卷皆无此种注。估计这一所谓补注题款也系后人伪托。

在北京图书馆所藏西夏文佛经中，也有的为西夏人所辑录。馆藏西夏文《现在贤劫千佛名经》中的西夏译经图后，有《涤罪礼忏要文》四页，西夏文题款注明为“兰山一行沙门慧觉集”。此人与辑录《华严忏仪》的为同一僧人。

苏联列宁格勒东方学研究所藏我国黑水城遗址出土的西夏文佛经中，也有西夏人的著作。有一部西夏文写本《魔断要语》，注明为“兰山觉照国师法狮子造”，其内容不明。②有一种汉文写本《四分律行事集要显用记》即为西夏高僧所辑，其残本第 4 卷卷首题名为“兰山通圆国师沙门智冥集”，“奉天显道耀武宣文神谋睿智制义去邪惇睦懿恭皇帝详定”。③由此可知集此经者为西夏通圆国师智冥，详定者尊号为西夏仁宗。《四分律》为佛教戒律书，系后秦佛陀耶舍和竺佛念共译，共六十卷，以身、口、意三个方面对出家比丘、比丘尼的修行和衣食坐卧规定了详细而烦琐的戒条，同时还规定出对违犯条规者的惩罚方式，是中国最有影响佛教戒律书。后世对此书的注、疏以及其他有关著述多达数十种，著名的有唐法砺《四分律疏》、唐道宣《四分律删繁补阙行事钞》和《四分律含注戒本疏》、唐怀素《四

---

① ［日］西田龙雄《西夏语之研究》Ⅱ，297 页。座右宝刊行会刊行，1966 年。

② ［苏］З·И·戈尔巴切娃、Е·И·克卡诺夫：《西夏文写本和刊本目录》，东方文化出版社，莫斯科，1963 年，第 66 页。

③ ［苏］孟列夫：《哈拉浩特特藏中汉文文献叙录》，第 251 页。

分律开宗记》等。唯此《四分律行事集要显用记》为西夏人所集，其全书卷数因残缺不得而知，卷第四中有“篇聚名报篇第十三”和“随戒释相篇第十四”，共106面。由此可推知全书为一部皇皇巨著。西夏以国师集此经典，以皇帝名义详定，可以看出当时对此经的重视程度，也可以推想佛教戒律在西夏有重要影响。

由上论述可知西夏时期不仅翻译经典，还曾辑录经文，为丰富我国的佛典曾做过贡献。过去有的专家认为，西夏只是翻译佛经，没有自己的著述，看来这种看法是不准确的。从上述西夏所辑几种经典来看，多与仪轨、戒律有关，这可能反映了西夏在一定时期（可能是后期）偏重于佛教实践的倾向。

三 西夏帝师新证

中国佛教的帝师制度起始于元代这一提法，在学术界似乎已经成为定论。然而，1982年北京房山县云居寺文物保管所发现的一种藏汉合璧《圣胜慧到彼岸功德宝集偈》汉文题款，却动摇了这种传统说法。该题款在经文之前，现录全文如下：

诠教法师、番汉三学院并褊袒提点、嚷美则沙门　鲜卑宝源汉译
显密法师、功德司副使、嚷卧英沙门
演义法师、路赞讹、嚷赏则沙门　遏啊难捺吃哩底梵译
天竺大钵弥怛、五明显密国师、讲经律论、功德司正、嚷乃将沙门　㖿也阿难㖨亲执梵本证义
贤觉帝师、讲经律论、功德司正、偏袒都大提点、嚷卧勒沙门　波罗显胜
奉天显道耀武宣文神谋睿智制义去邪惇睦懿恭皇帝再详勘

罗炤同志曾对此题款进行过很好的考证，他认为：

> “题记”中有一位“贤觉帝师”。这是目前所知有关帝师的最早记载，比元朝至元年间八思巴受封帝师约早一百余年。它说明：西夏时已建立帝师制度。从贤觉帝师的“功德司正、偏袒都大提点”等职衔来看，帝师应为西夏地位最高的僧人，总管全境佛教事务。由这一记载推测，元朝的帝师制度可能源于西夏。目前学术界一般认为：“帝师之制，始终于元朝。”根据《圣胜慧到彼岸功德宝集偈》的卷首“题记”，应当修正这一结论，把帝师制度上推到西夏。由此可以看出，西夏王朝对佛教的崇重程度。①

罗炤同志根据题款中有西夏仁宗尊号，而断定此经为西夏仁宗时所译，并进而推证西夏对已有帝师之制。这是涉及中国佛教发展史上一个重要问题，值得特别重视。这一结论如能从上述佛经题款中仁宗尊号以外再找到其他证据，就可以进一步坐实，从而为学术界所公认。

首先，仍然可以上述题款为基本资料，只不过是从另外的角度或运用西夏文的知识进行

① 罗炤：《藏汉合璧〈圣胜慧到彼岸功德宝集偈〉考略》，《世界宗教研究》1983年第4期。

分析，也可以取得新的证据。

第一，题款所列可以分为四项，一为汉译，二为梵译，三为亲执梵本证义，四为再详勘。汉译者一人为诠教法师、番汉三学院并偏袒提点、嚷美则沙门鲜卑宝源；梵译者二人，一为显密法师、功德司副使嚷卧英沙门（佚名），一为演义法师、路赞讹、嚷赏则沙门遏啊难捺吃哩底；亲执梵本证义者一人，为天竺大钵弥怛、五明显密国师、讲经律论、功德司正、嚷乃将沙门哆也阿难啰；再详勘者二人，一为贤觉帝师、讲经律论、功德司正、偏袒都大提点、嚷卧勒沙门波罗显胜，一为奉天显道，耀武宣文、神谋睿智、制义去邪、惇睦懿恭皇帝，也即仁宗皇帝。两个“再详勘”的人，一为佛教领袖帝师，一为国家皇帝，从地位上看是合适的。负责“再详勘”同一部佛经的人，自然应是同时代人，这就可以证实贤觉帝师是西夏仁宗时代人。① 当然，真正能胜任这一工作的人，应是帝师，仁宗皇帝只不过挂名而已。

第二，题款中的六人，除仁宗皇帝外，其余五个的称号中都有“嚷××”的称号形式，这原来是西夏特有的一种官阶封号。黑水城遗址出土的西夏文《官阶封号表》残卷中，在太皇、皇帝、皇太子之下列有上、次、中、下、末、六、七共七个等级，每等中列有两相对应的若干封号。题款中的“嚷”是西夏译音，汉意“授”之意。“嚷”后的两个字也是西夏语译音，一般能在《官阶封号表》残卷中找出其对应的译音并知其品位高低。如汉译者诠教法师鲜卑宝源的封号是“嚷美则”。“美则”二字字音与《官阶封号表》中第四等十二列封号的语音相同，其意为“复全”。梵译者之一显密法师沙门（佚名）的封号是“嚷卧英”。“卧英”与《官阶封号表》中五等第二列封号语音相同，其意为“义平”。另一梵译者演义法师遏啊难捺吃哩底的封号是“嚷赏则”。“赏则”可能与《官阶封号表》第五等第六列封号语音较为相近，其意为“蔽集”。亲执梵本证义的五明显密国师哆也阿难啰的封号是“嚷乃将”。“乃将”二字与《官阶封号表》中第四等第九列的封号同音。该封号意为“安仪”。再详勘者贤觉帝师的封号是“嚷卧勒”。“卧勒”二字音与《官阶封号表》中第一等的封号（仅一列）同音，其汉意为“俱足”。它和“大国王”为一组，位在皇太子之下，可见这一封号的品位之高。② 既然包括帝师在内的题款中的僧人封号，都是西夏所特有，那么，帝师也应属西夏时期。

第三，天梯山石窟曾发现了一批西夏时期文献，其中有一种佚名佛经，存题款两行，第一行译成汉文为“……哆也阿那答传”，第二行译文为“显密法师、功德使副、嚷夷隔力沙门周慧海奉敕译”。第一行的传者哆也阿那答，应即为前述题款中亲执梵本证义的五明显密国师哆也阿难啰，此名原为梵文 Jayānanda，意为“胜喜”，两题款中的汉字译音稍有不同，为同音异译。第二行的译者周慧海，和前述题款中的梵译者之一嚷卧英沙门，都有显密法师之称，同任功德司副使之职，只是封号不同，前者为“嚷卧英”，后者为“嚷夷隔力”。“夷隔力”在《官阶封号表》中属第五等第四列。汉意为“益荣”。两题款中所记亦应为同一人，封号的不同可能是周慧海在前后不同的时间里，所授封号有所变化的缘故。天竺大钵

① 有人认为“再详勘”此佛经者，只是仁宗皇帝本人。如这样分析题款将难以解释显密法师和贤觉帝师在译校此经中的作用和地位。

② ［苏］E、И、克卡诺夫：《关于西夏国家管理机构的西夏文资料》，《亚洲民族研究所简报》第69册，1965年。

弥怛（博通五明的学者）、五明显密国师㖆也阿难答和显密法师周慧海在西夏至少有两次合作。一次是周慧海由梵译汉，㖆也阿难答亲执梵本证义；另一次是㖆也阿难答传述，周慧海奉敕翻译。诠教法师鲜卑宝源和五明显密国师㖆也阿难㖩也曾合作传译过《圣观自在大悲心总持依经录》和《胜相顶尊总持功能依经录》①。由此可知，藏汉合璧《圣胜慧到彼岸功德宝集偈》题款中的显密法师周慧海、诠教法师（鲜卑宝源）和五明显密国师㖆也阿难答都曾出现在西夏文献中，他们和同一题款中出现的贤觉帝师波罗显胜都应是西夏时代人。

上述就明代藏汉合璧《圣胜慧到彼岸功德宝集偈》的题款联系其他西夏文献进行分析，进一步证明了西夏有帝师之设。笔者1987年到苏联访问时，发现一份西夏时代的文献中的记载，对证明西夏设制帝师有直接的、关键的作用。苏联科学院东方学研究所列宁格勒分所所藏黑水城遗址出土的西夏文献中，有一部汉文《杂字》，是一蝴蝶装手抄本，书前后皆残，只存36面，其中有西夏党项人姓氏和西夏官位等部分。此《杂字》和其他西夏文文献一齐出土，知是西夏时期作品。该书第十七类为官位部，其中第六行有“帝师”一职，下面尚记有“国师”、“法师”、“禅师”等名称。这一西夏时期的记载，确凿地证明西夏有帝师之称。

另据日本西田龙雄所编西夏文佛经目录中有076号为《道果语录金刚句之解用记》，该经注明系“西番中国法师禅巴集、中国大乘玄密帝师传、北山大清凉寺沙门慧忠译”。② 若此记不虚，“大乘玄密帝师”或为西夏又一帝师。

西夏王朝设有帝师，修正了中国帝师之设始于元代的传统看法。根据目前的资料来看，元代的帝师制度和西夏帝师的设制有继承关系，甚至可以说，它是在西夏帝师的基础上发展形成的。首先，元朝沿用了西夏“帝师”这一名称；其次，帝师在佛教中和政府机构中特殊的、极高的地位在西夏时已经形成；最后，元代帝师皆为蕃僧（藏族僧人）也可能源于西夏。题款中的贤觉帝师波罗显胜，从其姓名来看，他不是汉族，也不是党项族。那么他是不是天竺人呢？也不是。因为题款有一位天竺僧人五明显密国师㖆也啊难㖩，在他的职称前特别注明“天竺”二字。如波罗显胜是天竺人也会这样注明的。根据西夏后期发展藏传佛教，重视藏文佛经、崇信藏族僧人的情况推断，西夏皇帝把蕃僧（藏族僧人）封为帝师是十分可能的。而西夏封藏族僧人为帝师的做法，可能成了元代各朝封藏族僧人为帝师的先声。

西夏仁宗时期的律令大全《天盛旧改新定律令》的政府职官中，尚未有帝师一职，可能在仁宗乾祐年间（1170—1194）才始设帝师，这时已是西夏晚期了。西夏封设帝师是对中国佛教制度的重大发展，它不仅对西夏佛教有极大影响，对元代佛教发展的影响也是深远的。

四 西夏在藏传佛教东传中的特殊地位

佛教在我国西藏地区流传的过程中，受到当地本教的影响，形成了别具一格的藏传佛

① ［苏］孟列夫：《哈拉浩特特藏中汉文文献叙录》，第223—225页。

② ［日］西田龙雄：《西夏文华严经》Ⅱ，第24页，京都大学文学部，1977年。

教。藏传佛教在早期基本上流行于藏族地区，对中原地区影响并不大。但到了元代，藏传佛教很快进入中原，风靡全国，藏族僧人受到皇室的特殊礼遇，自元世祖忽必烈封藏族僧人八思巴为帝师以后，元朝各代皇帝都封请一位藏族僧人为帝师，掌管藏族地区，并使之统领全国佛教事务。中国的佛教在不长的时间里发生这样重大的变化，并非偶然，它有一个酝酿和准备过程。这一过程基本是在西夏完成的。

西夏前期与吐蕃交恶，经常发生大大小小的战争，双方关系十分紧张。这时西夏的佛教主要传自中原地区的北宋，西北部的回鹘也给西夏佛教以重要影响。西夏中期以后，西夏和吐蕃关系趋于缓和，西夏领土扩大到过去吐蕃长期统辖的一些地区，藏传佛教便在西夏逐步传播并发展起来。

西夏党项族有本民族的原始宗教信仰，这种宗教讲求仪式、法术和诅咒等，它和吸收了藏族土著本教的藏传佛教有某些相通之处。这也可能是藏传佛教在西夏较为迅速发展的一个原因。

藏传佛教何时进入西夏难以遽定，但至少在崇宗时期，西夏凉州地区的吐蕃僧人势力已经很大。在存世的凉州护国寺感通塔碑中记有“感通塔下羌、汉二众提举”的职称，羌音“孛”，即指吐蕃。可知那时已设有管理吐蕃佛教事务的僧官。[①]

西夏仁宗时期，藏传佛教受到了更多重视，得到更为广泛的发展。仁宗曾派使臣入藏迎请西藏佛教噶玛噶举派初祖法王都松钦巴到西夏传法。都松钦巴派弟子格西藏索哇到西夏传法，被仁宗尊为上师，传授藏传佛教的经义和仪轨，并组织力量大规模翻译佛经。[②] 此后萨迦派祖师札巴坚赞的弟子迥巴瓦国师觉本，也曾被西夏奉为上师。看来藏传佛教中的噶玛噶举派和萨迦派都曾传入西夏。

藏传佛教的发展，使吐蕃僧人和藏文经咒在西夏有相当高的地位。仁宗天盛年间的西夏文法典《天盛旧改新定律令》第十一章规定：蕃（党项）、汉、西番（吐蕃）三族人可以担任僧官，但必须会读诵十一种经咒，其中吐蕃文经咒即占半数，还要由精通吐蕃语的人进行考试。在仁宗乾祐二十年（1189 年）印施《观弥勒菩萨上生兜天经》时有一御制发愿文，其中记载了在大法会上“念佛诵咒，读西番、番、汉藏经”，这里把西番经（即藏文佛经）列于三种佛经的首位。[③] 在另一件西夏晚期汉文《大方广佛华严经入不思议解脱境界普贤行愿品》的发愿文中，提到“度僧西番、番、汉三千员”，也把西番僧列于第一位。由此不难想见藏族佛经和僧人的地位。[④]

西夏后期兴盛起来的藏传佛教，主要传播在藏族居住地区并向靠近藏族居住区的整个河西走廊发展，敦煌、甘州（今甘肃省张掖），凉州（今甘肃省武威）都有藏传佛教的重要影响。被视为佛教圣地的莫高窟、榆林窟中的晚期西夏洞窟，逐渐染上藏传佛教的密宗色彩，

① 《国立北平图书馆馆刊》4 卷 3 号（西夏文专号），第 175 页。

② 王忠《西夏的兴起》，载《历史研究》1962 年第 5 期；王尧《西夏黑水桥碑考补》，《中央民族学院学报》1981 年第 1 期。

③ ［苏］孟列夫：《哈拉浩特特藏中汉文文献叙录》，第 501 页。

④ 同上书，第 504 页。

特别是榆林窟的第二、第三、第二十九窟，从形式到内容更具有明显的藏传密宗风格。[①] 在西夏北部的黑水城曾出土了一大批西夏佛教绘画，其中有相当多的一部分显系受到藏传佛教绘画的影响，有不少十分接近西藏的“唐卡”（卷轴画）。[②]

总之，在西夏后期藏佛教逐渐兴盛起来，这给以后藏传佛教的继续东传准备了条件。

第一，从地域上看，藏传佛教由青海东部、甘肃西部向东推进到河西一带，使藏佛教通过这一走廊更加接近中原地区。

第二，从佛经传译上看，西夏时已将很多藏文佛经译成了西夏文，有的还译成了汉文。藏于苏联列宁格勒的西夏文佛经中，有相当一部分是由藏文译为西夏文的。[③] 藏文佛经的传播和移译，无疑对藏传佛教的发展起了重要作用。

第三，从吐蕃僧人的地位上看，他们在西夏时，已经受到特殊的尊崇。他们参与传法、译经，做法会，有的成为僧官，有的被尊为上师、国师，有的更被封为帝师。吐蕃僧人在西夏特殊地位，为元代僧官制度和帝师制度的确立做了良好的铺垫。

第四，最重要的是藏传佛教在西夏地区广泛传播并被西夏统治者所崇信，为藏传佛教在藏族居住区以外，特别是向汉族地区传布取得了实际的经验。藏传佛教在西夏地区所取得的成功，可以看成是向更广大中原地区扩散前的一种过渡。

上述所论，只是说藏传佛教在西夏发展过程中，为更大范围的流布打下了基础，如果没有蒙、元时期大一统的政治局面，没有蒙、元统治者大力提倡佛教，藏传佛教东传自然也是不可能的。在蒙、元时期，藏传佛教就凭借这样的基础和条件，通过西夏地区这个桥梁，逐步发展开来。

早在蒙古确立成吉思汗位时，西夏就成为蒙古南下统一中国的首要战略目标，因为它控制着由北向南的重要通道。西夏无力阻挡蒙古的铁骑，几经征战，西夏成了蒙古的附属。这时成吉思汗曾向西夏王的上师、后藏人通古娃·旺秋扎西请问佛法。[④] 这证明在蒙古国初期，其统治者即通过西夏来了解藏传佛教。后来在窝阔台即汗位时，将原西夏部分地区赐给他的儿子阔端作封地。阔端以此为基地，招附、经营吐蕃。这一地区成了蒙古国和吐蕃在政治、宗教上联系的枢纽。吐蕃僧人八思巴随其叔父萨迦派领袖萨迦·班底达·公哥监藏来到凉州，并长时期住在这里，后被推荐给忽必烈。

藏传佛教在忽必烈时期已经确立了特殊地位，著名吐蕃僧八思巴由国师升号帝师是一个显著标志，而这一称号的渊源，又可追溯到西夏。

元世祖不特重视藏族僧人，也很照顾西夏故地的僧人，因为他们在传播佛教方面有重要作用。这种优容照顾最突出的是按照西夏王朝的惯例，蠲免河西僧人的税役，以致后来元成宗至元仁宗时期，不得不三令五申，让河西僧人纳税、从军。这也证明了蒙、元初期，统治

① 刘玉权：《敦煌莫高窟，安西榆林窟西夏洞窟分期》，《敦煌研究文集》1982 年第 3 期。

② 笔者访问苏联时，在列宁格勒爱尔米塔什博物馆看到了出自我国黑水城遗址的佛教绘画，共 300 余幅，其中有部分藏密佛画。参见史金波、白滨、吴峰云《西夏文物》，文物出版社 1988 年版。

③ ［苏］戈尔巴切娃、克卡诺夫：《西夏文写本和刊本目录》，1963 年；［日］西田龙雄：《西夏文华严经》Ⅲ附《西夏译佛典目录》。

④ 东嘎·洛桑赤列：《论西藏政教合一制度》，民族出版社 1983 年版，第二部分第一节。

者注意到了西夏地区佛教的特殊作用。①

在元代，西夏遗民中的党项族上层，因为他们在军事、政治、宗教活动中的特殊作用，不少人受到元政府的信用。其中有不少党项人在传播和发展佛教方面起了重要作用，有些人还担任过管理全国佛教事务——宣政院最高长官和管理地方佛教事务长官。他们对发展藏传佛教起了重要作用。元世祖时任江南释教总统的杨琏真伽，法号永福大师，就是西夏党项遗民，他在任十余年，贪赃枉法，强取民财，发掘宋陵取其珍宝而兴建佛寺，为江南人所痛恨，后终被问罪。他的儿子杨暗普任宣政院使。② 元成宗时河西僧胆巴师八与帝师并驾。③此河西僧应来自西夏故地，他与帝师并驾，不仅说明了他的地位之高，也说明了他在藏传佛教中的地位。元朝早期名臣、河西人算智尔威之子乞台普济之弟日尔塞曾任宣政院使、甘肃释教都总统，乞台普济之子尔禄年幼时为僧，后签宣政院使。④ 元代晚期名臣纳麟，是世祖时名臣河西人高智耀之孙，元顺帝至正二年除宣政院使。⑤ 西夏皇族后遗韩嘉纳和哈兰朵尔只在元顺帝时任宣政院史。⑥ 镇压元末农民起义死在江西的河西人星吉也曾任宣政院使。⑦西夏后人杨亦执里不花任宣政院使，并监河西宪。⑧ 西夏的后人多次担任元朝主管佛教事务的宣政院长官，对于推引在西夏大大发展了的藏传佛教，是会起到积极作用的。

蒙、元统治者利用西夏地区形成的基础，因势利导地利用河西僧人和藏族僧人，并进一步与西藏地区的佛教领袖取得联系并给予信用，在全国很多地区发展藏传佛教，是有其政治目的的。蒙古统治者利用发展藏传佛教，笼络河西、藏族地区的上层，以便尽快地统一各地区，同对也便于加强对各地区，特别是对少数民族地区的管理。

---

① 《元史》卷18《成宗纪》，第388—389、394页，卷22《武宗纪》，第506页，卷25《仁宗纪》，第565页。

② （明）程敏政辑《宋遗民录》，《知不足斋丛书》，第二十四集。

③ （元）杨瑀《山居新话》，《知不足斋丛书》，第十二集。

④ （元）姚遂《牧庵集》卷26，《四部丛刊》本，第1—6页。

⑤ 《元史》卷142，第3406—3408页。

⑥ 《元史》卷120，第2959页；卷145，第344s—3447页。

⑦ 《元史》卷144，第3438—3440页。

⑧ 许有壬：《至正集》卷31，清宣统石印乾隆抄本。

西夏文《六祖坛经》残页译释*

西夏王朝崇尚佛教，在境内广建寺庙，众渡僧人，封设帝师、国师、法师、禅师以掌释教。在西夏政府机构中有僧人功德司和住家功德司专司佛教事务，设正使、副使、僧判、僧录各掌其职。西夏作为以少数民族为统治民族的王朝，以其所创民族文字西夏文翻译了大量佛经。自西夏建国之初，经过五十多年，先后译成三千五百余卷佛经，形成番大藏经，即后世所说的西夏文大藏经。以后历朝又不断补译、校勘。其译经规模之大，用力之勤，速度之快，实为译经史上所少见。西夏佛经“宗尚各异”，中原地区流行的一些重要宗派，在西夏都有影响，如华严宗、净土宗、天台宗、密宗、禅宗等。然而就目前所掌握的资料中，还很少有直接论及西夏宗派的问题。我们只能就西夏佛经流传的情况和其他有关材料，来透视西夏佛教宗派的某些情况。关于禅宗在西夏流传的情况，我们了解的也很少。西夏翻译了禅宗的主要经典《六祖坛经》，目前能见到的皆是分藏于不同地方的残片。在列宁格勒东方学研究所藏有西夏文译唐宗密所撰《禅源诸诠集都序》，以及《禅源诸诠集都序之解》、《禅源诸诠集都序择炬记》、《禅源诸诠集都序纲文》、《达摩大师观心本母》、《修禅要语》等，此外还有汉文文献《中华传心地禅门师资承袭图》、《坐禅仪》等。其中多是刻本，可以想见禅宗在西夏流传之广。禅宗在中原地区自唐末开始进入繁荣发展时期，至五代、宋初趋于鼎盛。西夏立国和开始大力提倡佛教在宋朝前期，在这期间曾六次向宋朝赎取大藏经，并以宋朝佛经为译经底本。在这种形势下，势力很大的禅宗流传到西夏，并有较大的影响是不难想象的。

广为流传的《六祖坛经》简称《坛经》，内记禅宗第六祖慧能出家、受法、传法等事迹及其语录，目前所知汉文本多达十数种，但基本上以四种为主：（一）中唐时期慧能弟子法海所集《南宗顿教最上大乘摩诃船若波罗蜜经六祖慧能大师于韶州大梵寺施法坛经》一卷；（二）晚唐时期惠昕改编的《六祖坛经》二卷；（三）北宋时期契嵩改编的《六祖大师法宝坛经原本》一卷；（四）元代宗宝的《六祖大师法宝坛经》一卷。后普慧大藏经刊行会曾于1944年将以上四种版本合编刊行。

西夏文本《六祖坛经》残页开始发现于21世纪20年代，最初仅有五页，为极薄之白麻纸，两面皆竖写墨书草体字，一面为《六祖坛经》，另一面为西夏时期瓜州审案记录，其中有二纸末书年款“天赐礼盛国庆二年”（1070年）。瓜州为今甘肃省安西县，是西夏西部

---

* 原刊于《世界宗教研究》1993年第3期，第90—100页。

地区重要一州，系瓜州监军司治所。佛教圣地榆林窟即在瓜州境内。榆林窟内有不少西夏洞窟。由手写本西夏文《六祖坛经》可知，西夏早期就在瓜州流传禅宗的主要经典了。大约西夏纸张缺乏，审案记录以废弃佛经当之。此五纸佛经后由罗福成先生对照宗宝本译成汉文。（见《国立北平图书馆刊》4卷3号西夏文专号，1932年。）当时西夏文解读初始，资料匮乏，草书又难识别，罗译本能做到大体准确，确实不易。

笔者近些年搜集、整理西夏文文献，又新见七纸《坛经》残页。其中历史博物馆藏一纸，北京图书馆藏二纸，北京大学图书馆藏三纸，日本天理图书馆藏一纸（日本所藏残纸照片载《西域文化研究》第四《中亚古代语文献》内），连同原来罗福成所译五纸共十二页。这些残纸经文仍只是全部《六祖坛经》的一少部分。依各页所载《坛经》内容顺序为：（一）历博藏，（二）罗福成译（1），（三）北图藏（1），（四）罗福成译（2），（五）北大藏（1），（六）北大藏（2），（七）罗福成译（3），（八）罗福成译（4），（九）罗福成译（5）（十）日本藏，（十一）北图（2），（十二）北大藏（3）。其中背面有年款者凡七纸：历博藏为天赐礼盛国庆二年七月，罗福成译（1）为二年六月，罗福成译（2）为二年六月，北大藏（1）为元年腊月，罗福成译（5）为二年二月，北图藏（2）为元年腊月，北大藏（3）为二年正月。

笔者将新见七页西夏文《六祖坛经》译成汉文，同时又将罗译五页纸重新校译一过（罗福成所译五纸，只有一页有照片，其余四页以罗氏抄本为据），更正其中一些讹误。将这十二纸译文与前述四种《坛经》汉文本进行对照，颇受启发，觉得有以下几点值得提出：

一，西夏文本《坛经》内容，接近法海所集唐中期古本，而与惠昕本、契嵩本、宗宝本相去较远。郭朋教授著《〈坛经〉对勘》一书（齐鲁书社1981年版），将四种《坛经》版本分段比照对勘，并加按语，明分源流，区别正误，通过对经文细致入微的分析，确定法海本为基本上保留原貌的最早版本，惠昕的改编本蛇足之处甚多，契嵩本和宗宝本不仅因袭惠昕的故事，而且越改离原本越远，借题发挥之处甚多。西夏文本的发现为郭朋教授等专家的意见提供了有力的佐证。西夏文本译自西夏早期，可见，至宋代仍有与《坛经》原本相近的文本流传。

二，西夏文本和法海本相近而不雷同，疑西夏译本所据汉文底本为现已失传的另一版本。法海本为敦煌写卷，西夏文本出自西夏，都大体保留着《坛经》原貌。可否认为，西北虽近边陲，对佛经改篡较少；内地宗派繁杂，歧说异译屡见，自然变化较多。

三，日本铃木贞太郎曾校订此经，对法海本的漏误多所补正。以西夏文本现存段落核对。可证铃木氏校订基本正确，其中有些关键补改处可据夏本坐实。更为有益的是据西夏本还可能提出比铃木氏更合理的意见。

四，西夏文手书原本时有改动处，涂抹改正痕迹斑斑可见。细察所改之处皆比原来贴切。可以推想此本可能系一初译校订本，于其字斟句酌之中，不难想见译者用心良苦，态度认真。这更增加了西夏文本的可信程度。

为便于比较研究，现将十二纸《六祖坛经》的译文和法海本相应段落对照移录如下。凡于西夏文译文、内容、对勘方面有可言者，聊备一注，以供参考。法海本内括弧中字为铃木所改，加“按”字者，为郭朋教授所改。

（一）历傅藏

西夏文本

……大师欲更（此外残二字），见南北[①]多人在，大师沉默，复对惠能言[②]曰；当去弟子中作事务。一艺能[③]行者令八个月余时踏难。第五大师一日唤弟子皆来，令集聚，曰：世人死生者大事，汝等弟子是终日供养，唯求福田，不求出离死生苦海也。汝等性[④]迷，何福能救？汝等去房，以般若智慧[⑤]各自作一偈……

法海本

大师欲更共议（语?）见左右在傍边，大师更不言，遂发遣惠能，令随众作务。时有一行者，遂差惠能于碓房，踏碓八个月余。

五祖忽于一日唤门人尽来，门人集记（按：记，当是“讫”字之误），五祖曰：吾向与（汝）说，世人生死事大，汝等门人，终日供养，只求福田，不求出离生死苦海。汝等自姓（性若）迷，福门（按：门，疑为“田”字之误）何可救？汝（等）总且归房自看，有智惠者，自取本姓（姓）般若知（之智。按：知，同智），各作一偈……

（二）罗福成（1）

西夏文本

偈曰：

身是菩提树，心如明镜台，时时勤拂拭，莫使有尘埃。

上座神秀，书此偈毕，归入房中，别人未见。第五大师天明[⑥]时，唤[⑦]卢供奉到来，欲南廊下画楞伽变相[⑧]第五大师见此偈……

---

① 此二字法海本为“左右”，夏本直译成汉文为“南北”，这里与“左右”意同。

② 夏本初无“言”字，后校译时旁加此字。

③ 夏本较法海本多“艺能”二字，标出行者的职能是寺内负责杂务的人。

④ 法海本误“性”为“姓”，铃木改正为“性”，夏本亦为“性”，可证所改为是。铃木将法海本“性”字后加一“若”字，据夏本似可不加。

⑤ 此四字法海本为“般若知（之知）”，其他本为“般若之性”。

⑥ 此二字夏本直译为“明出”，即天明意。

⑦ 法海本误为“换”，西夏文本为呼唤之“唤”，证铃木所改是。

⑧ 此四字中前两字音译为“楞伽”，后两字意译为“变相”，内容与法海本同。法海本佚“相”字，铃木补充，可以夏本证实。罗氏将此四字分别译为“壁、绘、图、相”，全句译为“欲向南廊壁间绘画图相”，可能罗氏译文以宗宝本相对照致误，该本此处为“向南廊壁间绘画图相”。

法海本

偈曰：

身是菩提树，心如明镜台，时时勤拂拭，莫使有尘埃。

神秀上座，题此偈毕，归房卧，并无人见。五祖平旦，遂换（唤）卢供奉南廊下画楞伽变（相）。五祖忽见此偈……

（三）北图藏（1）

西夏文本

……道不绝，如此见解，若求最上菩提者，即不可得。若得入门时，见自本性[①]。汝一二日去思惟，重复作一偈，送来吾处，若入门，当自见本性，则付汝衣法。上座神秀去，数日思惟不得。唯有一童，于碓房[②]边过，念诵此偈。惠能闻知，性则未见，用意已识也。惠能问童子曰：汝所诵者，何许〔须或宿音〕[③] 偈语？童子答曰：汝不知乎？第五大师言：死生……

法海本

……即不坠落，作此见解，若觅无上菩提，即未可得。须入得门，见白（自）本姓（性），汝且去，一两日来思维，更作一偈来呈吾，若入得门，见白（自）本姓（姓），当付汝衣法。秀上座去，数日作不得。

有一童，于碓房边过，唱诵此偈，惠能一闻，知未见性，即识大意。能问童子（言）：适来诵者，是何言偈？童子答能曰：尔不知大师言，生死是（事）大……

（四）罗福成（2）

西夏文本

……则学法无利益也，若见己心情，则即悟大意。惠能偈曰：

菩提本无树，明镜亦非台，佛法[④]常清净，如何有尘埃！心是菩提树，身即如明

---

① 法海本将“自”误为“白”，将“性”误为“姓”，铃木改正，依夏本证是。

② 夏本初于此处遗一“房”字，后补于旁。

③ 此西夏字音译为“须”或“宿”，或可作“许”字之音译。

④ 此字夏本“法”意，法海本为“姓”，铃木改为“性”。汉字法、性形近，原或为法。

镜，明镜本清净，如何染[①]尖埃[②]。

大众见作[③]此偈，皆为惠能惊怪。惠能归入碓房。第五大师若见惠能偈[④]，便知惠能识大意，畏无觉众人，第五大师谓众人曰："此亦非真解也。"第五大师夜三更[⑤]……

法海本

……学法无益，识心见姓（性），即吾（悟）大意。惠能偈曰：

菩提本无树，明镜亦非台，佛姓（性）常清净，何处有尘埃！

又偈曰：

心是菩提树，身为明镜台，明镜本清净，何处染尘埃！

院内从（徒）众，见能作此偈，尽怪。惠能却入碓房。五祖忽见惠能但（按：但，疑为"偈"字之误），即善知识大意，恐众人知，五祖乃为众人曰："此亦未得了！"五祖夜知（至）三更……

（五）北大藏（1）

西夏文本

……发四弘大愿说：众生无边断渡度，烦恼无边断除灭，法门无边皆使学，最上佛道当成就。善知识，谓众生无边皆渡度者，非惠能论度，自心中众生当各自自性自度。[⑥] 自色身中，邪见烦恼，愚痴众生者，当以正大度。彼正大者，是般若智，以彼智惠，令愚痴远离[⑦]众生。各自自度者[⑧]，邪来正度，迷来悟度，愚来智度，恶来善度[⑨]。如是度者，故名真度。谓烦恼无边皆除断者，自心虚妄断，则烦恼断[⑩]。法门无边皆学愿者，当学无上正法。谓最上佛道愿皆成就者……

法海本

---

① 夏本为染色之"染"，同法海本，与另三本之"有"、"惹"不同。

② 偈语八句，同法海本，其余三本仅有四句。

③ 夏本为"作"，同法海本，罗译为"了"未妥。

④ 法海本为"但"，无解，郭朋教授改为"偈"极是，夏本同此。

⑤ 夏本此字音译为"更"在西夏文字典《掌中珠》中注更、耕、庚、粳等字，此处借以表示晚上时刻之"更"，与法海本同。罗译为"鼓"不妥，可能系受宗宝本"三鼓室"影响。

⑥ 法海本多"何名自姓（性）自度"，夏本无。

⑦ 法海本为"除却"，夏本为"远离"，惠昕本为"打破"。

⑧ 夏本有一"者"字，表明以下数语系解释"各自自度"。

⑨ 法海本有"烦恼来菩萨（提）度"。夏本及惠昕等三本皆无。

⑩ 夏本较法海本多此四字。

……发四弘誓大愿。善知识！一时逐惠能道：众生无边誓愿度，烦恼无边誓愿断，法门无边誓愿学，无上佛道誓愿成。善知识！众生无边誓愿度，不是惠能度，善知识！心中众生，各于自身自姓（性）自度。何名自姓（性）自度。自色身中，邪见烦恼，愚痴名（迷）妄，自有本觉性，将正见度，既悟正见，般若之智，除却愚痴迷妄，众生各各自度。邪见（来?）正度，迷来悟度，愚来智度，恶来善度，烦恼来菩萨（提）度。如是度者，是名真度。烦恼无边誓愿断，自心除虚妄。法门无边誓愿学，学无上正法。无上佛道誓愿成……

（六）北大藏（2）

西夏文

……唯愿三宝慈悲明证[①]，当以自身归以三宝。梵语，佛，番语[②]，觉。法者，正也。[③] 自心归依觉者则邪迷不出生，少欲知足，离色财故名二足尊。自心归依[④]正，念念无邪，则心无爱著，故名离欲尊。自心归依净，一切尘垢[⑤]妄念，虽住自性中，皆不着染，则故名众中尊。庶俗不解，日日受三（归）依戒。若言归依佛者，佛何住也?若不见佛，无归依处。无归依处则是虚妄。善知识！当各自观察，莫错用意。经契中说：归依佛者，他佛不归依

法海本

……愿自三宝慈悲灯名（按：灯名，当为“证明”之误）。善知识！惠能劝善知识归衣（依）三宝。佛者觉也，法者正也，僧者净也。自心归依觉，邪名（迷）不生，少欲知足，离财离色，名两足尊。自心归正，念念无邪故，即无爱著，以无爱著，名离欲尊。自心归净一切尘劳妄念，虽在自姓（性），自姓（性）不染著，名众中尊。凡夫不解，从日至日，受三归依戒。若言归佛，佛在何处？若不见佛，即无所归；既无所归，言却是妄。善知识！各自观察，莫错用错，经中只即言自归依佛，不言归（依）他佛……

（七）罗福成（3）

西夏文本

---

① 法海本误为“灯名”，郭朋教授改为“证明，”是。西夏文为明证。

② 此处“番”即西夏党项族自称之番。番语即西夏语。即用西夏语解释“佛”意。

③ 法海本有“僧者净也”等字，西夏本无。郭朋教授指出训“僧”为“净”，于义欠通。

④ 法海本无“依”字，郭朋教授为之补遗，夏本为“归依”二字，证所补为是。以下“自心归依净”同。

⑤ 汉文本为“尘劳”，西夏文本为“尘垢”。

……日月、星晨、山海、大河、泉源、一切丛林、恶人、恶法、善人、善法、天堂、地狱，一切在空。世人性空，皆先如是。自[1]性含万法中者是大，万法在性[2]若一切人人作恶作善，见一切法，恶法、善法，悉皆不舍、不著、不染，由[3]如虚空，故名为大，此者是摩诃耶[4]。迷人口念，智人心行。又有迷人，空心不思，自称为大……

法海本

……日月星晨，大地山何（河）；一切草木，恶人、善人，恶法、善法，天堂、地狱，尽在空中。世人性空，亦复如是。

性含万法是大，万法尽是自姓（性）见（现）。一切人及非人，恶知（之）与善，恶法、善法，尽皆不舍，不可染著，由（犹）如虚空，名之为大。此是摩诃行。迷人口念，智者心（行）。又有（迷）人，空心不思，名之为大……

（八）罗福成（4）

西夏文本

……无作，若心量大，不行小道[5]，空口莫说[6]，不修此行，非我弟子，何故名为"般若"[7]？"般若"者是智慧，各处[8]一切时中，念念不愚常行智慧，则故名为般若。若[9]一念愚此般若绝，一念智此般若生。若心中常愚，自言我[10]修般若者，般若无形相，智慧者是般若。如何名为"波罗蜜多"？[11] 此者是西国梵语，语番[12]"彼岸到"。解此意者，离生离寿，若著境著心，此者起烦恼也，比如水波浪，便是此岸。离境无生灭，则如水常漂流……

法海本

---

[1] 法海本无"自"字，夏本与其余三本同，疑法海疑本失一字。

[2] 此句法海本为"万法尽是自姓（性）见（现）"，惠昕本为"万法在善知识性中"，看来夏本较为通顺。

[3] 此字西夏文原意为"由"而非"犹"，同法海本。铃木改为"犹"。

[4] 此三字西夏文音译为"摩诃耶"，法海本改为"摩诃行"，其余三本为"摩诃"。

[5] 夏本为"不行小道"，法海本为"不行是少（小）"，难解。其余三本同西夏本。

[6] 以上十四字罗译本漏译。

[7] 西夏本初遗"般若"二字，后补于旁边。

[8] 法海本无"各处"，其余三本为"一切处所，一切时中"，与西夏本意近。

[9] 此处夏本多一"若"字。

[10] 西夏文"常"后遗"愚"、"我"二字，后补于旁。"自言"二字缺。

[11] 以上八字罗本漏抄、漏译。

[12] 汉文本为"唐言"，夏本改为"番语"意为西夏语。

……此亦不是。心量大，不行是少（按：少，疑为“小”之误）。莫口空说，不修此行，非我弟子！

何名“般若”？“般若”是智慧。一（切）时中，念念不愚，常行智惠，即名般若行。一念愚即般若绝，一念智即般若生。（世人）心中常愚，（自言）我修般若，（般若）无形相，智惠性即是。何名“波罗密”？此是西国梵语，（唐）言“彼岸到”。解义离生灭，著竟（境）生灭去（起），如水有波浪，即是，即是于（为?）此岸。离境无生灭，如水承（按：承疑衍）长流故……

（九）罗福成（5）

西夏文本

……大师流传此顿[1]法，信学人者同一体。若欲后来觅自身，三毒[2]恶缘心重洗。

当勤修道莫悠悠，一时空度[3]一世流，若遇大师顿教法，合掌恭敬当皈依。

大师说法毕，州主[4]官吏、僧人[5]、修道俗人等，赞叹不尽，昔所未闻[6]。州主向大师敬礼问曰：“大师说法者，实不可思议，弟子心中稍有疑，欲问，愿大师以大慈大悲为我解说。”大师曰：“有疑则当问。”[7] 州主问曰：“大师所说法，是西天第一达磨大师所说法语？”大师曰：“是。”州主言曰：“我前闻彼达磨大师者，初化[8]梁武帝时，皇帝问大师曰：朕一……”

法海本

……大师令传此顿教，愿学之人同一体。若欲当来觅本身，三毒恶缘心中洗，努力修道

莫悠悠，忽然虚度一世休。若遇大乘顿教法，虔诚合掌志心求。

大师说法了，韦使君、官寮、僧众、道俗，赞言无尽，昔所未闻。

使君礼拜，自（白）言；和尚说法，实不思议，弟子当（今）有少疑，欲问见尚，望意和尚大慈大悲，为弟子说。大师言：有议（疑）即问，何须再三。使君、问：法，可不是西国第一祖达磨祖师宗旨？大师言：是。（使君问:）弟子和说，达磨大师代

---

① 此字西夏文为趋，速意。

② 罗本译为“种”，误。西夏文“毒”意，同法海本。

③ 罗本译为“空念”。西夏文直译应为“空度”，法海本为“虚度”，意近。

④ 罗本译为“城中”，未妥，应为“州主”，见《掌中珠》。

⑤ 罗本译为“一众”，疑其误识一字。第一字西夏文可能系“合”字，“合众”，僧人，和尚意。

⑥ 据西夏语语法，此处应有一“曾”字，不知是漏抄还是误识。

⑦ 汉文四本中此处还有“何须再三”四字。相比之下，夏本似更合理。

⑧ 西夏文原为“教”意。

（化）梁武谛（帝），（帝）问达磨：朕一生……

（十）日本藏

西夏文本

……如东方人修善。但愿自心修清净者[①]，即是生西方净土。州主向大师问："在家人者[②]如何修行？对吾指教。"大师曰："善知识！吾与汝等[③]说一《无相颂》，汝等皆当颂，依[④]法修行，则如常与吾[⑤]同住无异。"颂曰：

说通及心通，如日处虚空，惟传顿教法，出世毁邪法[⑥]

法中无顿渐，迷悟有速迟，若学顿教法，愚者无迷处。

说者有万种，法礼[⑦]同是一……

法海本

……如东方人修善，但愿自家修清净，即是西方。使君问：和尚！在家如何修？愿为指授。大师言：善智（知）识！惠能与道俗作《无相颂》，尽诵取，衣（依）此修行，常与惠能说（按：说，疑衍）一处无别。颂曰：

说通及心通，如日处虚空，惟传顿教法，出世除邪宗。

教即无顿渐，迷悟有迟疾，若学顿教法，愚人不可迷。

说即须万般，合离还归一……

（十一）北图藏（2）

西夏文本

菩提本自净，迷[⑧]心是虚妄，净性在妄中，但正除三障。

世界若修道，一切皆不害，常见自过者[⑨]则与道相合。

色类自有道，离道别觅道，有道不见道，□到由自恼。

---

① 此处初无"者"字，后修改时加，意更明确。

② 西夏文本有"人"，其他本皆无。

③ 西夏文本"吾与汝等说一《无相颂》"，上下文连贯。法海本为"惠能与道俗作《无相颂》"，似嫌突兀。

④ 法海本为"衣"，铃木改为"依"，以夏本证，是。

⑤ 郭朋教授指出法海本衍一"说"字，以夏本证，确实。

⑥ 西夏文本为"法"，其余四本为"宗"。

⑦ 西夏文本为"法礼"，法海本为"合离"，其余三本为"合理"。

⑧ 西夏文本为"迷"，其余各本皆为"起"。

⑨ 西夏文本为"常见自过者"，法海本为"常现在已过"，铃木改"现在"为"见自"，是。

如若觅真道[①]，正行是真道，若自无正心，夜[②]行不见道。
如若修真道，不见世界过，若见世界过，此者自是过[③]。

法海本

菩提本清净，起心即是妄，净性于（在）妄中，但正除三障。
世间若修道，一切尽不妨，常“现在”（见自?）已过，与道即相当。
色类自有道，离道别觅道，觅道不见道，到头还自恼。
若欲“贪觅”（见真?）道，行正即有道，自若无正心，暗行不见道。
若真修道人，不见世间愚，若见世间非，自非却是左。

（十二）北大藏（3）

西夏文本

……亦复如是。大师谓志诚曰：吾曾闻汝[④]师主[⑤]神秀教人，唯传戒定慧。汝师如何传说戒定慧，当为吾说。答曰[⑥]：谓戒定慧者，诸恶不作者为戒，诸善奉行者为慧，□意清净[⑦]者为定。此者名为戒定慧。我师主者曾如此说。我未知师主行解者如何？惠能大师曰：此说不可思议，我行解者有别。志成（问曰[⑧]）如何别也？惠能大师曰……

法海本

……亦复如是。大师谓志诚曰：吾闻与（汝）禅师教人，唯传戒定惠；与（汝）和尚教人戒定惠如何？当为吾说。志诚曰：秀和尚言戒定惠：诸恶莫作名为戒，诸善奉行名为惠，自净其意名为定。此即名为戒定惠。彼作如是说，不知和尚所见如何？惠能和尚答曰：此说不可思议，惠能所见又别。志诚问：何以别？惠能答曰……

---

① 西夏文本为“觅真道”。法海本为“贪觅道”，似非是。
② 法海本为“暗行”，夏本为“夜行”，其余汉文本为“阇行”。
③ 法海本为“左”，与夏本异。
④ 法海本误“汝”为“与”，夏本为“汝”。
⑤ 法海本、惠昕本为“禅师”，夏本为“师主”。
⑥ 法海本、惠昕本为“志诚曰”，夏本为“答日”。
⑦ 汉文本为“自净其意”，夏本为“意清净者”。
⑧ 夏本此处残二字，据汉文本知可能为“问曰”。

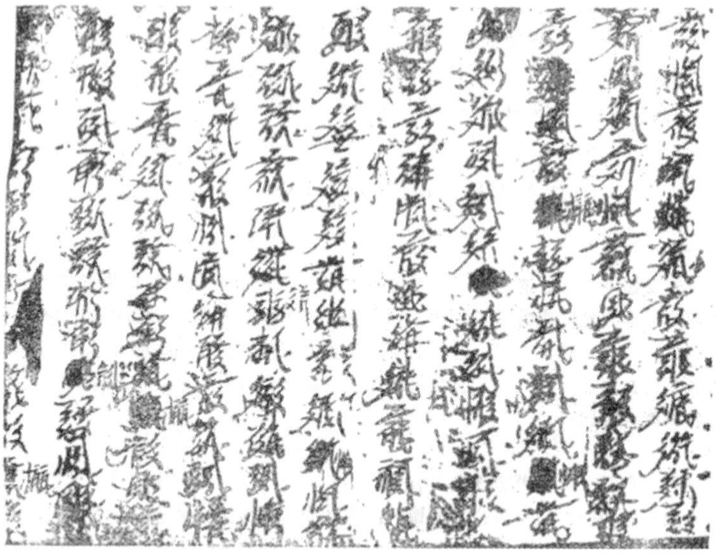

北京图书馆藏《六祖坛经》

西夏佛教新探*

西夏王朝大力提倡佛教，始终把佛教视为西夏的第一宗教。关于西夏佛教传播、译经、寺庙、僧人等已多有论列。近年笔者在阅览、整理俄罗斯圣彼得堡东方学研究所藏西夏文献时，接触很多佛典，了解到不少有关西夏佛教的新资料。随着西夏考古事业的进展，专家们对西夏佛教的建筑遗址进行系统考察，使研究西夏佛教的资料更加丰富。以下就西夏佛教的几个侧面做些探讨，难免挂一漏万，恳请专家指正。

一　多种皇室发愿文

佛教传入中土后，逐渐引起统治者的重视。为推行佛教，唐、宋时期的皇帝亲自撰写圣教序，为刻印佛经撰写序言或发愿文。西夏统治者继承中原王朝的衣钵，不断印刷、施放佛经。西夏皇室为满足自己的信仰，推动佛教进一步发展，采取了多种措施。一部分佛经由皇室刻印，并以皇帝或太后的名义撰写发愿文或序言就是其中的一种。目前所能见到的以西夏皇帝、皇太后名义撰写的施经发愿文、佛经序等至少有 17 件。一个朝代有这样多的御制佛经发愿文和序言，在中国历史上或许是绝无仅有的。下面将西夏皇室所作发愿文和序依年罗列如下：

崇宗时期刻印西夏文《圣大乘无量寿经》御制序 4 面 22 行。

仁宗人庆二年（1145）印施番、汉《大方广佛华严经普贤行愿品》西夏文发愿文 3 面 16 行。

仁宗天盛元年（1149）印施番、汉文《圣观自在大悲心总持》及《顶尊胜相总持功德依经录》的西夏文后序愿文 6 面 50 行，汉文发愿文 7 面 59 行。

天盛十九年（1167）印施西夏文、汉文《佛说圣佛母般若波罗蜜多心经》西夏文发愿文存 4 面 30 行，汉文发愿文 4 面 28 行。

乾祐十五年（1184）刻印汉文《圣大乘胜意菩萨经》发愿文，残页，存 24 行。

乾祐十五年刻印番、汉文《佛说圣大乘三皈依经》发愿文，西夏文发愿文 7 面 41 行，汉文发愿文 41 行。

乾祐二十年（1189）印施番、汉文《观弥勒菩萨上生兜率天经》发愿文，西夏文 5 面

---

* 原刊于《宁夏社会科学》2001 年第 5 期，第 70—78 页。

28 行，汉文发愿文 5 面 26 行。

同年皇后罗氏还印施《大方广佛华严经入不思议解脱境界普贤行愿品》有题记 2 行。

同年皇后罗氏还印施《金刚般若波罗蜜经》有题记 2 行。

桓宗天庆元年（1194）皇太后罗氏印施番、汉文《仁王护国般若波罗蜜多经》西夏文发愿文 6 面 31 行。

天庆二年（1195）皇太后罗氏印施番、汉文《佛说转女身经》汉文发愿文 5 页 24 行。

天庆三年（1196）皇太后罗氏印施番、汉文《大方广佛华严经入不思议解脱境界普贤行愿品》汉文发愿文 9 面 50 行，尾残。

罗太后还令人抄写全部西夏文大藏经，《佛说宝雨经》上有木刻押捺题款。

襄宗应天四年（1209）散施番、汉《金刚经》、《般若经》的西夏文发愿文，前残，存 22 行。[①]

神宗光定四年（1214）发愿将《金光明最胜王经》以泥金字抄写，并作御制发愿文。

此外还有西夏文御制《大白高国三藏圣教序》（残）、《慈悲道场忏罪法序》。[②]

西夏的御制发愿文和序不仅数量多，而且内容丰富，其中不仅记录了西夏对佛理的认识，更重要的是真实地记载了很多西夏重要佛事活动，有重要学术价值。过去依据部分西夏佛经序和发愿文了解到很多有关西夏佛教发展的史实。现在发愿文更多了，有关西夏佛教发展的史实更加充实，脉络更加清晰，使我们对西夏佛教的流传和发展有了更新的认识。

西夏皇室佛经序言和发愿文多集中在仁宗、桓宗两朝，反映出这段时间西夏王朝推动佛教的力度加大，特别是仁宗和罗太后在西夏后期佛教发展方面起到关键作用，也反映出西夏时期印刷业，特别是佛教经典印刷在这两朝有非同以往的进展。

二　最早的三位帝师

西夏佛教有系统的封号制度，其中最重要也是最高的师号是“帝师”。十几年前发现了西夏有帝师之设，并论证是中国最早的帝师。目前从新的文献资料中发现的西夏的帝师不只是一位，而是至少有三位。

一位是过去已经考证过的仁宗时期的贤觉帝师，他名为波罗显胜。贤觉帝师在北京房山云居寺的汉藏文合璧《圣胜慧到彼岸功德宝集偈》的汉文题款为“贤觉帝师、讲经律论、功德司正、偏袒都大提点、怀卧勒沙门波罗显胜”。不难看出他在西夏的宗教地位极高，官位也很高。所赐官位“卧勒”是皇帝以下的最高封号，相当于大国王的地位。[③] 后又见西夏

① 以上分别见俄罗斯圣彼得堡东方学研究所藏黑水城出土文献，原编号 Инф. No. 612、3780、6821、6360、6796、7577、2315、638、80、5423。史金波、魏同贤、克恰诺夫主编：《俄藏黑水城文献》上海古籍出版社 1996—1997 年版，第四卷，TK164、165；第三卷，TK145、128、121；第二卷，TK58、61、98；第一卷，TK14。

② 史金波：《西夏佛教史略》，宁夏人民出版社 1988 年版，第 239—240、280—235 页。

③ 罗昭：《藏汉合璧〈圣胜慧到彼岸功德宝集偈〉考略》，《世界宗教研究》1983 年第 4 期；《西夏佛教史略》，第 137—142 页。

汉文《杂字》官位第十七中列有帝师、法师、禅师，更确证了西夏帝师的存在。[1]

在近年整理俄藏黑水城文献时发现贤觉帝师还有更多的佛事活动。俄藏文献中有西夏文刻本《圣胜慧到彼岸功德宝集偈》，其经末西夏文题款与上述房山云居寺汉文佛经题款相对应，贤觉帝师的职称、官位、封号、人名完全一致，证明云居寺所藏汉、藏合璧佛经，原有西夏文本。在刻本西夏文《佛说阿弥陀经》题款中有“贤觉帝师沙门显胜”。“显胜”即帝师波罗显胜的简称。贤觉帝师在西夏传著了多部经典，这些著作中都有“贤觉帝师传”的字样，如《一切如来百字要论》、《圣观自在大悲心依烧施法事》、《圣观自在大悲心依净瓶摄受顺》、《默有自心自劝要论》、《禁绝顺要论》、《疾病中护顺要论》、《默有者随胜住令顺要论》、《奉敕修行者现在及转身利缘佛顶尊胜佛母依千种供养奉顺中共依略忏悔文》等多种。有的文献署名“贤觉菩萨传”或“贤觉菩萨作”，如《忏罪千种供养奉顺中已集当许文》、《等持集品》等。[2] 贤觉菩萨即贤觉帝师，在《忏罪千种供养奉顺中已集当许文》中题“贤觉菩萨传，兰山智明国师沙门德慧译”，而在《奉敕修行者现在及转身利缘佛顶尊胜佛母依千种供养奉顺中共依略忏悔文》题“贤觉帝师传，兰山智明国师沙门德慧译”，两种经典译者相同。又《等持集品》是贤觉菩萨作，仁宗译经；《奉敕修行者现在及转身利缘佛顶尊胜佛母依千种供养奉顺中共依略忏悔文》是贤觉帝师传，仁宗验定；《圣胜慧到彼岸功德宝集偈》是贤觉帝师传，仁宗验定。这些题款可佐证贤觉帝师和贤觉菩萨是同一个人。

贤觉帝师名波罗显胜，不会是汉人。其传著要经过别的高僧译成西夏文，如德慧国师曾译贤觉帝师的《忏罪千种供养奉顺中已集当许文》、《奉敕修行者现在及转身利缘佛顶尊胜佛母依千种供养奉顺中共依略忏悔文》等，可见贤觉帝师也不是党项人。因此贤觉帝师应是西夏的吐蕃族高僧。

甘州黑水建桥碑的汉、藏文合璧碑铭中也有贤觉菩萨的记载。该碑系仁宗乾祐七年（1176）立，碑文为仁宗御制，其汉文碑铭记载：“昔贤觉圣光菩萨哀悯此河年年暴涨，飘荡人畜，故以大慈悲，兴建此桥，普令一切往返有情咸免徒涉之患，皆沾安济之福。……朕昔已亲临此桥，嘉美贤觉兴造之功，仍罄虔恳，躬祭汝诸神等。”[3] 这里的贤觉圣光菩萨应是贤觉菩萨，也就是贤觉帝师。可能贤觉菩萨曾在藏族人较多的甘州黑水河上建桥，做功德善事，后与贤觉帝师关系密切的仁宗亲临此桥，嘉美贤觉兴造之功，仁宗又于乾祐七年立碑撰文。碑文一面汉文，另一面藏文，也可做贤觉帝师是吐蕃人的参证。

近几年在俄藏西夏文文献中新发现另一个帝师，法名慧宣。慧宣帝师撰著的佛经也不少，有其题名的如《风身上入顺 》中有 5 种要论，每一种要论的名称后都有“中国……帝师沙门慧宣”的题名。[4] 慧宣也有大波密坦（即博通五明学者）的头衔。他的著作也由智明国师德慧译成西夏文。值得注意的是慧宣帝师的题名前都有“中国”二字。“中国”二字在

---

① 史金波：《西夏汉文本〈杂字〉初探》，《中国民族史研究》（二），中央民族学院出版社 1989 年版。

② 俄罗斯圣彼得堡东方学研究所藏黑水城出土文献，原编号 Инф. No. 598、6761、7165、6778、5989、7196、6213、816。参见［俄］克恰诺夫《俄罗斯科学院东方学研究所西夏佛教文献目录》，京都大学，1999 年。（Е. И. Кычанов《Каталог тангутских буддийских памятников》），No. 292、507、566、567。

③ 《西夏佛教史略》，第 19—20 页。

④ 俄罗斯圣彼得堡东方学研究所藏黑水城出土文献，原编号 Инф. No. 3708、6344。

这里不是指中原地区的王朝，也不是指距中原地区很近的西夏王朝，而是专指吐蕃民族。在黑水城的很多佛教文献作、译者题款前冠有“中国”二字者，都不是党项人，而是吐蕃人。然而他们是在西夏的吐蕃人，所接受的封号帝师、国师、法师等都是西夏的封号，他们所在的寺庙是西夏寺庙，所以应把他们视为西夏人。慧宣帝师的著述目前所见都是写本，多为草书或行书，未见刻本。

西夏还有第三个帝师，为大乘玄密帝师。有一部由清宫流传出来的汉文本《大乘要道密集》，经陈庆英教授考证，里面有一些文献是西夏时译传的。其中第6篇《解释道果语录金刚句记》，题款为“北山大清凉寺沙门慧忠译，中国大乘玄密帝师传，西番中国法师禅巴集”。[①] 大乘玄密帝师是西夏的帝师。在俄藏黑水城文献中虽未见大乘玄密帝师的题名，但有大乘玄密国师的记载。西夏文、汉文两种乾祐二十年（1189）印施的《观弥勒菩萨上生兜率天经》御制发愿文中，记在大度民寺做大法会的高僧有宗律国师、净戒国师、大乘玄密国师，这些都是藏族僧人。[②] 在天庆元年（1194）为刚刚去世的仁宗皇帝所做法会中，又有大乘玄密国师参与。他的名称前面也冠有“中国”二字。[③] 大乘玄密国师后来升号为大乘玄密帝师。在汉文本《大乘要道密集》第66篇《大手印伽陀支要们》的师承次第中，也记载着大乘玄密帝师，他是噶举派著名祖师米拉日巴的再传弟子。上述“北山大清凉寺”应是北五台山大清凉寺，这是西夏的五台山，又称为北五台山，以区别南面中原地区的五台山。

以上三位帝师未在同一文献中出现过。可能西夏王朝同时只封一名帝师，帝师圆寂后，再封一位帝师。这三位帝师的传承顺序可能是贤觉帝师、慧宣帝师、大乘玄密帝师。这三位帝师都是藏族僧人，在西夏都是地位最高的佛学大师，撰著了多种佛教文献。西夏至少有三位帝师，说明西夏的帝师之设已经制度化。这种封藏族高僧为帝师的制度对以后元朝从世祖开始各代皆封藏族僧人为帝师显然有直接影响。西夏封设帝师改写了中国佛教史上的重要一页。《天盛律令》未记载帝师，所记最高师号为上师。帝师可能于西夏天盛年间后由上师转化而来。

三　众多的国师

西夏的国师较多，其地位次于帝师。西夏可能很早就开始封设国师。最近发现的《文海宝韵》序言中提到西夏建国之际就已经有国师院。[④] 西夏政府中管理佛教的机构是僧人功德司、出家功德司。国师往往任功德司正的职务。功德司为次等司，地位很高，仅在中书、枢密以下，与殿前司、御史、中兴府、三司等同级。西夏境内同时就可有几名国师。据《天盛律令》知天盛年间每一功德司设六国师，可见当时国师之多。[⑤] 过去已经搜罗西夏国

① 陈庆英：《西夏及元代藏传佛教经典的汉译本》，《西藏大学学报》2000年5月。

② 《俄藏黑水城文献》第二卷，TK58。

③ 俄罗斯圣彼得堡东方学研究所藏黑水城出土文献，原编号 Инф. No. 592。

④ 史金波：《〈文海宝韵〉序言、题款译考》，《宁夏社会科学》2001年第4期。

⑤ 史金波、聂鸿音、白滨：《天盛改旧新定律令》，法律出版社2000年版，第363、367页。

师 13 位，国师封号 14 个。在新见的西夏文献中又发现很多国师，其中有：

1. 景宗时主持译经的国师白法信，他从西夏建国伊始便主持译经。

2. 惠宗时主持译经的安全国师白智光，继白法信后主持译经，在《西夏译经图》中高坐正中。

3. 崇宗时建卧佛寺的嵬名思能国师，他掘得古涅槃佛，在甘州兴建卧佛寺。

4. 嵬名思能之师燕丹国师。

5. 仁宗时参加传译佛经的天竺僧人五明显密国师胜喜（拶耶阿难捺），曾传译《顶尊胜相总持功德依经录》、《圣观自在大悲心总持》、《圣胜慧到彼岸功德宝集偈》、《佛说阿弥陀经》等。他有西天大师大波密坦五明国师功德司正的职称，有“安式”官位，后升为“乃将”，“乃将”是相当高的官位，可赐予中书位的高官。

6. 仁宗时校译佛经的兰山觉行国师沙门德慧，后又被封为智昭国师，曾奉敕译传《圣佛母般若心经持法要论》、《佛说圣大乘三皈依经》、《七佛所说神咒经》、《忏罪千种供养奉顺中已集当许文》等。

7. 仁宗时集经的兰山通园国师沙门智冥。

8. 仁宗时在大度民寺做大法会的宗律国师，他还在桓宗时做大法会。

9. 仁宗时在大度民寺做大法会的净戒国师。

10. 仁宗时在大度民寺做大法会大乘玄密国师，他还在桓宗时做大法会，后升号为大乘玄密帝师。

11. 大度民寺的觉照国师法狮子，他传作多种要论，如《魔断问答要论》、《道之中禁绝顺要论》、《金刚王亥母随处施食奉顺要论》、《中有身要论》、《死亡回拒要论》，是一位藏族僧人。

12. 翻译《顶尊胜相总持功德依经录》的国师周慧海。

13. 传作佛经的寂照国师，曾传《净土求生顺要论》，集《净国求生礼佛高赞偈》。

14. 大度民寺的慧照国师，曾作《双供顺略集要语》。

15. 译经的慧净国师法慧，又有金解国师封号，传译《佛说阿弥陀经》，作《瑞多恶趣令净本续之干》。

16. 西夏晚期译经的番汉法定国师。

17. 奉敕译经的讲经律论国师德源，他是皇族嵬名氏，曾译《菩提勇情之业中入顺》、《等持集品》等。

18. 大度民寺的法显国师鲜卑宝源，他曾重校《金刚经》。

19. 传译《佛说阿弥陀经》的至觉国师慧护。

20. 校《圣慧到彼岸要论教学现量解庄严之注》的藏解国师杨智幢。

21. 传译《身中围上依以四主受顺广典》的觉照国师任集立。

22. 榆林窟第二十九窟绘有供养像的西夏高僧真义国师鲜卑智海，

23. 武威亥母寺洞遗址乾定申年典糜契约中放贷的瓦国师。

24. 流传佛经的苏木国师。[1]

以上已辑录到有24位西夏国师，26种封号。当然这还不是西夏国师的全部。中原地区早有国师，但西夏国师之多，在历朝国师封号中也算得上是十分突出的。从这部分国师的部分传法、译经活动中已经可以了解到他们或管理佛教功德司事务，或传译佛经，或主持法事，在西夏佛教事务中有举足轻重的地位，发挥着重要作用。

还应该指出的是，榆林窟真义国师像、黑水城出土鲜卑国师说法图大概是中国目前所知最早的国师像。

四　铺张的法事

西夏以每一季的第一个月的朔日（初一）为“圣节”，让官民礼佛。[2] 礼佛圣节一年四次，在正月、四月、七月、十月的初一。这种节日自元昊规定始行。元昊用行政命令扶植佛教的做法，把佛教推上了更高的地位。

七月十五日是中元节，即佛教的盂兰盆节，原是中原地区节日，主要是追荐祖先而举行的佛教节日，是时结道场，诵佛经，放河灯，演《目连救母》杂剧。西夏也将七月十五日作为重要节日，并做法事。《圣立义海》“七月之名义”中“贤僧会聚”条：“七月十五日连报父母之恩，供盂兰，结道场，贤圣僧人聚日是也。”[3] 正是这一重要节日在西夏的真实情景。

由于西夏佛教的传播和普及，西夏的佛事活动也呈现发展的趋势。因西夏早期的文献资料较少，佛事活动多见于赎经、建寺、译经等，至于法会等很少涉及。至西夏中期以后，随着密宗的发展，特别是藏传佛教的兴盛，法事活动在佛教信仰中占据越来越重要的地位。在新见的西夏文献中，记载了更多的西夏佛教法事活动。

崇宗时重修凉州护国寺和佛塔，于天祐民安五年（1094）竣工时大兴庆祝，“诏命庆赞，于是用鸣法鼓，广集有缘，兼起法筵，普利群品，仍饭僧一大会，度增三十八人，曲赦殊死五十四人，以旌能事。特赐黄金一十五两，白金五十两，衣著罗帛六十段，罗锦杂幡七十对，钱一千缗，用为佛常住。又赐钱千缗，谷千斛，官作四户，充番汉僧常住。”[4] 同年，梁太后和崇宗皇帝又发大愿，印施《圣大乘无量寿经》，令内宫刻印一万卷，手绢（彩绘）一万帧，施诸民庶。

仁宗时期西夏法事活动越加频繁。人庆二年（1145）为使已故崇宗皇帝，同会弥勒，生入净土，而印施番、汉《大方广佛华严经普贤行愿品》、汉《金刚经》、番《真实名经》

---

① 俄罗斯圣彼得堡东方学研究所藏黑水城出土文献，原编号944、588、3843、6761、7909、5130、822。13的《净国求生礼佛高赞偈》的寂照国师、23的瓦国师系孙寿龄先生提供素材。

② （清）吴广成《西夏书事》卷18，清道光五年（1825）刊本。

③ 克恰诺夫、李范文、罗矛昆：《圣立义海研究》，宁夏人民出版社1995年版，第52页。对原译文有所改易，原译文为“七月十五，［茂陵］报父母之恩，供神石，设具场，乃众神会聚之日也”。今改为“七月十五日连报父母之恩，供盂兰，结道场，贤圣僧人聚日是也”。

④ 《西夏佛教史略》，第252页。

等，共施五千卷。此时正值崇宗去世六周年。

仁宗天盛十九年（1167）五月初九日于“皇太后周忌之辰”，仁宗大兴法事，命兰山觉行国师沙门德慧等开板印造番汉《佛说圣佛母般若波罗蜜多心经》共二万卷，散施臣民。请觉行国师等烧结灭恶趣中围坛仪，并拽六道，及演讲《金刚般若经》、《般若心经》，作法华会、大乘忏悔，放神幡，救生命，施贫济苦等。皇太后指已经去世的罔氏。

仁宗乾祐十五年（1184）九月十五日仁宗“适逢本命之年”，刻印《佛说圣大乘三皈依经》，恳命国师、法师、禅师，及副、判、承旨、僧录、座主、众僧等，烧施结坛，摄瓶诵咒，作广大供养，放千种施食，读诵大藏等经，讲演上乘等妙法，打截截，作忏悔，放生命，喂囚徒，饭僧设贫等诸多法事，印施经番、汉五万一千余卷，并彩绘功德五万一千余帧，数珠不等五万一千余。

乾祐二十年（1189）九月十五日，仁宗66岁，刻印《观弥勒菩萨上生兜率天经》，请三位国师就大度民寺作求生兜率内宫弥勒广大法会，在法会上烧结坛，作广大供养，奉广大施食，并念佛诵咒，读西番、番、汉藏经及大乘经典，说法，作大乘忏悔，散施番、汉《观弥勒菩萨上生兜率天经》十万卷，汉《金刚经》、《普贤行愿经》、《观音经》各五万卷，以及饭僧、救生、济贫、设囚诸般法事，凡七昼夜。

乾祐二十四年（1193）仁宗去世，“于先圣三七日时”印施《拔济苦难陀罗尼经》，聚会文武臣僚，共舍净物，恭请护国宝塔下定师、提点、副使、判使，在家、出家诸大众等三千余员，令净恶趣，《七佛本愿》《阿弥陀佛》，各自烧施道场供养等，七日七夜，命读诵番、汉、西番三藏经各一遍，救贫、放生、施放神幡，请匠雕印施此经番、汉文二千余卷。

仁宗去世后，天庆元年（1194）九月二十日，皇太后罗氏于“周忌之辰”印施《仁王护国般若波罗蜜多经》，命工雕此经，印番一万部，汉二万部，……复请中国大乘玄密国师及宗律国师、法、定师等作广大法会七日七夜，又请义显法师及慧照定师作水陆不拒清净大斋法事三日三夜。

仁宗去世后两年，即天庆二年（1195）九月二十日罗太后于“二周之忌辰”印施《佛说转女身经》番、汉文共三万余卷，并彩绘功德三万余帧。

仁宗去世后三年，即天庆三年（1196）皇太后罗氏又于“大祥之辰”，发愿印施《大方广佛华严经入不思议解脱境界普贤行愿品》，许愿在三年之中，作大法会烧结坛等三千三百五十五次，大会斋一十八次，开读经文：藏经三百二十八藏，大藏经二百四十七藏，诸般经八十一藏，大部帙经并零经五百五十四万八千一百七十八部，度僧西番、番、汉三千员，散斋僧三万五百九十员，放神幡一百七十一口，散施八塔成道像净除业障功德共七万七千二百七十六帧，番、汉《转女身经》、《仁王经》、《行愿经》共九万三千部，数珠一万六千八十八串，消演番、汉大乘经六十一部，大乘忏悔一千一百四十九遍，皇太后宫下应有私人尽皆舍放并作官人，散囚五十二次，设贫六十五次，放生羊七万七百九十口，大赦一次。

襄宗应天四年（1209）散施佛经并作广大法事，烧施道场等作一千七百五十八遍，读诵经：大藏经番、西番、汉一百八藏，诸大部及余杂经等共二万五十六部，剃度僧人三百二十四员，令法、国、定师，及副、判、提点及其余众僧等六万七千一百九十三员作斋会，放幡五十六口，散施番、汉《金刚经》、《般若经》及《华严经普贤行愿品》、《阿弥陀经》等共五万卷，消演番汉大乘经五部，大乘忏悔一百八十一遍，饭囚八次，设贫八次，放生羊三百四十三口，大赦二次，每次三日。[1]

除皇室外，有能力做大法会，印施佛经的，还有高官显宦。如天盛十九年（1167）太师上公总领军国重事秦晋国王任得敬，因疾病缠绵，日月虽多，药石无效，因此印施《金刚般若波罗蜜经》。任得敬是仁宗朝的外戚权臣，阴谋篡权分国。该年正是仁宗为“皇太后周忌之辰”大兴法事，印施佛经，做大法会之时。

天盛二十一年（1169）孝子枢密、内宿等承旨，殿前、匦匣司正库瑞忠茂，因去世父亲已过“七七”，印施《佛说父母恩重经》，令作其余法事，演说此经，还施舍净物，命匠雕刊千卷散施。

西夏某一中书相亡故后，其子刻印《佛说父母恩重经》并做一系列法事活动。在“七七”之日，敬请禅师、提点、副判、承旨、座主、山林戒德、出在家僧众等七千余员，烧结灭恶趣坛各十座，开阐番汉大藏经各一遍，西番大藏经五遍，作《法华经》、《仁王经》、《孔雀经》、《观音经》、《金刚经》、《行愿经》，乾陀、般若等会各一遍，修设水陆道场三昼夜，及作无遮大会一遍，圣容佛上金三遍，放神幡伸静供演忏法，救放生羊一千口。可惜此发愿文后部残缺，失去相关题款，不知是何人何时做此法会。

一个名为安亮的人，他母亲死后百日，刊印《大方广佛华严经普贤行愿品》一万有八卷，绘弥陀主伴尊容七十二帧，在终七之时，大兴佛事，广启法筵。请诸禅、法师、律僧、讲主，转大藏及四大部经，礼千佛与梁武忏法，演大乘忏悔，展放神幡，数请寿僧，诵《法华经》，命西番众持《宝集偈》，燃长明灯四十九海，读《大般若》数十部。至终七之辰，请诠义法师设药师琉璃光七佛供餐，惠照禅师奉西方无量寿广大中围，西天禅师提点等烧结减恶趣坛，矧六道法事。安亮也是有地位、有钱财的人。[2]

看来西夏的佛教法事活动后期较多，规模很大。有的法会集中三千甚至七千僧人参加，应天四年的大法会竟有六万七千余僧人参加斋会，其佛事规模实在令人咋舌。当年蒙古再次入侵，西夏兵败，国势危急，或许此次法会为国家免灾祈福而设。

皇室的法事往往请有名高僧主持，集印经、施经、读经、设道场、做善事等多种活动为一体。皇室的法会可请国师、法师、禅师，而其他人虽位居宰辅，做法会时大约只能请法师、禅师，而没有资格请国师了。值得注意的是目前所知法会都没有帝师参加。同时可以看到，密宗的科仪忏法也成为西夏佛教法会的重要内容。总之，这些法会综合地反映出西夏佛教信仰风俗。西夏后期佛教法事的铺张和奢侈，使生活水平十分低下的劳动人民负担加重，更加贫困。

西夏对宗教法事活动也有严格的规定，《天盛律令》规定：“诸男女有高位等，死亡七七食毕，官方应为利益时，所赐僧人、道士数依谕文所出实行，此外，不许自求僧人、道士。”[3] 可见有高位者死亡可作“七七”，官方还要赐给僧、道，但数量应按谕文规定实行。

---

① 俄罗斯圣彼得堡东方学研究所藏黑水城出土文献，原编号 Инф. No. 3780、683、5423；《俄藏黑水城文献》第 3 册，TK121、128；第 2 册，TK58；第 1 册，TK 12。

② 俄罗斯圣彼得堡东方学研究所藏黑水城出土文献，原编号 Инф. No. 8106、6843；《俄藏黑水城文献》第 3 册，TK124、120。

③ 《天盛改旧新定律令》，第 410 页。

在西夏佛、道皆受法律保护，而上述重大法事活动只有僧人参加，无道士活动，反映西夏自上而下以佛教信仰为主流，道教势力较弱。

五 风格各异的佛塔

佛教的广泛传行，必然带动塔寺的大规模兴建。西夏境内“至于释教，尤所崇奉。近自畿甸，远及荒要，山林溪谷，村落坊聚，佛宇遗址，只椽片瓦，但仿佛有存者，无不必葺”。①

过去已知西夏有众多寺庙和佛塔。西夏的寺庙历经历史的风云大都已毁坏无存，而当时的佛塔却有不少仍矗立在西夏故地，尽管有的已经过重修，也还不失原来的风貌。这些饱经沧桑的佛塔展示着西夏佛教历史。经过近些年文物考古工作者的考察，一些过去认为是其他朝代或时代不明佛塔确认为西夏的佛塔。佛塔的建筑形式和结构也逐步明朗。这样对西夏佛教的建筑又有了新的认识。

在元昊立国之初，就开始大兴土木，建佛舍利塔。《大夏国葬舍利碣铭》记载了当时藏骨建塔的盛况。② 所建佛塔乃是目前所知西夏建塔最早的记载，尽管文献没有记载塔的名称和具体形制，但《碣铭》形容它是“连云之塔”，偈文中又称赞它是“五百尺修兮，号曰塔形”，虽是夸张之词，也可想见塔身之雄伟。此塔早已不存，所在方位和形式有待考证。

秀丽的承天寺塔位于银川市西南的承天寺内，它是银川的标志，更是西夏的象征。著名的承天寺是毅宗母后没藏氏倡建。修建宏伟的承天寺，是一次浩大的工程，以至于要动用“兵民数万”③。当时所作《新建承天寺瘗佛顶骨舍利碣铭》描绘了兴建承天寺和埋葬佛顶骨舍利的情景，其中也记载了建塔的情况：“建塔之晨，崇基垒于碱砆，峻级增乎瓴甋。金棺银椁瘗其下，佛顶舍利閟其中。”④ 承天寺塔为八角形楼阁式砖塔，共十一层，逐级收分，呈锥体，全高 64. 5 米，为厚壁空心式木板楼层结构，塔顶以上斜收成八角锥形的刹座，上有高大的桃状绿琉璃刹顶。塔形秀俏挺拔，虽经重修过，但仍然表现了西夏佛塔建筑的艺术风格。

中国佛塔多为单塔，双塔极少。西夏的拜寺口同一座寺庙中有一对高大庄严的佛塔，更是罕见。拜寺口双塔位于银川市西北约 45 公里的贺兰山东麓，始建于西夏。塔分东西座落，相隔百米，形影相吊，形成贺兰山下的景色奇观。两塔外形和高度近似，均为八角形十三层密檐式砖塔，高约 45 米，装饰繁缛华丽，充满了藏传佛教的密宗色彩。近年又在附近发现了数十座小佛塔的塔基，原来应是塔群。

一座塔由两种不同形式的塔形衔接建成，是宏佛塔的特点。宏佛塔位于银川东北约 20 公里的贺兰县境，是楼阁塔与覆钵塔的复合形式，下部三层为八角形楼阁塔，上部是巨大的覆钵塔。此塔为空心结构。楼阁塔各层塔身上部砌出阑额、斗拱和叠涩砖塔檐，檐上有平座

① 《西夏佛教史略》，第 241—254 页。

② 《嘉靖宁夏新志》卷 8。乾隆四十五年修《宁夏府志》卷 19。

③ 《西夏书事》卷 19。

④ 《嘉靖宁夏新志》卷 4。

和栏杆。覆体塔由塔基、塔身和塔刹组成。塔基平面呈十字对称向内折两角形式，塔身呈覆钵式，塔刹由亚字形刹座承托“十三天”，顶部塌毁。塔身通体涂石灰，施以彩绘。维修时发现塔的天宫内有大量西夏文残碎经版，有精美的彩塑佛像残件，还有稀见的早期佛教绘画。

拜寺沟方塔位于贺兰山拜寺沟内，距沟口约10公里。方塔是一座正方形十三级密檐式空心砖塔，逐级收分，是西夏时期兴建的一座佛塔，也是目前所存唯一的方形西夏塔。出土重要文物有西夏文活字版佛经《吉祥皆至口合本续》等一套9本，以及西夏文、汉文文书，汉文佛经、绘画、器物等，其中有仁宗刻本施经发愿文残页，年款为乾祐十一年（1180）。此外还有书写汉文、西夏文的木中心柱。宏佛塔和此塔密教经典、唐卡的发现，反映了西夏时期藏传佛教由西向东发展的事实。1990年，方塔被不法分子炸毁，数百年古物毁于一旦，令人扼腕。

康济寺塔位于同心县韦州乡所属的韦州古城东南隅。寺毁塔存，塔因寺而得名。这是一座八角形十三级密檐式空心砖塔。塔残高39.20米，加固修复后的高度为42.70米，由塔身、刹座、相轮宝顶三部分组成，底层较高，自第二层以上被层层密檐平座紧箍，往上收分与刹座宝顶有机结合，形成刚劲有力的抛物线外廓，显得凝重柔美，再现了我国早期密檐式塔的韵律。

塔阵在中国也不多见。西夏有世上稀有的大型塔阵，它建筑在河岸斜坡上，更显奇特。一百零八塔在宁夏青铜峡县峡山口黄河西岸，依山势从上至下按奇数排列成十二行：第一行为1座，第二、三行各3座，第四、五行各5座，第六行以下分别为7、9、11、13、15、17、19座，总计一百零八座，形成总体平面呈三角形的巨大塔群。塔均为喇嘛教式实心砖塔。塔体形制大致上可分为四类：第一行为覆钵状；第二行至第六行为八角形鼓腹尖锥状；第七行至第八行为宝瓶状；第九行至第十二行为葫芦状。原来认为藏传佛教宝瓶式白塔在元代才有，所以认为这些塔是元代塔。实际上西夏时期已经信奉藏传佛教，并开始兴建这种佛塔。[①]

著名的死城西夏的黑水城遗址（今属内蒙古额济纳旗），是西夏黑水监军司所在地，曾出土了大量西夏文献、文物。西夏时期黑水城城内寺庙很多，占地面积宽大。[②] 给人印象最深的是在黑水城西北角的城墙上耸立着佛塔，这在佛塔建筑上也是稀见的。土坯砌垒的宝瓶式佛塔，经数百年蹉跎岁月，仍挺立在城墙上。人们访问黑水城时，很远就遥见此塔风采。佛塔是西夏抑或是元代始建，仍需探讨，但骑坐在城墙上的佛塔已经成了西夏黑水城的象征。

现在所见到的西夏佛塔仅是西夏时期大量佛塔的部分遗存。形式多样的佛塔反映西夏佛教信仰之盛，也能看到西夏佛教建筑形式的多样和艺术之精湛，从中还能透视出西夏佛教信仰方面多民族交融的现象。

① 雷润泽、于存海、何继英：《西夏佛塔》，文物出版社1995年版。

② 李逸友：《黑城出土文书》（汉文文书卷），科学出版社1991年版，第61—62页。

六 最早的活字版佛经

北宋布衣毕昇发明的活字印刷术是印刷史上又一个伟大的里程碑，它的应用开创了印刷史的新纪元，对促进世界文明的进程做出了历史性的伟大贡献。毕昇用活字印刷术印了那些书籍，史无明载。毕昇的发明以沈括《梦溪笔谈》的科学记录而得以继续播扬。南宋绍熙四年（1193）周必大曾“用沈存中法，以胶泥铜版移换摹印《玉堂杂记》二十八卷。”[①] 所谓“沈存中法”，即沈括所记录的毕昇发明的活字印刷法。文献还记载宋朝嘉定十四年（1221）范祖禹作《帝学》八卷，用活字本印刷，书末有印书题记。[②] 可惜两宋的活字版印刷品都没有保存下来。

近几年，随着新的西夏文献的整理和研究，发现了多种西夏文活字印本，给西夏文化增添了新的光彩。这些活字印刷品多数是佛经。

在俄藏黑水城文献中，有西夏文泥活字《维摩诘所说经》上、中、下三卷，经折装，共300多面。[③] 根据其题款可定为12世纪中期，相当于中原的南宋时期，比宋朝毕昇发明泥活字仅晚一个世纪。这部珍贵的西夏文佛经是目前世界上现存最早的活字印本。1987年甘肃武威市新华乡缠山村亥母洞遗址出土了一批西夏文物。其中有西夏文《维摩诘所说经》残卷。[④] 此经与俄藏黑水城出土的活字版《维摩诘所说经》是同一种活字印本。

俄藏西夏文文献中还有其他活字版佛教著作。《大乘百法明镜集》卷九，原为经折装，现已摊平为一纸4面的10张纸，前残，卷尾有经名。《圣大乘守护大千国土经》，经折装，共6面。《三代相照言文集》系佛教禅宗著作，首尾俱全，蝴蝶装，41页。卷末有发愿文3面半，22行。其题款中记有“活字新印者陈集金”，由此更可确切证明此经为活字版本。这几种都是木活字印刷品，比《维摩诘所说经》的印制要精良得多，时间约在12世纪中晚期。

1991年，宁夏贺兰山方塔出土西夏文木活字本佛经《吉祥皆至口合本续》等9册，蝴蝶装，共400多页，系藏传佛教经典。[⑤] 其时代属于西夏中晚期，也是现存最早的活字版本之一。它的出土使中国西夏文活字书籍增添了重要品类，也是中国早期活字版本的重要发现。

20世纪90年代以来，敦煌研究院对敦煌北区洞窟进行全面清理、考察，其间出土了相当数量的西夏文文献。在这些文献中又惊喜地发现了活字印本，除一些页面完整外，多为残片。其中有《地藏菩萨本愿经》，蝴蝶装，发现于59窟、159窟、464窟，共8纸。《诸密咒要语》，蝴蝶装，121窟出土，计16纸散页，有的为残片，有的页面完整或基本完整。[⑥]

---

① （宋）周必大：《周益国文忠公全集》卷198“札子十”。

② 叶德辉：《书林清话》卷8《宋以来活字版》，中华书局1957年版。

③ 史金波：《现存世界上最早的印刷品——西夏活字印本考》，《北京图书馆馆刊》1997年第1期。

④ 孙寿龄：《西夏泥活字版佛经》，《中国文物报》1994年3月27日。

⑤ 牛达生：《西夏文佛经〈吉祥遍至口和本续〉的学术价值》，《文物》1994年第9期。

⑥ 史金波：《敦煌莫高窟北区出土西夏文文献初探》，《敦煌研究》2000年第3期。

1917年在今宁夏灵武县发现了一批西夏文佛经。其中几十卷西夏文《大方广佛华严经》，都具有活字印刷的特点。现多藏于中国国家图书馆，日本京都大学等处也有部分入藏。在此经卷第五西夏文题记中有“令雕碎字”，卷第四十西夏文题记中也有“作选字出力者”。“碎字”即活字。“选字”应是拣字、排字，“选字出力者”应是拣排活字的工匠。这两条西夏文题记更证实这种《华严经》为活字本。

此外，在黑水城和敦煌北区出土的西夏文文献中，还有一些尚未考证出经名的残片，也是活字版印刷品。

在黑水城出土文献中，有一种抄本西夏文佛经名为《胜慧到彼岸要语学禁现前解庄严论显颂》，在其经末的题款中记载了西夏应用活字印刷的重要史实。题款中有两个人的称谓有“御前注补印活字都案头监”的头衔，其中一人还有“工院正”的职称。[①] 工院是西夏的一个政府机构，董理工技制造之事。由此可知，活字印刷在西夏有专门政府机构和官员进行管理，作为一种实用工技，已得到政府的重视并纳入政府管理。这一抄本佛经的底本应是活字印本。

在西夏以前，未见有以活字版印刷佛经者。应该说西夏开创了用活字版印制佛经的先河。综观已见西夏活字版佛经，活字质料有泥活字，有木活字；装帧方式有蝴蝶装，有经折装；版式也多种多样；其字体有大、中、小多种类型；印经内容有中土佛教经典，有藏传佛教经典。由此推测，西夏印刷活字版佛经的场所非只一处，活字印刷已成规模。

毕昇发明活字印刷不久，西夏人便开始使用活字印刷，发挥了“若印数十百千本，则极为神速”[②] 的长处，适应了当时对佛经的大量需求。中国西夏的活字印刷早已进入社会实用阶段。

---

① 史金波、雅森．吾守尔：《中国活字印刷术的发明和早期传播》，社会科学文献出版社2000年版。

② （宋）沈括：《梦溪笔谈》卷18，“技艺·板印书籍”条。

西夏的藏传佛教*

西夏是中国中古时期的一个王朝（1138—1227），其主体民族是党项族，当时称为“番”，境内又有汉、吐蕃、回鹘等民族。其地域在宋、辽（金）、回鹘、吐蕃的中间，形成了西夏文化的多民族色彩。西夏境内流行佛教、道教和原始宗教，其中以佛教信仰最甚，势力最大，地位最高。西夏统治者在提倡佛教时，开始主要吸收中原佛教，译经时又得到回鹘僧人的帮助和支持。同时西夏对吐蕃佛教也采取兼收并蓄、容纳吸收的态度。藏传佛教在西夏中、后期迅速传播，由西部向东部蔓延，其地位不断提升，影响不断扩大，就连位于西夏东部的首府兴庆（今宁夏银川市）一带也成为藏传佛教势力影响很大的地区。西夏佛教形成了多来源、多宗派、多层次的特点。

过去对西夏藏传佛教了解甚少，现在对西夏藏传佛教认识主要是从近代出土的西夏文献和文物中获得的。陆续被发现的大量西夏文献中绝大多数是佛教文献，其中有相当数量的藏传佛教经典；出土的数以百计的西夏绘画中，有很多是藏传佛教的“唐卡”，或受藏传佛教影响的佛画；一些西夏时期的佛教建筑遗址也反映出藏传佛教的强烈影响。此外在一些藏文、汉文文献中也有关于西夏藏传佛教的重要记载。

藏传佛教对西夏佛教乃至整个西夏文化影响很大，而西夏对于藏传佛教的发展和东传又起到非常重要的作用。现在藏学家和西夏学家注意到了藏学和西夏学这两个学科的结合部，这是非常可喜的现象，它将对两个学科的发展起到推动作用。

一　西夏接受藏传佛教的基础

西夏以西蕃、羌或西羌称吐蕃，在西夏语中读［鹁］，即“吐蕃”之“蕃”。西夏文韵书《文海》对此字的解释为：“吐蕃［鹁］者，戎羌也，藏也，吐蕃国人之谓也。”[①] 看来，这一称谓既是族称，也是国名。

西夏接受并发展藏传佛教有其民族渊源和历史基础。西夏的主体民族党项和吐蕃两个民族皆属羌系，族源较近，语言同系，地域衔接，山水相连。两者都有较大的势力，文化交流，特别是宗教的往来比较多。早在唐代两个民族就有过从甚密的往来。藏文文献《贤者

---

* 原刊于《中国藏学》2002 年第 1 期，第 33—50 页。

① 史金波、白滨、黄振华：《文海研究》，中国社会科学出版社 1983 年版，第 443、588 页。

喜宴》记载：唐代吐蕃首领松赞干布就曾娶弭药王之女茹雍妃法莫尊为妃。“弭药”是一部分党项人的称谓。茹雍妃在西藏建造了拉萨卡查寺。松赞干布还命令在弭药热甫岗建造了雍佐热甫寺神殿。有的弭药人，如咱米桑杰查巴等，被列入吐蕃著名译师的行列。[①] 可见党项和吐蕃早有佛教来往。吐蕃佛教前宏期对党项族可能已经有一定的影响。

后来，吐蕃和党项两个民族的分布都有了新的发展。吐蕃势力不断强大，乘唐朝安史之乱之机向东北方向发展，其势力达到河西、陇右地区。《宋史》记载：吐蕃“至德后，因安史之乱，遂陷河西陇右之地”。唐末吐蕃分布“自仪、渭、泾、源、环、庆及镇戎、秦州暨于灵、夏皆有之，各有首领，内属者谓之熟户，余谓之生户。”“凉州郭外数十里，尚有汉民陷没者耕作，余皆吐蕃。”宋初凉州（今甘肃武威）仍为吐蕃占领，秦州（甘肃天水）、庆州（今甘肃庆阳）吐蕃势力不小。咸平元年（998）凉州25693户，汉民300户，实以吐蕃为主。[②] 笔者在宁夏须弥山石窟考察时见到了吐蕃文字题记。当时在今陕西、宁夏、甘肃都有吐蕃人居住。在吐蕃向东、向北发展的过程中，党项族也经历着相似的民族迁徙。自唐中期党项族因受西部邻居吐蕃势力的挤迫，在唐朝政府的允许和支持下也开始陆续向东北迁移。其迁徙后分布的地域为庆州、灵州（今宁夏吴忠市）、盐州（今陕西省定边）、银州（今陕西省米脂）、夏州（今陕西省靖边）等地，后来又进入河西走廊，多与吐蕃人接近，甚至交错居住，形成你中有我，我中有你的居住格局。这也是两个民族的密切交往的重要基础。

吐蕃、党项两个民族风俗相近，原始宗教信仰也有类似之处。这为带有藏族原始宗教特点的藏传佛教在西夏的传播提供了有利条件。吐蕃风俗“不知医药，疾病召巫觋视之，焚柴声鼓，谓之‘逐鬼’。信咒诅，或以决事，讼有疑，使诅之。”[③] 这些风俗与党项相近。西夏虽已步入封建社会，但城市、农村、牧区发展很不平衡，很多地方生产方式仍很落后。党项族跨入封建社会的过程较短，还保留着不少本民族较为原始的信仰和风俗习惯。这使西夏更容易接受藏传佛教那种神密特殊的仪俗。党项族原来生病也不用医药，只求之于神明，卜问占师。《辽史》记载：“病者不用医药，召巫者送鬼，西夏语以巫为‘厮’也。或迁他室，谓之‘闪病’。”《辽史》还记载西夏信奉占卜，以及出兵前占卜的仪式。[④] 《宋史》也明确指出，西夏的党项人“笃信机鬼，尚诅祝”。[⑤] 宋代的著名科学家、曾在宋夏边界为帅的沈括，记载了当时党项人的鬼神信仰：“盖西戎（即西夏党项族）之俗，所居正寝，常留中一间，以奉鬼神，不敢居之。谓之‘神明’。主人乃坐其旁。”[⑥] 西夏人信奉“杀鬼招魂”，“夏俗不齿奔遁，败三日，辄复至其处，捉人马射之，号曰‘杀鬼招魂’。或缚草人埋于其地，众射而还，以为厌胜。”[⑦] 这种信仰和仪式，对于接受讲究咒语和仪轨的藏传佛教具有

① 巴卧·祖拉陈哇著，黄颢译注：《贤者喜宴》，《西藏民族学院学报》1981年第2期。

② 《宋史》卷492《吐蕃传》。

③ 同上。

④ 《辽史》卷115《西夏外纪》。

⑤ 《宋史》卷486《夏国传》（下）。

⑥ （宋）沈括：《梦溪笔谈》卷18，四库全书本。

⑦ （清）吴广成：《西夏书事》卷27，1935年影印清道光乙酉年刻本。

先天的优势。

西夏所辖地区早有信仰佛教的传统，河西走廊是传播佛教的孔道和基地。在西夏王朝的大力提倡下，西夏佛教信众更多。藏传佛教是佛教的一种，笃信佛教的西夏上层和民庶也容易接受藏传佛教。在西夏人的心目中，吐蕃人是笃信佛教的典范。西夏文《新集碎金置掌文》中有“弭药勇健行，契丹步行缓，羌多敬佛僧，汉皆爱俗文”的记载。[①] 这里精练地概括出党项（弭药）、契丹、羌（藏）、汉四个民族的特性，明确指出藏族的特点是“敬佛僧”。在黑水城出土的另一件西夏文文献中称“东汉礼王国，西（羌）法王国”。[②] 西夏人认为东部的中原地区是讲究礼仪的王国，而西部的藏族地区是信奉佛法的王国。而当时在位的西夏皇帝十分重视藏传佛教，十分尊重藏传佛教的大师，这为在西夏发展藏传佛教创造了极为有利的条件。

与吐蕃族源相近、地域相接、信仰相仿而且掌握王朝政权的较大民族，当然最容易接受并有能力推行藏传佛教。当时在中国具备这些综合条件的只有西夏党项族。西夏统治者借助这些得天独厚的条件极力推动，藏传佛教就在西夏境内迅速传播发展了。

二　西夏藏传佛教的发展

吐蕃自印度传入佛教后，经过前宏期的发展，中间经历了朗达马灭佛，后来又开始了后宏期的蓬勃发展。佛教在西藏传播过程中，与当地的土著宗教本教斗争、融会、吸收，发展成为有特点的藏传佛教。到西夏立国前后的公元11世纪，西藏的佛教经典绝大部分已经由藏族的译师、学者译成藏文，吐蕃佛教在显宗教义和密宗修法方面，都已经形成体系。

藏传佛教传入西夏受到两个民族政治关系的影响。西夏和吐蕃双方关系曲折复杂，总的来说由对抗步入和缓，发展到关系密切。宋初党项族抗宋自立，占据西凉府（今甘肃武威）的吐蕃六谷部落首领潘罗支欲助宋攻夏，两者产生矛盾。11世纪初党项首领李继迁“攻西蕃，遂入西凉府，知州丁惟清陷没。潘罗支伪降，集六谷诸家及者龙族，合击继迁。继迁大败，中流矢遁死。”[③] 景德二年（1005年）继迁子德明又谋杀潘罗支。这样党项政权与吐蕃政权矛盾加深，不断发生争战，形成被吐蕃、北宋夹击的形势。

后来吐蕃赞普后裔唃厮啰在青塘（今青海西宁）一带建立了吐蕃政权。藏族的政治、宗教活动中心距西夏接近。两族的关系在新形势下有了新的发展。宋朝封唃厮啰为保顺军节度使，使之牵制西夏。这时西夏已经占领了河西陇右一带，境内也有一定数量的吐蕃人。由于西夏与吐蕃关系紧张，吐蕃人在西夏的地位并不很重要。早在景宗元昊未立国前便于广运二年（1036）引诱西蕃人叛唃厮啰。景宗、毅宗、惠崇、崇宗时都有吐蕃人投归西夏。如夏毅宗拱化元年（1063）吐蕃首领禹藏花麻无力抵抗宋军攻掠，以西使城及兰州一带土地献给夏国，夏妻以宗女，封为驸马，后升为统军[④]。

① 聂鸿音、史金波：《西夏文本〈碎金〉研究》，《宁夏大学学报》1995年第2期。

② 俄罗斯圣彼得堡东方学研究所手稿部藏黑水城文献原编号 Инф. No. 292。

③ 《宋史》卷249《吐蕃传》。

④ 《西夏书事》卷12、15、20、21、23、27、29。

西夏惠宗时期协调了与吐蕃政权的关系，双方联姻和亲。当时西夏皇太后梁氏临朝听政，调整对外战略，结连吐蕃，以自己的女儿向吐蕃首领董毡之子蔺比逋请婚。第四代皇帝乾顺时期，西夏国相梁乙埋又向吐蕃首领阿里骨为自己的儿子请婚。后来吐蕃首领拢拶又与西夏宗室结为婚姻。西夏中、后期双方关系大为改善，交往比早期显著增多。特别是西夏境内有大批吐蕃人居住，对吐蕃文化的吸收起到更大的作用。在西夏和吐蕃双方关系日趋缓和、交往密切的前提下，西夏佛教迅速地从藏传佛教中吸收了丰富的营养。仁孝时期藏族高僧不断前来西夏传法。西夏从佛经的传译、寺庙的建设、僧人的培养等各方面都深深地打上了藏传佛教的印记，大大提高了藏传佛教的地位。藏传佛教在西夏的发展进入一个新的时期。

目前所能见到的汉文、西夏文、藏文材料表明西夏佛教受藏传佛教影响，主要是在西夏中、后期。

藏文文献中有关于西夏接受藏传佛教的记载。如《贤者喜宴》记录了吐蕃佛教中的噶玛噶举派和萨迦派在西夏中期受到重视和发展的事实。西藏噶玛噶举派的都松钦巴（1110—1193）是该派的初祖法王，他不仅在吐蕃有很大影响，也很受西夏仁宗皇帝的崇敬。仁宗遣使入藏专程迎请，都松钦巴未能前来，但还是派遣弟子格西藏索哇来到西夏。藏索哇被西夏王尊为上师后，就传授藏传佛教的经义和仪轨，并组织力量大规模翻译佛经，很受宠信。后来，都松钦巴所创有名的楚布寺建白登哲蚌宝塔时，西夏王又献赤金璎珞及幢、盖诸种饰物。都松钦巴死后，在其焚尸处建造吉祥聚米塔，藏索哇又自西夏做贡献，以金铜包饰此塔。又西藏萨迦派祖师札巴坚赞（1149—1216）的弟子迥巴瓦国师觉本，曾被西夏人奉为上师。由此可见，至少在西夏中、后期，吐蕃佛教中的噶玛噶举派和萨迦派都已传入西夏，并产生了相当的影响。西藏的一些重要文献还记载了西夏的王统。① 藏传佛教在西夏有广泛影响，《黑鞑事略》记载："西夏国俗，由其主以下，皆敬事国师，凡有女子，必先以荐国师，而后敢适人。"② 这一记载可能有夸大之处，但从中也可以反映出佛教密宗在西夏社会生活中已产生一定影响。元朝人马祖常写过一首《河西歌》："贺兰山下河西地，女郎十八梳高身，茜根染衣光如霞，却召瞿昙作夫婿。"③

"瞿昙"，即乔达摩，原为释迦牟尼的族姓，这里当泛指僧人。诗中所描写的河西地区的旧俗，和前面所记可以互相印证，也能反映出密宗在西夏的影响。藏传佛教的后宏期中噶举和萨迦两大派创宗传法者大多有妻室，在藏传佛教传入西夏时，这样的习俗也传到了西夏。

由上可见，藏传佛教在西夏佛教中占有相当重要的地位，其势力越来越大。藏传佛教在西夏的传播和迅速发展，使西夏佛教的内涵产生了巨大变化，这对西夏的文化，乃至西夏的政治都产生了重要影响，在一定程度上改变了西夏佛教的格局和西夏佛经的比例构成。

---

① 班钦索南查巴著，黄颢译：《新红史》，西藏人民出版社 1984 年版；达仓宗巴·班觉桑布著，陈庆英译：《汉藏史集》，西藏人民出版社 1986 年版；蔡巴·贡噶多吉著，东噶·洛桑赤列校著，陈庆英、周润年译：《红史》，西藏人民出版社 1988 年版。

② （宋）彭大雅撰，徐霆疏：《黑鞑事略》，丛书集成初编本。

③ （元）马祖常：《石田文集》卷 5，《四库全书》本。

图1　西藏楚布寺

三　西夏藏传佛教的地域

西夏的西、南部与吐蕃邻近，境内吐蕃人也较多，因而这一带藏传佛教的传播比其他地区更为广泛。藏传佛教在西夏的发展大抵以河西走廊为重点，并逐渐向西夏腹地今宁夏一带延伸。河西走廊的凉州、甘州（今甘肃省张掖）、沙州（今甘肃省敦煌）、瓜州（今甘肃省安西）、肃州（今甘肃省酒泉）等地是受吐蕃佛教熏陶较深的地区。

凉州为西夏的西凉府，是西夏的第二大都会，这里佛教兴盛，有很多寺庙。崇宗时曾大规模修葺寺庙和寺中的感通塔，在竣工时为此事所立石碑铭文中有“羌、汉二众提举”的职衔，说明在西夏崇宗时期凉州的寺庙中已经有吐蕃（羌）僧人，并设有管理这些僧人的官员。1987年在凉州附近的缠山乡发现有亥母洞遗址，这是藏传佛教很重要的金刚亥母寺庙，其中发现了不少西夏佛教遗物，包括《令恶趣净顺总持》等藏传佛教经典。

在甘州曾译藏传佛教经典。日本天理图书馆藏有1页西夏文残经，有9行题记，提供了在甘州译经的重要线索。残经使用了藏文佛经才有的专门用语，可知此经译自藏文。题款表明由甘州禅定寺庙高僧译，内记译为西夏语的译主、印行发愿者、印者、书者人名。由此可以推知甘州可能是翻译藏文佛经的一个中心，这一地区藏传佛教势力较大。题记纪年仅有干支“癸巳”二字，据西夏藏传佛教的流行和藏文佛经的翻译时间看，这个“癸巳”很可能是西夏最后一个癸巳年，即仁宗乾祐四年（1173）。[①] 又仁宗乾祐七年（1176）在甘州所立

① ［日］西田龙雄：《西夏文华严经》Ⅰ，第13页；史金波：《西夏佛教史略》，宁夏人民出版社1988年版，第64—65页。

黑水建桥碑，碑文一面用汉文书写，一面用藏文书写。此碑内容主要是敕令诸神保佑桥道、永息水患，同时也有褒扬贤觉圣光菩萨的深意，表明甘州一带信奉藏传佛教的藏族居民较多。①

位于沙州的莫高窟和瓜州的榆林窟中，有众多的西夏洞窟，其中早期各窟显然承袭了五代、宋初的风格，而晚期洞窟则带有浓厚的藏传密宗色彩，这也证明了藏传佛教在西夏晚期影响较大。其中莫高窟有 206、491、395 窟、4 号塔楼，榆林窟有 29、2、3 窟，东千佛洞有 2、5 窟，五个庙石窟有 1、3、4 窟。② 榆林窟在第 19 窟的汉文题记中记录了西夏时期绘制"秘密堂"，秘密堂即藏密洞窟。在敦煌北区新近发现了多种西夏文佛经，其中有活字本《诸密咒要论》等，应是藏传佛教的经典。③

图 2　宁夏贺兰山拜寺口双塔

西夏西北部的黑水城（内蒙古额济纳旗）是西夏黑水监军司所在地，在城外西部的一座土塔中出土了大量西夏文献和文物，其中包括大批藏传佛教文献和带有藏传佛教内容的佛画（唐卡）。在黑水城发现的藏传佛教文献，无论从数量上，还是从种类上都是其他地方无法相比的。出土的 300 多幅佛画中有很多反映了藏传佛教的特点，有的完全继承了藏密传统，有的将藏密和中原的风格熔于一炉。黑水城是藏传佛教影响很深的地区，黑水城出土的藏传佛教文献、文物是研究西夏藏传佛教的重要资料。

在西夏首都中兴府一带，也发现有西夏时期的藏密佛经和佛画，银川西面的贺兰山中的一座方塔下，出土了西夏文密教经典《吉祥皆至口合本续》等九卷、汉文藏传佛教经典《初轮功德十二偈》、《是竖橛咒》、《吉祥上乐轮略文等虚空本续》、藏传佛教木刻本佛画、朱红捺印佛画等。④ 贺兰县宏佛塔内发现了比较多的藏传佛教的佛画，如《上乐金刚图》、《千佛图》、《千手观世音图》、《坐佛图》、《大日如来图》、《护法力士图》、《八

① 《西夏佛教史略》，第 19—20 页；王尧：《西夏黑水桥碑考补》，载《中央民族学院学报》1978 年第 1 期。

② 刘玉权：《敦煌西夏洞窟分期再议》，《敦煌研究》1990 年第 3 期。

③ 史金波：《 敦煌莫高窟北区出土西夏文文献初探》，《敦煌研究》2000 年第 3 期。

④ 宁夏回族自治区文物考古研究所、宁夏回族自治区贺兰县文化局：《宁夏贺兰县拜寺沟方塔废墟清理纪要》，《文物》1994 年第 9 期。

相塔图》等。[①] 在贺兰山拜寺口西夏双塔的西塔各层外表的影塑也是按藏传佛教的风格布局的。[②]

宁夏灵武横山乡石坝村发现的窖藏中有一件西夏银合，上有梵文密教种子字。[③] 灵武瓷窑堡遗址发现了西夏瓷质素烧如意轮降魔杵等。[④] 青铜峡县黄河岸边的一百零八塔，都是受藏传佛教影响的宝瓶式白塔，同时在其附近也发现了西夏时期藏传佛教的佛画。

此外，西夏境内的酒泉文殊山、肃北五个庙、永靖炳灵寺、玉门昌马下窟、裕固马蹄寺、武威天梯山、宁夏固原须弥山等石窟中，也有藏传佛教的遗迹。可以说西夏藏传佛教遗物遍布西夏地区。

四 西夏藏传佛教的僧人和封号

由于藏传佛教在西夏影响颇深，西夏的藏族僧人数量也较多。西夏崇宗天祐民安五年（1094）的《重修凉州护国寺感通塔碑铭》西夏文部分末尾，列举了修塔的有关人员。其中有“感通塔下羌、汉二众提举赐绯和尚臣王那征遇”。可知当时在凉州护国寺中已专门设有管理吐蕃、汉族僧人事务的僧官。但从很多材料分析，藏传佛教的大力发展是在仁孝及其以后时期。仁宗朝修订的西夏法典《天盛改旧新定律令》（以下简称《天盛律令》）规定“国境内番、汉、羌中僧人”可量才为座主。不仅证明西夏有藏族僧人，藏族僧人还可以做寺庙主持。《天盛律令》规定番、汉、羌中僧人行童为出家僧人必须能诵十一种经，又分为两种：番、羌所诵经和汉人所诵经。两相比较，番、羌所诵经多出《文殊真实名经》、《竭陀般若》、《无垢净光》、《金刚般若陀罗尼经》。这些经典多为藏传佛教经典。由此可见在西夏信奉藏传佛教的人以藏族和党项族为多，而汉族主要还是信奉汉传佛教。[⑤] 在桓宗朝罗氏皇太后印施的汉文《大方广佛华严经入不思议解脱境界普贤行愿品》的发愿文中，提到“度僧西番、番、汉三千员”。“西蕃”指吐蕃而言，即藏族。当时所度僧人很多，而且把西蕃僧人列于首位，不难想见对西蕃僧人的重视，也可知西蕃僧人有相当的数量。

吐蕃人在西夏政坛上的地位并不突出。在西夏政府中很少见吐蕃人担任宗教职务以外的显要职务。从西夏政府颁行的法律文献可以看出，西番族的政治地位在番、汉之下。《天盛律令》中凡提到境内多种民族时，其排列顺序总是番、汉、西番，西番排在第三。[⑥] 汉文文献记载西夏藏族僧人事迹不多，地位不高。如西夏乾祐九年（1178）派大将蒲鲁合野攻金朝麟州（今陕西省绥德西北），邛都部酋禄东贺做西夏内应，相约日期者即为蕃僧达刺（谛

---

① 宁夏文管会、贺兰县文化局：《宁夏贺兰县宏佛塔清理简报》，《宁夏贺兰县拜寺口双塔勘测维修简报》，《文物》1991 年第 8 期；雷润泽、于存海、何继英：《西夏佛塔》，文物出版社 1995 年版，第 55—75 页。

② 何继英、于存海：《西夏拜寺口双塔影塑释读》，（台湾）《历史文物》第 10 卷第 8 期，2000 年 8 月。

③ 董居安：《宁夏石坝发现墨书西夏文银器》，《文物》1978 年第 12 期。

④ 马文宽、黄振华：《宁夏出土带梵字密宗器物考》，《文物》1990 年第 3 期。

⑤ 史金波、聂鸿音、白滨：《天盛改旧新定律令》，卷一一“为僧道修寺庙门”，法律出版社 2000 年版，第 406—410 页。

⑥ 《天盛改旧新定律令》卷 10“司序行文门”，第 378 页。

刺）。[①] 这次战争因藏族僧人的穿针引线，遂使金兵首尾受敌，致遭惨败。又光定四年（1214），西夏右枢密使、吐蕃路都招讨使万庆义勇以书信约宋夹攻金朝，派去联络的是蕃僧减波把波。他带着蜡丸书，前往西和州（今甘肃省西和县）的岩昌寨进行联络。这是西夏晚期利用僧人进行政治活动的一例。[②] 藏族僧人在西夏政治、军事活动中也受到信任，但他们不是显要人物。而在佛教中藏族僧人有令人瞩目的地位。

西夏僧官制度是西夏职官制度的重要组成部分。西夏僧官制度有一个发展、变化的过程，后期最突出的特点是设立帝师。帝师是最重要也是最高的师号。原来认为中国封设帝师始于元世祖至元六年（1269）封八思巴为帝师。然而新发现的文献表明在此一百年前西夏已经开始封设帝师。北京房山云居寺所藏汉、藏文合璧《圣胜慧到彼岸功德宝集偈》的题款中发现了西夏的帝师，名为贤觉帝师波罗显胜。[③] 后又见西夏汉文《杂字》官位第十七中列有帝师，更确证了西夏帝师的存在。[④] 近几年随着中、俄合作整理俄藏黑水城文献的进展，在俄藏黑水城文献中又有新的发现。从黑水城文献中发现的西夏帝师有两位，除贤觉帝师外还有慧宣帝师，他们都是藏族僧人，在西夏都是地位最高的佛学大师，撰著了多种佛教文献。

贤觉帝师在汉藏文合璧《圣胜慧到彼岸功德宝集偈》的汉文题款为“贤觉帝师、讲经律论、功德司正、偏袒都大提点、嚷卧勒沙门波罗显胜”。贤觉帝师有西夏功德司正的职衔，掌管西夏的佛教事务，不难看出他在西夏的宗教地位极高。他的官位也是很高的，“嚷”是“授”意，所赐官位“卧勒”是皇帝以下的最高封号，相当于大国王的地位。俄藏文献中有西夏文刻本《圣胜慧到彼岸功德宝集偈》，其经末西夏文题款与上述房山云居寺汉文佛经题款相对应，贤觉帝师的职称、官位、封号、人名完全一致。贤觉帝师在西夏传著了多部经典，其名称在多种文献中出现。如在西夏文《佛说阿弥陀经》题款中有“贤觉帝沙门显胜”。“显胜”即波罗显胜的简称。有些著作中有“贤觉帝师传”的字样，如《一切如来百字要论》、《圣观自在大悲心依烧施法事》、《圣观自在大悲心依净瓶摄受顺》、《默有自心自劝要论》、《禁绝顺要论》、《疾病中护顺要论》、《默有者随胜住令顺要语》、《奉敕修行者现在及转身利缘佛顶尊胜佛母依千种供养奉顺中共依略忏悔文》等多种。有的文献属名“贤觉菩萨传”或“贤觉菩萨作”，如《忏罪千种供养奉顺中已集当许文》、《等持集品》等。[⑤] 贤觉菩萨即贤觉帝师，在《忏罪千种供养奉顺中已集当许文》题“贤觉菩萨传，兰山智明国师沙门德慧译”，而在《奉敕修行者现在及转身利缘佛顶尊胜佛母依千种供养奉顺中共依略忏悔文》题“贤觉帝师传，兰山智明国师沙门德慧译”，两种经典译者相同。又《等持集品》是贤觉菩萨作，仁宗译经，《奉敕修行者现在及转身利缘佛顶尊胜佛母依千种供养奉顺

① （宋）宇文懋昭：《大金国志》卷17，《四库全书》本。

② （宋）李心传：《建炎以来朝野杂记》乙集，卷20。

③ 罗昭：《藏汉合璧〈圣胜慧到彼岸功德宝集偈〉考略》，《世界宗教研究》1983年第4期。

④ 史金波：《西夏文〈官阶封号表〉考释》，《中国民族古文字研究》第三辑，天津古籍出版社1991年版。

⑤ 俄藏黑水城文献，原编号 Инф. No. 598、6761、7165、6778、5989、7196、6213、816。参见［俄］克恰诺夫《俄罗斯科学院东方学研究所西夏佛教文献目录》，京都大学，1999年（Е. И. Кычанов《Каталог тангутских буддийских памятников》）。No. 292、507、566、567。

中共依略忏悔文》贤觉帝师传，仁宗验定，《圣胜慧到彼岸功德宝集偈》贤觉帝师传，仁宗验定，可见贤觉帝师和贤觉菩萨是同一个人。

贤觉帝师名波罗显胜，不会是汉人。其传著要经过别的高僧译成西夏文，如德慧为法师时曾译《佛说阿弥陀经》，为国师时曾译《忏罪千种供养奉顺中已集当许文》、《奉敕修行者现在及转身利缘佛顶尊胜佛母依千种供养奉顺中共依略忏悔文》等，因此他也不是党项人。贤觉帝师应是吐蕃高僧。

甘州黑水建桥碑的汉文碑铭中也有贤觉菩萨的记载。该碑系仁宗乾祐七年（1176）立，碑文为仁宗御制，其中提到："昔贤觉圣光菩萨哀悯此河年年暴涨，飘荡人畜，故以大慈悲，兴建此桥，普令一切往返有情咸免徒涉之患，皆沾安济之福。……朕昔已亲临此桥，嘉美贤觉兴造之功，仍罄虔恳，躬祭汝诸神等。"① 这里的贤觉圣光菩萨应是贤觉菩萨，也就是贤觉帝师。可能贤觉菩萨在藏族人较多的甘州黑水河上建桥，做功德善事，与贤觉帝师关系密切的仁宗曾亲临此桥，嘉美贤觉兴造之功，后仁宗于乾祐七年立碑撰文，碑文一面汉文，另一面藏文，也可佐证贤觉帝师是吐蕃人。

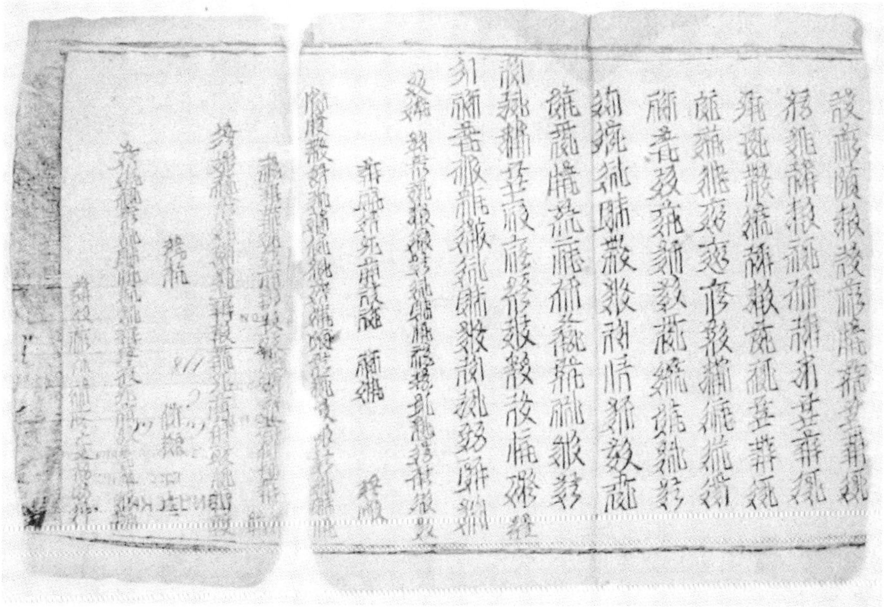

图3　黑水城出土西夏文《圣胜慧到彼岸功德宝集偈》（署名贤觉帝师证义）

在俄藏西夏文文献中出现的第二个帝师是慧宣。慧宣帝师撰著的佛经也不少，有其题名的如《风身上入顺》中有5种要论，每一种要论是名称后都有"中国……帝师沙门慧宣"的题名。② 他的著作也由智明国师德慧译成西夏文。值得注意的是慧宣帝师的题名前都有"中国"二字。"中国"二字在这里不是指中原地区的王朝，也不是指距中原地区很近的西夏王朝，而是专指吐蕃民族。在黑水城的很多佛教文献作、译者题款前冠有"中国"二字

① 《西夏佛教史略》，第19—20页。

② 俄藏黑水城文献原编号 Инф. No. 3708、6344。

者，都不是党项人，而是吐蕃人。然而他们是在西夏的吐蕃人，所接受的封号帝师、国师、法师等都是西夏的封号，他们所在的寺庙是西夏寺庙，所以应把他们视为西夏人。

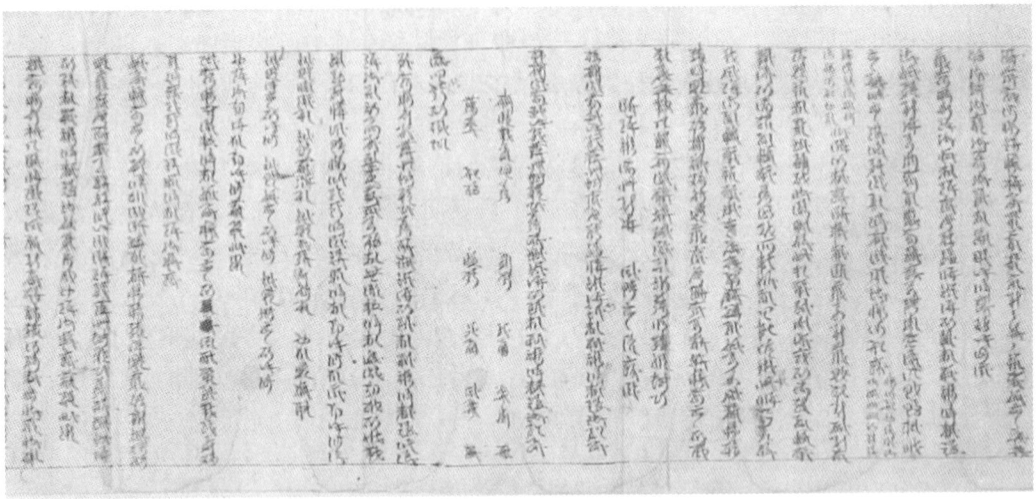

图4 黑水城出土西夏文藏传佛教要论（署名帝师慧宣传）

西夏还有第三个帝师，为大乘玄密帝师。有一部由清宫流传出来的汉文本《大乘要道密集》，经陈庆英教授考证，有一些文献是西夏时译传的。其中第6篇《解释道果语录金刚句记》，题款为“北山大清凉寺沙门慧忠译，中国大乘玄密帝师传，西番中国法师禅巴集”。[①] 大乘玄密帝师是西夏的帝师。在俄藏黑水城文献中虽未见大乘玄密帝师的题名，但有大乘玄密国师的记载。西夏文、汉文两种乾祐二十年（1189）印施的《观弥勒菩萨上生兜率天经》御制发愿文中，记在大度民寺做大法会的高僧有宗律国师、净戒国师、大乘玄密国师，这些都是藏族僧人。[②] 在天庆元年（1194）为刚刚去世的仁宗皇帝刻印的西夏文《仁王护国般若波罗蜜多经》中，又有大乘玄密国师，前面也冠有“中国”二字。[③] 大乘玄密国师后来升号为大乘玄密帝师。在汉文本《大乘要道密集》第66篇《大手印伽陀支要们》的师承次第中，也记载着大乘玄密帝师，他是噶举派著名祖师米拉日巴的再传弟子。

以上三位帝师未在同一文献中出现过。可能西夏王朝同时只封一名帝师，帝师圆寂后，再封一位帝师。这三位帝师的传承顺序约可能是贤觉帝师、慧宣帝师、大乘玄密帝师。

西夏政府中管理佛教事务机构是在家功德司和出家功德司。二司的主要负责人为国师。西夏的国师较多，其地位次于帝师，往往任功德司正的职务。西夏国内同时就可有几名国师。现已从多种文献中知道了西夏二十几位国师的名称，其中有吐蕃族国师。除前面提到的在大度民寺做大法会的高僧宗律国师、净戒国师、大乘玄密国师外，西夏还有一位高僧觉照国师法狮子，也是吐蕃僧人。他的题名前也冠有“中国”二字。《道之中禁绝顺要论》题款为“大度民寺中国觉明国师法狮子传”、《中有身要论》题款为“大度民寺（众宫）中国觉

① 陈庆英：《西夏及元代藏传佛教经典的汉译本》，《西藏大学学报》2000年5月。

② 史金波、魏同贤、克恰诺夫主编：《俄藏黑水城文献》第2册，上海古籍出版社1994年版，TK81、82、83。

③ 俄藏黑水城文献原编号 Инф. No. 592。

照国师法狮子传”。大度民寺是西夏著名寺庙，“中国”当时是藏族的代名词。法狮子是在西夏的藏族高僧。

在西夏法师是低于国师的高僧封号。西夏法师很多，但文献记载中藏族法师较少。《大乘要道密集》第6篇《解释道果语录金刚句记》，题款中的西番中国法师禅巴，就是在西夏的藏族僧人。不仅其前的“西番中国”证明了他是藏族，在同书第七篇《解释道果逐难记》的篇首记禅巴传承，并可推知禅巴是萨迦初祖萨钦的弟子，更确证他是藏族身份。

在西夏传播发展藏传佛教只靠藏族僧人是不够的，要在西夏地区传播藏传佛教经典，需要将其移译成西夏文和汉文，这就要有通晓藏传佛教经典的党项人和汉人。在存世的西夏佛经中可以找到从事藏传佛教经典整理、翻译的党项和汉族高僧。如主持整理、校对、刻印《大白伞盖母之总持诵顺要》的出家僧人酩布慧明，酩布是党项姓。贤觉帝师和仁宗详勘的《圣胜慧到彼岸功德宝集偈》中，参与翻译的有僧人诠教法师鲜卑宝源，鲜卑是西夏番性（党项）之一。周慧海也是参与此经翻译的高僧，他可能是汉族，有显密法师的称号，有功德司副使的职衔，后升为国师，多次翻译贤觉帝师的著作。又如智明国师德慧，他可能不是藏族，但他翻译、著作了多种藏传佛教著作。郭法慧为法师，后升为国师，也翻译多部藏传佛教经典。

11世纪末以后，伊斯兰教在印度强力推行，对原来的佛教造成重大威胁。不少印度僧人为躲避灾难，并弘扬佛法，来到西藏传法。同时一些印度僧人也到佛教兴盛的西夏传法。在西夏时期印度正流行密宗佛教。在西夏早期，景宗时镌刻的《大夏国葬舍利碣铭》中记载进献舍利的有“东土名流，西天达士”，这里的“西天达士”当指印度僧人。[①]《圣胜慧到彼岸功德宝集偈》的题款中有高僧拶也阿难答（胜喜），题款“天竺大钵弥怛、五明显密国师、讲经律论、功德司正、口裦乃将沙门　拶也阿难答亲执梵本证义”，不难看出他有很高的宗教地位，同时也有了相当高的官位“乃将”，此官位是可赐予中书位的高官。他还传译过《佛说阿弥陀经》、《番语顶尊相胜总持功德依经录》、《圣观自在大悲心恭顺》等。在俄藏黑水城文献中还有一些冠有“西天大师”的僧人，他们是在印度撰著密教经典，还是来西夏传法，还需分别考察。

西夏文献中出现了很多僧人的法号、封号和职衔，需要进一步研究他们的族属及活动。但根据上述资料可以看到，在西夏藏传佛教的发展过程中，藏族、党项族、汉族，甚至印度僧人都做出了重要贡献。

五　西夏藏传佛教的经典

藏传佛教在西夏的发展过程中，不少经典移译成西夏文，以适应西夏党项僧俗的需要。百年来，西夏时期的文献出土、发现很多。其中以黑水城出土最为丰富，内中佛教经典数量最多，近400种，里面不乏藏传佛教经典。西夏文佛经中，凡译经时代明确的，大都在西夏前期。而译自藏文的佛经，多未注明翻译时代。这可能是受了当时藏族习惯的影响。在西夏文佛经中，有的在传译经题款中明确写有“羌本翻译”、“羌译”的字样，有的在序或发愿

① 《西夏佛教史略》第30页，附录第231—232页。

文中记载译自藏文，如西夏文《大乘圣无量寿经》序中有“羌文已译，刻印流行”的记载。有的则没有类似记载。所以确定西夏文佛经是否转译自藏文，还要从经名、章节和用语上去考察。有的佛经卷首效法藏文佛经的形式，经题首先是用西夏文音译的梵语经名，前冠有“梵语”二字，然后才是西夏文所译经名，前冠有“番语”二字。译自藏文的西夏文佛经《圣摩利天母总持》、《圣大乘守护大千国土经》、《大寒林经》都是这种形式。

西夏的藏传佛教经典很多，如西夏文《圣大乘守护大千国土经》、《佛母大孔雀明王经》《大寒林经》、《圣大明王随求皆得经》、《大密咒受持经》、《圣八千颂般若波罗蜜多经》、《佛说圣大乘三归依经》、《圣大乘胜意菩萨经》、《圣胜慧到彼岸八千颂经》、《圣胜慧到彼岸功德宝集偈》、《圣观自在大悲心总持功德依经录》、《圣摩利天母总持》、《出有坏母胜慧到彼岸心经》、《不动总持》、《大印究竟要集》、《吉有金刚王空行文》、《圣金刚王能断胜慧到彼岸大乘经》、《无量寿宗要经》、《圣柔吉祥之名真实诵》、《呼金刚王本续之记》、《秘密供养典》、《呼王九佛中绕随五佛亥母随略供养典》、《不动佛随广大供养典》、《六幼母供养典》、《吉有令净恶趣本续干》、《十五天母加赞》等。有不少是藏传佛教的法事仪轨，如《聚轮供养作次第》、《胜令住顺法事》、《菩提勇识之业中入顺》、《菩提心及应常作法事》、《离世七道法事》、《心习顺次》、《金刚王亥母随净瓶以亲诵作顺》、《圣顶尊相胜母供顺》、《金刚王默有母之思定为顺》、《番言圣观自在千眼千手之供顺》、《吉祥上乐轮随耶稀鸠稀字诵以前尊习为识过定入顺要论》、《风气心上入顺》、《风气心上入顺》等。此外，还有很多要论，如《白伞盖随母施食要论》、《四十种空幢要论》、《默有自心自恋要论》、《金刚王默有母随智火供造顺要论》、《欲乐令全混要论》、《大白伞盖母之总持诵顺要论》、《大乘默有者入道中顺大宝聚集要论》、《中有身要论》、《诸密咒要论》等。

藏族的因明学也传到了西夏，西夏文的因明著作也有不少，如《正理滴之句义显用》、《正理意暗除之文略释》、《正理滴特殊造他利比量品》、《正理滴特殊造》、《正理空幢要语》、《正理滴第一义释记》、《正理滴第三义释记》等。

西夏时期还有不少藏文佛经转译成汉文，使汉族信徒也便于接受、信奉。这样藏传佛教在西夏境内进一步扩大了影响。同时也使我国汉文佛经增添了新的内容，对于后世藏传佛教进一步向中原地区传播，起了重要作用。因此，西夏把藏文佛经译为汉文也具有十分重要的意义。在黑水城发现的汉文经典，如《密咒圆因往生集》、《六字大明王陀罗尼》、《仪轨后记》、《金刚剂门》、《念一切如来百字忏悔剂门仪轨》、《佛眼母仪轨》、《梦幻身要门》、《甘露中流中有身要门》、《舍寿要门》、《金刚亥母禅定》、《圆融忏悔法门》、《密教念颂集》、《黑色天母求修次第仪》等。

西夏黑水城还出土有一种特殊的手写本西夏文佛经，其中每一个西夏字都用藏文为之注音。这种佛经仅发现有数纸，为俄国科兹洛夫和英人斯坦因自黑水城遗址掘获①。这种注音形式便于懂藏文的人学习、诵读西夏文佛经，表明了西夏党项文化和藏族文化的互动。此外斯坦因还在黑水城遗址发现有“汉文而用西藏文注释”的残页。由此可以推想当时西夏境内几种主要民族在文化交流中的密切关系。

西夏时期不仅有西夏文、汉文佛经，还有藏文佛经。前述乾祐二十年（1189）印施西

① 《国立北平图书馆馆刊》四卷三号（西夏文专号），1932年出版，第7—21、241—244页。

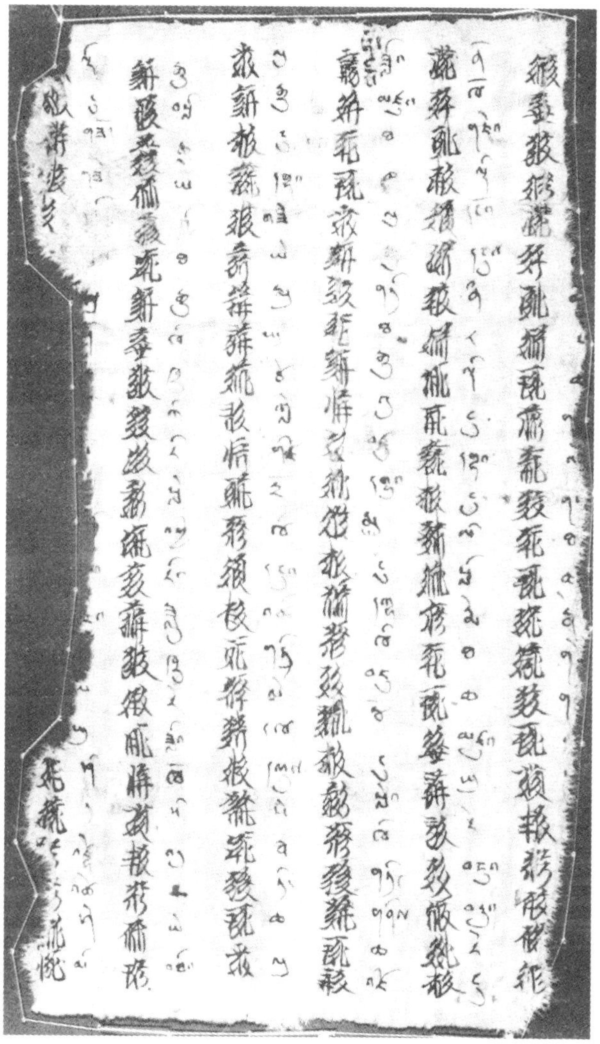

图5　黑水城出土藏文注音西夏文佛经

夏文《观弥勒菩萨上生兜率天经》的御制发愿文中，记载了在大法会上"念佛诵咒，读西番、番、汉藏经"，乾祐二十四年（1193）西夏文《拔济苦难陀罗尼经》的发愿文提到"使诵读番、汉、羌三藏经各一遍"。应天四年（1209）的一佛经发愿文中有"诵读经文：大藏经文番、羌（藏）、汉一百八藏，诸大部帙经及余杂经等共二万五十六部。"也提到做法事活动要读诵藏文佛经。西夏的汉文佛经《佛说父母恩重经》的发愿文记述法事活动时也有"开阐番、汉大藏经各一遍，西蕃大藏经五遍"的记载。①

在目前已经发现的大量西夏文献中，藏文佛经较为少见。西夏在散施大量佛经时，往往只有西夏文和汉文佛经，没有藏文佛经。如仁宗乾祐十五年（1184）刻印的汉文《佛说圣大乘三归依经》发愿文记载："仍敕有司，印造斯经番、汉五万一千余卷，彩画功德大小五

① 俄藏黑水城文献原编号 Инф. No. 5423、117。《俄藏黑水城文献》第3册，TK120。

万一千余帧”，乾祐二十年（1189）刻印的汉文《观弥勒菩萨上生兜率天经》发愿文记载：“散施番、汉《观弥勒菩萨上生兜率天经》一十万卷，汉《金刚经》、《普贤行愿经》、《观音经》等各五万卷”。桓宗天庆二年（1195）刻印的汉文《大方广佛华严经入不思议解脱境界普贤行愿品》发愿文记载：“散施八塔成道像净除业障功德共七万七千二百七十六帧，番、汉《转女身经》、《仁王经》、《行愿经》共九万三千部。”① 每次所散施佛经都数以万卷，应是刻本。其中未提到大量散施西番（吐蕃）文经。没有刻印和散施大批藏文佛经可能说明在西夏西番人数不如党项族、汉族多，或藏文的刻印事业不如西夏文、汉文发达。

因西夏境内有相当数量的吐蕃人，在黑水城、武威等地也出土了一批西夏时期的藏文经典。俄藏黑水城文献中，藏文经典有数十种，有写本，也有刻本。藏文写本如《大般若波罗蜜多经》、《辩证法性论》等。② 藏文的刻本也陆续有所发现，从黑水城出土的藏文文献中找到了早期藏文印刷品。如刻本藏文护轮等。一种护轮高 24.5 厘米，宽 19.5 厘米，画中张开的公猪皮内有一大圆圈，内有藏文，中又有正方形，四角有藏文，内又有一小圆，有藏文 6 行。另一种护轮高 24 厘米，宽 24.5 厘米，画一背部张开的陆龟，内有 7 个同心圆，各圆圈内有藏文、梵文。③ 此外还有几种藏文刻本佛经，不少页面完整，有的一种多达二十多页。

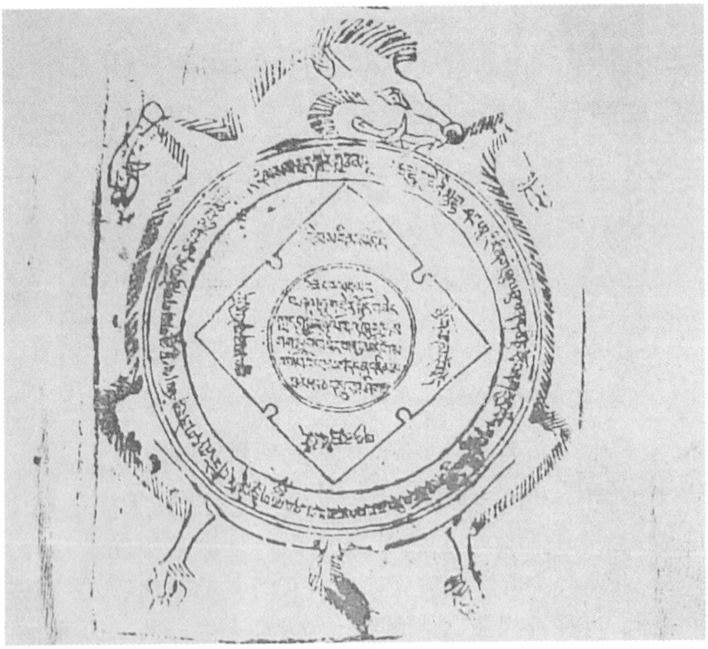

图 6　黑水城出土刻本藏文护轮

① 《俄藏黑水城文献》第 1 册，TK58。第 3 册，TK121。第 2 册，TK98。又见《西夏佛教史略》，262、267、274 页。

② 《俄藏黑水城文献》第 1 册，彩图 59、60。

③ ［俄］米开鲁·比奥特洛夫斯基：《丝路上消失的王国——西夏黑水城的佛教艺术》，意大利米兰爱利克塔出版公司 1993 年版。

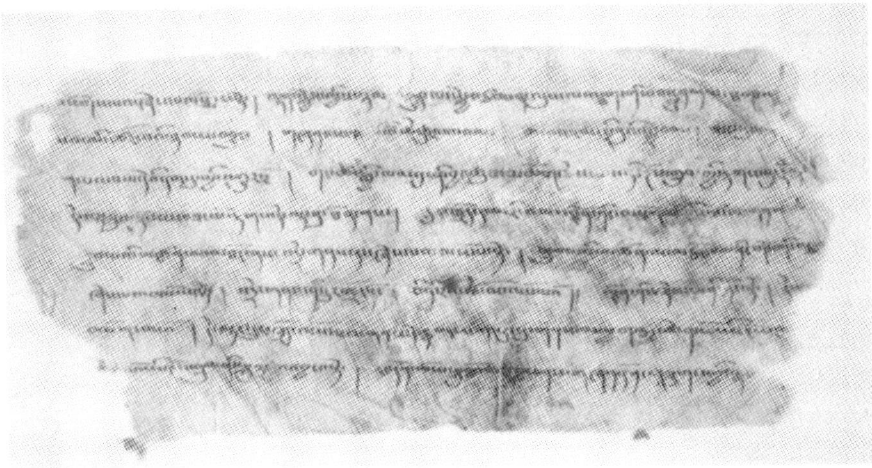

图7　黑水城出土写本藏文佛经

藏族有高度发展的文化，早在7世纪就创制了文字，藏文经典也译制、集结很多，但在很多民族普遍使用印刷术时，藏文的早期印刷品却一直未能发现。过去见到最早的藏文印刷品属于明代。上述黑水城出土西夏时期的藏文刻本，证明早在西夏时期已进行了藏文的雕版印刷。这些藏文佛经是目前所知最早的藏文刻本。近年在敦煌莫高窟北区也发现了多种早期藏文刻本残页，也十分珍贵。[①]

随着藏传佛教的传播，藏文佛经的装帧形式也传入西夏。西夏的佛经中有一些是梵夹装（长条书式），纸质厚重，两面书写。唯藏文横书，西夏文竖写，各自遵循原来的书写习惯。如《佛说佛母出生三法藏般若波罗蜜多经》、《种咒王阴大孔雀经》、《圣大乘守护大千国土经》、《圣大悟阴王随求皆得经》、《圣魔利天母总持》、《大般涅槃经》等都是梵夹装。[②]

西夏地区的大量藏传佛教经典有的译自藏文，有的是吐蕃佛教大师在西夏的撰著，还有的是党项人和汉人的著作。这些文献说明西夏是传承、翻译、撰著藏传佛教经典的一个极为重要的基地，为藏传佛教继续在中原地区传播打下了良好的基础。

六　西夏藏传佛教的绘画和雕塑

佛教绘画是佛教信仰的重要组成部分。西夏时期重视佛画的制作和供养，在原西夏统治的很多地区发现有佛画。

被称为佛教圣地的莫高窟、榆林窟第2窟群中有70多座洞窟属西夏时期，敦煌莫高窟和安西榆林窟的西夏壁画数量多，类型全，内容丰富，典型地反映出西夏绘画的水平和特色。西夏壁画上承五代、宋初风格，后逐渐融入了西夏的民族风格和特点，并进一步发展为

① 黄颢：《敦煌莫高窟北区石窟出土藏文文献译释研究》，载敦煌研究院编《敦煌莫高窟北区石窟》，文物出版社2000年版。

② 俄藏黑水城文献原编号 Инф. No. 5650、5757、5757b、7783 、6841、6331。

成熟的西夏壁画艺术。西夏后期藏传佛教的影响进入洞窟，藏式佛画开始流行，特别是榆林窟晚期的第2窟、第3窟和第29窟更为典型。第3窟的壁画是密宗的本尊大日如来和观音为坛主，顶部藻井是以大日如来为中心的坛样图，千手千眼观世音像也受藏密风格影响。[①]榆林窟19窟有一条西夏时代的汉文题记："乾祐廿四年……画师甘州住户高崇德小名那征，到此画秘密堂记之。"[②] 乾祐二十四年（1193）是仁宗朝，画师高崇德是甘州人，他所画秘密堂当指西夏晚期的藏密洞窟。

位于河西走廊酒泉附近的文殊山万佛洞石窟中有西夏壁画，其中的弥勒上生经变图中也有藏传佛教的影响。[③] 在敦煌城南60公里的五个庙石窟的第1窟中，有很多藏密内容的壁画，如十一面观音图、坛城图等。[④] 这也明显地表现出西夏时期藏传佛教的影响。

除佛教洞窟和寺庙有藏传佛教的绘画外，佛画还作为功德大量绘制。如西夏天祐民安五年（1094）刻印的《圣大乘无量寿宗要经》施经发愿文中记载，施帛画一万帧。西夏时期雕印的《佛说圣大乘三归依经》的御制发愿文中提到"乃敕有司，印造斯经番、汉五万一千余卷，彩画功德大小五万一千余帧"。这五万一千余帧佛画应是印制的。

在黑水城出土的西夏珍品中除大批佛经外，还有与这些佛经同时出土的三百多幅佛教绘画（唐卡），这些彩绘佛画有的受中原佛教影响，也有的受藏传佛教影响，有的在同一幅绘画中融合了两种绘画的风格。藏于俄罗斯圣彼得堡冬宫博物馆（爱尔米塔什）的西夏藏传佛教唐卡有《金刚座上的佛陀》、《金刚座佛与五大塔》、《药师佛》、《十一面八臂观音》、《绿度母》、《佛顶尊胜曼荼罗》、《金刚亥母》、《胜乐金刚》、《不动明王》、《空行母》、《胜乐轮威仪父母曼荼罗》、《胜乐轮威仪曼荼罗》、《观世音菩萨》、《阿弥陀佛的净土》、《增长天》、《比丘像》、《佛陀和文殊师利》、《释迦牟尼佛说般若波罗密》等。这些绘画品多为浓彩重墨，色调深沉，反映了藏传佛教密宗"唐卡"的风格。如《十一面八臂观音像》高132.5厘米，宽94厘米，观音端坐在正中莲花座上，十一种面孔分别表示出慈悲相、愤怒相，最顶上一面则为佛面。图上部有五身坐佛像，左右和下方分格画有八幅图像作为中心观音像的陪衬。又如《不动明王图》，高47厘米，宽35厘米，不动明王单腿跪于一莲花座上，火焰背景中又有小不动明王，3眼，2臂，系虎皮腰带，头戴附有头盖骨的王冠，一大蛇盘绕其身，也是典型的藏密风格。

在宁夏贺兰县宏佛塔也出土了《上乐金刚图》、《护法力士图》等藏传佛教的唐卡。《上乐金刚图》，绢质，高61.3厘米，宽40厘米，中间绘上乐金刚和明妃双身像，主尊裸体蓝色，有红、黄、兰、白、绿五种面孔，有12臂，2主臂拥抱明妃，其余10臂各持法器，双足弓立，踏2怪魔，身上装饰也依密宗规范。明妃红色，头戴五骷髅冠，仰首垂发。上部有6图像，为金刚亥母的伴神；下部有8尊坐像。《护法力士图》，绢质，高80厘米，宽51.5厘米，护法力士头戴冠，冠顶上又出一法像，长发后扬，突眉怒目，呲咧大嘴，披红色云

① 万庚育：《莫高窟、榆林窟的西夏艺术》，《敦煌研究文集》1982年第3期。

② 《西夏佛教史略》附录，305页。

③ 张宝玺：《文殊山万佛洞西夏壁画的内容》，《1983年全国敦煌学术讨论会文集》（石窟、艺术篇上），甘肃人民出版社1985年版。

④ 张宝玺：《五个庙石窟壁画内容》，《敦煌学辑刊》1986年第1期。

图 8　黑水城出土西夏唐卡十一面八臂观音像

肩，右手握三股叉法器，左手于胸前托物。画面浓丽，主要施红、黄、蓝色。

宁夏贺兰山拜寺口西塔也出土了《上乐金刚图》唐卡，高 85 厘米，宽 45 厘米。中间绘上乐金刚与金刚亥母双身像，金刚裸体，蓝色，面有 3 目，直鼻大耳，左手握金刚铃，右手持金刚杵双足踏两妖魔。明妃红色，面有 3 目，右手上举，持勾刀，左手拥抱主尊；上部为 5 小图，图中分别为五色双身像；下部为 3 尊蓝色护法金刚，旁边各有一祖师像。青铜峡一百零八塔附近的小塔内也出土了藏传佛教唐卡，是两幅《千佛图》，其一绢质，高 107 厘米，宽 51 厘米，画面中部为主尊大日如来及两尊菩萨主像，周围分成 215 个小框，200 个框中各绘一尊坐佛，下部 15 个小框内各绘供养女像。这证明在西夏的东部地区藏传佛教也有广泛的、重要的影响。

西夏时期的佛经中也有木版画，如黑水城出土的两幅大型坛城木版画引人注目。木版画为《佛顶尊圣曼荼罗图》，高 130 厘米，宽 108 厘米，全图是圆、方、小圆组成的坛城，中间是自怖顶尊圣，有 3 脸，每脸有 3 眼、8 臂，分别在图右下角绘男女供养人，可能是夫妻。画底蓝色，有西夏文陀罗尼。此图也是典型的藏密画风。这样大型的藏传佛教木版画实属罕见。

图 9　黑水城出土木版画《佛顶尊圣曼荼罗图》

一些西夏藏传佛教经典的卷首有说法图之类的佛画，主要是刻本佛经。这些佛画往往带有藏传佛教的风格。如西夏文刻本《圣大乘守护大千国土经》前有经图，主尊上有西夏文题款“守护大千国种咒经天母”。

西夏大量藏传佛教绘画作品的创造，必然造就出一批画家、画匠。可惜我们不知道他们的名字，前面提到的在榆林窟绘制秘密堂的画师高崇德是唯一知道名字的藏密画师。

图 10 黑水城出土西夏文《圣大乘守护大千国土经》卷首经图

存留下来的西夏时期藏传佛教雕像极少。目前所知为拜寺口西塔出土的一尊木雕设色上乐金刚与金刚亥母双身像。上乐金刚四面十二臂，是典型的藏传佛教造型。[1] 甘肃武威林场西夏墓出土的木缘塔，是结构复杂，制作精良的佛教艺术品，高 70 厘米，塔身用八块长 34 厘米，宽 12.5 厘米，厚 2 厘米的木版合成，涂蓝色，每块板上都写有梵文咒语，中间加有汉字经咒名称：《归依三宝》、《圣无量寿一百八名陀罗尼》、《一切如来百字咒》、《药师琉璃光王佛咒》、《圣日光天母心咒》，这些经咒名也表现出密教的特点。[2]

保存至今的唐宋时期的藏传佛教唐卡，十分稀见，皆为珍品。近代在西夏故地发现的大批西夏藏传佛教绘画，类型多样，内容丰富，证明西夏是当时藏传佛教绘画的重要地区。这些唐卡为研究藏传佛教的发展和藏传佛教绘画增添了大量珍贵的资料。

七 西夏藏传佛教的建筑

寺庙是佛教活动的中心，也是僧人的居所，所以历来提倡佛教的统治者无不重视寺庙的建设。藏传佛教在西夏的流行也会影响到西夏佛教建筑。以下仅举数端。

贺兰山拜寺口双塔及寺院遗址位于银川市西北约 45 公里的贺兰山东麓，今存两座高峻挺拔的古塔，俗称“双塔”，始建于西夏。塔分东、西座落，相隔百米，外形和高度近似，均为八角形十三层密檐式砖塔，高约 45 米。塔顶为上仰莲花刹座，承托十三游相轮。塔身中间辟有拱形龛，内置佛装饰有所不同。东塔每层檐下均为两个怒目圆睁的砖雕兽头，威严凶猛；西塔每层檐下正中均设一方形浅龛，龛内塑立佛一尊。龛两侧各有一砖雕兽头，口吐

① 谢继胜：《西夏唐卡中的双身图象内容与年代分析》，《艺术史研究》第二辑，2000 年。

② 宁笃学、钟长发：《甘肃武威西郊林场西夏墓清理简报》，《考古与文物》1980 年第 3 期。

宝珠，串若悬河。塔棱转角处的上方，又塑坐佛一尊。塔身通体涂抹石灰，施以彩绘。塔顶上有砖砌的刹座和“十三天”。两塔装饰繁褥华丽，充满了神秘的宗教色彩。特别是西塔造像内容为典型的藏密题材，有的专家认为其塔表影塑形式从二层至十三层，将二十四僧侣、十六罗汉、八财神、十六护法金刚、十六供养菩萨、转轮王的七宝及佛前供品八吉祥，按佛教的地位由低到高的布局，同藏传佛教的法器曼荼罗有许多相似之处。[①]

宏佛塔位于宁夏贺兰县。此塔是楼阁塔与喇嘛塔的复合形式，下部三层为八角形楼阁塔，上部是巨大的覆钵塔。此塔与天津市蓟县观音寺舍利塔、北京市房山县云居寺塔相似。此塔为空心结构。楼阁塔各层塔身上部砌出阑额、斗拱和叠涩砖塔檐，檐上有平座和栏杆。上部的覆体塔由塔基、塔身和塔刹组成。塔基平面呈十字对称向内折两角形式，塔身作宝罐状，塔刹由亚字形刹座承托“十三天”，顶部塌毁。塔身通体涂石灰，施以彩绘。这种建筑形式与藏传佛教有密切关系。

一百零八塔在宁夏回族自治区青铜峡县峡山口黄河西岸，依山势从上至下按奇数排列成十二行：第一行为1座；第二、三行各3座；第四、五行各5座；第六行以下分别为7、9、11、13、15、17、19座；总计一百零八座，形成总体平面呈，三角形的巨大塔群。塔均为喇嘛式实心砖塔，单层八角形须弥座，塔身内衬土坯，外裹砖石，通体涂有白灰，原白灰面上画有各式彩绘。塔顶一般为宝珠式，但基本上都已塌毁。塔的高度，除第一行一座高5米外，其余均在2.5米左右。塔体形制大致上可分为四类：第一行为覆钵状，第二行至第六行为八角形鼓腹尖锥状，第七行至第八行为宝瓶状，第九行至第十二行为葫芦状。1973年在其附近的一座古塔中曾发现帛画两幅，画面为千佛图，并有西夏文墨书题记。

西夏藏传佛教译经、传法活动较多的寺庙有贺兰山大度民寺、北五台山中的清凉寺、武威缠山亥母寺等。西夏藏传佛教寺庙的地望、建筑形式和特点有待进一步考察、研究。

八 西夏与藏传佛教的东传

西夏时期藏传佛教有了长足的发展，使藏传佛教的影响自青藏高原的东缘向东传播到贺兰山以东的河套地区。文献记载表明，当时藏传佛教对西夏的社会民俗产生了重要影响。不仅如此，在这里还酝酿成熟了藏传佛教在非藏族地区传播的体制和经验，为此后藏传佛教的继续向中原腹心地区东传打下了基础。

西夏亡于蒙古。蒙古统治者占领西夏后，吸收了一部分原西夏的统治阶层的人士及其后裔为己所用。当时党项人被称为唐兀人，属色目人。蒙古统治者接受了他们不少治国建议和文化营养，同时也接受了佛教的信仰和制度。成吉思汗征服西夏时，曾向西夏王的上师、后藏人通古娃·旺秋扎西请问佛法。[②] 此人是蔡巴噶举的一位喇嘛。对元世祖忽必烈影响较大的西夏人高智耀原是西夏进士，他尊崇儒术，同时又信奉佛教，“事佛敬僧，乃其所乐，迹其心行，一有发僧耳。”[③] 后其孙纳麟任元朝宣政院使。

---

① 何继英、于存海：《西夏拜寺口双塔影塑释读》，(台湾)《历史文物》第10卷第8期，2000年。

② 东嘎·洛桑赤列：《论西藏政教合一制度》，民族出版社1983年版，第2部分第一节。

③ (元) 王恽：《秋涧先生大全文集》卷八六，第6页，《四部丛刊》本。

蒙古时期蒙古汗窝阔台之子宗王阔端，受封于西夏故地，坐镇凉州，经营吐蕃。他一方面派兵攻入吐蕃地区，后来又遣使至吐蕃，召请吐蕃最有影响的萨迦寺主萨迦班智达及其两个侄子八思巴、恰那多吉来凉州，议定吐蕃归附蒙古大事。不难想象，阔端在原西夏地区会了解到藏传佛教的影响，以及西夏统治者利用藏传佛教的情况。蒙古统治者将会谈地点选在藏族影响较大、藏传佛教信仰浓烈的西夏故地凉州，对这一重要会谈增添了浓重的文化、宗教色彩。萨班一行来到凉州后，阔端对他们给予热情接待，对藏传佛教表现十分尊重。会谈结束后，萨班写给卫藏各教派的信中说："此菩萨汗王敬奉佛教，尤崇三宝。"会谈的成功确立了蒙古对吐蕃的统治，也确认了藏传佛教的地位。凉州会谈对藏传佛教在蒙古族地区的传播和在以后全国的流行都有重要影响。

元朝在推行藏传佛教的过程中，继承并完善了西夏的帝师制度。自元世祖忽必烈封八思巴为帝师后，元朝皇帝即位之初，例从藏族僧人受戒，并设帝师。嗣为帝师者都是藏族萨迦款氏后人，或萨班、八思巴的弟子及后人，例领宣政院事，掌管全国佛教。西夏的后裔在元代佛教发展中一直起着推波助澜的作用。西夏的后裔参与元代佛教管理的不乏其人。最著名的是杨琏真加于世祖时任江南释教总统（总摄），法号永福大师。又有杨暗普、高纳麟、韩嘉纳、哈蓝朵儿只、星吉、杨亦执里不花、日耳塞、尔禄等都曾主持管理佛教的宣政院。另有僧人三宝在杭州钱塘叠石为西蕃塔，西蕃塔应是藏传佛教塔。[①] 还有一些西夏后裔涉足佛教的管理和佛经的印制事务，颇有影响。元代在杭州多次雕版印制西夏文佛经，施送西夏故地，说明元代西夏人势力不小。

直至元朝末年，西夏后裔依然对藏传佛教的发展发挥着显而易见的影响。至正五年（1345）在元大都北部居庸关过街塔门洞内以汉、梵、藏、八思巴、回鹘、西夏六体文字刻石，内容为经题和《佛顶尊胜陀罗尼》、《佛顶放无垢光明入普门品观察一切如来心三摩耶陀罗尼》、《佛顶无垢普门三世如来心陀罗尼》，仅西夏文就有 77 行，参与倡导其事的有官居中书平章政事的党项上层纳麟，参与主持此事的还有党项人显密二种巧猛沙门领占那征师。至正八年（1348）速来蛮西宁王及其眷属，在敦煌莫高窟建造像碑，碑上刻六字真言，也是包括西夏文在内的上述文字。

唐朝以后，佛教中显密概念的使用范围扩大。在西夏显密二分佛教已成为佛教界公认、常用的判教概念。[②] 通晓显密二教，才算全面掌握了佛教的知识，称得上高僧大德。西夏文献中多次出现显密国师、显密法师的称呼。元代继承了西夏的传统，把显密二分佛教的观念在全国佛教界确定下来。

《大乘要道密集》是一部由元、明、清宫廷流传的密藏佛法珍本，原被认定为元朝初年帝师八思巴给元世祖传法密宗法本的汉译本。此集经整理后共有 83 篇，其中 47 篇未录传、译者，有传、译者的 36 篇中八思巴集撰的只有 4 篇，其余是他人所作。据陈庆英教授考证该集中不仅有元代的作品，还有 8 篇是西夏时期的著作：《解释道果语录金刚句记》、《解释道果逐难记》、《无生上师出现感应功德颂》、《依吉祥上乐轮方便智慧双运道玄义》、《新译大手印不共义配教要门》、《新译大手印顿入要门》、《大手印伽陀支要门》、《新译大手印金

① 汤开建：《元代西夏人物表》，《甘肃民族研究》1986 年第 1 期。

② 吕建福：《中国密教史》，中国社会科学出版社 1995 年版，第 514—515 页。

璎珞要门》，参加传译的有西夏的帝师、国师、法师。[①] 笔者初步考察后又发现在有传译者的24篇中还有西夏时期的作品。如第4篇《含藏因续记文》、第5篇《四量记文》、第8篇《引上中下三机仪》、第18篇《金刚句说道时灌仪》、第19篇《摄受承不绝授灌记文》、第33篇《除影瓶法》、第34篇《截截除影法》、第40篇《座等略文》、第54篇《赎命法》等9篇，都记有“大瑜伽士名称幢师述”。在俄藏黑水城文献中发现有西夏文藏传佛教经典《吉有恶趣令净本续之干》中，其集、译者题款为“羌中国大默有者幢名称师集，瑞云山慧净国师沙门法慧译”。[②] 此题款中的吐蕃高僧幢名称，应即前述9篇著作的名称幢，这应是西夏文与汉文译法的不同。他所作经典都属藏传佛教内容，名称后都有一“师”字。在其他各篇中有的经名、译者、寺名和已知的西夏密教经典有相近甚至相同之处，也有可能是西夏时期的作品。这样一部在中原地区流传的重要藏传佛教经典中，竟有这样多的西夏时期的作品，从经典的传播角度不难看出西夏对藏传佛教东传的重要作用。

可以说，西夏不仅是藏传佛教东传的重要过渡地带，也在这里形成了藏传佛教东向发展的思想、经典和制度基础，没有藏传佛教在西夏的先期流行和发展，就难以形成此后藏传佛教在全国很多地区的进一步传播。

① 《西夏及元代藏传佛教经典的汉译本》。

② 俄藏黑水城文献原编号 Инф. No. 7909。

西夏学和藏学的关系*

西夏学与藏学相比，是一门新兴的学问。随着大量新的西夏资料的发现和深入研究，西夏学和藏学的关系越趋显明。研究西夏离不开藏学，同样，研究藏族也不能忽视西夏学。

一 西夏主体民族党项族和藏族的关系

西夏是中国中古时期的一个王朝（1038—1227），其主体民族是党项族，当时自称“弥”，汉语称为“番”。西夏境内还有汉、吐蕃、回鹘等民族。吐蕃是世居青藏高原的民族，是今藏族的先民。在西夏语中读〔孛〕，即“吐蕃”之“蕃”。在西夏文译《孙子兵法三注》中，就以此字译“吐蕃”。此字在西夏汉文文献中又译为羌、西羌、西番。党项和吐蕃两个民族皆属羌系，族源较近，语言同系，地域衔接，山水相连。两者都有较大的势力，双方的文化交流，特别是宗教的往来比较多。

早在唐代吐蕃和党项两个民族就有过从甚密的交往。藏文文献《贤者喜宴》记载：唐代吐蕃首领松赞干布就曾娶弭药王之女茹雍妃法莫尊为妃。“弭药”是一部分党项人的称谓。茹雍妃在西藏建造了拉萨卡查寺。松赞干布还命令在弭药热甫岗建造了雍佐热甫寺神殿。在建桑耶寺时，曾迎请弭药嘎地之毗沙门区的高僧。当时有的弭药人被列入吐蕃著名译师的行列。可见，吐蕃和党项族在唐朝初年就有密切往来。①

后来，吐蕃和党项两个民族的分布都有了新的发展。吐蕃势力不断强大，乘唐朝安史之乱向东北方向发展，其势力达到河西、陇右地区。当时在今陕西、宁夏、甘肃都有吐蕃人居住。在吐蕃向东、向北发展过程中，党项族也经历着民族大迁徙。唐初党项族首领拓拔赤辞归附唐朝，被封为西戎州都督，赐姓李氏。唐中期，党项族因受西部吐蕃势力的挤迫，在唐朝的允许和支持下陆续向东北迁移。“吐蕃强盛，拓跋氏渐为所逼，遂请内徙，始移其部落于庆州，置静边等州以处之。其故地陷于吐蕃，其处者，为其役属。”② 党项迁徙后分布的地域为庆州（今甘肃省庆阳）、灵州（今宁夏灵武市）、盐州（今陕西省定边）、银州（今陕西省米脂）、夏州（今陕西省靖边）等地，后来又进入河西走廊，多与吐蕃人接近，甚至

---

* 原刊于《西藏民族学院学报》2006 年第 1、2 期。

① 巴卧·祖拉陈哇著，黄颢译注：《贤者喜宴》，《西藏民族学院学报》1981 年第 2 期。

② 《旧唐书》卷 198《西戎传·党项羌》。

交错居住，形成你中有我、我中有你的居住格局。这是两个民族新的密切交往的重要基础。

自唐末、五代至宋初，党项族在河套和河西走廊一带，势力壮大，逐渐形成稳定政权。吐蕃自9世纪后半叶政权瓦解。在党项政权坐大之时，于临近西夏政权的青藏高原东北缘先后建立了两个吐蕃政权。11世纪初，六谷部落首领潘罗支以凉州（今甘肃省武威）为中心建立了吐蕃政权，潘罗支助宋攻党项政权，形成吐蕃、北宋夹击党项的态势。这样党项政权与吐蕃政权矛盾加深，不断发生争战。党项首领李继迁“攻西蕃，遂入西凉府，知州丁惟清陷没。潘罗支伪降，集六谷诸家及者龙族，合击继迁。继迁大败，中流矢遁死。”① 宋景德二年（1005）继迁子德明又谋杀潘罗支。11世纪30年代，吐蕃赞普后裔唃厮啰在青唐（今青海西宁市）一带建立了吐蕃政权。唃厮啰也采取了附宋抗夏的政策，宋朝封唃厮啰为保顺军节度使，使之牵制西夏。唃厮啰常与西夏发生矛盾，甚至兵戎相见。

后成为西夏第一代皇帝的景宗元昊在西夏未立国前，于广运二年（1036）就引诱西蕃人叛唃厮啰。西夏景宗、毅宗、惠崇、崇宗时都有吐蕃人投归西夏。如夏毅宗拱化元年（1063）吐蕃一首领禹藏花麻无力抵抗宋军攻掠，以西使城及兰州一带土地献给夏国，夏妻以宗女，封为驸马，后升为统军②。西夏和吐蕃双方关系曲折复杂，总地说由对抗转为和缓，发展到关系密切。两族的关系在新形势下有了新的发展。

西夏惠宗时期调整了与吐蕃政权的关系，西夏掌握朝政的皇太后梁氏，有意结连吐蕃，天赐礼盛国庆三年（1072）以自己的女儿向吐蕃首领董毡之子蔺逋比请婚。第四代西夏皇帝崇宗乾顺时期，西夏国相梁乙埋又向吐蕃首领阿里骨为自己的儿子请婚。后来吐蕃首领拢拶又与西夏宗室联姻。西夏中、后期双方关系大为改善，交往比早期显著增多。后来西夏版图中包括了更多的吐蕃人的居住地，吐蕃人在西夏人数不断增加，吐蕃人信奉的藏传佛教影响也不断加大。

包括吐蕃人在内的各族人担任官职时，以官位高低排列座次，只是官位相同时党项人排在前面，体现出主体民族的优势地位。③ 在西夏文献中，吐蕃人除僧人外，在政界和军界任职高位者极少，可能吐蕃人的势力和影响主要在宗教方面。

西夏中后期与邻近的吐蕃政权保持良好的、互不侵犯的关系，也反映在西夏法典中：“与沿边异国除为差派外，西番、回鹘、鞑靼、女直相和倚持，我方大小检引导过防线迁家、养水草、射野兽来时，当回拒，勿通过防线，刺史、司人亦当检察。”④ 西夏以法律形式规定的所谓“相和依持”，表明了当时与包括吐蕃政权在内的周边各少数民族政权的关系。

二　西夏佛教与藏传佛教

西夏正式立国前，在夏州政权时就接受了佛教，那时接受的是汉传佛教，即中原地区的

① 《宋史》卷492《吐蕃传》。

② 《西夏书事》卷12、15、20、21、23、27、29。

③ 史金波、聂鸿音、白滨：《天盛改旧新定律令》，《中国传世法典》之一，法律出版社1999年版，卷十“司序行文门”，第379页。

④ 《天盛改旧新定律令》卷四“边地巡检门”，第211页。

佛教。西夏建国以后也以中原地区佛教为主，多次向宋朝求赐佛经，并翻译成西夏文字，在50多年中译成西夏文大藏经3570余卷。当时回鹘僧人在传译佛经方面起了重要作用。实际上，在西夏地区因早有藏族居民，从一开始藏传佛教就有影响。西夏中期以后，随着与藏族关系的改善和西夏统治者的提倡，西夏大力吸收和发展了藏传佛教，聘请吐蕃高僧，翻译藏传佛教经典，大大提高了藏传佛教和吐蕃族的地位。吐蕃、党项族风俗相近，原始宗教信仰类似，这为带有藏族原始宗教特点的藏传佛教在西夏的传播提供了有利条件。

西夏所辖地区早有信仰佛教的传统，在西夏王朝的大力提倡下，西夏佛教信众更多。藏传佛教是佛教的一种，笃信佛教的西夏上层和民庶也容易接受藏传佛教。在西夏人的心目中，吐蕃人是笃信佛教的典范。黑水城（今属内蒙古额济纳旗）出土的西夏文《新集碎金置掌文》中有“弭药勇健行，契丹步行缓，羌多敬佛僧，汉皆爱俗文”的记载。[①] 这里精练地概括出党项（弭药）、契丹、羌（吐蕃）、汉四个民族的特性，明确指出吐蕃的特点是“敬佛僧”。黑水城出土的另一件西夏文文献中称“东汉礼王国，西羌法王国”。[②] 西夏人认为东部的中原地区汉族是讲究礼仪的王国，而西部的藏族地区是信奉佛法的王国。当时在位的西夏皇帝十分重视藏传佛教，十分尊重藏传佛教的大师，这为在西夏发展藏传佛教创造了极为有利的条件。西夏是掌握王朝政权的主体民族，自然有能力在境内推行藏传佛教。当时在中国具备推行藏传佛教的民族、地域、信仰、民俗、权利等综合条件的只有西夏党项族。由于西夏统治者借助这些得天独厚的条件极力推动，藏传佛教在西夏境内得以迅速传播发展。

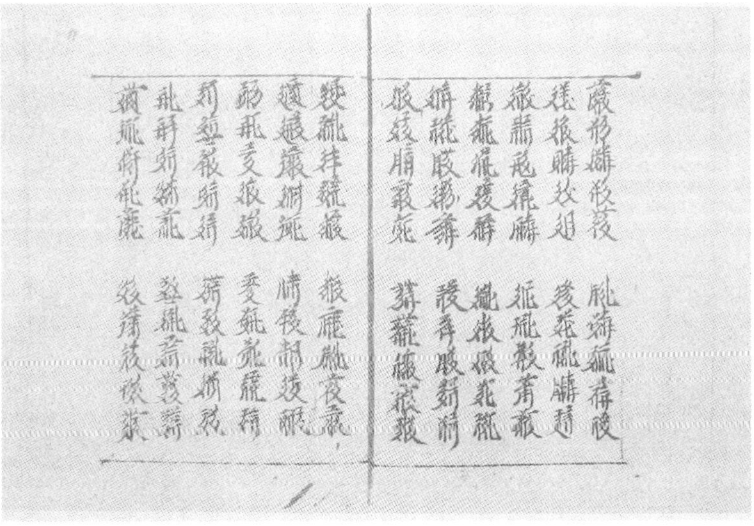

图1　西夏文《新集碎金置掌文》中有关藏族的记载

目前所能见到的汉文、西夏文、藏文材料表明西夏佛教受藏传佛教影响，主要是在西夏中、后期。西夏崇宗乾顺天祐民安五年（1094）立于武威的著名凉州护国寺感通塔碑，记有“感通塔内羌、汉二众提举”的职衔，在碑文的西夏文部分，与汉文“羌”对应的西夏

① 聂鸿音、史金波：《西夏文本〈碎金〉研究》，《宁夏大学学报》1995年第2期。

② 俄罗斯圣彼得堡东方学研究所手稿部藏黑水城文献原编号 Инф. No. 292。

文字音“孛”，即指吐蕃人。可知至少 11 世纪末西夏的重要寺庙护国寺，已设有管理吐蕃僧人事务的僧官。

图 2　凉州护国寺感通塔碑西夏文、汉文碑铭拓本

藏文文献中也有关于西夏接受藏传佛教的记载。如《贤者喜宴》记录了吐蕃佛教中的噶玛噶举派和萨迦派在西夏中期受到重视和发展的事实。西藏噶玛噶举派的都松钦巴（1110—1193）是该派的初祖法王，他不仅在吐蕃有很大影响，也很受西夏仁宗皇帝的崇敬。仁宗遣使入藏专程迎请，都松钦巴未能前来，但还是派遣弟子格西藏索哇到西夏。藏索哇被西夏皇帝尊为上师，传授藏传佛教的经义和仪轨，并组织力量大规模翻译佛经，很受宠信。后来，都松钦巴所创有名的楚布寺建白登哲蚌宝塔时，西夏王又献赤金缨络及幢、盖诸种饰物。都松钦巴死后，在其焚尸处建造吉祥聚米塔，藏索哇又自西夏做贡献，以金铜包饰此塔。又西藏萨迦派祖师札巴坚赞（1149—1216）的弟子迥巴瓦国师觉本，曾被西夏人奉为上师。可见，至少当时吐蕃佛教中的噶玛噶举派和萨迦派都已传入西夏，并产生了相当大的影响。[①] 其实藏传佛教的宁玛派也早已进入西夏。西藏的一些重要文献还记载了西夏的王统。

图3　西藏楚布寺

西夏的西、南部与吐蕃邻近，境内吐蕃人也较多，因而这一带藏传佛教的传播比其他地区更为广泛。藏传佛教在西夏的发展大抵以河西走廊为重点，并逐渐向西夏腹地今宁夏一带延伸。河西走廊的凉州、甘州（今甘肃省张掖）、沙州（今甘肃省敦煌）、瓜州（今甘肃省安西）、肃州（今甘肃省酒泉）等地是受吐蕃佛教熏陶较早、较深的地区。

凉州为西夏的西凉府，是西夏的第二大都会，这里佛教兴盛，有很多寺庙。崇宗时在皇室的支持、倡导下曾大规模修葺护国寺和寺中的感通塔。此塔原来大有来历。碑文汉文部分记载“阿育王起八万四千宝塔，奉安舍利，报佛恩重。今武威郡塔，即其数也”。[②] 在竣工时权臣中书正梁行者乜（梁乙逋）亲自前往主持仪式，十分隆重。如上所述此寺庙中已有管理吐蕃僧人的官员。1987 年在凉州附近的缠山乡发现有亥母洞遗址，是以岩体裂缝修整建成的修习岩洞，与西藏吐蕃时期的青浦修行地的“大密花洞”相仿。其中发现了不少西夏佛教遗物，包括西夏文活字印本《维摩诘所说经》和《令恶趣净顺总持》等藏传佛教经

① 班钦索南查巴著，黄颢译：《新红史》，西藏人民出版社 1984 年版；达仓宗巴 · 班觉桑布著，陈庆英译：《汉藏史集》，西藏人民出版社 1986 年版；蔡巴 · 贡噶多吉著，东噶 · 洛桑赤列校著，陈庆英、周润年译：《红史》，西藏人民出版社 1988 年版。

② 史金波：《西夏佛教史略》，宁夏人民出版社 1988 年版，第 247、251 页。碑文西夏文部分明确指出为“杏眼舍利”。

典。藏文史书《安多政教史》曾记载此金刚亥母洞，认为它是汉族地区四大金刚亥母之一。[①] 在甘州曾译藏传佛教经典。日本天理图书馆藏有一页西夏文残经，使用了翻译藏文佛经才有的专门用语，可知此经译自藏文。甘州可能是翻译藏文佛经的一个中心。[②] 又仁宗乾祐七年（1176）在甘州所立仁宗御制黑水建桥碑，碑文一面用汉文书写，一面用藏文书写。此碑内容主要是仁宗皇帝敕令诸神保佑桥道、永息水患，同时也有褒扬贤觉圣光菩萨的深意。贤觉圣光菩萨即在西夏传布藏传佛教、翻译藏文佛经的藏族佛教大师。此碑表明甘州一带信奉藏传佛教的藏族居民较多。[③]

图4　甘州黑水建桥碑汉文和藏文碑铭拓本

位于沙州的敦煌莫高窟和瓜州的安西榆林窟中，有众多的西夏洞窟，其中早期各窟显然承袭了五代、宋初的风格，而晚期洞窟则带有浓厚的藏传密宗色彩。其中莫高窟206、491、395、465窟、4号塔楼，榆林窟2、3、29窟，东千佛洞2、5窟，五个庙石窟1、3、4窟，皆为有藏传佛教内容的西夏洞窟。[④] 榆林窟在19窟的汉文题记中记录了西夏时期绘制“秘

① 智观巴·贡却乎丹巴饶杰著，吴均等译：《安多政教史》，甘肃民族出版社1987年版，第137—138页；参见宿白《藏传佛教寺院考古》，第270—274页、附录。

② ［日］西田龙雄：《西夏文华严经》Ⅰ，第13页。《西夏佛教史略》，第54—55页。

③ 《西夏佛教史略》，第19—20页；王尧：《西夏黑水桥碑考补》，《中央民族学院学报》1978年第1期。

④ 刘玉权：《敦煌西夏洞窟分期再议》，《敦煌研究》1990年第3期。

密堂”，秘密堂即藏密洞窟。①

黑水城虽处西夏西北偏远地带，但以监军司之驻地之重，佛教也十分隆盛，特别因在城外塔中出土的文物、文献中有大量包括藏传佛教典籍和艺术品而著称于世。

在西夏首都中兴府一带，也发现有西夏时期的藏密佛经和佛画，银川西面的贺兰山中的一座方塔出土了西夏文藏传佛教经典《吉祥皆至口合本续》等九卷、汉文藏传佛教经典《初轮功德十二偈》、《是竖橛咒》、《吉祥上乐轮略文等虚空本续》以及藏传佛教木刻本佛画、朱红捺印佛画等。② 贺兰县宏佛塔是楼阁塔与喇嘛塔的复合形式，这种建筑形式与藏传佛教有密切关系。其天宫内发现了比较多的藏传佛教佛画，如《上乐金刚图》、《千佛图》、《千手观世音图》、《坐佛图》、《大日如来图》、《护法力士图》、《八相塔图》等。③ 贺兰山拜寺口双塔塔身为宋代流行的八角密檐式，而塔刹为覆钵式，塔外表装饰也充满了繁缛华丽的藏密色彩。有的专家认为西塔表影塑形式从二层至十三层，将二十四僧侣、十六罗汉、八财神、十六护法金刚、十六供养菩萨、转轮王的七宝及佛前供品八吉祥，按佛教的地位由低到高布局，同藏传佛教的法器曼荼罗有许多相似之处，是典型的藏密题材。④

图5　宁夏贺兰山方塔

图6　宁夏贺兰县宏佛塔

① 史金波、白滨：《莫高窟、榆林窟西夏文题记研究》，《考古学报》1982 年第 3 期。

② 宁夏回族自治区文物考古研究所、宁夏回族自治区贺兰县文化局：《宁夏贺兰县拜寺沟方塔废墟清理纪要》，《文物》1994 年第 9 期。

③ 宁夏文管会、贺兰县文化局：《宁夏贺兰县宏佛塔清理简报》，《宁夏贺兰县拜寺口双塔勘测维修简报》，《文物》1991 年第 8 期；雷润泽、于存海、何继英：《西夏佛塔》，文物出版社 1995 年版，第 55—75 页。

④ 何继英、于存海：《西夏拜寺口双塔影塑释读》，（台湾）《历史文物》2000 年第 10 卷第 8 期。

图7　宁夏拜寺口双塔

图8　宁夏青铜峡一百零八塔

宁夏青铜峡市黄河岸边的一百零八塔，是受藏传佛教影响的宝瓶式白塔，在其附近也发现了西夏时期的藏传佛教佛画。灵武瓷窑堡遗址发现了西夏瓷质素烧如意轮降魔杵等。①

此外，西夏境内的酒泉文殊山、肃北五个庙、永靖炳灵寺、玉门昌马下窟、裕固马蹄寺、武威天梯山、宁夏固原须弥山等石窟中，也有藏传佛教的遗迹。可以说，西夏藏传佛教遗迹、遗物遍布西夏地区。

西夏时期藏传佛教有了长足的发展，使藏传佛教的影响自青藏高原的东缘向东传播到贺兰山以东的河套地区。当时藏传佛教不仅对西夏的社会民俗信仰产生了重要影响，在这里还酝酿成熟了藏传佛教在非藏族地区传播的体制和经验，为此后藏传佛教的继续向中原腹心地区东传奠定了基础。

三　西夏的藏族僧人

由于藏传佛教在西夏影响颇深，西夏的藏族僧人数量也较多。黑水城出土、西夏仁宗朝修订的西夏法典《天盛改旧新定律令》（以下简称《天盛律令》）规定：“国境内番、汉、羌中僧人”可量才为座主。不仅证明西夏有藏族僧人，藏族僧人还可以做寺庙主持。《天盛律令》还规定番、汉、羌中僧人行童为出家僧人必须能诵十一种经，又分为两种：番、羌所诵经和汉人所诵经。两相比较，番、羌所诵经多出《文殊真实名经》、《乾陀般若》、《无垢净光》、《金刚般若与颂全》。② 这些经典多为藏传佛教经典。由此可见在西夏信奉藏传佛教的人以藏族和党项族为多，而汉族主要还是信奉汉传佛教。在桓宗朝罗氏皇太后印施的汉文《大方广佛华严经入不思议解脱境界普贤行愿品》的发愿文中，提到三年中“度僧西番、番、汉三千员”。③“西番”指吐蕃而言，即藏族；“番”指党项族。当时所度僧人很多，而且把西番僧人列于首位，不难想见西番僧人的地位，也可知当时藏族僧人有相当的数量。

吐蕃僧人在西夏佛教界有令人瞩目的地位。其中最重要的是吐蕃的佛教大师在西夏被尊为帝师，并形成西夏的帝师制度。帝师在佛教的西夏师位中是最重要也是最高的师号。

原来认为中国封设帝师始于元至元六年（1269）元世祖忽必烈封八思巴为帝师。然而新发现的文献表明在此一百年前西夏已经开始封设帝师。

西夏汉文《杂字》官位第十七中列有“帝师”一词，可证西夏帝师的存在。④ 北京房山云居寺所藏明代刊印的汉、藏文合璧《圣胜慧到彼岸功德宝集偈》的题款中发现了西夏的帝师，“诠教法师、番汉二学院并偏袒提点嚷美则沙门鲜卑宝源汉译，显密法师、功德司副使、嚷卧英沙门，演义法师、路赞讹、嚷赏则沙门遏啊难奈吃哩底梵本证译，天竺大钵弥怛、五明显密国师、讲经律论、功德司正、嚷乃将沙门拶也阿难捺亲执梵本证译，贤觉帝师、讲经律论、功德司正、嚷卧勒沙门波罗显圣，奉天显道、耀武宣文、神谋睿智、制义去邪、淳睦懿恭皇帝再详勘。”⑤

① 马文宽、黄振华：《宁夏出土带梵字密宗器物考》，《文物》1990年第3期。

② 《天盛改旧新定律令》卷十一“为僧道修寺庙门”，第406—410页。

③ 《俄藏黑水城文献》第2册，TK.98，第373页。

④ 史金波：《西夏文〈官阶封号表〉考释》，《中国民族古文字研究》第三辑，天津古籍出版社1991年版。

⑤ 罗炤：《藏汉合璧〈圣胜慧到彼岸功德宝集竭〉考略》，《世界宗教研究》1983年第4期。

图 9　北京房山云居寺藏汉、藏文合璧《圣胜慧到彼岸功德宝集偈》

贤觉帝师的头衔很多。《天盛律令》所载西夏政府机构中有出家功德司和在家功德司，专门管理佛教事务。贤觉帝师有西夏功德司正、偏袒都大提点的职衔，总管西夏佛事，不难看出他在西夏的宗教地位极高。西夏有官位，分成高低不等的官阶。贤觉帝师的官位也很高，“嚷”是“授”意，所赐官位“卧勒”是皇帝以下的最高封号，相当于大国王的地位。

近几年，随着中、俄合作整理俄藏黑水城文献的进展，在俄藏黑水城文献中又有新的发现。从黑水城文献中发现的西夏帝师有贤觉帝师波罗显胜和慧宣帝师两位，他们都是藏族僧人，在西夏都是地位最高的佛学大师，撰著了多种佛教文献。

俄藏黑水城文献中有西夏文刻本《圣胜慧到彼岸功德宝集偈》，其经末西夏文题款与上述北京房山云居寺汉文佛经题款相对应，贤觉帝师的职称、官位、封号、人名完全一致。①

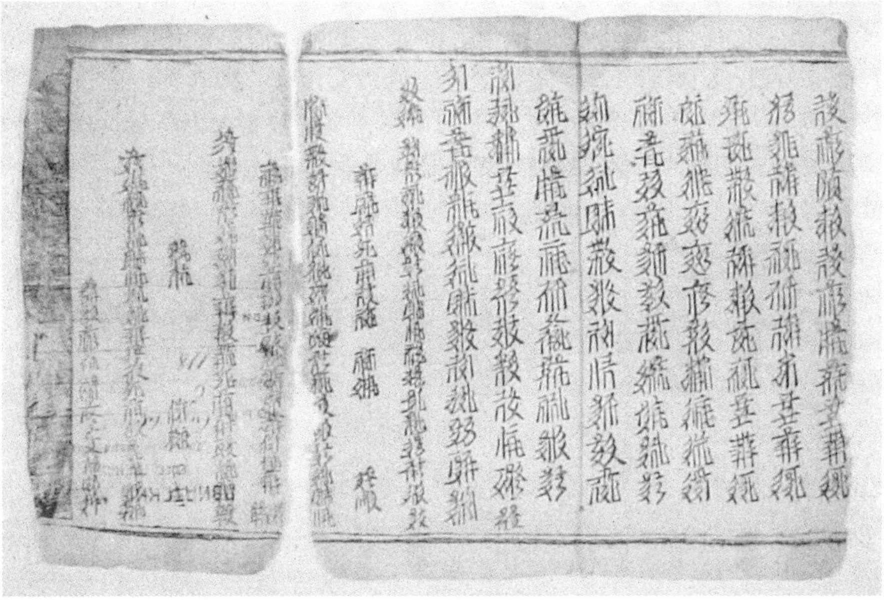

图 10　黑水城出土西夏文《圣胜慧到彼岸功德宝集偈》（署名贤觉帝师证义）

贤觉帝师在西夏传著了多部经典，其名称在多种文献中出现。

贤觉帝师名波罗显胜，不会是汉人。其传著要经过别的高僧译成西夏文，如德慧为法师时曾译《佛说阿弥陀经》，为国师时曾译《忏罪千种供养奉顺中已集当许文》、《奉敕修行者现在及转身利缘佛顶尊胜佛母依千种供养奉顺中共依略忏悔文》等，因此他也不是党项人。他也不可能是印度人，因为在同一题款中所记亲执梵本证义者为印度人，前面冠有“天竺”二字。再依据当时藏传佛教和藏族僧人在西夏的特殊地位看，有理由认为贤觉帝师应是吐蕃高僧。甘州黑水建桥碑的汉文碑铭中也有贤觉菩萨的记载。该碑系仁宗乾祐七年（1176）立，碑文为仁宗御制，其中提到：“昔贤觉圣光菩萨哀悯此河年年暴涨，飘荡人畜，故以大慈悲，兴建此桥，普令一切往返有情咸免徒涉之患，皆沾安济之福。……朕昔已亲临此桥，嘉美贤觉兴造之功，仍罄虔恳，躬祭汝诸神等。”② 这里的贤觉圣光菩萨就是贤觉帝师。可能贤觉菩萨在藏族人较多的甘州黑水河上兴建渡桥，做功德善事。后仁宗于立碑撰文，碑文一面汉文，另一面藏文，也可佐证贤觉帝师是吐蕃人。西夏仁宗皇帝和贤觉帝师关系不同寻常，贤觉帝师是仁宗皇帝封赐的，二人同是《圣胜慧到彼岸功德宝集竭》的“再详勘”者，当然真正再详勘者当是谙熟佛经的贤觉帝师。贤觉帝师还传著《圣观自在大悲心依烧食法事》、《圣观自在大悲心依净瓶摄受顺》、《默有自心自劝要语》、《禁绝顺要语》、《疾病中护顺要语》、《默有者随胜住令顺要语》等经，并翻译成西夏文。

在俄藏西夏文文献中出现的第二个帝师是慧宣。慧宣帝师撰著的佛经也不少，有其题名

① 俄罗斯圣彼得堡东方学研究所手稿部藏黑水城文献原编号 Инф. No. 598。

② 《西夏佛教史略》，第 19—20 页。

的如《风身上入顺》中有5种要语，每一种要语是名称后都有“中国……帝师沙门慧宣”的题名。[①] 值得注意的是慧宣帝师的题名前都有“中国”二字。“中国”二字在这里不是指中原地区的王朝，也不是指距中原地区很近的西夏王朝，而是专指吐蕃。它可能是藏文“乌斯藏”或“卫藏”的对译。在黑水城的很多佛教文献作、译者题款前冠有“中国”二字者，都不是党项人，而是吐蕃人。然而他们是在西夏的吐蕃人，所接受的封号帝师、国师、法师等都是西夏的封号，他们所在的寺庙是西夏寺庙。

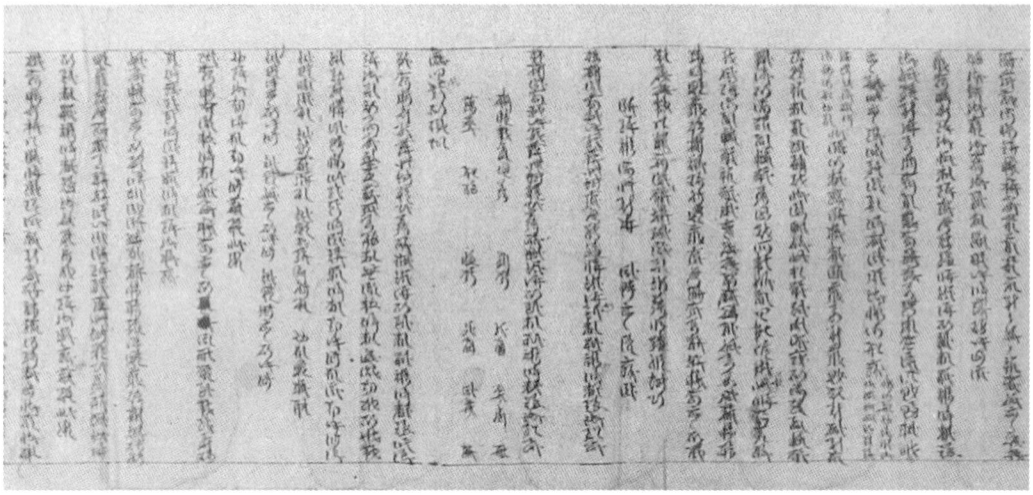

图11 黑水城出土西夏文藏传佛教要语（署名帝师慧宣传）

西夏还有大乘玄密帝师。有一部由清宫流传出来的汉文本《大乘要道密集》，经陈庆英教授考证，有一些文献是西夏时译撰的。其中第6篇《解释道果语录金刚句记》，题款为“北山大清凉寺沙门慧忠译，中国大乘玄密帝师传，西番中国法师禅巴集”。[②] 大乘玄密帝师是西夏的帝师。在俄藏黑水城文献中虽未见大乘玄密帝师的题名，但有大乘玄密国师的记载。西夏文、汉文两种乾祐二十年（1189）印施的《观弥勒菩萨上生兜率天经》御制发愿文中，记在大度民寺做大法会的高僧有宗律国师、净戒国师、大乘玄密国师，这些都是藏族僧人。[③] 在天庆元年（1194）为刚刚去世的仁宗皇帝刻印的西夏文《仁王护国般若波罗蜜多经》中，又有大乘玄密国师，前面也冠有“中国”二字。[④] 大乘玄密国师后来升号为大乘玄密帝师。在汉文本《大乘要道密集》第66篇《大手印伽陀支要门》的师承次第中，也记载着大乘玄密帝师，他是噶举派著名祖师米拉日巴的再传弟子。

在夏末、元初僧人一行编辑的《大方广佛华严经海印道场十重行愿常遍礼忏仪》（以下简称《华严忏仪》）有华严宗系谱，内有大夏国弘扬华严诸师，其中有真国妙觉寂照帝师、

---

① 俄罗斯圣彼得堡东方学研究所手稿部藏黑水城文献原编号 Инф. No. 3708、6344。

② 陈庆英：《西夏及元代藏传佛教经典的汉译本》，《西藏大学学报》2000年5月。

③ 史金波、魏同贤、克恰诺夫主编：《俄藏黑水城文献》第2册，上海古籍出版社1994年版，TK. 81、82、83。

④ 俄罗斯圣彼得堡东方学研究所手稿部藏黑水城文献原编号 Инф. No. 592。

新圆真证帝师。这两位帝师在西夏华严宗中有先后的传承的关系。[①]

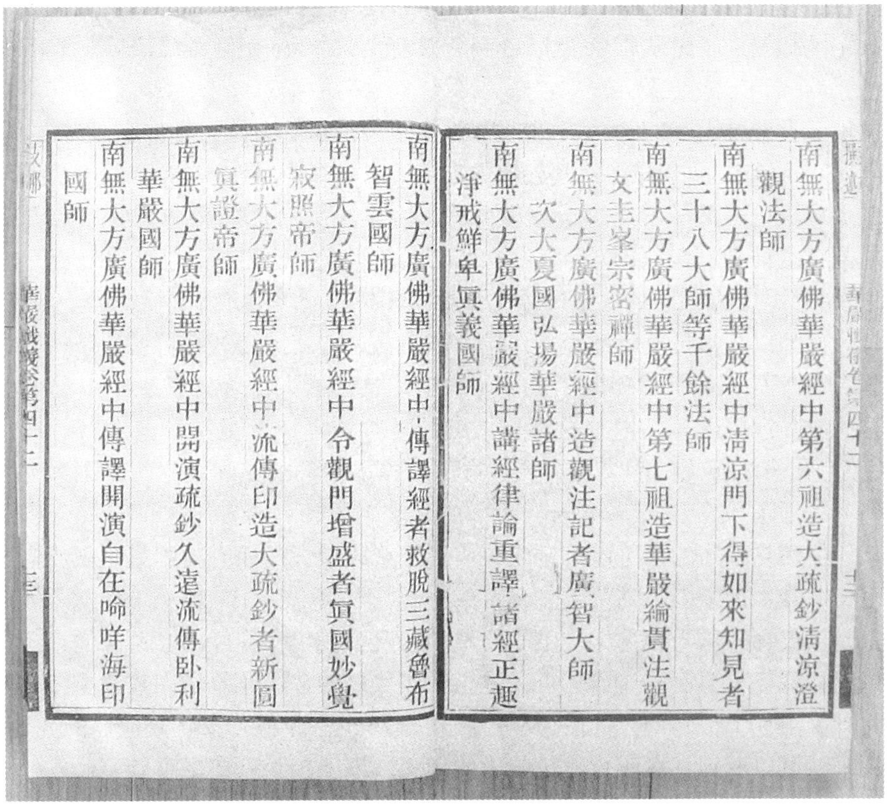
南無大方廣佛華嚴經中第六祖造大疏鈔清涼澄
觀法師
南無大方廣佛華嚴經中清涼門下得如來知見者
三十八大師等千餘法師
南無大方廣佛華嚴經中第七祖造華嚴綸貫注觀
文圭峯宗密禪師
南無大方廣佛華嚴經中造觀注記者廣智大師
次大夏國弘揚華嚴諸師
南無大方廣佛華嚴經中講經律論重譯諸經正趣
淨戒鮮卑眞義國師
南無大方廣佛華嚴經中傳譯經者救脫三藏魯布
智雲國師
南無大方廣佛華嚴經中令觀門增盛者眞國妙覺
寂照帝師
南無大方廣佛華嚴經中流傳印造大疏鈔者新圓
眞證帝師
南無大方廣佛華嚴經中開演疏鈔久遠流傳卧利
華嚴國師
南無大方廣佛華嚴經中傳譯開演自在咔咩海印
國師

图 12　《华严忏仪》有关西夏帝师的记载

其中寂照曾为国师，传藏传佛教的经典《净土求生顺要语》，此要语被译成西夏文，并刻印流传。[②]

这五位帝师证明西夏的帝师之设已经制度化。这种封藏族高僧为帝师的制度对以后元朝从世祖开始各代皆封藏族僧人为帝师显然有直接影响。在中国佛教史上西夏首封帝师是值得重视的一件大事。西夏封设帝师明显地借鉴和发展了藏族地区佛教与政权的关系，这一政教关系的重大调整，不仅是对西夏佛教的发展，而且对中国佛教制度的发展产生了重大影响。但在西夏法典《天盛律令》中尚无关于帝师的明确记录，只有“皇帝之师监承处：上师、国师、德师”的记载。[③] 其中“上师”可能是后来“帝师”的前身。

国师在西夏佛教界也有崇高地位。西夏的国师较多，其地位次于帝师，一般国师也有功德司正的职官头衔。西夏的高僧中也有藏族国师。除前面提到的在大度民寺做大法会的高僧宗律国师、净戒国师、大乘玄密国师外，西夏还有一位高僧法狮子也是有大量传著的著名藏

① 《大方广佛华严经海印道场十重行愿常遍礼忏仪》卷第四十二。

② 俄罗斯圣彼得堡东方学研究所手稿部藏黑水城文献原编号 Инф. No. 6904。

③ 《天盛改旧新定律令》卷十“司序行文门”，第 365 页。

族僧人，被封为觉明国师，住锡西夏著名的大度民寺。他的头衔也常冠以“中国”字样，表明他是藏族出身。他的著述很多，曾撰著《道之中禁绝顺要语》、《中有身要语》、《修以觉证顺愚火定要语》、《睡梦以觉证顺变身定要语》、《魔断问答要语》、《死亡回拒要语》等。①

西夏文佛经题款中还有不少僧人法号前冠有“中国”字样，有的在“中国”前还有“羌”〔孛〕或“西羌”的字样，使其族属更加明确，如集《菩提勇情所学道及果与一顺显释宝炬》的羌中国内三藏知解宝狮子、集撰著《金刚王默有母随智烧施为顺要语》等多种要语的羌中国耶凉讹师、集《呼金刚王本续记》的西羌中国三藏巧利罗摩……师、传著《金刚王默有母之念定为顺》的德王中国上师也䁤新拔、集《吉有令净恶趣本续干》羌中国大默有者幢名称师以及参与集传佛经的西羌中国大孔雀寺三藏巧智行善菩提……有的法号前没有“中国”的字样，但有“羌国”的字样，也是吐蕃僧人传著《最乐净土求生颂》的讲经律论羌国大法师沙门龙幢。以上这些僧人的撰著都被译成西夏文，分别以写本或刻本传行。② 宁夏贺兰山方塔出土的活字版《吉祥遍至口和本续》的羌译者为“中国大宝胜路赞讹库巴啦㧯”。③ 在西夏文献中有“中国”头衔的藏族僧人，是否都来过西夏应分析对待。凡有西夏官职、住西夏寺庙的都可以确定是在西夏的藏族僧人；而有的则只是藏族僧人的著作被译成西夏文，其本人未必来到西夏。

以上都是从仅存的出土西夏文文献中找出的能撰著、集作佛经的吐蕃高僧，还会有一些高僧因文献的缺漏仍不得而知。当然可以推想，在西夏的普通吐蕃僧人数量更多。

西夏文献中出现了很多僧人的法号、封号和职衔，需要进一步研究他们的族属及活动。但根据上述资料可以看到，在西夏藏传佛教的发展过程中，党项族、汉族、藏族，甚至印度僧人都做出了重要贡献。

四 西夏和藏族的文化交流

西夏有发达的文化，其文化呈现出多民族的特点。西夏是民族文化的熔炉，党项族文化和汉族文化影响到藏族；历史悠久，富有特色的藏族文化，对西夏王朝文化发展也产生过重要影响。这在印刷出版方面表现得十分突出。

藏族早在7世纪就创制了记录藏语的文字，是少数民族创制、使用文字很早的民族之一。在很多民族普遍使用印刷术的宋元时期，却未见藏文印刷品。关于藏族使用印刷术，在后世的不同著作中有不同的提法，如有的记载：“吐蕃王朝崇奉佛教，曾专设译场，宋代自内地传入雕版刻经，其典籍著述之丰富可与汉族媲美。”④ 也有的提出：“13世纪后又引进

① 俄罗斯圣彼得堡东方学研究所手稿部藏黑水城文献原编号 Инф. No. 3823、7116、2545、4872、6820。

② 俄罗斯圣彼得堡东方学研究所手稿部藏黑水城文献原编号 Инф. No. 781、4772、8324、2517、7909、5112、2265。

③ 宁夏文物考古研究所：《拜寺沟西夏方塔》，文物出版社2005年版，第19—20页。

④ 《中国大百科全书》民族卷，中国大百科全书出版社1986年版，第530页。

了雕版印刷术，大规模地刊印佛经译本等。”① 但这些提法都未载明资料出处和具体内容。关于藏文雕版印刷时间，最早可追溯到14世纪初。元朝僧录管主八于大德六年（1302）曾印装西番字（藏文）《乾陀般若白伞》30余件，经咒十余部，散施西藏等处，流通诵读。②这是元代较早地刻印藏文书籍的记录，但这些印刷品没有保留下来。八思巴的弟子汉僧胡将祖将《新唐书·吐蕃传》译成藏文，由仁钦扎国师于泰定二年（1325）在临洮刻版印行，印本也未传世。③

目前一般认为明代永乐版大藏经《甘珠尔》的刊印，开创了藏文木刻印刷大藏经之先例。明朝永乐八年（1410）以藏文《蔡巴甘珠尔》写本为底本，在南京付梓刻印，称为永乐版藏文大藏经，共108帙，为朱色印刷。印后供奉于五台山，并分赠藏区萨迦巴、噶玛巴、宗喀巴诸高僧。现存两部，一部存拉萨布达拉宫，另一部存色拉寺。④ 这是目前保存最早的一部刻印的藏文《大藏经》。此举有力地推动了藏族地区印刷事业的发展，对藏文雕版印刷有着深远的影响，后来很多地区纷纷建立印书院刻印佛经。

总之，此前没有宋代刊印藏文文献的确切记录，也没有明代以前的藏文印刷实物。但在西夏出土的文献中却意外地找到了早期藏文雕版印刷品。

西夏接受了汉族的刻印技术，有发达的刻印事业，存世的西夏文献中有很多刻本，其中有西夏文刻本和汉文刻本。不仅如此，西夏还发展了活字版印刷。当时信奉佛教的回鹘也用回鹘文刻印了佛经，应用并发展了活字印刷。随着佛教的推行，佛经的出版成为西夏出版的大宗，使西夏的印刷出版走向繁荣。西夏发达的印刷术，为藏文在西夏的刻印出版创造了条件。在西夏，雕版印刷藏文文献已是水到渠成的事。近年来，在整理西夏黑水城遗址出土文献过程中，发现了新的重要资料，使这一问题有了新的突破。

在俄国所藏黑水城出土的文献中有一批藏文文献，共有60多个编号，近300页。⑤ 其中包括佛教文献和世俗文献。据中国国家图书馆黄明信先生鉴定，黑水城出土的藏文文献中有的具有古藏文的特征，如有反i字，和未省略的下加ya字。翻检这些藏文文献多数具有这样的特征，如XT-1、2、11、15、16、17、19等号。另有的文献背面有西夏文字，也是早期藏文文献的佐证，如XT-63号。这些藏文文献多数应是西夏时期的文献。除敦煌石室发现的早期藏文文献外，唐、宋时期的藏文文献为数有限。黑水城藏文文献的发现丰富了早期藏文文献，增加了重要内容，为藏族历史文化研究提供了新的资料。

在初步整理这些珍贵文献时，惊喜地发现其中有多种藏文刻本，有XT-21、22、23、40、41、63、65、67、68、69号。其中XT-40、63、65、67、68、69号为木刻本文献，21、22、23、41号为木刻本护轮图。俄藏黑水城文献中的藏文刻本中，有不同的印刷装帧形式。其中有藏文文献中常用的梵夹装，有借用中原或西夏王朝的蝴蝶装和护轮图单页

① 藏族简史编写组：《藏族简史》，西藏人民出版社1985年版，第5页。

② 王国维：《两浙古刊本考》，1922年。

③ 参见《藏域春秋》卷4，载《藏族热线》。

④ 有的藏文文献记载为铜版印刷。

⑤ 笔者曾将黑水城出土较清晰的藏文文献就教中国国家图书馆的黄明信先生。先生拨冗过目鉴别，为部分文献译释定题，并指出一些文献的古藏文特点。特致衷心感谢。

三种。

黑水城出土的藏文刻本蝴蝶装式有 XT－63、67、68 等号。XT－63 号首尾皆残，据内容看可能包含多种藏传佛教仪轨。其中第 19 页有经名《顶髻尊胜佛母陀罗尼功德依经摄略》。

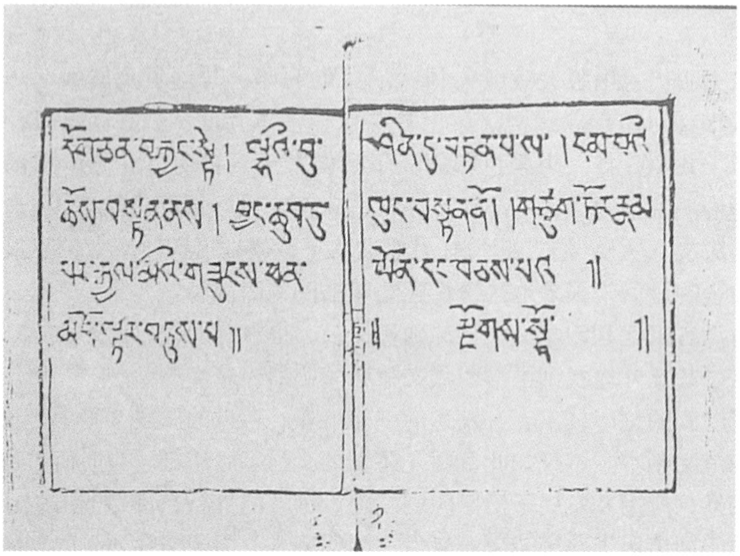

图 13　黑水城出土藏文雕版《顶髻尊胜佛母陀罗尼功德依经摄略》

在第 20 页中记有“（天竺）五明学僧拶也阿难陀”，还有吐蕃僧人译师名号。拶也阿难陀原是印度僧人，后在西夏译经传教，被西夏皇室封为大波密坦、五明显密国师，有功德司正的职务，被赐“乃将”官号（此官号可赐宰相），曾传《顶尊胜相总持功德依经录》、《圣观自在大悲心恭顺》等经。[①] 由上述刻本题名可知，他所传佛经也被译成了藏文。

此刻本佛经中很多处出现古藏文反 i 字，证明其为古藏文，应属于西夏时期，是目前所知最早的藏文刻本，是有重要文献和文物价值的珍贵藏文文献。

这种藏文蝴蝶装一改汉文、西夏文竖写的形式，适应了藏文横写的传统，创造了蝴蝶装的横写方式。与汉文、西夏文蝴蝶装自右而左成行、自上而下书写、先书写右半面、后书写左半面不同，而是自左而右书写、自上而下成行，更为特殊的是每行写到版心时，不是移到下一行书写，而是跃过版心继续书写，也即同一页左右两面的同一行是通读的。这是蝴蝶装在横写的少数民族文字中的灵活运用，是蝴蝶装的新发展。

有宋一代是蝴蝶装书籍的黄金时代，现存宋版书中的蝴蝶装皆是古本蝴蝶装的典范，然而其中多数已由后人改成线装形式，难以看出当时宋版蝴蝶装的原始面貌。令人惊喜的是，近代考古发现的与宋朝同时的西夏文古籍、藏文古籍中，有这么多原装的蝴蝶装刻本，显得

---

① 史金波：《西夏的藏传佛教》，《中国藏学》2002 年第 1 期。据沈卫荣博士考证，XT. 67 号藏文文书是黑水城出土文书 TK. 164、165 号汉文文书的藏文版，即《圣观自在大悲心总持功能依经录》和《胜相顶尊总持功能依经录》的藏文译本。参见《俄藏黑水城文献》第 4 册，第 29—39 页。

十分珍贵，具有特殊的版本价值。蝴蝶装式是一种较古老的书籍装帧方式，从装帧的角度证明这种藏文刻本是很早的刻本。

随着藏传佛教的传播，藏文佛经的装帧形式也传入西夏。西夏的佛经中有一些是梵夹装（长条书式），纸质厚重，两面书写。唯藏文横书，西夏文竖写，各自遵循原来的书写习惯。如《佛说佛母出生三法藏般若波罗蜜多经》、《种咒王阴大孔雀经》、《圣大乘守护大千国土经》、《圣大悟阴王随求皆得经》、《圣魔利天母总持》、《大般涅槃经》等都是梵夹装。[①]

刻本藏文护轮中，一种护轮高 24.5 厘米，宽 19.5 厘米，画中张开的公猪皮内有一大圆圈，内有藏文，中又有正方形，四角有藏文，内又有一小圆，有藏文 6 行。另一种护轮高 24 厘米，宽 24.5 厘米，画一背部张开的陆龟，内有 7 个同心圆，各圆圈内有藏文、梵文。[②] 此外还有几种藏文刻本佛经，不少页面完整，有的一种多达 20 多页。

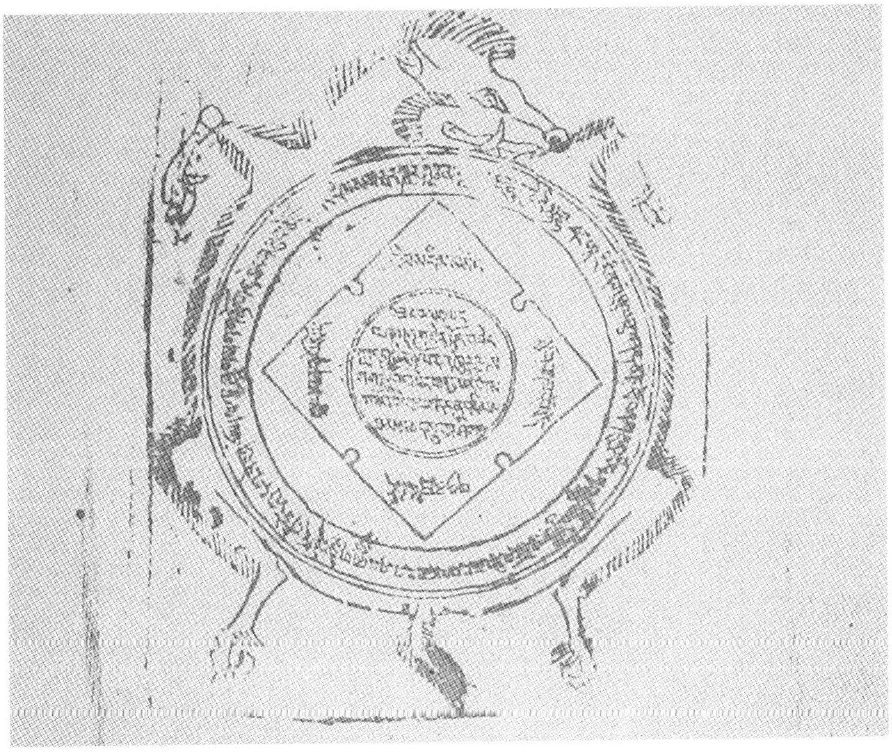

图 14　黑水城出土刻本藏文护轮

黑水城还出土有一种特殊的手写本西夏文佛经，其中每一个西夏字都用藏文为之注音。这种佛经仅发现有数纸，为俄国科兹洛夫和英人斯坦因自黑水城遗址掘获[③]。这种注音形式便于懂藏文的人学习、诵读西夏文佛经，表明了西夏党项文化和藏族文化的互动。此外斯坦

① 俄罗斯圣彼得堡东方学研究所手稿部藏黑水城文献原编号 Инф. No. 5650、5757、5757b、7783、6841、6331。

② ［俄］米开鲁·比奥特洛夫斯基：《丝路上消失的王国——西夏黑水城的佛教艺术》，意大利米兰爱利克塔出版公司，1993 年版；台湾版，1996 年。

③ 《国立北平图书馆馆刊》四卷三号（西夏文专号），1932 年。

因还在黑水城遗址发现有“汉文而用西藏文注释”的残页。由此可以推想当时西夏境内几种主要民族在文化交流中的密切关系。西夏和藏族的文化交流还表现在绘画、雕塑、建筑、因明等诸多方面。

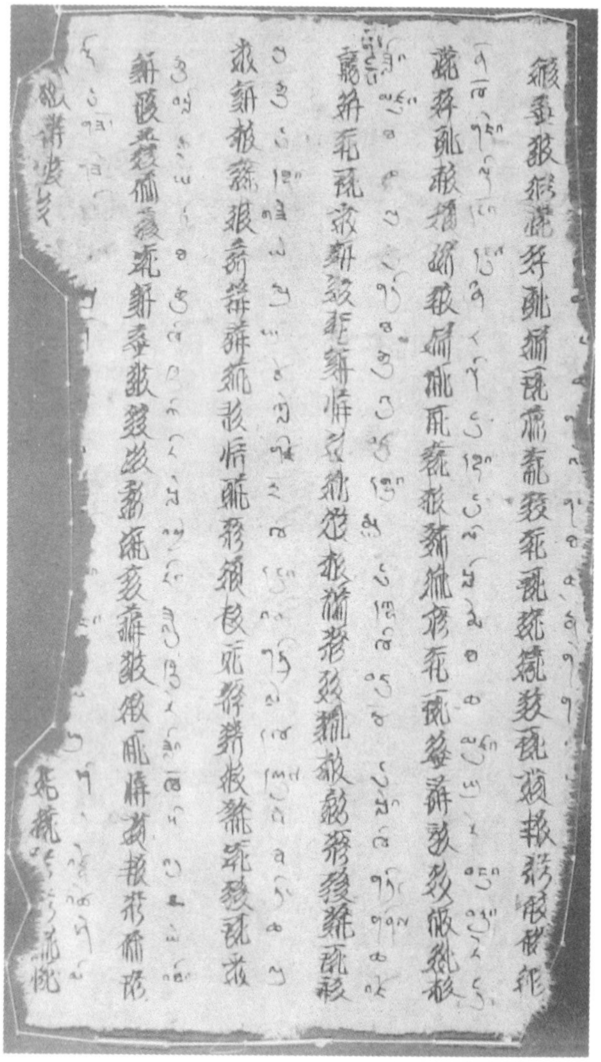

图15 黑水城出土藏文注音西夏文佛经

五 西夏的藏学资料

黑水城是西夏黑水监军司所在地。1909 年俄国兹洛夫率领探险队在那里发现了大批珍贵历史资料，包括文献和文物，载运至俄都圣彼得堡。文献中主要是西夏文和汉文文献，其中包括大批藏传佛教文献，也有一定数量的藏文文献。此外还有大批带有藏传佛教内容的佛画（唐卡）。在黑水城发现的西夏藏传佛教资料无论从数量上还是从种类上都是其他地方无法相比的。1993 年中国社会科学院民族研究所、俄国圣彼得堡东方学研究所达成协议，共同整理、编辑、出版俄国所藏黑水城出土的西夏文、汉文以及其他少数民族文字文献。中方自 1993 年始前后四次组团到俄罗斯圣彼得堡东方学研究所整理、登录、拍照俄藏西夏文献，陆续出版《俄藏黑水城文献》，已出版的汉文文献（1—6 册）中，有不少是译自藏文的藏传佛教文献。[①] 黑水城的世俗文献（7—14 册）中有一些关于藏族的资料，比如西夏法典中就记载了藏族在西夏的地位、藏族僧人和藏传佛教经典的条文。西夏文佛教文献中的大量藏传佛教文献以及藏文文献有待出版。

黑水城出土佛教经典数量最多，近 400 种，其中不乏藏传佛教经典。西夏文佛经中，凡译经时代明确的，大都在西夏前期。而译自藏文的佛经，多未注明翻译的具体时间。这可能是受了当时吐蕃习惯的影响。在西夏文佛经中，有的在传译经题款中明确写有“羌本翻译”、“羌译”的字样，有的在序或发愿文中记载译自藏文，如西夏文《大乘圣无量寿经》序中有“羌文已译，刻印流行”的记载。有的则没有类似记载。所以确定西夏文佛经是否转译自藏文，还要从经名、章节和用语上去考察。有的佛经卷首效法藏文佛经的形式，经题首先是用西夏文音译的梵语经名，前冠有“梵语”二字，然后才是西夏文所译经名，前冠有“番语”二字。译自藏文的西夏文佛经《圣摩利天母总持》、《圣大乘守护大千国土经》、《大寒林经》都是这种形式。

图 16　内蒙古额济纳旗黑水城遗址

西夏的藏传佛教经典有数十种，如西夏文《圣大乘守护大千国土经》、《佛母大孔雀明王经》、《大寒林经》、《圣大明王随求皆得经》、《大密咒受持经》、《圣八千颂般若波罗蜜多经》、《佛说圣大乘三归依经》、《圣大乘胜意菩萨经》、《圣胜慧到彼岸八千颂经》、《圣胜慧到彼岸功德宝集偈》、《圣观自在大悲心总持功德依经录》、《圣摩利天母总持》、《出有坏母胜慧到彼岸心经》、《不动总持》、《大印究竟要集》、《吉有金刚王空行文》、《圣金刚王能断胜慧到彼岸大乘经》、《无量寿宗要经》、《圣柔吉祥之名真实诵》、《呼金刚王本续之记》、

① 史金波、魏同贤、克恰诺夫：《俄藏黑水城文献》1—11 册，上海古籍出版社 1996—2000 年版。

《秘密供养典》、《呼王九佛中绕随五佛亥母随略供养典》、《不动佛随广大供养典》、《六幼母供养典》、《吉有令净恶趣本续干》、《十五天母加赞》、《最乐净土求生颂》、《菩提勇情所学道及果与一顺显释宝炬》等。还有不少是藏传佛教的法事仪轨，如《圣观自在大悲心依烧食法事》、《圣观自在大悲心依净瓶摄受顺》、《聚轮供养作次第》、《胜令住顺法事》、《菩提勇情之业中入顺》、《菩提心及应常作法事》、《离世七道法事》、《心习顺次》、《金刚王亥母随净瓶以亲诵作顺》、《圣顶尊相胜母供顺》、《金刚王默有母之念定为顺》、《番言圣观自在千眼千手之供顺》、《风气心上入顺》等。此外，还有很多要语，如《吉祥上乐轮随耶稀鸠稀字诵以前尊习为识过定入顺要语》、《白伞盖随母施食要语》、《四十种空幢要语》、《默有自心自劝要语》、《疾病中护顺要语》、《默有者随胜住令顺要语》、《金刚王默有母随智烧施为顺要语》、《欲乐令全混要语》、《大白伞盖母之总持诵顺要语》、《大乘默有者入道中顺大宝聚集要语》、《中有身要语》、《道之中禁绝顺要语》、《修以觉证顺愚火定要语》、《睡梦以觉证顺变身定要语》、《魔断问答要语》、《死亡回拒要语》等。

藏族的因明学也传到了西夏，黑水城出土的西夏文的因明著作也有不少，如《正理滴之句义显用》、《正理意暗除之文略释》、《正理滴特殊造他利比量品》、《正理滴特殊造》、《正理空幢要语》、《正理滴第一义释记》、《正理滴第三义释记》等。

西夏时期还有不少藏文佛经转译成汉文，使汉族信徒也便于接受、信奉。这样藏传佛教在西夏境内进一步扩大了影响。同时也使我国汉文佛经增添了新的内容，对于后世藏传佛教进一步向中原地区传播，起了重要作用。因此，西夏把藏文佛经译为汉文也具有十分重要的意义。在黑水城发现的汉文经典，如《密咒圆因往生集》、《六字大明王陀罗尼》、《仪轨后记》、《金刚剂门》、《念一切如来百字忏悔剂门仪轨》、《佛眼母仪轨》、《梦幻身要门》、《甘露中流中有身要门》、《舍寿要门》、《金刚亥母禅定》、《圆融忏悔法门》、《密教念颂集》、《黑色天母求修次第仪》等。

西夏时期不仅有西夏文、汉文佛经，还有藏文佛经。前述印施西夏文《观弥勒菩萨上生兜率天经》的御制发愿文中，记载了在大法会上"念佛诵咒，读西番、番、汉藏经"，乾祐二十四年（1193）西夏文《拔济苦难陀罗尼经》的发愿文提到"使诵读番、汉、羌三藏经各一遍"。应天四年（1209）的一件佛经发愿文中有"诵读经文：大藏经文番、羌、汉一百八藏，诸大部帙经及余杂经等共二万五十六部"。[①] 其中也提到做法事活动要读诵藏文佛经。西夏的汉文佛经《佛说父母恩重经》的发愿文记述法事活动时也有"开阐番、汉大藏经各一遍，西蕃大藏经五遍"的记载。[②] 这里的西蕃和羌皆指藏族而言。

在目前已经发现的西夏时期的藏文文献仍以俄藏最多，在60多号藏文文献中有写本，也有刻本。藏文写本如《大般若波罗蜜多经》、《辩证法性论》等[③]，刻本如《顶髻尊胜佛母陀罗尼功德依经摄略》等。

斯坦因得自黑水城的文献中也有不少藏传佛教的经典，如《金刚王亥母依睡眠定为顺要语》、《七佛围绕法事》、《二谛入顺》、《药师琉璃光七佛之烧施法事》、《正理滴特殊造现

---

① 俄罗斯圣彼得堡东方学研究所手稿部藏黑水城文献原编号 Инф. No. 117、5423。

② 《俄藏黑水城文献》第3册，TK. 120。

③ 《俄藏黑水城文献》第1册，彩图59、60。

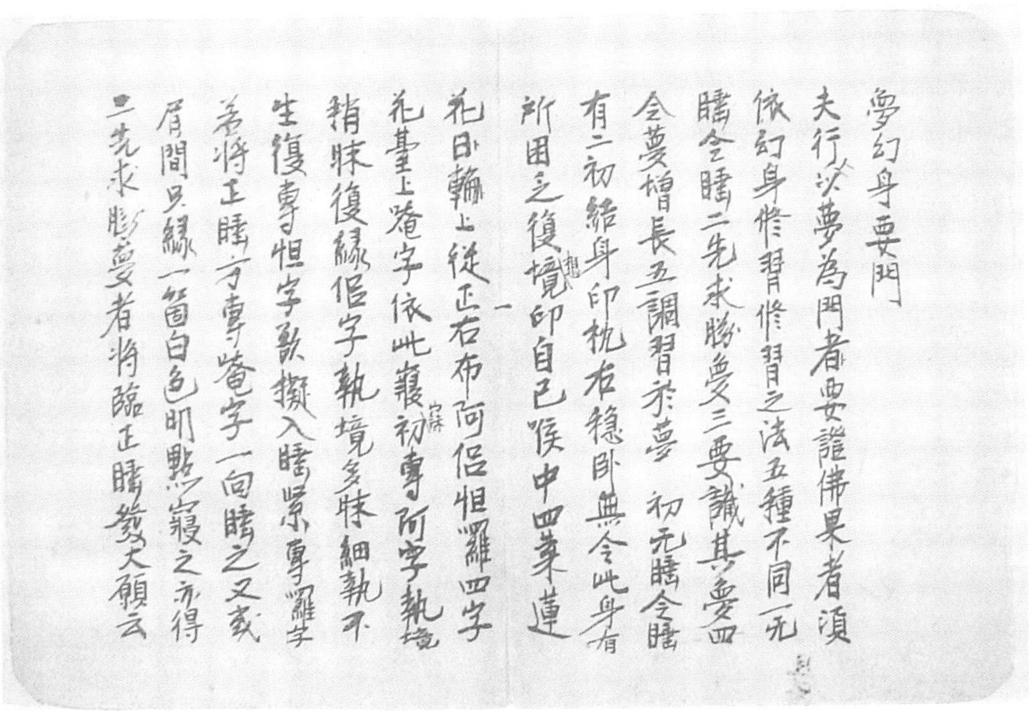

图 17　黑水城出土汉文《梦幻身要门》

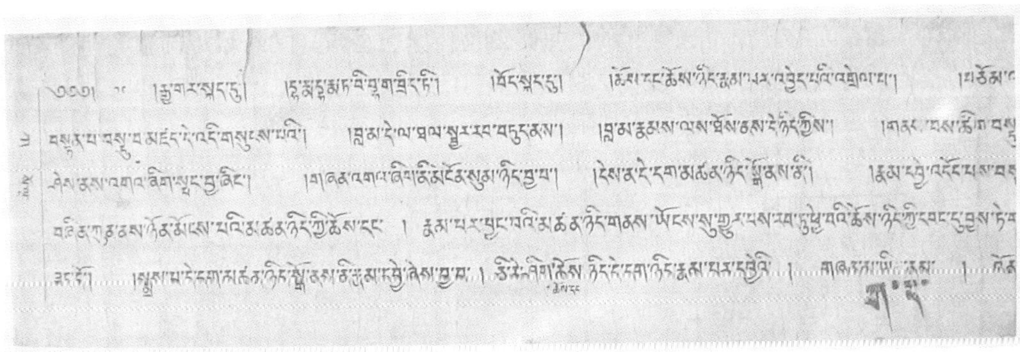

图 18　黑水城出土写本藏文佛经

前品》以及很多咒语等。①

藏于国内的西夏时期的藏传佛教文献也不少。宁夏贺兰山方塔出土有西夏文《吉祥遍至口合本续》、《吉祥遍至口合本续之干文》、《吉祥遍至口合本续之狭义文》、《吉祥遍至口合本续之解生喜解补》等九卷，此外还有汉文《吉祥上乐轮略文等虚空本续》、《修持仪轨》等。② 内蒙古博物馆所藏西夏文《胜相顶尊总持功能依经录》、《圣观自在大悲心总持功能依

① 史金波：《简介英国藏西夏文献》，《国家图书馆学刊》（西夏研究专号），2002 年增刊。

② 《拜寺沟西夏方塔》，第 20—151、220—242 页。

经录》、《佛顶放无垢光明入普门观察一切如来心陀罗尼经》；内蒙古文物考古研究所藏西夏文《佛顶心陀罗尼经》、《圣胜慧集颂经》、《令柔安法要语》；敦煌出土有西夏文《种咒王阴大孔雀明王经》、《龙树菩萨为禅陀迦王说法要偈》、《诸密咒要语》等。①

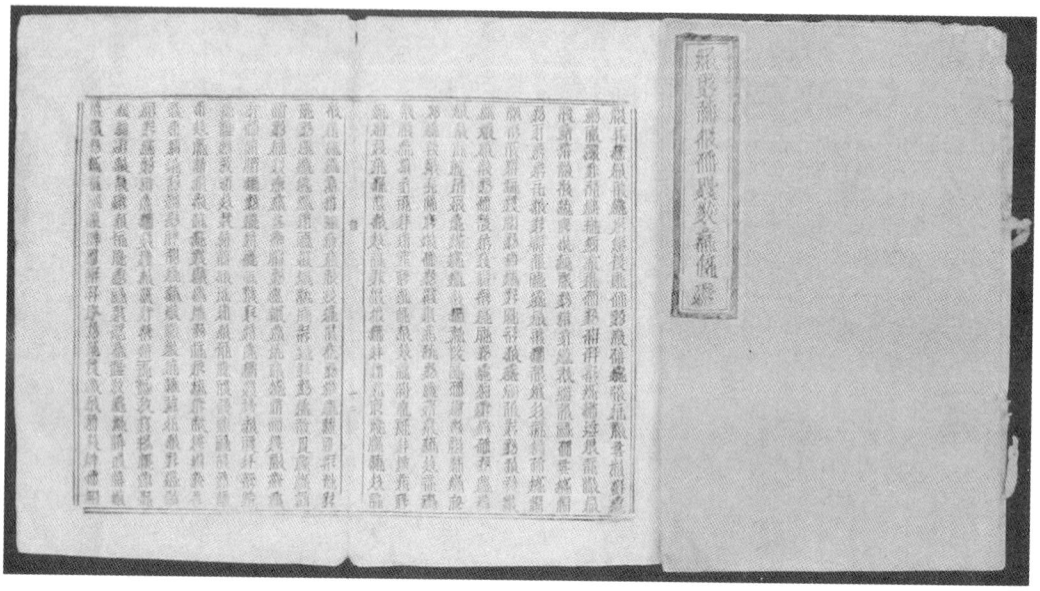

图 19　宁夏方塔出土《吉祥遍至口合本续之解生喜解补》

西夏地区的大量藏传佛教经典中有的译自藏文，有的是吐蕃佛教大师在西夏的撰著，还有的是党项人和汉人的著作。这些文献说明西夏是传承、翻译、撰著藏传佛教经典的一个极为重要的基地，为藏传佛教继续往中原地区传播打下了良好基础。研究宋、元时期的藏族文献、藏族宗教不可不重视西夏的藏学文献。

佛教绘画是佛教信仰的重要组成部分。西夏时期重视佛画的制作和供养，在原西夏统治的很多地区发现有佛画，其中有不少属于藏传佛教绘画。

西夏佛教洞窟保存了藏传佛教后弘期的珍贵壁画。莫高窟第 465 窟为西夏晚期洞窟，具有典型的藏传佛教特征。该窟西、南、北壁各绘藏传佛教曼荼罗（或称坛城）三铺，中间为喜金刚和佛母像，下以莲花托载。四周方格小图像二十幅，上部十二方系眷属形象，下部八方是祖师像。主尊上乐金刚蓝色，头发上竖，以五骷髅为冠，八面各具三目，项饰为五十人首，十六臂皆持钵形颅器，其中两臂在前抱佛母，其余十四臂在两侧有序张开，颅器内分别置马、牛、骆驼及诸天神等，腰束裙。佛母原为红色，一面三目，二臂，裸体，右手持勾刀，左手与主尊相抱。画面线描纯熟，色彩对比鲜明，反映出西夏藏传佛教壁画绘制的内容、结构、色彩和线描特色点。榆林窟的西夏洞窟中藏密绘画也很精彩，如榆林窟第 3 窟有藏传佛教曼荼罗五铺，分别绘于窟顶和南北两壁净土变两侧。如南壁西侧胎藏界曼荼罗，中央圆轮中绘中台八叶院九尊，中台座上为密宗的至尊大日如来，周围八叶中四方之叶和四隅

① 史金波、翁善珍：《额济纳旗绿城新见西夏文物考》，《文物》，1996 年第 10 期；史金波：《敦煌莫高窟北区出土西夏文文献初探》，《敦煌研究》2000 年第 3 期。

之叶供四如来和四菩萨。圆轮外为方坛，方坛城四面开门，各有守护之金刚神。方坛外又有圆城。城周匝悬幡。画面色彩浓重，布局紧凑，反映出藏传佛教壁画的内容和形式。又西夏藏密洞窟有金刚（明王）像，如第 29 窟不动金刚像，作愤怒状，一手持金刚杵，一手持蛇，是奉大日如来教令降伏一切恶魔的明王。又如第 4 窟的军荼利金刚，也作愤怒状，八臂，各持轮、杵、杖第法器，身在火光中奉南方宝生如来教令降伏行疾疫害人的一切鬼神。①

图 20 榆林窟第 3 窟

在黑水城出土的珍品中，还有近三百幅佛教绘画（唐卡），这些彩绘佛画有的受中原佛教影响，也有的受藏传佛教影响，有的在同一幅绘画中融合了两种绘画的风格。藏于俄罗斯圣彼得堡冬宫博物馆（爱尔米塔什）的西夏藏传佛教唐卡有《金刚座上的佛陀》、《释迦牟尼佛说般若波罗密》、《金刚座佛与五大塔》、《药师佛》、《十一面八臂观音》、《佛顶尊胜》、《绿度母》、《金刚亥母》、《摩利支》、《白伞盖》、《胜乐轮威仪父母曼荼罗》、《胜乐金刚》、《胜乐轮威仪曼荼罗》、《不动明王》、《空行母》、《阿弥陀佛净土》、《增长天》、《比丘像》等。这些绘画品多为浓墨重彩，色调深沉，反映了藏传佛教密宗“唐卡”的风格。如《十一面八臂观音像》高 132. 5 厘米，宽 94 厘米，观音端坐在正中莲花座上，十一种面孔分别表示出慈悲相、愤怒相，最顶上一面则为佛面。图上部有五身坐佛像，左右和下方分格画有

① 段文杰：《榆林窟的壁画艺术》，《安西榆林窟》，文物出版社 1997 年版。

八幅图像作为中心观音像的陪衬。又如《不动明王图》，高47厘米，宽35厘米，不动明王单腿跪于一莲花座上，火焰背景中又有小不动明王，三眼，二臂，系虎皮腰带，头戴附有头盖骨的王冠，一大蛇盘绕其身，也是典型的藏密风格。[①] 而一幅《观世音菩萨像》高59.7厘米，宽46.3厘米，菩萨一面四臂，二主臂双手合十，第二对手臂右手握念珠，左手持莲花，冠上有一阿弥陀佛像。画面显示出中原和藏传佛教风格相互糅合的艺术色彩。

图21　黑水城出土《十一面八臂观音像》

① 《丝路上消失的王国——西夏黑水城的佛教艺术》，第107、113、119、121、123、129、133、141、147、151、152、157、161、165、171、174—177、197、227、239页。

在宁夏贺兰县宏佛塔也出土了《上乐金刚图》、《护法力士图》等藏传佛教的唐卡。《上乐金刚图》，绢质，高 61.3 厘米，宽 40 厘米，中间绘上乐金刚和明妃双身像，主尊裸体兰色，有红、黄、兰、白、绿五种面孔，有 12 臂，2 主臂拥抱明妃，其余 10 臂各持法器，双足弓立，踏 2 怪魔，身上装饰也依密宗规范。明妃红色，头戴五骷髅冠，仰首垂发。上部有 6 图像，为金刚亥母的伴神；下部有 8 尊坐像。该像完全符合藏传佛教上乐金刚金刚亥母坛城的造像仪轨。《护法力士图》，绢质，高 80 厘米，宽 51.5 厘米，护法力士头戴冠，冠顶上又出一法像，长发后扬，突眉怒目，龇咧大嘴，披红色云肩，右手握三股叉法器，左手于胸前托物。画面浓丽，主要施红、黄、蓝色。[①]

图 22　拜寺口双塔出土《上乐金刚图》

① 《西夏佛塔》，第 183、187 页。

宁夏贺兰山拜寺口西塔也出土了《上乐金刚图》唐卡，高 85 厘米，宽 45 厘米。中绘上乐金刚与金刚亥母双身像，金刚裸体，蓝色，面有三目，直鼻大耳，左手握金刚铃，右手持金刚杵双足踏两妖魔。明妃红色，面有三目，右手上举，持勾刀，左手拥抱主尊；上部为 5 小图，图中分别为五色双身像；下部为 3 尊蓝色护法金刚，旁边各有一祖师像。①

宁夏青铜峡一百零八塔附近的小塔内也出土了藏传佛教唐卡，是两幅《千佛图》，其一绢质，高 107 厘米，宽 51 厘米，画面中部为主尊大日如来及两尊菩萨主像，周围分成 215 个小框，200 个框中各绘一尊坐佛，下部 15 个小框内各绘供养女像。这证明在西夏的东部地区藏传佛教也有广泛的、重要的影响。

西夏时期的佛经中也有木版画，如黑水城出土的两幅大型坛城木版画引人注目。木版画为《佛顶尊圣曼荼罗图》，高 130 厘米，宽 108 厘米，全图是圆、方、小圆组成的坛城，中间是自怖顶尊圣，有三脸，每脸有三眼、八臂，分别在图右下角绘男女供养人，可能是夫妻。画底蓝色，有西夏文陀罗尼。② 此图也是典型的藏密画风。这样大型的藏传佛教木版画实属罕见。

图 23　黑水城出土木版画《佛顶尊圣曼荼罗图》（一）

① 《西夏佛塔》，第 251 页。

② 《丝路上消失的王国——西夏黑水城的佛教艺术》，第 144、145 页。

图24 黑水城出土木版画《佛顶尊圣曼荼罗图》（二）

佛画还作为功德大量绘制、印刷。如西夏天祐民安五年（1094）刻印的《圣大乘无量寿宗要经》施经发愿文中记载，施帛画一万帧。西夏时期雕印的《佛说圣大乘三归依经》的御制发愿文中提到“乃敕有司，印造斯经番、汉五万一千余卷，彩画功德大小五万一千余帧”。[①] 这五万一千余帧佛画应是印制的。一些西夏藏传佛教经典的卷首有说法图之类的佛画，主要是刻本佛经。这些佛画往往带有藏传佛教的风格。如西夏文刻本《圣大乘守护大千国土经》前有经图，主尊上有西夏文题款“守护大千国种咒经天母”。

西夏大量藏传佛教绘画作品的创造，必然造就出一批画家、画匠。榆林窟第19窟有一条西夏时代的汉文题记：“乾祐廿四年……画师甘州住户高崇德小名那征，到此画秘密堂记之。”[②] 乾祐二十四年（1193）是西夏仁宗朝，画师高崇德是甘州人，他所画秘密堂当指西夏晚期的藏密洞窟。可惜我们不能知晓更多的掌握藏传佛教绘画艺术的画师名字。

存留下来的西夏时期藏传佛教雕像极少。目前所知为拜寺口西塔出土的一尊木雕设色上乐金刚与金刚亥母双身像。上乐金刚四面十二臂，是典型的藏传佛教造型。[③] 甘肃武威林场西夏墓出土的木缘塔，是结构复杂，制作精良的佛教艺术品，高70厘米，塔身用八块长34厘米，宽12.5厘米，厚2厘米的木板合成，涂蓝色，每块木板上都写有梵文咒语，中间加

① 《俄藏黑水城文献》第3册，TK121。

② 史金波、白滨：《莫高窟、榆林窟西夏文题记研究》，《考古学报》1982年第3期。

③ 谢继胜：《西夏唐卡中的双身图像内容与年代分析》，《艺术史研究》第二辑，2000年。

有汉字经咒名称：《归依三宝》、《圣无量寿一百零八名陀罗尼》、《一切如来百字咒》、《药师琉璃光王佛咒》、《圣日光天母心咒》，这些经咒也表现出密教的特点。[1]

图25　拜寺口西塔出土木雕《上乐金刚像》

图26　武威出土木缘塔

保存至今的唐宋时期的藏传佛教唐卡，十分罕见，皆为珍品。近代在西夏故地发现的大批西夏藏传佛教绘画，类型多样，内容丰富，表明西夏人画藏式风格密宗绘画已蔚然成风，显示出西夏是当时藏传佛教绘画的重要地区。这些唐卡是保存至今最早的唐卡，为研究藏传佛教的发展和藏传佛教绘画增添了大量珍贵的资料。研究藏族早期的绘画和雕塑艺术，应该注重西夏的藏传佛教艺术。

六　西夏后裔与藏传佛教的关系

西夏亡于蒙古。蒙古统治者占领西夏后，吸收了一部分原西夏的统治阶层的人士及其后裔为己所用。当时党项人被称为唐兀人，属色目人。蒙古统治者接受了他们不少治国建议和文化营养，同时也接受了佛教的信仰和制度。成吉思汗征服西夏时，曾向西夏王的上师、后藏人通古娃·旺秋扎西请问佛法。[2] 此人是蔡巴噶举的一位喇嘛。对元世祖忽必烈影响较大的西夏人高智耀原是西夏进士，他尊崇儒术，同时又信奉佛教，“事佛敬僧，乃其所乐，迹其心行，一有发僧耳。”[3] 后其孙纳麟任元朝宣政院使。

---

[1] 宁笃学、钟长发：《甘肃武威西郊林场西夏墓清理简报》，《考古与文物》1980年第3期。

[2] 东嘎·洛桑赤列：《论西藏政教合一制度》，民族出版社1983年版，第2部分第一节。

[3] （元）王恽：《秋涧先生大全文集》卷86，《四部丛刊》本，第6页。

蒙古时期蒙古汗窝阔台之子宗王阔端，受封于西夏故地，坐镇凉州，经营吐蕃。他一方面派兵攻入吐蕃地区，后来又遣使至吐蕃，召请吐蕃最有影响的萨迦寺主萨迦班智达及其两个侄子八思巴、恰那多吉来凉州，议定吐蕃归附蒙古大事。不难想象，阔端在原西夏地区会了解到藏传佛教的在当地的流传、影响，以及西夏统治者利用藏传佛教的情况。蒙古统治者将会谈地点选在藏族影响较大、藏传佛教信仰浓烈的西夏故地凉州，对这一重要会谈增添了浓重的文化、宗教色彩。萨班一行来到凉州后，阔端对他们给予热情接待，对藏传佛教表现十分尊重。会谈结束后，萨班写给卫藏各教派的信中说："此菩萨汗王敬奉佛教，尤崇三宝"。会谈的成功确立了蒙古对吐蕃的统治，也确认了藏传佛教的地位。凉州会谈对藏传佛教在蒙古族地区的传播和在以后全国的流行都有重要影响。

元朝在推行藏传佛教的过程中，继承并完善了西夏的帝师制度。自元世祖忽必烈封八思巴为帝师后，元朝皇帝即位之初，例从藏族僧人受戒，并设帝师。嗣为帝师者都是藏族萨迦款氏后人，或萨班、八思巴的弟子及后人，例领宣政院事，掌管全国佛教。西夏的后裔在元代佛教发展中一直起着推波助澜的作用。西夏的后裔参与元代佛教管理的不乏其人。最著名的是杨琏真加，他于世祖时任江南释教总统（总摄），法号永福大师。又有杨暗普、高纳麟、韩嘉纳、哈蓝朵儿只、星吉、杨亦执里不花、日耳塞、尔禄等都曾主持管理佛教的宣政院。另有僧人三宝在杭州钱塘叠石为西蕃塔，西蕃塔应是藏传佛教塔。[①] 还有一些西夏后裔涉足佛教的管理和佛经的印制事务，颇有影响。元代在杭州多次雕版印制西夏文佛经，施送西夏故地，说明元代西夏人势力不小。

直至元朝末年，西夏后裔依然对藏传佛教的发展发挥着显而易见的影响。至正五年（1345）在元大都北部居庸关过街塔门洞内以汉、梵、藏、八思巴、回鹘、西夏六体文字刻石，内容为经题和《佛顶尊胜陀罗尼》、《佛顶放无垢光明入普门品观察一切如来心三摩耶陀罗尼》、《佛顶无垢普门三世如来心陀罗尼》，仅西夏文就有77行，参与倡导其事的有官居中书平章政事的党项上层纳麟，参与主持此事的还有党项人显密二种巧猛沙门领占那征师。至正八年（1348）速来蛮西宁王及其眷属，在敦煌莫高窟建造像碑，碑上刻六字真言，也是包括西夏文在内的上述文字。

唐朝以后，佛教中显密概念的使用范围扩大。在西夏显密二分佛教已成为佛教界公认、常用的判教概念。[②] 通晓显密二教，才算全面掌握了佛教的知识，称得上高僧大德。西夏文献中多次出现显密国师、显密法师的称呼。元代继承了西夏的传统，把显密二分佛教的观念在全国佛教界确定下来。

西夏的音乐对元朝影响较大，后虽也采用其他礼乐，但西夏旧乐仍使用不绝。从元世祖至元七年（1270）以后，每年在大明殿启建白伞盖佛事时，"仪凤司掌汉人、回回、河西三色细乐"。[③] 仪凤司下设天乐署（初名昭和署），专门"管领河西乐人"。[④] 元代"河西乐人"即指西夏后裔乐人。元代在宫中做藏传佛教佛事时要演奏西夏人留下的遗音。

---

① 汤开建：《元代西夏人物表》，《甘肃民族研究》1986年第1期。

② 吕建福：《中国密教史》，中国社会科学出版社1995年版，第514—515页。

③ 《元史》卷77《祭祀志》。

④ 《元史》卷85《百官志》。

明朝中期的弘治十五年（1502）在河北保定所建两座西夏文经幢，是目前所知有确切年代可考的最晚的西夏文文献。两经幢是为圆寂僧人而作，八面均镌刻西夏文《佛顶尊胜陀罗尼》。经幢题款有僧俗人名近百，其中有党项族姓者不少，主持造经幢者名平尚吒什领占，平尚为党项族姓，吒什领占为藏语吉祥宝的译音。①

图 27 河北保定出土西夏文经幢

经幢表明当时西夏党项人后裔经长时间融合虽已接近消亡，但仍有少量西夏后裔保存着本民族文化。从其镌刻佛经内容和主持建幢的僧人名字，可推知该寺庙受藏传佛教影响很深。西夏党项族在其消亡前夕仍保持着与藏族文化的不解之缘。

可以说，西夏不仅是藏传佛教东传的重要过渡地带，也在这里形成了藏传佛教东向发展的思想、经典和制度基础，没有藏传佛教在西夏的先期流行和发展，就难以形成此后藏传佛教在全国很多地区的进一步传播。

① 史金波、白滨：《明代西夏文经卷和石幢初探》，《考古学报》1977 年第 1 期。

不难看出，西夏的资料中包含着很多重要的藏学资料，而藏学的资料中也有很多关于西夏的重要资料。过去西夏学家和藏学家分别进行了挖掘和探讨，做出了不少成绩。[①] 由于两个民族从唐代，历经宋、元时期，直到明代，前后历经八九个世纪，双方关系十分密切，加之藏文文献、西夏文文献以及相关资料极为丰富，过去的研究只能看成是一个良好的开端，更加深入的研究有待今后大力加强。因西夏文和古藏文文字和文献的研习和解读都有相当的难度，过去懂得西夏文者不熟悉藏文，掌握藏文者又不谙习西夏文，使得西夏学和藏学的结合进展步履维艰。希望今后能培养出既掌握西夏文，又熟悉藏文的专家加强这方面的研究，以便更好地推动两个学科共同深入发展，迈上一个新的台阶。

① 黄颢：《五十年来国内藏学家有关西夏的研究》，《国家图书馆学刊》增刊《西夏研究专号》，2002年。

关于西夏佛与儒的几个问题*

西夏王朝在当时中国的版图中位于宋、辽、金、回鹘、吐蕃各政权之间，开始由宋朝的肘腋之疾最终酿成心腹大患。西夏以武力为基础，以经济为后盾，辅以外交手段，有国近两个世纪，除其注重军事，发展经济外，其统治者的治国理念，特别是对儒、佛信仰和其间关系的处理颇值得探讨。

一 关于西夏佛教的地位

西夏的党项族与辽、金契丹族、女真族一样，最初皆以本民族比较原始的方法治理所辖地区，当他们进入中原地区后，便逐渐接受中原王朝长期以来形成的以儒治国方法。西夏的信仰也为多种、多元，既用儒学，又尊崇佛教，也容纳道教，同时也延续原始宗教。

当时在几个王朝中，儒学引领着社会思潮，形成政府的统治思想和民间行事的主流意识，左右着政府，渗透于法律，占据社会主导地位。舶来的佛教也已深深植根于中华，成为势力宏大的宗教。本土形成的道教凭借其深厚的基础，在与佛教摩擦、吸收过程中扩展着范围和影响。民间对自然、神祇的信仰以其古朴形态，各领风骚。

在中国中世纪，唐朝流行的主要宗教是道教和佛教。唐末武宗毁佛，五代周武宗灭佛，使佛教备受打击，也使儒、佛、道三教之争趋于缓和。宋朝伊始，给佛教以适当保护，并派僧人远赴印度求法，还雕刻《开宝藏》大藏经，使佛教传播逐渐恢复和发展。北宋对道教也持崇奉扶植政策。徽宗授意道录院册封他为“教主道君皇帝”，曾一度命令佛教和道教合流，改寺院为道观，但此举不久即恢复原状。

宋朝在其法典《宋刑统》中有维护佛教、道教的规定，并把道教放在首位：“诸盗毁天尊像、佛像者，徒三年。”① 这一条是从《唐律》中抄袭而来。②

西夏法典《天盛律令》也有类似规定，但叙述顺序有明显变化，把佛教放在道教前面：“诸人佛像、神帐、道教像、天尊、夫子庙等不准盗损灭毁。若违律时，造意徒六年，从犯

---

* 原刊于《江汉论坛》2010 年第 10 期，第 61—65 页。（人民大学复印报刊资料《宋辽金元史》2011 年第 1 期转载。）

① （宋）窦仪等撰，薛梅卿点校：《宋刑统》卷 19，法律出版社 1999 年版，第 338 页。

② （唐）长孙无忌等撰，刘俊文点校：《唐律疏议》卷 19，法律出版社 1999 年版，第 383 页。

徒三年。”[①] 这种微妙变化是统治者的有意调整，反映出佛教在西夏地位高于道教。

西夏法典中大大增加了宗教信仰内容。《唐律》和《宋刑统》关于宗教的条款很少，属于保护道教、佛教的只有上述一条。而西夏《天盛律令》在卷三有“盗毁佛神地墓门”，特别是于卷十一专辟“为僧道修寺庙门”，含 23 条，约 3000 字的篇幅。此外卷第一、第十、第十四也还有关于僧道的条款，也显反映出佛教、道教在西夏社会受关注程度的提升。

唐、宋佛教管理机构的级别都不太高。[②] 西夏管理宗教的机构为功德司，功德司的地位很高。《天盛律令》规定，西夏政府中第一等为上等司，第二等为次等司，包括殿前司、御史、中兴府、三司等十七司，其中就有管理佛教和道教的三个功德司。[③]

西夏法典中多是佛、道并提，似乎地位平等，但法典中所录西夏职官机构中属于佛教的功德司有两个：僧人功德司、出家功德司，而道教的功德司仅有一个道士功德司。若再看各功德司职官的配置，便更加明显。管理佛教的官员为管理道教的官员 6 倍。[④] 可见西夏的佛教势力远大于道教，佛教事务远多于道教。

纵观 10—13 世纪中国境内的宗教信仰分布，大体上是东部佛、道并存，佛、道势力旗鼓相当，西部回鹘、吐蕃、大理以佛教为主，伊斯兰教渐从回鹘西部进入。中部西夏地区虽也兼容佛、道，但佛教强势，道教弱势，是中国宗教的过渡地带。

二　佛教并非西夏国教

西夏佛教在宗教界的势力和影响始终处于主流和优先地位，但西夏仍然是多种宗教并存。有的专家提出在西夏“藏传佛教被列为国教”，又说“元昊如此通晓佛学，并把佛学列为国教”。[⑤] 事实并非如此。

所谓国教应是实行国教制度国家法律确立的唯一宗教，其教义是国家中占统治地位的官方意识形态，宗教经典和戒律成为国家法律，并带有强制性。西夏佛教并不具备国教特征。前述西夏法典中在涉及宗教条款时，多以佛、道并称，或言僧人、道士，或言寺庙、宫观，或言佛像、道教像。西夏法典还规定成为出家僧人要能诵十一种佛经，成为道士要能诵十四卷道经，皆　开列目录。可见西夏在法律层面上对佛教和道教一视同仁。

汉文文献记载，西夏景宗元昊的儿子宁明即为道教徒。他：“喜方术。从道士路修篁学辟谷，气忤而死。”[⑥] 证明道教在西夏宫廷内也有信徒。

西夏国家占统治地位的官方意识形态是儒学，而不是佛教义理。西夏法典不仅在具体条款中贯穿着维持封建统治的儒学信条，特别是在卷第一开宗明义就列出“十恶”内容，把

① 史金波、聂鸿音、白滨译注：《天盛改旧新定律令》第三，法律出版社 2000 年版，第 184 页。

② 谢重光、白文固：《中国僧官制度史》，青海人民出版社 1990 年版，第 85—121、155—167 页。

③ 《天盛改旧新定律令》第十，第 362—363 页。

④ 同上书，第 367—368 页。

⑤ 李范文：《藏传佛教对西夏的影响》，台湾《历史博物馆馆刊》第 6 卷第 3 期，1996 年。

⑥ 《续资治通鉴长编》卷 162，仁宗庆历八年（1048）正月辛未条。

严重违反仁、义、忠、孝的行为列为重罪，予以严惩。[①] 这也是全部法典的纲领，反映出西夏统治者的意志。特别是第一恶罪谋逆，与儒家提倡的忠君对立，对其主犯、从犯皆处以极刑。这样的法律与儒学相合，与佛教无涉。

在西夏信仰自由，信仰平等，无强制性，无论势力、影响大小，佛、道、儒并列，在前述《天盛律令》条款中将夫子庙也与佛、道一并保护。其实，中国自五代以后历朝对佛教都采取了崇信和保护的政策，但没有一朝将其列为国教。

至于藏传佛教在西夏只是佛教的一个组成部分，西夏的汉传佛教依然有很大势力。《天盛律令》规定做出家僧人应会诵十一种经，但又依番、羌和汉人而有所区分，番即党项人，羌即吐蕃人。[②] 其中既有藏传佛教特有的佛经，也有其他佛经。

已经发现的宁夏、甘肃、内蒙古等地出土的大量西夏佛经中，既有汉传佛教佛经，也有藏传佛教佛经。汉传佛教中的华严宗、净土宗和禅宗的势力都很大，因此说“藏传佛教被列为国教”并无根据。

三　关于西夏儒学的地位

西夏和辽、金一样，都尊崇儒学，礼事孔子，实行科举。辽、夏、金三朝都接受中原王朝治国的原则和理念，用本民族文字翻译《贞观政要》作为治国之纲要。辽朝用契丹文翻译的《贞观政要》和金朝用女真文翻译的《贞观政要申鉴》[③] 都未保存下来。西夏将《贞观政要》节译为西夏文本，名为《德事要文》，现存有刻本。[④]

西夏所处地域早为中原王朝领土，原来的地方政府管理制度即为以儒学为政治理念，佛教已经盛行，于是顺理成章地走上以儒治国、以佛治心的道路。西夏贯彻以儒学为主的统治思想和方法比同时少数民族掌政的辽、金更为彻底。

在中国封建社会中，孔子的地位不断攀升，至唐朝追谥孔子为文宣王，后宋、元、明、清诸朝代有封谥，最高也只是文宣王。西夏仁宗人庆三年（1046）尊孔子为文宣帝，这是对孔子空前绝后的尊号。证明西夏崇儒之盛，与其他王朝相比，实有过之而无不及。

中原唐、宋的法典贯穿了儒学治国的精神。西夏和辽、金都借鉴了中原王朝法典。西夏法典比唐、宋法典增添了新内容，并做了形式上的革新。[⑤] 而辽、金在法制上保留着较多的本民族前封建社会的遗存。辽朝采取南北两面官制[⑥]，在法制上也保留“因俗而治”特点。[⑦] 金朝也实行南北面官制，保留奴隶制，至世宗时才系统吸收儒家思想，实行“仁

---

① 《天盛改旧新定律令》第一，第 110—130 页。

② 《天盛改旧新定律令》第十一，第 404—405 页。

③ 《辽史》卷一百三《萧韩家奴传》。《金史》卷 110《赵秉文传》。

④ 史金波、魏同贤、克恰诺夫主编：《俄藏黑水城文献》第 11 册，第 133—141 页。［俄］克恰诺夫：《吴兢〈贞观政要〉西夏译本残叶考》，《国家图书馆学刊》增刊（西夏研究专号），2002 年。

⑤ 史金波：《西夏〈天盛律令〉略论》，《宁夏社会科学》1993 年第 1 期。

⑥ 《辽史》卷 45《百官志一》。

⑦ 《辽史》卷 61《刑法志上》。

政”。[1]

西夏早期曾下过秃发令，但没有像辽、金那样实行明显的民族歧视政策。西夏《天盛律令》中，也没有分别对待党项人和汉人不同的刑罚规定。只是在番、汉、西番、回鹘等职官共职时，“名事同，位相当者”，当以番人为上。[2]

西夏之所以接受中原地区以儒学为代表的文化更多、更深刻，与当时所处地域形势有关。契丹、女真虽进入中原，但在其所建辽国、金国中，仍保留着其原住地，较多地保留着本民族的民俗。西夏党项族自原居住地向东北迁徙后，进入中原，断绝了与原住地族人的联系，从生产方式、生活方式到意识形态直接受中原文化影响，更容易失掉原来的民族风俗，就连其原始宗教也处于衰落的状态，不似契丹、女真萨满教那样盛行。

西夏前期经历了“番礼”与“汉礼”的严重斗争，其实质往往反映出接受儒家治国方针的皇族与保守势力支持的后族之间的政治斗争。[3] 自崇宗时期以后，这种斗争不见于史籍记载，原因是崇宗已经接受汉文化，在施政中确立了儒学的主导地位，“汉礼”已经取得了胜利。仁宗朝更加推崇儒学，这引起掌握朝柄、担任国相的外戚任得敬不满，上书建议罢黜儒学。[4] 仁宗没有采纳他的意见，反而设立翰林学士院，进一步确立儒学在西夏的主导地位。

儒学讲求修身、齐家、治国，具有世俗性的功能和特点，是应用性很强的理论。自隋唐以后，科举考试皆以儒学经典为标准。即便是以少数民族为主体的辽、西夏、金朝，在执政的过程中，为治国需要，也先后实行科举考试，也以儒学经典为标准。在西夏对儒学可以提出异议，甚至可以引起存废之争。而西夏统治阶层对于佛教则始终信奉，一直护佑有加。任得敬反对儒学，但却崇信佛教。[5] 西夏王朝具有包容性，崇佛与用儒互补，精神慰藉、心理消解和政治实用、社会管理相结合。

10—13 世纪中国境内的儒术的布局，大体上是东部宋朝为基础，西夏和辽、金势力跟进效法，西部回鹘、吐蕃则影响较小。

四　西夏佛教特色

辽、金、西夏在佛教发展方面都有重要贡献，但西夏有不同于辽、金王朝的特点，主要归结为四项。

1. 用西夏文翻译大藏经

辽、金发展佛教，皆在北宋首次雕印汉文大藏经的基础和影响下，刻印汉文大藏。辽朝所刻称《契丹藏》，又称《辽藏》，刻藏地点在燕京（今北京）。近代已发现《契丹藏》的

---

① 《金史》卷 8《世宗纪三》。
② 《天盛改旧新定律令》第十，第 378—379 页。
③ 蔡美彪等著：《中国通史》第六册，人民出版社 1979 年版，第 164—174 页。
④ （清）吴广成：《西夏书事》卷 36。
⑤ 《俄藏黑水城文献》第 3 册，第 71 页；史金波：《西夏“秦晋国王”考论》，《宁夏社会科学》1987 年第 3 期。

零散经卷。金国所刻称《金藏》，又称《赵城藏》，也以《开宝藏》为底本雕印。1935 年于山西赵城县广胜寺（临济宗寺院）发现《金藏》近五千卷，入藏国家图书馆。《金藏》是目前唯一一部收集比较全的早期大藏经。

西夏推行佛教一方面注重汉文佛经，另一方面还用西夏文翻译大藏经，在发展佛教方面开辟了民族化的道路。西夏大力推行佛教，作为主体民族的党项族内要传习佛经，需要用党项人能听懂、看懂的西夏文翻译佛经。翻译佛经必须有译经的底本和本民族文字。西夏前期曾先后六次向北宋求取大藏经，第一次是西夏尚未正式立国的宋天圣八年十二月（1031），西夏也有了译经底本《开宝藏》。[①] 西夏文在西夏正式立国前两年，即 1036 年创制完成。有了这两项条件，在元昊称帝当年就开始用西夏文翻译大藏经。经西夏前四朝，至崇宗天祐民安元年（1090），共用 53 年时间，译经 3579 卷，称作“蕃大藏经”。[②] 后世称为西夏文大藏经。这是中国第一次用少数民族文字翻译的汉文大藏经。

辽、金王朝，虽然也创造了本民族文字，但未用民族文字翻译汉文大藏经。辽朝的契丹人，金朝的女真人如果不懂得汉语，就无法听到佛经的声音，当然也看不懂佛经。佛教在西夏与辽、金主体民族传播上有很大不同。

2. 发展藏传佛教

西夏佛教信仰更具开放性，从中原吸收汉传佛教，请回鹘高僧译经，又接受藏传佛教。西夏发展藏传佛教有两个最基本的条件。一是藏族地区不仅是西夏的近邻，西夏境内也居住着大量信奉藏传佛教的藏族；二是西夏统治者特别是皇帝的提倡，仁宗礼事藏族僧人，封藏族高僧为帝师。

在西夏藏传佛教借助上述条件蓬勃发展，从西夏西部逐渐向东部传播、蔓延。但由于西夏和宋朝、金朝属不同的国度，藏传佛教止于西夏，未能继续向东发展。

蒙古以其强大的军事力量先后灭亡了西夏、金朝和南宋。蒙元时期藏传佛教得到更大的发展，进一步向东传播。藏传佛教在西夏的传播有深厚的基础，积累了在非藏族地区传播藏传佛教的成功经验。元代的大一统格局，打破了原来的国界，使藏传佛教无阻碍地发展。元代统治者对藏传佛教十分尊崇。蒙古统治者占领西夏后，吸收了一部分原西夏的统治阶层的人士及其后裔为己所用。蒙古时期蒙古汗窝阔台之子宗王阔端，受封于西夏故地。元朝在推行藏传佛教的过程中，继承并完善了西夏的帝师制度。自元世祖封八思巴为帝师后，元朝皇帝即位之初，例从藏族僧人受戒，并设帝师。帝师例领宣政院事，掌管全国佛教。西夏的后裔在元代佛教发展中一直起着重要作用，其中不乏参与元代佛教管理的高官显宦。

3. 兴建北五台山清凉寺

山西五台山是中国佛教的四大名山之一，相传为文殊菩萨示现之处，是中国北方佛教主要道场。西夏初期即对北宋的五台山情有独钟。德明和元昊两代都曾遣使到宋朝的五台山敬

① 《续资治通鉴长编》卷 190，仁宗天圣八年（1030）十二月丁未条。

② 史金波：《西夏文〈过去庄严劫千佛名经〉发愿文译证》，《世界宗教研究》1981 年第 1 期。

佛供僧。①

后来西夏立国，与宋交恶，既不能去五台山，就在自己的神山贺兰山中，仿照宋朝山西五台山寺建起西夏的五台山寺。《西夏纪事本末》所载《西夏地形图》中，在贺兰山内记有“五台山寺”。② 山西五台山是一庞大寺庙群，其中有清凉寺。西夏五台山寺效法山西五台山寺，也是一寺庙群，其中也建有清凉寺。西夏僧人所编《密咒圆因往生集》前的题款记有“北五台山清凉寺出家提点沙门慧真编集”。③ 北五台山即西夏五台山。在刊印于乾祐十三年（1182）的西夏文类书《圣立义海》中有“五台净宫”④，“五台净宫”应系西夏五台山寺。证明西夏五台山寺在此以前早已建成。

西夏兴建北五台山清凉寺，在西夏另立佛教圣地，在中国佛教史上独树一帜。西夏又在贺兰山建离宫别院，逶迤壮丽，作为西夏皇室休闲避暑胜景。这座神山成了西夏精神境界高峰的象征。

4. 大力续修莫高窟、榆林窟等石窟

西夏建国前就占领沙州、瓜州，在沙州境内的敦煌莫高窟和瓜州境内的榆林窟为西夏管辖。两窟群自唐朝达到艺术高峰后，由于唐末、五代的战乱而走下坡路。西夏占领这一带以后，隆盛佛教，修葺洞窟，使两窟群再次呈现出新的辉煌。据1964年考察，初步定莫高窟有西夏洞窟80多个。⑤ 后来敦煌文物研究所整理出版的《敦煌莫高窟内容总录》中记载，莫高窟有82个西夏洞窟。⑥

莫高窟在西夏占有特殊的地位，在莫高窟西夏题记中有所谓“圣宫”、“朝廷圣宫”⑦，即是对莫高窟的称誉。⑧ 修建或重修洞窟需要大量财力、人力，在西夏这样偏安西北地区的王朝，经济力量有限，大型佛事活动应以皇室或地方政府为主。可以推想，大规模修建敦煌莫高窟洞窟也应是西夏皇室所为。

西夏洞窟中以龙或凤为图案的藻井十分普遍，成为西夏壁画的一大特点。依据《敦煌莫高窟内容总录》记载，在莫高窟有关西夏洞窟中，有覆斗形窟顶的洞窟占多数，有69窟，其中以龙、凤为藻井的最多，共32窟。这类龙凤藻井不仅数量多，而且艺术水平很高，把莫高窟的藻井艺术提高到一个新的高度。龙、凤不仅是吉祥的象征，后来还被赋予了政治

① 《宋史》卷485《夏国传上》。《续资治通鉴长编》卷67，真宗景德四年（1007）十月庚申条；卷121，仁宗宝元元年（1038）正月癸卯条。

② （清）张鉴：《西夏纪事本末》，光绪十一年（1885）刻本，卷首地图。

③ 《大正新修大藏经》第46卷，第1007页。

④ 《俄藏黑水城文献》第10册，第249页。克恰诺夫、李范文、罗矛昆：《圣立义海研究》，宁夏人民出版社1995年版，第58—59页。本文作者对译文有所修改。

⑤ 白滨、史金波：《莫高窟、榆林窟西夏资料概述》，《兰州大学学报》1980年第2期；刘玉权：《敦煌莫高窟、安西榆林窟西夏洞窟分期》，《敦煌研究文集》1982年第3期。

⑥ 敦煌文物研究所整理：《敦煌莫高窟内容总录》，文物出版社1982年版，第183—184页。

⑦ “朝廷”二字，在西夏文中原意为“世界”，又可译为“朝廷”或“京师”，这里可译为“朝廷”。

⑧ 史金波、白滨：《莫高窟榆林窟西夏文题记研究》，《考古学报》1982年第3期；刘玉权：《敦煌莫高窟、安西榆林窟西夏洞窟分期》，《敦煌研究文集》1982年第3期。

的意义。龙往往是皇帝的象征，凤是后、妃的象征。西夏《天盛律令》不准民间以龙、凤作装饰的规定，正是这种中国式传统认识的法律化。莫高窟西夏洞窟中大量龙、凤藻井也可以作为这些洞窟为西夏皇室修造的重要参考。

除敦煌莫高窟外，安西榆林窟、东千佛洞、酒泉文殊山石窟、天梯山石窟、肃北五个庙、永靖炳灵寺、玉门昌马下窟、武威天梯山石窟、宁夏固原须弥山都有西夏石窟。西夏使石窟艺术再现辉煌，取得辽、金所不及的成就。

这一时期，辽、金开凿的石窟不多。宋朝则接续前代在今重庆市大足雕凿大足石窟，是中国晚期石窟艺术中的优秀代表。大足石刻长期被湮没于荒山之中，鲜为人知。无独有偶，正是在其家乡武威发现著名西夏凉州感通塔碑的张澍，于嘉庆二十三年（1818）任大足县知县时，游历大足石窟，留下诗文，高度评价大足石刻“古今所未有”，并把大足石刻部分内容记入嘉庆《大足县志》。张澍的这一重要发现与凉州碑的发现一样未能很快引起重视，直至一百多年后的1945年由学者杨家骆、马衡、顾颉刚等组成考察团进行科学考察，才为学界所重。张澍先生一生钟情学术，其敏锐的学术眼光和执着的追求精神使其获他人所未获，凉州碑和大足石窟都已列为全国重点文物保护单位。

西夏文《大白伞盖陀罗尼经》及发愿文考释*

近来笔者得见一件西夏文佛经残卷，为国内外仅见的孤本。此经卷前残，经末有发愿文，内容有关蒙古时期西夏文佛经的刻印、流传，以及西夏藏传佛教的信仰，十分重要。现刊布此经卷图版，并对此经及后附发愿文做初步考释，以飨读者。①

一　文献原文和译文

此西夏文残卷，纸墨古旧，字体端庄、规范，刻印精良，系真品无疑。卷残长 64.5 厘米，高 15 厘米，刻本，上下单栏，栏高 9.7 厘米，存西夏文字 44 行，残经 20 行，经末发愿文 24 行。

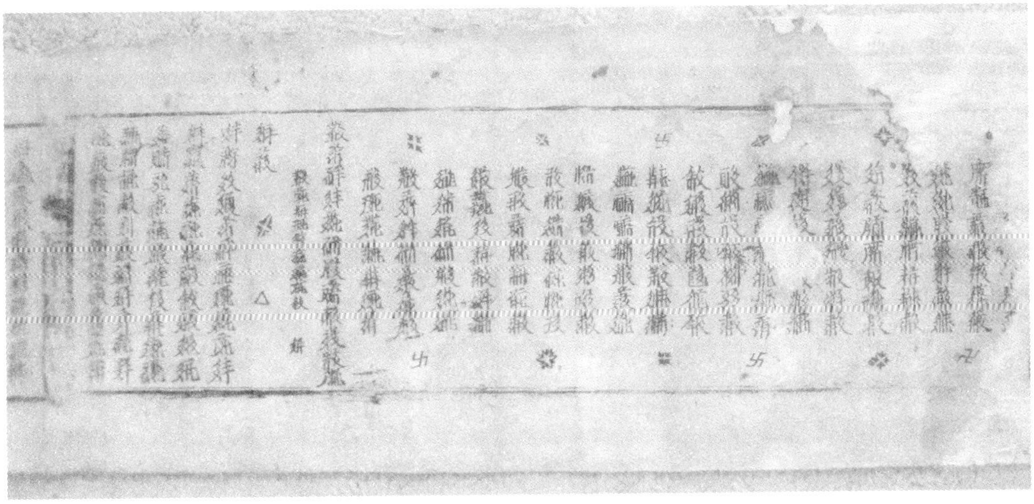

图 1-1　西夏文《大白伞盖陀罗尼经》

* 原刊于《世界宗教研究》2015 年第 5 期，第 8—16 页。（人民大学复印报刊资料《宗教》2015 年第 6 期转载。）

① 此件为郑顺通先生藏品，他委托笔者使用藏品图版，并进行研究发表，特此致谢。

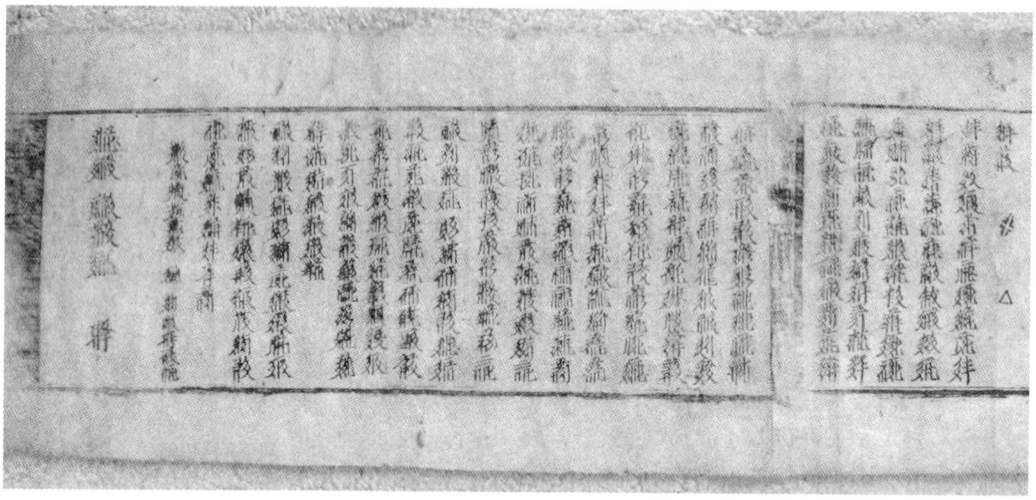

图 1 - 2　西夏文《大白伞盖陀罗尼经》

现将原文移录并翻译如下①：

（一）录文和对译

……

1. [illegible]
   王贼军怖水火毒
2. [illegible]
   武器天恶怨及病
3. [illegible]
   霹雳时非亡死及
4. [illegible]
   地动国王罚判及
5. [illegible]
   闪电空飞恐怖及
6. [illegible]
   虎狼［盈能］大怖中
7. [illegible]
   时一切以冠盖索
8. [illegible]②[illegible]

① 西夏文原件有的字不清晰，现将原文依原行次录出，其下为逐字汉文对译，后依西夏语语法作出汉文意译。其中“□”表示缺字，“□”中有字为补字，对译中的〈〉表示难以用一个汉字表达的虚词等，［ ］号内的字表示读音。

② 西夏文[illegible]，第一字音［盈］，系表示将来时的动词前缀；第二字音［能］，意为“等”。这里两字表示列举的“等”意。此词也出现在 6、10、12 句中。

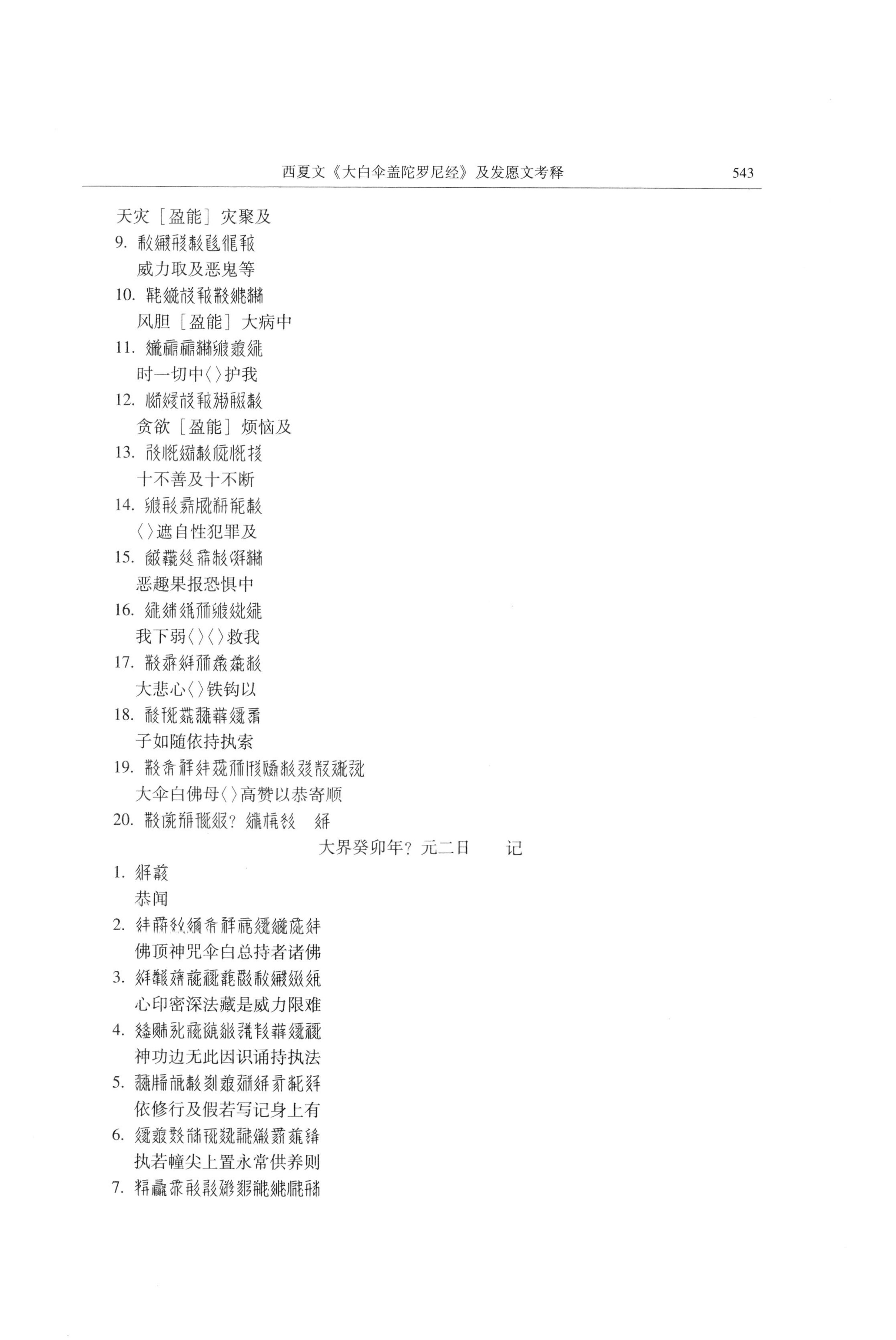

天灾［盈能］灾聚及

9. [illegible]

威力取及恶鬼等

10. [illegible]

风胆［盈能］大病中

11. [illegible]

时一切中〈〉护我

12. [illegible]

贪欲［盈能］烦恼及

13. [illegible]

十不善及十不断

14. [illegible]

〈〉遮自性犯罪及

15. [illegible]

恶趣果报恐惧中

16. [illegible]

我下弱〈〉〈〉救我

17. [illegible]

大悲心〈〉铁钩以

18. [illegible]

子如随依持执索

19. [illegible]

大伞白佛母〈〉高赞以恭寄顺

20. [illegible]？[illegible]

大界癸卯年？元二日　　记

1. [illegible]

恭闻

2. [illegible]

佛顶神咒伞白总持者诸佛

3. [illegible]

心印密深法藏是威力限难

4. [illegible]

神功边无此因识诵持执法

5. [illegible]

依修行及假若写记身上有

6. [illegible]

执若幢尖上置永常供养则

7. [illegible]

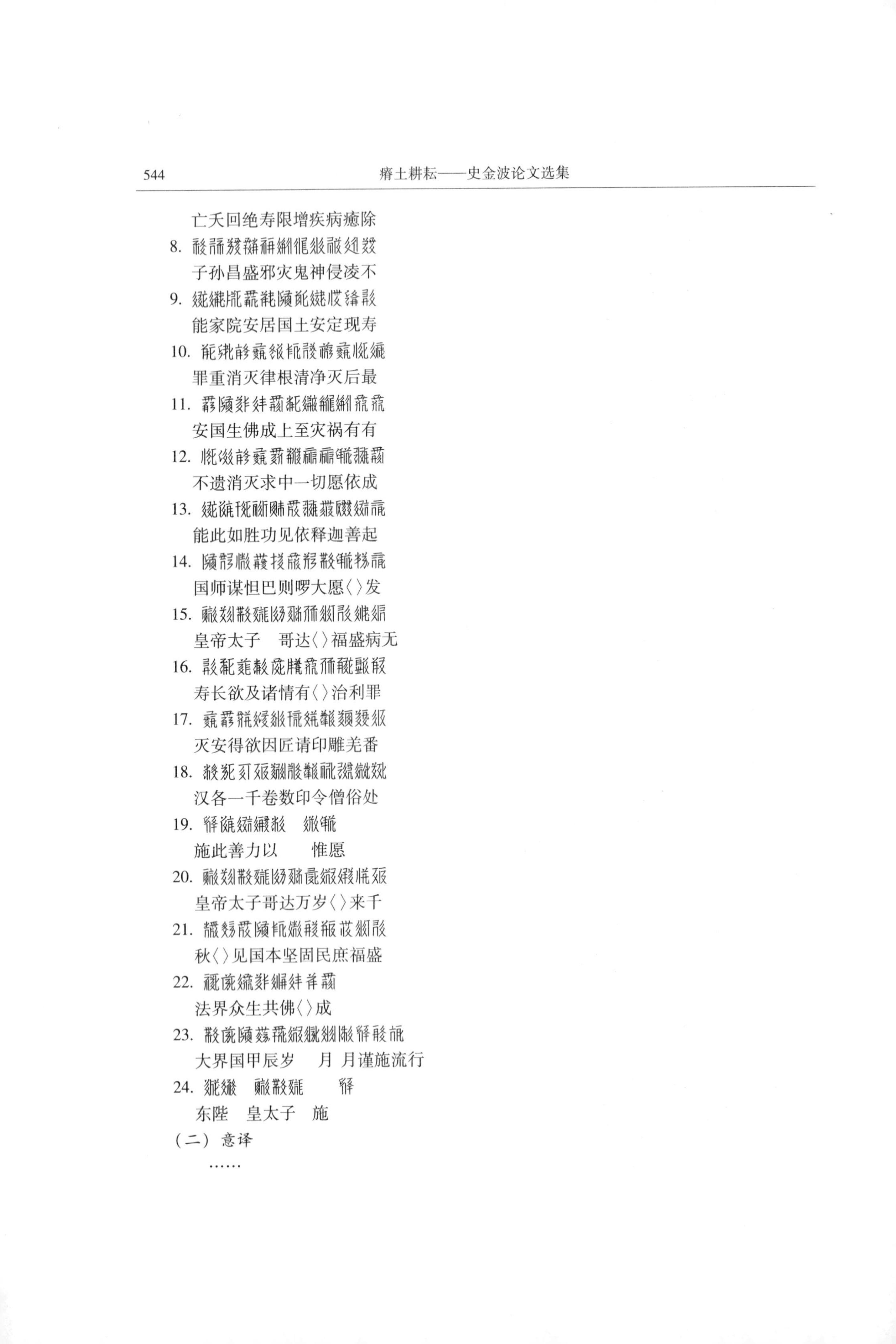

亡夭回绝寿限增疾病瘉除

8. [illegible]

子孙昌盛邪灾鬼神侵凌不

9. [illegible]

能家院安居国土安定现寿

10. [illegible]

罪重消灭律根清净灭后最

11. [illegible]

安国生佛成上至灾祸有有

12. [illegible]

不遗消灭求中一切愿依成

13. [illegible]

能此如胜功见依释迦善起

14. [illegible]

国师谋怛巴则啰大愿〈〉发

15. [illegible]

皇帝太子　哥达〈〉福盛病无

16. [illegible]

寿长欲及诸情有〈〉治利罪

17. [illegible]

灭安得欲因匠请印雕羌番

18. [illegible]

汉各一千卷数印令僧俗处

19. [illegible]

施此善力以　　惟愿

20. [illegible]

皇帝太子哥达万岁〈〉来千

21. [illegible]

秋〈〉见国本坚固民庶福盛

22. [illegible]

法界众生共佛〈〉成

23. [illegible]

大界国甲辰岁　月 月谨施流行

24. [illegible]

东陛　皇太子　施

（二）意译

……

国王贼怖水火毒　　武器①天怨恶和疾
霹雳非时并夭寿　　地震国王刑罚等②
闪电飞空诸怖散　　恶兽虎等大难中
一切时中乞覆护　　其天魔等诸魔碍
能夺威力并饿鬼　　风胆③等等大病中
一切时中拥护我　　贪欲④等等诸烦恼
十不善业五无间⑤　所遮自性罪业等
恶趣苦果怖畏中　　愚资⑥我今求覆护
以大慈悲之铁钩　　犹如爱子乞护持
大白伞盖佛母赞叹祷祝偈⑦
大朝癸卯年？元二日⑧　记

恭闻佛顶神咒白伞盖总持者，是诸佛心印密深法藏，威力无限，神功无边。因此依识诵受持法修行，或若写记身上有持，或置幢顶上，永常供养，则回绝亡夭，增寿限，愈除疾病，子孙昌盛，灾祸、鬼神不能侵凌，家庭安居，国土安定，在世⑨消灭重罪，律典清净，亡后生最安国⑩，至于成佛，所有灾祸殄灭无遗，一切要求依愿能成。因见如此胜功，释迦善起⑪国师谋怛巴则啰⑫已发大愿，因望皇帝太子　阔端福盛无病长寿，并欲利治诸有情，灭罪得安，请匠令雕印羌、番、汉各一千卷施僧俗处，以此善力，惟愿皇帝太子阔端寿长⑬万岁，经历⑭千秋，国本坚固，民庶福盛，法界众生当共成佛。

大朝国甲辰岁　月　日谨施流行

---

① 西夏文繾絨，“武器”意，元真智汉文译本此处为“器械”。

② 西夏文赦，连词，“及”意，真智本译为“等”或不译出，见以下第4、5、8、12、14行。

③ 西夏文靴皺，意为“风胆”，病名。真智本此后多一“痰”字。

④ 西夏文馘綬，意为“贪欲”，真智本此处为“贪嗔痴”，西夏文“贪嗔痴”为馘觳肩。

⑤ 西夏文槪搓，意为“不断”，真智本译为“无间”。

⑥ 西夏文絺絠，意“下弱”，真智本译为“愚资”，自谦意。

⑦ 西夏文侖，意为“盖”，可译为“伞盖”。西夏文蕔，意为“母”，此处可译为“佛母”。西夏文䏰豥，意为“高赞”，可译为“赞叹”。西夏文叕敉，意为“恭奇”，可译为“祷祝”。最后一字不清，形近字有䔿，“顺”意，此处应为“偈”，西夏文“偈”为茲。

⑧ “年”字后一字原文不清，形近字有巯，音为［波］；蘿，意为冬。此年款有干支，无月份，“二日”前一字为“元、始”意，“冬始”可译为“孟冬”，即十月。

⑨ 西夏文緒敫，汉意为“现寿”，据其意并对照后文“亡后”，此处译为“在世”。

⑩ 西夏文緆霧隨，汉意为“最安国”，可译为“极乐世界”。

⑪ 西夏文緢褫，汉意为“善起”，对应藏文 dge slong，比丘意。

⑫ “谋怛巴则啰”应是该国师名字，似可以还原为 Buddhavajra，佛金刚意。

⑬ “万岁”后西夏文二字为綴牍，第一字为表示将来意义的虚词，第二字有“来”、“降”意，此处应理解为“达到”意，故连前面“万岁”二字译为“寿长万岁”。

⑭ “千秋”后西夏文二字为㚵蕞，第一字也为表示将来意义的虚词，第二字“见”意，此处应理解为“见到”意，故连前面“千秋”二字译为“经历千秋”。

东陛[1]　皇太子　　　施

二　佛经考释

此西夏文经卷缺卷首经名，于经末可见“大白伞盖总持赞叹祷祝偈”，从其后发愿文中还可见“佛顶神咒白伞盖总持”之名，“总持”即陀罗尼，可见此经应是《大白伞盖陀罗尼经》，后并有“大白伞盖总持赞叹祷祝偈”，保留了赞叹祷祝偈中的最后18句，其前的经文和偈语皆佚。

此经卷末有一行题款“大朝癸卯年？元二日记”。“大朝”西夏文原文为[illegible]，直译为“大界”。西夏文文献中[illegible]“世界”一词另又引申为“京师”、“朝廷”之意。如西夏人翻译汉文类书《类林》时，以此二字译为“京师”。[2] 又如西夏文《天盛改旧新定律令》卷一“谋逆门”中有：“[illegible]”，译文为：“在京师者，在何职管属司，及在边中者，其所属经略使、监军司等，何就近处当速告知”。[3] 其中“京师”一词西夏文为[illegible]。再如“[illegible]”，译文为：“其中文武忠显，知晓内外秘事，是关系朝廷之利益者，应管摄及依顺投归来等，应不应释罪，视人状时节、事由等奏议实行”。[4] 其中“朝廷”一词西夏文也为[illegible]。

此外，国家图书馆藏西夏文《金光明最胜王经》卷第十末附有一篇跋文，实际上是一篇简短的刻经发愿文，文中有：“[illegible]”，译文为：“大朝国朝廷信众施主陈慧高”，其中“大朝”二字即与此残卷中的[illegible]二字相同。上述《金光明经》跋文中还有一段关于该经刻印时间的内容：“[illegible]”，译文为：“番国旧印板国毁中失，因此施舍净物，令雕新字，乙巳年八月十五日始起，丁未年中刻毕”。[5] “番国”即指西夏。“国毁”即是西夏已灭亡。当时是蒙古军队已经统治西夏故地，但尚未有年号的时代。因此雕刻《金光明经》的年款只有干支，而无年号。乙巳年是太宗窝阔台死后皇后乃马真称制之时，即公元1245年，刊毕时间丁未年则为定宗贵由二年，即公元1247年。

“大朝”或“大朝国”为元代建元之前的国号，在汉文史料与蒙元时期的碑刻中多次出现。此词可能与当时的蒙古语“也可兀鲁思”称呼有关。“也可”在蒙古语中为“大”意；“兀鲁思”（ulus）为蒙古时期对诸王分地的称呼，意为“人众”，也可译作“人民—分地”，后来又有“人民—国家”的意义。“也可兀鲁思”具有“大国”或“大朝”的意义。此残卷中的“大朝癸卯年”，应是西夏灭亡后蒙古皇后乃马真时期的癸卯年，即公元1243年。

---

① 西夏文[illegible]，“阶”意，引申为“陛下”的“陛”。“东陛”指太子位。

② 史金波、黄振华、聂鸿音：《类林研究》，宁夏人民出版社1993年版，第201—201页。

③ 史金波、聂鸿音、白滨译注：《天盛改旧新定律令》第一“谋逆门”，法律出版社1999年版，第113—114页。

④ 史金波、聂鸿音、白滨译注：《天盛改旧新定律令》第九“诸司判罪门”，第281页。

⑤ 史金波：《西夏文〈金光明最胜王经〉序跋考》，《世界宗教研究》1983年第3期。原文见史金波、陈育宁主编《中国藏西夏文献》第4册，甘肃人民出版社、敦煌文艺出版社2005年版，第85页。

在西夏文文献中用[illegible]（大朝国）称呼这一时代，连此次已经出现两次。

西夏时期翻译了大量佛经，其中包括很多藏传佛教经典。黑水城出土的西夏文佛经中有关大白伞盖的佛经有数种：

1. [illegible]
圣一切如来之顶髻中生白伞盖佛母无他能者回遮明呪大母王总持
2. [illegible]
大白伞盖佛母之烧施法事
3. [illegible]
白伞盖佛母施食法事要门
4. [illegible]
依大白伞盖佛母护国要门
5. [illegible]
诵大白伞盖佛母之总持要门
6. [illegible]、[illegible]
大白伞盖佛母之现前明定次第、大白伞盖母供养记①

以上6种第2、3、4、6种为写本，第1、5两种为刻本，第5种经末有题款三行：

[illegible]

[illegible]

[illegible]……

译文为：乾祐乙巳十六年九月　日
雕印发愿者出家僧人酩布　慧明
印面写者执笔……

以上出土的西夏文佛经证明西夏时期已翻译出多种白伞盖类佛经，其中还有西夏乾祐十六年（1185）的刻本。作为这类经典的主要一种《大白伞盖总持陀罗尼经》虽未见于俄藏出土文献中，但大白伞盖佛母烧施法事、施食法事、护国要门、供法记都已译出，特别是《诵大白伞盖佛母之总持要门》都已译成西夏文，其本经《大白伞盖佛母总持（陀罗尼）》在西夏时期也应译成了西夏文。此经记丁蒙古时期1243年，上距西夏灭亡的1227年仅18年。从经末发愿文可知，此经只是刻印，而不涉及翻译，应是利用西夏时期的译本刻印。

《大白伞盖陀罗尼经》系密教白伞盖佛顶法之经典，又称《白伞盖陀罗尼经》、《白伞盖经》，本经叙说白伞盖佛顶之陀罗尼及其功德。此经有两种流行汉译本，一为元代沙啰巴译本，收入元朝雕印的《普宁藏》。又有真智译本，后补收入《碛砂藏》，过去也认为是元代译本。已有专家根据西夏时期所译佛经的梵汉对音规律，通过与元代沙啰巴所译《佛顶大

① 见俄罗斯圣彼得堡东方学研究所手稿部藏黑水城文献 Инв. No. 2899、7605，5060，5924，4699，7589、7434、8094，4988。参见 Кычанов. Е. И.　Каталог тангутских буддийских　памятников института востоковедения российокой академии наук Университет Киото 1999г. 414、532、546、559，559—560、572—573。笔者对克恰诺夫教授的经名译文有所改译。

白伞盖陀罗尼经》对音用字的比较，正确地考证了真智译本为西夏译本。①

此西夏文《大白伞盖陀罗尼经》残卷因缺失本经，难以与两种汉译本比较异同。但西夏文残经卷存留部分祷祝偈，现所见沙啰巴本无此偈，而真智本有此偈。以存留的西夏文部分偈语与真智汉文本比较，两者句数、各句内容基本相同，每句字数皆相同。可以推论此西夏文本与真智汉文本来自同一底本。在发愿文中记载当时“雕印羌、番、汉各一千卷”。其中“羌”指吐蕃，即藏族；“番”指党项，即原西夏主体民族。可知当时已有此经藏文、西夏文、汉文三种版本。真智为汉译本的译者，他应是西夏时期人，而不是元朝人。过去将西夏僧人的译著混为元代著述已屡见不鲜，已有专家论及②，此经又是一例。此经卷不仅为《大白伞盖陀罗尼经》汉译本始译自西夏找到新的证据，也首次提供了此经偈的西夏文本。

应该指出的是，汉文真智本的偈中第 53 句“一切时中乞覆护”与第 57 句完全重复，似无必要，而最后又出现单独一句“一切时中拥护我”，也显生硬。而西夏文本中相应的两句并不重复，在汉文本重复之处为“一切时中拥护我”。这样显得语句不重复，内容协调，结构也不显突兀，也许可证西夏文本反映出真智原本的面貌。而流传至今的汉文真智本在传抄、刻印过程中出现了某些混乱。

三 发愿文考释

此残经卷发愿文前半部分主要阐述《白伞盖总持》的威力和神功，若受持修行、供养，可增寿除病，子孙昌盛，防止灾祸，家庭安居，国家安定，死后可生最安国中，并可成佛。后面的内容涉及当时刻印此经的具体史实，内容十分重要。

发愿文后有年款，记“大朝国甲辰岁 月 日谨施流行”，据上述知“大朝国”乃为未建立元朝时期的蒙古国的称谓，“甲辰岁”是前述偈语后年款“癸巳年”的后一年，即乃马真称制时期的 1244 年。

更为重要的是发愿文中三次提到“太子”。第一次记“释迦善行国师谋怛巴则啰已发大愿，因望皇帝太子 阔端福盛无病长寿”，第二次记“惟愿皇帝太子阔端寿长万岁”，第三次是在最末年款后以大字记载“东陛 皇太子 施”。发愿文中记皇太子的名字为𢲵𢲵，汉字译音“哥达”。笔者译为“阔端”，理由如下：第一，“哥达”与“阔端”语音相近，而与当时其他蒙古诸王子的名字相去甚远。窝阔台汗有三子，长子贵由，次子阔端，三子阔出，此时阔出已死。第二，阔端确实有“太子”之称谓。《元史》在记载“岁赐”时明确提到：“太宗子阔端太子位：岁赐，银六十六锭三十三两，段一百五十匹。……”③ 第三，这一时期正是阔端坐镇西凉府（凉州，今甘肃省武威）统御西夏故地之时。原来窝阔台汗时，阔端即得原西夏的部分地区为封地，驻河西，后又率军征南宋，从甘肃等地攻入四川，

① 孙伯君：《真智译〈佛说大白伞盖总持陀罗尼经〉为西夏译本考》，《宁夏社会科学》2008 年第 4 期。

② 陈庆英：《西夏及元代藏传佛教经典的汉译本》，《西藏大学学报》2000 年 5 月；史金波：《西夏的藏传佛教》，《中国藏学》2002 年第 1 期。

③ 《元史》卷 95《食货三》，中华书局 1976 年版，第 2416 页。

入成都，又曾派兵侵入吐蕃地区。乃马真氏称制时，阔端正式设府于西凉府镇守。① 西夏中后期大力发展藏传佛教，凉州是藏传佛教流传的重要地区，现存有西夏时期藏传佛教寺庙遗址，并出土多种藏传佛教经典。阔端镇守西凉府的时间上距西夏灭亡仅十几年时间，佛教依然盛行，由国师发愿雕印此经，为统御当地的太子祈福是不难理解的。

发愿文又记载当时此经不仅有西夏文本，还有藏文本和汉文本，并将藏文本置于第一位。而在西夏时期印施三个文种的佛经时，则往往把“番”本，即西夏文本放在第一位。这一方面是党项族失去了统治地位，另一方面可能体现出此经原为藏传佛教经典，西夏文本和汉文本皆译自藏文本。

此发愿文只提到“施僧俗处”，而未写明具体地点。这表明印刷的这些佛经散施于本地，即阔端管辖的河西一带的藏族、党项族和汉族佛教信众。后来从元世祖开始至成宗时完成的西夏文大藏经，是在杭州刻印的。这些西夏文佛经明确记载要“施于宁夏、永昌等寺院，永远流通”。② 因为元代西夏后裔大多还居住在西夏故地河西一带，这些西夏文佛经就是为西夏故地党项族信奉佛教才刻印的。这些佛经刻印于距西夏故地数千里之外，要转运到河西散发，才有必要写出散施地点。而此经是因为在当地雕印，在当地散发，自然没有必要写出散发地点。甚至可以推论此经大约在阔端驻地凉州雕印。

阔端率兵驻于河西时，就以凉州为基地经营河西。此时这一带有不少西夏后人，阔端与西夏后裔有来往。比较典型的是他与西夏后人高智耀的交往。高智耀祖高良惠，西夏晚期任右丞相。其本人是西夏进士，夏亡后，隐居贺兰山，深得太宗重视。阔端镇西凉时，“儒者皆隶役，智耀谒藩邸，言儒者给复已久，一旦与厮养同役，非便，请除之。皇子从其言。”③ 阔端不仅重视宗教，也能接受建议，善待儒者。

阔端在乃马真称制三年（1244）时遣使至吐蕃，召请萨迦派首领萨迦班智达到凉州会谈。三年后（1247）阔端于凉州会见萨迦班智达，议定吐蕃归附条件，由萨迦班智达致书吐蕃僧俗首领，劝说归附，确立了蒙古对吐蕃的统治、蒙古通过萨迦派管理吐蕃的协议，吐蕃正式归入大朝版图，这就是著名的凉州会谈。笔者在1988年出版的《西夏佛教史略》中曾提到阔端招请在吐蕃最有影响的萨迦派佛教领袖萨迦班底达来凉州会谈之事④，后又在《西夏的藏传佛教》一文中明确提出：

蒙古时期蒙古汗窝阔台之子宗王阔端，受封于西夏故地，坐镇凉州，经营吐蕃。他一方面派兵攻入吐蕃地区，后来又遣使至吐蕃，召请吐蕃最有影响的萨迦寺主萨迦班智

① 《元史》卷2《太宗本纪》，中华书局1976年版，第34页；《元史》卷125《高智耀传》，第3072页。

② 中国国家图书馆、山西崇善寺和日本善福寺皆藏有元代平江路碛砂延圣寺刊印的《大宗地玄文本论》卷三记载：“于江南浙西道杭州路大万寿寺雕刊河西大藏经板三千六百二十余卷、华严诸经忏板，至大德六年完备。管主八钦此胜缘，印造三十余藏，及《华严大经》、《梁皇宝忏》、《华严道场忏仪》各百余部，《焰口施食仪轨》千有余部。施于宁夏、永昌等寺院，永远流通。”参见西田龙雄《西夏语的研究》二，座右宝刊行会，1966年，第295—301页；史金波：《西夏佛教史略》，第205—211页；李际宁：《关于“西夏刊汉文版大藏经”》，《文献》2000年第1期。

③ 《元史》卷125《高智耀传》，中华书局1976年版，第3072页。

④ 史金波：《西夏佛教史略》，宁夏人民出版社1998年版，第205页。

> 达及其两个侄子八思巴、恰那多吉来凉州，议定吐蕃归附蒙古大事。不难想象，阔端在原西夏地区会了解到藏传佛教的影响，以及西夏统治者利用藏传佛教的情况。蒙古统治者将会谈地点选在藏族影响较大、藏传佛教信仰浓烈的西夏故地凉州，对这一重要会谈增添了浓重的文化、宗教色彩。萨班一行来到凉州后，阔端对他们给予热情接待，对藏传佛教表现十分尊重。会谈结束后，萨班写给卫藏各教派的信中说："此菩萨汗王敬奉佛教，尤崇三宝"。会谈的成功确立了蒙古对吐蕃的统治，也确认了藏传佛教的地位。凉州会谈对藏传佛教在蒙古族地区的传播和在以后全国的流行都有重要影响。①

现在新发现的这一西夏文残经卷给这一立论提供了新的依据。此经发愿文证明阔端治理河西一带时，大量散施藏、夏、汉三种文字藏传佛教经典，弘扬藏传佛教。发愿文最后以显著大字记载"东陛　皇太子　施"，证明此举为阔端亲为。正是在这一年，阔端向萨迦班智达发出来凉州会谈的邀请，三年后萨迦班智达来到凉州，双方达成了历史性的协议。萨迦班智达信中的"此菩萨汗王"即指阔端太子。新发现此经和发愿文，为萨迦班智达的信中所说阔端"敬奉佛教，尤崇三宝"提供了直接证据。不难看出，西夏时期河西地区的藏传佛教的广泛流传为后来的凉州会谈做了宗教信仰方面的铺垫，使阔端这样的关键人物能先期、全面地了解藏传佛教情况，对凉州会谈产生了积极、正面的影响。

① 史金波：《西夏的藏传佛教》，《中国藏学》2002 年第 1 期。

西夏后裔在安徽*

公元7世纪以后，游牧于今四川西部的党项族①，逐渐向甘肃东部、陕西和宁夏北部迁徙。宋初，不断发展壮大的党项族建立了大夏王朝，史称西夏。它先与北宋、辽相鼎足，后复与南宋、金相抗衡，延祚十世，立国近二百年，是我国中古史上的一个重要王朝。党项族作为西夏王朝的主体民族，对西夏历史、文化的发展起了重要作用。公元1227年西夏被蒙古所灭，党项族成为元代色目人之一种，继续生息繁衍在中华民族的大家庭中。但是，随着历史条件的发展变化，党项族逐渐融合到汉族和其他少数民族之中。从明到清，党项族作为一个民族也就最后消亡了。

现有无党项人的后裔存在呢？这是从事西夏史研究的国内外学者十分关心的问题。

1975年我们考察河北省保定市郊出土的明代西夏文石幢时，曾对入居内地的党项人在元、明时期的活动做了一些论证和研究，其中特别提到元代出生于安徽、后在安徽做官、最后死在安徽的党项人余阙。② 1976年我们又考察了甘肃省酒泉市的《大元肃州路也可达鲁花赤世袭之碑》，对元代留居河西一带的党项人下落进行了考证和推论。③ 但是，党项人的后裔是否留居至今这一问题仍未得到解决。当时在查阅有关史料过程中，了解到元代在安徽、山东、河北、浙江、四川、江苏等地都有党项人居住，其中后世记载较详、线索较多的要算安徽的余阙了。

余阙（1303—1358年），《元史》有传。据传载："余阙，字廷心，一字天心，唐兀氏（即党项族），世家河西武威。父沙喇臧卜④，官庐川（今安徽省合肥市），遂为庐州人。"⑤沙喇臧卜死后，余阙在合肥东南的青阳山耕读养母。元统元年（1333），赐进士及第，先后在地方和中央为官，曾三次入大都（北京）。后因丁母忧复归合肥。当时农民起义风起云涌，余阙又于至正十二年（1350），为元朝统治者派遣镇守安庆，官至淮南、江北行省左丞、兼都元帅。至正十八年（1358），农民起义军首领赵普胜（赵双刀）和陈友谅率舰万

---

* 与吴峰云合作，原刊于《安徽大学学报》1983年第1期，第64—67页。

① 西夏时期党项人自称为"名"，译成汉语为"番"。元代称为唐兀氏，《马哥波罗游记》称为tangut。

② 史金波、白滨：《明代西夏文经卷和石幢初探》，《考古学报》1977年第1期。

③ 白滨、史金波：《〈大元肃州路也可达鲁花赤世袭之碑〉考释》，《民族研究》1979年第1期。

④ 《元统癸酉进士录》记余阙父名屑耳为。

⑤ 《元史》卷143《余阙传》，中华书局校点本，第3426—3430页。

艘，步骑十余万，攻破安庆，余阙被迫自刎。元朝政府追封他为豳国公，谥忠宣。

清光绪年间所修《庐州府志》世系表中列有余阙的二十几个后人，其中有余思枢者下注曾任山东布政史。① 又阅《山东通志》，知其于光绪年间在山东为官，然不知其为余阙第几世孙。② 这些材料使我们想到：既然光绪年间尚有余阙后人在世，那时离现在不过百年，其后人延续至今也是可能的。

1981 年 4 月，我们先后调查了余阙后代的几个聚居点——安徽省合肥市南门外郢余大郢、合肥市小南门外二里桥、合肥市郊大圩公社黄冈大队余墩、肥东县长乐公社临河大队余大郢。同时还专门考察了余阙早年读书处——位于巢湖北岸的青阳山。在那里，至今还可以看到后人为余阙建立的祠庙遗迹。

使我们高兴的是在合肥小南门外二里桥余氏后人余华珍、余华龙兄弟那里访得一部民国 19 年重修的《余氏宗谱》。是谱用上好宣纸印成。原为二十七卷（册），即卷首上、下两卷，谱系二十五卷。现仅残存卷首上、卷一至卷六、卷二十至卷二十五，共十三卷。卷首下、卷七至卷十九均佚。由序言可知，明崇祯以前已有宗谱，清康熙甲戌三十三年（1694）、光绪甲午二十年（1894）都曾重修。因系残本，共修几次未能尽知。全书为木板刻印，卷首标明为“同乡翠柏氏杨筱亭刊”。每页版口上印有“武威郡”三字，以示余氏家族之原籍。这部宗谱虽残缺过半，但保留了主要支系从元代第一世沙喇藏卜到现代第二十五世的传承关系。由谱中可以看到余阙死后，遗留一幼子余渊，后中明洪武丙午举人，子孙繁衍，以至于今。我们调查的年过五旬的余姓，绝大多数都在族谱上列有名字。谱中还规定了自第二十一世以后的字派为“文、章、华、国、忠、厚、传、家、积、善、崇、德、天、必、祐、之”。在调查中，我们还结识了余阙的后人余章元、余国铨。他们同余华龙分别为第二十二、二十三、二十四代。余章元是余阙子余渊长子支系，余华龙是余渊次子支系。谱中所载当时最低辈分为第二十五世“忠”字辈。目前合肥附近的余氏后人已延续到“传”字辈，即第二十七世。前面提到做过山东布政使的余思枢为第十九世，在家谱上突出地罗列了他的行状。这部宗谱为研究党项人余阙在合肥附近后代的传承关系、迁徙情况以及与汉族融合的过程，提供了确实可靠的资料。

在安庆，我们仔细查阅了康熙六十年编订的《安庆府志》，又意外地发现了余阙后人在安庆地区桐城县洪涛山居住的线索。在安庆市博物馆的大力协助下，我们在桐城东北 30 里以外的洪涛山下找到了居住在大关和莲花塘的余阙后代。这里的余姓非只余阙后代一宗。凡属余阙后裔的有一特点，就是他们又称为“余王氏”，既可以“余”为姓，又可以“王”为姓。我们向一些老人询问了“余王氏”之称的来历，大致有两种说法。一种是：元末，陈友谅攻陷安庆，余阙自杀，留一子仅周岁，被家人王某救出，遂以王为姓。另一种是：余阙死后，其子被杜万户救起，藏于太湖（今安徽省太湖县），后娶王氏为妻，子孙改为王姓。据调查了解，洪涛山下的余氏后代为第十五世余莲舫之后，分为四支，分别居住在今桐城县大关公社、龙头公社、王集公社和卅铺公社。这一带有余氏数百户，千余人，其语言、风俗也均与当地汉族同，现属汉族。

---

① 清光绪十一年《续修庐州府志》卷 58《世袭表》。

② 清宣统三年重修《山东通志》卷 51《职官志》第四。

我们在卅铺公社莲花塘又访得一部余氏家谱，名为《洪涛山余氏宗谱》。此谱原为十八卷，现存卷首、卷一至卷十，卷十二至卷十七，共十七卷，仅佚第十一卷。比起合肥《余氏宗谱》来，它印制较差，但残损较少，保存比较完整。最为可贵的是它收存了从明朝至民国初年洪涛山、枞川余氏后裔六次修谱的全部叙录。这六次修谱的时间是：1. 明嘉靖丙寅四十五年（1566），2. 清康熙甲申四十三年（1704），3. 清乾隆丙辰元年（1736），4. 清嘉庆乙丑十年（1805），5. 清同治甲戌十三年（1874），6. 民国丙辰五年（1916）。

从叙录中可知，第一次修谱由余阙第九世系余枕（号月泉）主持。在叙录中有清朝文学家姚鼐的行书序言。有些序言中还记明余王氏的来历以及清代安庆知府张楷为改成王姓的余氏后裔复姓的经过。

此外是谱记载余氏后代的传承关系和居留迁徙比较详备。从谱中可以清楚地看到余阙的后人首居安庆地区，后来一部分人迁往合肥及其他地区，其余仍居安庆。而合肥一带的余氏后裔，仅为余阙后代之一支，这正为合肥《余氏宗谱》所缺载。可以说安庆、合肥两谱互为补充，配成完璧。现把两谱前五代的世系列出，可以看出两地余姓的相互关系。

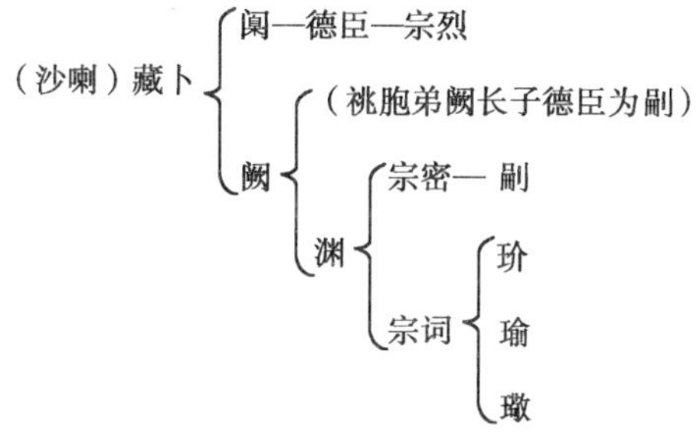

图 1　合肥《余氏家谱》

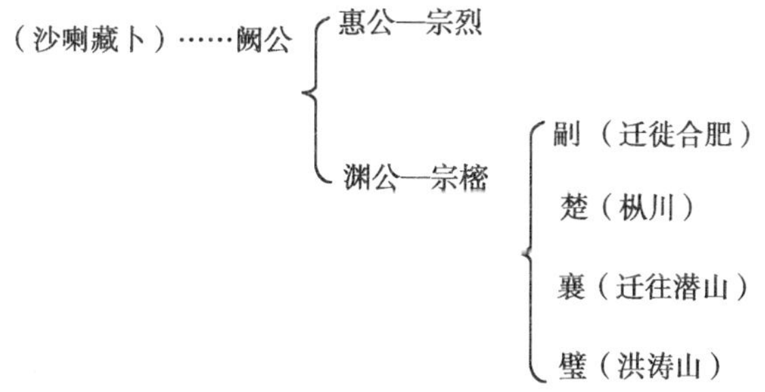

图 2　《洪涛山余氏宗谱》

由图 1 可以看出，合肥族谱记录了余阙之子余渊有二子，长子余宗密有一子名余副，次子余宗词有三子名余玠、余瑜、余璥，他们都居住在合肥附近。看了图 2 才明白，《洪涛山余氏宗谱》载明余阙之孙余宗榼共有四子，除长子余副迁居合肥外，次子、四子都留居安庆一带，三子迁往太湖、潜山，此谱记余阙子渊只有一子宗密，次子宗词迁往合肥事缺载，此又为合肥宗谱补足。洪涛山宗谱上自 18 世也规定了派行用字为“大、成、佳、乘、必、有、余、庆、枝、茂、本、深、克、昌、际、运”。比如我们访问对象之一的余有恒即余阙第二十三世孙。

根据调查和查阅两种《余氏宗谱》掌握到的线索，安徽省肥东县山王公社、长丰县下塘集、寿县余集、肥西县将军岭、南陵县洪罗店、六安西南乡、南陵县西乡、凤台县余圩子以及河北、河南、陕西、江苏、江西等省都有余阙的后代，仅安徽省的人数估计不下五千。

这次调查的结果，使学术界第一次了解到历史上消亡的党项族，确有后裔延续至今。并且有表明确切年代和传承世系的具体文献资料为依据，这为我们今后研究党项民族历史，特别是研究入居内地的党项人与其他民族融合演变的关系提供了典型的材料和例证。

党项族是我国古代一个有影响的少数民族。唐代编纂的《隋书》中就有《党项传》，《新唐书》、《旧唐书》、《五代史》中关于党项族活动的记载更为详备。① 党项族建立西夏国前后，已成为西北一大民族。西夏与宋、辽、金交战，动辄出兵数十万人。② 党项族有自己的语言，在建立西夏国前还创制了独特的文字——西夏文，为后人留下了大批的文物典籍。③ 入元以后，在河西党项族聚居地带，仍能签征大批党项族兵士，有的还征调内地。据《元史・百官志》载：三千党项士兵驻守北京，并立唐兀卫亲军都指挥使司，为宿卫诸军中的一支，一千人驻守斡端城，为镇戍军中之一部，④ 余阙所作《送归彦温赴河西廉使序》中记合肥守军"一军皆夏人"⑤，说明合肥一带驻有相当数量的党项士兵。由此可见，那时党项族人数仍然相当可观。直至明朝中叶仍有党项人在河北保定附近为圆寂的僧人立幢。⑥ 当然这时候的党项人由于长期与其他民族杂居相处，民族特点越来越不明显，人数也大大减少。由明入清，党项族作为一个民族逐渐消失。这样一个在祖国的历史舞台上有过轰轰烈烈的场面，并发展了高度民族文化的民族，在几百年内竟泯然消亡，的确是值得史学工作者特别是从事民族历史、民族关系以及民族理论研究的工作者深入探讨的课题。作为元代党项民族中的一员——余阙，于其死后仅留一襁褓幼子，一脉相传，子孙繁衍，继继绳绳，几百年后，在安徽又蔚然成为数千人的一大家族，这于民族的兴衰融合、家族之消长延伸，更堪称一典型事例。

---

① 《隋书》卷 83，《旧唐书》卷 198，《新唐书》卷 221，《旧五代史》卷 138《党项传》，《旧五代史》卷 132《李仁福传》，《新五代史》卷 74《四夷附录》。

② 《宋史》卷 485、486《夏国传上、下》，《辽史》卷 115《西夏传》，《金史》卷 135《西夏传》。

③ 史金波、白滨：《西夏文及其文献》，《民族语文》1979 年第 3 期。

④ 《元史》卷 86《百官二》，中华书局校点本，第 2168 页；《兵志二》第 2527、2539 页。

⑤ 余阙：《青阳先生文集・送归彦温赴河西廉使序》。

⑥ 史金波、白滨：《明代西夏文经卷和石幢初探》，《考古学报》1977 年第 1 期。

西夏的汉族和党项民族的汉化*

西夏是中国中古时期党项族建立的大夏国（或称夏国）的别称。它作为有宋一代中国的第三大势力，在西北地区称霸两个世纪。西夏是以党项族为主体，包括汉族、吐蕃、回鹘等族的多民族王朝。

一　西夏时期的汉族

西夏所辖的中国西北地区，包括宁夏、甘肃大部，陕西北部，内蒙古西部和青海东部的广大地区。这些地区靠近中原，很早以前就有汉人与其他少数民族共同居住、开发，是汉族和其他民族往来密切、交错杂居之处。

党项族自唐代北迁进入这一地区后，就与汉族和其他民族共同生活在这里。可能开始时因党项族多从事传统的畜牧业而游牧于草地、山间等牧区，而汉族则主要居住在农村和城市。随着部分党项族学习并从事农业，特别是其统治者将其政权中心先后设立在夏州（今陕西省靖边县北白城子）、灵州（今宁夏吴忠市境内）、兴州（今宁夏银川市）后，党项族的居住地更与汉族接近，形成更为广泛的民族杂居态势。

在西夏社会中，党项族（番族）和汉族是西夏的两大主要民族。这两个民族有着十分密切的往来。在经济上以党项族为主的牧业和以汉族为主的农业并重，政治上自皇帝以下有党项人和汉人同朝为官，在文化上番礼和汉礼交互行用。就连文字的使用也是番文（西夏文）、汉文同时流行。

汉族在西夏有着举足轻重的地位和影响。西夏语中称汉族为㗚。汉族在长期的历史形成过程中混入了很多不同民族的成分，它的构成确实很杂。特别是离西夏较近的唐末、五代时期，由于藩镇割据、朝代频繁更迭，北方各民族进入了一个迅速融合的历史时期，一些民族逐渐消亡，他们大部分归入了汉族之中。党项人用汉语中的“杂”字来称呼汉人，反映出汉族人数众多，分布地域广，其成分比较杂，各地的汉族有某些不同的特点。辽、金时期有所谓“乣”（也作“糺”），读音为“札”或“察”，本义有“杂户”、“杂类”之义，用以称呼杂居的外族分子。至元代索性用来称呼汉人。[①]“乣”和西夏文中称呼汉人的“㗚”音

---

* 原刊于《中南民族大学学报》2013年第1期，第53—59页。

① 蔡美彪：《乣与乣军之演变》，《元史论丛》第二辑，中华书局1983年版。

极相似，北方少数民族对汉人的称呼有共通之处，可能元代的“紦”来源于西夏的“嘐”。

在西夏文字典《文海》中，此发音为“嘐”的字，有如下的注释：“汉者蛮也，阔喨也，汉之谓也。”① “阔、喨”的两个西夏字中，第一个字，与字义为“布”的字同音，字形构成由“布”字左部和读音为“嘐”的“汉”字全字合成；第二个字与字义为“衣”的字同音，字形构成又正好由“衣”的左部和“汉”字整个字合成。原来党项人称呼汉人的所谓“阔喨”二字，是“布衣”之意。西夏双语词语集《番汉合时掌中珠》中有“布衫”一词，旁边所注的汉字读音即为“阔喨”②。党项人称呼汉人为“布衣”，反映了番族“衣皮毛，事畜牧”习俗与汉族人民穿布衣、事农桑习俗的明显的差别。这一称呼很可能是早期党项人对汉人的称谓。西夏文字创制时，为了书面上把称衣着的“布衣”和称呼汉人的“布衣”相区别，便在称呼汉人时用“布”、“衣”二字的一部分分别加上“汉”字的字形。

汉族在西夏处于特殊、微妙的地位。特别是西夏初期因与以汉族为主体的宋朝不断战争，对汉族有敌视情绪。西夏初期创制西夏文字时，“汉”字（音嘐）由“小”和“虫”字组成，便是证明。在阶级社会中，统治阶级的民族不平等、民族歧视观念根深蒂固，取得优势地位的少数民族统治者也不例外。但汉族经济、文化相对比较发达，汉族的士人的统治经验、文化素养又比较丰富，以汉族为主的农业生产在社会经济生活中占据越来越重要的作用，因而西夏的统治者对汉族的作用也有充分的认识。

西夏历代统治者没有因为与以汉族为主体的宋朝对峙而完全排斥汉人，而是多能从大局着眼，以实际需要出发，吸收、利用汉族人才。一些汉人早在夏州政权时，就参与军政。北宋初年党项族首领李彝兴任定难军节度使时，汉族康氏家族是当地官宦之家，康公任夏州政权五州管内都指挥使。③ 至李继迁时期，汉人张浦出谋划策，辅佐李继迁抗宋自立，后来还代表夏州政权出使宋朝。继迁时期还有宋灵州屯戍军校郑美投归，被授指挥使之职，协助继迁夺取宋朝重镇灵武。事后宋太子中允、直集贤院富弼上疏皇帝曾论及此事：

> 顷年灵州屯戍军校郑美奔戎，德明用之持兵，朝廷终失灵武。元昊早蓄奸险，务收豪杰。故我举子不第，贫贱无归，如此数人，自投于彼。元昊或授以将帅，或任之公卿，推诚不疑，倚为谋主。彼数子者，既不得志于我，遂奔异域。观其决策背叛，发愤包藏，肯教元昊为顺乎，其效郑美必矣。④

这里富弼将继迁误记为德明。可知当时宋入西夏的汉人非只一二人，已引起统治阶层的重视。

西夏正式立国后有更多的汉族进入政府高层，身居枢要，甚至位居宰辅。元昊称帝之初，以番人野利仁荣、汉人杨守素为谋士，立国授官时，又任用多位汉人为其主要文官。后

---

① 史金波、白滨、黄振华：《文海研究》，第84、141、519、638页。

② （西夏）骨勒茂才著，黄振华、聂鸿音、史金波整理：《番汉合时掌中珠》，宁夏人民出版社1989年版。

③ 戴应新：《有关党项夏州政权的真实记录——记〈故大宋国定难军都指挥使康公墓志铭〉》，《宁夏社会科学》1999年第2期。

④ 《续资治通鉴长编》卷124，仁宗宝元二年（1039）九月己卯条。

又接纳中原地区的汉人文士张元、吴昊，参与谋议，委以重任。张元，宋许州（今河南许昌）人，多次举进士不第，又为县宰笞打，于是逃往西夏，备受重用，位至国相。[①] 宋朝旧制，殿试皆有黜落。张元黜落后以积忿投归元昊，成为宋朝大患。宋朝由此事总结教训，归咎于殿试黜落制度。于是在宋嘉祐二年（1057）诏进士与殿试者皆不黜落，此后成为定制。这是一张元投西夏，而使宋朝后世士子无殿试黜落之忧。[②]

夏毅宗谅祚时陕西人景询投奔西夏，谅祚授其为学士，深受信用。谅祚“每得汉人归附，辄共起居，时致中国物娱其意。故近边番汉争归之”。[③] 可见当时西夏皇帝对汉人的重视。

夏崇宗时汉人任得敬献女得宠，镇压起义得势，仁宗时为国相，进位楚王、秦晋国王，位在一人之下，万人之上。成为汉人在西夏王朝职位最高者，后因篡权分国被杀。

西夏王朝中很多重要事项都是番、汉并列，如番汉大学院、番汉学士、番汉乐人、番汉僧人等。在提及多民族时，番在前，汉在后，然后是其他民族。汉族在西夏是番族以外影响最大的民族。

在西夏法典《天盛律令》中西夏的汉人又区分为“汉”和“降汉”，汉可能是原来就居住在西夏地区的汉人，“降汉”在西夏原文是“兽汉”，也可译为“敌汉”。应是后来战争中被俘或投诚的汉人。《天盛律令》中又有“修城黑汉人”、“归义军院黑汉人”。[④] 汉人作修城的苦力，投降的汉族军人为“归义军”，这当然不是西夏军队的主力。

《天盛律令》规定：“番、汉、降汉、西番、回鹘共职者，官高低依番汉共职法实行。”[⑤] 可知在西夏“汉”和“降汉”也能为官。西夏虽视汉人为国人，但仍保持番、汉界线，甚至对汉官的服饰也规定在法典中。《天盛律令》规定：“汉臣僚当戴汉式头巾。违律不戴汉式时，有官罚马一，庶人十三杖。”[⑥] 这样的意图是想不使番、汉混淆。

汉族在西夏的政治活动和生产活动中都发挥了重要作用。在文献中所能见到的汉族人名多为上层统治者，主要汉姓有赵、李、梁、王、任、曹、刘、韩、张、杨、苏、罗、贺、高、薛、潘、米、白、宋、吴、焦、田、邹、马、郝、索、陈等。

在西夏社会中，不仅上层有汉族，在普通居民中更有大量的汉人。在西夏传统的农业区中应是以汉族为多数。即便是在西夏新兴的地区中，也有不少汉族。黑水城是西夏始建的城市，那一带牧业发达，因引黑水灌溉，农业也兴盛起来。在黑水城出土的一件户籍中，可见其中除有党项族以外，还有杨、浑、潘、罗等汉姓户主，证明当时黑水城地区的基层是党项人和汉族杂居的。[⑦] 当时两个民族的农民杂居在一起，归属于一个社区。

在西夏文《三才杂字》和西夏汉文本《杂字》中，除“番姓”外，都有“汉姓”一

① （宋）王巩：《闻见近录》，中华书局1984年影印本。

② （宋）王林：《燕翼诒谋录》卷5，中华书局1981年版。

③ （清）吴广成：《西夏书事》卷21，清道光五年小岘山房刻本。

④ 史金波、聂鸿音、白滨译注：《天盛改旧新定律令》，法律出版社2000年版，第224页。

⑤ 《天盛改旧新定律令》，第379页。

⑥ 同上书，第431页。

⑦ 史金波：《西夏户籍初探》，《民族研究》2004年第5期。

节。在西夏文《杂字》中自“张、王、李、赵、任、季、田、狄”开始，共有84个汉姓。而在汉文本《杂字》中“汉姓”列在第一节，“番姓”为第二节。“汉姓”前残，约缺几十个姓，尚余“梁、陈、苏、辛、美、丁、薛、谋”等138个姓①。汉姓在《杂字》中的位置表明了汉族人在西夏有与番族相近的地位。

在西夏文《碎金》相当于中原地区的《千字文》，其中一千个字中记载了120个汉姓：

> 张王任钟季，李赵刘黎夏。田狄褚唐秦，温武邢袁枝。金严陶萧甄，胡白邵封崔。息传茫廉罗，司段薄徐娄。江南蔡子高，羊鞠钱伯万。董隋贾迺卓，韩石方穆回。解周燕尚龚，何傅儿奚德。耿郭君邱铁，史申嵇孙合。曹陆倪苏姚，浑酒和殷陈。牛杨孟杜家，吕马纪不华。寇婴宗许虞，韦翟权薛安。吴九邹聂丁，侯窦左糜潘。

在《碎金》中汉姓的前面是常用的番姓，以嵬名为头。汉姓以张姓为首。看来，这些汉姓应是在西夏地区常见的汉族姓氏。②

特别值得提出的是西夏时期编纂的《番汉合时掌中珠》，每一词语皆有西夏文、相应的汉文、西夏文的汉字注音、汉文的西夏字注音四项。是当时西夏番人和汉人互相学习对方语言的工具书。其序言就提到番汉语言和番言：

> 今时人者，番汉语言可以俱备，不学番言则岂和番人之众；不会汉语则岂入汉人之数。番有智者，汉人不敬；汉有贤士，番人不崇。若此者由语言不通故也。③

由此不难看到，当时西夏社会上对番、汉关系和番、汉语言的基本态度，也反映了当时社会主流提倡民族友好、民族交流的深刻认识。此书编印问世后，曾一再修订印行。近代不仅在大量出土西夏文献的黑水城遗址（今属内蒙古额济纳旗）发现了此书的全本，还在当时西夏的首都（今宁夏银川市）、敦煌莫高窟都发现了此书的残本，证明此书当时受到重视和欢迎，同时也反映出西夏时期汉族的重要地位与友好的民族关系。

二　西夏时期党项族的汉化趋向

党项族原来居住在今青海省东南部、四川省西北部一带。那时，党项族还处于原始社会的晚期。后与其相邻的吐蕃势力不断壮大，党项族直接受到吐蕃的挤迫，于8世纪初期陆续内迁。中唐以后，大部分党项人逐渐内迁到今甘肃东部、宁夏和陕西北部一带，在新的地区繁衍生息，不断发展壮大。黄巢起义军攻入唐都城长安（今陕西省西安市）时，党项族首领拓跋思恭于中和元年（881）与其他节度使响应唐僖宗的号召，参与镇压黄巢义军，次年攻入长安，因功被封为定难军节度使，管领五州，治所在夏州。五代时期，夏州党项政权先

① 史金波：《西夏汉文本（杂字）初探》。

② 聂鸿音、史金波：《西夏文本〈碎金〉研究》，《宁夏大学学报》1995年第2期。

③ 《番汉合时掌中珠》序。

后依附于中原的梁、唐、晋、汉、周各朝，并在与邻近藩镇斗争中，势力不断壮大。北宋时期党项族首领李继迁抗宋自立，对宋朝造成重大威胁。经其子李德明时期的发展，扩大了管辖版图，至李德明子元昊时正式立国称帝。

若仔细分析西夏主体民族党项族的发展，可以看到它随着时间的推移不断在发生着变化，有些变化甚至是非常显著，非常深刻。这种变化是在社会发展过程中，在民族进步中有意或无意中进行的。而这种变化的最大特点就是趋同汉族，逐步汉化。

1. 物质生产方式的转变

党项族在未北迁之前完全是游牧民族的生产方式。《隋书》记载：党项人“牧养牦牛、羊、猪，以供食，不知稼穑”。[①] 至唐代，党项人仍然“畜牦牛、马、驴、羊，以供其食。不知稼穑，土无五谷”。[②]

党项人进入西北地区后领地不断扩大，自然环境有了很大改变。那里不仅有宜于放牧的牧地，还有很多适于耕种并早有耕作传统的农田。同时，无论是统治者还是百姓都不断地、频繁地接触汉族。汉族先进的生产方式潜移默化地影响着党项族。不少党项族逐步从事农业生产，他们慢慢由纯牧民变为农民，或半农半牧的人。黑水城出土的西夏后期土地买卖契约中，卖地者及证人都是当地农民，从他们的姓氏看多数是党项族，如耶和、没啰、恧恧、讹劳、平尚、每乃、藐浞、息尚、麻祖等。这些原始资料证实当时党项族中不少已是耕种土地的农民。这些卖地契还证实，西夏后期党项族农民中的一些人由于生活所迫，不得不出卖祖先经营的土地。契约中也有部分出卖土地者和证人是汉族姓氏，如契约中的梁、邱、翟、曹、陈姓等。[③] 证明当时党项族和汉族农民居住在同一社区，在经济生活中联系紧密。

党项族物质生产方面的根本性变化是学习、趋同汉族的结果。

2. 风俗习惯的变化

党项族来到汉族文化底蕴很深的西北地区后，不仅在生产方面，在吃、穿、用等方面也都有很大改变。原来生活用品基本上都取自于牲畜、食畜肉、饮畜乳、衣牲畜皮毛，就连居室都是“织牦牛尾及羊毛覆之”。后来在汉族的影响下其生活方式不可避免地产生了巨大变化。西夏第一代皇帝元昊在称帝前与其父李德明有一段对话：

> （元昊）数谏德明无臣中国，德明辄戒之曰：“吾久用兵，终无益，徒自疲尔！吾族三十年衣锦衣，此圣宋天子恩，不可负也。”元昊曰：“衣皮毛，事畜牧，蕃性所便。英雄之生，当王霸尔，何锦绮为？”[④]

由此可见，党项族北迁后一个多世纪，生活方式也发生了很大变化，特别是统治阶级变化更

① 《隋书》卷83《党项传》。

② 《旧唐书》卷198《党项羌传》。

③ 史金波：《黑水城出土西夏文卖地契约研究》，《历史研究》2012年第2期。

④ 《续资治通鉴长编》卷111，仁宗明道元年（1032）十一月壬辰条。

是明显，他们不再只“衣皮毛”，而是喜欢穿着“锦衣”。

元昊在其父德明的基业上正式建立大夏皇朝，他突出标榜党项民族特性，但在番、汉接触增多、难舍难分的大环境下，也不得不接受诸多汉文化的影响，成为一个复杂、矛盾的人物。元昊在立国前夕进行服饰改制，以服饰区分等级，正式规定西夏文武官员衣着：

> 文资则幞头、鞾笏、紫衣、绯衣；武职则冠金帖起云镂冠、银帖间金镂冠、黑漆冠，衣紫旋襴，金涂银束带，垂蹀躞，佩解结锥、短刀、弓矢韣……便服则紫皂地绣盘球子花旋襴，束带。民庶青绿，以别贵贱。①

可以看出，这种服饰制度的原则和具体内容，多是效法中原地区的服饰制度，文官的装束多因袭唐宋，而武职的服装除效法中原外，保留了较多的特色。而这些特色恐怕与党项族隋唐时期的服饰也相去甚远，倒可能和长期以来与骑马民族回鹘、契丹交往较多，这些民族武士服饰对西夏武官的服饰产生了重要影响。西夏文官和武官服饰的差别，大概和西夏初期文官汉族人居多，武职中又以党项人为主关系很大。

西夏前期在统治者内部长期存在着所谓“番礼”和“汉礼”之争。汉礼即指当时汉族或中原地区的风习、礼仪。在西夏番、汉两种文化同时并存，而在不同时期又根据当时政治形势和统治者的爱好而有所侧重。西夏统治者内部在提倡番礼抑或汉礼问题上，曾有严重的分歧和兴废的反复。元昊时兴秃发、别服饰、创番文，提倡番礼。元昊死后，没藏太后专权，更强调番礼。此后一般后族掌权时提倡番礼，而皇族掌权时则提倡汉礼。第二代皇帝毅宗亲政后，想与宋修好，于䄅都元年（1057）杀掉专权的舅父没藏讹庞后，请去番礼，而用汉仪。毅宗给宋朝上表：“本国窃慕汉衣冠，今国人皆不用番礼。明年欲以汉仪迎待朝廷使人。”② 此举当然得到宋朝嘉许。第三代皇帝惠宗朝垂帘听政的梁太后恢复番礼。而惠宗却爱好汉礼。因此梁太后便把惠宗囚禁起来。西夏前期“番礼”与“汉礼”之争，其实质往往反映出皇族与由保守势力支持的后族之间的政治斗争。③ 这种斗争也反映出在西夏党项族虽是主体民族，但汉族的风俗礼仪却不能忽视。从崇宗到仁宗时期，番、汉文化同时发展到新的阶段。特别是仁宗在发展番族文化、大量使用番文的同时，全面学习汉文化，使西夏成为一个文化发展、礼仪类似中原的国度。

其实汉族的风俗一直在浸润着党项族的方方面面。衣食住行、婚丧嫁娶都摆脱不了汉族越来越多的影响。《番汉合时掌中珠》中所载的西夏衣物、食品已与中原地区大致相同；其住房无论统治者的宫殿、官府，还是普通百姓的土屋，都不再是单纯的帐篷。

在婚姻方面变化尤其明显。隋唐时期党项族的期婚姻还保留着群婚的残余。《隋书》记载：“淫秽烝报，于诸族中最为甚。”④《旧唐书》记载更加详尽：“妻其庶母及伯叔母、嫂、

---

① 《宋史》卷485《夏国传上》。

② 《续资治通鉴长编》卷195，仁宗嘉祐六年（1062）十一月己巳条。

③ 蔡美彪等著：《中国通史》第六册，人民出版社1979年版，第164—174页。

④ 《隋书》卷83《党项传》。

子弟之妇，淫秽烝亵，诸夷中最为甚，然不婚同姓。”[①] 至西夏时期，党项族的婚姻无论从西夏法典《天盛律令》的法律规定，还是从《番汉合时掌中珠》记载，包括党项族在内的西夏婚姻已经是有父母之命、媒妁之言的封建婚姻关系。尽管党项族还保存着姑舅表婚的特点，但事实上，已经靠近了汉族的婚姻习俗。[②]

更直接反映西夏婚俗变化的是番、汉两个民族之间的族际通婚。西夏党项族和附近民族有友好往来，他们互通婚姻，不断地进行民族间的自然融合。西夏皇室就不断与其他民族结亲。李继迁、元昊和乾顺曾先后娶契丹皇室女为妻。西夏皇帝娶汉族女为妻也不乏其人。如崇宗乾顺之妃曹氏为汉族，生子仁孝，是为仁宗；仁宗妃罗氏也为汉族，生子纯祐，是为桓宗，西夏两代皇帝的母亲都是汉族。西夏皇族中汉族的血统成分越来越多了。黑水城出土的西夏文户籍表明，西夏底层社会存在着更为普遍的番、汉通婚现象。如从 Инв. No. 6342 号 30 户的户籍可知，当地居民虽以党项族为主，户籍中反映的婚姻关系也以党项族之间结合为多，但党项族与汉族通婚已不是个别现象。如第 6 户千叔讹吉的妻子焦氏，第 9 户嵬移雨鸟的妻子罗氏，第 27 户千玉吉祥有的妻子瞿氏都是汉族。[③] 证明当地党项族和汉族相通婚姻。

西夏姓氏中有复姓现象。如西夏首领印上刻划的首领姓名有“吴嵬名山”，又如《凉州重修护国寺感通塔碑铭》中有“浑嵬名遇”，莫高窟第 61 窟题记有“翟嵬名九”，榆林窟第 12—13 窟的题记有“张讹三茂”等。以上姓氏第一个音节为汉姓，第二、三个音节为番姓。这种复姓现象或许是父姓与母姓共用，或许表明了一种特殊的婚姻关系。在所见一个人名中有汉姓和番姓两个姓氏时，都是汉姓在前，番姓在后。大约本人是汉族，妻子是番族。西夏境内各族当中，自然以主体民族党项族地位较高，有的汉人与党项人结为婚姻后，为了表明自己不同于一般汉人的特殊地位，便在自己的汉姓之后加上妻族的姓氏。由此可以看出西夏上层和基层都不乏党项族和汉族通婚的例证，这是两族密切交往的自然融合现象。

当时在宋、夏有很长的边境接壤，而且边界并不固定，不少汉人在西夏生活，也有很多党项人到宋朝所辖地区。有的党项人在宋朝便更改成汉姓。原来是朝廷赐姓，后私自改姓。当时范仲淹之子、时任鄜延路经略使的范纯粹还为此郑重上言：

> 契勘本路蕃官，自来有因归顺，或立战功，朝廷特赐姓名，以示旌宠。如威明善为赵怀顺，均凌凌为朱保忠是也。后来有蕃官无故自陈乞改姓名，经略司不为止遏，据状申陈，省部亦无问难，遂改作汉姓，如伊格为白守忠，鄂钦为罗信是也。亦有不曾陈乞，衷私擅改作汉姓，如罗凌之子为周俊明是也。……今乃使外蕃种类，无故自易姓氏，混杂华人，若年岁稍远，则本源汩乱，无有考究，汉蕃弗辨，非所以尊中国而别族类也。[④]

---

① 《旧唐书》卷 198《党项羌传》。

② 史金波：《西夏党项人的亲属称谓和婚姻》，《民族研究》1992 年第 1 期。

③ 史金波：《西夏户籍初探》。

④ 《续资治通鉴长编》卷 476，哲宗元祐七年（1092）八月壬子壬戌条。

上述“威名”即西夏皇族嵬名氏。看来宋朝党项族改为汉姓的不是个别现象。入宋的党项族更容易被汉族同化。

3. 语言文字的表现

语言往往是一个民族的重要特点。党项族的语言属汉藏语系藏缅语族，后世称党项语为西夏语。党项族与汉族的密切交往，使西夏语也发生着前所未有的变化。

最直接的变化是西夏语中出现的大批汉语借词。在基本词中就不下上百个汉语借词，其中有的是党项族原来没有的事物和行为，在接受了汉族的新事物后同时借词，如名词中的圣、府、州、县、堡、官、车、经略、刺史、箜篌、和尚、沙门，动词中的写、灌、雇、包、安抚、安排、参差，量词中的寸、卷等；有的是西夏原也有此种事物，但因经常使用汉语中相应的词，汉语词逐渐借入西夏语，形成本语词和汉语借词并用的态势，如名词中的牲、谷、山，动词中的生、打、分，形容词中的大、粗、细、正等，皆存在党项语本语词和汉语借词两种。

一般在语言的语音、词汇、语法三部分中，语法是最稳定的。但在西夏语中语法中的某些现象也在汉语的影响下发生了明显的变化。例如在西夏语中形容词在修饰名词时，形容词置于被修饰的名词之后，这与汉语的词序相反。但因受汉语的影响，西夏语中也出现了一些形容词置于被修饰的名词之前的现象。这表明汉语对西夏语的影响已达到很深的程度。

西夏早期创制了记录西夏语言的文字，后世称为西夏文。在创制西夏文时好像要特意突出特点，尽量标新立异，所有六千多西夏字，无一字与西夏字雷同。但翻看西夏文文献，第一眼就感到他们特别像汉字，因为西夏字不仅是和汉字一样性质的方块字，而且使用了汉字点、横、竖、撇、捺、拐等笔画，构字方法也与汉字相近。因此尽管造西夏字者力图摆脱汉字的影响，但结果终未能跳出汉族系统的圈圈，从西夏字中可以透视到汉字的影子。

从前述《番汉合时掌中珠》的序言可知，由于社会实际的需要，西夏提倡番汉民族互相学习对方的语言文字，大力推行双语教育。这种双语现象和带有教科书的双语教育，促进了两个民族更加密切的接近和实质性的融会。

西夏番汉两个民族在接触过程中，都会受到对方的影响，但一般经济、文化先进的民族给予对方的影响更大。党项族实际上早已处于趋同汉族的过程之中。

三　西夏灭亡后党项民族的汉化过程

历史使西夏走过了由弱而强，由盛而衰的道路。党项族素以强军著称。西夏之所以能在强邻环伺的局势下，强硬立国近两个世纪，靠的是一支组织有序、机动灵活、战力强大的军队。这支军队在西夏前期与宋、辽、吐蕃、回鹘轮番作战，胜多败少，维持并发展了自己的势力。然而随着社会的发展，王朝经济、文化建设成为社会的主流，文治加强，武备渐弱。在蒙古迅速崛起后，西夏军队与之周旋二十余年，终于未能抵挡住蒙古铁骑的多次进攻，于1227 年首都陷落，西夏王朝灭亡。

在蒙古进攻西夏的过程中，除以武力进攻外，还采取利用、拉拢西夏人的做法，甚至逼迫西夏把部分西夏军队交由蒙古驱使作战。期间一些西夏党项人或其后裔加入了蒙古军的行列，立下了赫赫战功，有的还是西夏皇族后裔。其中一些人在湖北省留下了他们的足迹。

李桢是党项人，“其先姓於弥氏，唐末赐姓李，世为西夏国主。”於弥氏即西夏皇族嵬名氏。他曾从皇子阔出伐金，太宗命阔出：“凡军中事，须访桢以行。”可见，李桢在伐金的战斗中受到太宗的极大信任，起着皇子阔出军事顾问的作用。后来他向定宗强调指出襄阳（今湖北襄阳市）在对宋战争中的战略地位：“襄阳乃吴、蜀之要冲，宋之喉襟，得之则可为他日取宋之基本。”后来的对宋战争充分证明其建议确有先见之明，襄阳成为蒙古军和宋军反复争夺的战略要地。1250 年李桢被授为襄阳军马万户，1256 年宪宗命他率师巡哨襄樊，1258 年宪宗亲征，李桢被召议事，是年，卒于合州。①

党项人李恒也是西夏皇族后裔。《元史》载：“其先姓於弥氏，唐末赐姓李，世为西夏国主。”② 早年随其父（淄川达鲁花赤）为蒙古军效力有功，1270 年从伐宋，李恒率军败宋襄阳守将吕文焕。1273 年春，以精兵渡汉水，自南面先登，攻破樊城，襄阳亦归降。占领襄阳后，李恒继续向东南进军。第二年丞相伯颜进攻沙洋（今湖北省沙洋县）、新城（今湖北襄阳东南），李恒为后拒，败宋追兵，激战阳罗堡（今属湖北省武汉市），攻陷鄂州（今湖北省鄂州市）、汉阳（今属湖北省武汉市）。后从伯颜东下。1275 年宋将高世杰攻湖北，李恒受命守鄂州，又南下攻湖南，至洞庭，擒高世杰。后世祖下令三道出师，李恒为左副都元帅，攻江西、福建、广东，被任命为蒙古汉军都元帅。后又从皇子镇南王征交趾，中毒矢死在思明州。③

党项人察罕是西夏皇族嵬名（乌密）氏，成为蒙古军的著名将领，后为马步军都元帅，并兼领尚书省事。察罕之子木花里初为蒙古宪宗宿卫，1267 年攻宋，自江陵（今湖北荆州市）略地回兵时，救都元帅阿术，后在进攻襄樊战斗中立有军功。④

党项人来阿八赤，早年其父术速忽里归太祖，宪宗时曾上进攻四川之策。来阿八赤在进攻襄樊时曾督运粮储。“至元七年（1270），南征襄樊，发河南、北器械粮储悉聚于淮西之义阳。虑宋人剽掠，命阿八赤督运，二日而毕。”⑤ 受到世祖的奖赏。

河南濮阳杨十八郎村古金堤南墓地立有一通《大元赠敦武校尉万户府百夫长唐兀公碑铭》，叙述唐兀氏闾马“优于武艺，攻城野战，围打襄樊，诸处征讨，多获功赏”。⑥ 闾马也是一位参加过攻打襄樊的党项人。

元代党项人属色目人，有较高的政治地位，在政治、军事、经济、文化领域，皆有不俗表现。然而在这一时期党项人的汉化也更为深刻。一方面党项人不再具有主体民族的地位，另一方面元朝的大一统地域为党项人向更为广大地区的流动提供了广阔空间。

党项人通过多种渠道、多种形式大批内迁。比如元大都的宿卫军主要由蒙古、色目兵士

① 《元史》卷 124《李桢传》。

② 《元史》卷 129《李恒传》。

③ 《元史》卷 13《世祖纪》；卷 129《李恒传》。

④ 《元史》卷 120《察罕传》。

⑤ 《元史》卷 129《来阿八赤传》。

⑥ 任崇岳、穆朝庆：《略谈河南省的西夏遗民》，《宁夏社会科学》1986 年第 2 期。

组成，是皇室的亲军，其中有唐兀卫，领河西军（党项人部队）三千人。① 又如元初党项人昂吉儿率河西军屯驻庐州，后他又请于两淮屯田。其子昂阿秃1289年任庐州蒙古汉军万户府达鲁花赤，大德六年（1302）外出征讨后还镇庐州。党项部队也有驻守其他地区者，如1328年“徵鄢陵县河西军赴阙”。② 可知河南鄢陵也曾屯驻党项部队。③

党项人迁到内地为官者也不少。党项人余阙祖居武威，其父名沙拉藏卜，在庐州为官。余阙自幼读书，元统元年（1333）进士及第，三次被召入大都为官。元末农民起义时，政府为镇压农民起义，于至正十二年（1352）任以淮西副使，驻守安庆。至正十八年（1358）安庆被起义军攻破。余阙及其妻子、儿女皆自尽，仅留一襁褓幼子，传承后世。余阙成了为元“死节”的典型人物。余阙曾写过一篇《送归彦温赴河西廉使序》，其中记录了西夏故地党项人的质朴的风俗习惯，又感慨地描述了进入内地之后这些人风俗的变化，经数十年以后，合肥的党项人“其习日以异，其俗日不同”，不仅移居内地的党项人如此，即便是居住在西夏故地的“今亦莫不皆然”。可见，元末的党项人风俗习惯发生了根本的变化。余阙不了解这是社会发展的结果，还希望政府所派“廉能之官”到河西一带去恢复过去那种比较原始的风俗习惯，以为那样“风俗必当丕变，以复千古”。④ 然而党项族与其他民族同化的局面毕竟无法挽回，就连余阙等党项族上层自己也处于十分矛盾的状态之中。一方面他们从生活、文化上已经汉化，民族语言、文字也不再使用，甚至连姓名也改成汉族样式；另一方面却期望本族故土和人民保留原来的形态，这自然是难以实行的。⑤

由元入明，党项族后裔发生了更为迅速的汉化进程，至明清之际，党项族作为一个民族最后消亡了。合肥一带的余阙后裔至今仍有成千上万，他们现今属汉族，其语言、意识、风格，包括婚姻、葬俗等方面与汉族无异，他们作为汉族与当地其他汉族人民亲密无间地生活在一起。党项族的后裔在这里走过了与时俱进的历史进程，这是历史选择的必然结局。

四　余论

中国从历史上就是一个多民族的国家，同时也是一个多语言、多方言、多文字的国家。

西夏所在的时代，无论是以汉族为主体的宋朝，还是以少数民族为主体建立的辽、西夏、金朝，都对中国的历史做出了各自的贡献。中国历史上消失了不少民族，有些是在中国历史上颇具影响的民族，诸如匈奴、鲜卑、契丹等，当然还有本文讨论的党项族。这些都是历史发展的正常现象。实际上就全世界人类发展历史看，民族、部族随着时代的前进，都在不断地减少。特别是近代以来，随着民族间交往更频繁、更深刻地演进，世界上的民族和民族语言消失的速度加快。这似乎成了一个发展趋向，成了一种历史的潮流。在中国历史上，各民族之间有密切的交往，总在自动地、不断地相互吸收、借鉴、融会，这成为中华民族发

① 《元史》卷86《百官志》；卷99《兵志二》。（元）虞集：《道园类藁》卷42《彭城郡侯刘公神道碑》。

② 《元史》卷32《文宗纪》。

③ 史金波：《河南、安徽西夏后裔及其汉化》，《汉民族文化与构建和谐社会》，黑龙江人民出版社2008年版。

④ （元）余阙：《青阳先生文集》卷4《送归彦温河西廉使序》。

⑤ 史金波、吴锋云：《西夏后裔在安徽》，《安徽大学学报》1983年第3期。

展的主流。

当前，我们更要站在维护祖国统一、增强民族团结的高度，加强国家认同，加强中华民族认同，在保障各民族权益、保障各民族使用自己语言、文字权利的同时，在互相尊重的前提下，注重互相学习、互相帮助，加强各民族之间的交流。对于强迫民族同化，应予以坚决反对。但对于促进民族发展、改善民生的民族之间自然而然的交往、交流、吸收、融会，则应欢迎、鼓励、提倡、推进，毕竟社会的进步、人民生活的改善是我们追求的主要目标。在语言、文字方面，应推广国家通用的语言文字，加强双语教学，在一些地区提倡双语生活，避免人为地在各民族间设置交往障碍，影响民族之间的交流。

对已经消失的民族语言，要尽力做好文献的整理、保存和研究工作；对目前使用较少的民族语言要认真做好多媒体记录、保存工作，多方面保留有声语言的数据，同时加强研究工作。语言的发展有其内在的规律，不以个人意志为转移。应全面、正确地理解部分少数民族语言和方言趋向萎缩和消亡现象。只有这样我们才能更加有效地保留和传承各民族的优秀文化遗产。

我们民族研究工作者要做祖国统一和各民族团结的促进派，要做各民族经济、文化、社会发展的促进派，要做各民族互相交流、学习，共同发展、繁荣的促进派。

河北邯郸大名出土小李钤部公墓志刍议*

西夏出土文献很多，但所见碑石较少。2013 年 9 月在邯郸市大名县陈庄村出土元至元十五年（1278）所立夏、汉文合璧“宣差大名路达鲁花赤小李钤部公墓志”一方。此墓志的发现增添了新的西夏文碑刻品类，是具有重要学术和文物价值的收获。

一

西夏时期的碑刻有西夏崇宗天祐民安五年（1094）立于武威的夏、汉文合璧《凉州护国寺感通塔碑》，仁宗乾祐七年（1176）所立汉、藏文合璧的《甘州黑水建桥碑》，此外还有西夏陵出土的数以千计的西夏文、汉文残碑块。

西夏灭亡后，关系到西夏后裔的碑石有：元至正五年（1345）在大都（今北京）北居庸关过街塔云台门洞内用包括西夏文在内的六种文字镌刻的佛经和经题，至正八年（1348）在敦煌速来蛮西宁王及其眷属立六体文字六字真言碑，至正十年（1350）在河北保定立汉文《大元敕赐故顺天路达鲁花赤河西老索神道碑》，至正十六年（1356）在河南濮阳杨十八郎村的《大元赠敦武校尉万户府百夫长唐兀公碑铭》，正二十一年（1361）肃州（今甘肃酒泉）立汉文、回鹘文合璧《大元肃州路也可达鲁花赤世袭之碑》，还有甘肃永昌河崖山包括西夏文在内的六种文字六字真言刻石。[①] 此外，还有出土于河北省大名县陈庄村李爱鲁汉文墓志、大元故亚中大夫宣政院判官耿完者秃汉文墓志。[②] 近来又有至大二年（1309）所立汉文《重興新安洞真觀碑》，至正十五年所立《御史中丞夏国杨襄愍公墓志铭》。[③]

---

* 原刊于《河北学刊》2014 年第 4 期，第 56—58 页。

① 分别见宿白《居庸关过街塔考稿》，《文物》1964 年第 4 期；史金波《西夏佛教史略》，宁夏人民出版社 1988 年版，第 203 页；梁松涛《〈河西老索神道碑铭〉考释》，《民族研究》2007 年第 2 期；任崇岳、穆朝庆《略谈河南省的西夏遗民》，《宁夏社会科学》1986 年第 2 期；白滨、史金波《〈大元肃州路也可达鲁花赤世袭之碑〉考释》，《民族研究》1979 年第 1 期；史金波《西夏社会》，上海人民出版社 2007 年版，第 862 页。

② 分别见朱建路、刘佳《元代唐兀人李爱鲁墓志考释》，《民族研究》2012 年第 3 期；《北京地区发现两座元代墓葬》，《北京文物与考古》第三辑，北京市文物研究所，1993 年。

③ 周峰：《元代西夏遗民杨朵儿只墓志考释》（稿）（此稿后刊于《民族研究》2014 年第 3 期），王俊伟、周峰：《元代新安县的西夏遗民》，《薪火相传——史金波先生 70 寿辰西夏学国际学术研讨会论文集》，中国社会科学出版社 2012 年版。

由上可见，元代出土有关西夏后裔的碑刻虽有多方，但带有西夏文的屈指可数。而此次大名出土的墓志为西夏文和汉文合璧，西夏文字虽少，但凸显了文化特色和学术价值。

二

关注少数民族后裔的发展、交融、消亡问题，由来已久。近代以来，著名史学家陈垣先生曾著《元代西域人华化考》，书中所论即包括部分西夏后裔唐兀氏华化的内容。

西夏主体民族是党项族。研究西夏和关心西夏的人，多会想到一个问题：西夏灭亡后，那么多党项人都到哪里去了？历史文献留给我们的资料和线索太少了。

20 世纪 70 年代初，在故宫博物院罗福颐先生的帮助下，我曾到故宫考察存在那里的西夏文物，不仅见到了西夏文铜牌、铜印、铜钱等实物，还看到了一卷明代西夏文《高王观世音经》，令我大吃一惊。第一次知道明代竟还有人刻印西夏文经，认识到西夏后裔有着顽强的适应力和延续力。此经未提供刊印地点，亦难以考究这些使用西夏文的人居住地。1975 年我们又得知河北保定出土西夏文经幢的消息，我和同事白滨立即前往调查。在保定莲池看到两座明代中期的西夏文经幢，又一次感到震惊。不久我们就这两种文物撰写了论文。[①] 由此还使我产生了联想，迁入内地的西夏后裔可能在很多省区传续。1976 年我与白滨同志到西夏故地进行调查，在甘肃省酒泉偶然发现了《大元肃州路也可达鲁花赤世袭之碑》，碑文记述西夏当地阀阅之族举立沙一家，从蒙古时期至元末世袭肃州路达鲁花赤的事迹和传承。这是没有迁徙的西夏后裔在当地传续的典型事例。[②] 后来我一直注意搜集西夏后裔的有关资料，既包括汉文史书、文集、地方志中的资料，也包括元代西夏文文献中有关西夏后裔活动的材料。20 世纪 80 年代初期，我经过查找《元史》、元代和明代文集以及地方志等多种资料，了解到清朝光绪年间元代名臣、西夏后裔余阙的后裔在山东做布政使，并注明其家住合肥小南门外。这条线索使我喜出望外，光绪年间不算很久远，或许传承至今的后裔尚在，于是产生了将文献学、考古学和民族学调查的方法结合起来实地调查当代西夏后裔的设想。1981 年 4 月，我和宁夏博物馆吴峰云同志一起，抱着一线希望到安徽等地进行调查。经过一番周折，终于在合肥小南门外找到了余阙的后人，还意外地发现了半部《余氏宗谱》，真是大喜过望。接着我们又根据家谱和调查线索在合肥附近找到了更多的余氏后裔。此后我们又在安庆一带找到了余阙的另一支后裔，同时又发现了另一部《余氏宗谱》。我们根据调查所得，证实了余阙后裔自其先祖在河西武威至今 700 多年传承有序，两部家谱互相印证，真实可靠。这是第一次找到有确切文献记载的传承至今的西夏后裔。[③]

后来，更多的专家关注西夏后裔资料的整理、调查和研究，取得了十分可喜的成果。期间我也综合汉文和西夏文有关资料撰写了《蒙、元时期党项上层人物的活动》一文。[④]

调查、研究消失的少数民族后裔目的不是猎奇，也不是为这些后裔认祖归宗，而是通过

---

① 史金波、白滨：《明代西夏文经卷和石幢初探》，《考古学报》1977 年第 1 期。

② 见前注《大元肃州路也可达鲁花赤世袭之碑考释》。

③ 史金波、吴峰云：《西夏后裔在安徽》，《安徽大学学报》1983 年第 3 期。

④ 史金波：《蒙、元时期党项上层人物的活动》，《民族史论丛》，中华书局 1987 年版。

发现新的资料，经过研究得出新的历史知识，填补历史链接的空白，尽力恢复历史的本来面貌。这种工作既是微观的、具体的研究，又能促进有关历史、民族宏观问题的考量。中华民族的历史是各民族共同发展、交流的历史。一些民族发展至今，一些民族消失在历史的长河之中，他们是怎样发展、怎样接近、怎样交融的？消失的民族其运行轨迹如何？有什么典型模式？这种对历史上民族发展、变化的研究、思考，不仅可以增长历史知识，对我们总结民族、社会发展的规律，认识当今的民族问题也有参考价值。

三

新见“宣差大名路达鲁花赤小李钤部公墓志”一面为汉文，500余字，述小李钤部即昔里钤部的事迹；另一面有西夏文两行11字。此碑甫出土便引起重视，当地媒体很快报道。又有邯郸市博物馆的朱建路同志做了比较细致的研究。① 我仅将西夏文字的解释谈一点补充意见。两行西夏文为：

[illegible]
[illegible]

墓志上的西夏字，正体楷字，书写规整，虽距西夏灭亡已过半个世纪，西夏文还在继续行用，其书法仍有西夏文字风骨。刻工也很精细、传神。这表明当时仍有熟练掌握西夏文字者。

第一行西夏文可译为“田氏夫人母亲”。第1字音译“田”，第2字意译“氏”。第3字音译“夫”，第4字注音“儿”、“二”、“耳”等。第4字需要做些说明：“儿”古今皆为多音，其中有“仁”音。西夏时期为“人”注音时一般用[illegible]字，如《掌中珠》中为[illegible]（人）注音便是[illegible]字，又西夏文本《类林》翻译“戚夫人”中的“夫人”二字时用[illegible]二字。②台湾西夏学家龚煌城先生为[illegible]字拟音zji，为[illegible]拟音zji—，两者十分接近。我想元代撰写此碑时是以[illegible]作“夫人”的译音字。第5、6字《掌中珠》译为“阿嬢”，这里可译为“母亲”。

第二行西夏文可译为“小李将军大人”。第1、2字音译“小、李”，应是“昔里”的同音异译。第3、4字意为“统军”或“将军”，我意也可参照另面汉文碑铭译为“钤部”，皆是职官称谓。第5字意“大”，此字有一重要义项即“大人”意。如《掌中珠》中的出现两次“大人”，皆为此字。西夏法典《天盛改旧新定律令》中多处提及各司职的“大人”，也皆用此字。如卷一“失义门”中“诸司大人”的“大人”便是[illegible]。③

此碑为昔里钤部的长孙教化念其祖父“权厝未葬”所立新茔的墓志。昔里钤部卒于“戊午”年，应是元宪宗八年（1258）。自其卒年至“改卜新茔”、立墓志的至元十五年

① 朱建路：《元代大名路达鲁花赤昔里钤部墓志考释》（稿）。

② 史金波、黄振华、聂鸿音：《类林研究》，宁夏人民出版社1993年版，第56页。

③ 史金波、聂鸿音、白滨译：《西夏天盛律令》，科学出版社1994年版，495、34页。

(1278) 整整过了20年。昔里钤部卒后已归葬肃州先茔，大名只是虚墓。昔里钤部死时大名并无其家族墓地，加之他本人出身肃州，因而归葬肃州（今甘肃省酒泉市）。但这种做法应是一个过渡时期。自昔里钤部至教化其家族已三代或四代居住大名，人口繁衍渐多，不可能人去世后都千里迢迢返葬肃州，于是在大名建立家族墓地，始祖就是昔里钤部。这大概是在大名重建其衣冠墓冢的原因。此墓志西夏文记昔里钤部和其夫人田氏两人称谓，应是两人合葬墓。

四

在甘肃省酒泉市的《大元肃州路也可达鲁花赤世袭之碑》记唐兀氏举立沙及其后代世袭肃州达鲁花赤事迹。专家考证昔里钤部之兄肃州钤部与肃州碑中所记举立沙为同族同辈兄弟。[①] 我们应将两方有密切联系的碑石结合其他历史文献合并研究有关史实。比如关于蒙古军攻打肃州事，此墓志未明确涉及，只提到“丙戌间遭家不造，归附上国”，朱建路同志认为是“所指应为其兄肃州钤部被杀一事”，我以为此解恰当。《元史》记载：“（太祖）二十一年丙戌，夏，避暑于浑垂山。取甘、肃等州。”[②] 《元史》取肃州的时间正是墓志所记“丙戌”。朱文引《秋涧先生大全集》中《大元故大名路宣差李公神道碑》所记益立山（昔里钤部）之兄为肃州长，出使蒙古军，得到成吉思汗赏识，准备投降蒙古军，事败被杀，而昔里钤部本人则在蒙古军攻打敦煌时，率部投降。而在肃州碑中仅记载西夏肃州举立沙“率豪杰之士，以诚出献”，未记昔里钤部兄肃州钤部被杀事。《元史》“昔里钤部传”所记又异于此：“进兵围肃州，守者乃钤部之兄，惧城破害及其家，先以为请。帝怒城久不下，有旨尽屠之，惟听钤部求其亲族家人于死所，于是得免死者百有六户，归其田业。”[③] 这里也未记昔里钤部兄被杀事。《元史》记载昔里钤部投降蒙古在攻肃州之前，并曾奉命招谕沙州（今甘肃省敦煌市），而墓志“家遭不造”在攻沙州之前。《大元故大名路宣差李公神道碑》也记肃州钤部死后昔里钤部才归附蒙古。以上记载的出入也许是各有侧重，各有省略，也许是有意隐去不便记载的往事。若贯通几种资料是否可以理解为肃州钤部被杀后，肃州仍在西夏之手，肃州钤部的亲弟昔里钤部则在沙州投降蒙古，而其族兄弟举立沙后在肃州率众投降。又墓志记“沙州既平，赐人口一百有六”，而前引《元史》则记为平肃州时事，“惟听钤部求其亲族家人于死所，于是得免死者百有六户，归其田业”。到底是106户还是106口？是赐予还是免死？是沙州还是肃州？是两事还是一事？两者记载的抵牾。鉴于此墓志距太祖征西夏肃州、沙州时较近，是否以此墓志记载更为可信。

据墓志载，昔里钤部夫人为田氏，可能是汉族。若是则为族际婚。这种族际婚在元代西夏后裔的有关资料中比比皆是。契丹、女真等民族也是如此。少数民族无论是个人还是一批人由原居住地迁徙到其他民族地区，会很自然地发生族际婚姻。民族迁徙的结果造成民族之间经济、文化等多方面深刻的交流和变化，促进民族间的交往和交融。而民族间的通婚则不

① 汤开建《〈大元肃州路也可达鲁花赤世袭之碑〉补释》，《中国史研究》1983年第4期。

② 《元史》卷1《太祖本纪》，第23页。

③ 《元史》卷122《昔里钤部传》，第3011页。

仅从血缘上，还从文化、习俗、语言等方面更深刻地改变着民族特征，弱化原有的民族属性。特别是像在元代这样大统一的局面下，各民族在密切相处，互通婚姻，会使融合加速，这是历史上民族融合的最主要形式。西夏后裔所循行的正是这样一条民族逐渐融合，以至最后消亡的历史轨迹。

鉴于此墓志是有元一代最早的一方西夏文、汉文碑刻，显示出元代西夏后裔的民族传承、墓葬特点和文化特色，具有特殊的文物和学术价值，十分稀见，建议定为一级文物。并希望对墓地进行抢救性发掘，对出土墓志相关地区从民族学、社会学的角度进行调查，以便做深层次的研究。

图 1　邯郸大名出土小李钤部公墓碑正面

图 2　邯郸大名出土小李钤部公墓碑反面

图 3　邯郸大名出土小李钤部公墓碑正面拓片

图 4　邯郸大名出土小李钤部公墓碑反面拓片

敦煌学和西夏学的关系及其研究展望*

敦煌学是指以敦煌遗书、敦煌石窟艺术、敦煌学理论为主，兼及敦煌史地为研究对象的一门学科，是研究、发掘、整理和保护中国敦煌地区文物、文献的综合性学科。

西夏学是利用过去的历史资料、近代出土的西夏文和其他文字文献以及文物资料，研究西夏历史、社会和文化的学科。除西夏时期外，还上及西夏建国前主体民族党项族的历史，下至西夏灭亡后西夏后裔的历史。

敦煌学和西夏学都是新兴学科，两学科的建立都与近代大量文献的发现有直接关系，学科的建立和发展都推动了相应王朝历史、文化的研究。敦煌学和西夏学文献的发现都在20世纪初年，但敦煌学起步较早，西夏学较为滞后。两个学科关系密切，你中有我，我中有你，属于交叉学科。

一　敦煌学中包含有部分西夏学的内容

（一）敦煌莫高窟、安西榆林窟中有大量西夏洞窟

敦煌学中的一项重要内容是敦煌及其附近的大量洞窟群。西夏统治敦煌近两个世纪，皇室笃信佛教，并在民众中大力推行。然而敦煌洞窟群中究竟有多少西夏洞窟，过去并无文献记载，也缺乏系统的科学考察。

1964年由中国科学院民族研究所和敦煌文物研究所共同组成敦煌洞窟西夏调查研究小组，对敦煌莫高窟、安西榆林窟的西夏洞窟进行系统考察，由常书鸿所长、王静如教授主持，北京大学宿白教授做顾问，李承仙任秘书长，民族所史金波、白滨，敦煌文物研究所万庚育、刘玉权、李侦伯，甘肃博物馆的陈炳应参加。经过三个月的实地考察，对敦煌莫高窟、安西榆林窟相关洞窟从文字题记到艺术风格进行科学记录和研究，最后将原来认为莫高窟、榆林窟只有几个西夏洞窟改定为80多个西夏洞窟，大大改变了对两窟群洞窟布局的认识。这次的调查结果分别发表于20世纪七八十年代。① 此后一些专家对东千佛洞、文殊山

---

* 原刊于《敦煌研究》2012年第1期，第52—58页。

① 刘玉权：《敦煌莫高窟、安西榆林窟西夏洞窟分期》，《敦煌研究文集》，甘肃人民出版社1982年版；史金波、白滨：《莫高窟、榆林窟西夏文题记研究》，《考古学报》1982年第3期。

万佛洞等石窟进行考察，又发现了一些西夏时期的洞窟。[①] 河西地区总共约有近百座西夏洞窟。

西夏洞窟在敦煌莫高窟中占有很大比重。《敦煌莫高窟内容总录》附录《关于敦煌莫高窟内容总录》中，计开凿和重修的西夏洞窟约占莫高窟全部近492个有壁画、塑像洞窟的六分之一。[②] 在管辖敦煌莫高窟的王朝中，西夏属于开凿和重修洞窟较多的一代。

敦煌石窟自前秦以后至元代有11个历史时代约一千年的时间，西夏王朝占据敦煌约190年，西夏洞窟在敦煌莫高窟中占据一个历史时代。[③] 西夏洞窟的认定和分期是以洞窟题记，结合洞窟壁画、塑像的艺术特点，并与宋、回鹘以及元代洞窟比较为依据的。西夏洞窟可分为早、中、晚三期。对于西夏洞窟的数量以及对一些洞窟是否属于西夏，学术界尚有不同见解。[④]

莫高窟和榆林窟有近百处西夏文题记。莫高窟有题记45处，分布于21个洞窟。其中第65窟题记称此为“圣宫”，第285窟称为“山寺庙”。榆林窟有题记47处，分布于16个洞窟。其中第12窟有“游世界（朝廷）圣宫者”，第25窟有大面积发愿文，第29窟有众多的供养人榜题，其中有“沙州监军”、“瓜州监军”等职官名称。两窟群共发现有纪年的西夏文题记10条，其中有年代可考的5条，最早的是西夏大安十一年（1084），最晚的是正德二年（1128）。两窟群还有西夏时期具有年款的汉文题记8处，其中莫高窟6处，榆林窟2处，最早的是西夏天赐礼盛国庆二年（1070），最晚的是光定九年（1219）。这些题记内容多是巡礼题款、发愿文和供养人榜题。[⑤]

西夏洞窟在敦煌莫高窟、安西榆林窟中有自己的特点。敦煌洞窟自开凿后历经数百年，至唐代达到艺术顶峰，宋代已走向下坡路。至西夏时期虽未能恢复昔日辉煌，但在一些洞窟中却不乏精彩的艺术显现，特别是在莫高窟、榆林窟中引入藏传佛教内容，甚至将传统的汉传佛教与藏传佛教融为一体，形成新的艺术风格，在一定程度上挽回了敦煌洞窟艺术下滑的颓势，使西夏时期的洞窟艺术达到新的境地。

（二）敦煌一带出土有不少西夏文文献

在敦煌一带的文化遗存，除洞窟艺术外，还在当地出土了一定数量的文献、文物。早在1958年在敦煌石窟对面的土塔中就出土了多部西夏文佛经，其中有两种出图本《妙法莲华

---

① 张宝玺：《文殊山万佛洞西夏壁画的内容》，《1983年全国敦煌学术讨论会文集》，甘肃人民出版社1985年版；张宝玺：《东千佛洞西夏石窟艺术》，《文物》1992年第2期。

② 敦煌文物研究所整理：《敦煌莫高窟内容总录》，文物出版社1982年版，第183—184页。

③ 有的专家认为1036年至1067年之后的三十多年间，敦煌由沙州回鹘统治。参见李正宇《悄然湮没的王国——沙州回鹘国》，《1990年敦煌学国际研讨会文集·史地语文编》，辽宁美术出版社1995年版；杨富学《沙州回鹘及其政权组织》，《1990年敦煌学国际研讨会文集·史地语文编》，辽宁美术出版社1995年版。

④ 刘玉权：《关于沙州回鹘洞窟的划分》，《1987年敦煌石窟研究国际讨论会文集·石窟考古编》，辽宁美术出版社1990年版；霍熙亮：《莫高窟回鹘和西夏窟的新划分》，《1994年敦煌学国际学术研讨会论文提要》，敦煌研究院1994年版；关友惠：《敦煌宋西夏石窟壁画装饰风格及其相关的问题》，《2004年石窟研究国际学术会议论文集》下册，上海古籍出版社2006年版。

⑤ 史金波、白滨：《莫高窟榆林窟西夏文题记研究》，《考古学报》1982年第3期。

经观世音菩萨普门品》和《金刚般若波罗蜜经》等。①

1988 年至 1995 年敦煌研究院在莫高窟北区陆续进行系统发掘，发现了很多重要文物、文献。从出土的文物和文献看，莫高窟北区主要是敦煌僧人的居住、坐禅的场所。在发现的文献中，有多种西夏文文献，涉及北区 27 个洞窟。尽管这些文献多为残片，但包含了不少重要世俗和佛教典籍，其中有不少是国内仅存，有的是海内孤本，具有重要学术价值和文物价值。② 其中有类似中原地区汉文《千字文》的西夏文字书《碎金》，有蒙书类西夏文字书《三才杂字》，有西夏文、汉文对照的词语集《番汉合时掌中珠》。这些文献都发现在敦煌僧人居住的生活区。可以推想，西夏时期敦煌地区居民，包括当地僧人借助这些通俗的启蒙著作学习西夏文和汉文，以便识读经文或作其他文字事务。此外还有社会常用的西夏文文书残叶，如按日期记录的记账簿、军队中所用物品的账目之类。

莫高窟北区出土的西夏文文献绝大部分是佛经。其中有《金光明最胜王经》封面、《大方广佛华严经》卷第二封面、刻本《种咒王阴大孔雀明王经》、《金刚般若波罗蜜经》以及佛经诵读功效文等。第 159 窟还出土刻本佛经《龙树菩萨为禅陀迦王说法要偈》残页，经末有一长方形压捺印记，有汉文两行：

僧录广福大师管主八施大藏经于
沙州文殊舍利塔寺永远流通供养

管主八是元代一位僧官，任松江府僧录。他曾主持印制多部西夏文大藏经，并将一藏施于敦煌文殊舍利塔寺中。在敦煌莫高窟曾先后三次发现了与上述相同押捺汉文题记的佛经残页。另两件分别藏于巴黎国立图书馆和日本天理图书馆。③ 可能在他所施经中都压捺了这样的印记。又元代平江路蹟沙延圣寺刊印的《大宗地玄文本论》卷三记载："于江南浙西道杭州路大万寿寺雕刊河西大藏经板三千六百二十余卷、华严诸经忏板，至大德六年完备。管主八钦此胜缘，印造三十余藏，及《华严大经》、《梁皇宝忏》、《华严道场忏仪》各百余部，《焰口施食仪轨》千有余部。"④ 由此可以推论，当年敦煌曾藏有一藏 3620 余卷的西夏文刻本大藏经，是管主八大师印施 30 余藏大藏经的一部。此残片当是施与敦煌的西夏文大藏经的一页。这说明西夏灭亡后，包括敦煌在内的河西一带，仍有不少西夏党项族居住此地，他们信仰佛教，诵读西夏文佛经。

---

① 刘玉权：《本所藏图解本〈观音经〉版画初探》，《敦煌研究》1985 年第 3 期；史金波、陈育宁总主编：《中国藏西夏文献》，第 16 册，彭金章主编：《甘肃编敦煌研究院藏卷》，甘肃人民出版社、敦煌文艺出版社 2005 年版，第 47—143 页。

② 史金波：《敦煌莫高窟北区出土西夏文文献初探》，《敦煌研究》2000 年 3 期。彭金章、王建军、敦煌研究院编：《敦煌莫高窟北区石窟》（第一卷，2000 年；第二卷、第三卷，2004 年），文物出版社 2004 年版。

③ 一件是 1908 年伯希和在 P. 181 号洞（即今第 464 窟）掘获的西夏文《大智度论》卷第八十七末叶（残），现收藏法国巴黎国立图书馆。另一件是 20 世纪 40 年代初，张大千使人挖掘北区洞窟所获一西夏文佛经残页，现藏日本天理图书馆。

④ 中国国家图书馆、山西崇善寺和日本善福寺都有收藏。参见西田龙雄《西夏语的研究》二，座右宝刊行会，1966 年；史金波《西夏佛教史略》，宁夏人民出版 1988 年版，第 205—211 页。

莫高窟北区石窟中还出土多种西夏文活字版文献，如《地藏菩萨本愿经》、《诸密咒要语》等。除在西夏首府中兴府（今银川）、黑水城、武威等地发现活字本西夏文文献外，在敦煌又发现多种西夏文活字印刷品，更说明西夏使用活字印刷之广泛。包括敦煌北区发现的各种西夏时期的活字印刷品，都是世界上最早的活字印刷实物，十分珍贵。联系到在敦煌先后发现了大量回鹘文木活字，推测在西夏和元代敦煌是中国活字印刷的一个中心，敦煌在活字印刷史上地位应予重视。①

在莫高窟北区还发现西夏文泥金写经残页、僧人职事名单、诗词残片等，同时在北区第243窟内墙壁上有朱书西夏文题记数处，其中有“肃瓜统军”字样，联系到南区洞窟中的西夏文题记也出现沙州、瓜州“监军司”、“统军”名称，证明西夏时期敦煌地区与瓜州等地密切关系。

早在1908年法国伯希和（Paul Pelliot）在敦煌莫高窟北区也发现了一些西夏文文书，多是残片，其中有《要集略记》封面、《正法念住经》等残页，还有活字本《地藏菩萨本愿经》，以及上述有管主八押捺印记的西夏文《大智度论》卷第87卷末页。

西夏统治敦煌及其稍后的元代期间，在莫高窟南区开凿、重修洞窟的同时，西夏的僧人们在北区的众多生活洞窟中也留下了生活足迹，并为我们留存下丰富的文化遗存。敦煌南北区的文化相互联系，彼此呼应。

二　西夏学中包含有部分敦煌学的内容

在西夏时期，敦煌（沙州）是其西部的一个重要地区，军事上是西夏的一个监军司。西夏学的研究内容自然包括敦煌。

（一）西夏时期的敦煌

敦煌将近两个世纪在西夏管辖之下，是西夏的一个州（沙州），沙州为西夏最西部的城市。由于历史文献的缺载，以及敦煌石室中出土的文献又不包含西夏时期的文献，因此在敦煌学中近两个世纪西夏统治时间几乎是空白，甚至西夏时期敦煌的建制如何也付诸阙如。

若求助近代出土的西夏文献则可以填充有关的认识。黑水城遗址出土的西夏法典《天盛改旧新定律令》（以下简称《天盛律令》）为西夏天盛初年（1149—1169）所修订，其中有多处关于沙州的记载。如记载沙州监军司是西夏17个监军司之一，属中等司，国家派2正、1副、2同判、4习判共9位官员，此外还有3都案为办事吏员，以及12名案头（司吏）。其所设官员比肃州、瓜州、黑水等监军司多1正、1副、1习判，可知沙州监军司比附近的肃州、瓜州、黑水等监军司重要。沙州又设刺史一人，刺史也相当中等司的地位，下设都案1人。监军司下属有军队，军队中在监军使下分层设置行监、溜监、正首领、首领等职务，统领军队。沙州监军司也当有此设。

西夏政府在中央有都转运司，又于地方设置多种边中转运司，沙州转运司为其中之一，属下等司，设2正、2承旨，此外还有2都案。此地还设有沙州经治司，也属下等司，设2

① 史金波、雅森·吾守尔：《西夏和回的对活字印刷的重要贡献》，《光明日报》1997年8月5日。

大人、2承旨。

这些职司都分别有印信，监军司为中等司，刺史也相当中等司，中等司印是铜上镀银印，重12两；沙州转运司和沙州经治司，都属下等司，下等司为铜印，重11两。

由这些确切的资料可以知道西夏中期沙州的基本军事、行政建制。①

西夏《天盛律令》还规定，各地诸司的官畜、谷物等收支情况要按规定期限上报首都，有两地是一年一报，即沙州和瓜州；肃州、黑水等地需半年一报；而京师及其附近需要3个月一报。这是依据与京师的远近而有不同的规定。② 西夏各地库存种种官畜、谷、钱、物等需派人到京师磨勘，沙州和瓜州二种监军司路程最远，自派人当日起至京师所辖处需40日。其他肃州、黑水需30日，西院、砦庞岭、官黑山、北院等需20日，北地中、东院、西寿、韦州、南地中、鸣沙、五原郡等15日，大都督府、灵武郡、保静县、临河县、怀远县、定远县等10日。这也是依据与京师的远近而有不同的规定。③ 看来西夏时期沙州地处西偏，是与京师中兴府联系所需时间最长的地区。

（二）西夏时期敦煌莫高窟的特殊地位

莫高窟在西夏人心目中有崇高的地位，在莫高窟西夏题记中有所谓“圣宫”，即是对莫高窟的称誉。④ 在西夏文类书《圣立义海》中敦煌洞窟被称为“沙州神山”。⑤ 西夏经济力量有限，在敦煌开凿或重修洞窟需要大量财力、人力，在西夏这样偏安西北地区的王朝，大型佛事活动应以皇室或地方政府为主才能举办。由此可以推想，大规模修建敦煌莫高窟洞窟也应是西夏皇室或地方贵族所为。

在考察西夏洞窟壁画时，除对大铺壁画的内容、布局、风格给予重视外，对洞窟壁画的装饰图案如藻井、四披、龛眉、边饰等也要特别留意。其中因藻井所处位置的独特，应给予格外的关注。敦煌莫高窟很多洞窟内窟顶是覆斗形，藻井即窟顶部中央最高处的装饰，俯视全窟，位置十分显眼。其形制呈方形，由井心、井外边饰、垂幔三部分组成。井心向上凸起，四边为斜坡面，上窄下宽，构成覆斗形状。藻井名称依井心图案确定。西夏洞窟中以龙或凤为图案的藻井十分普遍，龙、凤藻井成为西夏壁画的一大特点。依据《敦煌莫高窟内容总录》记载，在莫高窟有关西夏洞窟中，有覆斗形窟顶的洞窟占多数，有69窟，其中以龙、凤为藻井的最多，共32窟。龙、凤不仅是吉祥的象征，后来还被赋予了政治的意义。龙往往是皇帝的象征，凤是后妃的象征。《天盛律令》规定不准民间以龙、凤作装饰，正是这种中国式传统认识的法律化。⑥ 莫高窟西夏洞窟中大量龙、凤藻井是否也可以作为这些洞

① 史金波、聂鸿音、白滨译注：《天盛改旧新定律令》，《中国传世法典》之一，法律出版社1999年版，第326—375页。

② 《天盛改旧新定律令》，第529—531页。

③ 同上书，第544—545页。

④ 史金波、白滨：《莫高窟榆林窟西夏文题记研究》，《考古学报》1982年第3期；刘玉权：《敦煌莫高窟、安西榆林窟西夏洞窟分期》，《敦煌研究文集》1982年第3期。

⑤ 克恰诺夫、李范文、罗矛昆：《圣立义海研究》，宁夏人民出版社1995年版，第59页；“山之名义”中有“沙州神山”条，译文为“凿山为佛像、寺庙，圣众住处多有”（译文系本文作者重译）。

⑥ 《天盛改旧新定律令》，第282页。

窟为西夏皇室修造的重要参考。[1]

在莫高窟中，供养人中的代表人物始终是专家们关注的重点。第409窟主室东壁门南北两侧绘大型窟男女供养人像，南侧男供养人究竟是西夏皇帝，还是回鹘王，颇有不同意见。此供养人是一幅等身像，身穿圆领窄袖袍，上可见绣大型团龙11幅。上述西夏《天盛律令》明确记载只有皇帝才能有“一身团龙”的纹样。若将第409窟有一身团龙的等身供养人看作西夏皇帝是顺理成章的，若看成是回鹘可汗则似缺乏依据。西夏管辖敦煌近两个世纪，在敦煌莫高窟修建或重修数十个洞窟，在其中绘制皇帝的供养像应该是可以理解的。又此男供养像后有侍从持御用华盖、羣扇等物，这也是皇帝才能有的仪仗。《天盛律令》规定：“官家（皇帝）来至奏殿上，执伞者当依时执伞，细心为之。”[2] 伞即华盖，可见，西夏法典规定皇帝有华盖，与此图同。也证明这是皇帝而非王的形象。假若第409窟是沙州回鹘王的供养人，在后来西夏管理沙州时，西夏的统治者对这种明显僭越的壁画，也不会容许它存在。西夏重新装修大批洞窟，对这种在西夏管辖区的违规犯法的冒犯皇帝的壁画，大概会毁弃重修。因此，第409窟供养人视为西夏皇帝比较合理。若如此，则敦煌莫高窟出现了皇帝供养像。

三　敦煌文书和黑水城文书

（一）敦煌文书和黑水城文书类型相近

20世纪，中国有几桩大型出土文献的发现。按历史时代顺序有安阳甲骨文、汉魏简牍、敦煌石室文书和黑水城文书，后二者分别成为敦煌学和西夏学形成的重要学术资料基础。

1900年敦煌莫高窟藏经洞被发现，陆续出土了5万余件从十六国到北宋时期的经卷和文书，其文书数量之多、文书内涵之丰富很快引起学术界的高度重视，由此以整理和研究敦煌文献为发端，促进了敦煌学的诞生。敦煌学的诞生和发展，丰富了中国约七个多世纪历史的认识，填充了中国历史上的诸多空白。由于其中唐代的文书特别丰富，对唐代历史研究的推动尤其明显。这些文书相当一部分流失海外，一部分留存于中国。

1909年黑水城遗址（今属内蒙古额济纳旗）的一座古塔中出土了大批文献和文物。当时以俄国科兹洛夫（П. К. Козлов）为首的一支探险队到黑水城寻宝，将所得文献运回俄国，今分别藏于俄罗斯科学院东方文献研究所和艾尔米塔什博物馆。在黑水城发现的文献绝大部分是西夏文文献，有八千多个编号，数千卷册，此外还有相当数量的汉文及其他民族文字文献。这批文献内容丰富，有很高的学术价值。其中包括中国中古时期宋、西夏、金、元时期的写本、刻本和活字本，距今已有700—900年的历史，堪称珍本、善本。作为多学科研究对象的黑水城文献，不仅从多方面体现出西夏历史文化的内涵，还反映出西夏文化与其他民族文化内在的紧密联系，其学术价值越来越引起学术界的注意。后来斯坦因（Marc Aurel Stein）也于1914年到黑水城寻找、发掘，得到不少西夏文献，藏于大英图书馆。

---

① 史金波：《西夏皇室和敦煌莫高窟刍议》，《西夏学》第四辑，宁夏人民出版社2009年版。

② 《天盛改旧新定律令》，第430页。

敦煌和黑水城同属中国的西北地区，一在西夏西部，一在西夏北端，皆为边远地带。两地直线距离约460余公里。敦煌石室文献和黑水城文献有共同之处，它们都发现于20世纪初，都属多类型、多文种的集群性文献。两种文献都出自佛教建筑，都有大量佛经，同时也包含着大量世俗文献，如籍账、户籍、契约、状牒、信函等。这些文献都是当时社会历史的原始资料，不是经人加工编辑或辗转记载的第二、三手资料，具有很高的可信度。由此衍生的敦煌学和西夏学都是新生的国际性的学科。

（二）敦煌文书和黑水城文书的不同经历

敦煌文献以汉文文献为主，兼有藏文等少数民族文字文献。汉文文献识读较易，古藏文文献释读虽有一定难度，但藏语、藏文的使用一直传承至今，只要掌握古今藏文的对应规律，古藏文文献可以比较顺利地解读。所以敦煌石室文献较快地被整理、出版，其文献价值较早地被学术界所认识，并有各国较多的学者利用这些文献来做历史文化研究，取得了令人瞩目的成就。黑水城文献以西夏文为主，汉文和其他民族文字相对较少。西夏文作为记录西夏主体民族党项族语言的文字早已成为死文字，随着党项族的消亡西夏语也早已成为死的语言。发现黑水城文献的时期，世上早已无有懂得西夏语和西夏文的人。因此西夏文被称为“天书”，解读西夏文文献成为一大难题。各国西夏学专家不畏艰难，经过半个多世纪的努力，才基本上具备了解读西夏文文献的能力。这样在释读文献方面黑水城文献比敦煌石室文献落后了约半个世纪。

此外，黑水城出土文献长期储藏于书库，未能及时整理出版，与敦煌石室文献比较及时问世也形成了很大差距。20世纪90年代之前，人们只能通过俄罗斯专家研究著述的图版中得到部分西夏文献资料。系统地、大规模地出版黑水城文献是在20世纪90年代由中国社会科学院民族研究所、俄罗斯科学院东方学研究所和上海古籍出版社合作进行的。[①] 自《俄藏黑水城文献》陆续出版至今十多年来，西夏学有了触手可及的原始资料而得到长足的发展。这些资料的学术价值得到学术界重视，关注、研究西夏的专家逐渐增多，利用西夏文献深入探讨西夏历史、社会、文化、宗教、语言、科技的著述成果累累，加深了对西夏王朝多方面的认识，使西夏王朝逐渐撩开神秘的面纱。看来一个学科原始资料的及时刊布对推动学科发展具有十分重要的意义。

（三）敦煌文书和黑水城文书时代相接

敦煌石室文献中包括5—11世纪的写本和少量刻本，以宗教典籍为最多，占敦煌汉文文献的90%左右，官私文书约一千件。除汉文外，还有藏文、于阗文、突厥文、回鹘文、梵文、粟特文、希伯来文等多种文字文献。最晚的有具体年代的文献是1002年的写经，也即在11世纪初的北宋时期，其中没有西夏时期的文献。

黑水城出土文献除大量西夏时期的西夏文文献和汉文文献外，还有少量宋、金时期的文献以及一批元代、北元的文献，基本在11世纪初以后至14世纪中叶三个多世纪的时间。近

① 史金波、魏同贤、克恰诺夫主编：《俄藏黑水城文献》第1—14册，上海古籍出版社1996—2011年版。（预计全部出版30册）

代在新问世的有宋一代（包括辽、夏、金）文献中，特别是世俗社会文书方面，黑水城文献无论在数量上，还是在内容上，都首屈一指，具有时代的代表性。这一时段正好与敦煌文献的时段相衔接，使敦煌文献和黑水城文献在历史时代上形成了长达近千年的古代文献长廊。这一衔接不仅展现出中国古籍文献的历史连贯性，大大填充了中国珍贵古籍的数量和品类，同时也提升了两大文献库各自的文献价值。

无论是世俗文献还是宗教文献，抑或是民族文字文献，两种文献库都具有共同的相关性和各自的时代性。比如敦煌世俗文献中具有的类目，黑水城世俗文献中多数都有；两种文献库中的佛教文献也有很多相同的典籍。但两种文献处于不同的时代，政权以不同的民族为主体，也就显示出不同的特色。如敦煌文献中卷装为主；黑水城文献中除卷装外，尚有大量蝴蝶装、经折装、缝绘装和梵夹装，反映了中国装帧形式的逐渐丰富及其发展变化。敦煌文献中以写本为主，刻本很少；黑水城文献中刻本数量很多，而且有了多种活字本文献，反映了西夏时期印刷术的发展和兴盛。敦煌文献中有不少藏文卷子，其中包括佛教和世俗的；黑水城文献中藏文文献很少，但用西夏文、汉文写印的藏传佛教文献却很多，反映了西夏时期藏传佛教的东传的现实。敦煌世俗文献的买卖、典当契约中，一般要写明卖地或借贷的原因，而黑水城文献中已省却了这些当时看来不必要的文字，反映了契约趋向简明和务实。

两种相衔接的文献宝库，真实地反映出两个时代的历史文化特色。

（四）敦煌文书和黑水城文书都有力地推动了一个时代的历史研究

敦煌文献展示了中国从两晋到宋初丰富多彩的历史画卷，为这一时期的历史文化的深入研究提供了大量新资料，为史学、文学、艺术、宗教学等领域深入研究开辟了新天地，开辟了新前景。敦煌文献不是只反映敦煌地区的历史与文化，而是在空间上超越了敦煌，涉及更大的地域，成为那个时代中国文献的代表。敦煌文献的发掘推动了文献相应朝代的研究，填补了相关朝代历史的诸多空白。

黑水城文献是以西夏为主的历史资料，展现了西夏了历史风貌。与敦煌文献不仅仅反映敦煌一地一样，黑水城文献的史料价值也绝不仅限于黑水城一地，而是在相当大的程度上反映了整个西夏王朝的历史面貌，促进了以西夏为主的研究。近年来利用黑水城文献深入地研究西夏和宋代历史文化的成果很多，填补了西夏和宋代历史的诸多空缺。黑水城文献甚至直接或间接地反映出当时中国的很多文化元素，从这些真实的历史资料可以看到中华民族文化在那个时代的面貌和特点。

四　敦煌学与西夏学的互动

（一）西夏学应利用敦煌学研究的方法和经验

就学科发展来说，敦煌学是大哥，西夏学是弟弟。敦煌学历经百年，逐步走向成熟，不仅在洞窟艺术研究方面达到炉火纯青的境地，在文书研究方面也积累了丰富的经验，特别是对文书的定名、断代、补残、缀连、释读、考证等方面，形成了一套科学的方法。这些为西夏出土文献的整理和研究提供了非常有利的借鉴。西夏文献刊布较晚，多数文献是近些年刚刚刊布或即将刊布，对文献的释读刚刚开始，敦煌学家的科学方法和成熟经验值得西夏学家学习和效仿。我在介绍和探讨敦煌西夏洞窟时常常参考、引用敦煌研究院及其他专家的著述，我开始研究西夏文社会文书中的户籍和租税等文献时，请教过中国人民大学的沙知教授①；在研究西夏社会文书中的借贷文献时，法国童丕教授的著作是我必须学习的参考书②；在研究西夏文历书时，请教过中国文物研究所的邓文宽教授③。

（二）敦煌学和西夏学应进行比较研究

鉴于敦煌学和西夏学资料在时间上前后相接，在内容上品类相当，正可以互相联系，做比较研究。历史如同一条不断流淌的长河。作为研究历史最基本的文献资料，过去主要靠历代历史学家们记载和编纂的资料。利用考古发掘得到的更为可信的第一手原始资料研究历史，主要是从近代开始的。甲骨文是商周时代社会的真实记录，居延、敦煌等地的简牍是汉魏时期社会的真实记录，而敦煌石室文献、黑水城文献是此后晋、隋、唐、宋、西夏、元代的社会真实记录，这些出土的原始文献形成了中国历史文献资料的另一有特色的链条，给中国历史研究补充了新鲜而可信的资料，开辟了新的途径。将敦煌石室文献、黑水城文献中的同类文献联系、对比考察，可以把文献放到更宽阔的时空中审视，能使文献增加历史的厚重感，便于理顺文献的发展脉络，在考察文献的异同中有可能碰撞出新的火花，得到新的体会。

敦煌的西夏石窟，无论是鉴别时代，还是深入研究，都不能孤立地进行。敦煌石窟艺术，既有地方特色，又有民族特色，还有时代特色。研究敦煌西夏时代的洞窟，离不开西夏境内的党项族、汉族、藏族和回鹘族，也离不开那个特定的时代。这些都可以在西夏学资料中找到更为广泛的资料，可以找到对比的素材。比如黑水城出土有西夏时期的300多件绘画、宁夏宏佛塔出土有胶彩画唐卡多种，拜寺口双塔中西塔的天宫内也发现了西夏绘画作品，此外西夏文献中有不木版画，其中除佛经卷首扉页外，还有单幅木刻版画。这些西夏绘画大大丰富了西夏的艺术作品，正可与敦煌洞窟的壁画对比研究。榆林窟第3窟壁画中的犁耕图、踏碓图、锻铁图、酿酒图以及行旅图等生产、生活场景图也可结合西夏文献资料进一步深化研究。敦煌一些洞窟时代的确定可以从西夏学资料中找到相应依据。西夏学的内容可以补充敦煌学，西夏学的进展有助于敦煌学的深入。

（三）敦煌学家和西夏学家密切合作，推动两学科的发展

敦煌学门类繁复，博大精深。西夏学基础薄弱，又有西夏文字阻隔。对两个学科都很熟悉确实不易。如果两个学科的专家能联手合作，各展所长，便可以在敦煌学和西夏学交叉的部分取得新的成绩。

---

① 史金波：《西夏户籍初探》，《民族研究》2004年第5期。

② 史金波：《西夏粮食借贷契约研究》，《中国社会科学院学术委员会集刊》第1辑（2004年），社会科学文献出版社2005年版；参见（法）童丕著、余欣、陈建伟译《敦煌的借贷：中国中古时代的物质生活和社会》，中华书局2003年版。

③ 史金波：《黑水城出土活字版汉文历书考》，《文物》2001年第10期。

比如在敦煌学中，西夏时期的敦煌以及西夏时期的敦煌文献属薄弱环节，西夏学家可利用西夏文和汉文资料给予填充。在西夏学中，绘画艺术和雕塑艺术是专深的学问，可由敦煌学家鼎力承担。又比如西夏时期的敦煌洞窟分期可能需要敦煌学家和西夏学家共同对话、考察、研讨，才能得出比较确切的结论。实际上 20 世纪 60 年代的敦煌文物研究所和中国科学院民族研究所的联合敦煌考察，就是敦煌学家和西夏学家良好合作的开端。那次的考察从西夏的视觉对敦煌洞窟做了比较全面的调研，改变了过去敦煌只有几个西夏洞窟的认识，确认敦煌有大面积的西夏洞窟，并通过洞窟题记的研究初步了解到西夏人在敦煌的一些佛事活动，取得了很大成绩。由于当时的客观原因，深入、细致的研究工作未能联手继续进行下去。自那次合作至今已近半个世纪，敦煌学和西夏学都有了长足发展，科研条件也有了很大改观，今后可以在新的时期创造条件进一步合作，推动敦煌学和西夏学的共同发展。

西夏学的丰碑*

——克恰诺夫教授西夏研究的重要贡献和影响

俄罗斯东方文献研究所的克恰诺夫教授，名声响亮，国际西夏学界无人不知，这是因为他对西夏研究做出了巨大贡献，有力地推动了西夏学的发展和进步。

克恰诺夫（Е. И. Кычанов）教授自1959年从事苏联科学院东方学研究所列宁格勒分所西夏特藏整理开始，就全身心地投入西夏研究，至今已经半个多世纪。克恰诺夫教授充分利用了所在部门存藏的大量西夏研究资料，从文献整理、解读入手，脚踏实地研究，勤勤恳恳，兢兢业业，数十年如一日，收获了大量研究成果，著作等身，成就斐然，为国内外学术界同仁尊重、景仰。

克恰诺夫教授今年八十周年华诞，学界同仁皆欢喜雀跃，同声庆祝，颂扬教授的不朽功勋和高尚品格。

笔者自大学毕业考上西夏文研究生后，即开始了解俄罗斯专家们的西夏研究著述，其中包括当时也还年轻的克恰诺夫的成果，那时虽未谋面，也算神交心会。中国改革开放以后，逐渐恢复了与苏联的学术交往，西夏学是捷足先登的学科之一。1987年笔者有幸成为中国西夏学界第一批访问列宁格勒东方学研究所的客人，始与克恰诺夫教授等西夏学专家们亲切会面，进行学术交流。笔者与克恰诺夫教授相识25年，期间有很多学术交往，并有重要学术合作，应是相知多年的老同事、老朋友。教授长笔者八年，笔者视他为学长。笔者从他本人和他的著作中学习了不少知识，笔者把他看成是笔者的学习榜样。以下就笔者对教授的了解和接触，简略地谈谈教授在西夏学方面的巨大贡献和影响。

一　文献整理　继往开来

克恰诺夫教授对西夏研究的贡献是多方面的，其学术成就多带有开创性，非一般人所能企及。

---

* 此文为祝贺克恰诺夫教授今年八十周年华诞而作，译成英文稿 *The Pillar of Tangutology. E. I. Kychanov's Contribution and Influence on Tangut Studies* 发表于俄罗斯《中亚的西夏——克恰诺夫教授80寿辰纪念论文集》，莫斯科，东方文献出版社2012年版。英文稿系唐均博士译。

中文本刊于《华西语文学刊》第六集，四川文艺出版社2012年版，第10—19页。

西夏是一个多民族王朝，统治时间近两个世纪，汉文典籍记载不多，留下很多历史空白需要填充。而俄藏黑水城文献涉及范围很宽，包括语言文字、历史文化、宗教信仰、经济生活、军事组织等领域。克恰诺夫教授一方面吸收前人成果，发扬光大，不断延伸拓展，深入开掘，取得新的进展；另一方面在新的领域开垦拓荒，勤奋耕耘，勇于创新，开辟新的西夏研究园地，成就煌煌，令人耳目一新。

俄罗斯专家们研究西夏有得天独厚的优势，这主要是指克恰诺夫教授所在的圣彼得堡东方学研究所保存有以西夏文献为主的、数量惊人的资料。这些资料是20世纪初著名的科兹洛夫探险队自中国的黑水城遗址发掘的。当时这些资料运抵圣彼得堡后，即受到俄罗斯学术界的重视并开始整理和解读。由于西夏文早已成为无人可识的死文字，对俄藏西夏文文献的整理和解读经过了漫长的过程。

一切研究皆从资料入手。克恰诺夫从青年时期便踏上这条正确但并不轻松的学术之旅。他从20世纪50年代末就开始整理列宁格勒东方学研究的西夏文文献，经过几年的努力，他和戈尔芭切娃女士于1963年共同出版了《西夏文写本和刊本目录》一书。此书系统、全面地著录出俄藏黑水城出土西夏文文献目录，其中对世俗文献著录详备，第一次使世人了解到俄藏黑水城出土的珍贵文献有400余种。[①] 应该说，此书浸透着伊凤阁（А. И. Иванов）教授、龙果夫（А. А. Драгунов）教授、聂历山（Н. А. Невский ）教授等老一辈专家多年来倾心整理这些珍贵文献的心血，但戈尔芭切娃女士和克恰诺夫教授最终完成了这一重要目录的编制，并将已整理的全部目录公之于世。此目录与过去学术界仅知道的几十种目录相比较，无疑是一次显著的提升，是全方位的揭秘展示，使人们眼界大开：原来东方学研究所有这样多重要、精彩、难得的资料。时年31岁的克恰诺夫为西夏学做出了重要贡献，在西夏学界已经声名鹊起。

此目录的公布为西夏研究提供了重要信息，立即引起西夏学界的高度重视，让人们瞠目视之，心向往之。中国当时涉足西夏研究者屈指可数，我们从这个窗口看到了西夏学的前景。

经过“文革”动乱后，中国的西夏研究逐渐走上轨道。中国社会科学院民族研究所已将西夏研究列入研究重点。我们一面调查研究，一面介绍国外西夏研究情况。当时民族研究所历史研究室编译了内部刊物《民族史译文集》，其中1978年出刊的第3集主要是译介苏联的西夏研究，首先将《西夏文写本和刊本目录》一书翻译成中文，介绍给学术界；同时翻译了克恰诺夫教授介绍重要西夏文文献《文海》的论文；并介绍了国外研究西夏文、西夏史简况，其中着重介绍了克恰诺夫教授的成就，评价他为“苏联研究西夏的领军人物”。[②]

在俄藏西夏文文献中，数量最大的是佛经。在圣彼得堡东经，不畏繁难，责无旁贷地挑起详细著录西夏文佛经这副重担，开始了新一轮的学术长途跋涉。他可能在编辑《西夏文

① горбачева. З. И. и Кычанов. Е. И. Тангутские русописи и ксилографи，Издательство восточной литературы，Москва，1963.

② 参见З. И. 戈尔芭切娃 Е. И. 克恰诺夫著，白滨译，黄振华校《西夏文写本和刊本》；Е. И. 克恰诺夫著，史金波译，黄振华校《西夏文字典〈文海〉和〈文海杂类〉及其在西夏辞书中的地位》；史金波、白滨《国外研究西夏文、西夏史简况》。以上皆载于中国社会科学院民族研究所历史研究室资料组编译《民族史译文辑》3，1978年。

写本和刊本目录》时，已经立下了此后著录西夏文佛经方文献研究所西夏特藏的 12 个巨大书柜中，西夏文佛经差不多占了 10 个书柜。在《西夏文写本和刊本目录》中，对数十种西夏文世俗文献做了详细著录，每一种文献下都著录了十多项内容，但西夏文佛经部分则著录简略，只有汉译名称、梵文名称转写和编号。人们对大量西夏文佛经的详细介绍有着进一步的期待。克恰诺夫教授面对数以千卷计的佛的宏愿，在那 40 年后的 1999 年，他编辑的《西夏文佛教文献目录》出版。[①] 此书详细著录了俄藏 374 种、数千卷西夏文佛经，其中对每一卷佛经的名称、编号、版本、字体、装帧、页面形制、行款、页数、保存状况、特点、分卷、时代等都详加记录，甚至将西夏文佛经的题款也录写出来，使学术界对深藏于密库的西夏文佛教文献有了全方位的了解。

看到这部厚厚实实长达 800 多页巨著，我们仅理解到此书的重要学术价值，也不难想象克恰诺夫教授付出了怎样的劳动，才把几千卷文献的精髓一一展现在我们面前。

二 文献解读 贡献巨大

克恰诺夫教授在整理资料的过程中，以锲而不舍的精神认识、熟悉了难以释读的西夏文字，逐步解通西夏文文法，开始踏上漫漫的西夏文文献的解读之路。

在其出版《西夏文写本和刊本目录》的第二年，又和索弗罗诺夫教授合作出版了《西夏语语音研究》。[②] 两年以后，克恰诺夫教授与克罗科洛夫合作出版了《西夏译汉文经典（论语、孟子、孝经）》，刊布了这三种汉文经书的西夏文译本原文影印件，并对文献中出现的西夏文做了汉译索引，同时又做了汉文—西夏文字典。由此我们会推想到，克恰诺夫教授他们一定是将西夏文译本借助相应的汉文文本仔细对照，认真辨读。通过这一细致的基础性工作，他不仅认识了西夏文字，还了解了特殊的西夏语法。这样的解读，奠定了他熟练地翻译西夏文献的坚实基础。他的研究经历再一次证明，西夏文的解读没有捷径可走，不畏艰难的译释实践是成功的关键。

再过三年，于 1969 年克恰诺夫教授与克平、克罗科洛夫、捷连基耶夫—卡坦斯基等人共同合作出版了影响更大的《文海》，将《文海》译成俄文，并刊印了《文海》原件，为西夏学术界提供了极为重要的资料。[③]《文海》是一部兼有《说文解字》和《广韵》特点的西夏文韵书，包括了所有的西夏字（刻本残失上声部分），每字下以双行小字注释，内容包括分析字形构造、注释字义和以反切法注音。此书对了解西夏文字义、解析西夏文字构造、研究西夏字语音都具有特别重要的意义。此书上、下两册，上册是西夏文原文影印件（平声和杂类）和译文，下册是辑录的上声字和索引。与《论语》、《孟子》、《孝经》等书局限于经书范围不同，该书几乎囊括了西夏的所有文字。此书的刊布使大大提高西夏文字释读率

① Кычанов. Е. И. Каталог тангутских буддийских памятников института востоковедения российокой академии наук Университет Киото 1999г.

② Софронов. М. В. и Кычанов. Е. И. Исследования по фонетске танлутского яэыка. Москва. 1964.

③ Кепинг. К. Б. Колоколов. В. С. Кычанов. Е. И. Терентьев-Катанский. А. П. Море письмен, Издательство Наука, Москва, 1969.

成为可能，这是克恰诺夫教授等专家对西夏学的又一重大贡献。中国的西夏学专家很快见到这部重要著作。令人费解的是此书上、下两册作为苏联图书进口时被分别存入中国科学院图书馆和中国社会科学院民族研究所图书室，而在中国科学院图书馆的上册分类时竟归入了“文学类”。开始笔者看到此书如获至宝，手不释卷地依照原件将《文海》翻译成汉文，因为笔者知道此书对解读西夏文的特殊价值。后来黄振华、白滨也参加了此项工作，民族研究所将研究《文海》列为重点科研项目。经过数年的译释、研究，于1983年出版了《文海研究》，不仅将《文海》全部译成汉文，并依据《文海》资料对西夏文字构造、语音体系和社会生活做了研究。①

克恰诺夫教授的西夏文文献解读一发而不可止。在1974年他出版了《新集锦合词》，全文刊布了带有西夏风俗特点的这部西夏文谚语集，并将全文翻译成俄文。② 这部书的翻译难度很大，克恰诺夫作为初译者，没有相应的汉文文献借鉴参考，琢磨考证，实属不易。中国的西夏学家陈炳应教授借助克恰诺夫教授的著作，将《新集锦合词》译成汉文，并用以研究西夏社会的方方面面，也获得了很大的成绩。③

特别值得提出的是1988—1989年克恰诺夫出版的《天盛改旧新定律令》4册，俄译并研究了这一重要文献，同时刊布了原文。④ 全书原为20卷，共150门，分1461条。作为西夏王朝法典此书不仅数量大，内容涉及领域很宽，包括刑法、诉讼法、民法、军法、行政法，翻译难度可想而知。以一人之力，完成一千多页西夏文文献的翻译、研究，需要的是非凡毅力、大量时间和高超水平。克恰诺夫教授具备了这样的综合素质，表现出深厚的西夏文功力和很高的法学知识，他成功地完成了看来是难以完成的工作。他为此付出了艰辛的劳动，在西夏研究方面取得了重大突破，又跨越了一个重要节点，推动了西夏法律和社会的研究。

鉴于此书比较全面地反映了西夏的政治、经济、军事、文化状况，多方位地反映了西夏社会，引起了学界的重视。当克恰诺夫教授将此书寄给我以后，我们就决定将此书译成汉文，以供学术界利用。经过五年的努力，我们于1994年出版了《西夏天盛律令》，将西夏文《天盛改旧新定律令》这部内容丰富、可在多方面补充西夏历史的重要文献全部译成汉文，并作了注释，作为《中国珍稀法律典籍集成》之一种出版；后经我们修订、补充后在《中华传世法典丛书》中以《天盛改旧新定律令》为名出版。⑤ 此后参考、利用这部西夏法典译文研究西夏社会、历史的著作和论文不断出现。

稍后，在1990年克恰诺夫与德国的赫伯特·弗兰克先生合作出版了《11—13世纪西夏

---

① 史金波、白滨、黄振华：《文海研究》，中国社会科学出版社1983年版。

② Кычанов. Е. И. Вновь собранные драгоценные парные изречения, Издательство Наука, Москва, 1974.

③ 陈炳应：《西夏谚语—新集锦成对谚语》，山西人民出版社1993年版。

④ Кычанов. Е. И. Измененный и заново утвержденный кодекс девиза царствования небесное（1149—1169）（1—4）, Издательство Наука, Москва, 1987—1989.

⑤ 史金波、聂鸿音、白滨译注：《西夏天盛律令》，科学出版社1994年版；史金波、聂鸿音、白滨：《天盛改旧新定律令》，《中国传世法典》，法律出版社1999年版。

和中国军事法渊源（贞观玉镜统）》。[①]《贞观玉镜统》是一部西夏的军法（残本），有重要、特殊的学术价值。又是克恰诺夫教授不畏艰难，合作将其译成德文。从书中原文影印件得以直接看《贞观玉镜统》的本来面目。陈炳应教授借助书中原文照片，将此书译成汉文，并对西夏的军事做了很好的研究，于五年后出版。[②]

1995年克恰诺夫教授曾与李范文、罗矛昆合作，在中国出版了《圣立义海研究》。[③]后又在1997年自己在俄罗斯出版了《圣立义海》，将西夏文这部类书翻译成俄文。[④]2000年克恰诺夫教授出版了《孔子和坛记》，照例将此书翻译成俄文，并都刊布了西夏文原文，做了注释或索引。[⑤]2009年又与聂鸿音、景永时在中国出版了此书。[⑥]

克恰诺夫教授释读西夏文文献效率很高，佳作频出，差不多隔几年就有一部问世，令人目不暇接。他对俄藏黑水城文献是遍览群书，选取重点。他所译释研究的文献皆是重要世俗文献。这些文献对揭示西夏的历史、社会和文化具有不可代替的学术价值。作为翻译西夏文文献的同行，笔者深知其中的甘苦，因此更加钦佩克恰诺夫教授的学识和成就。

三　专题研究　成就斐然

西夏研究者的使命是为了更真实地认识西夏。克恰诺夫教授在解读西夏文献的基础上展开的西夏研究在诸多方面推进了对西夏的认识，填补了西夏历史的空白。他往往在释读西夏文文献时深入对文献进行考察和研究，结合历史文献对照解析，写出有新见解的论文，再经过较长时间的研磨和积累，出版有分量的学术专著。

关于西夏的历史，由于汉文文献中缺乏西夏的“正史”，而显得资料不足。过去有关西夏史的著作，多辑编原有汉文史料而成，诸多方面语焉不详。近代新发现的西夏文献和文物成为补写西夏历史的新的期待。克恰诺夫教授率先在这方面做出成绩。他以西夏史作为自己的博士论文，并于1969年出版了《西夏国史纲》。[⑦]此后他又出版了一系列有关西夏历史的著述，比如1991年出版的《西夏的伟大皇帝》。[⑧]特别值得提出的是，2008年克恰诺夫出版了他的新作《西夏国史》。[⑨]这部760多页的大作，包括西夏国历史、西夏国国家机构、西

---

① E. I. kycanov und Herbert Franke. Tangutische und chinesische Quellen zur militärgesetzgebung des 11. bis 13. jahrhunderts München 1990.

② 陈炳应：《贞观玉镜将研究》，宁夏人民出版社1995年版。

③ 克恰诺夫、李范文、罗矛昆：《圣立义海研究》，宁夏人民出版社1995年版。

④ Кычанов. Е. И. Море значений установленных святыми памятники культурывостока Санкт петербург научная серия 1997.

⑤ 克恰诺夫、聂鸿音著，景永时编：《孔子和坛记研究》，民族出版社2009年版。

⑥ Кычанов. Е. И. Запись у алтаря о примирении конфуция Издательская фирма《Восточная литература》РАН, Москва 2000.

⑦ Кычанов. Е. И. Очерк истории Тагутского государсва, Издательство Наука, Москва, 1969.

⑧ Кычанов. Е. И. Император великого Ся новосибирск “наука” сибирское отделение 1991.

⑨ Кычанов. Е. И. Истории Тагутского государсва, Санкт-Петербург факультет филологии и искусств Санкт-Петербургсковогосударсвенного университета 2008.

夏国经济、与周边的相互关系、文字和文化、佛教、西夏的尾声共7部分。该书利用了大量西夏文文献资料，积累了他多年的研究心得，展开一幅颇具特色的西夏历史画卷，让我们领略了一位资深西夏研究学者的深厚功力。

克恰诺夫教授随着他释读文献的扩展，对西夏的研究的领域不断拓宽，他的研究涉及法律、文化、宗教等方面。在他涉及的每一领域时多有论文或专著发表。作为克恰诺夫教授的同行，笔者十分理解每涉及一个新的学术领域，所需要付出的劳动。

克恰诺夫教授不仅倾心关注俄藏世俗文献的释读，还包括大量的社会文书。原来在科兹洛夫带到俄罗斯的文献中，还有不少反映西夏社会真实情况的文书。这些文书几乎全是写本，长短不一，往往夹杂在各种文献之间，绝大多数是难以辨认的草书，也有部分行书，只有个别的是易于识别的楷书。这些难以释读的文书，基本上没有被俄罗斯专家著录。克恰诺夫教授深知这些文献的价值，早在1971年克恰诺夫就用英文发表了一篇解读西夏文乾定二年黑水守将告牒的论文《黑水城发现的1224年西夏文文书》。[①] 不久他又从大批黑水城文献中找到一件行书体天盛庚寅二十二年土地买卖契约，并做了译释、研究。[②] 这对研究西夏土地买卖乃至土地状况具有重要意义。这件完整的卖地契包含立契时间、立契人、卖地数量及附带院舍、卖主、价格（以牲畜抵价）、保证语、违约处罚、土地四至，最后有卖者、担保人和知证人的签字画押。这件契约过去作为唯一的一件土地买卖实物资料，引起了中外西夏研究者的重视，又因其为识别有一定难度的行书，致使一些专家不断进行译释和研究。[③] 接着他又发表了《黑水城副将禀帖》、《黑水城发现的西夏土地借贷文书》等解读社会文书的论文。[④] 这些论文使学术界了解到俄藏黑水城文献中还有这样一类特殊的重要资料，并通过这些论文了解到西夏基层经济、军事、社会等方面的真实情况，具有极为重要的意义。

克恰诺夫教授在长期解读西夏文文献过程中，积累了丰富的西夏文词语。他为了让学术同仁都能分享他的成果，于2006年将这些词语编辑成一部大部头的《西夏语词典》。[⑤] 该词典收5803个西夏字，并以字系词，每字下收数量不等的词，每一字词皆注释拟音，韵类和俄文、英文、中文意译。词典采用笔画查找方法，不是像汉文笔画查找时以字的上部或左部为偏旁，而是以一个字的下部或右部为偏旁。此词典是第一部西夏文词典，字词皆辑自原始文献，具有科学性和实用性。

---

① Kyčanov, E. I. (1971): "A Tangut document of 1224 from Khara-Khoto". *Acta Orientalia Hungarica*, 24: 2, pp. 189—201.

② Е. И. Кычанов Тангутский документ 1170г. о продаже земли, "Письменные памятника Востока. Ежгодник. 1971", М., 1974. 196—203.

③ 黄振华：《西夏天盛二十二年卖地文契考释》，《西夏史论文集》，宁夏人民出版社1984年版，第313—319页；陈炳应：《西夏文物研究》，宁夏人民出版社1985年版，第275—279页；史金波：《西夏社会》，上海人民出版社2007年版，第72—73页；松泽博：《武威西夏博物馆藏亥母洞出土西夏文契约文书》，《东洋史苑》第75号，2010年7月30日。

④ Е. И. Кычанов Докладная записа помощника командуюшегоХара-хото Письменные памятника Востока. Ежгодник. 1972, М., 1977. 139—145. Е. И. Кычанов Тангутский документ о займе под залог из Хара-хото Письменные памятника Востока. Ежгодник. 1972, М., 1977. 146—152.

⑤ Состагитель Кычанов. Е. И. Со-состагитель С. Арауава Словарь тангутского (Си ся) языка Университет Киото 2006.

四 国际合作 不遗余力

克恰诺夫教授不仅学识渊博，还具有亲和力和学术组织能力。他不仅长期担任圣彼得堡东方学研究所的领导职务，与国内学人融洽相处，还经常与国外专家合作，集多方之力共同推动西夏研究发展。

20世纪80年代中期，中国和苏联逐步恢复了学术交流，中国社会科学院与苏联科学院达成了学者访问的学术交流计划。远离当时政治的西夏研究有幸被纳入交流访问学者的首选。笔者和李范文教授于1987年1月，冒着零下四五十度的严寒，开始了西夏的破冰之旅。尽管俄藏黑水城文献运抵圣彼得堡已经78年，但这还是中国西夏学研究者第一次踏上寻求黑水城文献的旅途。当时笔者对近距离考察这些文献十分期待。我们的访问受到圣彼得堡东方学研究所的盛情接待。我们从莫斯科到达列宁格勒火车站时，克恰诺夫教授和刘克甫教授冒着严寒来接，使我深受感动。

克恰诺夫教授给笔者的印象是热情随和，有长者风度，学识渊博，工作认真。在圣彼得堡与克恰诺夫教授、孟列夫教授、克平教授等多次就西夏研究交换意见。当时克恰诺夫教授就提出，出版黑水城出土的文献一定要国际合作。这给我留下了很深的印象。我们也希望俄藏黑水城文献尽早公之于世，让全世界的西夏学家、历史学家、语言学家、印刷版本专家们都能足不出户即可直接查阅、研究、利用这些文献。

我们在圣彼得堡的两周，大部分时间在该所的手稿部看阅黑水城出土文献。每天从上班至下班都在该所阅览室里如饥似渴地阅览。因为过去面世的文献只占全部文献的极少部分，很多具有重要价值的文献仍长期不为世人所知。笔者白天阅读、抄录资料，晚上在寓所整理笔记，短短的十个工作日收获颇丰。然而在那里只能摘录，不能照相、复印，加之时间短暂，所能见到、摘录的文献极为有限。我们还参观了闻名世界的冬宫博物馆，馆中展示了世界各地的珍贵艺术品，其中中国馆包括敦煌吐鲁番展厅和黑水城展厅。笔者仔细观摩了黑水城出土的每一件西夏艺术品，其中有精美的绘画、稀见的泥塑、珍贵的雕版等，使笔者流连忘返。外出参观多是克恰诺夫教授陪同。在那里，和克恰诺夫教授结下了深深的友谊，我到他家做客，后来他来北京时也多次到笔者家做客。

此后宁夏人民出版社的徐庄主编热情地联系、组织在中国出版苏联所藏黑水城出土文献事宜，并邀请克恰诺夫教授来中国具体商谈此事，初步达成意向性协议。笔者对此全力支持，并与克恰诺夫教授交换意见，极力促成此事。但后来由于种种原因，未能落实。克恰诺夫教授两次来信询问情况，每次笔者都与徐庄主编联系，答复克恰诺夫教授。

中国社会科学院胡绳院长、汝信副院长对藏于俄国的敦煌和黑水城文献十分重视，希望这些文献能在中国出版。1992年院领导委托笔者与俄方联系。笔者写信给克恰诺夫教授，表达了中国社会科学院希望与俄方合作出版黑水城出土西夏文、汉文及其他少数民族文字等所有文献。很快得到时任圣彼得堡东方学研究所所长的彼得罗斯扬教授、副所长克恰诺夫教授的联名正式答复，同意与我所合作，共同整理、出版该所所藏黑水城出土的全部文献。1993年春我们邀请彼得罗斯扬所长（Петросян. Ю. А.）、克恰诺夫副所长来北京访问，与中国社会科学院民族研究所、上海古籍出版社讨论并签署合作出版协议。彼得罗斯扬所长因事未能前来，克恰诺夫教授如约来华。中俄双方谈判非常顺利，很快达成了合作出版的协议文本。后协议经彼得罗斯扬所长、上海古籍出版社魏同贤社长和我代表三个单位签字生效。

根据协议，笔者于1993年至2000年4次率团赴俄进行整理、著录和拍摄工作，每次约工作两三个月。参加此项工作的中方专家还有中国社会科学院民族研究所的白滨研究员、聂鸿音研究员，上海古籍出版社的蒋维崧编审、严克勤摄影师。在俄工作期间，得到了以克恰诺夫为首的俄国专家们的热情支持和帮助。我们做卡片著录文献内容和形制时，主要参考了俄国专家们的工作成果。除已出版的《西夏文写本和刊本目录》外，克恰诺夫教授还拿出他多年整理的西夏文佛经叙录手稿让我们参考。这给我们工作以很大的方便，这种至诚的合作精神令我们十分感动。

经过艰苦的著录、拍摄和烦琐的编辑工作，现已出版《俄藏黑水城文献》14册，不久会出版到第20册，全部出齐共30册左右。克恰诺夫教授作为主编之一，对此付出了巨大的努力。可以说没有他的组织和积极参与，很难完成这样艰巨的国际合作出版任务。

这批古籍的出版，为西夏研究提供了大量资料，实现了几代学人的梦想。此书在中国得到有关部门和学术界的重视和好评。在1997年出版此书的首发式上，全国人大常委会副委员长铁木尔·达瓦买提、国务委员司马义·艾买提等国家领导人、中国社会科学院领导和60多位知名学者出席。

在俄国整理西夏文献时，我们还看到了克恰诺夫教授等专家拣选出的部分未登录的社会文书，又在未登录的110盒文献中发现了一大批西夏文社会文书，总计有1000余号，1500多件文书，包括户籍、账籍、军抄状、契约、诉讼状、告牒、书信等。这是一项新的收获。这些直接反映西夏社会的文献弥足珍贵，不仅为西夏社会的研究提供了真实可信的第一手资料，还是社会文书为数不多的宋、辽、夏、金时期数量最多、最集中的一批社会文书。这些文书将开拓西夏学的新领域，进一步推动西夏学的进展。但因这些文献多用难以辨识的西夏文草书写成，翻译、研究困难重重。为了在《俄藏黑水城文献》出版这些文献，要求尽量对每一文件定题，这就需要逐个了解其内容。于是我开始摸索西夏文草书释读，在反复阅读这些文书时，不断积累各类西夏文草体字形，排比特点，寻找规律。日积月累，草书识别能力逐渐提高。研究社会文书又是一新领域，不仅需重新学习包括户籍、租税、典贷、商业、军事等中国经济史、军事史、法律史以及相关的研究著述，还要对包括敦煌、吐鲁番出土文书及研究情况有较多的了解。经过近七年的释读，编出西夏文社会文书目录稿（见《俄藏黑水城文献》第12、13、14册），并利用这些新资料，开始撰写论文，探究西夏社会经济、军事和其他社会问题。① 2007年中国社会科学院将笔者承担的《西夏军事文书研究》立为院重点课题。同年笔者承担的《西夏经济文书研究》被批准为国家社会科学基金项目。这两个项目都是利用俄藏黑水城文献中的数十件经济和军事社会文书原件，逐件进行翻译和考

---

① 史金波：《西夏户籍初探》，《民族研究》2004年第5期；《西夏粮食借贷契约研究》，《中国社会科学院学术委员会集刊》第1辑，社会科学文献出版社2005年版；《西夏农业租税考》，《历史研究》2005年第1期；《西夏的物价、买卖税和货币借贷》，《宋史研究论文集》，上海人民出版社2008年版；《西夏军抄文书初释》，《中国多文字时代的历史文献研究》，社会科学文献出版社2010年版。这些文书后多收入杜建录、史金波《西夏社会文书研究》一书中，上海古籍出版社2010年版。

证，然后结合西夏文和汉文文献进行研究，冀图对西夏的经济和军事有新的认识。目前这两个项目都已接近完成。

克恰诺夫教授参加的国际西夏研究领域的合作，大大促进了西夏研究的进展，特别是大型文献丛书《俄藏黑水城文献》的出版，使西夏研究新资料激增，为西夏研究拓展了充裕的空间。在中国历史各王朝中，近些年西夏王朝大量文献的问世，令原来基础并不厚实的西夏研究由冷转热，为学术界所瞩目。

鉴于西夏文献与文物的大量增加，2011 年经中国全国哲学社会科学规划领导小组批准，将《西夏文献文物研究》立为国家社科基金特别委托项目，笔者忝任首席专家。立项后，即按要求整合全国相关学术力量和资源集体攻关，确保取得高质量研究成果。2011 年已组织北京、宁夏、甘肃、内蒙古、河北、江苏、四川等地的西夏学专家设立了 20 多项子课题；按立项计划，在宁夏大学成功举办了为期一个月的西夏文读书班；与宁夏大学合作，在甘肃省武威市举办了有 100 多位中外专家参加的第二届西夏学国际学术论坛；西夏研究网站和西夏资料库的建设也正在积极进行。2011 年作为项目开局之年，进展顺利，成绩显著。此项目的设立与克恰诺夫教授参与的《俄藏黑水城文献》的出版关系极大。

克恰诺夫教授是国际西夏研究的一座令人敬仰的丰碑。教授虽至耄耋之年，仍精神矍铄，笔耕不辍，宝刀不老，继续为他钟爱的西夏研究竭诚奉献。笔者作为克恰诺夫教授的挚友和学习者，衷心祝教授健康长寿，培养更多的年轻人才，并在研究事业中取得新的成就。

纪念西夏学的开拓者和奠基者王静如先生*

王静如教授（1903—1990）是中国社会科学院民族学与人类学研究所研究员，当代中国著名语言学家、历史学家、考古学家和民族学家，是中国西夏学的奠基者，一生著述丰厚，建树颇多，为民族研究做出了重要贡献，在国内外学术界享有很高的声誉。

一

先生初名振宇，号净之，笔名斐烈。1903年生于河北省深泽县南营村。其父葆真先生是近代中国的著名革命活动家，早年参加同盟会，追随孙中山先生进行民主革命，是中国国民党革命委员会的创始人和领导人之一，中国共产党的亲密朋友。

先生10岁考入保定直隶省第二师范附小高一年级，三年后以优异成绩考入直隶省第六中学。先生少年爱好音乐、绘画、文学、历史和英语，为后来的语言研究做了良好的铺垫。1923年中学毕业后，到北京入民国大学语文系学习，选修著名学者邱椿、闻一多、黄侃和黎锦熙等先生讲授的课程，开始接触到汉语音韵和印欧语言学方面的书籍，翻译了瑞典汉学家高本汉（B. Karlgren）研究汉语音韵的文章，并得到了黎锦熙、钱玄同、赵元任等知名教授的指导与鼓励，逐渐认识到语言学在研究工作中的重要作用，自此对语言学产生了浓厚兴趣。1927年考入清华大学研究院，师从赵元任教授，攻读语言学专业，同时向陈寅恪和李济两位教授学习历史与考古。先生在青年时期得到多位国学大师的言传身教，受益良多，为后来的研究工作打下坚实的基础。

先生于1929年清华大学研究院毕业后，即任中央研究院历史语言研究所助理研究员，主攻西夏文，三四年间突飞猛进，创获良多，著述丰厚，成为中国西夏学的奠基人之一。1933年受研究所委派以海外研究员的名义赴法、英、德等国进行语言学、中亚史历史语言、印欧语比较语言学以及古代欧洲社会经济史与艺术史等方面的研究。1936年回国后，任北平研究院史学研究所研究员和中法大学教授，其间兼任辅仁大学史学系教授、燕京大学中文系教授与研究院导师、中国大学中文系教授与文学院研究部导师、中法大学文史系主任。1950年任中国科学院考古研究所研究员，1953年任中央民族学院研究部教授与室主任，1958年任中国科学院民族研究所研究员、学术委员和室主任。1978年后任中国社会科学院

* 原刊于《西夏学》第9辑，上海古籍出版社2014年版，第7—13页。

民族研究所研究员和学术委员，兼中国社会科学院研究生院教授与博士生导师，国家文物局历史文物咨议委员会委员，中国民族研究会常务理事，中国语言学会理事，中国音韵研究会、中国民族史学会、中国敦煌吐鲁番学会、贵州文物保护和北京市语言学会顾问等职。1990 年 7 月荣获国务院颁发的为发展我国社会科学事业做出突出贡献的政府特别津贴和证书。

先生一生在学术上涉猎广泛，造诣很高。他长期从事语言学、音韵学、历史学和民族学等领域的研究工作，在汉语音韵、秦汉史、古代与现代少数民族如西夏、契丹、女真、突厥、回鹘、吐蕃、达斡尔、土家、苗等民族的历史、语言和文字，以及古代生产工具史等学科的研究方面成效卓著。他的论著中多有独到的见解，具有开拓性的价值。特别是在西夏研究方面取得了举世瞩目的成就。

20 世纪一些新的人文学科悄然兴起。在新兴学科中除人们已经熟知的甲骨学、敦煌学等学科外，还有过去鲜为人知、渐受关注的西夏学。西夏学的形成和发展借助于大批新资料的发现。当时西夏文献有两次重大发现，一是在敦煌藏经洞被发现不久后的 1909 年，以科兹洛夫为首的一支俄国探险队，在中国的黑水城遗址（今属内蒙古额济纳旗）城外的古塔中盗掘了大量西夏文献和文物，仅文献就有数千卷之巨，其中绝大部分是西夏文文献。俄国探险队将中国这批珍贵遗物席卷而走，至今仍藏于俄罗斯科学院东方文献研究所（圣彼得堡）和艾尔米塔什博物馆。这次发现是 21 世纪继甲骨文、汉简、敦煌文书以后又一次重大文献发现。二是 1917 年，在灵武县（今属宁夏灵武）也发现了百余卷西夏文佛经，使西夏文文献更加丰富，现大部分藏于北京图书馆（今中国国家图书馆）。北京图书馆所藏西夏文文献，于 20 世纪 30 年代由周叔迦先生整理编目，使学术界第一次了解到北京图书馆丰富的西夏藏品，令人耳目一新，引起学界重视。

王静如先生投入西夏研究之时，正是俄藏黑水城文献开始介绍和初步研究之时，也是北京图书馆刚刚开始接受灵武所出大批西夏文佛经之时。先生具有研究语言、文字的专业能力，勤奋努力，善于钻研，又恰逢有接触、利用新见西夏文资料的条件，为其创造出优异的成绩提供了历史机遇。

先生入中央研究院历史语言研究所的第二年（1930），在研究古汉语音韵的同时，发表了《西夏文汉藏译音释略》一文，用古代汉语西北方言和藏文译音解释西夏文字的音韵，并对西夏语音系统及其特点作了阐述，在当时西夏研究的早期，此文无疑具有开创性，至今仍被学界重视。1933 年他还发表了《佛母大孔雀明王经龙王大仙众生名号夏梵藏汉合璧校释》一文，用西夏文、梵文和藏文互相解释，从中可看出此西夏文佛经不是译自汉文佛经，而是译自藏文佛经，对深入进行夏、梵、藏文三种文字的比较研究具有重要推动作用。

在西夏学在发展过程中，有一个重要的阶段性的里程碑，就是 1932 年 1 月出版《国立北平图书馆馆刊》西夏文专号。当时中、苏、日三国的西夏研究都取得了可喜成绩，中国的国学大师陈寅恪、王国维、赵元任、罗振玉等关心西夏新资料，并潜心研究，撰写著述。国内外西夏学专家搜集资料，解读文字，初释文献，形成了一次西夏研究热潮。当时北京图书馆适时出版《西夏文专号》，搭建了一个深入研究西夏的重要平台，由中、俄、日三国专家撰稿，有黑水城考古介绍、西夏文文献释文、西夏文文献编目，不仅荟萃中外西夏学专家王静如、罗福成、罗福苌、聂历山、石滨纯太郎等人，还有周叔迦、向达等学者加盟，编辑西夏文佛经目录，译介西方著述，成为当时西夏学的一次盛会。显然在这个平台中，王静如先生是重要台柱之一。此刊开端的长篇“引论”及《苏俄研究院亚洲博物馆所藏西夏文书目译释》皆由先生撰写，书前还特别刊布了即将出版的先生撰著的《西夏研究》第一辑中、英文目录。此专号反映出当时西夏研究的最好水平，为后世治西夏学者的必备教科书和参考书。不少后学者通过此西夏文专号比较全面地了解西夏学的相关资料和研究历史，从而步入西夏研究的殿堂。

二

特别应予提出的是先生在1932年至1933年撰著出版的《西夏研究》三辑是他最有成就的代表作品。先生在结束留学生涯的当年，即在《西夏研究》出版后的第三年（1936），该书获法国院士会铭文学院授予东方学“茹莲（S. Julicn）奖金”，这是中国学者个人获得该项奖金的第一人，随后他被推荐为法国巴黎语言学会会员。为了解此书内容，现将此书三辑目录列出：

金光明最胜王经卷五藏汉合璧考释
论四川羌语及弥药语与西夏语
再论西夏语音及国名（答伯希和聂历山及屋尔芬顿诸教授）

第三辑
序
金光明最胜王经卷六藏汉合璧考释
金光明最胜王经卷七藏汉合璧考释
金光明最胜王经卷八藏汉合璧考释
金光明最胜王经卷九藏汉合璧考释
金光明最胜王经卷十藏汉合璧考释

在第一辑中有两位国学大师赵元任和陈寅恪写的序言，陈寅恪先生还撰写了《斯坦因Khara-Khoto所获西夏文大般若经考》一文编入该书，可见二位先贤对此书的重视。王静如先生在书中考证推敲，功力深厚，是当时西夏研究的高水平成果，概括其做出的贡献有：

1. 对西夏语进行多方面的探索与论述，如与东汉白狼歌做比较研究，对西夏语言中的尾鼻音和浊辅音、鼻冠音等做出了深入探讨。

2. 对西夏文佛经雕版做了系统研究和详细论述。

3. 书中用大部分篇幅刊载了四部西夏文佛经，为学术界提供了原始资料，在当时西夏文资料极为缺乏的情况下，起到资料库的重要作用。书中对这些佛经做了逐字对译，通过翻译辨识了很多西夏文字，并列出汉、藏两种文字对照，便于查找、利用。

4. 书中对美国学者屋尔芬顿西夏有复辅音的说法，提出不同意见，并反复辩证，得出可信结论。

总之，《西夏研究》有丰富的内容，有很高的学术价值，正如陈寅恪先生在序中所言，研究西夏语言“尚未有用今日比较语言学方法，于其同系语言中，考辨其音韵同异，探讨其源流变迁，与吾国语言互相印证发明者。有之，以寅恪所知，吾国人中盖自王君静如始。”从该书出版至今都是中外学者从事西夏研究必备的参考书与教科书。俄国著名西夏学家克恰诺夫教授对先生的西夏学论文和《西夏研究》给予高度评价：“王静如教授发表的论文，他的专辑《西夏研究》，是所有希望认识西夏文字和语言的人真正可资利用的教材。”因该书在学术研究上的重要作用和价值，在其出版半个世纪后，台湾和大陆先后再版。

三

新中国成立后，先生以其精深的历史和语言学识，投身于政府组织的少数民族调查研究工作。他先后参加了少数民族识别和少数民族历史调查。为适应当时民族工作的需要写出了许多有价值的论文。1955年发表的《关于达斡尔语言问题的初步意见》和《关于湘西土家语言的初步意见》，为当时进行的民族识别工作提供了重要依据。

20世纪60年代初，先生在领导部门和本单位的支持下，又开始恢复西夏研究工作。民族研究所为先生配备了两名助手，1962 年又招收了第一名西夏文研究生。因中国西夏研究的长期停滞，需要了解国外研究情况，积累资料。先生不顾年事渐高，努力投入工作，一方面组织助手搜集俄、日等国的西夏研究进展情况和新的资料，另一方面放眼长远，培养学生。

当时任敦煌文物研究所所长的常书鸿先生看到莫高窟中有很多西夏文题记，有待译释，与王静如先生商量拟对此专门调查、翻译、研究。同时二位先生考虑到西夏占领敦煌近两个世纪，又笃信佛教，所定西夏洞窟却寥寥无几，对此提出质疑。1964 年中国科学院民族研究所和敦煌文物研究所共同组成敦煌洞窟西夏调查研究小组，对敦煌莫高窟、安西榆林窟西夏洞窟重新进行系统考察，由常、王二位先生主持，北京大学宿白教授做顾问。时先生年逾花甲，又患心脏病，仍不顾年高体弱，亲赴敦煌，在艰苦的条件下深入洞窟考察。敦煌洞窟高低错落，需攀爬台阶，先生策杖并在学生搀扶下尽量多看相关洞窟，以便比较研究。除莫高窟外，先生还到距莫高窟 170 公里的榆林窟考察，当时无直路可达，要绕道安西县，路上坐大卡车颠颠簸簸行驶一整天。在那里一行七八人皆住山洞中，自己做饭，攀缘洞窟的路更为陡峭。作为先生的研究生笔者有幸参加了这一重要考察任务，并在先生的指导下承担搜集、抄录、翻译洞窟题记的工作，是一次极好的学习机会。经 3 个月考察，对相关洞窟从文字题记到艺术风格进行科学记录和研究，最后认定莫高窟、榆林窟有 80 多个西夏洞窟，使举世闻名的敦煌石窟的时代与分期面貌大大改观，显示出西夏在河西及敦煌的地位，深化了西夏学与敦煌学关系的研究。可惜此次考察成果尚未公布，“文革”即已降临。

“文革”期间，先生遭到冲击迫害，身心备受摧残，并被下放到河南省息县干校劳动。1970 年在周总理的关怀下，一批老专家被保护返回北京，先生位列其中。返京后，运动仍未结束，先生抱着对学术负责的态度，很快自动恢复西夏研究，继续编辑《西夏文字典》，并对新出土的西夏文文献、文物进行考释，撰写论文，在当时硕果仅存的社会科学学术杂志上刊布，为当时所瞩目。

“文革”结束后，迎来了科学的春天。先生虽届耄耋之年，仍壮心未已，精神矍铄，孜孜不倦地开展西夏研究，一方面陆续撰写论文，另一方面招收研究生，培养西夏人才。这时又陆续发表有关西夏研究的论文，其中有对西夏文文献、文物的考证研究，有敦煌洞窟的考察探讨，有西夏语言的解析和新论，由这些论文可见先生宝刀未老，对西夏研究发挥了老专家的独特作用。先生培养的学生和助手也成为西夏研究的成员，接续先生衣钵，为西夏研究做出成绩，个中也凝聚着先生的心血和贡献。

先生 1929 年自清华大学研究院毕业后，至 20 世纪 80 年代后期，从事学术活动已近一个甲子。1988 年民族研究所及民族历史研究室的领导和同仁计议，拟以历史室编辑的《中国民族史研究》第 2 辑作为庆祝先生从事学术活动 60 周年纪念文集。消息传出后，国内外学者纷纷提交学术论文。从中精选 25 篇论文，由中央民族学院出版社于 1989 年出版。卷首刊登先生照片，前言介绍先生学术成就，高度评价其学术贡献。

20 世纪 90 年代初，民族出版社来民族研究所联系，拟出版老民族学家的个人论文集，希望民族所择优提出老专家名单。民族所领导经慎重研究后，开列几位老专家名单，先生自然在选。先生论文涉及多种学术领域，文中除汉文外，还包括多种外文，又有难以排印的国际音标、西夏文以及图版，排版、校对繁难，延宕了出版时间。先生在世时，竟未见到自己的论文集出版。直至先生离世八年后的1998年，《王静如民族研究文集》方才问世。书中由著名语言学家马学良教授作序，收入先生有关民族研究论文13篇。

先生晚年虽年高有病，但身体状况尚算平稳，一直伏案研究。1991年9月心脏衰弱入住北京友谊医院。时中国社会科学院和民族研究所领导多次到医院看望，并数次与医院领导联系，希望用最好条件医疗，未料竟医治无效，于10月2日与世长辞，享年88岁。

西夏学经过百年的发展，由中国王静如教授、俄国聂历山教授、日本石滨纯太郎教授等先贤披荆斩棘地开掘，以及后来更多专家们的继续努力，加之所见文献、文物越加丰富，研究成果累累，已渐成为人文科学的显学。西夏语言的构拟也渐成体系，走向成熟；西夏文献的翻译进展迅速，现不但已经能基本译释西夏文文献原文，还能译释大部分草书文献。专家们依据新发现的西夏文资料、文物资料结合汉文史料，深入探讨，提高了对西夏历史文化的认识，在很多方面重塑、填补了西夏历史。目前西夏学已经发展成一门研究西夏语言、文字、社会、历史、文学、宗教、法律、文物、文献等方面的综合性学科，它与敦煌学相交叉，又往往涉及自然科学的某些领域。西夏学作为一门有浓郁民族特色的学科，与整体中华民族文化有着内在的、紧密的联系。西夏学发轫于王静如先生等老一辈专家筚路蓝缕的奠基、开创，西夏学的繁荣和发展渗透着先生等老一辈专家的心血。

四

今年是王静如先生诞辰110周年。为弘扬先生的重要学术成就，我们邀请国内外学术同仁，召开第三届西夏学国际学术论坛暨王静如先生学术思想研讨会，纪念先生的突出学术贡献，研讨先生的学术思想，同时与先生家属合作编辑、出版《王静如文集》，以飨盛会。

《文集》包括先生论文、译文等共58种。先生学域宽阔，学识渊博，论著涉及众多学科范围。其中以西夏学论文最多，此外有的专论契丹文、女真文、突厥文碑刻，有的研讨汉语古音韵，有的论述中国历史和中国民族史的重要问题，有的分析少数民族语言，还有的系统考察中国古代耕犁和田亩发展的长篇论文。从这些论文不仅可以学得多领域、多方面的专业知识，还可透视先生的优良的治学方法和理念。我的体会有以下几点：

1. 先生有深厚的学养基础，能熟练使用中西贯通的研究方法。先生自幼聪慧好学，青少年时代即打下良好的国学基础，后又直接受陈寅恪、赵元任等学界先贤的指导，学问精进。继而又留学欧洲，多访名师，学习西学，吸收近代治学方法，奠定了先生学贯中西的雄厚根基。先生的诸多论文都采取中西结合的研究方法，驾轻就熟，游刃有余，突出地反映出先生的博学多才。如《中台藏缅数目字及人称代名词语源试探》、《就元秘史译文所见之中国人称代名词》等文，皆采用中国音韵学和西方历史语言比较法相结合的科学方法，取得重要成果。

在《二十世纪之法国汉学及其对于中国学术之影响》一文中，先生总结指出："沙畹以前可以说是'语文考据方法'。自沙畹起便从'语文考据方法'再加'史学方法'。自葛兰言超更自语文、史学方法而外，加上'社会学方法'。"先生有的重要论文如《论开合口》、《释毌》等便是结合文字考据、语音分析、文献考证和社会学的诸种方法等综合而成。笔者甫作研究生时在先生家听课，先生找出法国语言学家梅耶所著《历史语言学中的比较方法》

一书，让我研读。书虽不厚，但内容丰赡，读后如醍醐灌顶。内中虽主要讲印欧语言，但其分析比较方法却往往具有普遍意义，从中感到研究方法确系研究工作的钥匙，异常重要。

2. 先生善于发现问题，钻研难题，解破难题。由于先生学问宽博，既能高屋建瓴，统揽学科大势，又能掌握关键，寻觅症结，深入探讨，解决难点，很多论文给人以耳目一新的感觉。

民族古文字的解读多为学术难点。先生不仅钟情难度很大的西夏文研究，自20世纪30年代中期后，先生又对契丹文、女真文、突厥文进行研究，发表了数篇有重要学术价值的论文，包括《辽道宗及宣懿皇后契丹国字哀册初释》、《契丹国字再释》、《宴台女真文进士题名碑初释》、《突厥文回纥英武威远毗伽可汗碑译释》等，推动了相应文种的研究，在西夏文以外其他文种的研讨中做出了新贡献。当时契丹文墓志碑铭有新的发现，解读困难。先生知难而进，是很少涉足这一领域的专家之一，运用比较方法进行考订，不仅识别出不少字词，还首次明确区分了道宗、宣懿皇后、兴宗、仁懿皇后四个哀册，成为后世释读的基础。

先生撰写长达5万多字的论文《论中国古代耕犁和田亩的发展》，十分系统地论述古代耕犁和田亩发展。当年我做先生研究生时看到此文题目后，深为先生在熟悉的西夏学、语言文字学之外选此以科技史为主的题材感到惊奇，及至读完此文后更领略到先生的博学，也看到先生不畏辛劳、勇挑重担、攻坚克难的钻研精神。此文早在1951年即已在《史学集刊》第七辑中印出样本。但直至三十多年后的1983年、1984年才正式在《农业考古》杂志连续刊登。在《农业考古》的“编者按”中给予高度评价：“这篇文章，在当时把耕犁发展的各个阶段有系统，而又有理论地作一些全面考察，是非常难得的。三十年后的今天。虽然由于考古资料不断增加，有些问题需进一步探讨，但总的说来仍不失为有重要参考价值的论著。”

1956年发表的《关于吐蕃国家时期的社会性质问题》，针对当时对吐蕃时期的社会性质的各种意见，先生最早明确地提出吐蕃时期是奴隶制社会，并作系统论述，成为后世十分重视并被引用的重要文章。记得20世纪七八十年代，我参加本所《西藏简史》编写组讨论书稿时，先生此文的论点仍被课题组藏学专家们的肯定和推崇。后此文选载于1985年出版的《西藏史研究论文选》，可见其价值的永续性。当时先生还从事对吐蕃社会史资料的翻译工作，从法文、英文翻译巴寇（Bacot）、杜散（Tousamt）、陶麻斯（Thomas）所译的敦煌古藏文历史写卷，为了解吐蕃社会历史面貌和解决社会性质问题积累了重要材料。

3. 先生有创新精神，不宥成说，敢于提出新见。学术研究皆在前人基础上推进和提升。先生主张既要尊重前人的贡献，又要提出不同于前人的新观点、新成果。先生的很多论文都体现出这样的求新精神，包括对当时的学术大家如国内的王国维，国外的高本汉的著述都在尊重他们的前提下，经过悉心的论证提出自己不同的见解。如《论阻卜与鞑靼》一文便是与王国维先生商榷的文章。王国维先生在《鞑靼考》中认为“阻卜为鞑靼倒置改字”，先生提出质疑。又如先生在《论古汉语之腭介音》一文中，修正高本汉教授对于古汉语腭介音的论点，在论文开始提出：“现在我们想修正高本汉教授对于古汉语腭介音的拟构，就是因为对教授研究中国声韵学的伟大贡献最为钦佩。即便做一些新的拟测，亦是由于服膺其学，想表示敬慕的意思。”在《论开合口》一文中又对高本汉教授关于合口强弱分配之说提出质疑，并深入讨论，提出新解。

4. 先生有高度的责任感，不断为社会提供有价值的知识。特别是新中国成立后，先生能与时俱进，不断参与当时国家急需的研究项目。前述20世纪五六十年代为当时的民族识别撰写少数民族历史而作的多篇论文即是如此。

先生于1960年参加中国科学院贵州少数民族社会历史调查研究工作，到苗族地区实地调查，发挥熟悉历史的长处，撰写出《关于苗族来源问题》，为此后撰写苗族历史提供了重要依据和参考。

先生紧跟时代步伐，热心民族团结的宣传工作。1961年先生为吴晗先生主编的《历史剧拟目》撰写《奢香夫人》和《郑和下西洋》，目的是宣扬民族团结和中国对航海事业的贡献。特别是《奢香夫人》一文凝练地记述了明代贵州彝族水西女土司奢香克服种种困难，排除干扰，反对分裂，归顺明廷的历史故事。此不足千字的短文，引起了贵州戏剧作家俞百巍的注意，他想根据此故事创作一出黔剧，便于1962年来京向王先生请教，并聘先生为顾问。记得一次王先生与俞百巍先生研究剧本时，笔者也在场。俞先生正值壮年，温文尔雅，二人相谈甚欢。当时需要贵州《大定县志》，笔者便到中央民族学院图书馆借来供他们使用。后剧本经先生指导几经修改，终于完稿，1963年发表，同年由贵州省黔剧团首演，大获成功。不料"文革"时先生和俞先生都为此受到批判。粉碎"四人帮"后，此剧获得重生，1979年参加新中国成立30周年献礼演出，获文化部戏曲创作、演出一等奖。近年有关《奢香夫人》的题材又被搬上电视荧幕。先生在众多的历史故事中选中这一典型事例，可谓独具慧眼，立意高远。

5. 先生有执着的治学精神，坚韧不拔，贯彻始终。先生治学，一方面能开拓创新，另一方面又能锐意追求，穷原竟委，长期坚持。先生一生以主要精力治西夏学，从20世纪20年代末即探索追求，著书立说，至晚年仍孜孜矻矻，黾勉勤奋。先生早年曾发表多篇关于西夏语音的论著，及至20世纪80年代仍不懈探寻，发表《西夏语音系导言》、《西夏语中的早期辅音和演变》等论文，至90年代我到先生家，仍见先生伏案工作，六十多年如一日的治学精神令人感动。

先生晚年不仅坚持自己的优长学问进一步升华，还奋力开拓新的学术领域。1987年先生发表《孙中山先生论民族问题》，论述孙中山先生于20世纪在民族起源和形成问题上，创"五力"学说（血统、生活、语言、宗教、风俗习惯），对当时民族问题的深入讨论做出了贡献。

先生一生给我们留下了丰厚的学术遗产。我们应以先生为榜样，执着追求，努力工作，创新钻研，使西夏研究、民族研究水平不断提升，使成果更为丰硕，为中华民族传统文化的弘扬做出新的贡献，先生一定会含笑九泉。

（二）中国民族史研究

中国民族史学的社会功能*

中国民族史学是中国民族研究的一个重要学科，是中国历史学的一个特别分支。它研究中国境内包括汉族和古今各少数民族的族别史、民族关系史、地区民族史，也研究分科的民族政治史、民族经济史、民族文化史、民族教育史、民族法律史、民族宗教史、民族哲学史、民族文学史、民族科技史等内容。我国是一个多民族的国家，有注重研究民族历史的优良传统。新中国成立以后，我国的民族史学工作者以马列主义的历史唯物主义为指导，把民族史置于中国历史研究的重要位置上，以民族平等的态度去研究民族历史，取得了引人注目的成绩，推动了中国历史研究的发展，成为中国史学发展进步的一个显著标志。特别是近十年来，有了更好的科研工作环境和条件，实事求是的学风开始恢复和发展，民族史研究人员坚持四项基本原则，认真思索，勤于笔耕，克尽厥职，投入了更多的精力，取得了更为显著的、丰硕的成果。中国民族史学的成果发挥着有形、无形的社会功能，对中国各民族经济、文化建设的发展，起到了直接和间接的推动作用。我们应该通过民族史学的总结，回顾已往，展望未来，加深对民族史研究的认识，进一步重视和加强这一学科的研究工作。

中国正处在改革、开放的时代。这个多民族的国家正发生着深刻的、历史性的变化。商品经济发展的浪潮，冲击着各个领域。包括民族史学在内的中国史学正面临着新的挑战。作为中国史学的一部分，民族史学自然也受到这种局面的影响和制约。然而由于民族史学在中国史学中还是一个年轻的学科，由于民族观的进步，很多民族历史上的问题需要重新认识，由于民族历史知识教育和解决民族问题的需要，加之大量民族历史资料及大批少数民族文字文献的发现和整理等多方面的原因，使当前民族历史研究仍然保持着稳步发展的势头。面对这种形势，我们应该审时度势，进一步研究民族史学的社会功能，并探讨民族史学如何进一步增强社会意识和时代感，以适应社会主义发展的需要。

一　丰富历史知识　提高民族素质

民族素质的高低，往往反映着这个民族经济、文化发展的水准和兴旺的程度，同时也决定着各该民族今后发展的能力和速度。作为一个多民族的国家，本国各民族历史知识是民族素质中不可缺少的一个重要方面。民族是一个社会存在。民族形成以后，人类的发展都是以

---

* 原刊于《民族研究》1990 年第 1 期，第 56—62、76 页。

民族历史的形式发展着。现今包括五十六个民族在内的中华民族，是在过去的漫长岁月中，由处在不同社会发展阶段的众多人们共同体发展、嬗变而形成的。各民族人民在中国广袤的土地上勤奋开发、互相学习、风雨同舟、共同前进，对中华民族的发展，对祖国版图的形成，都做出了历史性的贡献。在历史上形成的这种各民族的发展史，各民族之间密不可分的民族关系史，是我们中华民族巨大的知识宝库，是民族文化的重要源泉。这种历史知识博大精深，其中既有专家学者们可尽情探索的宏观、微观多种研究课题所需要的专业知识，也有具有一定文化素养的中华民族成员所应具备的一般民族历史知识。各民族都有自己优秀的历史文化传统。很多民族有自己的思想家、文学家、教育家、科学家，他们给我们留下了宝贵的文化遗产。

一个发展的民族及其每个有成熟思维和生活能力的成员，都有了解本民族历史、了解本民族和其他民族关系的求知愿望。人们这种对民族历史知识的渴求，表明了民族史学的一种社会满足功能。这是民族史学能传之久远的一个重要原因。一个由于缺乏民族历史知识，带有狭隘民族主义情绪的人，就不能正确认识本民族，当然也不能正确理解其他民族以及各民族之间的关系，这也是一种民族素质的不完善。民族历史知识的贫乏，是民族虚无主义和狭隘民族主义的土壤和源泉之一。一个人没有足够的、正确的民族历史知识，会影响他认识水平和才能的提高。比如一个国家工作人员，特别是和处理民族问题有关的干部，有丰富的、必需的民族历史知识，就有助于认识和处理民族问题，倘若民族历史知识贫乏或认识上错谬，就会导致工作的失误。对各民族群众来说，正确反映各民族历史的优秀作品，能提高民族素质，使人们得到民族道德教育，增强中华民族的凝聚力。因此，文艺工作者也应具备较丰厚的民族历史知识。否则，文艺作品中的民族主义就会影响到广大的读者和影视观众。

我国正集中力量进行经济建设，要努力提高生产力水平。而作为生产力首要因素的人，要有一定生产经验和劳动技能，同时也要有包括民族历史知识在内的社会科学知识。要建设国家，要振兴民族，必须增加新的知识，新的经验。在改革开放的时代，各民族经济、文化发展迅速，交往频繁，民族历史知识是不可或缺的。

过去在“左”的政策的影响下，民族历史知识由于不能直接“为政治服务”而得不到重视。在当前讲求经济效益的环境下，又往往为短期行为所左右，像民族历史这类不能直接显现出经济效益的学科，又被一些人视若等闲，似乎史学已被挤到不被重视的角落。过分地追求所谓“效益”，忽视民族知识的积累，轻视民族传统的教育，会造成文化选择方面的倾斜，导致民族主义、民族虚无主义的滋长或泛滥，从而损害中华民族长远的利益。

近十年来，国内出版了有关民族历史方面的专著约 200 部，特别是 50 多种少数民族简史的系列出版，使每一个少数民族都有了自己系统的、比较科学的成文历史书，成为中国民族史研究发展到新阶段的重要标志。在此期间，还发表了有关民族历史论文近万篇。这些研究成果蕴含着很多新的知识，深化了对民族历史的理解，丰富了各族人民民族知识的内涵，提高了人们的文化素养。由这些科研成果的衍化和影响，一批基本上反映民族历史实际的优秀电影、电视剧、戏剧、小说等文艺作品推向社会，使中华民族的民族历史知识得到更大范围的普及。这是难以用经济效益估量的知识储存，它将为中华民族素质的提高和稳定昌盛起到重要作用。

民族历史研究的深入有利于中华民族文化水准的提高。中国各民族多源多流，互相交错影响，你中有我，我中有你的历史实际，为中华民族文化的多元性提供了充分的材料和依据。中国少数民族占全国人口的6.7%，民族自治地区占全国版图的60%以上。我们在研究中国历史文化和考虑中国整体发展战略时不能忽视这个重要问题，不能把少数民族历史放在陪衬的或可有可无的地位。中国各民族对中国历史都做出了自己的贡献。过去对中国少数民族的历史贡献研究、宣传是很不够的。今后应加强这方面的工作。至于那种无视民族历史传统，否定各民族对中国历史乃至世界历史做出贡献的人，只能表明他们对民族历史的无知。对中国民族历史的深刻理解，将进一步开拓中国文化的知识领域。

中国古今民族具有多种类型、多种层次、多种关系、多种发展途径的特点，它本身就是一个人类发展的巨大博物馆。中国保存着民族历史发展的原始社会、奴隶社会、封建社会和半封建半殖民地社会极为丰富的资料。及至现代的各民族中，由于所处社会发展阶段的差异，还保留着不少反映不同历史发展阶段活的文化遗存。加强中国民族史的研究不仅可以为中华民族的发展研究提供极有价值的研究资料和课题，还可以为人类社会发展研究做出特别的贡献，为人类文化提供新的知识。寻找人类社会发展的一般规律，是许多社会科学家苦心孤诣、刻意追求的目标，也是推动社会发展，创造世界未来的客观需要。这一宏伟目标离开民族历史的研究是不可能完成的。马克思在《德意志意识形态》中指出："我们仅仅知道一门唯一的科学，即历史科学。"① 这一著名论断有助于我们理解民族历史学科丰富的内涵和它在认识人类社会中举足轻重的作用。民族历史知识给人以智慧和启迪，给人以信心和力量。广义地说，人类的知识都属于包括民族历史知识在内的历史知识。

二　维系民族团结　弘扬爱国主义

中华民族要以与自己相称的人口和幅员立于世界民族之林，就需要尽快地发展自己的经济和文化。而经济、文化的发展要依靠举国一致的民族大团结。民族团结是四化大业成功的基本保证。我国各民族和衷共济、患难与共、共同发展的历史是全国各民族大团结的纽带和基础。深刻地了解中国民族历史，就能充分地理解到各民族团结的必要性和重要性，就能珍惜这个团结的局面，增强中华民族的凝聚力。中国民族历史告诉我们，汉族在形成过程中吸收了很多少数民族成分，少数民族中又往往有汉族和周围其他民族的成分。汉族和各少数民族唇齿相依、荣辱与共，谁也离不开谁。中国民族史学负有宣扬各民族密切关系，增进民族团结的神圣使命。

中国各民族在历史发展的长河中，以自己的勤劳和智慧，共同缔造了伟大的中华民族。各民族人民应以强烈的民族自豪感和民族自尊心积极地投入社会主义建设的伟业。同时各民族之间更要互相理解、互相信任、互相帮助、互相爱护、互相尊重彼此的民族风习和宗教信仰，以历史和现实的眼光，以高瞻远瞩的姿态大力促进民族之间的团结。

我们的国家是历史上形成的统一的多民族国家。全国地势西高东低，河流顺势流淌奔腾，东临大海，形成了一个完整的自然地理环境。各民族人民世世代代生活、繁衍在这片广袤的土地上，披荆斩棘，勤奋开发，在经济、文化上已经成为一个不可分割的整体。各民族

① 《马克思恩格斯选集》第1卷，第21页注。

如百川归海，汇聚成伟大的中华民族。在历史上中原地区的农产品、丝绸、茶叶、手工业品和汉族文化不断输入少数民族地区，而少数民族地区的畜牧产品、特有的工艺品和有民族特色的文化又不断输入中原地区。各民族地区实际上已经形成互相依赖、互相补充、难以分离的态势。这种情况随着各民族经济的发展而越趋明显。即便是在分成几个王朝统治的时期，这种经济、文化上的一体化趋势也是显而易见的。比如宋、辽、西夏时期，宋、辽各据一片河山，以南北朝互称，通过聘使往来、榷场贸易和民间买卖双方都有大量的经济联系和贸易，双方贸易物品多为国计民生所必需。如从宋输入辽的有茶叶、银器、药材等，而从辽输入宋朝的则为畜牧产品，其中以羊为最多。[①] 西夏称宋为南国，视辽为北国，称吐蕃为西羌，而自称大夏。西夏不断从宋朝得到粮食、绢帛、茶叶，而输给宋朝的是畜产品和青白盐。西夏没有宋朝的粮食则难以为继，宋朝山西、陕西地区人民缺乏西夏质好价廉的青白盐也无法生活。[②] 这种民族地区不可分割的联系，就是在战争期间双方统治者屡禁而不可遏止。各民族间经济、文化上形成的有机整体，表现了中华民族极强的向心力、聚合力，在世界各民族历史上是非常突出的。新中国成立以后，党和政府实行民族区域自治政策，坚持民族平等和民族团结，在历史的基础上建立了新型的社会主义民族关系。

经过民族历史研究工作者的辛勤劳动所发表的大量有关民族历史的著述，追溯了各民族在各历史时期共同发展、团结进步的足迹，指出了各族人民在漫长的历史岁月中，共同创造了光辉灿烂、举世瞩目、有特色的东方文明，并汇聚成不可分割的中华民族的历史过程，同时也如实地反映出历史上民族之间的矛盾、冲突乃至战争，以及这些民族冲突和战争给社会、各族人民带来的不幸。从不同的角度研究民族历史，可以多侧面地反映出处理好民族问题、加强民族团结的重要性。总结我国的民族历史经验可以看出民族问题处理不当，民族团结就会遭到破坏，社会就会动荡和不安，经济、文化发展就要受到阻碍，人民要经受苦难，甚至会给外国侵略者以可乘之机，使民族遭到屈辱，国土为之沦丧，而受害最深、最直接的往往是少数民族。我们要集中力量进行四化建设，认真搞好两个文明建设，需要一个安定、团结的局面。一般来说，少数民族地区经济、文化发展水平和汉族地区有不同程度的差距，有很多地区差距还很大，更需要一个安定、团结的环境，需要国家、汉族地区的大力支援。

中国各民族之间情同手足，密不可分，各族人民居住、生活的土地都是中国领土不可分割的一部分，中国的领土必须要保持完整。这个道理早为各族人民所认识。在中华民族历史上，不少志士仁人为维护祖国统一和领土完整谱写了大量可歌可泣的爱国主义篇章。仅从近代史来看，就有各族人民反抗帝国主义侵略的鸦片战争，有反对沙俄侵占东北国土的斗争，有在新疆反对阿古柏侵略和分裂的斗争，有西藏江孜军民的抗英斗争，等等。特别是 20 世纪三四十年代各族人民共同反抗日本侵略者的斗争，表现了从北方到南方各族人民的大团结，表明了各族人民维护祖国领土完整和民族尊严救亡图存的坚强决心。在历次保卫祖国统一的斗争中，特别是一百多年以来反抗帝国主义侵略和压迫的斗争中，涌现出大批为国家、为民族献身的人物，他们义薄云天、气壮山河的壮举成为各族人民宝贵的精神财富。他们作为中华民族的英雄将流芳千古。

---

① 蔡美彪等：《中国通史》第 6 册，人民出版社 1979 年版。

② 吴天墀：《西夏史稿》，四川人民出版社 1982 年版。

过去由于统治者的腐败和软弱，我国的领土曾遭到蚕食、鲸吞，而所失掉的土地多为少数民族聚居地区。这些民族历史上不堪回首的记忆，使每一个有民族自尊心的人都有切肤之痛，难以忘怀。丧权失地的惨痛教训，是教育各族人民团结互助、奋发图强、保卫祖国的精神力量。

民族历史的资料和研究成果不仅系统地说明祖国版图形成的过程，而且它还为我国领土的归属提出确凿的证据。比如，史书、档案中大量资料证明，自元代以来中央政府就对西藏地区行使有效的管辖权。① 又比如，原立于黑龙江北岸近海口地方一方用汉文、女真文、蒙古文书写的明代碑刻，是黑龙江北岸久属中国的铁证。② 总之，研究和熟悉民族历史可以为维护祖国的统一和完整提供历史的证据。

我国和12个国家接壤，北部、西部和西南部二万一千多公里的陆地边防线，绝大部分为少数民族居住区。历史上的边疆问题往往和民族问题牵扯在一起。我国的民族历史证明，中国的少数民族对保卫边疆、巩固国防、维护祖国统一起着极为重要的特殊作用，民族地区是与邻国友好往来，进行经济、文化交往的重要地区。在当前我国西部、北部实行双向开放的政策，民族地区将会在国内外经济生活中显示出日益重要的作用。

我们应该发挥民族历史的纽带功能，使各族人民尽量多地了解民族历史，提高对伟大祖国形成的认识，增强维护祖国统一的亲和力，激发人们爱国主义热忱。毛泽东同志曾经指出："国家的统一，人民的团结，国内各民族的团结，这是我们的事业必定要胜利的基本保证。"③ 民族团结和国家的统一高于一切，这是我国民族关系史发展的必然，也是社会主义现代化建设所必需。

三　借鉴历史经验　参酌制定政策

马列主义史学的重要功能，是提炼、总结历史发展规律，为推动社会新的进步提供理论上的指导和历史的经验教训。恩格斯把历史看成是"人的启示"。中国的史学历来就有参与社会的优良传统。人们常常把历史置于教科书的地位。特别是历代统治者不断组织编辑史书，希望起到劝惩和垂训的作用。远在西周初年周天子就提出："我不可不鉴于有夏，亦不可不鉴于有殷。"④ 宋朝的司马光写了一部纵贯1300多年的编年史，宋神宗赵顼赐名《资治通鉴》。这部书从内容到名称都体现了以史为鉴的深意。历代杰出的政治家对民族历史经验十分看重，他们中的一些人对民族问题的认识和对民族问题的处理往往有独到之处。唐太宗李世民认为"盖德泽洽，则四夷可使为一家，猜忌多，则骨肉不免为仇敌"，并进一步指出"自古皆贵中华，贱夷狄，朕独爱之如一"。⑤ 由于历史的局限，唐太宗的上述言论和他的实

① 西藏社会科学院，中国社会科学院民族研究所、中央民族学院，中国第二历史档案馆：《西藏地方是中国不可分割的一部分》，西藏人出民版社1986年版。

② 钟民岩、那森柏、金启孮：《明代奴尔干永宁寺碑记校释》，《中央民族学院学报》1976年第1期。

③ 毛泽东：《关于正确处理人民内部矛盾的问题》，人民出版社1958年版。

④ 《尚书·周书》召诰第十四，《四部丛刊》本。

⑤ 《资治通鉴》卷197、198，中华书局校点本。

际作为当然不可能完全一致，但不能否认唐太宗处理当时复杂的民族问题，确有不少妙着，对唐初的社会稳定和发展做出了贡献，形成了唐初的“贞观之治”。清代的康熙皇帝推行满汉一体，联络蒙、藏的做法，采取了比较积极的民族政策，使全国各民族地区政治形势比较稳定，社会经济也得到较大发展，为清初的“康乾盛世”打下了基础。我国历史上统治阶级中有的人能够依据当时的历史条件和少数民族的具体情况，制定和推行比较适宜的民族政策，在客观上起到维护国家统一，使各民族之间关系缓和，在经济、文化上都得到一定程度发展的作用。有的统治者没有总结和吸取历史上的经验教训，实行了错误的政策，伤害了民族感情，加剧了民族矛盾，甚至导致民族间的战争，给各民族带来灾难和痛苦，影响社会的发展和进步。历史上民族政策的成败得失，都是今天的宝贵财富。我们应该总结历史经验，重视民族历史在民族工作中的借鉴功能。历史证明，忽视历史上的经验教训，缺乏历史的依据，违反历史发展规律的民族政策，都会付出昂贵的代价。

使民族历史参与现实、服务现实、为现代化建设提供历史借鉴的时候，要充分注意到时代不同，社会性质的差异，不能食古不化，照搬过去的经验，应因时因地制宜，择善而从。但历史的发展有其延续性，并有螺旋式上升的趋势，有时历史和现实在某些问题上使我们感到似曾相识。这时历史的经验就显得更为重要。我国是一个多民族的大国，历史上的各民族常处在不同的发展层次上，表现出各自不同的特点。历史上成功的经验是，对少数民族地区要因地制宜，实行不同的政策，团结少数民族领袖治理民族地区，对民族间的问题采取慎重的态度和疏导的办法，把民族的团结和国家的统一作为治国的根本予以高度重视。

现在中国各民族除具有中华民族的共性外，还有其个性。具有不同历史沉积、处于不同环境的民族，形成了各不相同的经济、文化状态，其发展速度和运行轨迹各有差异，各民族间存在着不平衡性。各民族不同的政治、经济、文化基础和特点，决定了在我国社会主义初级阶段不同民族有自己的发展起点。实践证明，不能以较为先进的民族地区的政策套用在其他民族头上，也不能用一种模式去“规范”各个不同民族的发展方式。任何揠苗助长、削足适履的做法都会产生欲速不达的严重后果。

近些年的经济、文化发展情况表明，东部较发达地区和西部少数民族地区的差距不仅没有缩小，而且在继续拉大。长此以往不仅少数民族地区的经济建设会受到很大影响，甚至也会拖住整个中国经济发展的后腿，影响民族的发展和团结。在制定全国经济发展战略时，必须把少数民族地区放到十分重要的地位。在制定少数民族地区经济发展战略时，则必须熟悉少数民族地区政治、经济、文化发展的历史，掌握民族历史发展规律，注意历史上形成的民族特点。比如相当一部分少数民族在历史上长期以畜牧业为主，或农牧兼营，形成了有特色的经济生活方式；由于历史的原因，很多少数民族居住在偏远地区，山川阻隔，交通不便，历史上商品经济很不发达；有些少数民族受着脱胎母体的传统制约，在经济文化上还没有完全脱离封建农奴制、奴隶制甚至原始公社制残余的影响；不少民族有千百年来形成的宗教信仰传统，并在政治、经济、文化生活中打上深深的烙印；很多少数民族与邻近的民族有传统的经济、文化交往，有的则与地壤相邻国家的民族有悠久的贸易、文化往来，甚至边界两侧即为同一民族。诸如此类的特点从不同侧面反映了各民族的历史传统。这种历史传统有很大的稳固性和延续性，并且和现在民族的生产、生活乃至心理状态交织在一起。要繁荣发展少数民族的经济、文化，就必须充分重视这些特点，在原有的基础上因势利导，循序渐进。如果不注意历史的特点和现在的基础，不是经过一个较长时期艰苦的工作过程，而是用急功近利的方法期望在短时期内改变少数民族地区的落后面貌，是难以成功的。过去我们在少数民族地区政策上的失误和忽视民族历史特点有极大关系，给少数民族经济、文化的发展带来了不可弥补的损失。因此，政府有关部门，特别是民族工作领导部门在考虑民族地区战略发展超前设想、制定民族政策时，不仅要向政治学家、经济学家、文化教育专家、法律专家进行咨询，也应重视民族历史学家的意见，从历史的视角汲取有价值的营养，接受历史的智慧和经验。历史是现实的一面镜子，只有对历史有深刻的认识，才有可能对现在与未来作出准确的判断，才有可能对发展规划作出科学的论证。因此，民族史学也要加强对策性研究。研究课题可以由民族历史学家根据民族地区政治、经济、文化的改革、发展提出相应的课题，也可以由国家有关部门根据制定民族政策或具体发展计划的需要，提出民族历史方面的课题，请历史学家进行研究论证。

近十年来，民族史研究日趋活跃，民族史学家中的有识之士为适应社会主义现代化建设的需要，顺应历史潮流，认真思索，努力把握研究方向，适时地调整和充实研究课题，增强了民族史研究对社会主义建设事业的参与意识，试图在一些重要方面为国家提供历史的借鉴和决策的依据。20 世纪 80 年代初期以来民族史学界集中地对中国历史上的民族关系进行了多方面的深入探讨，取得了显著成果，对当前和今后处理民族关系问题有重要意义。[①] 近年来，逐步加强了历史上对少数民族政策问题的讨论和研究，将会对我国制定和贯彻民族政策产生深远影响。

目前，时代的进步、科学技术的飞速发展和世界各地区民族问题的突出，使民族史学家开阔了视野，同时在明确研究方向、选择课题项目、改进研究方法等方面，也给民族史学界提出了新的要求。民族历史研究需要拓展研究领域，加强宏观的、综合性的、系统性的、对比性的研究，要以战略眼光设制新的课题，增加对策性的研究项目，在积累和占有尽可能多的资料基础上，注重系统的分析和归纳，加强量的统计和运用。总之，民族历史学家应该增强使命感，时代感，尽量保持与现代化发展同步。一个学科能否繁荣发展，最终是由社会对这个学科需要的程度决定的。

为了更好地发挥民族史学的社会功能，需要提高对中国民族史学的总体认识水平。我们需要宏观地把握、揭示中国各民族发展的规律，增强马列主义民族历史理论和实践方面的导向作用。同时我们也要认真做好搜集资料、鉴别真伪、考订史实的基本工作。要以严谨和科学的态度弄清史情。历史不能以现实的某种“需要”而被不恰当地剪裁，也不能随意把历史与现实做生硬的联系和比附，更不能把历史当成随心所欲的玩偶，任意歪曲篡改。十年动乱时期，林彪、“四人帮”为了反党、反社会主义目的，妄图把史学引入歧途，玷污了神圣的史学殿堂，妨碍了史学功能的正常发挥，是不足为训的。我们还需要加强各民族近现代史的研究。今天存在的许多民族问题与中国各民族近现代历史发展有着更为直接、更为密切的关系。过去由于种种原因，这方面的研究十分薄弱。各有关部门应为民族历史学家创造更好的条件，使之能对重要的、与当代人物、事件有关的，往往是比较敏感的问题从不同的角度

① 翁独健主编：《中国民族关系史研究》，中国社会科学出版社 1984 年版；中国民族史学会编：《中国民族关系史论集》，青海人民出版社 1988 年版。

进行深入的探索。

民族史学工作者在当前建设社会主义，振兴中华的大潮中，应迎浪而上，以科学的精神肩负起时代所赋予的历史使命，使这一学科发挥出更大的社会能量，起到更多的作用，开创出新的局面。

从西夏看中华民族多元一体*

一　党项族在历史上的远距离迁徙

西夏是11—13世纪在现今的宁夏、甘肃大部、陕西北部、内蒙古西部、青海东部建立的一个颇具影响的少数民族王朝。一般认为，它的主体民族是党项羌，是羌人的一种。羌是中国古代对西部民族的统称，而史书对党项羌的记载则始于南北朝时期。当时党项在诸羌中势力较大，活动范围较广，主要地区大约在今四川的北部、甘肃南部和青海东部一带。党项羌在公元6世纪以后，开始在中国历史舞台上显露头角的时候，就自然而然地成为中国大家庭的一个成员。当时中原地区多战事，党项羌乘机小规模向中原用兵，北周王朝也曾派兵讨伐。至隋朝，部分党项部落内附，与中原王朝关系更为密切。从隋朝至唐初，不断在党项居住地设立州县。最后，党项族地区全部纳入唐朝管辖范围。党项族首领被赐姓李氏，部众渐向北迁。

唐朝中期，逐渐强大起来的吐蕃王朝，翦灭了吐谷浑。党项羌直接受其胁迫，不得已向唐朝请求内迁。唐王朝像主持家务一样，设法减少矛盾，另划地域，安置党项族众。唐玄宗下诏于庆州（今甘肃庆阳）置静边州安置。于是党项族的大部分远距离迁徙，余下的一部分留居原地，称为“弭药”，后融汇于藏族之中。北迁的党项族其活动中心由原来的松州（今四川松潘）一带，向东北方向移动了约一千里地。[①] 他们在甘肃南部、宁夏、陕西北部形成了新的活动中心，和在这里居住的汉族、藏族错落杂居，有了更紧密的联系。他们像兄弟一样，有交往，有合作，也有矛盾，甚至以刀兵相见。他们都成了这一地区的主人。

党项族在唐代的北迁是其历史上的重大转折，对这个民族以后的发展、立国，乃至最后的消亡都有至关重要的影响。

一个民族或一个民族的一部分在中国范围内远距离迁徙，是中华民族形成和发展过程中很多民族都经历过的。和党项族关系很密切的藏族，原居住于青藏高原，唐代时向北发展，后又乘唐室内乱，势力伸入河西、陇右、西域等地，甚至陕西北部，内蒙古西部也有藏族迁入。宋代还在青海、甘肃一带建立了唃厮啰政权。可见藏族早就向青藏高原以外的地区迁

---

* 原刊于费孝通主编《中华民族研究新探索》，中国社会科学出版社1991年版，第305—321页。

① 《旧唐书》卷198《党项羌传》。

徙，历经复杂的发展变化，逐步形成现在藏族的分布格局，造成了和其他民族你中有我，我中有你的居住态势。这种同一大家庭内你来我往的流动，是中华民族形成过程中一种普遍的、自然的现象，生动地表明了中华民族既是多元的，又是一体化的。

二　积极参与大家庭的政治活动

我国各少数民族在中华民族形成和发展过程中，参与全国政治活动的意识不断加强，而且不同民族在不同时期有各自不同的参与形式。当中原王朝势力衰微，无力统一全国时，一些少数民族往往向中原趋附、发展，或与中原王朝联合，或与中原王朝对抗，或自己称霸一方。唐末阶级矛盾、民族矛盾尖锐化，农民起义风起云涌，藩镇割据力量膨大，唐王朝摇摇欲坠。在这种情况下，党项族积极地参与了全国的政治活动。

党项族在迁徙过程中以及迁徙到新的居住地以后，与生产力水平较高的汉族接触、交往频繁，自然地理环境也有所改变。一部分党项人在宜于放牧的地区仍从事传统的畜牧业生产，另有一部分人逐渐学会了农耕生产技术，定居在适宜农业的地区。整个民族的生产力不断发展，在早已进入封建社会的这一地区，迅速走上封建化的道路，其经济、军事力量显著增强。适逢其时，孱弱的唐朝统治者为党项族进兵关中提供了绝好的机会。

唐末黄巢农民起义军于广明元年（880）攻陷唐都城长安。唐僖宗奔入蜀地，关中大乱。唐朝号召天下“勤王”。中和元年（881），当时任宥州刺史的党项族首领拓跋思恭乘机而动，纠合夷夏兵数万，驰援唐朝，直向长安，帮助镇压黄巢起义军，被僖宗授予权知夏、绥、银节度使，与其他节度使一道图复长安。中和二年（882）正月，僖宗授思恭为京城西面收复都统，八月授为京城四面收复都统、权知京兆尹事。可见当时唐朝对党项首领的倚重。中和三年（883）四月，思恭从雁门节度使李克用部队攻占长安，党项族的军队堂而皇之地开进了唐朝的都城。因思恭有大功于唐，被加官太子太傅，晋爵夏国公，并复赐姓李。①

在镇压起义军的同时，包括少数民族统治者在内的藩镇力量各自为政，唐王朝随之覆亡。各割据力量相互攻伐，形成了多个政权并存、王朝更迭频繁、战争几无休止的混乱局面。党项族首领在五代时期向背无常，纵横捭阖，先后臣服梁、唐、晋、汉、周诸朝。梁封党项族首领为陇西郡王、唐封为朔方王，周封为西平王。其官秩、封号越来越高，势力也越来越大。

党项族在唐末农民大起义和藩镇割据的特殊条件下，走出了陕西北部的狭小地盘，集军南下，进兵长安，以大家庭当然成员的身份，主动地参与了中原地区的政治斗争。党项族的统治者与唐王朝的统治者，由于政治利益的一致，联手扑灭农民起义烈火，是非正义的举动。但党项族首领在这一过程中，提高了自己的政治地位，扩大了本民族的影响。党项第一次在大家庭中显示了参与全国政治活动的力量。

我国许多少数民族当力量发展到一定程度后，就会在全国政治活动中不断发挥出自己的能动作用。他们的力量越大，参与全国政治活动的主动性也越强。

与党项族有一定交往的突厥沙陀部，在唐初尚居住在今新疆东部，唐中期内迁至盐州

① 《新唐书》卷221（上）《党项传》。

（今属宁夏盐池县），至唐末其首领李克用亦率兵参与镇压农民起义，成为主力之一，与党项族军队同时攻入长安，被唐朝封为晋王。五代时期的后唐、后晋、后汉均为沙陀人所建。[①] 尽管这些王朝都很短暂，最长的后唐也不过十三年，但他们毕竟是当时入主中原有影响的王朝。这也是历史上少数民族参与全国政治的一种形式。后来党项族不断发展壮大，建立了比较强大的西夏王朝。

三 建立西夏王朝

党项族统治者在中原初试锋芒以后，其力量尚难以与诸强大藩镇抗衡，在统治地域有所扩展，政治地位有较大提高的形势下，仍回兵自守陕西北部一隅之地。当时拓跋恩恭只是"率兵拯难"，并无长久进占中原之心。在五代时期的几十年中，党项族上层既无力兼并他人，也未被吃掉，而是小心谨慎地、逐步地发展自己的势力，他们一直臣服中原王朝，后来党项族地区又成了宋朝的属地。

宋朝统一了主要为汉族居住的中原地区以后，自视为中国的正统，便想像汉、唐那样统一海内。首先想把后晋石敬唐割给契丹的燕云十六州收回，以除肘腋之患。但在宋太宗太平兴国四年（979）高梁河（今北京城外西北）惨败后，便再也无实力完成统一，只能占据半壁河山，形成了宋与契丹所建辽朝的南北对立格局。西夏王国就在这种形势下以第三大势力出现于中国西北部。

在与辽朝严重对立的时候，宋朝加紧了对党项族的直接统治，于宋太平兴国七年（982）即高梁河战役三年以后，党项族首领、定难军留后李继捧被迫率家属至宋京师朝见太宗，献出银（今属陕西米脂县）、夏（今属陕西靖边县）、绥（今陕西绥德县）、宥（今属陕西靖边县）、静（今属陕西米脂县）五州之地，并被强留居京师。宋太宗还诏使李继捧缌麻以上亲属皆须赴宋京城。李继捧族弟李继迁不愿内迁做人质，遂与亲信等商议，出奔至距夏州东北三百余里的地斤泽，打出抗宋自立的旗号。这是党项族统治者与中原王朝公开严重对立的开始。李继迁采取结辽抗宋的方针，经与宋朝反复较量，壮大了势力，终使宋朝承认了他为定难军节度使，领有五州之地。后又在辽的支持下，攻取宋灵州（今属宁夏灵武县），改为西平府，把政治中心从夏州移至灵州。李继迁之子李德明嗣位后，基本上采取了与宋、辽两面和好的方针，继续扩展势力，着力向西开拓，占领了被吐蕃、回鹘统治的凉州（今甘肃武威）、甘州（今甘肃张掖）、沙州（今甘肃敦煌）等地，使其版图延展到河西走廊。党项族统治者随着势力的稳步发展，宋、辽给予的封号也不断升级，辽封为大夏国王，宋封为夏王。党项族首领逐渐产生了立国称帝的欲念，并为此试探着做各项准备。李德明出行时大辇、方舆、卤簿、仪卫，一如宋朝皇帝；追上其父皇帝尊号，庙号武宗；在境内大赦；城怀远镇为兴州（今宁夏银川市），定为国都。这样一步一步地向封建王朝发展。至其子李元昊嗣位后，更是紧锣密鼓地为立国做准备。他取消了唐、宋所赐姓，更号嵬名代，号称"兀卒"（西夏语"皇帝"意），下秃发令，建官署，创文字，整军旅，建年号，终于宋

① 《新唐书》卷218《沙陀传》；《旧五代史》卷25《唐书·武皇纪上》，卷75《晋书·高祖纪一》，卷39《汉书·高祖纪上》。

宝元元年（1038）公开筑坛受册称帝，国号大夏。这样，在11世纪中国家大家庭中又出现了一个新的少数民族王国。西夏王朝的建立使党项族发展到一个新的历史时期，在中华民族的史册上书写了引人注目的篇章。

元昊即皇帝位的第二年，派使臣入宋上表，一方面陈告建立大夏国的既成事实，表明裂土称帝的决心，“称王则不喜，朝帝则是从。辐辏屡期，山呼齐举。伏愿一垓之土地，建为万乘之邦家。于是再让靡遑，群集又迫。事不获已，显而行之。遂以十月十一日郊坛备礼，为世祖始文本武兴法建礼仁孝皇帝，国称大夏，年号天授礼法延祚。”另一方面又在表章中对宋称臣，并望乞得宋朝的恩准承认，“伏望皇帝陛下，睿哲成人，宽慈及物。许以西郊之地，册为南面之君。”① 元昊摆脱了宋朝的管辖，做了至尊至上的皇帝，又想得到宋朝的首肯，这除了策略上的考虑之外，还反映了西夏立国前后与中原王朝微妙、特殊的关系，也从一个侧面反映出中华民族一体格局的特点。

西夏建国之初，尽力突出民族特点，但这些举动本身却往往有违西夏统治者的初衷，不能摆脱汉文化的影响。比如在当时作为党项族文化代表，使后世人瞩目的西夏文，当其创制之时就模仿了汉字的笔画、字形和造字法，后又用它翻译了大批汉文典籍，成了向党项族传播中原文化的重要媒介。

宋朝时期，中国多个政权并存，除以汉族为统治民族的北宋、南宋王朝外，其他都是以少数民族为统治民族的政权。其中有契丹族建立的辽朝，党项人建立的大夏，女真族建立的金朝，回鹘族建立的几个回鹘政权，吐蕃建立的唃厮啰政权，白蛮建立的大理国，以及后来兴起的蒙古。这些政权中，有的与宋朝分庭抗礼，立盟分治，形成对峙局面；有的统一局部地区，偏安一隅；有的受宋册封，自主国事；有的入踞中原，要宋称侄、称臣。尽管形式不一，各王朝都认为是大家庭的一部分，不自外于中国。有一首赞颂创造西夏文大师野利仁荣的西夏文诗歌，其中有这样的诗句：“羌（音孛，指吐蕃）、汉、番（音弭，指党项）三旗同母，语言不同地域分。极西高处藏人国，藏人国中藏文字。极东低处汉人国，汉人国中汉文字。自己语言自己爱，个人文字个人敬。本国师尊是野利，天上文字出东方，带来文字西方明。”诗中表明了西夏人对三个民族王朝族源、地域以及语言、文字方面的观点，他们认为三个王国是同一大家庭的三个不同分支。由此可以看出，就是中国处于分裂时期，也从不同的侧面反映出大家庭的凝聚力。当时力量较强的王朝都以中国正统自居，宋朝视不臣服自己的民族政权为大逆不道，而少数民族统治者则认为自帝国中是顺理成章的事。

这一阶段中，少数民族政治、经济、文化发展较快，参与意识加强，参与行为更加成熟，所建政权一般时间较长，比较稳固，在中国影响较大。但当时他们都无力统一中国，只是为后来蒙古族建立元朝，统一中国准备了条件。

四　力图进取中原

西夏的统治者像其他实力发展到相当水平的少数民族统治者一样，不以统治狭窄的地域为满足。党项统治者对富庶的中原地区早有觊觎之心。西夏地处西偏，人民生活中不可或缺

① 《宋史》卷485《夏国上》。

的茶、纺织品以及其他手工业品，皆需中原供给，而当地盛产的畜牧产品和青白盐也需在西夏以外的汉族和其他兄弟民族中找到市场。这种经济上不可分割的联系，在宋、夏对立时期就受到严重影响，使西夏在经济上遇到极大困难，这也是元昊想进占关中的一个重要原因。元昊在年轻时就曾建议其父："招养蕃族，习练弓矢。小则四行征讨，大则侵夺封疆，上下丰盈，于计为得。"并明确提出"英雄之生当王霸"的主张。[①] 他在称帝前曾多次向宋朝用兵，为大举南侵做试探性的准备。后来就集结重兵，妄图恢廓疆土，南下关中。

元昊首先把兵锋指向距关中地区甚近、防御相对薄弱的宋朝鄜（今陕西省鄜县）、延（今陕西省延安）一带。就在他称帝的第三年（1040）进兵延州，在延州城外三川口全歼宋援军数万人。被围困的延州危在旦夕。只是因为天降大雪，夏军不忍冻馁，加之其他地方宋军攻入夏地，才解延州之围。但延州以北大片土地被西夏占领。这一战役使宋朝人心震恐，一度手足无措，感到西夏有"吞噬关中之意"，不得不改变过去轻敌骄矜的态度，小心备战。宋朝以名将韩琦、范仲淹主持泾原路、鄜延路的防务，甚至还要加强潼关防御，准备在不得已时放弃关中。

事隔一年，元昊又率十万大军直指宋朝渭州（今属甘肃平凉），想一举消灭宋朝陕西西线韩琦的主力。使用佯败设伏的策略，在六盘山支脉的好水川（今宁夏隆德东）歼灭宋军万余人。宋参战大将几乎全部战死。这一惨败使宋朝皇帝下令陕西诸路严边备，不准宋兵轻易入夏界，以免引起新的战火。同年夏秋之际元昊又向宋河东路的麟（今属陕西神木县）、府（今属陕西府谷县）州用兵，因宋将士奋力抵抗，终未能找到南下的突破口。

宋庆历二年（1042），元昊再图进取，与国相张元商议如何用兵。张元认为："中国精骑并聚诸边，关中少备，若重兵威胁边城，使不得出战，可乘间深入，东阻潼关，隔绝两川贡赋，则长安在掌中矣。"[②] 垂涎关中已久的元昊接受了这一意见，点兵十万，还想从渭州突破，向东南直取关中。他先把宋军主力诱入定川砦（今宁夏固原北），以重兵合围，使宋军大败，损失近万人，将校死亡四十余人。西夏军直抵渭州城下。元昊令张元做露布，其中有"朕今亲临渭水，直据长安"之语，他希图入主中原的心情跃然纸上。此战消息传来，宋朝关辅居民人心动荡，不少人恐夏军入关，纷纷逃匿山谷间。宋宰相吕夷简心有余悸地说："一战不及一战，可骇也。"[③]

元昊数次南向用兵，取得了显著胜利，给宋朝造成了严重威胁。然而由于连年用兵，西夏财力、军力损耗惨重。元昊虽能取得局部战场的胜利，但宋朝沿边仍有二十余万重兵把守，西夏毕竟国小力单，要占领关中，统治中原也是不可能的。后来西夏与宋达成协议，西夏向宋称臣，而宋则需给予大量的茶、绢、钱币等岁赐。

西夏进兵关中与契丹占领燕云、金朝灭契丹后再占中原，其性质是一样的，都是少数民族离开原聚居地，要占领中原。少数民族王朝能否占领中原，或向中原推进中能占据多大地域，则取决于当时双方或多方综合力量对比。当时中国境内各王朝都无力统一中国。然而中国的统一是大势所趋，人心所向，只是时间问题。中华民族就是由统一、分裂、再统一，这

① 吴广成：《西夏书事》卷11。

② 《西夏书事》卷16。

③ （宋）田况：《儒林公议》卷上。

样多次反复的过程，向着更高层次、更稳固的统一形式迈进。

五 西夏的国名及其正统意识

党项族在唐代北迁后，居住在横山一带、夏州附近的为“平夏部”，在庆州一带的为“东山部”。平夏部力量较强，拓跋代即为其中主要一支。夏州在十六国时期名为统万城，是匈奴一支的首领赫连勃勃所建夏国的都城。唐末党项族首领被封为定难军节度使，治所即在夏州。后来党项族以此为基地发展壮大。以后党项族首领先后晋爵夏国公、夏王、夏国王。这样西夏立国时就自然顺势以大夏称国。[①] 宋、辽称为夏、夏国或以其位在西部，称之为西夏。西夏人在佛教文献中与“西域”对称时，又以“东夏”自称。[②] 有时径直以“中国”自称。[③]

西夏往往以自己为中心来称呼邻近各王朝。在著名的西夏凉州感通塔碑西夏文部分中，称北宋为“东汉”或“汉”，在汉文部分中称宋为“南国”，甚至称为“南服”，把宋朝看成是应臣服于西夏的南方领土。在给宋朝的表章中有时称宋、炎宋，有时称南国、南界或南朝，有时也偶尔称“中国”。在凉州碑中西夏称吐蕃政权为“羌”或“西羌”。

西夏以中国承继者自居。在西夏立国时给宋的表章中自称是北魏拓跋氏之后，“臣祖宗本出帝胄，当东晋之末运，创后魏之初基”。西夏人还把中国过去的帝王与西夏皇帝系连起来，在西夏建国当年所立《大夏国葬舍利碣铭》中说：“我圣文英武崇仁至孝皇帝陛下，敏辩迈唐尧，英雄□（如?）汉祖。”[④] 西夏前期的一篇西夏文佛经发愿文中，提到当时西夏皇帝、皇太后时说：“依德行行，与日月同光，以孝治民，总万国归依。”[⑤] 西夏晚期一篇汉文佛经发愿文中提到：“愿萝图巩固，长临万国之尊”。[⑥] 尽管西夏从未统一过中国，但却以“万国”之主自居。在西夏文《金光明最胜王经流传序》中，介绍翻译此经情况：首记佛教东传后，梁朝、后周、隋朝、唐朝五次译经经过，接下去就记西夏翻译此经为西夏文的情况。[⑦] 前后宛如一个系统，浑然一体，全无生拉硬扯的痕迹。在元代刻印西夏文佛经的发愿文中，索性从三皇、五帝说起，次叙佛诞生于周昭王时，汉孝明帝因梦寻佛，又叙三国至唐八朝译经，五代至宋又补译新经，后则叙述夏国风帝（元昊）令将汉文佛经译为蕃文，最后是元代校、印西夏文佛经。[⑧] 由此更可明显地看出，西夏灭亡以后，西夏后裔仍把西夏看成是中国前代王朝之后续，是中国大家庭内当然的一部分。中国少数民族的一体意识十分强烈，由此可见一斑。

---

① 亦称“白高大夏国”，见西夏汉文《佛说大乘三归依经》，载［苏］缅什科夫《哈拉浩特特藏中汉文部分叙录》，科学出版社 1984 年版，第 498 页。

② 西夏汉文《密况圆因往生集序》，《大正新修大藏经》第 46 卷。

③ 西夏榆林窟汉文题记，见向达《莫高榆林二窟杂考》，《唐代长安与西域文明》，三联书店 1957 年版。

④ 牛达生：《〈嘉靖宁夏新志〉中的两篇西夏佚文》，《宁夏大学学报》1980 年第 4 期。

⑤ 史金波：《西夏佛教史略》，宁夏人民出版社 1988 年版，第 236 页。（以下版本同）

⑥ 同上书，第 293 页。

⑦ 史金波：《西夏文〈金光明最胜王经〉序跋考》，《世界宗教研究》1983 年第 3 期。

⑧ 史金波：《西夏文〈过去庄严劫千佛名经〉发愿文译证》，《世界宗教研究》1981 年第 1 期。

六 西夏的民族和党项族的消亡

西夏是一个以少数民族为主体的国家，又是一个多民族的王朝。主体民族党项羌，自称为“弭”，译成汉文为“番”。西夏所辖地区原是汉族和其他民族早就开发的地区。西夏境内汉族人口很多。在西夏境内往往番、汉并称。著名的西夏文、汉文双解语汇集就取名为《番汉合时掌中珠》。该书有同样内容的西夏文、汉文两个序言，其中有关番语和汉语关系的论述反映出番、汉两个民族密不可分的友好关系：“今时人者，番、汉语言可以俱备，不学番言则岂和番人之众，不会汉语则岂入汉人之数。番有智者，汉人不敬，汉有贤士，番人不崇，若此者语言不通故也，如此则有逆前言。”[①] 西夏天盛十九年（1167）刻印的汉文佛经发愿文中记载“开板印造番、汉（佛经）共二万卷”。[②] 可以说，番、汉两族在西夏都处于重要地位。

西夏境内还有相当数量的吐蕃人，在西夏用汉文译写时称羌或西番。西夏中后期与吐蕃关系密切，境内吐蕃人数量显著增加。特别是随着藏传佛教的传入，吐蕃人在西夏的影响不断扩大。在凉州感应塔碑文中有“羌、汉二众提举”之职，“羌”指吐蕃而言。可见西夏中期寺庙中已有专管吐蕃僧人的僧官。至西夏晚期文献记载更多。西夏乾祐二十年（1189）一篇御制发愿文中记载：“就大度民寺作求生兜率内宫弥勒广大法会，烧结坛作广大供养，奉广大施食，并念佛诵呪；读西番、番、汉藏经及大乘经典……”[③] 又西夏天庆乙卯年（1195）的皇太后施经发愿文中记载：“度僧西番、番、汉三千员”。[④] 这里“西番”皆指吐蕃人。无论是诵经，还是度僧，西番都在番、汉之前，可见吐蕃在西夏晚期佛教中的地位之高。

西夏境内也有契丹人。西夏人把契丹作为族姓之一。西夏西北部回鹘人甚众，早在德明时期甘州、沙州回鹘就已经纳入了西夏版图。西夏人把契丹、回鹘归入“夷”中。在著名的西夏文字典《文海》中解释“夷”字时，认为“夷，九姓回鹘、契丹等之谓”。[⑤]

有一部西夏文写的千字文，名为《新集金碎置掌文》，正文为五言诗，其中有这样的诗句：“弥药（指党项人）勇健行，契丹步行缓，番（音孛，指吐蕃人）多敬佛僧，汉皆爱俗文，回鹘饮乳浆。”[⑥] 这里把西夏的主要民族及他们的习俗简要地勾勒出来了。

西夏人编过一部西夏文《杂字》，其中有一类为“番姓”，自皇族嵬名氏以下共241姓。其中第145姓音“昔毕”。记录此姓的两个西夏字，在西夏文译汉文类书《类林》中用以翻译“鲜卑”。[⑦] 可能是鲜卑衰落后，部分没入党项中，遂以族称为姓。“昔毕”是西夏一大

---

① （西夏）骨勒茂才著，黄振华、聂鸿音、史金波整理：《番汉合时掌中珠》，宁夏人民出版社1989年版。

② 史金波：《西夏佛教史略》，第259页。

③ 《西夏佛教史略》，第267页。

④ 同上书，第273—274页。

⑤ 史金波、白滨、黄振华：《文海研究》，中国社会科学出版社1983年版，第252、489、617页。

⑥ 陈炳应：《西夏文物研究》，宁夏人民出版社1985年版，第248页。笔者在苏联见到原文，对译文作了补充、修订。

⑦ ［苏］克平：《类林》，莫斯科，科学出版社1983年版，第284页。

姓，很多西夏文献皆有记载。可见党项族本身也融入了其他民族成分。于此可以窥视中华民族在形成过程中，你中有我，我中有你的错综复杂情势。

西夏建国之初，虽有强令秃发之举，但总的来看，西夏统治者为维护其统治，基本上采取了笼络各族的办法。尽管在西夏党项族的地位优于别族，但因形势所使，一般尚能番、汉并提，各族共处，民族矛盾不似当时的辽、金王朝和后来的元朝那样尖锐。

西夏晚期，蒙古兴起于漠北，先后六次进攻西夏，最后于西夏宝义元年（1227）以破竹之势攻占西夏都城兴庆府，这个历经十代帝王、享祚一百九十年的西夏王朝灭亡了。

蒙古统一中国后，将西夏故地划为西夏中兴行省。蒙古人将中国人分为四等，党项人为色目人之一种，其民族地位仅次于蒙古人。当时不少党项上层归服蒙古。有的为蒙古人军前效力，成为攻灭金朝和南宋的先锋；有的进身王庭，成为出谋划策的智囊；有的身居枢要，成为显赫一时的大臣。党项人上层及其眷属、所率军队，以及工匠、僧人大批散入内地。这样，有元一代不仅在西夏故地仍有众多党项人居住，内地也有不少党项人定居。他们分布甚广，几乎大部分省区都有党项人。西夏本来文教浸盛，经济也较发达，比较接近汉族，因此能较快地适应中原的社会生活，在政治、经济、文化方面发挥自己的作用。

明代对少数民族实行民族压迫和强迫同化政策，明确规定蒙古、色目人“不许本类自相嫁娶，违者杖八十，男女入官为奴”。[①] 此律虽未能贯彻始终，但在这一总形势下，党项人还是走上了同化于其他民族，逐步消亡的道路。

居住在河西一带的党项族可能融汇于当地的蒙古族、汉族、藏族之中，也可能有一部分在回族形成过程中成为回族的一部分。进入中原地区的则多同化于汉族之中，进入了中华民族的核心体内。在有方志和族谱等资料可稽的情况下，尚能了解一些党项人融合于汉人的大致过程。笔者曾根据文献资料提供的线索到安徽等省专程考察党项后裔的下落，在合肥和桐城等地都找到了元末大臣党项人余阙（父名沙剌藏卜）的后代。他们经二十几世传衍至今，皆以余为姓。[②] 在河南濮阳也有西夏党项遗裔，他们改姓杨氏。[③] 这些党项后裔在明代已经是汉族的一部分。目前他们都过着和当地汉族毫无二致的生活。然而在调查时他们还是知道自己的祖先不是汉族。谈起自己的先祖尽管知之甚少，但仍津津乐道。自元末至今已经600余年，民族已经消亡，而民族意识仍约略可见。

在历史上曾一度比较强大、并给中国造成鼎足之势的党项族，经过一波三折的发展变化，完全消溶在中国的大家庭之内。在中华民族形成和发展过程中，不少民族发展壮大了，另外一些民族则先后融合于其他民族之中，其中影响较大的有乌桓、鲜卑、羯、氐、契丹、党项等。势力较大的民族消亡往往与社会发展水平较高，居住地域靠近或深入汉族地区、所建政权灭亡等条件有关。这是中华民族发展过程中一种引人注目的现象。

总之，党项族及其所建的西夏王朝，为西北局部地区的统一和发展，为中华民族多元一体格局的形成做出了贡献，同时也为我们认识中华民族的形成和发展提供了一种典型的实证。

---

① 《大明律·户律》，见《玄览堂丛书》3集。

② 史金波、吴峰云：《西夏后裔在安徽》，《安徽大学学报》1983年第1期。

③ 任崇岳、穆朝庆：《略谈河南省的西夏遗民》，《宁夏社会科学》1986年第2期。

论少数民族近、现代史研究*

最近，江泽民总书记在给李铁映、何东昌同志的信中，就进行中国近代史、现代史及国情教育问题发出了重要指示，不仅明确提出了教育的大致内容，还特别着重指出："目的是要提高人民特别是青少年的民族自尊心、民族自信心，防止崇洋媚外思想的抬头。"这一指示关系到我国社会主义事业的百年大计，具有重要的理论意义和实践意义。我们要认真学习和贯彻这一重要指示。其中少数民族近代史、现代史的研究和教育工作是不可缺少的一环。

一　少数民族近、现代史是中国近、现代史的重要组成部分

19 世纪中叶，帝国主义列强乘清朝腐朽没落之机，对中国进行公开的侵略。自 1840 年第一次鸦片战争开始，拉开了中国近代史的序幕，从此中国进入半封建半殖民地社会。

鸦片战争时期，在英国侵略军于沿海进攻广州受挫，北上窜扰浙江沿海时，有一支两千余人的藏族队伍，开赴浙东，支援海防。他们先后参加了袭取被占领的宁波、镇海两城的宁镇战役，很多藏族战士壮烈牺牲。另一支藏族部队协同陕甘军和四川军，参与了宁波附近的大宝山战役。充分表达出各族人民共御外侮的团结意志。西藏阿里地区受到来自英国东印度公司支持的克什米尔武装侵略时，我国由前、后藏派出的三千余藏军，驰援阿里，与入侵者奋战三天，全歼敌军主力，给入侵者以有力打击。

鸦片战争后，清政府对列强妥协投降，对人民加重压榨，阶级矛盾、民族矛盾激化，各族人民不甘忍受压迫和剥削，终于爆发了轰轰烈烈的太平天国革命运动。很多少数民族直接参加了这一伟大的革命运动。1847 年洪秀全创设"拜上帝会"，其总部就设在壮族贫农卢六家，他牺牲后被追封为椴王。金田起义的两万多名太平军中，壮族战士占四分之一左右。壮族农民萧朝贵，首先提出"同心合力，同打江山"的革命口号，作战勇敢，屡立战功，被封为西王。壮族谭绍光起义后，南征北战，曾率太平军攻克苏州，被封为慕王，后多次率军打击英国的洋枪队和清军，歼灭戈登的"常胜军"200 多人，大长了太平军的威风。瑶族、侗族、布依族等很多群众也都积极参加太平军，转辗各地，与汉族人民一道立下了丰功伟绩。

在太平天国革命胜利发展的同时，由布依、苗、侗、水、彝、回、瑶、仡佬、汉族组成

---

* 原刊于《云南社会科学》1991 年第 6 期，第 69—75 页。

的30多支起义队伍遍及贵州高原，攻克全省绝大多数城地。云南回族杜文秀领导回、汉各族人民起兵反清，他宣布遥奉太平天国号召，于1856年在大理建立元帅府，被推为兵马大元帅，成为太平天国的同盟军。与此同时，云南哀牢山地区爆发了以彝族李文学为首的农民起义，成立帅府，李文学被推举为“夷（彝）家兵马大元帅”，后与哈尼族田以正的起义军联合，统一了衷牢山的农民武装力量。在太平军和捻军的影响和支持下，爆发了反对民族压迫、阶级压迫的陕西回民起义，最多时达20万人，后甘肃、青海等地的回族、东乡族、撒拉族人民也纷纷响应，形成了几个反清斗争中心。与此同时，内蒙古伊克昭盟的蒙古族群众不断掀起以“独贵龙”为独特组织形式的反抗斗争，反对封建王公和清政府的横征暴敛。1860年以白凌阿、弥勒僧格为首发动了东北、内蒙古地区的蒙、汉、回各族人民起义，一度占领很多旗县，有力地策应和配合了太平天国和捻军起义。新疆各族人民也于1864年举行起义，第二年起义烽火燃遍全疆。

1883年爆发了法帝国主义侵略中国和越南的中法战争。首先投入战斗的黑旗军，就是由壮、汉、瑶各族人民组成的队伍，其中主要将领吴凤典、黄守忠等20多人都是壮族。他们部勇作战，击毙法军司令和主帅，给入侵者以迎头痛击。滇军也分两路从滇、桂出击。这些支队中有很多白族彝族将士。法军在入侵我国云南地区时，苗族青年项崇周于1884年春组织了一支以苗族青年为基干，有汉、瑶、壮各族参加的农民队伍，以简陋的武器与侵略者展开英勇斗争，保卫了边疆。

19世纪末，日本加紧了对中国和朝鲜的侵略，1894年爆发了中日甲午战争。在战争中回族将领左宝贵负责守卫平壤，连战四昼夜，为中朝人民献出了宝贵生命。由于清朝腐败，签订了丧权辱国的《马关条约》，将台湾及澎湖列岛和辽东半岛割让给日本，加深了中国的半殖民地化和民族危机。台湾高山族人民和汉族人民一道，共同抵抗日本侵略者，在扼守曾文溪的战斗中，就有700余名高山族壮士英勇参战。这期间台湾人民击毙、击伤日军32000多人，日寇统帅能久亲王也被击毙。

1900年中国人民掀起了反对帝国主义的义和团运动。帝国主义为了镇压义和团，乘机瓜分中国，组成八国联军侵华，迫使清政府签订了屈辱的《辛丑条约》。在八国联军进袭北京时，一支主要由回族士兵组成的部队和友军一起到廊房抗敌，奋勇打退敌人进攻。当沙俄单独派兵侵占中国东北的海兰泡时，一支由500名鄂伦春官兵组成的马队，与俄兵交战，十分勇敢，给气势汹汹的沙皇侵略军以迎头痛击。1904年大批英军在曲米森谷地方包围我江孜军时，藏族官兵誓死捍卫每一寸土地，后来饮水断绝，枪弹耗尽，他们顽强地用石块投掷敌人，表现出藏族人民捍卫祖国领土完整的坚强决心。

1911年为推翻反动、腐朽的清政府，爆发了孙中山先生领导的中国资产阶级民主主义革命——辛亥革命。中国少数民族在这一革命运动中，做出了杰出的贡献。参加武昌首义的就有很多回族革命志士。西安新军的下级军官马玉贵，积极参加和领导了陕西起义，陕西成为武昌起义后最早摆脱清朝统治的一省。此外，上海、南京、河南、新疆的起义，都有回族参加，并起了重要作用。苗族人民杰出的革命家王宪章，早年参加、组织革命，直接参加武昌起义，后任革命军师长，为辛亥革命做出了重要贡献。贵州彝族知识分子黄济舟领导彝、苗、汉族人民1000多人，参加革命，攻占府城。以汉军旗人张榕为首的革命派在沈阳成立了联合急进会，他的得力助手满族旗人宝昆积极从事革命活动，后来壮烈牺牲。联合会还派人到凤城联络满族鲍化南发动起义，当地满族纷纷响应，剪掉辫子，拿起武器，组成革命队伍，奔袭凤城。蒙古族中的先进分子经权、云亨等，最早参加同盟会，在内蒙古西部与汉族革命者一起，开展革命活动，策应北上革命军顺利攻下萨拉齐厅，为革命做出重要贡献。

辛亥革命虽然推翻了清政府和中国两千年的封建君主专制，但被袁世凯窃取了政权，革命遂告失败。在俄国十月革命的影响下，中国的五四运动和中国共产党的诞生吹响了反帝反封建的号角，中国开始了新民主主义革命。

五四运动一开始就得到各族人民的热烈响应。北京、天津等城市的回族先进分子和爱国青年，积极投入运动，其中最优秀的代表是马骏、郭隆真和刘清扬。马骏是天津学生联合会副会长，郭隆真和刘清扬与邓颖超等组织了“女界爱国同志会”。他们都是周恩来同志领导的“觉悟社”创始人。他们作为学生代表到北京总统府请愿，领导游行。五四运动时期，清华大学的学生领袖施滉、李大钊领导的“马克思学说研究会”、发起人之一王复生、与周恩来一起在法国建立“旅欧中国少年共产党”的张伯简、云南妇女运动先驱赵琴仙都是白族优秀儿女。

第一次国内革命战争时，在北伐军中有很多少数民族，如第七军中就占半数以上。第二次国内革命战争中，各族人民也做出了巨大贡献。广西壮族韦拔群在右江地区建立了1000余人的农民武装。1929年11月邓小平、张云逸同志发动和组织广西右江两岸的壮、汉、瑶等族人民，举行了著名的百色起义，成立了红七军，韦拔群同志任第三纵队司令，红军解放了11个县，建立了工农民主政府。当时很多少数民族群众积极参加革命根据地和红色政权的建设。比如贺龙同志领导的湘鄂西革命根据地，就有很多土家族、苗族群众参加。苗族青年杨清轩投身革命，任三县边防司令，后壮烈牺牲。1930年5月朝鲜族人民在党的领导下，以延边为中心，开展了“红五月斗争”，从罢工、集会、示威游行，发展成为反封建压迫、反对日本帝国主义的武装暴动，声势浩大。同年8月敦化和延吉铁路沿线的朝鲜族群众，又发动了更大规模的“八一吉敦起义”。与此相呼应，1930年10月，我国南部台湾岛上爆发了由雾社高山族领袖摩那·罗达奥领导的雾社人民起义，起义军很快发展为1500余人，迅速攻占11处日警驻在所，击毙日寇数百名。

中国工农红军在伟大的二万五千里长征途中，得到少数民族的热情支持，并在少数民族地区播下了革命的火种。长征红军第一、二、四方面军分别通过了云南、四川、西康、甘肃等省境内的藏族聚居地区，各地藏族人民，为保护革命干部、保护红军、支援红军，做出了巨大贡献。1936年在甘孜地区成立了中华苏维埃博巴政府，出现了藏族人民的地方革命政权。红军经过甘肃、宁夏回族居住区时，遵守纪律，宣传革命，很多回族参加了革命。1936年5月建立了“陕甘宁省豫海回民自治政府”，回民第一次获得了当家做主的权利。这是我党民族区域自治政策的早期体现。

“九一八”事变后，侵华日军占领东北三省大部分地区。“七七”事变后，中华民族已经到了危亡时刻。中国共产党赤胆忠心，力挽狂澜，组织民众，坚持抗日。最早受日本侵略者残害、奴役的是包括朝鲜族、满族等少数民族在内的东北人民。1932年在共产党的领导下，建立了抗日游击队和根据地。后组织东北抗日联军，很多朝鲜族、满族同志参加，鲜族的李红光、李东光、李福林，满族的陈翰章等人皆为抗联的重要领导人，他们出生入死、浴血奋战，为祖国献出了宝贵的生命。白族共产党员周保中奔赴东北抗日前线，参加组织领导抗日民主联军，领导汉族、朝鲜族人民，坚持敌后斗争十年之久，立下了不朽功勋。鄂伦春族、鄂温克族人民不仅积极参加抗联，还用各种形式打击日寇，消灭敌人。乌兰夫等同志把内蒙古的一支起义部队——蒙旗独立旅，变成党控制的蒙古族抗日武装，对发动蒙、汉各族人民抗日救亡、阻击日寇南下起了重要作用。1939 年组织蒙古族干部领导的蒙古抗日游击队，袭击伪军，打击日寇，屡建战功。在河北有马本斋率领的 2000 余人的回民支队；在山东也有 1000 余人的回民抗日武装；在陕甘宁边区正式组成了回民抗日骑兵团等，总计全国有数十支回族武装部队，都有八路军、新四军的一部分。他们以满腔的爱国热忱，英勇杀敌，重创日伪军。

抗日战争胜利以后，内蒙古人民在党的领导下，经过艰苦的工作，促进了团结，在 1947 年率先成立了以乌兰夫为主席的内蒙古人民政府，这是蒙古族人民革命解放运动的伟大胜利，是我国民族区域自治的伟大实践。回族人民反对国民党的内战政策，保卫胜利果实，积极参加解放全中国的战争。山东的渤海回民支队调到东北后，多次参战，在主攻长春机场的战斗中，发挥了重要作用。满族人民积极参军参战，有成千上万的满族青年入伍。关内满族也掀起参军热潮，有的满族聚居点参军人数占满族青壮年的 90%。西南各少数民族地区在党的领导下，反对国民党图谋把西南各省变为反共基地，开展了各种形式的斗争。新中国成立前夕，很多白族青年参加的“滇桂黔边区纵队第一支队”，解放了元江县城。云南宣布和平解放后，白族人民受到极大鼓舞，人民军队迅速摧毁反对政权，建立了 15 个县（市）的人民政府。1944 年随着全国革命形势的发展，在中国共产党的影响下，在新疆地区爆发了有维吾尔、哈萨克、蒙古、柯尔克孜、锡伯和回、汉等族人民参加的伊犁、塔城、阿勒泰“三区革命”，建立了三区革命政权。它是中国人民民主革命的一部分，配合了解放战争，促进了新疆的和平解放。新中国成立前夕，新疆省政府主席包尔汉和驻新疆国民党将领陶峙岳宣布起义，新疆和平解放。当 1949 年解放军向大西南进军时，西康巴塘藏族青年与地下党建立联系，为解放西康和西藏地方做出了贡献。昌都解放后，以阿沛·阿旺晋美为首的西藏地方政府全权代表与中央人民政府谈判，于 1951 年 5 月达成关于和平解放西藏办法的十七条协议，达赖喇嘛和班禅额尔德尼分别致电中央，一致拥护协议。从此，藏族人民进入了一个崭新的历史阶段。

通过以上对内容丰富的中国少数民族近、现代史举例式的简说，不难看出，中国少数民族近、现代史是中国近、现代史的重要组成部分，占有不可忽视的重要地位。

二　少数民族近、现代史的特点

中国少数民族近、现代史作为中国近、现代史的一部分，有其值得注意的特点。

第一，在中国近、现代，少数民族受阶级压迫、民族压迫最重、苦难最深。由于历史的原因，少数民族地区一般发展比较落后，相当一部分民族在近、现代尚处于地主经济初步发展、保留着前地主制经济残余形态，有的处于封建领主制经济形态，有的甚至处于奴隶制社会形态和原始社会末期、或由原始社会向阶级社会过渡阶段。生产力水平低下，经济、文化十分落后，人民生活十分困苦。相当多的劳动人民受地主、封建领主或奴隶主残酷的阶级压迫，过着牛马般的生活。特别是由于反动统治者执行民族歧视、民族压迫政策，对少数民族地区进行压榨、掠夺、限制、封锁，致使少数民族地位低下，困苦不堪。从清朝末年，军阀混战时期到国民党统治时期，都奉行大民族主义，加之列强入侵，社会动荡，少数民族地区发展缓慢，有的地区长期停滞。在中国半封建半殖民地社会中，少数民族处于社会的最底层，生活在水深火热之中。

第二，少数民族受帝国主义列强侵略最早、最直接，时间长，受害深。中国近、现代史是一部帝国主义列强的侵华史。帝国主义入侵中国，特别是从陆路入侵时，由于中国的北部、西部、西南部边疆都是少数民族居住地区，所以少数民族往往首当其冲。少数民族人民为保卫祖国、保卫家园对入侵者进行反抗时，常遭到侵略者的武力镇压。入侵者在被占领的少数民族地区烧杀奸淫，为非作歹，巧取豪夺，无所不为。他们疯狂掠夺当地资源，残酷地盘剥人民。如日本侵略者为了日本移民而强占延边朝鲜族居住地区 59% 的土地；被迫为日寇做劳工的伤亡工人被抛进万人坑；被征用到军事工地干活的大多数人在工程结束时，往往被集体屠杀。在日伪法西斯统治下，朝鲜族居住地区变成了人间地狱。又如在日本统治台湾期间，对高山族人民进行所谓讨伐达 120 多次。高山族人民居住的大部分村落、房舍被焚烧，无数人民被杀害，仅仅在嗜杀成性的日本总督佐久间统治期间，就有四五万高山族人民被杀害。侵略者还利用传播宗教、推行奴化教育来麻醉人民。帝国主义的入侵使我国少数民族地区遭到十分严重的破坏。

第三，少数民族反抗统治者的压迫、剥削，反抗帝国主义的侵略十分坚决，特别是在保卫祖国，打击入侵者的斗争中，立下了不朽功勋。我国少数民族人民，在祖国灾难深重的时刻，以祖国安危大局为重，率先挺身而出，守御门户，保卫边防，恪尽职守。他们往往在艰苦的条件下，坚持斗争，不畏牺牲，在保卫祖国领土完整的斗争中谱写了一曲曲惊天地、泣鬼神的英雄乐章。很多少数民族同胞在枪林弹雨中，在敌人的刺刀面前舍生忘死，大义凛然，表现出保卫祖国的赤子之心和义薄云天、气壮山河的英雄气概。中国少数民族近、现代史也是一部革命斗争史。各族人民为争取民族解放，为整个中华民族的发展，为祖国的统一和完整都做出了历史性的卓越贡献。比如在抗日战争中，朝鲜族人民 20 个人中就有一个烈士。目前在朝鲜族聚居区村村都有烈士纪念碑。

第四，在近、现代，各族人民同呼吸、共命运，表现出中华民族团结奋进的精神。少数民族人民和汉族人民团结一致，共同反对反动统治者，共同抵御外侮，一方有难，八方支援，一地起事，各地响应，在斗争中风雨同舟，荣辱与共，生死相依，增强了各民族间血肉相连的团结纽带，使中华民族的凝聚力和向心力得到加强。特别是中国共产党诞生以后，代表了各民族人民的根本利益，实行各民族一律平等的政策，组织和领导各族人民不屈不挠地进行反对阶级压迫、民族压迫和外国侵略者的斗争，披肝沥胆，千钧负重，使各族人民的团结逐步进入一个新的历史时期，使中华民族的凝聚力得到进一步加强。

第五，中国少数民族在近、现代进行革命斗争时，有时采取具有民族特色的斗争方式。这些特殊的斗争方式符合民族传统习惯，结合本民族的实际情况。如蒙古族地区以“独贵龙”这种特殊方式进行革命活动，用严密的民族组织形式，保护革命带头人，以对付统治者的分化瓦解和高压政策。红军长征路经彝族地区时，彝族领袖和红军领导人用喝鸡血酒、拜为结盟兄弟的传统民族方式，建立和巩固了红军与彝族兄弟的团结。抗日战争中，在河北、山东等地建立了很多回民支队，使参加抗日的回族战士的特殊风俗习惯得以照顾，使回民抗日斗争蓬勃发展。其他很多少数民族也往往采用本民族特有的组织形式、活动方式，或独特的武器进行革命斗争，推动了革命斗争的发展。

第六，在推翻三座大山的斗争中，凡是置国家、民族的根本利益于不顾，出卖民族利益、损害民族团结、破坏祖国的统一的人，都会给祖国和人民、给革命斗争带来重大损失。比如举国上下团结抗日时，在日军的导演下，建立了傀儡式的伪“满洲国”，与日本侵略者沆瀣一气，给东北和全国的抗日斗争造成极坏影响。又如日本在蒙古地区先后建立了傀儡地方政权伪“蒙古联盟自治政府”和“蒙古联合自治政府”，成为日本推行侵华的军事基地。在整个近、现代史过程中，阶级斗争、民族斗争十分尖锐复杂。国家、民族处于多事之秋。在这风云变幻的时代，难免泥沙俱下。历史的经验证明，那种不顾民族大义，丧失国格，开门揖盗，引狼入室、投靠敌人，认贼作父、为虎作伥、卖国求荣的人，都是中华民族的不肖子孙，是历史的罪人，最终将身败名裂，受到全国各族人民的谴责、唾弃和惩罚。

三　进行少数民族近、现代史研究、教育的重要意义

对全国各族人民，特别是对青少年进行包括少数民族近、现代史在内的近、现代史教育，对于提高人民群众的政治、文化素质，对于加强爱国主义、社会主义教育，增强各民族团结，维护祖国统一，对于总结历史上的经验教训，更好地建设有中国特色的社会主义有重要的现实意义。

在中国近、现代，各族人民饱受反动统治者的剥削和压迫，遭受帝国主义列强的侵略和欺侮，少数民族更是苦不堪言。我们的先辈对此都有切肤之痛。这样一部创巨痛深的血泪史我们应该牢牢记住。只有在中国共产党的领导下，推翻压在各族人民头上的三座大山，建立中华人民共和国，彻底摆脱帝国主义的压迫，中国各族人民才能够扬眉吐气，挺胸立于世界民族之林。各少数民族摆脱了被歧视、被压迫的地位，成为祖国大家庭的平等成员，少数民族居住的边疆地区变为尊严的边防，在党和政府领导下，各族人民共同维护着祖国的主权。这种翻天覆地的变化，是来之不易的，是多少年来中国人民自强不息，前仆后继，英勇奋斗得来的。没有共产党就没有少数民族的今天。

各族人民在近现代进行了英勇顽强、惊心动魄的革命斗争，有无数次反抗阶级压迫、民族压迫、反抗帝国主义侵略的革命活动，出现了很多可歌可泣的动人事迹，涌现出一批批的革命志士和民族英雄，表现出中华民族优良的革命传统和高度的爱国主义精神，对此我们应该铭刻在心，永志不忘。重温和学习近、现代史是很发人深省的。一方面了解国际资本主义，帝国主义的侵略本质，认清帝国主义是不甘心中国人民走上独立自主的道路的，是要千方百计对中国进行控制的；另一方面要发扬中华民族的爱国主义传统，继承祖辈们为翻身解放、为求得民族独立、为维护祖国统一而英勇斗争、不畏牺牲的大无畏革命精神。各族人民正是在爱国主义的旗帜下，才求得人民的解放和祖国的统一。各族人民应该发扬爱国主义光荣传统，自觉地反对国外资本主义势力的侵蚀，抵制和平演变的攻势，沿着有中国特色的社会主义道路前进。

通过学习近、现代史可以看到，民族团结是国家稳固、繁荣昌盛的一个基本条件。民族不团结，如一盘散沙，就没有力量，就会给统治阶级、外国侵略势力以可乘之机。各族人民

应该把保卫山水相连的祖国、维护血肉相连的各民族之间的团结，视为中华民族的利益为最高利益，要像爱护自己的生命一样爱护民族团结，要居安思危，对危害团结的行为要保持高度的警惕。

少数民族近、现代史还告诉我们，民族经济的发展是至关重要的。一个国家、一个民族，生产落后，经济不发展，不仅人民的生活水平得不到应有的提高，国家的实力自然也不会加强，边防也不会得到巩固。一方面，很多少数民族地区处于边陲要地，在战略上十分重要；另一方面，这些地区一般经济发展薄弱，自然条件、交通状况较差。改革开放以来，少数民族地区经济、文化有了很大发展，但与全国其他地区相比，发展速度和水平相对滞后。因此，重视和加强少数民族地区的经济建设成为我国十分重要的战略问题之一。这关系到国家盛衰荣辱的大事，不可掉以轻心。全国各族人民，特别是青年要继承和发扬前辈为国家、为民族不畏艰险、励精图治的革命精神，不怕困难、奋发图强，为加快少数民族地区的四化建设贡献自己的力量。

过去的一段时间，对中国近、现代史的宣传、教育和研究有所忽视，而对中国少数民族近、现代史的宣传、教育和研究更显不足。少数民族近、现代史的资料整理和研究有其特殊的困难和复杂性。比如有关少数民族近、现代史的资料除汉文文献外，还有大批多种少数民族文字资料和外文资料，这就需要有专门人才去整理研究才行。少数民族近、现代史不仅离不开近、现代史的人物和事件，也还牵涉当代的人物和事件；不仅会涉及国内各民族之间的关系，还会牵涉与外国的关系，其复杂性和难度是可想而知的。加之过去一段时间，极"左"政策的干扰和破坏，少数民族近、现代史的一些研究领域成为研究者难以涉足的禁区。党的十一届三中全会以后，恢复和发展了马克思主义实事求是的学风，贯彻百花齐放、百家争鸣的方针，使包括少数民族近、现代史在内的社会科学有了很大的发展。现在我们少数民族历史研究工作者，应把少数民族近、现代史研究摆在十分重要的位置上，并做好普及宣传、教育工作，使更多的人民，特别是青少年得到系统的爱国主义、社会主义教育，提高民族自尊心和民族自信心，以更加饱满的热情参加社会主义建设。

西藏现代化和西藏人权问题*

一　西藏实现现代化是历史发展的必然

和平与发展是当代世界上两大主题。随着科学技术日新月异的进步，人类社会以过去任何历史时期都不能比拟的速度向前发展着。各个国家、各个民族都在努力寻求自己迅速发展的最佳途径。现代化已经成为世界性潮流。

中国作为发展中国家，在科学技术水平、人民生活水平方面，与发达国家相比都存在着很大的差距。中国共产党的十一届三中全会明确提出以经济建设为中心，尽快全面实现现代化，这既符合中国各族人民的共同意愿，又顺应世界历史发展的大潮，受到举国一致的拥护和支持，也得到国际上有识之士的赞赏。

作为中国一部分的西藏地区，由于特殊的自然条件的限制，尤其是民主改革前长期存在的封建农奴制度，使西藏处于落后、封闭状态，生产力水平、人民生活水平都十分低下。西藏和平解放以后，特别是1959年实行民主改革以后，政治、经济、文化各方面都有了很大发展。旧社会的农奴、奴隶成了新社会的主人，他们的生活与旧社会相比有了天壤之别。但是西藏毕竟是基础差、底子薄，尽管国家已经给了西藏以其他地方所没有的特殊照顾，西藏的发展与全国其他地区相比差距仍然十分明显。世界发展的历史潮流，中国全国经济建设的蓬勃发展，为西藏地区的现代化建设提供了难得的机遇，同时也向西藏人民提出了艰巨的任务。

中国实行各民族一律平等的政策和民族区域自治制度，这为包括藏族人民在内的全国各少数民族的发展提供了极为有利的条件。国家不仅对西藏继续实行多种照顾、优惠政策，而且在如何使这些政策收到更好的效益方面，积累了越来越多的经验。四十多年来，西藏的建设已经有了相当的基础，特别是近十年来发展更快。不少在西藏现代化建设中起重要作用的关键项目，有的已经完成，有的正在加紧建设，有的正在规划当中。更为重要的是，西藏广大干部和群众都明确地认识到，依靠中央改革开放的政策，依靠自己的努力和兄弟民族的团结互助，尽快实现西藏的现代化，是西藏人民最迫切、最重要的任务。事实上，西藏在现代化建设过程中发生的令人鼓舞的巨大变化，西藏人民生活水平的大幅度提高，使西藏人民从

---

* 原刊于《民族研究》1995年第4期，第6—12、35页。

显而易见的事实中也自然地总结出，西藏地区和全国各地一道，尽早实现现代化是历史发展的必然。西藏人民切身体会到，要适时地把握住当前难得的机遇，认真地把西藏的经济建设搞上去，就绝不允许以任何借口去干扰和冲击这项中心工作。我们对西藏的一个普通乡村——堆龙德庆县乃琼乡的实地调查和村民问卷统计表明，那里的农民最关心生产的发展和生活水平的提高，他们对政府的政策十分满意，有很高的生产积极性。凡是真正热爱本民族的人，关心本民族命运的人，就一定会关心本民族的经济、文化发展。凡是真正关心西藏人民的人，就一定会赞同西藏人民努力把现代化建设搞好。

正当广大西藏人民集中精力、热火朝天地进行社会主义现代化建设之时，西藏分裂主义集团却在国外别有用心人的指使下，依然处心积虑地妄图制造分裂，策动骚乱。尽管他们把自己打扮得像救世主一样，仍掩盖不了梦想恢复他们已经失去的天堂的用心。他们的所作所为，无论从主观动机上，还是从客观效果上，都是在阻碍西藏现代化发展的进程。西藏分裂主义集团的主要人物在旧社会都是西藏地区实权在握的显要，当时他们最有兴趣的是自己生活的“现代化”，并不去关心占人口95%以上农奴、奴隶的生活、民主和人权。对此，西藏分裂主义集团的代表人物总是支支吾吾，讳莫如深。作为与西藏的进步、发展休戚相关的西藏人民却没有忘记，他们在农奴制度下的悲惨生活。西藏分裂主义集团的头面人物至今仍然在干扰包括西藏在内的中国经济建设。1993 年 5 月美国总结克林顿在延长中国最惠国待遇时附加了条件，这本来是一项干涉中国内政、妨碍中国经济贸易发展的错误决定，但分裂主义集团的头目却为此叫好，认为这是“最好、最适当的决定”。这说明他们并不真正欢迎包括西藏在内的中国经济建设事业的发展。

国外的某些反华势力，一方面继承了老牌帝国主义侵略中国、分裂中国，妄图把西藏分裂出去的衣钵；另一方面出于当前特殊的政治目的，加强进行所谓“西藏独立”活动。他们制造种种谎言，把过去十分落后的西藏描绘成人间天堂、西方乐土，而把现在发展、进步的西藏说得一团漆黑。他们不断变换手法，打起“保护西藏传统文化”、“保护西藏宗教”、“保护西藏人权”的旗号，反对西藏发生的一切变化。究其实质，还是妄想把西藏从中国分裂出去，达到他们破坏中国统一、破坏中国社会主义建设的目的。某些外国势力策划“西藏独立”由来已久，新中国成立以后这种非法活动从来没有停止过。据 1992 年 7 月 8 日台湾《民众日报》披露，据档案材料证实，自 1956 年起，曾由美国中央情报局主持，联合某外国当局“协助西藏独立运动”。

西方国家中有些人士奉行一种理论，即一个民族应保留其原来的面貌，反对人为地促进其发展。在当代各民族争先恐后地向现代化社会迈进的时候，这种理论是很不合时宜的，特别是世界上很多发展中国家和地区的民族是难以接受这种理论的。有的学者对西藏的过去和现状缺乏了解，也没有到过西藏，只是听到或看到一些不真实的报道，误以为西藏过去是一个和谐、美满的社会，西藏的发展破坏了原来的所谓传统。其实，世界上各国、各民族都在不断地发生着变化，近现代的变化更大，而西方发达国家由于科技、经济的发展，社会变化也十分明显。每一个民族、每一个国家都有自己的发展权，在发展中采取什么形式，走什么样的道路，怎样使自己的传统文化和现代化建设相适应，都是本民族、本国自己的事。事实上，凡是到过西藏地区的人都会发现，现在的西藏一方面以前所未有的速度向现代化迈进，另一方面又保留着很浓厚的优秀传统文化，民族的繁荣发展和优秀文化的继承在自然地协调。在我们调查的堆龙德庆县乃琼乡的农村，既种植着传统的青稞、小麦等作物，又培育了过去从未种过的各种蔬菜，甚至从国外引进经济作物“南美藜”等；农牧民既以传统的方式过雪顿节、望果节、藏历年，又在家中添置了收音机、录音机、电视机等，丰富着自己的社会文化生活；一方面多数人还信仰着藏传佛教，多数家庭设有经堂，做着各种佛事活动；另一方面又发展了现代化的小学、中学乃至大学教育，大搞科学种田，甚至在一定条件下，对佛教不杀生的信条给以通融，在地里撒药杀虫，目前一些农民有了自己的汽车、拖拉机。我们看到的是一张张幸福、满意的笑脸，一个个和谐的、发展的村庄。

二 西藏现代化与保护西藏人权相一致

人权问题的提出本来是一个社会进步现象，它是针对封建和奴役制度的。尊重和保护人权、尽量完善人权是人类社会发展的重要目的。人权绝不是资产阶级的专利。包括西藏人民在内的中国人民对人权是十分重视的。在旧社会，有帝国主义、封建主义和官僚资本主义三座大山压在中国人民头上，人权没有保障。新中国成立以后，中国人民的人权状况有了根本改善。随着社会的发展和人类的进步，人权的概念在发展，人权的范围在扩大。而世界上对人权的解释并不一致，《大英百科全书》在“人权”条下特别说明：“并无一个能为所有的人广泛接受的人权定义”。近几十年来，在世界范围内对人权的认识已从个人的权利、政治权利扩及经济、社会和文化权利。发展中国家根据自己的国情，更重视全体人民的生存权和发展权。人权一方面要靠法律来保障，靠政权执行法律去保护；另一方面要靠社会的进步和发展来完善。存在着压迫、剥削的地方，自然会经常发生侵犯人权的事，在经济贫困、文化落后的地方也不会有完善的人权。

西藏民主改革前，不足5%的西藏农奴主掌握着西藏的政治、经济、文化特权，而95%的农奴、奴隶被剥夺了多种人权。封建社会的基本特征是等级特权。西藏农奴制还带有奴隶社会人权状况的性质，即是非人待遇的合法化。西藏的广大农奴、奴隶都受农奴主的奴役和侵犯，被剥夺了不受奴役、不受侵犯的权利；他们在悲惨的状况下劳动，挨打挨骂是经常的事，他们被剥夺了不受虐待的权利；他们与农奴主没有平等可言，见到农奴主必须低头、弯腰、吐舌，有的还要做农奴主的上马凳，他们被剥夺了不受歧视的权利。他们当中的不少人还被剥夺了法律人格权利、财产权利以及婚姻家庭权利，有的甚至冻饿而死，或受虐待、残害身亡，被剥夺了生命的权利。旧西藏绝大多数人生活水平低下，医疗卫生条件很差，加之僧侣数量很大，人口逐步减少，使整个民族处于衰败、没落的境地，民族的正常生存和发展受到严重威胁。现在的西藏分裂主义集团，大喊大叫要维护“西藏人权”，西藏人民听了觉得十分滑稽可笑。乃琼乡乡长次仁顿珠过去是一个穷苦的奴隶，他只能和农奴主的驴子住在一起。他说：“过去的农奴主从来没有给过我们人权，现在他们又喊‘人权’，反正‘人权’总在他们手里。”国外的有识之士对此也有客观的评论。1993年6月17日德国《新德意志报》刊登维尔纳·比尔恩施蒂尔的文章说西藏分裂主义集团的头面人物“却想让人们忘记，这个偏远的高原在他们治理的时候，曾是一个特别落后的封建统治的地区，直到50年代，那里占统治地位的还是奴隶制和农奴制。”维尔纳·比尔恩施蒂尔还一针见血地指出：西藏分裂主义集团宣扬“给所有西藏人自由”，实际上不过是虚构而已。

新中国是人民当家做主的国家，政府的主旨是为人民服务，是致力于改善人权的。旧西藏是人权保障最差的地区之一。新中国成立以后，特别是民主改革后，西藏是人权改善最明显的地区。西藏的经济有了令世人瞩目的发展变化。西藏的农业生产从过去二牛抬杠式犁田，有的地方甚至还是刀耕火种的种田方式，现在已发展到有相当一部分地区使用机器，经营讲求科学种田，普遍使用良种、化肥和农药，粮食由民主改革前每年产15万吨，到1992年已达到65.5万吨，是原来年产量的4倍多。工业生产更是从无到有，很多关系到国计民生的工厂、企业在国家扶持下发挥着越来越重要的作用。1992年工业总产值比上年增长8.2%，创造了历史上最高水平。40多年来，中国政府对西藏地方的财政拨款和基本建设投资达180亿元。西藏人民住房条件也得到很大改善，拉萨市有三分之一的人迁入新居，仅藏式住宅楼就兴建了20万平方米。总之，由于西藏地区在现代化进程中经济长足发展，使广大群众在衣、食、住、行各方面都得到了很大的改善。以我们实地调查过的堆龙德庆县乃穷乡为例，那里人民的生活与旧社会相比，发生了翻天覆地的变化。我们访问了村民才旦央吉（女），她父亲在旧社会是差巴（农奴的一种），过着缺吃少穿的贫困生活，在民主改革前的1956年，调查组曾调查过她的父亲，记录了他家的真实情况。36年后调查组又到她家做客。他们住上了四大间宽敞的新房，有半仓房粮食。居室内陈设整齐，传统的佛龛和现代化的电视机等，有序地摆放在四个精制、考究的描花漆柜上。靠墙放着三架藏式坐垫，上面铺着柔软、舒适的深色花织羊毛卡垫，上面放着闪亮的锦缎被子。她家承包着7亩地，粮食产量每亩七八百斤，他们还办起了磨面和轧面房，每年有四五千元的现金收入。他们的生活富足、幸福、愉快。我们从这个村庄和村庄的住户看到了西藏人权状况的根本变化。

每个民族都有保留和发扬本民族优秀文化传统的权利。现在藏族人民保留、丰富了自己的节日、服饰、饮食习惯及其他多种文化习俗。如一年一度的雪顿节比原来更加丰富多彩，藏戏在继承优秀传统的同时，也有了新的提高。有些习俗则随着经济的发展而改善，如喝酥油茶是藏族人民的饮食习惯，但过去很多穷人因买不起酥油而喝不起，现在家家户户天天都有酥油茶喝了。有的习俗随着社会的演进而变化，如西藏人民的服饰更加多样化，更加绚丽多彩，但在传统节日还是穿着传统的藏族服饰。

宗教信仰自由是人权的一个重要方面，西藏是一个绝大多数人信仰藏传佛教的地方，宗教信仰自由在这里更显出其重要性。中国政府实行宗教信仰自由政策，西藏各族人民可以自由地信仰宗教，从事各种宗教活动。据我们去年在堆龙德庆县调查，农、牧民的宗教信仰得到了满足，信教群众的家中藏式立柜上都供有佛龛，他们按时祈祷、点酥油灯，有时还请喇嘛到家中念经，他们对政府的宗教政策十分满意。现在西藏有1400多座寺庙、经堂，全西藏200多万藏族人口中有近4万僧人，约占总人数的2%。国家拿出大批资金维修寺庙。闻名中外的布达拉宫年久失修，国家一次拨款5000万元进行大规模维修，1994年维修工作全部完成。我们在拉萨拜访了西藏佛教协会副会长策墨林五世活佛，他向我们详细介绍了西藏僧俗信仰宗教情况、当前管理办法和今后要做的工作，他坦诚地告诉我们：群众和广大僧尼对政府的宗教信仰自由政策是满意的，那种认为“西藏没有宗教信仰自由”的说法是没有根据的。凡到过西藏的人都会感到藏传佛教从多方面影响着藏族人民的生活，西藏保持着浓重的佛教气氛。

人权中很重要的一项是受教育的权利。新中国成立前西藏极少数贵族或僧人能学习藏文，受不同程度的教育。新中国成立以后人民政府很重视西藏的教育，尊重和关心西藏人民受教育的权利，教育事业蓬勃发展。至1992年全区小学在校学生19.2万人，普通中等学校在校人数2.3万人，普通高等学校在校人数2239人。儿童入学率从旧西藏的不足2%上升到62.7%。在我们调查的堆龙德庆县学龄儿童入学率已达到83%，在农区已接近100%。西藏教育事业的发展，大大提高了人民的素质，对促进科技进步和经济发展起了重要作用。

医疗卫生事业对保障人们的生存权和发展权是十分重要的。旧西藏人民生活贫困，缺医少药，有病无法医治，死亡率很高，解放军进藏后对群众实行免费医疗，这一办法长时间实行，收到良好的效果。近些年来藏医也受到重视，得到很好的发展。堆龙德庆县有县医院，还有11个卫生院，89个行政村，每村都有1名村医。县医院除西医外，还有9名藏医。西藏人口不断增长，摆脱了长期停滞的状态。新中国成立前西藏人口仅有100万，1962年达到130万，1990年增长到219.6万，其中藏族有209.6万，占西藏人口的95.50%，1992年又增长到225万，其中藏族为217万，约占西藏人口的96%。这一统计数字表明，藏族人口发展较快，在西藏地区藏族占绝大多数。西藏人的人均寿命已从50年代的35岁提高到现在的64岁，严重危害西藏人民健康的各种疾病已得到有效控制。藏族人民的生存权得到了保障。中国由于人口过多，过高的出生率会极大地妨碍中国经济、文化的发展和人民生活水平的提高，所以中国在一般地区实行计划生育政策。中国实行对少数民族促其发展、给予照顾的政策，在计划生育方面根据少数民族实际情况没有像汉族那样的要求。对藏族干部要求不像对汉族干部那样只生一胎，而是可以生两胎；对藏族农牧民则没有严格的要求。据我们在堆龙德庆县农村调查，多数生三胎，有的生到四胎或五胎。当地干部和群众越来越多的人认识到西藏自然条件受到限制，可耕地不多，人口增加太快会影响当地经济发展，并直接影响人民的生活。很多人生了三胎以后，主动采取措施节制生育。美国俄亥俄州克里夫兰大学人类学系主任、西藏研究中心主任梅尔文·C. 戈德斯坦教授1985年至1988年在西藏进行实地考察后，发表了《中国在西藏自治区实行的节育政策神话与现实》（原载《亚洲综览》第31卷第3期，1991年3月；译载《民族译丛》1993年第3期），他通过调查得出结论：拉萨市藏族干部和群众一对夫妇可以生育两胎，农牧区计划生育“公开受到赞扬”，“但绝对没有任何用统一的计划生育方式来控制家庭规模的压力”，“西藏自治区实际上正处在一个人口高出生率阶段，而并不存在一个导致人口下降和威胁藏族人继续生存的所谓强制性严厉控制人口的政策”。西藏人口的发展和人民生活水平的大幅度提高与医疗卫生保健工作的卓越成绩分不开。当然，随着社会的进步，更多的人会认识到西藏的自然资源和环境不能承受太多的人的生存和发展。

很明显，西藏人民从各个方面取得了以前难以得到的人权。西藏地区从乡、县到自治区都有人民选举产生的人民代表大会，而人民代表大会任命的各级政府都在认真、有效地工作着，人民行使着当家做主的权利。然而分裂主义头面人物在1990年12月一次答记者问时却准备“依据活佛转世制度，成为西藏人的领袖”。这无疑是对西藏人权的公然践踏。

值得注意的是，西方一些人总是对所谓“西藏人权问题”指手画脚，制造事端。他们当中一些人以政治商人的手段把西藏作为他们国际斗争的筹码，用“教师爷”的身份来干涉他国内政；一些人以现代绅士的眼光来欣赏落后的旧西藏，想以此把自己打扮成“人权卫士”；也有一些人是为了掩盖本国的种族问题和民族问题来利用所谓西藏问题的。这些人不是真正关心西藏人权问题，也不关心西藏的现代化问题，并且往往把所谓的“西藏人权问题”与西藏的进步、西藏的现代化对立起来。那些不断发动人权攻势、妄图以人权问题干涉他国内政的国家是否不存在人权问题呢？回答是否定的。

在前不久召开的世界人权大会上，美国前总统卡特明确指出美国就有人权问题。据1992年2月10日美国刑事研究组织发表的报告表明，美国是目前世界上按人口计算监禁犯人最多的国家，平均10万人中就有455人被关押在监狱中，10万男性黑人中就有3370人是犯人。美国的黑人、印第安人大多数生活水平、教育水平低下，在不公正的“公平竞争”情况下，很多人失业。黑人失业率是全国平均失业率的2倍。将近三分之一的黑人生活在贫困线以下，1992年美国洛矶事件后，5月4日奥地利的《萨尔茨堡新闻》发表了一篇文章，认为美国的许多黑人面临灭绝的威胁。美国的印第安人被从原居住地赶到所谓“保护区”去居住，过去他们的祖先被屠杀、被驱赶，现在他们居住地的天空被有钱人买走了航空权，地下的石油也被剥夺了，他们认为失业问题、贫困问题、医疗问题等都是联邦政府造成的。口口声声大喊人权的美国，至今未加入联合国大会1965年通过的《消除一切形式种族歧视国际公约》、1966年通过的《国际人权公约》（即《经济、社会、文化权利公约》）。

可以说世界各国都存在着改善和完善人权问题，贫困、落后的国家和地区固然存在着人权问题，某些发达国家由于贫富悬殊、社会不公正也存在着人权问题，在有些方面还显得十分突出。某些西方国家搞人权外交、利用人权问题干涉他国内政的做法越来越不得人心。1993年3月在日内瓦举行的联合国人权委员会第49次会议上决定对美国等西方国家提出的《中国人权状况》决议草案不采取行动，给了蓄意借口人权问题干涉中国内政的人又一次打击。1993年4月召开的《世界人权会议亚洲区域筹备会议》通过的《曼谷宣言》表示不赞成任何人利用人权作为提供发展援助的条件，强调尊重国家主权和领土完整，不干涉他国内政以及不利用人权作为施加政治压力的手段等原则，重申国家不论大小，都有权决定他们的政治制度，控制和利用其资源，并自由谋求其经济、社会和文化发展。近期一些不发达国家首脑不断发表谈话，明确表示反对西方一些国家把自己制定的人权标准强加给具有不同经济、文化类型的国家头上。1993年4月，印度总理拉奥在曼谷说：“印度在人权问题上不需要外界帮助”，“我们知道该怎么办”，“这是我们的权利”。

真正关心人权的人，真正关心中国、包括西藏人权的人，应该到中国来，到中国的西藏来了解实际情况，把包括藏族人民在内的中国人民所关心的现代化和人权问题联系起来进行实事求是的分析，多做一些具体的、有益于完善人权的事。对此，藏族人民和其他各族人民是热情欢迎的。1993年7月初，澳大利亚国家党领袖蒂姆·费希尔率团访问了中国，这期间代表团到西藏做了考察。8月8日代表团在堪培拉发表了一份声明（新华社堪培拉8月9日英文电），其中写道：“访问西藏期间，代表团进行了很多官方和非官方的会晤，察看了很多寺庙和其他设施。代表团到了拉萨以外的一些地方。费希尔先生以代表团团长的身份参观了拉萨的主要监狱。世界上某些组织和政治家经常散布说，中国政府在西藏所做的每一件事都是破坏性的、错误的、残酷的、压制性的。公平地说，必须指出的是，中国政府的某些行动和活动已给普通西藏人带来益处、现代化，并改善了他们的生活方式，但是显然还有很长一段路要走。”声明还说：“可以眼见的证据显示，中国政府在西藏的保健、教育和基础设施建设上投入巨资。显然制定有一项明确的旨在提高西藏生活水平的计划。”尽管该代表团对西藏的了解还很不够，声明措辞很审慎，但它毕竟在这一问题上开始了良好的交流，代表团了解到了一些情况，对西藏的人权状况和现代化进程有了新的认识。

三 西藏人权立法与西藏现代化建设

众所周知，旧西藏长期以来在严酷的封建农奴制的统治下，人剥削人、人压迫人的现象普遍存在。统治西藏的三大领主，为维护自己的统治，利用旧的成文法《十三法典》、《十六法典》和习惯法，依靠手中掌握的司法权和法庭、监狱、军队等保护这个不平等、不公正、人权没有保障的社会制度。法律将人分为三等九级，上层与下层无平等可言，杀人赔偿命价也有高低之分。当时的各级政府都把政府驻地最下层、最阴暗的房子作为监狱，农奴主可以在自己的庄园里设立监狱，甚至大的寺庙也设有监狱，用残酷的刑罚来对付农奴和奴隶，这种践踏人权的状况一直延续到民主改革以前。

西藏和平解放后，中国共产党和中央人民政府为改善西藏人权状况，在没有改变西藏农奴制的情况下，就做了大量工作，认真贯彻中国宪法中规定的各民族一律平等和民族区域自治政策，筹备成立西藏自治区。在1956年9月全国人大常委会批准的《西藏自治区筹备委员会组织简则》中明确规定："依照法律的规定保护西藏各民族、各阶层僧俗人民的生命财产"，"实行宗教自由，保护喇嘛寺庙及其收入"。同年10月，自治区筹委会作出"关于大力培养藏族干部"的决议，使藏族干部能尽快成长，将来更好地参加藏族地区的管理。党和政府十分关心和尊重藏族人民的风俗习惯和宗教信仰。1957年6月西藏工委办公厅和自治区筹委会办公厅发出通知："藏历四月是佛祖释迦牟尼诞生、转法轮、涅槃的纪念日，故在全月禁止杀生"，并"通知全体工作人员在此间严格禁止杀生"。1959年平息叛乱后，根据广大藏族人民的意愿，进行民主改革，以从根本上改善西藏的人权状况。7月，自治区筹委会通过了"关于进行民主改革的决议"，其中规定："保护宗教信仰自由，保护爱国守法和有历史意义的寺庙和文物古迹"。9月，自治区筹委会通过的《关于西藏地区土地制度改革的实施办法》中规定："废除农奴主的土地所有制，实行农民的土地所有制；废除人身依附，解放农奴和奴隶，借以解放生产力，发展生产，逐步改善人民生活，建设民主和社会主义的新西藏。"后来在60年代和70年代有关部门还发出了发展经济、寺庙管理、森林管理、植树造林、保护野生动物等促进经济发展、保护西藏生态环境的规定。

党的十一届三中全会以后，重视、加强了法制建设，西藏自治区通过并实施了一系列决定、条例、办法等地方性法规，这些法规的实施促进了西藏地方的经济、文化发展，加速了西藏现代化的进程，进一步改善了西藏的人权状况。比如1981年通过了《西藏自治区施行（中华人民共和国婚姻法）的变通条例》，1982年公布施行了《西藏自治区森林保护条例》，1983年通过了《西藏自治区实施〈中华人民共和国民事诉讼法（试行）〉的若干变通办法》，1986年通过了《拉萨市环境卫生管理条例》和《拉萨城市绿化管理条例》，1987年通过了《西藏自治区学习、使用和发展藏语的若干规定（试行）》，1989年制定了《西藏自治区资源税试行办法》，1990年通过了《西藏自治区文物保护管理条例》，1992年批准通过了《西藏自治区〈中华人民共和国野生动物保护法〉实施办法》，同年还通过了《西藏自治区环境保护条例》。西藏自治区通过并实行的、适合西藏具体情况的法规共计数十项，涉及西藏地区的经济建设、土地使用、税收、资源开发、城镇建设、人民选举、法制建设、森林、野生动物、植物、生态环境保护、藏语文的使用、文物保护管理、宗教信仰自由、婚姻法的变通等方方面面。不难看到，在西方某些人大喊大叫所谓“西藏人权”问题之时，中国共产党、中国政府和西藏自治区党政部门早就为根本改善西藏人权状况脚踏实地地做了大量卓有成效的工作，为西藏人民群众的生存和发展提供了越来越优越的条件和法律保证。西藏自治区贯彻执行的全国人大的有关法律、法规，以及自治区人民代表大会通过的地方法规的内容完全符合世界人权宣言和联合国宪章有关人权的阐述。

西藏人民过去缺乏政治权利和个人权利、绝大多数没有自由的农奴听命于少数三大领主的摆布，现在人民成了社会的主人，有了自己民选的立法机关——各级人民代表大会。人代会代表人民行使着立法和监督权利。堆龙德庆县有县级人大代表96人，其中有农民、牧民、干部，也有民主改革前的上层人士和宗教界的喇嘛、尼姑。在每次县人代会上，代表们都提出几十项提案，大家讨论后提交县政府和法院、检察院，由他们研究处理后答复给代表。1991年县财政超支，县人大召开常委会，向政府提出：要设法调整，1992年政府采取了措施控制经费开支。人民代表发现县内个别地方对森林保护不够，有乱砍乱伐现象，县人代会研究作出保护森林决议，杜绝了这种现象。1993年县政府换届选举时，依据代表们投票的结果两名副县长候选人落选。这充分证明，西藏人民真正成了主人，有了当家做主的权利，并且能根据多数人的意愿选择政府的官员。这种主人意识大大调动了西藏人民参与社会主义建设的积极性。由此不仅可以反映出西藏人民的良好人权状况，也说明了西藏的立法和立法机关对西藏社会主义现代化建设的重要关系。

由于中央政府和西藏自治区政府十分重视西藏地区的现代化建设和人民生活，由于中国的宪法和各种法律以及西藏所制定的各种法规的保障，使西藏人民的人权日臻完善，西藏地区的社会，发生着日新月异的可喜变化。西藏人民在实践中深切体会到，只有在中国共产党领导之下，在祖国大家庭中，依靠国家的法律保证，通过自己不懈的努力，加上全国各族人民的帮助，实现西藏的现代化，才能够进一步完善自己的人权。

西藏宗教信仰和西藏人权问题*

西藏绝大多数群众都信仰藏传佛教。藏传佛教是佛教的一种，它有一般佛教的内容，又有自己的特点。一进入西藏，就会见到用金顶装饰的宏伟寺庙，有神秘色彩的塑像和壁画，寺庙内外大量的僧尼，络绎不绝朝佛的人群，使人强烈地感受到不同于其他地方的浓重宗教氛围。近年来，以达赖为首的分裂主义分子和一些国外反动势力，吵嚷什么中国共产党在西藏毁灭了宗教，侵犯了西藏人民的宗教信仰权利。这种蛊惑人心的宣传使西藏的宗教信仰问题更加引人注目。那么，到底西藏的宗教信仰情况如何呢？我们于1992年、1993年两次到西藏进行实地调查，了解到西藏地区宗教信仰方面真实而具体的情况。现将调查所得和对有关问题的分析、认识介绍如下，以供读者参考。

一　中国有关宗教信仰的立法符合国际公认的人权要求

保护宗教信仰自由权利是人权中个人权利的一种，1948年联合国大会通过的《世界人权宣言》中规定："人人有思想、良心和宗教自由的权利；此项包括改变他的宗教和信仰自由，以及单独或集体、公开或秘密地以教义、实践、礼拜和戒律表示他的宗教和信仰的自由。"在1984年联合国大会通过的另一个文件《公民权利和政治权利国际公约》中又规定：任何人不得遭受足以损害他维持或改变他的宗教信仰自由的强迫。①

人权并不是资本主义的专利，社会主义从一开始便与实现真正的人权相联系。社会主义的思想体系能从本质上认识到宗教和宗教信仰，可以自觉地认识到宗教是一种社会意识形态，是一种社会历史现象，其社会根源和认识根源将长期存在；宗教信仰是个人的私事，是思想信仰问题，因而不能用简单的、行政命令的方法去禁止它。中国共产党人和宗教有着不同的意识形态，不信仰任何宗教，但是，中国共产党人深知宗教是一个十分复杂的问题，即使人类进入社会主义社会以后，宗教仍将长期存在。

中国共产党一贯主张宗教信仰自由政策，这是根据马克思列宁主义制定的、真正符合人民利益的宗教政策。共产党人代表群众利益，尊重人民群众的感情，当群众有宗教信仰要求时，就把群众的这种宗教信仰视为群众的自身利益，而加以尊重和保护；当一些群众已经不

---

* 原刊于《民族研究》1997年第4期，第25—33页。（中国佛教协会编：《研究动态》1997年第6期转载。）

① 董云虎、刘武萍编著《世界人权约法总揽》，四川人民出版社1990年版，第962、977页

再信仰宗教时，也尊重群众的这种信仰的改变。新中国成立后，国家明确规定实行尊重和保护宗教信仰自由的政策，每个公民都享有宗教信仰自由的权利。宗教信仰自由政策的实质，就是要使宗教信仰问题成为公民个人自由选择的问题，成为公民个人的私事。国家既不推行某种宗教，也不禁止某种宗教，它不会像历史上或现实某些国家或政权所做的那样，人为地宣布禁止某一种宗教或某一种教派。当然国家也不允许宗教干预国家行政、司法、学校教育和社会公共教育。这种宗教政策是最符合广大群众利益的宗教政策。这不是权宜之计，而是中国共产党和中国人民政府的长期方针。

早在中华人民共和国成立之初，中国人民政治协商会议通过的《共同纲领》中就明确规定："中华人民共和国人民有思想、言论、出版、集会、结社、通讯、人身、居住、迁徙、宗教信仰及示威游行的权利。"并在第六章"民族政策"中强调："各少数民族均有发展语言文字、保持或改革其风俗习惯及宗教信仰的自由。"以后历届《中华人民共和国宪法》中都明确规定了有关宗教信仰自由的条款。如1982年《宪法》中"公民的基本权利和义务"中明确规定："中华人民共和国公民有宗教信仰自由。任何国家机关、社会团体和个人不得强制公民信仰宗教或者不信仰宗教，不得歧视信仰宗教的公民和不信仰宗教的公民。"在1984年《中华人民共和国民族区域自治法》中有更细致的规定。这就使人们的宗教信仰自由有了法律上的保障。当然，这种信仰也需要符合法律，在联合国大会通过的《公民权利和政治权利国际公约》中又规定："表示自己的宗教或信仰的自由，仅只受法律所规定的以及为保障公共安全、秩序、卫生或道德、或他人的基本权利和自由所必需的限制。"我国的《宪法》中也规定："国家保护正常的宗教活动。任何人不得利用宗教进行破坏社会秩序、损害公民身体健康、妨碍国家教育制度的活动。"中国共产党和中国人民政府就是依据这些原则来正确地对待和处理宗教问题的。而这些原则又完全符合国际人权的共同原则。鉴于中国民族众多，社会发展不平衡，宗教信仰复杂，中国共产党对待宗教问题采取了稳妥、慎重的方针。在绝大多数群众信仰宗教的西藏，对宗教问题更是采取了十分慎重的态度。在我们讨论西藏宗教信仰权利的时候，首先要了解过去西藏宗教信仰的历史和在宗教方面的人权状况。

二　西藏宗教信仰的历史和人权状况

公元7世纪前，在西藏社会中占统治地位的宗教信仰是当地土生土长、崇信多神的原始宗教——苯教。藏传佛教是印度佛教、中国汉区佛教传入西藏后，经历了与本教的长期斗争、交融、吸收而逐渐形成的。佛教徒将佛教在西藏的发展分为"前弘"、"后弘"两个时期。"前弘"期始于7世纪前期吐蕃赞普松赞干布时期。后来吐蕃王室、贵族中部分人崇奉土著本教，极力排斥佛教。至9世纪中期，达磨赞普继位后在吐蕃全境禁止佛教流传，此后佛教在西藏终止流传达一百余年。"后弘"期始于10世纪后期，正值藏族社会向封建农奴制度过渡的时期。它在发展过程中出现了许多教派和教派支系，并与当地封建政治势力紧密结合，形成政教合一的封建农奴制的统治结构。藏传佛教先后出现的教派主要有宁玛派、噶当派、萨迦派、噶举派、格鲁派以及一些小的教派如希解派、觉域派、夏鲁派、觉囊派等。早在13世纪，萨迦派领袖班智达衮噶坚赞及其侄八思巴归附蒙古，后八思巴被忽必烈封为国师，不久又受封帝师。以八思巴为首的萨迦派在西藏建立起全藏性的政教合一地方政权。“后弘期”各教派在形成和发展过程中，开始具备了藏传佛教的基本特征。后来有影响的教派主要是四大教派：宁玛派（又称红教）、噶举派（又称白教）、萨迦派（又称花教）、格鲁派（又称黄教）。藏传佛教教派林立，各教派以寺院为据点，依恃僧众和信徒的拥护，树立旗帜，有的教派得到中央政府的支持或与地方实力集团合流，组成政教合一形式的特殊体制，这种教派往往显赫一时，教派之间也往往彼此倾轧斗争，互有消长；另一些教派则以宗教活动为务，不大过问世俗政治，仅依靠本教派信徒的布施来维持，由于政治上、经济上不能自保而日渐式微，甚至为其他教派所合并或黯然消失。对后世影响最大的格鲁派就是在这种背景下创立的。格鲁派形成最晚，而势力最大。它是15世纪初由藏族高僧宗喀巴在噶当派的基础上整顿、改革宗教而创建的。宗喀巴创建的教派得到明朝永乐皇帝的确认和支持，后来便迅速发展起来，先后建立了一批有影响的大寺庙，如甘丹寺、哲蚌寺、色拉寺、扎什伦布寺，称为藏传佛教四大寺院。16世纪中叶以后，在与其他教派斗争的过程中，其势力更加扩展，形成了政治、经济实力远远超过其他教派的格鲁派寺庙集团。格鲁派的发展，更加强了僧俗联合的政教合一制度。格鲁派禁止喇嘛娶妻，其宗教首领采取噶举派首创的活佛转世的承袭办法。格鲁派的形成标志着藏传佛教发展的高峰。清朝建国，独崇格鲁派，顺治十年（1653）清廷正式册封达赖喇嘛，康熙五十二年（1713）正式册封班禅额尔德尼。从此历辈达赖、班禅的转世与坐床，都经中央政府明令授封，以确定其职权名位，成为定制，形成了格鲁派的达赖和班禅两大活佛转世系统，分别治理以拉萨为中心的前藏和以日喀则为中心的后藏。①

藏传佛教对藏族社会的政治、经济、文化都产生了巨大影响。在西藏民主改革前，西藏一直由西藏地方封建政府、贵族、寺院三大领主统治。达赖、班禅在宗教上和政治上都特殊的地位。地方政府的决议，不经过寺院代表的同意，是难以生效的。在旧西藏，不仅各级政府设堂办案，大的寺院也设有法官，审理僧人中的案件。大寺院也可以设关押所，拘留和毒打群众。法律也掌握在寺庙和上层喇嘛手中，宗教戒律和寺庙法规都有法律上的效力。寺庙和上层喇嘛可以对下层贫苦喇嘛、寺庙领地的农奴进行体罚甚至施以酷刑，严重地侵犯了西藏人民的自由权、人身权。

民主改革以前，作为西藏三大领主之一的寺院，占有大量耕地，寺院所属耕地占西藏实耕土地的39%。每一个寺院都是一个经济实体。各寺院中，又以拉萨三大寺占有的土地、牧场、牲畜、农牧奴数量最大。② 我们调查的堆龙德庆县乃穷乡的桑通曲溪就是哲蚌寺的庄园。西藏地区地租关系的推行，以寺院最为活跃。寺院也是西藏最大、最活跃的高利贷者，据20世纪50年代初估计，寺院债务约占西藏放债总和的80%。民主改革前，对甘丹寺所属1200户农牧民的调查表明，其中923户欠债，欠一千克青稞的109户，欠一万克青稞的25户。宗教上层通过租税、高利贷和商业盘剥，对劳动人民进行残酷剥削。不仅如此，西藏地方政府全年的财政收入的一半用来供养寺庙僧人。过去，西藏寺院使社会和群众背负着沉重的经济负担，严重影响着社会的进步和群众的生活。

---

① 参见王森《西藏佛教发展史略》，中国社会科学出版社1987年版，第165—207页。

② 参见冉光荣《中国藏传佛教寺院》，中国藏学出版社1994年版。

在社会生活、生产活动中，宗教的影响也十分广泛。人们的衣食住行、婚丧嫁娶、生老病死无不受到宗教的影响。实际上，多数西藏人一生下来就受到宗教的洗礼，婴儿的命名往往要由喇嘛来主持。西藏传统的节日都是由寺院主持的宗教节日。生产上有很多宗教禁忌，不少活动要经过寺庙喇嘛占卜。人们都要祈祷、念经，还要到寺庙中烧香、拜佛，布施钱物，花费很大。宗教上的经济消耗把已经十分贫困的人民弄得更加贫困，严重地影响着人们的生存权和发展权。西藏解放前有僧人达 12 万之多，占总人口的 10%，使大量的社会劳动力进入寺院，把劳动力变成基本上不从事生产的人。佛教多数教派禁止僧人娶妻生子，使社会人口递减，对藏族的发展造成严重威胁。

在封建农奴制度下西藏人民不可能充分享受宗教信仰自由的权利。一方面，一些人被迫成为僧人。如在一些贵族和寺院上层认为需要增加僧人的中小寺庙中，根据僧侣、贵族的硬性规定，一家有数名儿童必须抽一个儿童入寺当僧差，一些农奴家的儿童只好入寺为僧人。还有的领主许愿新建的中小寺庙中，在所属百姓中强行摊派甚至抓丁为僧。还有一些贫困的农奴家庭，迫于生计不得已送子女出家为僧为尼。这些下层僧尼入寺后主要从事繁重的体力劳动，很少参加真正的宗教活动。另一方面，并非所有的人都有宗教信仰自由的权利。比如根据所谓“四障碍”规定，奴隶、债务人、屠夫、铁匠，甚至五官不正者都不能入寺当喇嘛。在寺庙中等级森严，比如色拉寺喇嘛有 12 个等级。普通喇嘛地位低下，有多种负担，要支勋差（即公差），还要外出化缘。

总之，封建农奴制度下藏传佛教的畸形发展，是造成西藏地区人权状况极差的重要原因。

三　新中国成立后对西藏的宗教政策和西藏人权状况的改善

中国共产党和中央人民政府致力于和平解放西藏，经过复杂而艰巨的工作，反复协商，终于 1951 年 5 月圆满达成了《中央人民政府和西藏地方政府关于和平解放西藏办法的协议》。协议共 17 条，其中第 7 条是有关宗教问题的：“实行中国人民政治协商会议共同纲领规定的宗教信仰自由政策，尊重西藏人民的宗教信仰和风俗习惯，保护喇嘛寺庙。寺庙的收入中央不予变更。”这样就以政府的名义明确提出了保护西藏人民的宗教信仰权利的问题。进军西藏的中国人民解放军严格执行中国共产党的宗教信仰自由政策。进军西藏的中国人民解放军十八军事先制定了《进军守则》，其中从 28 条至 32 条都是有关尊重西藏人民宗教信仰权利、保护西藏寺庙的明确规定：

第 28 条：保障西藏人民信教自由，保护喇嘛寺庙，一切宗教设施，不得因好奇而乱动，更不得在群众中宣传反迷信，或对宗教不满的言论。

第 29 条：未经同意不住寺庙，不住经堂。

第 30 条：战时严禁借住或参观喇嘛庙，平时如欲参观，必须先行接洽，在参观时不得随意摸弄佛像，不得吐痰放屁。

第 31 条：如有喇嘛要求参军，概不收留，并应妥为劝说送回寺院。

第 32 条：不得在寺庙附近捕鱼、打猎、打鹰雕、宰杀牲畜；不得到“神山”砍柴、游逛，更不得随意打枪。

此外，十八军还规定了《入城纪律》，其中第12条规定：“进入拉萨后，一切人员均不得到布达拉宫、三大寺、电厂，以及拉萨当局之高级官员住宅驻扎和参观。”这种严格细致的条令，体现了中国共产党和中央人民政府的宗教信仰自由政策。解放军尊重藏胞的宗教信仰，保护寺庙，丝毫不触动沿途的经幡、玛尼堆，宁肯住帐篷、甚至露宿街头，也不入寺庙。中央人民政府代表张经武到西藏不久，就给三大寺、大小昭寺、上下密院发放布施，并在以后每年传昭时给僧众发放布施。共产党、解放军尊重和保护西藏人民宗教信仰自由权利的做法，深受广大西藏僧俗群众和宗教上层人士的欢迎和赞扬。

过去达赖和班禅不团结，致使十世班禅额尔德尼长期羁留在青海，不能返回西藏。中央人民政府为了维护西藏的安定团结，多方工作，促进达赖和班禅两大活佛的和好，并于1951年12月19日在西北军政委员会驻班禅行辕助理代表牙含章的护送下。班禅及班禅堪布会议厅全体官员，从西宁起程返藏，历时4个多月，于1952年4月8日到达拉萨。班禅在拉萨同达赖进行了历时性的会见。班禅于6月23日返抵日喀则。藏传佛教内部格鲁派两大系统之间将近三十年的不和，在民族政策的感召和中央人民政府的主持下，在和平解放协议的基础上得到化解。两位宗教领袖实现了团结，这是西藏宗教发展史上的一件大事，是西藏信教群众的一件大喜事。

中国共产党和中央人民政府保护西藏人民的宗教信仰自由权利的一系列做法，都是有案可稽、有目共睹的。党和政府一贯保护和尊重藏族人们的宗教信仰和风俗习惯，并多次通过政策法规贯彻实施，一些规定十分具体细致。例如，1957年6月西藏工委办公厅和西藏自治区筹委会办公厅发出通知：“藏历4月是佛祖释迦牟尼诞生、转法轮、涅槃的纪念日，故在全月禁止杀生”，并“通知全体工作人员在此期间严格禁止杀生。”就是在平息西藏上层分裂集团的叛乱时也坚持了这一原则做法。1959年3月20日发布了《中国人民解放军西藏军区布告》，其中明确规定：“尊重群众宗教信仰和风俗习惯，保护喇嘛寺庙，保护文物古迹。”表明了政府在宗教信仰问题上的一贯立场。

鉴于西藏历史和现实情况的特殊，在全国绝大部分地区都已经进行民主改革的情况下，西藏地区的封建农奴制度未予改变。经过了8年，当1959年达赖喇嘛分裂集团叛乱外逃后，民主改革的条件已经成熟时，才根据广大西藏人民的意愿，进行了民主改革。

在西藏进行民主改革时，根据广大农奴和贫苦喇嘛的强烈要求，政府宣布废除寺庙中违反广大人民根本利益、违反寺庙僧尼利益、也违反佛教教义的各种政治特权、封建特权和封建剥削，对上层喇嘛依据叛与未叛的界限对生产资料分别实行没收和赎买的政策。在这一过程中仍然按照党的政策把政治问题同思想信仰问题区分开来。在1959年7月17日通过的《西藏自治区筹委会关于进行民主改革的决议》中明确指出：“保护宗教信仰自由，保护爱国守法和有历史意义的寺庙和文物古迹，在民主改革当中，必须继续贯彻执行。在寺庙中必须开展反对叛乱、反对封建特权、反对剥削制度的三反运动。对于爱国守法的寺庙的土地和其他生产资料，实行赎买政策。对于喇嘛的生活，由政府统筹安排。寺庙的收入不够正当开支时，采取补贴的办法予以解决。”根据这一政策，西藏人民既摆脱了寺庙的封建压迫和剥削，又能享受到宗教信仰的权利。寺庙中爱国守法僧尼的公民权得到保护，包括他们参加劳动、学习和信仰宗教、志愿当僧尼或还俗的权利。在改革过程中，按照自己的意愿，一部分僧人继续留在寺庙，一部分僧人还俗，成为自食其力的劳动者。寺庙内僧人学经、辩经、考试等正常宗教活动仍照常进行，群众仍可自愿给寺庙布施。寺庙成立民主管理委员会。从此，在西藏地区实行宗教信仰自由政策的同时政教分开，藏传佛教走上了新的发展道路。在西藏只有废除了封建农奴制，宗教摆脱了三大领主的桎梏以后，人们才真正享受到包括宗教信仰自由权利在内的各种人权。

1966 年给全国各族人民带来严重灾难的“文化大革命”开始了。由于“四人帮”的倒行逆施，过去很多正确的、行之有效的政策遭到破坏，不能贯彻执行。党和政府的宗教政策也遭到破坏。在全国范围内宗教信仰这种属于个人的事，受到了批判，一些寺庙遭到破坏。在这样一种不正常的时代，人们的宗教信仰自由受到限制。在西藏也不例外，人们正常的宗教信仰受到干扰和限制，正当的宗教活动被禁止，不少寺庙遭到破坏，引起了信教群众的不满，造成了严重的后果。由于党中央和国务院的直接关心，一些著名的寺庙和历史文化建筑得以保存下来，如著名的布达拉宫、大昭寺、哲蚌寺、色拉寺等。但是也有一些寺庙被毁坏，如著名的甘丹寺、噶举派主寺楚布寺、历史上著名的印经中心那塘寺等都受到严重破坏，造成不可挽回的损失，令人痛心。班禅大师对此作出了正确的阐述。他说：“‘文革’的破坏，并不是专对西藏的，它是一场全国性的大灾难，某些方面，内地的损失比西藏地方更惨重。”① 他还指出：“利用这种历史的灾难制造耸人听闻的舆论，甚至把他夸大成所谓‘种族灭绝’，更是别有用心。”②

粉碎“四人帮”以后，党的宗教政策逐步得到恢复和落实。政府重申了宗教信仰自由政策，并拨出大量款项恢复和维修寺庙。现在西藏已有 1700 多处包括寺庙和拉康在内的宗教活动场所。在西藏，不仅自治区有中国佛教协会西藏分会，而且西藏各地市都有佛教协会。全西藏 200 多万人口中，有近 4.6 万僧人，约占总人口的 2.3%。在西藏，宗教界人士不仅可以从事宗教活动、管理寺庙，还能参政议政。自治区各级人民代表大会和政协委员会中，都有相当比例的宗教界代表人物。1993 年堆龙德庆县召开的县第四届政协委员会的 37 名委员中，有 7 名宗教界人士，占全体委员的 19%。人民政府高度重视活佛转世这一藏传佛教特有的传承方式，活佛可以按各教派的宗教仪轨寻访、认定，经政府批准转世。在党和政府的关怀下，1992 年噶举派十六世噶玛巴活佛和最近十世班禅大师的转世，严格按照宗教仪轨进行，并经国务院正式批准，圆满完成，成为西藏宗教界和佛门盛事。人们可以自由地到寺庙中朝佛、转经、祈祷、布施。总之，西藏的宗教信众可以进行各种佛事活动，西藏僧人和信徒享有充分的宗教信仰自由。

四　西藏宗教信仰人权状况的实地考察

我们两次深入西藏对人权状况进行实地考察，宗教信仰情况是调查的重点之一。我们访问了有代表性的寺庙，与宗教界人士进行座谈交流，并且广泛地深入农牧民家庭中做入户调查，耳闻目睹了西藏宗教信仰的真实情况。

1992 年 10 月 4 日，在中国佛教协会西藏分会我们访问了中国佛教协会西藏分会副主席

① 彭建群：《班禅大师一席谈》（下），《民族团结》1988 年第 6 期。

② 《西藏日报》1989 年 1 月 26 日。

兼秘书长、著名的策墨林五世活佛策墨林·丹增赤烈。策墨林是藏传佛教格鲁派四大活佛驻锡地（四大林）之一。历世策墨林活佛在藏传佛教界有很高的地位。丹增赤烈活佛热情地向我们介绍了他的身世和他对宗教信仰的看法。其实他的不平凡的身世本身就说明了中国共产党对宗教信仰自由政策的一贯态度。原来他出生在山南乃东县，1950年降生三个月后便被认定为策墨林五世活佛。西藏和平解放后，1953年他三岁来到拉萨，六岁就担任西藏佛教分会的常务理事，八岁到色拉寺学经，后又在大昭寺少年活佛班学习。在党的政策遭到破坏的“文革”时期，他被下放劳动。十一届三中全会后，落实了宗教和统战政策，在1982年第四次西藏佛教协会上被选为副主席和秘书长。丹增赤烈活佛兴奋地谈道：“现在的宗教政策非常好，广大佛教信众的宗教信仰都得到了满足。群众朝佛、供奉佛像、请喇嘛念经都很自由。拉萨三大寺的年长喇嘛都是五保户待遇。国家还一次拨款50万元给我们刻印卷帙浩繁的《甘珠尔》经，真是功德无量的事。”他也坦率地提到目前尚有不足之处，比如一些寺庙中懂佛经的老喇嘛太少了，需要培养一批谙熟佛经、懂得修行仪轨的佛学人才。对丹增赤烈活佛的访问使我们深切地感受到中国的宗教信仰自由政策是得人心的，同时丹增赤烈活佛爱国爱教的精神也给我们留下了深刻印象。

10月7日我们到位于拉萨市中心的大昭寺参观。大昭寺门前有几十位僧俗信众在虔诚地磕头，有的满身灰尘，显系远道而来。正殿内信众们在释迦牟尼的鎏金像前匍匐叩头礼拜，十分虔诚。我们还见到僧院中数十位僧人习经辩论。其中一些人站立，向对手拍手问难，一些人坐在地下答辩，场面极为热烈、认真。我们的导游是年仅24岁的尼玛次仁喇嘛，他懂藏、汉、英三种语言。对大昭寺的佛殿、佛像、绘画十分熟悉。我们问他为什么皈依佛法、落发为僧时，他坦诚地说：“我上小学时，附近的经师和崇信佛教的父母教导说，做僧人可以成为道德高尚的人，1985年小学毕业后我就来到大昭寺当僧人，后来又到北京中国藏语系高级佛学院学习。”他还很爽快地说：“我对政府的宗教政策是满意的，现在僧俗信众都是满意的。”

10月8日我们在西藏自治区文化厅甲央副厅长的陪同下，参观了正在维修的布达拉宫。布达拉宫既是历辈达赖喇嘛坐床和举行重大宗教活动之处，又是达赖喇嘛的寝宫；既有达赖喇嘛生前办事的场所，又有八座达赖喇嘛的灵塔。其中很多文物都有数百年乃至上千年的历史。在帕巴拉康佛堂内，供奉着土蕃王朝的缔造者松赞干布的本尊像。此殿堂是唐代的原物。甲央厅长指着殿顶上数根已断裂的木檩对我们说：“这些木檩年长日久，已经受不住殿顶的重压，如不尽快维修，国家的重要文物将要受到严重损失。整个布达拉宫需要维修的地方不少，国家经过专门研究考察后。一下子拨出4000万元巨款，用于维修这座享誉中外的宫殿。”后来我们得知，国家为维修布达拉宫先后共拨出5000余万元的工程巨款和黄金、白银等重要维修物资，历时5年，于1994年维修竣工，不仅保护了这座宏伟的建筑，还保护了建筑物中的全部艺术品和宗教文物。

10月11日我们访问了堆龙德庆县境内最大的寺庙——楚布寺。寺民管会主任罗追喇嘛热情地给我们介绍该寺情况。这是噶玛噶举派的祖寺，已有900多年的历史。藏传佛教的第一个转世活佛就在这个寺庙中产生。现在已传到十七世。罗追喇嘛认真的介绍了前不久在政府的大力支持下，十六世噶马巴活佛转世、十七世噶马巴灵童寻找、认定、坐床的详细经过。这一过程完全按照十六世噶马巴活佛的转世遗嘱和宗教仪轨进行。他还特意取出珍贵的遗嘱给我们看，并逐字逐句地讲解给我们听。我们看望了十七世噶马巴赤列多吉活佛，后来我们又会见了自印度回国的珠奔活佛。新坐床的噶马巴活佛的佛事、学习、起居都按照该寺的传统安排得井然有序。他按时起床、念经、看书、学习藏文、接待信徒。他的经师是德高望重的土登洛桑喇嘛。所有这一切都告诉我们：该寺的宗教活动在正常有序地进行，僧俗信众的宗教信仰自由得到了充分的保障。

1993 年 8 月我们来到著名的哲蚌寺，这次是来参加一年一度的雪顿节晒佛仪式。我们天不亮就来到哲蚌寺西面的半山腰，以便观看山对面的晒佛场。晒佛场很大，一百多僧人一起才能扛动的巨大佛像已经卷放在那里。山谷两侧都是参观的人群。8 时许，晒佛仪式开始，由一百多位僧人展开大佛像，诵经声和法号声在山谷中回荡。成千上万的人瞻仰、参观。整个活动按传统仪式举行。看到这样的宗教仪式，谁还能说在西藏没有宗教信仰自由呢。

1993 年 9 月我们到日喀则地区拉孜县调查时，参观了著名的萨迦寺。萨迦寺在萨迦县境，是藏传佛教萨迦派的祖寺。在元代，这里曾是西藏地方政治中心，第五祖八思巴被元世祖忽必烈封为帝师。这里比起比拉萨三大寺和日喀则扎什伦布寺显得偏僻一些，但仍有大批信众、游客络绎不绝地前来礼佛、参观。寺中保存有大量珍贵文物、档案和经典。

西藏自元代以来，萨迦派、噶举派、格鲁派先后掌权，有时斗争十分残酷。现在根据宗教信仰自由政策，各教派之间没有根本的利害冲突，都可以根据自己教派传统进行宗教活动，加强了互相之间的联系和团结。目前西藏各教派之间的和谐关系，是历史上从来没有过的。在我们调查的拉萨市堆龙德庆县的乃穷乡、古荣乡和日喀则地区拉孜县的柳乡，各居民点附近都有寺庙和经堂，信教群众在家中供奉的佛龛前按时祈祷、点酥油灯，有时还请喇嘛到家中念经。在堆龙德庆县乃穷乡的桑通曲溪这个自然村，我们访问了才旦央吉一家。她家生活富足，除承包责任田外，还在村里办起了磨坊，并与别人合伙经营汽车运输。她家的精致的描花漆柜上依次摆放着供奉诸尊佛像的佛龛、班禅大师的遗像和金色的香炉。当我们问她家都有什么佛事活动时，她说："我们家佛龛前经常点着酥油灯，每年要请喇嘛念一两次大经，每次请 3 个喇嘛，至少要念 7 天，农闲时我们还到三大寺去朝佛。"她还说："我们佛教徒讲行善，凡是孤寡老弱来磨坊磨面，我们都不收钱。"我们访问过的许多藏族群众都对我们说："过去我们生活很贫困，在佛龛前点灯的酥油都没有，现在每人都可以点几盏明亮的酥油灯了。过去我们请不起喇嘛念经，现在可以请得起了，有时一年还要请两次。过去我们一年到头，为领主支差干活，没有什么时间朝佛，现在生活好了，交通方便了，我们可以坐着汽车去朝佛，参加宗教节日活动。"看来，他们对政府的宗教信仰自由政策十分满意。

五　对西藏宗教信仰和人权的几点认识

通过对西藏宗教历史和现状的了解和分析，我们对西藏宗教和人权问题的认识有所深化，有所提高。

1. 西藏的宗教信仰有其特殊性。由于过去实行政教合一制度，臣民即是教民，形成了几乎全民信教的特殊状况。到目前仍然是绝大多数人信奉藏传佛教。宗教对信教群众影响深重，信教的虔诚度比中国其他多数地区要深得多。在西藏，宗教给信众们以全套的人生观，多方面地影响着人们的行为，甚至在很多方面有导向作用。佛教注重来世，信徒们把来世寄托在宗教上。藏传佛教有活佛转世的制度，信教群众往往把活佛这样的宗教领袖视为神圣。藏传佛教有活佛，这是与其他宗教很不相同的。因此，要充分认识西藏宗教的特点，深刻认识西藏宗教信仰的长期性和复杂性，要对藏传佛教进行多角度、多层次的深入研究，妥善处理宗教工作中出现的问题。在现阶段，妥善处理好宗教问题是使西藏民心稳定、社会稳定的关键问题之一。

2. 西藏的宗教信仰可以和社会主义相适应。在现阶段，全国各族人民都在团结一致地进行社会主义建设。以经济建设为中心，努力发展各项事业，缩小东西部地区的差别，改变少数民族地区相对落后的状况，尽快提高生产力水平和人民生活水平，实现现代化，是各少数民族的奋斗目标。尽管新中国成立后西藏地区经济、文化事业取得了历史上所没有过的巨大进步，发生了翻天覆地的变化，但是由于历史的原因，仍然是基础差、底子薄，与全国其他地区相比，差距十分明显。在爱国主义和社会主义问题上，不信教公民和信教公民是一致的。因此，宗教界要遵守社会主义现阶段的法律、法规和方针政策，反对以任何借口损害祖国统一，破坏民族团结，干扰和冲击社会主义经济建设这项中心工作。宗教界还可以通过自己的教义中的积极因素，如宗教道德规范中与社会公德相通的部分，客观上起到协调和处理社会、人际关系，维护社会稳定、祥和的作用，做些力所能及的公益善事，在发扬民族传统文化，研究哲学、医学、天文、历法，整理经典文献方面都可以做出自己有益的贡献。有些与社会主义不相适应的宗教习俗，也会逐步发生变化。我们在堆龙德庆县调查时注意到，佛教不杀生的戒条，已经开始改变。原来农田发生虫灾，认为是天意，只能向神佛祈祷，不能灭虫，束手无策，致使闹虫灾的农作物减产或绝收。在堆龙德庆县的乃穷乡为了农作物的丰收，已经开始打农药，消灭害虫。但为照顾宗教习惯，在藏历四月（宗教月）不打农药。实际上，在当地已经形成了有利于农业经济发展的新的宗教习俗。又比如西藏的很多信众不是像过去那样只修来世，而是越来越重视现世，满意社会的进步，尽力使自己和自己的家庭在当世过上美好的生活。再如过去寺院依靠庄园、属民和特权养活自己，现在除政府拨款、家庭供给和信徒布施外，还依靠自力更生，采取多种经营，以寺养寺。如扎什伦布寺以刚坚公司为经济后盾，以农林牧为副业，还开设商店等服务性行业，每年收入可达100万元，全年基本上能做到收支平衡。

3. 西藏除绝大多数人信仰藏传佛教外，还有一部分人信仰伊斯兰教和天主教。正确贯彻宗教信仰自由政策还有很多具体工作要做。要大力加强西藏宗教工作部门的力量，认真贯彻党的宗教信仰自由的政策。要培养一批熟悉宗教政策、了解藏传佛教、有志于建设西藏、热爱藏族人民的宗教工作干部，特别是藏族干部是当务之急。团结爱国爱教的宗教界上层人士，对寺庙要依法加强管理，建立和完善寺庙管理的法律、法规，健全寺庙管理制度，完善寺庙民主管理委员会的功能，以保障僧人和信众们的宗教信仰权利。同时采取具体措施培养懂得宗教教义、熟悉经典和仪轨爱国爱教的僧人，解决一些僧人在学经、生活等方面的困难。政策上要保持连贯性和稳定性。同时又要使宗教活动在法律的轨道中运行，不能妨碍公共安全和他人的基本权利和自由。利用宗教活动制造骚乱、进行分裂活动不仅违反宪法和其他有关法律，也是违反国际公约的。

4. 反对达赖集团利用宗教进行分裂和破坏活动仍是今后一件重要、长期的工作。西藏是中国领土的一部分，中国在西藏的主权是不容置疑的。至今没有一个国家承认达赖集团的所谓“流亡政府”就是最好的证明。然而达赖集团仍然在西方某些反华势力的政治和金钱的支持下大肆进行分裂活动。这种反华势力历史上就有长期侵略中国的劣迹，现在又是反对社会主义、不愿意中国强大的政治势力。他们把西藏作为“西化”和“分化”中国的一个突破口，把达赖集团作为自己手中的玩偶，让他们在前台摇旗呐喊，以达到扰乱中国实现社会主义现代化建设的目的。达赖集团进行分裂活动，在西藏境内主要是以达赖本人在藏传佛教中的特殊地位和影响，通过宗教渠道，利用寺庙僧人进行。在他们手中，宗教完全成了分裂祖国的政治工具。要看到一些国外势力还会继续支持达赖集团的分裂活动。因此，对达赖集团不能掉以轻心。要有效地抵制达赖集团的分裂活动，在分裂与反分裂的原则问题上，态度要坚决，旗帜要鲜明。

历史上华北地区的民族变迁*

一　历史上华北地区的少数民族

中国自古以来是一个多民族国家，汉族和各少数民族人民为祖国的缔造与发展都做出了重要贡献。中国的历史是以汉族和各少数民族，包括历史上存在后来已经消亡的民族形成、发展、共同前进的历史。

中国的华北地区包括华北平原和内蒙古高原，这里历来是汉族和少数民族接触、交往、融汇之地。华北是中国古代少数民族活动的重要地区，发生了很多有影响的重要事件。研究这一地区历史上的民族变迁对深入了解这一地域的历史和文化具有重要意义。

（一）先秦至两汉时期

在中国古代的原始社会时期，中国尚未有民族之分，但后来民族的先民逐渐有了历史传说和记载。如著名的黄帝和蚩尤的战争。约在四千多年以前，黄帝战胜炎帝后，在今河北涿鹿县境内与蚩尤部落大战，蚩尤战死，东夷、九黎等部族融入了炎黄部族，形成了今天中华民族的最早主体。① 在中国的商、周时期，民族历史有了新的发展，关于民族的记载也渐渐多起来。在殷商的甲骨文中、在周代的铭文中，都有关于民族先民的记录。

春秋战国时期华北地区已出现突出的民族问题。编年体史书《左传》记载了华族与华族以外各民族的分布和互相之间的关系，以及互相接近甚至融会的过程。该书记载晋悼公和大臣魏绛讨论如何对待山戎事。晋应属现今的华北地区。魏绛坚持“请和诸戎”，认为“和戎有五利焉。狄戎荐居，贵货易土，土可贾焉，一也；边鄙不耸，民狎其野，穑人成功，二也；狄戎事晋，四邻振动，诸侯威怀，三也；以德绥戎，师徒不勤，甲兵不顿，四也；鉴于后羿，而用德度，远至迩安，五也。”② 晋悼公最终接受了魏绛的建议，达到了“和诸戎狄以正诸华”的效果。魏绛考虑到当时的民族关系，提出了如何对待少数民族的思想和适当的民族政策，在当时是很有见地的。

---

* 原刊于《河北学刊》2011年第4期，第75—81页。（人民大学复印报刊资料《历史学》2011年第11期转载。）

① 《史记》卷1《五帝本纪》。

② 《左传》卷29，襄公四年。

赵国是战国时期位居今华北地区的一个诸侯国。赵武灵王向少数民族学习，推行“胡服骑射”，增强了国力，减弱了鄙视胡人的心理，拉近了民族间的距离，进而推进了社会发展和民族融合。这一发生在华北的有名历史事件是中原华夏族借鉴北方游牧民族优秀文化的成功例证，突出地表明了少数民族对中华民族发展的贡献。①

秦汉时期汉族逐渐形成。秦朝统一了中原，管辖着中国的东部和南部。当时东北的扶余、北部的匈奴、西北的月氏、西部的羌，都是有较大势力的少数民族。秦朝时期华北北部为东胡和匈奴控制。东胡也是强盛一时的北方民族，原与中原的燕国和赵国接触比较频繁，汉初被匈奴击败。匈奴是古代蒙古戈壁草原的游牧民族，分布地域很广，华北是其重要活动地区。秦始皇曾派大将蒙恬率大军北击匈奴，主要在今山西、内蒙古一带。②

两汉时期华北北部是鲜卑和匈奴统治。西汉时匈奴是汉朝北方最大的威胁。高祖时韩王韩信曾在马邑（今山西代县西北）降匈奴。后匈奴攻晋阳（今山西太原），引发著名的平成（今山西省大同市）之役，以汉高祖狼狈逃遁告终。③ 可见当时匈奴在这一带的强大势力。后来汉朝采取和亲政策，缓和了与匈奴的关系。汉武帝时国力强盛，开展了与匈奴的战争，其中华北的山西一带仍是重要战场之一。④ 后匈奴分裂为北匈奴和南匈奴，南匈奴进入中原内附，主要在今山西北部和内蒙古中西部一带。⑤ 汉元帝时王昭君被选到匈奴和亲，成为呼韩邪单于阏氏（王妻）。⑥ 王昭君的墓在今内蒙古呼和浩特市市郊。

秦、汉王朝与北方匈奴民族的关系是影响当时社会发展的重大问题，双方或征战或和谈，都表现出少数民族在中华民族形成过程中地位越加重要。而华北地区正是汉朝和匈奴相邻、往来最密切的地区。

（二）三国魏晋南北朝时期

三国时期魏、蜀、吴三分天下。魏居北方，与乌桓、鲜卑关系密切。分久必合的中国在三国的分裂局面后，统一于晋。晋朝时匈奴内迁，鲜卑南进，吐谷浑西移，形成了少数民族大迁徙的局面。从东汉到晋朝，华北地区的少数民族主要是鲜卑，其势力进至今河北、山西、内蒙古一带。⑦

短暂的晋朝中后期又发生了新的分裂。这一时期少数民族在中国政治舞台上影响扩大，地位提高，进入所谓十六国时期。十六国中有 13 个是少数民族政权，其中有匈奴 3，巴氐 1，羯 1，鲜卑 5，氐 2，羌 1。有的已进入中原建立政权，如匈奴建立的前赵、羯族建立的后赵、鲜卑族建立的前燕、后燕和西燕、氐族建立的前秦等。他们当中时间最长的不足 50 年，但他们的存在本身在中国民族史上就具有重大意义。其中对华北影响最大的是北部的鲜

---

① 《战国策》卷 19《赵策二》;《史记》卷 43《赵世家》。

② 《史记》卷 6《始皇本纪》。

③ 《汉书》卷 94《匈奴传上》。

④ 《汉书》卷 6《武帝本纪》。

⑤ 《后汉书》卷 89《南匈奴列传》;《资治通鉴》卷 47《汉纪》35。

⑥ 《后汉书》卷 89《南匈奴列传》。

⑦ 《三国志·魏书》卷 30《鲜卑传》。

卑和进入中原建立前秦的氐族。鲜卑是北方势力最大、占据地域最广的民族，因其不断南迁和西徙，拓跋鲜卑和东部鲜卑都占据着华北北部部分地区，晋咸康四年（338）拓跋什翼犍在繁峙（今山西省浑源县西南）建代国。① 前秦为氐族苻健所建，都长安（今陕西西安），盛时疆域东至大海，西抵葱岭，南控江淮，北极大漠，东南以淮、汉与东晋为界，包括了整个华北地区，是中国历史上第一个统一北方的少数民族政权。② 羯族建立的后赵、鲜卑建立的后燕也包括了华北广大地区，后赵建都襄国（今河北邢台），后燕定都中山（今河北定州）。③

东晋灭亡后，中国进入南北朝时期，基本是汉族和少数民族政权的对峙。南朝的辖地为中原和南方，继东晋后有宋、齐、梁、陈相继前后承接；北朝则建立了影响很大的北魏王朝。先是鲜卑拓跋部游牧于云中（今内蒙古托克托），后都于盛乐（今内蒙古和林格尔）。东晋太元十一年（386）道武帝拓跋珪称帝，太元二十年（395）在参合陂（今山西大同东南）大败后燕军，并乘胜南下夺取中山（今河北省定州市）、邺（今河北临漳西南）等重要城镇，拥有黄河以北地区，成为北方的强大势力之一。魏天兴元年（398）拓跋珪定国号为魏，迁都平城（今山西大同）。拓跋珪奖励农业生产，其奴隶主贵族也逐渐汉化转化为封建地主。他招纳汉族大地主参加统治集团，加快了鲜卑拓跋部的汉化进程。魏太平真君元年（439），太武帝拓跋焘以强大的武力灭匈奴赫连勃勃所建夏国，收北燕，取凉州，败柔然，完成统一北方大业。孝文帝拓跋宏大力改革，颁布均田令，迁都洛阳，提倡汉族文化，经济发展，国力大增。④ 作为以少数民族鲜卑族为主体的王朝，北魏占据北方广大地区，与南方的宋（后为齐）形成南北朝局面。北魏存在近一个半世纪，是少数民族在内地建立的地域宽、时间长、影响深远的王朝。北魏实行的胡人汉化政策，使少数民族迅速汉化，促进了包括华北地区在内的各民族的接近和融合。

后来，北魏社会矛盾、民族矛盾加剧，酿成大起义，分裂为东魏与西魏，后又分别演化为北齐、北周。这些政权都是鲜卑族为统治者，都有部分领土在华北，特别是位于东部地区的东魏和北齐几乎包括了今河北和山西全境。北齐定都邺城（今河北临漳），历代皇帝几乎每年都来往于晋阳（今山西太原西南）、邺城之间，晋阳被称作“别都”。两地都是华北重镇。

魏晋南北朝时期国家处于分裂、混乱局面，少数民族长期管领北方，往往以中国正统自居，这种格局对民族历史的认识和史书的撰述产生了重要影响。

（三）隋唐时期

自6世纪末，中国又走上统一的发展路程，再一次反映出中国这个多民族国家强大的凝聚力。隋、唐时期虽也是以武力为后盾实行民族压迫政策，但其政策比较和缓。隋、唐的皇

---

① 《魏书》卷1《帝纪第一昭成帝传》。

② 《晋书》卷112《载记十二苻健传》、卷113《载记十三苻坚传上》、卷114《载记十三苻坚传下》。

③ 《魏书》卷95《羯胡石勒传》；《晋书》卷104《载记四石勒传上》、卷105《载记五石勒传下》、卷123《载记二十三慕容垂传》、卷111《载记十一慕容暐传》、卷124《载记慕容宝传》。

④ 《魏书》卷2《太祖道武帝纪》、卷7《高祖孝文帝纪》。

室都有北方少数民族血统。唐朝对少数民族的羁縻政策已经系统、成熟，和亲政策也行之有效。其北制突厥，西连回纥，封回纥首领吐迷度为都督，开丝绸之路；南和吐蕃，实行和亲。

隋唐时期北方以突厥势力最强。突厥原与北周保持着和亲的良好关系。隋初时与突厥关系开始紧张，开皇二年（582）突厥军曾进攻隋朝的平州（今河北卢龙北），突厥派出的五个可汗所属骑兵40万人进入长城。①

唐朝初期太宗进攻东突厥，一部分突厥人远徙西北，有10万人归降唐朝。唐朝保存了他们的部落，不改其风俗习惯，将他们安置在今河北、山西、陕西、宁夏一带，设立定襄都督府、云中都督府管辖。这一带成为少数民族聚居之地。②

薛延陀是唐朝时期北方地区另一个有影响的游牧民族，自称“铁勒部人”，风俗大体与突厥族相同。居于漠北，先后从属于东突厥，有时也进入漠南。贞观十五年（641）其可汗发兵20万进攻东突厥，来到漠南，达到今呼和浩特以南地区。③

唐朝北部少数民族众多，唐室为便于统治，倚重能通多种胡语及了解少数民族风习的胡将。身为突厥族的安禄山身兼范阳、平卢、河东三节度使，掌控今华北地区。天宝十四年（755）安禄山趁唐朝内部空虚腐败，联合同罗、奚、契丹、室韦、突厥等民族15万士兵，在河北范阳（今河北涿州）起兵，河北州县立即望风瓦解。翌年安禄山占领洛阳称帝，又攻入长安。后其部将突厥人史思明降唐，被唐封为归义王，任范阳节度使。后史思明起兵再叛唐朝，乾元二年（759）拔魏州（今河北大名），称大圣燕王，后还范阳称帝，更国号大燕，不久被儿子杀死，长达七年的安史之乱才告结束。④ 唐代安史之乱以后，社会动荡，民族关系紧张，形成藩镇割据局面。藩镇中不乏少数民族政权，华北地区仍有多种少数民族存在。

（四）宋辽夏金时期

五代时期朝代更替频繁，梁、唐、晋、汉、周相继登场，其中有两朝统治者是少数民族。沙陀族人李克用之子李存勖灭梁，建后唐。此后沙陀人刘知远在晋阳（太原）称帝，辽兵北退后，他进入洛阳和开封，并在开封建都，史称“后汉”。当时又有十国，民族问题更为突出。此时契丹和奚族在华北北部有很大势力。

有宋一代，北宋与辽、西夏对峙，南宋与金、西夏鼎足。同时代还有西北的回鹘、西部的吐蕃唃斯罗政权、西南的大理政权，在约三个世纪的时间是汉族和少数民族王朝分立时期，这种民族关系的新格局对中国历史产生了深刻影响。

契丹首领耶律阿保机于公元907年统一契丹各部，并征服了奚、室韦、阻卜等部落，称汗建国，国号“契丹”。辽神册三年（918）建都皇都（今内蒙古巴林左旗南的波罗城）。

---

① 《资治通鉴》卷175；《隋书》卷53《达奚长儒等传》。

② 《新唐书》卷215《突厥传》。

③ 《资治通鉴》卷196。

④ 《旧唐书》卷9《玄宗纪下》、卷200上《安禄山、史思明传》。

后率兵亲征渤海国，改渤海国名为东丹国，册立皇太子耶律倍为东丹国王。[①] 天显十一年（936），后唐河东节度使石敬瑭以称子、割让燕云十六州为条件，乞求耶律德光出兵助其反对后唐。华北地区归入契丹统治。辽太宗耶律德光率5万骑兵，在晋阳城下击败后唐军，后率军南下上党（今山西长治），助石敬瑭灭后唐。太宗耶律德光采取“因俗而治”的统治方式，实行南北两面官制度，分治汉人和契丹。又改幽州（今北京西南）为南京，云州（今山西大同）为西京，燕云十六州成为进一步南下的基地。耶律德光率军南下，会同十年（947）攻克后晋首都东京（今河南开封），灭后晋，定国号为“辽”。[②] 辽景宗前期与宋朝聘史往还。宋太宗统一江南后，于太平兴国四年（979）亲征北汉，辽派数万兵支援北汉。后太宗进攻幽州（今北京），与辽军大战于高梁河（今北京西北），宋军大败，太宗仅以身免。辽统和二十二年（1004）萧太后与辽圣宗率大军深入宋境，宋、辽在澶州（今河南濮阳）对战，最后双方订立和约，成为兄弟之邦。[③] 从此两朝和好达一百多年之久。辽朝的南京道、西京道、中京道都在华北地区，南京在析津府（今北京），西京在大同府（今山西大同），中京在大定府（今内蒙古宁城县西）。两朝的边界在今河北、山西中部一带。华北北部为契丹人和汉人杂相居处的地区。

女真族勃兴于今东北黑龙江、松花江流域，其领袖太祖完颜阿骨打首先在东北地区建立政权，收国元年（1115）称帝建国。随后展开南下灭辽之战，先用5年时间攻占东北全境，金天辅六年（1122）进入华北，先后克辽中京、西京、南京。阿骨打去世后，其弟太宗即位，乘胜利锐势继续追击辽部残余势力，天会三年（1125）灭辽，五年灭北宋，与南宋形成南北对峙王朝。[④] 金朝的势力比辽朝更向南扩展。金朝最早的都城是上京会宁（今黑龙江省哈尔滨市阿城区南），贞元三年（1155）设中都路首府大兴府为中都（今北京），西京路首府大同府为西京（今山西大同），北京路首府大定府为北京（今内蒙古宁城县西），南京路首府开封府为南京（今河南开封）。华北地区此时尽入金国版图。金先迁都中都，再迁都至南京，历经120年。天兴三年（1234）在蒙古与南宋联合进攻下灭亡。

这一时期华北地区先后有契丹族、女真族为主的少数民族生活在这里，分布范围广，持续时间长。一方面这些少数民族在与汉族接触过程中不免趋于汉化，以至于少数民族统治者忧心忡忡地要本民族回复原有的语言和风俗习惯；另一方面少数民族的文化和风习也影响着汉族。

（五）元代

以蒙古族为主体建立的蒙元朝，结束了中国又一次分立，形成了盛大的统一王朝。中国历史上第一次出现了由少数民族掌握全国政权的格局。蒙、元时期实行民族等级压迫制度，将境内人分为蒙古、色目、汉人和南人四等，以蒙古、色目为优。大一统的王朝方便了各民族的接触和交往，特别是随着行政管理、军事驻军等政府行为的实施，蒙古族及以色目人为

---

① 《辽史》卷1《太祖纪上》、卷2《太祖纪下》。

② 《辽史》卷3《太宗纪上》、卷4《太宗纪下》。

③ 《宋史》卷7《真宗纪一》；《辽史》卷15《圣宗纪五》。

④ 《金史》卷1《世纪》、卷2《太祖纪》、卷3《太宗纪》。

主的北方各民族分布到全国各地。早在蒙古伐金时期，蒙古、色目人已进入华北。如唐兀（党项族）大将察罕是率军协助成吉思汗攻金、伐宋的主将之一，他从成吉思汗“略云中、桑乾”。这些地方都在华北地区。[①]

元代建都大都（今北京），这使以北京为中心的华北地区成为再一次少数民族汇聚之地。元大都聚居着蒙古皇室、各级官员、商人和其他居民，其中除蒙古人外，还有很多唐兀、乃蛮、汪古、回回、畏兀儿、康里、钦察、阿速、哈剌鲁、吐蕃等色目人以及契丹、女真等族人。

元大都还是少数民族文化中心，北京的白塔寺（大圣寿万安寺）当时是蒙文佛经翻译刻印中心，同时也印刷回鹘文佛经。这里聚集有多民族的翻译、编辑、出版人才。元朝的皇家乐队也有色目人，从世祖至元七年（1270）后，每年在大明殿启建白伞盖佛事时，“仪凤司掌汉人、回回、河西三色细乐”。[②] 回回乐应指新疆少数民族音乐，河西乐则指西夏乐，可见大都已有少数民族乐人居住。

蒙古军队原以怯薛军为主力。元世祖忽必烈建立元朝后，中央禁军称为宿卫军，宿卫军又分皇帝亲自掌握的“怯薛军”和由枢密院统领的侍卫亲军。元世祖除保留原来的四怯薛军，又抽调各地精锐，建立前、后、左、右、中五卫亲军，作为中央禁军，直接隶属枢密院，设亲军都指挥使统领，编组为皇帝的护卫军和京城防守军。又签发各族丁壮组成21卫亲军，驻守京城附近地区。宿卫军中有蒙古军队，色目军队立卫的有阿速、贵赤、钦察、唐兀等卫。每军达数千人至万人左右。驻军卫所的蒙古、色目人士兵多以军户著籍，“即营以家”，北京一带的蒙古、色目军人及其家属数量可观。

元代少数民族地位高于汉人的政策改变了人们对国内民族关系的认识，以汉族为中心的传统思维受到极大冲击。由于元代各民族交往频繁，近距离接触，使长期在中原居住的一些少数民族迅速走上被同化的道路，元代是契丹人、女真人、党项人走向消亡的重要时期。其中很多少数民族融合在华北地区。

（六）明代

元末农民起义推翻了元朝，建立了明朝。元灭明兴，是朝代的嬗替，但在相当一部分汉族人思想上是从中原驱逐了“夷狄”。尽管明朝也是多民族王朝，且并未完全统一中国。明代中国的北方仍由势力颇大的蒙古族统治，形成与明朝南北对峙的局面。

明朝始都南京，成祖迁都北京。明初太祖朱元璋提出：“不分等类，验才委任”[③] 的政策，任用了一些少数民族为官。攻下元都后，洪武元年（1368）太祖曾下诏：“蒙古、色目人有才能者许擢用。”[④] 延揽少数民族中的人才。但后来实行的《大明律》中规定：蒙古、色目人“不许本类自相嫁取，违者杖八十，男女入官为奴。”[⑤] 这实际上对少数民族实行民

① 《元史》卷120《察罕传》。

② 《元史》卷77《祭祀志》。

③ 《明太祖实录》卷53。

④ 《明史》卷2《太祖本纪二》。

⑤ 《大明律》卷6。

族歧视和强迫同化的政策。

明太祖时为联系少数民族敕撰《华夷译语》。明成祖在北京东安右门外设四夷馆，是明代培养外国与国内少数民族语文翻译人才和翻译外国与民族地区朝贡文书的专门机构，它的主要任务之一是培养合格、优秀的翻译人才为皇家服务。另一任务是接续敕编少数民族文字和汉文对照的工具书《华夷译语》。四夷馆始有八馆：蒙古、女真、西番、西天、回回、百夷、高昌、缅甸，其中虽兼及外国，但以少数民族为主，其教师不少为少数民族。[①] 四夷馆的设立和《华夷译语》编纂对当时少数民族政治、经济、文化交流起到了重要作用。明代的北京是各少数民族络绎来朝的地方，四夷馆更是少数民族文化荟萃之地。

明朝军队当中也有少数民族。当时镇守北方的燕王朱棣的军队中就有蒙古阿速部人、兀良哈三卫人，对燕王夺取地位起到重大作用。

明朝时蒙古族首领也先统一了蒙古各部，占据广袤的领土，其南部为华北的今内蒙古地区。也先伺机南下，给明朝造成严重威胁。正统十四年（1449）蒙古军分四路向明朝发动进攻，其中也先亲率大军攻明朝重镇大同（今山西大同），另一支攻重镇宣府（今河北宣化），直逼明朝心脏之地。还有两路分别攻辽东、陕西。明英宗在把持朝政的太监王振怂恿下，御驾亲征，在狼山西路土木堡（今河北怀来县城东）全军覆没，英宗被俘。[②] 也先率蒙古军兵临北京城下，列阵于西直门、德胜门和彰义门外。后也先将英宗送回。这次“土木堡之变”发生在华北地区，对明朝和蒙古的关系影响深远。

明朝后期蒙古在达延汗和俺答汗祖孙的统治下，势力再次强大。蒙古版图向南扩展，大同已成为明朝和蒙古的边界。俺答汗开发丰州滩（大青山以南、河套以东地区），振兴土默特，发展牧业、农业，修筑城镇。首先在丰州滩西部建筑大城镇“大板升城”，后又仿大都修筑库库河屯（即呼和浩特），明神宗赐名“归化”。[③] 这为华北地区增加了一座重要新城，此后呼和浩特一直是漠南政治、经济、文化中心，是连接内地和蒙古的纽带。有明一代华北的一半是蒙古的天下。

（七）清代

明末满族崛起于东北，首领努尔哈赤统一各部，后其继承者入关统一中国，又一次建立了少数民族统治的大一统王朝。在少数民族为统治民族的清朝，一方面继承传统文化，重视儒学和史学；另一方面反对轻视夷狄，特别是对满族的回护，冲击了大汉族主义观念，造成了新的民族主义的高压政策。

满族入关首先占领华北地区，以北京为首都。北京继续作为全国政治、经济、文化中心。清初在基本控制全国局势后，采取了一些稳定统治秩序的政策，如更定内外官制、制定清律、主持地主收回“祖业”，确定赋税制度等。同时也实行了多项危害很大的民族压迫政策，如圈地、投充、逃人法、剃发、易服五大弊政。从顺治元年（1644）开始在京畿一带

① （明）吕维祺撰，（清）许三礼、霍维翰增辑：《四译馆增定馆则》二十卷；（清）曹溶、钱綎辑：《新增馆则》二卷。

② 《明史》卷328《瓦剌传》。

③ 《明神宗实录》卷48。

大规模圈地，设立皇庄、王庄和八旗官员庄田及兵丁份地，占地 17 万余顷，将民间田地强迫拨给“东来满洲”。[1] 这样使很多汉族农民逃亡在外，而大批满族人入驻华北地区。至今华北一带仍有很多满族人，仅河北省就有承德丰宁、围场、宽城三个满族自治县，秦皇岛市有青龙满族自治县，等等。

在清代实行八旗制度中，满洲人全部入旗，成为满洲八旗，后来又有蒙古八旗。满洲八旗中也有部分汉人，主要是通过掠夺、购买获得的附属于家主户下的汉人包衣[2]，后来大批汉人、汉军进入满洲八旗。清军入关后又建立汉八旗，人数众多。进入八旗的汉人逐渐满化，满族的人口迅速增加。由于满族人进入汉族聚居地区，长期杂居，钟情汉族的先进文化，学习汉语、汉文，甚至与汉族互为婚姻，逐步缩小了满、汉差别，使满族汉化，后来这一过程变得更为迅速。华北地区是满、汉民族之间接近、融会的重要地区。

由于京师处于华北地区，这里保存有不少满族和其他少数民族的特殊建筑。清朝康熙时期为锻炼军队，保持满族风俗传统，在距北京不远的河北省承德市围场县开辟皇家猎苑——木兰围场，传承着满族的狩猎风习。在清代康熙到嘉庆的 140 多年里，在这里举行木兰秋狝 105 次。

地处华北的承德避暑山庄是中国清朝皇帝的夏宫，是一座皇室、皇家园林和宏伟壮观的寺庙群所组成的综合建筑，也是清朝皇帝为安抚、团结边疆少数民族，巩固国家统一而修建的带有浓厚政治色彩的建筑。在避暑山庄的东面和北面，建有 11 座寺院，分属 8 座寺庙管辖，被称为“承德外八庙”。在寺庙中有藏传佛教形式，也有藏传和汉式混合形式，供西方、北方少数民族的上层朝觐皇帝时礼佛之用。避暑山庄兴建后，清帝每年都有大量时间在此处理军政要事，接见外国使节和边疆少数民族政教首领。这里发生的一系列重要事件，存世的重要遗迹和重要文物，都成为中国多民族统一国家的历史见证。

清王朝的皇陵分为东陵和西陵。东陵在河北省的蓟县，是中国现存规模最大、体系最完整的古帝陵建筑，共建有皇陵五座——顺治的孝陵、康熙的景陵、乾隆的裕陵、咸丰的定陵、同治帝的惠陵，以及东（慈安）、西（慈禧）太后等后陵四座、妃园五座、公主陵一座，计埋葬 14 个皇后和 136 个妃嫔。西陵在河北省易县，包括雍正的泰陵、嘉庆的昌陵、道光的慕陵和光绪的崇陵。此外还有三座后陵，以及若干座公主、妃子园寝。

清代的华北北部依然是蒙古族聚居之地，清政府以盟旗制度治理。蒙古族上层与清朝皇室联姻，两族关系密切。在统一的清王朝内，蒙古族和中原地区不再是像明朝那样的对立关系，华北地区成为蒙、汉交流的最重要的地区。

华北的回族始于元代的回回，后通过驻防、经商、迁徙等方式人口逐渐增多，分布较广，几乎各地都有聚居或杂居的回族。以今北京、天津和河北的沧州、保定、定州人数最多。

北京市门头村还有世居的苗族人。他们是清朝乾隆年间湘黔苗族起义领袖石三保和他的兵将的后代，祖籍在湖南省花垣县。他们起义失败后被押送至京城，编入军户，受八旗管辖，世代养马，后子孙繁衍至今。

① 《清世祖实录》卷 25。

② 《清圣祖实录》卷 82。

北京市现有两个满族乡，两个回族乡，一个满族蒙古族乡。另有117个民族村，包括满族、回族、蒙古族、苗族、壮族、瑶族等。现北京市少数民族约近7万人。整个华北地区少数民族成分更多，人口数量更大。

清代继明代四夷馆设四译馆，因“夷”字为清朝所忌讳，改为“译”字。明王朝灭亡，明四夷馆32名官员亦随之投诚，被留用成为四译馆的最早成员。清随明制，四译等馆职责与明代相同。“四译馆之所掌凡三十余国，统以八馆列为东西，爰择师儒分馆教习，而设少卿以董之。”[①] 至乾隆十三年（1748）与会同馆合并，改属礼部，更名会同四译馆。会同四译馆成立后，编撰了一批《译语》。北京当时是边疆少数民族与中央政府联络中心，不少少数民族领袖到北京觐见皇帝，办理各种事物，一些商人也到这里经商。

二 历史上华北地区少数民族特点

（一）华北地区是个多民族地区

华北地区位于中原与北方、东北、西北交界处，是内地通往北方津梁，是北方的民族走廊。这里历来是民族杂居、民族往来、民族沟通的重要地区。历史上很多民族在这里繁衍生息，留下了他们生动的历史和丰厚的文化。有的民族绳绳继继，存留至今；有的与其他民族交融，加入新的民族行列；有的像是这里的匆匆过客，转移他乡。

（二）华北地区是个民族大熔炉

从历史上看，华北地区是中国民族融合的重要地区之一，很多少数民族消失在这一地区。一些在历史上有重大影响的民族，其兴盛、发展、消亡都与华北地区有重要关系，如匈奴、乌桓、鲜卑、奚族、契丹、女真、党项等，这里成为他们活动历史舞台和重要归宿地。

有些民族作为一个族群消失了，但作为该民族的个体后裔还可能传承下来。如北京有女真族的完颜氏后裔。完颜氏因系金朝皇族后裔，故在清朝受到特殊优遇，被列入上三旗。《八旗满洲氏族通谱》载：“完颜氏本列二十八卷，奉高宗特旨，用虞宾义，列为第一。”[②] 这表明清王朝对金朝皇族后裔身份的确认。北京安定门内交道口北之北兵马司胡同有其宗祠旧址。现在北京仍有完颜氏后裔，他们已改姓王氏或汪氏。又如在山西省安邑县房子村和三家庄村，至今聚居着一批仝姓的女真遗裔，他们保存的《仝氏家谱》修于清乾隆年间，后于民国16年（1927）重修，重修谱序云：“仝氏之先，出自大金夹谷氏，嗣遭元灭，遂易今姓。元初有讳庆成者，为本邑令，因家焉。”夹谷氏是女真望姓之一，载《金史》附《国语解》。河北的武邑、邢台，山西的临汾、洪洞都有女真族后裔粘氏居住。

有的民族在过去强大时期与华北无涉，但后来他们的后裔却来到这里。西夏主体民族党项羌在西北地区建国近两个世纪，西夏被蒙古攻灭后，党项人在蒙、元时期被称为唐兀人，属地位较高的色目人。元朝灭亡后他们走上了迅速消亡之路，但在明朝仍能见到党项族后

① （清）江蘩：《四译馆考》十卷，康熙刻本。

② （清）弘昼、鄂尔泰、福敏、徐元梦等编纂：《八旗满洲氏族通谱》卷28。

裔。河北保定郊区韩庄曾出土两座明代的西夏文经幢，据其题款可知建幢时间皆为明弘十五年（1502），其题款中有很多西夏时期的党项族姓氏，证明当时当地有党项族聚居，有的还有较高的官职。[①] 这是目前有确切年代可考的、最晚的有关西夏后裔的石刻文物，证明华北地区融入了党项族的血液。

（三）北京成为中国的政治中心与少数民族关系极大

北方少数民族趋向中原，辽、金势力的南移，确立了北京大王朝的政治中心地位。北京位于华北平原北端，东南与天津相连，其余为河北省所环绕，与北方少数民族有天然的联系。北京建城有三千余年的历史，但成为王朝的首都应自金朝开始。此前北京作为辽朝的重要城市南京，已为其成为王朝的中心城市做了实质性的铺垫，金朝进一步将北京提升为大王朝的政治、经济、文化中心的都城中京，完成了由地方中心城市向都城的转变。

元代继承和发展了北京的都城地位，使北京成为全国性的政治中心，成为将全国更紧密地联系在一起的纽带。明、清两朝延续北京作为首都的作用，特别是清朝使北京成为联系国内各民族的中心，影响深远。不难看出，少数民族对确立北京的地位做出了最重要贡献。

三　华北地区有大量少数民族文化遗存

对于多民族大家庭来说，华北地区有特殊的地理空间和民族历史布局，给后世留下了大量多民族的宝贵文化遗存。这些文化遗存是各民族共同发展的历史见证，是民族智慧的结晶，也见证了华北古往今来的多民族历史。华北有关少数民族的历史文化遗存难以计数，例如：

——古代“黄帝战蚩尤”的河北省涿鹿县境内现存有轩辕丘、蚩尤坟、黄帝泉（阪泉）、蚩尤三寨、蚩尤泉等遗址遗存。

——从春秋战国开始、秦朝大规模修筑、至明代完善的长城，在其横贯9省中，华北占据河北、天津、北京、内蒙古、山西五省。长城的重要关隘山海关、居庸关、慕田峪关、井陉关、紫荆关、娘子关、雁门关、平型关、古北口、喜峰口、张家口等都在华北。

——内蒙古呼和浩特市的王昭君墓见证了汉代匈奴和汉朝的民族关系。

——被称为中国四大石窟艺术宝库之一的云冈石窟，展示出五六世纪鲜卑族所建北魏王朝杰出的佛教石窟艺术，是中国佛教艺术第一个巅峰时期的经典杰作。

——北京市西有辽代的天宁寺塔。河北涿州市城内东北隅有辽代双塔，其中智度寺塔始建于辽太平十一年（1031），云居寺塔始建于辽大安八年（1092）。山西应县木塔建于辽清宁二年（1056），金明昌六年（1195）增修完毕，是我国现存最古老、最高大的纯木结构楼阁式建筑。河北省永清、雄县和霸州等地，均清理发掘出了辽代地下古战道。内蒙古自治区巴林左、右两旗内有辽陵。祖陵位于巴林左旗，系辽太祖耶律阿保机、贞烈皇太后、齐天太后的陵寝；太宗耶律德光的怀陵在今巴林右旗，穆宗耶律璟附葬于此；圣宗耶律隆绪的永庆陵、兴宗耶律宗真的永兴陵、道宗耶律洪基的永福陵合称庆陵，也在今巴林右旗。

---

① 史金波、白滨：《明代西夏文经卷和石幢初探》，《考古学报》1977年第1期。

——位于北京市房山区车厂村至龙门口一带的金陵遗址，共葬金代17个皇帝、后妃及诸王，是北京地区第一个皇陵。

——北京有元大都遗址，城内有元代白塔。北京市昌平居庸关有建于元至正五年（1345）的过街塔，是中国国现存最大的台塔。其门洞内用梵、藏、八思巴、回鹘、汉、西夏六种文字题刻的《陀罗尼经咒》和《造塔功德记》。

——北京有明清两代修建的故宫，河北有清东陵、西陵和直隶总督府，承德有避暑山庄、木兰围场等。

——少数民族文字文物除上述居庸关六体文字石刻、西夏文经幢外，华北地区还有很多契丹文墓志铭、八思巴字石碑、蒙古文和满文石碑等。

——河北省的很多地名、村名都保存有少数民族的印记。

华北地区有关少数民族的文物和文献很丰富，是这一地区历史上各民族发展的真实写照，是各民族交往的历史见证，是各民族创造力的重要体现，也是研究这一地区民族历史的珍贵资料，应给予高度重视，并加以认真保护和整理发掘。

过去对少数民族文物了解、重视不足，有些文物未能很好保护，甚至使之遭到破坏。高碑店是北京通往保定的必经之路，元代著名宰相安童和拜住祖孙皆葬于此，这里矗立着记述他们事迹的高大墓碑，高碑店的地名即源于此。《元史》中安童和拜住的传即以此碑为主要参考资料。① 民国时此碑被当地官员破毁。

新中国成立以后重视文物、考古工作，华北地区很多有关少数民族的文物被列为全国重点文物保护单位，总计不下数十处。其余省级或县级有关少数民族的重点保护单位更多。

近些年又陆续新发现了不少与少数民族有关的文物和文献。仅以辽代为例，1974年在山西应县木塔的释迦像中发现一批佛经，为久已失传的《契丹藏》刻本。1976年在河北省丰润县天宫寺塔第四层至第八层塔心室内也发现了《契丹藏》部分刻本。辽代曾在北宋雕刻的大藏经《开宝藏》天禧修订本的基础上雕印《契丹藏》，共5千余卷，历时30余年刻成。但《契丹藏》这一重要大藏经刻本久已失传。上述两种《契丹藏》的发现填补了印刷史上实物空白。又如契丹文石刻近年陆续发现。其中契丹大字墓志有1988年在内蒙古巴林左旗出土的《耶律习涅墓志》、1993年在内蒙古阿鲁科尔沁旗出土的《耶律祺墓志》、2000年在内蒙古巴林左旗出土的《永宁郡公主墓志》，契丹小字石刻有1994年在内蒙古巴林左旗发现的《泽州刺史墓志》残石、1995年出土于内蒙古赤峰市喀喇沁旗的《耶律永宁郎君墓志》、内蒙古通辽市扎鲁特旗出土的《耶律敌烈墓志》、内蒙古巴林左旗出土的《韩高十墓志》和《韩敌烈墓志》、1996年出土于内蒙古哲里木盟扎鲁特旗的《耶律弘辨墓志》、1997年出土于内蒙古巴林右旗的《宋魏国妃墓志》等。

华北地区少数民族文物十分丰富。对这些文物首先要给予重视，认真做好保护工作，并在此基础上进行深入研究，发掘其内在的历史、学术、艺术价值，为进一步认识华北地区少数民族历史做出新的贡献。

① 《元史》卷126《安童传》、卷136《拜住传》。

辩证地看待中国历史上民族问题*

党的十八大报告指出，到21世纪中叶，我国要实现从全面建成小康社会到基本实现社会主义现代化的宏伟战略目标，这代表了全国各族人民的共同意志。实现中国社会主义现代化和中华民族伟大复兴，需要各族人民共同推动社会主义精神文明和物质文明全面发展，需要了解我国五千年的文明史，并从中中汲取有益的经验。辩证地看待历史上的民族问题，对于全面、正确地认识中华民族形成和发展的历史，进而发展和促进各民族的团结、进步、和谐有重要现实意义。

一　汉族和少数民族的地位

我们应以马克思主义民族平等的原则看待历史上的民族问题。一方面要重视中华民族一体化特征，重视汉族的主体地位，同时也需注意到各少数民族在历史上应有的地位，要正确地看待以中原地区为主的汉族的和四周的少数民族。

汉族是中国的主体民族，是对中国的形成与发展起决定作用、历史悠久的民族。汉族以其长期的稳定性，强大的凝聚力和吸引力，逐步在与其他民族大交流、大融合中发展、形成，汉族的起源是多元的，而且既有主源又有支源。其形成和发展的大体脉络是：

从原始社会末期至春秋战国时期逐渐形成中原的华夏族和周边的四夷，华夏族为汉族形成的中心。秦汉时期中国建立了统一的多民族国家，通过经济、文化交流，战争兼并，杂居共处，互相通婚，部分同化，华夏族迅速发展扩充，在汉朝成为人口最多、地域最宽、实力最强、影响最大的民族，“汉”逐渐成为中国主体民族的称谓，汉族逐步形成。汉族在魏晋南北朝和隋唐时期与少数民族的融合与交流有更大的发展。很多少数民族进入中原地区，经过不断融合，不少民族融入汉族，汉族人口、地域、势力不断扩大。汉族在宋、元、明、清时期与少数民族的交流和融合越加广泛而深入。宋代中原王朝与几个少数民族王朝并立，很多少数民族进入中原地区，后来更多的少数民族融入汉族。在元朝和清朝汉族是被统治民族，但在社会发展中仍起重要作用，民族的交往和融汇仍在持续发展。近代中国在半封建半殖民地社会中，在抵御外国侵略的斗争中，汉族仍然起着中坚和主力作用。

---

* 原刊于《中华民族复兴与民族哲学发展研究》（中国少数民族哲学及社会思想史学会2013年年会论文集），Bimbu-Sen Press 2014年版，第19—24页。

汉族形成和发展对中国历史的进程有决定性影响。汉族在我国民族关系史中处于主体地位。几千年来中国在以汉族为主体的中央集权制度之下，多种类、多层次的管理制度与多种类型的社会经济文化制度并存，保证中国政治、经济、文化有差异的民族能够统一于一个国家之内，内聚形成了中华民族多元一体格局。中原物产最为丰富，经济最为发达，而各边疆地区的经济往往比较单一。这样的地域差异利于各少数民族和以汉族地域为中心的物资上的互通有无。由于生产和生活的需要，使各少数民族都有与其他地区，特别是与中原地区进行经济交流的强烈要求。中原地区因此也得到了自己所缺乏的畜牧业等产品。这种经济上的联系，形成了一种自然的凝聚力，是少数民族都向中原联系、发展的动力，也进一步加强了中国各民族之间日益密切的关系。中华民族文化在世界上独树一帜，源远流长，以汉族儒学为主体的文化和其他各少数民族特色文化互相影响、交流、交融，形成了世界上独具特点、光辉灿烂的中华文明。中国以汉族为主体的各民族经过不断的迁徙、杂居、通婚和各种形式的交流，在文化上互相学习，在血统上互相混合，形成你中有我，我中有你，团结进步，共同发展的局面。[①]

少数民族在中国历史上也有着举足轻重的历史地位。过去封建社会统治者和历史文献多主张“内中华，外夷狄”，“重中华，轻夷狄”，甚至是“贵中华，贱夷狄”。我们应该摒弃封建社会统治阶级的民族歧视、民族压迫的观念和政策，而代之以民族平等的、辩证的观点来看待少数民族的地位。

这一问题看起来并不复杂，但有些重要具体事例，仍需要积累资料，加强研究，重新考虑，科学定位。比如历史上先秦和秦汉时期的匈奴，是北方的一个强大的政权，但古籍中多是将匈奴作为入侵中原地区的民族来记载，未能给他一个恰当的地位。实际上，匈奴在上古时期（约在公元3世纪前），经原始部落，到氏族部落，再到部落联盟，逐步发展；从公元前3世纪末到公元1世纪中叶，是匈奴建立强大的奴隶制国家时期，统治地域广大，两个多世纪与秦、汉王朝分庭抗礼。[②] 匈奴不仅是一个民族名称，也是一个王朝的名称。从公元2世纪到5世纪，匈奴社会由奴隶制转为封建社会，匈奴统治者统治着汉族、匈奴以及其他各族，在黄河流域建立了三个政权，即十六国时期的前赵、北凉和夏。后来才逐渐衰微，并融入其他民族之中。在这样长的时间，在中国历史上有重大影响的匈奴，应给肯定其相应的重要地位。随着考古工作的巨大进展，很多有关匈奴的重要文物不断被发现，但对匈奴的地位仍显研究不够，认识不足。其他关于鲜卑、柔然的研究也是如此。

中古时期，以契丹民族为主体的辽朝、以党项族为主体的西夏、以女真族为主体的金朝先后建立，统治中国北方达三个多世纪。此时西北还有回鹘、西部有吐蕃、南方有大理等政权。元代修史时经过多年的讨论，确立了辽、宋、金“三国各与正统，各系其年号”的修史方案，承认了辽、金的正统地位。[③] 这可以说是中国历史上民族观的一大进步，这一进步与当时元朝是蒙古族为统治民族有极大关系。当时并未将统治西北近两个世纪、有十代皇帝

① 本文为创新工程项目《中国民族史学史纲要》中期研究成果之一。翁独健主编：《中国民族关系史纲要》，“绪论”，中国社会科学出版社1990年版。

② 《史记》卷110《匈奴传》。

③ （元）权衡：《庚申外史》卷上。

的西夏列入修史行列。元朝灭亡后，明代掀起了承认还是否定辽、金正统地位的争论。实际上，后来否定辽、金正统地位的观点一直延续下来。追其根源，不外是大民族主义作祟。

二 少数民族在历史上对中华民族的贡献

汉族主要开发了中原地区，并以其先进的生产技术影响和帮助少数民族。少数民族主要开发了边疆。上述匈奴较早地统一了北方广大地区，包括东胡部落、丁零部落等东部和西部地区。鲜卑、柔然也是如此。南部和西部的百越、蛮、羌等都有开发和统一部分地区的重要贡献。

北方和西部的少数民族利用当地广袤草原的条件，发展了畜牧业，逐步形成了对畜牧业生产的先进技术、经验和管理制度，使这些地区成为畜牧业基地。一些重要牲畜如马、驴、骡、骆驼的训养和使用自少数民族地区开始。长期以来中原地区向北部少数民族地区购买马匹等畜产品。少数民族往往能组成训练有素、灵活机动的优秀的骑兵队伍，形成强大的军事力量。少数民族的骑射技术直接影响到中原地区，如战国时期的“胡服骑射”就是从北方少数民族引进到赵国，并逐渐推广开来。①

水稻的栽培也产生于南方少数民族地区，主要是古代百越地区。在岭南地区、长江流域、云南等少数民族地区都有悠久的水稻栽培技术，并由此衍生出有关衣食住行等“稻作文化”，从物质上、精神上都丰富了中华民族的历史文化内涵。不仅如此，稻作文化还远传到东南亚、印度以及世界其他地区，对世界的经济、文化起到推动作用。

很多少数民族把当地盛产的农作物品种和种植方法传播到中原地区乃至全国各地。如高粱、玉米、花生、芝麻、蚕豆、棉花、麻、葱、蒜、黄瓜以及过去熟知的胡萝卜、胡椒、苜蓿、葡萄、石榴等作物皆来自少数民族地区。

不少民族的手工业皆有自己的特色，有的还流传到中原地区。少数民族的织物，如壮族的壮锦、苗族的蜡染都享誉国内外。又如铁器的制造（如匈奴的铁器冶炼）和风箱的制作、使用等。甘肃榆林窟西夏洞窟中的《锻铁图》，描绘了为锻铁炉鼓风用的竖式双木扇风箱，是当时颇为先进的鼓风设备。②

少数民族的生活方式和生活用品各式各样，很有特色，其中不少为全国人民所接受，对全中国的物质、文化生活产生了深远影响。如清朝的马褂、旗袍成为长期流行后世的中国传统服饰。在饮食方面，汉朝以前中原地区没有面食，后由少数民族地区传入；少数民族地区传统的火锅以及羊肉串对近代全国的食品产生了重要影响。全国人民日常须臾离不开的桌、椅等是少数民族发明的。

少数民族文化具有很高的成就，不断为中华民族文化注入新的血液，增添活力。在我国不同的历史时期，一些少数民族陆续创制了约 30 种文字，并用这些文字记录了大量文献资料，成为我国文化宝藏中的重要组成部分。

少数民族音乐或悠扬悦耳或节奏鲜明，很有特色，且有很多独特的乐器，南方和北方的

① 《史记》卷 43《赵世家》。

② 史金波：《西夏社会》，上海人民出版社 2007 年版，第 127 页。

民族音乐对中原音乐的发展变化起了很大作用。民族歌舞或粗犷豪放，或曼妙动人，广为流传，至今仍吸引着国内外的广大观众。我国的传统杂技有相当一部分由西域传入中原。少数民族历史上的诗歌、民间故事脍炙人口，彝族的《阿诗玛》、傣族的《召村屯》等被改编成电影、戏剧，成为各族人民家喻户晓、喜闻乐见的文艺作品。少数民族的民间说唱体长篇英雄史诗有藏族的《格萨尔》、蒙古族的《江格尔》、柯尔克孜族的《玛纳斯》，并称为中国少数民族的三大英雄史诗，影响广泛，已被译成多种外文。

在我国历史上少数民族宗教对全国宗教的发展演变起了重要作用。佛教的最初传入首先通过西域和河西走廊少数民族地区，当时很多高僧是少数民族。藏传佛教是佛教和藏族地区的本教结合的产物，其宗教领袖八思巴、宗喀巴是颇具影响的人物。后来藏传佛教经过西夏的接受、过渡，流传到中原很多地区。伊斯兰教的传播也主要是在大大小小的少数民族聚居区。这些年对佛教、伊斯兰教以及萨满教的深入研究表明，只有对少数民族宗教史进行全面研究，才能系统地、全面地研究中国宗教史。

特别值得提出的是少数民族在科学技术上的卓越贡献。藏族医学发展到今天已是中国医学的一个重要组成部分，藏族医学的代表作《四部医典》等有很高的医学成就。[①] 在彝文文献中发现了几百年前的医书，现已整理出版了《彝药志》。[②] 蒙古族的医学，特别是外科、骨科对满族、汉族都有重要影响。彝族、傣族的天文、历法学或有重要建树，或广采博收，都有很高的成就。元代回回人札马鲁丁在北京建立的天文台，是当时世界上最先进的天文台之一。清代著名蒙古族学者明安图，吸收西方知识，在历算和地理测绘方而做出了重要贡献。清代满族数学家辈出，成绩很大。少数民族的居室建筑风采各异，适宜当地自然环境。北京城是世界上最伟大的地筑杰作之一，它的最初设计者是元代回鹘人也黑迭儿丁。[③] 中国少数民族在中外科技交流方面，还起着桥梁作用，在发展中国科学技术上做出了特殊的贡献。

少数民族在更大的范围内传播中原地区的先进文化和科学技术。隋唐以后中原王朝科举成为教育和选官的主要制度。南北宋时期，辽、西夏、金都推行科举制度，把中原的儒学扩大到更广阔的地区。科学技术如天文历算、印刷术、医学等也有密切的交流。西夏不仅接受了中原地区成熟的雕版印刷，还推广了在中原地区并未广泛流行的活字印刷；在存世的西夏文文献中，不仅发现了《维摩诘所说经》等一批泥活字印本，还发现了很多木活字印刷品如《吉祥遍至口合本续》等。这些都是目前世界上现存最早的活字印本。西夏成功创制了木活字印刷，并保存下最早的木活字版本，比元代王祯应用木活字约早一个世纪，又一次改写了印刷史。[④]

少数民族是中外文化交流的重要中转地区。丝绸之路北路和南路都经过少数民族地区，是中外交流最重要的通道，中国优质的丝绸通过民族走廊运输至世界各地。印刷术也通过西

---

① 玉妥·允丹贡布著，李永年译：《四部医典》，人民卫生出版社1983年版。

② 云南省楚雄彝族自治州卫生局药检所：《彝药志》，四川民族出版社1983年版。

③ 丁国勇：《回族史话》，宁夏人民出版社2006年版。十：也黑迭儿丁——北京城最早的设计和工程主持人。

④ 牛达生：《西夏文佛经〈吉祥遍至口合本续〉的学术价值》，《文物》1994年第9期；史金波：《现存世界上最早的印刷品——西夏活字印本考》。

北少数民族地区向西方传播。而棉花的种植从中亚地区通过新疆、河西走廊等少数民族地区传入中原。

三 少数民族是中国边疆的坚定捍卫者

中国是汉族和各少数民族共同开发的结果，同时汉族和各少数民族也是中国的共同保卫者。中国的陆地边疆，从北部、西部到南部，几乎都是少数民族居住地区。少数民族在开发边疆、保卫边疆方面起到了特殊的历史作用，不能忽视，以近代尤为突出。

鸦片战争时期，在英国侵略军于沿海进攻广州受挫，北上窜扰浙江沿海时，有一支两千余人的藏族队伍，开赴浙东，支援海防。他们先后参加了袭取被占领的宁波、镇海两城的宁镇战役，很多藏族战士壮烈牺牲。另一支藏族部队协同陕甘军和四川军，参与了宁波附近的大宝山战役。充分表达出各族人民共御外侮的团结意志。西藏阿里地区受到来自英国东印度公司支持的克什米尔武装侵略时，我国由前、后藏派出的三千余藏军，驰援阿里。与入侵者奋战三天，全歼敌军主力，给入侵者以有力打击。

1883 年法帝国主义侵略中国和越南，造成中法战争。首先投入战斗的黑旗军，就是由壮、汉、瑶各族人民组成的队伍，其中主要将领吴凤典、黄守忠等 20 多人都是壮族。他们部勇作战，击毙法军司令和主帅，给入侵者以迎头痛击。滇军也分两路从滇、桂出击。这些军队中有很多白族、彝族将士。法军在入侵我国云南地区时，苗族青年项崇周于 1884 年春组织了一支以苗族青年为基础，有汉、瑶、壮各族参加的农民队伍，以简陋的武器与侵略者展开英勇斗争，保卫了边疆。

19 世纪末，日本加紧了对中国和朝鲜的侵略，1894 年爆发了中日甲午战争。在战争中回族将领左宝贵负责守卫平壤，连战四晨夜，为中朝人民献出了宝贵生命。由于清朝腐败，签订了丧权辱国的《马关条约》，将台湾及澎湖列岛和辽东半岛割让给日本，加深了中国的半殖民地化和民族危机。台湾高山族人民和汉族人民一道，共同抵抗日本侵略者，在扼守曾文溪的战斗中，就有 700 余名高山族壮士英勇参战。这期间台湾人民击毙、击伤日军 32000 多人，日寇统帅能久亲王也被击毙。

1900 年中国人民掀起了反对帝国主义的义和团运动。帝国主义为了镇压义和团，乘机瓜分中国，组成八国联军侵华。在八国联军进袭北京时，一支主要由回族士兵组成的部队和友军一起到河北廊房抗敌，奋勇打退敌人进攻。当沙俄单独派兵侵占中国东北的海兰泡时，一支由 500 名鄂伦春官兵组成的马队，与俄兵交战，十分勇敢，给气势汹汹的沙皇侵略军以迎头痛击。1904 年大批英军在曲米森谷地方包围我江孜守军时，藏族官兵誓死捍卫疆土，后来饮水断绝，枪弹耗尽，他们顽强地用石块投掷敌人，表现出藏族人民捍卫祖国领土完整的坚强决心。

“七七”事变后，中华民族已经到了危亡时刻。中国共产党赤胆忠心，力挽狂澜，组织民众，坚持抗日。最早受日本侵略者残害、奴役的是包括朝鲜族、满族等少数民族在内的东北人民。早在 1932 年在共产党的领导下，建立了抗日游击队和根据地。后组织东北抗日联军，很多朝鲜族、满族同志参加，鲜族的李红光、李东光、李福林，满族的陈翰章等人皆为抗联的重要领导人，他们出生入死、浴血奋战，为祖国献出了宝贵的生命。白族共产党员周保中奔赴东北抗日前线，参加组织领导抗日民主联军，领导汉族、朝鲜族人民，坚持敌后斗争十年之久，立下了不朽功勋。鄂伦春族、鄂温克族人民不仅积极参加抗联，还用各种形式打击日寇，消灭敌人。乌兰夫等同志把内蒙古的一支起义部队——蒙旗独立旅，变成党控制的蒙古族抗日武装，对发动蒙、汉各族人民抗日救亡、阻击日寇南下起了重要作用。1939年组织蒙古族干部领导的蒙古抗日游击队，袭击伪军，打击日寇，屡建战功。在河北有马本斋率领的2000余人的回民支队；在山东也有1000余人的回民抗日武装，在陕甘宁边区正式组成了回民抗日骑兵团等等，总计全国有数十支回族武装部队，都成为八路军、新四军的一部分。他们以满腔爱国热忱，英勇杀敌，重创日伪军。

至今中国少数民族这种保卫边疆的作用仍十分突出。中华各民族同仇敌忾、团结一致抵御外国侵略者的英勇行为，可歌可泣，这种精神应发扬光大。

四 正确地认识中国的民族关系

历史上的民族有的一直在原地延续至今，也有一些民族迁徙异地，各民族之间有密切交往、相互联系、相互影响，甚至深度融合，有的民族融入其他民族之中。

民族史学界对什么是中国历史上民族关系的主流进行了深入的讨论。著名史学家白寿彝教授（回族）认为："主流是什么呢？尽管民族之间好一段、歹一段，但总而言之，是许多民族之间共同创造了我们的历史，各民族共同努力，不断地把中国历史推向前进。"[①] 著名史学家翁独健教授认为："中国民族间的关系，从本质上看，是在长民的历史进程中，经过政治、经济、文化诸方面愈来愈密切的接触，形成一股强大的内聚力，尽管历史上各民族间有友好交往，也有兵戎相见，历史上也曾不断出现过统一或分裂的局面，但各族间还是互相吸收、互相依存、逐步接近，共同缔造和发展了统一的多民族伟大祖国，促进了中国的发展，这才是历史上民族关系的主流。"[②] 经过进一步研究讨论，很多专家认为这些提法阐明了我国历史上民族关系的主流和本质，表达了新中国成立以来民族关系史研究的新成果，对今后的研究具有指导意义。

中国从历史上就是一个多民族的国家，同时也是一个多语言、多方言、多文字的国家。历史上，各民族之间有密切的交往，总在自动地、不断地相互吸收、借鉴、融会，这成为中华民族发展的主流。当前我们更要站在维护祖国统一、增强民族团结的高度，加强国家认同，加强中华民族认同，在保障各民族权益、保障各民族使用自己语言、文字权利的同时，注重各民族之间的交流，互相尊重、互相学习、互相帮助，避免人为地在各民族间设置交往障碍，影响民族之间的交流。

我们民族研究工作者要为祖国统一和各民族团结，为各民族经济、文化、社会发展，为各民族互相交流、学习，共同发展、繁荣不懈的努力，起到促进作用，做出应有的贡献。

在2010年1月中央召开的第五次西藏工作座谈会上，胡锦涛同志强调指出，要毫不动

---

① 白寿彝：《关于中国民族关系史上的几个问题》，《中国民族关系史研究》，中国社会科学出版社1984年版。

② 翁独健：《在中国民族关系史研究学术座谈会闭幕会上的讲话》，《中国民族关系史研究》，中国社会科学版社1984年版。

摇地坚持和完善党的民族理论和民族政策，坚持和完善民族区域自治制度，把有利于民族平等团结进步、有利于各民族共同繁荣发展、有利于民族交往交流交融、有利于国家统一和社会稳定作为衡量民族工作成效的重要标准，推动各民族和睦相处、和衷共济、和谐发展。

今年初，习近平总书记指出："中国特色社会主义是社会主义而不是其他什么主义，科学社会主义基本原则不能丢，丢了就不是社会主义。"又指出："我们既要坚定走中国特色社会主义道路的信念，也要胸怀共产主义的崇高理想，矢志不移贯彻执行党在社会主义初级阶段的基本路线和基本纲领，做好当前每一项工作。革命理想高于天。没有远大理想，不是合格的共产党员；离开现实工作而空谈远大理想，也不是合格的共产党员。"这对我们正确认识民族问题、认识民族交往交流交融，做好民族工作同样具有重要指导意义。

中国民族史学史刍议*

中国民族史学史是中国民族史和中国史学史共有的重要课题。笔者不揣浅陋，刍议概说，以引玉之砖，就教于方家。

一　中国民族史学史的任务和意义

中国自古以来是一个多民族国家，汉族和各少数民族为祖国的缔造与发展都做出了重要贡献。中国的历史是中国各民族，包括历史上存在后来已经消亡的民族形成、发展、共同前进的历史。中国民族史研究领域相当广泛，内容十分丰富，它研究中国各民族的历史，包括现在中国境内各民族和历史上古代民族兴衰、变迁的族别史，各民族政治、经济、军事、文化专史，以及各民族之间的关系史等。中国民族史学史是研究中国民族史学的形成和发展过程、各时期特点以及人们对它的认识、史学成果的社会影响的学问，着重研究民族历史编纂学的发展史，探究历史学家、政治家等对民族史学的评论，也包括对民族史学自身的反思、总结和前瞻。

中国民族史学史可以帮助我们认识中国民族史，告诉我们中国的史学家怎样记录民族史，怎样认识、评价、研究、总结民族史，怎样从民族的发展、兴衰中借鉴经验。研究中国民族史学史可以更准确地认识、总结中国民族史研究，从而更有力地促进和发展中国民族史研究，为繁荣中国史学、维护祖国统一和中华民族的团结做出积极贡献。

中国民族史学是一门既古老又年轻的学科。说它古老，是因为源远流长的、传统的中国史学从来就是记录和研究汉族和各少数民族及其先民历史的。说它年轻，是因为专家们自觉地从民族历史的角度进行研究，并取得有影响的成果，使民族史学成为一个专门的学科，还是近百年的事。近代意义的史学史是从20世纪20年代开始的。新中国成立以来，中国民族历史研究受到重视，进入崭新的阶段。然而历史学家摆脱旧史学的影响，树立唯物史观指导下民族平等的观点，需要要一个过程。而培养一代民族历史学家，撰写出有丰富内容的民族史学著述，再在此基础上研究中国民族史学史，那就需要更长的时期和更丰厚的基础。近几十年来，民族史研究有了长足的发展，有关中国民族史的专著不断推出。先后出版了各民族

---

* 原刊于《云南社会科学》2014年第6期，第152—160页。（人民大学复印报刊资料《历史学》2015年第1期转载。）

专史、地方民族史、民族关系史和全国性的民族史。中国民族史学形成了蓬勃发展的局面。然而作为其中一个分支的中国民族史学史的研究却显得滞后，系统的研究似乎仍是一项空白。

20 世纪 90 年代在民族史研究蓬勃发展的形势下，我们曾提出编写《中国民族史学史》的意向，并着手搜集基本资料，搭建书稿框架，但终未能完成。然而对这一课题的思考和准备并未停止。用科学的观点考量中国历史上的民族问题，是民族史和民族史学史研究中最重要的问题。我们不断从民族的角度审视历史和现实。1990 年我提出了“民族史观”的概念[①]，此后一些专家进一步诠释“民族史观”。[②]

我们高兴地看到中国史学史的研究近些年在老一辈专家的基础上又取得了显著成就，特别瞿林东先生对中国史学史的研究做出了新的重要贡献。[③] 十年前笔者与瞿先生交谈时曾提出希望他关注民族史学史，他提到民族史研究专家们对民族史比较熟悉，希望民族史研究专家们更多地研究民族史学史问题。后来瞿先生专门组织过有关中国少数民族史的学术研讨会议，会上还发表了《中国少数民族史学发展的几个阶段》的重要论文。[④] 近几年“中国民族史学史”已列入研究规划，希望在各位同仁的关心和帮助下，完成这一课题。

二 中国民族史学发展的几个阶段

中原王朝对少数民族历史有决定性影响。中国民族史发展阶段与中原王朝基本吻合。

（一）先秦时期

在中国古代原始社会，中国尚未有民族之分，但后来民族的先民早就有了历史传说。传说中的黄帝和炎帝被视为中原地区的部落首领，是后来汉族的祖先，在部落联盟阶段，又融入了来自羌、夷、苗、黎等氏族集团的人。蚩尤则被视为九黎部落的首领。传说蚩尤是主兵之神。黄帝和蚩尤在涿鹿（今河北涿鹿之南）的关键大战，奠定了后来汉族和部分少数民族的政治和地理格局。《史记》记载：“蚩尤作乱，不用帝命。于是黄帝乃征师诸侯，与蚩尤战于涿鹿之野，遂禽杀蚩尤。”[⑤] 其后九黎的一部分融合于华夏族，一部分回到江汉流域，建立三苗部落联盟，被认为是后来苗族的祖先。中国古代的史书载有“五帝”，而蚩尤未被列入，这或许反映了当时以中原为主体的历史记载和传说对周边部族的轻视和排斥。但从历史不多的记载中仍能看到蚩尤的重要影响。秦始皇时祠八神，“三曰兵主，祠蚩尤”[⑥] 秦末在沛县响应陈涉起义的刘邦被立为沛公后，就“祠黄帝，祭蚩尤于沛廷”，汉高祖初年“令

① 史金波：《中国民族史研究四十年的重要贡献》，《云南社会科学》1990 年第 2 期。

② 李珍：《中国古代民族史观的几个特点》，《史学史研究》2012 年第 3 期；崔明德、马晓丽、曹鲁超：《中国民族思想的学科建设与创新》，齐鲁书社 2007 年版。

③ 白寿彝：《中国史学史》，上海人民出版社 1986 年版；瞿林东《中国史学史纲》，北京出版社 1999 年版。

④ 瞿林东主编《中国少数民族史学研究》，北京图书馆出版社 2008 年版。

⑤ 《史记》卷 1《五帝本纪》。

⑥ 《史记》卷 28《封禅书》。

祝官立蚩尤之祠于长安”。[①] 后来蚩尤在史籍中成了凶神恶煞的代表。

商、周时期已进入阶级社会，关于民族史的记载也渐增多。在殷商的甲骨文和周代的铭文中都有关于民族史的记录。如认为商王的祖先是东夷，周王的先民是夏人的一支，杂居戎、狄之间，与羌人关系密切。这种资料反映出在民族形成前其先民就是你中有我，我中有你，当时人们对这样的历史现象有一定的认识。华夏族发展较快，力量强大，而周边的“四夷”则较为落后。华夏族统治者已有“内中华、外夷狄”观念，对“四夷”采取歧视和压迫的政策。

春秋战国时期，群雄割据，华夏族从黄河中下游向东北、西北、西南延伸，少数民族先民在中国历史舞台上也显露出实力。在先秦史籍中，这一时期有更丰富的民族活动记录，华、夷尊卑贵贱的观念已很明显，中原王朝如何对待四夷已是当时统治者的重要研判内容。《左传》记载了华族及其以外各民族的分布和互相之间的关系，他们互相接近甚至融会的过程。该书记载晋悼公和大臣魏绛讨论如何对待山戎时，魏绛坚持“请和诸戎”，认为“和戎有五利”。[②] 晋悼公接受了魏绛的建议，达到了“和诸戎狄以正诸华”的效果。魏绛提出恰当的和戎政策在当时很有见地，在中国民族史上《左传》树立了重视民族史的先例。当时也有与此相反的论调，认为四夷不可信，提出“非我族类，其心必异”的大民族主义观点。[③]

（二）秦汉时期

在公元前两个世纪和公元后两个世纪的秦汉时期汉族逐渐形成。秦朝统一了中原，东北的扶余、北部的匈奴、西北的月氏、西部的羌，都是有较大势力的少数民族。汉朝更替秦朝后，版图扩大。汉朝沟通西域，屯田湟中，设西域都护府，管辖西北少数民族地区。秦汉时期与北方匈奴民族的关系是影响当时历史的重大事件，或征战，或和谈，或和亲，都表现出少数民族在中华民族形成过程中地位越加重要。汉朝征服了西南夷，设立郡县。这一时期多民族中国的统一有了新的发展，奠定了各民族密切交往、相互依存的主流。

司马迁的《史记》开中国“正史”之先河。其中在记载皇帝编年的《本纪》中，就有关于中原政府与少数民族关系的重要史料。而人物传记中那些少数民族人物以及涉及少数民族治理、少数民族关系、少数民族地区的人物传记，也有很丰富的民族历史资料。特别是《匈奴列传》、《南越列传》、《东越列传》、《西南夷列传》、《大宛列传》，为各民族撰写专门的传记，这种体例开创了中国史学的一个良好先例。通过《史记》可以看到司马迁进步的民族史观，他把所谓“四夷”都看成是中国的一部分，而且往往追根溯源，论说少数民族和中原华夏的关系，如“匈奴，其先祖夏后氏之苗裔也”，“闽越王无诸及越东海王摇者，其先皆越王句践之后也”。[④] 司马迁能站在大一统的高度看待当时的民族问题，主要是他所在的西汉形成了大一统的国家。当然这种历史认识和司马迁本人曾深入少数民族地区有重要

---

① 《史记》卷8《高祖本纪》；《史记》卷28《封禅书》。

② 《左传·襄公四年》。

③ 《左传·成公四年》。

④ 《史记》卷110《匈奴列传》；卷114《东越列传》。

关系。①

《汉书》继承了《史记》的传统，有《匈奴传》、《西南夷两粤朝鲜传》、《西域传》等，其中有很多民族史的精彩内容。《后汉书》中把少数民族列传集中在一起，扩大了内容，有《东夷列传》、《南蛮西南夷列传》、《西羌传》、《西域传》、《南匈奴列传》、《乌桓鲜卑列传》。在有些《志》中，也记载了不少少数民族资料，如在《地理志》中不乏少数民族地区地理的记录。这反映了中国是一个多民族国家的现实，少数民族占据越来越重要的地位，也反映出史学家们对民族问题重要性的认识。

（三）三国两晋南北朝时期

东汉末年群雄割据，开始了近三个世纪动乱纷争的时期。三国时期魏居北方，与乌桓、鲜卑关系密切。蜀踞巴蜀，爨、蛮为其南邻。诸葛亮为巩固后方，率兵南征，对少数民族首领孟获七擒七纵，撤兵后用当地渠帅治理，采用羁縻之法，使“纲纪粗定，夷、汉粗安”。史学家对诸葛亮的举措给予高度评价。

三国统一于晋。晋代匈奴内迁，鲜卑南进，吐谷浑西移，形成了少数民族大迁徙的局面。短暂的晋朝中后期又发生了新的分裂。这一时期少数民族在中国政治舞台上的影响扩大，地位提高，进入所谓十六国时期。十六国中有13个是少数民族政权，其中有匈奴3，巴氐1，羯1，鲜卑5，氐2，羌1。有的已进入中原建立政权，如匈奴建立的前赵、羯族建立的后赵、鲜卑建立的前燕、后燕和西燕、氐族建立的前秦等。这些王朝时间短暂，但他们在中国民族史上有重大意义。南北朝时期汉族和少数民族政权对峙。南朝的辖地为南方，北朝则建立了影响很大的以鲜卑族为统治民族的北魏王朝，存在近一个半世纪。这一时期虽然国家处于分裂局面，但修史的意识很强烈。少数民族长期管领北方，占据长安、洛阳两京，以正统自居，这种格局对历史的认识和史书的撰述起了决定作用。当时少数民族和汉族一样尊崇儒学，重视自己的历史，中国最早设起居之官的是北魏。少数民族政权撰述历史已蔚成风气，有《汉赵书》、《后燕书》、《南燕录》、《秦书》、《凉书》、《十六国春秋》等近30种，对后世把十六国史列为正史有重要影响。十六国中多数在“正史”中有丰富的少数民族史内容。特别是魏收撰写的《魏书》，详细记录了鲜卑族拓跋氏的兴起、统一北方、建立政权、由盛至衰的过程，以及与周边汉族和少数民族的关系，从中可见鲜卑族在发挥本民族优势的同时，逐渐吸收其他民族特别是汉族的政治制度、文化传统，反映出民族之间的相互交往、融合的发展趋势。

这一时期地方民族史的著作也很丰富。晋常璩撰写的《华阳国志》是当时有代表性的、综合性的地方史著作，所记主要是西南地区的地理、民俗、文化等，包括了丰富的民族史资料，特别是作者实地考察搜集的资料，为其他著作所缺，是研究西南民族历史不可多得的史料。

（四）隋唐五代时期

自6世纪末中国又走上隋唐三个多世纪统一的发展路程，再一次反映出中国这个多民族

① 《史记》卷130《太史公自序》。

国家强大的凝聚力。大一统的政治局面促进了“天下一家”思想的发展。这时虽也是以武力为后盾实行民族压迫政策，但总的民族政策比较和缓，特别是唐朝对少数民族的羁縻政策已经系统、成熟，和亲政策也行之有效。当时回鹘、吐蕃、南诏、渤海都是有影响的少数民族政权。鲜卑、吐谷浑在西北地区逐步融入汉族和藏族。党项羌受吐蕃的压迫，北迁至今甘肃、宁夏与陕北一带。唐朝北制突厥，西联回纥，开丝绸之路；回鹘助唐平定安史之乱，收复两京，后分别建立河西回鹘、甘州回鹘、西州回鹘。东北地区的契丹和奚日益强大。西面吐蕃崛起，统一了青藏高原；唐朝与吐蕃来往密切，实行和亲。西南以乌蛮为主体建立南诏。

这一时期中原对少数民族了解增多，认识加深。唐太宗曾提出“自古皆贵中华，贱夷狄，朕独爱之如一”①。这种最高统治者进步的民族史观影响到一个时代，包括史学家的认识。史学家们对少数民族的记录、研究著作更加丰厚。唐初正式设立史馆，在“禁中”修史，纂修梁、陈、齐、周、隋五代史，后又下诏新修《晋书》。房玄龄等人撰著的《晋书》包含了十六国的历史，以《载记》的方式记录。对少数民族政权的记载认识上有了新的发展，不再像过去撰写南北朝历史那样记本朝为“本纪”，称他朝为“传”，北朝称南朝为“岛夷”，南朝称北朝为“索虏”，而是比较客观地按编年叙述。李大师、李延寿父子撰成《南史》80卷、《北史》100卷。他们认识到过去写少数民族历史的偏颇与失实，撰述思想很有创建，比如将少数民族王朝魏列入“本纪”，对南北朝的交往记载也较他史为详。②

唐代刘知几撰《史通》虽未专门论述民族历史，但其史学思想和史学理论影响着包括民族史在内的整个中国史学史。他认为“戎羯称制，各有国家，实同王者。”③ 承认少数民族政权的实际历史地位。唐代开创了典制体史书的编撰，杜佑撰写的《通典》分门立目，以类相从，在“边防”类中记录了东夷、南蛮、西戎、北狄共190多种，其中也有境外民族和国家，这为研究当时的民族史提供了丰富的资料。他提出“古之中华，多类今之夷狄”。④ 渗透着朴素的进化论和民族平等的思想，是难能可贵的进步民族史观。

隋唐时期的民族史著作有裴矩撰写的《西域图志》，记西域四十多国的史地、风俗。唐朝后期有李德裕著的《异域归忠传》、《西南备边录》，高少逸著的《四夷朝贡录》、《云南行记》，窦滂著的《云南别录》、《云南行记》。特别是樊绰著的《蛮书》（又名《云南志》）10卷，详细记载云南的交通、山川、六诏、民族、州城、物产、蛮夷和相邻诸番夷国，以及与唐朝的经济文化交流，内容极为丰富。

唐代安史之乱以后，社会动荡，民族关系紧张，后形成藩镇割据的局面，藩镇中不乏少数民族政权。五代时期朝代更替频繁，先后建立了十国政权，中国又一次处于分裂状态。五代时期编撰了200卷的《唐书》，内有大量民族史资料，其中突厥2卷，回纥1卷，吐蕃2卷，此外南蛮、西南蛮15族1卷、西戎14族1卷、东夷5族1卷、北狄8族1卷，有的属域外。

---

① 《旧唐书》卷3《太宗本纪》。

② 《北史》卷100《序传》。

③ 刘知几：《史通》内篇《称谓第十四》。

④ 杜佑：《通典》卷185《边防一》。

唐代少数民族自己撰写史书尚未成熟，然而有文字的民族也开始记录本民族的重要史实，如西藏拉萨的藏文、汉文合璧的《唐蕃会盟碑》，记载了唐朝和吐蕃和亲会盟友好事件。又如突厥文、汉文合璧的《阙特勤碑》、《毗迦可汗碑》叙述了突厥汗国历史、首领的功绩以及和唐朝的关系。敦煌发现的藏文卷子中有关于吐蕃历史和社会的史料。[①]

（五）辽宋夏金时期

辽、宋、夏、金约370年的时间是汉族和少数民族王朝分立时期。契丹族首领耶律阿保机建立了辽朝；党项族首领元昊建立了西夏；女真族首领完颜阿骨打建立了金朝。前期辽、北宋、西夏鼎立，后期南宋、金和西夏并立，加之西北的回鹘、西部的吐蕃唃厮啰政权、西南的大理政权，形成了多民族政权并立的新格局。这对民族历史的认识产生了深刻影响。

宋朝未能统一中国，与辽成为兄弟之国，后又不得不承认西夏的实际地位，这对长期以大民族主义为主导的汉族统治阶级是难以接受的现实，统治者和史学家有强烈的屈辱感和忧患意识。当时虽然国力孱弱，但史书的撰著热情高涨，大型史书不断问世，如司马光的《资治通鉴》、范祖禹的《唐鉴》、李焘的《续资治通鉴长编》、徐梦莘的《三朝北盟会编》、李心传的《建炎以来系年要录》等。北宋史学家乐史仿《元和郡县志》编著《太平寰宇记》200卷，依北宋初的建制叙述地理，其中有很多民族史资料系于各地，特别是四夷地区。南宋史学家郑樵撰著纪传体通史《通志》200卷，其中《年谱》记自三皇、五帝以下诸帝王，也包括少数民族王朝的帝王。《二十略》中氏族6卷，有代北复姓230余，很多是少数民族姓氏。特别是以15卷的篇幅为《载记》，多记少数民族王朝始末，颇为详尽。

《续资治通鉴长编》长达980卷，是一部翔实的北宋编年史，内有大量宋朝和辽、西夏、金、吐蕃、回鹘的民族关系史料，十分珍贵，为后世治史者所重。《建炎以来系年要录》200卷，其中有很多与金朝的关系史料。南宋王称著《东都事略》130卷，以纪传体记宋朝史实，后有附录8卷，专记辽、金、西夏等国事，常为后世史家所引用。

宋朝重视少数民族历史和现状的记载。范成大撰《桂海虞衡志》3卷，其中有“蛮”一门，对宋代广南瑶、僚、黎以及西南白、彝等民族的社会、生产、习俗有较详细叙述，为研究南方民族史留下了宝贵资料。《三朝北盟会编》250卷，专辑宋、金交往史实，引书近200种，其中包括金国实录10种。南宋赵拱撰《蒙鞑备录》1卷、彭大雅撰《黑鞑事略》1卷，都是最早叙述蒙古立国、社会、政治、军事状况的著作，所记多为亲身见闻，至为珍贵。

宋朝也遵循历代传统编写前朝正史。薛居正奉诏修《五代史》150卷，成梁、唐、晋、汉、周五代史书，内中不少与少数民族有关的史料，又有世袭、僭伪列传5卷，记包括少数民族王朝的“十国”史实，外国列传2卷记契丹、吐蕃、回鹘等少数民族历史。后欧阳修又自修《新五代史》74卷，少数民族史实集中在《四夷附录》3卷。他认为少数民族“惟其服叛去来，能为中国利害者，此不可以不知也。自古夷狄之于中国，有道未必服，无道未必不来，盖自因其盛衰。”[②] 宋徽宗被金俘虏后，曹勋随侍，归国后撰写《北狩见闻录》。洪

① 王尧、陈践译注：《敦煌本吐蕃历史文书》，民族出版社1980年版。

② 《新五代史》卷72《四夷附录第一》。

皓使金，撰写《松漠纪闻》。两书皆亲闻亲见辽金事，有补史实。

辽、西夏、金朝和中原王朝一样对修史十分重视，都设专门修史机构记史、修史，延续中国修史传统。辽设起居舍人院，掌修起居注；翰林院下设国史院，任命女真人、汉人、契丹人为史官。辽朝创制契丹文，耶律俨、耶律成、萧韩家奴等都是本民族史学家。辽代史学撰著不少，今多已亡佚，据后人搜寻知有正史、编年、起居注、载记、杂史等。如耶律俨有70卷的《皇朝实录》，萧韩家奴与耶律成合编的辽先祖事迹20卷，翻译汉文史籍多种。

西夏创民族文字，后世称为西夏文。近代出土有西夏文王朝法典《天盛律令》、西夏文类书《圣立义海》和历史杂记等。西夏设秘书监修史书，设翰林院修实录。西夏末期大臣罗世昌辞官后撰《夏国世次》20卷，修《金史》时尚存，后亡佚。[①] 蒙古军队进攻西夏时，“诸将争取子女金帛，（耶律）楚材独收遗书及药材大黄”[②]，可见耶律楚材还收集到一些书籍。

金朝尚书省下右司“兼带修注官”。金朝也创制民族文字女真文，科举中设立“女真学”。考试中史书内容占很大比重，推动了史学的发展。史官中有译史，译《史记》、《西汉书》、《新唐书》等。金朝修史以实录为主。如完颜勖撰写《太祖实录》20卷，纥石烈良弼成《太宗实录》、《睿宗实录》等，后实录的编写持续不断，这在中国封建王朝中十分突出。金朝佚名作者撰《大金吊伐录》4卷，依年次编录金国破宋、灭辽、立伪楚的国书、誓诏、册表、文状、指挥、谍檄等文书161件，资料珍稀，为世人所重。萧永琪撰成《辽史》30卷，后又成第二部《辽史》。金末国运衰微，史学家更以“亡国作史”为己任，以为后世修史用。元好问作《野史》和《壬辰杂编》，以亲历为实录，记金末丧乱事，带有抢救史料意图，惜已散失；又作《中州集》，汇集当时诗人200余人，每位诗作者都有小传，不啻一部纪传体金史。[③] 刘祁撰《归潜志》14卷，据见闻所及记当时金末、元初事，在《辨亡》一篇中认为金朝民族压迫政策导致国家短命，部分地道出了金朝灭亡的原因。这时期有叶隆礼奉敕撰写《契丹国志》（一说元人伪托）27卷。宇文懋昭撰写《大金国志》（一说宋元人伪托）40卷。两书保存了很多契丹史和女真史原始资料，可补其他文献之所无，但体系芜杂，舛误较多。

辽、西夏、金都不自外于中国，推行儒学，以中国正统自居。这一时期少数民族以新的姿态出现，虽政权分据，但“中国”意识并未削弱。

（六）元朝时期

以蒙古族首领成吉思汗及其继承者建立的蒙、元朝，结束了中国的分立，建立了盛大的统一王朝，前后180多年。中国历史上第一次出现了由少数民族掌握全国政权的局面，这大大影响了人们对民族关系的认识，大汉族主义受到极大冲击。由于元朝分为蒙古、色目、汉人、南人四等，民族压迫以新的形式出现。元朝在少数民族地区确立土司制度，对后世影响颇深。

元代少数民族史学家编纂的著作有突出的成就。第一部全面反映蒙古族历史的著作

---

① 《金史》卷134《外国传上·西夏》。

② 《元史》卷146《耶律楚材传》。

③ 《金史》卷126《元好问传》。

《蒙古秘史》问世，共12卷，作者不详，应是蒙古族史学家。该书记述了13世纪中期以前成吉思汗和窝阔台时期蒙古族的历史和相关的民族交往情况，描绘出以武力见长的蒙古族军事活动。该书显示出少数民族史书的特点，写史事时常加入诗歌，是研究蒙古族前期最重要的资料。原书以老蒙文撰写，后译成汉文，后世仅存汉译本。

藏族的史学家蔡巴·衮噶多吉用藏文撰《红史》记印度王统、释迦世系汉地王朝帝系、蒙古王统、吐蕃王统，突出汉藏关系。回鹘人马赫木德·喀什噶里编纂的《突厥语大词典》用阿拉伯文记录了很多操突厥语民族的历史，保存了很多珍贵史料。

佚名作者的《圣武亲征录》和苏天爵撰写的《元朝名臣事略》，也是有关蒙、元前期、中期的有重要学术价值的著作。元人撰写的游记性著作有很高的史学价值，如道人李志常撰写的《长春真人西游记》（多记蒙古、畏吾尔族）、契丹人耶律楚材撰写的《西游录》（多记西域各地民俗）、刘郁撰写的《西使记》（多记中亚风土人情）等。

虞集等编撰《元经世大典》880卷，取材档案，涉及元代各种典章制度，民族史材料很多，现只存辑录本。元朝还编撰了各代实录共15部。由西域人札马剌丁和汉人虞应龙共编《大元大一统志》1300卷，包括汉族和少数民族地区，内容十分丰富，可惜现仅存部分篇章。

元代也产生了稽考中国过去朝代史实的鸿篇巨作，其中有马端临撰写的《文献通考》348卷，其中宋代资料过半，有关民族史的资料很丰富，特别是舆地、四夷部分。

元朝继承中国编写“正史”传统，编写宋、辽、金三史，不仅工程浩大，也具有突出的史学史意义。其体例确定为“各国称号等事，准《南北史》”，“金、宋死节之臣，皆合立传，不须避忌”。[①] 把宋、辽、金视为平等的王朝，正式确立了少数民族王朝的历史地位。这种民族史观的确立，与历史上同为“夷狄”的蒙古族执政有重大关系。《辽史》、《金史》都有少数民族和汉族史学家参与纂修，保存了大量契丹、女真和它们建立王朝的史料，具有突出的民族史特点。《辽史》的部族、属国表有关于少数民族和邻国的资料，列传中的“外记”分记高丽、西夏二国事。《金史》的“交聘表”记载了与宋、西夏、高丽关系。这些资料反映了各民族交往，有的民族走向融合的历史进程，推进了民族史学的发展。

元朝编写三朝史，未同时编撰西夏史。其原因可能是西夏比宋、辽、金三朝势力小，为三朝属国，元初首议修史时就未提及西夏；元灭西夏时首都中兴府破坏很大，典章图籍散失殆尽，当时虽有《夏国世次》等史书，但资料仍显缺乏；西夏很多典籍以西夏文书写，即便有遗留书籍，翻译也使用困难。还可能是元朝把党项族（唐兀人）列为色目人，民族地位较高，入元后多用蒙古族名字，元朝不把西夏视为独立的国家。进入中原或接近中原的契丹族、女真族、党项族逐渐走上民族消亡和同化的道路，现存的史书成为了解这些民族的重要载体。

（七）明朝时期

元末农民起义推翻了元朝，建立了明朝。明朝并未完全统一中国，北方仍由势力颇大的蒙古族统治。明代对南部、西部少数民族地区仍实行土司制度。

明代官修《明实录》内容丰富，卷帙浩繁，2909卷，为前所未有。官修《大明会典》

① 《辽史》、《附录·进辽史表》。

417卷。两书保存了很多民族历史资料，是研究明代民族历史和民族关系的重要史书。

明初太祖攻占北京不久，即下诏修《元史》，仅历10个月修成。这是明朝统治者急于总结、汲取元朝兴亡成败的经验教训。过去往往把治内的少数民族和境外邻近的民族、国家都列入四夷传，《元史》仅将境外的国家列为"外夷"，这明确了修史区分境内外民族的观念。

元灭明兴是朝代的嬗替，但相当一部分汉族人认为是从中原驱逐了"夷狄"，这种认识反映在有些史书中，便扭曲为无视历史事实的大汉族主义。如王洙的《宋史质》中把辽、金王朝列在"外国"，并上推明太祖的先祖直接"继承"宋朝，抹杀元朝的存在，被后世史家贬为"荒唐悖谬"。柯维骐编著《宋史新编》虽具史料价值，但把辽、金、西夏列入"外国"。这种民族史观的倒退，引起史学界的异议，认为是"迂阔之见"、"殊涉偏见"。[①]

明代李贤领衔编撰的《大明一统志》，在一些州郡记录中保存了很多少数民族分布、沿革、风俗、土产等珍贵资料。当时因防御北边少数民族的需要而编著的北方地方志显著增多，成为研究当时民族和民族关系有价值的文献。

随着明朝与少数民族关系密切，明太祖敕撰《华夷译语》，成祖设四夷馆，接续敕编，始有八馆：蒙古、女真、西番、西天、回回、百夷、高昌、缅甸，其中虽兼及外国，但以少数民族为主。书中除各民族语常用词与汉语对照外，还有诏书和文件，保存了很多重要民族史料。

此外还有不少有关少数民族的史书，如金幼孜撰《北征录》记明成祖北征鞑靼事，杨荣撰《后北征记》记作者随成祖征鞑靼事，萧大亨撰《北虏风俗》记明代蒙古族风俗和社会制度，元刘佶、明郑晓撰《皇明北虏》记元明时期蒙古族活动，郑晓又撰《皇明四夷考》记明中叶边疆少数民族的历史、文化、民俗、交通等，高拱撰《边略》记明朝与蒙古族、苗族关系及广东剿倭事实，陈诚撰《西域番国志》记出使阿富汗途径西域各民族地区事，马文升撰《复兴哈密记》记哈密部分蒙古叛乱及政府平叛事，他又撰《抚安东夷记》记女真与明朝关系，张洪撰《南夷书》记洪武初至永乐初平定云南各土司事，朱孟震撰《西南夷风土记》记四川、云南少数民族地区情况，倪辂撰《南诏野史》记云南各民族世系史料，茅瑞徵撰《皇明象胥录》杂记边疆四夷及周边外国情状，杨慎著《滇载记》以白文史籍杂以调查资料记云南少数民族事。钱古训撰《百夷传》记云南地区多种少数民族情况。

王圻作《续文献通考》是《文献通考》的续作，补充了有关辽金的典制，十分重要。晚明史学家王世贞编撰100卷的《弇山堂别集》，其中记载了很多明朝与少数民族关系的史料。王世贞编撰《弇州史料》100卷，内中也有很多民族史资料。

明初藏族学者萨迦派僧人索南坚赞以藏文撰写《西藏王统记》记述吐蕃王统传承，对吐蕃前期三位赞普的事迹记载尤详，对文成公主、金城公主入嫁吐蕃和唐朝、吐蕃的文化交流也有翔实的描写。明成化年间藏族学者噶举派僧人桂洛·宣奴贝以藏文撰写《青史》，记述藏族历代王统传承和藏传佛教各教派的创建、发展历史，尤详于噶举派。嘉靖年间藏族学者班钦索南查巴用藏文撰写《新红史》，记吐蕃王统，着重记宋、元、明时期藏族20个割据政权的情况，还记载了汉地朝代更替，蒙古、西夏王统，表明作者已把藏族史和中国各民

① （明）于慎行著，（清）黄恩彤参订，李念孔等点校：《读史漫录》卷14，齐鲁书社1996年版。

族史视为一体，这是元代将西藏正式纳入行政管辖的结果。嘉靖年间藏族噶举派噶玛支系活佛芭卧·祖拉陈哇用藏文撰写史书《智者喜宴》，不少内容为汉文文献，甚至其他藏文文献所缺载。

明末撰有蒙古文《蒙古黄金史》，一为作者不详的《小黄金史》，一为罗卜藏丹津撰著的《大黄金史》，包括从成吉思汗至元朝灭亡以及明代蒙古族共270年的历史。与《蒙古秘史》、《蒙古源流》合称蒙古文三大历史著作。

（八）清朝时期

明末满族首领努尔哈赤统一各部，后其继承者入关统一中国，再次建立了少数民族统治的大一统王朝。清朝继承中华传统文化，重视史学，反对轻视夷狄，冲击了大汉族主义观念。但其对夷狄的忌讳，特别是对满族的回护造成民族主义的高压政策，影响了史学的发展。

满族进关前创制了满文，以满文记录了很多珍贵历史资料。最早的官修编年体史书《满文老档》记录了后金、清初在东北30年的史实和民族关系史料。可见满族统治者在东北时便注重记录本民族的历史，有明确的修史意识。

官修《清实录》4000余卷，分别以汉、满、蒙三种文字缮写，民族历史资料是其重要部分。此外有大量清代档案传世，约有1000余万件，多方面地记载了清代历史，其中有大量满文档案，十分珍贵。官修史书中还有续“三通”和清“三通”，即《续通典》、《续通志》、《续文献通考》、《清通典》、《清通志》、《清文献通考》，其中保存了大量民族史资料，如《续文献通考》在明《续文献通考》的基础上又有很多新的增益，四夷部分就有14卷。

清朝也重视修撰前代史。《明史》纂修历经百年，其中关于民族史的内容很丰富，在《本纪》、《兵志》中都有很多记载，特别是第310—319卷为湖广、四川、云南、贵州、广西土司传，详细记载了西南部地区少数民族的历史和现状。其外国传所列大部分是外国，但把鞑靼、瓦剌也列入外国，颇为不妥。卷330—卷332为《西域传》，包括新疆等地及藏族地区，也集中记录少数民族地区史料。《明史》对满族入关前与明朝的从属关系，以及南明抗击清朝的事实抹杀不记，反映出当时满族统治者狭隘的民族主义思想。明末清初王夫之作史论著作《读通鉴论》，多有卓见，因贯穿反清立场，强调“华夷”之辨，清朝将其排斥于《四库全书》之外，因此可见王夫之和清朝统治者民族史观的对立。

清代编纂了多种与民族地区有关的《方略》，如《亲征平定朔漠方略》、《平定金川方略》、《平定准格尔方略》、《平定两金川方略》等，都记载了对少数民族地区的重大军事行动和民族关系。赵翼编撰《皇朝武功纪盛》记康熙、乾隆平定三藩、朔漠、准噶尔、两金川、台湾、廓尔喀等地事迹，有重要史料价值。清设理藩院管理少数民族事务，有《理藩院则例》64卷，也是研究清代少数民族历史的重要资料。乾隆时官修《皇清职贡图》绘记300余民族、部族男女形象及部长属众衣冠，并附录说明习俗、衣食。

额尔泰等纂《八旗通志》全面记述满族特有的社会组织形式八旗制度，对八旗的建立、发展、更定、重要人物的事迹均予详细记载，很有特色和价值。另一部官修史籍《满洲源流考》记满族先世及有关东北各民族的历史，书中多用满语词语，十分珍贵。但书中对女真各部与明王朝的隶属关系隐讳不载，造成史料的缺漏。邹应龙、李元阳编纂的《云南通志》有很多当地史料，其中羁縻等部分尤为集中。清初还编纂《卫藏通志》记述西藏历史、地理、寺院、习俗以及清朝在西藏实行的各种制度，于西藏前期的重大历史事件记载更为详细。特别是著名史学家钱大昕著有《补元史艺文志》、《元史考异》、《辽金元史拾遗》等。《元史氏族表》介绍蒙古、色目人的起源、发展及其区别，考证精确。

清高宗敕撰《平定罗刹方略》，记述清朝康熙年间中国东北各族抗击沙俄的史事，其中记载沙俄对达呼尔、鄂伦春、鄂温克、赫哲、满、汉等族人民烧杀掳掠的罪行，清廷调集各地各族兵丁与东北各族人民共同抵御沙俄的事迹，表现了中华民族共同抗击外敌的爱国主义情操。

龚自珍高瞻远瞩，首倡新疆建省，撰写《西域置行省议》，后王树枏等撰《新疆图志》，内容丰富，是新疆建省后的第一部通志。一些在少数民族地区任职的官员撰写民族地区史志，记录民族情况，总结治理经验。如满族人七十一（尼玛查氏）撰写《西域闻见录》，详记新疆少数民族情况，他还著有《回疆风土记》。蒙古人松筠著《西招图略》专记西藏事务，他又主持纂修《西陲总统事略》，详记清初新疆地区事务，包罗宏富。蒙古人和宁撰《回疆通志》，是一部全面反映新疆的著作。黄沛翘撰《西藏图考》，绘西藏地图，并有西藏源流及地理、风俗考证。萧腾麟撰写《西藏见闻录》，记载很多珍贵的西藏史料。佚名作者的《番僧源流考》，记述了达赖喇嘛和班禅额尔德尼等大小藏传佛教派系 44 支，详尽记载了西藏的风习、文化和佛教传承。满族人额恒撰《伊尔根觉罗氏家传》，叙其先祖生活、征战以及到西藏、云贵、两广任职情况，内有西南少数民族起义资料。有关少数民族史的著作还有严如熤的《苗防备览》，记录了作者亲历和查阅档案、志书的资料，特别是湘西苗族、土家族、仡佬族、瑶族及附近汉族的第一手资料。清朝后期有人撰写镇压少数民族起义的著作，如奕䜣领衔修撰的《平定云南回匪方略》，尽管书中歪曲、污蔑回族农民起义，但对起义所叙甚详，是重要民族史资料。

清代蒙古族萨冈彻辰洪台吉编纂的蒙文史书《蒙古源流》利用多种蒙、藏文献，结合亲见亲闻，叙述了蒙古族历史以及蒙古与各族的关系，先后译成满文、汉文，为史家所重。藏族在清朝又有新的史书问世，如五世达赖喇嘛作《西藏王臣记》，详载西藏从传说时代至清初顾实汗历代王统和王朝事迹，于藏族史贡献很大。彝族很早就创制彝文。用彝文撰写的《西南彝志》约成书于清朝前期，除记载彝族对宇宙和人类、万物起源的认识，特别记录了彝族来源、发展、风俗习惯，以及彝族内部六大支系之间的关系，内容丰富，史料价值巨大。

1840 年中国进入半封建半殖民地社会，新史学在孕育、形成，但中国古代传统史学仍然延续。这时期对历史上少数民族历史撰述颇丰。如谢启昆的《西魏书》、吴任臣的《十国春秋》、邵远平的《元史类编》等。对蒙、元史的纪传体撰著还有魏源的《元史新编》、屠寄的《蒙兀儿史记》、柯绍忞的《新元史》、洪钧的《元史译文证补》。后者首次利用外文资料考中国历史，更为可贵。纪事本末体有李铭汉著《续资治通鉴纪事本末》、《辽史纪事本末》、《金史纪事本末》。云生修撰《打牲乌拉志典全书》，记述满族社会历史。魏源撰写的《圣武记》不仅记载满洲的兴起、发展和统一中国，还记载了各族抗俄战争，特别是记载苗族、回族起义事，有很多新资料。①

① 因篇幅原因，关于中国近现代民族史学史将另文讨论。

三 中国民族史学的特点

中国民族史学是中国史学的重要组成部分，既有中国史学的一般特征，也有自己的特点。

1. 中国民族史学的发展与历史上各民族的发展、所处地位相契合，与民族实力的消长、政权的存废相关联。民族史学在先秦时期随着民族先民的活动而显露萌芽，渐被重视；秦汉时期在汉族形成过程中，少数民族也登上舞台，民族史学逐步形成；三国两晋南北朝时期少数民族纷纷建立王朝，特别是鲜卑族所建魏影响很大，促进了民族史学的发展；隋唐时期的大一统局面和统治者较为和缓的民族政策，使民族史学活跃并稳步发展；辽宋夏金时期少数民族建立的王朝与宋朝并立，皆承中国德运，以中国正统自居，各自修史，民族史学进一步发展；元代以少数民族为主体，实行民族等级压迫，冲击了大汉族主义史观，不仅自修历史，还将前代多民族王朝分撰“正史”，推动民族史学新的繁荣发展；明代统一了中国大部，北部仍是蒙古政权，史学家关注民族地区，不少民族史书问世，蒙古、藏族史学家纷纷著书立说，民族史学呈现繁荣局面；清代中国一统，少数民族又一次成为主体，虽有对少数民族的回护，但民族史学著述丰硕，特别是满、蒙、藏文史籍大幅度增加，民族史学进一步繁荣。可见，民族史学随着时代的进步、各民族不断发展、民族间交往增多而逐步发展、成熟、繁荣。

2. 从民族史观角度看，不同时代、不同阶层、不同民族、不同学养对历史会有多种多样的观点。不同的民族史观构成人们认识上的差异，相互交织出民族关系上的矛盾、仇视、包容、和解和融通。在阶级社会大民族主义和狭隘民族主义的民族史观表现突出。随着社会的发展也形成了进步的民族史观。社会的发展，民族关系的走向不以哪一阶层、哪一个人的观点为转移。其实中国历史上各王朝都是多民族的。中国历史上民族关系的主流“是在漫长的历史进程中，经过政治、经济、文化诸方面越来越密切的接触，形成一股强大的内聚力，尽管历史上各民族间有友好交往，也有兵戎相见，历史上也曾不断出现过统一或分裂的局面，但各族间还是互相吸收、互相依存、逐步接近，共同缔造和发展了统一的多民族伟大祖国，促进了中国的发展，这才是历史上民族关系的主流。”① 中国各民族向心力越来越强，共性越来越多。

3. 民族史学资料十分丰富，但也十分分散。过去中国历史记载的主要是汉族历史或中原地区的王朝历史，但有关少数民族历史的记载也掺杂其中，内容丰富。不仅在“正史”中有大量民族史资料，在其他很多典籍中如政书、类书、志书、别史、杂史等都有丰富的史料，在各民族的口碑资料中也有重要的历史资料，近代考古发现的资料中也包含着不少有关民族史的实物。其中有些资料比较集中，但大部分资料支离分散。因此需要在各种类型的史籍中爬梳拣选，有的还需要在少数民族地区调查搜寻，有的则需要在少数民族生活过的地区进行考古发掘。此外，过去史书中不少是官方或汉族学者编撰的间接资料，需要认真地核对和甄别。

---

① 翁独健:《民族关系史研究中的几个问题》,《中央民族学院学报》1981 年第 4 期。

4. 用少数民族文字记载民族历史资料，是民族史学的一大特点。中国古代各少数民族中有的创制、使用过民族文字，形成了数量不等的民族文字文献。以本民族文字撰写本民族历史，多是第一手资料。如敦煌石室发现的藏文历史文书、黑水城发现的西夏王朝法典，都是真实反映当时历史的珍贵史料。很多民族还有丰富的民间传说，也是极富价值的资料。过去由于对少数民族文字史料缺乏重视，不少民族文字史书遗失，如用契丹文、女真文撰写的文献多未传世。存世的少数民族文字史料需要翻译、注释，特别是有些死文字的解读需要漫长时日，利用这些资料困难重重。近代史学家对民族文字史料逐渐引起的重视，特别是新中国建立后，民族文字史料的开发、利用有了长足的进展，取得了丰硕的成果。但大量民族文字史料的解读和利用还需要史学家做出更多的努力。

中国近现代民族史学史刍议*

自1840年第一次鸦片战争开始，拉开了中国近代史的序幕。这一时期，面对列强的分裂活动，学术界对边疆民族问题展开了深入的研究，形成了新的民族史观、民族史撰述方式，中国民族史学也体现了新的功能。从整体上看，中国近现代民族史学史作为中国民族史学史的重要组成部分，在中国古代民族史学史的基础上，步入了新的发展轨迹，形成新时期的特点。①

一 中国民族史观的变迁

自鸦片战争爆发至民国这一历史时期，政治动荡及外来的文化的冲击，促使传统的民族史观发生了重大变化，传统华夷观逐渐解体，新的民族观、国家观及世界观年开始形成并传播。

1. 传统华夷观的解体

在历代中原王朝所纂正史及其他史籍中，修史者都从华夏或中国的角度来记述各民族历史，"中国"与"四夷"往往是相对而言的，至晚清"中国"的内涵发生转变。在接触世界其他国家尤其是西方强国过程中，士大夫群体的国家观发生了变化，开始以新的国家观念来看"中国"。"中国"逐渐成为一个政治实体的名称，在地理范围上是指清朝管辖之下的疆域，清廷在外交场合下也认可了"中国"这一称谓。士大夫群体开始从"中国"的角度来撰述民族史，过去与"中国"相对的四夷，现在成为"中国"之内的民族，这是民族史观又一个巨大的转变，同时，以中国为单位叙述历史及民族史的著作不断涌现。

晚清较早接触西方文明的学者开始质疑传统的华夷观，认为华夷并不是固定的，二者可以互相转换。如王韬《华夷辨》云："自世有内华外夷之说，人遂谓中国为华，而中国以外统谓之夷，此大谬不然者也。《禹贡》画九州，而九州之中诸夷错处，周制设九服，而夷居其半。《春秋》之法，诸侯用夷礼则夷之，夷狄之进于中国者则中国之，夷狄虽大曰子。固

---

* 与关志国合作。原刊于《云南社会科学》2016年第1期。

① 关于中国民族史学史的任务和意义、发展的几个阶段及其特点，参见史金波《中国民族史学史刍议》，《云南社会科学》2014年第6期。

吴楚之地皆声名文物之所，而《春秋》统谓之夷。然则华夷之辨，其不在地之内外，而系于礼之有无也明矣。苟有礼也，夷可进为华；苟无礼，华则变为夷，岂可沾沾自大，厚己以薄人哉!”[①] 这是在接触西方先进文化后形成的认识。郭嵩焘甚至更坦率地指出，三代之际，中国礼乐教化发达，“远之于中国而名曰夷狄”，而今西方国家的富强文明程度远超中国，“其视中国亦犹三代盛时之视夷狄也”。[②]

晚清介绍世界各国历史、地理的书籍大量出版，这些著作的编纂理念都一定程度上超越了传统的“四夷”观念，如《四洲志》、《海国图志》、《瀛环志略》、《外国史略》、《坤舆万国全图》、《全地万国纪略》、《万国通鉴》等，这些书籍的转播，在观念上打破了以中央王朝为中心的华夷史观，人们逐渐认识到西方还有很多国家，这些国家具有发达的文明，并不是传统意义上的蛮夷之国。

2. 新民族史观的确立

在传统的历史记述中，修史者对民族意义上的人群称为“民”、“族”、“种”、“部”、“类”，或称为“族类”、“族部”、“部落”、“四夷”、“外国”、“藩部”、“属国”等，这些表述反映了不同历史时期的民族观念。晚清时期“民族”一词开始在学术著作中出现并逐渐普及，成为一个重要的概念。关于“民族”一词，在中国古文献中就已出现[③]，与近代出现的“民族”含义几乎相同，但并没有普遍使用。过去学术界多认为，现代“民族”观念由日本所译西方学术著作，然而日本所用该词是否是直接取自汉典，亦未可知。但“民族”一词的确通过梁启超等学者译介而来，并与当时特定的反清、反帝等社会形势联系在一起，更深化了其内涵。经过学界的探讨，在历史上的区别人群的词开始统一到“民族”这一词上，也出现了“民族史”这一史学的门类。

晚清，新史学开始孕育，其代表人物是梁启超。他连续发表了多种关于中国民族史的论述，主要有《中国历史上民族之研究》、《历史上中国民族之观察》、《中国历史上民族之分类》、《中华民族之研究》等。梁启超明确地把中国历史上的民族作为一个总体视角，进行了整体的研究，区分了民族与种族、民族与国民的内涵，尤其是强调了“民族意识”在民族形成和归属中的突出地位。以“诸夏”为例，梁启超论证了中华族自始是多元结合的观点：“吾族自名曰‘诸夏’，以示别于夷狄，‘夏’而冠以‘诸’抑亦多元结合之一种暗示也。”[④] 梁启超认为：“我中华族，本以由无数支族混成，其血统与外来诸族杂糅者亦不少。”[⑤] 尽管他对民族同化的观点和分析并不准确，如他认为：“先秦以前，中国本土除华族以外，还有八族，即苗族、蛮族、蜀族、巴族、氐族、徐淮族、吴越族、百濮族。最后除

---

① 王韬：《韬园文录外编》，上海书店出版社 2002 年版，第 245 页。

② 郭嵩焘：《郭嵩焘日记》第 3 册，湖南人民出版社 1982 年版，第 439 页。

③ 邸永君：《“民族”一词见于〈南齐书〉》，《民族研究》2004 年第 3 期。邸永君认为，《南齐书》中的“民族”与当前我们经常应用的民族的含义几乎相同，南北朝时期在区别不同民族时，已运用以文化本位为基础的“华夷之辨”的认同标准，证明了“民族”一词是中国古文献中固有的词。

④ 梁启超：《中国历史上民族之研究》，《饮冰室合集·专集》之四十二，中华书局 1989 年版，第 3 页。

⑤ 同上书，第 6 页。

苗、濮二族外，其余六族皆已同化于中华民族。”① 但他的论述起到了为新的民族史学奠基的作用。

民国建立后，“民族”开始作为一个新的政治单元而出现，它不再是历代的四夷或清代的藩部，而是平等的政治主体。因此，在“五族共和”基础上的民族平等观念在民族史的研究中得到倡导和实践。同时，西方“民族国家”意识形态在中国知识界的传播和影响，也促使当时的学术界从构建“民族历史”的角度来增强中国凝聚力，以防止国家的分裂。如王桐龄在《中国民族史》一书中表述了自己的民族进化史观，他说：“中国者，合六大族组织而成，中国之历史，实六大族相竞争相融合之历史也。”② 林惠祥在其所著《中国民族史》说：“中国诸民族之主干实为华夏系。”“华夏系不特为今汉族之主干且亦为全中国民族之主干。”③

3. 马克思主义民族史观的形成与发展

民国时期，马克思主义迅速转播，接受马克思主义的学者或共产党人，把马克思主义应用到史学研究之中，这也影响了中国民族史的撰述与研究。如李大钊以马克思主义为指导对具体的民族史问题进行了研究，先后在《甲寅》上发表了《新中华民族主义》、《大亚细亚主义》等文章。④

经过官方与学界的共同推动，中华民族观念深入人心，成为一个强有力的政治话语，所以在国共两党的政治宣传上也争夺这个符号。在延安，中国共产党人积极地论证自身在民族解放战争中的作用，1943 年 7 月 1 日《解放日报》发表社论《中国共产党与中华民族——为中国二十二周年纪念而作》称：“中国共产党的产生，既非‘外来的’，也不是几个人凭空制造出来的。它的所以发生，所以发展，所以没有人能把它取消得掉，那是因为中华民族的历史发展要求有这样一个政党，犹之乎中华民族的历史发展要求有一个革命的资产阶级政党一样。谁要想取消共产党，就如同谁要想取消革命的国民党一样，都是违反历史发展的笑话奇谈。”

在当时的陕甘宁边区，生活着回族、蒙古等民族，中国共产党人开始探讨处理民族问题的策略。1938 年底成立的西北工作委员会专门设立了少数民族问题研究室，下设蒙古问题研究组和回族问题研究组，研究人员认真学习马、恩、列、斯关于民族问题的理论著作，并结合中国实际开展回民、蒙古民族的研究，1940 年，编写了民族问题丛书，包括《回回民族问题》、《蒙古民族问题》和《蒙古社会经济》等。1941 年，《回回民族问题》在延安出版，该书以鲜明的政治态度将回回作为一个民族整体看待，考察了回族的来源、回族长期被压迫和斗争的历史，分析了回族和伊斯兰教的关系，批判了各种有关回族问题的谬论，对民族史研究具有指导意义。

---

① 梁启超：《中国历史上民族之研究》，《饮冰室合集·专集》之四十二，中华书局 1989 年版，第 13 页。

② 王桐龄：《中国民族史》，北平文化学社 1934 年版，第 1 页。

③ 林惠祥：《中国民族史》，商务印书馆 1936 年版，第 9 页。

④ 参见《李大钊文集》上册，人民出版社 1984 年版。

1947年，吕振羽著《中国民族简史》[①]，这是中国第一部运用马克思主义理论与方法考察民族史的专著。[②] 吕振羽在书中表明其为解决民族民主革命中的问题而研究民族问题，严厉地批判了国内资产阶级的大汉族主义，主张各民族平等。该书着重撰述了汉族、满族、蒙古族、回族、藏族，以及维吾尔族、罗罗族、唐古特族、苗族、僰族、黎族、鄂伦春族等民族发展史。

二 中国民族史学科的建立与发展

在传统正史中，有关民族历史的记述是作为“四夷传”附于史书中的，民族历史的编纂是主要出于资政的需要。晚清至民国，由于受到西学的影响，更基于对现实民族问题的回应，中国民族史作为一个独立的学科而发展起来。

1. 中国民族史学科的建立

晚清学者在译介“民族”概念的同时，也有意识地探讨其内涵，梁启超认为“民族”有八个特征：“其始也，同居于一地，其始也，同一血缘，同其支体形状，同其语言，同其文字，同其宗教，同其风俗，同其生计。”[③] 梁启超对“民族”概念的阐述迅速传播开来，为当时学界所认同，而后，民族主义等概念逐渐引进，成为认识民族历史及现实政治的一个角度，也影响了民族史学的发展，促使近代民族史研究的产生。1902年，梁启超发表《新史学》一文，他指出：“叙述数千年来各种族盛衰兴亡之迹者，是历史之性质也；叙述数千年各种族所以盛衰兴亡之故者，是历史之精神也。”[④] 1906年，梁启超在《历史上中国民族之观察》一文中提出：“现今之中华民族自始本非一族，实由多数民族混合而成。”“吾中国言民族者，常于小民族主义之外，更提倡大民族主义。小民族主义为何？汉族对于国内他族是也；大民族主义为何？合本部属部之诸族对于国外之诸族是也。”晚清，随着新史学的产生及发展，中国民族史成为史学界的研究热点，学术界逐渐明确了民族史研究的地位及意义。

民国建立后，中国民族史开始成为一个独立的学科，学术界开始重视探讨中国民族史学科本身的性质及研究方法。林惠祥先生认为，民族史一方面是对通史的弥补，另一方面则是人类学的一部分。同时，他认为民族史学的研究与边疆政治安危、国内族际关系紧密相连，具有很强的应用价值，而其中的重要功能之一就是民族主义实践基础上的各民族大同主义。林惠祥所著《中国民族史》中明确指出：“中国民族史为叙述中国各民族古今沿革之历史，详言之即就各族而讨论其种族起源，名称沿革，支派区别，势力涨落，文化变迁，并及各族相互间之接触混合等问题。”[⑤] 民族史学科的性质，包括两方面，一方面“为通史之补助，

① 吕振羽：《中国民族简史》，大连大众书店1947年版，哈尔滨光华书店1948年版。

② 朱政惠：《吕振羽〈中国民族简史〉的史学思想》，《历史教学问题》1989年第3期。

③ 梁启超：《政治学大家伯伦知理之学说》，《饮冰室合集·文集》之三，中华书局1989年版。

④ 梁启超：《新史学》，《饮冰室合集·文集》之九，中华书局1989年版，第12页。

⑤ 林惠祥：《中国民族史》，商务印书馆1936年版，第2页。

民族史固亦为历史之一种，然为专门史而与普通史不同。其与普通史之别在乎范围较狭，专论民族一项，与普通史之范围广阔门类繁多者不同。民族为历史现象之要素，故普通史亦必述及之，然以限于体裁，东鳞西爪，言之不详，故须有民族史以补足之”；另一方面“为人类学之一部，人类学中有一部分叙述人类各种族之状况者，民族史即此一部分也”。林惠祥还将民族史的功能概述为四项，他说：“民族史之性质，亦即效用，盖有下述四项：（1）为通史之辅助，（2）为人类学之一部分，（3）为实际、政策上之参考，（4）为民族主义及大同主义之宣传。”①

民国时期成立了一些与民族史有关的学术机构。1934 年年初，顾颉刚与谭其骧等人筹备组织禹贡学会，创办《禹贡》半月刊，禹贡学会制定《禹贡学会研究边疆计划书》，为挽救民族危亡致力于边疆和民族历史与现状的研究。1935 年 3 月 1 日，《禹贡学会简章》对学会宗旨进行了修改，扩大至“以研究中国地理沿革史及民族演进史为目的”。② 中央研究院历史语言研究所也有专门的学者从事民族史研究。此外，20 世纪三四十年代还先后成立了中国民族学会、中国边疆学会、蒙藏委员会学术研究会等与中国民族史研究相关的学术团体。

民国时期的中国民族史学者群体多聚集于研究机构及高校，他们以专业知识分子的视角来从事研究，改变了清及以前由官方机构或官员撰述民族史的传统，民族史的研究更加具有专业性，学术研究的旨趣也由传统士人的经世致用转而为一种科学上的求真求实。中国民族史研究逐渐发展成为一个专门的学科。

民国时期，中国民族史的人才培养机制逐渐形成，一些大学的历史系开设了中国民族史课程，如当时的中央大学历史系的课程设置，除共同必修课外，在主系选修课程中就包括中国民族史、风俗史、历史地理、蒙古史、西藏史等。③ 此外，中央大学、西北大学还设立了边政系，开设了民族语言及回教史、康藏史、蒙古史等课程。④ 民族史研究人员的培养逐渐走向正规化、专业化，民族史知识也开始通过课堂讲授来传播。

2. 中国民族史学科理论与方法的探讨

晚清以后，一些学者掌握了西学的方法，同时，也自觉将这些方法与传统的考据方法相结合进行史学研究，他们注重发掘新的材料，产生了一大批考证成果，形成了良好的学术传统。民族的考证成果次第出现，主要涉及古代民族的族源、族称、族属、族系等问题，其中，王国维、陈寅恪、陈垣等的民族史相关考证具有典范意义。

王国维相继撰述了大量的民族史研究论著，如《鬼方昆夷玁狁考》、《黑车子室韦考》《胡服考》（1915）、《西胡考》及《西胡续考》（1919）、《匈奴相邦印跋》（1922）、《月氏未西徙大厦时故地考》（1925）等。还有学者精通多种民族文字，能利用民族文字史料对民

① 林惠祥：《中国民族史》，商务印书馆 1936 年版，第 1 页。

② 《禹贡学会简章》，《禹贡》第 4 卷第 3 期。

③ 《国立中央大学文学院史学系课程规则说明书》，《史学》1934 年第 1 期。

④ 杜肇敏：《中央大学的边政学系》，《西北通讯》第 3 卷第 3 期，1948 年 8 月；习之：《西北大学的边政系》，《西北通讯》第 6 期，1947 年 8 月。

族史问题进行考证，比较有代表性的为陈寅恪。1930 年，陈寅恪发表《吐蕃彝泰赞普名号年代考（蒙古源流研究之二）》（《中央研究院历史语言研究所集刊》第 2 本第 1 号，1930 年 5 月）一文，该文由《蒙古源流》入手，引用藏、蒙、满文等文献及拉萨长庆唐蕃会盟碑，考订出吐蕃彝泰赞普的名号与年代。

当时，中国民族史学界除对既有的历史文献和考古资料进行系统考证外，还亲身对一些民族进行实地的田野调查，收集各民族的民间文献、口述史料等，这也是中国民族史学研究的新趋势，而这一研究方法也决定了民族史学研究与民族学、人类学田野工作相结合。由此产生了一大批基于实地考察的民族史（志）论著，如颜复礼与商承祖著《广西凌云瑶人调查报告》(1929)、杨成志著《云南民族调查报告》(1930)、林惠祥著《台湾番族之原始文化》（1930)、凌纯声著《松花江下游的赫哲族》（中央研究院历史语言所甲种单刊，1934)、庞新民著《两广瑶山调查》(上海中华书局，1935）等。

同时，受民族学理论的影响，中国民族史研究突出了族称、族源、族属、族系等问题，学术界重新构建了现代的中国民族史知识体系，先后出版的十几部中国民族通史著作，这些著作确立了新的叙述框架。民国时期，随着民族观念发展与民族识别的开始，学术界积极发掘新的文献，采用了新的研究方法，对各民族史研究展开深入研究，研究的重点为当时基本识别的民族，包括汉族史、满族史、蒙古族史、藏族史、维吾尔族史、苗族史、彝族史等都有相关著作问世。

三　中国民族史撰述方式的演变

晚清新史学兴起后，新的史学编纂体例不断出现，同时，旧史学的撰述方法仍在继续，因此，这一时期的民族史撰述更加丰富多彩。

1. 传统的民族史编纂

晚清，蒙元史的研究与撰述取得了突出的成就，主要的学术成果有魏源撰《元史新编》、屠寄撰《蒙兀儿史记》、柯绍忞撰《新元史》等。这些著作以传统史学体例对蒙古及其他民族历史进行记述。

民国时期，《清史稿》修纂完成，共 520 卷，其撰述方式基本延续了传统的记述方式，对清廷歌功颂德，鼓励复辟。但其在编纂体例上有所创新，列传中涉及民族历史的部分集中在《土司传》6 卷及《藩部传》8 卷。另有属国 3 卷专记外国，中外分明，对中国和中华民族的界限更加明确，对民族历史的记述体例上，较之于乾隆时期所修《清朝文献通考・四裔考》有根本的变化。

晚清方志对民族历史的记述出现了变化。光绪三十一年（1905）六月，清朝颁布了《乡土志例目》，令全国府、厅、州、县按照例目撰写乡土志和志书，这对地方志中的民族史撰述是一个促进。晚清许多边远地区也修纂了方志，对当地的民族情况记述更为详细，增设以前方志没有的内容，同时，纂修者受到西学的影响，地方志在记述民族时出现了新的门类，如谱系、语言、礼俗等方面。光绪年间，内蒙古的基层行政设置由盟旗改为州县，相应地，这些州县编纂了方志，如《蒙古志》(3 卷，姚明辉辑，光绪三十三年刊本)、《土默特志》(10 卷，高赓恩纂)、《绥远志》(10 卷，高赓恩纂)、《归绥道志》(47 卷，高赓恩纂)、《归绥识略》(36 卷，张曾纂修)，这些方志都对本地区的蒙古族情况予以记述。

光绪年间编撰的《肃州新志》涉及民族史的内容较多，如密兴复本末、哈密古迹山川风俗土产、巴里坤古迹山川风俗土产、吐鲁番火州鲁陈、车师高昌考、高昌王麹嘉传、西州回鹘、准噶尔传、西域诸部、准噶尔灭亡纪略、阿木尔萨拉叛亡纪略、布拉敦霍集占叛亡纪略、乌什叛乱纪略。

光绪三十二年（1906），新疆巡抚袁大化设立新疆通志局，招揽名流逸士纂修《新疆图志》。该书由新疆巡抚袁大化领衔任总裁，由王树枏，王学曾任总纂，《新疆图志》特设了《藩部志》和《礼俗志》，记述了境内各民族的源流及风物人情等。

2. 新的民族史撰述方式

晚清时期学术界开始以全新的民族史观为指导，采用新的体例及民族发展的分期方法重新叙述中国民族史，不同于传统的民族史撰述方式。1905 年，梁启超发表《历史上中国民族之观察》一文，就其叙述体例及内容而言，实际上是中国近代最早的中华民族发展简史，文中提出了“现今之中华民族自始本非一族，实由多数民族混合而成”① 的观点，是对传统华夷观念的超越。

1905 年，刘师培撰成《中国民族志》一书，在该书序言中，刘师培说明了写作此书的宗旨：“吾观欧洲当十九世纪之时，为民族主义时代。希腊离土而建邦，意人排奥而立国，即爱尔兰之属英者，今且起而争自治之权矣。吾汉族之民，其亦知之否耶？作民族志。”该书超越了传统的民族史撰述方式，以新的民族观念为指导，采用新的体例叙述中国民族史，把汉族与各民族之间所发生的关系做了全面的研究和概述，并提出了较早的民族史分期方法，已体现出专门的民族史的性质。因此，刘师培成为中国民族史研究的重要开拓者之一，在近现代民族史学史上具有重要的开创意义。

民国建立后，“五族共和”观念开始广泛传播，此后的民族史研究与撰述逐渐摆脱了华夷之辨之下的狭隘的大汉族主义，开始注意阐述中华民族的多元性发展历程。民国时期，学界开始按新的体例编纂中国民族史，这方面的著作有数十种之多。值得注意的是，这一时期的“中国”与以前含义不同，成为一个政治实体，包括了明确疆域内的各民族，而中国民族史的撰述也具有加强民族国家建构的意义。

20 世纪二三十年代，专门的中国民族史著作不断涌现，以“中国民族史”为题的论著就有多种，如王桐龄著《中国民族史》(北平文化学社，1928)、吕思勉著《中国民族史》(世界书局，1934)、宋文炳著《中国民族史》(中华书局，1935)、缪凤林著《中国民族史》(中央大学，1935)、刘掞藜著《中国民族史》(四川大学，1935)、柳贻徵著《中国民族史》(上海世界书局，1935)、林惠祥著《中国民族史》(商务印书馆，1936) 等。至于不冠以“中国民族史”名称的论著则更多，如梁启超著《中国历史上民族之研究》(1922)、李济著《中国民族的形成》(1923)、张其昀著《中国民族志》(商务印书馆，1933)、吕思勉著《中国民族演进史》(上海亚细亚书局，1935) 等。此外，一些中国史论

① 梁启超：《历史上中国民族之观察》，《饮冰室合集·专集》之四十一，中华书局 1989 年版，第 4 页。

著也都以较大篇幅对中国民族史予以探讨和研究，如童书业著《中国疆域沿革略·四裔民族》（开明书店，1946）等。这些著述虽然具有很强的时代烙印，尤其是在对中华民族的概念阐释以及汉族与少数民族关系的评判方面仍存在历史惯性的痕迹，但是均属中国民族史（志）研究及其学科建设的奠基之作。

民国时期的学术界也注重探讨中国民族史的编纂宗旨、体例、方法等问题，如林惠祥说："以能阐明上述各项即种族起源名称沿革支派区别势力涨落文化变迁及各族相互间之接触混合等事者为准。凡通史所不详，而于民族之沿革上有重要意义者，咸在采取之列；至于通史所常述之材料则只略提而不复详述，以免重赘而省篇幅，如汉族之史实，鲜卑、契丹、女真、蒙古、满洲统治中后之事迹，皆从简略，而只以一小段概括之。"① 民国时期出版的中国民族史著作，大致有两种编纂体例：第一种以王桐龄著《中国民族史》为代表，以历史分期为章节，在各历史时期分述各民族的类别、演变及族际交往的历史；第二种以吕思勉著《中国民族史》为代表，全书统按各民族分章节，每一章综合叙述某一民族的起源、演变及消亡，并讨论其各个支系的变迁。

民国时期，还先后出现了几部叙述中华民族史的著作，如常乃悳著《中华民族小史》（爱文书局，1928）、曹松叶著《中华人民史》（商务印书馆，1933）、郭维屏著《中华民族发展史》（成都，1936）、李广平著《中华民族发展史》（正义出版社，1941）、张旭光著《中华民族发展史纲》（桂林文化供应社，1942）、李震同著《中华民族的来源》、俞剑华著《中华民族史》（国民出版社，1944）等。

四　中国民族史学功能的转化

中国民族史学与时代发展密切相关，受到时代变革的深刻影响，反映着时代的特征，其功能也随时代而变化，中国近现代民族史学更加突出维护祖国统一、加强中华民族认同的作用。

1. 维护祖国的统一

在朝廷腐败日甚，列强侵华越深的政治形势下，中国人民产生了强烈的民族危机感，史学界逐渐凸显出救亡图存的强烈倾向。帝国主义侵略表现在诸多方面，一方面诸列强侵略中国，使中国各民族饱受丧权辱国之痛；另一方面帝国主义在对中国边疆少数民族地区实行经济掠夺、文化渗透的同时，还对这些地区直接进行蚕食，甚至分裂活动。在这种边疆危机日深，民族危亡的时期，不少史学家重视边疆史地的研究，撰著民族地区的地理、攻防、治策等蔚为风气。其中有多位有影响的史学家写出了有代表性的作品。如张穆撰《蒙古游牧记》、何秋涛撰《朔方备乘》、姚莹撰《康輶纪行》等。这些著作加强了边疆史地的研究，对边疆民族史进行了新的记述。

到了20世纪30年代，在伪满洲国成立、内蒙古自治政府筹建及日本发动侵略战争的严峻形势下，学术界展开了关于"中华民族"问题的讨论。国家危亡的形势促使了民族精神

① 林惠祥：《中国民族史》，商务印书馆1936年版，第3页。

的凝聚，这对学术界产生了很大的影响。例如，明治初年至1945年，日本史学界全面地对我国东北边疆民族进行研究，以配合其“大陆政策”的施行，妄图变我国东北为其殖民地。所以，日本学者发表了大量的研究论著，提出了一系列违背史实的主张和观点，比较有代表性的，如以白鸟库吉提出的“南北对立论”；稻叶岩吉、北川鹿藏所主张的“异民族统治论”；矢野仁一的“中国在边境无主权论”等。这些观点毫无例外，都是从历史上否定东北边疆民族是中国的古代民族，进而否定东北是中国的领土，为其军国主义的侵略政策服务。傅斯年、金毓黻等学者对深入研究东北民族史，驳斥了日本人的无稽之谈，代表性的著作有傅斯年著《东北史纲》、金毓黼著《东北通史》。又如，在日本的怂恿下，1939年6月暹罗改称为泰国，并公然宣称我国南方几省为泰族发源地，还派人到我国云南境内傣族地区活动，并声称要收复失地。这种大泰族主义言行引起了处在艰难抗战中的重庆国民政府、西南地方政府及中国学术界的警惕。中国学者从族源、族属角度予以反驳，如凌纯声在《唐代云南的乌蛮与白蛮考》一文中提出：“在唐代分布于云南自东北部而至步头，由西北部而达蒙化的乌蛮种族，由其地理的分布上观之，虽不能说尽属于今日狭义的罗罗一族，而属于今日广义的藏缅族殆无疑义”，故而得出了“创立南诏的蒙氏是乌蛮，属于今之藏缅族”而“非摆夷民族”的结论。[①] 1944年，岑家梧发表《由仲家来源驳斥泰族主义的错误》一文，他根据贵州荔波县仲家几个姓氏家谱考证，认为“仲家原为中原汉人，后来因为犯罪流徙或奉调戍边，日久便与土著通婚而土著化了”，“目下仲家语系虽与泰语相通……其与汉语的关系则极为密切……仲家与汉人在血统上的关系，已有极悠久的历史。”[②]

此外，学术界还对西北、西藏地区的民族进行研究，以反击国内外利用民族历史的分裂言论，主要著作有白眉初著《西藏始末纪要》（北平建设图书馆，1930）、洪涤尘著《新疆史地大纲》（正中书局，1935）、曾问吾著《中国经营西域史》（商务印书馆，1936）、洪涤尘编《西藏史地大纲》（正中书局，1936）、任乃强著《康藏史地大纲》（雅安建康日报社，1942）、贺岳僧著《西北史纲》（文信书局，1943）等。

2. 加强了中华民族认同

晚清，为推翻清朝统治，革命派开始提出了“排满”的口号。1894年檀香山兴中会盟书提出：“驱除鞑虏，恢复中华，创立合众政府。”孙中山提出：“中国者，中国人之中国；中国之政治，中国人任之。驱除鞑虏后，光复我民族的国家。”晚清，革命派为撰述汉族的历史，注意发掘先秦典籍中“黄帝”的相关记载，将黄帝奉为汉族的“始祖”，以之作为国族认同的文化符号。同时，注重叙述汉族与其他民族的斗争史，章太炎《訄书》、刘师培《攘书》、邹容《革命军》、陈天华《警世钟》、梁启超《中国史叙论》、黄节《黄史》、柳亚子《中国兴灭小史》、陈去病《清秘史》、陶成章《中国民族权力消长史》、宋教仁《汉族侵略史》。但后来革命派改变了“排满”的口号和做法，而提倡“五族共和”。民国建立后，孙中山明确强调各民族在政治上的平等地位和平等权利，更加强调国家的统一与民族的

---

① 凌纯声：《唐代云南的乌蛮与白蛮考》，《中央研究院历史语言研究所人类学集刊》第1卷第1期，1938年12月。

② 岑家梧：《由仲家来源斥泰族主义的错误》，《边政公论》第3卷第12期，1944年。

团结。

晚清，较早使用“中华民族”一词的是梁启超、杨度、章太炎等人。1901 年，梁启超在《中国史叙论》中，多次使用“中国民族”一词，有时用来指汉族，有时用来作为有史以来各民族的总称，在后一种用法中，已初步具有了各民族从古至今凝成某种统一整体的含义。在 1905 年发表的《历史上中国民族之观察》一文中，梁启超同时使用了“中华民族”与“中国民族”的概念。在晚清内忧外患的形势下，“中华民族”的概念为学界所接受，为了加强民族认同，学界也致力于宣传“中华民族”一体的观念。

1939 年 2 月 13 日，顾颉刚在《益世报》上发表《中华民族是一个》一文，顾先生开篇即提出：“凡是中国人都是中华民族——在中华民族之内我们绝不该再析出什么民族——在今以后大家应当留神使用这‘民族’二字。他强调指出：中华民族不组织在血统上……中华民族也不建立在同文化上……现在汉人的文化，大家说来，似乎还是承接商周的文化，其实也不对，它早因各种各族的混合而渐渐舍短取长成为一种混合的文化了。”1944 年，罗香林发表《中华民族的成长与发展》一文，提出中华民族“是构成中国这个国家的主体，他是中国所有人民的总称，所以凡住在中国领土以内而取得中国国籍的人民，都是中华民族的细胞，他们的合就是中华民族的内蕴”。[①]

20 世纪三四十年代出版了几部中华民族史著作，都把“中华民族”看作一个整体，通过对中华民族的起源、构成和历史发展的叙述，以唤起中国人民共同的民族意识，凝聚团结抗战的力量。在当时出现的几部中华民族史著作中，以郭维屏著《中华民族发展史》和俞剑华著《中华民族史》具有代表性。郭维屏著《中华民族发展史》一书叙述中华民族共同的发展历程及其盛衰的变迁。俞剑华著《中华民族史》认为中华民族是“由小宗族合而为较大的宗族，由较大的宗族合而为更大的宗族”，汉、满、蒙、回、藏等族就是中华民族的宗支，它们经过长期的交往与战争，最终形成今天的中华民族。

晚清至民国是中国历史上的巨变时期，在这一历史时期，传统的华夷观受到冲击，并不断解体，在民族史观上逐渐由“华夷之别”逐渐过渡到“中华一体”，民族史的研究与撰述也围绕这一时代主题而展开。中国民族史逐渐成为一个专门的学科，出现了研究民族史的学者群体，并形成了民族史研究的理论方法。在民族史撰述的体例上新旧杂陈的特点，新的撰述体例逐渐确立并取得了初步的发展。中国民族史与时代发展密切相关，不同的社会群体都基于自身的需要撰述民族史，民族史学的功能出现了多元化的态势，但主要的方面是加强了中华民族认同问题，形成了民族史的基本理论，取得了丰硕的成果，并对当代民族史学的发展产生了深远的影响。

① 罗香林：《中华民族的成长与发展》，《三民主义半月刊》1994 年第 4 卷第 6 期。

（三）中国民族文字研究

少数民族古文字与少数民族史研究*

据目前所知，我国少数民族古文字共有二十多种。从文字形体来源上分有独创的和受其他文字影响的两类。后者又分为受汉字、波罗米字、阿拉美字和阿拉伯字影响的四类。在文字类型上有象形字、表意字、表音字之别，表音字又可分为音节文字、音素文字和音节音素混合文字三种①。用这些民族古文字记录的丰富多彩的文献，是我国文献宝库中很有特色的一份文化遗产，值得我们特别珍视。在大量的民族古文字文献中有很多具有较高的史料价值，这对我国历史的研究，特别是对少数民族历史的研究有十分重要的意义。最近，中国民族史学会理事长翁独健同志在《要重视民族古文字研究工作》一文中强调指出：研究民族古文字及其文献“对于历史学、民族学的研究，其作用也是十分明显的，因为这些文献往往记录着汉文史籍所缺少的、有重要的学术价值的资料。目前，国内外研究中国历史和社会的著作，已越来越多地运用我国少数民族古文字文献提供的资料，这为研究我国历史开辟了一个新的途径。”②

当然，在浩如烟海的汉文文献里，蕴藏着极为丰富的有关少数民族历史的宝贵资料。过去，我们主要通过这些史料来了解和研究少数民族历史，取得了很大的成绩。今后仍应继续开拓汉文史料这一富矿，深入地开展民族史的研究工作。但是我们还应该看到，现有汉文史料，特别是其中的主要部分，基本上已经被史学工作者所掌握，挖掘新的资料成了史学界的一个重要课题。这就是一些有远见卓识的历史学家较早地注重意少数民族文字资料的重要原因之一，又由于我国少数民族大多居住在边远的地区，在历史社会发展缓慢，交通不便，各民族之间交往和了解收到了很大的限制，加上旧社会对少数民族的偏见和歧视，汉文史料中关于少数民族社会历史的记载往往较简略，有些重要史实也付诸阙如，甚至还夹杂着不少记载失实、相互矛盾、道听途说的材料，因此，少数民族文字资料显得更为重要。它不仅可以填补汉文资料的欠缺，还可以对汉文资料起到印证和纠谬的作用。汉文史料往往以中原王朝为主，旁及其他，而少数民族文字资料则多以本民族、本地区为主，兼涉周围民族。无疑这对于系统地了解和研究少数民族历史，包括民族关系史是更值得重视的资料。充分利用少数

---

* 原刊于朱绍侯主编《中国古代史研究入门》，河南人民出版社 1989 年版，第 340—359 页。

① 史金波：《中国民族古文字概说》，《民族研究》1984 年第 5 期。

② 翁独健：《要重视民族古文字研究工作》，《中国民族古文字研究》，中国社会科学出版社 1983 年版。此书为中国民族古文字研究会编。收载研究论文三十余篇。笔者在写作本文过程中，参考了其不少文章，恕不一一列出。谨致歉意。

民族文字文献资料开展民族研究工作，也是发扬少数民族优秀文化传统的一个重要方面，同时也能促进各民族人民共同研究中华民族的历史，对增强各族人民之间的团结也有一定的实现意义。

利用少数民族文字史料要经过一个整理或翻译的过程。有些资料也存在着纪年不明确、记事不准的问题，因而需要做一番去粗取精、去伪存真的工作，以便更好地利用。总之，少数民族文字资料的史学价值将越来越引起人们的重视，并将在我国少数民族历史，乃至整个中国历史的研究工作中发挥更大的作用。

以便于广大史学工作者对我国民族文字史料及其价值有一个概括的了解，下面就笔者管见所及，把保存文献较为丰富的主要文种分为西北地区、东北、北方地区和西南地区三部分粗略地做一些介绍和分析。

一

我国西北地区自古以来就是多民族共居的地方，也是少数民族古文字创制、流行较早的地区。这里不仅活跃着操阿尔泰语系突厥语族语言的民族，而且也有操印欧语系和汉藏语系语言的民族在这里繁衍、生息。

佉卢文字由古代西亚阿拉美文字演变而来，至少在公元前3世纪就开始使用。其所书写的语言为印度语系中的西北俗语。在我国发现的佉卢文文献属于古代于阗王国和鄯善国王时期，总计有近千件，分藏于国内和英国等地。其中属于鄯善国王的最多，绝大多数写在木牍上，少部分写在爰皮革上。文书的主要内容有四种：1. 国王的敕谕，2. 公私信礼，3. 各类契卷，4. 簿籍账册。这些文书对鄯善国王的社会、经济、政治、文化等方面都有较为详细的反映，而这些都是汉文文献中所缺乏的。比如一些文书中有五位鄯善国王的名字，又据文书上的纪年可推算出他们先后继承的关系，他们共计在位一百年左右，时间约在3世纪。这些对全面研究鄯善国历史十分重要。又比如有关土地买卖和人身买卖的文契，对研究鄯善国的社会经济提供了可靠地资料。

粟特文出自波斯时代的阿拉美文字草书，是记录粟特语的一种文字。粟特语属印欧语系伊朗语族东伊朗语支。粟特人曾立国中亚，他们的足迹曾东及新疆、甘肃等地，迄今所发现的最古粟特铭文属于公元2—3世纪，最晚的文献为11世纪。在我国发现的粟特文文献主要是佛经，有助于研究佛教在中亚传播的过程。英人斯坦因在敦煌以西汉代烽火台遗址发现的文书，即所谓《粟特文书简》，是迄今所知年代最早的文书，其中包括六封书信。尤其是第二封信述及洛阳被焚、天子出亡、匈奴入据洛阳事，历史价值很高，其内容不仅有河西走廊的事，也涉及东汉末年中原地区的重要史实，引起了国内外专家的高度重视。在粟特本土还发现过所谓的《穆格山文书》，这是粟特最后一位国王德瓦什梯奇时期的文献。其中以羊皮书居多，有德瓦什梯奇纪年的10件；纸文书17件，包括牒状、地籍、借据等，对研究我国河西地区历史地理也有一定的价值。此外还有碑铭、钱币、印章等也有补于历史研究。

3—9世纪居住在我国新疆焉耆、吐鲁番地区和库车地区操印欧语系语言的民族，使用焉耆——龟兹文（又称吐火罗文）。这是一种印度波罗米子母斜体。现已发现的文献以佛经为主，但也有大量公文、寺院账册，这些都是研究我国新疆地区古代民族史和中西交通史不可多得的宝贵资料①。

与上述文种相近的是于阗文。用于阗文记录的语言为于阗塞克语，也属印欧语系。汉文史籍对于阗国的记载往往语焉不详，因此于阗文文献引起了中外专家的高度重视。现存的于阗文文献很多，分藏于英、法、苏等国，我国也有一定的藏品，属于6—10世纪。其中最有史料价值的是非宗教性质文献，比如敕令、奏报、书信、账目等。引人注目的是《于阗沙州纪行》（即所谓钢琴和泰藏卷），这件有七十三行的文件，记载了于阗王派遣使臣前往沙州朝拜佛寺、布施祈愿的情况，其内容涉及阗年号、沿途城镇、沙洲种族、职官名称等，文中所记于阗国王就是史籍所载于阗国王李圣天。这证明李圣天统治时期，于阗国中还居住着操印欧语系语言的民族。具有同样重要史料价值的文件还有《七王子伴送使臣致于阗王奏报、七王子致于阗王书》、《使臣致于阗王奏报甘州突厥动乱》、《使臣致于阗王奏报》。这三件文书内容密切相关，反映了于阗对宋朝的纳贡关系、甘州的动乱和甘州与沙洲交恶的情况。此外，还有甘州新汗致于阗王要求恢复旧好的信件。信中叙述了双方关系的变化，同时还反映了于阗和甘州汗位的继承问题。有些官府账目，具体反映了于阗社会经济状况，有很高的史料价值。以上文书中涉及的大量人名、地名、官称和部族名称，为研究中国古时期西域政治史、民族史以及历史地理提供了第一手资料。

突厥文是古代突厥民族使用的一种音素、音节混合型文字，其字母多数来源于阿拉美文。突厥汗国、回纥汗国、高昌回鹘王国都曾使用这种文字，时间在7—10世纪。突厥文文献主要是碑铭。其中文字较长、保存较好、史料价值较大的是8世纪东突厥汗国复兴时期的几方石刻。著名的《厥特勤碑》、《毗伽可汗碑》记述第二突厥汗国建立者颉跌利施可汗长子毗伽可汗和次子厥特勤的生平武功，《暾欲谷碑》是突厥汗国的重臣暾欲谷生前所立的自传碑，碑文叙述他一生协助颉跌利施可汗、默啜可汗和毗伽可汗建立武功的情况。属于回纥汗国时期的《回纥英武威远毗伽可汗碑》是回鹘汗国第二代可汗即葛勒可汗的纪功碑，其中不但有汗国的历史、可汗的平生，还反映了当时各民族、部落或各国之间的关系，特别是与唐朝之间既有矛盾斗争，又有友好团结的复杂关系。不难看出，这些碑铭是研究古代突厥汗国和回纥汗国历史极为重要的材料。② 此外，新疆米兰发现的写木军事文件也有一定的史料价值。

回鹘是古代维吾尔族的称呼。在高昌回鹘王国时期，回鹘文逐渐代替了突厥文。回鹘文来源于粟特文。从9世纪中期至15世纪，回鹘文在中亚、新疆地区广泛使用。流传于世的回鹘文文献虽然多为佛教经典，但也有不少的世俗文献。大量的回鹘文文献被德、法两国所谓“探险队”掠往国外。世俗文献中主要是文书、契约等，那里记录了借贷、土地和奴隶买卖等许多重要社会经济活动。从中不仅可以了解当时的生产力发展状况，而且可以窥见高昌王国的阶级关系、民族关系以及日常生活的重要线索。其中有一组契约文书，记录了一个名叫斌通的奴隶，先后两次被出卖，以及斌通向官方告发主人罪行的情况。反映了13世纪末和14世纪初吐鲁番地区蓄奴的史实和底层人民被剥削的痛苦生活③。近年新疆文物工作

① 季羡林：《吐火罗语与尼雅俗语》，《新疆史学》1979年创刊号。

② 冯家昇：《1960年吐鲁番新发现的古突厥文》，《文史》1960年第10期；耿世民：《古代突厥文碑铭述略》，《考古学参考资料》1980年第3—4期。

③ 冯家昇：《回鹘文契约二种》，《文物》1960年第6期。

者发现的回鹘文文书中有五件摊派草料令，这些13世纪文献，是元朝在新疆地区的政府机构通过宗教的神权来行使行政权力的实物见证。回鹘文的碑刻有《赤都护高昌王世勋碑》、《赤都护布赫里格达寺碑》等，这些碑刻也都有较高的史料价值①。

13世纪以后，居住在今天山南北和中亚地区操突厥语族语言的部族部落，开始使用一种在阿拉伯语和波斯语影响下形成的书面语言。记录这种语言的是以阿拉伯字母为基础的察合台文。这种文字一直使用到20世纪初。用它记录的文献十分丰富。《拉西德史》是一部编年体的史书，记述了12世纪前半叶西辽耶律大石统治时期至蒙古西征、察合台及其后裔统治时期天山南北及中亚地区历史概貌，其中着重描写了已经维吾尔化了的察合台后裔所建立的叶尔羌汗国的政治。经济和文化情况，全书所记时间为12—17世纪。《玛哈木特·卓罗思史》是《拉西德史》的补篇，主要记述叶尔羌汗国前后的历史。《和卓传》则描述了伊斯兰教神秘主义苏菲派首领玛哈图木·阿扎木的两个儿子于公元7世纪从中亚来到天山南部，组织教派，相互对抗，扰乱社会，最后勾结天山北部蒙古准噶尔首领噶尔丹推翻叶尔羌汗国的历史。毛拉穆沙·沙依然木写的《伊米德史》也值得重视，作者记录了亲自参加活动的19世纪后半期拉西丁和卓暴动的经过以及反动的"哲德沙尔"汗国首领阿古柏及其余党在天山南部的统治。此外，尚有不少其他重要史书。由上可知，要研究新疆地区各民族的政治、经济、文化，察合台文文献是不可缺少的宝贵资料②。

11—13世纪在宁夏、甘肃、陕西北部以及青海、内蒙古等地建立了一个强大的王朝，史称西夏。西夏文就是当时为记录西夏主体民族党项羌的语言而创制的，它是受汉文影响的一种表意方块字。这种文字本身就蕴含着有关西夏社会历史资料。比如西夏文中碑记的"记"字，由"绳"和"信"两字组成，反映出党项民族在创制文字前曾经历过结绳记事的阶段。又比如西夏文中记录器皿的字中很多有"木"字的成分，像桶、罐、盔、甑、碗、盘、盏、匙等都有这个特点，说明党项民族在一个时期里所使用的器皿以木质为主。这对了解党项族历史上的社会生活和自然环境都有一定的价值。当然集中地反映西夏历史的资料，还是用西夏文书写和刻印的大量文献。这些文献受到史学界的高度重视。因为尽管西夏是一个有影响的王朝，它曾先与北宋辽相鼎足，后与南宋、金相对峙，立国长达190年，但在元代编修前代史书时，只修了《宋史》、《辽史》、《金史》，而没有修西夏史，所以在汉文史籍中有关西夏史的资料很不完整，特别是典章制度、经济生活方面的资料更感到缺乏。

20世纪初，埋葬于地下的大批西夏文文献被发现，这些文献除我国有部分藏品外，大部分藏于苏联。通过数十年的解读和译释，一些史学价值很高的文献先后应用于西夏史和党项民族史的研究中来，取得了前所未有的成绩。有一部长达二十章的西夏文著作《天盛旧改新定律令》，是西夏天盛年间（1149—1169）更张以前的旧律而制成的一部新律，内容十分丰富。现在我们所知道的西夏政府机构从中央到地方共分为五等，每一等各包括了若干机构，就来自这一重要著作。历史著作有《太祖继迁文》，是西夏太祖李继迁活动史实的记载。西夏文诗歌中也有关于党项先民历史的描述。西夏文文书中的资料更加引人注目。草书

① 耿世民：《维吾尔族古代文化和文献概论》，新疆人民出版社1983年版；李经纬：《漫谈回鹘文》，《新疆日报》1979年4月15日。

② 热合木·吐拉加里：《察哈台语》，《新疆教育》1981年第6、7期。

《瓜州审案记录》不仅使我们了解到西夏民事案件审理的过程，还反映出当时瓜州（今甘肃省安西县）一带农村经济的重要情况。《天盛年卖地契》（1170）是西夏时期一个党项族妇女出卖土地的文书，其中载明了所卖土地的四至和当事人、证明人的名字，是研究西夏社会土地占有和买卖的典型材料。类似的重要文件还有《光定年谷物借贷文契》（1123），天庆虎年（1194）十个西夏人共同出资筹措款项，为此写了一个西夏文凭据《钱会单》，这一文书反映了西夏社会下层人民的经济状况和货币使用情况。

《黑水城守将告近禀帖》（1224）和《黑水城副将上书》（1225），反映了西夏晚期军事重镇黑水城（今属内蒙古自治区额济纳旗）的政治、军事、经济等方面的重要情况。西夏文字典《文海》、《番汉合时掌中珠》、《圣立义海》等都收有大量反映西夏社会的字、词，特别是释义部分往往带有反映西夏社会生活的新鲜资料。西夏文碑铭中也有重要的史料①。著名的《重修凉州护国寺感通塔碑》是全国重点文物保护单位，碑文不仅记有西夏政治、经济、宗教等方面的史实，还有西夏和宋朝、吐蕃的关系的记载。文中称宋朝为“东汉”，和宋朝对它的称呼“西夏”相对应，这充分说明双方认为彼此都是整个中国的一部分，它们之间的和平相处或矛盾冲突都是兄弟之间的关系，是中国的内部问题。银川西夏黄陵出土的大量西夏文残碑块，对考证西夏历史事件、人物、年号等都有参考价值。② 1962 年在河北省保定市郊区发现了两座明代西夏文镌刻的石幢，幢文记有人名近百个，它证明了迟至明代还有党项人后期历史极为重要的价值。西夏文的印章发现了很多，目前已见有一百余枚，不仅上面的官职和人名对研究西夏官制有一定的意义，而且印背的年款订正了《宋史》有关记载多处失误。此外，大量的西夏文佛经和石窟题记丰富了西夏佛教史的内容，可以说，若没有西夏文文献材料，就很难勾勒出西夏佛教的概况③。

二

契丹族是我国北方古代游牧民族之一。契丹王朝建立以后，参照汉字先后创制了契丹大字和契丹小字两种不同类型的文字，这是目前所知我国东北古代少数民族最早创造的文字。据史书记载，曾用契丹字撰写和翻译过很多书籍，可惜都已亡佚。目前发现的契丹文字资料主要是石刻。属于契丹大字的有萧孝忠墓志、北大王墓志、静安寺碑等；属于契丹小字的辽兴宗及仁懿皇后哀册，道宗及宣懿皇后哀册、许王墓志、郎君行记等。由于契丹文尚未完全解读，致使一些重要史料未能被充分利用。近年来在契丹小字的研究方面，已经取得了突出的成绩④。

以契丹文和汉文为基础，加、减或变化笔画制成的女真文，也有大、校字之别。这是金

① 史金波、白滨、黄振华：《文海研究》，中国社会科学出版社 1983 年版。

② 宁夏博物馆发掘整理，李范文编辑：《西夏陵墓出土残碑粹编》，文物出版社 1984 年版。

③ 王静如：《西夏研究》1、2、3、辑，1930—1932 年，史金波、白滨：《西夏文及其文献》，《民族语文》1979 年第 3 期。

④ 中国社会科学院民族研究所、内蒙古大学蒙古语文研究室契丹文字研究小组：《契丹小字研究》，《内蒙古大学学报》1977 年第 4 期。

代女真人创制的文字。从女真文字本身可推究出女真族早期若干史实。如女真字中的“出”和“登”字是同一个字，证明女真族有居住地屋之制。女真文字碑铭有重要史料价值。其中以《大金得胜陀颂碑》最为重要，这不仅仅是因为它是目前最早的女真文碑刻，而且碑文字数也最多，是金代唯一有汉字对译的女真文官方石刻。这块重要石刻是金世宗大定二十五年（1185）为纪念金太祖完颜阿骨打举兵抗辽、渡水大碑辽兵所立的记功碑。《宴台女真进士题名碑》和《朝鲜庆源郡女真国书碑》上记有《金史》中所不见得猛安、谋克名称、如内吉河猛安、蒲底土猛安、宋割鲁山猛安、舍厄猛安、左申猛安、果法猛安、万官速寺谋克、受吉谋克等，阿海氏、傫春氏、交鲁氏、斜卵氏等女真姓氏也多为史籍所不载①。特别应该提出的是，明年在黑龙江入海口特林地方立的《奴儿千都司永宁寺碑》，此碑系用汉文—女真文、蒙古文书写，记载了明朝皇帝派遣内官赤失哈至黑龙江北岸奴儿千地方建立都司衙门、授官爵印信、赐衣服布钞、造寺塑佛的事迹，此碑是说明黑龙江北岸久属中国的铁证。此外，明代“四夷馆”所编《女真译语》中的《女真馆来文》是明代女真诸部的表文，这些都是研究女真史和我国民族关系史的重要资料②。

金朝灭亡后，在东北地区的建州女真，历经元、明两朝逐渐壮大，后来统一女真各部，发展成为满族，入关后统一中国，建立了清王朝。满族首领努尔哈赤统治时期，采用蒙古文字母创制了老满文。三十多年后，即在清太宗皇太极时期又在老满文的基础上增加圈点，称为新满文老满文虽然仅使用了三十多年，但却用它记录了有重要历史价值的所谓《满文老档》。《满文老档》是一部编年体史书，比较详细、具体地记载了满族的源流、清朝前期的政治、军事、经济、文化状况，还收录了当时满族与朝鲜、蒙古、明朝以及明叛将毛文龙的往来文书。这是研究满族的兴起和发展、清初社会性质和那一时期东北边疆史地的主要依据。用新满文记录的历史文献，尽管因天灾人祸屡遭损失，然而保存至今的文献数量，仍然相当可观，在少数民族文献中是最为丰富的一种。仅中国第一历史档案馆就珍藏有大约150万件。其中有清代各朝实录《圣训》，各种《方略》，还有传记类、地理类、法律类的重要著作。保存至今的清代皇帝的制、诏、诰、敕和表奏、题本等文件，大都是满文、汉文合璧的，而一些军机要务等机密文件则只用满文书写。因此，满文档案里的资料，很多是在汉文档案里见不到的，这正是满文文献的重要价值所在。军机处的文件，特别是大量的满文录副奏折，内容包罗宏富，其中有官员的深浅调补、奖惩、抚恤、赈济、礼仪、营制、训练、防务、军需、军械、律例、案件审理、地丁、钱粮、赋役、水利、工矿、商业、交通、工程、科举、学校、音乐、天文、地震、水文、秘密结社、农业收成等。显然这些都是研究满族史、清史极为重要的资料。满文档案中有一件《盛京内务府顺治年间档案册》，反映了顺治年间（1644—1661）北京、沈阳等地工匠采捕、打牲人丁的调动、纳贡情况，据此不仅可以了解顺治初年的社会经济、土地制度和赋役制度，还可以进一步探讨清军入关后满族接受汉族影响以及汉、满民族思想、技术和文化交流的过程。又如《满文档案》中有沙皇俄国边防指挥官致西蒙古首领阿睦尔撒纳的四封信，通过这些信件可以明显地看到当时沙俄当局唆使阿睦尔撒纳背叛祖国、投降俄国的用心，暴露出沙俄当局的丑恶嘴脸，同时也为评价阿

① 金光平、金启综：《女真语言文字研究》，文物出版社1980年版。

② 道尔吉、和希格：《女真译语研究》，《内蒙古大学学报》增刊，1983年。

睦尔撒纳等历史人物提供了可资参考的材料。有一部名为《官便漫游记》的满文书籍值得重视。它是咸丰元年（1851）呼伦贝尔佐领敖拉常新遵旨巡查额尔古纳河和乌第河后所写的游记。书分两卷，详细记载了巡边路线，是中国政府在《尼布楚条约》签订后坚持一百七十多年巡边制度，在黑龙江以北，外兴安岭以南乌第河地区行使国家主权的重要历史见证①。

总之，丰富的满文文献为我们提供了大量的、可靠的史料。不少专家利用满文资料，结合汉籍史料开展清史和满史的研究，写出了有学术价值的专著和论文，在利用民族文字资料方面做出了可喜的成绩。然而若与浩如烟海、有待开发的满文文献相比，这个成绩只能算一个良好的开端。

蒙古民族兴起于北方，后来统一中国，建立元朝。蒙古族原来没有文字，成吉思汗征乃蛮后（1204）才开始以回鹘文字母书写蒙古语，这就是最早的蒙古文字，称为回鹘式蒙古文。用这种文字书写的文献也保存着宝贵的史料。现存最早的回鹘式蒙古文碑是《也松格碑》，记述了 1225 年成吉思汗西征班师途中于不哈速赤忽之地设宴犒劳将士的盛况。藏于昆明筇竹寺的《云南王藏经碑》刻成于 1340 年，涉及秃坚之乱，为研究元代蒙古族统治集团内部的斗争提供了重要的佐证。此外，还有几方蒙文、汉文合璧的碑文，也有其独特价值。回鹘式蒙古文写本有伊儿汗国诸王的官方文牍，包括通行证和对外交信函等，都签有日期，是有确切年代可考的第一手资料，对研究元朝与西方的政治、军事、文化关系有重要参考价值。如伊尔汗国阿鲁浑于公元 1289 年致法国国王腓力普的外交事件，内容是敦促腓力普践约，出兵协助蒙古军队进攻埃及，明代回鹘式蒙古文写本有明代宗朱祁钰于景泰四年（1453）给剌尔地面头目咩力儿吉的敕谕，它表明在明代中叶蒙古文仍然是一种通用的文字，用于中国朝廷同西藏交往的文件中。此外还有万历八年（1580）顺义王俺答汗的贡马表等。②

元代还创制了一种特殊的文字，叫八思巴字，这种文字是在藏文字母的基础上制成的③。它的作用不是记录一种语言，而是“译写一切文字”。用这种文字记录的有蒙古语、汉语、藏语、梵文、维吾尔语等。八思巴文献中有很可贵的历史资料。仅碑刻一项，就有记录蒙古语二十多件，记录汉语的三十多件。八思巴字印章也很多，包括皇玺、帝师、国师印、王公印、元朝中央和地方各种机关长官印。此外，还有图书、牌符等。这些资料涉及整个元代社会的政治、经济、文化、日常生活等各个领域，特别是关于元代宗教政策、民族关系、典章制度、历史人物、行政区划等情况，对研究元史、蒙古史都能提供直接的证据④。如 1973 年在西藏发现的八思巴字蒙古语圆牌，证实了西藏地区在元代和祖国内地血肉相连的历史关系。

建与元代至正五年（1348）的北京居庸关过街塔，也是全国重点文物保护单位。其门洞内壁镌刻有梵文、藏文、巴斯巴字、畏兀文（回鹘文）、西夏文、汉文六体文字的大面积

---

① 屈六生：《故宫藏满文图书》，《故宫博物院院刊》1981 年第 1 期；任世铎关嘉录：《满文在清代东北史研究中的价值及当前应用的概况》，《辽宁大学学报》1981 年第 6 期。

② 道布整理、转写、注释：《回鹘式蒙古文文献汇编》，民族出版社 1983 年版。

③ 罗常培、蔡美彪合编：《八思巴字与元代汉语》，科学出版社 1959 年版。

④ 杨耐思、照那斯图：《八思巴字研究概述》，《民族语文》1981 年第 1 期。

石刻，其中有佛教陀罗尼和造塔功德记，典型地反映出我国多民族大家庭在元代民族文字使用情况和当时的民族关系。这一重要石刻引起了中外学者的高度重视。

三

藏族是我国具有悠久历史文化的少数民族之一。公元6—9世纪，在我国西南部建立了强大的地方政权——吐蕃王朝。在这一时期，根据印度婆罗米字母创造了藏文，这就是通常所说的“古藏文”。这种文字得到广泛使用，留下了极为丰富的文献。其中以敦煌石室所出的古藏文写卷价值最大，数量也最多。仅藏于英、法等国的就有五千多卷，国内也有部分收藏。里面有不少关于吐蕃时期的典章制度、经济体系、社会结构、民族关系以及氏族婚姻、民间习俗等方面的历史资料。其中有吐蕃时期100多年的大事纪年，有吐蕃赞普传记、赞普世系、诸侯世系和古代神话等重要资料，经翻译、注释后，对藏族史的研究产生了重要影响。有一件文书是《北方若干国君之王统叙记》，反映了八九世纪吐蕃人和北方民族突厥、契丹、高丽的面貌，可补汉文史料之缺①。一批吐蕃地方政权统治河西地区时的公文副本和吐蕃臣职之间往来信件的手稿，是考证吐蕃时期的历史人物、推断历史年代、核校历史事件的重要依据。有一件关于“钵阐布”的信件，确证了《唐蕃会盟碑》中由于字迹漫漶而认不清的吐蕃盟臣第一个署名者的职称和名字，即“执内外政同平掌事沙门钵阐布贝吉云丹”。

金石铭刻中也不乏有历史价值的珍品。《长庆唐蕃会盟碑》是全国重点文物保护单位，碑文记唐朝和吐蕃会盟的重要史实，其中有很多重要人名和官职，被人称为“亚洲第一块重要碑刻”。又如《工布摩崖碑》镌刻了吐蕃赞普墀德松赞的盟誓、续证前盟的誓文。墀德松赞在吐蕃王朝虽是一位承上启下的人物，但在其他藏、汉文史籍中有关他的记载远不如他的父亲和他的儿子详细。《工布摩崖碑》正好补充了这一缺陷。碑文还反映了吐蕃社会情况，在经济方面有对奴隶、农田、牧场的占有权益和上交贡赋差税所承担的义务，在政治方面有续证前盟和确定承嗣的记录，在文化方面有苯教信仰和传统仪轨等，是研究吐蕃王朝后期历史的重要资料。此外重要的藏文碑刻还有吐蕃时期的《桑耶寺碑》、《恩兰·达扎路恭纪功碑》、《琼结赤德松赞幕碑》，宋代的《西夏黑水剑桥碑》等。在新疆南部若羌、米兰和甘肃河西走廊一带出土了不少古藏文木牍，这也是藏文文献中不可忽视的一个重要部分。不少木牍是7世纪中期以后吐蕃军旅在那里驻扎和屯戍所留的遗物。木牍内容有吐蕃人在天山南路驻扎军队、设置驿站、派遣官员管理、组织居民耕种土地、经营放牧等情况，其中还反映了当地各民族杂居一处，共同开发西北以及他们之间矛盾冲突的史实。这不仅对研究吐蕃历史，对研究新疆地区史也有很大补益。

我国藏文文献的主体部分，还是11世纪以后用藏文著录和翻译的典籍。仅西藏自治区档案馆一处就有十万多册，藏于西藏其他单位以及青海、甘肃、北京等地的藏文文献也不在少数。这些典籍中蕴藏着丰富的史料，《布顿佛教史》（1322）、《西藏王统世系明鉴》（1388）、《贤者喜宴》（1564）和《西藏王臣使》（1642）等都是记录藏族历史的十分重要的著作，内中

① 王尧、陈践：《敦煌本吐蕃历史文书》，民族出版社1980年版。

有不少史籍所未载的资料。其他还有《宗喀巴全集》、《萨迦五祖全集》等。元、明时期中央政府给西藏地方的封文、帝师的法旨等文件，不仅真实地反映了西藏是祖国领土的一部分，同时也涉及当时藏族地区政治、经济、宗教情况。例如一件1319年元帝师公哥罗古罗思监藏班藏卜法旨，作为一种原始资料，反映出有关寺院经济状况，从中可以看出寺院领主和元朝统治者的利益是一致的，表明了西藏“政教合一”制度的特点，对研究西藏的封建农奴制度很有价值。在藏文文献中，这种值得重视的文件是不胜枚举的。

以云、贵、川等广大地区为居住地的彝族，有着悠久的历史。彝族创制的彝文至少使用了一千年以上，保存到现在的彝文文献十分丰富，其中一部分已经做了翻译、整理工作。有确切纪年的最早彝文文献是金石铭刻。其中明代嘉靖十一年（1532）的云南禄劝《鐾字崖碑》和嘉靖二十五年（1546）贵州大方县的《千岁衢碑》，都有很高的史料价值。前者为彝族先辈凤阿维与凤来玉二人所刻，主要记述凤土知府家庭盛衰史，以及其后代记述自家家史，许多记载为其他文献所缺，是研究明代土司制度的可靠资料。《水西大渡河建石桥记》记录了罗甸水西彝族的历史。彝文典籍中有关历史的记载值得特别重视。比如有名的《西南彝志》记载了彝族以及与彝族有密切关系的民族的历史，包括这些民族的起源、发展以及他们在政治、经济、文化上的演变，内容涉及很广。《古史通鉴（帝王世纪）》记述了彝族远祖的世系和他们在西周末年自成都平原迁往滇东北，在迁至滇、川、黔其他地区的情况，书中着重记述了罗甸水西八十四代的世系。近代出版的《爨文丛刻》收彝文经书十一种，其中有关于彝族君长世系和古代典章制度的记载①。流传很广的《玛牡特依》中记载着彝族社会的阶级、阶级关系和社会组织形式以及社会分工，也是研究彝族社会历史的重要参考资料。由于西南各族有文字的比较少，认真整理和释读古彝文文献，不但有利于考证彝族族源，而且也可以为研究西南各民族历史提供有价值的史料②。

我国境内的傣族在历史上用过四种不同形式的文字，它们都从梵文字母脱化而来。其中西双版纳一带使用傣仂文文献最为丰富，这种文字大约已经有一千年的历史。最有史料价值的老傣文文献主要有两类。一类是史书，如编年史、土司世系、历史事件专著等。其中以《西双版纳历代编年史》（囊丝本勐）最为重要，记录着1180—1950年近9个世纪的历史梗概。其他重要编年史书还有《车里宣慰世系》、《叭真以来四十四代召片领世系》等，历史事件专著有《大勐笼人民起义书册》、《橄榄坝人民反土司唱词》、《出卖乌德乌勒情况》、《柯树勋统治西双版纳的历史》、《大勐笼的历史疆域》等。另一类是各个历史时期的政府文牍，如宣慰使或仪事家庭及各地土司发布的命令、委任状、租赋册等。如《宣慰田、头人田及收租清册》、《景洪的水利分配》、《仪事庭长修水利令》、《景洪地界水沟清册》等。此外，傣文经书（贝叶经）中也有不少重要史料。比如多达二十二册的《当难列普罗克》（释迦牟尼巡游世界记）记述了西双版纳的许多地名和风土人情；一本名为《纳贯》的经书是关于各地地名的专书，都有很高的史料价值。用老傣文保存下来的封建法规，是傣族农奴制社会行为和道德规范。法规种类繁多，主要有登记法规、民刑法规、生活规范、妇女行为规

① 丁文江：《爨文丛刻》，商务印书馆1936年版。

② 马学良：《彝文和彝文经书》，《民族语文》1981年第1期；陈英：《试谈彝文典籍的学术价值》，《贵州民族研究》1980年第3期。

范、地方公约等。最著名的是《芒莱法典》，这是一部13世纪的作品，芒莱是一个在傣族历史上被推崇为十分精明能干的君主，他所制定法规在西双版纳一带也长期保有法律效力。通过傣文法规可以窥见傣族农奴制度下各种社会关系的轮廓。

除傣仂文外，还有傣哪文、傣绷文和金平傣文。用这几种文字记录的文献也有不少史料。如《双江土司十八年代世系》就是傣哪文文献。目前老傣文文献的挖掘、整理和研究工作也仅仅是一个开端，相信经过有关专家的努力，这份珍贵遗产将在民族史研究工作中发挥更大的作用①。

纳西族是西南地区另一个古老的民族。纳西族约在10世纪进入奴隶制社会后就创制了一种很有特色的形象文字②。这种文字一直使用到近代，是世界上少有的活的象形文字。至少在11世纪，已经用纳西象形文字书写东巴经了，因此又称为东巴文（东巴是纳西族中掌握象形文字、能书写经文的巫师）。东巴文（东巴是纳西族中掌握象形文字、能书写经文的巫师）。东巴文经保存于世的约有两万册，分藏于北京、云南和美国等地。其中有不少记载纳西族社会历史和原始宗教史方面的重要材料。著名的《创世纪》（即《古事纪》亦译作《人类迁徙记》）有关于兄妹血缘婚、刀耕火种、原始捕猎生活、父子联名制的记述。《窝英都奴杀猛思》反映了从群婚制向对偶婚制过渡的情况。《高勒趣》等经书描写了纳西族先民从高山游牧到定居农业的情况，反映了一定的真实社会内容。《送魂经》所叙述的送魂、招魂路线，对追溯纳西族的迁徙历史很有价值。不难看出，这些东巴经对研究纳西族祖先的社会生活和文化创造是不可缺少的珍贵文献。东巴教是一种比较原始的多神教，所崇奉、所祭祀的神鬼不计其数。东巴经记录了迎神、祭神、敬神、送神等经咒，此外还有东巴经师做各种道场的规则。这些记录是研究原始宗教史不可多得的资料③。

通过以上的介绍和分析，对中国少数民族文字主要文种的文献及其史料价值有了比较具体的了解，可以更明确地认识到：民族文字文献对研究我国民族史，包括民族专史、地方民族史、民族关系史极为重要。甚至可以说，不重视和利用这些有价值的文献，民族历史的研究工作将难以继续深入开展，当然这也会影响到整个中国历史的研究工作。

丰富的少数民族文字文献亟待我们去大力发掘整理。诸如搜集图书资料、编辑目录、翻译注释、整理出版都需要中央和地方的科研、教育、古籍整理部门，组织各民族专家有计划、有步骤地开展工作。有志于此的青年，只要肯下功夫，一定能在老一代专家的鼓励、培养下，做出自己的贡献。

① 张公瑾：《珍贵的老傣文文献》，《民族团结》1979年第3期；刀世勋：《西双版纳傣文》，《民族语文》1980年第1期。

② 傅懋勣：《纳西族图画文字和象形文字的区别》，《民族语文》1982年第1期。

③ 方国瑜著，和志武参订：《纳西象形文字谱》，云南人民出版社1981年版。

中国少数民族文字文物综述*

中国少数民族文字文物是中国丰富多彩的文物中的重要组成部分。它种类多，分布广，有特殊的价值和作用。过去对这部分文物重视不够，研究不深入。近年来，由于考古文物工作者和民族工作者的共同努力，很多有价值的民族文字文物陆续出土和被发现，民族文物的识别和研究取得了可喜的进展，受到学术界越来越多的重视。

一　中国少数民族文字文物的范围

中国少数民族文字文物指写、刻、印有少数民族文字的文物。出现的文字近30种，它们多属于中国民族古文字。西北地区有佉卢字母、焉耆—龟兹文（吐火罗甲、乙种文字）、粟特文、于阗文、西夏文、察合台文；东北、北方地区有突厥文、契丹大字、契丹小字、女真文字、回鹘式蒙古文、八思巴字、蒙古文、托忒蒙文、满文；南方地区有彝文、藏文、东巴文、哥巴文、4种傣文、白文、方块壮字、尔苏文、水书等。其中既有图画、象形文字，也有表意文字和表音文字；既有本民族自己创造的，也有借鉴其他民族文字改制的。

受到国内外文字学家重视的纳西东巴文，属于象形文字，还保留有图画文字的特点。这种一直使用到现代的活的象形文字，在世界上是少见的。使用范围较广、文献较多的西夏文基本上属于表意文字类型，也有相当多的表音成分。表音文字在我国民族古文字中占比重最大。其中音节文字有佉卢字母、哥巴文；音素文字有藏文、傣文、回鹘文、回鹘式蒙文、八思巴字、满文等。有的文字如粟特文，属音节文字还是音素文字尚有争论。有的专家认为突厥文、契丹小字是音节，音素混合文字。这许多种不同类型的民族古文字，不仅对研究文字的源流和发展，以及各民族文化的发展史都有重要意义，在世界文字学的研究中也占有十分重要的地位。

综观中国少数民族古文字的形体来源，可以大体上分为两大类型。一种是在长时间的历史发展过程中独创的民族文字；另一种是在其他民族文字影响下创制的文字。前者文种较少，如彝文、东巴文、尔苏文、水书等。绝大多数民族古文字是在其他民族文字影响下创制的，从文字形体来源上看，又可分为四类。

第一类是受汉字影响创制的。它们主要是表意文字。白文和方块壮字是利用汉字的某些

---

* 原刊于《文物》1991年第6期，第64—73页。

形体或在增损汉字笔画的基础上形成的。10 世纪创制的契丹大字和契丹小字，11 世纪初创制的西夏文和 12 世纪创制的女真文字，尽管已经与汉字有了明显的区别、脱离了汉字的形体，但它们仿照汉字笔画和字形的痕迹还是很明显的。利用汉字的笔画和方块字的结构而创造的拼音文字，如契丹小字，则是受到属于表意体系的汉字和表音体系文字共同影响而创造的（也有的专家认为是受汉字反切法的影响）。女真文是在汉字、契丹字的影响下形成的一种文字。

第二类是受波罗米文字影响创制的。创制较早的有焉耆——龟兹文、于阗文。中古时期参照印度梵文创造的有藏文、傣文。后来的八思巴字又是仿藏文体式而制成的。

第三类是受阿拉美文字影响创制的。佉卢字母、粟特文和突厥文（又称突厥文如尼、鄂尔浑—叶尼塞文）就是根据波斯时代的阿拉美文改制而成的。回鹘文则是在粟特文字母的基础上形成的。蒙古族又仿照回鹘文创制了回鹘式蒙文，后又以此为基础发展成现在的蒙古文和托忒蒙文。满族入关前创制的老满文（即无圈点满文）和后来改革了的有圈点的满文又是仿照蒙文制成的。

第四类是受阿拉伯文字影响而创制的。伊斯兰教传入我国后，阿拉伯文化逐渐影响新疆一带。在中古时期的察合台汗国出现了以阿拉伯字母为基础的察合台文。这种文字又演化成现在的维吾尔文、哈萨克文、柯尔克孜文。

后三类皆源于腓尼基文。所以又可以说，中国民族古文字中除本民族创造者外，可分为受汉字影响和受腓尼基字母系统影响两大类。

中国民族古文字在创制和使用过程中，与我国邻近的一些亚洲民族甚至距离较远的民族产生了不同程度的关系，这是世界各民族文化交流的一部分。

中国少数民族文字文物的类型较多，主要类型有：

1. 金石类　包括碑刻、哀册、墓志、石幢、石经、摩崖、印、钱、牌、镜以及瓦片、卜骨等。

2. 图书类　包括各种论著、字典、辞书、译著、谱牒、宗教经典（含贝叶经）等。

3. 文书类　包括档案、契约、信函、木牍、木简、手卷等。

4. 题记类　包括壁画题记、刻字树皮、墨书石壁、题字绢帛等。

二　中国少数民族文字文物的学术价值

我国的少数民族有些使用文字很早，有的较晚，因此民族文字文物历史跨度大，分布地区广，富有民族特色，是中国少数民族历史发展和中华民族各民族血肉相连的民族关系史的见证。这些文物对很多学科来说都具有重要的学术价值。

1. 考古学　少数民族文字文物是考古学的直接对象。近年来，丰富发展起来的民族文字文物拓宽了考古学的范围，增添了新的内容，使我国过去基础比较薄弱的少数民族文物考古事业出现了新的局面。

2. 历史学　过去的历史学家多以汉文文献为依据研究各民族历史，做出了很多贡献。然而由于种种原因，汉文文献对少数民族很多重要史实的记载不确或失载。因此，反映自己民族历史以及与周围其他民族关系的民族文字文物，就显得十分重要。其中有价值较高的历史著作，如彝文的《西南彝志》、《夷僰榷濮》，藏文的《吐蕃历史文书》、《红史》、《汉藏史集》、《智者喜宴》，西夏文的《天盛改旧新定律令》，傣文的《孟连宣抚史》、《孟泐王族世系》，察合台文的《拉西德史》和《安宁史》，满文老档和其他档案等。还有大量的碑刻、文书等也提供了记录我国民族史、边疆史、地方史、民族关系史以及中外关系史方面有价值的资料。

3. 语言文字学 中国少数民族文字文物记录了当时各民族的语言，这些文物就成了研究古代民族语言，进行语言比较，研究语言、文字发展的重要资料。有的古代少数民族业已消亡，语言、文字亦不再使用，保存着少数民族文字的文物对于语言、文字的研究就更显得珍贵。特别是古代少数民族的语言文字学专著和字典辞书，表明了该民族对语言、文字的认识和研究水平，有更高的学术价值，如藏文的《丁香帐》（藏文古今词语辨析），西夏文的，《文海》、《音同》、《番汉合时掌中珠》，八思巴字的《蒙古字韵》等。

4. 哲学 在中国的汉文古籍中，少数民族哲学方面的资料十分缺乏。然而在一些少数民族古文字文物中却包含有关于古代民族宇宙观的论著，如彝文的《西南彝志》、《宇宙人文论》、《彝族发展史》（聂苏杜节），东巴文的《创世纪》，傣文的《戛雅桑哈雅》，察合台文的《福乐智慧》等。有些少数民族文字本身表现出该民族的某些思维方式，如纳西东巴文、西夏文、女真文中都有这方面的例证。

5. 宗教学 我国不仅是一个多民族的国家，也是一个多种宗教流传的国家。民族问题和宗教问题有千丝万缕的联系，民族文字文物和宗教的传播也有密切的关系。从总的数量上看，民族文字文物多数与民族宗教有关。其中不仅有原始宗教、佛教、道教、景教、摩尼教、伊斯兰教等多种宗教的经典，而且有记载宗教源流、兴衰、译经、传教等有关宗教史的宝贵资料。如8世纪的古藏文碑记载了吐蕃王室立誓推广佛教的决心。敦煌莫高窟中的西夏文、藏文、回鹘文题记记录了当时修窟寺、造佛像、绘画、朝拜等具体活动。

6. 文学 中国民族古文字文物中的文学作品更是丰富多彩，其中有诗歌、谚语、剧作等。这些作品有浓郁的民族特点，充实了我国的文学宝库。如彝文的《阿诗玛》、傣文的《召树屯》翻译整理成汉文后，已为全国各族人民家喻户晓。

7. 法学 少数民族法在中国法学领域是一个薄弱环节，然而少数民族法的研究在中国法制史中又有不容忽视的地位。少数民族文字文物中的法律文献、敕令碑刻、写刻有条律法规的其他文物，是中国法学的重要资料。西夏文的《天盛改旧新定律令》、《新法》和傣文的《芒莱法典》更具有系统性和典型性。

8. 其他 中国少数民族文字文物中还有关于医学、天文、历法、建筑、数学、地理、水利、农耕、畜牧、冶炼、酿造方面的资料，很多具有民族、时代的特点，是中原汉族地区所缺乏的。

三 中国少数民族文字在文物上的作用

写刻在文物上的少数民族文字不仅丰富了文物的内容，提高了文物的价值，而且对文物鉴定有特殊作用。过去由于对少数民族文字文物研究不太深入，对民族文字不太熟悉，因而在文物考古工作中对少数民族文字利用不够。那么，少数民族文字在文物鉴定上能起到什么特殊作用呢?

1. 确定族属 一件文物属于什么民族，对于了解文物的价值有直接意义。一般地说，写刻有某种民族文字的文物，常常就是该民族的文物或与该民族有关系的文物。能确切地知道文物的族属，便能了解这一民族曾有过怎样的物质和精神文明。

2. 确定时代 断代是文物鉴定中重要而复杂的工作。文物上的少数民族文字对文物时代的确定有着特殊的功能，有不少文字本身就是一种断代的标准。如契丹文创制于10世纪，如果一件文物上的契丹字和文物是同时的，那么这件文物就不会早于10世纪。如果文物上的民族文字有年款或记有其他时代标志，则可成为断代的具体依据。如一件西夏文文书后写有“乾定申年”，西夏乾定仅3年，我们可知此文书为西夏晚期的1224年所写。有的文字形式本身也可能成为断代的标准。如古体藏文在字母拼合以及书法上与后来的藏文有明显的不同，而这种古藏文流行于唐、宋时期，元代就发生了变化。所以写刻有这种古藏文的文物不会晚于宋代。老满文和后来行用的满文也有类似的差别。

3. 确定内容 有少数民族文字的文物，特别是文献、题记、碑刻、印章等，自然要通过文字的释读了解其内容，不解其文字，就无法全面了解其内容，也就难以估评它的学术价值。有的文物难以确定其类属或用途，通过上面的民族文字往往可解决这一问题。如十几年前在银川西夏陵区遗址首次出土了侧面雕有男、女人像的石器，初不知为何物，后译释上面的西夏文字有“志文支座”四字，方知其为石碑之座。

四 中国少数民族文字文物简介

1. 佉卢文文物 佉卢文字母来源于梵文，由右向左书写，字母不连写，字与字之间无间隔，亦无标点符号。或被称为驴唇文字，此称与《大集经》中记载的驴唇仙人的神话故事有关。佉卢文字母文物多分布在我国新疆古于阗、鄯善一带，还有印度西北部、巴基斯坦、阿富汗以及苏联的乌兹别克、塔吉克、土库曼等地。时代最早的为公元前3世纪，最晚为4—5世纪。文物有汉佉二体钱、《法句经》残叶、刻有佉卢字母的石块，木牍（图1），最重要的是斯坦因自新疆搜括走的758件文书。新中国成立以来新疆、甘肃博物馆收藏佉卢文书在百件以上①。

2. 焉耆—龟兹文文物 焉耆—龟兹文过去称甲种、乙种吐火罗语。主要分布在古焉耆、高昌（今吐鲁番）一带和古龟兹（今库车）地区。用印度的波罗米字母斜体。主要文物有书籍、公文、账册（图2）、木简、题记壁画、石窟铭刻等②。

3. 于阗文文物 于阗文源于印度波罗米文字的笈多王朝字体，有楷书、草书、行书三种，字多合体连写，很多字母与古藏文相似。于阗文文物分布于今新疆和田、甘肃敦煌等地，时间从6世纪至10世纪。主要有佛经、文书、信札，其中不少有具体纪年③。

---

① 马雍:《古代鄯善、于阗地区佉卢文字资料综考》,《中国民族古文字研究》，中国社会科学出版社1984年版。

② 季羡林:《吐火罗语的发现与考释及其在中印文化交流中的作用》,《语言研究》1956年第1期；李铁《焉耆—龟兹文的研究》,《中国民族古文字研究》，中国社会科学出版社1984年版。

③ 黄振华:《于阗文研究概述》,《中国民族古文字研究》，中国社会科学出版社1984年版。

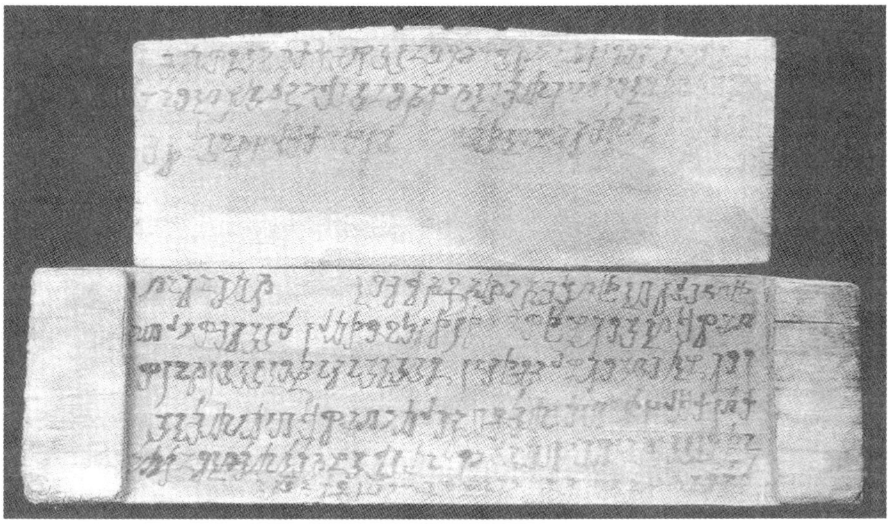

图1　鄯善国佉卢文木犊

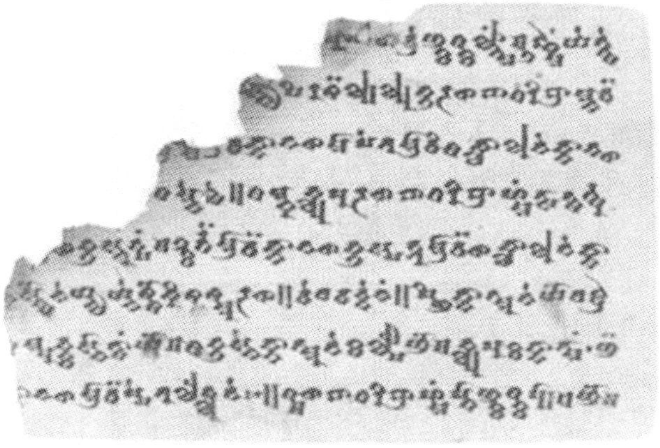

图2　焉耆—龟兹文写本《弥勒会见记》

4. 粟特文文物　粟特文出自波斯时代的阿拉美文字草书。最古的粟特铭文属于公元2—3世纪，11世纪以后消失。主要文物有宗教（佛教、基督教、摩尼教）经典、文书（《粟特文书简》等）、碑铭（6世纪的《木杆特勤纪功碑》等）、摩崖刻字、壁画题字（萨马尔干古城7世纪壁画）等。这些文物主要分布在我国新疆、甘肃以及蒙古人民共和国等地①。

5. 回鹘文文物　回鹘文是根据粟特文字母创制的，其文物分布于我国新疆、甘肃等地。中亚地区曾广泛使用回鹘文，时间为9世纪中期至15世纪，最晚的到17世纪，清康熙年间，甘肃酒泉还用这种文字刊刻佛经。主要文物有佛经和摩尼教、景教经典，以及文学、医学著作、辞书、公文、契约、碑刻、

① 黄振华：《粟特文》，《中国民族古文字》，天津古籍出版社1987年版。

壁画题记（图3）等。《大唐三藏法师传》、《福乐智慧》、《真理入门》、《九姓回鹘可汗碑》、《亦都护高昌王世勋碑》、斌通卖身文契等文物都受到国内外专家的重视[①]。

图3　新疆吐鲁番佛教洞窟中壁画及回鹘文题记

6. 西夏文文物　西夏文字形类似汉字，“字形方整，类八分”，斜笔较多，字形匀称。文字创制于11世纪，目前所见最晚的文物属16世纪。主要分布在今宁夏、甘肃、内蒙古、新疆、陕西、河北等地，出土文物最多的是内蒙古自治区额济纳旗黑水城遗址。西夏文文物主要有书籍（佛经和西夏法典、字典等）（图4）、碑文（凉州感通塔碑等）、壁画题记（敦

① 冯家昇：《回鹘文契约二种》，《文物》1980年第6期；耿世民：《维吾尔族古代文化和文献概论》，民族出版社1980年版。

煌石窟）、印章、铜牌、钱币、瓷器、铜器等①。

图4　有西夏文题款的西夏译经图

7. 察合台文文物　察合台文是从以阿拉伯字母为基础的哈喀尼亚文演变而成的。从右往左横写。使用于13世纪以后，记录受阿拉伯语和波斯语影响的突厥语书面语。文物分布在新疆和中亚一带的广大地区。主要文物为各种书籍（图5），如《福乐智慧》、《突厥语大词典》。15世纪后察合台文化空前繁荣，出现了很多文学作品。19世纪以后的察合台文文献超过以往任何时期②。

8. 突厥文文物　突厥文与北欧日耳曼民族使用的如尼文外形相似，故也有人称为突厥如尼文，也称为鄂尔浑—叶尼塞文。一般从右到左横写，词与词用两点分开。多数字母来自

① 史金波：《西夏文化》，吉林教育出版社1986年版；陈炳应：《西夏文物研究》，宁夏人民出版社1986年版；史金波、白滨、吴峰云：《西夏文物》，文物出版社1988年版。

② 安瓦尔·巴依图尔：《察合台文和察合台文献》，《中国民族古文字研究》，中国社会科学出版社1984年版；热合木·吐拉加里《察合台语（一二）》，《新疆教育》1981年第6、7期。

图5　察合台文《安宁史》写本

阿拉美文字。最早使用突厥文的记载尚不明确，有资料证明6世纪末突厥人尚使用粟特文为官方文字。现存的文物属8—10世纪，主要为碑刻，如著名的《阙特勒碑》《毗伽可汗碑》（图6）、《敦欲谷碑》等，大多分布在鄂尔浑和叶尼塞河流域、硕柴达木湖畔、蒙古人民共和国、我国的新疆和中亚相连的广大地区①。

9. 契丹文文物　契丹文有大字和小字两种。契丹大、小字形体似汉字，契丹小字由小原字组合而成。大字创造于10世纪20年代。后又制小字。12世纪末金朝“诏罢契丹字”，后遂废弃。现存文物以碑刻为主（图7）。契丹大字有《萧孝忠墓志》、《耶律延墓志》、《北大王墓志》，契丹小字有《萧令公墓志》、《故耶律氏铭石》、《许王墓志》、《耶律仁先墓志》。此外还有铜镜、墨书笔洗、墨书木榜、题字壁画等。主要分布在辽宁、内蒙古、河北、吉林、陕西等地②。

10. 女真文文物　女真文字以契丹字、汉字为基础，加减或变化其笔画制成。女真字也

① 耿世民：《古代突厥文主要碑铭及其解读情况》，《图书评价》1980年第4期；陈宗振《突厥文》，《中国民族古文字》，天津古籍出版社1987年版。

② 刘凤翥、于宝林：《契丹字研究概况》，《中国民族古文字研究》，中国社会科学出版社1984年版；清格尔泰、刘凤翥等：《契丹小字研究》，中国社会科学出版社1985年版。

图 6　突厥文《毗伽可汗碑》

有大小之分，但何为大、小字，学界尚无定论。女真字创于 12 世纪初。主要文物为金石碑刻和解读女真文字所用的工具书——《女真译语》。碑刻有《女真进士题名碑》、《大金得胜陀颂碑》、《奴尔干永宁寺碑》（图 8）、《朝鲜庆源郡女真国书碑》。此外还有印章、文书等。女真文文物分布很广，除东北地区外，河南、陕西、河北、内蒙古等地也有分布，朝鲜也发现了重要碑刻①。

11. 回鹘式蒙古文文物　13 世纪初，成吉思汗征服乃蛮部以后，开始使用回鹘字母拼写蒙古语，后人把这种文字称作回鹘式蒙古文。前期回鹘式蒙古文字母的笔画结构、基本拼写规则、书写体势都与回鹘文相似，后期发展为两支，即通常所说的蒙古文和托忒蒙文，文字的外貌发生了明显的变化，成为近代蒙古文。前后期的界限在明末清初。主要文物有著述如蒙汉合璧《孝经》（图 9）、《亚历山大传奇》，碑刻如《也松格碑》、《云南王藏经碑》，信

① 金光平、金启孮：《女真语言文字研究》，文物出版社 1981 年版；颜华：《女真文》，《中国民族古文字》，天津古籍出版社 1987 年版。

图 7 契丹小字《宣懿皇后哀册》册盖

图 8 女真文、蒙古文《永宁寺碑》

札、银牌等。分布地区较广，除内蒙古、甘肃、新疆、云南等地外，苏联也有出土①。

12. 八思巴字文物 八思巴字母多数采自藏文字母，有少数来源于梵文，还有个别新创字母。直行书写，有正体和篆体之别。正式颁行于 13 世纪中叶，用来译写蒙古、汉、藏、梵、维吾尔等多种语言，元朝灭亡后渐被废弃。文物主要有碑刻如《元世祖圣旨碑》（图 10）等，以及印章、钱币、牌符和著作（《蒙古字韵》、《百家姓》、《萨迦格言》等）。因元朝曾统治全国，加之可用以译写一切文字，所以不少省区都有八思巴字文物②。

13. 满文文物 满文是以蒙古文字为基础创制的，始用于 16 世纪末，30 余年后加以改

① 道布：《回鹘式蒙古文文献汇编》，民族出版社 1983 年版；道布：《回鹘式蒙古文研究概况》，《中国民族古文字研究》，中国社会科学出版社 1984 年版。

② 照那斯图、杨耐思：《八思巴字研究》，《中国民族古文字研究》，中国社会科学出版社 1984 年版；照那斯图《论八思巴字》，《民族语文》1980 年第 1 期。

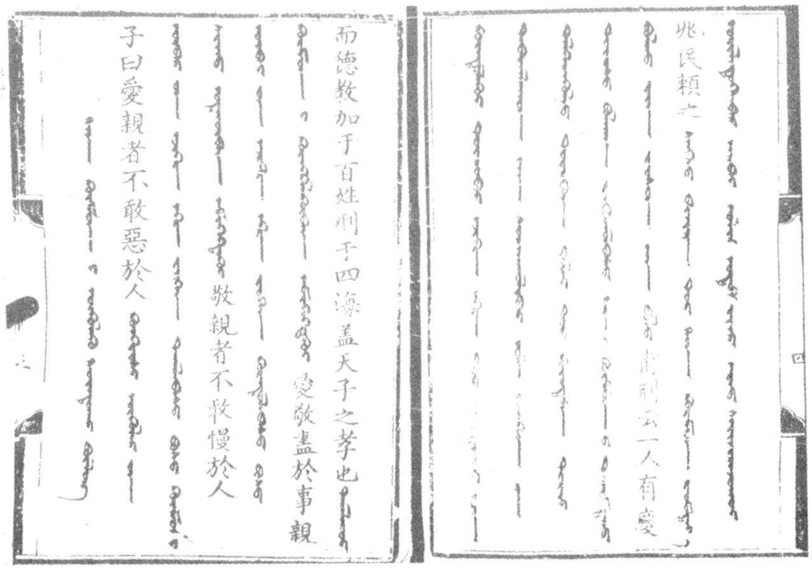

图 9　汉字老蒙文合璧《孝经》

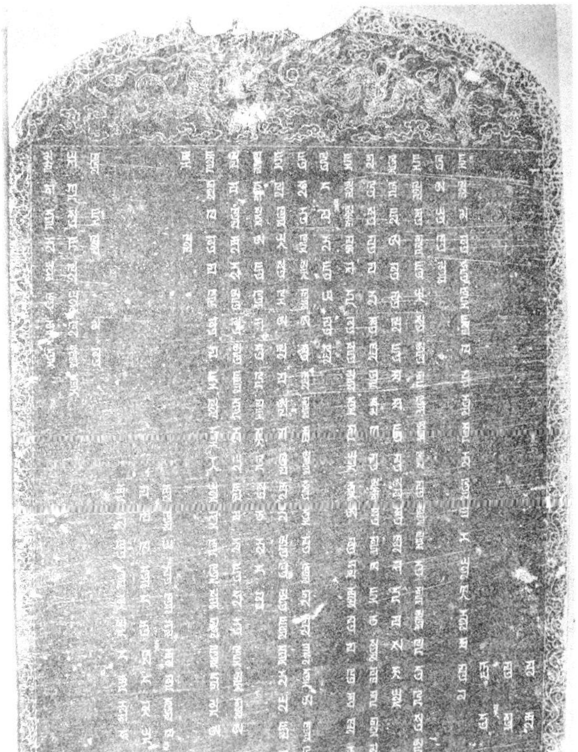

图 10　八思巴字《元世祖圣旨碑》

革，前者为老满文，后者为新满文。皆直写右行。老满文文物有著名的满文老档、阿济格木牌（图 11）等。新满文文物数量最大，中国第一历史档案馆藏有 145 万余件（部），故宫博物院藏书有 25000 余册。全国很多地方都有满文碑刻、印章，多数为满汉、满蒙汉等文字合璧刻成①。

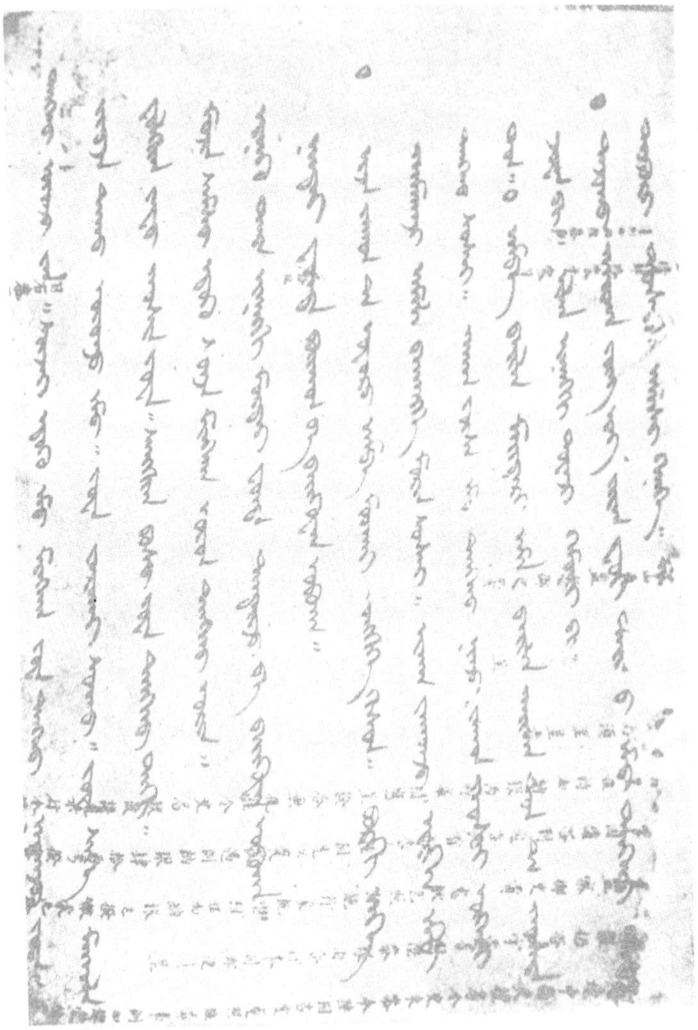

图 11　满文老档

14. 藏文文物　藏文是参照梵文的一种字母并根据藏语本身的特点而创制的，自左向右横写。自 7 世纪中叶创制后，9 世纪曾有过一次改革，11 世纪末又开始一次厘定，一直使用到现在。古藏文文物有金石铭刻（《桑耶寺碑》、《恩兰・达扎路恭纪功碑》、《唐蕃会盟碑》、工布摩崖刻石等）、敦煌石室所出手卷（约 5000 卷以上）、敦煌和新疆南部若羌、米

① 富丽：《满文文献及其研究概况》，《中国民族古文字研究》，中国社会科学出版社 1984 年版；屈六生：《故宫藏满文图书》，《故宫博物院院刊》1981 年第 1 期。

兰出土的木简（图 12）、文书、骨卜（已清理出 300 多件）。11 世纪以后的藏文文物更多，主要是历史著作、佛教经典、金石碑刻。藏文文物主要分布在西藏、甘肃、青海、四川、新疆等地，因藏传佛教的流布，在全国其他地区也不少①。

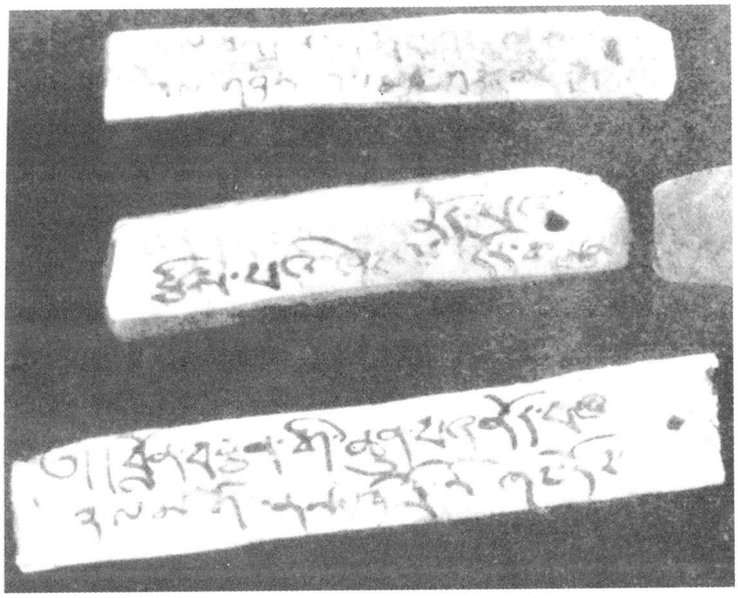

图 12　古藏文木简

15. 彝文文物　彝文是彝族自己创造的文字，有的地区竖写，有的地区横写。一些专家认为是音节文字，另有专家认为是表意文字，甚至有象形文字的成分。其创制时间亦无定说，有的专家认为是唐代，但据资料分析，可能汉代就已经有彝文，但目前有确切年代可考的是明代文物。主要文物有金石碑刻（《千岁衢碑》、《水西大渡河建石桥碑》、成化钟）和典籍（图 13）。文物主要分布在四川、贵州、云南等彝族地区、文献保存在北京等地亦不在少数②。

16. 纳西文文物　纳西文有两种。一种是象形文字，也有的专家认为属图画文字，无确切的创制时间。这种文字产生后，被纳西族巫师东巴们所占有，所以又称为东巴文。另一种文字为音节文字，类似彝文，称为哥巴文，创制年代比东巴文晚。东巴文文物主要是东巴经典（祭风经、消灾经、超荐经、除秽经、送鬼经等）（图 14）。哥巴文最早的文物为云南丽江地区的哥巴文摩崖，为明代镌刻，后被毁坏。东巴文是活着的象形文字，其文物为国内外专家所重视。目前东巴文文献除保存在云南地区外，北京及国外的一些图书馆、博物馆也有

① 王尧：《藏文古代历史文献述略》，《西藏民族学院学报》1980 年第 2 期；王尧、陈践：《敦煌本吐蕃历史文书》，民族出版社 1980 年版；罗秉芬：《藏文》，《中国民族古文字》，天津古籍出版社 1987 年版。

② 马学良：《彝文和彝文经书》，《民族语文》1981 年第 1 期；陈英：《试谈彝文典籍的学术价值》，《贵州民族研究》1980 年第 3 期；陈士林：《彝文》，《中国民族古文字》，天津古籍出版社 1987 年版。

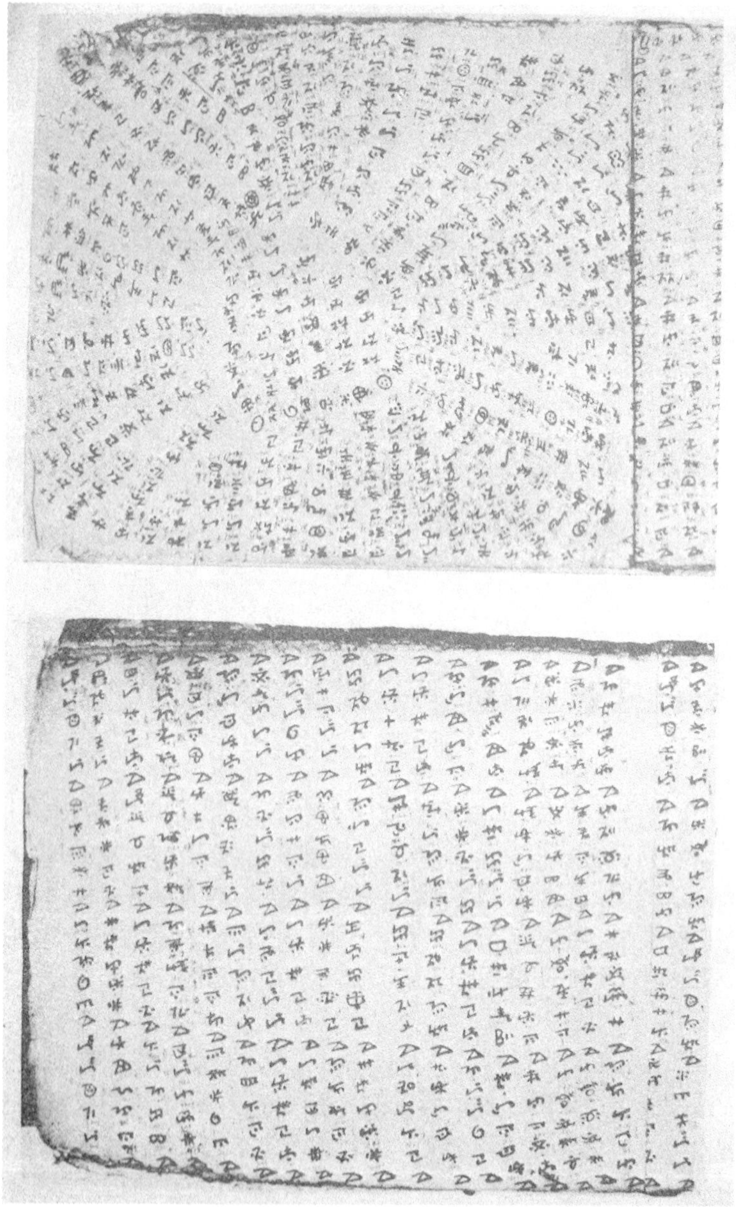

图 13　彝文《彝族起义史》中的一页

收藏①。

17. 傣文文物　傣文有四种，都是从梵文字母脱化而来，属中南半岛系统的梵文变体。四种傣文以傣仂文最为古老，保存文物最为丰富。其次是傣哪文。傣绷文主要在缅甸北掸邦使用。国内文物不多。金平傣文尚未见文物。傣文文物主要有刻写的贝叶经，写在杨树皮制

① 方国瑜著，和志武参订《纳西象形文字谱》，云南人民出版社 1981 年版；傅懋勣：《纳西族图画文字和象形文字的区别》，《民族语文》1982 年第 1 期。

图14　纳西族东巴经中的一页

的棉纸上的典籍文书，内容有历史、政府文牍、农田水利、天文历算（图15）、法典等，此外还有石刻。主要分布在我国云南以及缅甸、越南、老挝等地①。

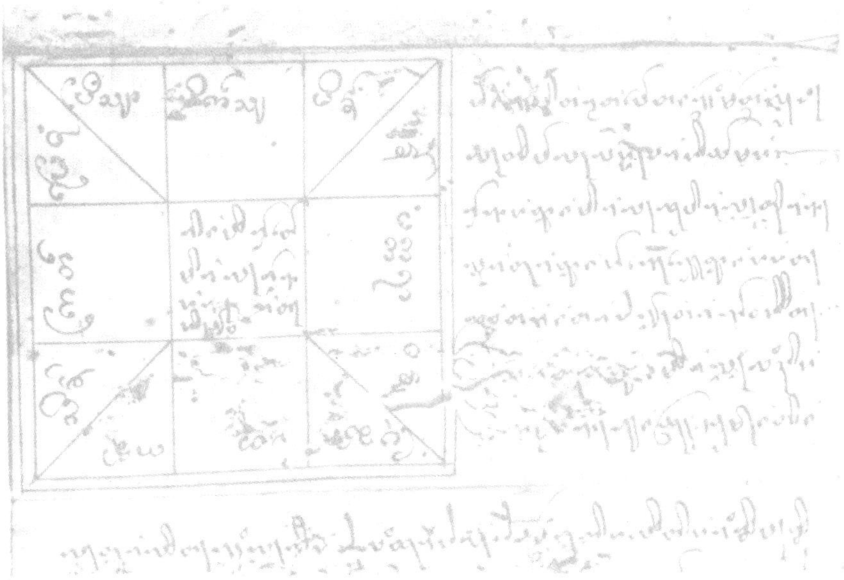

图15　傣文《黄道十二宫》

18. 白文文物　白文是利用汉字和增损了笔画的汉字来记录白族语言的，因此白文在形体上就是汉字或与汉字差不多的文字。大约自9世纪末开始使用。主要文物为有字残瓦，有发愿文的铜像，有白文注疏的佛经、碑刻（《词记山花·咏苍洱境诗碑》、《故善士杨公墓志》等）。文物分布在云南白族居住的地区②。

19. 方块壮字文物　壮族目前使用拼音文字。在此之前，壮族地区曾流行一种方块字，也称“土俗字”，大约有1000年的使用历史。它是以汉字增损笔画、拼合部首偏旁而创造

① 张公瑾：《珍贵的老傣文文献》，《民族团结》1979年第3期；张秋生、巫凌云：《西双版纳傣文概况》，云南人民出版社1980年版；张公瑾：《傣族的文化》，吉林教育出版社1986年版。

② 赵衍荪：《白文》，《中国民族古文字》，天津古籍出版社1987年版。

的字。其形式类似汉字，并与汉字一起使用。文物有碑刻和山歌、故事本。主要分布在广西壮族自治区①。

20. 尔苏沙巴文文物　尔苏沙巴文是一种图画文字。它已基本上脱离了图画的格局，跨入了文字的行列，但无固定的笔画和书写规矩，一个图像代表一个客观事物，或者一组图像包含一个比较复杂的意思，不同颜色也有不同的含义。尔苏沙巴文文物主要是经书，如《虐曼史答》（推算日期的经书）等。文物主要分布在四川②。

21. 多文种文物　指一件文物上有两种以上文字的。在中华民族这个多民族大家庭中，多文种文物为数不少，主要是碑刻（图16）和词书。如藏、汉文合璧的《唐蕃会盟碑》，西夏文、汉文合璧的《凉州感通塔碑》，汉文、女真文、蒙古文合璧的《奴尔干永宁寺碑》。最典型、最著名的还是建于元至正五年（1345）的北京居庸关云台六体文字石刻。在云台券门洞内两壁上刻有汉、梵、藏、西夏、八思巴、回鹘6种文字，内容为佛经和经题，反映了当时的民族政策、民族关系和文字使用情况③。辞书则有明清两代官方编纂的汉文和少数民族文字对译的辞书《华夷译语》，西夏文和汉文对照的双解词语集《番汉合时掌中珠》，还有古龟兹语—回鹘语、梵语—龟兹语对译字书，梵文—于阗文词汇、汉文—于阗文词汇等。

图16　莫高窟六字真言碑拓本

① 张元生：《方块壮字》，《中国民族古文字研究》，中国社会科学出版社1984年版。

② 孙宏开：《尔苏沙巴图画文字》，《民族语文》1982年第6期；刘尧汉：《一部罕见的象形文历书——耳苏人的原始文字》，《中国历史博物馆馆刊》1981年总3期。

③ 宿白：《居庸关过街塔考稿》，《文物》1964年第4期。

这些丰富多彩的少数民族文字文物，有的保存于北京的中国历史博物馆、故宫博物院、北京图书馆、民族文化宫，有的保存于各地方的博物馆、图书馆，档案馆，有的留存于遗址、寺庙、石窟内，也有的散藏于个人之手，还有一些在早年流失国外，今分别保存于法国、英国、德国、苏联、瑞典、日本、美国等地。

每一种少数民族古文字都是一门专门的学问，需要下很大工夫才能掌握、熟悉。文物考古工作者需要了解少数民族文字文物的一般知识，掌握民族文字文物的资料、目录的查找线索和方法，以便于与专家相结合，做好对少数民族文字文物的鉴别。

千年活字印刷史概说*

中国的中古时期，文教浸盛，科技发达，在隋、唐之际就发明了雕版印刷，这一重要发明对中国和世界的文化发展起了重大推动作用。北宋庆历年间（1041—1048）聪慧的平民毕昇又发明了省时省料、方便快捷的活字印刷术。当时的著名政治家、科学家沈括（字存中）记录了这一伟大科技成果："庆历中，有布衣毕昇又为活版。"同时详载毕昇活字印刷方法，最后指出"昇死，其印为余群从所得，至今保藏。"① 可见当时记载明确，言之凿凿。中国发明的活字印刷术是印刷史上又一个伟大的里程碑，它的应用开创了印刷史的新纪元。活字印刷术的使用延续了近千年的时间，对世界文化的发展和交流起了巨大的推动作用，对促进世界文明的进程做出了历史性的伟大贡献。然而，到了20世纪末，西方媒体接二连三地报道，说上一个千年世界上十大科技发明之一的活字印刷术，是15世纪西方德国的古登堡发明的。这真让中国人百思不得其解，中国在11世纪的发明为什么过了四个世纪又被西方人"发明"了一次？为澄清事实，需要认真探讨一下活字印刷术的发明和发展的历史。

一　中原和少数民族地区的实践和发展

科学技术的发明创造是由社会需要推动的，也随着社会的发展而进一步实践。毕昇发明的活字印刷术由于沈括的科学记录而得以继续播扬。在南宋时期的中原地区就有人利用毕昇的方法进行泥活字印刷。南宋绍熙四年（1193）著名文人、政治家周必大在其写给朋友的信中记录了这样的事："近用沈存中法，以胶泥铜版移换摹印，今日偶成《玉堂杂记》二十八事。"② 所记"用沈存中法"，即使用沈括所记录的毕昇发明的活字印刷法。这一记载证明毕昇发明活字印刷术以后有人继承其法，再次实践，又一次证明了毕昇发明活字印刷术是确实的，泥活字印刷是可行的。这次印刷实践对印刷法也有改进和发展，比如使用铜版。遗憾的是，这部《玉堂杂记》的泥活字印本也没有保存下来。

文献记载宋朝范祖禹作《帝学》八卷，宋活字本，末有印书题记，时间为宋嘉定辛巳

---

* 原刊于《固原师专学报》2001年第4期，第39—44页。

① （宋）沈括：《梦溪笔谈》卷18，技艺·板印书籍条，中华书局1959年版，第598页。

② （宋）周必大：《周益国文忠公全集》卷198"札子十"，《文渊阁四库全书》第1149册，第260页。

十四年（1221）。有人认为活字印书已盛行于两宋时期，刻泥刻木，精益求精。①

近代的考古所获有新的线索。1965 年在浙江省温州市市郊白象塔中出土了一批宋代文物，其中有一件回旋文佛经单页《佛说观无量寿佛经》。有的专家认定该经为活字印本，推测其年代为北宋崇宁二年（1103）的实物。② 然而对此也有不同意见。③ 目前学术界对此是否活字印本还在深入考察、研讨。

作为一种文化积累，一种科学技术，活字印刷术和以前发明的雕版印刷一样，它发明在文化发达的中国中原地区，很快就辐射传播到边远地区。这种在当时十分先进的印刷技术首先传播到中国西北的西夏和回鹘地区，开创了非汉字使用活字印刷的先河。

随着新的西夏文献的发现，对西夏印刷的认识渐次深入。西夏是与宋朝同时代的王朝，西夏文是记录其主体民族党项羌语言的文字。西夏文化发达，对邻近民族文化兼收并蓄，易于吸纳新的文化营养。由于西夏对印刷品需求量不断增大，在发展雕版印刷的同时，逐渐认识到雕版印刷费工费料的缺陷，并寻找、借鉴更为科学的印刷方法。西夏吸纳、借鉴并比较广泛地使用活字印刷术是其文化发展的特点之一。过去对西夏应用活字印刷术学术界一无所知，只是近代随着西夏学进展，才从考古所得的材料中发现了西夏的活字印刷品。

19 世纪中期以后，随着列强对中国的武力入侵，文化侵略也愈演愈烈。在敦煌石室发现的大批珍贵文献陆续被盗不久，1909 年，俄国的一支探险队在中国的黑水城遗址（今属内蒙古额济纳旗）盗掘走大批西夏文献、文物，现仍藏于俄罗斯圣彼得堡东方学研究所和冬宫博物馆（爱尔米塔什）。这批文献有数千卷之巨，编为八千多个编号，其中绝大部分是西夏文文献，也有汉文和藏文文献。这次发现是 20 世纪继甲骨文、汉简、敦煌文书以后又一次重大文献发现。其中有写本、刻本，近年在整理过程中又发现有稀见的活字印本。其中有西夏文泥活字《维摩诘所说经》上、中、下三卷，共 300 多页。④ 根据其题款可定为 12 世纪中期，相当于中原的南宋时期，比宋朝毕昇发明泥活字差不多晚一个世纪。这部珍贵的西夏文佛经是目前世界上现存最早的活字印本，当然也是最早的泥活字印本。

1987 年 5 月，甘肃武威市新华乡缠山村亥母洞遗址出土了一批西夏文物。其中有一本西夏文《维摩诘所说经》（下卷）。⑤ 此经与俄藏黑水城出土的活字版《维摩诘所说经》是同一种活字印本。

俄藏西夏文文献中还有西夏文世俗著作《德行集》、佛教著作《大乘白法明镜集》、《圣大乘守护大千国土经》、《三代相照言文集》等，后者的发愿文末尾有题款中明确记载了此为活字印刷品。这些是木活字印刷品，比《维摩诘所说经》的印制要精良得多，时间约在 12 世纪中晚期。

1991 年，宁夏贺兰山方塔出土西夏文木活字本佛经《吉祥皆至口合本续》等 9 册，共

① 叶德辉：《书林清话》卷八《宋以来活字版》，中华书局 1957 年版，第 201 页。

② 金柏东：《早期活字印刷的实物见证》，《文物》1987 年第 5 期。

③ 刘云：《对〈早期活字印刷术的实物见证〉一文的商榷》，《文物》1988 年第 10 期；孙启康：《北宋末年使用活字的实物见证》，《中国印刷史学术研讨会文集》，印刷工业出版社出版 1997 年版。

④ 史金波：《现存世界上最早的印刷品——西夏活字印本考》，《北京图书馆馆刊》1997 年第 1 期。

⑤ 孙寿龄：《西夏泥活字版佛经》，《中国文物报》1994 年 3 月 27 日。

400多页。[①] 属于西夏中晚期，也是现存最早的活字版本之一。

20世纪90年代以来，敦煌研究院对敦煌北区洞窟进行全面清理、考察，其间发现了相当数量的西夏文文献。可喜的是，在这些西夏文文献中竟又有几种活字印本，除一些页面完整外，多为残片。其中有《地藏菩萨本愿经》、《诸密咒要语》等。[②]

最近笔者考察俄藏黑水城出土西夏文献时，又发现了一种汉文活字版历书，虽为残页，但十分珍贵，可推断其具体年代为西夏光定辛未元年（1211），时在西夏神宗遵顼时期，印制于襄宗安全时期。是目前所知最早的有确切年代的汉文活字印刷品，是研究活字印刷术的重要实物，填补了汉文早期活字印刷品的空白。此种历书有比较复杂的表格，至少有四种大小型号不同的活字，这种高超的技术水平反映了中国活字印刷在不断创新发展。

1917年，在离西夏首都中兴府（今宁夏银川市）不远的灵武县发现了一批西夏文佛经。其中几十卷西夏文《大方广佛华严经》，都具有活字印刷的特点。现多藏于中国国家图书馆，日本京都大学等处也有部分入藏。在此经卷第五西夏文题记中有“令雕碎字”，卷第四十西夏文题记中也有“作选字出力者”。“碎字”即活字。“选字”应是拣字、排字，“选字出力者”应是拣排活字的工匠。这两条西夏文题记更证实这种《华严经》为活字本。[③]

在黑水城出土文献中，有一种抄本西夏文佛经名为《胜慧到彼岸要语学禁现前解庄严论显颂》，在其经末的题款中记载了西夏用应活字印刷重要史实。题款中有两个人的称谓有“御前注补印活字都案头监”头衔，其中一人还有“工院正”的职称。[④] 工院是西夏的一个政府机构，董理工技制造之事。可知，活字印刷在西夏有专门政府机构和官员进行管理，说明作为一种实用工技，已经得到政府的重视并纳入政府管理。这一抄本佛经的底本应是活字印本。

在毕昇发明泥活字印刷不久，西夏人开始使用泥活字印刷，并由泥活字发展到木活字印刷。到目前为止，已经发现了十多种西夏文活字印刷品。大批量印刷文献最能发挥活字印刷的长处。正如《梦溪笔谈》所载：“若止印三二本，未为简易；若印数十百千本，则极为神速。”西夏所印文献是印份很多的佛经和历书，又专设机构人员管理，说明中国当时的活字印刷术的应用早已进入社会实用阶段。

1908年，一支法国探险队在敦煌北区的洞窟积沙中发现了960枚回鹘文木活字，悉数掠往法国。近年来敦煌研究院又发现了几十枚回鹘文木活字，总数达1014枚。回鹘也是中国中古时期西北地区的少数民族政权，回鹘文是其民族文字。这批回鹘文木活字被推定为13世纪的遗物，是现存世界上最早的木活字，十分珍贵。近年来的研究表明，这些回鹘文木活字中包括了以字母为单位的活字，实际上是一种音素、音节和词混合类型活字。[⑤] 这说明中国的活字印刷术又升华到一个新的阶段，已跃上了字母活字印刷的台阶。回鹘民族为活字印刷做出了重大贡献。

---

① 牛达生：《西夏文佛经〈吉祥遍至口和本续〉的学术价值》，《文物》1994年第9期。

② 史金波：《敦煌莫高窟北区出土西夏文文献初探》，《敦煌研究》2000年第3期。

③ 史金波：《现存世界上最早的印刷品——西夏活字印本考》，《北京图书馆馆刊》1997年第1期。

④ 史金波、雅森．吾守尔：《西夏和回鹘对活字印刷的重要贡献》，《光明日报》1997年8月5日。

⑤ 史金波、雅森·吾守尔：《活字印刷术的发明和早期传播》，社会科学文献出版社2000年版。

中华民族的优秀传统文化是历史上各民族共同创造的。在印刷术的使用和发展方面汉族和少数民族衣钵相传，争奇斗艳，推陈出新，尽显聪明才智，不断把印刷技术向前推动，共同为中华民族的印刷事业、为世界文化作出了突出贡献。

二 泥、木活字的发展和金属活字的使用

关于活字印刷的记载绳绳继继，不绝于史。在西夏使用、发展活字印刷术时，中原地区的活字印刷也在不断发展。元代忽必烈的谋臣姚枢在隐居讲学时“以《小学》书流布未广，教弟子杨古为沈氏活板，与《近思录》、《东莱经史说》诸书，散之四方。”[①] 所谓“沈氏活板”也是指沈括《梦溪笔谈》中所记毕昇的活字版印书法。时在蒙古庚戌年（1250），当时值南宋淳祐十年，上距毕昇发明活字两个世纪，下南宋周必大再次使用泥活字五十多年。

在中原地区使用泥活字印刷以后，以其他质料制作活字进行印刷的实践活动陆续展开，木活字、金属活字的印刷先后出现在中原地区。同时在改进检字方法、提高印刷质量方面也不断有新的进展。这种质料的改变虽不属于活字印刷发明范畴，但也促进了活字印刷的进步。

其实在毕昇创造泥活字印刷的过程中就曾试用过木活字，但当时因木活字“沾水则高下不平，兼与药相粘”，有些技术问题没有解决，所以未再使用。在西夏和回鹘先后使用木活字后，元大德二年（1298）农学家王祯也成功地使用了木活字。王祯任安徽旌德县令期间撰著反映当时农业生产水平和生产状况的《农书》一部，在该书卷尾附“造活字印书法”一文，介绍了他的木活字印刷情况，并分门别类地记录了写韵刻字法、锼字修字法、作盔嵌字法、造轮法、取字法、作盔安字印刷法，对各个细节都具体而微地加以描绘。[②] 这是13世纪末一项了不起的木活字印刷科学记录。他用此法印制自己主持编纂的《旌德县志》，全书六万多字，不足一个月，印成了一百部，可见其效率很高。

王祯使用木活字印书后的二十多年，在浙江奉化做知州的马称德也制作木活字印刷了《大学衍义》，此书43卷。[③] 当时中原地区的木活字印书已不是个别现象。

在中原地区又先后出现了铜、锡、铅等金属活字印刷。有关铜活字的使用可追溯到宋、金时期。有的专家研究指出12世纪中叶已经有使用铜活字的记载。实物则有中国历史博物馆藏南宋初会子铜铸印版拓片，其中有的数目字系预留空间，后以铜活字补印。此外还有金朝贞祐宝券的铜铸印版，留有活字方孔，也是使用铜活字的旁证。更有金代铜铸千佛碑，有的专家认为两行文字用活字排集而成，时在金皇统戊辰年（1148），这是有确切纪年的最早的金属活字实物。[④]

关于金属活字印刷，元代的王祯在《造活字印书法》中有明确记录：“近世又铸锡作

---

① （元）姚燧：《牧庵集》卷15《中书左丞姚文献公神道碑》，丛书集成初编本，中华书局1985年版，第175页。

② （元）王祯：《农书》卷22《造活字印书法》，中华书局1956年版，第538页。

③ （至顺）《奉化县志》卷13。

④ 魏志刚：《关于我国金属活字版（公元1148）记述与物证》，《中国印刷史学术研讨会文集》（1997），印刷工业出版社1997年版。

字，以铁条贯之，作行，嵌于盔内，界行印书。”这一确切记载足以证明中国在13世纪末，已经有了金属活字印刷。

明、清以降，活字印刷有了更大的发展，后来金属活字印刷越趋广泛。明代在东南地区发展了铜活字（或为铜版锡活字），分布地域宽，印书种类多，尤以明初无锡华坚的兰雪堂、华燧的会通馆最为著名。兰雪堂所印《春秋繁露》十七卷、《艺文类聚》一百卷、《元氏长庆集》六十卷、《白氏长庆集》七十卷。会通馆所印《宋诸臣奏议》一百五十卷、《锦绣万花谷》一百二十卷、《容斋随笔》七十四卷等活字印本，皆为珍贵活字版本。① 明朝弘治、正德年间常州有人“用铜、铅为活字，视板印尤巧便”。② 清朝康熙、雍正年间由政府印刷出版机构武英殿直接组织，用铜活字排印《古今图书集成》，计一万余卷，五千余册，规模浩大，史无前例。此书共印六十部，后所用铜活字散失。

值得提出的是在清代又出现了大规模使用木活字印刷。乾隆年间由政府组织刻制了15万个木活字，印制《四库全书》及其他重要著作，总称为《武英殿聚珍版丛书》，是历史上制造木活字最多、印书量最大的一次。当时董理此事的金简作《武英殿聚珍版程式》一书，记载当时以木活字印刷事甚详。③ 此后民间纷纷效尤，广泛使用木活字印书，如乾隆内艰程伟元用木活字印《红楼梦》道光年间六安晁氏印《学海类编》，嘉庆年间常熟张金吾印《续资治通鉴长编》等。清代木活字印刷遍及十几个省，木活字印刷成了清代中、后期的重要印刷方法。

清代泥活字印书虽已不是主流，但也屡有应用。康熙年间山东泰安州有人“锻泥成字，为活字版”。道光十二年（1832），苏州李瑶在杭州用自制泥活字排印自己校补的《金石例四种》。清代用泥活字印刷成就最大的是清道光、咸丰年间的安徽泾县人翟金生，他竭尽30年之力，发动子侄，制作5个型号的泥活字计10万余枚，印制自己的著作多种。翟氏称其泥活字印本为“泥斗板”或“澄泥板”也叫“泥聚珍板”。他所印《泥版试印初编》等书传世至今。④ 这是财力不足以使用木制、金属活字印书的节省途径，泥活字印刷成本低廉，是其仍有生命力的主要原因。

三 向东西方的传播

科学技术没有国界，科技成果的发明是属于一定的国家，但受惠者可能是整个人类。活字印刷发明并在中国发展、成熟后，逐步向境外传播。接受这一成果的国家首先是中国的近邻朝鲜。

朝鲜借地利之便，在10—11世纪首先从中国借鉴了雕版印刷，印制了很多书籍。南宋与高丽海上贸易很密切，南宋灭亡前大批宋人到高丽谋生，其中包括很多工匠。元朝统治者以武力征服朝鲜，在高丽设立达鲁花赤，这期间中国和高丽间的经济文化交流十分频繁。这

① 《书林清话》卷八《明锡山华氏活字版》，第205页。

② （明）陆深：《金台纪闻》自序，丛书集成初编本，中华书局1985年版，第7页。

③ 金简：《武英殿聚珍版程式》，《四库全书》本。

④ 张秀民：《清代泾县翟氏的泥活字印本》，《文物》1961年第3期。

一时期活字印刷术自然地传到了朝鲜。朝鲜的文献记载“活板之法始于沈括”，也就是说朝鲜的活字印刷来自中国的毕昇发明。

在高丽中期已经有了关于活字印刷的记载。现存最早的金属活字印刷品是1377年铸字施印的《佛祖直指新体节要》，这是现存最早的韩国金属活字印本。此后朝鲜设置铸字所，大力发展活字印刷，其活字种类多，计有铜、铁、木、陶、瓢等活字，开始只有汉字，后来加入适合朝鲜语特点的谚文，对活字印刷的发展做出了突出贡献。

另一个中国近邻日本在8世纪已经自中国传入雕版印刷，至宋代始大规模传入。而日本引进活字印刷术较晚。16世纪丰臣秀吉侵略朝鲜时从汉城将铜活字及其印刷设备掠回日本，开始了较大规模的活字印刷。后来在日本通用的是木活字，除汉字外，又发展了日本假名活字，按自己的民族特点发展活字。

活字印刷不仅向东方传播，也向西方延展。活字印刷术由中原地区传到西夏和回鹘地区，虽仍在中国境内，但在地域上已经向西位移了两千多公里，时间上向后推移了两个多世纪。西夏和回鹘控制着中西交通的孔道河西走廊，在当时东西文化交流中占有重要位置。中国的蒙元时代地域辽阔，东西交通畅通，从元大都至罗马和巴黎的道路畅通无阻。当时经济、文化交流频繁，欧洲商旅、外交使节、传教士纷纷来到中国，中国的使节以及商品、科学技术也到了西方。活字印刷也自然通过丝绸之路的南北两线逐步传到欧洲，后来才有了15世纪德国古登堡印刷术的应用。中国纸张发明一千多年后才传到欧洲，而欧洲接受活字印刷术则在中国发明活字印刷四个世纪左右。

德国人约翰·古登堡致力于金属活字的制作和印刷，他用铅锡合金制作拉丁文活字，于15世纪中期印制了著名的《四十二行圣经》。古登堡的活字印刷在欧洲起到了示范和带头作用，欧洲很多国家竞相采用，出现了活字印刷热潮，开办了不少印刷厂。古登堡对活字印刷的发展和在欧洲的传播做出了杰出贡献。然而他是在中国活字印刷术的创意和影响下做进一步实践和应用的。对此西方有见地的科学家已有公允论述。西班牙著名作家门多萨16世纪出版了《中华大帝国志》，其中明确提出古登堡的活字印刷术是从中国辗转传入德国。著名科技史专家李约瑟也充分肯定了中国活字印刷术对古登堡的启发和影响。①

后来欧洲使用机械铸字和印刷，大大提高了活字印刷效率，使活字印刷进入一个新的阶段，对世界文化发展起到重要推动作用。在欧洲出现的先进的近代印刷技术又逐步反传入中国，促进了中国印刷术的发展。

四　活字印刷术发明的歧说和析疑

由上可以清楚地看出中国发明活字印刷术及其流传的脉络，那么为什么否定中国首创活字印刷的言论不胫而走呢?

有人对毕昇发明泥活字表示怀疑，认为泥活字怎么能用来印刷呢? 其实毕昇发明的泥活字要经过“火烧令坚”的过程，泥活字实际是陶化的活字，是可以用来印刷的。近人多次以毕昇法进行泥活字印刷试验，皆取得成功。

① 李约瑟:《中国科技史》第五卷第一分册序言。

有人提出中国虽最早发明活字印刷术，但并未广泛应用。实际上印刷术作为重要科技成果，从一开始就和社会应用密切相连，西夏已经用来印制当时印份很多的佛经和历书，并设立专门管理活字印刷的机构和官员，足证应用广泛。

有人认为中国虽有文献记载，但缺乏早期活字印刷实物。世界上很多重要史实是靠文献记录下来的，中国关于活字印刷发明的记载是完整的、连续的，是可信的。何况早期印刷实物在中原和西北地区不断被发现，仅西夏文活字印刷品就陆续发现了十多种，在敦煌又出土了千余枚回鹘文木活字，中国早期活字印刷实物可谓十分丰富。相信作为活字印刷术摇篮的中国还会发现更多的早期印刷实物。

西方有人说，中国发明了方块字的活字印刷，欧洲人发明了字母活字印刷。活字印刷相对于雕版印刷，难能可贵的是它把整板雕刻印刷变为分割成更小单位的活字印刷这一伟大创意思想。至于分割成词、字、字母那是对活字印刷的应用和发展，谈不上发明的问题。其实，中国的回鹘民族早在13世纪已经依据民族语言的实际应用字母活字，看来字母活字应用也肇始于中国人。

近年来，中国有关活字印刷术的研究成果为维护中国活字印刷术的发明权和向东西方传播提供了更多的有力证据。

既然有这样多的理由和证据充分证明中国是活字印刷术的发明者，并在各发展阶段中做出了不朽的贡献，为什么至今还会有那么多的奇说异见呢？

国际学术界不乏真知灼见的科技史专家，他们承认、尊重中国对活字印刷术的发明权。但不可否认的是，长期以来很多人受欧洲文化中心论的影响，无视中国人的发明创造。在过去中国学术界对此也未引起足够重视，及时予以澄清。国内媒体也有一些人不明就里，人云亦云，把老祖宗的功劳记在别人的账上。

活字印刷术的发明已近千年，当今印刷术又发展到一个新的阶段，电脑排版代替了手工检字，印刷本身更是日新月异，飞速进步。而这些新的成就又是在活字印刷的基础上发展而来的，活字印刷术是现代印刷的源头。可以说，中国发明的活字印刷术有利于当时，泽被于后世。

再谈女书与中国民族古文字*

——兼论女书的时代

中国的古文字包括汉文的古文字和少数民族古文字。汉文古文字有甲骨文、钟鼎文、大小篆书，源远流长，一脉相传；少数民族古文字包括约30种民族古文字，枝蔓相牵，各展风采。

中国是一个多民族国家，自古以来，各民族分别形成了各自的民族文化，同时也丰富、发展了共同的中华民族文化。不少民族在不同的历史时期创制并使用了本民族文字，形成了丰富多彩的各种民族文字及其文献。这对促进民族文化的发展，推动各民族之间的文化交流，丰富中华民族的文化起到了非常重要的作用。近年来，湖南省江永一带的女书备受关注，它虽与汉字有相当的关系，但显然不是传统意义上的汉文古文字，因它记录的是当地的汉语土话，也很难把它认定为少数民族古文字。女书的发现和探索为中国古文字的研究带来了新的课题。

女书之所以引起国内外专家的强烈兴趣和社会上越来越多的关注，是因为它不是一般的文字，而是中国乃至世界上独一无二的女性文字。透过女书我们看到了一种从来没有的性别文化现象，看到存在于现实社会之中、又游离社会主流之外的特殊应用文字，了解到当出现了一批又一批名不见经传的伟大女性诗人和歌手，他们堪称当地的女书文学家。

到过江永一带、接触过女书的专家们都被女书的独特吸引，为女书的魅力震撼。是什么力量和环境催生了女书并在男性为主导的社会中一代一代的薪火相传？近二十年来，国内外专家们对女书的时代、性质、应用、流传、文献等做了大量细致的调查和研究工作，著述丰厚，成绩斐然。很多问题有一致或大致相同的看法，然而在一些基本问题上仍然存在着各自不同的认识。当然这种现象在认识我们过去并不熟悉的事物时也是难免的，甚至是十分正常的。

以女书创制的时代为例，有的认为早在商周时代女书已经产生，有的甚至认为与远古的陶文同时。① 有的认为在中古时期，或认为在明清之际。② 女书创制时代认知的巨大差距，给准确、科学地了解女书带来困惑，也带来了进一步探讨的浓厚兴趣。

---

* 原刊于《女书的历史和现状》，中国社会科学出版社2005年版，第32—40页。

① 李荆林：《女书与史前陶文研究》，珠海出版社1995年版。

② 宫哲兵：《女书时代考》，《奇特的女书》，北京语言学院出版社1995年版，第157—166页。

综观中国的文字，种类繁多。从发生学的角度看，有在长时间发展过程中独创的文字，称为自源文字，如汉文、纳西文、彝文等，而绝大多数是借鉴其他民族文字创制的，称为借源文字。中国借源文字的来源可分为四类，分别受汉字、波罗米文字、阿拉美文字、阿拉伯文字影响。后三类皆源于腓尼基文，所以又可说，中国古文字除本民族创造者外，可分为受汉字和腓尼基字母影响两大类。中国的古文字从文字形态上看有象形、表意和表音三种类型，表音文字又分为音节文字、音素文字和混合类型文字。这些类型在我国古文字中都能找到。象形文字有纳西东巴文、尔苏沙巴文；表意文字有汉文、西夏文、白文、方块壮字、方块侗文、水书等。表音文字种类最多，其中佉卢字、焉音—龟兹文、于阗文、彝文、哥巴文为音节文字，很多专家认为女书也基本属于音节文字，突阙文是音素、音节混合型文字，藏文也是一种音节—音素文字；粟特文、回鹘文、傣文、契丹文、女真文、回鹘式蒙古文、八思巴字、满文等属于音素文字。①

中国的多种文字，异彩纷呈，展示出中华民族文化的丰富多彩。这些文字是在中国多民族国家形成和发展过程中陆续产生的，创制时间先后不同，使用范围宽窄不一，延续时间久暂不等。但是它们无论创制早晚都是中国古代优秀传统文化的组成部分，在各民族文化发展中起到了十分重要的作用，即便是已经消亡的死文字也是中国文化的重要遗产，应该得到应有的重视。

在充分肯定女书的重要学术价值和社会价值前提下，如果我们进一步认识到女书的创制时间无论早晚，都不影响其在文字学上的独特地位和社会对女书的重视，是否更有利于研究女书产生的时代及相关问题?

纳西东巴文是世界上仍然活着的象形文字，兼有原始象形和图画，形态十分古朴。对于其创制时代虽亦有不同的说法，但多数专家并没有把它说成比汉字更早，而是认为它创制于唐宋时期，有一千多年的历史。② 人们并没有因为它产生在中古时期而不是产生在远古时期就轻视或抹杀它的价值。近些年纳西东巴文化的热度日益升腾，影响不断扩展，其原因不是在攀附年代的久远，而是在于对文化内涵的深度开掘。

西夏文是中古时期记录西夏王朝主体民族党项族的文字，这是一种在当时当地广泛使用社会实用性文字。它在近两个世纪的西夏历史文化发展中，发挥了重要作用。西夏灭亡后，在元、明时期仍流传了一段时间。后随着党项族的消亡而成为无人可识的死文字。很长时间以来，世上找不到一本西夏文的书籍，社会对西夏文失去了记忆。然而，随着西夏文献的陆续发现，特别是黑水城大批文献的出土，以及国内外几代专家的不懈努力，逐步解开了西夏文字之谜，并利用西夏文及其文献的研究，全面推动了西夏历史、文化、宗教、法律、经济以及自然科学方面的印刷术、历法、医学的深入研究，成为中国古代史研究进展较快、收获较多的学科，使西夏学这个过去不被人注意的“冷门”，在学术界不断升温，受到多方面的关注。③

我们还能列举出很多种古文字研究的卓越成就。这些成就的取得都是靠对文字的科学论

① 中国民族古文字研究会编:《中国民族古文字图录》，中国社会科学出版社 1990 年版，“导言”第 1—12 页。

② 和志武:《纳西东巴文化》，吉林教育出版社 1989 年版，第 14—18 页。

③ 史金波:《西夏学百年回顾》，《民族研究年鉴》，民族出版社 2001 年版。

证和深入解读，对文献内容的深层次的发掘。近年来，国内外对女书关注也是出于同样的原因。

关于女书的时代，很多专家查阅文献，深入调查，认真分析，做了大量案头和田野工作。我对于专家们的探讨精神和辛勤劳动表示深深的敬意。但是对于有的观点还难以苟同。

有的专家将陶文（新石器时代的陶器刻画符号，姑且称为陶文）与女书比较，“确认女书起源于史前陶文”，女书和甲骨文同源于陶文。当我们仔细阅读作者的论证时，却没有发现令人信服的证据。作者曾将散见的陶文与女书文字列表比较，并且计算出二者笔画相同或相近的比例。然而作者拿来进行比较的不是战国时期的汉字陶文，而是学术界尚在探讨、还未能诠释的新石器时代的刻画符号。对这种“陶文”我们知之甚少，它们分别刻画在不同地区、不同遗址、不同器物上（有时在同一器物上有一个符号，有时有若干符号），这些符号是否为文字？每一个符号具有什么意义？是否记录具体的语音？都还是未解之谜。当我们将两种事物进行比较时，应该对两种事物都有比较清楚的认识，或至少对被比较的底本事务有比较清楚的认识。若论证女书是否与陶文有密切关系，首先对陶文应有清楚的了解。但是，很遗憾，作为底本来比较的陶文是一种未知的或知之不多的符号，把它与女书比较本身就容易使人产生先天不足疑点。作者用了很大篇幅以女书的数词和量词与“陶文”相近符号进行比较，并依据女书文字的意义的赋予这些未知的“陶文”以具体的数词或量词意义，从而证明女书与“陶文”的直接关系。作者还根据陶文器物产生在黄河流域，而断定“黄河流域是女书的发源地”。这种循环论证、简单比附的方法也难以令人信服。

不仅如此，作者在否定女书产生于其他时代时，更为简单直接：“当我们经过种种考证排除女书起源于清、明、宋、元、唐及汉、秦各代时，它似乎很自然地把我们引导到遥远的史前文化这一时空来。”我们没有见到作者排除女书产生于以上各时代的详细考证，因此轻易否定从秦代至清朝创制女书的可能性也嫌证据不足，当然也就无法“很自然地把我们引导到遥远的史前文化这一时空”。

对于女书的创制时代应采取慎重的态度，对一些专家认真地研究探讨不能轻言否定。比如宫哲兵教授从文献的考证和社会实地考察入手，将史志记载、女书内容、女书传承结合论证，认为女书产生于明末清初。尽管他的结论不一定是女书研究专家的共识，但其论证的方法是严肃的，态度是认真的。

笔者在 1991 年 11 月全国女书学术考察研讨会上曾提出：

> 根据现有的材料，可不可以设想，在我国古代的某个时期，比如唐、宋时期，或明、清时期，江永一带某个或某些有一定汉文基础的妇女，为了能有一个机会和场合倾诉自己由于社会地位低下生活寂寞而造成的苦闷，而她们又不愿让男子知晓，便依据汉字创造了只在妇女当中使用的秘密文字。①

十多年过去了，女书的研究有了很大进展，女书的资料也有了新的发现，比如发现了太

① 史金波：《女书与中国民族古文字》，《奇特的女书》，北京语言学院出版社 1995 年版，第 9 页。

平天国时期珍贵的女书钱币等①，但是关于女书创制的时代，至今我仍保持着类似的看法。

我们都知道，文字是记录语言的工具，但文字的创制和语言的产生不同。语言是随着人类的产生而产生的，而文字是人类走过了漫长的岁月后、社会发展到很高的程度时才产生的文化现象。历史上文字的创制是五花八门、十分复杂的。古代创制文字有时是从上古的符号、图像逐步发展成为成熟的、记录语言的文字。汉文历史悠久，源远流长，自远古连绵传承至今，在长期使用过程中，虽不断发展变化，但其根脉延续不断，并对附近其他民族和国家产生强大影响，显现出巨大的生命力和辐射力，在文字史上自有独特的意义。有的文字是在某一历史发展阶段，具备了创制文字的需要和条件，在短时期内创造的。这种文字多为借源文字，它同样可以是成熟的、记录语言的文字。借源于汉字的文字中情况也各不相同。比如契丹文是契丹王朝建立后，随着王朝政治、文化的发展和民族心理需求而创制，并由政府下令推行的文字，它不是直接借用现成的汉字，而是与汉字显然不同的文字，但文字中借鉴了汉字的笔画，甚至有汉字的某些形体，因此一般把契丹文归入借源汉字的文字。② 西夏文是西夏王朝建立前夕创制，并由政府下令推行的文字，有6000多字。西夏文的创制者大概想极力规避与汉字的雷同，所制文字无一字与汉字相同，就连偏旁部首也皆与汉字相左，但其采用的笔画和构字的方法都借鉴于汉字，最终无法摆脱汉字的影响，使人乍看到整篇西夏文仍酷似汉文，我们当然也把它归入借源汉字的文字。③ 又如方块壮字、古白文等则是民族发展到一定阶段，随着社会交际的需要而在民间形成的，它没有政权的推行，没有严格的规范。比如方块壮字就多利用现成的汉字，有的利用汉字重新组合，或对汉字加以改造，也有类似象形、会意、形声等字类。这些当然更是借源于汉字的文字。

女书中有不少文字是汉字或汉字的变体，有的与汉字同形、同义，有的采用同音、近音假借方法。也有一些女书文字在汉字中找不到类似的形体。这是否一定要追寻到远古的陶文呢？

女书是妇女为了在男性为主导的社会中专门在女性中交际而创制的，创制女书的初衷可能就是不让男性轻易懂得女书。可以想象，在强势的汉字文化圈内，聪明的女书创制者首先将女书定为斜体、斜笔，以有别于横平竖直笔画较多的汉字。其次为了便于学习和流传，尽量使文字简化。首先是简化字数，一般的几百字就大体上够用，现在统计不同的女书个体有1000多字，与汉字相比数量很少。然后是简约笔画，除借用汉字中笔画较少的字以外，又有不同于汉字的笔画简单的字形。这些简单的形体中有的符合人类原始思维，它们难免与人类创制的其他文字的某些符号相同或相近，这应该看成是聪明的女书创制者的发明。在借鉴一种文字创制新文字时，出现新的形体是很正常的。至于认为女书起源于陶文的作者用很大篇幅论证的女书数字：一、二、三、四、五、六、七、八、九、十、千、万，我们很容易看到它们与汉字相应的数字极为相像，似乎不需要在尚不知其意义的陶文中寻找源头。笔者认为女书是受汉字影响而创制的借源汉字的文字。

女书的创制和流传在使用范围上突破了传统的文字定格，使封建社会中弱势的妇女人群

① 宫哲兵：《女书研究重大发现 江永县外也有女书》，湖南永州市政府信息网，女书文化。

② 清格尔泰、刘凤翥等：《契丹小字研究》，中国社会科学出版社1985年版，第1—19页。

③ 史金波：《西夏文化》，吉林教育出版社1986年版，第8—37页。

有了自己专用的文字，这在中国乃至世界妇女文化史上都占有特殊的位置。当我们高度评价女书在文字学、社会学方面意义的时候，也应该看到女书使用的局限性。

女书仅在女性中流传，这种引人注目的特性本身就隐含着性别和地域局限性。一种文字仅在一个狭小的地域的弱势群体中使用，没有社会整体的支撑，更没有政权的认可，疏远了社会的主流，很难适应社会的进步和发展。女书在创制伊始就预示着不可乐观的命运。1962年，北京公安部门转到中国科学院民族研究所一份文字资料，说是一位妇女所写。她不会说普通话，只能说北京人听不懂的一种语言。人们与她无法交流，也看不懂这种文字。公安部门希望有众多少数民族语言文字专家的民族研究所能解释这种不熟悉的文字。可惜当时的语言学家前辈们都未接触过这种文字。当时我正在读西夏文研究生，有幸见到了这种从未见到过的特殊的斜体字文献。回忆起40多年前所见文献就是后来才知道的女书。我讲述这个过程就是想说明女书离开了妇女群体，离开了江永一带就失去了交际效能。

女书写出了妇女的苦情，写出了女性之间的感情，吟唱出妇女的心声，创作出很多感人肺腑的不朽女书作品。我们又不得不看到，女书的主要内容是婚嫁时的贺三朝书、自转诉苦歌、结交姊妹书、祭祀歌、妇女民歌、谜语等，尽管也有一些反映政治叙事作品，如关于《太平军走永明》、《抗日沦陷纪事》等，但总体上看，女书的内容仅局限于与妇女相关的问题。① 由于当地是男子主持政务和家务，并从事主要生产活动，而妇女主要是在家中做家务、做女红，不参加田间劳动，所以女书内容基本上没有介入社会政治、经济、文化的主流。女书中没有关系到文化传承的教学课本，没有反映社会生活的账目、契约、诉讼状等，就是翻译作品也是多为通俗文学作品，基本没有政治、经济方面的内容。这种女书疏远社会的现象使它越来越边缘化。这方面的局限性也使女书的生命力和社会影响逐渐减弱。

女书的流传特色是手写传唱，亲友单独教学。因仅在妇女中流行，没有能传之久远的碑刻，也未能使用广泛传播的印刷。女书作品的所有者去世时，往往焚烧书稿，人去书亡。这样不仅女书的传播受到局限，女书的保存自始至终也都存在着危机。

女书令人惊叹的特点蕴育着女书的局限，女书的局限来源于女书的特别魅力。如果没有这些特点、没有这些局限，也就不称其为女书了。我们在探讨女书特点的同时，也需要了解女书的局限性，目的是更客观地认识女书及其命运。了解到女书的局限性，就会看到当社会发生变化时，女书的生命力就受到严峻的考验。

新中国成立以后，社会发生了巨大变化，政府提倡男女平等，妇女有了和男人一样的权利。妇女走出了绣楼，也逐渐参加农业生产。学校为男生和女生共同敞开大门，年轻一代妇女开始正规学习汉文和文化知识。在新社会过去妇女所受的压迫不见了，妇女之间单独倾诉感情的环境、时间也都逐渐不存在了。总之女书赖以生存的条件逐渐消失，女书的传承和生存出现不可逆转的危机。现代社会的发展使长期传承的女书失去了存在的土壤。不管我们愿不愿意承认，作为过去传统的女书时代已经不可避免地结束了。

当然，作为一份重要的、独特的文化遗产，国家应投入资金和人力进行保护和抢救；国内外专家们应进行深入研究，发掘其丰富内涵和科学价值；当地政府应实施具体保护和一定

① 赵丽明主编：《中国女书集成》，清华大学出版社1992年版；远藤织枝：《中国的女文字》，（日本）三一书房1996年，第124—158页。

程度、一定范围的传习措施，使女书这份文化遗产得到很好的保护和研究。但是我们应有清醒的认识，要想恢复过去意义的女书使用和传承是很困难的。我以为有这种认识更有利于科学地保护和研究女书。

近年笔者曾经到云南省丽江地区考察纳西东巴文的使用。应该说过去东巴文的使用范围比女书宽，东巴文的文献也比女书丰富，目前懂得东巴文文的人也比懂得女书的人多，但东巴文多用于宗教信仰，东巴文的文献也多为宗教经典。在现代纳西族社会中已很少使用传统的纳西东巴文。近年来的纳西东巴文化也只是展示和宣传传统的东巴文化，实际上东巴文的使用也走上了式微的道路。前不久我又到贵州水族地区考察水书文献即及水书使用情况。水书只有几百个文字，主要是记录占卜、时象、驱鬼、拒鬼以及少数有关用兵布阵和农事方面的内容。水书在完备性、系统性、通用性方面也存在着局限性。目前懂水书的水书先生也为数不多，其中能较好地解释水书内容的已寥寥无几。当地政府和贵州的专家们在搜集和保护水书资料方面做了大量工作。据调查当地有约 8000 件水书，他们在近两年已收集到近 5000 件。同样水书的使用和纳西东巴文、女书一样难以恢复和发展。

传统的女书已经成为历史，然而女书的抢救、保护、研究和在新的条件下传承的时代已经开始。女书事业正方兴未艾，任重道远。我们高兴地看到江永正积极申报“世界记忆名录”和“世界文化遗产”，有关部门和学术界应共同努力，创造条件，将这一希望变为现实。

中国古代少数民族的印刷出版*

中国是一个多民族国家。自古以来，各民族分别形成了各自的民族文化，同时也丰富、发展了共同的中华民族文化。不少民族在不同的历史时期创制并使用了本民族文字，这不仅对各民族的文化发展起到了举足轻重的作用，同时也为光彩夺目的中华民族历史文化宝库增添了重要内容。

中国在隋唐之际发明了雕版印刷，北宋时期又发明了活字印刷。肇始于中国的印刷术，对人类文明的发展做出了极其重大的贡献。在汉族先进文化的影响和带动下，少数民族也形成和发展了印刷出版事业，出版了大量的图书，甚至还在印刷事业中互相影响，有很多重要创举，推动了中国出版印刷术的进一步发展，促进了各民族之间乃至世界的文化交流，使中华民族文化更加丰富多彩。中国除有大量汉文印刷出版物外，在历史上形成的少数民族文字印刷出版物，也难以数计。这些民族文字图书，是中国图书宝库的重要组成部分，为研究中国历史文化提供了不可或缺的宝贵资料。过去多重视中原地区的印刷出版、汉文字的印刷出版，而忽略了中国少数民族地区、少数民族文字的印刷出版。本文拟对中国少数民族的印刷出版作一概略的讨论，还望方家指正。

一　辽、西夏、金的印刷出版

建立于10世纪中期的宋朝，结束了五代十国的战乱局面。但急于统一中国的宋朝并没有建立像汉、唐那样大一统的王朝。中国的少数民族在中国的政治舞台上扮演了更为重要的角色。有宋一代，前期是北宋与契丹族为主体建立的辽朝、以党项族为主体建立的西夏三足鼎立，后期是南宋、西夏和以女真族为主体建立的金朝互相对峙，此外还有回鹘、吐蕃、大理等少数民族政权。宋朝书籍的印刷出版在唐朝、五代的基础上，达到了高度繁荣，对当时周边的少数民族产生了巨大影响。少数民族发展了自己的民族文化，不少有影响的民族开展了印刷事业。

1. 辽朝的印刷出版

北方的契丹族早于宋朝建立辽朝，辖中国北部河山。辽朝在契丹族文化的基础上大量吸

* 原刊于《中国社会科学院学术咨询委员会集刊》第二集，社会科学文献出版社2006年版，第294—311页。

收中原汉族文化，创造了丰富的民族文化。辽朝统治者仰慕汉族文化，提倡儒学，修建孔庙，设立太学，实行科举，从宋朝输入大量汉文印刷典籍。同时，辽朝在境内也发展汉文印刷，清宁元年（1055）刊印汉文五经，咸雍十年（1074）又出版《史记》、《汉书》等。① 此外，还印刷有蒙书、医书。清宁八年（1062）辽政府下令禁止民间私自刻印文字，证明当时辽朝印刷业发达，连民间也兴起了书籍印刷。

辽朝大力提倡佛教，继宋朝出版汉文大藏经后，也刊印了汉文大藏经《辽藏》，或称《契丹藏》。《契丹藏》刊印于辽圣宗时期（983—1030），是中国的数种大藏经中，除《开宝藏》以外最早刊印的大藏经。② 辽南京（今北京）是当时雕版印刷业的中心，设有印经院，有着雄厚的总资金和各种先进的工艺技术。当时主要是利用了现成的汉族的传统技术、材料和工匠，而《辽藏》是最重要的印刷出版精品。

由于辽代书禁甚严，禁止图书外传，又下令禁民间私自刊印文字，因此辽朝文书典籍传入中原绝少。加之金灭辽时破坏惨重，文化典籍毁灭殆尽。

近年来大批辽代雕版印刷品陆续发现，其中山西应县佛宫寺释迦塔（俗称应县木塔）、河北丰润县天宫寺塔、内蒙古自治区巴林右旗庆州释迦佛舍利塔（俗称庆州白塔）都发现了辽代印本。应县木塔有《辽藏》12 卷、单刻经 35 卷、刻书杂刻 8 件、版印佛像 6 幅，共 61 件，其中文献皆是汉文。这批辽代雕版印本的面世，填补了雕版印刷史上的空白。天宫寺塔发现《辽藏》一帙八册及其他刻印佛教经卷、册 19 件，也皆为汉文资料。庆州白塔发现大批雕版印刷的陀罗尼及少量刻经，也全是汉文，计有 221 件。

辽太祖耶律阿保机重视民族文化，于神册五年（920）借鉴汉字创制契丹大字，后至天赞年间（922—925）又制契丹小字，以记录契丹族语言。③

辽政府曾组织力量，用契丹文翻译《阴符经》、《方脉书》、《通历》、《贞观政要》、《五代史》、《讽谏集》、《辨鸩录》等。④ 上述书籍是否刻板印刷，史无明载。根据当时辽朝文化发达的程度和汉文书籍刻印水平，推想辽朝有能力印刷契丹文字书籍。但至今未见刻印的契丹文书籍。这也可能与辽朝严禁书籍出境有关。目前发现的契丹文字资料多为墓志铭等。

2. 西夏的印刷出版

西北的党项族于宋初建立大夏国，史称西夏。西夏文教兴盛，尊崇儒学，笃信佛教。西夏开国皇帝元昊在正式立国前命大臣野利仁荣了创制西夏文，并作为国字大力推行。⑤ 西夏在广泛流行西夏文的同时，也使用汉文，在一定范围内也使用藏文和回鹘文。西夏受中原先进印刷术的重要影响，大力发展印刷事业。西夏政府设立刻字司，专主刻印事业，这在中国

---

① （清）李有棠：《辽史纪事本末》卷六《西北部族属国叛服》。

② 阎文儒、傅振伦、郑恩怀：《山西应县佛宫寺释迦塔发现的〈契丹藏〉和辽代刻经》，《文物》1982 年第 6 期。

③ 《辽史》卷 2《太祖纪》，卷 64《皇子表》。

④ 《辽史》卷 72《宗室传》，卷 89《耶律庶成传》，卷 103《萧韩家奴传》；《契丹国志》卷 7；（宋）陈振孙：《直斋书录解题》卷 5；清格尔泰、刘凤翥等：《契丹小字研究》，社会科学出版社 1985 年版。

⑤ 《宋史》卷 485《夏国传》；（宋）曾巩：《隆平集》卷 20。

文化建设上是具有开创性的举措。①

(1) 西夏的刻本印刷出版

西夏灭亡后，随着党项族的逐步消亡，西夏文也渐渐成为无人可识的死文字。一百年前已经见不到一本西夏时期的书籍。20世纪初，大批西夏书籍在中国的黑水城遗址（今内蒙古额济纳旗）被发现，使尘封七八百年的西夏古籍重见天日。其中大部分是西夏文文献，少部分是汉文文献和藏文文献。② 此后宁夏、甘肃、内蒙古又陆续出土不少西夏文献。现存的西夏图籍约500种，共有数千卷册。其中印本书籍品类多样、内容丰富，有100余种。

西夏刻印书籍从技术到内容都受到中原地区的直接影响。西夏翻译并刊印出版了很多译自中原地区的著作。西夏创制文字后，即译《孝经》、《尔雅》、《四言杂字》为蕃语。③ 这些应是最早的西夏文翻译书籍。存世的译书有《论语》、《十二国》、《经史杂抄》、《德事要文》、《德行集》、《孙子兵法三注》、《六韬》、《黄石公三略》、《类林》等，而写本则有《孟子》、《孝经》等。翻译刻印的佛教著作更是种类繁多，数量巨大。西夏人自己编著出版的世俗著作也很多，如语言文字类的韵书《文海宝韵》、字书《音同》，法律类有王朝法典《天盛改旧新定律令》、军事法典《贞观玉镜统》、官阶封号表，识字蒙书《番汉合时掌中珠》、《三才杂字》，志书《圣立义海》，谚语《新集锦合词》，诗歌集，劝世文《贤智集》等。④

西夏书籍的印数不等，以佛经印刷量最大。如在乾祐二十年（1189）仁宗在大度民寺作求生兜率内宫弥勒广大法会时，在《观弥勒菩萨上生兜率天经》发愿文中记载“散施番汉《观弥勒菩萨上生兜率天经》一十万卷，汉《金刚经》、《普贤行愿经》、《观音经》等各五万卷”。⑤ 一次法会上便散施4种刻经共25万卷，可见当时的印刷规模之大。

现存的早期西夏文刻本书籍，是最早的少数民族文字印刷品。黑水城遗址中还出土有6块西夏木雕版，其中4块是西夏文字雕版，两块是绘画雕版。近年在贺兰县宏佛塔天宫内发现了佛经木雕版残块2000多。这些也是西夏印刷的珍贵实物。西夏有这样多种类的刻本，在少数民族王朝中十分突出。

有的西夏刻本书籍有版画，多置于佛经卷首作为扉画。这些图画形象地反映该经的主旨，是佛经的重要组成部分。其中有不少构图精美、人物生动、雕刻细致、印刷优良的作品，表现出西夏插图的水平和雕印出版的成熟。如西夏文本《观弥勒菩萨上生兜率天经》卷前有经图，占经折装8页，在这一大型木刻版画中有栩栩如生的佛、菩萨、天王、神、僧、人等像100余身，形象各异，衣纹流畅，图中有华丽的宫殿，简朴的房舍，一柱一石，线条清晰。该图多处以文字注明场所或人物的名称，有西夏文、汉文两种，分别冠于该种西夏文佛经和汉文佛经之前。敦煌和黑水城都出土有出图本西夏文《妙法莲华经观世音菩萨普门品》，是一种稀见的经折装刻本佛经。卷首有扉画一幅2面，系呈方形构图的水月观音

① 史金波、聂鸿音、白滨译：《天盛改旧新定律令》卷十“司序行文门”，法律出版社2000年版，第362—364页。

② 史金波、魏同贤、克恰诺夫主编：《俄藏黑水城文献》，上海古籍出版社1996—2000年版，第1—11册。

③ 《宋史》卷485《夏国传》。

④ 史金波：《西夏古籍略说》，《传统文化与现代化》1996年第3期。

⑤ 《俄藏黑水城文献》第2册，第47、48页。

图，由海浪承托、冉冉升起的大月轮中观世音菩萨安详而坐，舒展自如，是难得的优秀木刻版画。后为上图下文、图文并茂的经文和图解版画，上部约三分之一处分段绘图，共55幅，每幅图为下面经文的图解，图中有佛、神、鬼、怪、僧、俗人物70多身，构图十分简约，反映出民间坊刻本粗犷、朴实的特点。这是现存最早的佛教连环画。①

西夏有无彩色印刷是值得研究的问题。仁宗乾祐十五年（1184）刻印《佛说圣大乘三归依经》散施番、汉五万一千余卷，并彩绘功德五万一千余帧。天庆二年（1195）九月二十日罗太后印施《佛说转女身经》散施番、汉文共三万余卷，并彩绘功德三万余帧。② 这些“彩绘功德”发行量很大，应是印刷品。其中的彩绘是先印刷再涂彩，还是西夏已有彩色套版印刷不得而知。至今还没有发现西夏的彩色印刷出版实物。

西夏还刻印多种汉文典籍，多为佛经，其中不少印制精美。③ 有年代可考的西夏汉文刻本世俗书籍发现很少，已知刻本有《西夏乾祐十三年壬寅岁（1182）具注历》。④

目前所知有年代可考的西夏文刻本书籍，最早的是惠宗大安十一年（1084）刻印的《佛说阿弥陀经》，其后有很多标明崇宗、仁宗年款的刻印书籍。有的刻本书籍虽未载明出版时间，但据其他线索可大体推断其出版时间，如《圣立义海》、《六韬》、《黄石公三略》与《类林》的刻工颇多重复，可定为同时代，即乾祐年间。从有年代的西夏文刻本大致可以看出，多属崇宗、仁宗时期，特别是仁宗天盛、乾祐年间最多。西夏晚期应天、光定年间的印刷作品尚未见到。大约西夏晚期社会动荡，难以组织程序较为复杂的刻印工作。

西夏灭亡后，在蒙、元时期党项人为色目人，民族地位较高。当时仍出版西夏文文献，所印皆为佛经。国家图书馆藏有刻本西夏文《金光明最胜王经》，雕刊完毕时间是定宗贵由丁未二年（1247）。⑤ 元代最重要的西夏文文献印刷是由政府雕印西夏文大藏经。元世祖时就着手刻印西夏文大藏经，元成宗即位后曾一度“罢宣政院所刻河西大藏经板”。⑥ 不久又恢复刻印。⑦ 元代西夏文大藏经的刻印先后经过30年的时间，才在杭州万寿寺中完成。元代印行西夏文大藏经至少4次。⑧ 元代除刻印西夏文大藏经外，还刻印西夏文单部佛经。其中有《华严大经》、《梁皇宝忏》、《华严道场忏仪》，《焰口施食仪轨》。包括整藏的西夏文大藏经和单部西夏文佛经印刷后“施于宁夏、永昌等寺院，永远流通”，看来主要是散施到西夏故地宁夏、甘肃等地。

1917年宁夏灵武县修城时出土大批西夏文文献，后辗转传藏，于1929年大部分入藏于北京图书馆（今中国国家图书馆），计百余册，少部分藏于甘肃、宁夏，一部分流失于日本。这些文献包括蒙古时期和元代古本。除前述《金光明最胜王经》外，还有《慈悲道场

---

① 刘玉权：《本所藏图解本〈观音经〉版画初探》，《敦煌研究》1985年第3期。

② 《俄藏黑水城文献》第3册，第52、53页；第1册，第292页。

③ 《俄藏黑水城文献》第1—6册。

④ 邓文宽：《黑城出土〈宋淳熙九年壬寅岁（1182）具注历日〉考》，《华学》第四辑，紫禁城出版社2000年版。

⑤ 史金波：《西夏文〈金光明最胜王经〉序跋考》，《世界宗教研究》1983年第3期。

⑥ 《元史》卷18《成宗纪》。

⑦ 史金波：《西夏文〈过去庄严劫千佛名经〉译证》，《世界宗教研究》1981年第1期。

⑧ 史金波：《西夏佛教史略》，宁夏人民出版社1988年版，第207页。

忏罪法》卷一和卷三至卷十，《现在贤劫千佛名经》、《过去庄严劫千佛名经》、《悲华经》卷第九、《说一切有部阿毗达磨顺正理论》卷第五、《经律异相》卷第十五、《金刚萨埵说频那夜迦天成就仪轨经》卷第二、《不空羂索神变真言经》卷第十八、《添品妙法莲华经》卷第二、《佛说佛母出生三法藏般若波罗蜜多经》卷第十五、《佛母大孔雀明王经》下卷等，皆为元刻本。蒙、元时期刻印的西夏佛经，反映了这一时代西夏文使用、印刷和流行的状况与特点。

近年来在敦煌北区出土了一批西夏文文献，其中有刻本《龙树菩萨为禅陀迦王说法要偈》残页，经末有一长方形压捺印记，有浅淡墨色汉文两行："僧录广福大师管主八施大藏经于沙州文殊师利塔中永远流通供养"。说明当年敦煌曾藏有一藏西夏文大藏经刻本。管主八是元代一位僧官，系西夏后裔，任松江府僧录。他曾主持印制、施放西夏文大藏经。[①]

有的西夏后裔僧人参与了汉文佛经的印刷出版。如禅师李惠月是西夏入元的僧人，曾参与大藏经《普宁藏》的印刷出版发行。[②]

元代后期党项族使用本民族语言的人越来越少，西夏文字也渐次废弃，西夏书籍的印刷也就风光不再，逐渐萎缩。至明代西夏文书籍已是凤毛麟角，但仍有个别西夏文佛经的印刷。北京故宫博物院藏有木刻版西夏文《高王观世音经》一卷。卷首附有版画，系序言所叙故事的分解图画，图后有序，后为经文，最后有西夏文发愿文，其中有刻经时间、人名等。内有"大明朝壬子""五年正月发愿者……"，明代壬子五年有二，一为洪武五年，一为弘治五年。经考证知此序所指壬子五年当是洪武五年（1372）。序言有"令刻者"人名，其中有些是党项人姓，证明当时有的党项人后裔仍保留着原来的姓氏，使用民族文字印经。[③]

（2）西夏的活字本印刷出版

西夏人在汉族的影响下发展了活字印刷出版。在北宋毕昇发明泥活字印刷不久，西夏人就开始使用。目前已发现西夏活字印刷书籍十多种。其中有泥活字印本，如黑水城和武威出土的《维摩诘所说经》，宁夏灵武出土的《大方广佛华严经》卷第五十一、第七十一，《大乘本生心地观经》卷第三等。西夏还开创了木活字印刷。[④] 毕昇曾试验过木活字印刷，但没有完全成功。[⑤] 从西夏木活字印刷书籍来看，当时已达到很高的水平，印刷质量也大大超过泥活字印刷。西夏的木活字印刷比元代王桢的木活字印刷要早一百多年。存世的有黑水城出土的西夏文《三代相照言文集》、《德行集》、《大乘百法明镜集》、《圣大乘守护大千国土经》等[⑥]；宁夏贺兰县拜寺沟方塔废墟中出土的《吉祥皆至口和本续》等九卷[⑦]；敦煌北区洞窟发现的西夏文《地藏菩萨本愿经》、《诸密咒要语》等。黑水城文献中的汉文历书《西

① 史金波：《敦煌莫高窟北区出土西夏文文献初探》，《敦煌研究》2000年第3期。

② 李际宁：《关于"西夏刊汉文版大藏经"》，《文献》2000年第1期。

③ 史金波、白滨：《明代西夏文经卷和石幢初探》，《考古学报》1977年第1期。

④ 史金波、陈育宁主编：《中国藏西夏文献》北京编 · 国家图书馆藏 · 卷一《综述》。

⑤ （宋）沈括：《梦溪笔谈》卷18，技艺 · 板印书籍条。

⑥ 史金波：《现存世界上最早的活字印刷品——西夏活字印本考》，《北京图书馆馆刊》1997年第1期。

⑦ 牛达生：《西夏文佛经〈吉祥遍至口和本续〉的学术价值》，《文物》1994年第9期。

夏光定元年（1211）辛未岁具注历》残页是目前所知最早的汉文活字印刷品。[①] 西夏的活字印刷品是世界上最早的活字印刷实物，表明西夏在活字印刷出版方面，与中原地区衣钵相传，互相影响，做出了突出贡献。

宁夏灵武县出土的西夏文佛经中最多的是木活字本《大方广佛华严经》。这批《华严经》以中国国家图书馆所藏最富，共63卷。[②] 国家图书馆藏此经卷第四十末有西夏文题记两行，译文是："实勾管作选字出力者，盛律美能慧共复愿一切随喜者，皆共成佛道。"[③]"选字"应是拣字、排字，"选字出力者"应是拣排活字的工匠。又日本京都大学所藏此经卷第五有西夏文题记两行，译成汉文是："都发愿令雕碎字勾管为印者都罗慧性，复共一切发愿助随喜者，皆当共成佛道"。"碎字"，即活字。这两条西夏文题记是证实这种《华严经》为活字本的确凿证据。[④] 从这些佛经的文面也可以明显地看出活字印刷的特点。

在西夏文活字版印刷品中还有一种值得特别注意的现象。西夏文泥活字版《维摩诘所说经》卷首的西夏仁宗尊号"奉天显道耀武宣文神谋睿智制义去邪惇睦懿恭"，字体较小，其中有的字上下字有相接或相交叉现象，字左右部的撇捺，特别是右部的捺伸出较长，笔端尖细，这些特点和经文正文的文字风格迥异，具有木雕版的特点。这行字应是被刻在一整块长条木印上，检字排版时，将整条木印置于活字版的适当位置。这种木雕版条在《维摩诘所说经》三卷中都可以使用，其他有仁宗题款的佛经进行活字印刷时也都可以使用。木活字版《大方广佛华严经》的卷首第1行的经名、第2行和第3行的译者和校者题款，上下字之间有相交相插现象，其文字排列、字体与后正文文字显然不同。这三行显然不是单个活字所印。原来此种《大方广佛华严经》有80卷，每卷卷首的经名、译者和校者都相同。印刷者便把这些每卷都不变的字雕制成一块版，排版时整个嵌入版中，等于一次拣排几十个字，然后再将各该卷的数目字以活字排上，使前三行排版十分便捷。这种以字为单位的活字版中加有木雕版，是活字版印刷出版在特殊条件下的灵活运用，是聪明的西夏人对活字印刷出版的一种创新和发展。

3. 金朝的印刷出版

女真族于12世纪迅速崛起，建立金国，灭辽攻宋，称霸北方。金朝也努力吸收汉族文化，尊崇儒学，开科取士，迅速发展了自己的文化事业。金朝又迅速接受了宋朝的印刷技术，大量印刷汉文经、史等书籍，使印刷事业繁荣昌盛。

金朝不仅从印刷技术上继承了宋朝衣钵，还接收了宋朝的印刷工匠。宋高宗南渡时，原宋朝的雕版印刷工匠，一部分随政府南迁，一部分则移往刻书中心平阳（今山西省临汾），这里属金朝。金朝的印刷出版，在辽国、北宋印刷业的基础上迅速发展。金代印书主要以汉

---

① 史金波：《黑水城出土活字版汉文历书考》，《文物》2001年第10期。

② 史金波、王菡等：《国内现存出土西夏文献简明目录》，《国家图书馆学刊》（西夏研究专号）2002年增刊。

③ 史金波、黄润华：《北京图书馆藏西夏文佛经整理记》，《文献》1985年第4期。

④ 西田龙雄：《西夏文华严经》Ⅰ、Ⅱ、Ⅲ，京都大学文学部，1975年、1976年、1977年；张思温：《活字版西夏文〈华严经〉卷十一—卷十五简介》，《文物》1979年第10期；史金波、黄润华：《北京图书馆藏西夏文佛经整理记》，《文献》1985年第4期。

文书籍为主，集中在中都（今北京）、南京（今开封）、宁晋（今河北宁晋）、平阳等地。最发达的地方是平阳府，形成了出版中心，那里印书占金朝刻书的一半以上，政府在这里设立了经籍所，管理民间的出版、印刷和发行业物，出版了很多精美的图书。

据史料记载，金朝早期就已经开始刻书，在金熙宗皇统四年（1144）曾刻印医书《附广肘后方》。[①] 当时金占领汴梁多年，但尚未建立自己的出版机构国子监。

金朝因辽、宋制，于世宗大定十一年（1171），创设女直进士科，设国子监，培养人才。为适应考生学习的需要，精选底本，由国子监雕印出版汉文《九经》注疏、《史记》、《前汉书》、《后汉书》、《三国志》、《晋书》等14史以及《老子》、《荀子》、《扬子》等26种书，“皆自国子监印之，授诸学校。”[②] 还出版了文集、地理书、诗文等。

金朝刻印的世俗书籍还有《东坡奏议》、《重修政和证类本草》、《伤寒直格》、《五经》、《泰和律义篇》、《广韵》、《崇庆新雕改并五音集韵》等。

现存的金代印刷品数量仍以佛经为主。金初，多用《辽藏》印版印刷，后以开封益州版，即《开宝藏》进行印刷。随后很多地方刻印单卷佛经。金朝与辽朝不同，私家刊印出版书籍十分盛行，特别是潞州崔氏女募化集资开雕佛教大藏经，熙宗皇统九年（1149）至世宗大定十三年（1173）历时24年完成，共计7182卷，称为《金藏》，又称《赵城藏》，可见当时佛经印刷的数量和规模之大。经辗转传藏，后入藏国家图书馆，今存4800卷。其印刷水平也很高，特别是各卷扉页的佛教图画，生动有力，代表了当时的雕刻印刷技艺。西夏黑水城出土的《四美图》，有汉字题款“平阳姬家雕印”，证明是金朝平阳刻印的图画，图中人物为中国历史上的四大美女，形象生动，楚楚动人，雕绘技术精良，是金代雕版画的代表性作品。金朝的刻印中心平阳距西夏很近，两国来往密切。黑水城还出土有金朝的杂剧本《刘知远诸宫调》、《六壬课秘诀》以及刻本佛经等多种，表明了金朝出版的多种刻本流传到了西夏。金贞元二年（1154）西夏使臣到金国后“请市儒、释书”。[③] 金朝的刻印出版对西夏的影响是不言而喻的。

金朝更加崇信道教，大规模印制出版道藏经典，所出《大金玄都宝藏》，补雕缺漏，共集6455卷，多次印行。金朝立国120年，其所有道藏经版多至六七副。[④]

金朝建国伊始，并国皇帝完颜阿骨打使命大臣完颜希尹创制女真大字，不久又于天辅三年（1119）创制了女真小字，并设立专门学校，教授女真文字。[⑤] 在金朝境内汉字、女真字、契丹字同时流行。金朝设译经所，以女真字翻译经、史等书。大定四年（1164）“诏以女直字（即女真字）译书籍。大定五年，翰林侍讲学士徒单子温进所译《贞观政要》、《白氏策林》等书。大定六年，复进《史记》、《西汉书》，诏颁行之。”[⑥] 既然“颁行”，当是刻版印刷。金朝自设女真进士科，在女真族中选拔官吏后，又建女真国子学。这些措施促进了

---

① （晋）葛洪：《葛仙翁肘后备急方》，（金）杨用道皇统四年（1144）序。

② 《金史》卷51《选举志》。

③ 《金史》卷60《交聘表》。

④ 李致忠：《历代刻书考述》，巴蜀书社1989年版，第168—169页。

⑤ 《金史》卷77《完颜希尹传》。

⑥ 《金史》卷99《徒单镒传》。

女真文字的使用，也推动了女真文的印刷。后大定二十三年（1183）又译《易经》、《尚书》、《论语》、《孟子》、《老子》、《扬子》、《文中子》、《刘子》以及《新唐书》等。有的女真文译书发行量还较大，如翻译的《孝经》一次就印刷了上千部，“命颁行之”，付点检司，分赐给护卫亲军。① 可惜，这些女真文印刷品都未能流传下来。

女真文文献通行于世一百多年，但留存至今的文献却是屈指可数。这些文献多为碑铭刻石之类。存世的女真文纸质文献有西安碑林出土的女真字书，共11件残页，内容系抄录完颜希尹编撰的《女真字书》，是学习女真文字启蒙读物的练习之作。另有黑水城出土的数纸女真文残页。此外还有明代编的《女真译语》。②

辽、夏、金三国都以武力建国，立国后政府和社会对本民族文化的发展和文字的创制都有迫切需求，作为强大民族政权的主体民族，创制民族文字也是民族自尊、自信的表现。当时三个王朝都在皇帝的倡导下分别创制了民族文字契丹文、西夏文、女真文，并以政府的力量推行使用，在中国北方形成了前所未有的少数民族文字使用热潮。从文字种类、内容、形式和数量上看，都开创了前所未有的新局面。

辽、西夏、金三朝都利用中原地区的印刷出版的技术、经验，发展自己的印刷出版。其中西夏王朝的民族文字书籍的印刷出版最为繁荣，且在发展雕版印刷的同时，还使用、发展活字印刷，开创了少数民族印刷的新阶段。

二 藏文和回鹘文的印刷出版

1. 藏文的印刷出版

公元7世纪藏族赞普松赞干布统一了西藏高原，建立了强大的吐蕃王朝，并采取了一系列重大措施，繁荣经济，发展文化。他努力吸取唐朝的先进文化和生产技术，并派大臣通米桑布扎留学印度，参照梵文创制了一套字母文字，后形成了大量文献。

藏族信仰藏传佛教，藏文文献中以佛经为主。藏族佛教寺庙有严格的学经制度，需要大量藏文佛经。吐蕃时期在藏族地区已有大量经典。20世纪初在莫高窟第16窟发现了藏经洞，即著名的敦煌石室（今编号17窟），内中储藏了大批典籍，除汉文文献外，还有很多少数民族文字文献，其中以藏文文献最多。这些藏文文献都是唐代的写本，并无刻本。过去一直未能发现15世纪以前的藏文印刷品。

（1）西夏时期的藏文印刷出版

西夏王朝与藏族来往密切，并接受了藏传佛教。西夏境内也有很多藏族居住，并使用藏文。西夏发达的印刷事业为藏文佛经的刻印创造了条件。在黑水城文献中发现了多种早期藏文刻本，如《顶髻尊胜佛母陀罗尼功德依经摄略》等，佛经中很多处出现古藏文的反i字，证明其为早期藏文，是12—13世纪初的藏文印刷品。西夏地区的藏文刻本是迄今为止最早

① 《金史》卷8《世宗传八》。

② 金启琮：《陕西碑林发现的女真字文书》，《内蒙古大学学报》1979年第1、2期合刊；乌拉熙春：《西安碑林女真文字书新考》，《碑林集刊》第5辑，陕西人民美术出版社1998年版。

的藏文书籍。[①] 这些刻本雕刊精细，是很成熟的印刷品。

西夏时期的藏文刻本佛经有梵夹装和蝴蝶装两种。梵夹式藏文刻本长宽有多种规格，双面印刷，正面和背面文字朝向相反，四周有栏框，左侧有书名和页码。蝴蝶装是宋朝才开始出现的一种新的装订方法，是册页装订的最早形式。这种方法流传到西夏后，很快被普遍使用。西夏藏文文献的蝴蝶装显然受到汉族和西夏印刷出版的影响。值得注意的是这种藏文蝴蝶装一改汉文、西夏文竖写的形式，适应了藏文的书写传统，创造了蝴蝶装的横写方式。与汉文、西夏文蝴蝶装自右而左成行、自上而下书写、先书写右半面、后书写左半面不同，而是自左而右书写、自上而下成行，更为特殊的是每行写到版心时，不是移到下一行书写，而是越过版心继续书写，也即同一页左右两面的同一行是通读的。这是蝴蝶装在横写的少数民族文字中的灵活运用，是蝴蝶装式的一种创新。而源于印度贝叶装的梵夹装又影响到西夏，使西夏文文献出现了梵夹装。西夏又改变了梵夹装横写的传统，形成竖写西夏文梵夹装，这又是一种民族文化交流中的创新。

形成于西夏时代的藏文雕版文献，发现于西夏故址，却反映着当时当地的藏族文化。作为最早的藏文刻本它们具有藏文早期印刷出版的特点。可见藏族也较早地应用印刷技术出版书籍，与汉文、西夏文、回鹘文刻印文献相映生辉。

（2）元代的藏文印刷出版

元朝设置宣政院，掌管全国佛教事物及吐蕃地区军政，并在藏区分设宣慰使司都元帅府。元朝的大一统局势，有力地推动了藏族地区文化事业的发展。当时西藏能从元大都获得大量纸、墨，使藏文书籍的刻印和流通更加兴盛起来。

据有关典籍记载，13 世纪蔡巴噶举僧人蔡巴・噶德贡布先后七次到内地学习，请来汉族能工巧匠，引进刻版印刷技术，创建刊书房，把刻板印刷技术传入西藏。[②] 这是继西夏时期刻印藏文佛经后，元代较早地刻印藏文书籍的记录，但当时雕印了哪些经典不得而知。

元世祖命达玛巴拉等高僧在大都勘校藏汉文佛教典籍，编制《至元法宝勘同总录》。当时由藏、汉、畏兀儿等民族的学者一道，对藏、汉两种文字的佛经认真核对，校勘异同。校出佛经 5386 卷，至大德十年（1306）才刻板流行。

元代僧录管主八于大德六年（1302）曾印装西番字《乾陀般若白伞》30 余种，经咒十余种。[③] 西番字即藏文。这些佛经都散施西藏等处，流通诵读。但这些印刷品也没有保留下来。

当时除佛经外，也刻印藏文世俗著作。如八思巴的弟子汉僧胡将祖在临洮（今甘肃省临洮县）将《新唐书・吐蕃传》和《资治通鉴・唐纪》译成藏文，由仁钦扎国师于泰定二年（1325）刻版印行。[④] 看来汉族僧人也参与了藏文书籍的翻译出版工作。此印本书籍也未流传下来。

元代在西藏曾刻印史学、文学著作。藏传佛教夏鲁派创始人布顿・仁钦朱著《布顿佛

① 史金波：《早期藏文雕版印刷考》，2004 年中国少数民族科技史年会报告论文。

② 张天锁：《西藏古代科技简史》，西藏人民出版社 1999 年版，第 195 页。

③ 王国维：《两浙古刊本考》，《王静安先生遗书》，第二集。

④ 蔡巴・贡噶多吉著，东噶・洛桑赤列校注，陈庆英、周润年译：《红史》，西藏人民出版社 1988 年版，第 21 页。

教史》，成书于1322年。这是历史上第一部成型的教法史，后以木刻本传世。[①] 萨迦教派的第四代祖师萨班·贡嘎坚赞，所作《萨迦格言》，在西藏文学史上占有重要地位，此书问世后不久有了木刻本。

藏族地区的寺庙中僧人很多，特别是一些大的寺庙中有数千名僧人。寺庙有严格的学经制度，因此需要大量的藏文佛经。未使用雕版印刷以前，藏文典籍主要靠抄写，流传范围受到很大限制。应用雕版技术印刷书籍，目的显然是为了满足书籍大量的需求。藏文的印刷品以佛经为主，这些经书除印经的本寺庙收藏、使用以外，多作为功德赠送其他寺庙。有的寺庙和佛教信徒为了保存和阅读佛经，自己出资给印经院，请印经院印刷提供所需佛经，同时也是一种功德。这是藏文佛经印刷品的一种特殊的流通方式。

（3）明代的藏文印刷出版

明朝藏传佛教继续向内地传播，藏文书籍的刻印也有新的发展。内地大规模印刷藏文佛经成为这一时期的重要特点。藏文大藏经主要是皇室、官府雕印。这些版本多为木刻本，或有铜版印刷。永乐八年（1410）以藏文《蔡巴甘珠尔》写本为底本，在南京付梓刻印，传为铜板印刷，共108帙，每帙都有明成祖所撰《大明皇帝御制藏经赞》和《御制后序》。封题为金字汉、藏文合璧，称为《永乐版藏文大藏经》，是目前保存最早的一部刻印的藏文《大藏经》。[②] 此举有力地推动了藏族地区印刷事业的发展，很多地区纷纷建立印书院，使前藏、后藏、阿里、康区、甘肃、青海、蒙古等地的藏文刻印事业都兴旺起来。[③]

明万历二十二年（1594）在北京刻印藏文大藏经《甘珠尔》，共有108函。万历三十三年（1605），又续刻了《丹珠尔》中的42函经论，称为万历版藏文大藏经。以上二版早已毁损不存，印本也极少流传。云南纳西族也信奉藏传佛教。万历三十六年（1608）由云南丽江纳西族第十九代土司木增赞助，与第六世噶玛巴活佛噶旺·曲吉旺秋共同主持，据其家藏《甘珠尔》写本刻制藏文大藏经《甘珠尔》，至天启元年（1621）历经十四年而完成刻印工作。此版系朱印版，共有108函。这是继南京永乐版藏文《甘珠尔》和北京万历版藏文《甘珠尔》之后的又一种藏文刻印《甘珠尔》。竣工后木增捐赠各地，至今拉萨大昭寺内仍存有当时捐赠的丽江版《甘珠尔》。后来经版存于理塘，称理塘版《藏文大藏经》。版片于清光绪三十四年（1908）毁于兵火。

中国国家图书馆藏有不少明代藏文刻本。如永乐九年（1411）北京刻印的汉藏对照的《圣妙吉祥真实名经》方形木刻本；明万历三十一年（1603）刻印的《七佛如来本愿经》木刻本。

明代也刻印藏文的世俗著作。噶举派僧人桑杰坚赞（1452—1507）于弘治元年（1488）编著纪传体史书《米拉日巴传》。该书对研究11—12世纪西藏社会生活和宗教文化有重要参考价值。[④] 此书很快刻印流行。明宪宗成化十二年（1476）恰译师觉顿蒙珠·仁钦扎西著《丁香帐》，全称《藏语新旧词辩异·丁香帐》。是解读古藏文文献的一部较好的工具书。后

---

① 布顿·仁钦朱著，郭和卿译：《布顿佛教史》，中国藏学出版社1989年版，《雪域文化精要》丛书。

② 佟锦华：《藏族传统文化概述》，中国藏学出版社1990年版。

③ 东主才让：《几种藏文〈大藏经〉版本的比较》，《中国藏学》2000年第1期。

④ 桑杰坚赞著，刘立千译：《米拉日巴传》，四川民族出版社1985年版。

有多种刻本传世。[①] 15 世纪后，藏医南北两派都出现了大批与《四部医典》有关的著作。明万历元年（1573）产生了最早的刻版医书《扎当居悉》（指流传在扎当地区的《四部医典》）。

藏族因明之学在明代有不少成就，编著、出版了很多著作。具有代表性的作者是宗喀巴的弟子贾曹杰。他精进好学，著述很多，刻版流行的有八函，其中有关因明方面的有《集量论详释》、《释量颂能无颠倒显示解脱道论》、《定量论大疏》等多种。最有代表性的是《释量颂能无颠倒显示解脱道论》。该书木刻版共 436 页，870 面。

（4）清代的藏文印刷出版

清代藏、蒙地区大力发展藏传佛教，藏文大藏经多次雕印，使藏文的印刷事业达到高潮。清代藏文大藏经先后有多种版本。

康熙皇帝下令在北京刻印《藏文大藏经丹珠尔》，在北京嵩祝寺刊刻，康熙二十二年（1683）刻竣，称康熙版《藏文大藏经》，亦称北京版《西藏大藏经》。乾隆初年曾做过修订，至雍正二年（1724）续刻了《丹珠尔》。早期印本大部为硃刷，也称赤字版，也有黑字版传世。版片毁于光绪二十六年（1900）八国联军之手。德格版藏文大藏经是清雍正八年（1730）至乾隆二年（1737）在德格县（今属四川省）刻造。经版藏德格寺，堪称善本，国家图书馆藏有德格版大藏经刻本。18 世纪六世达赖喇嘛仓央嘉错命第斯·桑杰嘉错主持在那塘寺印经院雕印大藏经，据那塘古版增入布敦目录典籍刻造，称为那塘新版。最后完成于乾隆七年（1742），国家图书馆藏有那塘版大藏经。卓尼版大藏经于康熙六十年（1721）至乾隆十八年（1753）在甘南藏区东南部甘肃临潭县卓尼寺雕造，现版片已经不存。[②] 此外道光七年（1827）塔尔寺创建印经院，刻印藏文典籍，首先刻印《甘珠尔》称为塔尔寺版。此外还有普拉卡版和库伦版。

除佛教著述外，清代还刻印了其他藏文著作。西藏著名学者夏仲·策仁旺杰（1697—1764）撰写了《颇罗鼐传》，在拉萨刻印。颇罗鼐是 18 世纪前期西藏地方政府中被清政府倚重、手握实权的人物。19 世纪初出版了一部令人瞩目的藏文史学著作《土观宗派源流》，作者土观·罗桑却吉尼玛，成书于 1801 年，翌年刊印。札贡巴·丹巴饶杰作《安多政教史》，亦称《史书之海》，成书于同治四年（1865），以木刻本传世。[③] 五世达赖组织人力参阅了大量医学书籍于 1687 年重新校对、修订，刊印了《四部医典》，1689 年在藏首次发行。此外，扎什伦布寺刻印了《布敦佛教史》木刻本，北京刻印了丁布查布的藏蒙词汇木刻本。

为满足藏文书籍的需要，藏族地区相继出现了若干印经中心，即印经院，其中以德格印经院规模最大。德格印经院除刊印《大藏经》外，还刻印了很多单部佛教经典以及天文、地理、历史、哲学、医学、文学等各方面书籍，多达 4500 余种。德格印经院后多次修缮扩建，是藏区规模最大的印刷中心，出版书籍精良，堪为印刷典范。

---

① 觉顿蒙珠·仁钦扎西：《丁香帐》，民族出版社 1982 年版。

② 蔡伟、冯振杰、李劲：《藏文印刷史上的盛举——卓尼版〈大藏经〉的刊印》，《寻根》2000 年第 6 期。

③ 智观巴·贡却乎丹巴绕吉著，吴均等译：《安多政教史》，甘肃民族出版社 1989 年版。

2. 回鹘文的印刷出版

维吾尔族的先民于唐代建立回鹘王国，后又建立高昌回鹘王国。其地处中西交通要冲，文化发达。回鹘民族原信仰摩尼教，后信仰佛教，早期曾使用突厥文，后被以粟特字母为基础的回鹘文所代替，形成了大量回鹘文文献，其中也包括印刷出版的书籍。

（1）宋代回鹘文的印刷出版

10 世纪中叶敦煌地区已有了雕版印刷场所。敦煌地区与吐鲁番地区地理相近，人员往来密切，雕版印刷技术对高昌王国自然会产生影响。另一与高昌关系密切的近邻西夏在 11 世纪也掌握了雕版印刷术，并印行了大量佛教典籍。许多回鹘僧人参与了西夏的译经活动，西夏的印刷技术也会对回鹘人发生影响。尽管现在还没有更多的文献资料揭示出回鹘雕版印刷的全貌，但可推断当时回鹘已存在雕版印刷业。

在现存的回鹘文刻本中明确为宋代刻印的很少。1980—1981 年在吐鲁番柏孜克里克石窟寺出土一批刻印的佛像残件，根据其内容和其他出土文物分析，应是宋代刊印。大多数回鹘文印刷品是元刻本。

回鹘人还创制了回鹘文活字印刷。1908 年法国伯希在莫高窟北区 181 窟发现了 960 多枚回鹘文木活字，收藏于法国吉美博物馆。后敦煌研究院又先后发现 54 枚回鹘文活字，藏于敦煌研究院。由于回鹘语和汉语属于不同类型的两种语言，汉地活字印刷术不能简单地应用到回鹘文的印刷上。回鹘人在设计活字时，考虑到回鹘文是拼音文字和回鹘语是黏着型语言的性质。具有重要意义的是，回鹘文活字中出现了大量以音素字母为单位的活字，这些回鹘文活字是包含字母活字在内的混合类型活字，开创了字母活字的先河。① 回鹘文活字印刷在印刷史上开创了新的里程碑，为世界印刷术的发展做出了重要贡献。②

（2）元代回鹘文的印刷出版

元代回鹘文的雕版印刷已经有了相当的规模和很高的水平。从内容上看，回鹘文雕版书籍都是佛经，除纯文字的以外，还有很多文图并茂的佛经。这些图像有的是经文中的插图，有的是经首扉画。佛经版画雕刻精细，线条流利，形象逼真，体现了当时的雕版印刷技术已达到高超水平。有一幅已残的佛经卷首扉画，上面印有回鹘王室家族礼佛图，共有 4 7 位人物，下面都标有姓名，其中有元代宰相蒙速思及其妻曲帖伦等。此画现藏德国柏林印度艺术博物馆。

回鹘文刻本书籍的刻印地点，从现有资料看至少有四处。一是高昌王国本地。20 世纪初，德国考察队在新疆吐鲁番胜金口石窟寺遗址、交河故城和高昌故城等地发现了一批木刻雕板和印刷工具。有的印板上雕刻着精细图案的或花纹，刻工十分精巧、细致。这显示当时的高昌王国不但雕版业比较普遍，而且在技术上已有很高造诣。二是甘肃甘州。保存在日本京都的一件回鹘文佛经刻本残片上有回鹘文题跋："愿成就圆满。至正二十一，牛年，三月一日于甘州印制。善哉，善哉。"可知此刻本是1361 年在甘州刊印的。甘州当时是回鹘人的活动中心，回鹘文刻经事业也很发达。三是元大都，即中都。这里是最大的回鹘文佛经刊印

---

① 雅森 · 吾守尔：《敦煌出土回鹘文活字及其在活字印刷术西传中的意义》，《出版史研究》第 3 集，1998 年。

② 史金波、雅森．吾守尔：《西夏和回鹘对活字印刷的重要贡献》，《光明日报》1997 年 8 月 5 日。

地。当时大都有很多回鹘僧人从事佛教活动，其中有一批著名回鹘僧人参与译经工作。回鹘文佛经也被大量刻印并远传至高昌。当时大都的弘法寺是回鹘文佛经刊印中心。20 世纪初德国考察队在吐鲁番发现的一页回鹘文佛经印本残页上，印有如下跋文："我发愿用中都城弘法寺所藏印版印制。"回鹘文佛经刊印本上页码有汉文者，多是内地或北京刊印。四是浙江杭州。元代不少的回鹘人在杭州做官，杭州及其周边地区成为回鹘人的聚居地。宋元时期杭州的雕版印刷业十分发达，许多杭州刊印的宋元善本流传至今。吐鲁番出土一种回鹘文元刻本《佛说天地八阳神咒经》，为经折装，残存 7 面，在"如来说法图"右下有"陈宁刊"三字，此人为浙江海宁人，是元朝至大年间杭州著名刻工，曾刻过《碛砂藏》扉画和《宣和博古图》等书。回鹘文刻本《佛说天地八阳神咒经》应是在杭州刊印后施放到回鹘人聚居的吐鲁番的。[①]

藏文和回鹘文的创制分别借鉴了源于阿拉美文字的粟特文和印度的梵文，印刷出版则学习、继承了中原的先进技术和经验。藏文印刷书籍将中原地区的竖排改为横排，形成贝叶形式的长条书，同时也借鉴、改造宋朝、西夏的蝴蝶装，使之适应藏文印刷。回鹘则发展了活字印刷，开创了带有字母活字印刷，在印刷出版方面都有新的建树。

三　八思巴字和蒙古文的印刷出版

蒙古族兴起于漠北，13 世纪初成吉思汗统一各部，后灭夏亡金，吞并南宋，建立元朝。元朝在统一中国后，也注重文治，推崇儒学，发展教育。在前代印刷繁荣发展的基础上，依据社会的需要，在燕京设立编修所，在平阳设立经籍所，继续开展汉文的雕版印刷，另一方面又创制蒙古文、八思巴字，兴起民族文字的印刷事业。

1. 八思巴字的印刷出版

元世祖忽必烈使国师八思巴以藏文字母为基础创八思巴字，至元六年（1269）作为官方文字正式颁行，用来"译写一切文字"，除拼写蒙古语外，也拼写汉、藏、畏兀等语。现存八思巴字拼写蒙语和汉语的碑铭各有 20 余通，拼写藏、畏兀语的只有少量佛教文献。

为了推行蒙古新字，并使京师和各地学校有足够的教材，元朝翻译了许多八思巴字蒙古语图书。忽必烈下诏推行八思巴字的第二年即至元八年（1271），将《通鉴节要》译成八思巴字，在京师蒙古国子学中作为教材，并"颁行各路，俾肄习之。"[②] 显然这是印本书籍。忽必烈去世后，各代皇帝继续重视八思巴字蒙古语的翻译。武宗时曾翻译、刻印《孝经》。大德十一年（1307）八月："中书左丞孛罗铁木儿以国字译《孝经》进，诏曰'此乃孔子之微言，自王公达于庶民，皆当由是而行。其命中书省刻板模印，诸王而下皆赐之。'"[③]

仁宗至大四年（1311）六月，翻译《贞观政要》："帝览《贞观政要》，谕翰林侍讲阿

① 傅懋勣主编：《中国民族古文字图录》，中国社会科学出版社 1990 年版，第 77、361 页。

② （明）王圻：《续文献通考》卷 50。

③ 《元史》卷 22《武宗本纪》。

林铁木儿曰：'此书有益于国家，其译于国语刊行，俾蒙古、色目人诵习之'。"[①] 二十一年后此书再译，至顺三年（1332），"命奎章阁学士院以国字译《贞观节要》，锓板模印，以赐百官"。[②] 延祐元年（1314），仁宗诏令将《资治通鉴》择要翻译。《大学衍义》也译了二次，仁宗做太子时便读过这部书的蒙译本，到登基后的延祐四年（1317）又下令重译刊印。[③] 这些都是元代刊布的八思巴字的印本书籍。

保存至今的八思巴字刻本不多。传世抄本《蒙古字韵》是八思巴字与汉字的对照字典，原来是否有刻本问世，尚难断定。《事林广记》所收《蒙古字百家姓》为八思巴字、汉字对照。因《事林广记》多次刻印，《蒙古字百家姓》也就有多种版本，比较常见的有元至顺间（1330—1332）、元顺帝至元六年（1340）、明永乐十六年（1418）、日本元禄十二年（1699）等多种刊本。[④]

20世纪初在吐鲁番地区发现刻本八思巴字《萨迦格言》，共4叶，3叶藏于德国，1叶藏于芬兰。近些年在敦煌北区洞窟中也发现一纸残叶。刻本《书史会要》中有八思巴字字母，也应是八思巴字刻本的一种。西夏黑水城出土的文献中也有八思巴字刻本残叶。还有一种蒙古文——八思巴字合璧的刻本佛经《五守护神大乘经·守护大千国土经》，为元代刊本。[⑤]

2. 蒙古文的印刷出版

元太祖成吉思汗时期，就开始在蒙古贵族中传授以回鹘字母书写蒙古语，这种文字称为回鹘式蒙古文，系大臣塔塔统阿首倡。[⑥] 世祖至元元年（1264）"敕选儒士编修国史，译写经书，起馆舍，给俸以赡之"[⑦]。至元五年（1268）"敕从臣秃忽思等录《毛诗》、《孟子》、《论语》。"[⑧] 至元十九年（1282） "刊行蒙古畏吾儿字所书《通鉴》。"[⑨] 文宗天历二年（1329）创立艺文监（后改为崇文监），专门主持蒙文翻译，先后翻译出版了《孝经》、《尚书》、《贞观政要》、《百家姓》、《千字文》、《大学衍义节文》、《帝苑》、《忠经》等书籍。

汉文经书的蒙译本主要用来教学，也用来颁赐王公大臣。[⑩] 有的对本朝的汉文书籍也进行翻译，雕版刊行。泰定元年（1324），"敕译《列圣制诏》及《大元通制》，刊本赐百官。"[⑪]

---

① 《元史》卷24《仁宗本纪》。

② 《元史》卷36《文宗本纪五》。

③ 《元史》卷26《仁宗本纪三》。

④ 照那斯图：《八思巴字和蒙古语文献》，日本东京外国语大学亚非言语文化研究所，1991年。

⑤ 照那斯图、牛汝极：《蒙古文——八思巴字〈五守护神大乘经·守护大千国土经〉元代印本残片考释》，《民族语文》2000年第1期。

⑥ 《元史》卷124《塔塔统阿传》。

⑦ 《元史》卷5《世祖本纪二》。

⑧ 《元史》卷6《世祖本纪三》。

⑨ 《元史》卷12《世祖本纪九》。

⑩ 《元史》卷88《百官志四》。

⑪ 《元史》卷29《泰定帝本纪一》。

用回鹘式蒙古文印刷的典籍多已不存，传世的仅有汉文、蒙古文合璧的《孝经》残本，今藏北京故宫博物院。

元代随着蒙藏关系的发展，在西藏萨迦派喇嘛法光的主持下，由吐蕃、回鹘、蒙古、汉族僧人参与，将大藏经译成蒙古文，并于大德年间（1297—1307）在西藏开雕，印刷流行。至明神宗万历间又有所补译，增入刊印。

元朝政府还组织力量翻译了很多单部经典，如《菩萨修行化生经》、《佛说十二颂》、《大乘庄严宝度经》等。皇庆元年（1312）雕刊蒙古文《入菩提行经论疏》版，在大都白塔寺印制1000册。20世纪初，在吐鲁番出土了残卷12页，现藏于德国柏林。还有开本小巧别致的明永乐九年（1411）北京刻本《圣妙吉祥真实名经》，藏于中国国家图书馆。[①]

明代官修图书的机构主要是翰林院。洪武十五年（1382）翰林院侍讲火原洁、编修马沙亦黑奉敕将蒙文本《蒙古秘史》译成汉文，后收入《永乐大典》中。火原洁等人还编纂《华夷译语》，这是一部用汉文与蒙古文对照的词汇和公文汇集。全书分为“杂字”和“来文”两部分，洪武十五年（1382）刊印，作为蒙汉翻译的课本，提供给学习蒙文的汉族学生使用。洪武本《华夷译语》给明清两代编撰同类图书提供了一个范例，产生了深远影响。[②]

明万历年间太监刘若愚所著的《酌中志》记载了明内廷刻印的所谓“内版”书目，其中有“《华夷译语》一本，八十八叶”、“增定《华夷译语》十一本，一千七百八叶”。书中还记载有“达达字孝经一本，四十二叶”。[③] 可知元代也刊印过蒙古文《孝经》，但系利用元版新印抑或重新刻版则不得而知。

清政府加强了与蒙古族的关系，结为联盟，缔以婚姻，并以兴黄教（属藏传佛教）而安抚众蒙古。这时的蒙古文经过进一步规范、改进，称为近代蒙古文。清代刊印了很多蒙古文书籍。国家图书馆藏清崇德三年（1638）刻本《崇德三年军律》是满族入关前的蒙古文印刷品。

将藏文大藏经《甘珠尔》和《丹珠尔》译成近代蒙古文并刊刻发行是一个巨大工程。以贡噶奥斯尔为代表的数十名学者参加了翻译工作。从康熙二十二年（1683）开始刊刻，至三十九年（1700）竣工。又康熙五十九年（1720）在北京刊印了蒙古文《御制甘珠尔》108函，乾隆十四年（1749）刊印了《御制丹珠尔》223函。蒙古文大藏经又名《如来大藏经》。此外还翻译了不少单部佛经，多译自藏文，其中多为蒙、藏文合璧，或满、汉、蒙、藏文合璧。

除佛经外还有蒙古文史书问世，18世纪中期编成著名的《蒙古源流》，后由武英殿刊印。流行于蒙古族地区的英雄史诗《格斯尔的故事》，蒙古文版本于乾隆五十五年（1790）在北京刊刻。

蒙古文也有坊刻本，多为实用的五经、四书以及《三字经》、《名贤集》等。坊刻本多是满、汉、蒙文合璧或蒙、汉合璧。

---

① 道布：《回鹘式蒙古文献汇编》，民族出版社1982年版。

② 冯蒸：《“华夷译语”调查记》，《文物》1981年第2期。

③ （明）刘若愚：《酌中志》卷18《内板经书记略》。

光绪年间石印技术传入我国后，出现了蒙古文石印本，多为双语或三语的词汇集和教科书，如《成语词林》、《分类汉语入门》、《三合教科书》等。

元代蒙古族掌握全国政权，以藏文字母为基础创制八思巴字，用来“译写一切文字”，除拼写蒙古语外，也拼写汉、藏、畏兀等语。但应用并不广泛。同时在蒙古贵族中传授以回鹘字母书写蒙古语，推广流行，成为回鹘式蒙古文（老蒙文）。后来发展成为新蒙古文，印刷了大量书籍，主要是包括蒙文《大藏经》在内的翻译著作，也有部分世俗著作。

四　彝文和纳西文的印刷出版

1. 彝文的印刷出版

彝族居住在西南一带，有悠久的历史，有灿烂的文化。彝族信仰原始宗教。“毕摩”是彝族传统社会中的知识分子，组织主持各种自然崇拜、祖先崇拜的仪式。彝族很早就创制了民族文字——彝文。彝文文献十分丰富。用彝文书写的古籍数以千卷计，保存了古代彝族从原始社会、奴隶社会到封建社会各历史时期有关哲学、历史、文学、天文、地理、语言、文字、医学、农技、工艺、礼俗、宗教等内容。

在明万历二十年（1592）修建的《水西大渡河建桥记》碑中记载：“木刻竹简，多如柴堆。”这里所指是否指彝族雕版印刷书籍的盛况还难以断定，但彝族在明代已经有木版印刷。在所见到的文献中，彝文的刻本《劝善经》可说是凤毛麟角。

彝文《劝善经》从汉文《太上感应篇》翻译成彝文。译书年代据马学良先生在彝文《劝善经》译注序中说：“考彝文译述本《太上感应篇》产生的时代，似为明代水西罗甸王国时期。”明代《贵州通志》中的《艺文志》中著录有《感应篇》一册，万历乙亥巡抚何起鸣刊，或应即指彝文译述的此书，据此刊印时间推定为万历三年（1575）。[①] 该书共57页，不少页的版心页码以彝文、汉文合璧刻写，又其中第28页补添1页，成为两个28页。在第二个28页的版口折线两侧分别以彝、汉文写“后添”二字，或可证明此书的刻印有彝汉人共同参与。此书20世纪中叶发现于云南省禄劝、武定等县，现国家图书馆、中国社会科学院民族研究所、中央民族大学、云南省楚雄彝族自治州皆有收藏。据说当年收集包括《劝善经》在内的译文经典时，还有若干块刻板，但至今未能查到。

清同治乙丑年（1865）云南彝族地区雕印了宣讲伦理道德的彝文书籍《色尾处莫》，系民间自发刊刻。雕版以上乘红椿木和棠梨木精雕而成，原有40块刻板，现存25块，正反两面都刻有彝文。雕版字体工整，反映了刻制者的匠心，对研究彝族雕版印刷技术有重要价值。

另一部重要彝文书籍《玛牧特依》，可译为《教育经典》，为彝文教科书。此书有雕版印刷本，上半部书刻于清代，下半部刻于民国时期，先后两次才完成全书的雕刻。这是继明

---

① 马学良：《彝文〈劝善经〉译注》序，《彝文〈劝善经〉译注》，中央民族学院出版社1986年版；《贵州通志》，《艺文志》，明万历二十五年（1597）刊本。

代雕印《劝善经》、《色尾处莫》后的又一次雕版印刷彝文书籍。[①]

2. 纳西文的印刷出版

纳西族有悠久的历史，有灿烂的文化。纳西族很早创制、使用的东巴文，是图画记事和表意文字中间发展阶段的象形文字符号系统，至近代仍在使用。纳西族用东巴文书写了大量典籍。纳西族还有一种音节文字是哥巴文，其产生年代晚于东巴文，经书数量也远不及东巴文。[②]

1973 年于云南中甸县白地乡发现东巴文木刻版，无刻写年代和制作人名。板长约 33 厘米，宽 12 厘米、厚 1 厘米。木刻内容为“阮可超荐经是也”，是目前仅有的东巴文经卷夹板木刻，今藏云南省博物馆。

另有东巴文和哥巴文对照字汇刻板。此板制作于 20 世纪初，系云南省丽江长水乡东巴和泗泉制作。今仅存两块雕版，梨木制成。一块两面，为序言；另一块板内容系关于人类、人体的字词。该版具有重要价值，今存云南省丽江纳西族自治县博物馆。

五　满文的出版印刷

满族是女真族的后裔，原活跃在东北地区。首领努尔哈赤于万历十一年（1583）统一各部，创建了八旗制度，势力壮大。后满族入关并统一中国，建立清朝。满族人原信仰多神的萨满教，后也信仰佛教。从努尔哈赤时期就注重发展民族文化，创制满文，推行印刷。

满族早期曾利用蒙古文记录满族语言，但使用很不方便。明万历二十七年（1599），努尔哈赤命额尔德尼和噶盖以蒙古字母为基础，结合女真语，创制了满文。[③] 这种初期的满文，没有圈点，称作老满文，行用时间较短。太宗皇太极于天聪六年（1632）又命达海将老满文在字旁加置圈点，增改满文 12 字头，使满文表达的语音更加准确，形体更加完善，被称作新满文。[④] 满文的创制是满族社会进步、文明发展的标志。

在关外时期就用满文翻译了很多汉籍，太宗天聪三年（1629），“夏四月丙戌朔，设文馆，命巴克什达海及刚林等翻译汉字书籍，库尔缠及吴巴什等记注本朝政事。”[⑤] 达海年三十八卒，“时方译《通鉴》、《六韬》、《孟子》、《三国志》、《大乘经》，皆未竟。”[⑥] 后赐谥文成。此时翻译规模更大，并成立了专门机构，初名为“笔帖赫包”，意为书房，后改名为“笔帖赫衙门”，乾隆年间又改为“文馆”。译成满文的书籍有《素书》、《刑部会典》、《三略》、《万宝全书》等。还有选择地翻译了《四书》、《辽史》、《宋史》、《金史》、《元史》等书。这样在满族人中间掀起了学习文化的热潮。这些早期满文书籍是否刻印，史无明载。

---

① 黄建明：《彝族古籍文献概要》，云南民族出版社 1993 年版，第 52—58 页。

② 和志武：《东巴文和哥巴文》，《中国民族古文字图录》，中国社会科学出版社 1990 年版。

③ 《清太祖武皇帝实录》卷 2、卷 3。

④ 《清史稿》卷 228《额尔德尼、噶盖、达海等传》。

⑤ 《清史稿》卷 2《太祖纪二》。

⑥ 《清史稿》卷 228《额尔德尼、噶盖、达海等传》。

传世的刻本中有汉文《后金檄明万历皇帝文》，约刻于天命三四年（1618、1619）。又有崇德三年（1638）蒙文《军律》刻本。当时作为本民族文字的一些满文书籍很有可能会刻印。史载皇太极“患国人不识汉字，罔知政体，乃命达文成公海翻译《国语》、《四书》及《三国志》各一部，颁赐耆旧，以为临政规范”①。“颁赐”的书应是印本。

随着民族文化的发展，官刻本和民间坊刻本都出现了繁荣的局面。清代官修书由翰林院负责。翰林院内除有大量汉族文人外，还集中了一批满族官员和文人，主要从事满文和满、汉文合璧书籍的编纂。顺治年间满文书籍的刊刻很多，以内府刻本为主。如顺治三年（1646）刊印的《辽史》、《金史》、《元史》和《洪武宝训》，顺治七年（1650）刊印的《三国演义》，后又刊印有《劝学文》、《御制人臣儆心录》、《资政要览》、《劝善要言》等。

康熙十九年（1680）在内务府下设武英殿修书处，使清朝的刻印事业更加繁荣，满文的刻印也随着进一步发展。康熙年间刻印了经书《日讲四书解义》、《日讲书经解义》，辞书《御制清文鉴》、散文汇集《御制古文渊鉴》。当时还有一种包含七种书的“七本头”刊行，其中包含《黄石公素书》、《孝经》、《御制三角形论》等。在当时严禁“淫词小说”的气氛下，还出版了《金瓶梅》。雍正年间也出版了一些满文官刻本，主要是政书《大清律集解附例》等和皇帝言论集《圣谕广训》等。

乾隆时期是满文官刻本的隆盛时期。一方面重新翻译、出刊经书，如五经、四书相继出版，圣训和法律不断补充和修订；另一方面重视对本朝史书的编纂、出版，《平定准噶尔方略》、《平定金川方略》、《宗室王公功绩表传》、《开国方略》等历史书的满文刻本陆续问世。满文工具书也伴随着对满族文化衰落的担心而加紧编辑印刷出版，《御制增订清文鉴》比康熙年间的版本扩增新词目4700多条，又刊出《四体清文鉴》，并编辑《五体清文鉴》。

刊刻《满文大藏经》是推行佛教的重大举措。清康熙年间开始翻译，至乾隆三十八年（1773）时雕版，五十五年（1790）完成。《满文大藏经》以汉文《龙藏》及藏文《甘珠尔经》为底本，共108函，翻译并刊刻了699种佛教经典，共计2466卷，是清代继《四库全书》之后的又一大文化工程。当时共印12部，为朱印本。现北京故宫收藏有76函，另32函存台北故宫博物院。

清朝自嘉庆、道光时期，国力开始下降，满族文化出现逐步弱化的趋势，满文的印刷也随之式微。除继续按惯例刊印前代皇帝的满文《圣训》外，还刻印了满文《理藩院则例》、《回疆则例》等不多的几种书。一些地方官衙也刊印了满文图书，如《清文指要》、《清文总汇》、《钦定辽金元三史国语解》等。在东北满族集中的地区，满语、满文有较多的使用。②

清初就已出现了少数坊刻本，如南京听松楼刻印的《诗经》。康熙朝坊刻本开始繁荣，仅北京就有10家刊印满文的书坊，刊印了《大清全书》等书。后雍正、乾隆时期刊印满文的书坊增多。当时的二酉堂、天绘阁、尊古堂、三槐堂、聚珍堂都是刻印满文书籍的老字号，印过不少实用的书籍。当时书肆出版已有明确的版权意识，在书籍的牌记上标明“翻印必究”的字样，维护自己的版权。③

① （清）昭梿：《啸亭续录》卷一《翻书房》。

② 西清：《黑龙江外记》卷4、卷5、卷6。

③ 史金波、黄润华：《中国民族古籍版本》，江苏古籍出版社2003年版。

清代是少数民族满族建立的全国性统一的封建王朝，少数民族文字的应用和出版得到政府强有力的支撑。特别是统治民族满族创制了自己民族文字满文，用满文（或满文与其他文字合璧）出版了品种繁多、印刷精良的图书。满文文献在现存少数民族文字古籍中数量仅次于藏文文献，但其内容之丰富、装帧之多样、版本之齐全，满文文献应属第一流，可以说到清代满文文献与同期汉文书籍一样已达到十分成熟的地步。

清代自嘉庆、道光以降，国力衰微，内忧外患日益严重，加之满族语言文字向汉文化的趋同，满文官刻图书也逐渐式微，最后变成一种官方的点缀。

中国少数民族文字古籍整理研究中的几个问题*

中国作为一个历史悠久的多民族国家，很多民族在不同历史时期创制并使用了民族文字，形成了种类繁多、数量巨大、内容丰富、特色突出的少数民族文字古籍文献，成为中国古籍具有特色的重要组成部分。这些古籍对推动、发展民族文化起到了重大作用，同时也为光彩夺目的中华民族历史文化宝库增添了重要内容。

近代以来，少数民族文字古籍逐渐引起国内外专家的关注。特别是随着外国“探险队”和传教士对少数民族文字古籍的掠夺，引起国内一些有识之士的警觉和重视，开始搜集和保护这些重要的民族文化遗产。民国时期一些国学巨匠和前辈专家如王国维、罗振玉、陈寅恪、赵元任、季羡林、罗振玉、王静如、方国瑜、傅懋勣、马学良、岑家梧等先生，或搜集文献，或解读文字，或诠释内容，或探索文化，筚路蓝缕，收获粲然。新中国成立以后，实行各民族一律平等的民族政策，少数民族语言、文字备受重视。改革开放以后，1980 年成立中国民族古文字研究会，开始系统认识、全面介绍少数民族文字及其文献。当时第一次将全国各地研究各种少数民族文字古籍的专家们汇集在一起，同时也开始把各少数民族文字及古籍状况汇集在一起。当年又在北京民族文化宫破天荒地举办中国民族古文字展览，用近千件文献、文物、图片向国内外展示琳琅满目的中国少数民族文字及其古籍，国家有关领导、很多专家和广大民众以及外宾都来参观，中国少数民族文字及其古籍引起更大的反响和更多的关注。后来中国民族古文字研究会还编纂了《中国民族古文字图录》，第一次全面介绍了中国民族古文字及相关的 300 多种文献。① 中国民族古文字研究会陆续出版了《中国民族古文字研究》5 集，持续介绍、研究少数民族文字及其古籍。1984 年全国少数民族古籍整理规划领导小组成立，少数民族古籍工作走上了更为有组织、有计划的轨道，整理、出版了大量少数民族古籍。近年来，综合、系统研究少数民族文献的论著不断出版②，介绍、研究某单一文种古籍的著述更是层出不穷。

---

* 原刊于《文献》2010 年第 3 期，第 13—21 页。

① 中国民族古文字研究汇编、傅懋勣主编：《中国民族古文字图录》，中国社会科学出版社 1990 年版。

② 如吴肃民：《中国少数民族古籍概论》，天津古籍出版社 1995 年版；张公瑾主编：《民族古文献概览》，民族出版社 1997 年版；魏忠：《中国的多种民族文字及文献》，民族出版社 2004 年版；史金波、黄润华：《中国历代民族古文字文献探幽》，中华书局 2008 年版。

一 对少数民族文字古籍整理研究要更加重视

少数民族文字古籍是少数民族文明的重要载体，既具有特殊的学术和版本价值，又在保护、整理、研究方面具有特殊困难。

1. 少数民族文字古籍的特殊学术和版本价值

少数民族文字古籍负载着少数民族的历史文化，记录着各民族之间的联系和交往，以及共同发展过程和各民族对祖国的历史贡献。这些往往是汉文文献中所缺乏的资料，是研究少数民族社会历史和各民族关系史的第一手资料，具有特殊的学术价值。这些古籍对正确认识相关民族的历史文化、深刻认识中华民族共同发展的历史，对加强民族团结，维护祖国统一有不可替代的作用。

有些少数民族文字古籍年代久远，如在新疆和田发现了公元2世纪写在桦树皮上的佉卢字《法句经》，出自楼兰的佉卢字帛书也是为2世纪遗物，这是迄今中国最早的少数民族文字文献，可与汉文早期的简牍、帛书古籍相媲美。[①] 又如著名的焉耆—龟兹文剧本《弥勒会见记》，成书于5—6世纪，被称为中国历史上最早的剧本，现藏新疆维吾尔自治区博物馆。[②] 在现存浩如烟海的汉文纸本古籍中，这样早期的文献也只有屈指可数的几种。藏文有8—10世纪吐蕃时期的古籍，回鹘文、西夏文有11—13世纪的古籍，成书年代距今有上千年或近千年。

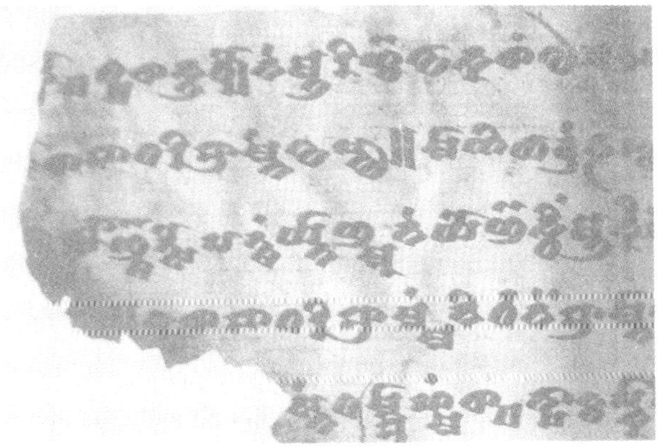

图1 焉耆—龟兹文《弥勒会见记》残页

有些民族文字古籍本身时代较晚，但其内容却反映着一两千年前的文化，如彝文等古籍。如彝文的《宇宙人文论》现存最早是清代抄本，但却记录着远古彝族先民们对宇宙起源、天地形成、人类产生的认识。

---

① 马雍：《古代鄯善、于阗地区佉卢文字资料综考》，《中国民族古文字研究》，中国社会科学出版社1984年版。

② 季羡林：《吐火罗文〈弥勒会见记剧本〉译文》，《语言与翻译》1992年第3期。另一部20世纪初被德国探险队发现的《弥勒会见记》藏于德国。

少数民族文字古籍大大丰富了中国古籍的材质、书写和装帧类型，使中国古籍更加多姿多彩，显示出少数民族文字古籍独具的特殊艺术价值。少数民族古籍很多采用了与汉文古籍不同的材质，除普通纸质外，还使用树皮、兽皮、贝多罗树叶（贝叶）、当地土纸等。少数民族文字古籍有独特的写刻方法，如用竹木等硬笔书写，用金属尖笔在贝叶上刻写等。少数民族文字古籍还创造了特殊的装帧方式，如梵夹装主要用于少数民族文字古籍，还有西夏文竖写梵夹装式，有藏文横写蝴蝶装式等。云南省西双版纳傣族自治州少数民族研究所存有一部傣文贝叶经《羯磨说》，系将傣纸剪裁成贝叶经状，用牛血蒸泡，晾干后刷上若干层树胶，最后用金粉或银粉写成。据说这种制作工艺已失传。

图2 傣文《羯磨说》

2. 少数民族文字古籍保护、整理和研究中存在特殊困难

中国的古籍保护、整理和研究，取得了显著成效，但仍然存在着诸多问题。少数民族文字古籍问题更为严重，更加突出。

在古籍保护方面，主要是少数民族古籍底数严重不清。因为少数民族文字古籍保护基本上是一个新的课题，与汉文古籍相比基础很薄弱。有些少数民族文字古籍保存单位对所藏古籍尚未进行系统整理、鉴定、编目，特别是一些文博、宗教部门古籍普查工作尚未提到议事日程。有些部门虽已做过初步整理，但登录尚待规范，需要从版本学、目录学的角度进行完善。有的古籍虽然保存在图书馆系统，但由于所在馆不熟悉少数民族文字古籍，尚未做应有的整理、编目。少数民族古籍保存分散也是底数不清的重要原因，特别是不少古籍保存在民间，调查、编目更为困难。如果进行全面普查工作量将相当大。

此外，少数民族文字古籍老化、破损十分严重。与大部分汉文古籍长期保存在条件较好的图书馆不同，少数民族文字古籍保存粗放，条件恶劣。近代出土的北方民族文字古籍，千百年来长期埋藏在地下，出土时大多有不同程度的残损，残本、残卷、残叶较多，出土后有的保存条件差，残损愈甚。南方民族文字古籍很多自民间采集，原来多存放在村寨民居，室内潮湿，烟气侵蚀，加之虫咬鼠啮，往往变质损坏。少数民族古籍材质的特殊性，更增加了保护和修复的难度。除纸质外，少数民族古籍有贝叶、皮革、树皮等质料，修复很难；即便是纸张，往往因其是当地土纸，修复也颇不易。与汉文书籍修复工作比较，少数民族文字古籍更缺乏修复人才和经验。

少数民族文字古籍保存分散、系统繁杂也增加了保护的困难。少数民族与汉族比较，人口相对较少，而所居住地域广阔，加之过去图书缺乏向图书馆系统集中的过程，保存相当分散。从保存单位看，图书馆系统保存的少数民族文字出土古籍不一定是多数，很多保存在文博系统的各级博物馆、文物考古研究所、文物保管所，不少搜集的古籍保存在各级古籍领导小组及其办公室、档案馆，学校、寺院也是保存古籍相对集中的单位，个人收藏的也不在少数。

最后、少数民族文字古籍流失十分严重。清末以来，大批古籍流失海外。因很多少数民族地处边疆，古籍流失首当其冲。如佉卢字文献除新中国成立后出土的200件木牍等文书外，其他800多件文献多藏于英、美法、印度、俄罗斯、瑞典、日本等国。西夏文文献俄罗斯掠走8000余编号，数千卷册，而国内仅存不足200卷册。近些年因文物、古籍走私猖獗，又有不少古籍非法流失国外，值得高度重视。

从古籍整理和研究方面看，少数民族文字古籍问题更多。过去对少数民族文字古籍整理、研究基础十分薄弱，多处于初步整理资料、大致介绍内容的初步阶段，系统、规范地整理古籍，科学、深入地研究古籍，发掘其中的文化内涵和特质还很不够。更为突出的是缺乏专业人才。要深入了解某一种文字的少数民族文字古籍、某一部少数民族文字古籍，首先要熟悉该种文字，不仅要熟悉字母、拼音法则或单个文字，还要了解其语法，达到可译释的水平。此外还应熟悉该民族的历史、社会、文化，以便真正了解古籍的内容及其学术价值；还应具备版本学的知识，以便从版本学的角度鉴定古籍的真伪、价值和版本。具备上述既掌握民族文字、熟悉社会历史，又了解版本的专家非常缺乏。有的文种，特别是死文字，目前很少有人熟悉，有的甚至无人懂得。有的文字和文献虽然我国有专家研究，但还达不到国际水准，有的研究成果尚未被国内学界认知。有的文种文献丰富，虽有专业人员队伍，但与文献存量相比，则凸显人才不足。大力培养民族文字整理、研究专业人才已成当务之急。

近些年不少少数民族地区对少数民族文字古籍整理出版加大了力度，如云南丽江出版纳西东巴文古籍、楚雄州出版彝文古籍都是上百部的系列丛书。但仍有不少地区民族古籍出版仍然很困难，需要予以支持。

二 继续下大力气普查、搜集少数民族文字古籍

自2007年以来，在全国范围开展了古籍保护工作，成立了全国古籍保护中心，各省市自治区也先后挂牌成立了古籍保护中心。在这种形势下少数民族文字古籍保护也进入了一个新的阶段。其中一个重要任务是古籍普查，少数民族文字古籍普查任务更为艰巨。

中国少数民族文字古籍文字种类多样，创制、使用时间不一，文献存量各异。其中有的

早已停止使用，文献多是近代考古出土或发现，如佉卢字、焉耆—龟兹文、粟特文、于阗文、突厥文、回鹘文、契丹文、西夏文、女真文、八思巴字古籍，因其年代久远、存量甚少、价值很高，多为珍贵古籍。一些民族文字创制、使用时间较早，并行用至今，如藏文、蒙古文等。其早期古籍年代久远，存量相对较少，后期存量丰富。一些民族文字虽创制、使用时间较早，如彝文、傣文、纳西文、尔苏沙巴文、水书、仡佬文、察合台文等，但未见早期古籍；一些少数民族文字创制、使用时间较晚，如满文等，但也不乏珍品。一些少数民族文字系借用或改制汉字而成的方块字，多数典籍缺乏或难以断定文献形成时间，如古白文、古壮文、老布依文、老侗文、老瑶文、老苗文等。还有两种或两种以上文字合璧的古籍为多文种古籍，包括汉文和少数民族文字合璧的古籍，也包括多种少数民族文字合璧的古籍。

少数民族文字古籍除现存于各有关单位者需要有步骤地按要求逐步进行普查外，在民间仍有很大存量，发现新古籍的空间广阔。近年云南民族大学的《云南少数民族古籍文献调查与研究》课题，对云南文山州、红河州、西双版纳州、临沧市、德宏州、丽江市、昆明地区几十个村寨保存的傣文、彝文、纳西文、傜文、普米族用藏文等古籍进行调查，发现了数以千计的少数民族文字古籍。其中一个傣族村寨寺庙就保存近200种傣文古籍，有的个人保存60多种古籍。在调查的彝文古籍中有不止一种清代乾隆时期的写本。可见，整个云南省，乃至整个少数民族地区会有多少民族文字古仍然散落在民间。特别值得强调的是很多古籍在民间保存条件不好，古籍的搜集带有抢救性质，少数民族文字古籍的普查、搜集宜早不宜晚。

近两年来调查以前未知的少数民族文字古籍有了新的进展，取得了新的突破。中国作为一个多民族国家，现有56个民族，历史上的民族更多。到目前为止，已知历史上曾使用过约30种古文字，但这个统计可能并不完全。中国少数民族文字及其古籍研究是一门新兴的学科，可能还会有新的文种及其古籍发现。过去有的民族一直认为没有文字，当然也不会有古籍。近些年不明文种文字不断发现。前几年有专家在湖北土家族地区发现一种方块字文献，不同的字约1500个，当地称为“陈书”。其文字利用汉字笔画，但并未用汉字偏旁部首，是一种尚未解读的文字，很可能是少数民族文字。

四川省乐山地区发现有以简单图画和符号类型的文字文献。贵州省北部仡佬族地区先后搜集到两种相同文字的文献《九天大濮史录》和《濮祖经》。今年春夏两次到北京组织专家进行鉴定，与会专家对文献进行仔细考察、分析，认为这种文字是成熟的表意文字，与汉字有一定渊源，所记录的内容反映了仡佬族的历史文化，是有重要价值的仡佬文古籍。重庆东南部地区发现的书籍，其文字很有特点，与汉字关系很大，很可能是原来记录土家族语言的一种文字，有待进一步研究。

这些情况使我们感到很振奋，可能意味着一些过去认为没有文字的民族曾经使用过文字，少数民族文字古籍可能要增加新的品类，对一些少数民族历史文化要重新认识。有的图书馆、博物馆也藏有一些不明文字的文献、拓本等。在普查、搜集少数民族文字古籍过程中，一定要抱着实事求是的科学、慎重态度。对新发现的少数民族文字古籍或暂时不能识别古籍，不能采取漠视的态度，更不能采取轻易否定的态度，而是要细心调查，认真研究，暂时不清楚的问题应邀请专家，集思广益，博采众长，得出科学结论。另外，也不能采取轻率的态度，或匆忙结论，或拔高炒作。对古籍的内容、版本一定要仔细鉴别，据实认定，不可

图3 陈书

图4 仡佬文《濮祖经》

人为渲染。经研究目前仍不能确定其文种，也难以估量其价值的，应先行妥善保护。

近些年贵州省水族比较集中的三都水族自治县和荔波县在搜集水书古籍方面取得了令人瞩目的成绩，搜集到的水书古籍数以万计。其中在荔波县水各村乡发现一部水书，布面，线装，上下有单栏，有的页面有版心，并有上下双鱼尾，墨色深厚，书写工整。有的专家认为

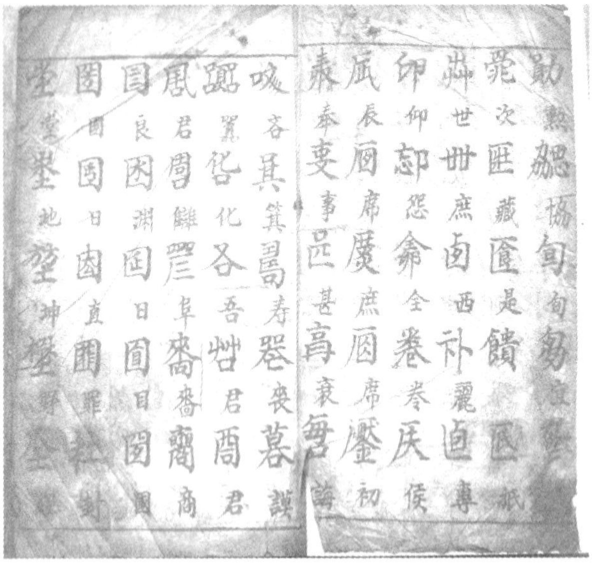

图5 土家族地区古籍

是明弘治年间的水书木刻本，并多次公开报道。仔细查阅此书后发现各页版心或有或无，笔画虽极力模仿刻本，但手写痕迹明显，因此认为它不是刻本，而是用硬笔书写得比较规整的抄本。

三 做好少数民族古籍的定级保护工作

少数民族文字古籍数量庞大，各保存单位多未进行定级保护，因此对少数民族文字古籍进行定级保护是一个新的课题。对古籍只有分类定级后才能依据不同的类型、级别进行科学的分类管理和保护，对那些历史、学术、艺术价值特别珍贵者，给予特殊条件，实行更加严格的管理和保护措施，使之存留久远。明确古籍等级后，才能对那些有特别重要价值的古籍优先抢救、优先保护、优先修复。特别是在人力、财力皆显拮据的少数民族文字古籍保存单位，这点更加重要。保护古籍的目的是实现古籍的价值，科学、合理地利用古籍，使古籍焕发出其文化魅力，为社会做出新的贡献。在利用古籍的过程中，首先要求对古籍科学定级，对那些更为重要的古籍优先进行整理、研究，以满足学术界、社会上不同专业的实际需要。这期间仍要把古籍保护放到第一位，使古籍保护和利用相辅相成，互相协调。少数民族文字古籍甄别、定级难度大，不确定因素多，对少数民族文字古籍定级提出以下几点意见。

1. 加强少数民族文字古籍版本考察

过去对少数民族文字古籍的了解偏重于内容，在今后开展的定级工作中，对少数民族文字古籍要全面考察，除注重古籍内容、学术价值外，还应加强对古籍版本的考察和注录。古籍的年代是确定其历史价值的重要尺度。汉文古籍有标注年款、版本状况的传统，很多典籍传承有序，便于确定其时代。加之历代对汉文古籍不断著录，各时代典籍底数较为清晰。历代文人对文献研究考证较多，不断总结各时代，各种类型书籍的特征，因此即便没有明确时代标注的古籍，往往也能据成熟的经验确定其版本时代。古籍的版本包括：时代（编写时代、成书时代）、作者（编者、译者、校者）、序言、跋、批校、题款、牌记、钤印、版式、装帧、存卷等。少数民族文字古籍写本较多，很多没有标示出成书或抄写年代。比如纳西东巴文上万册古籍中有具体年款的仅有 80 多册，可谓凤毛麟角。[①] 不能确定成书时代的古籍可从书籍内容、传承情况、纸张年代、文字特点等方面综合考察，并与同类有时代标志的文献相比照，确定其大致时代。如仍难以确定，则暂时搁置。序言、跋、批校、题款、牌记、钤印等往往记录着古籍成书背景、作者情况、写刻年代、名人批校、流传过程、藏书状况等，这些也联系着甚至决定着该古籍的优劣价值。

少数民族文字古籍除文种多样以外，形制也纷繁复杂。不仅材质范围超过汉文古籍，版本装帧形式也种类繁多，除卷装、蝴蝶装、经折装、缝绘装、线装、梵夹装外，还有难以用传统的版本学术语描述的装帧形式，除上述藏文横写的蝴蝶装、西夏文竖写的梵夹装外，还有于阗文横写的经折装、傣文横写上部线订装等。察合台文文献的装帧形式现在申报材料中都写“线装”，其实这类古籍和传统古籍的线装形式很不相同，那是从中亚地区借鉴流传过来的一种类似西装书的形式，不少以牛羊皮做封面。

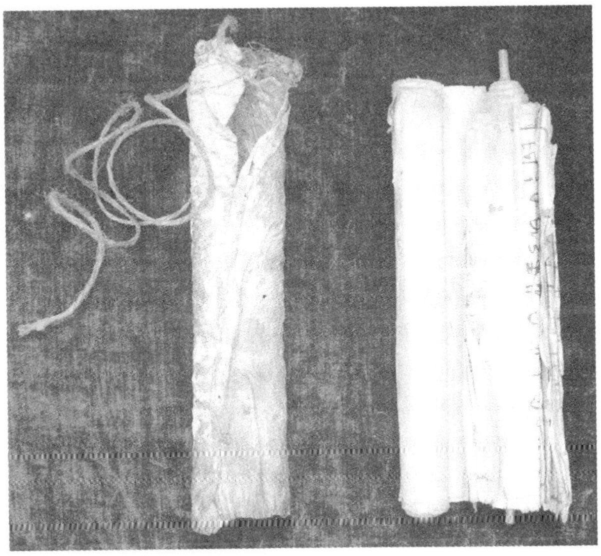

图 6　用羊皮包裹的彝文文献

既了解了古籍的内容，又了解了古籍的版本，才能说是全面了解了这部古籍。少数民族文字古籍不计流失国外的，仅存于国内的约不下数十万卷册，这样庞大数量的多文种古籍分定等级，显然是一件耗时、耗力的艰巨任务。目前十分缺乏熟悉少数民族文字古籍版本的专家，需要定级的古籍数量与能参加定级的专家不成比例。

① 赵世江：《关于东巴古籍定级的若干问题》，《民族图书馆学研究》（四），辽宁民族出版社 2008 年版。

2. 对古籍所具有的历史文物性、学术资料性和艺术代表性价值进行综合考察

在古籍定级时历史文物价值侧重以版本产生的时代为衡量尺度，有时古籍产生时代不明或产生时代较晚，但其学术价值和艺术价值很高，则亦可定为较高级别。如国家图书馆和云南省丽江市东巴文化研究院所藏纳西文的《东巴舞谱》，内容十分重要，版本十分精美、古朴、稀见。又如前述傣文《羯磨说》用特殊工艺制成，其版本已为孤品。中国佛教图书文物馆藏拉萨版《甘珠尔》，刻印于1920年至1934年，虽时代较晚，但是当时地方政府组织编纂的巨帙原本，其内容、装帧形式均为传统古籍，具有代表性。这些皆应定为较高级别。这也符合定级中的不唯时限原则。南方一些民族地区对典籍有抄新焚旧的习俗，使较早的古籍难以传承。如彝文《宇宙人文论》是早期彝文著作，记述了彝族先民对宇宙、人类起源以及万物产生和发展变化的认识，具有特别重要的学术价值，其传世版本仅存1939年抄本，时代晚近，但它是目前所知唯一传本，著名学者马学良教授认为它“是一部珍贵的彝文历史文献”,① 也应考虑定为较高级别。但这类文献定级要认真掌握，从严勿滥。

3. 少数民族文字古籍残本、残叶问题的处理

根据历史、学术和艺术的三性原则，定为较高级别的古籍一般应是完本或比较完整的版本。但有一部分少数民族文字古籍自地下出土，特别是北方少数民族地区，过去使用文字较早，古籍早年埋藏于地下或封存于建筑遗址内，因年深日久，出土时残本、残叶较多。这样的残本自然会降低其艺术价值，影响其定级。但有些残本时代很早，内容重要，并有其特殊价值，也可考虑定为较高级别。如新疆博物馆藏焉耆文《弥勒会见记》剧本，是一部残本，仅存44叶（88面），且被火烧过，残缺严重，甚至没有一页、没有一行完整，但它成书于5—6世纪，年代久远，是国内外所存焉耆—龟兹文中最长的文献。又如甘肃省武威市博物馆藏西夏文《德王圣妙吉祥之胜慧盛用总持》，仅存4叶写本，但其中有经名、西夏仁宗施经题款，又有西夏天盛己巳元年（1149）款识，为海内外孤本。

4. 重视多文种合璧古籍

两种或两种以上文字合璧的古籍为多文种古籍，包括汉文和少数民族文字合璧的古籍，也包括多种少数民族文字合璧的古籍。多文种合璧古籍鲜明地反映出中国多民族国家的历史，凸显出历史上各民族之间的密切联系和交流。这种古籍是少数民族文字古籍的一大特点，为中国古籍增色不少。现存的多文种合璧古籍也显示出多样性，如其中有龟兹语—回鹘语对照字书，时代为3—9世纪；12世纪的西夏文—汉文双解四项词语集《番汉合时掌中珠》，应是世界上最早的双语对照双解词语书籍；明清时期编辑成系统的《译语》，使多文种合璧古籍有了新的发展；清代合璧古籍涵括文种更多，有汉文、回鹘式蒙古文汉文合璧刻本《孝经》，满文、汉文合璧《三国志》，蒙文、汉文、藏文、满文等多文种文刻本《普济杂方》，满文、汉文、蒙古文、藏文四种文字合编的《四体合璧清文鉴》，有满文、蒙古文、汉文、藏文、维吾尔文《五体清文鉴》，《西域同文志》则包括了六体文字，除上述五种外

① 罗国义、陈英译，马学良审订：《宇宙人文论》，民族出版社1984年版。

还有托忒蒙文。对多文种合璧古籍仅有一种少数民族文字和汉文的，一般可列入该种少数民族文字内定级，对两种少数民族文字古籍或三种文字以上的古籍可单独设“多文种古籍”一项定级。

5. 其他

少数民族使用梵文、波斯文、阿拉伯文、叙利亚文等印制、书写的古籍，或成书于国外，但已被境内民族视为本民族文化遗产的古籍，亦应视为中国古籍，予以定级保护。在已批准公布的第二批《国家珍贵古籍名录》中，除第一部分《汉文珍贵古籍名录》、第二部分《少数民族文字珍贵古籍名录》外，特立第三部分《其他文字珍贵古籍名录》，收入青海省循化撒拉族自治县街子清真藏13世纪写本《古兰经》一部。

少数民族文字古籍定级是一件新的工作，定级的难题也是研究的课题。现在从事少数民族古籍研究的专家们也需要在接触、阅览更多的古籍过程中，在定级的实践中不断得到充实、提高，摸索、总结出规律性的认识，逐步创立少数民族文字古籍的版本学。

少数民族古籍定级难度很大，既要采取积极的态度，抓紧进行，保持一定的工作进度，但又不可操之过急，影响定级质量。加强少数民族文字古籍的鉴定与研究，认真做好少数民族文字古籍定级和保护工作。

四　发掘少数民族文字古籍的文化价值

古籍的搜集、整理和保护的目的都是为了更好地利用。近年来搜集、整理、出版少数民族文字古籍进展比较快。保存文献较多的藏文、蒙古文、满文等古籍，整理出版了很多有价值的文献。西南地区的纳西文、彝文、水文等古籍的搜集、整理和出版成绩显著，令人瞩目。过去的一些古籍较多的死文字，如西夏文文献，无论流失海外的，还是保存在国内的都已大部分出版。在这种有利形势下研究工作应适时跟进。

我们说一部古籍很珍贵，价值高，其根据来自对它深入的个案研究。一部少数民族文字古籍记录着什么样的重要内容？对该民族的社会历史，对政治、经济、文化的揭示和研究起到什么样的作用？它有哪些特殊或独到的价值？这些都需要科学、缜密地研究。这种研究不仅需要对少数民族文字十分熟悉，还需要有与古籍内容相应的专业知识，这是一件难度很大又必须做好的工作。学术界期待着一批有分量的研究少数民族古籍个案的论文和专著。这种研究不仅能推动古籍本身的研究，也为少数民族文字文献学和少数民族古籍版本学的建立夯实基础。

不少少数民族文字古籍已经专家深入研究，证明确有重要学术价值。比如：

出土于敦煌藏经洞的藏文古籍，除大量佛经外，还包括敦煌本吐蕃历史文书，其中有大事纪年、赞普传记、小邦邦伯家臣及赞普世系。这些历史文献对研究8—10世纪吐蕃历史和社会有重大价值。经国内外专家多年研究，不断深入开掘其中内涵，这些重要藏文古籍显现出揭示藏族历史文化的重要作用。[①]

① 王尧、陈践译注：《敦煌古藏文文献探索集》，上海古籍出版社2008年版。

国家图书馆藏西夏文佛经《过去庄严劫千佛名经》，其卷末附有一篇元朝皇庆元年（1312）刻印的长篇发愿文。经翻译、研究得知，其中记录佛教在西夏流布和译经的情况。这些资料成为西夏佛教史的重要基础，是其他汉文、西夏文资料中所无。①

达日玛·固什著作的蒙古文《金轮千辐》，又名《黄金家族世袭谱》，记述成吉思汗及其诸弟后裔王公系谱为主，兼及卫拉特蒙古首领的系谱，比较全面地记载了蒙古历史，有许多重要的史料是汉文文献及现所知的蒙古文文献所不载，尤其是元末至清初的蒙古历史及蒙古与西藏关系史方面的资料更为稀缺，是18世纪蒙古族的代表性历史文献。

《满文老档》是清代皇太极时期以满文撰写的官修史书，记载了清早期的历史，包括满族首领努尔哈赤和他的继承人皇太极在东北广大地区统一女真各部，建立八旗兵制和后金政权等一系列活动，进而与明王朝相抗衡，入扰京师周围各城镇屯堡的史事。其中很多重要资料是汉文文献所缺乏，至为珍贵，已全部译成汉文出版。②

彝文《指路经》属宗教类文献。彝族宗教认为，人死后其灵魂要回到祖先的原居地，因此要请毕摩给死者的灵魂念《指路经》，指引亡魂回归故乡之路。《指路经》指示死者所属彝族的迁徙路线。不同彝族地区的人们有不同的送魂路线，因为他们的迁徙路线不同，但各地《指路经》的终点都在同一地点——兹兹普乌（在今云南省昭通地区）。经几代专家研究，依据不同地区的《指路经》可以勾画出彝族各部分的总发源地和分别迁徙路线。③

以上所举数例，仅是浩如烟海的少数民族文字古籍的几个亮点。少数民族文字古籍的深入研究将会使我们大开眼界，了解很多新的知识，认识少数民族的历史文化和对中华民族的历史贡献。

① 史金波：《西夏文〈过去庄严劫千佛名经〉发愿文译证》，《世界宗教研究》1981年第1期。

② 中国第一历史档案馆、中国社会科学院历史研究所译注：《满文老档》，中华书局1990年版。

③ 云南省少数民族古籍整理出版规划办公室编：《指路经》（第一集），云南民族出版社1998年版；果吉·宁哈、岭福祥主编：《彝文〈指路经〉译集》，中央民族学院出版社1993年版。

少数民族文字古籍与国学*

目前，国学已经成为中国社会特别是学术界的热门话题。重视国学，振兴国学，是继承和弘扬中华民族优秀传统文化的自觉表现，值得大力提倡。关于国学的定义至今并没有完全一致的意见，但多数学者用以指称中国传统学术文化。

在对国学的热议中，关于国学研究范围的讨论是重点之一，如国学与儒学的关系，国学与传统学科分类的经、史、子、集的关系等，但鲜见论及国学与少数民族文化，特别是与少数民族文字古籍之关系者。笔者认为少数民族文字古籍与国学关系密切，少数民族文字古籍是国学资料的重要组成部分，也是国学的重要研究对象，应给予足够的重视。

中国是一个统一的多民族国家。自古以来，各民族分别形成和发展了各自的民族文化，同时也丰富、铸就了共同的中华民族文化。不少民族在不同的历史时期创制、使用了本民族文字，对各民族文化发展起了重大的推动作用，同时也丰富了光彩夺目的中华民族历史文化宝库。现在行用（包括试行）的中国少数民族文字有蒙古文、藏文、维吾尔文、哈萨克文、朝鲜文、傣文、锡伯文、壮文、苗文、彝文、布依文、侗文、哈尼文、傈僳文、佤文、拉祜文、纳西文、景颇文等。此外还有在历史上创制、使用，但后来不再使用或基本上不再使用的少数民族文字，如佉卢字母、焉耆—龟兹文、于阗文、古突厥文、回鹘文、契丹文、女真文、西夏文、回鹘式蒙古文、八思巴字、察合台文、东巴文、哥巴文、古壮字、方块白文、尔苏沙巴文、满文等。同时形成了种类多样、数量巨大、内容丰富多彩的民族古籍文献。这些少数民族文字及其文献对该民族的文化发展产生了深刻影响，在加强和完善社会交际、传播知识和各民族文化交流方面都起到了重要作用，同时丰富和发展了中华民族文化，成为中华民族传统优秀文化的重要组成部分。

过去论及中国古文字，一般只会提到甲骨文、钟鼎文、大小篆字等。其实这仅是中国古文字的一部分，是属于汉字系统的古文字。过去论及中国的古籍，多会提到从先秦至明清历朝的汉文印本、写本，乃至更早的甲骨、简牍、帛书，然而这也仅是中国古籍的一部分，是汉文系统的古籍。实际上，中国的古籍既包括汉文文献，也包括少数民族文字文献。这样才能算全面地认识了中国的文献，也才能算全面地认识了中华民族文化。现在在讨论概括中国传统学术文化的国学问题时，理应认真研究少数民族文字及其文献与国学的关系。

---

* 原刊于《国学研究》第25卷，北京大学出版社2010年版，第1—44页。

一 少数民族与国学

在中国，汉族多居住于中原和东部一带，少数民族多居住在北部、西部地区，也有很多地区是两种或多种民族杂居一起。历史上少数民族有的在中央政府直接行政管理之下，有的在中央政府羁縻管理之下，有的则形成自己的政权，与中原王朝分地而治，有的则成为统一多民族国家的统治者。无论是何种形式，少数民族与中原地区交流不断，少数民族文化与中原地区以汉族为主的文化产生了千丝万缕的联系。由于中原地区文化发展水平很高，少数民族更多地借鉴中原地区的文化成果，来充实、发展本民族、本地区的文化。当然中原地区也吸收少数民族文化，使之更加多样、丰厚。少数民族与国学的关系，突出表现在以下几个方面：

1. 引进中原典籍

自古以来，很多少数民族和少数民族地区引进中原地区的汉文典籍，这些典籍传播了中原地区的先进文化。

唐代吐蕃王朝的赞普松赞干布十分注重文化事业，重视与当时有先进文化的唐朝的友好往来。他先后两次派遣大臣赴唐朝请婚，迎娶了唐太宗李世民的宗女文成公主。文成公主入藏时，唐朝皇帝赐予很多物品，其中有大量书籍，如儒学经书、佛教经典、占卜书、营造与工技书、医书等。这些典籍对发展吐蕃的经济、文化起了积极作用。松赞干布还从唐朝引入纸、墨等生产技术，派遣贵族子弟到首都长安（今陕西省西安市）学习诗书，聘请汉族文人入吐蕃代写表疏，与唐朝在政治、经济、文化等方面保持了十分密切而友好的关系。[①] 8世纪初，吐蕃赞普赤德祖赞也派遣官员到长安请婚，唐朝以金城公主赐婚。金城公主入蕃时又携带大量物品和人员，其中也有多种书籍。金城公主入蕃后于开元十九年（731）向唐朝求得《毛诗》、《春秋》、《礼记》等汉文典籍，唐朝如请赐予，对吐蕃文化的发展起到积极影响。[②] 这两次联姻进一步加强了唐朝与吐蕃在政治上的亲密关系，也促进了藏族文化的发展和汉、藏文化的交流。

契丹族建立的辽朝出版了大量汉文书籍。清宁元年（1055）刊印汉文五经，咸雍十年（1074）十月又颁行《史记》、《汉书》等。[③] 此外，还印刷有蒙书、医书。辽代崇佛，对佛经进行大规模的校勘、编纂和刊印，约在辽兴宗（1031—1054）时开雕著名的汉文大藏经《契丹藏》，也称《辽藏》。它在宋《开宝藏》天禧修订本的基础上增收了当时流传于北方的特有经论译本，历时30余年刻成。现存于北京西郊大觉寺内辽咸雍四年（1068）燕京天王寺志延所撰《阳台山清水院创造藏经记》记载，这部藏经共579帙。此外，辽代还在北

---

① 《旧唐书》卷196《吐蕃传上》，中华书局1975年版，第5221—5222页。（以下引二十四史、《资治通鉴》、《续资治通鉴长编》皆中华书局校点本）。《资治通鉴》卷196，贞观十五年（641）正月甲戌条，第6164页。

② 《旧唐书》卷196《吐蕃传上》，中华书局1975年版，第5226—5227页。《资治通鉴》卷213，开元十九年（731年）正月辛未条，第6794页。

③ 《辽史》卷22《道宗本纪》，第276页。

京城西南的云居寺继隋、唐之后，大规模续刻石经。

西夏是以党项族为主体建立的封建王朝，也重视汉族文化的吸收。第一代皇帝元昊本人通汉文字，在强调本民族特点的同时，接纳汉族文士，大力吸收汉族文化。第二代皇帝毅宗对中原文化更是情有独钟，䄄都五年（1061）向宋朝求儒家书籍：

> 毅宗……表求太宗御制诗章隶书石本，且进马五十匹，求九经、《唐史》、《册府元龟》及宋正至朝贺仪，诏赐《九经》，还所献马。[①]

在宋代“九经”包括《易经》、《书经》、《诗经》、《左传》、《礼记》、《周礼》、《孝经》、《论语》、《孟子》。西夏早期就向宋朝求索《九经》等儒家经典，说明西夏统治者意在境内张扬儒学。而作为有深厚儒学传统、以儒学治国的中原王朝也乐得赐予，这既是友好往来，又可对“外蕃”宣扬教化。西夏自宋天圣八年十二月（1031）至宋熙宁五年十二月（1073）前后40多年间先后六次向宋朝求赐汉文大藏经。当时宋朝已刊印了大藏经《开宝藏》，共480帙，5048卷。对西夏这样大量的汉文佛教典籍求赐，宋朝每次都满足要求。[②]

女真族建立的金朝对汉文典籍也十分重视。早在金太祖天辅五年（1121），阿骨打便下令“若克中原，所得礼乐图书文籍，并先次津发赴阙”。[③] 天会四年（1126）攻下北宋首都开封，将北宋国子监所藏图书、书版尽数劫走。金朝中央政府直接刻印图书。天德三年（1115）设国子监，除培养士子外，还负责出版教学用儒家经典，如九经、十四史，以及《老子》、《荀子》、《扬子》等书。

金朝对汉文化的仰慕与追求自王室至百姓皆成风尚。女真统治者拜俘虏中的汉族官吏和知识分子为师，聘为高官，请其为金朝制定法令制度。甚至扣留宋朝使臣，请其授予汉族文化。《宋人佚事汇编》载洪皓出使金国被扣十余年，辞不就官，传授文化，为金人所敬：

> 皓留金时，以教授自给。无纸则取桦叶写《论语》、《大学》、《中庸》、《孟子》传之，时谓桦叶四书。[④]

元朝是中国第一个以少数民族建立的全国性王朝，统治民族是蒙古族。元世祖忽必烈时设兴文署，专事雕印出版图书。“置令丞并校理四员，厚给禄廪，召集良工刊刻诸经、子、史，以《通鉴》为起端”。[⑤] 可见当时刊印了不少包括《资治通鉴》在内的汉文典籍。后又

---

① 《续资治通鉴长编》卷198，仁宗嘉祐八年（1063年）四月丙戌条，第4802页；《宋史》卷485《夏国传上》。

② 《续资治通鉴长编》卷109，仁宗天圣八年（1030）十二月丁未条，第2549页；（宋）欧阳修：《欧阳文忠全集》卷86《内制集》卷5；《宋史》卷486《夏国传下》载：熙宁五年“十二月，遣使进马赎大藏经，诏赐之而还其马”，第14009页。参见史金波《西夏佛教史略》，宁夏人民出版社1988年版，第59—63页。

③ 《金史》卷76《完颜杲传》，第1773页。

④ （清）丁传靖辑：《宋人轶事汇编》卷16，第879页，中华书局1981年版。

⑤ （清）丁丙：《善本室藏书志》，光绪二十七年。

出版了大型类书《玉海》，将见于经史子集的名物制度、文献典故等收入其中。[①] 元代各地也出版了很多汉文典籍，如浙江、江西行中书省奉旨开雕《辽史》、《金史》，江东建康道雕印《汉书》至《北史》、《南史》等正史，江浙行省印行《四书集义精要》、《春秋本义》等经书，集庆路出版《乐府诗集》等。此外，各地书院也出版大量汉文典籍。

满族建立的清朝，也是全国性统一政权。清太祖努尔哈赤本人通晓汉语文，能阅读《水浒传》一类汉文书籍，并聘有汉族文人做自己的幕宾。康熙皇帝更是大力提倡经学、理学、史学、文学，“留意典籍，编定群书”，除按例编修《实录》、《圣训》等书外，还组织编纂经、史、文图书。康熙时皇家刻书业发展的一个标志是武英殿修书处的设立。武英殿修书处建于康熙十九年（1680），隶属于内务府，专门编撰和刊印宫内各种图书。武英殿修书处规模大，分工细，下设监造处、校刊翰林处、档案房等，所印图书称为“殿板”。雍正、乾隆两朝还用铜、木活字排印了不少书，雍正朝铜板活字版《古今图书集成》告成，乾隆朝木活字称“聚珍本”。据统计，武英殿修书处从建立到清末，共整理、校注、辑佚、汇编古籍和编纂新书达七百余种，其中半数印刷成书。[②]

身为满族的乾隆皇帝，提倡和实际组织编纂《四库全书》是中国文化史上的一件大事。《四库全书》汇集从先秦到清代前期的历代典籍，共收录3460多种，是现今中国保存最完整、抄写最统一、内容最浩大的一套丛书。

2. 倡导国学，建立科举制度

中国的少数民族和汉族在共同交往、发展中，文化上互相交流，取长补短，相得益彰。少数民族在保留、发展本民族文化的同时，接受中原地区高度发展的文化，提倡国学成为一种潮流。在各少数民族王朝中建立科举制度，也是文化发展的大势所趋和重要举措。

辽朝取得燕云十六州以后，即在汉人聚居区开科取士。圣宗统和六年（988），辽政府参照唐、宋之制，逐渐将科试制度化。科目以词赋为主，考试分乡试、府试、省试，亦尝用殿试之制。在推行科举制的前二十年中，每科不过取数人，后逐次增加，多至一百数十人，后期三年一试，基本成为定制。辽政府禁止契丹人应试。但从西辽德宗耶律大石曾于天应五年（1115）举进士一事可知，至辽末上述禁令实已废弛，契丹人亦可参加科举。

西夏既能发展党项族的民族文化，也善于吸收其他民族的文化特长充实自己。西夏向有蕃礼、汉礼之俗，也有蕃学、汉学之设。西夏建国之初即建蕃汉二学院。西夏前期虽然受汉族文化特别是儒学的强大影响，但西夏境内的系统儒学教育仍未正规。六十多年后，至崇宗时国中由蕃学进而为官者多，由汉学进者寡，士人风气日坏，崇宗感到忧患。贞观元年（1101）御史中丞薛元礼上书，建议重汉学。[③] 于是崇宗命在当年于蕃学外特建国学：

> 乾顺始建国学，设弟子员三百，立养贤务以廪食之。[④]

---

① 宋王应麟：《玉海》，江苏古籍出版社、上海书店1987年影印光绪九年浙江书局本，前附《元刻玉海指挥》。

② 杨玉良：《武英殿修书处及内府修书各馆》，《故宫博物院院刊》1980年第3期。

③ （清）吴广成：《西夏书事》卷31，清道光五年（1825）刊本。

④ 《宋史》卷486《夏国传下》，第14019页。

“国学”在中原王朝早已有之，指国家最高学府，如太学、国子监，是政府弘扬儒学之所在。西夏地处西偏，又是少数民族当政，也将最高学府径直称为国学，其主旨也是弘扬汉学。此举是西夏文化史上一件划时代的大事。

西夏仁宗对儒学的提倡和人才的培养更加大了力度。人庆元年（1144）在皇宫内建立小学，凡宗室子孙7岁至15岁都可以入学，专门请教授讲课，仁宗和皇后罔氏也常前往训导。又令各州县立学校，弟子员增至三千人，等于崇宗最初建立国学时设弟子员的10倍。人庆二年（1145）西夏又建立大汉太学，仁宗亲临太学祭奠先圣先师孔子。人庆三年（1146）尊孔子为文宣帝，并“令州郡悉立庙祀，殿庭宏敞，并如帝制”。[①] 这证明西夏和中原地区一样，也在推行庙学，即在学校中建立圣庙，成为学校的典范，使庙学一体，以达到推行儒学教育的目的。人庆四年（1147）西夏进一步接受中原王朝的科举制度，也实行唱名法，仿中原选举制度立进士科。其实西夏的科举制度可能早于仁孝时期。文献记载西夏著名学者和宰相斡道冲5岁时中童子举，推知西夏在崇宗时就已经有童子科之设。

西夏崇尚儒学受到史家的赞赏，《宋史·夏国传》结语有：

> 乾顺建国学，设弟子员三百，立养贤务；仁孝增至三千，尊孔子为帝，设科取士，又置宫学，自为训导。观其陈经立纪，《传》曰：“不有君子，其能国乎？”[②]

《金史·西夏传》赞语也褒扬西夏：

> 能崇尚儒术，尊孔子以帝号，其文章辞命有可观者。[③]

金代采取科举形式擢用汉士，始于灭辽之前，初无定数，亦无定期。天会六年（1128）定“南北选”制。辽朝旧土儒士试词赋，北宋旧土儒士试经义，分别称为“北选”和“南选”。不久又定三岁一试之制。考试分为乡试、府试和会试三级。金熙宗时，南北选各以经义、词赋两科取士。海陵王时，增设殿试，并南、北选为一，并一度罢废经义科。章宗时取消乡试。1160年后取录进士人数每次都在五百人以上，最多时达到九百余人。取士科目除正科（即词赋和经义）外，还有制举、宏词科以及杂科。世宗时又设立女真进士科，以女真文字试策、诗，同汉人进士三年一试之制，称“策论进士”。[④] 原在开封郊外宴台有《女真进士题名碑》，又名《宴台女真国书碑》，系金哀宗正大元年（1224）刻。碑一面为女真文，记金哀宗御隆德殿举行女真科进士考试及进士名录。该碑现藏开封博物馆。

蒙古早期较多地吸收回鹘文化，而在忽必烈即位后，蒙古统治中心从漠北的哈剌和林移到燕京，后更名大都，国号取《易经》中“乾元”之义，改为“大元”。忽必烈大力推行汉法，延揽儒士，以儒治国，很多宿儒为忽必烈讲过儒家经典。世祖访求到金朝末年状元王

① 《宋史》卷486《西夏传下》，第14024—14025页；（清）吴广成：《西夏书事》卷35、卷36。

② 《宋史》卷486《夏国传下》，第14030页。

③ 《金史》卷134《外国上·西夏》，第2877页。

④ 《金史》卷11《章宗本纪三》，第252页；卷98《完颜匡传》，第2165—2166页。

鹗，为自己讲解《孝经》、《书经》、《易经》。[①] 忽必烈还尊孔兴学，使更多的蒙古贵族子弟接受汉文化教育。至元八年（1271）在京师设立蒙古子学，请学者许衡等担任教习。至元二十四年（1287），设立国子监，除祭酒等官员外，"生员百二十人，蒙古、汉人各半"。[②]

元朝前期曾多次议行科举，但都未实行。至仁宗皇庆二年（1313），才正式宣布恢复科举制度，次年即举行考试。此后大体每三年一次，分乡试、会试、殿试三道。全国共设十七个乡试科场，分布在京城、中书省直属行政区及各行省省治所在地。每次共录取300人，其中蒙古、色目人、汉人、南人各75名。会试在乡试次年举行，定额100人，蒙古、色目、汉人、南人各25名。次月举行殿试，分两榜公布，蒙古、色目人为右榜，汉人、南人为左榜，各分三甲，赐进士及第、进士出身及同进士出身，并授以官职。考试命题答卷，基本上以程朱理学对儒家经典的阐释为依据。蒙古、色目人必须以汉文应试，但试题较汉人、南人为易。至元末蒙古族和色目人有1100余人被取为进士，参加考试的人数则更为可观。科举应试大大刺激了民族文字翻译著作的发展，对少数民族接受汉族文化起到重要促进作用。

这一时期其他少数民族也推行国学。如纳西族与中原文化有了更多的接触和交流，开始设立汉学。

清朝自太宗、世祖起，均尊孔崇儒，到康熙时，更是把崇儒尊道作为文化国策。康熙本人具有相当高的文化素养，融满汉两种文化为一身，对西方科学技术也有浓厚兴趣。清顺治二年（1645）实行科举取士，既承明制，又有所发展，成完备形式，包括文科、武科、制科和翻译科。开科取士也按满汉分榜考试。文科考试分童试、乡试、会试和殿试四级，沿袭明代的制度，专取四书、五经命题，按八股作文，称为八股文。在内容方面，必须代圣人立言，不仅要依据四书、五经等儒家经典，而且要遵守一定的注释。

二　少数民族文字与国学

少数民族文字有悠久的历史，至少在汉代已经出现了少数民族民族文字，比较晚近的满文从创制至今也经过了近四百年；有较多的文种，先后计有30余种少数民族文字使用；有不同的文字类型。世界各种文字一般分为象形、表意和表音三种类型，表音文字又分为音节文字、音素文字和混合类型文字。这些类型在我国少数民族古文字中都能找到。

从发生学的角度分析中国少数民族古文字，其中有在长时间发展过程中独创的民族文字，而绝大多数是在其他民族文字影响下创制的。后者来源可分为四类，分别受汉字、波罗米文字、阿拉美文字、阿拉伯文字影响。后三类皆源于腓尼基文，所以又可说，中国民族古文字除本民族创造者外，可分为受汉字和腓尼基字母影响两大类。中国少数民族古文字不少是在汉字的影响下创制的。如：

1. 契丹文

辽朝文化发达，最具特色的是创制和使用契丹文字。耶律阿保机称帝后，命耶律突吕不

---

① 《元史》卷160《王鹗传》，第3756页。

② 《元史》卷14《世祖本纪十一》，第296—297页。

和耶律鲁不古等创制契丹文字。《辽史》记载：

(神册) 五年春正月乙丑，始制契丹大字。……九月……壬寅，大字成，诏颁行之。[①]

契丹文受汉字影响很大，沿用了汉字的横平竖直、拐直弯的书写特点，还直接借用了一些笔画简单的汉字。契丹大字中有的像汉字一样，一字一个音节；有的则是数字一个音节，每字代表一个音素，应是一种音节—音素混合文字，但也有一部分契丹大字是多音节的单词。契丹文约有三千多个。契丹大字的创制不但参照了汉字，也受到汉族文人的影响，汉族文人参与了创制契丹大字。最早记载契丹字的汉文史书《五代会要》载：

契丹本无文字，唯刻木为信。汉人之陷番者，以隶书之半加减，撰为胡书。[②]

陶宗仪《书史会要》记载：

辽太祖多用汉人，教以隶书之半增损之，制契丹字数千，以代契木之约”。[③]

契丹大字并不适合契丹语词音节较多、语法中有黏着词尾的特点，所以至天赞年间(922—926) 辽太祖之弟迭剌又创制了契丹小字。契丹小字是一种拼音文字，过去人们一直理解为契丹小字是直接从回鹘文因袭而来，但随着契丹小字文献不断出土，发现这种文字与回鹘文在外形上迥然不同，倒是与汉字相接近。所以说契丹大字和契丹小字都是借鉴汉字创制的。两种契丹文都与汉文一样，直行竖写，自右向左成文。

2. 西夏文

西夏文教兴盛，其突出特点是西夏文字的创制和使用。西夏文在景宗元昊的倡导和支持下于西夏正式立国前两年（1036）创制，是记录西夏主体民族党项羌语言的文字，由大臣野利仁荣制成。《宋史》载其文字类汉字的八分体：

元昊自制蕃书，命野利仁荣演绎之，成十二卷，字形体方整类八分，而画颇重复。[④]

所谓“蕃书”就是西夏文。野利仁荣著作的十二卷蕃书，应是最早的西夏文书籍。

---

① 《辽史》卷2《太祖纪下》，第16页。

② （宋）王溥：《五代会要》卷29。

③ （明）陶宗仪：《书史会要》卷8。

④ 《宋史》卷485《夏国传上》，第13995页。参见《续资治通鉴长编》卷119，仁宗景祐三年（1036）末，第2813—2814页。

西夏文属表意性质的方块字，仿汉字笔画创制，形式近汉字，若乍看一篇西夏文似乎很像汉文，可见其文字相类程度。但西夏文和汉字但无一字雷同。西夏文由横、竖、撇、捺、点、拐等笔画构成，共有六千余字，多以会意合成和音义合成方式构成，书写与汉字同，自上而下成行，自右而左成篇。西夏文有楷书、行书、草书、篆书。楷书方正匀称，多用于书写和刻印；行书自由舒展，多用于日用和抄写；草书云龙变换，多用于文书和医方；篆书屈曲婉转，用于印章和碑额。在西夏境内，西夏文作为国字广泛流行：

> 元昊既制蕃书，尊为国字，凡国中艺文诰牒尽易蕃书。①

3. 女真文

金朝也重视文化建设，创制了记录主体民族女真族的文字。太祖完颜阿骨打建国后，命丞相完颜希尹创制女真文。女真当时与契丹为邻，受契丹文化的影响很大，汉文化对其的影响也很深远。女真文字在契丹文字直接影响下，在汉文字间接影响下创制而成。据史载，完颜希尹：

> 依仿汉人楷字，因契丹字制度，合本国语，制女真字。天辅三年（1119）八月，字书成，太祖大悦，命颁行之。②

女真字有大字、小字两种，但传世的女真字仅有一种，难以判定其为大字还是小字。当时规定女真、契丹、汉人各用本字，所以女真字制成后在金朝境内与契丹字、汉字同时流通。金章宗二年（1191）“诏罢契丹字”，只准用女真字和汉字。金朝为推行女真字，在上京和各路府设立专门学校，置教官教授文字。据统计，各路府学达22所之多。这些学校中学习女真语的课本是完颜希尹编撰的《女真字书》。为培养女真官吏，大定十一年（1171）专设女真进士科。大定十三年设立女真国子学，学习女真文翻译的儒家经学。③

女真字字形为方块字，采用汉字的横、竖、竖勾、撇、捺、拐、点等笔画构成。早期女真字有的直接用契丹字和汉字字形，但多数是将契丹字、汉字加笔、减笔、变形及参考原音或原义制成。女真文直行竖写，自右向左成篇。

4. 方块白文

居住在云南西北部的白族，历史悠久，素有“文献之邦”的雅称。白族人除使用本民族语言外，多数通晓汉语，并作为与其他民族的交际工具。白族历史上使用汉文、方块白文。

白族从唐代开始使用以汉字为基础的方块白文，以记录白语。白文流行于云南大理一

---

① （清）吴广成：《西夏书事》卷12。

② 《金史》卷73《完颜希尹传》，第1684页。

③ 《金史》卷51《选举志一》，第1130—1134页。

带，是白族使用的一种土俗文字。为了和新中国成立后创制的拉丁字母白文相区别，人们通常称为“方块白文”。方块白文借源于汉字，一部分是借用汉字的形和音，不取义；一部分是借用汉字的形和义，不取音。这些类似形声字或会意字。还有一部分是取汉字的某些部件按汉字造字法而创造的新字。古代用白文书写的《白古通记》等已失传，现存的白文有纸本文献、石刻碑文和铜器铭文，时间约在10—15世纪。方块白文的使用并不广泛。①

5. 古壮字

壮族主要居住在广西壮族自治区，以壮语为主要交际工具，半数以上的人兼通汉语。历史上，壮族模仿汉字创制壮族文字，俗称“土字”或“土俗字”，现一般称“古壮字”或“方块壮字”。在方古壮字文献中，一半以上直接用汉字表达。所以乍看起来一页古壮字文献就像一篇汉文。古壮字构造比较复杂，有时一个古壮字由两个汉字组成。所用汉字有繁体字，也有民间流行的简体字。部分古壮字是按汉字形声字造字法创造的，如用一个汉字的读音来表达壮语相同或相近的读音，用另一汉字或汉字的偏旁所表示的意义来表达该字意义。有的字以一个汉字表示形符，另一个汉字表示声符，但表声符的部分并不按照汉字读音，而是按照它所表示的壮语词来读。有的由两个读音相同或相近的汉字组成，两个汉字都表声，是双声造字法。有的由两个都表示形符的汉字组成，是会意字。有的字中一个汉字或汉字的偏旁取其壮语读音的声母，另一个汉字取其壮语读音的韵母，系采取反切方法。一部分属于借用汉字一类，只取汉字的形和音不取义或只取形和义不取音。②

由于壮语存在各种方言与土语，各地壮语语音差别较大，古壮字在各地读音也不同。壮字出自多人之手，往往互相不识对方文字。虽然用古壮字书写的壮语经书很多，能看懂的人却很少，甚至掌握经书的“布摩”也只能读懂出自同一师爷的师兄、师弟的经书，读不懂其他布摩的经书。因此，古壮字未能成为壮族规范通用的文字。

6. 水书

水族主要聚居在贵州省南部，少数散居在广西壮族自治区的西部。水族先民创制的文字，称为“水书”，所记录的是水语。水书称为“泐虽”，“泐”为文字，“虽”即水家。水文形状类似甲骨文和金文，流行在贵州三都县一带水族地区。现存水书只有400—500多个单字，且多用于宗教巫术活动。

水书的创制与汉族关系密切。水书可以分成改制汉字和自创符号两类，笔画简单，形体古朴。水书具有悠久的历史，有的专家认为，可能在秦汉之际，受中原文化的影响，水文有了一定的发展。③ 后来由于战争、迁徙等各种原因，它的发展受到限制，多为民间占卜、择

---

① 石钟健：《论白族的白文》，《中国民族问题研究集刊》第六辑，1957年；徐琳、赵衍荪：《白文〈山花碑〉释读》，《民族语文》1990年第3期；杨应新：《方块白文辨析》，《民族语文》1990年第5期。

② 张元生：《方块壮字》，《中国民族古文字》，天津古籍出版社1987年版；梁庭望：《壮字及其文献新探》，《中国民族古文字研究》第3辑，天津古籍出版社1991年版。

③ 王品魁译注，贵州省民委古籍办、黔南州民委、三都县委编：《水书》（正七卷、壬辰卷），贵州人民出版社1994年版。

日所用。水书是水族人民固有的文化，是研究水族社会历史和哲学思想的重要资料。

水书结构大体可分为象形、会意、指事和假借四种。象形字占比重大，一般攫取事物的典型特征，然后运用简单构图表示，如“虎”字在简化的头型上突出双耳，“豹”字则在虎字基础上延长颈部和突出双目表示。其中借用汉字的方式有“反书”一种，很有特点。即把现成的汉字颠倒过来书写识。水书自上而下竖行直书，自右而左排行。

7. 其他文字

由于中原汉文化的广泛传播，不少少数民族都曾尝试着利用汉字或汉字变体记录自己的语言，其文字形式类似古壮字，而比古壮字更为简约，甚至没有形成体系，这些字仅偶然用于民间，如布依族、侗族、瑶族、苗族、瑶族、哈尼族等都有借用汉字字形构成类似古壮字的文字。①

三 少数民族文字古籍与国学

在历史发展过程中，形成了极为丰富的少数民族文字古籍。保存至今的各种民族古籍，数量惊人。敦煌所出古藏文手卷有五千卷之多，黑水城出土存世的西夏文写本和印本达数千卷之巨，已搜集到的彝文书籍有数万册，纳西文典籍有三万余册，水书有近两万册，傣文、察合台文、蒙古文文献也十分丰厚，年代较近的满文文献以数量巨大的档案和书籍著称于世。此外还有很多以少数民族文字镌刻的金石文献。这些民族文字文献大大丰富了我国图书、文物宝库，是我国丰富多彩的精神文化财富的重要组成部分，为研究中国历史文化提供了宝贵资料。分析这些少数民族古的籍类型和内容可知其与国学的联系，它们应属于国学研究范围。

1. 翻译中原地区文献

中原地区文化发达，汉文典籍十分丰富，很多少数民族用本民族文字翻译汉文典籍，以便学习、借鉴。其中经、史、子、集都有。

藏文

在松赞干布时期始创藏文后，随即用以翻译部分佛教经典。当时将梵文、汉文、于阗文等文种的主要佛教经典译成藏文。文成公主从内地携带的最著名的医学著作《汉公主大医典》，由汉地和尚二人译成藏文，这是吐蕃历史上最早的一部医学著作。②

吐蕃王朝与中原地区有广泛的文化往来，翻译了中原地区不少经典著作。仅敦煌石室出

---

① 吴启禄：《布依族古籍中的方块布依字》，《中国民族古文字研究》第3辑，天津古籍出版社1991年版；赵丽明：《汉字侗文与方块侗字》，《中国民族古文字研究》第3辑，天津古籍出版社1991年版；赵丽明、刘自齐：《湘西方块苗文》，《民族语文》1990年第1期；魏文栋：《解开城步苗文之谜》，《贵州文史丛刊》1993年第2期；黄贵权：《瑶族的书面语及其文字初探》，《民族学》1990年第2期。

② 《智者喜宴》第7品，68页；《智者喜宴》第17品，46页。转引自《藏族简史》编写组《藏族简史》，西藏人民出版社1985年版。

土的藏文文献中就有多种。《今文尚书》，存《泰誓中》、《泰誓下》、《牧誓》、《武成》等篇；《战国策》，共有4个片段，存《魏策》6篇。以上两种译著与汉文原著并非严格对应，有时译文简述大意，文字生动流畅，应是藏族的手笔。① 又有汉藏对音《千字文》本，汉文竖写，字左侧注藏文对音。还有《大乘中宗见解》汉藏对音本。

回鹘文

回鹘族信奉佛教，用回鹘文翻译了很多佛经。《金光明最胜王经》是一部流传很广的重要佛教经典，有多种汉文译本。10世纪回鹘著名学者、僧人胜光法师将唐朝三藏法师义净译的十卷本《金光明最胜王经》译成回鹘文，成为回鹘文译经中最有代表性的经典。《妙法莲华经》也是在回鹘地区传播较广的一部经典，根据鸠摩罗什汉译本成回鹘文。② 现已知有十多个写本和残叶。据文献形式多为卷装的情况推断，此经应属元代之前的早期回鹘文献。

佛教人物传记也译成了回鹘文。如东晋慧远及弟子僧济传等。令人瞩目的是回鹘文《菩萨大唐三藏法师传》（简称《玄奘传》），为典型的早期梵夹装本，此书明确记载："由幸福、伟大的中国国中精通三藏经的慧立大师受教用汉语制成，名叫彦棕法师的经师扩展之。又别失八里人僧古萨里都统重新从汉语译为突厥语。"可知《玄奘传》是据慧立著汉文本《大慈恩寺三藏法师传》翻译为回鹘文的。译者僧古萨里回鹘僧人胜光，是一位水平很高的著名译经大师。③

契丹文

辽朝用契丹文翻译了很多汉文书籍。据《辽史》记载，圣宗统和六年（988）四月"枢密请诏北府司徒颇德译南京所进律文，从之。"④ 可见当时曾以契丹文翻译中原法律书籍。又宗室耶律倍曾译《阴符经》，萧韩家奴奉诏译《通历》、《贞观政要》、《五代史》。⑤ 为发展医学，"善辽、汉文字"的耶律庶成，奉旨译《方脉书》：

> 上命庶成译《方脉书》，行之。自是人皆通习，虽诸部族亦知医事。⑥

其他文献中也有以契丹文翻译汉文典籍的记载，如佚名氏曾译《辨鸩录》八篇。⑦ 甚至辽朝皇帝也参加译书。圣宗耶律隆绪曾翻译白居易的《讽谏集》，译成后，"召番臣等读之"。⑧ 可见当时契丹族中不少能识读契丹文。遗憾的是上述契丹文书籍皆未保存下来。

西夏文

西夏自中原地区引进、翻译了大量世俗著作和宗教经典。西夏创制文字后，"教国人记

---

① 王尧主编：《法藏敦煌藏文文献解题目录》，民族出版社1999年版。

② 杨富学：《西域敦煌宗教论稿》，甘肃文化出版社1998年版，第191页。

③ 冯家昇：《回鹘文写本菩萨大唐三藏法师传研究报告》，《考古学专刊》丙种一号，1953年第6期。

④ 《辽史》卷10《圣宗本纪》，第110页。

⑤ 《辽史》卷72《宗室传》，第1211页。《辽史》卷103《萧韩家奴传》，第1450页。

⑥ 《辽史》卷89《耶律庶成传》，第1349页。

⑦ （宋）陈振孙：《直斋书录题解》卷8。

⑧ （宋）叶隆礼：《契丹国志》卷7。

事用蕃书，而译《孝经》、《尔雅》、《四言杂字》为蕃语。”[①] 所译《孝经》、《尔雅》、《四言杂字》应是西夏最早的翻译著作。前述西夏毅宗曾向宋朝求赐九经等书，西夏是否将九经全部翻译成西夏文，不得而知。但在现存的文献中有西夏文刻本《论语》、写本《孟子》、《孝经》。文献记载西夏仁宗时国相、党项人斡道冲“八岁以《尚书》中童子举，长通五经，为蕃汉教授”[②]，当时《尚书》可能已译成西夏文，并进入学校教学。

由于西夏统治者和社会的需要，中原地区影响较大的史书、类书和兵书多被翻译或节译为西夏文本。西夏把《贞观政要》节译为西夏文本，名为《德事要文》，刻印出版。[③] 西夏后期番大学院教授曹道安将中原古代经史中有助于治国安邦的言论编译出版，名为《德行集》。还有一部同名西夏文《德行集》，其书末题款有“此《德行集》者原本是汉本”，但至今未能找出它的汉文本。其内容以儒学的观点阐述为人处世之道，是劝世著作。[④] 叙述春秋时代历史的《十二国》也编译成西夏文刻印流行。此外还编译了引用 20 多种汉文古籍的佚名著作。[⑤]《类林》是唐代于立政编撰的一部重要类书，西夏时期该书被译成西夏文刻印出版。[⑥] 西夏以武力兴国，对用兵特别重视，将中原地区的主要兵书《孙子兵法三注》、《六韬》、《黄石公三略》、《将苑》译成西夏文刻印流行。特别是《孙子兵法三注》不仅有刻本，还有写本。[⑦] 此外西夏还将汉文的医书、历书等翻译成西夏文。[⑧]

西夏大力提倡佛教，佛教是西夏的第一宗教。在以党项族为主体的西夏王朝中发展佛教，只有汉文佛经而没有西夏文佛经难以推行。西夏多次赎取《大藏经》的目的一是珍藏供养，二是作为翻译西夏文的底本。西夏文创制不久，便开始大规模翻译佛经。西夏早期用了五十多年的时间将大藏经翻译成西夏文，称作“蕃大藏经”，共有 820 部，3579 卷。它是西夏王朝数量最大的西夏文文献，在中国佛教史上占有特殊地位。[⑨]

女真文

金朝大力推行汉学，女真文字图书的翻译也十分兴盛。从编译的女真文图书内容来看，大多为儒家经典。金朝特地建立译经所翻译汉文文献，以供不懂汉文的女真人学习。此外，弘文院也是负责译书的机构。[⑩] 女真文文献多是金世宗在位时（1161—1189）翻译和刻印的。

---

① （清）吴广成：《西夏书事》卷 13。参见《宋史》卷 485《夏国传上》。

② （元）虞集：《道园学古录》卷 4《西夏相斡公画像赞》。

③ 史金波、魏同贤、克恰诺夫主编：《俄藏黑水城文献》第 11 册，上海古籍出版社 1999 年版，第 133—141 页；［俄］克恰诺夫：《吴兢〈贞观政要〉西夏译本残叶考》，《国家图书馆学刊》增刊（西夏研究专号），2002 年。

④ 《俄藏黑水城文献》第 10 册，第 195—200 页。

⑤ 《俄藏黑水城文献》第 11 册，第 82—111 页。

⑥ 史金波、黄振华、聂鸿音：《类林研究》，宁夏人民出版社 1993 年版；《俄藏黑水城文献》第 11 册，第 221—232 页。

⑦ 《俄藏黑水城文献》第 11 册，第 156—221 页；英国国家图书馆、西北第二民族学院、上海古籍出版社，谢玉杰主编：《英藏黑水城文献》第 2 册，第 217—219 页。

⑧ 《俄藏黑水城文献》第 10 册，第 211—219 页。

⑨ 史金波：《西夏文〈过去庄严劫千佛名经〉发愿文译证》，《世界宗教研究》1981 年第 1 期。

⑩ 《金史》卷 56《百官志二》，第 1279 页。

> 朕所以令译五经者，正欲女直人知仁义道德所在耳。[①]

当时译经所翻译成女真文的译本有《易经》、《书经》、《论语》、《孟子》、《老子》、《扬子》、《文中子》等典籍[②]，还有史书《新唐书》、《史记》、《汉书》、《盘古书》、《孔子家语》、《太公书》、《伍子胥书》、《孙膑书》、《黄氏女书》等。有的女真文译书印量还较大，如大定二十三年（1183）翻译的《孝经》，一次就印制上千部付点检司，分赐给护卫亲军。山西平阳是金代的刻书中心，除国家刻印图书外，私人也刻印了不少书籍。女真文图书有一部分也可能是在平阳刻印的。

回鹘式蒙古文

学习儒家经典，对进入中原地区的蒙古人来说最困难的是语言文字。为此，忽必烈擢用一批通晓蒙语的汉族文人翻译儒家典籍。早在蒙古国时期，在燕京便设有专门学校，教授汉人和色目人学习蒙古语文，培养翻译人才。《黑鞑事略》载："燕京市学，多教回回字及鞑人译语；才会译语，便做通事。"[③] 当时有一批汉族儒生通晓蒙古语，最受世祖赏识的是赵璧。赵璧将《大学衍义》译成蒙古语在马背上为尚在"潜邸"的忽必烈讲说，忽必烈还选派10名蒙古青年跟从赵璧学习。赵璧还受命将《论语》、《大学》、《中庸》、《孟子》等书译为蒙古文，供忽必烈及其他蒙古贵族子弟学习。《道园学古录》载：

> （赵璧）以国语释《论语》、《大学》、《中庸》、《孟子》诸书而教授焉，然后贵近之从公学者，始知圣贤修己治人之方矣。[④]

赵璧的蒙古文水平深得忽必烈欣赏，忽必烈读其译文后赞叹不已："汉人乃能为国语深细若此！"[⑤] 此外，王遵、史弼、马充实等也是一批"能练习国体，通晓译语"的翻译人才，许多儒家经典的蒙文译文都出自他们之手。

忽必烈即位后，在上都设翰林国史院供译写经书，下令组织翻译了许多书籍。具体兴办的是秘书监下的兴文署。天历年间所设奎章阁学士院下属的艺文监也辖此事，"专以国语敷译儒书"。[⑥] 至元元年（1264）二月"敕选儒士编修国史，译写经书，起馆舍，给俸以赡之"。[⑦] 至元五年（1268）春正月"甲辰，敕从臣秃忽思等录《毛诗》、《孟子》、《论语》"。[⑧] 至元十九年（1282年）"刊行蒙古畏吾儿字所书《通鉴》"。[⑨] 从汉文史料记载看，被译为蒙古文的还有《百家姓》、《千字文》、《大学衍义节文》、《忠经》、《尚书》、《贞观

---

① 《金史》卷8《世宗本纪下》，第184—185页。

② 同上。

③ （宋）彭大雅：《黑鞑事略》。

④ （元）虞集：《道园学古录》卷12《中书平章政事赵璧谥议》，《四部丛刊》本，第8—9页。

⑤ 同上。

⑥ 《元史》卷88《百官志四》，第2222—2223页。

⑦ 《元史》卷5《世祖本纪二》。

⑧ 《元史》卷6《世祖本纪三》，第120页。

⑨ 《元史》卷12《世祖本纪九》，第242页。

政要》、《帝范》等典籍。《孝经》也被译为蒙古文，如中书省曾刊印蒙古文《孝经》。对当时的一些典章也作了翻译，如泰定元年（1324）“敕译《列圣制诏》及《大元通制》，刊本赐百官”。①

以蒙古文翻译的典籍有的反复译过多次。忽必烈时代译者多为汉人，后期多为蒙古族或蒙、汉人士合译，说明通晓汉籍的蒙古士人已经增多。汉文经书的蒙译本主要用来教学，也用来颁赐王公大臣。元代将重要汉文图书译成蒙古文，培养了一批新的蒙古族文士，汉文化在蒙古族中的传播更为广泛和深入。

八思巴字

元代除使用回鹘式蒙古文外，又创制八思巴字。中统元年（1260）忽必烈即大汗位后，即命藏族僧人八思巴创制蒙古新字。至元六年（1269）创制成功，忽必烈下诏“颁行于天下”，“为蒙古新字，译写一切文字”。② 即用八思巴字不仅书写蒙古语，还要书写其他民族语，从现有文献可知除拼写蒙语外，还记录了汉语、藏语、回鹘语以及梵文等。

元朝用八思巴字蒙古语翻译了许多图书。至元八年（1271），将《通鉴节要》译成八思巴字，在京师蒙古国字学中作为教材，并“颁行各路，俾肄习之。”③ 忽必烈去世后，元朝各代皇帝仍重视八思巴字蒙古语的翻译。武宗于大德十一年（1307）曾翻译、刻印《孝经》。④ 仁宗至大四年（1311）六月，翰林侍讲阿林铁木儿翻译《贞观政要》。⑤ 延祐元年（1314）四月仁宗诏令将《资治通鉴》择要翻译成蒙古文。⑥《大学衍义》也译了两次，一次是仁宗做太子时的大德十一年（1307）六月，一次是仁宗延祐四年（1317）四月。⑦ 元代八思巴字蒙古语译本绝大部分已经散佚，至今尚能见到的八思巴字图书只有寥寥几种，如《萨迦格言》和用八思巴字转写的汉语《百家姓》等。

彝文

彝族有悠久的历史和文化。彝文是流行于西南彝族地区，记录彝族语言的文字，汉文史籍中称为“夷经”、“爨文”、“韪书”、“倮倮文”等。彝文是自源文字，起源很早，一般认为创始于汉代。彝文由一定的基本笔画组成，有点、横、竖、斜、弧、圆、横折竖、竖折横等。其结构方式有上下结构、上中下结构、左右结构、左中右结构和全包围结构。造字方法有象形、指意、变体造字法等。⑧

彝文存留有很多古籍。其中有一部《劝善经》是木刻本，彝语称“尼木苏”，是汉文《太上感应篇》的译本，它还在每一章节之后结合彝族的具体情况加以发挥，逐节逐条讲解释义，反映出彝族宗教礼俗、心理情态、社会思想、伦理道德、风俗习惯，劝说人们要行善

---

① 《元史》卷29《泰定帝本纪一》，第643页。

② 《元史》卷202《释家传》，第4518页。

③ 《续文献通考》卷50。

④ 《元史》卷22《武宗本纪》，第486页。

⑤ 《元史》卷24《仁宗本纪》，第544页。

⑥ 《元史》卷25《仁宗本纪二》，第565页。

⑦ 《元史》卷24《仁宗本纪一》，第536页；《元史》卷26《仁宗本纪三》，第578页。

⑧ 武自立、陈英：《彝文》，《中国民族古文字图录》，中国社会科学出版社1990年版。

戒恶。据专家推定译书年代为明万历三年（1575）。①

满文

满文的创制和颁行，是满族文化发展史上的一个重要里程碑。清太祖努尔哈赤不仅是一个马上取天下的开国皇帝，也很注重文治。明万历二十七年（1599）二月努尔哈赤下令创制以蒙古文为基础记录满语的文字，被称为“老满文”。创制后便开始翻译汉籍《三国志演义》，译者是被称为满族圣人的达海。② 皇太极继汗位后，设立文馆译书，译成满文的汉籍有《刑部会典》、《素书》、《三略》、《万宝全书》、《通鉴》、《六韬》、《孟子》、《三国志》及大乘佛教典籍。③

清军入关后，满文书籍的翻译进入一个新的时期。清代官修图书由翰林院负责编撰。翰林院官员除大量汉族文人外，还集中了一批满族官员和文人，参与满文或满、汉文图书的翻译、编撰。④ 为适应汉籍满译工作的需要，专设翻书房，直至咸丰年间仍有此机构。⑤ 顺治三年（1646）刊印了满文《辽史》、《金史》、《元史》，这是清入关后首次刊印的满文书籍。⑥ 同年还刊印了满文《洪武宝训》。顺治七年（1651）又刊印了《三国志演义》满译本。《三国志演义》早在关外时曾由达海译过，入关后遵摄政王多尔衮谕旨，由大学士祁充格等组织重译。清朝入关前后两次翻译《三国志演义》，主要是以此书为兵略的考量。

康熙一朝翻译了很多图书。康熙亲政后，延请宿儒大臣进行日讲，从康熙十六年（1677）开始陆续刊印了《日讲四书解义》、《日讲书经解义》等书，康熙帝亲自撰写序言。当时还将自春秋迄唐宋文章共693篇，分64卷，由内阁大学士兼礼部侍郎教习庶吉士徐乾学等奉敕编纂、翻译，名为《御制古文渊鉴》，于康熙二十四年（1685）在武英殿刊刻，有汉、满两种文本。这是清代大规模翻译汉族古代散文的第一部集子，对后影响很大，如道光年间译的《古文观止》，咸丰年间的《翻译古文》都受此书影响。

乾隆认为前朝翻译的书籍，有的翻译过早，不很规范；有的“对音乏旧，未尽翻意”，于是下令对一批儒家经典重新翻译。如乾隆六年（1741）的四书，乾隆三十三年（1768）的《诗经》，乾隆四十八年（1783）的《礼记》，乾隆四十九年（1784）的《春秋》等一批儒家经典译作相继问世。

清朝还把大藏经翻译为满文。乾隆三十八年（1773）开始翻译满文大藏经，至乾隆五十五年（1790）告成。乾隆将翻译满文大藏经与编纂《四库全书》看作是其六旬后办的两件大事。为翻译满文大藏经，特在宫中设立清字经馆。满文大藏经是汉文大藏经的满文选编本，共选699部佛籍，计108函，2535卷。乾隆深谙佛学，满汉文兼通，亲自发起并参与

① 马学良、张兴等：《彝文〈劝善经〉译注》，中央民族学院出版社1986年版。参见《贵州通志》“艺文志”（《艺文志》），明万历二十五年（1597年）刊本。

② 王钟翰点校：《清史列传》卷4，本传，中华书局1987年版。

③ 《清史稿》卷228，中华书局标点本，第31册，第9256页；（清）弘昼等编：《八旗满洲氏族通谱》卷44，辽海出版社2002年版。

④ 张德泽：《清代国家机关考略》，学苑出版社2000年版，第153—157页。

⑤ （清）昭梿：《啸亭续录》卷1《翻书房》。

⑥ 《清史稿》卷4《世祖纪一》、卷145《艺文一》、卷232《希福传》。

其事，所以满文大藏经称为“御制”。[①]

2. 撰著大量文献

少数民族不仅用本民族文字翻译汉文典籍，还编撰了范围广博、内容丰富的书籍，记录了丰富多彩的少数民族的历史文化，成为中华民族文化的重要组成部分。这些文献大致可分为以下几类。

经书

西夏人不仅翻译儒学经典，还为中原地区有影响的儒学著作注释解义。西夏仁宗时国相斡道冲曾注释汉文经书：

> 译《论语注》，别作解义二十卷，曰《论语小义》，又作《周易卜筮断》，以其国字书之，行于国中，至今存焉。[②]

斡道冲所作的《论语小义》和《周易卜筮断》属于西夏学者以中原经书为基础撰著的书籍。

音韵书属于经书的小学类。西夏为发展民族文化，规范和扩大西夏文字的使用，编印多种类型的字书和韵书。西夏文韵书《文海宝韵》，又有解释文字构造的内容，具有《切韵》和《说文解字》的共同特点。[③] 这种韵书的编辑形式在中国韵书中尚无先例。西夏文字书《音同》将所有西夏字以声母分为 9 类：重唇音、轻唇音、舌头音、舌上音、牙音、齿头音、正齿音、喉音、来日舌齿音，系借用当时中原地区对汉语声母分类的方法。[④] 包括韵图和韵表的《五音切韵》是西夏另一重要西夏文韵书。[⑤] 这些书籍的编纂既效法中原，也显示出自己的特点。

元代大德十一年（1307）第一部论述蒙古文语法的著作《心箍》（也称《蒙文启蒙》）问世，这是著名的蒙古语言学家、畏吾儿人搠思节斡节儿的作品。首次归纳整理了蒙古书面语语法，在确定蒙古文的正字法和正音法方面做出了重大贡献，为以后的蒙古语规范化奠定了基础。[⑥]

清顺治皇帝亲政后，以皇帝的名义撰写、编纂了一批宣扬儒家思想的书籍，并往往以满汉两种文本同时刊印，如顺治十年（1653）的《劝学文》，顺治十二年（1655）的《御制人臣儆心录》、《资政要览》、《劝善要言》，顺治十四年（1657）的《御纂内政辑要》、《太上感应篇》等。

---

① （清）土观·洛桑却吉尼玛著，陈庆英、马连龙译：《章嘉国师若必多吉传》，民族出版社 1988 年版。

② （元）虞集：《道园学古录》卷 4《西夏相斡公画像赞》，《四部丛刊》本，第 20—21 页。

③ 史金波、白滨、黄振华：《文海研究》，文物出版社 1983 年版；《俄藏黑水城文献》第 7 册，第 122—176 页。

④ 史金波、黄振华：《西夏文字典〈音同〉的版本与校勘》，《民族古籍》1986 年第 1 期；《俄藏黑水城文献》第 7 册，第 1—121 页。

⑤ ［日］西田龙雄：《西夏语韵图〈五音切韵〉的研究》（上）（中）（下），京都大学文学部研究纪要，1981 年 3 月—1983 年 3 月；《俄藏黑水城文献》第 7 册，第 259—398 页。

⑥ 此书已失传，18 世纪人丹津达格巴的语法名著《心箍注疏．虚空宝》之中留存了下来。

史书

创制文字的少数民族大多编撰了自己的史书。

彝族有丰富的历史著作。著名的“四大创世史诗”，即大小凉山彝区流传的《勒俄特依》、云南彝区流传的《阿细的先基》、《查姆》和《梅葛》。《勒俄特依》可译为《史传书》，分《母史传》、《公史传》、《子史传》，共15篇，书中描述天地万物的形成、改天造地的经过及彝族先民迁徙状况和彝族两大支系——古侯、曲涅的谱系，是彝族史诗性著作。① 彝文《六祖诗史》记述彝族从慕折至笃慕的父系31世和继笃慕之后六祖以下的主要家支世系的核心人物及历史事件，还反映出彝族古地名、山川、风土人情等。这一题材的著作还有《尼祖谱系》、《彝族源流》、《彝族氏族部落史》等。

藏文的史书很丰富。早期古藏文著作保存于敦煌出土的吐蕃文献中。其中受到学术界重视的有《吐蕃历史文书》，此书由3个主要卷子组成，此外还包含一组时代相近、事实相关的几件卷子。其中《小邦邦伯与家臣和赞普世系表》记述吐蕃之前青藏高原各部落邦国以及它们之间互相征战吞并的情况，涉及17个部落邦国和地区的17位君长、23名辅臣，对研究吐蕃以前青藏高原历史、地理及邦国关系有重要价值。吐蕃历史文书中最重要的《赞普传记》有赞普传记10篇，是研究吐蕃历史的重要文献。另一种是《吐蕃世系牒》，为吐蕃王朝的编年史，记录吐蕃王朝每年的大事，包括会盟、狩猎、征战、税收等。另一件编年史记载自羊年（743）至龙年（764）的历史。② 此书是了解吐蕃历史的最重要文书。除反映藏族历史和社会文书外，还有其他相关民族的历史书，如《吐谷浑大事记年》，记载吐蕃灭掉吐谷浑后附蕃的吐谷浑王室和国家在706—715年（一说634—643）间发生的大事。

苯教是西藏地区古代盛行的原始宗教，其部分仪式和内容也被佛教吸收，成为藏传佛教的一种来源。藏文《苯教源流》（作者是芭・丹杰桑布），成书于11—12世纪，系统地叙述了苯教的起源、发展、教义、佛苯之争和苯教兴衰时期的断代年限，其中对苯教在吐蕃的发展和苯教史上五大伏藏的形成和发掘过程等记述尤详，有很多鲜为人知的资料，对后世苯教史的研究和撰述产生了很大影响。③

元明时期代编撰的藏族史学著作迭出，令人目不暇接。《善逝教法史》（即《布顿佛教史》）为藏传佛教夏鲁派创始人布顿・仁钦珠著，成书于1322年。其中有佛教在印度、尼泊尔发展、流传的历史，有佛教在藏族地区传播史，特别是对藏传佛教后弘期直至元代初期的历史记载详细，在藏族史学上具有极高的历史价值。④ 索南坚赞（福幢）所著《西藏王统记》（又名《王统世系明鉴》）影响很大。⑤ 此外还有《西藏王统世系明鉴》、《红史》、《红史续集》、《白史》等。《红史》于至正二十三年（1363）成书，宗教成分较少，汉文史料

---

① 巴胡母木（冯元蔚）、俄施觉哈、方赫、邹志诚整理、翻译：《勒俄特依》，四川省民间文艺研究会编辑《大凉山彝族民间长诗选》，四川人民出版社1960年版；冯元蔚整理、翻译：《勒俄特依》（彝文本），四川民族出版社1982年版；（汉文本）四川民族出版社1986年版。

② 王尧、陈践：《敦煌本吐蕃历史文书》，民族出版社1980年版，1992年增订本。

③ 芭・丹杰桑布：《本教源流宏扬明灯》，中国藏学出版社1991年版。

④ （元）布顿・仁钦朱著，郭和卿译：《布顿佛教史》，中国藏学出版社1989年版。

⑤ （明）萨迦・索南坚赞著，陈庆英译：《西藏王统记》，辽宁人民出版社1985年版。

较多，突出了汉藏关系。[①] 由噶举派僧人管氏家族译师廓诺·熏奴贝（意桑则巴）（1392—1481）撰著的《青史》，成于明成化十二年至十四年（1476—1478）。[②] 明宣德九年（1434）达仓宗巴·班觉桑布著《汉藏史集》，对萨迦派的历史、元朝对西藏的军事、赋税、驿站、法律、委派本钦等有详细记载。[③] 此外还有纪传体史书《米拉日巴传》等。[④] 明嘉靖十七年（1538）班钦·索南查巴著作的《新红史》，巴卧·祖拉陈哇（1504—1566）著作的《贤者喜宴》都是重要的史学著作。[⑤] 崇祯二年（1629）阿旺贡噶索南扎巴坚赞著《萨迦世系史》，记载了萨迦款氏家族的数十个人物的事迹，其中多数是萨迦派的宗教首领，所以也可以看作是萨迦派高僧的一部合传。[⑥]

有的少数民族各王朝仿效中原王朝编纂《实录》。辽朝效仿宋朝成立国史院，设国史监修官。所修国史包括起居注、日历、实录等。西夏天盛十三年（1161）仁宗“立翰林学士院，以焦景彦、王佥等为学士，俾修《实录》。”[⑦]

《蒙古秘史》是蒙古族最早的一部用回鹘式蒙古文写成的官修编年体史书，从蒙古起源的原始传说至窝阔台汗统治时期，前后凡500年，内容丰富，元太宗十二年（1240）成书，是研究蒙古古代史的第一手珍贵史料。[⑧] 除《蒙古秘史》外，著名的回鹘式蒙文史书还有《金册》、《白史》等。另有一部内容与《蒙古秘史》相近的史书《圣武亲征录》，其蒙古文原书已经失传。《阿勒坦汗传》是现存用蒙文撰写的明代蒙古历史的最早著作，成书于1607—1611年。[⑨] 此外还有成书约在1604—1627年间的《黄金史纲》、成书于1662年前的《黄史》等[⑩]

傣族有编写地方史志的传统。傣文编年史书《车里宣慰使司地方志》，又名《泐史》，傣文名“囊丝本勐仂”，内容记当地统治者召片领的各代世系和地方政事，始编于南宋淳熙七年（1180），后历代陆续累记，各抄本终讫时间不一，有的抄本写至1950年。[⑪]

满族在未入关前即编著实录性质的《满文老档》，康熙后各朝皆依律编修《实录》、《圣训》等书。从康熙年间始，每次用兵后，皆成立专门机构，将有关军事行动的谕旨奏报编纂成集，是谓“方略”。乾隆帝在即位前就熟读史书，深知“以史为鉴”的重要性，所以对史书的编修十分重视。乾隆一朝，用兵较大规模者有十次之多，乾隆帝因之自号“十全老

---

① （元）蔡巴·贡噶多杰著，东噶·洛桑赤列校注，陈庆英译：《红史》，西藏人民出版社1988年版。

② （明）廓诺·熏奴贝著，郭和卿译：《青史》，西藏人民出版社1985年版。

③ （明）达仓宗巴·班觉桑布著，陈庆英译：《汉藏史集》，西藏人民出版社1986年版。

④ （明）桑杰坚赞著，刘立千译：《米拉日巴传》，四川民族出版社1985年版。

⑤ （明）班钦·索南查巴著，黄颢译：《新红史》，西藏人民出版社1984年版；（明）巴卧·祖拉陈哇著，黄颢译：《贤者喜宴》，民族出版社1986年版。

⑥ （明）阿旺贡噶索南：《萨迦世系史》，民族出版社1986年版。

⑦ 《宋史》卷486《夏国传下》，第14025页。

⑧ 策·达木丁苏隆编译，谢再善译：《蒙古秘史》，中华书局1957年版；格什克巴图译，策·阿拉腾松布尔、苏雅拉达来注释，孟克宝音拉丁注音：《格什克巴图译元朝秘史》，内蒙古人民出版社2000年版。

⑨ 张碧波、董国尧：《中国古代北方民族文化史》，黑龙江人民出版社2001年版，第941页。

⑩ 朱风、贾敬颜译：《黄金史纲》，内蒙古人民出版社1985年版；乌力吉图校注：《黄史》，北京出版社1983年版。

⑪ 张公谨：《傣族文化》，吉林教育出版社1986年版，第52—53页。

人”，他仿照康熙纂修方略、纪略，满文有乾隆三十五年（1770）的《平定准噶尔方略》，乾隆四十五年（1780）的《平定金川方略》等。此外还于乾隆二十九年（1764）用满文刻印《宗室王公功绩表传》，乾隆五十一年（1786）的《大破明师于萨尔浒》、《开国方略》，乾隆六十年（1795）的《外藩蒙古回部王公表传》等历书。

政书、法典

建立统治政权的民族很重视政书和成文法的制定和编纂。

吐蕃保存至今最早的藏文法律是敦煌出土文书中的法律文献，其中有《狩猎伤人赔偿律》、《纵犬伤人赔偿律》和、《盗窃追偿律》。由这些法律可知吐蕃建立了相当完备的经济赔偿法律制度。元、明、清时期西藏地方政权先后制定《十五法》、《十六法》和《十三法》。

西夏编撰了王朝法典，仁宗时进行修订，名为《天盛改旧新定律令》。此法典从形式到内容都接受了中原王朝成文法的成熟经验，《唐律疏义》和《宋刑统》都对其产生了重大影响。然而西夏所修律令在内容上具有民族和地方的特色，更为丰富，在形式上也与唐、宋律有显著不同，是研究西夏历史、社会的重要资料，在中国法制史上具有特殊重要意义。

傣族最早的一部法典是《芒莱法典》，以西双版纳傣文书写，为13—14世纪作品。芒莱是西双版纳第四代召片领的外孙，曾在景线为王。该法典在西双版纳地区有法律效力。

回鹘式蒙古文产生后，成吉思汗任命蒙古帝国最高行政长官失吉忽秃忽为也可扎鲁忽赤（大断事官），根据蒙古部落的习惯法和成吉思汗的法令（蒙语为札撒）审断刑狱、登记人户、掌管赋敛等，并记录在青册上，成吉思汗作为蒙古帝国最高领袖所发布的种种法令、军令、训言、格言（蒙古语“必力克”）也记录于青册上，成为“札撒大典”。“札撒大典”平时珍藏在统治者的库房中：

> 每逢新汗登基、大军调动或诸王会集共商国是和朝政，他们就把这些卷帙拿出来，仿照上面的话行事并根据其中的方式去部署军队，毁灭州郡、城镇。[①]

这些成文法典在成吉思汗时代具有无上权威性，也是回鹘式蒙古文的第一批文献。

蒙古族不仅在其统治的元朝颁行国家大法，在明代北方，蒙古统治者也仍然颁布了许多法令、法规和法典，有的是各部自行规定，有的是会盟时制定。现存最为著名的有16世纪的《阿勒坦汗法典》（《俺答汗法典》）、17世纪的《白桦法典》和《卫拉特法典》等。这些法典是研究16—17世纪蒙古社会的政治、经济、文化、宗教等方面的重要文献。

清朝在建立全国性政权后，各项行政法规制度逐渐建立健全。康熙认为“一代之兴，必有一代之治法”，于康熙二十三年（1684）下令编撰《清会典》，至康熙二十九年（1690）完成，内容自崇德元年（1636）起至康熙二十五年（1686）止，是清朝典章制度纲领性政书体官书，乾隆称之“于国家之大经大法，官司所守，朝野所遵，皆总括纲领，勒为定书”。[②] 康熙时期修纂的重要满文政书还有康熙九年（1670）的《大清律集解附例》，

① ［波斯］志费尼：《世界征服者史》，内蒙古人民出版社2003年版，上册第28页。

② 乾隆十二年上谕，《乾隆会典》卷首。

康熙十九年（1680）的《刑部新定现行例》，康熙二十五年（1686）的《太祖圣训》，康熙四十八年（1709）的《亲征平定朔漠方略》等。雍正年间也编纂政书，如雍正三年（1725）刻本《大清律集解附例》、《吏部铨选官员则例》、《吏部处分则例》，雍正十年（1732）的《大清会典》（雍正十年刻本）等。另一类是雍正帝的言论文章，如雍正二年（1724）的《圣谕广训》，雍正二年、十年（1724、1732）的《雍正上谕》等。

文学著作

藏族的文学著作很多。其中《萨迦格言》在西藏文学史上占有重要地位。它不仅在藏族中广为流传，且在国内外都有一定的影响。《萨迦格言》是哲理诗集，在艺术上运用丰富的比喻、推理来说明主题，在人民群众中广泛流传，被誉为生活的教科书。①

西夏重视民族文化，把流行于社会的谚语，编辑整理成《新集锦合辞》。此书于乾祐七年（1176）梁德养初编，于乾祐十八年（1187）增补，共有364条谚语，每条谚语由两句前后对仗的文字组成，反映出西夏的道德观念和社会习俗，具有浓厚的地方、民族、时代特点，其宣扬民族文化、开启民智的意图显而易见。用西夏文撰写的诗歌集包括《赋诗》、《大诗》、《月月乐诗》、《道理诗》、《聪颖诗》等，乾祐十六年（1185）刻印。② 这些诗作是透视西夏诗歌最重要的窗口。

回鹘文文学作品《乌古斯可汗的传说》是在古代回鹘人中广泛流传的一部英雄史诗，产生于9—10世纪。《恰希塔那王的故事》是根据佛教故事折叱王勇斗妖魔改编的一部文学作品，情节生动，语言优美，是高昌回鹘民间故事的代表作。③

蒙古族创作的《江格尔》是流传于西部蒙古的传统英雄史诗，被称为中国三大长篇史诗之一，是研究蒙古族文学、历史、语言、民俗等方面的重要文献。④《格斯尔故事》由藏族史诗《格萨尔》演变而来，与蒙古自己的史诗相融合，产生了蒙古文版的《格斯尔》。《乌巴什洪台吉》是一部散文诗式的小说，写于16世纪末至17世纪初，以东西蒙古之间的战乱为背景，描写了一名牧童与封建领主的斗争，反映当年东西蒙古封建领主常年混战的历史。

明代的西域广泛通行察合台文。文学方面的著作有长篇叙事诗《古丽和诺鲁兹》，作者鲁提菲（1366—1465），著述甚丰，撰写了涉及哲学、文学、历史等方面共20多部作品。现只有《古丽和诺鲁兹》和抒情诗集《鲁提菲集》存世。与鲁提菲齐名的作者阿塔依有《阿塔依诗集》，语言隽永，节奏明快，艺术水平很高。纳瓦依（1441—1501）是另一位伟大诗人、思想家，其作品《纳瓦依诗集》（亦称《思想的宝库》）是察合台文献中有影响力的代表，对维吾尔文化、艺术的发展产生了深刻的影响。

辞书、类书和蒙书

于阗文是新疆于阗地区发现的一种古文字，记录的是于阗语或于阗塞语。于阗文献多属3世纪至11世纪初。于阗文中有大量汉语借词，有的文献还在于阗文中夹写汉字。新疆出

① 唐景福：《中国藏传佛教名僧录》，甘肃民族出版社1991年版，第231—232页。

② 《俄藏黑水城文献》第10册，第267—315页。

③ 杨富学：《回鹘文献与回鹘文化》，民族出版社2003年版，第78页。

④ 仁钦道尔吉整理：《〈江格尔〉论》，内蒙古大学出版社1999年版。

土有《汉语—于阗语词汇》、《突厥语—于阗语词汇》等书籍，表明当时使用双语的实际情况。[①]

敦煌石室出土有吐蕃时期的藏汉对照词语表，藏语在前，汉语在后，汉语全为藏文译音，未注汉字。另一种汉藏对译词汇集属于归义军时期，先写藏文，后写对应汉文，汉文竖书，藏文横写，内容包括常用词，汉、蕃、回鹘等部族及首领名，以及一些动物名称。

西夏文—汉文双解词语集《番汉合时掌中珠》，编纂于乾祐二十一年（1190），将常用词语按天、地、人分类，每一词语都有四项，中间两项分别为西夏文和相应意义的汉文，左右两项分别为中间西夏文和汉文的相应译音字。懂汉语文不懂西夏语文的人可通过此书学习西夏语文，而懂西夏语文不懂汉语文的人也可通过此书学习汉语文。这是番人、汉人互相学习对方语言文字的一部方便工具书。[②] 这应是世界上最早的双语双解的辞书。西夏编纂了大型西夏文类书《圣立义海》，它记录了西夏的自然状况和现实社会制度与生活。该书为五册，十五卷，每卷分为多少不同的类，每类中有若干词语，每一词语下有双行小字为之解释。[③] 西夏文蒙书《新集碎金置掌文》，全文一千字，每句五言。编者巧妙地将1000个不重复的西夏字编成了长达200句、100联的五言诗，编排方法和叙事列名的顺序与汉文《千字文》相仿，只不过本书每句五言，《千字文》每句四言。[④] 用西夏文编纂的《三才杂字》内容包括西夏语常用词语，以天、地、人分为三品，每品分为若干部，每部包括若干词。[⑤] 西夏人还别出心裁地编撰了一部奇特的西夏文辞书，名为《纂要》。该书以事门分类，其中每一个西夏文词语都用汉语注释，但这种注释并不用汉字，而是用译音的西夏字。[⑥]

明成化十二年（1476）西藏恰译师觉顿蒙珠·仁钦扎西著《丁香帐》，全称《藏语新旧词辩异·丁香帐》。书中收有摘自藏文厘定前的文献新旧词语一千多条，其中古今语词对照的有800余条，是解读古藏文文献的一部重要工具书，有多种刻本传世。[⑦]

清康熙四十七年（1708）编纂的《御制清文鉴》，是一部百科全书性质的满文分类辞典，包括天文、地理、军事、礼乐、饮食、器物等共280类，12000余条，附有总纲（即索引），为满文译学中第一部纲领性巨著，开创了清代编纂官修辞书的先河。因译经的需要和社会交往的扩大，还编纂了许多蒙文和藏、梵、满、汉等语言对照的辞书。如康熙五十六年（1717）在《清文鉴》的基础上，加注蒙文，成为《满蒙文鉴》。后来还出版了《御制满洲蒙古汉字三合切音清文鉴》、《御制五体清文鉴》、《西域同文志》等。乾隆还亲自指导编纂了一系列满文、满文与其他语文相对照的工具书，如乾隆三十八年（1773）编成的《御制

① 《耿世民新疆文史论集》，中央民族大学出版社2001年版，第76页。

② 《俄藏黑水城文献》第10册，第1—37页；黄振华、聂鸿音、史金波整理：《番汉合时掌中珠》，宁夏人民出版社1989年版。

③ 克恰诺夫、李范文、罗矛昆：《圣立义海研究》，宁夏人民出版社1995年版；《俄藏黑水城文献》第10册，第243—267页。

④ 史金波、聂鸿音：《西夏文本〈碎金〉研究》，《宁夏大学学报》1995年第2期。

⑤ 聂鸿音、史金波：《西夏文〈三才杂字〉考》，《中央民族大学学报》1995年第6期；史金波：《敦煌莫高窟北区出土西夏文文献初探》，《敦煌研究》2000年第3期。

⑥ 《俄藏黑水城文献》第10册，第38—39页。

⑦ （明）觉顿蒙珠·仁钦扎西：《丁香帐》，民族出版社1982年版。

增订清文鉴》，比原书增加约二分之一，并将全部词条译成汉文。后来在《增订清文鉴》基础上，又发展到四体清鉴和五体清文鉴。乾隆后期编纂的《五体清文鉴》的五体为满、汉、蒙、藏与察合台五种文字。此书是官修的重要辞书，其当时未正式刊印，有抄本传世。乾隆十五年（1750）完成的《西域同文志》将中国西北地区的地名和一部分人名用汉文、满文、蒙古文、藏文、托忒蒙古文、维吾尔文六种文字对照汇编，是研究清代西北地区地理历史和语言文字的重要资料。

蒙古族学者在清代编纂了许多蒙语语法图书和蒙语辞书。《蒙文启蒙》是一部蒙文早期语法著作，包括蒙古文字史、字法、语音类别三部分，雍正年间拉布金巴·丹赞达格巴根据现已失传的同名著作编写。《蒙文指要》、《蒙文总汇》是清代蒙古族学者赛尚阿编著的蒙文语法、词汇图书，在蒙语语法研究和词典编纂方面具有重要参考价值。

明、清两朝为加强朝廷与少数民族的沟通，设立四夷馆、四译馆，通过翻译和教学实践，编撰了一套《译语》，由十个馆分别编写，内容分两部分，一是“杂字”，二是“来文”，以少数民族文字（也包括部分外国文字）与汉文对照。四夷馆编的译语原书在“译语”之前冠以所编撰馆的馆名，如《女真馆译语》、《鞑靼馆译语》、《高昌馆译语》等。清代会同四译馆所编《译语》只有杂字，没有来文，除一种外均有民族文字，涉及四川、云南、西藏一带的民族文字共31种。①

医书

藏文经典医学著作《四部医典》初成于吐蕃时期。12世纪中期《四部医典》作者玉妥·云丹贡布的后人宇妥萨玛·云丹贡布得到《四部医典》的伏藏本，加以增订注释，使《四部医典》广泛流行于世。12世纪玉妥·云丹贡布的十四世孙新玉妥·云丹贡布进一步充实丰富了《四部医典》内容。《四部医典》展示了藏族医学的特点和水平以及汉、藏医学的互相影响，同时也反映了对印度古代医学的吸收。② 15世纪后，藏医形成南北两个学派。绛达南杰扎桑著有《八支集要如意珍宝论》、《医学本续论》、《医宗宝灯》、《体系派历算广论》、《推算日月食难点广论》等，发展成为藏医药学的北方学派。舒卡哇·年美多吉著有《四部医典广注·水晶彩函》、《珍宝药物识别》、《药味论》等，发展成为藏医药学的南方学派。两派都根据《四部医典》的内容，绘制了风格不同的医学挂图。③

西夏重视医学和医药。出土的西夏文献中有多种医书。如西夏文《治热病要论》主要内容是治疗妇女病、恶疮病等，其中有病名、药品、药量、煎法、服法，似属单方、验方之类。又有封面题《明堂灸经》的医书，首页标题《新译铜人针灸经》，其序言提到“依孙思邈明堂经中说”，应是西夏据中原医书改编的著作。还有多种西夏文医方残卷，每一药方中都有所治病症，若是成药还有药名，后列所用中药名及所用药量，最后是制作方法和服用注意事项。④ 西夏的医书表明其医学知识主要是学习中原的传统医学。

---

① 冯蒸：《“华夷译语”调查记》，《文物》1982年第2期。

② 王尧主编：《法藏敦煌藏文文献解题目录》，民族出版社1999年版。

③ 蔡景峰：《藏医学通史》，青海人民出版社2002年版。

④ 《俄藏黑水城文献》第4册，第174—189页；史金波：《〈甘肃武威发现的西夏文考释〉质疑》，《考古》1974年第6期。

彝文著作中有医药专书，有很高的医学价值，是研究彝族医药史的重要资料。发现于云南的一部医药书用平棉纸书写，外包羊皮，作于明嘉靖四十五年（1566），书中共记载85种疾病的药物治疗方法，以及300多种动植物药物，此外还记录了简易的外科手术，特别是对难产、肿瘤等症的治疗方法，其方法沿用至今。

此外，少数民族古籍中的宗教研究著作、历法著作、占卜著作等也十分丰富。

上述列举仅是少数民族文字古籍中的一小部分，但管中窥豹，亦不难看出民族文字古籍对国学研究有多么重要。

四　少数民族古籍在国学体系中的地位

翻检少数民族文字古籍，会发现这些古籍不仅与国学关系密切，通过国学发展了本民族文化，同时在很多方面对国学的发展做出了重要贡献，占有重要的一席之地。

1. 发展创新

内容丰富、数量巨大的汉文文献是研究中国历史文化的极为宝贵的资料。而少数民族文字古籍是记录少数民族历史文化的第一手资料，它更直接、更具体地再现了少数民族和少数民族地区的历史，在展示少数民族历史文化方面有其不可替代的优势。它不仅是汉文资料简单的内容延长，范围的延伸；它还能以自我的角度观察本民族的历史文化，观察包括汉族和少数民族在内的各民族之间的关系，令人耳目一新。

敦煌出土的古藏文文书中不但有前述大量不见于汉文史书记载的珍贵历史资料，还有不少直接来自吐蕃官府文书，如诏书、盟会告牒、催粮榜、述职状、求职书、过所文书、纳粮牒、赋税名簿等，也有来自社会基层的文书，如诉状、买卖契约、雇工契约、入破历、寺庙名簿、寺产账等。无疑，这些都为研究早期藏族社会历史和藏族与汉族及其他民族史提供了关键的、难得的新资料。

西夏统辖西北广大地区，享国近两个世纪，但元朝修前朝史时，仅修《宋史》、《辽史》、《金史》而未修西夏史，致使西夏史料缺乏。前述西夏法典《天盛律令》包括西夏刑法、诉讼法、行政法、民法、经济法、军事法的内容，反映出西夏政治、职官、军事、经济、文化、宗教、习俗等多方面的内容，极大地补充了西夏的社会历史内容。该法典在形式上全部为统一格式的律令条目，既无唐、宋法典中条后附赘的注疏，也没有条外另加的令、格、式、敕，这样使律条眉目清晰，易于查找，也避免了律外生律、轻视本条的弊病；还一改唐、宋律各条顶格书写的传统，首创分层次书写的条款形式，在法律文献编纂上有新突破。可惜后世元、明、清各朝编纂法典均未吸收西夏法典的创新，仍因循旧制，只是到了清末受到西方法律的影响，才进行改革，出现了分层次的条目形式。近些年又从出土文献中发现一大批西夏文社会文书，计有1500余号，包括户籍、账籍、军抄状、契约、告牒、书信等直接反映西夏社会的珍贵原始资料，无论在其数量、内容上皆可与敦煌社会文书相媲美，有的文书内容和形式的特点为汉文文书所未见，对研究、认识西夏社会有极高的学术价值。

享誉世界的《蒙古秘史》是一部记述蒙古民族形成、发展、壮大之历程的历史典籍，它从成吉思汗22代先祖写起，直至窝阔台十二年（1240），记载了蒙古族五百多年的历史，其中前面的11世为《元史》所缺。《蒙古秘史》有父系氏族制时代的狩猎生活以及与之相关的图腾崇拜现象，也有从氏族发展成部落、又从部落发展成部落联盟再发展成为一个民族的历史脉络，有从狩猎转变为游牧的历史文化，还有成吉思汗及其将领们奋争崛起、成就霸业史实。《蒙古秘史》受到学术界的重视并融合其他史料后，蒙古学研究出现了最重大的突破。

2. 拾遗补阙

丰富的西夏文文献中还保存了汉文文献中所缺乏甚至遗失的珍贵资料。

西夏时期以西夏文将重要唐代私家类书《类林》翻译刊印，印书时间乾祐十二年（1181），已近西夏晚期。后来在中原地区《类林》汉文本失传。近代在敦煌石室出土有汉文本《类林》残卷，但内容很少，不足以窥《类林》全豹。而西夏文本《类林》的发现并转译成汉文本，恢复了古《类林》本，起到了使《类林》失而复得的作用。《类林》中所引用的一些早期汉文古籍早已失传，《类林》的恢复也增添了部分佚失文献的内容。[①]

出土的西夏文《孝经》据宋绍圣二年（1095）吕惠卿注本译出，中有朱笔及墨笔校改，系西夏仁宗年间译稿，基本完整。前5页为吕惠卿注《孝经》序的译文，内记吕氏姓名、官职及宋"绍圣"年号。[②] 吕惠卿是中国历史上著名的改革家，学识精湛，著作甚丰，其著作多贯彻其改革思想。他身后被《宋史》列入"奸臣列传"，著作多被毁没。包括吕注《孝经》在内的众多著述皆已失传。不难想见，吕注《孝经》的内容完整地保存在西夏文文献中，使久已失传的重要的经学著述失而复得，这对宋代的经学研究甚至对王安石变法的研究具有重要意义。

3. 另辟蹊径

少数民族古籍由于其独特的性质，有时可以在国学研究中找到新的路径。

汉字是记录汉语的文字，但由于汉字是表意文字，不是表音文字，而语言又随着时间的推移不断变化，因此尽管历史上有很多关于汉语的著述，皆用表意的汉字解释汉字语音，对古代对汉语的语音只能分出类别，对其实际音值就很难确定，显得力不从心。

藏文是表音文字。敦煌石室发现了一批古藏文汉文音译本，有的属于童蒙读物，如《千字文》、《杂抄》、《九九表》，还有敦煌地区流行的佛经，如《金刚般若波罗蜜多经》、《阿弥陀经》、《般若波罗蜜多心经》、《妙法莲华经普门品》、《八阳天地神咒经》、《瑜伽师地论》、《道安法师念佛赞》、《大乘中宗见解》等。这些译音材料反映了当时藏、汉语的历史语音实际，是研究藏、汉语历史及藏、汉语比较的宝贵资料，也是研究、构拟中古时期河西一带汉语方言的可靠依据。

八思巴字属表音体系，用以拼写的汉字保存了元代的读音，这为当时汉字正音提供重要的参考作用。如元代的汉语有无入声字、入声带不带辅音收声，是一个长期争论的问题。用

---

① 史金波、黄振华、聂鸿音：《类林研究》，宁夏人民出版社1993年版；《俄藏黑水城文献》第11册，第221—232页。

② 《俄藏黑水城文献》，第11册，第2—46页。

八思巴字译写汉语的韵书《蒙古字韵》按汉语的音韵分为15个韵部，收录八思巴字856个，是八思巴字拼写汉字的范本。根据此书，上述问题很容易得到澄清。可见用八思巴字拼写的汉语文献可比较准确地拟定当时的汉语语音，在这方面具有无可替代的重要意义。①

西夏文—汉文双解词语集《番汉合时掌中珠》为注音更加准确，有时在注音字旁加注文字和符号。西夏境内的汉语应是中古时期的西北方言。尽管汉文和西夏文都是表意文字，但这种两种文字互助语音的材料，对研究当时的西夏语和汉语的西北方音也有重要参考价值。

显然，少数民族文字古籍中为汉字注音的材料，为研究古代汉语开辟了新的途径。

4. 关键佐证

中国各民族历史上有着紧密的政治、经济、文化联系。民族间的往来，不仅有汉文的文献证明，更有少数民族文献印证。有些少数民族文字文献具有更强的说服力。如唐朝和吐蕃的友好关系，在藏文文献中有比汉文文献更细致、具体的记载。藏族地区的碑刻也记载了汉、藏之间的友好关系。唐长庆元年（821）唐朝和吐蕃会盟于长安，翌年又会盟于逻些（今西藏拉萨），长庆三年在逻些立汉、藏文合璧的《唐蕃会盟碑》，又称《甥舅和盟碑》，碑文赞美了汉、藏之间的友谊，追述了唐朝的历史，记录了会盟的经过。此碑千百年来一直受到藏汉人民的敬仰，现树立在拉萨大昭寺门前，为全国重点文物保护单位。

明永乐十一年（1413）建于黑龙江下游特林地方的《永宁寺碑》，用四种文字镌刻，阴面女真文、蒙文各15行，女真文700多字，两侧为汉、女真、蒙、藏四体六字真言。碑文真实反映明代对当地管辖的史实。清朝吉林将军1885年曾派候选州判曹廷杰调查，见到此碑并予拓录。此碑现在海参崴博物馆。

中国早在11世纪就由发明家毕昇创造了活字印刷术，是世界印刷史上划时代的里程碑。沈括在《梦溪笔谈》中记载了毕昇发明泥活字印刷术的情况，在记录活字印刷的工艺流程后，又写道："昇死，其印为余群从所得，至今保藏。"② 可知，毕昇死后，他所使用的泥活字当时可能没有再继续使用。在南宋和元代有使用毕昇泥活字方法印刷书籍的记录。③ 遗憾的是，这些早期活字印刷品都没有保存下来。近些年有人对中国发明活字印刷提出疑义。为更确切地证明中国是活字印刷的发明国，需要有早期活字印刷实物来证明。而这种证明来自少数民族古籍。在毕昇发明活字印刷后，西夏继承并发展了活字印刷，并保存下多种西夏文活字印刷品。其中有《维摩诘所说经》、《三代相照言集文》、《德行集》、《大乘百法明镜集》、《圣大乘守护大千国土经》、《吉祥遍至口和本续》、《妙法莲华经要集义镜疏》、《圆觉注之略疏》、《占察善恶业报经》、《诸密咒要语》、《地藏菩萨本愿经》、《大乘大集地藏十轮经》、《月灯三昧经》、《大方广佛华严经》等。这样多宋、元时期珍贵活字版古籍的发现，毋庸置疑地确证活字印刷术为中国发明。中国的汉族和少数民族在活字印刷方面，衣钵相

---

① 照那斯图、杨耐思：《八思巴字研究》，《中国民族古文字研究》，中国社会科学出版社1984年版，第374页。

② （宋）沈括：《梦溪笔谈》卷18，技艺·板印书籍条。

③ （宋）周必大：《周益国文忠公全集》卷198卷“札子”第十；（元）姚燧：《牧庵集》卷15“中书左丞姚文献公神道碑”。

传，发明创新，后向东西方传播，显示出中华民族在印刷领域对世界文化发展的重要贡献。[①]

五 少数民族古籍研究与国学

中国民族古文字及其文献是中国古代的优秀文化遗产，但作为一门学问，却没有经学、史学、文学那样久远。它大体上兴起于20世纪初。当时中国国力孱弱，社会动乱，随着列强入侵，国外所谓“探险队”纷至沓来，到中国很多地区特别是边疆少数民族地区考察、探险，掠走了一批又一批少数民族文献。这引起中国学者的广泛注意，一些专家想方设法极力保护这些文献，调查流失海外的文献；一些专家认识到这些少数民族文献的重要价值，从而不避繁难，进行文献资料的搜集、整理和研究，为中国民族古文字文献的研究奠定基础。当时中国国学巨匠如王国维、陈寅恪、赵元任、罗振玉等，都关注并参与这一新兴领域的研究，筚路蓝缕，成绩斐然。

西夏文献在20世纪初有两次重大发现。在著名的敦煌藏经洞被发现不久，1908—1909年以俄国科兹洛夫（П. К. Козлов）为首的探险队，于中国的黑水城遗址（今属内蒙古额济纳旗）发现了大量文献和文物，其中绝大部分是西夏文文献，有数千卷册，也有相当数量的汉文及其他民族文字文献。1917年在灵武县（今属宁夏灵武）也发现了上百卷西夏文文献，后大部分入藏中国国家图书馆。这些文献引起众多学者的关注，几位国学大师都参与西夏文释读和研究。20世纪二三十年代初，王国维、陈寅恪撰文研讨[②]，罗振玉辑刊西夏文资料，罗振玉之子罗福苌撰著《西夏国书略说》。[③] 著名佛学专家周叔迦整理西夏文佛经目录。[④] 著名西夏文专家王静如潜心研究，撰著《西夏研究》三辑，作为中央研究院历史语言研究所单刊甲种出版。[⑤] 1932年北京图书馆出版《西夏文专号》，由中、俄、日三国专家撰稿，中国专家除西夏学专家王静如、罗福成、罗福苌外，还有周叔迦、向达等学者加盟，反映出当时的最好水平。[⑥]

中国学者对契丹文的介绍、研究始于罗振玉，他在1914年的《历代符牌图录》中收录一个契丹字鱼符拓本，1916年又在《古镜图录》中收入了一枚契丹字圆铜镜和一个契丹字铭文拓本。[⑦] 早期研究契丹文的著名学者厉鼎煃发表论文《热河契丹国书考》，成为释读契

---

① 史金波：《现存世界上最早的印刷品——西夏活字印本考》，《北京图书馆馆刊》1997年第1期；史金波、雅森·吾守尔：《中国活字印刷术的发明和早期传播——西夏回鹘活字印刷术研究》，社会科学文献出版社2000年版。

② 王国维：《元刊本〈西夏文华严经〉残卷跋》、陈寅恪：《西夏文佛母大孔雀明王经夏梵藏汉合璧校释序》、《斯坦因Khara-khoto所获西夏文大般若经考》，载《西夏研究》第1辑，中央研究院历史语言研究所单刊甲种之八，1932年。

③ 罗振玉辑刊《西夏官印集存》1927年；罗福苌：《西夏国书略说》，东山学社1914年版。

④ 周叔迦：《北平图书馆藏西夏文佛经小记》，《辅仁学志》1930年第2卷第2期。

⑤ 王静如：《西夏研究》（1、2、3辑），中研院历史语言研究所单刊甲种之八、十一、十三，1932—1933年。

⑥ 国立北平图书馆馆刊编辑部：《国立北平图书馆馆刊》4卷3号《西夏文专号》，1932年。

⑦ 罗振玉：《历代符牌图录》，1914年9月刊；《古镜图录》2卷，1916年刊。

丹字的先声，后出版专著《契丹国书略说》。[①] 此后王静如、罗福成、陈述等都有著述发表。历史学家、考古学家金毓黻编辑《辽陵石刻集录》6卷。[②]

公元3—9世纪在今新疆库车、焉耆、吐鲁番等地，使用一种用印度婆罗米文中亚斜体字母文字，过去被称为吐火罗文，20世纪80年代中国学术界改称为焉耆—龟兹文，吐鲁番一带的方言被称为甲方言，古龟兹（今库车）地区的方言称为乙方言。1943年季羡林在德国东方学会杂志上发表《吐火罗文本福力太子本生故事》，对考证甲方言的《福力太子因缘经》版本译著和词汇语源方面都有独到之处，为欧洲语言学界所重视。1982年他又发表了重要论文《吐火罗文A中的三十二相》，后又花费十年的时间对新疆出土古代抄本焉耆文《弥勒会见记》进行研究，以中、英文写成专著，将焉耆—龟兹文研究提升到一个新的台阶。[③]

佉卢字是一种字母，由阿拉美文字演变而来，后来传入于阗、鄯善地区，拼写当地居民使用的一种语言。至少在2世纪中已传入于阗地区，3世纪中传入鄯善（尼雅）地区。著名的和田马钱就是2世纪在于阗铸造的。这种钱币一面用汉文篆字标明币值，另一面正中为一马或骆驼图案，周围一圈佉卢文字，为当时王的名字，因铸造时代不同而有所不同。于阗马钱更将汉字、佉卢字融于一体，表明汉族和少数民族源远流长的文化互动关系。著名考古学家夏鼐曾作《“和阗马钱”考》。[④]

藏文文献是专家们关注的重点之一。著名语言学家于道泉早年为研究藏文住进雍和宫，向喇嘛学习藏语文，还学会了蒙古文。他将在雍和宫发现的六世达赖喇嘛仓央嘉措情歌的手抄本译成汉文，于1930年刊布，开辟了藏族重要文学著作仓央嘉措情歌的研究。书中不仅附以汉、英两种文字的情歌译词和注释，而且还有著名语言学家赵元任为歌词所配的藏语拉萨话记音。赵元任在此书中所写《记音说明》是用现代语言学方法和理论阐述藏语语音的首篇文章。现为国际语言学界所普遍采用的“四段五点字母式声调符号”就是他在本书歌词记音时所创造。[⑤] 著名语言学家罗常培利用敦煌千佛洞所藏文译音佛经写本《阿弥陀经》残卷、《金刚经》残卷、《千字文》残卷、《大乘中宗见解》，和注音本《开蒙要训》以及唐蕃会盟碑拓本，深入研究唐五代西北方言，1933年出版《唐五代西北方音》，取得重要成果。[⑥]

罗常培从还从1938年开始研究八思巴字，后与蔡美彪合作编著《八思巴字与元代汉语》[⑦]。著名学者韩儒林也发表过八思巴字研究的文章。早年韩儒林、岑仲勉对突厥碑铭做过介绍和研究，用力颇勤。著名民族史学家冯家昇研究回鹘文文献，发表《回鹘文大唐三

---

① 厉鼎煃：《热河契丹国书考》，《国学季刊》第3卷第4号，1932年；《契丹国书略说》，仁声印刷所，1934年5月。

② 金毓黻：《辽陵石刻集录》6卷，奉天图书馆刊，1934年。

③ 季羡林：《吐火罗文A中的三十二相》，《民族语文》1982年第4期；《吐火罗文〈弥勒会见记〉译释》，《季羡林文集》第十一卷，江西教育出版社1998年版。

④ 夏鼐：《“和阗马钱”考》，《文物》1962年第7、8期合刊。

⑤ 于道泉：《第六代达赖喇嘛仓央嘉措情歌》，国立中央研究院历史语言研究所单刊甲种之五，1930年。

⑥ 罗常培：《唐五代西北方音》，国立中央研究院历史语言研究所单刊甲种之十二，1933年。

⑦ 罗常培、蔡美彪编著：《八思巴字与元代汉语》，科学出版社1959年版；中国社会科学出版社2004年增订本。

藏法师研究报告》、《元代畏吾儿文契约二种》、《回鹘文善斌（斌通）卖身契》，很有创获。

研究彝文及其文献的有著名学者杨成志、丁文江、闻宥、江应梁、马学良等。特别值得提出的是地质学家丁文江对彝文文献整理做出了重大贡献。1930年冬，中国地质调查所所长丁文江在贵州考察地质，发现彝文及其文献有重要价值，于是约请贵州彝族知识分子罗文笔翻译整理出彝文《千岁衢碑记》、《说文〈宇宙源流〉》、《帝王世经（人类历史）》、《献酒经》、《解冤经》、《玄通大书》、《天路指明》、《权神经》、《夷人做道场用经》、《武定罗婺夷占吉凶书》等重要经典，最后由丁文江把译稿汇编为《爨文丛刻》，于1936年由商务印书馆出版，编入中央研究院历史语言研究所专刊之十一。① 该书使学术界认识到彝族地区有大量珍贵文献存在，引起重视，同时这种汇编黔、川、滇文献和四行译体方法对后来彝文古籍编译、整理产生了重大的影响，开辟了科学翻译、整理彝文古籍的先河。著名语言学家马学良教授于1938年到云南彝族地区向彝族毕摩学习彝语和彝文，并对收集到的2000多册彝文古籍进行整理研究，与禄劝彝族毕摩张文元一起翻译彝文《作斋经》和《作祭献药供牲经》，分别于1945年和1947年发表。

纳西东巴文是在云南丽江纳西族地区流行的文字，是处于图画记事和表意文字中间发展阶段的象形文字符号系统，是人类文字发展史上的一个典型范例，是世界上至今唯一仍在使用的象形文字，是“文字的活化石”，在文字发展史上占有极为重要的地位。著名学者方国瑜、李霖灿、傅懋勣对纳西东巴文的整理、研究都做出了卓越贡献。纳西族学者方国瑜于1933年从北京大学研究所受命回云南丽江调查东巴文化，翻译东巴文纳西族传说《人类起源》及若干经书的章节。后来他在赵元任、李方桂先生指导下用国际音标为纳西文字标音，编成第一部翔实、科学的《纳西象形文字谱》，得到国学大师章太炎先生的赞赏，并欣然为之作序。② 李霖灿于1939年到云南丽江，花费四年时间考察、搜集、研究东巴经，1946年完成译注《么些经典译注六种》，由著名语言学家张琨记注语音，纳西族东巴和才录写文字。后此书1957年于台湾出版。李霖灿为便于释读、整理东巴文古籍，还编辑《么些象形文字字典》，也由和才读音，张琨记音，中央博物院筹备处于1945年在四川南溪县李庄石印出版。③ 著名语言学家傅懋勣于1945—1946年到丽江纳西族地区调查纳西文书籍，用语言学、文字学方法整理研究，其力作《丽江么些象形文“古事记”研究》系解读东巴文经书的重要成果，于1948年出版。④ 后傅懋勣又作《纳西族图画文字〈白蝙蝠取经记〉研究》，对经书中每一个单体字形和复合字形都做了认真研究和解读。⑤

此外，著名学者罗福成、周肇祥、金毓黻对女真文进行了整理、研究。⑥ 1933年李德

---

① 丁文江编：《爨文丛刻》，上海商务印书馆1936年版；马学良主编、罗国义（彝族）审订：《增订爨文丛刻》（1—3册），四川民族出版社1986—1987年版。

② 方国瑜编撰，和志武参订：《纳西象形文字谱》，云南人民出版社1981年版。

③ 李霖灿编著：《纳西族象形标音文字字典》，云南民族出版社2001年版。

④ 傅懋勣：《丽江麽些象形文〈古事记〉研究》，武昌华中大学发行，武昌天成印书馆印刷，1948年。

⑤ 傅懋勣：《纳西族图画文字〈白蝙蝠取经记〉研究》，日本东京外国语大学亚非言语文化研究所，1981—1983年。

⑥ 罗福成编：《女真译语》正编、二编，清宫大库旧档整理处刊印，1933年。

启、于道泉编的《满文书籍联合目录》，收录北平图书馆和故宫博物院馆藏满文文献500余种。

国学大家们竞相涉足少数民族文字及其古籍的探索，将其视为国学的重要一翼，作为国学中的疑难奋起攻关，展示出他们勇于解破科学难题的精神、出众的学术才华、和令人瞩目的成果。当然，不少国外专家也投身中国民族古文字研究，有的甚至是某一文种研究的开创者或解决关键问题者，他们在中国少数民族古文字及其文献研究方面做出了重要贡献。

当20世纪初期国学研究蓬勃兴起之时，国学研究刊物也应运而生，其中最著名的是北京大学胡适主编的《国学季刊》。其《发刊宣言》认为："国学"是研究中国的一切过去的文化历史的学问。这中间当然也包括对中国少数民族文字及其文献的研究。《国学季刊》贯彻了这一宗旨，刊登过重要的相关论文。如罗福成有关女真文字的两篇论文《宴台金源国书碑考》、《〈华夷译语〉中女真语音义》就发表在该刊上。[①] 该刊还发表厉鼎煃关于契丹文的论文《热河契丹国书考》和孟森的《辽碑九种附跋尾》。[②] 外国专家关于中国少数民族文字的论文也收入发表。如苏联专家伊凤阁（А. И. Иванов）所著《西夏国书说》就是其中之一篇。[③] 不难看出，当时的国学包括了少数民族文字及其古籍的研究。

北京图书馆出版的馆刊中刊登过很多有分量的国学著述，其中不乏少数民族文字文献研究，如第三卷第四号有罗福成的《女真国书碑跋尾》，第四卷第五号有于道泉的《达赖喇嘛于根敦珠巴以前之转生》，第八卷第五号有罗福成的《高昌译谱》等，其中也有外国专家研究中国少数民族文字的论文，如第四卷第六号日本内藤虎次郎的《明奴儿干永宁寺碑考》，第九卷第二号苏联聂利山的《关于西夏国名》等。该刊还出版过三种专号，其中之一是第四卷第三号的《西夏文专号》（其他两种专号是第二卷第三、四号合刊的《永乐大典专号》和第七卷第三、四号合刊的《圆明园专号》）。由此也可见该刊重视少数民族文字古籍的研究。

当时中央研究院历史语言研究所的集刊，是国学研究的重要园地，其中也刊载过不少少数民族文字文献研究的重要著述，特别是一些专著以单刊的形式出版，扩大了少数民族文字文献的研究阵地，如前述于道泉的《第六代达赖喇嘛仓央嘉措情歌》为单刊甲种之五，罗常培的《唐五代西北方音》为单刊甲种之十二，王静如的《西夏研究》（一、二、三辑），为单刊甲种之八、十一、十三。

国外研究中国的学问，也逐渐从"汉学"（Sinology）向"中国学"（中国研究 Chinese Studies 或 China Studies）改变。汉学已不能涵盖也不能科学地表述中国传统的学问。这一变化除学术上的社会科学化和多学科整合外，与对中国多民族国家认识的深化、少数民族研究越来越受到重视有很大关系。

新中国成立后，实行各民族一律平等的民族政策，少数民族文化得到充分的尊重，宪法保障了民族语言文字使用的权利，民族文字文献的整理和研究进入新的历史时期。特别是改

① 罗福成：《宴台金源国书碑考》，《国学季刊》1卷4期，1923年；《〈华夷译语〉中女真语音义》，《国学季刊》1卷4号，1932年。

② 孟森：《辽碑九种附跋尾》，《国学季刊》3卷3号，1932年。

③ 伊凤阁：《西夏国书说》，《国学季刊》第1卷1期，1923年。

革开放以后，少数民族古籍的保护、整理和研究受到政府、学术界和社会的关心、重视。1979年由著名学者季羡林、翁独健等16位老专家共同发出倡议书，建议加强中国民族古文字研究，筹备创建中国民族古文字研究会。1980年8月在翁独健教授的主持下中国民族古文研究会正成立，由包尔汉、季羡林任名誉会长，傅懋勣任会长。从此，中国少数民族古文字及其文献的研究步入一个新的阶段。1984年国务院批准成立中国少数民族古籍整理规划出版小组，全国各地民族古籍整理工作在政府领导下有组织地开展起来。2007年《国务院办公厅关于进一步加强古籍保护工作的意见》特别提及少数民族古籍。2008年1月国务院公布《国家珍贵古籍名录》，其中包括少数民族文字古籍110部。

少数民族文字古籍的深入整理研究，不仅是国学研究的重要组成部分，更是促动国学发展，振兴学术不可或缺的动力。加强少数民族古籍的整理、研究，对繁荣包括少数民族文化在内的中华民族优秀传统文化，对增进各民族之间的相互理解，对加强民族团结，对维护国家的统一都具有现实意义。对少数民族古籍的整理和研究不能忽视、不能轻视，相反，要给予足够的重视。近年来中国社会科学院提出扶持和发展带有“绝学”性质的学科，扶持和发展特殊学科，依靠专家，培育新秀，其中包括少数民族古文字等诸多学科，无疑是带有学术战略性质的重要举措。而欲收实效，则有待于多方的共同努力。

中国古代双语文献及双语教育*

多民族国家的双语现象是普遍现象。作为历史悠久、幅员辽阔的中国，当然普遍存在着双语甚至多语现象。中国东临大海，西靠高山，各族居民相对稳定。随着社会发展进步，历史上各民族密切接触，政治、经济、文化交往日益频繁。操不同语言的民族相互交流离不开双方语言的媒介。由于汉族人口众多，居住地域广阔，占据中心地带，更因其经济、文化的先进，汉语往往在双语中处于优势或中心地位。

中国不仅是多民族、多语言的国家，还是多文字的国家。不少民族在不同的历史时期创制并使用了本民族文字，这不仅对各民族文化发展起到重大推动作用，同时也为光彩夺目的中华民族历史文化宝库增添了重要内容。在历史上创制和使用的少数民族文字不下30余种，如佉卢字母、焉耆—龟兹文、于阗文、突厥文、藏文、回鹘文、西夏文、契丹大小字、女真大小字、回鹘式蒙古文、蒙古文、托忒蒙古文、八思巴字、察合台文、满文、锡伯文、彝文、4种傣文、东巴文、哥巴文、方块壮字、方块白文、方块布依文、尔苏沙巴文等。在各历史时期，少数民族文字在加强和完善社会交际、保存文化、传播知识和交流文化方面都起到了重要作用，对该民族的文化发展产生了深刻影响，显示出其重要的社会功能，同时也形成并保存下丰富的少数民族文字文献。有些文献还突出地反映出历史上的双语现象和双语教学，是认识、总结、借鉴历史上双语现象和双语教学的宝贵资料，值得认真研究和特别珍视。

一　早期的双语文献

中国对双语现象的记载可追溯到久远的先秦时代。《周礼注疏》引《礼记·王制》篇记载："五方之民，言语不通，嗜欲不同，达其志，通其欲，东方曰寄，南方曰象，西方曰狄鞮，北方曰译。"① 寄、象、狄鞮、译都是不同地区对翻译的称谓。不难看出双语现象和翻译由来也尚。古代中原王朝与周边民族、国家交往时，在不同时期将翻译人员称为"象胥"、"译"、"典客"、"舌人"、"译官"、"译语"、"通事"等。若从文献考察则中国的双语记载应在少数民族使用文字之后，一般在汉代就有了可考的资料。

---

* 原刊于《双语教学与研究》第七辑，中央编译出版社2010年版，第38—70页。

① 《周礼注疏》卷37，"大行人条"，《十三经注疏》本，中华书局影印本1980年版，上册第892页。

（一）佉卢字母是中国在汉代至魏晋南北朝时期，在今新疆和田、鄯善一带居民使用的一种字母，系由阿拉美文字演变而来。当时居民属于阗王国和鄯善王国，操印度语支中的西北俗语。[①] 近代出土的佉卢字和汉字合璧的钱币，即所谓著名的和田马钱，就是2世纪在于阗铸造的。这种钱币一面周围用汉文篆字标明币值，另一面正中为一马或骆驼图案，周围一圈佉卢文字，为犍陀罗语"Maharajasa，rajati najasa，Mahatasa Gugramayasa"，意为"大王，王中之王，伟大者：矩伽罗摩耶娑（之钱币）"[②] 钱币上王的名字因铸造时代不同而有所不同。于阗马钱表明在1800年前汉族和少数民族源远流长的经济、文化互动关系。这大约是中国最早的双语实物资料。

宗教的传播往往越过国界，不同民族之间宗教传输会形成宗教经典的翻译。佛教传入中国时间较早，从印度通过大夏、安息，沿丝绸之路向西域于阗、鄯善、龟兹、疏勒、莎车、高昌等地区传播，并向继而向内地纵深泗透 。可以说新疆地区是中国信仰佛教最早的地区，也是向中原地区传播佛教的通道。当时西域很多民族接受佛教，并以各自不同的文字翻译佛经。佛经的大量翻译便是双语交流的结果。19世纪末在和田发现的一种写在桦树皮上佉卢字佛教经典《法句经》残卷，是公元2世纪的文献，译自巴利文，上有写者题记。[③] 这比三国时期《法句经》翻译成汉文要早一个世纪。

（二）焉耆—龟兹文是公元3世纪及其以后一段时期，在今新疆库车、焉耆、吐鲁番等地使用一种文字，用印度婆罗米文中亚斜体作字母，也被称为吐火罗文。由于地域不同，吐鲁番一带的方言被称为甲方言，古龟兹（今库车）地区的方言称为乙方言。现已发现并刊布的焉耆—龟兹文文献种类较多，数量丰富，包括佛经、文学作品、公文档案、经济账目、辞书、医书和洞窟中的题记、铭刻等。其中还有梵语—龟兹语对照字书、龟兹语—回鹘语对照字书。这说明当时由于社会经济、文化发展交流的需要，已经开始有不同语言文字之间的对照字书，表明双语现象引起了更多的社会关注，更多的人需要学习、掌握双语，双语教育已经见诸教科书式的文献。这是迄今见到的最早两种文字对照的字典。

1974年新疆出土的吐火罗文《弥勒会见记》译自梵文，是长达27幕的剧作，成书在5—6世纪，被称为中国历史上最早的剧本，其中保存在新疆维吾尔自治区博物馆的页面最多。[④]

（三）于阗文是印度婆罗米文的笈多王朝变体，记录的是新疆于阗地区的于阗语（或称于阗塞语）。于阗语属印欧语系伊朗语族。自汉武帝通西域后，于阗地区与内地关系密切，经济、文化交流密切，汉文一直是当地的通用文字。公元6世纪于阗文传入当地后，当地通行汉文与于阗文两种文字。后汉文的主导地位逐渐被于阗文取代，但并未被废止，汉文对于阗文还产生了很大的影响。在于阗文中有大量汉语借词，有的文献还在于阗文中夹写汉字。

---

① 马雍：《新疆所出佉卢文书的断代问题》，《文史》第7辑，1979年；《古代鄯善、佉卢文字资料综考》，《中国民族古文字研究》，中国社会科学出版社1984年版，第6页。

② 夏鼐：《"和阗马钱"考》，《文物》1962年第2期 。

③ 林梅村：《汉唐西域与中国文明》，文物出版社1998年版，第151页。

④ 季羡林：《吐火罗文〈弥勒会见记剧本〉译文》，《语言与翻译》1992年第3期。20世纪初德国探险队曾发现吐火罗文《弥勒会见记》，后从新疆携往德国，内容比新疆博物馆藏要少。

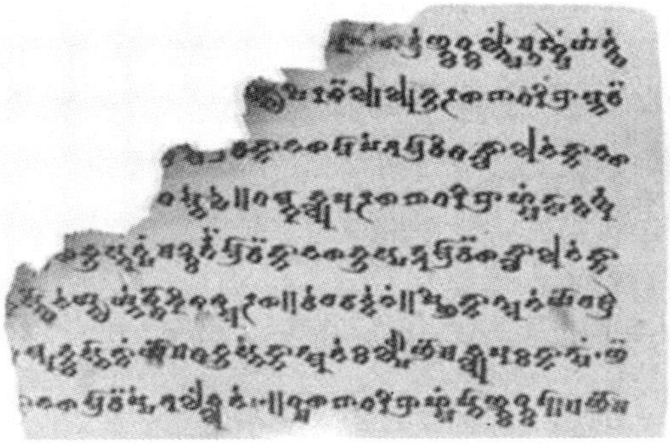

图 1　焉耆文《弥勒会见记》　新疆博物馆藏

已发现的《汉语—于阗语词汇》、《突厥语—于阗语词汇》、《梵语—于阗语词汇》等书籍，表明了当时这一地区使用双语的实际情况。①

从于阗文的装帧形式看，主要有两种。一种是梵夹装，另一种是卷轴装，卷轴装的图书往往是汉文与于阗文合璧。这种双语文献反映出汉文与于阗文在当地的流行与相互影响。

（四）粟特文是粟特人使用的文字，属于阿拉美字母系统。粟特人是古代丝绸之路上的一个民族，语言属印欧语系伊朗语族。大多数粟特文文献的时代在 6—11 世纪，多是纸质抄本，也有一些木牍和羊皮书。存世的粟特文的碑铭中，最重要的是蒙古布古特发现的 6 世纪碑铭，正面及左右两侧均刻粟特文 29 行，内容系突厥可汗事迹，背面是婆罗米文字，今藏蒙古国杭爱地区博物馆。② 表明两种语言的交流。

（五）南北朝时期鲜卑族势力壮大。北齐统治者为鲜卑族，在北齐多使用鲜卑语等。北齐社会中汉人为多。在统治者强势政治影响下，汉人中也流行鲜卑语，出现“双语热”。北齐颜之推的《颜氏家训》中有一些反映当时风俗的内容，其中记载了官员子弟学鲜卑语伏事公卿事。书中还讽刺当时两“名士”各种学问、技艺皆不精通，其中包括鲜卑语和胡书也是半吊子学问。此亦可见，当时学习鲜卑语已成汉人时尚。③ 所谓“胡书”，有人以为是鲜卑文，但史书未见其他创制、使用鲜卑文的记载，也未发现鲜卑文文献，或为北方其他少数民族文字，待考。但当时鲜卑语成强势语言，社会流行双语应是不争的事实。《北齐书》在《孙搴传》中记载，孙搴以“又能通鲜卑语，兼宣传号令。当烦剧之任，大见赏重”；《祖珽传》中记范阳汉族人祖珽，有才学，“并解鲜卑语”。④ 可见当时士大夫阶层懂鲜卑语者不是个别人。《隋书·经籍志》著录有《国语》十五卷、《国语》十卷、《鲜卑语》五卷、《国语物名》四卷（后魏侯伏侯可悉陵撰）、《国语真歌》十卷、《国语杂物名》三卷（侯伏侯可悉陵撰）、《国语十八传》一卷、《国语御歌》十一卷、《鲜卑语》十卷、《国语号令》四卷、《国语杂文》十五卷、《鲜卑号令》一卷（周武帝撰）、《杂号令》一卷。这 13 种书有的很明确是鲜卑语，而“国语”又指何种语言？《隋书》在其后解释：“后魏初定中原，

① 林梅村：《新疆和田出土汉文于阗文双语文书》，《考古学报》1993 年第 1 期。

② 龚方震：《粟特文》，《中国民族古文字图录》，中国社会科学出版社 1990 年版，第 54—56 页。

③（南北朝）颜之推：《颜氏家训》“教子第二”、“省事第十二”。

④《北齐书》卷 24《孙搴传》；卷 39《祖珽传》。

军容号令，皆以夷语。后染华俗，多不能通。故录其本言，相传教习，谓之‘国语’。”① 原来在当时，鲜卑人进入中原，仍使用自己的语言，后与汉族接触渐多，便学习汉语，而逐渐不用鲜卑语，当时有人记录其语言，用于教学。既然教不懂鲜卑语的鲜卑人学习鲜卑语，当时又无鲜卑文，这种记录当是汉文，也即用汉字记鲜卑语语音，并用汉字注明其词义。这是很早的鲜卑—汉语双语字书，可惜这些珍贵资料今已不存。

二 隋唐时期的双语文献

隋唐时期中原地区和边疆少数民族地区联系、交流更加密切，各民族语言的互动更为广泛。这种现象在文献中有明显的反映，如用少数民族文字翻译中原地区的典籍数量增加，范围扩大；少数民族文字和汉文对照的词典，以及两种文字合璧的文献也层出不穷。

（一）突厥文是突厥汗国使用的一种的文字，是一种音素、音节混合型文字。公元6—8世纪，在蒙古高原上建有突厥汗国。唐玄宗时期是突厥与唐朝关系最好的时期，突厥毗伽可汗及其弟左贤王阙特勤为此做出了贡献。阙特勤死后唐玄宗撰辞刻于碑。② 不久毗伽可汗被害，唐玄宗又为毗伽可汗立碑建庙，亲笔御书碑文。③ 阙特勤侄子药利特勤为纪念这两位先人的英雄伟绩，在这两块御制碑背面和侧面，用突厥文铭刻了死者生平事迹和显赫武功，形成了汉文和突厥文两种文字的碑刻，见证了唐朝和北方少数民族之间的友好关系，也是当时双语的典型例证。

斯坦因在敦煌发现突厥文纸质文献有《突厥格言》，行间插有汉字。文字内容为警句格言，写在一份汉文文书背面，汉文文书是同光三年（925）后唐庄宗遣郭崇韬伐蜀时的奏文，可见这份文献应写于10世纪中后期。④ 当时纸张是珍罕之物，利用书写汉文纸张背面书写突厥文，形成负载两种文字的文献。

（二）回鹘文是回鹘人使用的文字。回鹘是一个有悠久历史的民族，维吾尔族的先民。回鹘人用回鹘文记录、创作了很多作品，翻译了大量经典。在9世纪前后已有大量回鹘文文献形成，包括许多借据、地契合同等社会经济文书。一种9—10世纪写经体回鹘文摩尼教寺院文书，上有汉字篆文朱色方印11处，为高昌回鹘王国颁给吐鲁番地区摩尼教寺院的文书，其中规定了该寺院种种特权。这种文书不仅证明两种文字的共用，也反映两个民族在经济生活的关系。文书现存中国国家博物馆。

回鹘著名僧人胜光法师根据汉文释慧立所著《大慈恩寺三藏（传）法师传》翻译《玄奘传》。前述从梵文译成吐火罗文的《弥勒会见记》，再由智护法师译为回鹘文。这些都是为宣扬佛法而形成的双语翻译文献。

（三）藏文是公元7世纪吐蕃大臣通米桑布扎参照印度梵文创制的文字，一直使用至今。藏族古代称吐蕃。吐蕃赞普松赞干布十分注重文化事业，重视与当时有先进文化的唐朝

① 《隋书》卷32《经籍志一》。

② 《新唐书》卷215下《突厥下》。

③ （宋）王钦若：《册府元龟》卷975《外臣部·褒义第三》。

④ 张公瑾主编：《民族古文献概览》，民族出版社1997年版，第360—361页。

的友好往来。他迎娶唐太宗李世民的宗女文成公主入藏时，唐太宗赐予大量书籍，如儒学经书、佛教经典、占卜书、营造与工技书、医书等。这些典籍与技术的引进，对发展吐蕃的经济、文化起了积极作用。松赞干布还从唐朝引入纸、墨等生产技术，派遣贵族子弟到首都长安（今陕西省西安市）学习诗书，聘请汉族文人入吐蕃代写表疏，这反映出当是两种语言在双方交往密切的情况下有频繁地互动。当时的长安已有学习双语的学校。后金城公主入藏后，又向唐朝求得《毛诗》、《礼记》、《左传》、《文选》等汉文典籍。此后有《今文尚书》、《礼记》、《战国策》等古藏文译本传世。[①] 这是系统翻译中原典籍较早的记载。这些举措有力地促进了藏族文化的发展和汉、藏文化的交流。

藏文创制后即用以翻译部分佛教经典，将梵文、汉文、于阗文等文种的主要佛教经典译成藏文。大规模开展翻译佛经在8世纪后期，当时在赞普赤松德赞大力扶持下，兴建桑耶寺，从印度迎请大师，选送青年学者到印度、汉地学习语文、佛法。这些双语人才回归吐蕃后，与延请到吐蕃的印度、尼泊尔学者和汉地法师们合作创办译场，开始长时间的译经活动。唐文宗大和二年（828）按墀祖德赞命令，编纂已翻译成藏文的佛教经论的目录，并以三所殿堂命名，分别称《庞塘目录》、《秦浦目录》、《登迦目录》。《登迦目录》所收录经典有六七百种之多，共分27个门类。内中明确指出有31种译自汉地。[②] 这是少数民族政权组织大规模译经的双语活动。

著名的《汉公主大医典》是流传于藏族地区最早的医学著作。值得提出的是《汉公主大医典》系经汉地和尚二人译成藏文，成为吐蕃历史上最早的一部医学著作。当时还由汉地医生、大食医生和天竺医生三人共同编著长达7卷的医书《无畏武器》。在墀德祖赞时，由中原地区和尚、医生和3名藏族翻译了有115品之多的《索马热咱》，在藏医史上称为《月王药诊》，这是汉藏两族翻译家合作的结晶，也是藏族早期的医书。[③] 可见，借鉴中原地区的医学和医术，需要依靠两种语言文字的搭桥过渡。

在敦煌藏文写卷中有用古藏文音译汉字的写本长卷，全部用古藏文音译各种佛教文献。有汉藏对音《千字文》本，汉文竖写，字左侧注藏文对音。还有《大乘中宗见解》汉藏对音本，其中一半有藏文对音。这些都是当时的双语教材，也成为研究古代汉语和藏语的重要资料。著名的语言学家罗常培先生据此类文献撰写了《唐五代西北方音》这样的经典著作。

吐蕃时期的藏文文献资料中还有十分珍贵的碑文和钟铭，其中也有汉文、藏文和合璧者。如《唐蕃会盟碑》系唐长庆三年（823）在逻些（今拉萨）立，又称《甥舅和盟碑》。碑四面有字。正面，西向，为会盟盟词，汉、藏文两体对照，左半藏文，横书，76列，右半汉文楷书6行，直书，存464字。文义相同。北面为吐蕃与盟官员17人名单，藏、汉文对照，上为藏文，40列。南面为唐廷与盟官员位次18人名单，也有藏语译音49列。东面为藏文，78列，赞美了汉、藏之间的友谊，追述了唐朝的历史，记录了会盟的经过。碑文不仅有重大的政治意义和深远的历史意义，也是汉族和藏族双语互动的历史见证。此碑现树

① 王尧主编：《法藏敦煌藏文文献解题目录》，民族出版社1999年版。

② （元）布顿·仁钦竹：《布顿佛教史》，中国藏学出版社1989年版。

③ 《智者喜宴》第7品，第68页；《智者喜宴》第17品，第46页。转引自《藏族简史》编写组《藏族简史》，西藏人民出版社1985年版。

立于拉萨大昭寺门前，千百年来一直受到藏汉人民的敬仰。

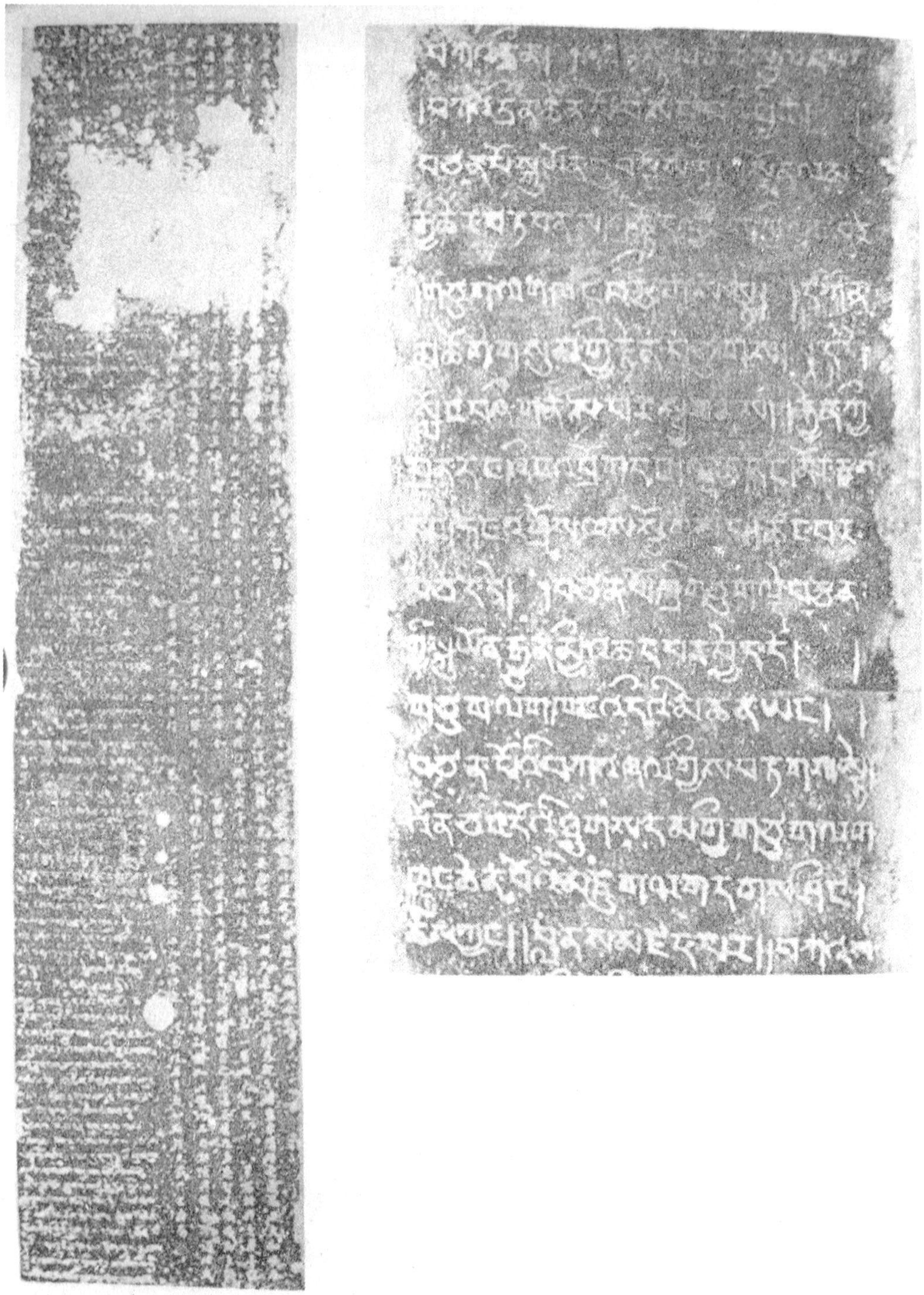

图 2　唐蕃会盟碑碑文　拉萨大昭寺前

三 宋、辽、夏、金时期的双语文献

有宋一代，中国的少数民族在政治舞台上扮演了更为重要的角色。契丹、党项、女真族先后建立辽、夏、金国，同时创制、使用了各自的民族文字契丹文、西夏文、女真文，并尊为国字。这三个王朝皆与宋朝有密切来往，且境内汉族居民很多，因此都存在双语现象，有很多双语文献。

（一）契丹文分大字和小字。大字是耶律阿保机称帝后于神册五年（920）命耶律突吕不和耶律鲁不古等创制，应是一种音节—音素混合文字。天赞年间（922—926）辽太祖之弟迭剌又创制契丹小字。当时用契丹文翻译了很多汉文书籍，其中有萧韩家奴译《贞观政要》、《五代史》、《通历》，耶律倍译《阴符经》，耶律庶成译《方脉书》等。[①]《辨鸩录》也被译成契丹文。[②] 甚至辽朝皇帝也参加译书，辽圣宗耶律隆绪曾翻译白居易的《讽谏集》。[③] 翻译典籍既需要专业知识，更需要熟悉契丹文和汉文的双语人才。上述文献皆已失传，现所能见到的是大量的契丹文石刻，石刻中契丹文和汉文合璧者居多，形成双语双文的特殊园地。其中契丹大字与汉文合璧的碑文、墓志有《大辽大横帐兰陵郡夫人建静安寺碑》、《萧孝忠墓志》、《耶律延宁墓志》、《萧袍鲁墓志》等。契丹小字与汉文合璧的石刻有《仁懿皇后哀册》、《道宗皇帝哀册》、《宣懿皇后哀册》、《许王墓志》、《耶律宗教墓志》、《耶律智先墓志》等。另有出土于内蒙古巴林右旗索博日嘎苏木瓦林茫哈辽墓的《宋魏国妃墓志》，志盖台面中央刻篆体契丹小字原字4行，志石刻契丹小字24行，与之同时出土的还有汉文《宋魏国妃墓志铭》一合，虽与上契丹字不对译，但依然反映当时辽朝的双语现象。[④]

（二）西夏文是记录西夏主体民族党项羌语言的文字，属于表意性质的方块字，文字形式和汉字相近，创制于西夏立国前两年（1036），在景宗元昊的倡导和支持下，由大臣野利仁荣制成。西夏文创制伊始，既教国人记事用蕃书，并翻译汉文《孝经》、《尔雅》、《四言杂字》为西夏文。从出土文献可知西夏还翻译儒学书籍《论语》、《孟子》，兵书《孙子兵法三注》、《六韬》、《三略》，类书《类林》，史书《贞观政要》等书。[⑤] 很快又着手翻译佛经为西夏文，历经4朝，坚持53年译成西夏文大藏经3579卷。西夏在翻译佛经时还请熟悉佛经的回鹘人主持。[⑥] 可见西夏译经牵涉多民族、多语言的交流。

在西夏境内，西夏文与汉文、藏文、回鹘文同时并用。这和西夏居民多民族构成相一致。西夏双语文献非常丰富，其形成显系社会发展、民族交往的强力推动。已发现的西夏社

① 《辽史》卷103《萧韩家奴传》、卷72《宗室传》、卷98《耶律庶成传》。

② （宋）陈振孙：《直斋书录题解》卷5。

③ （宋）叶隆礼：《契丹国志》卷7。

④ 清格尔泰、刘凤翥、陈乃雄、于宝林、邢复礼：《契丹小字研究》，中国社会科学出版社1985年版；刘凤翥：《契丹大字六十年之研究》，载香港中文大学《中国文化研究所学报》1998年新第7期。

⑤ 史金波：《西夏文化》，吉林教育出版社1986年版。

⑥ 史金波：《西夏文〈过去庄严劫千佛名经〉发愿文译证》，《世界宗教研究》1981年第1期。

图 3　西夏译经图　国家图书馆藏

会文书中不仅有大量西夏文文书，还有汉文文书、布告、请假申请书、欠款单、便条等。西夏法典《天盛改旧新定律令》原有西夏文、汉文两种版本。西夏历书不仅有西夏文、汉文本，还有西夏文、汉文两种文字合璧互用本。[①] 莫高窟中有西夏文、汉文两种文字并书的题记。就连西夏皇帝陵墓的碑亭中，也是西夏文碑和汉文碑并立。西夏崇宗天祐民安四年(1093)，由皇帝、皇太后发愿重修凉州感通塔及寺庙，第二年完工后立碑赞庆，该碑即现存于武威著名的重修护国寺感通塔碑，也是西夏文—汉文合璧碑。西夏的钱币也有西夏文和

① 史金波：《西夏的历法和历书》，《民族语文》2006 年第 4 期。

汉文两种。

值得称道的是西夏编纂了多种类型的双语工具书。其中最重要、影响最大的当属西夏文—汉文双解词语集《番汉合时掌中珠》。此书共37页，以天、地、人分类，将社会上常用词语按天形上、天相中、天变下、地体上、地相中、地用下、人体上、人相中、人事下分为九类，其中以人事下内容最多。每一词语都有四项，中间两项分别为西夏文（番文）和相应意义的汉文，左右两项分别为中间西夏文和汉文的相应译音字。懂汉语文不懂西夏语文的人可通过此书学习西夏语文，而懂西夏语文不懂汉语文的人也可通过此书学习汉语文。此书是番人、汉人互相学习对方语言文字的工具书。正如作者在序言中说："然则今时人者，番汉语言，可以具备。不学番言，则岂和番人之众；不会汉语，则岂入汉人之数。番有智者，汉人不敬；汉有贤士，番人不崇，若此者由语言不通故也。"作者还直接阐明编纂此书的原则和目的："准三才集成番汉语节略一本，言者分辨，语句昭然，言音未切，教者能整。语句虽俗，学人易会，号为《合时掌中珠》。"① 此序末记载时间为乾祐二十一年（1190），属西夏后期，距西夏灭亡仅37年，但仍有修订，现所见至少有两种版本。此书应是世界上最早的双语双解的辞书。

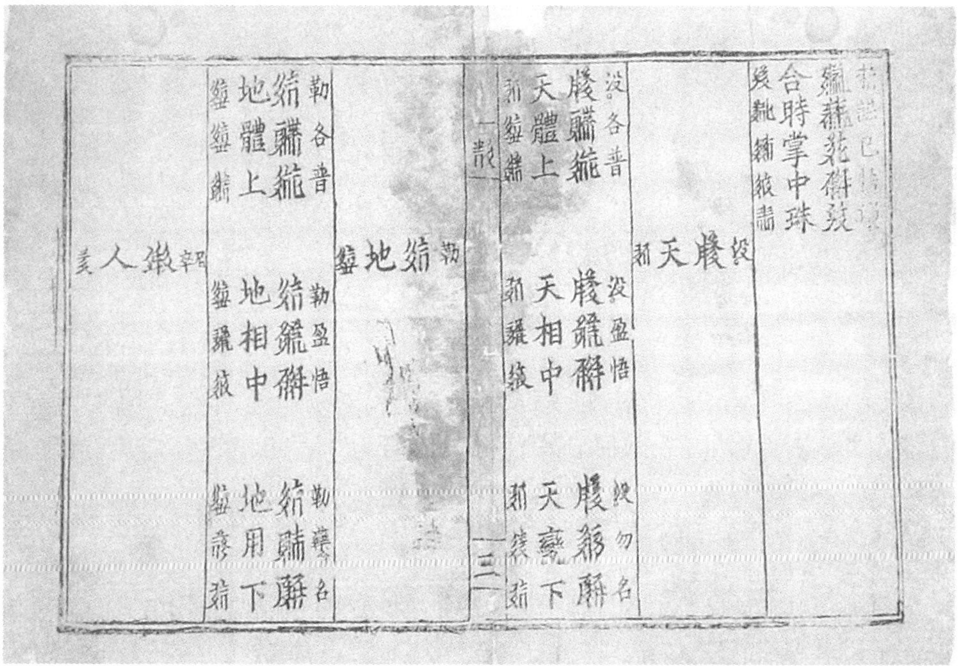

图4　西夏文—汉文双解词语集《番汉合时掌中珠》

另有西夏文《新集碎金置掌文》（简称《碎金》），全文一千字，每句五言。编者巧妙地将1000个不重复的西夏字编成长达200句、100联的五言诗，编排方法和叙事列名顺序

① 史金波、魏同贤、克恰诺夫主编：《俄藏黑水城文献》第10册，上海古籍出版社1999年版，第1—37页；黄振华、聂鸿音、史金波整理：《番汉合时掌中珠》，宁夏人民出版社1989年版。

与汉文《千字文》相仿。书中正文开始是自然现象、时节变化等，后为人事，包括帝族官爵、番姓和汉姓、婚姻家庭、财务百工、禽兽家畜、社会杂项等。令人叫绝的是在第39联后有12联120个汉姓，不仅有姓氏本身的意义，还有隐含的双关意义。如“金严陶萧甄，胡白邵封崔”，隐含着“金银大小珍，琥珀少翡翠”；“曹陆倪苏姚，浑酒和殷陈”，隐含着“秋露宜酥油，浑酒和茵陈”。[①] 此书在用西夏文记录的汉姓中，拼凑汉语诗句，匠心独运，形成特点。这只能在双语现象比较普遍、基础较好的语言环境中才有的特殊现象。

西夏人还别出心裁地编撰了一部奇特的西夏文辞书，名为《纂要》。该书以事门分类。其中每一个西夏文词语都用汉语注释，但这种注释并不用汉字，而是用为汉字注音的西夏字。此书对懂得汉语又粗通西夏文的人了解西夏词语的准确含义很有帮助。这样的辞书表明当时西夏境内西夏语、汉语两种语言同时使用、互相交流的需要，也反映了编著者的匠心。[②]

西夏时期反映西夏文和藏文互动、互注的文献也有多种。西夏仁宗时所立甘州（今甘肃省张掖）黑水河建桥碑一面汉文、一面藏文，显示出西夏西部地区多民族文化交织的现象。西夏佛经中还有一种特殊的佛经，在手写的西夏文佛经中每一个字旁边用藏文为其注音。[③]。这种特殊的以藏文注音西夏文佛经可能是为了懂藏文的人学习和诵读西夏文佛经所用。此外斯坦因还在黑水城遗址发现有“汉文而用西藏文注释”的残页。由此可以推想，当时西夏境内几种主要民族在文化交流中相互学习、相互影响的多边密切关系。

由上可见西夏时期不仅将双语，甚至多语的应用范围大大拓宽，也显示出西夏双语的使用已超出一般社会层面，从民间的需要上升为政府倡导和组织的国家行为。这种双语或多语氛围的形成，可能与西夏较宽松的民族政策有关。西夏虽也有民族压迫，但没有像辽、金、元那样严重的民族歧视和民族等级政策，民族矛盾不很尖锐。西夏王朝中自上至下有很多掌握双语的人。西夏中央、地方政府机构中有各民族官员，特别是党项族和汉族的官员较多，文书的行用和沟通非常重要。崇宗时宗室濮王仁忠、舒王仁礼“俱通番汉字”。西夏后期有宰相斡道冲，曾译《论语注》，又撰写论语解义二十卷，名为《论语小义》，还著作《周易卜筮断》。[④] 他是一位有卓有成就的双语专家。翻译典籍需要双语人才，特别是将数千卷佛经译为西夏文本，需要大量掌握两种语言、文字的翻译人才。出土的西夏文户籍表明同一社区中有党项族和汉族一起居住，这给基层双语的使用自然创造了前提。[⑤]

（三）女真文是记录金朝统治民族女真族语言的文字，在契丹文字的直接影响下，在汉文字的间接影响下创制而成。[⑥] 当时规定女真、契丹、汉人各用本字，所以女真字制成后与契丹字、汉字在金朝境内同时流通，后“诏罢契丹字”，只准用女真字和汉字。金朝为推行女真字，在上京和各路府设立专门学校，置教官教授文字。据统计，各路府学达22所之多。

---

① 史金波、聂鸿音：《西夏文本〈碎金〉研究》，《宁夏大学学报》1995年第2期。

② 《俄藏黑水城文献》第10册，第38—39页。

③ 《国立北平图书馆馆刊》四卷三号（西夏文专号），1932年，第7—21、第241—244页。

④ （元）虞集：《道园学古录》卷4《西夏相斡公画像赞》。

⑤ 史金波：《西夏户籍初探》，《民族研究》2004年第5期。

⑥ 《金史》卷73《完颜希尹传》。

这些学校中学习女真语的课本是完颜希尹编撰的《女真字书》。[①]

由于文化教育的需要，女真文字图书的翻译也十分兴盛，编译的女真文书籍大多为儒家经典，这与金代对女真人进行儒学教育分不开。为使不懂汉文的女真人学习儒家经典，特地建立译经所，翻译儒学著作。[②] 当时女真文译本有《易经》、《书经》、《孝经》、《论语》、《孟子》、《老子》、《刘子》、《扬子》、《列子》、《文中子》等典籍，还有史籍类《贞观政要》、《新唐书》、《史记》、《汉书》、《盘古书》、《孔子家语》、《太公书》、《伍子胥书》、《孙膑书》、《黄氏女书》等。有的女真文译书发行量较大，如大定二十三年（1183）翻译的《孝经》一次就印刷上千部。女真文书籍多为金世宗在位时（1161—1189）翻译、刻印。

金世宗有强烈的民族意识，大力发展民族文化。他提倡将汉籍译为女真文，“欲女直人知仁义道德所在”。[③] 他要求女真人保持“国语骑射”等固有习俗而避免汉化。但进入中原的女真族原有习俗发生了很大变化，女真语也越来越少有人使用。这使金世宗不得不大力提倡女真语。但汉族先进文化对女真人的吸引力是难以割断的，儒家经典的翻译使汉文化中的仁义道德观念深入女真人心，使汉文化得以普遍在女真族中传播。随着金朝的灭亡，行用一百多年的女真文也逐渐走向衰落。从金朝初年女真族由操女真语，到世宗时多数人操汉语，半个多世纪过程中，是女真族由单语（女真语）向双语（女真语、汉语）转变，再向单语（汉语）转变的过程。

女真文文献留存至今的主要是金石资料，其中也有双语合璧者。《大金得胜陀颂碑》碑身阳面刻汉文，碑阴为女真文。此碑是迄今保留汉、女真两种文字对照的唯一碑铭，也是保留女真字最多的碑铭，对研究早期金史和女真字有特殊重要价值。《奥屯良弼饯饮碑》主要部分为汉文，左下方为 3 行女真文字跋文，60 余字。《昭勇大将军同知雄州节度使墓碑》，刻女真文 1 行 21 字，另有汉字记载墓主人身份和生卒年份，也是双语碑刻。

（四）回鹘人的文字在这一时期发生了重大变化。由于伊斯兰教的传播，阿拉伯语也传入喀喇汗王朝，于是回鹘人开始用阿拉伯字母来取代原来的回鹘文字母，逐渐形成了一种用阿拉伯字母拼写的回鹘语文字，称为哈喀尼亚语，成为王朝主要官方书面语。回鹘文在一段时间内仍然并用。喀喇汗王朝有一大批哲学家、思想家、文学家、历史学家，熟练地用回鹘语、阿拉伯语、波斯语等进行写作、翻译，出现了大批具有很大影响的作品，最有代表性的是《福乐智慧》、《突厥语大词典》、《真埋的入门》等作品。

《福乐智慧》的内容十分广泛，作者是著名的诗人和思想家优素甫·哈斯·哈吉甫，现有 3 个抄本，其中一种用回鹘文抄写，另外两种用阿拉伯字母抄成。[④]

马赫穆德·喀什噶里编写的《突厥语大词典》是第一部完整、系统词典，将突厥语与阿拉伯语置于平等的地位加以比较研究，从中可以了解到突厥语和阿拉伯语、波斯语比较语言学知识，反映当时民族间多种语言的联系与沟通，在语言学上有特殊的地位。

---

① 《金史》卷 51《选举志》。

② 《金史》卷 56《百官志》。

③ 《金史》卷 8《世宗本纪下》。

④ 1942—1943 年土耳斯语言学会将三个抄本分别影印出版。此书已有多种文字的译本。中国出版了此书的拉丁字母标音转写和现代维吾尔语的会译本（民族出版社 1984 年版，维文版）；后又出版了汉译本（民族出版社 1986 年版）。

阿合买提·玉格乃克撰写的《真理的入门》语言富有鲜明的时代特色，它使用的是回鹘语，但其中有很多察合台语因素，两者混用显示出正从回鹘语向察合台语过渡的进程，表现出喀喇汗王朝后期语言的特点。现有三个较全的抄本。一是回鹘文抄本，二是回鹘文与阿拉伯文合璧抄本，三是阿拉伯文与维吾尔文合璧抄本。①

（五）傣族创制了傣文，用于记录傣族语言，在公元13—14世纪开始随着小乘佛教传播而在傣族地区流行，分地区有4种傣文。

傣族古籍中数量最多的是翻译的大藏经，号称八万四千部，现在仅存一部分。傣文大藏经是部派佛教南传上座部巴利语系大藏经之一，有西双版纳傣文、德宏傣文和傣绷文三种不同的方言文字写刻本。其内容和其他文字的巴利语系大藏经基本一致，保存了小乘佛教经典较早期的面貌。

（六）白族有自己的语言，属汉藏语系藏缅语族彝语支，也有专家认为白语是单独的一个语支。由于汉族和白族的交往，白族人长期学习汉族先进文化，所以白语里含有大量汉语词，甚至在语法方面也有很多变化。白语的发展过程就是两个民族之间接触密切、两种语言影响渗透的典型，是双语现象的特殊例证。

白族人民从唐代开始曾经使用过以汉字为基础的方块白文，以记录白语。白文流行于云南大理一带，是白族使用的一种土俗文字，人们通常称为“方块白文”。方块白文借源于汉字。云南大理市仪凤县发现的古本佛经中，南昭大理国时期的写本经卷夹写方块白文，有的在汉文经文的右侧写注白文，在卷尾还有白文注疏。最有代表性的是写经《仁王护国般若波罗蜜多经·嘱果品第八》，正文有汉字1800多个，旁注方块白文1700个，白文疏记4300字。这种汉文、古白文双语文注疏本极为罕见。

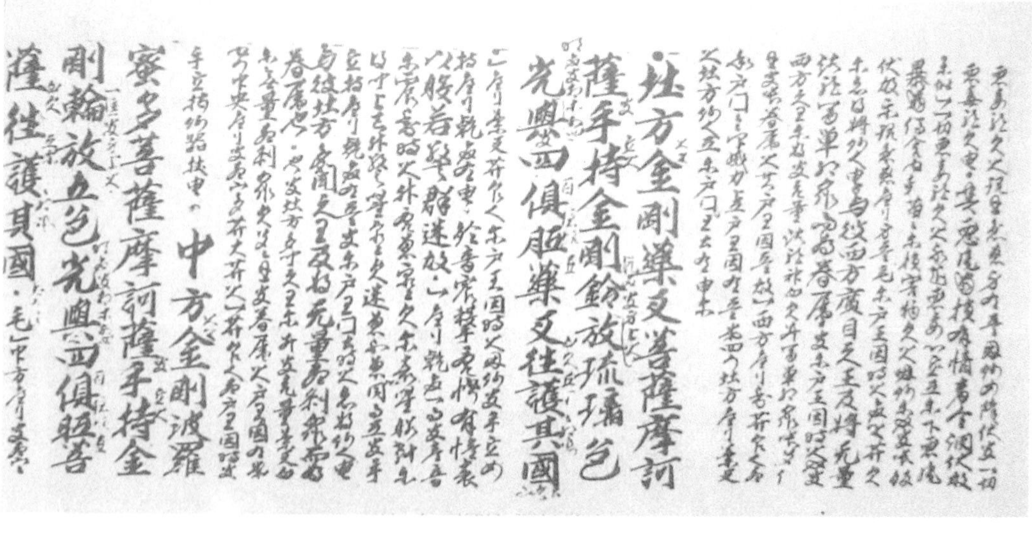

图5　汉文、方块白文合璧《仁王护国般若波罗蜜多经》　云南省图书馆藏

① 1915年经整理后在土耳其出版。1981年分别译成现代维吾尔文和汉文在中国出版。

四 元代的双语文献

元朝是中国第一个以少数民族为主体建立的全国性王朝，主体民族是蒙古族。它结束了多个政权长期并立的局面，建起空前规模的统一多民族国家。元朝的建立使少数民族文化得到强化，中国又诞生了两种民族文字：回鹘式蒙古文和八思巴字，形成了新的民族文字文献。元朝统治者还大力吸收和发展汉族及其他民族文化，兴学立教，尊经重儒。

（一）回鹘式蒙古文是回鹘人塔塔统阿创制。塔塔统阿精通回鹘文，成吉思汗使其“教太子诸王以畏兀儿字书国言。”[①] 这样书写蒙古语的畏兀儿文字成为回鹘式蒙古文。

元朝除大量吸收以畏兀儿文化为主的西域文明外，更接受中原的汉文化。早在蒙古国时期，在燕京便设有专门学校，教授汉人和色目人学习蒙古语文，培养翻译人才。《黑鞑事略》载：“燕京市学，多教回回字及鞑人译语；才会译语，便做通事。”[②] 当时燕京的双语学校应社会急需，培养了一批人才。忽必烈重视汉法，其核心是尊儒兴学。对蒙古人来说学习儒家经典最困难的是语言文字。因此，忽必烈擢用一批通晓蒙语的汉族文人翻译儒家典籍。这批人是当时可贵的双语人才，其中最受忽必烈赏识的是赵璧。赵璧将《大学衍义》译成蒙古语在马背上为尚在“潜邸”的忽必烈讲说。忽必烈还选派10名蒙古青年向赵璧学习。赵璧还受命将《论语》、《大学》、《中庸》、《孟子》等书译为蒙古文，供忽必烈及其他蒙古贵族子弟学习。[③] 忽必烈对赵璧的蒙古语文水平甚为欣赏，读其译文后赞叹不已：“汉人乃能为国语深细若此！”[④] 看来赵璧是汉语和蒙古语双语高手。除赵璧外，还有一批“能练习国体，通晓译语”的翻译人才，许多儒家经典的蒙文译文都出自他们之手。

忽必烈即位后，下令翻译了很多经史典籍。至元元年（1264）“敕选儒士编修国史，译写经书，起馆舍，给俸以赡之”。[⑤] 至元五年（1268）“敕从臣秃忽思等录《毛诗》、《孟子》、《论语》。”[⑥] 至元十九年（1282）“刊行蒙古畏吾儿字所书《通鉴》。”[⑦] 从汉文史料记载看，被译为蒙古文的还有《百家姓》、《千字文》、《大学衍义节文》、《忠经》、《尚书》、《资治通鉴》、《贞观政要》、《帝范》等汉文典籍。有的当代汉文书籍也作了翻译，如泰定元年（1324）“敕译《列圣制诏》及《大元通制》，刊本赐百官。”[⑧] 以儒家经典为主，包括一批重要的汉文图书被译成蒙文。忽必烈时代译者多为汉人，后期多为蒙古族或蒙汉人士合译，说明通晓汉籍的蒙古士人已经增多，高级双语人才从汉族转为蒙古族。元代的汉籍蒙古

---

① 《元史》卷124《塔塔统阿传》。
② （宋）彭大雅：《黑鞑事略》。
③ 《元史》卷159《赵璧传》。
④ （元）虞集：《道园学古录》卷12《中书平章政事赵璧谥议》。
⑤ 《元史》卷124《塔塔统阿传》。
⑥ 《元史》卷6《世祖本纪三》。
⑦ 《元史》卷12《世祖本纪九》。
⑧ 《元史》卷29《泰定帝本纪一》。

文译本虽然很多，但传世的回鹘式蒙文图书现在只有汉文蒙古文合璧的《孝经》残本。①

元大德年间（1297—1307）于西藏开雕蒙古文大藏经，在萨迦派喇嘛法光主持下，由藏族、回鹘、蒙古、汉等僧众共同参与，将藏文大藏经译成蒙古文。在元政府中，有负责译经的专门机构。元朝政府还组织力量用回鹘式蒙文翻译了很多佛教经典。② 这些元代蒙文译经都未流传下来。

参与蒙文佛经翻译的，除蒙古族外畏吾儿人也发挥了重要作用。元代有很多著名畏吾儿翻译家，最著名的译经师必兰纳失里于元皇庆年间奉命将五六种汉、梵、藏文的佛经译成回鹘式蒙文。另一位著名的翻译家是畏吾儿人迦鲁纳塔思，忽必烈时代受翻译家安藏的推荐到大都讲法。他精通佛教，懂梵、藏等多种文字。③ 可见当时有一支多民族双语专家队伍。

（二）八思巴字是元朝国师八思巴依照忽必烈旨令创制的拼音文字。至元六年（1269），新文字创制成功，“为蒙古新字，译写一切文字”，“凡有玺书颁降者，并用蒙古新字，仍各以其国字副之”。④ 八思巴字除拼写蒙语外，还记录了汉语、藏语、回鹘语以及梵语等。

忽必烈认为必须加强文治，方显自己的统治才能，文治的重要标志是文字。元朝地域辽阔，民族众多，语言使用情况复杂。这使忽必烈认为应有一种统一的文字能书写各种语言。这大约是创制八思巴字的主要原因。

八思巴字创制后，用行政手段大力推行，在大都和各地州、郡设立学校，教蒙古贵族子弟和百姓中的优秀子弟学习。至元二十四年（1287）又设国子监，生员达 120 人，蒙古人、汉人各半。在国子监中培养出来的蒙古贵族子弟后来有很多是熟悉汉文化、懂汉语的元代高官名臣。当时的国子监实际上是实行“民汉兼通”的高级双语教育学校。

为推行八思巴字，并使京师和各地学校有足够的教材，元朝翻译了许多八思巴字蒙古语图书。忽必烈下诏将《通鉴节要》译成八思巴字，作为教材。⑤ 忽必烈去世后，各代皇帝继续重视八思巴字蒙古语的翻译。如《孝经》、《贞观政要》、《资治通鉴》、《大学衍义》等，都已译成八思巴字。⑥

元代八思巴字典籍绝大部分已散失，至今尚能见到的仅有寥寥几种。一是《百家姓蒙古文》，二是《蒙古字韵》，都用八思巴字译写汉语，为双语文献。

元代皇帝曾多次向西藏颁发八思八字圣旨，申明保护寺庙，不征税收。有 5 件八思八字蒙古语圣旨，分别保存于西藏自治区文物管理委员会和西藏自治区档案馆。⑦ 广东曲江南华寺藏有元仁宗于 1312—1317 年间颁赐给南华寺的两道护寺圣旨，以八思巴字拼写蒙古语。

八思巴字除用于拼写蒙古语、汉语外，还用于书写藏语、梵语和回鹘语等。有《萨迦

① 道布：《回鹘式蒙古文》，《中国民族古文字图录》，中国社会科学出版社 1990 年版，第 295 页。此书藏于故宫，关于回鹘式蒙古文《孝经》的版本问题学界还有一种意见，认为此书有可能为明刻本。

② 《元史》卷 35《文宗本纪四》。

③ 《元史》卷 134《迦鲁纳答思传》。

④ 《元史》卷 202《释家传》。

⑤ 《续文献通考》卷 50。

⑥ 《元史》卷 22《武宗本纪》；卷 24《仁宗本纪》；卷 36《文宗本纪五》；卷 25《仁宗本纪二》；卷 24《仁宗本纪一》；卷 26《仁宗本纪三》。

⑦ 西藏自治区档案馆编：《西藏历史档案荟萃》，文物出版社 1995 年版。

格言》残本，是藏传佛教萨迦派四世祖萨班·贡噶坚赞的名著，译为蒙古语八思巴字刊印。元代吐鲁番的回鹘人曾使用八思巴文来拼写回鹘语。吐鲁番出土八思巴文和回鹘文的双语文献残片。土耳其伊斯坦布尔大学图书馆收藏波斯文写本《奇闻录》中，有一页是八思巴蒙古语和回鹘文双语对照抄写的忽必烈汗遗训，反映了元代蒙古族与回鹘人的密切关系。①

留存至今的八思巴字文献有不少碑铭。碑铭内容绝大多数是元代各朝皇帝或太后的圣旨、懿旨，总数达60种左右，其中拼写蒙古语的有近30种，另有30种左右拼写汉语。分别保存于全国很多省区。

八思巴字蒙古语文献是研究中世纪蒙古语的可靠依据，对研究元代蒙语的白话体和元代汉语中的蒙古语借词及蒙汉两种语言的相互影响都有重要价值。② 八思巴字拼写汉语文献更具有独特的、无可替代的重要意义。汉字不是拼音文字，对其实际音值就很难确定。而八思巴字的汉语文献可以用来比勘当时汉语音韵资料，能够解决这一难题。③

除纸质文献和碑铭外，八思巴字在玺印、钱币和一些宗教建筑上也得到较多的使用。如内蒙古科尔沁右翼中旗出土八思巴字等五体文字夜巡牌，这一多种文字的牌符引起学术界广泛注意。

（三）元代在多语言文字的使用方面还有一个特别值得注意的现象。北京市北郊居庸关云台，是元至正五年（1345）修建的居庸关过街塔，云台座下部有南北向拱券，门洞宽洞内壁由巨石砌成，上镌刻六种文字，有梵文、汉文、藏文、八思巴字、西夏文、回鹘文，内容为佛经经题和三种陀罗尼。另至正八年（1348）速来蛮西宁王在敦煌莫高窟建造像碑，碑上也用上述六种文字镌刻“唵嘛呢叭咪吽”六字真言。又甘肃省永昌圣容寺附近的山石上也凿刻了这六体文字真言。这三处不同时间、不同地点但文种相同的石刻，绝非偶然，它证明除作为佛教特殊的梵文外，其他五种文字应是官方承认的通行文字和语言，使用这些语言的民族除汉族外，都属于蒙古人或色目人。这有助于理解当时的民族政策，特别是民族语文政策。

（四）元世祖忽必烈时，命人编撰蒙、汉语对译辞书《至元译语》，将蒙古语词按天文、地理、人事、器物分类，以汉字录写蒙古语词语，再写出相应的汉语释义。尽管未用少数民族文字录出民族语言，仍然起到双语词典作用。④ 这是一种特殊形式的双语对译字典，为明、清时期大规模编纂《华夷译语》开创了先河，在双语教育方面具有重要标志性意义。

元代八思巴字的创制和译写多种语言文字、以官方刻石的方式确认五种通行语言、编纂《至元译语》，在中国双语、多语史上具有独特的意义。

（五）回鹘文在元代继续使用，留存了一批回鹘碑铭，这些碑铭的外形大多为汉族传统形式，并多是回鹘文、汉文双语合璧。重要碑铭有：《有元重修文殊寺碑铭》，阳面汉文26行，阴面回鹘文亦26行；⑤《亦都护高昌王世勋碑》，碑身一面刻汉文36行，另一面回鹘文

① 照那斯图、牛汝极：《元代畏兀儿人使用八思巴字述略》，《西北民族研究》2002年第3期。

② 罗常培、蔡美彪：《八思巴字与元代汉语》，科学出版社1959年版。

③ 照那斯图、杨耐思：《八思巴字研究》，《中国民族古文字研究》，中国社会科学出版社1984年版，第374页。

④ 贾敬颜、朱风合编：《〈蒙古译语〉〈女真译语〉汇编》，天津古籍出版社1990年版。

⑤ 耿世民：《耿世民新疆文史论集》，中央民族大学出版社2001年版，第383页。

分栏刻字，文多漫漶不清；[①]《大元肃州路也可达鲁花赤世袭碑》，回鹘文、汉文合璧，记元代西夏后裔世袭肃州路达鲁花赤事。[②]

元代还保存一通藏文、汉文合璧碑刻，即山东省长青县大灵岩寺《大元国师法旨碑》。[③]

五 明代的双语文献

明代少数民族经济、文化有了进一步发展，双语问题也进入一个新的阶段。明朝政府出台一项重大举措是由设置专门的少数民族语文翻译机构四夷馆，并编纂《华夷译语》，成为当时国家双语现象的主要标志和重要内容。

（一）明初洪武十五年（1382）翰林院侍讲火源洁、编修马沙亦黑奉敕将蒙文本《蒙古秘史》译成汉文，此译本蒙古文用汉字译音写出，每个词旁译注汉文词义，每节附有内容意译择要，被称为汉字标音本。这部特殊的双语文献因蒙古文原本遗失，显得更加珍贵，现今所见《蒙古秘史》皆由此而来。

同年明太祖又命火源洁、马沙亦黑等编撰《华夷译语》，后于洪武二十二年刊行。所编只有蒙古译语一种，包括蒙古语原文、汉字、汉字音译蒙古语三项。可见明初国家已开始编纂当时政府和社会最需要的双语教材。明朝初期与北元时战时和，后局势较为稳定，双方来往更多，语言文字翻译显得十分重要。《华夷译语》是用汉文与蒙古文对照的词语和公文汇集，分为“杂字”和“来文”两部分，作为蒙、汉语翻译的课本，提供给学习蒙古语文的汉族学生使用。此《华夷译语》给明清两代编撰同类图书提供了范例，产生了深远影响。

（二）随着民族交往，特别是政府与各民族地区交流的增加，成立专门翻译机构成为迫切需求。四夷馆是明代培养外国与国内少数民族语文翻译人才和翻译外国与民族地区朝贡文书的专门机构。其主要任务是培养合格、优秀的翻译人才为皇家服务。永乐五年（1407）明成祖命礼部选国子监生38人学习译书，规定这些学生开科时仍可参加科举考试，这38人便成了中国历史上第一批四夷馆学生。四夷馆当时分为8个馆：西天、鞑靼、回回、女直、高昌、西番、缅甸、百夷。[④] 后来又有增补。政府需到相关边远地区寻访合适四夷馆教师。教师若未婚，经申请可允其在京与相应军民之家成婚。其亡故后，在宛平、大兴二县安葬，其子孙可进馆学习。后因从边远地区引进教师有困难，各馆教师大多由资深汉族专业人士担任。又因番文难学，允许四夷馆教师亲世业子弟报考，使部分教师成为世袭。四夷馆的官生在生活上有较为优厚的待遇。除教学外四夷馆另一重要任务是翻译外国与少数民族地区的来文和皇帝的敕谕及朝廷回函。四夷馆所属各馆事务繁简不同，鞑靼馆是事务最为繁忙的一馆。

明代四夷馆通过翻译和教学实践，编撰了一套《译语》，供各馆使用。这些《译语》由

---

① 耿世民：《耿世民新疆文史论集》，中央民族大学出版社2001年版，第400页。

② 白滨、史金波：《〈大元肃州路也可达鲁花赤世袭之碑〉考释》，《民族研究》1979年第1期；耿世民：《碑阴回鹘文释文》（同期）。

③ 蔡美彪：《元代白话碑集录》，科学出版社1955年版。

④ （明）郎瑛：《七修类稿》卷12《国事类》。

十个馆分别编写，内容继承了明初《华夷译语》，分两部分，一是“杂字”，二是“来文”，不同的是有外文或少数民族文字与汉文对照，成为真正的双语双文文献。

明代《华夷译语》除上述为洪武本、永乐本外，还有会同馆本。会同馆本是明末茅瑞徵辑，只有汉语和汉字音译诸番语言，没有诸番语言的原文，而且，缺少“来文”部分。①

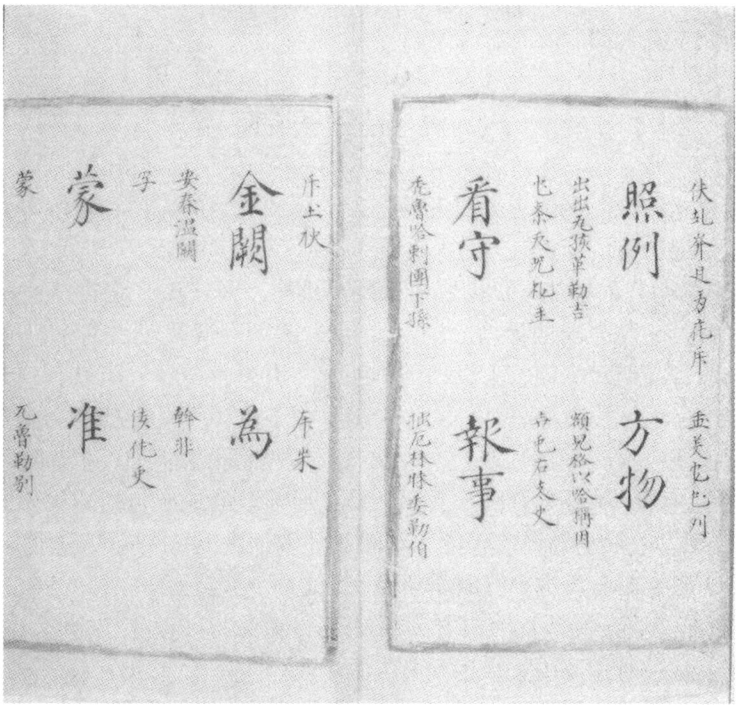

图 6　明抄本《女真馆杂字》　国家图书馆藏

明朝还把藏文佛经译成蒙古文，由政府印蒙古文《甘珠尔》，参与这项翻译工程的有蒙、藏、汉的学者，他们多是熟练掌握双语的学者。②

（三）彝族有悠久的文化，有自创的民族文字，形成了很多有价值的文献。其中也有译自汉文的作品。彝文《劝善经》是汉文《太上感应篇》的译文，又在每一章节之后结合彝族的具体情况加以发挥，逐节逐条讲解释义，是现存彝文古籍中最早彝文木刻本。③

彝族有的重要石刻也是双语合璧。如坐落在贵州大方县的《新修千岁衢碑》，系明嘉靖二十五年（1546）兴建，碑记彝族罗甸水西摄职彝君长、贵州宣慰使安万铨捐资修筑千岁衢事，碑面右幅刻汉文，左幅刻彝文。又如同是大方县的《水西大渡河建石桥记》，立于明万历二十年（1592），桥头竖石碑二方，一碑刻彝文，一碑刻汉文。汉文记述水西安邦母子

① （明）吕维祺撰，（清）许三礼、霍维翰增辑：《四译馆增定馆则》二十卷，（清）曹溶、钱绖辑：《新增馆则》二卷。明崇祯刻本，清袁懋德重修本。

② 《中国大百科全书・宗教卷》，中国大百科全书出版社 1988 年版，第 264—265 页。

③ 马学良、张兴等：《彝文〈劝善经〉译注》，中央民族学院出版社 1986 年版。《贵州通志》“艺文志”，明万历二十五年（1597）刊本。

身世，赞扬他们捐资修桥的善举；彝文内容主要叙述彝族德施氏后裔罗甸水西的历史和经理建桥的有关人名。尽管这两件事皆为彝族的事物，但仍然以彝、汉两种文字书写，反映了当地彝族、汉族关系密切，两种语言、文字并用的实际情况。

（四）明代也留下了多文种的石刻。永乐十一年（1413）建于黑龙江下游特林地方的《永宁寺碑》（又名《奴儿干都司永宁寺碑》），阴面女真文、蒙文各15行，两侧为汉、女真、蒙、藏四体六字真言。

六 清代的双语文献

清代是满族建立的全国性统一封建王朝，少数民族文字的应用和出版得到政府强有力的支撑。双语问题呈现出新的形式。

（一）清代继承明代的传统，仍设置语言翻译机构。因“夷”字为清朝所忌讳，将明代四夷馆改为四译馆，又称会同四译馆。顺治元年（1644）清兵攻占北京，明四夷馆官员被留用。清四译馆职责与明代相同，下设回回、缅甸、百夷、西番、高昌、西天、八百、暹罗八馆，各馆设正教序班、协教序班各一人作为教师，下有译字官生若干。至光绪末年裁撤。

四译馆也编撰了一批《译语》，范围更加广泛。这批译语与明代《华夷译语》相比，只有杂字，没有来文。除一种外均有民族文字。译语所涉及的地域包括四川、云南、西藏一带共31种，另有琉球、暹罗、缅甸、印度和欧洲等外国语言共11种。[①] 这批重要的双语文献在语言学、民族学和文献学等方面具有重要意义。

（二）满族创制了自己民族文字满文，用满文和满文与其他文字合璧出版了品种繁多、印刷精良的图书。这一时期双语文献达到高度繁荣。

努尔哈赤在明万历二十七年（1599）二月下令创制满族的文字，被称为“老满文”或“无圈点满文”。天聪六年（1632）皇太极命达海对这种文字加以改进。清代尊满语为“国语”，满文又称清文。

中国第一历史档案馆保存有崇德四年（1639）后金户部刻印示谕官民禁绝烟草的布告，系满汉文合璧，左为满文，右为汉文。年款“崇德四年六月二十六日”满汉文各一行。这是早期满文、汉文合璧的双语文告，表明满族统治者在入关前就重视双语文书。

清朝在入关前即开始翻译汉文典籍，所译汉籍有十余部之多，有《刑部会典》、《素书》、《三略》、《万宝全书》、《通鉴》、《三韬》、《孟子》、《三国志》、《礼部会典》及一部分大乘佛教典籍。[②] 昭梿在《啸亭续录》中提到皇太极将达海所译《三国志》和四书各一部“颁赐耆旧，以为临政规范”。为了适应汉籍满译的需要，专设翻书房，“拣择旗员中谙习清文者充之，无定员。”[③] 这些人都是满汉兼通的双语人才。

顺治三年（1646）刊印满文《辽史》、《金史》、《元史》，为清入关后首次刊印的满文图书，译者为内弘文院学士希福等人。这可能出于当时清朝统治者急于借鉴少数民族政权统

① 冯蒸：《“华夷译语”调查记》，《文物》1982年第2期。

② （清）弘昼等编：《八旗满洲氏族通谱》卷44，辽海出版社2002年版。

③ （清）昭梿：《啸亭续录》卷1《翻书房》。

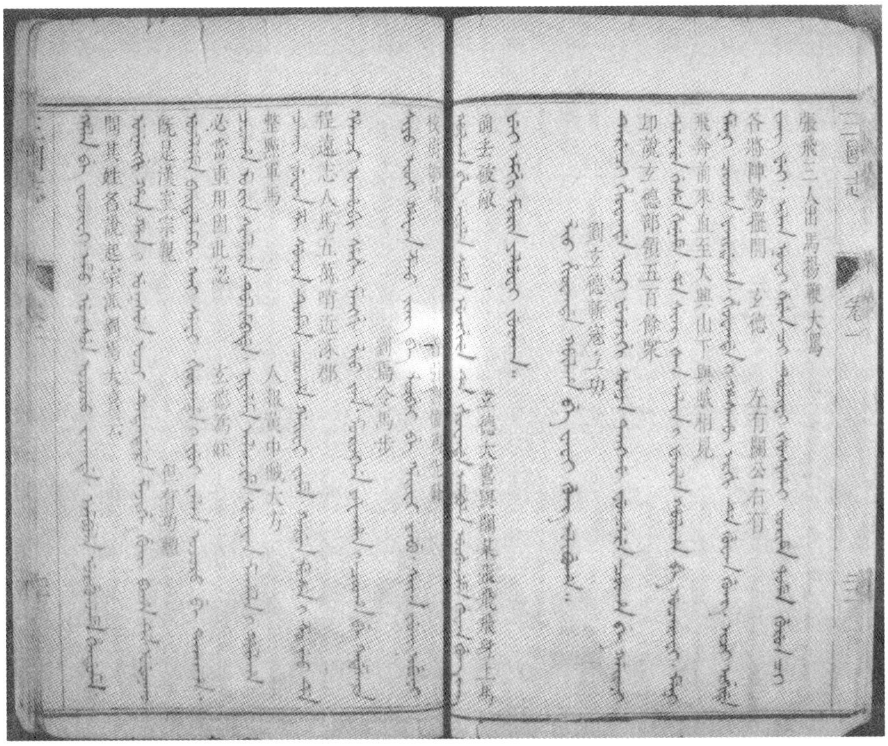

图7　满汉合璧刻本《三国志》　国家图书馆藏

治中原的政治考量。大量翻译典籍自然使双语人才受到重视，译者希福就是通满、汉、蒙多种语言、文字专家。[①]

清朝编辑、出版了很多满文书籍，同时也刊印各书的汉文本，形成了同一种书有两种文字版本的格局，如《日讲四书解义》、《日讲书经解义》、《性理精义》等经书，《清会典》、《大清律例》、《大清会典》等政书，《御制古文渊鉴》等文学图书，以多种方略为代表的史书。

康熙时编印了几部书规模宏大的语言类书籍对后世影响深远。值得提出的是《御制清文鉴》，前后经35年方告完成，是一部百科全书性质的满文分类辞典，共280类，12000余条，是学习、使用满语文应用教材和辞书，为满文译学中第一部纲领性巨著。此书开创了清代编纂官修辞书的先河，乾隆时期编纂的各类清文鉴皆以此为楷模。

清代把崇奉藏传佛教列为国策，主要目的是稳定蒙藏地区，保障中央政府的有效统治。乾隆三十八年（1773）上谕将《甘珠尔》译成满文，即所谓满文大藏经，乾隆五十五年（1790）告成。乾隆帝将翻译《甘珠尔》与编纂四库全书等同看作其六旬后所办两件大事。他明确告示翻译满文大藏经并非以祸福趋避教人，而是因当时没有满文大藏经，与作为统治者的满族地位不相称。他还有更深一层考虑，即将佛经译为满文后，便于中外人等学习满文，进而可教化众人“知尊君亲上，去恶从善”。这实际上是将翻译满文大藏经和双语教育结合起来。为此，特在宫中设立清字经馆。实际负责满文大藏经翻译的是章嘉呼图克图，习

① 《清史稿》卷4《世祖纪一》、卷145《艺文一》、卷232《希福传》。

称章嘉活佛，是内蒙古地区藏传佛教格鲁派最高转世活佛，其地位仅次于达赖、班禅。① 满文《甘珠尔》是满、蒙、藏、汉僧俗学者集体智慧的结晶，是双语推行的成果。

为适应双语教育的需要，有清一代刊印满汉合璧的书籍成为时尚。康熙四十九年（1710）刻印过满汉合璧的《西厢记》，雍正二年（1724）刊印过满汉合璧《圣谕广训》，雍正八年（1730）刻满汉合璧《满文启蒙》，乾隆六十年（1795）又刻过《六部成语》，乾隆三十七年（1772）刻《清汉对音字式》，道光二十年（1840）刻满汉合璧《音韵逢源》，道光二十八年（1848）刊印满汉文相间的《聊斋志异》。光绪三十三年（1907）北京石印馆刻了满、汉、蒙三体合璧《分类汉语入门》。直至宣统元年还出版了石印本《满蒙汉合璧教科书》。

清代留下了很多满文与其他文字合璧的碑刻，如题名《大金喇嘛法师宝记》的碑刻，立于辽宁省辽阳市太子河喇嘛园村，碑阳面为满汉合璧，满文为无圈点满文，亦称老满文，碑阴有汉文 20 行。这种老满文的碑刻存世很少。

（三）由于清王朝的满族统治者与蒙古贵族特殊满蒙联盟关系，蒙文图书在清代达到空前繁荣发展时期。清代用蒙古文翻译了很多著述。

翻译、刊印《甘珠尔》、《丹珠尔》是清代蒙文官刻图书的大工程。《甘珠尔》的蒙译工作在阿拉坦汗和林丹汗时期已完成，但只有抄本。康熙二十二年（1683），即命刊刻《如来大藏经》，组织了庞大机构进行，有总理监修，下有监修官，下设对勘喇嘛，为首者是章嘉胡图克图，又设校阅经文喇嘛，做具体编译工作的“对读经字喇嘛”。序言与目录是满、汉、蒙、藏四体合璧，参与校阅、翻译、誊录的有十余人，多是双语僧人。

康熙五十六年（1717），康熙帝发布谕旨翻译蒙文《甘珠尔》，历经三年终于译成。② 乾隆五年（1740）章嘉三世奉敕将藏文《丹珠尔》225 函译成蒙文，有 200 余名喇嘛学者参加，费时 8 年刊印。章嘉三世同时编成《蒙藏合璧字典》，显示了他在佛学和语言文字学方面的天才。

清代蒙古僧人和文人翻译了许多藏文、汉文、满文图书，丰富了蒙古族的文化宝库，许多翻译著作成为蒙古民族精神生活的重要组成部分，加强了各民族间的文化交流。

随着佛经的蒙译，许多西藏以及印度的作品也译成蒙古文，广为流传。如《萨迦格言》、《尸语故事》、《育民甘露》、《米拉日巴传》、《三十二个木偶的故事》等。一些医学著作也被译为蒙古文，如《医学四部基本理论》、《蒙藏合璧医学》、《脉诀》、《药五经》等。这些印、藏著作的翻译者多是谙熟藏文的僧人，有的还通梵文，是多语种专家。

清代汉文著作的蒙译早在皇太极时代就开始了，崇德四年（1639）奉皇太极之命，在大学士希福主持下，将辽、金、元史译为蒙古文。后又翻译《圣谕广训》、《四书》、《孝经集注》、《三字经笺注》、《黄石公素书》、《吏治辑要》等。

清代早中期汉文书籍的蒙译者大多是官员或是官方色彩较浓的文人，所译作品大多以儒家经典和正史为主。19 世纪以后，汉籍蒙译从以官方为主逐渐变成以民间为主，译者从以官方文人过渡到以闲散文人为主。这种变化表明民间民族交流更为广泛，需要更多的汉文图

① （清）土观·洛桑却吉尼玛著，陈庆英、马连龙译：《章嘉国师若必多吉传》，民族出版社 1988 年版。

② 李保文：《关于康熙版蒙古文〈甘珠尔〉经的刊刻》，《故宫博物院院刊》2002 年第 5 期，第 79 页。

书译成蒙文，汉文化对蒙古族的影响逐渐加大。道光朝后，出现了一批精通蒙汉双语的人才，他们将大量汉文名著典籍译成蒙古文，如《新译红楼梦》、《水浒传》等。蒙文翻译图书可分为两大类，一类是受印藏文化影响翻译创作的作品，另一类是汉文图书翻译作品。前者的著译者多为喇嘛，其中有些是学问渊博的高僧大德。后者的著译者大多为文人，也有一些笔帖式或有文化的喇嘛。由这些可见双语人才的集中群体。由上可知汉籍蒙译的双语翻译人员在时间和图书类别方面的差异。

光绪年间石印技术传入中国。石印便于文字的原版印刷，因此当时石印图书多为双语或三语（满、蒙、汉）词汇集和教科书，如《成语词林》、《分类汉语入门》、《三合教科书》等。

（四）清代维吾尔人继续使用察合台语作为统一的书面语，其中也有一批翻译著作，如毛拉穆罕默德·铁木耳在1709年将15世纪波斯文名著《善人之道德》译成察合台文，于1717年根据波斯文翻译印度古典名著《卡里来与笛木乃》。《一千零一夜》是阿拉伯的文学名著，约在18世纪阿布杜拉汗·马合苏将其译为察合台文，在维吾尔族中有很大影响。

历经元、明，到18世纪末至19世纪初，大量的察合台文作品开始涌现，标志着维吾尔作家用波斯语、阿拉伯语写作的时代已经结束。察合台文中用以表述抽象概念的波斯语、阿拉伯语借词逐渐减少，而汉语、满语的借词逐渐增多。

（五）东巴文是在云南丽江纳西族地区流行的象形文字，记录的是纳西语的西部方言，一般用来抄写纳西族的经书。根据东巴经的说法，东巴文字是由东巴教祖“丁巴什罗”创造出来的，因此推测东巴文也在同一时期出现。有的专家认为，东巴文的产生不晚于11世纪。纳西东巴文是处在图画记事和表意文字中间发展阶段的象形文字符号系统，是人类文字从图画向符号过渡阶段。

东巴文经书《人类迁徙记》，又名《创世纪》，纳西语名“崇邦统”，被称为纳西族的史诗，内容有人类的起源、血缘家庭、父子联名、刀耕火种、陪嫁奴隶、迁徙路线和民族关系等，歌颂了纳西族祖先崇仁丽恩的英雄事迹和英雄气概。国家图书馆藏有东巴文和汉文对照的《创世纪》写本，十分稀见。

（六）清代使用多文种对照文字、编纂多文种辞书是当时双语的亮点。清代第二个政治中心承德避暑山庄，其正门为“丽正门”，门楣使用满、汉、蒙、藏、察合台五种文字镌刻。北京大高殿等处下马碑也是上述五种文字并用。康熙五十六年（1717）在《清文鉴》的基础上，加注蒙文，成为《满蒙文鉴》，这是清代成书最早的官修双语辞书。乾隆三十六年（1771）出版了《御制满洲蒙古汉字三合切音清文鉴》。乾隆三十八年（1773）编成《御制增订清文鉴》，在康熙朝所编《清文鉴》基础上改编增订，并将全部词条译成汉文，成为满汉合璧的双语文献。后来又发展到四体文清鉴和五体清文鉴。乾隆朝后期编纂成的《五体清文鉴》，有满、汉、蒙、藏与察合台五种文字，仅有抄本。乾隆帝钦定的《西域同文志》（乾隆十五年完成）把中国西北地区的地名和一部分人名用汉文、满文、蒙古文、藏文、托忒蒙文、察合台文六种文字对照汇编，是研究清代西北地区地理历史和语言文字的重要资料。这是中国双语、多语辞书的新发展，是多民族语言交流新形势下的产物。

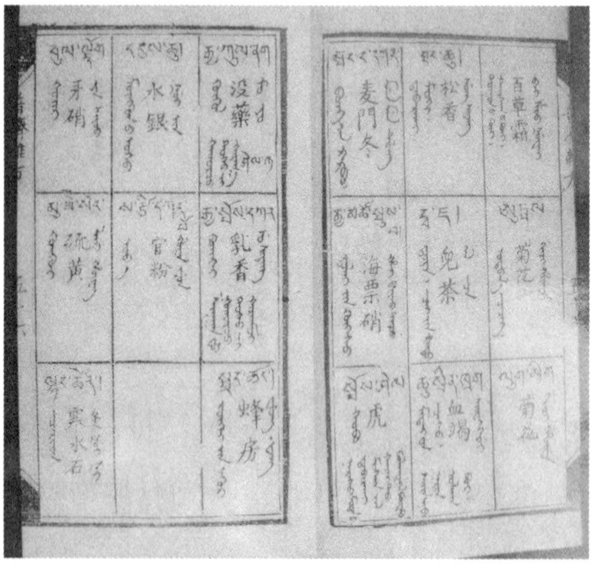

图8 清蒙汉藏满等多文种文刻本《普济杂方》 国家图书馆藏

七 结语

双语是历史久远、普遍存在的语言现象。历史上的双语现象远比文献中反映的要广泛、深刻、频繁、生动，但仅从上述文献资料也可看出，中国的双语现象和双语教育确实丰富多彩，值得认真总结。

——双语是一种随着社会发展、民族交往自然和必然的趋势，双语是语言交流的产物，同时它又推动了语言文化的发展，并促进各民族政治、经济、文化方方面面的互动、借鉴、合作与发展。

——中国的双语在特定的自然和历史环境中表现出明显的历史延续性、动态渐进性和相对稳定性。

——中国历代展现出双语发展的各自时代特点。双语现象和当时的社会历史、民族状况有很大关系。中国早期多表现出局部的、地方的双语特色；隋唐时期中央政府开始重视，并有所作为；宋代因辽、夏、金各少数民族建立强大王朝，而使双语出现强势发展；元朝是蒙古族为主体的大一统王朝，创制出译写一切语言的文字，形成官方的6种文字合璧石刻；明清两朝则由中央政府设置专门双语翻译和教学机构，并大量编纂双语乃至多语种教材。

——中国历史上的双语文献、双语教材非常丰富，这是中国双语史的重要特点，在世界上占有特殊地位，这份宝贵文化遗产值得特别珍视。

——中国历代政府在双语问题上有很多举措，其经验应认真总结。新中国成立后，实行各民族一律平等的民族政策，在新的形势下双语教学蓬勃发展。在当前社会快速发展的新时期，我们应深入了解历代双语现象，总结、汲取历代双语应用和教学经验，顺应历史潮流，发挥引领、促进作用，进一步推动双语教育健康发展。

中国早期文字木雕版考*

一　印刷术的发明和早期文字木雕版

文字的创制是人类文明发展的重要标志，甚至可以说是文明社会产生的标志。文字是人类创造的一种特殊视觉形式，它不仅记录语言，而且比语言更加清晰，可以反复阅读，因此延伸了语言，使原来只能口耳相传的信息能长期保留，传至异地，传至后世，使人类的知识不断叠加积累，大大促进了人类文明的长足发展。

在使用文字的过程中，人类经过了漫长的历史阶段，又发明了使文字化身千百、广泛传播的印刷术。印刷术为中国首创。在历史上，印刷术包括两大类，即雕版印刷和活字版印刷。这两种印刷术在发明的时间上有先后，在制作技术上有传承，在实际应用上有交叉和衔接。中国最先发明了雕版印刷术，后来经过几百年的应用和发展，又于北宋年间率先发明了活字印刷术。

中国于隋唐时期发明了雕版印刷。当时的中国文字广泛应用，又有纸的发明和长期使用作为物质基础，加上社会文明高度发展，有大量文献的需求，这些构成了文字印刷发明的深厚背景。当时的世界上也只有中国才具有这样独特的社会和文化背景。作为中国四大发明之一的印刷术，对世界中世纪以后文明的发展起到了重大推动作用。

现在所见最早的雕版印刷品为唐朝初年。出土的实物中，唐代初期的印刷品已经不只一件，说明当时中国的雕版印刷已很成熟，并有了相当的发展，至唐代中期雕版印刷术得到广泛的使用，至宋朝达到高度发展时期。

过去认为世界上现存最早的印刷品是唐咸通九年（868）的《金刚经》。这件成熟、精美的早期印刷品发现于敦煌藏经洞，后于1900年被英国斯坦因盗走，今藏大英博物馆。该经卷首有释迦牟尼说法图，卷末有题记“咸通九年四月十五日王玠为二亲敬造普施”，[①] 清代末期在新疆吐鲁番地区发现了一批古代印刷品，其中一件《妙法莲华经》，后流入日本，由中村不折氏保藏。日本印刷史学者长泽规矩也认为该经“有武则天异体字使用，为武则

---

* 原刊于《浙江学刊》2012年第2期，第5—11页。

① 张秀民：《中国印刷术的发明及其影响》，人民出版社1958年版，第44页。

天去世不久刊本”。[①] 1954 年 4 月在成都望江楼附近的一座唐代墓中出土了唐代的印刷品《陀罗尼经咒》，首行刻款有“成都府成都县龙池坊卞家印卖咒本”。因成都府始设于唐至德二年（757），而墓葬年代又不晚于唐大中四年（850）。此经时代定为公元 757—850 年。[②] 1966 年 10 月在韩国庆州佛国寺石塔内发现了刻本《无垢净光大陀罗尼经》一卷，刻印皆佳，时代确定在公元 704—751 年。因此经始译成于中国唐武周长安四年（704），上有武周时期的制字。出土佛经的石塔始建于新罗王朝景德十年（751），其后未受到破坏。此经是在中国刻印后运往朝鲜并被保存在该石塔内的。[③] 1974 年西安唐墓出土梵文《陀罗尼经》，与其同时出土的随葬物早于唐初。经鉴定考证，该经为唐初印刷品。[④] 早期雕版印刷除佛经外，还有社会上应用广泛的日历、字书、占卜之类的书。现存最早的世俗印本书籍是唐代乾符四年（877）具注历书。该卷首残，上部为历书，下部为历注。它也发现于敦煌藏经洞，1907 年被英国斯坦因盗往伦敦，今藏大英博物馆。另大英图书馆还存有一件敦煌出土的唐中和二年（882）雕印的具注历，也是现存最早的雕印世俗书籍之一。[⑤]

鉴于早期雕版印刷品对印刷史研究的重大价值，加之一段时期有的国家个别学者对中国最先发明雕版印刷提出质疑，印刷史学界和考古学界对早期雕版印刷品十分关注，不少专家从不同角度深入研究，取得了可喜进展。然而对雕版印刷另一种实物——雕版板片本身的探寻和研究仍显不足。雕版印刷的成品是雕版印刷品，而雕版印刷品是通过雕版板片印制而成的。原雕版本身附加着特殊的重要信息，如雕刻、印制、补改、板框、栏线、质地、纹理等，这些特性往往为纸质印刷品所缺乏，具有更为特殊的学术和文物价值。

然而存世的早期木雕版板片寥若晨星，似乎早期木雕板比早期雕版印刷品更难保存下来。其原因大概是一种文献的木雕版只有一种，而以此种雕版印出的印刷品则为化为千百份，甚至更多，历经千百年沧桑，虽多数损毁，但印刷品因数量大而能侥幸存留一二，雕版因量少更易泯灭。此外，雕版印刷完毕虽可保存以备再印，但一俟不再印刷或刮削后雕刻其他文献，或弃之成无用之物而遭淘汰，这也是早期木雕版稀见的原因之一。

至今唐代的木雕版尚未发现一片，即便作为被学界视为雕版印刷繁荣时代宋朝的木雕版也如凤毛麟角，十分稀见。现存宋朝雕版仅存三片，皆为 1919 年出土于河北钜鹿淹城遗址。[⑥] 而其中真正的印刷文献的文字雕版板片仅有一件，今藏于美国纽约市国立图书馆的宋代佛经雕版，推断时间大约是宋大观二年（1108）。同时出土的另两件木雕版入藏国家博物馆，皆为绘画雕版，其一高 26.4 厘米、宽 13.8 厘米，上部刻细花大幔帐，中间垂流苏两

① ［日］长泽规矩也：《和汉书の印刷とその历史》，东京版，第 5—6 页。

② 李致忠：《历代刻书考述》，巴蜀书社 1990 年版，第 12—13 页。

③ 胡道静：《世界上现存最早印刷品的发现》，《书林》1979 年第 2 期；张秀民：《南朝鲜发现的佛经为唐朝印本说》，载浙江省《图书馆研究与工作》1981 年第 4 期；钱存训：《现存最早的印刷品和雕板实物略评》，（台湾）《中央图书馆馆刊》1989 年第 2 期。

④ 张树栋：《社会文化发展是印刷术起源和发展的基础和动力》，《中国印刷史学术研讨会文集》，印刷工业出版社 1977 年版，第 27 页。

⑤ 李致忠：《历代刻书考述》，巴蜀书社 1990 年版，第 11—12 页。

⑥ 张树栋、庞多益、郑如斯等著，李兴才审订：《中华印刷通史》，台湾台北市印刷传播兴才文教基金会 2005 年版，第 266 页。

条，幔帐下有形态丰满、面容端正戴冠妇女三人，左下有楷书“三姑置蚕大吉”，右下有楷书“收千斤百两大吉”，内容似为蚕神神像版。[①]

近代西夏文献、文物大量出版，给西夏文字木雕版的探寻带来新的希望。

二 西夏文雕版是存量最多的早期文字雕版

一百多年前的1909年，俄国科兹洛夫率领的一支沙俄探险队在中国北部的黑水城遗址（今内蒙古额济纳旗）掘获大批西夏文物、文献，被运到俄罗斯的圣彼得堡。文物中就有保存完整的木雕版6块，今藏俄罗斯圣彼得堡爱尔米塔什博物馆。[②]。其中4块是文字雕版：X－2023号高8.7厘米，宽13厘米；X－2025号高11厘米，宽17厘米；X－2026号高11.7厘米，宽16.7厘米；X－2024号存半块版，据判断全版高15.6厘米，宽22厘米。[③] X－2023号、X－2025号、X－2026号明显为蝴蝶装。X－2025号和X－2026号版大小相近，皆为双面雕字，半页6行，行9—10字。这些都是西夏时期的木雕版，虽无确切纪年，可推断约为12世纪遗物，相当于宋代，确为存世最早的珍贵木雕版。这4块西夏文雕版的发现使早期文字木雕版数量增加到5块，打破了河北钜鹿文字木雕版一枝独秀的局面，并且为12世纪文字木雕版增添了新的文种，而且在4块西夏文雕版中，有3块完整无损，品相优良，一块保存过半，皆系文字雕版的上乘之作。

从这些木雕版可以看到西夏时期雕版印刷一些鲜为人知的情况，而这些信息在纸本印刷品中是难以见到的。如：可看到当时西夏文反向文字成熟、精细的雕刻方法，文字雕刻的深度、笔画的斜度以及洗练的刀法，单双边框和版口的线条和雕刻手法，为节省木料而一版双面雕刻文字的现象，为修正文字而挖补、修改的痕迹，等等。X－2023号是西夏文《佛说长寿经》第一页的木雕版，首行（雕版左第1行）有西夏文经名，对译为“佛说寿长经”，意译为“佛说长寿经”，四周有栏线，分左右两面，中间版口窄细，为白口，无鱼尾，下部似有页码“一”字，每面5行，行9字，应是较小的经版。现将该经版文字依行翻译如下：

对译：
佛说寿长经
此如闻我一时佛舍卫
园中在大比丘比丘尼
优婆塞优婆夷七万人
与俱时比丘一有名者

---

① 胡道静：《雕版印刷的重要文物：宋雕版》，《中国印刷》1986年第14期；胡道静：《钜鹿北宋雕版是淹城遗址的出土物》，《中国印刷》第21期。

② ［日］东京国立博物馆、京都国立博物馆、日本经济新闻社：《スキタイトミルクロード美术展》，和田制本工业株式会社1969年版，图163。

③ 王克孝：《西夏对我国书籍生产和印刷术的突出贡献》，《民族研究》1996年第4期；［俄］捷连提耶夫—卡坦斯基著，王克孝、景永时译：《西夏书籍业》，宁夏人民出版2000年版。

（版口）
那房自寿尽将知佛处
寿长求索佛其之利益
因十七神名已说线黄
以百结缚则寿长八十
上至百年为者寿长百

意译：
佛说长寿经
如是我闻。一时佛在舍卫
园中，大比丘、比丘尼、
优婆塞、优婆夷七万人
与俱。时有一比丘名
（版口）
那房，自知寿将尽，到佛处
求索长寿，佛因其之利益
演说十七神名，以黄线
缚百结，则可达寿长八十，
成百岁者，寿长百
……

更令人惊喜的是1991年维修宁夏贺兰县宏佛塔时，在塔的天宫中发现了大批西夏文木雕版。在该天宫的槽室内散置西夏文木雕版2000余块，这些木雕版几乎全部过火炭化，变成残块。其中最大的两块是长13厘米、宽23.5厘米、厚2.2厘米；长10厘米、宽38.5厘米、厚1.5厘米。最小的残块长和宽都不足1厘米。发掘整理者将这批木雕版残块分成大号字版、中号字版和小号字版。大号字版仅有7块，版厚1.5—2厘米，字形较大，每字1—1.2厘米见方，字体方正，刻工娴熟有力。中号字版数量最多，约占50%以上，长和宽均在10厘米以上的仅有15块，两面均刻西夏文字，字体方正秀丽，细腻有力，字形1厘米和0.8厘米见方。小号字版数量也不少，约占40%，5厘米见方的仅有10块，版厚1.5厘米，也是两面刻字，每字0.6厘米见方，字体娟秀，笔画较细。① 以上残版，除少部分字数较多的容易考证出是属于何种文献外，多数难以确定是何经何典。上述雕版若仔细考察字的大小还可细分为很多种，如果考虑到行距、字距、边栏、字体、页面行数、字数的区别，那就会分为很多种文献。在一个宏佛塔的天宫内就发现这样多种西夏文的经版，反映出西夏雕版印刷的兴盛。

这些残雕版有的显然是蝴蝶装版。如大号字版1，中间有版口，上部刻三字，为文献名

① 于存海、何继英：《贺兰县宏佛塔》，载雷润泽、于存海、何继英编著《西夏佛塔》，文物出版社1995年版。

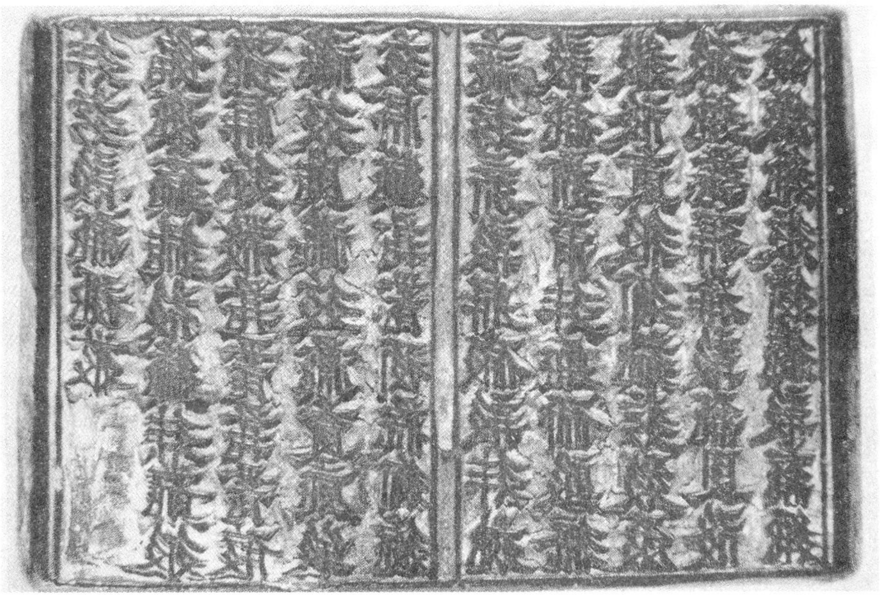

图1 出土于黑水城、藏于俄罗斯艾尔米塔什博物馆的西夏文木雕板 X-2023 号

称；大号字版 2，也有版口，版口中刻页码汉文“四”；大号字版 6，版口上刻两个西夏字，是文献名称。有的似应是经折装雕版，如中号字版 1 存 14 行文字，中号字版 2 存 13 行文字，中无版口，应不是蝴蝶装，西夏的刻本一般不作卷装，可能是经折装。

上述西夏木雕版中大字版极少，版厚字大，且只一面雕字，所印书籍当是疏朗清晰，质量上乘。这些雕版印刷应是皇室或财力充裕的官府、寺庙所刻。雕版中绝大多数是中、小号字，且每一版多是两面使用，这一方面大大节省了雕版用的板材，又节省了储藏木雕版的空间。由此可知，西夏的雕版印刷采取了节省木板材料的方法，木雕版两面雕字在西夏已经逐渐成为普遍的现象。

这批木雕版过去从未系统刊布过，我们在编辑出版《中国藏西夏文献》时将有二三文字以上的西夏文雕版一千多块全部刊印出版。[①] 这样一方面使这些重要早期文字版片公诸学界，便于利用研究；另一方面这些炭化的雕版残块，容易损伤，难以保存，印制刊布后能起到永久保存原始资料的作用。

宁夏宏佛塔所出木雕版最大的为 001 号。此残雕版表面整齐平滑，版面中间有宽 1 厘米的版口，版口两侧各竖刻 6 行西夏文字，其中最长一行残存 10 个西夏文字；版口上亦刻有三个略小的西夏文字，应为书名，第 1 个字较清晰，为穈“续”意。显然这也是一块蝴蝶装书页的雕版，背面无字。这类雕版共发现 7 块，此块残版是宏佛塔槽室内所发现的残版中最大的，也是唯一没有全部都炭化变黑的一块。

这批残木雕版多残损过甚，且为反字，更难以释读，过去尚未译释出一种经名。笔者试

① 史金波、陈育宁主编：《中国藏西夏文献》第 13 册，甘肃人民出版社、敦煌文艺出版社 2005 年版，彩版、第 69—308 页。

图2　宁夏宏佛塔出土西夏文残雕板（001号）

译一些文字较多的经版，释读出6块，皆为中号字，分别为《释摩诃衍论》卷第二（021号）、卷第三（046号）、卷第五（022号）、卷第八（020号）、卷第十。《释摩诃衍论》为《大乘起信论》之注释书，简称为《释论》，共10卷，印度龙树菩萨造，姚秦筏提摩多译。但对其真伪论说不一。已释读出的6块残雕版涉及该论五卷的内容，推断西夏时期已从汉藏翻译并以西夏文雕版印刷了全部10卷。现将卷八（020号）经版文字对译如下：

……………………………中二字轮……
……………………正字轮往此以……
………………门修者人自室前面二种……
………………者松木二者石榴木此者二……
………………门修者必定［口］？字①字轮持……
………………依必定此轮持也此字轮者……
………………之大恩师长大恩父母大恩……
………………者人〈〉此轮赐当此如因缘……
………………一第因缘显馀者不显者初……
………………处在谓止轮成就因缘门……
………………门中自七门有七者何所……
………………空理中其心定也故本中……

① 方框原为方框内有上一、下二三个王字，下有水平两小字，译为“侯字”。

……………无通达能也其本自……
……………………不依地水……

以下再将相应汉文经文摘录如下，黑体字为残雕版相应的西夏文字。因西夏文和汉文语法不同，每行文字大体相符，但字数会稍有出入：

若此神咒诵四千六百五十遍已讫。即彼像**中付二字轮**。
谓若邪人付邪字轮。若正直人**付正字轮。以之为别**。言植
善林树因缘者。谓若为修彼止轮**门人。自室前中植二种**
大吉祥草故。云何为二。**一者松木。二者石榴木。是名为二**
言字轮服膺因缘者。谓若为修**彼止轮门人。必当服［口］字轮**
而已。服何处耶。谓方寸处故。**以何义故必付此轮。谓此字轮**
三世诸佛无量无边一切菩萨。**大恩师长大恩父母大恩天地**
大恩海故。此因缘故。为修止人**当付此轮。如是因缘**
虽有无量。而今此摩诃衍论中。**明第一因缘。不明馀者。举初**
摄後故。如是而已。如本若修止者住於静**处故已说成就止轮因缘门**。
次说直示修行止轮门。就此**门中则有七门。云何为七**。
一者存心决定门。不生不灭。**真空理中其心定故。如本**
端坐正意故。二者不著身体门。**能善通达此身空无。其本自**
性不可得故。如本不依气息不依形色不依於空**不依地水火**……

图 3　宁夏宏佛塔出土西夏文《释摩诃衍论》卷第八残雕板（020 号）

由残雕版可见多数行的文字约占足行的一半，推算原每行 22 字左右，还可估算出原雕版的高度。

宏佛塔中所出残雕版虽多过火炭化，但仍可铺纸刷印。

宏佛塔集中存放大量西夏文木雕版，推测宏佛塔所在寺庙可能是西夏一印刷佛经的场所，是一座重要的皇家寺院。

图 4－1　宁夏宏佛塔出土西夏文《释摩诃衍论》卷第三残雕版（046 号）

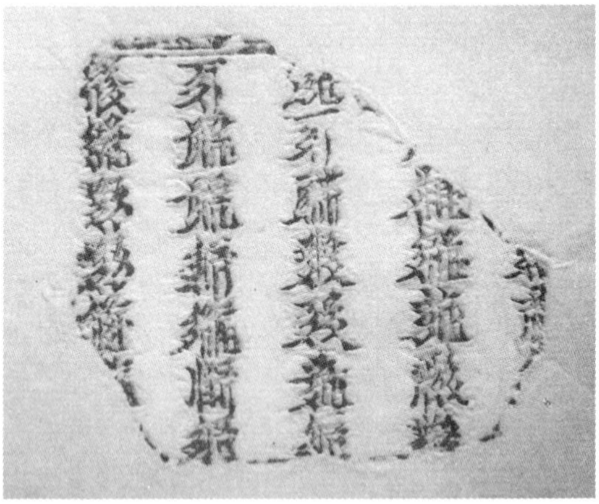

图 4－2　宁夏宏佛塔出土西夏文《释摩诃衍论》卷第三残雕版（046 号）刷印本

保存于宏佛塔的西夏文木雕版数量巨大，使早期木雕版零星传世的局面得以改观，大大拓展了早期雕版印刷雕版实物资料，显示出中国中世纪雕版印刷的丰富多彩的内涵和高度发展水平。

西夏文木雕版不仅数量多，有的还很完整，有的有文献名称，有的可考出文献名称，是研究早期木雕版最重要、最基本的实物资料，也是印刷史和文字史研究的重要资料，应给予充分的重视。

三　杭州的西夏文雕印和木雕板调查

杭州及附近一带是古代印刷业最发达的地区，以刻印精良的书籍而闻名全国。作为当时的印刷中心，这里一代又一代刻工雕刻了数量巨大的木雕版。用这些木雕版刊印的文献遍布全国各地，为中国文化的传承和发展做出了突出贡献。更值得提出的是，杭州这个远离西夏原统治中心、似乎与西夏毫无关系的地方不仅刊印了大量汉文书籍，还在元代刊印过西夏文大藏经。

西夏灭亡后，西夏地区的僧人和佛教信众依然信仰佛教。经过战乱后，不少佛经和经板损毁，因此西夏文佛经的刻印有了新的需求。元初世祖忽必烈时就着手刻印西夏文大藏经，元成宗即位后曾一度“罢宣政院所刻河西大藏经板”。① 不久又恢复刻印。看来元代刊印西夏文佛经是政府操控的重要文化活动。元代雕印西夏文大藏经，成为西夏文化延续至元代的辉煌篇章。

元代平江路碛沙延圣寺刊印的《大宗地玄文本论》卷三的卷尾具体记载了当时刊印西夏文大藏经的情形：

① 《元史》卷 18《成宗纪》。

于江南浙西道杭州路大万寿寺雕刊河西字大藏经板三千六百二十余卷、华严诸经忏板，至大德六年完备。管主八钦此胜缘，印造三十余藏，及《华严大经》、《梁皇宝忏》、《华严道场忏仪》各百余部，《焰口施食仪轨》千有余部。施于宁夏、永昌等寺院，永远流通。[①]

此记载证明元代在杭州大万寿寺中雕印了西夏文大藏经及其他单部佛经。元代之所以在杭州雕印西夏文大藏经，一方面是因杭州刻印事业发达，刻工云集，印刷技术精良，在元代这里的印刷业仍居全国之首；另一方面当时在杭州设置了南方释教总统，而任释教总统的杨琏真加本人就是西夏后裔，他对在杭州雕印西夏文大藏之事起到了关键的推动作用。在杭州雕刊的西夏文大藏经3620余卷，比西夏崇宗时期翻译完成的西夏文大藏经3570卷，多出了50多卷。上文所记管主八是元代一位僧官，任松江府僧录，其名为藏文译音，意为经学大师，也是西夏后裔。他印施西夏文大藏经30余藏，施于宁夏、永昌等西夏故地寺院，以满足那里懂西夏文的信众诵读、供养之需。

可喜的是，经过六百多年后，在西夏故地发现了在杭州刻印的西夏文佛经。1917年在离西夏首都中兴府（今宁夏银川市）不远的灵武县修城时，出土两大箱西夏文文献，后辗转传藏，于1929年大部分入藏于北京图书馆（今中国国家图书馆），计百余册，少部分藏于甘肃、宁夏，一部分流失于日本。这些文献主要为蒙古时期和元代古本，其中有的应是元代在杭州刻印的。

在国家图书馆藏有刻本西夏文《过去庄严劫千佛名经》，经折装，经文107面，面高32.5厘米，宽12厘米。上下双栏，栏高23厘米，面6行，行17字。后有元皇庆元年（1312）西夏文发愿文6面57行，其中具体记载有关在杭州刻印西夏文佛经事，译文如下：

至元七年（1272）化身一行国师广生佛事，俱令校有译无，过如意宝，印制三藏新经。……至元三十年（1293）万寿寺中刻印，应用千种、施财万品数超过。成宗帝朝大德六年（1302）夏始告完毕。[②]

这里明确指出是元成宗时在万寿寺中刻印西夏文佛经。元代西夏文大藏经的刻印先后经过30年的时间，才在杭州万寿寺中完成。发愿文中记载了参与印制西夏文经的党项人鲜卑小狗铁、鲜卑土情等人，文末记载了参与此事的有同知杭州路总管府使臣舍古等人，以及党项人皇使都勾管作者僧人那征大德李、御使台侍御杨那尔征、枢密院知院都罗乌日仡铁木尔。[③] 杨那尔征即辅佐武宗、仁宗夺取皇位的杨朵尔只。[④]。西夏文大藏经成宗时印施10藏，武宗在潜邸时印施50藏，即位后于至大四年（1311）又印施50藏。

国家图书馆还藏另一部西夏文《悲华经》卷九，也为元刻本，经折装，经文80面，面

① 该卷今藏中国国家图书馆、山西崇善寺和日本善福寺。

② 史金波：《西夏文〈过去庄严劫千佛名经〉发愿文译证》，《世界宗教研究》1981年第1期。

③ 史金波、陈育宁主编：《中国藏西夏文献》第6册，甘肃人民出版社、敦煌文艺出版社2005年版，第3—59页。

④ 《元史》卷179《杨朵尔只传》。

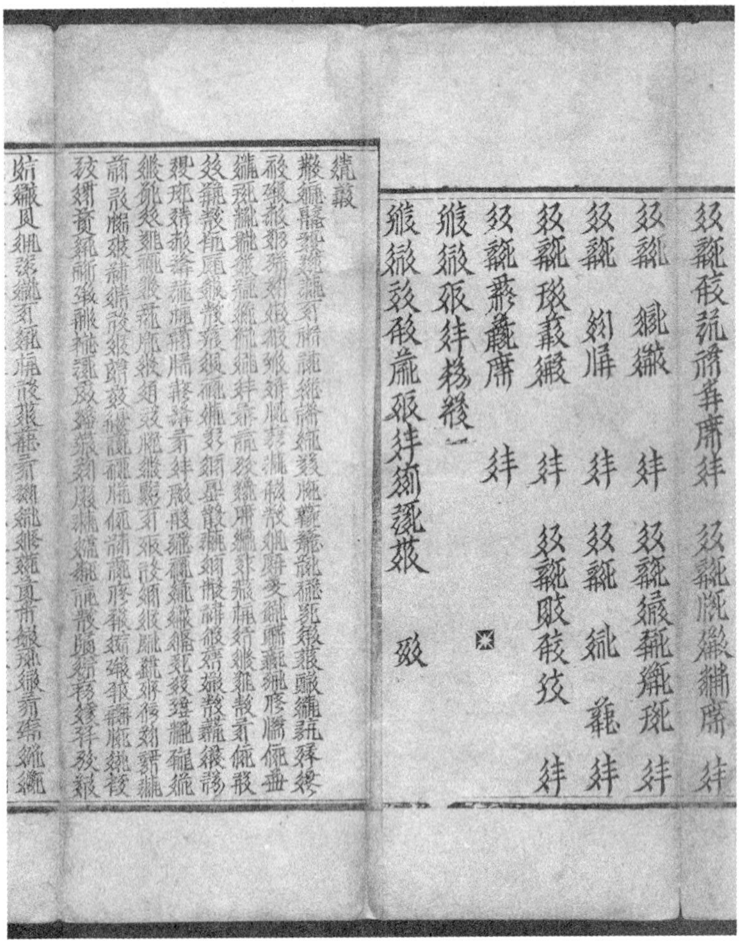

图 5－1　元刻本西夏文《过去庄严劫千佛名经》发愿文

高 33 厘米，宽 12. 2 厘米。上下双栏，栏高 23. 8 厘米，面 6 行，行 17 字。[①] 卷首有说法图一幅 3 面，祝赞 4 面，韦陀像 1 面。祝赞中西夏文题款译文分别为：(1) 奉大元国天下一统世上独尊福智名德俱集当今皇帝圣寿万岁敕，印制一全《大藏经》流行。(2) 当今皇帝圣寿万岁。(3) 太后皇后与天寿等。(4) 奉敕大德十一年六月二十二（五）日，皇太子使见千秋，印大藏经五十部流行。

由上述牌记可知，这是前述大德十一年印刷 50 部西夏文大藏经中的一卷。

此外，国家图书馆所藏刻本西夏文《说一切有部阿毗达磨顺正理论》卷第五、《经律异相》卷第十五卷首也有相同的祝赞题款。[②] 当然他们与西夏文《悲华经》一样也是大德十一

① 史金波、陈育宁主编：《中国藏西夏文献》第 5 册，甘肃人民出版社、敦煌文艺出版社 2005 年版，第 219—262 页。

② 史金波、陈育宁主编：《中国藏西夏文献》第 5 册，甘肃人民出版社、敦煌文艺出版社 2005 年版，第 263—368 页。

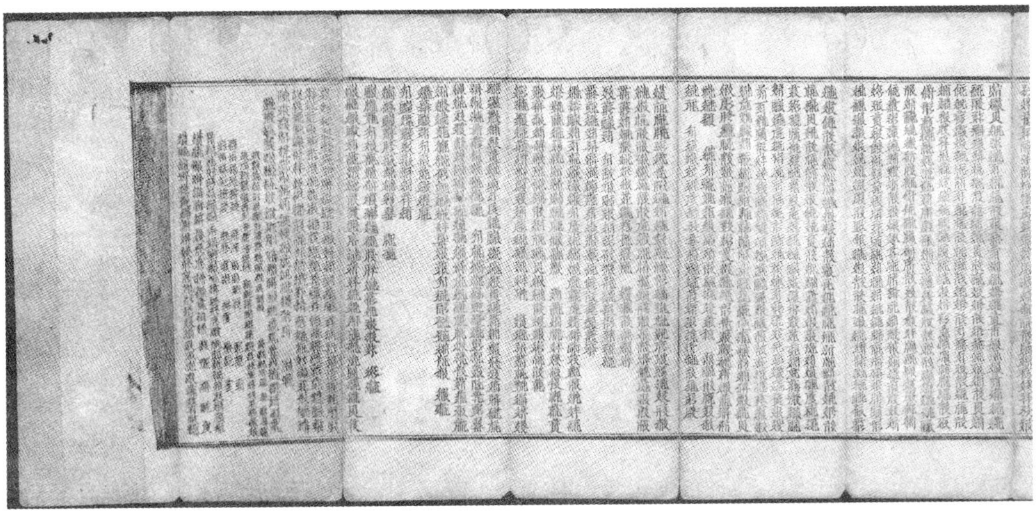

图 5－2 元刻本西夏文《过去庄严劫千佛名经》发愿文

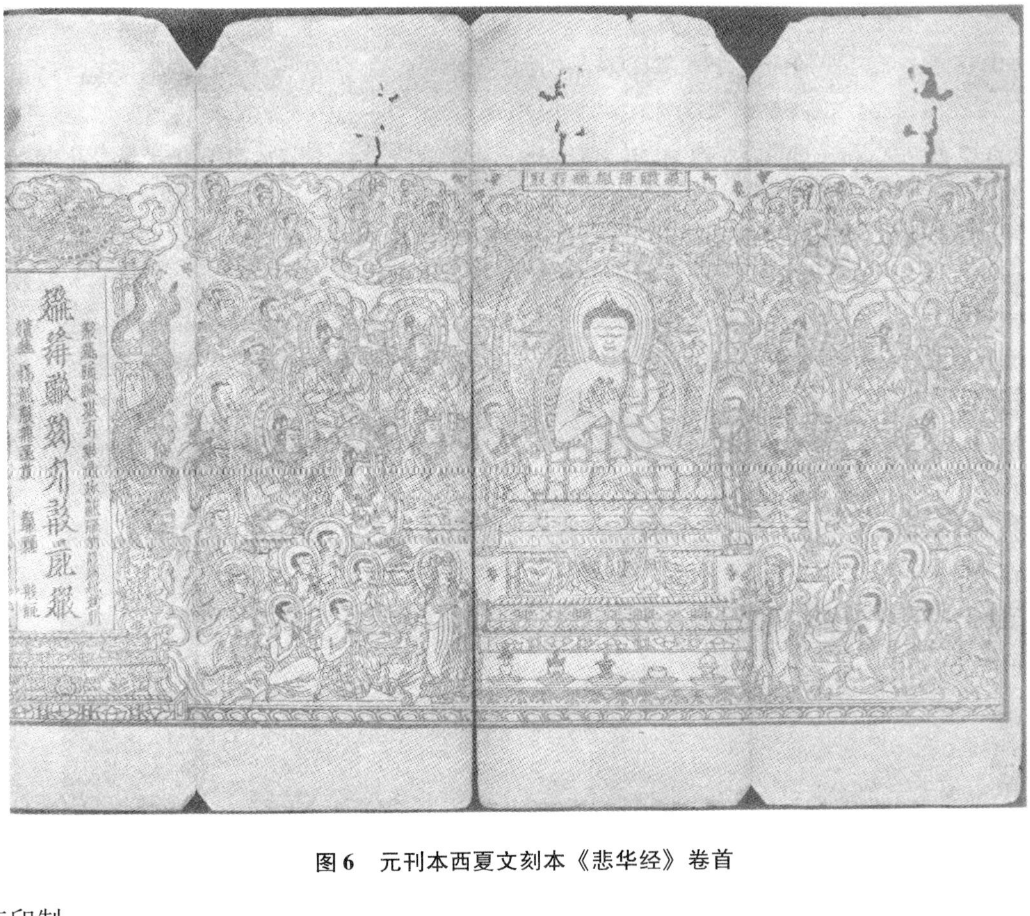

图 6 元刊本西夏文刻本《悲华经》卷首

年印制。

另国家图书馆藏有西夏文刻本《妙法莲华经》卷第二，经折装，经文共110面，面高33.1厘米，宽10.6厘米，上下双栏，框高18.6厘米，面6行，行16字。① 卷首有佛像4面，后有祝赞3面1纸，其中西夏文题款译文为："当今皇帝御印，仪天兴圣仁慈昭懿寿元皇太后御印，正宫皇后 御印"。仪天兴圣仁慈昭懿寿元皇太后是元武宗和仁宗的母亲。知此经为武宗或仁宗时印制。经文共110面，面高33.1厘米，宽10.6厘米，上下双栏，框高18.6厘米，面6行，行16字。

近年来在敦煌北区出土了一批西夏文文献，其中有刻本《龙树菩萨为禅陀迦王说法要偈》残页，系159窟出土，编号B159：26，上下双栏，仅存经文3行，楷书，为一经之末尾。② 最重要的是经末有一长方形压捺印记，有墨色浅淡汉文两行：

僧录广福大师管主八施大藏经于沙州文殊师利塔中永远流通供养。

管主八可能在他所施经中都压捺了这样的印记。日本天理图书馆藏有一页西夏文佛经，也出自敦煌，上面也盖有同样形式和内容的印记。此残片当是施于敦煌的西夏文大藏经的一部分，为国内仅存，至为重要。由此可见，当年敦煌曾藏有一藏元代雕印的3620余卷的西夏文大藏经，是管主八大师印施的刻本。

上述蒙、元时期的西夏文雕版印刷品，如《悲华经》、《说一切有部阿毗达磨顺正理论》、《经律异相》、《龙树菩萨为禅陀迦王说法要偈》、《过去庄严劫千佛名经》等都是国内外其他收藏西夏文献的部门所没有的佛教经典，属于海内外孤本。另有一些文献其他部门虽有收藏，但与国家图书馆所收版本不同，也应属于孤本。如《妙法莲华经》等皆属此类。这些古籍都十分珍贵。

历史上杭州地区雕刻了大批木雕版，仅西夏文木雕版数量即十分可观。西夏文大藏经每卷有数十甚至上百页面，一般5面一板，每卷经文需要雕刊十几二十块板片。西夏文大藏经共3620余卷，总计至少需要雕刻数万块板片，数量巨大。若杭州地区有宋元时期木雕版板片有留存至今者，堪称稀见古物，具有重要的文物和学术价值。但至今杭州地区似乎尚未发现早期木雕版实物。1981年6月笔者曾到杭州调查元代在这里雕印西夏文大藏经事，并着意访查西夏文文献、雕版和活字版，走访调查了浙江省图书馆、浙江省博物馆和一些寺庙等部门，惜未发现有关线索。作为曾雕刊了难以计数木雕版的杭州地区，在文物和古籍普查的同时，将早期木雕版的调查列入工作范围，以期有新的发现。早期雕版的发现将大有助于中国早期印刷史和杭州地区手工业发展史的研究。③

---

① 史金波、陈育宁主编：《中国藏西夏文献》第6册，甘肃人民出版社、敦煌文艺出版社2005年版，第132—190页。

② 史金波：《敦煌莫高窟北区出土西夏文文献初探》，《敦煌研究》2000年第3期。

③ 本文得中国印刷博物馆魏志刚研究员帮助，特此感谢。